Wolfgang Ludwig Schneider

Grundlagen der soziologischen Theorie 3

Wolfgang Ludwig Schneider

Grundlagen der soziologischen Theorie

Band 3: Sinnverstehen und Intersubjektivität –
Hermeneutik, funktionale Analyse,
Konversationsanalyse und Systemtheorie

VS VERLAG FÜR SOZIALWISSENSCHAFTEN

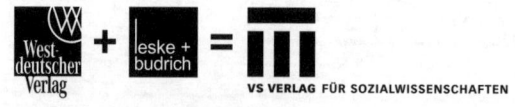

VS Verlag für Sozialwissenschaften
Entstanden mit Beginn des Jahres 2004 aus den beiden Häusern
Leske+Budrich und Westdeutscher Verlag.
Die breite Basis für sozialwissenschaftliches Publizieren

Bibliografische Information Der Deutschen Bibliothek
Die Deutsche Bibliothek verzeichnet diese Publikation in der Deutschen Nationalbibliografie;
detaillierte bibliografische Daten sind im Internet über <http://dnb.ddb.de> abrufbar.

1. Auflage Juli 2004

Alle Rechte vorbehalten
© VS Verlag für Sozialwissenschaften/GWV Fachverlage GmbH, Wiesbaden 2004
Lektorat: Frank Engelhardt

Der VS Verlag für Sozialwissenschaften ist ein Unternehmen von Springer Science+Business Media.
www.vs-verlag.de

Das Werk einschließlich aller seiner Teile ist urheberrechtlich geschützt. Jede Verwertung außerhalb der engen Grenzen des Urheberrechtsgesetzes ist ohne Zustimmung des Verlags unzulässig und strafbar. Das gilt insbesondere für Vervielfältigungen, Übersetzungen, Mikroverfilmungen und die Einspeicherung und Verarbeitung in elektronischen Systemen.

Die Wiedergabe von Gebrauchsnamen, Handelsnamen, Warenbezeichnungen usw. in diesem Werk berechtigt auch ohne besondere Kennzeichnung nicht zu der Annahme, dass solche Namen im Sinne der Warenzeichen- und Markenschutz-Gesetzgebung als frei zu betrachten wären und daher von jedermann benutzt werden dürften.

Umschlaggestaltung: KünkelLopka Medienentwicklung, Heidelberg
Druck und buchbinderische Verarbeitung: MercedesDruck, Berlin
Gedruckt auf säurefreiem und chlorfrei gebleichtem Papier
Printed in Germany

3-531-13839-1

Für Jan und Jil

Inhalt

Einleitung 13

1. **Hermeneutische Interpretation und funktionale Analyse. Zur Kritik der Reduktion des Verstehens auf das Verstehen subjektiven Sinns** 17

   1.1 Die Unterscheidung von subjektivem und objektivem Verstehen und der methodologische Vorrang objektiven Verstehens ... 17

   1.2 Die materiale Bedeutung objektiven Verstehens 28

   1.3 Oevermanns "objektive Hermeneutik" als detaillierter Entwurf einer Methodologie objektiven Verstehens 39

   1.4 Funktionale Analyse und Systembegriff 52

   1.5 Hermeneutische Interpretation und funktionale Analyse als komplementäre Formen objektiven Verstehens 71

   1.6 Erstes Analysebeispiel: René Girard, "Das Heilige und die Gewalt" 81

   1.7 Zweites Analysebeispiel: Kooperationsprobleme zwischen Sozialwissenschaftlern und administrativen Praktikern 98

   1.7.1 Erläuterung der fallspezifischen Problemsituation 98

   1.7.2 Strukturmerkmale professionellen Handelns in W_1's Darstellung 102

   1.7.3 Respezifikation von der Ebene professionellen Handelns als allgemeinem Typus auf die Ebene wissenschaftlichen Handelns 107

   1.7.4 Respezifikation auf die Ebene des Einzelfalles: Zum Verhältnis zwischen der objektiven Struktur und W_1's Deutung der Problemsituation 109

1.7.4.1 Die Deutung des Zielkonfliktes zwischen den Wissenschaftlern und der Verwaltung 111

1.7.4.2 'Aufklärung' als Kompaktformel, die Erkenntnis- und Praxisbezug zur Deckung bringen könnte 114

1.7.4.3 Das Bild von der Verwaltung als mögliche Rechtfertigung der eigenen strategischen Handlungsorientierung 117

1.7.4.4 Das Bild von der Verwaltung als erfahrungsunabhängige Prämisse des aufklärerisch-politischen Modells der Verwendung sozialwissenschaftlichen Wissens 119

1.7.5 Zusammenfassung der Interviewinterpretation 122

1.8 Theorie und Methode und die Reduktion hermeneutischen Verstehens auf das Verstehen subjektiv-intentionalen Sinns bei Habermas 126

2. Hermeneutik und Systemtheorie 143

2.1 Hermeneutik sozialer Systeme? - Konvergenzen zwischen Systemtheorie und philosophischer Hermeneutik 143

2.1.1 Verstehen in der Systemtheorie 144

2.1.2 Verstehen in Funktionssystemen: Am Beispiel Kunst 149

2.1.3 Hermeneutik und Systemtheorie als Reflexionstheorien des Verstehens 153

2.1.4 Gadamers philosophische Hermeneutik und ihr Verhältnis zur systemtheoretischen Konzeption von Verstehen 155

2.1.5 Grenzen der Kompatibilität 163

2.1.6 Zur Funktion von Tradition 166

2.1.7 Hermeneutik als Methode systemtheoretischer Forschung? 168

2.1.8 "Kultursysteme" als Generatoren pluralisierten Sinns 169

2.2	Objektive Hermeneutik als Forschungsmethode der Systemtheorie	171
2.2.1	Der Sinnbegriff der Systemtheorie und die daraus ableitbaren Direktiven für eine Methodologie des Verstehens	173
2.2.2	Exemplarische Analyse einer Interaktionssequenz	179
2.2.3	Resümee	193
2.3	Struktur und Ereignis in Systemtheorie und objektiver Hermeneutik: Affinitäten und Differenzen ihrer theoretischen Prämissen	195
2.3.1	Struktur und Ereignis in Luhmanns Systemtheorie	196
2.3.2	Struktur und Ereignis in Oevermanns objektiver Hermeneutik	202
2.3.3	Theoretische Differenzen	210
2.3.4	Binäre Schemata als orientierende Prämissen kommunikativer Selektionen	218
2.3.5	Analyse einer Interaktionssequenz	222
2.3.6	Methodologische und theoretische Probleme der Erklärung kommunikativer Selektionen - Zur Falsifizierbarkeit von Deutungshypothesen	230
2.3.7	Resümee	240
2.4	Zur hermeneutischen Rekonstruktion sozialer Beobachtungsschemata: "Überheblichkeit" als Delikt. Strukturelle Prämissen ostdeutscher Beobachtung westdeutschen Verhaltens	242
2.4.1	Zur hermeneutischen Rekonstruktion sozialer Beobachtungsschemata	242
2.4.2	"Überheblichkeit" als Delikt und das Kollektiv als Instanz sozialer Kontrolle	245
2.4.3	Ein literarisch-fiktives Fallbeispiel	247

2.4.4 Zur Funktionsweise des Kollektivs 250

2.4.5 "Überheblichkeit" als Ursache ideologischer Abweichungen: Drei Stellungnahmen anläßlich des Verbots von H. Müllers Komödie "Die Umsiedlerin oder das Leben auf dem Lande" 251

2.4.6 Insistieren auf einer abweichenden Meinung als Indikator für "Überheblichkeit": Analyse eines Interviews 261

2.4.7 Die Pervertierung der Unterscheidung von Einheimischen und Fremden als Hintergrund für die Zuschreibung von "Überheblichkeit" 271

2.4.8 Überlagerung der rekonstruierten Beobachtungsschemata 281

3. **Intersubjektivität aus hermeneutischer, konversationsanalytischer und systemtheoretischer Perspektive** 293

3.1 Intersubjektivität als kommunikative Konstruktion 293

3.1.1 Intersubjektivität und Systemtheorie 293

3.1.2 Intersubjektivität bei Habermas 295

3.1.3 Die Indeterminiertheit der Regelbefolgung aus sprachanalytischer, hermeneutischer und dekonstruktivistischer Perspektive 303

3.1.4 Gemeinsame Regelbefolgung und die kommunikative Synthesis von Bedeutungsselektionen aus den Perspektiven von Konversationsanalyse und Systemtheorie 318

3.1.5 Aktivierungsmodi des Regelschemas im Kontext der systemtheoretischen Kommunikationstheorie und der Konversationsanalyse 323

3.1.6 Aktivierungsmodi des Regelschemas und die allgemeine Funktion von Struktursicherungsoperationen 336

3.1.7 Strukturelle Markierungen und Struktursicherungsoperationen, untersucht am Beispiel konfliktärer Kommunikation 340

INHALT

3.1.8 Resümee 358

3.2 Die Analyse von Struktursicherungsoperationen im Kontext funktional spezifizierter Kommunikation als Kooperationsfeld von Konversationsanalyse, objektiver Hermeneutik und Systemtheorie 365

3.2.1 Zur Komplementarität von Konversationsanalyse, objektiver Hermeneutik und Systemtheorie 365

3.2.2 Die sequentielle Struktur, Codierung und Funktion pädagogischer Interaktion aus den Perspektiven von Konversationsanalyse und Systemtheorie 372

3.2.3 Struktursicherungsoperationen im Unterricht: Hermeneutische Analyse einer Sequenz 388

3.2.4 Zusammenfassung der Interpretation und Strukturgeneralisierung 413

3.2.5 Methodologisches Resümee: Zum Verhältnis von Einzelfallrekonstruktion und theoretischer Generalisierung 419

3.3 Intersubjektivitätsproduktion in der face-to-face Interaktion und in der Massenkommunikation 428

3.3.1 Zur Struktur der Intersubjektivitätsproduktion in der face-to-face Interaktion 428

3.3.2 Zur Funktion der Intersubjektivitätsproduktion in der face-to-face Interaktion 431

3.3.3 Zur Struktur der Intersubjektivitätsproduktion im Binnenkontext massenmedialer Kommunikation 433

3.3.4 Zur Funktion massenmedialer Intersubjektivitätsproduktion 438

3.3.5 Intersubjektivität im System/Umwelt-Verhältnis zwischen Massenmedien und Publikum 440

3.3.6 Resümee 444

3.4 Textbasierte Intersubjektivitätsproduktion in interpretativen Gemeinschaften: Gedächtnis, Interpretation und Organisation im Kontext religiöser Kommunikation 447

3.4.1 Erinnerung, Gedächtnis und Verstehen als Artefakte der Kommunikation 447

3.4.2 Das Problem der Unterscheidung von 'richtigem' und 'falschem' Verstehen/Erinnern in der christlichen Tradition 452

3.4.3 Kirche und Sekte als organisatorische Lösung des Problems, wie zwischen unterschiedlichen Auslegungsmöglichkeiten verbindlich entschieden werden kann 457

3.4.4 Ungleiche Verteilung des Wissens als Intersubjektivitäts- und Inklusionsproblem und dessen Lösung durch die reflektierte Konsensfiktion der "fides implicita" 463

3.4.5 Anathematisierung als Struktursicherungsoperation und die kontinuierliche Konstruktion des gemeinsamen Glaubens durch organisationelle Entscheidungen 472

3.4.6 Vergleichendes Resümee: Das Problem der Intersubjektivität in Religion und Recht, massenmedialer Öffentlichkeit und der face-to-face Interaktion 477

4. Gesamtresümee 482

Drucknachweise 490

Literatur 491

Einleitung

Die Unterscheidung zwischen System- und Handlungstheorie markiert eine der zentralen Spaltungslinien in der soziologischen Theoriediskussion. Dem Gravitationsfeld dieser Unterscheidung können sich auch Ansätze nicht entziehen, die sich nicht als Theorien begreifen, sondern eher dem Bereich der Methoden zuordnen. Wo immer Sinnverstehen als methodisch kontrollierte Operation bei der Untersuchung sozialer Zusammenhänge favorisiert wird, so die übliche Generalvermutung, geschieht dies explizit oder implizit unter Prämissen, die mit den Grundannahmen der handlungstheoretischen Theorietradition zur Deckung kommen. Die Hermeneutik und die ethnomethodologische Konversationsanalyse werden nach diesem Muster meist als handlungstheoretisch fundierte Methoden angesehen, deren Grundbegriffe mit den Annahmen der Systemtheorie unvereinbar sind.

Die im vorliegenden Band entwickelte Argumentationslinie ist durch die Vermutung motiviert, daß diese kurzschlüssige Zuordnung von Handlungstheorie und sinnverstehenden Methoden fehlgeht. Die tragende Annahme dieser Zuordnung ist die Gleichsetzung von Sinnverstehen mit dem Verstehen des *subjektiv gemeinten* Sinns, den Handelnde mit ihren Äußerungen und Verhaltensweisen verknüpfen. Diese Gleichsetzung findet in der Hermeneutik und der Konversationsanalyse jedoch nur begrenzten Anhalt.

Betrachten wir die Hermeneutik, dann mag diese Annahme für die an Schleiermacher anknüpfende Traditionslinie im wesentlichen zutreffend sein (vgl. dazu Kneer/Nassehi 1991). Für die von Gadamer vertretene Version der Hermeneutik, die sich prononciert gegenüber der "romantischen" Hermeneutik im Gefolge Schleiermachers abgrenzt, gilt dies jedoch nicht. Gadamer wehrt sich ausdrücklich gegen die *Reduktion* hermeneutischen Verstehens auf den Nachvollzug der Gedanken von Autoren und Akteuren, wie sie - für die Sozialwissenschaften besonders einflußreich - Habermas behauptet hat.

Im Dekonstruktivismus Derridas und in der daran anschließenden Strömung der poststrukturalistischen Literaturkritik angelsächsischer Provenienz (De Man, Culler, Fish u.a.) wird die Entkoppelung des Verstehens vom Nachvollzug des subjektiven Sinns in forcierter Weise herausgearbeitet. Die dabei oft akzentuierte Frontstellung gegenüber "der" Hermeneutik trifft freilich nur die an Schleiermacher anknüpfende Linie. Mit Gadamer und anderen jedoch, die das hermeneutische Verstehen von der Bindung an den subjektiven Sinn lösen, kommt der Poststrukturalismus in wichtiger Hinsicht überein.

Seit der Mitte der 70er Jahre hat Ulrich Oevermann in den Sozialwissenschaften ein Methodenunternehmen vorangetrieben, das diese Reduktion ebenfalls ablehnt und die Rekonstruktion *objektiver Sinnstrukturen* ins Zentrum des Verstehens rückt: die "objektive Hermeneutik". Ursprünglich propagiert mit dem Gestus der generellen Distanzierung gegenüber der geisteswissenschaftlichen Hermeneutik, die dem subjektiven Sinnbegriff verhaftet sei, wird darin die Wirkungsmächtigkeit der 'reduktionistischen' Deutung der hermeneutischen Tradition besonders deutlich dokumentiert.[1]

Mit der von Gadamer in der philosophischen Hermeneutik und von Oevermann in den Sozialwissenschaften betriebenen Entkoppelung des Sinnverstehens vom Nachvollzug subjektiver Intentionen verliert die angebliche Bindung der Hermeneutik an handlungstheoretische Grundlagen ihre Plausibilität. Die Entwicklung der Systemtheorie unterstreicht diesen Eindruck: Nachdem Luhmann bereits 1971 *Sinn* zum Grundbegriff der systemtheoretischen Soziologie erklärt und später *Kommunikationen* als diejenigen Operationen bestimmt hatte, durch deren Verknüpfung soziale Systeme sich reproduzieren, wurden Parallelen zur Systemtheorie und der mit ihr verknüpften Methode der funktionalen Analyse sichtbar. Zu einer breiteren Diskussion dieser Parallelen kam es in den noch lange durch die Nachwehen des Positivismusstreites bestimmten Debattenkonstellationen der Soziologie jedoch nicht. Im Rückblick drängen sich diese Parallelen geradezu auf.

Gadamers Hermeneutik gewinnt Distanz zur Vorstellung von Verstehen als Nachvollzug der Sinnintentionen eines Autors oder Akteurs, indem er die Autonomie und Produktivität des Verstehens betont. Der *Interpret* eines Textes deutet diesen jeweils *aus seinem eigenen* Fragehorizont und Vorverständnis und gewinnt ihm dadurch einen Sinn ab, der sich erheblich von dem Sinn unterscheiden kann, den *sein Autor* ursprünglich damit verband. Anstelle der Sinnintention des Autors schiebt sich hier die Sinnzuweisung durch den Interpreten in den Vordergrund. Sie entscheidet darüber, in welcher Weise ein Text, eine Äußerung oder eine Handlung sozial wirksam wird.

Die Systemtheorie arbeitet mit einer analogen Grundfigur. Ihre Distanz gegenüber der Handlungstheorie gründet nicht darauf, daß sie das Konzept der Handlung einfach verwirft, sondern auf dessen veränderter Bestimmung. Äußerungen werden zu sozial wirksamen kommunikativen Handlungen erst dadurch, daß andere Äußerungen daran anschließen und ihnen dabei einen bestimmten Sinn *zuschreiben*. A sagt etwa zu B "Schönes Wetter heute" und erhält zur Antwort "Ne plumpere Anmache fällt dir wohl nicht ein". Die kommunikative Reaktion weist hier der Äußerung, an die sie anschließt, einen bestimmten Sinn als intendierten Sinn sozial zu. Ob der fremdzugeschriebene Sinn mit dem intendierten Sinn übereinstimmt oder nicht, ist dabei sekundär. In der face-to-face Interaktion kann der Autor einer Äußerung auf unerwartete Sinnzuweisungen zwar mit einem Dementi reagieren. Inwieweit er damit erfolgreich ist, ist freilich eine andere Frage. Der Autor eines *Textes* schließlich hat gegenüber den ihm unbekannten Rezipienten nicht einmal die Möglichkeit zu einem solchen Korrekturversuch. Die Systemtheorie betrachtet deshalb nicht intentional bestimmte Handlungen, sondern Kommunikationen, denen durch anschließende Kommunikationen erst ein bestimmter Handlungssinn zugeschrieben wird, als die elementaren Bausteine des Sozialen. Der Prozeß der

---

[1] In jüngerer Zeit gibt es freilich Anzeichen dafür, daß diese Deutung der hermeneutischen Tradition einer differenzierteren Einschätzung gewichen ist.

kommunikativen Verfertigung von Handlungen vollzieht sich demnach immer nur im Modus *nachträglicher* Sinnzuweisungen.

Die methodischen Regeln der Konversationsanalyse für die Untersuchung von Kommunikation tragen dieser Prämisse faktisch Rechnung: Konzipiert als "doppelte Hermeneutik" (Giddens), die zu verstehen versucht, wie die Teilnehmer einer Kommunikation einander verstehen, geht es ihr um die Rekonstruktion des Prozesses der sequenziellen kommunikativen Sinnzuweisung. Sie analysiert den Sinn von Äußerungen als eine soziale Tatsache, die vom wissenschaftlichen Beobachter an den kommunikativen Reaktionen anderer Teilnehmer abgelesen werden kann und erst durch diese Reaktionen in der Interaktion der Teilnehmer konstituiert wird. Auch hier also steht, wie in der Systemtheorie und in der Hermeneutik Gadamers, der *fremdzugeschriebene* Sinn im Vordergrund.

Unter diesen Voraussetzungen greift die Konversationsanalyse auch ein Problem auf, das in der Systemtheorie als eine handlungstheoretisch infizierte und mit der These der autopoietischen Geschlossenheit psychischer und sozialer Systeme nicht verträgliche Problemstellung gilt (vgl. Luhmann 1986a), das *Problem der Intersubjektivität*. Daraus könnte man folgern, daß Systemtheorie und Konversationsanalyse letztlich doch miteinander inkompatibel sind. Meine Vermutung ist jedoch eine andere. Ich glaube, daß die Systemtheorie von der Konversationsanalyse lernen kann, wie das Problem der Intersubjektivität in Übereinstimmung mit ihren eigenen Prämissen zu reformulieren ist. Ich knüpfe dazu an Überlegungen aus dem Band 2 meiner "Grundlagen der soziologischen Theorie" an, wo ich die Konversationsanalyse bereits als konsequente Weiterentwicklung der Schütz'schen Sozialphänomenologie und der Garfinkel'schen Ethnomethodologie vorgestellt habe, um diese Überlegungen systematisch weiter zu entfalten. Umgekehrt eröffnet die grundlagentheoretische Perspektive der Systemtheorie die Möglichkeit, die intersubjektivitätstheoretischen Einsichten der Konversationsanalyse (dort beschränkt auf den Kontext der face-to-face Interaktion) so weit zu abstrahieren, daß sie auch in den Bereich schriftlicher bzw. massenmedial vermittelter Kommunikation transponiert werden können.

Die Konversationsanalyse konzentriert sich auf die Untersuchung der *methodisch geordneten Praktiken*, welche die Kommunikationsteilnehmer verwenden, um ihre Kommunikationsbeiträge miteinander zu koordinieren. Weil sie zu verstehen versucht, mit Hilfe welcher Verfahren die Beteiligten einander verstehen, bindet sie sich eng an deren Perspektive und begreift Deutungen des wissenschaftlichen Interpreten, die keine Entsprechung in den kommunikativ angezeigten Deutungen der Teilnehmer finden, als sorgsam auszuscheidende Artefakte des Beobachters.

Auf eine andere Fragestellung hin konzipiert, kommt die objektive Hermeneutik hier zu einem anderen Ergebnis: Sie nutzt die Differenz zwischen der Teilnehmerperspektive und der Perspektive des wissenschaftlichen Beobachters systematisch, um erklärungsbedürftige Diskrepanzen zu erzeugen. Der hermeneutische Beobachter hat die Aufgabe, zunächst alle *ihm* (vor dem Hintergrund sozial geltender Erwartungen) möglich erscheinenden Deutungsmöglichkeiten einer Äußerung zu explizieren, um *dann* zu registrieren, welche dieser Deutungsmöglichkeiten von den Teilnehmern als Prämisse ihrer Anschlußäußerungen ausgewählt werden. Rekonstruiert wird die Selektivität der zu beobachtenden Sinnzuweisungen, die erreicht wird durch die je aktuelle Ausblendung alternativer Möglichkeiten. Das so ermittelte *fallspezifische Muster der Selektion von Sinn* gilt es danach zu erklären.

Eine so verfahrende Methodik der Rekonstruktion ist in besonderem Maße zugeschnitten auf den systemtheoretischen Sinn- und Kommunikationsbegriff. Zugleich verhält sie sich komplementär zur Konversationsanalyse, die sich primär auf die Untersuchung der Verfahren der *kommunikativen Koordination* der Sinnselektionen zwischen den Teilnehmern konzentriert, dabei jedoch die jeweils ausgeschlossenen Möglichkeiten der Sinnzuweisung und damit auch das je spezifische Selektionsmuster, das durch deren Ausschließung erzeugt wird, ignoriert. Sachlich einander ergänzend, methodologisch weitgehend abgestimmt auf zentrale Grundbegriffe der Systemtheorie (und darüber hinaus kompatibel mit der Methode funktionaler Analyse) könnten beide Methoden der Analyse von Kommunikation miteinander verbunden und von der Systemtheorie für die empirische Forschung genutzt werden.

Diese Generalthese wird im folgenden theoretisch, methodologisch und empirisch in *drei Teilen* entwickelt. Neben dem größtenteils neu geschriebenen ersten Teil greife ich dazu auf eine Reihe bereits publizierter kumulativer Studien zurück (vgl. dazu die Drucknachweise), die ich zu diesem Zweck stark überarbeitet und erweitert, eng aufeinander abgestimmt und in einen gemeinsamen konzeptuellen Rahmen integriert habe. *Teil 1* stellt die Erkundung der Parallelen zwischen Hermeneutik und funktionaler Analyse in den Mittelpunkt. *Teil 2* dehnt die Untersuchung auf die Verbindungslinien zwischen Hermeneutik und Systemtheorie aus. *Teil 3* schließlich konzentriert sich auf das Konzept der Intersubjektivität, das dort zunächst (in Anknüpfung an Überlegungen aus Bd.2) mit den Mitteln von Hermeneutik und Konversationsanalyse auf systemtheoriekompatible Weise reformuliert und danach in mehreren Schritten entfaltet wird.

Großen Wert habe ich dabei darauf gelegt, daß die Fruchtbarkeit der geführten methodologischen und theoretischen Diskussion durch ausführliche empirische Analysebeispiele erkennbar wird, die zumeist aus meiner eigenen Forschungspraxis stammen und die für mich die entscheidende Kontrollinstanz war und ist, an der sich die hier vorgetragenen theoretisch-methodologischen Reflexionen zu bewähren haben.

Viele Diskussionen haben ihre Spuren in diesem Text hinterlassen. Wem ich im einzelnen Anregungen verdanke, läßt sich heute kaum noch ausmachen. Mit Sicherheit einflußreich waren jedoch die über Jahre hinweg immer wieder geführten Debatten mit Bernhard Giesen, Kay Junge, Peter Fuchs und Jörg Bergmann sowie einige und zum Teil lange zurückliegende Diskussionen mit Ulrich Oevermann, John Heritage und Emanuel Schegloff. Für die daraus gewonnenen Anregungen möchte ich mich bedanken.

Ich widme das Buch meinen Kindern, die es so oft geduldig ertrugen, daß mich die Arbeit am Schreibtisch ihnen entzog.

1. Hermeneutische Interpretation und funktionale Analyse. Zur Kritik der Reduktion des Verstehens auf das Verstehen subjektiven Sinns

1.1 Die Unterscheidung von subjektivem und objektivem Verstehen und der methodologische Vorrang objektiven Verstehens

Jedes Verstehen von Handlungen, sprachlichen Äußerungen oder Artefakten menschlicher Tätigkeit kann den Sinn, den die Handelnden mit der Erzeugung solcher Sinngebilde verknüpften, nicht unmittelbar erkennen, sondern nur erschließen. Der Grund dafür ist einfach. Die Gedanken des anderen, seine Überlegungen und Absichten, sind für uns verborgen. Kenntnis darüber erhalten wir nur, indem diese Gedanken in irgend einer Weise zum Ausdruck gebracht werden. Unsere Wahrnehmung identifiziert Schalleindrücke, Linien auf dem Papier oder die Farbspuren eines Pinsels auf einer Leinwand als Ausdrucksformen, hinter denen ein bestimmter gedanklicher Sinn steht, den der Urheber damit verband und uns mitteilen wollte. Um diesen Sinn zu erkennen, müssen wir die Ausdrucksformen deuten und dabei die gleichen Deutungs*schemata* verwenden, die der Urheber bei ihrer Erzeugung zugrunde legte, wenn wir den *subjektiven Sinn* verstehen wollen, den er mit der Erzeugung dieser Ausdrucksgestalten verbunden hat.

Die theoretische Fassung des Verstehensproblems, an die ich hier erinnere, kennen wir bereits von Schütz (vgl. Schneider 2002, Bd.1, S.236ff., 242ff. und 263ff.). Jeder Versuch, den subjektiven Sinn von Äußerungen und Handlungen zu verstehen, kann demnach für einen Interaktionspartner immer nur annähernd erfolgreich sein,[2] verlangt den Gebrauch von *Typisierungen* und ist von der Möglichkeit des Scheiterns bedroht. Noch die alltäglichste Äußerung zwischen Familienmitgliedern oder vertrauten Freunden verlangt, um 'richtig' verstanden zu werden, die Lösung des Problems der *Koordination der Sinnzuweisungen* unter den Voraussetzungen der wechselseitigen Intransparenz der beteiligten Bewußtseine. Dieses Problem kann nur in dem Maße bewältigt werden, wie Autor und Rezipient hier und jetzt faktisch darin übereinstimmen, daß bestimmten Worten typisch ein be-

---

[2] Um kurz zu erinnern: Schütz versteht das Konzept des subjektiven Sinns als "Limesbegriff" (vgl. Schütz 1960, S.30). Der subjektive Sinn einer Äußerung oder Handlung erscheint ihm nur approximativ erreichbar, weil dessen vollständiges Verstehen nur bei kompletter Erfassung des sinnhaften Kontextes, letztlich also aller Bewußtseinserlebnisse des Autors, möglich wäre. Damit ist nicht gesagt, daß subjektive Sinnintentionen für fremdes Verstehen prinzipiell unzugänglich seien, wie Schütz (a.a.O., S.109) ausdrücklich vermerkt, sondern nur, daß eine *vollständige Identität* des fremdverstandenen Sinns mit dem im Bewußtsein des Handelnden konstituierten Sinn unmöglich ist. Gegenstand des Verstehens ist demnach immer nur der durch soziale Typisierungen erfaßbare und insofern reduzierte subjektive Sinn.

stimmter Sinn zukommt und die aktuelle Verwendung dieser Worte ihrem typischen Sinn im wesentlichen entspricht.³

Eine Äußerung zu verstehen heißt für den Hörer oder Interpreten, sie auf bestimmte Typisierungen oder Deutungsschemata zu beziehen und den dadurch ermittelten Sinn dem Sprecher als subjektiv intendierten Sinn *zuzuschreiben*. Dabei kann es geschehen, daß Autor und Rezipient der gleichen Äußerung einen unterschiedlichen Sinn zuweisen. Die vom Hörer aus der Perspektive sozial gebräuchlicher Typisierungen entworfene *objektive* Bedeutungsmöglichkeit⁴ bleibt dann ohne *subjektives* Pendant, d.h. ohne Deckung durch eine annähernd kongruente Sprecherintention. Dies kann von den Beteiligten als "Mißverständnis" registriert und repariert oder auch übersehen werden und dann dazu führen, daß gerade die Diskrepanz der Bedeutungszuweisungen in der weiteren Interaktion wirksam wird.⁵ Auch im Fall gelingenden Verstehens aber vollzieht sich das Verstehen einer Äußerung auf dem Wege der *objektiven* Erfassung des subjektiven Sinns. Es muß diesen Weg nehmen, weil uns Direkteinblicke ins Bewußtsein anderer Kommunikationsteilnehmer verwehrt sind. Die These, daß wir den subjektiven Sinn von Äußerungen, Handlungen und Artefakten immer nur annähernd verstehen können, impliziert dabei, daß eine völlige Identität zwischen dem *objektiven* (d.h. auf der Basis von Typisierungen zugewiesenen) und dem *subjektiven Sinn* unerreichbar ist.

"Objektiv" ist das Verstehen einer fremden Äußerung (einer Handlung, eines Kunstwerkes etc.) nur deshalb zu nennen, weil es mit Deutungsschemata operiert, die Teil des *gesellschaftlichen Wissensvorrates* und deshalb in einer sozialen Realität verankert sind, die von den subjektiven Bedeutungsintentionen des verstandenen Akteurs unabhängig ist. Damit ist weder behauptet, daß das so erreichte Verstehen eine jedem Zweifel enthobene Gültigkeit für sich beanspruchen kann, noch verbindet sich damit die Annahme, daß jedes objektive Verstehen zum selben Resultat führt. Verschiedene Interpreten können, etwa in Abhängigkeit von ihrer jeweiligen biographischen Erfahrung oder aktuellen Interessenlage, abweichende Deutungsschemata verwenden, um dieselbe Äußerung zu deuten und ihr dann jeweils einen unterschiedlichen, u.U. auch gegensätzlichen Sinn zuschreiben. In Relation zu dem subjektiven Sinn, den der Autor der Äußerung mit ihr verband, hat *jede* der so erzeugten Fremddeutungen den Status einer *objektiven* Interpretation. - Möglichen

---

3   Dabei kann es natürlich sein, daß der Hörer einer Äußerung um die Neigung des Sprechers weiß, bestimmte Worte abweichend von ihrer üblichen Bedeutung zu verwenden. Beide verfügen dann über eine gemeinsam geteilte (und möglicherweise niemandem sonst bekannte) hochspezifische Typisierung für die Verwendung bzw. Deutung dieser Worte, die neben den sonst typischen Gebrauch tritt. Bei jeder Verwendung eines entsprechenden Wortes entsteht dann für den Hörer u.U. das Zusatzproblem, daß er erkennen muß, welche der verschiedenen Typisierungsmöglichkeiten im aktuellen Fall vom Sprecher gewählt wurde.
4   Die Begriffe "Sinn" und "Bedeutung" verwende ich hier und im folgenden synonym.
5   Jemand verbucht etwa die unbedachte Äußerung eines anderen als vorsätzliche Beleidigung, reagiert aber nicht sofort darauf, sondern wartet eine günstige Gelegenheit ab, um ihm 'mit gleicher Münze heimzuzahlen'. Von dem später Attackierten kann diese Reaktion dann nicht als legitime Vergeltung, sondern als ein initialer Akt der Aggression wahrgenommen und entsprechend beantwortet werden, mit dem Ergebnis, daß sich beide in einen Konflikt verwickeln, in dem jeder sich selbst als Opfer und den anderen als Angreifer sieht.

Fehldeutungen der Unterscheidung zwischen objektivem und subjektivem Sinn versucht Schütz durch die folgende Feststellung vorzubeugen:

> "Subjektiver Sinn ist Sinn, den eine Handlung für den Handelnden oder den eine Beziehung oder Situation für die Person oder die Personen hat, die davon betroffen sind; objektiver Sinn ist der Sinn derselben Handlung, Beziehung oder Situation, den sie für jemand anders hat, sei er ein Partner oder ein Beobachter im Alltagsleben, Sozialwissenschaftler oder Philosoph. Diese Terminologie ist unglücklich, weil der Ausdruck 'objektiver Sinn' offensichtlich eine falsche Bezeichnung ist, insofern die sogenannte 'objektive' Auslegung wiederum relativ auf die besondere Einstellung des Auslegenden ist und daher in gewissem Sinne 'subjektiv'" (Schütz 1972, Bd.2, S.257).

Die zuletzt erwähnte 'Subjektivität' der besonderen Einstellung des Auslegenden ist dabei nicht gleichzusetzen mit individueller Willkür. Der Alltagshandelnde, der Sozialwissenschaftler oder auch der Richter, der eine Handlung deutet, wählt diese Einstellung nicht beliebig, sondern folgt in der Regel sozial vordefinierten Orientierungsmustern, die auch Anhaltspunkte dafür enthalten, ob in einer gegebenen Situation bei auftretenden Diskrepanzen der Sinnzuweisungen von Autor und Interpret entweder der subjektive oder der objektive Sinn einer Äußerung bzw. Handlung primär bedeutsam ist für dessen Auslegung und das daran anschließende Verhalten anderer Akteure.

Mit *Weber* sieht Schütz die Aufgabe der Soziologie in der approximierenden Rekonstruktion des subjektiven Sinns typischen Handelns mit Hilfe von Idealtypen, deren Konstruktion am Schema rationalen Handelns orientiert ist.[6] Eine möglichst weite Annäherung zwischen objektivem und subjektivem Sinn muß bei der Analyse von Handlungen freilich nicht in jedem Falle angestrebt werden: Ein Akteur kann mit einer Handlung einen bestimmten subjektiven Sinn verbinden, der ihm, z.B. aus der Perspektive des geltenden Rechts, abgesprochen werden muß. So, wenn jemand annimmt, er habe ein Grundstück gekauft und es sich dann herausstellt, daß der vermeintliche Verkäufer des Grundstücks weder dessen rechtmäßiger Eigentümer noch vom Eigentümer zum Verkauf bevollmächtigt war. In diesem Fall waren die rechtlichen Voraussetzungen eines Kaufs nicht erfüllt. Eine Kaufhandlung konnte deshalb nicht ausgeführt werden, auch wenn der Akteur genau diesen subjektiven Sinn mit einer von ihm geleisteten Geldzahlung verband.[7]

Zu den "Sozialwissenschaften", denen es primär um die Explikation *objektiver* Sinnzusammenhänge geht, rechnet Schütz u.a. "die Rechtsgeschichte als Beschreibung der historischen Formen des Rechts oder die 'Kunstgeschichte ohne Namen'

---

6 Vgl. dazu Schneider 2002, Bd.1, S.273f.; zu den dort behandelten Postulaten der subjektiven Auslegung und der Rationalität siehe Schütz 1972, Bd.2, S.44f. und 48).

7 Auch der objektive Sinn, der dieser Geldzahlung im Rahmen des geltenden Rechts zuzuschreiben ist, kann freilich (insbesondere in Abhängigkeit von den involvierten Interessen) unterschiedlich gedeutet werden und zu Kontroversen Anlaß geben: Der Anwalt des vermeintlichen Käufers mag in der Gerichtsverhandlung darlegen, daß die Geldzahlung für das Objekt, dessen Erwerb von seinem Mandanten beabsichtigt war, in Anwesenheit des Eigentümers stattfand, daß sich der Zahlungsempfänger dabei ausdrücklich als Verkaufsberechtigter vorstellte und der Umstand, daß der Eigentümer dem nicht widersprach, als rechtswirksame Erteilung einer entsprechenden Berechtigung durch "konkludentes Handeln" zu werten war und demnach tatsächlich eine Eigentumsübertragung stattgefunden habe.

oder ... die 'allgemeine Staatsrechtslehre" (Schütz 1960, S.277). Aber auch im Alltag steht nicht immer das Verstehen des subjektiven Sinns im Vordergrund: Ein Kind etwa, das sich (wieder einmal) weigert, seine 'guten' Hosen zum Spielen zu wechseln, dann aber (wie schon so oft) völlig verschmutzt nach Hause kommt, wird rasch bemerken, daß ihm der Zustand seiner Kleidung *verantwortlich zugerechnet* wird, auch wenn es glaubhaft versichert, dieses Resultat weder beabsichtigt noch vorhergesehen zu haben. Aus der Perspektive der Eltern hätte es wissen können und wissen müssen, daß dies die erwartbare Folge seines Handelns ist, die es fahrlässig herbeigeführt hat. Die Eltern erwarten in diesem Falle *normativ*, daß ihr Kind in seinem Handeln die Deutungsprämissen, welche die Eltern bei der Auslegung dieses Handelns zugrunde legen (formulierbar in dem Erfahrungssatz 'Beim Spielen machen Kinder sich in der Regel schmutzig', verbunden mit der Maxime, 'Die guten Hosen sollen sauber bleiben'), berücksichtigt, d.h. entweder die Kleidung vor dem Spielen wechselt oder sich besonders sorgsam verhält. Der Hinweis auf die Differenz zwischen dem subjektiven Sinn des kindlichen Handlungsentwurfs und dem objektiven Sinn, den die Eltern dem Verhalten des Kindes vor dem Hintergrund des bedauerlichen Handlungsergebnisses zuschreiben (so wenn das Kind auf die elterlichen Vorhaltungen antwortet: 'Das hab' ich doch nicht mit Absicht gemacht'), verfängt dann nicht mehr. Die Eltern insistieren auf ihrer Deutung und der normativen Verbindlichkeit der von ihnen verwendeten Deutungsprämissen auch und gerade dann, wenn das Kind sich auf eine davon abweichende Selbstauslegung seines Verhaltens beruft. Sie beanspruchen damit den *Vorrang der objektiven Auslegung* gegenüber der subjektiven.[8]

Ähnliches gilt, wenn einem Oppositionspolitiker, der den 'maroden Zustand der Wirtschaft' als Folge einer verfehlten Regierungspolitik anprangert, von Vertretern der Regierung vorgehalten wird, 'er rede die Wirtschaft schlecht', weil seine überzogene Kritik dazu beitrage, das Vertrauen in die konjunkturelle Entwicklung zu ruinieren, das Voraussetzung für die Bereitschaft zu wachstumsstimulierenden Investitionen sei. Auch hier kann dem Oppositionspolitiker durchaus 'zugestanden' werden, daß er diesen Effekt bei seiner Kritik nicht beabsichtigt oder antezipiert habe, ohne daß die gegebene Deutung deshalb hinfällig würde. Aus der Perspektive des Regierungsvertreters kann die Alternative allenfalls lauten: War der Oppositionspolitiker so *inkompetent*, daß er nicht wußte, welche ökonomischen Auswirkungen seine Äußerungen haben können, oder war er so *skrupellos*, diese Wirkung in Kauf zu nehmen, wenn nicht gar zu beabsichtigen, um die Wirtschaftspolitik der Regierung in einem möglichst schlechten Licht stehen zu lassen und die Wahlchancen der eigenen Partei zu erhöhen? - Auch hier wird demnach der objektiven Auslegung einer Äußerung offensichtlich der Vorrang gegenüber der subjekti-

---

8 Würden die Eltern dem Kind nur diejenigen Folgen seines Verhaltens verantwortlich zurechnen, die es beabsichtigt oder zumindest vorhergesehen hat, d.h. *sich nur an dem subjektiven Sinn* seines Handelns orientieren, dann müßten sie, sofern sie die Aufrichtigkeit des Kindes unterstellen, bereit sein, den Rechtfertigungsversuch des Kindes durch Hinweis auf seine fehlende Absicht sofort zu akzeptieren. Ihre Vorhaltungen wären dann das Resultat eines *Mißverständnisses*, das durch die Antwort des Kindes aufgeklärt worden ist.

ven Interpretation zugewiesen, wie es oft in Situationen der Fall ist, in denen es um die *Zuschreibung von Verantwortung* für die negativen Folgen eines Verhaltens geht. Eine derartige Privilegierung des objektiven Verstehens gegenüber der subjektiven Deutung findet sich deshalb besonders häufig im Kontext des Rechts.[9]

Das knappe Resümee der in Bd.1 der "Grundlagen ..." ausführlich dargestellten Position von Schütz zum Problem des Verstehens macht deutlich, daß subjektives Verstehen ohne objektives Verstehen nicht möglich ist. Umgekehrt können wir jedoch Handlungen, Texte oder Kunstwerke deuten, ohne dabei die Frage mitbehandeln zu müssen, welches denn der subjektive Sinn ist, den die Urheber dieser Sinngebilde mit ihnen verbunden haben. Das objektive Verstehen ist demnach dem subjektiven Verstehen insofern *methodologisch generell vorgeordnet*, weil auch der subjektive Sinn nur durch den Gebrauch objektiver Deutungsschemata verstanden werden kann, eine umgekehrte Abhängigkeit des objektiven Verstehens von der Ermittlung des subjektiven Sinns jedoch nicht besteht. Zugleich ist festzuhalten, daß der objektive Sinn *zuverlässiger* zu ermitteln ist als der subjektive Sinn, ergibt er sich doch direkt aus der Erfüllung sozial konventionalisierter Deutungsschemata. Im Gegensatz dazu bleibt das Verstehen subjektiven Sinns immer mit größerer Unsicherheit behaftet, weil es die zusätzliche Annahme verlangt, daß die Deutungsschemata, die der Interpret verwendet, um eine Äußerung oder Handlung zu verstehen, weitgehend zur Deckung kommen mit den Schemata, an denen sich ihr Urheber bei ihrer Ausführung orientierte.

Die objektive Hermeneutik Oevermanns, mit der wir uns später ausführlich beschäftigen werden, wie auch die von Soeffner (vgl. u.a. 1989) vertretene Version einer sozialwissenschaftlichen Hermeneutik, ziehen daraus die methodologische Schlußfolgerung, daß der subjektive Sinn von Äußerungen und Handlungen als Selektion aus den sozial vordefinierten Deutungsmöglichkeiten zu ermitteln ist, die deshalb zu Beginn einer Interpretation so vollständig wie nur möglich expliziert werden müssen. Der *methodologische* Vorrang objektiven Verstehens präjudiziert freilich nicht die ganz andere Frage, ob das *Ziel* des Verstehensprozesses in der Rekonstruktion des subjektiven Sinns, wie er dem Akteur vor Augen stand, oder in der Explikation des objektiven Sinns in Relation zu bestimmten Deutungsschemata zu sehen ist, die der Interpret an das zu verstehende Sinngebilde heranträgt.

Wie das Programm von Schütz, so zielt auch *Webers* Methodologie des Verstehens sozialer Handlungen auf die Rekonstruktion des subjektiven Sinns. Zugleich verdeutlicht sie ein weiteres Mal den methodologischen Vorrang objektiven Verstehens: Das maximale Verstehen von Handlungen verlangt zunächst die Konstruktion eines "objektiv richtigkeitsrationalen" Idealtypus, an dem abgelesen werden kann, welches Handeln unter den gegebenen Bedingungen aus der *Perspektive des*

---

9 Vgl. dazu Schneider 1994, Kap.1.5. - Schütz/Luckmann (1984, S.26; Hervorhebung im Original) stellen dazu fest: "... wenn bestimmte Folgen des Wirkens voraussehbar sind, *soll* man sich an ihnen orientieren; ob man es in einem konkreten Fall auch tatsächlich getan hat oder nicht, kann außer acht gelassen werden." Zur weiteren Diskussion der Beziehung zwischen subjektiv intendiertem und verantwortlich zugerechnetem Handeln bei Schütz/Luckmann vgl. Schneider 1994, S.41ff.

wissenschaftlichen Interpreten optimal geeignet gewesen wäre, um die Ziele zu verfolgen, die für den Handelnden in dieser Situation relevant waren. Sofern das beobachtete Handeln dem als objektiv richtigkeitsrational angenommenen Handeln entspricht, kann vermutet werden, daß das Handeln des Akteurs tatsächlich rational motiviert war. Werden hingegen Abweichungen zwischen dem faktischen und dem idealtypisch entworfenen Handeln festgestellt, dann muß diese Diskrepanz zum Idealtypus durch Ermittlung weiterer, eventuell auch nicht-rationaler Sinnelemente geschlossen werden, nach deren Eintragung in den Idealtypus das beobachtete Handeln aus dem so angereicherten Typus abgeleitet werden kann (vgl. Schneider 2002, Bd.1, S.30ff.). Wie später bei Schütz, so geht es also schon bei Weber um die Approximation des subjektiven Sinns auf der Basis objektiver Deutungsschemata, die so lange zu ergänzen und zu modifizieren sind, bis keine Diskrepanz mehr zwischen dem beobachteten und dem unter den Deutungsprämissen des wissenschaftlichen Beobachers zu erwartenden Verhalten zu registrieren ist.[10]

Poppers Vorstellungen von einer "objektiv-verstehende(n) Sozialwissenschaft" (vgl. 1972, S.120f.) kommen den methodologischen Ausführungen Webers nahe. Die Aufgabe einer solchen Sozialwissenschaft besteht für Popper darin,

> "... daß sie die *Situation* des handelnden Menschen hinreichend analysiert, um die Handlung aus der Situation ohne weitere psychologische Hilfe zu erklären. Das objektive 'Verstehen' besteht darin, daß wir sehen, daß die Handlung objektiv *situationsgerecht* war" (Popper 1972, S.120; Hervorhebungen im Original). Dabei gehe es darum, "... eine idealisierte Rekonstruktion der Problemsituation zu liefern, in der sich der Handelnde befand, und in diesem Maße die Handlung 'verstehbar' (oder 'rational verstehbar') zu machen, das heißt *seiner Situation, wie er sie sah, angemessen*" (Popper 1984, S.185; Hervorhebungen im Original).

Wie die beiden Zitate belegen, begreift Popper Verstehen als *rationales Verstehen*, dem es darum geht, ein idealtypisches Modell der subjektiven Situationsdeutung des Akteurs zu entwickeln, unter deren Voraussetzung eine ausgeführte Handlung als situationsangemessen gelten kann. Dieses Modell kann die konkrete Situationswahrnehmung des Akteurs nie vollständig, sondern immer nur annähernd, d.h. in typisierender Form erfassen (vgl. Popper 1984, S.185), wie Popper in faktischer Übereinstimmung mit der Schütz'schen These von der Unerreichbarkeit des vollständigen subjektiven Sinns notiert. Die Grenzen der vernünftigen Nachvollziehbarkeit einer Handlung erscheinen dabei tendenziell deckungsgleich mit den Grenzen des Verstehens (vgl. dazu auch Schneider 2002, Bd.1, S.30ff.).[11] Was völlig irrational ist, entzieht sich dem Verstehen. Wenn ein Handeln soweit als möglich verstanden werden soll, dann heißt dies, daß - so lange das Gegenteil nicht nachzuweisen ist - angenommen werden muß, daß ein Fall vollständig rationalen Handelns vorliegen

---

10 Da Webers Methodologie in Bd.1 der "Grundlagen ..." hinreichend behandelt wurde, kann ich mich hier auf die Wiederholung und Vertiefung der Gesichtspunkte beschränken, die für die Diskussion der Unterscheidung zwischen subjektivem und objektivem Sinn relevant sind und von weiteren Einzelheiten absehen. Im weiteren werde ich noch mehrfach auf Weber zurückkommen.
11 Popper stellt deshalb auch fest: "Diese Methode der Situationsanalyse läßt sich als eine Anwendung des *Rationalitätsprinzips* auffassen" (Popper 1984, S.185, Hervorhebung im Original).

könnte. Ein Maximum an Rationalität ist aus der Perspektive des analysierenden Beobachters dann gegeben, wenn das Handeln angemessen ist in Verhältnis zu den Umständen der Situation, wie sie der Beobachter selbst sieht. In den Begriffen Webers formuliert ist dies der Fall, wenn der subjektive Sinn eines Handelns zusammenfällt mit dem objektiv richtigkeitsrationalen Idealtypus, den der Beobachter zur Deutung dieses Handelns verwendet.

Die Konstruktion eines objektiv richtigkeitsrationalen Idealtypus, der angibt, welches Verhalten in einer gegebenen Situation angemessen war, ist freilich auch dann methodologisch notwendig, wenn das beobachtete Handeln von diesem Idealtypus abweicht. Der Beobachter kann an solchen Abweichungen erkennen, daß seine Modellierung der Situation nicht übereinstimmt mit der Situationsdefinition des Akteurs und deshalb modifiziert werden muß. Dementsprechend rechnet Popper zu den Aufgaben der Situationsanalyse auch

> "... die Unterscheidung zwischen der Situation, wie sie der Handelnde sah und wie sie wirklich war (beides sind natürlich Vermutungen)" (Popper 1984, S.185).

Von Weber unterscheidet Popper allenfalls ein größeres Vertrauen in die rationale Verständlichkeit menschlichen Handelns. Seine Konzeption der situationslogischen Erklärung ist aber auch auf Verhaltensweisen anwendbar, die uns, auf den ersten Blick besehen, völlig irrational motiviert erscheinen: Wenn etwa die Weltuntergangsprophezeihung des charismatischen Führers einer religiösen Gemeinschaft nicht eintritt und die Anhänger dieses Führers darauf nicht mit Zweifeln an seinen Lehren reagieren, sondern darin vielleicht sogar eine Bestätigung seiner Macht und Heiligkeit erblicken, der sie die Verhinderung der erwarteten Katastrophe zuschreiben, dann ist dies nur irrational unter der Voraussetzung, daß wir den Gewinn verläßlichen Wissens als ein wesentliches Ziel der Akteure annehmen. Vergegenwärtigt man sich jedoch die wahrscheinlichen Folgen, die die Aufgabe des Glaubens an die charismatische Qualifikation des Führers mit sich bringen würde (Verlust des Oberhaupts der Gruppe, ihre eventuelle Auflösung und damit Verlust von affektiven Bindungen, der Geborgenheit in der Gemeinschaft sowie des Lebenssinns, der durch den gemeinsamen Glauben gestiftet wurde); nimmt man darüber hinaus an, die Vermeidung der dadurch anfallenden psychischen Kosten sei das für die Akteure wichtigste Ziel; dann ist die Umdeutung der fehlgeschlagenen Prophezeihung in ein Beispiel für die besondere Wirkungsmacht des religiösen Führers angemessen in Relation zu der so gedeuteten Problemsituation und insofern *objektiv* (d.h. aus der Perspektive dieser Deutung des wissenschaftlichen Interpreten) *rational*.

Zugleich muß davon ausgegangen werden, daß dieser Rationalzusammenhang der Einsicht der Akteure entzogen und insofern nicht als subjektiver Sinn bewußtseinsfähig ist, würde doch gerade dies den Glauben zerstören, dessen Schutz eine wichtige Voraussetzung für die Vermeidung der erwähnten psychischen Kosten darstellt. Eine solche Deutung wäre also zugleich genötigt, psychische Mechanismen zu postulieren, die diesen Zusammenhang für das Bewußtsein der Akteure *latent* halten. So z.B. "Verleugnung" bzw. "Verdrängung" als psychische "Abwehrmechanismen", wie sie von der Psychoanalyse angenommen werden. Die Einführung derartiger, rationalitätsbeeinträchtigender Mechanismen der Selbsttäuschung ist hier methodologisch gerade durch das Prinzip rationalen Verstehens gerechtfertigt, weil und insofern eine Beziehung der Angemessenheit oder Rationalität zwischen der Situation und dem Verhalten der Akteure vom wissenschaftlichen Beobachter nur hergestellt werden kann unter der Zusatzannahme, daß dieser Zusammenhang für die Akteure selbst nicht ohne weiteres sichtbar ist.[12]

Auch in Poppers Konzeption des situationslogischen Verstehens wird der methodologische Vorrang objektiven Verstehens deutlich. Die Wahrnehmung der Situation aus der Perspektive des Beobachters bildet die Ausgangsbasis für die idealtypische Modellierung der Situation, wie sie dem Akteur vermutlich erschien. Nur so kann eine Handlung auf maximal verständliche Weise gedeutet und kann dabei auch noch zum Gegenstand des Verstehens werden, inwieweit und gegebenenfalls weshalb die Situationsdeutung des Akteurs von der des Beobachters abweicht. Unter den aktuellen soziologischen Theorieansätzen knüpft vor allem *Rational Choice* an die Popper'sche Konzeption des situationslogischen Verstehens an.[13]

Im Kontext der Hermeneutik hat *Gadamer* den methodologischen Vorrang objektiven Verstehens konsequent herausgearbeitet. Gadamer wendet sich gegen die der aufklärerischen Tradition entstammende pauschale Kritik des Vorurteils. Er verwirft die Auffassung, nach der adäquates Verstehen das völlige Abstreifen eigener Vormeinungen voraussetzt, weil nur so die Verzerrung des subjektiven Sinns durch die Sinnerwartungen des Interpreten vermieden werden könne, die gebunden sind an den historischen und sozialen Kontext, in dem der Interpretierende steht. An Heidegger anschließend betont Gadamer die konstitutive Bedeutung der *"Vorurteile"* des Interpreten für die Deutung von Texten oder Kunstwerken (vgl. Gadamer 1965, S.250ff.). Dessen Voraussetzungen, Deutungsschemata und die darauf gründenden Sinnerwartungen könnten nicht einfach ausgeblendet werden, weil damit jedem Verstehen die Grundlage entzogen wäre. Jedes Verstehen setze bereits ein Vorverständnis auf Seiten des Interpreten voraus, ohne das der Verstehensprozeß niemals in Gang kommen könne. Diese zirkuläre Struktur des Verstehens (bekannt unter dem Titel des "hermeneutischen Zirkels") sei ein Faktum, dem auszuweichen unmöglich ist. Nicht um die Umgehung oder Auflösung

---

12 Eine treffende Charakterisierung der Rolle des Rationalitätsprinzips (d.h. der Annahme, daß eine Handlung erst dann verstanden worden ist, wenn sie als *angemessen* in Relation zur Definition der Situation aus der Perspektive des Akteurs gedeutet werden kann) gibt J. Farr (1983, S.170), wenn er feststellt: "It serves as a *regulative maxim* of social inquiry. It is an *a priori* principle which we use to regulate situational analysis, and social research generally." Als regulative Maxime und apriorisches Prinzip des Verstehens hat das Rationalitätsprinzip in den Sozial- und Geisteswissenschaften einen ähnlichen Status wie die Annahme von Kausalbeziehungen in der Natur für die Naturwissenschaften. Die Rationalitäts- wie die Kausalitätsannahme gehen als Voraussetzungen in die Bildung und Falsifizierung von Hypothesen ein, ohne selbst als 'wahr' erwiesen oder empirisch widerlegt werden zu können. - Als genaue und kritische Erörterung zur Rolle des Rationalitätsprinzips im Rahmen situationslogischen Verstehens vgl. Schmid 1979, S.16ff. sowie Schmid 1979a.
13 Vgl. dazu Esser 1993, S.93ff., der das Rationalitätsprinzip freilich nicht als regulative Maxime, sondern als *falsifizierbare Gesetzeshypothese* begreift und ihr die spezifischere Fassung des Prinzips der Maximierung des subjektiv erwarteten Nutzens gibt, das die *Selektion* von Handlungen steuere.

des Vorverständnisses, das der Interpret an einen Text heranträgt, könne es daher gehen, sondern nur darum, seine Vorannahmen auf die richtige Weise im Verstehensprozeß einzusetzen.

> "Wer einen Text verstehen will, vollzieht immer ein Entwerfen. Er wirft sich den Sinn des Ganzen voraus, sobald sich ein erster Sinn im Text zeigt. Ein solcher zeigt sich wiederum nur, weil man den Text schon mit gewissen Erwartungen auf einen bestimmten Sinn hin liest. Im Ausarbeiten eines solchen Vorentwurfs, der freilich beständig von dem her revidiert wird, was sich bei weiterem Eindringen in den Sinn ergibt, besteht das Verstehen dessen, was dasteht. Diese Beschreibung ist natürlich eine grobe Abbreviatur: daß jede Revision des Vorentwurfs in der Möglichkeit steht, einen neuen Entwurf von Sinn vorauszuwerfen, daß sich rivalisierende Entwürfe zur Ausarbeitung nebeneinander herbringen können, bis sich die Einheit des Sinnes eindeutiger festlegt; daß die Auslegung mit Vorbegriffen einsetzt, die durch angemessenere Begriffe ersetzt werden: eben dieses ständige Neu-Entwerfen, das die Sinnbewegung des Verstehens und Auslegens ausmacht, ist der Vorgang, den Heidegger beschreibt. Wer zu verstehen sucht, ist der Beirrung durch Vor-Meinungen ausgesetzt, die sich nicht an der Sache selbst bewähren. Die Ausarbeitung der rechten, sachangemessenen Entwürfe, die als Entwürfe Vorwegnahmen sind, die sich 'an den Sachen' erst bestätigen sollen, ist die ständige Aufgabe des Verstehens" (Gadamer 1965, S.251f.).

Die Sinnerwartungen des Interpreten werden hier als *Deutungshypothesen* charakterisiert, die im Prozeß der Auslegung am Wortlaut des Textes unter Gesichtspunkten der *Konsistenz* zu bewähren oder zu verwerfen sind. Die Scheidung zwischen den ein adäquates Verstehen ermöglichenden und den verstehensbeeinträchtigenden "Vorurteilen" bleibt dem Gang der Auslegung überlassen. Das eigene Vorverständnis ins Spiel zu bringen heißt zugleich, es in der Konfrontation mit dem Text aufs Spiel zu setzen.[14] Das Scheitern bei dem Versuch, auf seiner Grundlage eine mit den Einzelheiten des Textes zusammenstimmende Auslegung zu entwickeln, zwingt zur Revision der eigenen Vorannahmen und zur Ausarbeitung alternativer Deutungshypothesen, die dann erneut der Bewährung am Text auszusetzen sind. Dieses Verfahren stimmt im Kern überein mit den methodologischen Forderungen des Popper'schen Falsifikationismus.

Jeder Widerspruch, den der Interpret zwischen einer Deutung, die sich u.U. bereits mehrfach am Text bewährt hat, und einer neuen Textstelle registriert, wirft freilich ein Zurechnungsproblem auf: Ist dieser Widerspruch als Anzeichen für die Fehlerhaftigkeit der Deutungshypothese oder für Inkonsistenzen in den Darlegungen des interpretierten Autors zu verbuchen? Wir treffen an dieser Stelle erneut auf die uns schon von Weber, Schütz und Popper bekannte Frage nach der immanenten *Rationalität* des als Handlung, Text oder Artefakt vorliegenden Sinngebildes.

Wie wir gesehen haben, lösen Weber und Popper dieses Problem bei der Analyse von Handlungen zunächst, indem sie empfehlen, die untersuchte Handlung bis zum Beleg des Gegenteils als "objektiv richtigkeitsrational" (Weber) bzw. "objektiv situationsangemessen" (Popper) zu betrachten. Abweichungen von einem richtigkeitsrational konstruierten Idealtypus werden bei Weber dann als Anzeichen dafür

---

14 Vgl. dazu auch die folgende Aussage: "Es gilt, der eigenen Voreingenommenheit innezusein, damit sich der Text selbst in seiner Andersheit darstellt und damit in die Möglichkeit kommt, seine sachliche Wahrheit gegen die eigene Vormeinung auszuspielen" (Gadamer 1965, S.253f.).

bewertet, daß Abstriche an der initialen Rationalitätsunterstellung gemacht und irrationale Elemente (wie z.B. vom wissenschaftlichen Interpreten als 'falsch' bewertete Überzeugungen) in die Deutung einer Handlung aufgenommen werden müssen. Von Irrationalitätsunterstellungen ist dabei so sparsam wie nur möglich Gebrauch zu machen. Eine Handlung, wie etwa die Aufführung eines Regentanzes mit dem Ziel, das Ende einer Dürreperiode herbeizuführen, kann zwar nicht mehr als "objektiv richtigkeitsrational", wohl aber immer noch als "subjektiv zweckrational" verstanden werden, muß also nicht gleich auf den Einfluß kaum nachvollziehbarer Affekte oder einer unbegreiflichen 'Mentalität' zurückgeführt werden. Poppers Methode der Situationsanalyse kommt hier zu dem gleichen Ergebnis, indem zunächst die objektive Situationsangemessenheit einer Handlung angenommen und Abweichungen zwischen der Situationswahrnehmung des Akteurs und der Situationsanalyse des Interpreten erst dann unterstellt werden, wenn besondere Indizien dafür vorliegen. Auch hier sind Annahmen über derartige Diskrepanzen möglichst sparsam einzuführen. In dem Maße, in dem Abstriche an der initialen Rationalitätsunterstellung gemacht werden müssen, treten die Perspektiven des Akteurs und des Interpreten sichtbar auseinander.

Die Zurückhaltung gegenüber Irrationalitätsunterstellungen hat einen zweifachen Grund. Die vorschnelle Verwendung solcher Annahmen würde nicht nur die Möglichkeiten des Verstehens unnötig einschränken; sie ist darüber hinaus geeignet, jede Deutungshypothese gegen Widerlegung zu immunisieren. Dies macht vor allem Gadamers Beleuchtung der Prozeßstruktur des Verstehens von Texten sichtbar: Wenn jeder Widerspruch zwischen Aussagen eines Textes und einer bisher mit dem Text übereinstimmenden Deutung darauf zurückgeführt werden kann, daß dem Autor Inkonsistenzen unterlaufen sind, weil er vielleicht zwischen verschiedenen Auffassungen schwankte oder weil er seine Überzeugung im Laufe der Niederschrift des Manuskripts mehrfach geändert hat, ohne dies eigens zu vermerken, dann genügen bereits geringe Übereinstimmungen zwischen Text und Deutung, um eine Deutungshypothese als hinreichend begründet zu betrachten und durch die Zuschreibung von Inkonsistenzen an den Autor gegen spätere Revision zu schützen. "Inkonstistent" ist dabei nur ein anderer Titel für die Annahme irrationaler Einflüsse, welche die Verständlichkeit eines Textes beeinträchtigen.

Um der doppelten Gefahr des Vergebens von Verstehensmöglichkeiten und der Immunisierung von Deutungshypothesen durch den inflationären Gebrauch von Inkonsistenzzuschreibungen zu begegnen, muß auch das Verstehen von Texten auf eine *Rationalitätsunterstellung* zurückgreifen. Gadamers Version des verstehensleitenden Rationalitätsprinzips trägt den Titel des "Vorgriffs (bzw. der 'Voraussetzung' oder des 'Vorurteils', wie Gadamer auch formuliert) der Vollkommenheit":

> "Auch das ist offenbar eine formale Voraussetzung, die alles Verstehen leitet. Sie besagt, daß nur das verständlich ist, was wirklich eine *vollkommene Einheit von Sinn* darstellt. So machen wir denn diese Voraussetzung der Vollkommenheit immer, wenn wir einen Text lesen, und erst wenn diese Voraussetzung sich als unzureichend erweist, d.h. der Text nicht verständlich wird, zweifeln wir an der Überlieferung und suchen zu erraten, wie sie zu heilen ist. (...) Und wie wir Nachrichten eines Korrespondenten glauben, weil er dabei war oder es sonst besser weiß, so sind wir grundsätzlich der Möglichkeit offen, daß ein überlieferter Text es besser weiß, als die eigene Vormeinung gelten lassen

will. Erst das Scheitern des Versuchs, das Gesagte als wahr gelten zu lassen, führt zu dem Bestreben, den Text als die Meinung eines anderen - psychologisch oder historisch - 'zu verstehen'" (vgl. Gadamer 1965, S.278; Hervorhebung von mir, W.L.S.).

Der "Vorgriff der Vollkommenheit", den Gadamer (1965, S.352) als "Axiom aller Hermeneutik" herausstellt, schließt nicht nur die Möglichkeit ein, daß der Text die Rationalitätsannahmen erfüllt, die der Interpret an ihn heranträgt, sondern auch, daß der Interpret durch den Text belehrt werden kann und die Fehlerhaftigkeit seiner eigenen Vorannahmen erkennen muß. Während Webers Methodologie des Handlungsverstehens den objektiv richtigkeitsrational konzipierten Idealtypus, den der wissenschaftliche Interpret konstruiert, als Maßstab begreift, an dem die Rationalität der gedeuteten Handlung abgelesen werden kann, betont Gadamer auch noch die Fallibilität dieses Maßstabs, dem gegenüber sich der Text als überlegen erweisen kann. Das Verhältnis zwischen Text und Interpret wird hier in stärkerem Maße nach dem Modell eines Dialoges gedacht, in dem unterschiedliche Anschauungen zu Tage treten können, ohne daß schon präjudiziert wäre, wer in diesem Falle recht hat. Indem der Interpret seine Vorurteile als Deutungsprämissen ins Spiel bringt, kann sich nicht nur herausstellen, daß sie keine angemessene Grundlage für das Verstehen eines Textes bieten, sondern auch, daß die darin enthaltenen Überzeugungen einer Prüfung auf ihre rationale Begründbarkeit nicht standhalten.

Wenn der Text also den Rationalitätsunterstellungen des Interpreten widerspricht, darf der Auslegende darin erst dann eine weniger rationale Sondermeinung des Textes über die darin behandelten Fragen sehen, die es historisch bzw. psychologisch zu erklären gilt, wenn er zuvor seine eigenen Rationalitätsannahmen auf ihre eventuelle Korrekturbedürftigkeit überprüft hat. Auch bei Gadamer kommt es, wenn entsprechende Diskrepanzen zwischen dem Textsinn und den Annahmen des Interpreten nicht aufgelöst werden können, im Prozeß der Auslegung zur Scheidung zwischen der Auffassung des Interpreten und der des Autors eines Textes.

Bisher habe ich am Beispiel von Schütz, Weber, Popper und Gadamer zu zeigen versucht, daß im Verstehensprozeß dem objektiven Verstehen der *methodologische* Vorrang zukommt. Dabei bin ich zunächst noch mit Schütz und der Weber'schen Methodologie davon ausgegangen, daß es - abgesehen von besonderen Kontexten, wie etwa im Recht oder allgemeiner, bei Fragen der Verantwortungszurechnung, - im Regelfall in den Sozial- und Geisteswissenschaften darum geht, den *subjektiven Sinn* von Handlungen, Texten oder Artefakten zu ermitteln. Wenn dem so wäre, dann würde dem *methodologischen Primat* objektiven Verstehens ein *materialer Primat* subjektiven Verstehens gegenüberstehen. Im folgenden will ich zeigen, daß dies jedoch keineswegs generell zutrifft. Neben Überlegungen von Gadamer und Popper werde ich dazu vor allem *Dantos* Untersuchungen zur Struktur des Verstehens von geschichtlichen Ereignissen aufgreifen, welche die große Bedeutung des Verstehens objektiver Sinnstrukturen für die Sozial- und Geisteswissenschaften klar vor Augen führen.

1.2 Die materiale Bedeutung objektiven Verstehens

Gadamer weist *auch material* dem Verstehen objektiven Sinns den Vorrang gegenüber der Rekonstruktion der subjektiven Sinnintentionen des Autors oder Akteurs zu. Er tut dies in ausdrücklicher Distanzierung gegenüber der Linie der hermeneutischen Tradition, die in der Nachfolge Schleiermachers steht und die er unter dem Etikett der "romantischen Hermeneutik" zusammenfaßt. Im Anschluß an R.G. Collingwood kommt er zu der folgenden allgemeinen Bestimmung des Verstehens von Texten (und Handlungen):

> "In Wahrheit kann man einen Text nur verstehen, wenn man die Frage verstanden hat, auf die er eine Antwort ist" (vgl. Gadamer 1965, S.352).

Ein (nicht-fiktionaler) Text wird hier nicht einfach als eine Menge von Aussagen über die Welt betrachtet, deren jede entweder wahr oder falsch ist. Als organisierendes Zentrum, auf das hin die Aussagen des Textes gerichtet sind und von dem her es erst möglich ist, seine unterschiedlichen Aussagen als Elemente eines Sinnzusammenhangs zu verstehen, wird die *Frage* bestimmt, die der Text beantwortet. Diese Feststellung bedarf freilich noch der genaueren Bestimmung, läßt sie doch offen, um *wessen* Frage es dabei gehen soll: um die Frage, die *der Autor* eines Textes zu beantworten suchte oder um eine Frage, auf die der Text aus der Perspektive *des Interpreten* eine Antwort gibt.

Wenn es der Hermeneutik nur um den verstehenden Nachvollzug des subjektiven Sinns ginge, dann wäre die Antwort eindeutig. Dann müßte hermeneutisches Verstehen sich allein auf die Explikation der Frage konzentrieren, die den Autor zur Produktion des Textes (bzw. zum Vollzug einer Handlung) veranlaßte. Dies ist die Position Collingwoods, dessen "Logik von Frage und Antwort" Gadamer aufgreift. Sich darin von Collingwood ausdrücklich abgrenzend, verwirft Gadamer jedoch die Bindung des Verstehens an die Perspektive des Autors:

> "Wir müssen demgegenüber daran festhalten, daß die Frage, um deren Rekonstruktion es geht, zunächst nicht die gedanklichen Erlebnisse des Verfassers, sondern durchaus nur den Sinn des Textes selbst betrifft. Es muß also möglich sein, wenn man den Sinn eines Satzes verstanden, d.h. die Frage rekonstruiert hat, auf die er wirklich antwortet, nun auch zurückzufragen nach dem Fragenden und dessen Meinung, auf die der Text vielleicht nur eine vermeintliche Antwort ist. Collingwood hat nicht recht, wenn er es aus methodischen Gründen widersinnig findet, die Frage, auf die der Text eine Antwort sein sollte, und die Frage, auf die er wirklich eine Antwort ist, zu unterscheiden" (vgl. Gadamer 1965, S.354).

Im Verstehen des *objektiven* Sinngehaltes von Texten, d.h. in der Rekonstruktion des Fragekontextes, auf den ein Text aus der Perspektive *des Interpreten* als *gültige* (und nicht nur vermeintliche) Antwort gelten kann, sieht Gadamer die eigentliche Aufgabe der Hermeneutik. Diese Aufgabenstellung läßt sich auch begreifen als eine mögliche Konsequenz des Rationalitätsprinzips. Wenn ein Text für den Interpreten eine gültige Antwort auf dessen Frage gibt, dann impliziert dies nicht notwendig, daß der Autor diesen Text mit der Absicht verfaßte, gerade diese Frage zu beantworten. Es mag sein, daß der Autor ein anderes Problem löste als das, was ihn zur Abfassung einer Schrift veranlaßte und ihm dabei vor Augen stand. Beispiele dafür aus dem Feld der Wissenschaftsgeschichte gibt das unten folgende Zitat von Popper, der - darin mit Gadamer übereinkommend - zwischen dem Problem des *Autors* einer Theorie und dem u.U. davon abweichenden Problem unterscheidet, das eine Theorie aus der Perspektive des *Interpreten* tatsächlich löst. Für Gadamer hat jede Auslegung *zuerst* zu klären, auf welche Frage, auf welches Problem ein Text als *sachlich gültige* Antwort gelesen werden kann. Die detaillierte Rekonstruktion der Gedanken eines Autors, d.h. der *subjektiven* Schematisierung seiner Problemsituation, sei demgegenüber eine ganz andere und - gemessen an den Möglichkeiten des Verstehens - eine reduzierte Aufgabe (vgl. Gadamer 1965, S.354f.).

Zur Bezeichnung der Differenz zwischen diesen beiden Zielrichtungen des Verstehens verwendet Gadamer die Unterscheidung von "Sachverstehen" und "Meinungsverstehen" (vgl. dazu ausführlicher unten, Kap.2.1.4): *"Sachverstehen"* bezeichnet demnach den Versuch, einen Text als zutreffende Antwort auf eine Frage zu verstehen, die sich auch aus der Perspektive des Interpreten erhebt. *"Meinungsverstehen"* steht für den demgegenüber eingeschränkten Versuch, die Frage zu ermitteln, die der Autor mit seinem Text zu beantworten versuchte. Die Zielsetzung, den Sinn eines Textes soweit als möglich zu erfassen, weist dem "Sachverstehen" den Vorrang gegenüber dem "Meinungsverstehen" zu.

Das "Meinungsverstehen" kann schließlich noch einmal subdifferenziert werden in das "psychologische Verstehen" und das "historische Verstehen": Während sich das *"psychologische* Verstehen" auf die Analyse der subjektiven Perspektive des Autors konzentriert, geht es dem *"historischen* Verstehen" um die Auslegung eines Textes vor dem Hintergrund der Überzeugungen und Normalitätserwartungen der *Zeitgenossen*, die gebunden sind an seinen historisch-kulturellen Entstehungskontext.[15]

Sofern der Autor eines Textes die Frage, die ihm vor Augen stand, deutlich expliziert hat, wird für den Interpreten rasch sichtbar, inwiefern die subjektiv leitende und die tatsächlich beantwortete Frage zur Deckung kommen. Auf die gesonderte Untersuchung der Problemstellung des Autors und des historischen Entstehungskontextes können wir verzichten, wenn wir es z.B. mit einer naturwissenschaftlichen Theorie zu tun haben (etwa mit Newtons Mechanik), die offensichtlich auf Probleme zugeschnitten und zu deren Lösung geeignet erscheint, die sich auch aus unserer Perspektive stellen.

Wenn der Autor jedoch, wie häufig der Fall, keine klaren Aussagen über diese Frage trifft, dann verlangt die Aufdeckung der ihn leitenden Problemstellung eine eigene Untersuchung. Als selbständiges und vom Interpreten *notwendig* mitzube-

---

15 Um späteren Mißverständnissen vorzubeugen, sei schon hier darauf hingewiesen, daß die eben erläuterte Bedeutung des Begriffs "historisches Verstehen" bei *Gadamer* keinesfalls gleichgesetzt werden darf mit dem *Verstehen historischer Ereignisse*, das in den gleich vorzustellenden Analysen *Dantos* untersucht wird und für das gerade charakteristisch ist, daß es sich *nicht* an die Perspektive der Zeitgenossen bindet, sondern vergangene Ereignisse aus einer historisch distanten Perspektive interpretiert.

arbeitendes Thema gerät die subjektive Perspektive des Autors und die historische Rekonstruktion des zeitgenössischen Kontextes, aus dem er spricht, vor allem dann in den Aufmerksamkeitsbereich des Auslegenden, wenn sich der Text dem Sachverstehen zu entziehen scheint, d.h. keine Frage gefunden werden kann, die sich auch aus der Perspektive des Interpreten stellt und die der Text richtig beantwortet.

So etwa, wenn es um einen Text geht, der untersucht, welche Methoden effektiv sind, um Dämonen auszutreiben: Das Verstehen des Textes verlangt hier die Analyse der besonderen und von einem wissenschaftlichen Interpreten der Gegenwart kaum zu teilenden Annahmen, unter deren Voraussetzung sich diese Frage stellt. Dabei könnte sich dann zeigen, daß der Autor tatsächlich eine wirksame und bisher unbekannte Methode kennt, um Symptome wirksam zu bekämpfen, die er als Zeichen von Besessenheit deutet, die uns hingegen eher als Anzeichen für Epilepsie erscheinen. Aus unserer Perspektive hat er dann eine Lösung für ein Problem gefunden, nämlich für die Bekämpfung epileptischer Anfälle, das nicht identisch ist mit dem Problem, um dessen Lösung es ihm ging und das er auch gelöst zu haben glaubte.

Bei Popper, der das Verstehen einer Handlung oder einer Theorie in analoger Weise wie Gadamer die Auslegung eines Textes an die Rekonstruktion *des Problems* bindet, welches darin gelöst wird (vgl. Popper 1984, 171ff.), finden sich die beiden folgenden Beispiele für die Differenz zwischen der Frage bzw. dem Problem um dessen Lösung es dem Autor einer Theorie ging und der Frage bzw. dem Problem, auf das sie - beurteilt aus der Perspektive des Interpreten - faktisch antwortet:

> "Kepplers bewußtes Problem etwa war die Entdeckung der Harmonie der Welt; doch wir können sagen, das Problem, das er löste, war die mathematische Beschreibung der Bewegung in einer Menge von Zweikörper-Planetensystemen. Ebenso irrte Schrödinger in dem Problem, das er gelöst hatte, als er die (zeitunabhängige) Schrödinger-Gleichung fand: Er hielt seine Wellen für solche der Ladungsdichte eines veränderlichen kontinuierlichen elektrischen Ladungsfeldes. Später gab Max Born eine statistische Interpretation der Schrödingerschen Wellenamplitude; eine Interpretation, die Schrödinger entsetzte und die er verabscheute, solange er lebte. Er hatte ein Problem gelöst - aber nicht das, das er gelöst zu haben glaubte. Das wissen wir heute in der Rückschau" (vgl. Popper 1984, S.257).

Die Unterscheidung zwischen der *Problem*wahrnehmung des Autors und des Interpreten wiederholt nur die schon oben im Zusammenhang mit Poppers Methode des situationslogischen Verstehens erwähnte Unterscheidung zwischen der *Situation*, wie sie der Handelnde und wie sie der Akteur sah.[16] Durch menschliche Tätigkeit, so Poppers Annahme, können Probleme gelöst, verschärft oder neu geschaffen werden, ohne daß dazu entsprechende Ziele, Absichten oder Einsichten auf Seiten der Akteure erforderlich wären (vgl. Popper 1984, S.165f.).

Um den Sinngehalt geistiger Gebilde zu erschließen, ist es daher weder hinreichend noch unbedingt notwendig, die individuellen Motive, Vorstellungen und Überzeugungen ihrer Erzeuger in Erfahrung zu bringen: nicht hinreichend, weil

---

16 Deutlich wird dies auch daran, daß Popper - die Begriffe "Problem" und "Situation" zusammenziehend - häufig von der "Problemsituation" eines Autors oder Akteurs spricht.

1.2 DIE MATERIALE BEDEUTUNG OBJEKTIVEN VERSTEHENS

darin die objektiven Bedeutungsüberschüsse nicht enthalten sind; nicht unbedingt notwendig, weil die Kenntnis der Absichten und Antezipationen des Urhebers zwar den Zugang zum Sinngehalt seines Werkes erleichtern, in vielen Fällen jedoch auch den Blick für dessen *objektive* Bedeutung verstellen kann.

Popper unterstellt, daß Handelnde, solange sie noch nach einer Lösung suchen, selten fähig seien, das Problem ihres Handelns klar zu formulieren. Meist könne erst aus der Retrospektive - von der gefundenen Lösung her - angegeben werden, worin es im Einzelnen bestand (vgl. Popper 1984, S.257). Doch sei (dies zeigen die zuletzt zitierten Beispiele) auch dann noch ein Irrtum möglich. Von Problemen spricht Popper deshalb "... in einem objektiven oder nicht-psychologischen Sinne" (Popper 1984, S.256).

Vorrangige Aufgabe des Verstehens muß es demnach zunächst sein, eine Rekonstruktion der objektiven Problemsituation zu erreichen, auf die ein Sinngebilde antwortet, ohne sich dabei von eventuell abweichenden Deutungen seines Urhebers beeinflussen zu lassen. Die Aufklärung möglicher Differenzen zwischen der objektiven Struktur einer Problemsituation und der subjektiven Situationswahrnehmung des Handelnden bezeichnet ein darüber hinausreichendes Verstehensproblem, dessen Bearbeitung die Lösung der ersteren Aufgabe voraussetzt.[17]

Bei Gadamer wie bei Popper wird so mit Hilfe der Unterscheidung von *Frage und Antwort bzw. von Problem und Problemlösung*[18] klar zwischen dem Verstehen des subjektiven Sinns und des - aus der Perspektive des Interpreten beurteilt - objektiv gültigen Sinns von Texten und Theorien, aber auch von Handlungen oder sozialen Institutionen oder allgemeiner, von Sinngebilden unterschieden und dem Verstehen des objektiven Sinns *methodologisch* und - unter bestimmten Voraussetzungen - auch *material* die Priorität eingeräumt.

Die Analyse der *subjektiv* wahrgenommenen Problemsituation aus der Perspektive der Handelnden steht nur dann im Vordergrund, wenn es um die Klärung der *Erzeugungsbedingungen* eines Sinngebildes auf dem Wege "psychologischen" und "historischen" Verstehens (im Sinne Gadamers!) geht. Die Bedeutung eines Sinngebildes geht freilich in den sinnhaften Voraussetzungen seiner Erzeugung nicht auf. Besonders deutlich wird dies, wenn es um die Deutung von Texten oder Handlungen geht, die einer weit zurückliegenden Epoche entstammen. Die Sinnhorizonte von Autor und Interpret treten dann deutlich auseinander. Beobachtet aus der Perspektive *historisch späterer* Ereignisse kann früheren Ereignissen eine Bedeutung zuwachsen, die sie für die Zeitgenossen so noch nicht haben konnten. Dadurch wird sichtbar, daß bestimmte Interpretationen nur aus der Perspektive des Interpreten möglich sind, ohne deshalb unangemessen zu erscheinen.

---

17 Beide Fragen sind, wie schon oben erwähnt, Teil der von Popper sogenannten Methode der *Situationslogik* bzw. *Situationsanalyse*. Vgl. Popper 1984, S.184; siehe dazu auch Popper 1958, Bd.II, Kap.4; Popper 1965, Abschn. 31 und 32; Popper 1972, These 24-27.

18 Ich betrachte die Unterscheidungen Frage/Antwort und Problem/Lösung als im wesentlichen äquivalent und verwende sie hier und im folgenden gleichsinnig. Wie Luhmann (1988, S.135) vermerkt, akzentuiert die erstere Unterscheidung *die Sozialdimension* (Gadamer würde hier wohl eher sagen: die *dialogische* Dimension), während die letztere die *Sachdimension* hervorhebt.

Wie Arthur C. Danto (1974) in seiner "Analytischen Philosophie der Geschichte" zeigt, ist die Untersuchung derartiger objektiver Sinnbeziehungen in der Tätigkeit des Historikers von zentraler Bedeutung. Danto verdeutlicht an Beispielen, um Beziehungen welcher Art es dabei geht: Daß Aristarchos von Samos das heliozentrische Weltbild, wie es später von Kopernikus formuliert wurde, bereits im 3. Jahrhundert vor Christus *antezipierte*, ist etwa eine retrospektive Sinnzuschreibung, die aus der Perspektive des Aristarchos und seiner Zeitgenossen noch nicht möglich war. Dennoch erscheint sie uns nicht als deplazierter Anachronismus, sondern als Beschreibung einer *objektiven Sinnbeziehung* zwischen Aussagen von Aristarchos und Kopernikus, die erst durch den weiteren Verlauf der Geschichte nach Aristarchos möglich wurde (vgl. Danto 1974, S.252f.). Ebenso ist die Identifikation von romantischen Formelementen in Werken der Klassik eine Entdeckung, die nur rückblickend gemacht werden konnte, weil es dazu erst eines Begriffs des Romantischen bedurfte, der in der Epoche der Klassik noch nicht entwickelt war (Danto 1974, S.271).

Gleiches gilt, um ein prominentes (von Danto nicht behandeltes) Beispiel aus dem Bereich der historischen Sozialwissenschaften aufzugreifen, wenn Weber einen Auszug aus den Schriften Benjamin Franklins von 1736 als Text analysiert, der den 'Geist' (d.h. das Erwerbsethos) des modernen Kapitalismus, in geradezu idealtypischer Reinheit exemplifiziert und damit die These verbindet, daß "der 'kapitalistische Geist' ... *vor* der 'kapitalistischen Entwicklung' da war" (Weber 1920, S.37, Hervorhebung im Original) und - ursprünglich erzeugt durch den asketischen Protestantismus - als ursächlich wirksame Sinndeterminante für die nachfolgende Entstehung des modernen Betriebskapitalismus zu betrachten sei. Auch diese Deutung kann nur retrospektiv formuliert werden, setzt sie doch die spätere Entwicklung des Kapitalismus voraus. Sie verbindet darüber hinaus die Behauptung *sinnstruktureller* Übereinstimmung zwischen religiös fundiertem Erwerbsethos und rationalem betriebskapitalistischem Handeln mit der Behauptung eines *kausalen* Zusammenhanges zwischen beiden.

Die so erzeugte Sinnzuschreibung, für die keine subjektive Entsprechung bei den vorkapitalistischen Trägern des 'kapitalistischen Geistes' angenommen werden kann, wird möglich durch die Einbettung des zu interpretierenden Phänomens in eine Sequenz von Ereignissen, die zur Einheit einer *Geschichte*, d.h. zu einer *Erzählung* verbunden werden, die darauf zielt, eine *"historische Frage"* (Danto 1974, S.185 und 193ff.) zu beantworten. Die Frage, um deren Beantwortung es Weber geht und von der er sich leiten läßt bei der Auswahl des historischen Materials, dessen Verknüpfung zu einer Erzählung ihm geeignet erscheint, die gesuchte Antwort zu geben, ist die Frage nach den Entstehungsbedingungen des modernen okzidentalen Betriebskapitalismus.

Die eben an einem Beispiel aus Webers Religionssoziologie illustrierte Generalthese Dantos lautet:

> "Nach der Bedeutung eines Ereignisses im *historischen* Wortsinne zu fragen, heißt eine Frage stellen, die nur im Kontext einer *Geschichte* (story) beantwortet werden kann. Das nämliche Ereignis wird gemäß der jeweiligen Geschichte, in der es seinen Ort hat, eine unterschiedliche Bedeutung anneh-

men, oder mit anderen Worten: es wird diese in Übereinstimmung mit den jeweils verschiedenen, *späteren* Ereignisfolgen annehmen, zu denen es in Beziehung gesetzt wird. Geschichten konstituieren den natürlichen Kontext, in dem Ereignisse historische Bedeutung gewinnen ..." (Danto 1974, S.27, Hervorhebungen im Original).

Ein untersuchtes Phänomen kann freilich als Element im Rahmen unterschiedlicher Geschichten/Erzählungen[19] bedeutsam sein. Die Bedeutung der Reformation etwa ist jeweils unterschiedlich zu bestimmen, je nach dem, ob es um ihre Bedeutung für die ökonomische, die politische oder die religiöse Entwicklung geht. Eine vollständige Beschreibung dieses epochalen Ereignisses, durch die eine erschöpfende Darstellung seiner Bedeutung erreicht würde, müßte *alle* Geschichten erzählen, in denen es eine relevante Rolle spielt. Oder in den Worten Dantos, die diese Überlegung generalisieren und zugleich verdeutlichen, warum dieses Ziel prinzipiell unerreichbar ist:

"Ein Ereignis vollständig beschreiben zu wollen würde bedeuten, *es einzubauen in die Gesamtheit der 'richtigen' Geschichten*, und das ist schlechterdings unmöglich. Wir können es nicht, weil wir im Hinblick auf die Zukunft zeitlich provinziell sind" (Danto 1974, S.230; Hervorhebung von mir, W.L.S.).

Um ein Ereignis vollständig beschreiben, d.h. einbetten zu können in alle Erzählungen, in denen ihm Bedeutung zukommt, müßten wir auch alle *zukünftigen* Ereignisse und Entwicklungen kennen, für die sich dieses Geschehen noch als bedeutsam erweisen kann. Durch die Zukunft wächst der Vergangenheit neuer Sinn zu, der in Erzählungen expliziert werden kann. Insofern ist der Sinn der Vergangenheit nicht mit deren Ablauf ein für alle Mal fixiert, sondern zukunftsoffen und veränderlich, wie Danto mit Gadamer und Popper betont.[20]

Erzählungen, so Dantos These, implizieren dabei grundsätzlich überprüfbare *Erklärungen* (Danto 1974, S.321ff.). Sie haben den Status von *Theorien* (Danto 1974, S.224), freilich nicht im Sinne streng allgemeiner Theorien, die Aussagen über alle Elemente einer Klasse von Ereignissen machen (z.B. über *alle* Revolutionen), sondern *Theorien über individuelle Erscheinungen* (z.B. über die spezifischen Ursa-

---

19 Die Ausdrücke "Geschichten" und "Erzählungen" verwende ich synonym.
20 Gadamer faßt die Sinnproduktivität der Geschichte im Rahmen der Deutung von Texten unter dem Begriff der "Wirkungsgeschichte" und meint damit die hermeneutische Aufgabe, "im Verstehen selbst die Wirklichkeit der Geschichte" und der durch sie bewirkten Veränderung der Auslegungsmöglichkeiten aufzuweisen (vgl. Gadamer 1965, S.448), die ihre Ursache in der historisch späteren Formierung neuer Fragen und Probleme hat, auf die früher entstandene Texte als gültige Antwort bezogen werden können (vgl. dazu auch die Parallelisierung von Gadamer und Danto in Habermas 1973a, S.265ff.). In analoger Weise nimmt Popper die Sinnproduktivität der Geschichte an, die sich in den oben zitierten Beispielen aus der Wissenschaftsgeschichte daran zeigt, daß die Leistungen von Keppler und Schrödinger retrospektiv, aus der Perspektive späterer Interpreten, als Lösungen von Problemen gedeutet werden konnten, die Keppler und Schrödinger noch nicht vor Augen standen. Durch später formulierte Probleme wuchs so den theoretischen Leistungen dieser beiden Wissenschaftler ein Sinn zu, den diese für sie selbst noch nicht haben konnten. - Im Kleinformat läßt sich die Zeitabhängigkeit von Sinnzuweisungen schon an einer einzelnen Handlung bei geringen Zeitdifferenzen beobachten: Eine unbedachte Bemerkung führt zum Streit; der Streit führt zur Zerstörung einer Freundschaft. Durch diese Entwicklung wächst der Bemerkung im Nachhinein ein Sinn zu, den ihr Autor weder beabsichtigte noch vorhersah.

chen der französischen Revolution oder die Entstehung des modernen Betriebskapitalismus), d.h. über "historische Individuen" im Sinne Webers (vgl. 1985, S.178). Und sie beantworten *"historische Fragen"* (Danto 1974, S.193ff. und 224), die auch die Kriterien an die Hand geben, auf deren Grundlage entschieden werden kann, welche Ereignisse für eine Erzählung relevant sind und welche nicht. Weil aber jede Erzählung eine *Auswahl* aus den Beschreibungsmöglichkeiten eines Ereignisses trifft, die abhängig ist von der Frage, um deren Beantwortung es dem Historiker geht, impliziert jede so erzeugte Sinnzuschreibung "ein Moment reiner Willkürlichkeit" (Danto 1974, S.231).[21]

Besonders deutlich, so hatten wir schon festgestellt, wird die Zukunftsoffenheit und Variabilität zuschreibbaren Sinns aus der Perspektive des Historikers, welcher zeitferne Sinnbeziehungen und Konsequenzen von Äußerungen, Handlungen und Ereignissen vor Augen hat, die kein Zeitgenosse sich so auch nur hätte vorstellen können. Ein großer Zeitabstand zwischen den Akteuren und einem Beobachter ist jedoch keine notwendige Bedingung für die Erzeugung objektiver Sinnüberschüsse des Handelns gegenüber den Intentionen der Akteure. Unterschiede zwischen den situativen Bedingungen, die ein Akteur bei seinem Handeln berücksichtigt und den faktisch erfüllten Bedingungen der aktuellen Situation reichen aus, um nicht antezipierte Folgen und darauf zugeschnittene Sinnzuschreibungen zu generieren, für die es kein subjektiv-intentionales Äquivalent bei den Handelnden gibt. Betrachten wir dazu die Beschreibung(en) einer einfachen alltäglichen Handlung:

B 1:   "Jones riß ein Streichholz an" (Danto 1974, S.229).

Diese Feststellung beschreibt ein bestimmtes Verhalten, von dem normalerweise angenommen werden kann, daß es von dem Akteur intentional unter dieser Beschreibung ausgeführt wurde. Dies vorausgesetzt, wird damit das 'Anreißen eines Streichholzes' *als Handlung* beschrieben. Die Beschreibung beantwortet die Frage, *welche* Handlung von Jones ausgeführt wurde und läßt die Frage offen *warum*, d.h. mit welcher weitergehenden Absicht Jones diese Handlung vollzog. Mit Weber formuliert (vgl. Schneider 2002, Bd.1, S.25ff.) beschränkt sie sich auf "aktuelles Verstehen", ohne nach den Motiven für das beobachtete Handeln zu fragen. Sie wäre jedoch leicht um eine plausible Motivangabe zu vervollständigen. So etwa mit der Feststellung, Jones habe das Streichholz angerissen, "um sich eine Zigarette anzuzünden".

---

21 Weber, der das Problem der Kontingenz der auswahlleitenden Gesichtspunkte, das jede historische Darstellung lösen muß, in seiner Wissenschaftslehre behandelt (vgl. 1985, S.174ff.), sieht in den kulturellen *"Wertideen"* eine intersubjektiv geteilte Grundlage, die hier eine nicht-beliebige Selektion ermöglichen soll. In seiner Diskussion von Dantos Analyse setzt Habermas (1973a, S.272) demgegenüber auf die Nutzung *theoretischer Bezugssysteme*, die es ermöglichen sollen, die Frage der Auswahl auf nicht-beliebige Weise zu entscheiden und sieht das spezifische Problem der Historiker darin, daß sie "über solche Theorien nicht wie die Erfahrungswissenschaften verfügen"; *deshalb* seien "ihre unvollständigen Beschreibungen im Prinzip auch willkürlich".

1.2 DIE MATERIALE BEDEUTUNG OBJEKTIVEN VERSTEHENS

Plaziert in einem geeigneten Kontext, kann das, was Jones getan hat, aber auch noch auf eine ganz andere Weise beschrieben werden. Nehmen wir an, Jones war Soldat und Mitglied einer Einheit, die in der Nacht, unbemerkt von den gegnerischen Truppen, eine neue Stellung bezogen hatte. Unter diesen Voraussetzungen kann das Anzünden eines Streichholzes die folgende Bedeutung gewinnen:

B 2: "Jones verriet dem Feind die Stellung seiner Einheit und machte so durch seine Fahrlässigkeit den taktischen Vorteil zunichte, den sie sich errungen hatte" (Danto 1974, S.229).

Eingebettet in einen Zusammenhang, an den Jones beim Anzünden des Streichholzes nicht gedacht hatte, erhält dieses Ereignis hier eine Bedeutung, die Jones nicht vorhergesehen hatte, die er aber unter den gegebenen Umständen ohne besondere Schwierigkeiten hätte vorhersehen können. Daß er nicht an diese erwartbare Folge seines Tuns gedacht hatte, kann sowohl Sinnentsprechungen zu vorausgangenen Ereignissen erkennen lassen wie auch weitere Konsequenzen provozieren, die in anderen Beschreibungen desselben Ereignisses zum Ausdruck kommen:[22]

B 3: "Jones fügte der Kette seiner Fehlleistungen ein weiteres Glied hinzu und disqualifizierte sich damit endgültig in den Augen seiner Vorgesetzten als Soldat."

Mit der Erweiterung der Menge der Folgen des ursprünglichen Verhaltensereignisses vervielfältigen sich dessen Beschreibungsmöglichkeiten. Nehmen wir an, der Verlust des taktischen Vorteils von Jones Einheit war entscheidend für den späteren Tod vieler Kameraden, die Niederlage in der Schlacht und diese Schlacht wiederum kriegsentscheidend, dann läßt sich das unscheinbare Ausgangsereignis retrospektiv auch in den folgenden Weisen beschreiben:

B 4: "Jones verschuldete durch seine Fahrlässigkeit den Tod vieler Kameraden."
B 5: "Jones verursachte die Niederlage in der Schlacht."
B 6: "Jones trug dazu bei, daß sein Land den Krieg verlor."

Es ist offensichtlich, daß auch damit kein Ende der unterschiedlichen Charakterisierungsmöglichkeiten des Ausgangsereignisses erreicht ist. Die Folgeereignisse in den zuletzt erwähnten Beschreibungen, für deren Herbeiführung das Verhalten von Jones kausal bedeutsam war, haben ihrerseits weitere Konsequenzen, die sonst wahrscheinlich nicht eingetreten wären und die als Grundlage neuer Beschreibungen dieses Verhaltens dienen können, etc. ad infinitum.

Der Folgenreichtum unseres Beispiels mag als Ausnahmefall erscheinen. Hätte Jones das Streichholz außer Sichtweite des Feindes angezündet, dann wäre wohl kaum etwas geschehen, das als Bezugspunkt für die Anfertigung zahlreicher Beschreibungen hätte dienen können. Ebenso, wenn das Anzünden des Streichholzes zwar von feindlichen Soldaten bemerkt worden, aber ohne wesentliche Konsequenzen geblieben wäre, weil die Stellung der Einheit dem Gegner ohnehin bekannt

---

22 Ich erweitere die von Danto gegebenen und bereits zitierten Beschreibungsmöglichkeiten.

war. Aber das bestätigt nur, daß der Sinn, der einem Ereignis durch verschiedene Beschreibungen zugeschrieben werden kann, abhängig ist von den *möglichen Erzählungen*, in denen es eine *relevante Rolle* spielt, oder wie Danto formuliert, in denen es ein *"signifikantes"* Ereignis darstellt (Danto 1974, S.220).

"Signifikanz" kann einem Ereignis oder einer Ereignisreihe in unterschiedlichem Sinne zukommen: Wenn ein Historiker bestimmte Ereignisse und Verhaltensweisen darstellt, weil sie seines Erachtens etwa eine exemplarische moralische Bedeutung haben oder weil sie ihm als Beleg für eine Theorie geeignet erscheinen, spricht Danto von "pragmatischer" bzw. "theoretischer Signifikanz" (Danto 1974, S.216f.). Diesen beiden Formen der Signifikanz ist gemeinsam, daß sie durch *extern* fixierte Demonstrationsinteressen bestimmt erscheinen. Sie sind in unserem Argumentationszusammenhang deshalb von nachgeordneter Bedeutung.

Anders bei den beiden anderen Arten von Signifikanz, die Danto (ohne Anspruch auf Vollständigkeit) erwähnt: der "Konsequenz-Signifikanz" und der "erhellenden Signifikanz". Hier geht es um Signifikanzbeziehungen zwischen unterschiedlichen Ereignissen, die sie für einen Beobachter zu Gliedern derselben Erzählung machen und die insofern historisch-*interner* Art sind. - Den Begriff *"Konsequenz-Signifikanz"* definiert und illustriert Danto wie folgt:

> "Ein Ereignis E kann dann für einen Historiker H als signifikant gelten, wenn E gewisse Konsequenzen hat, denen H Bedeutung beimißt". So kann die Konsequenz-Signifikanz der Persischen Kriege u.a. darin gesehen werden, daß "das Volk der Hellenen und insbesondere die Athener in die Lage versetzt wurden, sich autonom zu entwickeln und ihre Errungenschaften zu konsolidieren"; ebenso können "wir sagen, daß die Signifikanz der Pest darin bestanden habe, daß sie einen Arbeitsmarkt schuf, auf dem sich die Ware Arbeitskraft günstig verkaufen konnte, daß dadurch ein Ansteigen der Löhne erfolgte, was wiederum zu einem Aufbrechen der feudalen Struktur der gebundenen Arbeit beigetragen hat" (Danto 1974, 218f.).

Von *"erhellender Signifkanz"* spricht Danto unter den folgenden Voraussetzungen:

> "Ich werde sagen, daß eine Reihe von Ereignissen E dann für einen Historiker signifikant ist, wenn er auf ihrer Grundlage dazu imstande ist, irgendeine Ereignisfolge zu rekonstruieren oder irgendwie zu erschließen. Befragt, beispielsweise, worin die Signifikanz der Übersiedlung des Descartes nach Holland liegt, könnte ich erklären, daß dies Ereignis die Tatsache beleuchte, daß in Frankreich Mächte aufkamen, die die Gedankenfreiheit unterdrückten, und daß solche Mächte in Holland keinen Einfluß hatten. Nachdem ich diese Thesen *postuliert* habe, kann ich darangehen, das Vorhandensein solcher Kräfte in Frankreich und deren Abwesenheit in Holland zu verifizieren" (Danto 1974, S.220; Hervorhebung im Original).

In seiner weiteren Argumentation zieht Danto in Erwägung, daß es sich bei der "Konsequenz-Signifikanz" vielleicht nur um einen Sonderfall der "erhellenden Signifikanz" handeln könnte (Danto 1974, S.221), ohne diesen Gedanken jedoch weiter zu verfolgen. Prüfen wir, ob sich diese Intuition begründen und für unsere Fragestellung fruchtbar machen läßt.

Die beiden Beispiele für "Konsequenz-Signifikanz" nennen bedeutsame *Folgen* der als "signifikant" klassifizierten Ereignisse, nämlich der Perserkriege und der Pest. Das Beispiel für "erhellende Signifikanz" spekuliert dagegen über Faktoren, die als mögliche *Ursachen* für Descartes Übersiedlung nach Holland in Betracht kommen. Orthogonal dazu steht ein zweiter Unterschied: Bei den ersten beiden Beispielen werden die historischen Folgen als *bekannte Fakten* eingeführt; beim zweiten Beispiel wird eine mögliche Ursache für Descartes Übersiedlung zunächst als *Hypothese* eingeführt und dann durch die Suche nach entsprechenden Tatsachen überprüft.

Der letztgenannte Gegensatz erscheint in einem veränderten Licht und verschwindet tendenziell, wenn man sich die Situation des forschenden Historikers vergegenwärtigt: Konfrontiert mit einer ungeheuren Menge von Tatsachen muß er versuchen, sinnförmige und kausale Beziehungen zwischen den Fakten herzustellen. Nur so kann er das historische Material ordnen, die relevanten Tatsachen auswählen und zur Einheit einer Erzählung verbinden. Die Herstellung kausaler Beziehungen ist eine hypothetisch-konstruktive Leistung, die historische *Erklärungen* generiert. Ohne diese Leistung kann der Historiker in der Flut des Materials nicht zwischen Wichtigem und Unwichtigem unterscheiden. Er könnte nur Ereignisse beliebig aneinanderreihen, ohne sie zu einer Erzählung zu integrieren, weil dazu mitgeteilt werden muß, wie bestimmte Ereignisse zu anderen Ereignissen geführt haben. Erzählungen können verstanden werden als *Beantwortung der Frage*, wie es zu bestimmten Ereignissen kommen konnte (vgl. Danto 1974, S.193ff.). Dies aber ist nur möglich, wenn die Darstellung früherer Ereignisse mit dem Anspruch verknüpft ist, daß die späteren Ereignisse durch sie (wenn nicht vollständig, so doch zumindest partiell) erklärt werden. Muß der Historiker jedoch ohnehin versuchen, kausale Hypothesen zu formulieren, dann ist es von sekundärer Bedeutung, ob die Tatsachen, mit denen diese Hypothesen belegt werden können, bereits bekannt sind oder noch gesucht werden müssen. Um eine maximale Aufklärung der Signifikanz eines gegebenen historischen Ereignisses zu erreichen, muß geradezu gefordert werden, daß die Erforschung möglicher Kausalzusammenhänge nicht auf den Umkreis der Hypothesen beschränkt bleibt, für die bereits passende Daten verfügbar sind.

Wie die Unterscheidung zwischen bereits bekannten und hypothetisch erschlossenen Daten, so steht auch die Differenz der Zeit- und Kausalrichtung, in der ein Ereignis analysiert werden kann, für ein Verhältnis der Komplementarität: In Abhängigkeit von der Zeitrichtung, in der wir es beobachten, kann jedes Ereignis einerseits untersucht werden als Auswirkung vorausgegangener Ereignisse, deren Existenz es mittelbar dokumentiert und die der Historiker versuchen kann, hypothetisch zu erschließen; andererseits kann es analysiert werden als Ursache weiterer Ereignisse, die der Historiker versuchen kann, hypothetisch zu antezipieren.

Wir können daher zusammenfassen: Der Komplementarität der *Zeitdimension* (vorher/nachher) und der *kausalen Dimension* (Ursache/Wirkung), in die jedes Ereignis eingerückt und dadurch als Element einer *Erzählung* thematisiert werden kann, entspricht die Komplementarität der heuristischen Operationen. Der Historiker kann mit Hilfe von Kausalannahmen sowohl *bereits bekannte* Tatsachen zu dem historisch-erklärenden Zusammenhang einer Erzählung zusammenfügen, wie auch bestimmte Voraussetzungen bzw. Folgen eines Ereignisses zunächst *postulieren*, um dann nach neuen, bisher unbekannten Daten zu suchen, welche diese Annahmen bestätigen bzw. widerlegen könnten. Aus diesem Grunde erscheint es sinnvoll, die beiden Konzepte der "Konsequenz-Signifikanz" und der "erhellenden Signifikanz" miteinander zum Begriff der *"(erzählungs-)internen Signifikanz"* zu bündeln und die erwähnten Differenzen als Teilaspekte dieses Begriffs zu betrachten.

Werfen wir vor diesem Hintergrund erneut die Frage auf, wie zu verfahren wäre, um den Sinn (=die interne Signifikanz) eines Handlungsereignisses so umfassend wie nur möglich zu bestimmen: Jede Erzählung, als deren Element ein Ereignis fungieren kann, bringt dieses Ereignis in einen Zusammenhang mit anderen Ereignissen, in deren Kontext es einen Sinn gewinnt, den es ohne sie nicht hat. Um den Sinn eines Handlungsereignisses so weit als irgend möglich zu bestimmen, müßten wir demnach versuchen, es auf alle dazu passenden Kontexte zu beziehen, die für uns erreichbar oder erschließbar sind, *d.h. alle uns möglichen Erzählungen zu entwerfen, in denen es eine spezifische Bedeutung (=interne Signifikanz) gewinnen kann* und dann prüfen, welche dieser möglichen Erzählungen hinreichenden Anhalt an den Tatsachen finden.

In der praktischen Durchführung sind der Befolgung dieser Maxime durch den Historiker, der Ereignisse als Elemente weit gespannter geschichtlicher Prozesse untersucht, schon aus arbeitsökonomischen Gründen enge Grenzen gesetzt. Diese Maxime gilt aber nicht nur für die Bestimmung des Sinns historisch entfernter Handlungsereignisse. Sie kann auch genutzt werden, um eine Methode zur Bestimmung des Sinns zu entwickeln, der einer Handlung *in der Gegenwart* objektiv zukommt, unabhängig davon, ob ihr Autor diesen Sinn beabsichtigt bzw. antezipiert hat oder nicht: Die Anweisung, die der Interpret befolgen müßte, um den aktuellen Sinn einer Handlung möglichst umfassend zu explizieren, besteht darin, möglichst viele der Geschichten zu erzählen, in deren *Kontext* die ausgeführte Handlung *hier und jetzt* als Element eingebettet werden kann. Auch wenn der Interpret dabei zunächst mit der Relationierung einer Handlung zu den ihr unmittelbar vorausgegangenen sowie den ihr folgenden Handlungen beginnt und den Zeithorizont der Analyse nur vorsichtig erweitert, steigt dadurch die Kapazität für die Berücksichtigung unterschiedlicher Deutungsmöglichkeiten erheblich an.

Eine Methodologie, die genau dies vom Interpreten verlangt, gibt es bereits. Es ist die von Ulrich Oevermann und seiner Forschungsgruppe entwickelte Methodologie einer "objektiven Hermeneutik". Entworfen wurde diese Methodologie ursprünglich für die Analyse alltäglicher Kommunikationen, die auf Band aufgezeichnet und dann verschriftet worden waren. Ihr Anwendungsbereich erweiterte sich rasch auf andere Textsorten wie Interviewaufzeichnungen, Briefe und Dokumente. Heute erhebt die objektive Hermeneutik den Anspruch einer universalen Methodologie, die für die Untersuchung von Sinngebilden und Spuren menschlichen Handelns jeglicher Art eingesetzt werden kann. Die nun folgende exemplarische Darstellung des analytischen Vorgehens der objektiven Hermeneutik beschränkt sich auf ihr ursprüngliches und zentrales Anwendungsgebiet, für das sie die detailliertesten methodologischen Empfehlungen formuliert hat, die Interpretation von Kommunikationsprotokollen.

1.3 Oevermanns "objektive Hermeneutik" als detaillierter Entwurf einer Methodologie objektiven Verstehens

Oevermann geht davon aus, daß der Sinn einer Äußerung innerhalb einer Kommunikationssequenz abhängig ist von den Elementen des Kontextes, in dem sie ausgeführt wird. Um den "möglichen Variantenreichtum" der Kontextelemente "genügend zur Geltung zu bringen", empfiehlt er zu Beginn der Interpretation einer Äußerung, "sich zunächst konkrete Situationen aus(zu)denken, gewissermaßen *Geschichten* zu der Äußerung (zu) erfinden" in denen sie *regulär*, d.h. ohne Verletzung sozial gültiger Kriterien der Situationsangemessenheit, ausgeführt werden könnte (Oevermann 1981a, S.11; Hervorhebung von mir, W.L.S.). In faktischer Übereinstimmung mit Dantos Überlegungen zur Bestimmung der objektiven Bedeutung historischer Ereignisse geht es bei diesem Schritt darum, die unterschiedlichen Erzählungen, in denen die betrachtete Äußerung eine signifikante Rolle spielen könnte, gedankenexperimentell zu entwerfen. Im nächsten Schritt gilt es, aus diesen Geschichten oder Erzählungen diejenigen allgemeinen Kontextbedingungen herauszufiltern, von deren Erfüllung die unterschiedlichen Bedeutungsmöglichkeiten abhängen, die mit einer Äußerung verbunden werden können. In einem dritten Schritt ist schließlich zu prüfen, welche dieser Bedingungen tatsächlich in der gegebenen Situation erfüllt sind bzw. ob die tatsächliche Situation von den regulär konstruierbaren Kontexten abweicht und welche Bedeutung der Äußerung demnach zuzuschreiben ist (vgl. Oevermann 1981a, S.11ff.).

Bei der Durchführung objektiv-hermeneutischer Interpretationen werden die ersten beiden Schritte freilich häufig übersprungen. Die Analyse setzt dann von vornherein mit der Auslegung von Äußerungen vor dem Hintergrund des jeweils gegebenen Kontextes ein. Möglich ist dies, weil es bei genauer Berücksichtigung des Wortlautes einer Äußerung auch dann noch möglich ist, Sinnbezüge zu erkennen, die über den engen Umkreis des aktuell sichtbaren äußeren Kontextes hinausweisen und diese dann weiter verfolgt und in die Analyse miteinbezogen werden können. Der Vorteil der ausführlicheren Verfahrensvariante besteht vor allem darin, daß solche weiter ausgreifenden Kontextbezüge weniger leicht übersehen werden.

Gleichgültig jedoch, ob man die ausführlichere oder die abkürzende Variante des hermeneutischen Interpretationsverfahrens wählt, in jedem Falle muß man damit rechnen, daß man nicht alle potentiell relevanten Kontexte, in denen die interpretierte Äußerung eine bestimmte Bedeutung gewinnt, erfaßt hat und sich deshalb die Liste der relevanten Kontextbedingungen aufgrund späterer Informationen nachträglich als ergänzungsbedürftig erweist. Denken wir an die Argumentation Dantos, dann wird klar, daß der Grund dafür nicht nur im eventuellen Übersehen von Kontextverweisungen zu suchen ist, die wir bei größerer Sorgfalt hätten erkennen können. Darüber hinaus müssen wir immer auch mit vorausgegangenen oder erst später eintretenden Ereignissen rechnen, die aus einer Äußerung und ihrem aktuell beobachtbaren Kontext nicht zu erschließen sind und durch die ihr eine Bedeutung zuwächst, die sie sonst nicht hätte.

Zu Beginn einer Fallanalyse sind die erzählten Geschichten nicht mehr als knappe Skizzen von Situationen, in denen die untersuchte Äußerung hätte formuliert werden können, fehlen dem Interpreten doch typisch darüber hinausgehende Fallkenntnisse. Bei der Interpretation kann deshalb nur der *aktuelle situative Kontext* der jeweils zu deutenden Äußerung berücksichtigt werden. In dem Maße, wie der Interpret durch die Analyse vorausgegangener Interaktionssequenzen mit der spezifischen Geschichte des untersuchten Falles, d.h. mit seiner besonderen Vergangenheit und dem dadurch definierten *erweiterten Kontext* vertraut ist, muß er darüber hinaus auch diejenigen Lesarten einer Äußerung berücksichtigen, die sich - *zusätzlich* zu den Deutungsmöglichkeiten vor dem Hintergrund des aktuellen situativen Kontextes - aus dieser zurückliegenden Geschichte ergeben.

Dabei ist streng darauf zu achten, daß Vorwissen über die Geschichte des Falles nicht dazu verwendet wird, alternative Deutungsmöglichkeiten, wie sie sich insbesondere aus der Beziehung einer Äußerung zum aktuell beobachtbaren äußeren Kontext ergeben, voreilig als unzutreffend zu deklarieren und aus der weiteren Analyse auszuschließen. Denn die Annahme der Kontextrelativität von Bedeutungen impliziert auch, daß verschiedene Bedeutungen, die sich aus der Beziehung einer Äußerung zu unterschiedlichen Kontextelementen oder -dimensionen ableiten lassen, als objektive Bedeutungen, die zusammen die *"latente Sinnstruktur"* der Äußerung ausmachen, nebeneinander bestehen können. Dies gilt selbst für einander diametral entgegengesetzte Bedeutungszuweisungen, denen psychisch die Absicht zur Ironie, eine ("bewußt" oder "unbewußt") ambivalente Haltung des Sprechers oder einfach das Übersehen unbeabsichtigter Nebenbedeutungen entsprechen mag.[23]

Ob bei dem Autor einer Äußerung angenommen werden kann, daß er die kontextuell erfüllten Bedeutungsmöglichkeiten beabsichtigt oder auch nur bemerkt hat, ist dabei sekundär, können doch auch nicht intendierte Bedeutungen in der Kommunikation zum Anknüpfungspunkt von Folgeäußerungen und dadurch *sozial wirksam* werden. Dabei erscheint der Status der subjektiv intendierten gegenüber der objektiven Bedeutung einer Äußerung *abgeleiteter Art*: Für den wissenschaftlichen Interpreten wie für die Interaktionspartner in der laufenden Kommunikation ist das Bewußtsein des Sprechers intransparent. Seine Vorstellungen, Überzeugungen und Absichten können nur indirekt und unsicher erschlossen werden. Die Grundlage für derartige Rückschlüsse bilden die objektiven Bedeutungen, die vor dem Hintergrund des Kontextwissens und der Normalitätsannahmen, die ein Beob-

---

23 Für die Verwendung von Kontextwissen im Rahmen objektiv-hermeneutischer Interpretationen formuliert Oevermann die folgende Regel: "Zum einen muß es (das Kontextwissen, W.L.S.) ausgeschaltet werden, wo es dazu führen würde, vom Text gedeckte Rekonstruktionen der latenten Sinnstruktur als fallspezifisch unwahrscheinlich vorweg auszuscheiden. Andernfalls würde die Interpretation von Szenen in einem 'schlechten' Zirkel tatsächlich nur zum Ergebnis haben, was zuvor an Vorannahmen 'hineingesteckt' wurde. Zum anderen muß es berücksichtigt werden, wenn anders bei abweichenden Fällen die besonders unwahrscheinlichen Lesarten forschungspsychologisch nicht realisiert würden. Der vermeintliche Widerspruch zwischen diesen beiden Hinsichten (der Behandlung von Kontextwissen, W.L.S.) löst sich auf, wenn man beide Aspekte auf den gemeinsamen Nenner einer möglichst extensiven Auslegung von Lesarten zurückführt" (Oevermann u.a. 1979, S.420).

achter zugrunde legt, konstruiert werden können.²⁴ Die objektiven Bedeutungsmöglichkeiten konstituieren den *Selektionsbereich der Bedeutungszuweisungen*, aus denen Sprecher und Hörer bei der Produktion bzw. Rezeption einer Äußerung jeweils eine kontingente (d.h. auch anders mögliche und deshalb nicht zuverlässig zu antezipierende) Auswahl treffen. Die objektive Bedeutung einer Äußerung umreißt demnach ihr *Strukturierungspotential* für die (Selbst- und Fremd-)Zuschreibung von Bedeutungsintentionen sowie für die Selektion von Anschlußäußerungen.

Dabei können auch diejenigen Bedeutungsmöglichkeiten, die von den Teilnehmern zunächst nicht bemerkt worden und für die weitere Interaktion folgenlos geblieben sind, bei einer eventuellen späteren Reinterpretation der vergangenen Interaktion retrospektiv aktiviert und sozial folgenreich werden: So etwa mag eine Frau bestimmte Verhaltensweisen ihres Mannes jahrelang als Ausdruck *liebender Fürsorge* erlebt haben und sie dann, ausgelöst durch einen Konflikt über ihren Wunsch nach Wiederaufnahme ihrer früheren Berufstätigkeit, rückblickend als verdeckte Form *autoritärer Bevormundung* reinterpretieren. Ein als gravierend erlebtes Ereignis, der Konflikt über ihre Rückkehr in den Beruf, hat hier *einen neuen Bezugspunkt für die Erzählung der Geschichte ihrer Ehe* etabliert, von dem her vergangene Interaktionsszenen in einer veränderten Beleuchtung erscheinen. Ein Eheberater, dem sie beide Versionen der Ehegeschichte vorträgt (und nach dem Muster eines schmerzhaften Lernprozesses miteinander verknüpft, der sie von ihrer früheren "realitätsfremden Naivität" befreite und zur Einsicht in die "harte Beziehungswirklichkeit" ihrer Ehe brachte), könnte sie dann vielleicht mit der Deutung überraschen, daß es sich hier u.U. 'um zwei Seiten der gleichen Medaille' handelt, und das von ihr gewünschte Verhalten ohne dessen mißliebige Kehrseite, die sich vor allem in Konfliktsituationen zeigt, schwer zu haben ist etc.

Betrachten wir nun an einem Interpretationsbeispiel Oevermanns genauer, wie die Einbettung einer Äußerung in den Kontext der aktuellen Situation und der Geschichte des untersuchten Interaktionssystems unterschiedliche Bedeutungsmomente sichtbar macht, die gleichermaßen als Momente der objektiven Bedeutungsstruktur der Äußerung zu begreifen sind. Die Analyse folgt dabei der abkürzenden Variante des Interpretationsverfahrens.²⁵ Der Interaktionsausschnitt, um den es geht, stammt aus einer Familie mit drei Kindern, deren häusliche Interaktion von Oevermann und seinen Mitarbeitern zu mehreren Terminen auf Band aufgezeichnet

---

24 Darüber hinaus können Bedeutungen - wie etwa am Beispiel von Äußerungen zu sehen ist, die unbeabsichtigte, aber im Prinzip vorhersehbare Kränkungen auslösen - auch dann noch schuldhaft zugerechnet werden, wenn deren unabsichtliche Ausführung anerkannt ist. Dies illustriert der folgende (erfundene) Dialog: (A) "Du ißt aber viel Schokolade". - (B) "Laß deine ewigen Anspielungen auf mein Übergewicht". - (A) "Das habe ich doch gar nicht gemeint!" - (A) "Egal, du weißt, wie sensibel ich an diesem Punkt bin. Achte also besser darauf, was du sagst."

25 Dies zum einen, weil es hier nur um eine erste, möglichst knapp zu haltende Demonstration der Interpretationsmethode geht, zum anderen aber auch deshalb, weil Oevermann bei diesem Beispiel selbst so verfährt. Wie schon oben erwähnt, verzichtet die abkürzende Verfahrensvariante auf die einleitende Konstruktion *möglicher* Kontexte für die zu interpretierende Äußerung und führt sofort die *faktischen* Kontextbedingungen ein. Wie der übersprungene Analyseschritt durchzuführen ist, werde ich an späteren Beispielen zeigen.

wurde. Bei der fünften und letzten Beobachtungssitzung wurden die beiden anwesenden Beobachter (im Transkriptauszug mit B1 und B2 gekennzeichnet) zu einem gemeinsamen Abendessen eingeladen, zu dem Hamburger serviert wurden. Man hat einander gerade "Guten Appetit" gewünscht, mit dem Essen begonnen und Beobachter 1 hat bereits, konventionellen Gepflogenheiten der Höflichkeit entsprechend, die Qualität des Mahls gelobt. Zu dem damit aufgeworfenen Thema *'Würdigung des Essens'* steuert der Vater (V), an seine Frau (M) gewandt, die folgende Äußerung bei (vgl. Oevermann u.a. 1979, S.355):

64 V: Also, wenn du so weiter machst, du, da können wir se bald verkaufen

Der Beitrag des Vaters kann gedeutet werden als Realisierung eines *Lobes oder Komplimentes* (vgl. Oevermann u.a. 1979, S.362). Positiv bewertet werden darin die Fähigkeiten der Mutter als Köchin, die sich in der besonderen Qualität des Gerichts niederschlagen. Als Gütekriterium wird die potentielle Verkäuflichkeit der von ihr zubereiteten Hamburger genannt. Kommerzielle Verwertbarkeit erscheint hier als selbstverständlicher Qualitätsmaßstab. Die Hamburger erfüllen, so könnte man dies paraphrasieren, diejenigen 'professionellen Qualitätsansprüche', die eine rege Nachfrage am Markt verbürgen. Freilich noch nicht ganz, denn verkäuflich sind sie nur "bald" und unter der einschränkenden Voraussetzung, daß die Mutter "so weiter macht".

Signalisiert wird damit ein *weiterer Steigerungsbedarf*. Die verkaufsnotwendige Qualität ist nur beinahe, aber noch nicht vollständig erreicht. Die Mutter ist auf dem besten Wege zur definierten Qualitätsmarke. Sie läßt eine deutliche Leistungsverbesserung erkennen, die zu der Erwartung berechtigt, daß sie - sofern sie nur "so weiter macht" - das vorgegebene Qualitätsniveau auch erreichen wird. Im Hinblick auf ihre zurückliegenden Leistungen als Köchin ist damit das Prädikat 'deutlich schlechter' angedeutet. Das Lob ihrer gegenwärtigen Leistung impliziert in der ausgeführten Form also zugleich eine (relativ zum aktuell erfüllten Qualitätsstandard) *abwertende* Beurteilung ihrer sonst üblichen Leistungen als Köchin.[26]

---

[26] Damit wiederholt sich ein Strukturmerkmal, das bereits in einem früheren Lob des Vaters enthalten war. Die Äußerung 61 V: "die kann se ganz gut", enthält eine vergleichbare Kontrastierung, zwischen der hier noch erheblich schwächer belobigten Leistung ("ganz gut") und der Qualität der sonstigen Kochkünste seiner Frau (wird das Pädikat "ganz gut" doch ausdrücklich auf "die", d.h. auf das gerade servierte Erzeugnis "Hamburger" beschränkt), die demnach wohl als mehr oder weniger 'schlecht' einzustufen wären. Das Lob in 64 V (dem ein deutliches Lob des Beobachters B1 vorausging) fällt gegenüber 61 V wesentlich kräftiger aus, behält aber die impizite Kontrastierung zu sonstigen Minderleistungen bei, die jedoch von der Sachdimension ("Hamburger" vs. andere Speisen) in die Zeitdimension verschoben wird ("wenn du so *weiter machst*, ... können wir se *bald* verkaufen").

Konnte man bei der Äußerung 61 V noch argwöhnen, daß das Transkript, das keinerlei Betonungsmarkierungen enthält, vielleicht eine Betonung auf dem Wort "ganz" unterschlägt, durch die die Bewertung "*ganz* gut" die Bedeutung von "*sehr* gut" erhalten könnte, so besteht eine derartige Möglichkeit bei Äußerung 64 V nicht. Blicken wir nun von Äußerung 64 V auf den Beitrag 61 V zurück, dann spricht die *sinnstrukturelle Parallelität* zwischen beiden Äußerungen, die unter der Prämisse besteht, daß das Wort "ganz" ohne besondere Betonung gesprochen wurde, dafür, daß das Transkript wahrscheinlich korrekt ist, eine Betonung an dieser Stelle also tatsächlich nicht vorliegt.

Ob der Sprecher diese Implikation beabsichtigt oder auch nur bemerkt hat, läßt sich freilich schwer sagen; auch kann nicht ausgeschlossen werden, daß sie zwar beabsichtigt, aber scherzhaft gemeint war. Gleichgültig jedoch, ob beabsichtigt bzw. bemerkt oder nicht, ob als Scherz oder ernsthaft formuliert, - in jedem Fall ist diese Abwertung, unabhängig von jeglicher psychischen Entsprechung auf Seiten ihres Autors, Teil der *objektiven Bedeutung* der analysierten Äußerung.

Resümieren wir die zurückliegenden Interpretationsschritte: Zunächst haben wir die Äußerung unter Berücksichtigung der *beobachtbaren Kontextbedingungen* interpretiert, unter denen sie ausgeführt worden ist. Die Äußerung selbst *erweiterte diesen Kontext* dann in zwei Richtungen: Zum einen impliziert das Lob die Konstruktion einer Beziehung zwischen der *aktuell* bewerteten und den *vergangenen* Leistungen der Mutter als Köchin; zum anderen verweist die Wahl des dabei zugrunde gelegten Bewertungskriteriums auf die *kommerzielle Sphäre*, der dadurch maßstäbliche Bedeutung auch für Leistungen zugewiesen wird, die im Rahmen der Privatsphäre erbracht worden sind. Eine an die letztgenannte Kontextdimension anschließende Bedeutungskomponente wird erkennbar, wenn wir Informationen über die *Arbeitssituation des Vaters* und die *Geschichte der Ehebeziehung* in die Analyse einbeziehen und damit den einbettenden Kontext der Äußerung erneut erweitern.

Dazu muß Kontextwissen eingeführt werden, das wir aus der analysierten Äußerung so nicht erschließen können (vgl. Oevermann u.a. 1979, S.362ff.): Der Vater arbeitet in einem Kiosk in der Nähe eines Krankenhauses als Angestellter seines Vaters. Die Arbeitsbelastung ist hoch und die Zeit, die er zusammen mit seiner Familie verbringen kann, nach Auffassung seiner Frau viel zu gering. Die Unvereinbarkeit zwischen den Anforderungen seiner Arbeit im Kiosk des Vaters und den Vorstellungen seiner Frau von einem adäquaten Familienleben ist ein *zentrales Konfliktthema* der Ehebeziehung. Dieser Konflikt um die *Abgrenzung der familialen Privatsphäre gegenüber der Sphäre der Arbeit*, welche die Privatsphäre einschnürt und marginalisiert, ist zugleich ein Konflikt zwischen den Loyalitätserwartungen, mit denen der Ehemann von seiner den Kiosk betreibenden Herkunftsfamilie einerseits und von seiner Frau andererseits konfrontiert wird.

Vor diesem Hintergrund erhält der Inhalt des Lobes, das der Mann seiner Frau gegenüber ausspricht, eine besondere Brisanz: Die Zubereitung der Mahlzeit für das gemeinsame Essen mit den Gästen ist Teil der Gestaltung der familialen Privatsphäre. Das Lob des Mannes mißt die dabei erbrachte Leistung der Frau am kommerziellen Maßstab der Verkäuflichkeit, der seiner beruflichen Sphäre entnommen ist. Die Bedeutung dieser Leistung als Beitrag zur Gestaltung der Privatsphäre wird durch die Wahl dieses Maßstabes *faktisch negiert*. Als lobenswert gilt diese Leistung hier nur insoweit, wie sie annähernd geeignet erscheint, die kommerziellen Anforderungen der Berufssphäre zu erfüllen. Die Grenze zwischen Berufs- und Privatsphäre wird damit symbolisch eingerissen und letztere den Ansprüchen der ersteren subsumiert. Ihrem *objektiven* Sinn nach, d.h. unabhängig davon, ob der Sprecher dies beabsichtigt oder bemerkt, reproduziert sich in der lobenden Äußerung des Vaters das zentrale Konfliktthema der Ehebeziehung und wird darin die familiale Privatsphäre, die aus der Perspektive der Frau durch die berufliche Belastung des

Mannes ohnehin stark beeinträchtigt erscheint, ein weiteres Mal marginalisiert. Der Fortgang der Sequenz deutet daraufhin, daß die eben skizzierte Bedeutung nicht völlig unbemerkt bleibt (Oevermann u.a. 1979, S.355):

64 V: Also, wenn du so weiter machst, du, da können wir se bald verkaufen
65 B2: hm
66 M: (lacht)
67 B1: (lacht)
68 M: (lachend) naja, gleich hier// So gut sind sie auch wieder nich

In 68 M schließt die Mutter an das Kompliment des Vaters lachend mit den Worten "naja, gleich hier" an. Vervollständigt um die darin vorausgesetzten Elemente der Äußerung des Vaters würde diese Äußerung so lauten: "naja, (da können wir se) gleich hier (verkaufen)". Die symbolische Negation der Privatsphäre, so die Interpretation Oevermanns, wird durch diese Äußerung registriert und konsequent zu Ende gedacht:

"Wenn schon die Verkäuflichkeit höchstes Maß des Gelingens eines privaten Essens ... sein soll, ... dann sollte man auch ganz konsequent sein und 'gleich hier' mit dem Verkauf beginnen. Man sollte den Gästen für das Essen einen kaufmännisch kalkulierten Preis abverlangen und damit die Logik das Handelns am Kiosk endgültig auch in den für das private Familienleben vorgesehenen Raum verlagern" (Oevermann u.a. 1979, S.365).

Während der erste Teil der Reaktion der Mutter sinnadäquat auf die Aktualisierung des *Konfliktthemas* und die *Marginalisierung der Privatsphäre* in der Äußerung ihres Mannes reagiert, definiert der zweite Teil ihrer Reaktion (vom ersten durch eine deutliche Pause abgetrennt: "//So gut sind sie auch wieder nich") diese Äußerung als *Kompliment*, das sie konventionell-bescheiden abwehrt. Beide Bedeutungskomponenten, das Lob und die Reproduktion des Konfliktthemas, treffen demnach in ihrer Anschlußäußerung auf Resonanz. Deutlich wird daran, wie unterschiedliche Elemente der objektiven Bedeutung einer Äußerung, die sich aus ihrer Beziehung zu verschiedenen Dimensionen des einbettenden Kontexts ergeben, in der weiteren Kommunikation zugleich wirksam werden können.

Bei genauerer Differenzierung können insgesamt die folgenden, in verschiedenen Erzählsträngen darstellbaren Kontextdimensionen und Bedeutungselemente unterschieden werden, die durch sinnförmige Verweisungsbeziehungen eng miteinander verknüpft sind:

1. *Die aktuelle Interaktionssequenz:* Das von einem Gast (B 1) initiierte Thema der Sequenz ist die Würdigung des servierten Essens. In diesem Rahmen hat die Äußerung des Mannes die Bedeutung eines Lobes oder Komplimentes, mit dem er dieses Thema fortsetzt und sich der positiven Bewertung des Gastes anschließt. Die Binnenstruktur seiner Äußerung setzt die aktuelle Leistung seiner Frau als Köchin in Beziehung zu ihren sonstigen diesbezüglichen Fähigkeiten und erweitert dadurch den relevanten Kontext in der Zeitdimension.
2. *Die generelle Beurteilung der Kochkünste der Frau durch den Mann:* Die Art des Komplimentes legt nahe, daß es sich bei den Hamburgern, gemessen an der

sonst üblichen Essensqualität, um ein Spitzenprodukt ihrer Kochkunst handelt, das gleichwohl noch verbesserungsbedürftig erscheint, wenn es den ultimaten Qualitätsstandard der Verkäuflichkeit erreichen soll. Die Verwendung des Bewertungsstandards 'Verkäuflichkeit' erweitert den relevanten Kontext in der Sachdimension über den Bereich der Privatsphäre hinaus, indem sie einen Standard aus der kommerziellen Sphäre importiert und als Urteilsgrundlage verwendet, und sie verweist auf die berufliche Tätigkeit des Mannes als Angestellter in einem Kiosk, in dem u.a. auch Eßwaren verkauft werden.
3. *Die generelle Bewertungsperspektive, die in dem Kompliment zum Ausdruck kommt, in ihrer Affinität zur Berufstätigkeit des Mannes und die darin implizierte Relationierung von Berufs- und Privatsphäre:* Der Umstand, daß der Mann bei seinem Lob die Verkäuflichkeit der Hamburger als Qualitätsmaßstab zugrunde legt, deutet auf eine enge Bindung an die Wahrnehmungs- und Bewertungsperspektive hin, die für seine berufliche Tätigkeit zentral ist. Indem eine Leistung, die für die Gestaltung der familialen Privatsphäre erbracht worden ist, im Rahmen eines Kompliments, das die besondere Gelungenheit dieser Leistung hervorhebt, nach den Standards der beruflichen Sphäre beurteilt wird, wird diese Leistung zugleich unter die beruflichen Bewertungskriterien subsumiert. Als gelungener Beitrag zur Privatsphäre zählt primär das, was berufsspezifischen Anforderungen genügt. Dies kann als Anzeichen für eine dementsprechende Hierarchisierung beider Sphären gelesen werden. Offen ist dabei freilich, inwieweit die hier anklingende Unterordnung der Privat- unter die Berufssphäre auf die aktuelle Situation beschränkt ist oder auch in anderen Situationen beobachtet werden kann. Als weitere relevante Kontextdimension, die in die aktuelle Interaktionssituation hineinspielt, ist damit die generelle Bestimmung des Verhältnisses von Privat- und Berufssphäre aus der Perspektive des Mannes und im Rahmen der Ehebeziehung aufgerufen.
4. *Die Aktualisierung der ungelösten Spannung zwischen beruflichen und familiären Anforderungen als zentrales Konfliktthema der Ehebeziehung:* Aus anderen Interaktionsszenen ist bekannt, daß die Ehefrau sich häufig über die Marginalisierung der Privatsphäre als Folge der intensiven beruflichen Beanspruchung des Mannes beklagt. Durch die Bewertung ihrer als Beitrag zur Gestaltung der Privatsphäre erbrachten Leistung als Köchin nach einem kommerziellen Beurteilungskriterium wird diese Marginalisierung symbolisch reproduziert. Der Umstand, daß der Ehemann als Angestellter seines Vaters arbeitet, blendet eine weitere Kontextdimension auf, die mit der analysierten Äußerung durch sinnhafte Verweisungsbeziehungen verknüpft ist, - nämlich die Beziehung zwischen der Herkunftsfamilie des Mannes und der von ihm selbst gegründeten Familie.
5. *Die Konkurrenz zwischen den Loyalitätsbindungen des Mannes gegenüber seiner Herkunftsfamilie und der Loyalität gegenüber seiner Frau:* Weil der Mann als Angestellter seines Vaters arbeitet, hat der Konflikt zwischen seinen beruflichen Verpflichtungen und den Wünschen seiner Frau nach stärkerer Präsenz ihres Mannes in der Familie zugleich die Bedeutung eines innerfamilialen Loyalitätskonflikts, in den der Mann durch die gegensätzlichen Erwartungen seiner Eltern

einerseits und seiner Frau andererseits gestellt ist. Die Subsumtion der Privatsphäre unter berufliche Bewertungsstandards impliziert deshalb zugleich die Bewertung der Leistung seiner Frau nach Maßgabe ihrer Brauchbarkeit in einem Bezugsrahmen, der durch die Anforderungen seiner Herkunftsfamilie definiert ist. Im Konflikt zwischen diesen Anforderungen und den Wünschen seiner Frau übernimmt er damit die Perspektive der Herkunftsfamilie. Er tut dies in einem Zusammenhang, in dem es um die Belobigung einer Leistung seiner Frau geht, die sie gerade für die Gestaltung der Privatsphäre erbracht hat, welche aus ihrer Perspektive unter den übermäßigen Arbeitsanforderungen der Herkunftsfamilie an ihren Mann leidet. Die Äußerung, die im Rahmen der aktuell ablaufenden Interaktionssequenz als Kompliment erscheint (und vermutlich auch so gemeint war), dokumentiert damit zugleich ihrer objektiven Bedeutung nach (im Rahmen der gegebenen Situation) die Irrelevanz ihrer Wünsche für ihren Mann gegenüber den Erwartungen seiner Herkunftsfamilie.

Die objektive Bedeutung der analysierten Äußerung ist bestimmt durch die Gesamtheit der erzählbaren Kontexte, auf die sie bezogen werden kann und deren Schnittpunkt sie darstellt. Diese *Kontexte*, die durch die Erzählung von Geschichten aufgespannt werden, haben selbst den Charakter von *Sinnstrukturen*, an denen die Äußerung partizipiert und zu deren *Reproduktion* sie zugleich beiträgt. Das Thema der Interaktionssequenz, die Bewertungsprämissen des Komplimentes, die problematische Relation von Berufs- und Privatsphäre sowie die damit verbundenen Konflikte, - jede dieser Sinnstrukturen ragt gleichsam in die Äußerung hinein, trägt spezifische Facetten zu ihrer Bedeutung bei, wird so durch die Äußerung aufgerufen und fortgeschrieben.

Mit Gadamer, Popper und auch mit Danto hatten wir oben festgestellt, daß die Auslegung von Texten, Äußerungen oder Handlungen in ihrem Ergebnis darauf zuläuft, sie als Lösung eines *Problems* bzw. als Antwort auf eine *Frage* zu verstehen. Von ihrem Resultat her beantwortet die vorgestellte Analyse eine doppelte Frage:

Auf einer allgemeinen theoretisch-methodologischen Ebene zeigt sie, auf welche Weise eine Äußerung unterschiedliche Kontexte miteinander koppeln, an deren Sinnstruktur partizipieren und dadurch zugleich zu deren Reproduktion beitragen kann.

Bezogen auf das konkrete Familiensystem, dessen Interaktion hier an einem Ausschnitt beobachtet wurde, läßt sich die Analyse der Äußerung als exemplarische Antwort auf die *Frage* begreifen, wie die ungelöste Spannung zwischen Berufs- und Privatsphäre, die zugleich gekoppelt ist mit der Konkurrenz zwischen den Loyalitätsanforderungen der Herkunftsfamilie des Mannes und den Anforderungen seiner Frau, die Bedeutung eines zentralen Konfliktthemas der Ehebeziehung erhält. Diese Spannungskonstellation erscheint hinreichend wirkungsmächtig, um auch solchen alltäglichen Situationen ihren Stempel aufzuprägen, die fernab von ihr zu liegen scheinen. Man könnte vermuten, daß es vor allem diese *virtuelle Omnipräsenz* ist, die diesem Widerstreit den Status eines zentralen Konfliktthemas in der Ehebeziehung erst verleiht.

Die Interpretation der Äußerung, dies sei noch einmal betont, richtete sich auf die Rekonstruktion ihres *objektiven* Sinns, wie er aus der Perspektive eines Beobachters erscheint, der sie auf verschiedene Dimensionen des ihm bekannten Kontextes bezieht. In welchem Umfang der objektive Sinn vom Autor der Äußerung subjektiv intendiert war bzw. registriert wurde, haben wir im wesentlichen offen gelassen. Generell nimmt die objektive Hermeneutik hier an, daß der subjektive Sinn einer Äußerung als Selektion aus dem Spektrum ihrer objektiven Bedeutungen dargestellt werden kann (Oevermann 1981a, S.11), wobei die Kongruenz zwischen der explizierten objektiven Bedeutung und den Bedeutungsintentionen der Akteure als empirisch eher unwahrscheinlicher Grenzfall gilt. Für die zu Beginn interpretierte Äußerung des Vaters (64 V) liegt etwa die Vermutung nahe, daß sie als Lob oder Kompliment gemeint war. Daß damit auch eine Anspielung auf das Konfliktthema Privatsphäre/Berufssphäre beabsichtigt war, ist hingegen eher unwahrscheinlich (wenngleich es nicht mit völliger Sicherheit ausgeschlossen werden kann). Ein hohes Maß an Identifikation mit der eigenen Berufstätigkeit auf Seiten des Sprechers zusammen mit einer egozentrischen Beschränkung der Bedeutungszuschreibung auf den Horizont der eigenen Wahrnehmungs- und Bewertungsperspektive reicht aus, um eine Äußerung mit dieser Sinnstruktur zu erzeugen. Derartige Vermutungen über die subjektive Perspektive eines Akteurs bleiben grundsätzlich mit größeren Unsicherheiten belastet, als die Explikation des objektiven Sinns von Äußerungen.

Auch auf der Ebene objektiver Sinninterpretation ist die erreichbare Sicherheit jedoch begrenzt. Eine Analyse der skizzierten Art muß hier in doppelter Weise unvollständig bleiben: Jede Einbeziehung weiteren Wissens über die Vor- und Nachgeschichte einer Äußerung oder einer Interaktionssequenz kann neue Sinnschichten freilegen. Eine erschöpfende Explikation aller objektiven Bedeutungsmöglichkeiten kann deshalb nicht erreicht werden, weil (1) unser Wissen niemals vollständig ist und weil darüber hinaus - wie Gadamer, Popper und Danto übereinstimmend betonen - jeder Äußerung, jedem Text, jedem Ereignis durch spätere Ereignisse jenseits des Zeitraumes, den der Interpret aus der Perspektive seiner Gegenwart überblickt, neuer Sinn zuwachsen kann. Weil wir außerdem nicht ausschließen können, daß uns relevante Teile des Kontextes einer Äußerung unbekannt geblieben sind, können wir (2) auch nicht ausschließen, daß unsere Deutungen durch solche Kontextelemente konterkariert würden.[27] Dies heißt jedoch letztlich nicht mehr, als daß

---

[27] So wäre es z.B. denkbar, daß das Ehepaar aus der oben interpretierten Interaktionsepisode sich kurz zuvor ausgesprochen und die Frau den Wunsch geäußert hat, ihren Mann in seiner beruflichen Tätigkeit zu unterstützen, um ihn zu entlasten und dadurch zu ermöglichen, daß er mehr Zeit für die Familie gewinnt. Vor diesem Hintergrund könnte die lobende Bewertung der zubereiteten Hamburger nach dem Maßstab potentieller Verkäuflichkeit gelesen werden als Bekundung seiner Bereitschaft, ihre Unterstützung anzunehmen, indem er die Möglichkeit erwähnt, die Hamburger in das Warensortiment des Kiosks aufzunehmen. Der erste Teil ihrer Reaktion darauf ("naja, gleich hier") könnte dann u.U. komplementär dazu verstanden werden als scherzhaft überzeichnete Betonung ihrer Bereitschaft, ihr Unterstützungsangebot 'stehenden Fußes' in die Tat umzusetzen. Was zuvor als *Reproduktion* eines zentralen Konflikts der Familie erschien, wäre dann gerade im (Fortsetzung...)

jede Interpretation unter dem Vorbehalt möglicher Falsifikation steht. Aus den genannten und auch von Oevermann thematisierten Formen der Unvollständigkeit folgt die grundsätzliche Unabschließbarkeit jeder Interpretation:

> "Der Interpretationsprozeß ist also prinzipiell offen und seine Ergebnisse sind jederzeit revidierbar" (Oevermann u.a. 1979, S.391).

Diese These und die eben dafür gegebene Begründung kommt im wesentlichen überein mit einer zentralen Aussage des Derrida'schen Dekonstruktivismus. Wie Oevermann, so behauptet auch Derrida die *Kontextrelativität jeder Bedeutung*. Besonderes Gewicht legt er dabei auf die Annahme,

> daß der Kontext einer Äußerung "nie absolut bestimmbar ist oder ... seine Bestimmung niemals gesichert oder gesättigt ist" (Derrida 1988, S.293). Und an anderer Stelle: "Dies ist mein Ausgangspunkt: keine Bedeutung kann außerhalb eines Kontextes determiniert werden, aber kein Kontext kann sie ganz ausschöpfen" (Derrida 1986, S.125, hier zitiert nach Culler 1988, S.137).

Daraus folgt, daß der Sinn einer Äußerung *niemals endgültig* festgelegt werden kann. Immer ist es möglich, daß bisher unbekannte oder aus der Perspektive bisheriger Interpreten als irrelevant betrachtete Elemente des Kontextes den Sinn der Äußerung modifizieren bzw. erweitern. Auch die Intention des Autors einer Mitteilung kann die Eindeutigkeit und Invarianz ihres Sinns nicht garantieren. Weil seine Bedeutungsintention eine bestimmte Deutung des Äußerungskontextes einschließen muß, bleibt auch sie der Relativierung durch die These der Ungesichertheit des Kontextes nicht entzogen.[28]

27(...Fortsetzung)
Gegenteil als gemeinsame Bekräftigung eines *vereinbarten Lösungsversuchs* zu interpretieren (freilich mit der Implikation, daß sie sich damit selbst an der symbolischen Subsumtion des Familienlebens unter die kommerziellen Standards der Berufssphäre beteiligen und sich insofern unterwerfen würde).

28 In einer Debatte mit Searle illustriert Derrida dies am Beispiel der Ausführung eines Versprechens (vgl. Derrida 1977, S.215; ich variiere das Beispiel etwas). Wenn jemand einem anderen ein *Versprechen* geben will, dann muß für den gelingenden Vollzug dieses illokutionären Aktes nach Searle u.a. die folgende Voraussetzung notwendig erfüllt sein (vgl. Searle 1976, S.97; Erläuterungen in Klammern von mir hinzugefügt; W.L.S.): "V (=Versprechen) darf nur geäußert werden, wenn der Zuhörer H S'(=des Sprechers) Ausführung von A (=auszuführender Akt) der Unterlassung von A vorziehen würde und wenn S glaubt, H würde S' Ausführung von A der Unterlassung von A vorziehen". Ist es hingegen der Fall und die Überzeugung des Sprechers, daß die dem Hörer zugesagte Handlung A dessen Interessen verletzt, dann bedeutet die Zusage von A die Ausführung einer *Drohung* statt eines Versprechens. Die Korrektheit von Searles Analyse unterstellt, kann man fragen: Welcher Sprechakt kommt zustande, wenn der Sprecher im Glauben, einen Wunsch des Hörers zu erfüllen, ihm die Ausführung einer Handlung zusagt, die der Hörer fürchtet? Hat er dann nicht, in dem Glauben, ein Versprechen zu geben, faktisch eine Drohung realisiert? Oder was ist, wenn der Hörer etwas bewußt wünscht, was er unbewußt jedoch fürchtet? Hat der Sprecher dann zwei konträre Sprechakte in einem Zuge ausgeführt (und wiederum: ohne es zu bemerken)? Oder nehmen wir an, die Präferenzen des Hörers haben sich zwischen der Zusage und der Ausführung der Handlung geändert. Was er zunächst wünschte, fürchtet er später. Wird dann aus einem Versprechen nachträglich eine Drohung? - Selbst wenn man diese Fragen nicht eindeutig im Sinne der nahegelegten Möglichkeiten beantworten will, wird daran deutlich, daß Differenzen zwischen dem

(Fortsetzung...)

Jonathan Culler (1988, S.136) expliziert und verteidigt Derridas These wie folgt:

"... jeder Kontext (steht; W.L.S.) einer weitergehenden Beschreibung offen. Im Prinzip gibt es keine Begrenzung, was in einen gegebenen Kontext eingeführt werden oder sich für die Performanz eines bestimmten Sprechaktes als relevant erweisen könnte.[29] Diese strukturelle Offenheit des Kontextes ist für alle Disziplinen wesentlich: ... der Historiker bewertet bestimmte Ereignisse unter dem Aspekt neuer oder neuinterpretierter Daten; der Literaturkritiker stellt eine Beziehung zwischen einer Passage und einem Text oder Kontext her, die diese in einem neuen Licht erscheinen lassen" (Culler 1988, S.137).

In Cullers Explikation der Derrida'schen These wird klar erkennbar, daß die darin formulierte Position im wesentlichen übereinkommt mit der Position der zuvor schon diskutierten Autoren.[30] Welche Konsequenzen diese These für die Interpretation von Handlungen und Äußerungen hat, haben wir an den oben behandelten Interpretationsbeispielen bereits ausführlich beobachten können.

Bisher habe ich gezeigt, inwiefern das Verstehen von Äußerungen und Handlungen bei Gadamer, Popper, Danto, Oevermann und von Poststrukturalisten (Derrida, Culler) auf eine Weise analysiert wird, die dem Verstehen *objektiver* Sinnstrukturen (wie sie durch die beobachterabhängige Relation Äußerung-Kontext determiniert sind) methodologisch und material die Priorität gegenüber der Nachzeichnung des *subjektiv intendierten* Sinns zuweist. Mit dieser Prioritätensetzung gehen die erwähnten Autoren auf Distanz gegenüber der Traditionslinie der Hermeneutik, die vor allem mit dem Namen *Schleiermachers* verbunden ist.

Zwar operiert auch Schleiermacher mit einer Unterscheidung, die der Differenz zwischen objektivem und subjektiv-intentionalem Verstehen nahe kommt: Von

---

28 (...Fortsetzung)
vom Sprecher angenommenen und dem (aus der Perspektive eines anderen Beobachters) faktisch erfüllten Kontext einen Unterschied dafür machen, welchen Sinn man einer Äußerungen zuschreiben kann.

29 Culler gibt ein weiteres Beispiel, um zu demonstrieren, daß der Kontext und nicht die Absichten des Urhebers den Sinn von Äußerungen bestimmen und wählt dazu den institutionellen Sprechakt des Eheschließens: "Um sich dies klar zu machen, braucht man nur zu erwägen, was wohl geschähe, wenn nach dem offensichtlichen Vollzug der Hochzeitszeremonie einer der Beteiligten sagt, er habe nur einen Scherz gemacht - daß er nur so getan, geprobt oder unter Zwang gehandelt habe"; Culler kommt zu dem Ergebnis: "... die Frage, ob tatsächlich eine Ehe geschlossen wurde, hängt von einer weitergehenden Erörterung der Umstände ab. Falls der Priester gesagt hatte, daß unmittelbar vor der wirklichen Zeremonie eine Probe in vollständiger Hochzeitskleidung stattfinden sollte, oder falls der Bräutigam seine Behauptung untermauern kann, daß er während der gesamten Zeremonie vom Vater der Braut mit der Pistole bedroht wurde, könnte man zu einer anderen Schlußfolgerung über die illokutionäre Rolle der Äußerungen gelangen. Was zählt, ist die Plausibilität der Beschreibung der Umstände: ob die hinzugekommenen Kontextmerkmale einen Rahmen schaffen, der die illokutionäre Rolle der Äußerung verändert" (Culler 1988, S.136).

30 Mir geht es im Text um die Herausarbeitung *eines* theoretisch und methodologisch zentralen Konvergenzpunktes. Damit ist selbstverständlich nicht behauptet, daß die behandelten Autoren in jeder relevanten Hinsicht übereinstimmen würden. An späterer Stelle, im Zusammenhang mit der Frage, welche Konsequenzen die Unbeherrschbarkeit des Kontextes für die *Befolgung von Regeln* hat (Kap. 3.1.3), werde ich nochmals auf die hier festzustellenden Parallelen zwischen der Hermeneutik Gadamers und dem Poststrukturalismus zurückkommen. Dort wird sich dann aber auch eine bedeutsame *Divergenz* zeigen: Die Folgerungen für den Regelbegriff, die dort gezogen werden, sind mit dem Konzept *algorithmischer* Regeln, wie es *Oevermann* vertritt, *nicht* zu vereinbaren.

"grammatischem Verstehen" spricht Schleiermacher bei der Auslegung eines Textes nach den Regeln der Sprache; das *"psychologische Verstehen"* versucht demgegenüber die Genesis der Gedanken des Autors, die zur Entstehung eines Textes führten, aus seinem Denken und Leben zu rekonstruieren. Diese Unterscheidung scheint die Möglichkeit zuzulassen, daß die Bedeutung eines Textes gemäß den Regeln der Sprache einen objektiven Sinnüberschuß gegenüber dem subjektiv intendierten Mitteilungssinn einschließt. - Die von Schleiermacher formulierten methodologischen Regeln der Interpretation schließen dies jedoch aus: Sofern beide Formen der Interpretation nur vollständig durchgeführt werden können, verlangen diese Regeln, daß die Ergebnisse grammatischen und psychologischen Verstehens miteinander übereinstimmen. Diskrepanzen zwischen beiden Auslegungsweisen sind nur unter eng umschriebenen Voraussetzungen zulässig. Ist der Verfasser eines Textes unbekannt oder weiß man nichts Näheres über seine Lebensumstände, dann erscheint eine psychologische Interpretation aus kontingenten Gründen nicht möglich. Auch können die Ergebnisse psychologischen Verstehens bei bestimmten Gegenständen, wie etwa mathematischen Lehrsätzen, bei denen es uns nicht auf die psychische Genesis, sondern nur auf das gültige Resultat des Denkens ankommt, ohne eigenständiges Interesse sein und deshalb darauf zielende Auslegungsversuche unterbleiben. Im idealisierten Grenzfall einer gleichermaßen vollständigen Durchführung beider Weisen der Auslegung aber soll jede die andere ersetzen können: "Vollkommen ist aber jede nur dann, wenn sie die andere überflüssig macht und Beitrag gibt, um sie zu konstruieren" (Schleiermacher 1977, S.80).

Methodologisch wie material weist Schleiermacher beiden Formen der Interpretation damit prinzipiell genau die gleiche Bedeutung zu. Weichen die Ergebnisse der psychologischen und grammatischen Auslegung voneinander ab, dann erscheint dies als "Fehler im Kalkül", der zur Überprüfung und Revision zwingt.[31] Grammatisch und psychologisch verstandener Sinn gelten hier ex definitione als gleichmächtig und müssen deshalb zur Deckung kommen. Ein Überschuß des objektiven gegenüber dem subjektiv gemeinten Sinn erscheint unter diesen Voraussetzungen ausgeschlossen und kann nur als Produkt eines Auslegungsfehlers verbucht werden, der nach Korrektur verlangt.[32] In der Folgeentwicklung dieses Zweigs der Hermeneutik, von Boeckh und Steinthal bis zum frühen Dilthey, tritt das psychologische Verstehen als Nachvollzug des subjektiven Erzeugungsprozesses eines Sinngebildes verstärkt in den Vordergrund und weist dem grammatischen Verstehen eine unter-

---

[31] "Beide stehen einander völlig gleich, und mit Unrecht würde man grammatische Interpretation die niedere und die psychologische die höhere nennen" (Schleiermacher 1977, S.79). Unter dieser Prämisse kommt Schleiermacher zu der folgenden Auslegungsregel: "Allgemeine methodologische Regel: a) Anfang mit allgemeiner Übersicht (um einen Überblick über das zu interpretierende Ganze zu gewinnen, W.L.S.); b) Gleichzeitiges Begriffensein in beiden Richtungen (der Auslegung, W.L.S.); der grammatischen und psychologischen; c) Nur wenn beide genau zusammentreffen in einer einzelnen Stelle, kann man weitergehen; d) Notwendigkeit des Zurückgehens, wenn sie nicht zusammenstimmen, bis man den *Fehler im Kalkül* gefunden hat" (Schleiermacher 1977, S.97; Hervorhebung von mir, W.L.S.).
[32] Vgl. zum vorstehenden ausführlicher Schneider 1991, S.29-35.

geordnete Funktion zu (vgl. Gadamer 1965, S.172ff.).[33]

Gegenüber den skizzierten Prämissen einer *intentionalistisch beschränkten* Hermeneutik setzen sich die oben diskutierten Autoren deutlich ab. Die Ungleichmächtigkeit von Sinn und Intention wird für sie zum erwartbaren Normalfall, von dem her die Lehre der Auslegung als *Methodologie objektiven Verstehens* zu konzipieren ist. Als primärer Bezugspunkt für die Identifikation von Sinnbeziehungen gilt daher nicht mehr die Perspektive des Autors bzw. Akteurs, dessen Äußerungen oder Handlungen zu deuten sind, sondern die Perspektive des interpretierenden *Beobachters*. Der Frage- oder Problemhorizont, auf den *er* Texte, Artefakte, Äußerungen und Handlungen bezieht, entscheidet darüber, welche Bedeutung sie für ihn gewinnen. Die Gesamtheit des Sinns, der einem Objekt oder Ereignis zugeschrieben werden kann, wird bestimmt durch die Gesamtheit der Problemkontexte, in denen es eine signifikante Rolle spielt. Der Problemkontext, der den Handelnden vor Augen stand, die ein Sinngebilde erzeugten oder ein Ereignis herbeiführten, zählt dabei nur als ein Kontext unter anderen.

Die Relationierung von Objekten und Ereignissen zu Problemkontexten ist auch ein Verfahren, von dem in soziologischen Analysen *sozialer Institutionen* Gebrauch gemacht wird. Wenn etwa dem Gewaltmonopol des Staates die gesellschaftliche Bedeutung zugeschrieben wird, die friedliche Lösung von Konflikten im Einzugsbereich staatlich garantierten Rechts zu erzwingen und damit das *Hobbes'sche Ordnungsproblem* zu lösen, dann ist dies eine Feststellung, deren Gültigkeit unabhängig davon ist, ob die Einrichtung des Gewaltmonopols mit der *Absicht* zur Lösung dieses Problems geschaffen worden ist, oder ob Interessen an der Ausdehnung von Macht sowie der möglichst reibungslos durchzuführenden ökonomischen Ausbeutung eines Territoriums und seiner Bevölkerung dafür ausschlaggebend waren.

Das Problem sozialer Ordnung kann freilich durch unterschiedliche Einrichtungen (und auf unterschiedlich effektive Weise) gelöst werden: Wenn wir in staatenlosen Gesellschaften feststellen, daß ein sozialer Ehrenkodex existiert, der die Angehörigen von Familienverbänden bei Strafe des Ehrverlustes dazu verpflichtet, Übergriffe auf das Eigentum oder Leben eines einzelnen Mitgliedes auch unter Einsatz von Gewalt zu sanktionieren, sofern nicht bestimmte Handlungen zum Ausgleich des begangenen Unrechts durch die Sippe des Täters vollzogen werden, dann kann auch diese Form der Normierung einer Sanktionsverpflichtung *als Beitrag zur Lösung des Ordnungsproblems* verstanden werden: Die von Solidargruppen ausge-

---

33 Vgl. dazu als spätes Beispiel Betti, der sich kritisch mit Gadamers "Wahrheit und Methode" auseinandersetzt und gegen diesen gerichtet die Aufgabe des Interpreten darin sieht, in den von ihm auszulegenden "...Objektivationen (des Geistes, W.L.S.) den beseelenden Schöpfergedanken wiederzuerkennen, die Auffassung nachzudenken bzw. die Anschauung wiederzufinden, die sich in ihnen bekundet. Hier also ist das Verstehen ein *Wieder*erkennen und *Nach*konstruieren. ... Es geht demnach eine *Umkehrung* (Inversion) des Schaffensprozesses vor sich: eine Umkehrung, derzufolge der Interpret auf dem hermeneutischen Wege den schöpferischen Weg in umgekehrter Richtung durchlaufen soll, dessen Nach-Denken er in seiner Innerlichkeit durchzuführen hat" (Betti 1962, S.12f., Hervorhebungen im Original).

übte, normativ erwartete und über das Konzept der sozialen Ehre mit der Identität der Handelnden verbundene Praxis der *Selbstjustiz*, die in staatlich verfaßten Gesellschaften als *Bedrohung* der öffentlichen Ordnung erscheinen muß, ist in staatenlosen Gesellschaften eine institutionell verankerte Einrichtung zur *Sicherung dieser Ordnung*, weil anders die Erosion von Normen durch Häufung sanktionsfrei bleibender Normverletzungen droht.[34] Sie hat diese Bedeutung unabhängig davon, ob die Akteure in solchen Gesellschaften dies auch wissen und sich von diesem Wissen leiten lassen oder sich allein an Vorstellungen von Pflicht und Ehre orientieren.

Man kann hier auch formulieren: Zur Lösung des Ordnungsproblems beizutragen ist die *soziale Funktion* der Normierung einer solchen Sanktionsverpflichtung. Die Auslegung von Handlungen, Normen und Institutionen auf Fragen bzw. Probleme hin, die nicht identisch sein müssen mit dem Problemkontext, der den Handelnden selbst vor Augen stand, als sie handelten, ist auch die Kernfigur der Methode *funktionaler Analyse*. Daraus ergibt sich die Schlußfolgerung: Wird die Bindung des Verstehens an die subjektiven Intentionen von Autoren und Akteuren aufgekündigt, begegnen Hermeneutik und funktionale Analyse einander auf gleicher kategorialer Ebene. Meine These lautet daher:

Hermeneutik und funktionale Analyse operieren mit der gleichen methodologischen Grundfigur, die in Anschluß an Gadamer sowie an Poppers Konzeption "objektiven Verstehens" als Basis einer objektiv verstehenden Sozialwissenschaft zu begreifen ist, der Figur von Problem (Frage) und Problemlösung (Antwort).

1.4 Funktionale Analyse und Systembegriff

Um die eben formulierte These zu entfalten, müssen wir zunächst den Begriff der "Funktion" klären. Eine einschlägige Definition dieses Begriffs gibt das "Handlexikon zur Wissenschaftstheorie" (Seiffert/Radnitzky 1989, S.86):

"Der Begriff *Funktion* bezeichnet im bis heute gebräuchlichen älteren Sinn die einem Teil innerhalb eines geordneten Ganzen (eines 'Systems') zukommende Aufgabe oder die ihrer Erfüllung dienenden Tätigkeiten oder Verrichtungen; in einem neueren, erst seit Ende des 17. Jh. in Mathematik und Physik terminologiebildenden Sinne bezeichnet *Funktion* die Abhängigkeit einer Größe f von anderen Größen $g_1,...,g_n$, wobei dann f eine 'Funktion von' $g_1,...,g_n$ heißt..." (Hervorhebungen im Original, W.L.S.).

Prüfen wir die Plausibilität dieser Definition an einer Reihe von Beispielen:
(1) Die Funktion des Pfluges (im Rahmen des Ackerbaus) ist es, den Boden zu wenden, zu mischen, zu lockern und zu krümeln.

---

[34] Diese Lösung ist freilich selbst nicht unproblematisch, muß doch durch subsidiäre Einrichtungen sichergestellt werden, daß die Gefahr sich aufschaukelnder Zyklen von Delikt-Rache-Gegenrache etc. mit hinreichender Wahrscheinlichkeit gebannt werden kann. Ich komme später darauf zurück.

(2) Die Funktion des Vergasers (in einem Ottomotor) ist es, das für die Verbrennung benötigte Kraftstoff-Luft-Gemisch zu erzeugen.
(3) Die Funktion der Schweißdrüsen bzw. der Schweißbildung (für einen Organismus) ist es, den Organismus bei hohen Umgebungstemperaturen vor Überhitzung zu schützen.
(4) Die Funktion eines Abteilungsleiters (innerhalb einer Organisation) ist es, die Arbeit der Mitarbeiter seiner Abteilung so zu koordinieren, daß sie auf optimale Weise zur Realisierung der Organisationsziele beitragen.
(5) Die Funktion des Rechts (für die Gesellschaft) ist es, gesamtgesellschaftlich bedeutsame Normen zu stabilisieren.
(6) Die Funktion des Teufels (in monotheistischen Religionen) ist es, den Ursprung des Bösen in der Welt zu erklären und Gott von der Zurechnung der Verantwortung dafür zu entlasten.
(7) Das Volumen eines Quaders ist eine Funktion der Länge seiner Kanten.
(8) Der Anteil des Zivilrechts am gesamten Recht (in einer Gesellschaft) ist eine Funktion des Grades der gesellschaftlichen Arbeitsteilung.

Die Kontexte, in denen hier von "Funktion" die Rede ist, sind sehr heterogen. Von "Funktion" kann gesprochen werden bei Werkzeugen, Maschinenteilen, Stelleninhabern, Körperorganen und -prozessen, sozialen Institutionen, metaphysischen Ideen sowie bei Beziehungen der Kovariation zwischen verschiedenen Variablen. Gleichwohl ist ein hohes Maß an Ähnlichkeit zwischen den verschiedenen Verwendungen des Funktionsbegriffs zu erkennen. Abgesehen von den beiden letzten Beispielen, bei denen der Funktionsbegriff in der für die Mathematik und Physik typischen Weise verwendet wird, können wir in allen anderen Fällen für den Ausdruck "Funktion" tatsächlich das im ersten Teil der oben zitierten Definition als Synonym genannte Wort "Aufgabe" einsetzen: Die "Aufgabe", die ein Pflug beim Ackerbau, ein Vergaser im Motor, die Schweißbildung bei einem Organismus, der Betriebsleiter in einem Unternehmen, das Recht in der Gesellschaft, der Teufel in der Religion jeweils erfüllt - diese Ausdrucksweise erscheint ohne weiteres verständlich und macht kaum einen Unterschied gegenüber der Verwendung des Funktionsbegriffs, an dessen Stelle er getreten ist.

In allen diesen Fällen geht es dabei jeweils um ein *Teilelement* (um ein Werkzeug, ein Maschinenteil, ein Organ bzw. einen organischen Prozeß, eine soziale Rolle, eine soziale Institution oder ein religiöses Deutungsmusterelement), das zu einem *Ganzen* gehört (einer bestimmten Praxis, einer Maschine, einem Organismus, einer Organisation, der Gesellschaft, einem religiösen Deutungsmuster) und als Element dieses Ganzen eine Aufgabe erfüllt, d.h. ein *Problem* löst, das für dieses Ganze in spezifischer Weise bedeutsam ist (so, indem die Lösung dieses Problems einen wesentlichen Beitrag zum Erfolg der Tätigkeit, zur Funktionsfähigkeit der Maschine oder Organisation, zur Gesundheit und zum Überleben des Organismus, zur normativen Integration der Gesellschaft oder zur logischen Konsistenz des religiösen Deutungsmusters leistet).

Dabei kann das Element gegen andere austauschbar sein, die einzeln oder zusammen an dessen Stelle treten und dieselbe Funktion erfüllen können: Schaufel und Hacke können statt eines Pfluges eingesetzt werden; sie lösen dieselbe Aufgabe, wenn auch weniger effizient. Bei einer geringen Zahl hochqualifizierter Mitarbeiter in einer Abteilung ist ein Abteilungsleiter u.U. entbehrlich; statt dessen kann die Funktion der Koordination von den Mitarbeitern in dazu eingeführten Teamsitzungen selbst erfüllt werden, sofern die Zeit zur Verfügung gestellt wird, die für die Herstellung von Konsens zwischen gleichberechtigten Mitarbeitern erforderlich ist etc. Ob derartige *funktional äquivalente* Einrichtungen vorstellbar sind, ist freilich eine empirische Frage, die nur im jeweiligen Einzelfall beantwortet werden kann.

Ich fasse kurz zusammen: Die Frage aufzuwerfen, welche Funktion etwas erfüllt, heißt, es als Teil eines Ganzen zu verstehen, in dem es - aus der Perspektive eines Beobachters - eine bestimmte Aufgabe löst, die u.U. auch durch andere Elemente gelöst werden könnte, die dann als "funktionale Äquivalente" des analysierten Teilelementes gelten. - Gehen wir von dieser Bestimmung aus, dann lassen sich darunter auch die beiden bisher noch ausgeklammerten Beispiele unserer Liste (7 und 8) subsumieren, in denen "Funktion" eine Beziehung der Kovariation zwischen Variablen meint. Das *Ganze* ist hier eine Funktionsgleichung, und die Größen, die als Lösungen für die Variablen der Gleichung eingesetzt werden können, sind die austauschbaren *Elemente*, wobei verschiedene Größen, die für eine Variable eingesetzt werden können, untereinander als funktional äquivalent zu betrachten sind. Wie schon in den übrigen Beispielen, so ist das Ganze auch hier ein Zusammenhang, der einschränkende Bedingungen für Möglichkeiten der Substitution von Elementen spezifiziert (hier: der Substitution von Variablen durch konstante Größen) und auf diese Weise einen Äquivalenzbereich möglicher Problemlösungen festlegt.

Abstrahiert von den Unterschieden der verschiedenen Kontexte, in denen dieser Begriff gebraucht wird, kann man "Funktion" mit Luhmann daher auch wie folgt definieren:

> "Die Funktion ist ... ein regulatives Sinnschema, das einen Vergleichsbereich äquivalenter Leistungen organisiert" (Luhmann 1974b, S.14); oder wie Luhmann an anderer Stelle formuliert: "In der Abstraktion bleibt als Funktion ein Bezugsproblem zurück, das mehrere Lösungen annehmen kann" (Luhmann 2000a, S.116).

Das Ganze, das den Rahmen bildet, in den das Bezugsproblem eingelassen ist, ist dabei als der vorausgesetzte *Problemkontext* zu bestimmen. Dieser Kontext kann in der Darstellung eines Bezugsproblems als dessen Randbedingung mehr oder weniger vollständig mitexpliziert werden. Eine mathematische Funktion steht dabei für den Grenzfall, in dem die Darstellung des Problems die vollständige Explikation seiner Randbedingungen enthält.

Der Allgemeinheitsgrad dieser Definition läßt unterschiedliche Modi der Verknüpfung zwischen Problem und Problemlösung zu. Ihr Zusammenhang *kann* kausaler Art sein. So etwa bei Werkzeugen, Maschinenteilen oder Organen, deren Funktionsweise die Lösung eines Problems ursächlich bewirkt. "Aber auch die

Mathematik hat ihre Probleme, und die Hermeneutik desgleichen" (Luhmann 1990a, S.426). Neben kausalen Prozessen sind deshalb auch sprachlich explizierbare Sinnzusammenhänge oder die korrekte Umformung mathematischer bzw. logischer Formalismen als Möglichkeiten der Verbindung zwischen Lösung und Problem zu berücksichtigen. Rein kausal oder ausschließlich durch Symbole erzeugte Verknüpfungen markieren dabei Grenzfälle, die für den Gegenstandsbereich der Soziologie eher untypisch sind. Wenn man mit Weber annimmt, daß Gründe, die für ein bestimmtes Handeln sprechen, für Handelnde zu "Motiven", d.h. zu *Beweggründen* werden und die Ausführung von Handlungen kausal bewirken können (deren Effekte dann von anderen Akteuren beobachtet, gedeutet und in Motive für weiteres Handeln transformiert werden), dann treffen hier sinnhaft-symbolische und kausale Momente zusammen und gehen eine enge Verbindung miteinander ein. Soweit es aber noch nicht um die ursächliche Erklärung sozialer Prozesse, sondern zunächst um die verstehende Rekonstruktion von Deutungsmustern und die daraus potentiell folgenden Handlungsorientierungen geht, steht die Explikation von Sinnzusammenhängen im Mittelpunkt, deren kausale Bedeutsamkeit noch offen bleibt.

Beide Seiten der Relation von Problem und darauf bezogenem Element können variiert werden: Aussagen über die "Funktionalität" bzw. "Dysfunktionalität" eines untersuchten Elementes relationieren es jeweils zu einem bestimmten Bezugsproblem und identifizieren es als Lösung bzw. als Auslöser dieses Problems (oder als Beitrag zu seiner Verschärfung). Hält man das Problem konstant und vergleicht unterschiedliche Elemente vor diesem Hintergrund, dann werden Beziehungen der funktionalen Äquivalenz sichtbar. Wird das Problem ausgewechselt, zu dem gegebene Elemente in Beziehung gesetzt werden, dann können veränderte funktionale und dysfunktionale Effekte sowie Äquivalenzbeziehungen beobachtet werden. Die Abhängigkeit funktionsanalytischer Aussagen vom jeweiligen Bezugskontext öffnet ein unübersehbares Feld möglicher Feststellungen von Funktionalitäten, Dysfunktionalitäten und funktionalen Äquivalenzen. Die damit drohende Gefahr der Beliebigkeit solcher Aussagen kann in dem Maße gebannt werden, wie es gelingt, eine begrenzte Menge von Problemen auszuzeichnen, die als Bezugspunkt funktionaler Analysen dienen. Der Begriff des *Systems* mit dem zugehörigen Generalproblem der *Bestandserhaltung* sollte genau dies leisten.

Das Vorbild dafür lieferte die Biologie: Organismen können ohne besondere Schwierigkeiten als Systeme betrachtet werden, die - durch Häute und Membranen klar erkennbar - gegenüber ihrer Umwelt abgegrenzt sind. Bestandserhaltung bedeutet Überleben. Der biologische Tod steht für die Zerstörung des Systems. Um das Überleben zu sichern, müssen bestimmte Prozesse und Systemparameter kontinuierlich aufrechterhalten werden, so z.B. Körpertemperatur, Blutdruck, Atmung, Stoffwechsel. Das Bestandsproblem kann so in eine begrenzte Menge von Unterproblemen aufgespalten werden, um dann zu untersuchen, welche Organe und physiologischen Prozesse zur kontinuierlichen Lösung dieser Probleme beitragen und welche Abläufe geeignet sind, hier Schwierigkeiten zu erzeugen.

Diesem Gedanken folgend hat Talcott Parsons im AGIL-Schema vier Grundfunktionen unterschieden, deren gleichgewichtige Erfüllung Voraussetzung der störungsfreien Reproduktion eines jeden Handlungssystems sein soll: *Anpassung* (adaptation), *Zielerreichung* (goal attainment), *Integration* (integration) und *Strukturerhaltung* (latent pattern-maintenance). Diese vier Funktionen sollen als Bezugsprobleme für die funktionale Analyse sozialer Systeme zugrunde gelegt werden (ausführlich dazu Schneider 2002, Bd.1, S.144ff.). Weil jedes Handlungssystem genau diese vier Bezugsprobleme lösen muß, um seine Existenz als System in der Zeit sichern zu können, muß es über entsprechende Strukturen und Prozesse zu deren Lösung verfügen. Diese vier Bezugsprobleme können deshalb als analytisches Suchschema verwendet werden, um in Handlungssystemen diejenigen strukturellen Komponenten und Prozesse zu identifizieren, die auf die Erfüllung dieser Funktionen zugeschnitten sind und so den Fortbestand eines Systems sicherstellen. So jedenfalls das Parsons'sche Programm.

Funktionale Analyse und Systemtheorie stehen hier in einem komplementären Verhältnis zueinander: Die Systemtheorie soll die Bestimmung der relevanten Bezugsprobleme ermöglichen, die der funktionalen Analyse sozialer Strukturen und Prozesse zugrunde gelegt werden; die Aufgabe der funktionalanalytischen Methode ist es dann festzustellen, welche Strukturen und Prozesse zur Lösung dieser Bezugsprobleme dienen. Damit diese Arbeitsteilung so funktioniert, wie bei Parsons gedacht, müßten freilich für die Bezugsprobleme, die im AGIL-Schema zusammengefaßt sind, jeweils präzise bestimmbare *Soll-Werte* angegeben werden können, deren Verfehlung den Bestand eines sozialen Systems bedroht. Das aber ist bisher nicht gelungen.

Der Grund dafür ist, daß die Analogie zwischen Organismen und sozialen Systemen nicht weit genug trägt: Setzt man an die Stelle eines Organismus eine Gesellschaft als System, *dann wird das Problem der Bestandserhaltung diffus.* Individuen werden geboren und sterben, ohne daß sich dadurch eine Gesellschaft verändern muß. Kriege und Katastrophen können Millionen von Menschenleben vernichten, ohne daß man deshalb vom 'Tod' einer Gesellschaft sprechen würde. Wandlungsprozesse können die Ökonomie, die Politik und Verwaltung eines Landes grundlegend verändern, ohne daß man deshalb sagen kann, eine andere Gesellschaft sei an die Stelle einer früheren getreten. Was also soll "Bestandserhaltung" hier bedeuten?

"Ein soziales System ist nicht, wie ein Organismus, typenfest fixiert. Aus einem Esel kann keine Schlange werden, selbst wenn eine solche Entwicklung zum Überleben notwendig wäre. Eine Sozialordnung kann dagegen tiefgreifende strukturelle Änderungen erfahren, ohne ihre Identität und ihren kontinuierlichen Bestand aufzugeben. Sie kann sich aus einer Agrargesellschaft in eine Industriegesellschaft verwandeln, aus einer Großfamilie kann ein Stamm mit überfamiliärer politischer Ordnung werden, ohne daß entscheidbar wäre, wann ein neues System vorliegt. Damit hängt eng zusammen, daß den Sozialwissenschaften das klar geschnittene empirische Problem des Todes fehlt, das in der Biologie als Kriterium für den Fortbestand dient. So verschwimmt den Sozialwissenschaften das Problem des Fortbestandes eines Systems ins Unbestimmte" (Luhmann 1974b, S.18f.).

Welche Konsequenzen sind daraus zu ziehen? - Eine Möglichkeit besteht darin, sich auf die Analyse kleinerer Sozialsysteme mit erkennbaren Grenzen zu beschränken,

1.4 FUNKTIONALE ANALYSE UND SYSTEMBEGRIFF

bei denen relevante Problemlagen *empirisch* identifiziert werden können, ohne daß man dazu eine allgemeine Theorie der Bestandsprobleme sozialer Systeme benötigt. Neben der Untersuchung einfacher und relativ isoliert existierender Stammesgesellschaften durch die Kulturanthropologie fand die funktionale Analyse so vor allem in der Organisations- und Bürokratieforschung ein fruchtbares Anwendungsfeld.

Interessante Ergebnisse förderte hier etwa die funktionale Analyse scheinbar widersinniger Verhaltensweisen und Strukturen zu Tage: Weil das Handeln in Organisationen oft gegensätzlichen Anforderungen genügen muß, lassen sich widersprüchlich anmutende Handlungsmuster oft als Kompromißbildungen dechiffrieren, die es erlauben, konkurrierende Anforderungen gegeneinander auszubalancieren. So etwa, wenn die Dienstanweisung an die Inspektoren einer Behörde vorschreibt, Schwierigkeiten bei der Bearbeitung eines Falles mit dem Vorgesetzten zu klären und die informelle Konsultation von Kollegen in solchen Fällen ausdrücklich verbietet, aber dann zu beobachten ist, daß sich ein Netzwerk von Konsultationsbeziehungen gebildet hat, das - unter den Augen und mit stillschweigender Duldung des Vorgesetzten - bestens floriert (vgl. Blau 1976).

Funktionalistisch betrachtet, läßt dieses eigentümliche Verhaltensarrangement einen rational nachvollziehbaren Sinn erkennen: Die formale Verpflichtung, bei Schwierigkeiten den Vorgesetzten hinzuzuziehen, sichert Kontrolle und klare Verantwortlichkeiten. Jeder Inspektor trägt die Verantwortung für Entscheidungen in den von ihm bearbeiteten Fällen. Wenn er sich dieser Verantwortung allein nicht gewachsen fühlt, ist das Problem in Abstimmung mit der übergeordneten Hierarchieebene zu lösen. Wer allein entscheidet, muß auch allein für eventuelle Fehler geradestehen. Wäre es hingegen legitim, sich in Zweifelsfällen Rat bei Kollegen zu holen, bestünde die Gefahr der Verantwortungsdiffusion, weil bei Fehlentscheidungen auf die Empfehlungen von Kollegen verwiesen werden könnte, die sich wiederum auf mangelhafte Information durch den Fragesteller, Mißverständnisse etc. berufen könnten. Andererseits ist es durchaus nützlich, daß Mitarbeiter Schwierigkeiten mit Kollegen zu klären suchen, weil auf diese Weise die Überhäufung des Vorgesetzten mit Bagatellanfragen verhindert wird und Fehlentscheidungen vermutlich seltener vorkommen, als es ohne die Konsultation kompetenter Kollegen zu erwarten wäre.

Es ist deshalb durchaus sinnvoll, daß solche Konsultationen zugleich offiziell verboten sind und inoffiziell toleriert werden, ermöglicht dies doch die Kombination mehrerer, einander scheinbar ausschließender Vorteile: Der Vorgesetzte wird vor kommunikativer Überlastung geschützt; die Qualität der Fallentscheidungen ist höher und weist eine geringere Schwankungsbreite auf, als es bei isoliert und solistisch getroffenen Entscheidungen möglich wäre, weil jeder am Wissen der Kollegen partizipieren kann und durch den kontinuierlichen Informationsaustausch die durchschnittliche Sachkompetenz der Mitarbeiter sich erhöht; die strikt individuelle Zurechenbarkeit der Verantwortung für Fallentscheidungen bleibt dennoch erhalten, weil die Illegalität dieser Konsultationspraxis es unmöglich macht, sich bei Fehlentscheidungen durch Verweis auf den Rat von Kollegen aus der Affäre zu ziehen. Mehrere Probleme, deren Lösung die Effizienz der Aufgabenerledigung in einer Organisation steigert, werden so durch ein Verhaltensarrangement gelöst, das auf den ersten Blick vielleicht nur als Indikator für die Konfliktscheu und Durchsetzungsschwäche eines Vorgesetzten oder gar als Ausdruck institutionalisierter 'Schizophrenie' erscheinen könnte.

Mit dem Nachweis, daß ein solches Verhaltensarrangement aus der Perspektive des Beobachters *rational* erscheint, weil es bestimmte, für das Funktionieren einer Organisation bedeutsame Probleme löst, ist noch nicht erklärt, wie es zustande kommt. Eine funktionale Deutung der skizzierten Art kann nur dann zur *ursächlichen Erklärung* des untersuchten Verhaltensmusters beitragen, wenn die Akteure die Effekte dieses Musters kennen und durch ihr Verhalten herbeizuführen beabsichtigen. Die *objektive* (d.h. aus der Beobachterperspektive festgestellte) Rationalität dieses Verhaltens fällt unter diesen Voraussetzungen zumindest partiell zusammen mit dem *subjektiv* handlungsleitenden Sinn, der - ganz im Sinne der Weber'schen Handlungstheorie (vgl. Schneider 2002, Bd.1, S.25ff.) - als *Beweggrund* wirksam ist, der dieses Verhalten ursächlich (mit)veranlaßt. Die beobachtete Funktion des Verhaltens ist dann eine für die Akteure *manifeste* Funktion.[35]

Werden ausschließlich manifeste Funktionen entdeckt, dann überschreitet die funktionale Analyse nicht den Bereich der Explikation des subjektiv gemeinten Sinns von Handlungen, sozialen Institutionen etc. Erst durch die Aufdeckung *latenter*, d.h. den Akteuren verborgener Funktionen gewinnt die funktionalanalytische Methode deutlich Abstand zur Perspektive der Akteure und zum subjektiven Handlungssinn.[36] Die Untersuchung latenter Funktionen steht deshalb im Mittelpunkt ihres Interesses. Weil latente Funktionen den Akteuren ex definitione unbekannt sind, leistet ihr Nachweis freilich keinen Beitrag zur ursächlichen Erklärung eines beobachteten Verhaltensmusters. Ihre Aufdeckung zeigt nur, daß dieses Muster bestimmte Probleme löst, ohne zu erklären, durch welche Motive die

---

35 Manifeste Funktionen und kausal wirksame Beweggründe (=Motive) eines Verhaltens müssen freilich nicht völlig identisch sein. Dies deshalb nicht, weil aus einem Verhalten u.U. auch dysfunktionale sowie funktional neutrale Konsequenzen (betrachtet in Relation zu einem bestimmten System) entstehen, die den Akteuren ebenfalls bekannt, von ihnen beabsichtigt und deshalb motivational wirksam sein können. Vorausgesetzt ist dabei, daß ein Verhalten nicht nur ein einziges Motiv haben, sondern durch unterschiedliche Motive zugleich veranlaßt sein kann. So z.B., wenn ein Vorgesetzter einen Angestellten entläßt, weil die Auftragslage des Unternehmens schlecht ist und ein Überhang an Arbeitskräften abgebaut werden muß, weil der entlassene Angestellte wenig qualifiziert ist, er den Frieden in seiner Abteilung durch unkollegiales Verhalten immer wieder stört und der Vorgesetzte ihn darüber hinaus aus anderen Gründen auch persönlich nicht ausstehen kann. Eine Handlung ist hier mehrfach motiviert, wobei verschiedene Teilmotive bereits je für sich ausreichen könnten, um den Akteur zu dieser Handlung zu veranlassen. Unter diesen Bedingungen ist die Ausführung der Handlung *überdeterminiert*.

36 Neben "manifesten" und "latenten" Funktionen gibt es auch Folgen von Handlungen, die - wie Merton ausdrücklich feststellt - weder funktional noch dysfunktional für ein System sind und die ebenfalls den Akteuren bekannt und von ihnen beabsichtigt sein oder ihnen unbekannt bleiben können. Solche *funktional neutralen* Folgen sind für die funktionalanalytische Methode in der Regel jedoch ohne Bedeutung.

Akteure dabei geleitet sind.[37] Die Antwort auf die Frage, inwiefern Funktionen auf manifeste oder latente Weise erfüllt werden, kann variieren, je nach dem, um welche Teilfunktionen es geht und welche Personen oder Gruppen von Akteuren in einem sozialen System man in den Blick nimmt. Funktionale Analysen beschränken sich deshalb häufig auf die Feststellung der Funktionen, die ein untersuchtes Verhaltensmuster faktisch (d.h. beurteilt aus der Perspektive des wissenschaftlichen Beobachters) erfüllt und lassen dabei offen, inwieweit diese Funktionen manifester oder latenter Art sind.

Die Klärung dieser Frage kann sich methodisch als sehr schwierig erweisen. Schwierigkeiten bereitet vor allem die Überprüfung von Behauptungen über die *Latenz* einer Funktion. Als empirisches Material dafür können wir kommunikative Daten wie Interviews, Dokumente, öffentliche Verlautbarungen etc. heranziehen. Daraus, daß in diesen Daten u.U. keine oder nur seltene Hinweise auf ein bestimmtes Bezugsproblem zu finden sind, gleich auf dessen *psychische* Latenz für die Akteure zu schließen, ist jedoch problematisch, weil die Thematisierung dieses Problems auch durch *Kommunikationssperren* blockiert sein kann.

Um einem Deutungselement, einem Handlungsmuster, einer sozialen Institution etc. überhaupt eine bestimmte Funktion zuzuschreiben genügt es, daß der *Beobachter* ein Problem identifiziert hat, auf das diese Einrichtungen als Lösungsbeitrag bezogen werden können. Die Perspektive der Akteure ist demgegenüber sekundär, d.h. nur dann relevant, wenn unterschieden werden soll, ob eine identifizierte Funktion als manifeste oder latente Funktion zu beschreiben ist. Oft können die Akteure genau deshalb kein Problem erkennen, weil es für sie hinter der Lösung verschwindet. Nur als fraglose Selbstverständlichkeit bekannt, verdeckt die Lösung für den, der sie immer schon kennt, das Problem und kann als Lösung deshalb nur durch einen Beobachter gedeutet werden, der das *Problem als Beobachtungsschema* wählt, durch dessen Gebrauch etwas erst als Lösung erkennbar wird.

Es geht freilich auch umgekehrt: Der Beobachter untersucht bestimmte Handlungs- oder Deutungsmuster unter der Voraussetzung, daß sie die Lösung für ein

---

37 Als locus classicus für die Unterscheidung zwischen manifesten und latenten Funktionen vgl. Merton 1995 (1. Aufl. der Originalausgabe 1949), S.49: "*Manifeste Funktionen* sind solche objektiven Folgen, die zur Angleichung oder Anpassung eines Systems beitragen und von den Personen, die diesem System angehören, beabsichtigt sind und erkannt werden; *Latente Funktionen* dementsprechend solche, die weder beabsichtigt sind, noch erkannt werden" (Hervorhebungen im Original). Gegen Mertons Definition des Begriffs der "manifesten Funktion" kann mit Campbell (1982, bes. S.37ff.) eingewendet werden, daß die Handlungsabsichten von Personen in der Regel kaum auf die Erfüllung sozialer Funktionen gerichtet sind. Angenommen werden kann allenfalls, daß sie sich u.U. des Umstands bewußt sind, daß ihr Handeln zur Erfüllung sozialer Funktionen beiträgt. Weil aber, nach Mertons Definition, manifeste Funktionen bekannt *und* beabsichtigt, latente Funktionen hingegen *weder* bekannt *noch* beabsichtigt sind, finden Funktionen, die als Folgen eines Handelns *zwar* miterwartet werden, *aber nicht* beabsichtigt sind (sondern eher: billigend in Kauf genommen werden), in dieser Unterscheidung keinen Platz. Die Unterscheidung manifeste/latente Funktionen erscheint insofern unvollständig. Um diese terminologische Lücke zu schließen, gebrauche ich den Begriff der *manifesten* Funktion (abweichend von Merton) bereits dann, wenn die Handelnden (bzw. Erlebenden) Deutungen, Handlungen oder Institutionen als Beiträge zur Lösung eines Bezugsproblems *erkennen*, auch wenn sie dadurch nicht zu bestimmten Handlungen motiviert werden.

Problem sind, für das es auch andere Lösungsmöglichkeiten geben könnte, das er aber noch nicht kennt und das es deshalb gerade zu finden gilt. In der Forschungspraxis ist dies wahrscheinlich die häufigere Variante. Aber gleichgültig, ob der Beobachter das Problem kennt und nach Lösungen dafür sucht oder eine Lösung zu haben meint und nach dem Problem forscht, - in jedem Falle kann funktionale Analyse verstanden werden als eine Technik der Interpretation, die Deutungsmuster, Handlungen, soziale Institutionen etc. durch die Beziehung auf dadurch gelöste Probleme dem Vergleich mit alternativen Lösungsmöglichkeiten aussetzt und so als kontingente Selektionen aus einer Mehrzahl von Alternativen behandelt. Was den Teilnehmern des beobachteten Feldes oft als selbstverständlich erscheint, wird auf diese Weise buchstäblich *problematisiert*. Aber nicht unbedingt, um sie darüber zu belehren, wie man es besser machen kann, sondern zunächst nur, um Selbstverständliches dem Vergleich mit anderen Möglichkeiten auszusetzen und dann vielleicht die Frage aufzuwerfen, warum im konkreten Fall sich gerade diese Lösung und keine andere durchgesetzt hat. Funktionale Analyse zielt demnach nicht primär auf praktische Intervention, sondern ist vor allem ein Erkenntnisverfahren, *das Gegebenes enttrivialisiert und dadurch weiteren Erklärungsbedarf generiert.*

Die Entkoppelung von Handlungsintentionen bzw. antezipierten Handlungsfolgen einerseits und (latenten) Funktionen andererseits ermöglicht dabei interessante Beobachtungen. Illustriert am Beispiel der oben erwähnten Behörde und des dort praktizierten Musters der 'illegalen' Konsultationspraxis unter den Inspektoren: Der Vorgesetzte, der diese anweisungswidrige Praxis duldet, mag dies tatsächlich nur deshalb tun, weil er konfliktscheu und durchsetzungsschwach ist. Dies wäre dann ein wichtiges Element einer Erklärung dafür, warum dieses Kooperationsmuster sich durchsetzen und stabilisieren konnte. Aber gerade durch diese "Führungsschwäche" kann dieser Vorgesetzte u.U. erheblich bessere Arbeitsergebnisse in seiner Abteilung erzielen, als ein durchsetzungsfähiger und -williger Vorgesetzter an seiner Stelle, dem es gelänge, die untersuchte Konsultationspraxis zu unterbinden. Selbst individuelle Schwächen und kollektiv praktiziertes abweichendes Verhalten können demnach im Rahmen einer Organisation wichtige latente Funktionen erfüllen.

Funktionen können freilich nicht nur im Sinne von Nicht-Wissen und/oder fehlender Absicht latent sein. Nehmen wir an, daß der Vorgesetzte in unserer Behörde sehr wohl weiß, wie nützlich die wechselseitige Konsultation der Inspektoren ist und gerade deshalb 'beide Augen zudrückt'. Nehmen wir darüber hinaus an, auch die Inspektoren wüßten dies. Gehen wir schließlich zum Dritten davon aus, daß alle Beteiligten wissen (oder zumindest ahnen können), daß alle Beteiligten darüber Bescheid wissen, - dann ist es gleichwohl möglich, daß dieses Wissen in der Kommunikation zwischen den Inspektoren und dem Vorgesetzten latent gehalten werden muß als Voraussetzung dafür, daß diese Praxis und ihr Verbot zugleich beibehalten werden und alle Funktionen dieses Verhaltensarrangements weiter bedient werden können. Bei der Verwendung des Latenzbegriffs muß deshalb zwischen *Bewußtseinslatenzen* einerseits und *Kommunikationslatenzen* andererseits klar unterschieden werden (vgl. dazu Luhmann 1984, S.458f.). Sofern es dabei um La-

1.4 FUNKTIONALE ANALYSE UND SYSTEMBEGRIFF

tenzen geht, die eine notwendige Voraussetzung dafür sind, daß eine Struktur (ein Verhaltensmuster, eine Institution etc.) weiter funktionsfähig bleibt, handelt es sich um Latenzen *"mit der Funktion des Strukturschutzes"* (Luhmann 1984, S.459; Hervorhebung von mir; W.L.S.). Daneben gibt es freilich auch *kontingente Latenzen*,[38] die nur darin begründet sind, daß die Aufmerksamkeits- bzw. Thematisierungskapazitäten von Bewußtseinen bzw. von Kommunikationsprozessen begrenzt sind und deshalb unter Normalbedingungen viele Sinnbeziehungen ausgeblendet werden müssen, die ohne weiteres aktualisiert werden können, sobald Zeit und Anlaß dafür gegeben sind.[39]

Das zuletzt diskutierte Beispiel macht auch deutlich, wie funktionale Analysen an empirischen Beobachtungen ansetzen können, ohne dazu auf die theoretische Vorgabe von Bezugsproblemen angewiesen zu sein. Bei der Untersuchung von Organisationen lassen sich Bezugsprobleme oft aus institutionalisierten Zielen und Rationalitätskriterien gewinnen, die dazu nur auf die Bedingungen typischer Handlungssituationen hin spezifiziert werden müssen. Darüber hinaus sind Sozialsysteme dieses Typs gut abgrenzbar und können durchaus unter dem Gesichtspunkt der Bestandserhaltung analysiert werden. Denn Firmen können in Konkurs gehen und Behörden aufgelöst werden. Wenn die Analogie zwischen Organismen und sozialen Systemen überhaupt ein begrenztes Maß an Plausibilität beanspruchen kann, dann für Organisationen. Aber auch hier kann die Sicherung des Fortbestandes *nicht* gleichgesetzt werden mit der Erhaltung *bestimmter* Strukturen: Aus einem Esel kann keine Schlange werden (s.o.); ein Betrieb, der Stahlhelme für das Militär erzeugt hat, mag sich bei veränderten Absatzbedingungen aber sehr wohl auf die Herstellung von Kochtöpfen umstellen und irgendwann schließlich mit anderen Maschinen, an einem anderen Ort, mit anderem Personal und für andere Abnehmer produzieren.

Die unbestreitbaren Erfolge der funktionalen Analyse bei der Untersuchung von Organisationen und die großen Schwierigkeiten bei der empirischen Analyse von komplexen Gesellschaften als sozialen Systemen, wie sie bei Parsons deutlich sichtbar werden, hat Merton dazu veranlaßt, die Sozialwissenschaften dazu aufzufordern, sich zunächst auf die Entwicklung von "Theorien mittlerer Reichweite" zu konzentrieren. Zu dieser Einschränkung ist Luhmann nicht bereit. In seinen frühen Publikationen aus der ersten Hälfte der 60er Jahre, in denen er dieses Problem ausführlich diskutiert,[40] wählt er einen anderen Weg, um die Schwierigkeiten eines an der Organismus-Analogie orientierten Systemkonzepts zu überwinden.

---

38 Luhmann (1984, S.460) spricht in diesem Fall auch von "harmloser Latenz".
39 In ähnlicher Weise spricht Oevermann von "ökonomisierenden Faktoren" der Wahrnehmung (Oevermann u.a. 1979, S.386), die im Alltagshandeln wirksam sind und die jeweils nur die naheliegenden Deutungsmöglichkeiten von Äußerungen und Handlungen ins Bewußtsein treten lassen, "unwahrscheinliche Lesarten" hingegen ausblenden und so der Wahrnehmung der Akteure entziehen. Wie die funktionale Analyse primär auf die Aufdeckung *latenter Funktionen* zielt, so die objektive Hermeneutik auf die Explikation *latenter Sinnstrukturen*.
40 Vgl. dazu besonders die beiden Artikel "Funktion und Kausalität" (1962) sowie "Funktionale Methode und Systemtheorie" (1964), wiederveröffentlicht in "Soziologische Aufklärung, Bd.1"; hier, wie schon oben, nach der 4. Aufl. dieses Bandes von 1974 zitiert.

Die *hohe Variabilität* der Strukturen sozialer Systeme, die unter den Prämissen der am Modell des Organismus orientierten Systemtheorie das zentrale Problem war, macht er zum Kern eines alternativen Lösungsvorschlags. Statt darin nur ein Hindernis für die Bestimmung von Soll-Werten zu sehen, deren Stabilisierung notwendige Voraussetzung für den Fortbestand eines Systems ist, begreift er diese Variabilität als die spezifische Form der Lösung des Bestandsproblems, die charakteristisch ist für soziale Systeme und sie von organischen Systemen unterscheidet. Dazu müssen jedoch die Begriffe "System" und "Struktur" in ein verändertes Verhältnis zueinander gebracht werden.

Ein "System", so Luhmanns stark abstrahierte Fassung dieses Begriffs, liegt vor, sobald eine *Differenz zwischen Innen und Außen* etabliert ist und diese Differenz *in der Zeit aufrechterhalten* werden kann (Luhmann 1974d, S.44f.). Diese Bestimmung verzichtet darauf, ein System von vornherein als Struktur mit bestimmten Merkmalen zu begreifen, deren Fortbestand zu sichern ist. Sie erscheint beinahe leer, weil sie offen läßt, wodurch die Unterscheidung von Innen und Außen erzeugt und auf Dauer gestellt werden kann. Luhmanns Antwort darauf ist: *durch Strukturen*. Was hat sich mit dieser Plazierung des Strukturbegriffs geändert? Vor allem dies: Ein System ist jetzt nicht mehr durch eine *bestimmte* Struktur definiert, deren Erhaltung die notwendige und hinreichende Bedingung seines Fortbestandes ist. Für die Erhaltung des Systems genügt die Stabilisierung einer Innen/Außen-Differenz, die durch *beliebige* Strukturen aufrechterhalten werden kann. Strukturen können demnach geändert und gegeneinander ausgetauscht werden, um das Problem des Fortbestandes zu lösen. Bezogen auf dieses Problem sind unterschiedlichste Strukturen *funktional äquivalente Lösungen*. Der Äquivalenzfunktionalismus der funktional-analytischen Methode findet so seine Entsprechung im Systembegriff.

Auf der begrifflichen Ebene wird dadurch Raum geschaffen für die Untersuchung verschiedener Typen von Systemen, die sich darin unterscheiden können, in welchem Ausmaß sie in der Lage sind, die zunächst nur in abstracto vorgesehene Möglichkeit der Bestandssicherung durch Änderung von Strukturen empirisch zu nutzen. Organismen haben diese Möglichkeit praktisch kaum, soziale Systeme aber sehr wohl. Organismen können ihre Organe nicht umbauen; Organisationen hingegen können ihren Aufbau (Stellenplan, Abteilungsgefüge, Kontroll- und Weisungsbefugnisse), ihre Ziele und die darauf bezogenen Mittel ändern, um sich an veränderte Umweltbedingungen anzupassen. Die höhere Variabilität sozialer Systeme erscheint damit nicht mehr in erster Linie als schwer zu bewältigendes Problem für den Systemanalytiker, sondern als vorteilhafte Systemeigenschaft für die Bewältigung von Veränderungen in der Umwelt, die ihre Reproduktion gefährden könnten. Dabei ist klar, daß die Änderung von Strukturen auch in sozialen Systemen nicht unbeschränkt möglich ist. Welche Grenzen hier gezogen sind, wird mit der eben beschriebenen begrifflichen Umdisposition zu einer empirisch zu untersuchenden Frage.

Soziale Systeme stabilisieren eine Innen/Außen-Differenz mit Hilfe von *Sinnstrukturen* oder genauer, von *(Erwartungs)Erwartungen*, die die Verknüpfung von *Kommunikationen* als Elementarereignissen regulieren, durch deren Verkettung sich soziale Systeme reproduzieren (ausführlich dazu Schneider 2002, Bd.2, S.256ff.). Erwartungen orientieren die Auswahl kommunikativer Anschlüsse innerhalb eines sozialen Systems, indem sie bestimmte Anschlußmöglichkeiten, wie sie in der gesellschaftlichen Umwelt des Systems (z.B. außerhalb einer Organisation) nicht ungewöhnlich sind, ausblenden bzw. ihr gelegentliches Vorkommen als Abweichung behandeln. Im System ist weniger bzw. anderes möglich, als in der Umwelt des Systems. Bitten z.B. können im allgemeinen erfüllt oder abgewiesen werden; auf die "Bitte" des Vorgesetzten jedoch, eine bestimmte Aufgabe noch heute zu erledigen, ist eine unbegründete Ablehnung durch den Untergebenen ungewöhnlich und verletzt normative Erwartungen, welche die Beziehungen zwischen Stelleninhabern unterschiedlicher Hierarchiestufen in einer Organisation regulieren. Durch Erwartungsstrukturen werden kommunikative Anschlußmöglichkeiten eingeschränkt, d.h. es wird eine Differenz von Innen und Außen durch *Reduktion der Komplexität* sinnhafter Verknüpfungsmöglichkeiten erzeugt.[41] Dieses Komplexitätsgefälle zwischen System und Umwelt bleibt erhalten, solange ein System intern Erwartungsstrukturen stabilisieren kann, für die es außerhalb des Systems keine Entsprechung gibt.

Aus dem so reformulierten Systembegriff lassen sich dann Direktiven für die Anwendung der Methode funktionaler Analyse gewinnen: Erwartungsstrukturen sichern die Differenz des Systems gegenüber seiner Umwelt. Sie sind daher von offensichtlich zentraler Bedeutung. Durch überraschende Ereignisse können Erwartungen jedoch enttäuscht werden. Mit der Verwendung von Erwartungen als Strukturen handeln sich soziale Systeme also ein *Folgeproblem* ein. Sie müssen in der Lage sein, Erwartungsenttäuschungen auf eine Weise zu verarbeiten, welche die Kontinuierung ihrer Differenz zur Umwelt nicht gefährdet.

Dies kann auf verschiedenen Wegen erreicht werden: (1) Abweichungen von einer Erwartung können durch Sonderumstände erklärt und dadurch als Ausnahmefälle isoliert werden, die für die zukünftige Geltung der Erwartung keine Bedeutung haben. (Z.B.: Zuspätkommen einzelner Schüler zum Unterricht wird erklärt durch außergewöhnliche verkehrsbedingte Verzögerung auf dem Anfahrtsweg.) (2) An der enttäuschten Erwartung kann, gegen die Abweichung gerichtet, festgehalten werden, die dann als Normwidrigkeit definiert, dem Abweichenden schuldhaft zugerechnet und u.U. negativ sanktioniert wird. (Zu spät kommende Schüler werden gerügt und erhalten im Wiederholungsfalle eine Strafarbeit. Ihre Erklärungsversuche werden als "Ausreden" zurückgewiesen.) (3) Die enttäuschte Erwartung kann aufgegeben und durch eine modifizierte Version ersetzt werden, welche die ursprüngliche Abweichung normalisiert. (Daß einige Schüler nicht pünktlich zum offiziellen Unterrichtsbeginn, sondern bis zu 10 Minuten verspätet

---

41 Vgl. dazu auch Luhmann 1984, S.74: "Strukturen fassen die offene Komplexität der Möglichkeit, jedes Element mit jedem anderen zu verbinden, in ein engeres Muster 'geltender', üblicher, erwartbarer, wiederholbarer oder wie immer bevorzugter Relationen." Siehe auch a.a.O., S.384: "Eine Struktur besteht also, was immer sie sonst sein mag, *in der Einschränkung der im System zugelassenen Relationen*" (Hervorhebung im Original).

erscheinen, wird ohne Nachfrage oder Kritik akzeptiert und die Gestaltung des Unterrichts daran angepaßt.)

Bezogen auf das allgemeine Problem der Verarbeitung von Erwartungsenttäuschungen sind diese drei Lösungsstrategien füreinander *funktional äquivalent*. Jede Strategie kann genutzt werden. Das System hat deshalb die Freiheit, in Abhängigkeit von der jeweiligen Situation die eine oder die andere Strategie zu verwenden und verfügt dadurch über *Reaktionselastizitäten*, welche die Anpassung an wechselnde Umweltbedingungen erleichtern:

> "Die Aufgabe der Erwartung wird sich empfehlen, wenn sie strukturell unwichtig ist und ihre Änderung der Selbstdarstellung des Systems nicht schadet. Die Enttäuschungserklärung verdient den Vorzug, wenn es möglich ist, das enttäuschende Ereignis kognitiv und symbolisch so zu isolieren, daß keine grundsätzlichen Konsequenzen daraus gezogen werden müssen. Sanktionen bieten sich dagegen an, wenn sie ohne schwerwiegende Rückwirkungen auf systemwichtige Umweltbeziehungen durchgeführt werden können, sofern die Macht des Systems dazu ausreicht. Es gibt mehrere brauchbare Möglichkeiten, und die Existenzsicherheit stärkt sich gerade daran, daß die generelle und abstrakte Stabilisierung der Systeminteressen durch eine Erwartungsstruktur es erlaubt, zwischen mehreren Möglichkeiten zu wählen" (Luhmann 1974d, S.44).

Das Beispiel zeigt, wie die äußerst abstrakten Vorgaben des Systembegriffs genutzt werden können, um daraus empirisch bearbeitbare Fragestellungen für den Einsatz der funktionalanalytischen Methode abzuleiten. Die Enttäuschungsanfälligkeit von Erwartungen als Systemstrukturen geben ein hoch generalisiertes Bezugsproblem vor, für das mehrere äquivalente Lösungen ermittelt werden können und bei denen dann für ein gegebenes System gefragt werden kann, welche Bedingungen die eine oder andere Alternative vorzugswürdig erscheinen lassen, d.h. ihre generelle funktionale Äquivalenz durch die Einführung zusätzlicher situativer Restriktionen aufheben. *Beginnend* mit dem Problem der Sicherung des Fortbestandes eines Systems durch Stabilisierung einer Innen/Außen-Differenz, *fortgeführt* über das Folgeproblem Enttäuschungsanfälligkeit, das sich daraus ergibt, daß soziale Systeme Erwartungen als Strukturen für die Ziehung einer Grenze gegenüber ihrer Umwelt verwenden, *bis hin* zu der Frage, welche Bedingungskonstellationen die eine oder andere Lösungsvariante bei der Verletzung bestimmter Erwartungen für die Enttäuschungsbearbeitung besser geeignet erscheinen lassen, sind hier nur *drei Schritte der Spezifikation* erforderlich, um durch die wiederholte Verwendung des funktionalanalytischen Schemas von Problem und Problemlösung in absteigender Stufenfolge eine Ebene der Konkretion zu erreichen, auf der empirische Analysen einsetzen können.

In der Konstruktion derartiger *Problemstufenordnungen* sieht Luhmann ein *Prozeßschema* der Methode funktionaler Analyse, das es durch rekursive Anwendung der Unterscheidung von Problem und Problemlösung (nach dem Muster Problem$_1$ -> Lösung$_1$/(Folge)Problem$_2$ -> Lösung$_2$/(Folge)Problem$_3$ -> ...etc.) ermöglicht, die Ebene theoriegeleitet entworfener Bezugsprobleme höchster Abstraktionsstufe mit der Ebene empirischer Einzelanalysen zu verknüpfen. In diesem Prozeßschema sieht Luhmann deshalb zugleich eine Möglichkeit zur Vermittlung zwischen der Parsons'schen Fixierung auf ein theoriegeleitetes Forschungsprogramm, das die Distanz zur empirischen Forschung kaum überbrücken kann und Mertons dagegen gerichteter Forderung nach der Entwicklung empirisch gehaltvoller "Theorie mittlerer Reichweite" (vgl. Luhmann 1974b, S.22). Darauf, ob das Konzept der Problemstufenordnung tatsächlich geeignet ist, die Kluft zwischen allgemeinen theoretischen Konzepten und empirischen Analysen zu überbrücken, wird später noch zurückzukommen sein. Bevor ich diese Frage ausführlicher diskutiere, will ich noch exemplarisch zeigen, welche veränderten Direktiven für die funktionale Analyse sich mit der Wende der Systemtheorie zu dem Konzept des *autopoietischen Systems* ergeben haben.

Mit der Einführung des Konzepts der Autopoiesis wird die Frage, wie es einem System gelingt, eine Differenz zwischen Innen und Außen zu stabilisieren, in veränderter Weise beantwortet (vgl. dazu ausführlicher Schneider 2002, Bd.2, S.273ff.). Die Lösung dieses Problems wird von der Ebene der *Strukturen* auf die Ebene der *Operationen* verlagert und dort durch die *selbstreferentielle Schließung* des Systems erreicht. "Selbstreferentielle Schließung" meint dabei, daß jede Operation des Systems ausschließlich an vorangegangene systemeigene Operationen anschließt und an nichts sonst. Als Operationen, deren selbstreferentielle Verkettung soziale Systeme ausdifferenziert und reproduziert, nennt Luhmann *Kommunikationen*. Kommunikationen sind freilich von äußerst flüchtiger Natur und müssen ständig durch nachfolgende Kommunikationen ersetzt werden, sofern der Strom kommunikativer Ereignisse nicht abreißen und die Reproduktion des Systems zum Erliegen kommen soll.

Systemeigene Erwartungsstrukturen sind damit nicht bedeutungslos geworden, sondern lösen hier das Problem, die hinreichend rasche Ermittlung von Anschlußereignissen zu ermöglichen, ohne die die autopoietische Reproduktion des Systems ins Stocken käme: Eine Äußerung, die als Frage erkennbar ist, verlangt eine Antwort, oder eine Erklärung dafür, warum keine Antwort gegeben werden kann. Kommt statt dessen eine Gegenfrage, kann man vor dem Hintergrund der sozial institutionalisierten Antworterwartung z.B. vermuten, daß der andere die Antwort benötigt, um seinerseits auf die zuvor gestellte Frage antworten zu können. Kommt keine Antwort, dann bleibt der Gefragte 'die Antwort schuldig', möglicherweise - wie man vermuten kann - weil ihm die Frage unangenehm ist. Man kann sich dann für insistierendes Nachhaken oder den taktvollen Wechsel des Themas entscheiden. Ob die Vermutung, die diese Alternativen aufblendete, zutraf oder nicht, ist dabei gleichgültig. Für die Fortsetzung der Kommunikation zählt allein, daß Erwartungen es ermöglichen, auch unerwarteten Ereignissen einen Sinn zuzuweisen und ihnen so einen Orientierungswert für die rasche Auswahl von Anschlußkommunikationen abzugewinnen.

Die modifizierte Rolle von Strukturen für den Fortbestand von Systemen zeigt, wie sich der theoretisch markierte Anknüpfungspunkt für funktionale Analysen verschiebt, wenn man soziale Systeme als autopoietische Systeme denkt. Das *zentrale Bezugsproblem*, in dem sich die Frage nach dem Fortbestand des Systems unter den neuen theoretischen Prämissen artikuliert, lautet dann: Welche Voraussetzungen müssen erfüllt sein, um Kommunikation und ihre kontinuierliche Fortsetzbarkeit zu ermöglichen? - In dem Maße, in dem sich hier verschiedene Voraussetzungen unterscheiden lassen, verzweigt sich auch die neue Fassung des Bestandsproblems in mehrere Bezugsprobleme spezifischerer Art, für die dann nach entsprechenden Lösungen gesucht werden kann.

Kommunikation kommt nur zustande, wenn (1) hinreichendes *Verstehen* möglich ist, wenn (2) *Adressaten erreicht* werden können und wenn (3) damit gerechnet werden kann, daß die Kommunikation im Regelfall auch *erfolgreich* ist, d.h. von den Adressaten als Grundlage für die Auswahl eigener anschließender Verhaltensselektionen akzeptiert wird, denn die Beteiligung an Kommunikation geschieht typisch in der Erwartung, daß Annahme zumindest wahrscheinlicher ist, als eine ablehnende Reaktion (vgl. dazu Luhmann 1984, S.217ff.).[42]

Auch in den frühesten Stadien gesellschaftlicher Entwicklung sind diese drei Probleme bereits hinreichend gelöst: Das Problem des Verstehens (1) durch *Sprache*; das Problem der Erreichbarkeit von Adressaten (2) durch die Konzentration von Kommunikation auf die *Interaktion* unter (zur gleichen Zeit und am selben Ort) Anwesenden; das Problem der Sicherung hinreichenden Annahmeerfolgs (3) durch die hohe *Konfliktgefahr* bei Ablehnungen in der Interaktion unter Anwesenden, deren Austragung bzw. Konsequenzen sich der Einzelne nicht ohne weiteres entziehen kann und die in Kauf zu nehmen es deshalb besonderer Motive bedarf. Luhmann zeigt nun, wie die Entwicklung leistungsstärkerer Lösungen für das Problem der Erreichbarkeit von Adressaten durch *Verbreitungsmedien* wie Schrift und Buchdruck (und später die elektronischen Medien) Folgeprobleme in den beiden anderen Problemdimensionen erzeugt.

Wenn Kommunikation auf anonyme Adressaten eingestellt werden muß, bei denen nicht antezipiert werden kann, über welche Vorinformationen und Überzeugungen sie verfügen, dann ist ein neuer Sprachstil erforderlich. Gemeinsam geteilte Hintergrundannahmen können nicht mehr einfach vorausgesetzt und als Überzeugungsgrundlage in Anspruch genommen werden. Vieles, was für den Autor selbstverständlich erscheint, bedarf nun der Explikation und Erläuterung. Vor allem aber: Schriftliche Mitteilungen geben Zeit zur Stellungnahme; man muß nicht sofort reagieren, kann Gründe und Gegengründe erwägen und oft ohne unmittelbare Konfliktgefahr ablehnen.

Die Annahme von Kommunikation erscheint unter diesen Voraussetzungen zunächst unwahrscheinlich, und die Nutzung der technischen Möglichkeiten der Fernkommunikation wäre dadurch entmutigt worden, wenn nicht neue Möglichkeiten zur Sicherung einer hinreichenden Annahmewahrscheinlichkeit entwickelt

---

42 "Wer eine Kommunikation für aussichtslos hält, unterläßt sie" (Luhmann 1984, S.218). - Die Beteiligung an offen ausgetragenen Konflikten, in denen Ablehnung als wahrscheinlichere Alternative erwartet werden kann, widerspricht dem nicht, sind es dann doch oft Dritte, die als zu beeindruckendes Publikum der Auseinandersetzung die eigentlichen Adressaten von Konfliktbeiträgen sind und zur Fortführung der Kommunikation motivieren. Ohne Publikum ist bei Konflikten, die nicht durch Themenwechsel, Einlenken einer Seite, durch Einigung oder Kompromiß *beendet* werden, davon auszugehen, daß sie entweder zum Abbruch des Kontaktes oder zum Einsatz physischer Gewalt führen.

worden wären. Die evolutionäre Bildung symbolisch generalisierter *Kommunikationsmedien* wie religiöser Glaube, Macht, Geld, Wahrheit etc. springt hier ein (ausführlicher dazu Schneider 2002, Bd.2, S.317ff. sowie unten, Kap.2.1.1). Diese *Erfolgs*medien haben, so Luhmanns These, die soziale Funktion, zur Annahme von Kommunikationen jenseits der Interaktion unter Anwesenden zu motivieren. Sie lösen so das skizzierte Annahmeproblem und haben dadurch die Expansion von Kommunikation mit Hilfe technischer *Verbreitungs*medien weit über die Grenzen der face-to-face Interaktion hinaus ermöglicht, in die sie noch in den archaischen Stammesgesellschaften gebannt war.

Auf *dieser Abstraktionsebene* der Untersuchung erscheinen die verschiedenen symbolisch generalisierten Kommunikationsmedien als funktionale Äquivalente, lösen sie doch alle - wenn auch auf unterschiedliche Weise - das gleiche Problem: Glaube motiviert zur Annahme von Kommunikationen durch Erlösungsversprechen, Macht durch Sanktionsdrohungen, Geld durch die Eröffnung von Möglichkeiten der Bedürfnisbefriedigung. - Die Untersuchung muß damit freilich nicht beendet sein. Das Ergebnis drängt zur Fortsetzung funktionaler Analyse auf einer *Stufe höherer Spezifikation*, erhebt sich doch jetzt die Folgefrage, unter welchen einschränkenden Kontextbedingungen eher Glaube oder eher Macht oder eher Geld geeignet ist, das Annahmeproblem zu lösen. Durch eine solche Weiterführung der Analyse kann dann einsichtig gemacht werden, warum die verschiedenen Kommunikationsmedien faktisch nicht beliebig gegeneinander austauschbar sind. Beginnend mit äußerst allgemeinen Bezugsproblemen können funktionale Analysen so über mehrere Stufen der Spezifikation geführt werden und sich schließlich in unterschiedliche *situationsnahe Einzelanalysen* verzweigen.

Das eben skizzierte Beispiel zeigt ein weiteres Mal, wie sich Luhmann die Kooperation von Systemtheorie und funktionaler Analyse vorstellt. Ausgehend von dem allgemeinsten Problem, dem Problem des Fortbestandes sozialer Systeme durch die Kontinuierung eines selbstreferentiell geschlossenen Netzwerks kommunikativer Ereignisse, das Strukturen zur Verknüpfung der eigenen Operationen generiert und dadurch zugleich eine Komplexitätsdifferenz zur Umwelt stabilisiert, werden mehrere Teilprobleme unterschieden (Sicherung von kommunikativem Verstehen; Erreichbarkeit von Adressaten; Ermöglichung von Annahmeerfolg) und Einrichtungen für deren Lösung identifiziert. Unterschiedliche Lösungsmöglichkeiten erzeugen unterschiedliche Folgeprobleme spezifischerer Art, die wiederum zu Bezugspunkten funktionaler Analysen gemacht werden können usw. Die Systemtheorie gibt die Probleme vor, die als Bezugspunkt für den Einsatz der funktional-analytischen Methode dienen.[43] Zugleich wird die Methode der funktionalen Analyse von Anfang an als Methodik für die Konstruktion der Systemtheorie eingesetzt, die dadurch die Form einer sich verzweigenden *Problemstufenordnung* annimmt. Theorie und Methode erscheinen hier gleichsam ineinander geschoben.

---

43 "Die eigentliche Theorieleistung, die den Einsatz funktionaler Analyse vorbereitet, liegt demnach in der Problemkonstruktion. Daraus ergibt sich der Zusammenhang von funktionaler Analyse und Systemtheorie" (Luhmann 1984, S.86).

Einerseits das selbst formulierte Postulat einlösend, daß Theorie als Auslegungen von Problemen auf mögliche Lösungen hin zu entwerfen seien,[44] kann Luhmann andererseits auf diesem Wege theoretisch begründete Bezugsprobleme gewinnen, die es erlauben, den unbegrenzten Möglichkeitsspielraum der Methode funktionaler Analyse bei der Wahl möglicher Bezugsprobleme in nicht-beliebiger Weise auf ein forschungspraktisch handhabbares Format einzuschränken.

Dennoch ist die funktionalanalytische Methode unabhängig von den Prämissen der Systemtheorie anwendbar. Wie das oben erwähnte Beispiel aus den organisationssoziologischen Untersuchungen von Peter M. Blau demonstrierte, können funktionale Analysen auch ohne die theoretische Vorgabe bestimmter Bezugsprobleme durchgeführt werden. Die Entfaltung der Analyse in einer nach Abstraktionsniveaus geordneten Sequenz von Problemstufen kann dann *in umgekehrter Richtung* durchlaufen werden: Man beginnt mit Detailbeobachtungen, registriert dabei bestimmte Phänomene und deutet sie als Lösungen konkreter Probleme, die für den beobachteten Fall spezifisch sind; danach kann man versuchen, von diesen Problemen auf allgemeinere Problemstellungen zurückzuschließen, deren Lösung erst zu den konkreten Problemen führte, mit deren Identifikation als empirisch gelösten Problemen die Analyse begann. Durch aufsteigende, 'vom Konkreten zum Abstrakten' führende Analyse kann schließlich Kontakt hergestellt werden zu der allgemeinsten Ebene systemtheoretisch konstruierbarer Bezugsprobleme, insbesondere also zum Problem der Bestandserhaltung.

Am Blau'schen Fallbeispiel einer Regierungsbehörde illustriert: Das beobachtete Phänomen, die Konsultation unter Kollegen, reduziert die Unsicherheit der einzelnen Inspektoren, sorgt für eine bessere Qualität ihrer Entscheidungen, führt durch den regen Austausch aufgabenrelevanter Informationen zu einer Erhöhung der durchschnittlichen Qualifikation der Mitarbeiter, verbessert nebenbei das Betriebsklima und steigert die Arbeitszufriedenheit, trägt also zur Lösung einer *Reihe von Einzelproblemen* bei. Diese Einzelprobleme wiederum lassen sich verstehen als *Spezifikationen des Organisationszwecks*, der in der Überwachung der Einhaltung gesetzlicher Bestimmung durch die Behörde besteht. Denn, daß diese Aufgabe besser gelöst werden kann, wenn die Inspektoren selbstsicher, motiviert und qualifiziert arbeiten, leuchtet sehr leicht ein. Der Organisationszweck markiert ein allgemeines, in der Organisation selbst institutionalisiertes (und deshalb *manifestes*) Bezugsproblem, das von Mitgliedern der Organisation ständig als offizieller Bezugspunkt für die Beurteilung und Legitimation von Entscheidungen herangezogen wird. Der sozialwissenschaftliche Analytiker kann sich ebenfalls auf diese Vorgabe stützen, bindet sich dann aber an die *Selbstbeschreibung der Organisation*.

---

44 "Will man die Ergiebigkeit von Verallgemeinerungen kontrollieren, muß man die Begriffe der allgemeinsten Analyseebene, die man benutzt, nicht als Merkmalsbegriffe, sondern als Problembegriffe anlegen. Die allgemeine Systemtheorie fixiert dann nicht die in allen Systemen ausnahmslos vorzufindenden Wesenheiten. Sie wird vielmehr in der Sprache von Problemen und Problemlösungen formuliert, die zugleich begreiflich macht, daß es für bestimmte Probleme unterschiedliche, funktional äquivalente Problemlösungen geben kann" (Luhmann 1984, S.33).

Diese Bindung kann abgestreift werden, wenn in einem weiteren Analyseschritt danach gefragt wird, welches Bezugsproblem denn in der Organisation durch die Orientierung des Handelns am Organisationszweck gelöst wird. Die Antwort, die Luhmanns Systemtheorie für diese Frage bereithält, lautet: Offiziell definierte Organisationszwecke bringen das für sich genommen unscharfe *Generalproblem des Fortbestandes* in eine vereinfachte, praktisch handhabbare, dem Handeln die notwendige Orientierungssicherheit gebende *Zweitfassung*. Das Problem des Bestandsproblems ist, daß eine unbestimmte Zahl unterschiedlicher Lösungen dafür vorstellbar ist, wenn man annimmt, daß Strukturen grundsätzlich disponibel sind und im Interesse der Lösung des Bestandsproblems in unterschiedlichster Weise verändert werden könnten. Woraufhin soll das Handeln in der Organisation abgestimmt, an welchen Kriterien sollen Entscheidungen orientiert werden, wenn zu jeder bestimmten Möglichkeit eine Vielzahl von Alternativen denkbar ist?[45] Ein Problem, das zu viele Freiheitsgrade für die Verfertigung von Entscheidungen einräumt, ist von zu hoher *Komplexität*, um die Kommunikation in einer Organisation orientieren und koordinieren zu können. Es muß deshalb durch ein hinreichend spezifisches, *praktisch instruktives Ersatzproblem* substituiert werden: der *Zweck* (bzw. die Zwecke) einer Organisation, auf dessen Verfolgung die Mitglieder offiziell verpflichtet sind, erfüllt diese Funktion.

Institutionalisierte Zwecke gehören zu den Organisationsstrukturen, sind also variabel und gegen funktionale Äquivalente im Interesse der Bestandserhaltung austauschbar. Diese These bewährt sich in Krisensituationen: Nehmen wir dazu an, die Regierungsbehörde, die mit der Kontrolle der Einhaltung bestimmter gesetzlicher Richtlinien (z.B. Sicherheits-, Arbeits- oder Umweltschutzbestimmungen) in privatwirtschaftlichen Betrieben beauftragt ist, verliert durch Wegfall der gesetzlichen Regelungen, zu deren Kontrolle sie diente, den bisherigen Zweck ihrer Existenz. Damit tritt das durch den Organisationszweck zuvor zugleich ersetzte und latent gehaltene Bestandsproblem sichtbar in den Vordergrund. Dessen Unbestimmtheit ist nun von Vorteil, ermöglicht sie doch die gleichzeitige Erwägung unterschiedlichster Alternativen der Bestandssicherung und steigert so die Chance, daß neue Möglichkeiten für die Lösung dieses Problems gefunden werden.[46] Wie kann die Infrastruktur der Behörde und die Qualifikation der Inspektoren genutzt

---

45 Wie alle sozialen Systeme reproduzieren sich auch Organisationen durch die selbstreferentielle Verkettung von Kommunikationen. Freilich nicht durch Kommunikationsbeiträge beliebiger Art, sondern nur durch die *Kommunikation von Entscheidungen*. "Alles andere - Ziele, Hierarchien, Rationalitätschancen, weisungsgebundene Mitglieder, oder was sonst als Kriterium von Organisationen angesehen worden ist - ist demgegenüber sekundär und kann als Resultat der Entscheidungsoperationen des Systems angesehen werden" (Luhmann 2000b, S.63).

46 Zur eben beschriebenen Funktion von Zwecken vgl. die folgende Feststellung des 'frühen' Luhmanns von 1968 (hier zitiert nach der 2. Aufl. von 1977a, S.192): "Das System gewinnt auf dem Bildschirm seiner Zwecke für das tägliche Verhalten ein stark vereinfachtes Umweltbild und eine Kooperationsgrundlage, die rasche Verständigung gestattet. Es verdeckt sich dabei sein Bestandsproblem und muß deshalb in der Lage sein, in Krisenfällen die ursprünglichere Problematik zu reaktualisieren und auf sie zurückzugreifen, um gegebenenfalls seine Zwecke zu modifizieren nach Maßgabe ihrer Funktionen für den einen oder anderen Weg der Absorption von Komplexität und Veränderlichkeit."

werden? Durch Übertragung anderer Kontrollaufgaben? Oder durch Umfunktionierung in ein staatliches Angebot zur Beratung von Unternehmen zu Fragen des Bereichs, in dem zuvor die gesetzliche Kontrollfunktion angesiedelt war (schließlich konnten die Inspektoren durch den Zugang zu verschiedensten Unternehmen ein umfangreiches Wissen darüber erwerben, welche Schwierigkeiten immer wieder auftauchen und welche Lösungsvarianten sich dafür bewährt haben)? Vielleicht auch durch Übertragung von Aufgaben der Informationserhebung in privaten Unternehmen, die als Grundlage staatlicher Planungen benötigt werden?

Unter dem Druck des aufbrechenden Bestandsproblems treten früher kaum beachtete Nebenaspekte der bisherigen Tätigkeit in den Vordergrund: Haben die Inspektoren nicht schon immer in den von ihnen kontrollierten Firmen Beratungsaufgaben miterfüllt, wenn es um die Frage ging, wie staatliche Richtlinien technisch effizient und ökonomisch vertretbar zu erfüllen sind? Wurden die von ihnen erhobenen Informationen nicht schon lange auch für die Vorbereitung von neuen Planungen und Gesetzesinitiativen genutzt (was freilich aus Rücksicht auf ungeklärte Fragen des Datenschutzes 'nicht an die große Glocke gehängt' wurde)? *Vorher latent* erfüllte Funktionen jenseits des offiziellen Organisationszweckes rücken nun ins Blickfeld, kandidieren als Nachfolger für ihn oder werden - bei wechselnden Anforderungen der Begründung von Entscheidungen - als variable, nach Bedarf gegeneinander austauschbare Legitimationsgrundlage genutzt. Zwecke fungieren so im Prozeß der autopoietischen Reproduktion von Organisationen als Strukturen, die als Kriterien für die interne Ermittlung kommunikativer Anschlüsse (genauer: als Entscheidungsprämissen für die kontinuierliche Erzeugung neuer Entscheidungen aus vorausgegangenen Entscheidungen) benutzt werden. Sie tragen zur kontinuierlichen Lösung des Bestandsproblems bei, sind aber in dieser Funktion durch funktionale Äquivalente ersetzbar.

Ich breche das Beispiel hier ab. Seine Aufgabe war es zu zeigen, daß die Methode funktionaler Analyse die Unterscheidung von Problem und Problemlösung rekursiv anwenden und dabei eine Stufenordnung von Problemen und Problemlösungen erzeugen kann, die mit der Analyse einzelfallspezifischer Phänomene und Problem-Lösungs-Konstellationen beginnt, um von dort aus zu abstrakteren Bezugsproblemen und deren Lösungsalternativen vorzudringen. Umgekehrt ist es, wie wir zuvor aber auch gesehen haben, ebenso möglich, die Analyse mit allgemeinen theoretisch generierten Problemstellungen zu beginnen und dann in mehreren Spezifikationsschritten die Ebene empirischer Detailanalysen zu erreichen. Das Prozeßschema der Problemstufenordnung hält beide Alternativen offen:

> "Die Forschung kann ohne vorgreifende Gesamtkonstruktion beginnen und in konkrete Probleme vorstoßen; sie kann sich aber auch um eine solche bemühen. Beide Möglichkeiten haben ihr Recht, und beide können sich derselben Methode bedienen" (Luhmann 1974b, S.23).

Luhmann selbst, das zeigen auch die oben präsentierten Beispiele, präferiert in seinen Untersuchungen die abwärts gerichtete Bewegung der Analyse innerhalb einer solchen Problemstufenhierarchie. Hermeneutische bzw. situationslogische Analysen im Sinne Gadamers, Oevermanns und Poppers, die - wie wir oben gesehen haben - die Unterscheidung von Problem und Problemlösung ebenfalls als zentrale analytische Grundfigur verwenden, verfahren demgegenüber umgekehrt. Sie untersuchen Problem-Lösungs-Zusammenhänge hoher Konkretionsstufe, *können* aber dann auf dem Wege der Konstruktion abstrakterer Bezugsprobleme zu theoretisch generalisierten Aussagen kommen.

In der Art der Verwendung des Schemas von Problem und Problemlösung, so die damit formulierte These, liegt eine wesentliche, aber nicht unüberwindbare Differenz zwischen Hermeneutik und funktionaler Analyse, welche die Wahrnehmung der weitreichenden Übereinstimmung zwischen beiden Methodenansätzen bisher behindert hat.

1.5 Hermeneutische Interpretation und funktionale Analyse als komplementäre Formen objektiven Verstehens

Die Überbrückbarkeit der Differenzen zwischen Hermeneutik und funktionaler Analyse hängt wesentlich davon ab, daß die gemeinsame Grundfigur von Problem und Problemlösung nicht in unterschiedlichen Anwendungen auf inkompatible Weise spezifiziert wird. Die Differenzierung zwischen den *subjektiven* Problemdefinitionen von Akteuren bzw. Autoren einerseits und demgegenüber *objektiven*, d.h. aus der Beobachterperspektive identifizierten Problembezügen andererseits, markiert nur eine erste mögliche Bifurkation in der Auslegung dieser Figur. Daß die Hermeneutik hier nicht notwendig abweichend gegenüber der Methode funktionaler Analyse optiert, habe ich gezeigt.[47]

Wenn man danach fragt, welche weiteren Unterschiede zwischen Hermeneutik und funktionaler Analyse bleiben, dann mag der erste Gedanke sein: das unterschiedliche Verhältnis zum Gebrauch von *Theorie*. Denn für die enge Beziehung zwischen funktionaler Analyse und Systemtheorie findet sich auf der Seite der Hermeneutik keine direkte Entsprechung.

Die Verwendung von Theorien im Prozeß der Auslegung ist deshalb jedoch nicht ausgeschlossen: Wie Gadamer betont, gründet jedes Verstehen als Bedingung seiner Möglichkeit auf einem "Vorverständnis" des Interpreten. Es kann nicht darum gehen, dieses Vorverständnis aus dem Interpretationsprozeß herauszuhalten. Es ist vielmehr notwendig, es in der Auslegung ins Spiel zu bringen, um es der Bewährung am Text auszusetzen. Auch Theorien sind deshalb als Teil des auslegungsleitenden Vorverständnisses zuzulassen. Dabei kann es sich zeigen, daß es nur durch Revision bestimmter Vorannahmen möglich ist, dem Text einen kon-

---

47 Um Mißverständnisse zu vermeiden, weise ich nochmals ausdrücklich darauf hin, daß hier *nicht* die Vereinbarkeit *jeder* Ausprägung von Hermeneutik mit funktionaler Analyse behauptet werden soll. Für die von Gadamer als "romantisch" deklarierten Positionen innerhalb der hermeneutischen Tradition (und häufig wird gerade diese Traditionslinie mit der Hermeneutik überhaupt identifiziert!) gilt meine These selbstverständlich nicht.

sistenten Sinn abzugewinnen. Die methodologische Maxime des "Vorurteils der Vollkommenheit" verlangt dann die Verwerfung dieser Vorannahmen. Der Gebrauch von Theorien als Teil des deutungsleitenden Vorverständnisses ermöglicht so deren Prüfung am Einzelfall.

Richtig eingesetzt *präjudiziert* ihr Gebrauch die Ergebnisse der Auslegung *nicht*, sondern dient der Erzeugung von Deutungsmöglichkeiten, die ohne sie vielleicht nicht hätten formuliert werden können. Die Gültigkeit der verwendeten Theorien im gegebenen Fall muß dazu nicht schon als Prämisse der Auslegung vorausgesetzt werden. Sie bleibt hypothetisch und wird dem Test der Vereinbarkeit mit dem Wortlaut des Textes unterworfen, der negativ ausfallen und zur Ablehnung der Theorie als geeignete Deutungsgrundlage führen kann. Durchaus konsequent stellt deshalb Gadamer fest, es könne "... die 'Theorie', z.B. der Musik oder Poetik und Redekunst, sehr wohl ein legitimer Kanon der Auslegung sein" (Gadamer 1965, S.181, Anmerk. 1). Auch Oevermanns objektive Hermeneutik erlaubt den Gebrauch theoretischer Annahmen als Prämissen der Auslegung, sofern die dadurch generierten Interpretationen als Deutungsmöglichkeiten behandelt werden, die sich am interpretierten Text zu bewähren haben.[48] Dabei ist der Gebrauch von Theorien zwar nicht konstitutiv für die Praxis hermeneutischer Auslegung. Gleiches gilt freilich auch für die funktionale Analyse, unterscheidet doch Luhmann, wie wir oben festgestellt haben, ausdrücklich zwischen funktionaler Analyse und Systemtheorie, wenngleich er enge Wahlverwandtschaften zwischen beiden konstatiert.

Der Gebrauch von Theorie scheidet demnach als Kriterium der Abgrenzung zwischen hermeneutischer Interpretation und funktionaler Analyse aus. Eine weitere mögliche Differenz besteht in der selektiven Fokussierung auf *spezifische Typen* von Problembezügen. Im Kontext hermeneutischer Interpretation erscheinen traditionell vor allem *Geltungsprobleme* von zentraler Bedeutung. Gesichtspunkte der Wahrheit oder normativen Rechtfertigbarkeit von Äußerungen, Texten und Handlungen (bzw. handlungsleitenden Annahmen) stehen hier im Vordergrund. Demgegenüber hat es funktionale Analyse vor allem mit Problemen der Reproduktion bzw. Transformation sozialer Systeme und ihrer Strukturen zu tun. Im Vordergrund des Interesses steht deshalb das Problem der Bestandserhaltung, das sich in unterschiedliche Teilprobleme verzweigt. Wie wir oben sahen, abstrahiert Luhmanns funktional-strukturelle Systemtheorie das Bestandsproblem zu dem abstrakter gefaßten Problem der Grenzerhaltung durch Stabilisierung eines Komplexitätsgefälles zwischen System und Umwelt. In Anlehnung an Luhmann können wir deshalb festhalten, daß die funktionale Analyse Handlungsmuster, soziale Institutionen etc. primär als Beiträge zur Lösung (oder, bei Feststellung von dys-

---

48 Zurückgewiesen und als "subsumtionslogisch" kritisiert wird von Oevermann vor allem die Verwendung theoretischer Annahmen als *nicht-falsifizierbare* Auslegungsgrundlage, die zur Ableitung von Interpretationen benutzt wird, deren Gültigkeit durch die bereits vorausgesetzte Wahrheit der verwendeten theoretischen Prämissen garantiert zu sein scheint. Weil das theoriegeleitete "Vorverständnis" des Interpreten damit dogmatisiert und dem Einspruch durch den Text entzogen würde, könnte auch Gadamer *dieser* Art der Verwendung von Theorie als "Kanon der Auslegung" *nicht* zustimmen.

1.5 ZUR KOMPLEMENTARITÄT VON HERMENEUTIK UND FUNKTIONALER ANALYSE

funktionalen Folgen, zur Verschärfung) von *Komplexitätsproblemen* untersucht. Wenn gezeigt werden könnte, daß die gemeinsame Verwendung von Geltungs- und Komplexitätsproblemen als Bezugspunkte für die Analyse von Sinnkonfigurationen ausgeschlossen ist, dann würde diese Differenz von Problemtypen zugleich eine Demarkationslinie zwischen Hermeneutik und funktionaler Analyse bezeichnen.

In der Unterscheidung von Geltungs- und Komplexitätsproblemen klingt die Frontstellung zwischen Luhmanns Systemtheorie und der Habermas'schen Theorie kommunikativen Handelns an. Die *theoretische* Kontroverse darüber, ob Probleme der Komplexitätsreduktion generell als Letztprobleme für die Analyse sozialer Sinnkonfigurationen zu betrachten sind oder Problemen der Einlösung kommunkativer Rationalitätsansprüche zumindest bei der Untersuchung von lebensweltlichen Handlungszusammenhängen und kulturell überlieferten Texten, Kunstwerken etc. eine vorrangige Bedeutung zukommt, darf jedoch nicht dazu verführen, Bezugsprobleme des einen oder anderen Typs - sei es nun generell oder für die Interpretation bestimmter Sinngebilde - *methodisch* von vornherein zu privilegieren. Die Entscheidung der theoretischen Kontroverse sollte davon abhängen, welche Sorte von Bezugsproblemen sich in der Auslegung von Sinngebilden jeweils am besten bewährt. Um die Antwort auf die Frage, welcher Art von Bezugsproblemen generell oder in bestimmten Kontexten eine primäre Bedeutung zukommen könnte, nicht methodologisch zu präjudizieren, sondern ihre Entscheidung auf der Basis unabhängiger empirischer Evidenzen zu ermöglichen, müssen alle potentiell relevanten Problemtypen bei der Analyse von Sinnkonfigurationen gleichermaßen zur Erschließung von Bedeutungsgehalten genutzt werden. Jede vorweg vorgenommene Beschränkung der analytisch einzusetzenden Problemtypen ist daher kontraindiziert.[49] Sie käme der dogmatischen Fixierung eines bestimmten "Vorverständnisses" gleich, das sich so gegen die Möglichkeit der Korrektur durch das untersuchte Material immunisieren würde.

Daß sich ausgeprägte Präferenzen für die jeweilige Verwendung eines Problemtyps im Rahmen hermeneutischer Interpretation bzw. funktionaler Analyse feststellen lassen, steht dazu nicht in Widerspruch. Diese Präferenzen sind jedoch keine notwendige Implikation der verwendeten Methoden, sondern die *kontingente* Folge des Umstandes, daß mit der Entwicklung dieser Methoden unterschiedliche Forschungsinteressen verknüpft waren und häufig auch noch sind. Die Präferenz der Hermeneutik für die Auseinandersetzung mit Geltungsproblemen gründet vor allem in ihrer Herkunft aus der Praxis der Auslegung tradierter Texte mit anerkanntem Vorbildcharakter, deren Ziel es war, den verborgenen und als verbindlich unterstellten Geltungssinn der Überlieferung für die Zeitgenossen zu erschließen (vgl.

---

49 Dies gilt auch - wie hier ausdrücklich angemerkt sei - für andere Problemtypen, die nicht unter die Differenz von Geltungs- und Komplexitätsproblemen subsumierbar sind, wie z.B. Probleme der Nutzenmaximierung, die im Zentrum individualistischer Theorien rationaler Wahl stehen.

u.a. Wach 1926, S.5ff.).[50] Die Präferenz der funktionalanalytischen Betrachtungsweise für die Konzentration auf Bestandserhaltungs- bzw. Komplexitätsprobleme geht auf die Koppelung ihrer Entwicklung an die *Systemtheorie* zurück. In ihrem biologischen Ursprungskontext für die Darstellung physiologischer Wirkungszusammenhänge als Leistungsbeziehungen genutzt, die notwendig sind für den Fortbestand *organischer* Systeme (vgl. u.a. Radcliffe-Brown 1935), wurde sie in die Soziologie importiert, um die Bestandsbedingungen *sozialer* Systeme zu untersuchen.

Die selektive Verwendung bestimmter Bezugsprobleme kann bei entsprechend eingeschränkten Erkenntniszielen gerechtfertigt sein. So vor allem, wenn es nicht um die möglichst weitreichende Explikation der besonderen Bedeutung eines Sinngebildes, sondern eben nur darum geht, dessen Beitrag zur Lösung dieser Bezugsprobleme zu untersuchen. Hier scheint mir die eigentliche Differenz zwischen Hermeneutik und funktionaler Analyse zu liegen. Diese Differenz kommt deutlich zum Vorschein, wenn fixierte Bezugsprobleme, wie z.B. die im Parsons'schen AGIL-Schema zusammengefaßten universalen Bestandsprobleme sozialer Systeme, als theoretisch vorgegebener Rahmen funktionaler Interpretationen verwendet und unterschiedlichste Sinnkonfigurationen ohne Rücksicht auf ihre jeweiligen Besonderheiten darunter subsumiert werden. Dieses Denken von vorweg gewählten Problemen her, die als Referenzpunkte für die Suche nach Lösungsmöglichkeiten dienen, ist charakteristisch für die Praxis der funktionalanalytischen Methode. Die Wahl eines Bezugsproblems fixiert einen Gesichtspunkt für den Vergleich unterschiedlicher Sinnkonfigurationen (vgl. Luhmann 1974b, S.19), die dann als potentiell gegeneinander austauschbare funktionale Äquivalente analysiert werden, sofern sie als Lösungsmöglichkeiten desselben Problems in Frage kommen. Funktionale Analyse zielt dabei typischer Weise auf die Identifikation von *Problemen hoher Allgemeinheitsstufe*, deren Lösung Voraussetzung für die Reproduktion größerer sozialer Einheiten bis hin zu ganzen Gesellschaften ist und für deren Lösung funktionale Äquivalente möglich sind.

Anders die Hermeneutik: Sie kehrt die Applikationsrichtung der Figur von Problem und Problemlösung um, indem sie aus der Perspektive einer gegebenen Sinnkonfiguration operiert, die sie als komplexe Antwort auf eine erst noch zu findende Problemsituation begreift (vgl. auch Schneider 1991, Kap.10.2). Ihr geht es um die Deutung individualisierter Sinngebilde, deren Besonderheit sie zu bestimmen sucht. Sie versucht einen Problemkontext zu rekonstruieren, in dem idealiter jedes Einzelmoment eines Sinnkomplexes als notwendiger Beitrag zur Problemlösung verstanden werden kann. Nicht die Deutung von Sinnstrukturen als Beitrag zur Erfüllung allgemeiner sozialer Funktionen (=generalisierter Bezugsprobleme), für die unter-

---

50 In diesem Kontext bewegt sich auch noch Gadamers Darstellung der philosophischen Hermeneutik. Vgl. jedoch Gadamers kritische Selbstkommentierung in 1971, S.71, wo er sich ausdrücklich gegen den dadurch verschuldeten Anschein wendet, der Anwendungsbereich der Hermeneutik sei auf den Erfahrungsraum der Kunst und der Geisteswissenschaften beschränkt. Anders hingegen Habermas, der in der Diskussion mit Gadamer auf dieser Beschränkung insistierte (vgl. 1971c, S.52f.) und dadurch den heftigen Widerspruch Gadamers auslöste. Auf die Kontroverse zwischen Gadamer und Habermas komme ich in Kap.1.8 ausführlicher zurück.

schiedliche Lösungen möglich sind, ist hier das Ziel der Analyse, sondern die Rekonstruktion des *einzelfallspezifischen Problemkontextes*, auf den allein das untersuchte Sinngebilde die adäquate Antwort darstellt.

Die skizzierte Differenz zwischen Hermeneutik und funktionaler Analyse ist nicht durch die unterschiedlichen Gegenstände präjudiziert, zu deren Untersuchung sie eingesetzt werden.[51] Es ist z.B. nicht die schiere Größe einer Sinnkonfiguration, die darüber entscheidet, ob sie als Einzelfall betrachtet und auf einen für sie spezifischen Problemkontext hin ausgelegt oder als Exemplar einer Klasse von Objekten analysiert wird, für die bestimmte Bezugsprobleme allgemeinerer Art charakteristisch sind. Nicht nur Texte oder Kunstwerke, sondern auch Familien, Organisationen oder Gesellschaften können als Einzelfälle betrachtet, d.h. auf das hin untersucht werden, was für sie, verglichen mit anderen Familien, Organisationen oder Gesellschaften, jeweils spezifisch ist. Umgekehrt können einzelne Elemente einer Klasse, gleichgültig, ob es sich dabei um Kunstwerke oder Biographien, Organisationen oder Gesellschaften handelt, aus der Perspektive von Bezugsproblemen untersucht werden, die für alle Exemplare der jeweiligen Kategorie gültig sind.

Ein Sinngebilde als Einzelfall zu analysieren heißt auch nicht, es von vornherein unter ideosynkratischen Gesichtspunkten zu betrachten. Es bedeutet vielmehr, es als Antwort auf eine spezifische Problemsituation zu deuten. In diesem Sinne spezifisch ist eine Problemsituation idealiter dann, wenn jede Sinneinheit eines Sinngebildes als nicht-kontingentes Antwortelement darauf verstanden werden kann. Wird zu Beginn einer Interpretation ein Sinnelement als Lösung eines Teilproblems gedeutet, für das auch andere Lösungsmöglichkeiten entworfen werden können, dann verlangt einzelfallspezifisches Vorgehen die Anreicherung des Problemkontextes bis zu dem Punkt, an dem keine Alternativen mehr sichtbar werden. Dies kann geschehen, indem weitere Sinnelemente als Lösungsmöglichkeiten anderer Teilprobleme identifiziert werden, für die u.U. jeweils ebenfalls Alternativen angebbar sind, deren Verbindung innerhalb eines Sinngebildes aber ein komplexes Gefüge von Lösungsbeiträgen zu einer Gesamtproblemsituation bildet, bei dem keine Lösung eines Teilproblems ausgetauscht werden kann, ohne Leistungseinbußen an anderer Stelle zu riskieren.

Ihrem regulativen Ideal nach sind Einzelfallanalysen auf die *Maximierung des verständlichen Gehalts* und d.h. auf die *Ausschließung funktionaler Äquivalente* angelegt, die als alternative Problemlösungen an die Stelle des untersuchten Zusammenhanges rücken könnten. Denn nur dann, wenn keine funktional äquivalenten Möglichkeiten mehr sichtbar sind, wird auch die *spezifische Selektivität* eines Sinngebildes verständlich. Wie weit die Auslegung sich diesem Ziel nähern kann, entscheidet sich jeweils in ihrem Vollzug. Der Status dieser Forderung ist der einer regulativen Maxime der Interpretation, die - wie bereits in Gadamers Postulat des "Vorgriffs der Vollkommenheit" formuliert - in jeder Auslegung befolgt werden

---

51 Im folgenden greife ich auf meine Darstellung dieser These in Schneider 1991, S.233-238 zurück.

muß, der es auf die größtmögliche Reichtweite des Verstehens ankommt.[52] Ein Sinngebilde als Einzelfall zu untersuchen bedeutet also, es als Antwort auf eine einzigartige Problemsitution zu deuten. Diese Beschreibung kommt im wesentlichen ebenfalls überein mit Poppers Konzeption des situationslogischen Verstehens durch Rekonstruktion der *spezifischen* Problemsituation, auf die Theorien bzw. Handlungen antworten, das insofern als Form hermeneutischen Einzelfallverstehens eingestuft werden kann.

Die analytische Verwendung des *Theodizeeproblems* in der Religionssoziologie läßt erkennen, wie das gleiche Problem einmal als Bezugspunkt für eine funktional vergleichende Analyse, das andere Mal als Element einer hermeneutischen Einzelfallrekonstruktion eingesetzt werden kann: Wenn Weber den zarathustrischen Dualismus, den calvinistischen Prädestinationsglauben und die hinduistische Karmanlehre als die drei allein konsequent rationalen Lösungen des Theodizeeproblems deutet (vgl. Weber 1978, Bd.I, bes. S.248f. und 572f.), dann betreibt er damit *funktionale Analyse*, bei der ein *Geltungs*problem als Bezugspunkt für die Identifikation äquivalenter Leistungen fungiert. Das Theodizeeproblem steht andererseits als Bezugspunkt *hermeneutischer Einzelfallanalyse*, wenn die Annahmen der Allmacht Gottes und der erbsündigen Natur des Menschen als die spezifischen Prämissen des Theodizeeproblems im christlichen Kontext identifiziert werden (vgl. Blumenberg 1983, S.146ff. sowie Weber 1978, Bd.II, S.117ff.), durch die eine dualistische Lösung ebenso ausgeschlossen ist, wie die Lösung der Karmanlehre, die auf strikt proportionaler Vergeltung individuell zurechenbarer Handlungen und der Möglichkeit der Selbsterlösung gründet.

Auch im Rahmen funktionaler Analyse kann freilich die Untersuchung auf ein Niveau der Spezifikation von Problemsituationen geführt werden, auf dem kaum noch funktionale Alternativen identifiziert werden können. Ein solches Spezifikationsniveau wird - auf strukturell grundsätzlich analogem Wege, wie bei der hermeneutischen Einzelfallinterpretation - erreicht, wenn die Kompatibilität möglicher Lösungen eines Bezugsproblems mit den Lösungsanforderungen anderer Bezugsprobleme berücksichtigt wird, wie sie etwa charakteristisch für ein konkretes System sind (vgl. dazu Luhmann 1974b, S.21 und 1974d, S.38). Die gestellten Kompatibilitätsanforderungen werden wirksam als Restriktionen, denen jede Lösung des eigentlichen Bezugsproblems genügen muß.

Daß dabei alternativlose Lösungen gefunden werden können, ist allerdings kontingent. Funktionale Analyse zielt von Hause aus nicht auf eine derartige Elimination alternativer Lösungsmöglichkeiten, sondern gerade umgekehrt auf die Herstellung von Vergleichbarkeit zwischen unterschiedlichen Erscheinungen als möglichen Lösungen eines Bezugsproblems (vgl. Luhmann 1974b, S.13ff.). Und sie denkt primär aus der Perspektive von Problemen als Bezugspunkten für die Identi-

---

52 Daß dieses Postulat ein reales Korrelat im interpretierten Text findet, unterstellt Gadamer vor allem für literarische Texte. Der literarische Text "hat eine neue, einzigartige Richtigkeit, die ihn als Kunstwerk auszeichnet. Jedes Wort 'sitzt', so daß es *fast unersetzbar* scheint und in gewissem Grade *wirklich unersetzbar ist*" (Gadamer 1983, S.358; Hervorhebungen von mir, W.L.S.).

fikation und Interpretation von Sinngebilden als Lösungsmöglichkeiten. Einer detaillierten Aufklärung der Einzelheiten eines Sinngebildes bedarf es dazu nicht. Es müssen z.B. nicht die genauen Einzelheiten ritueller Praktiken aufgeschlüsselt und auf ihren Sinn hin durchleuchtet werden, um festzustellen, daß sie zur Festigung des sozialen Zusammenhalts der Gemeinschaft beitragen und zugleich der persönlichen Bewältigung schwieriger Situationen dienen (so Luhmann 1974b, S.21). Denn die funktionale Analyse behandelt eine untersuchte Erscheinung de facto nicht als individuelles Sinngebilde, sondern - zumindest implizit - von vornherein als Element einer Klasse möglicher Problemlösungen. Die Besonderheiten der so ausgemachten Äquivalente sind dabei nur insoweit von Interesse, wie sie sich als Leistungsdifferenzen bzw. in möglichen Folgeproblemen niederschlagen.

Im Kontext der ethnologischen Diskussion hat Sahlins diese Vorgehensweise (am Beispiel des 'naturalistischen' Funktionalismus) auf instruktive Weise kritisiert:

"Zwischen der Fülle und Komplexität kultureller Erscheinungen von der Art einer Intichiuma-Zeremonie und den simplen Vorstellungen des Ethnologen über deren ökonomische Nützlichkeit klafft eine riesige Lücke. Ihre Funktionen erklären einen verschwindenden Bruchteil jener reichen Wirklichkeit und nichts von ihrem besonderen Inhalt. Als Malinowski zeigen wollte, daß 'den Intichiuma-Zeremonien der australischen Ureinwohner mit ihren wilden Tänzen, ihren bemalten Körpern und ihren symbolverzierten Schilden in Wirklichkeit eine Funktion im ökonomischen Leben zukam', daß nämlich durch die vorangestellten Riten die Produktion stimuliert würde (Malinowski 1912), was erfuhren wir da eigentlich über jene wilden Tänze, bemalten Körper und über all die tausend anderen Dinge, die zu einer Intichiuma-Zeremonie gehören? Eine solche begriffliche Verarmung kennzeichnet die theoretische Produktionsweise des Funktionalismus. Sie wird nur noch größer, sobald die Funktion auf der biologischen Ebene gesucht wird, was häufig nicht nur für Malinowski, sondern auch für neuere Spielarten der ökologischen Anthropologie gilt .... Denn je weiter der kulturelle Tatbestand von der Sphäre der Nützlichkeit entfernt ist, auf den er bezogen ist - sei es die organische, ökonomische oder soziale -, desto geringer und vermittelter müssen die Beziehungen zwischen diesem Tatbestand und den Phänomenen jener Sphäre sein; und desto geringer und unspezifischer sind demzufolge auch die funktionalen Einflüsse auf die Eigenart des betrachteten Brauches. Entsprechend wird auch die Erklärung mit Hinweis auf funktionale Vorteile weniger determiniert sein, oder umgekehrt: um so größer wird der Bereich alternativer kultureller Praktiken sein, die dem gleichen Zweck ebenso gut (oder besser) dienen könnten. Neben der Inszenierung der Intichiuma-Zeremonie muß es noch viele andere Möglichkeiten zur Stimulierung der Produktion geben. Tatsächlich vereitelt diese Erklärung geradezu ihr Ziel, den Brauch verständlich zu machen, denn das ist doch wohl eine wunderliche Art, sein Geschäft anzugehen" (Sahlins 1981, S.114f.).

Von der problematischen Gleichsetzung zwischen funktionaler Analyse und der Erklärung eines Phänomens abgesehen, ist Sahlins Ausführungen durchgängig zuzustimmen. Doch was er als die Kardinalschwäche eines solchen Funktionalismus wertet, die mangelhafte Berücksichtigung der Besonderheiten und die Ersetzbarkeit der untersuchten kulturellen Praxis durch funktionale Äquivalente, das gerade ist das Spezifikum einer Betrachtungsweise, die Problembezüge als abstrakte Bezugspunkte des Vergleichs unterschiedlichster Phänomene einsetzt und der es dabei auf die Besonderheiten der Phänomene gar nicht anzukommen braucht. Wenn bestimmte Problembezüge als besonders bedeutsam - etwa für die Reproduktion eines sozialen Systems - ausgezeichnet werden können, dann ist es *eine für sich genommen interessante Frage*, welche faktischen bzw. alternativ möglichen Lösungen es für dieses Problem gibt. Daß deren Beantwortung nicht zugleich als Antwort auf die *ganz andere* Frage nach dem Sinn der individuellen Eigenheiten eines Phänomens tauglich ist, kann nicht als Argument gegen die Methode funktionaler Analyse gerichtet werden, sondern trifft allenfalls eine falsche Einschätzung ihrer Leistung. Ihr Ziel muß es eben nicht sein, wie Sahlins unterstellt, den untersuchten Brauch in seinen Besonderheiten verständlich zu machen.

Die von Sahlins eingeklagte Aufgabe entspricht der Zielsetzung hermeneutischer Einzelfallanalyse. Deren Interesse richtet sich auf die Rekonstruktion einer Problemsituation, die hinreichend spezifisch ist, um die besonderen Merkmale des untersuchten Sinngebildes als Antwort darauf verständlich zu machen. Freilich um den anderen Preis, daß Problembezüge der Allgemeinheitsstufe, wie sie für die funktionale Analyse charakteristisch sind, dabei leicht außer acht gelassen werden und oft auch ignoriert werden können, weil sie eben unspezifisch sind im Hinblick auf den untersuchten Gegenstand.

Die Konzentration funktionaler Analyse auf wenige abstrakte Problembezüge einerseits und die Fokussierung hermeneutischer Interpretation auf die Besonderheiten des jeweiligen Einzelfalles andererseits markiert jedoch eine nur *pragmatische Differenz*. Unterschiedlich ist hier nur *das jeweils zentrale Erkenntnisinteresse*, dessen Verfolgung in beiden Fällen mit der nicht-intentionalistisch interpretierten und unterschiedliche Rationalitätsbezüge übergreifenden Grundrelation von Problem und Problemlösung operiert.

Diese pragmatische Differenz ist nicht unüberbrückbar. Die bereits oben skizzierte Konzeption der Problemstufenordnung bietet einen formalen Rahmen für die Verknüpfung beider Erklärungsziele. Möglich wird diese Verbindung durch die hierarchische Anordnung der für die Interpretation herangezogenen Problembezüge: Weil jedes Problem einerseits zum Ausgangspunkt für die Suche nach Lösungen genommen werden kann, die wiederum jeweils mit besonderen Folgeproblemen verknüpft sind, für die spezifischere Lösungen benötigt werden, andererseits jedes Problem als Folgeproblem der Lösung eines allgemeineren Bezugsproblems rekonstruiert werden kann, besteht auf jeder Sprosse einer solchen Stufenleiter und nach jedem einzelnen Schritt die Möglichkeit, die Analyse auf Ebenen höherer Allgemeinheit oder höherer Spezifikation fortzusetzen. Die Bewegungsrichtung innerhalb der Problemstufenordnung kann dabei jederzeit verändert werden. An die Relationierung eines Sinnelementes zu einem abstrakteren Bezugsproblem können Respezifikationsschritte anschließen, die zum untersuchten Sinngebilde zurückführen und weitere Sinnelemente als Antwort auf Verzweigungen des allgemeinen Bezugsproblems durchsichtig machen; wieder andere Sinnelemente können zu ihrer Deutung die Einführung neuer abstrakter Bezugsprobleme verlangen, die ihrerseits neue Möglichkeiten der Respezifikation oder auch der forcierten Abstraktion der Analyse eröffnen etc. Die Entschlüsselung eines Sinngebildes kann so gleichsam als eine Zick-Zack-Bewegung innerhalb einer Problemstufenordnung nachgezeichnet werden, die nach und nach die verschiedenen Elemente des Gebildes als Antwortelemente auf einen verzweigten Problemkomplex rekonstruiert, der unterschiedliche Stufen der Abstraktion übergreift.

Sehen wir uns noch einmal an einem Beispiel von Luhmann selbst an, wie dieses Schema bei der Durchführung einer funktionalen Analyse genutzt werden kann. Das Beispiel startet mit dem in jeder Sozialordnung zu lösenden Problem, auf welche Weise die verschiedenen darin vorkommenden Rollen miteinander verbunden werden (vgl. Luhmann 1974b, S.20). Wird dieses *Problem* durch die Verbindung mehrerer Rollen in einer Statusposition gelöst (Luhmann nennt exemplarisch: Vater-Versorger-Richter-Kriegschef), die als Komplettverbund sozial legitimiert ist und beim Wechsel der Personen erhalten bleibt, dann ergibt sich daraus ein *Folgeproblem*. Verschiedene Rollen können dann nicht beliebig in einem Status miteinander verknüpft werden. Die Möglichkeiten sozialer Differenzierung durch Bildung neuer spezialisierter Rollen bleiben deshalb beschränkt, weil neue Rollen nur schwer in die fest vorgegebenen Rollenkombinationen integriert werden können.

Diese Restriktion wird vermieden, wenn das *Ausgangsproblem* auf alternative Weise gelöst wird, indem Rollen nicht in Statuspositionen fest verbunden, sondern von vornherein hoch spezialisiert und über sachliche Leistungszusammenhänge (z.B. Vorgesetzter-Untergebener, Verkäufer-Kunde usw.) integriert werden. Als *Folgeproblem* ergeben sich hier aber weitgehend zufällige Rollenkombinationen für die Personen, die Spannungen und Konflikte einschließen, für die auf der Ebene des Sozialsystems keine standardisierten Lösungsformen bereitgestellt werden. Für die daraus erwachsenden Belastungen müssen die Rollenträger deshalb *individuell* kompensatorische Lösungen finden, sei es nun "im Drang nach oben oder nach Sicherheit, im Hobby oder im Alkohol" (Luhmann, a.a.O.).

Das Beispiel bricht ab mit dieser Verlagerung des Ausgangsproblems auf die Ebene *psychischer Systeme*. Offensichtlich bestehen hier jedoch weitere Anschlußmöglichkeiten für die Identifikation neuer potentieller Folgeprobleme spezifischerer Art, die sich u.U. aus den erwähnten Kompensationsstrategien ergeben und für die dann weitere Lösungen erforderlich würden. Umgekehrt wäre es ebenso möglich, nun wieder nach den *sozialen* Folgeproblemen zu fragen, die sich durch die gehäuft vorkommende Auswahl der einen oder anderen Lösungsstrategie ergeben könnten. Wird z.B. der "Drang nach oben" übergroß, dann kann das Verhältnis zwischen hierarchiehohen Positionen und dafür qualifizierten Bewerbern außer Balance geraten. Mögliche Folgen wären: Vorgesetztenpositionen werden zum Gegenstand heftiger Konkurrenz; die Ergebnisse von Auswahlverfahren unter einer großen Zahl ähnlich qualifizierter Bewerber erscheinen aus der Perspektive der nicht berücksichtigten Bewerber bestenfalls zufällig, wenn nicht willkürlich und von persönlichen Beziehungen abhängig; die erfolgreichen Bewerber werden deshalb nicht ohne weiteres in der Vorgesetztenrolle akzeptiert und sehen sich der ständigen Beobachtung und Kontrolle durch die erfolglosen aber qualifizierten Konkurrenten ausgesetzt. Mit den Spannungen und Unsicherheiten, die die Rolleninhaber subjektiv zu verarbeiten haben, sinkt zugleich die Legitimation der Rollenhierarchie und steigt die Zahl der Konflikte, deren Regulierung nach neuen Lösungsformen verlangt etc.

Luhmanns Beispiel und die daran anschließbaren Varianten der Fortführung zeigen, welche Möglichkeiten das Konzept der Problemstufenordnung eröffnet:

Durch *rekursive Anwendung der Figur von Problem und Problemlösung* ist es möglich, beginnend mit Problembezügen einer hohen Allgemeinheitsstufe, zu immer spezifischeren Problemstufen herabzusteigen. Auch ein Wechsel der Systemreferenz von sozialen zu psychischen Systemen kann dabei bruchlos vollzogen werden. Pfade der Transformation generalisierter sozialer Problemlagen in hoch spezifizierte und personalisierte Problemkonstellationen können auf diese Weise nachgezeichnet werden. Umgekehrt ist es grundsätzlich ebenso möglich, individualspezifisch scheinende Sinnsyndrome durch aufsteigende Bewegung innerhalb einer solchen Problemstufenhierarchie als Spezifikationen generalisierter sozialer Problembezüge zu dechiffrieren oder auch die allgemeineren sozialen Folgeprobleme zu untersuchen, die sich aus dem signifikant häufigen Einsatz bestimmter individueller Lösungsstrategien ergeben.

Ich schließe daraus, daß die Prozessierung von empirischen Analysen im Schema einer Problemstufenordnung es ermöglicht, die charakteristischen Zielsetzungen von Hermeneutik und funktionaler Analyse miteinander zu verbinden: Zum einen die Aufklärung der *fallspezifischen Bedeutungskomponenten* von Sinngebilden; zum anderen aber die Einrückung von Sinnkonfigurationen in einen übergreifenden Zusammenhang *generalisierter Problembezüge*. Gewonnen wird dadurch die Möglichkeit, Einzelfallanalyse und Theoriebildung miteinander zu koppeln, freilich mit einer Form der Theoriebildung spezifischen Typs. Die so zu gewinnenden Theorien haben - mit Luhmann gesprochen - selbst die Form einer Auslegung von Problemen auf mögliche Antworten hin. "Probleme als Theorie zu verwenden", so Luhmann, sei "ein Desiderat der funktionalen Methode" (vgl. Luhmann 1974c, S.260). Wenn eine objektiv-verstehende Sozialwissenschaft im Sinne Poppers sich nicht in unzusammenhängenden Einzelfallrekonstruktionen verlaufen soll, dann ist damit zugleich ein Desiderat einer objektiv verstehenden Hermeneutik formuliert.

Wie die Konstruktion einer Problemstufenordnung als Schema für die Analyse sozialer Sachverhalte eingesetzt werden kann, dafür haben wir bisher nur sehr kurze und stark vereinfachte Beispiele aus dem Umkreis der Systemtheorie kennengelernt. Dieser Umstand könnte den Verdacht nähren, daß die Einsatzmöglichkeiten dieses Schemas doch begrenzter sind, als es zunächst scheinen mag. Oder als Frage formuliert: Ist das Schema der Problemstufenordnung auch unabhängig von der Systemtheorie einsetzbar, und taugt es als Instrument für die Durchführung ausführlicher Untersuchungen, in denen die komplementären Leistungen von hermeneutischer Interpretation und funktionaler Analyse miteinander verbunden werden sollen?

Um diese Frage zu beantworten, will ich im folgenden eine Analyse vorstellen, die nicht im engeren Umfeld der Systemtheorie unternommen worden ist und die auf exemplarische Weise verdeutlicht, wie funktionale Analyse und hermeneutische Interpretation im Prozeßschema der Problemstufenordnung miteinander verknüpft werden können, - die Studie des Kulturanthropologen und Literaturwissenschaftlers *René Girard*, "Das Heilige und die Gewalt".

1.6 Erstes Analysebeispiel: René Girard, "Das Heilige und die Gewalt"

Am Beginn von Girards Studie steht die Frage, wie es Gesellschaften gelingt, die ständig präsente Gefahr der Gewalt zu domestizieren. Es geht also mit anderen Worten um das bekannte *Problem der sozialen Ordnung* (vgl. dazu auch Schneider 2002, Bd.1, S.91ff.).

In modernen Gesellschaften ist dieses Problem durch die Einrichtung des *staatlichen Gewaltmonopols* gelöst, durch dessen Existenz die Einhaltung rechtlich institutionalierter Normen, zu denen insbesondere das Verbot des privaten Einsatzes von Gewalt gehört, gesichert ist. Selbstjustiz, d.h. der private Gebrauch von Gewalt gegen Rechtsbrecher, ist deshalb weder nötig noch erlaubt und wird durch staatliche Verfolgung auf ein gesellschaftlich unbedeutendes Maß reduziert. Anders in vielen sogenannten primitiven Gesellschaften ohne leistungsfähige Zentralmacht. Hier bleiben selbst gravierende Verstöße gegen zentrale gesellschaftliche Normen, wie die Ermordung eines Stammesmitglieds, u.U. ohne Sanktion, wenn nicht die Verwandten den Tod des Opfers rächen. Verwandtschaftsverbände nehmen hier die Stelle des Staates als Sanktionsinstanz ein, indem sie auf die Verletzung des Verbots von Gewalt mit Gegengewalt, d.h. durch Ausübung der *Blutrache*, antworten. Das staatliche Gewaltmonopol und die Blutrache können insofern als (unterschiedlich effektive) Einrichtungen zur Lösung des gleichen Bezugsproblems gedeutet werden, die freilich scharf kontrastierende Folgeprobleme erzeugen (vgl. dazu auch Luhmann 1987, S.108f.).

Unter der Herrschaft des *staatlichen Gewaltmonopols* bleiben Verstöße gegen das Verbot privaten Gewaltgebrauchs, die nicht staatlich sanktioniert werden können (z.B. weil die Beweislage rechtlichen Kriterien nicht standhält), ungesühnt. Darüber hinaus erscheinen staatliche Sanktionen aus der Perspektive der Betroffenen häufig zu schwach. Die Tendenz, das Recht in die eigene Hand zu nehmen, wird dadurch immer wieder erzeugt. Dieses Folgeproblem kann freilich auf die gleiche Weise bekämpft und effektiv unter Kontrolle gehalten werden wie das Ausgangsproblem - nämlich durch staatliche Gewalt - weil der Staat ein hinreichend mächtiger Akteur ist, um sich gegen jede konkurrierende private Macht durchzusetzen.[53]

Anders im Falle der *Institution der Blutrache*: Als Auslöser gewalttätiger Rache genügt z.B. ein heftiger Streit, bei dem einer der Beteiligten verletzt wird und danach, etwa als Folge einer hinzukommenden Wundinfektion, stirbt. Eine derartige Situation läßt typisch Raum für kontroverse Schuldzuschreibungen. Die u.U. in Erfüllung der Blutrachepflicht folgende Ermordung des Täters (oder einer ihm nahestehenden Person) durch einen Verwandten des Opfers führt dann dazu, daß die Verwandten des Täters sich verpflichtet sehen, diese Tat durch einen komplementären Racheakt zu vergelten und so fort. Der Einrichtung der Blutrache immanent ist so *die Gefahr der Verstärkung des ursprünglichen Problems*, in dessen Lösung

---

[53] Das organisierte Verbrechen versucht deshalb in der Regel, die Staatsgewalt durch Korruption und Infiltration den eigenen Interessen gefügig zu machen.

ihre Funktion besteht. Sie erzeugt zwar ein hohes Risiko für potentielle Angreifer, das jeden Angehörigen einer Verwandtschaftsgruppe vor Übergriffen schützt und die sozialen Normen, die solche Übergriffe verbieten, sichert. Einmal ausgelöst, tendiert die Logik der Blutrache jedoch zur Erzeugung einer eskalierenden Spirale von Gewalt und Gegengewalt. Dieses Folgeproblem kann mit den Mitteln der Blutrache gerade nicht unter Kontrolle gebracht werden, ist sie selbst doch dessen Ursprung.

Beide Einrichtungen zur Lösung des Ordnungsproblems stehen historisch in einem Verhältnis der Konkurrenz und Sukzession. Die effektivere Lösung, das auf dem staatlichen Gewaltmonopol beruhende Gerichtswesen, verdrängt die weniger effektive Lösungsform, setzt sich an deren Stelle, steht aber für Girard auch in sachlicher Kontinuität zu ihr:

> "Das Gerichtswesen wendet die von der Rache ausgehende Bedrohung ab. Es hebt die Rache nicht auf; vielmehr begrenzt es sie auf eine einzige Vergeltungsmaßnahme, die von einer auf ihrem Gebiet souveränen und kompetenten Instanz ausgeübt wird. Die Entscheide der gerichtlichen Autorität behaupten sich immer als das *letzte Wort* der Rache. Es gibt im Strafwesen kein Rechtsprinzip, das vom Racheprinzip wirklich verschieden ist. Es ist das gleiche Prinzip, das in beiden Fällen am Werk ist, nämlich jenes der gewalttätigen Reziprozität der Vergeltung ... Es gibt keinen prinzipiellen Unterschied zwischen privater und öffentlicher Rache, aber auf sozialer Ebene ist die Differenz enorm: die Rache wird nicht mehr gerächt; der Prozeß ist an sein Ende gekommen; die Gefahr der Eskalation gebannt" (Girard 1992, S.29f.; Hervorhebung im Original).

Primitive Gesellschaften verfügen noch nicht über die Möglichkeit, die Blutrache durch die domestizierte Rache der staatlichen Gerichtsbarkeit zu ersetzen. Sie benötigen deshalb andere Mechanismen, um die zerstörerische Gewalt privater Rache zu bannen. Girard nennt hier zum einen "Maßnahmen zur Dosierung und Erschwerung der Rache durch gütliche Einigung, gerichtlichen Zweikampf usw.", zum anderen "Präventivmaßnahmen, die alle auf opfergebundene Abführung des Rachegedankens zielen" (Girard 1992, S.36). Im Zentrum von Girards Untersuchung steht der letztgenannte Mechanismus: das *rituelle Opfer* als soziale Institution, welche die Stelle einnimmt, an der sich sonst Gewalttätigkeit und Rache ausbreiten würden.

Prämisse dieser *funktionalistischen Deutung* des Opferkultes ist die Annahme, daß Rivalitäten, Eifersucht, Neid etc., wie sie als Begleiterscheinung menschlichen Zusammenlebens unvermeidlich sind, ein ständig präsentes Gewaltpotential erzeugen, das nach Entladung drängt und so die soziale Mechanik von Rache und Gegenrache auszulösen droht. Ein wesentliches Charakteristikum dieses Aggressions- oder Gewaltpotentials ist seine leichte *Verschiebbarkeit*: Der Fußtritt, der den Hund trifft, ermöglicht die Abfuhr von Aggressionen, die durch den Gegner eines Streites erzeugt worden waren, aber aus irgendwelchen Gründen nicht gegen ihn gerichtet werden konnten. Diese Verschiebbarkeit erhöht einerseits die Gefahr, die von der Gewalt ausgeht: Ist der Gegner unerreichbar, kann sie sich gegen Mitglieder der Eigengruppe, gegen Verwandte, Frau und Kinder richten, aktiviert durch Bagatellkonflikte, an die sie sich heftet und die zum Anlaß für ihren Ausbruch werden. Andererseits eröffnet sie die Möglichkeit, die Gewalt auf ein *unproblematisches Ersatzobjekt* umzuleiten und dadurch für die Gemeinschaft unschädlich zu machen - den Sündenbock, das rituelle Opfer. Opferkulte erfüllen demnach die Funktion der *präventiven* Abfuhr von Gewalt und dienen so der Vermeidung von Situationen, die Blutrache verlangen könnten:

> "Die Übel, die die Gewalt in diesen Gesellschaften auslösen kann, sind so groß und die Heilmittel so schwach, daß der Akzent auf die Vorbeugung zu liegen kommt. Und der Bereich der Vorbeugung ist in erster Linie der religiöse Bereich. Die religiöse Vorbeugung kann gewalttätigen Charakter annehmen. Die Gewalt und das Heilige sind nicht voneinander zu trennen. Die 'listenreiche' Inanspruchnahme gewisser Eigenschaften der Gewalt, insbesondere ihrer Fähigkeit, sich von einem Objekt zum anderen zu verschieben, verbirgt sich hinter dem starren Apparat der Opferrituale" (Girard 1992, S.34).

Girard diskutiert die Praxis des Opfers zunächst an einem Beispiel, bei dem es sich mit Elementen der Rache und der gerichtlichen Strafe verbindet. Anhand dieses Zusammentreffens der sonst getrennt zu beobachtenden Einrichtungen soll die These plausibilisiert werden, daß es sich hier um drei gegeneinander austauschbare Formen der Ausübung von Gewalt handelt. Darüber hinaus soll die Funktionsweise des Opfers genauer beleuchtet werden. Die Schwierigkeit besteht dabei vor allem darin, daß die behauptete Funktion des Opfers als eine für die Handelnden verborgene, d.h. *latente* Funktion unterstellt werden muß und deshalb nicht als Handlungsmotiv für dessen Darbringung angenommen werden kann. Zugleich aber muß eine *enge Beziehung* zwischen der *Deutung* des Opfers durch die Angehörigen primitiver Gesellschaften und seiner *sozialen Funktion* bestehen, weil nur so zu erklären ist, auf welche Weise die Abstimmung der Opferpraxis auf die behauptete Funktion auf Dauer aufrechterhalten werden kann.

Das Beispiel, um das es geht, stammt von Robert H. Lowie. In seinem Buch "Primitive Society" (1970) berichtet er, wie die Angehörigen des Volkes der Chukchi (im Gegensatz zu den Ifugao) nach dem Vorkommen von Gewaltakten in einer Weise reagieren, welche die Eskalation der Rache unterbindet:

> "Die Chukchi schließen im allgemeinen Frieden nach einem einzigen Vergeltungsakt ... Während die Ifugao dahin tendieren, ihre Verwandten in beinahe jeder Situation zu unterstützen, versuchen die Chukchi oft einen Streit zu vermeiden, indem sie ein Familienmitglied opfern" (Lowie 1970, zitiert nach Girard 1992, S.42).

An die Stelle der *Rache* tritt hier die gewaltsame Vergeltung, welche die Gruppe des Täters als Kompensation für seine Gewalttat sich selbst auferlegt. Darin sieht Girard (1992, S.44) eine Parallele zur *rechtmäßigen Bestrafung*. Abweichend von einer solchen Bestrafung wird jedoch niemals der Schuldige getötet, sondern eine ihm nahestehende Person. Insofern handelt es sich um eine *Opferung*, die sich von der *rituellen* Opferpraxis freilich dadurch unterscheidet, daß sie unmittelbar auf einen normverletzenden Akt der Gewalt folgt (Girard 1992, S.42).

Auf den ersten Blick besehen erscheint dieses Handlungsmuster ebenso auffällig wie *irrational*: Wenn schon eine Person in Reaktion auf eine Gewalttat hingerichtet wird, warum dann nicht der Täter? - Die methodologischen Direktiven von Hermeneutik und funktionaler Analyse kommen darin überein, nicht bei solchen Irrationalitätsfeststellungen stehen zu bleiben, sondern darin nur eine Durchgangsstufe auf der Suche nach verborgenen Problemen zu sehen, für die das, was zunächst irrational erschien, eine adäquate Lösung ist.[54] Girard folgt dieser Direktive, wenn er feststellt, daß dieses Muster exakt diejenigen Anforderungen erfüllt, die es ermöglichen, es an die Stelle der Rache zu setzen und so die Gewalt in Bahnen zu lenken, in denen sie nach dem Vollzug des Opfers zum Stillstand kommen kann.

Diese Anforderungen bestehen darin, daß das dargebrachte Opfer der Rache *hinreichend ähnlich* sein muß, um sie ersetzen zu können: Nur wenn der Verlust, den sich die Gruppe des Täters selbst zufügt, dem ihr durch Blutrache zuzufügenden Verlust nahe kommt, kann die angegriffene Gruppe darin eine Kompensation sehen, welche die Notwendigkeit der Rache aufhebt. Zugleich aber darf die Ähnlichkeit auch *nicht* so groß sein, daß dieser Verlust *als identisch* erlebt wird mit dem, der durch Rache entstanden wäre, weil mit der Gleichheit der Folgen von Opferung und Rache die Auslöschung ihrer Unterscheidbarkeit und damit die Auslösung von Gegenrache droht (vgl. Girard 1992, S.43f.).[55] Um diese beiden gegensätzlichen Anforderungen zugleich zu erfüllen, *muß* der Schuldige verschont und statt seiner ein naher Verwandter geopfert werden. Nur so kann die Opferung an die Stelle der Rache treten und ihre verderblichen Folgen abwenden.

Girards Interpretation erscheint konsistent und plausibel. Sie beschränkt sich nicht darauf, die Praxis der Opferung bei den Chukchi global auf ein bestimmtes Problem zu beziehen. Wie wir an einem auffälligen Element dieses Handlungsmusters gesehen haben (und gleich noch genauer sehen werden), ist sie auch in der Lage, Einzelheiten dieser Praxis eine spezifische Bedeutung für die Lösung dieses Problems zuzuweisen. Die oben zitierte Kritik von Marshall Sahlins, die sich gegen die Verarmung des kulturanthropologischen Funktionalismus richtete, der nicht dazu fähig sei, die von ihm untersuchten Bräuche *in ihren Besonderheiten* verständlich zu machen, findet hier deshalb keinen Anhalt. Weil Girard nach den genauen Bedingungen der Möglichkeit dafür fragt, daß das Opfer an die Stelle der Rache treten kann, wird das anfänglich kompakt formulierte Bezugsproblem in der Rekonstruktion einer *Problemsituation mit detailliertem Anforderungsprofil* entfaltet, der sich genau dazu passende Einzelheiten der untersuchten Opferpraxis zuordnen lassen. Funktionale Analyse geht so in hermeneutische Einzelfallrekonstruktion über und setzt sich in ihr fort, ohne daß eine klare Grenze des Übergangs von der einen zur anderen Methode zu erkennen wäre.

---

54 Ich erinnere dazu erneut an Gadamers Ausdruck des "Vorurteils der Vollkommenheit", das der Interpret gegenüber dem auszulegenden Sinngebilde hegen solle, indem er versucht, es als gültige Antwort auf Fragen bzw. Probleme zu verstehen, die nicht zusammenfallen müssen mit den Problemen, welche die Handelnden damit lösen wollten bzw. gelöst zu haben glaubten. Für die *Systemtheorie* und die Methode *funktionaler Analyse* notiert Luhmann (1974d, S.45) sachlich entsprechend: "Sie sind durchstimmt und zusammengehalten durch eine gemeinsame Annahme: daß das menschliche Verhalten von seinen Möglichkeiten zur Rationalität her expliziert und verstanden werden muß, und zwar auch und gerade dann, wenn es diese Möglichkeiten nicht bewußt zur eigenen Orientierung ergreift."

55 Dies wäre etwa der Fall, wenn diejenigen, welche die Opferung des Täters vollziehen, als (freiwilliges oder unfreiwilliges) Vollzugsorgan der Rachewünsche der Fremdgruppe wahrgenommen würden und die Gegenrache sich alsdann auf diese vermeintlichen 'Agenten' der Fremdgruppe oder unmittelbar auf Angehörige der Fremdgruppe richten würde.

Sie ist nicht zu erkennen, weil beide Methoden mit der gleichen analytischen Grundfigur arbeiten, der Unterscheidung von *Problem und Problemlösung*. Diese Figur kann auf verschiedenen Stufen der Abstraktion bzw. Konkretion genutzt, und die Ergebnisse ihres Gebrauchs können über Problemstufen unterschiedlichen Abstraktionsgrades hinweg zu umfassenderen Deutungen miteinander verbunden werden. Sie kann auch eingesetzt werden, um die Differenz zwischen der Perspektive des Beobachters und der Perspektive der Handelnden, zwischen "objektiven" Bezugsproblemen und der "subjektiven" Problemwahrnehmung der Akteure in den Blick zu nehmen und soweit als möglich zu überbrücken. Wie dies geschehen kann, zeigt der nächste Schritt in Girards Analyse.

Klar ist, daß die bisher skizzierte Interpretation der (nicht-rituellen) Opferpraxis bei den Chukchi aus der Perspektive des Beobachters formuliert worden sein muß. Diese Interpretation *kann nicht* die der Handelnden sein, weil die Einsicht, daß das Opfer an die Stelle der Rache tritt, es als maskierte Rache enttarnen und die Differenz zwischen beiden kollabieren lassen würde. Das Opfer kann die ihm zugeschriebene Funktion nur erfüllen, wenn diese Funktion für die Handelnden *verborgen* bleibt. Daraus ergibt sich als *Folgeproblem* die Frage, auf welche Weise die *Latenz* der Funktion gesichert ist und durch welche subjektive Deutung die Wahl eines unschuldigen Opfers für die Chukchi selbst plausibel erscheint.

Beides hängt eng miteinander zusammen: Die Verfügung über eine alternative Begründung für die Wahl des unschuldigen Opfers läßt die Frage, die den wissenschaftlichen Beobachter zu der skizzierten Funktionszuweisung führt, nicht mehr aufkommen. Die Frage, warum ein Unschuldiger getötet werden muß, ist für die Chukchi immer schon auf andere Weise beantwortet. Es ist diese kulturell vorgegebene Antwort, welche die von Girard behauptete soziale Funktion für die Chukchi selbst verdeckt.[56] Wie also lautet die Antwort der Chukchi?

Girard findet sie im Begriff der *"rituellen Unreinheit"*, Unreinheit, die erzeugt und per Ansteckung übertragen wird durch jede Berührung mit Gewalt und Blut sowie mit Personen, die aufgrund eines solchen Kontaktes bereits unrein sind. Wiederum gegen die vorgefaßte Überzeugung gerichtet, daß es sich dabei um ein völlig irrationales Deutungsmuster handele, betont Girard den Realitätsgehalt dieser Vorstellungen:

"Die Gewalt bewirkt rituelle Unreinheit. In vielen Fällen ist dies eine offensichtliche, unbestreitbare Tatsache. Zwei Männer kämpfen gegeneinander; vielleicht wird Blut fließen; diese beiden Männer sind bereits unrein. Ihre Unreinheit ist ansteckend; wer an ihrer Seite verbleibt, läuft Gefahr, in ihren Streit verwickelt zu werden. Es gibt nur ein sicheres Mittel, die Unreinheit - d.h. die Berührung mit der Gewalt, die Ansteckung mit dieser Gewalt - zu vermeiden, nämlich, sich ihr fernzuhalten" (Girard 1992, S.46).

---

56 Aber nicht nur für die Chukchi, sondern auch für einen Beobachter, der sich deren Perspektive uneingeschränkt zu eigen macht (d.h. die Opferpraxis allein aus der "Teilnehmerperspektive" betrachtet), oder der umgekehrt sich von seinen eigenen kulturspezifischen Urteilsprämissen so wenig lösen kann, daß er auf der völligen Irrationalität einer Praxis insistiert, die einen Unschuldigen an Stelle des allen bekannten Täters opfert, bleibt die von Girard explizierte soziale Funktion unzugänglich.

Die Gefahr der Ansteckung erscheint real als Gefahr, in gewaltsame Konflikte hineingezogen zu werden. Um diese Gefahr zu vermeiden, empfiehlt es sich, jeder Berührung mit den Quellen möglicher Infektion sorgsam auszuweichen. Geboten ist vor allem die Meidung engen Kontaktes mit Gewalt und Gewalttätern. Dies gibt der Suche nach dem Opfer die Richtung vor:

> "Wenn um jeden Preis auf die Gewalt zurückgegriffen werden muß, dann soll das Opfer zumindest rein sein, es soll nicht in den unheilvollen Streit verwickelt gewesen sein. Das ist es, was sich die Chukchi sagen" (Girard 1992, S.47).

Unreinheit, von der Ansteckung droht, - diese Deutung kann sich auf Beobachtungen der raschen Ausbreitung von Gewalt stützen. Wer bei einem Streit zugegen ist, ergreift leicht Partei, gerät mit anderen Umstehenden aneinander, die das Recht auf der Seite der Gegenpartei sehen. Die Erregung der Streitenden kann auf Anwesende übergreifen, ihr Kampf den Kampf zwischen polarisierten Gruppen des Publikums auslösen. Rückblickend können die Beteiligten oft selbst nicht mehr verstehen, wie es zur Eskalation der Gewalt kommen konnte, sehen sie sich durch die Situation überwältigt und in einen psychischen Ausnahmezustand versetzt, in dem sie die Kontrolle über ihr Handeln verloren und nicht mehr wußten, was sie taten. Die plötzliche Ausbreitung der Gewalt gleicht darin einer Naturkatastrophe, die über die Akteure hereinbricht. Sie greift um sich, wie ein verzehrendes Feuer, verwüstet das Land wie ein Sturm oder Erdbeben, pflanzt sich fort und tötet die Menschen wie eine Epidemie. Entsprechende Metaphern (z.B. "Pest der Gewalt") sind auch uns geläufig. In ihnen kommt eine Beobachtungsweise zum Ausdruck, welche *augenfällige Ähnlichkeiten* zwischen unterschiedlichen Prozessen, zwischen ihrem Verlauf und ihrem Resultat, in den Vordergrund rückt. Diese Ähnlichkeiten können dann zum Anknüpfungspunkt für die Wahl *analoger Vorsichtsmaßnahmen* werden:

> "Will man Krankheit vermeiden, dann tut man gut daran, die Berührung mit dem Kranken zu meiden. Man tut ebenfalls gut daran, die Berührung mit der mörderischen Wut zu meiden, will man nicht selbst in mörderische Wut verfallen oder getötet werden; beides läuft letzten Endes aufs gleiche hinaus, denn die erste Folge zieht fast immer die zweite nach sich" (Girard 1992, S.51).

Aus unserer Perspektive ist die Deutung der Ausbreitung von Gewalt nach dem Modell der Ansteckung das Ergebnis einer metaphorischen Übertragung, weil der *kausale Mechanismus* der Ausbreitung in beiden Fällen ein anderer ist. Die Ähnlichkeit bleibt für uns deshalb auf bloße Oberflächenmerkmale beschränkt, die uns über die wesentliche Differenz beider Phänomene nicht hinwegtäuschen können. Krankheiten werden durch Mikroben erzeugt und übertragen, Gewalttätigkeit hingegen durch intentionales Handeln. Aus der Perspektive des primitiven Denkens, so Girards These, erscheint es umgekehrt plausibel, Krankheit und Tod nur als eine spezifische Erscheinungsform von Gewalt zu begreifen, die in das Leben des Menschen eingreift, es mit Leiden belastet und zerstört:

> "Die Leiden des Kranken gleichen jenen, die eine Wunde verursacht. Der Kranke läuft Gefahr zu sterben. Der Tod bedroht auch jene, die in dieser oder jener Weise, aktiv oder passiv, in Gewalt verstrickt sind. Der Tod ist immer nur die schlimmste Gewalt, die an einem Menschen geschehen

kann. So ist es denn schließlich nicht weniger vernünftig, alle mehr oder weniger ansteckenden und geheimnisvollen Ursachen, die den Tod herbeiführen können, unter einem Gesichtspunkt zu betrachten, als für jede von ihnen eine Einzelkategorie zu schaffen, so wie wir dies im Falle der Krankheit tun" (Girard 1992, S.52).

Krankheit, Kampf und Tod werden demnach als unterschiedliche Ausprägungen der "wesenhaften Gewalt" erlebt; "diese liefert Grundsubstanz und letztes Fundament des Systems" (Girard 1992, S.52). Sie bildet auch den Hintergrund des Begriffs der "Unreinheit".

Ein wichtiger und von Girards Darstellung unabhängiger Beleg für diese These findet sich in der Studie von Evans-Pritchard (1978) über "Hexerei, Orakel und Magie bei den Zande". Schwere Unfälle, Krankheiten und dadurch herbeigeführter Tod werden von den Zande typisch auf die Intervention intentionalen Handelns, nämlich auf Hexerei bzw. Zauberei als notwendig mitwirkende Ursache (neben den natürlichen Kausalfaktoren) zurückgeführt und erweisen sich so als Folge magisch ausgeübter Gewalt.[57] Passend dazu erwähnt Girard das Beispiel eines Stammes, bei dem Mord weder Racheakte auslöst, noch durch die bei den Chukchi beobachtete Praxis der Opferung eines Verwandten des Täters kompensiert wird. Im Geheimen ausgeübte Zauberei tritt als funktionales Äquivalent an deren Stelle. Die magisch ausgeübte Gewalt, die Krankheit und Tod auf verdeckten Wegen herbeiführen will, ersetzt die manifeste Gewalt der Blutrache.

Wenden wir den Blick auf die für unsere Kultur charakteristischen Deutungen von Krankheit, Unglück und Tod, dann können wir feststellen, daß auch hier Entsprechungen zu deren "primitiver" Interpretation gefunden werden können. Die bei schweren Schicksalsschlägen oft erhobene Frage "Was habe ich nur getan, daß mir dies widerfährt", deutet die erlittenen Übel als Bestrafung, d.h. *als der Rache gleichende Vergeltung* durch übernatürliche Mächte und damit als Erfahrung von Gewalt. Ohne die Unterstellung der Existenz metaphysischer Mächte, die in unser Leben eingreifen, kann diese Frage so weder formuliert noch beantwortet werden. Unser wissenschaftliches Weltbild hat keinen Platz für sie. Uns ausschließlich an wissenschaftliche Erklärungen zu halten verlangt den Verzicht darauf, Krankheit, Unglück und Tod in einen verstehbaren Sinnzusammenhang einzuordnen. Wenn wir nicht bereit oder in der Lage sind, diesen Verzicht zu leisten, müssen wir auf Religion zurückgreifen und damit auf Deutungsprämissen, welche den Ursprung von Gewalt, Krankheit, Naturkatastrophen und Tod auf einen gemeinsamen metaphysischen Ursprung hin konvergieren lassen, sei es nun durch Zurechnung auf

---

57 Vgl. dazu die folgenden Zitate aus Evans-Pritchard (1978): "Sobald ein Leiden anfängt, einem Zande Plage zu verursachen, beginnt er, von Hexerei zu reden ..." (a.a.O., S.274). "Im Fall schwerer Krankheit jedoch besteht immer eine Tendenz, die Krankheit mit Hexerei und Zauberei zu identifizieren ... . Bei einer Krankheit, die gleichzeitig der Krankheit als solcher (als 'erstem Speer', wie die Zande auch sagen; W.L.S.) und Hexerei (als 'zweitem Speer'; W.L.S.) zugeschrieben wird, ist es immer die An- oder Abwesenheit von Hexerei, die über den Tod bzw. die Genesung des Patienten entscheidet. Je schlimmer die Krankheit wird, desto weniger geben sie sich deswegen mit dem Verschreiben von Arzneimitteln ab und um so mehr befragen sie Orakel und betreiben Gegen-Magie. Bei einem Todesfall sind die Gedanken der Verwandten des Verstorbenen ausschließlich auf Hexerei und Rache - auf rein mystische Verursachungen - gerichtet" (a.a.O., S.273f.).

Hexerei und Magie, auf Geister und Dämonen, auf eine Mehrzahl von Göttern, einen einzigen Gott oder eine depersonalisierte göttliche Macht, die das Schicksal der Menschen bestimmt.

Die zunächst unüberbrückbar scheinende Differenz zwischen den Deutungen der Chukchi und den uns geläufigen Deutungsmustern ist damit auf ein Minimum geschrumpft. Krankheit und physische Gewalt auf einen gemeinsamen Nenner zurückzuführen, jede Berührung mit ihnen als Unreinheit erzeugend zu definieren, die auf dem Wege der Ansteckung sich ausbreiten und zur Fortpflanzung von Gewalt führen kann, - diese Vorstellungswelt hat damit viel von ihrer Unverständlichkeit und offenkundig scheinenden Irrationalität verloren. Dies deshalb, weil die dargestellte Rekonstruktion sich von dem "Vorurteil der Vollkommenheit" leiten ließ, d.h. so weit als möglich eine *rationale Deutung* der untersuchten Phänomene zu entwickeln suchte.

Girard folgt dieser methodologischen Maxime konsequent. Das Beispiel der Chukchi dient ihm als Auftakt für die Entfaltung seiner Generalthese, nach der die Gewalt den irdischen Kern des Heiligen ausmacht und die Praxis der rituellen Opferung (von Menschen wie Tieren) auf die Bewältigung des Problems der Gewalt zielt. Die *rituelle Opferung im engeren Sinne* dient demnach der kontinuierlichen, *präventiven* Ableitung des in jeder menschlichen Gemeinschaft durch Streitigkeiten, Eifersucht, Neid etc. ständig regenerierten Gewaltpotentials auf Ersatzobjekte. Die Gewalt, die dem Opfer angetan wird, ist *heilige, reinigende Gewalt*, welche die Gemeinschaft schützen soll vor dem Ausbruch *unreiner Gewalt*, d.h. vor todbringendem Unheil in all seinen Erscheinungsformen. Die primäre Erscheinungsform dieses Unheils ist die offen zu Tage tretende, durch Streit und Rache von den Mitgliedern der Gemeinschaft selbst ausgehende und gegeneinander gerichtete Gewalt. Sie zu bannen ist für Girard der zentrale Sinn des *rituellen Opfers*.

An der Gestaltung des Opferrituals versucht Girard nachzuweisen, daß darin die Erinnerung an einen Akt der einmütigen Gewalt reinszeniert wird, in dem die Angehörigen einer Gemeinschaft eines ihrer Mitglieder als Ursprung vorausgehender innerer Kämpfe und Konflikte identifiziert und getötet haben:[58]

> "Im Chor wiederholte Beschwörungen erhöhen nach und nach die Aufmerksamkeit der anfangs unaufmerksamen und zerstreuten Menge. Die Anwesenden liefern sich Scheingefechte. Es kommt auch vor, daß einzelne Individuen andere schlagen, aber ohne wirkliche Feindseligkeit. In den Vorbereitungsstadien ist also die Gewalt in ritueller, wenn auch gegenseitiger Form bereits gegenwärtig; die rituelle Nachahmung konzentriert sich erst auf die Opferkultkrise selbst, auf die chaotischen Vorläufer der einmütig getroffenen Lösung. Von Zeit zu Zeit löst sich jemand aus der Gruppe und beschimpft oder schlägt das an einen Pfahl gebundene Tier, eine Kuh oder ein Kalb. Der Ritus hat nichts Statisches oder Erstarrtes an sich; er ist charakteristisch für eine kollektive Dynamik, die

---

58 Wie Girard (1992, S.145f.) mitteilt, faßt er im ersten Teil des folgenden Zitats den ausführlichen Bericht des Ethnologen Godfrey Lienhardt aus dessen Buch "Divinity and Experience" über mehrere Opferzeremonien bei den *Dinka* zusammen und hebt dabei diejenigen Elemente besonders hervor, die für seine These relevant sind. Methodologisch ist diese Vorgehensweise freilich insofern angreifbar, als sie die Daten nicht unabhängig von ihrer Interpretation präsentiert und dadurch für den Leser eine *unabhängige* Überprüfung der Interpretation Girards an den erwähnten Daten unmöglich macht.

nach und nach über die auseinanderstrebenden und zum Zerfall neigenden Kräfte siegt, indem sie die Gewalt auf das rituelle Opfer lenkt. Die Metamorphose der gegenseitigen Gewalt in einseitige Gewalt wird im Ritus ausdrücklich dargestellt und nacherlebt. Man würde dies, so glaube ich, in einer unendlichen Anzahl von Riten feststellen können, hätten die Beobachter immer auf die manchmal kaum sichtbaren Indizien geachtet, die die Metamorphose der gegenseitigen Gewalt in einmütige Gewalt anzeigen. Als berühmtes Beispiel seien die griechischen *Buphonien* genannt, in denen sich die Teilnehmer zuerst untereinander stritten, bevor sie sich alle zusammen auf das Opfer stürzten. Alle Scheingefechte, die im allgemeinen am Anfang der Opferzeremonie stehen, alle rituellen Tänze, deren formale Symmetrie, deren ständiges Hin und Her in erster Linie Konfliktcharakter hat, lassen sich als Nachahmung einer Opferkultkrise interpretieren" (Girard 1992, S.146; Hervorhebung im Original).

Gedeutet vor dem Hintergrund von Girards These, daß im Opferritual die verschiedenen Phasen der Opferkultkrise und ihrer Lösung reinszeniert werden, gewinnen die berichteten Einzelheiten seines Verlaufs einen plausiblen Sinn. Die hermeneutische Auslegung des Einzelfalles untermauert die generalisierte funktionalanalytische Deutung der Opferpraxis als Beitrag zur Lösung des Problems sozialer Ordnung. Das rituelle Opfer verweist demnach zurück auf den Prozeß der *kollektiven Konstruktion eines Sündenbocks* in einer Krisensituation, in dem die in der Gemeinschaft herrschende Gewalt zurückgeführt wird auf die Präsenz einer *unreinen Person* in ihrer Mitte, deren gemeinsame Tötung (bzw. gewaltsame Ausstoßung aus der Gemeinschaft) die Quelle der Ansteckung und des Übels zerstört und den Frieden zurückkehren läßt. Es sei die Erinnerung an das *versöhnende Opfer* und dessen heilsame Auswirkungen für die Gemeinschaft, die im Opferkult rituell vergegenwärtigt und mit dem Ziel der präventiven Erneuerung der ursprünglich bewirkten Versöhnung immer wieder aktualisiert werde.

Mit der Annahme, daß im Opferkult und den ihn umgebenden Mythen die Erinnerung an ein reales Ereignis bewahrt und immer wieder symbolisch aufgerufen werde, knüpft Girard an eine geläufige Denkfigur an, wie sie sich etwa bei Sigmund Freud (in "Totem und Tabu") finden. Er geht jedoch *nicht* davon aus, daß es sich dabei um ein *einmaliges Urereignis* handelte, sondern um einen vergleichsweise seltenen Ereignistyp, der gebunden ist an eine bestimmte, immer wieder mögliche soziale Konstellation. Girard beschreibt diese Konstellation als "Krise des Opferkultes".

Eine solche Krise droht, wenn der (präventive) Opferkult nicht mehr in der Lage ist, die in einer Gemeinschaft erzeugten Tendenzen zu gewaltsamem Handeln abzuleiten, weil die Konflikte zu heftig sind oder die inhärente Starrheit des religiösen Opferritus ihn soweit vom Erleben der Mitglieder einer Gemeinschaft entfernt hat, daß er deren Aggressionen nicht mehr auffangen und kanalisieren kann. Dadurch werden Anomie und Gewalt ausgelöst, die durch die unaufhaltsame Mechanik von Rache und Gegenrache eskaliert und die Gemeinschaft zu zerstören droht. Diese Situation, so Girards These, wird von den Mitgliedern der Gemeinschaft gedeutet als Folge der *Ausbreitung von Unreinheit*, für die es eine Quelle, einen ursprünglichen Herd der Ansteckung geben und der gefunden und vernichtet werden muß. Erst durch einen *reinigenden* Akt kollektiver Gewalt, verübt an dem einmütig als Quelle des Übels identifizierten *unreinen* Opfer, das an die Stelle der realen Konfliktgegner tritt und die auf jene gerichteten aggressiven Impulse auf sich zieht, wird die Versöhnung zwischen den verfeindeten Individuen und Gruppen möglich, kehrt der Friede in die Gemeinschaft zurück. Der danach etablierte Opferritus wiederholt dieses Ereignis, um seine segensreiche Wirkung für die Gemeinschaft immer wieder zu erneuern. Das *"versöhnende Opfer"*, das den Teufelskreis der Gewalt in der Gemeinschaft beendete, wird zum initialen Ereignis für ein neues Opfersystem; es transponiert die in der Gemeinschaft wütende Gewalt in die heilige Gewalt des Opferkults (Girard 1992, S.139).

Wie aber ist das möglich? Erliegt diese Beschreibung nicht selbst der Mythologisierung des Opfers, die sie zu beobachten glaubt? Wie kann ein kollektiv begangener Akt der Gewalt den Frieden in einer Gemeinschaft wieder herstellen? - Girard sieht auch hier einen rational rekonstruierbaren Mechanismus am Werk. Um ihn verständlich zu machen, wählt er den abweichenden Fall eines Stammes, bei dem dieser Mechanismus *nicht* funktioniert: die von Jules Henry in Brasilien untersuchte Gemeinschaft der Kaingang (vgl. zum folgenden Girard 1992, S.82-86).

Besonderes Merkmal der Kaingang ist die endlose Kette wechselseitiger Racheakte, in denen sich die Mitglieder dieser Gemeinschaft allmählich auszurotten drohten. Sie tun dies bei klarer Einsicht in ihre Situation. Mythologische Deutungen scheinen dabei kaum eine Rolle zu spielen:

> "Es scheint, daß die Kaingang ihre ganze frühere Mythologie vergessen haben, und zwar zugunsten von anscheinend ziemlich wahrheitsgetreuen Erzählungen, die sich ausschließlich mit den Zyklen der Rache befassen. Wenn sie über die Morde innerhalb der Familie diskutieren, dann, könnte man sagen, 'stellen sie den Mechanismus einer Maschine richtig ein, deren kompliziertes Funktionieren sie genau kennen. Die Geschichte ihrer eigenen Zerstörung übt auf diese Menschen eine derartige Faszination aus, daß die unzähligen Überschneidungen der Gewalt sich ihrem Geist mit außerordentlicher Klarheit einprägen'" (Girard 1992, S.83; das Zitat im Zitat stammt von Henry 1964, S.51).

Girard betont die Ausweglosigkeit der Situation für die Kaingang. Auch wenn er es so nicht formuliert, so kann man aus seiner Darstellung doch deutlich erkennen, daß die Struktur dieser Situation annähernd der eines sogenannten "Gefangenendilemmas" entspricht.[59] Diese Struktur wird durch die Gesetze der Blutrache zwangsläufig erzeugt. Der durch Einwirkung eines anderen herbeigeführte Tod eines Individuums, der die Verwandten des Getöteten zur Blutrache verpflichtet, reicht aus, um diese Dynamik in Gang zu setzen. Der 'Mörder' muß nun mit dieser Rache rechnen. Deshalb muß er "töten und immer wieder töten, wahre Massaker organisieren, um all jene zu beseitigen, die eines Tages den Tod ihrer Verwandten rächen könnten", wenn er überleben will (Girard 1992, S.85 mit Verweis auf Henry 1964, S.53). Gleiches gilt für die Verwandten eines Getöteten. Weil sie erwarten können, daß der Täter ihre Blutrache antezipiert und ihr zuvorzukommen versucht, indem er sie umbringt, müssen sie auch dann, wenn sie sich der Verpflichtung zur Blutrache entziehen wollen, den Täter aus Gründen des Selbstschutzes zu töten versuchen, bevor er sie umbringen kann.

---

59 Zur Darstellung und Diskussion des "Gefangenendilemmas" vgl. Schneider 2002, Bd.2, S.89ff.

Die Institution der Blutrache, für die es bei den Kaingang kein funktionales Äquivalent, keine dämpfenden kulturellen Einrichtungen zu geben scheint, erzeugt so ein *Gefüge wechselseitiger Erwartungen*, das es für alle Beteiligten *rational* erscheinen läßt, einander nach dem Leben zu trachten, auch wenn sie persönlich äußerst friedlich gestimmt sind. Wer nicht zur Gewalt greift, riskiert getötet zu werden; wer erfolgreich zur Gewalt greift, tötet einen potentiellen Angreifer um den Preis, daß dadurch andere an dessen Stelle treten. Versuche, Frieden zu schließen, sind mit hoher Wahrscheinlichkeit zum Scheitern verurteilt. Blutrache verlangt keinen offenen Kampf. Sie kann mit List vorbereitet und aus dem Hinterhalt durchgeführt werden. Mit Täuschungsversuchen muß also gerechnet werden. Friedensangebote sind deshalb nicht vertrauenswürdig. Sie könnten sich als Finte erweisen. Man darf sich nicht auf sie verlassen, sondern allenfalls so tun, als ob man auf ihre Aufrichtigkeit setzen und sie akzeptieren würde, um den Gegner auf diese Weise in die Irre zu führen und um so leichter töten zu können.

Die Kaingang befinden sich demnach in einer ausweglosen Situation, die dem Hobbes'schen Modell des Naturzustandes als einem 'Krieg aller gegen alle' auf maximale Weise angenähert ist (vgl. Schneider 2002, Bd.1, S.91ff.). Die rationale Einsicht in diese Situation ermöglicht nicht deren Auflösung. Sie ist im Gegenteil ein Element, das zu ihrer Perpetuierung auf dem Wege einer *self-fulfilling-prophecy* führt. Es ist gerade das aufgeklärt-illusionslose Mißtrauen gegenüber den anderen, das es rational erscheinen läßt, auf eine Weise zu handeln, welche die Befürchtungen der anderen bestätigt und sie zu entsprechendem Handeln motiviert. Wie kann diese fatale Interdependenz einander wechselseitig stabilisierender Erwartungen unterbrochen werden?

Möglich wäre dies durch eine veränderte Definition der Situation: Wenn selbst der Friedlichste dem Nachbarn nach dem Leben trachten muß, um das seinige nicht zu verlieren, wenn sich alle in einer solchen Situation befinden, die doch keiner von ihnen gewollt haben kann, dann liegt es nahe, den Ursprung der verallgemeinerten Feindseligkeit im Einfluß übernatürlicher Mächte zu vermuten. Der Gedanke, daß es eine verborgene Quelle der Unreinheit geben müsse, die alle anderen infiziert und die Gemeinschaft mit Unheil überzieht, kann diese Neudefinition anbahnen. Er fügt sich zunächst in die Logik des Mißtrauens ein. Jeder könnte die gesuchte Ansteckungsquelle sein. Den eigenen Feind öffentlich mit Beschuldigungen zu konfrontieren, die ihn als potentiellen 'Ansteckungsherd' definieren, gestattet die Fortsetzung des Kampfes mit veränderten Mitteln. Ihn in die Position des Schuldigen zu manövrieren, könnte ihn das Leben kosten. Die gewalttätigen Konflikte innerhalb der Gemeinschaft können so auf der Ebene wechselseitiger Schuldzuschreibungen weitergeführt werden. Als erstes Resultat ist mit einer großen Zahl unterschiedlich adressierter und in der Gemeinschaft zirkulierender Schuldzuschreibungen zu rechnen.

Wenn eine Reihe von Beschuldigungen sich mehr oder weniger zufällig auf dieselbe Person richten, dann kann dies zur plötzlichen Entstehung eines neuen Ordnungszustandes führen: Die Häufung von Anschuldigungen rückt diese Person in den Mittelpunkt der Aufmerksamkeit, bringt andere dazu, sich auf frühere Konflikte und 'alte Rechnungen' zu besinnen, die jetzt beglichen werden könnten. Eine zunächst vielleicht eher zufällige Schwankung in der Verteilung gleichsam atomistisch generierter und in der Kommunikation zirkulierender Beschuldigungen kann auf diese Weise verstärkt werden und andere Akteure dazu motivieren, zur weiteren Verstärkung dieser Schwankung beizutragen. In einem sich aufschaukelnden und dadurch *selbstorganisierenden Prozeß* kann so ein 'Schuldiger' kreiert werden.[60] Mag auch die Beschuldigung jedes einzelnen von strategischen Erwägungen geleitet sein, die an dieselbe Adresse gerichteten Beschuldigungen vieler anderer wirken bestätigend auf jeden einzelnen zurück. Die Überzeugung beginnt sich durchzusetzen, daß diese Person der gesuchte Ansteckungsherd, die Quelle allen Übels ist.

Damit wird eine kollektive Neudefinition der Situation möglich: Alle Konflikte haben ihren Ursprung in der Unreinheit *dieser Person* und dem verderblichen Einfluß, der von ihr ausgeht. Dadurch ist das eigene Verhalten und das der privaten Gegner zu erklären. Es ist nicht individuell verschuldet und von jedem selbst zu verantworten, sondern auf diesen Infektionsherd zurückzuführen. Die neu gefundene Übereinstimmung mit bisherigen Gegnern, welche die gleiche Person beschuldigen, bestätigt dies nur um so mehr und stiftet zugleich Konsens über die feindlichen Linien hinweg. Damit ist der Weg bereitet für die Umlenkung aggressiver Impulse auf einen kollektiv erzeugten Sündenbock, der *zum Opfer einmütiger Gewalt* und zum *versöhnenden* Opfer wird, das die einstigen Gegner eint.

Durch diese Neudefinition der Situation kann die Struktur des "Gefangenendilemmas" außer Kraft gesetzt werden. Zugleich verfestigt sich auch diese Situationsdefinition nach der Logik einer self-fulfilling-prophecy: Weil die Quelle allen Übels nun entdeckt ist, weil sie alle Schuldzuschreibungen, Rachegefühle etc. und damit die einmütige Gewalt der Gemeinschaft auf sich zieht, die den Ursprung des Übels durch Tötung oder Vertreibung vernichtet, kann die Gewalt danach ihr Ende finden. Die kollektive Konstruktion eines Sündenbocks fungiert so als Unterbrecher der vorausgegangenen Serie aneinander anschließender Gewalttaten. Die *Veränderung der Zurechnung*, welche das gemeinsam definierte Opfer als den Schuldigen an allen Übeln deklariert, läßt die mechanische Koppelung von Rache und Gegenrache ausklinken. Dieser Effekt und das dadurch eintretende Ende der Blutfehden in der Gemeinschaft beglaubigt wiederum für alle die Schuld des Opfers, die alle anderen von eigener Schuld und wechselseitigen Schuldzurechnungen entlastet und so den erreichten Frieden stabilisiert. In diesem Mechanismus, dessen Wirkung er auch im *Ödipusmythos* nachzuweisen sucht, sieht Girard -

---

60 Die synergetische Chaosforschung (vgl. Haken 1984, S.66ff.) würde hier von der "Versklavung" relativ homogen verteilter, chaotisch fluktuierender Mikroereignisse (den vielen, weitgehend unabhängig voneinander erhobenen Anschuldigungen) sprechen, erzeugt unter den Bedingungen eines instabilen Gleichgewichts durch eine zufällige Schwankung (die Kumulation von Anschuldigungen gegen eine Person), die in einem sich selbstorganisierenden Prozeß zu einem Zustand makroskopischer Ordnung führt (Konzentration der Anschuldigungen auf eine Person). Zur Nutzung dieses Modells für die Erklärung öffentlicher Meinungsbildung vgl. Haken 1984, S.157ff., dabei eng anschließend an Noelle-Neumann 1980.

"... eines der Hauptverfahren, vielleicht das einzige Verfahren ..., mit dessen Hilfe es den Menschen gelingt, die Wahrheit über ihre Gewalt zu vertreiben - jenes Wissen um eine vergangene Gewalt, die Gegenwart und Zukunft vergiften wird, wenn es nicht gelingt, sich ihrer zu entledigen und sie als Ganzes auf einen 'Schuldigen' abzuschieben. (...) mit anderen Worten: sie überzeugen sich davon, daß die Gesellschaft nie an etwas anderem als an der Pest erkrankt ist. Das Vorgehen setzt die feste Überzeugung von der Verantwortlichkeit des versöhnenden Opfers voraus. Und die ersten Ergebnisse - der unverhofft wiederhergestellte Frieden - bestätigen die Identifizierung des einen Schuldigen und beglaubigen für immer jene Interpretation, die aus der Krise ein geheimnisvolles, durch eine schändliche Befleckung von außen in die Stadt (gemeint ist hier die Stadt Theben im Ödipusmythos; W.L.S.) geschlepptes Übel macht, dessen Verbreitung einzig durch die Verstoßung dieses Keimträgers gestoppt werden kann" (Girard 1992, S.126).

Der Mythos, der die Schuld des Opfers verkündet, verschafft sich durch die Wirkung, die der Glaube an ihn erzeugt, seine eigene Bestätigung, hinter der die Antriebsquellen und der Prozeß der *kollektiven Konstruktion* des Opfers dem Blick entzogen werden.

Die komprimierte Rekonstruktion und methodologische Interpretation von Girards Untersuchung läßt erkennen, wie funktionale Analyse und Hermeneutik hier ineinander greifen. Seine Argumentation läßt sich wie folgt zusammenfassen: Girard beginnt mit der Explikation des *Problems sozialer Ordnung* und dessen *Lösungsmöglichkeiten* in vergleichender Perspektive. Der Ausformung dieses Bezugsproblems und seiner Lösung in modernen Gesellschaften werden die besonderen Bedingungen primitiver Gesellschaften gegenübergestellt. Weil hier eine leistungsfähige Zentralgewalt fehlt, nimmt private Rache, sozial institutionalisiert als *Blutrache*, den Platz der öffentlichen, durch das Gerichtswesen verwalteten Rache ein. Die Tendenz zu unkontrollierbarer Eskalation, die der Institution der Blutrache eingeschrieben ist, verlangt nach alternativen Mechanismen der Kompensation normwidriger Gewalthandlungen, soll die von ihr ausgehende Gefahr der Selbstzerstörung der Gemeinschaft gebannt werden. Versuche, Situationen, die Rache fordern, durch gütliche Einigung, streitentscheidenden Zweikampf o.ä. zu pazifizieren, erscheinen als Problemlösungen nicht ausreichend.

Im *Opfer* glaubt Girard den zentralen Mechanismus zu entdecken, der die Sicherung sozialer Ordnung unter den besonderen Bedingungen primitiver Gesellschaften auf eine Weise ermöglicht, welche die von der Rache ausgehende Gefahr sozialer Desintegration neutralisiert. Am Beispiel der Chukchi untersucht er, wie dieser Mechanismus zur direkten Kompensation einer Mordtat eingesetzt wird. Der Mord wird hier durch Opferung eines Verwandten des Täters gesühnt. Davon zu unterscheiden ist das *rituelle Opfer*, welches im religiösen Opferkult dargebracht wird. Ihm gilt Girards hauptsächliche Aufmerksamkeit. Seine Funktion ist die Gewalt*prävention* durch Ableitung der in jeder Gemeinschaft als Folge von Streitigkeiten, von Neid und Eifersucht vorhandenen aggressiven Impulse auf ein *Ersatzobjekt*. An die Stelle der privaten und profanen Gewalt, welche die Gemeinschaft zu zerstören droht, tritt die den Frieden sichernde *heilige Gewalt* des Opferkultes.

Diese *Verschiebung* der Gewalt bleibt jedoch prekär. Die Starrheit religiöser Institutionen kann sie vom Erleben der Angehörigen einer Gemeinschaft entfernen und ihre Funktionsfähigkeit beeinträchtigen; ebenso eine kontingente Häufung von Konfliktanlässen, die vermehrt Gewaltakte auslösen und so auf das Versagen der

Opferpraxis hindeuten. Die Ausbreitung von Übeln und hier insbesondere das Aufbranden der Gewalt in der Gemeinschaft in einer solchen *Krise des Opferkultes* führt zur Suche nach einem Schuldigen, dessen einmütige Identifikation und Tötung oder Vertreibung ihn zum *versöhnenden Opfer* werden läßt, das zum Ende der Krise und zur Erneuerung des Opferkultes führt. Die Überwindung einer solchen Krise durch das versöhnende Opfer, das die zuvor in der Gemeinschaft flottierende Gewalt *eint* und als kollektive Gewalt auf sich zieht, wird im dadurch erneuerten Opferkult immer wieder *reinszeniert*, - so jedenfalls Girards These.

Vom Problem sozialer Ordnung zur Institution der Blutrache als hochproblematische 'Lösung' und zum Opfer als funktionalem Äquivalent, das an deren Stelle tritt, - dies sind die wesentlichen Schritte von Girards Analyse der *latenten* Funktion des Opferrituals. Die Latenz der Funktion hat dabei selbst eine *strukturschützende Funktion*: Die Verschiebung der Gewalt auf das Opfer setzt voraus, daß sie für die Mitglieder einer Gemeinschaft verborgen bleibt; die Aufdeckung dieses Mechanismus würde ihn zugleich zerstören. Ermöglicht wird diese Verschiebung durch das Konzept der *Unreinheit*, das die Deutungen und Handlungen der Akteure orientiert, das die rituellen Opferungen ebenso wie die Suche nach dem 'Schuldigen', nach der Quelle der über die Gemeinschaft hereingebrochenen Übel in der Krise des Opferkultes leitet, das diese Praxis für die Mitglieder der Gemeinschaft zwingend erscheinen läßt und damit für den notwendigen *Latenzschutz* sorgt, der die Transformation der gemeinschaftsintern produzierten Aggressionen in die Gewalt gegen das Opfer verbirgt.

Die Aufdeckung *latenter* Funktionen, wie in diesem Beispiel skizziert, d.h. von Bezugsproblemen, die eine soziale Einrichtung aus der *Perspektive des Beobachters* löst, bildet den Schwerpunkt der funktionalanalytischen Methode. *Manifeste* Funktionen, d.h. diejenigen Probleme, die die Akteure erkennen und durch ihr Handeln zu lösen versuchen, sind demgegenüber von nachgeordneter Bedeutung. Sie markieren den *Überschneidungsbereich* zwischen funktionaler Analyse und der handlungstheoretisch bzw. hermeneutisch angeleiteten Explikation des subjektiven Sinns von Handlungen, Institutionen etc. Die Untersuchung manifester Funktionen eignet sich deshalb nicht dazu, die eigentümliche Leistung der funktionalanalytischen Methode zur Geltung zu bringen, nämlich Sinnzusammenhänge jenseits des subjektiven Sinns zu entdecken, den die Akteure mit ihrem Handeln und Erleben selbst verbinden.

Anders als die funktionalanalytische Methode stellte die auf *Schleiermacher* zurückgehende hermeneutische Tradition das Verstehen des subjektiven Sinns in den Vordergrund. Erst in der jüngeren Geschichte der Hermeneutik, für die wir Gadamer, Popper und Oevermann exemplarisch diskutiert haben, wird diese Einschränkung konsequent aufgelöst und damit die hermeneutische Interpretation auf das Terrain latenter Sinnstrukturen und Problembezüge ausgedehnt,[61] das der

---

61 Für die Erweiterung hermeneutischen Verstehens über die Grenzen subjektiven Sinns hinaus gibt es freilich schon weit zurückliegende Vorbilder wie etwa Chladenius (1742), auf den Gadamer ausdrücklich verweist.

funktionalen Analyse vorbehalten schien. Die traditionell engere Beziehung der Hermeneutik zur Perspektive der Akteure schlägt sich auch noch im Umgang mit latenten Sinngehalten nieder: Die Differenz zwischen Sinnstrukturen, die aus der Perspektive des Beobachters registriert werden und dem subjektiven Sinn für die Akteure, führt hier zwangsläufig zu der Frage, wie diese beiden Perspektiven *ineinander übersetzt* werden können. Die irrationalen Elemente, die den subjektiven Deutungen der Akteure aus der Perspektive des interpretierenden Beobachters innewohnen, veranlassen zur Suche nach abweichenden, aber gleichwohl nachvollziehbaren Prämissen, welche die Differenz zwischen den Rationalitätsvorstellungen des Beobachters und den Deutungen der Akteure überbrücken könnten.

Girard verfährt in dieser Weise, wenn er auf Parallelen zwischen dem Konzept der "Unreinheit" und unseren medizinischen Vorstellungen von hochinfektiösen Krankheiten hinweist, die um so enger sind, je mehr man dabei nur die unmittelbar zu beobachtende Form ihrer Ausbreitung in den Blick nimmt. Die Konzentration auf die Ebene der *Erscheinung* zusammen mit einer Vorstellung von Krankheit nach dem Muster von magisch vermittelter *Rache* bzw. metaphysischer *Strafe*, wie sie auch unseren religiösen Vorstellungen nicht fern liegt; dies unter Bedingungen fehlender naturwissenschaftlicher Kenntnisse; - das waren die wesentlichen Prämissen, welche die Rückführung von Gewalt und Krankheit auf das Konzept der "Unreinheit" für uns bei weitem verständlicher und plausibler werden ließen, als es auf den ersten Blick erschien. Ziel eines solchen hermeneutischen Vorgehens ist die *Maximierung von Verständlichkeit* für den Beobachter durch systematische Minimierung des Abstandes zwischen seinen Rationalitätsvorstellungen und den Vorstellungen der beobachteten Akteure.

Die funktionale Analyse begnügt sich demgegenüber oft mit der Feststellung der *Differenz* der Perspektiven: Wenn die latente Funktion magischer Praktiken aus der Perspektive eines ethnologischen Beobachters wie Malinowski darin besteht, kritische Situationen, für die keine instrumentell effektiven Handlungsstrategien verfügbar sind, gleichsam mit Hilfe kulturell verankerter Praktiken der Selbsttäuschung emotional zu bewältigen, dann verlangt diese Feststellung keine eingehende Untersuchung der internen Logik der Magie. *Objektive Rationalität* auf der Ebene latenter Funktionen wird hier der *Irrationalität der subjektiven Deutungen* der Akteure gegenübergestellt. Und nur deshalb, weil die Irrationalität der eigenen Deutungen von den Akteuren nicht durchschaut wird, können diese Deutungen die Funktion erfüllen, die ihnen der wissenschaftliche Beobachter zuschreibt.

Der eben skizzierte Unterschied zwischen Hermeneutik und funktionaler Analyse ist freilich nicht grundsätzlicher Art, sondern nur eine Differenz im Akzent. Wie bei Girard zu sehen war, kann die Feststellung klar ausgeprägter Differenzen zwischen Beobachter und Akteurperspektive bruchlos überführt werden in die soweit als möglich rationale Rekonstruktion der abweichenden Deutungsprämissen, die diese Differenz erzeugen. Daß Girard dies tut und damit funktionale Analyse und Hermeneutik auf kaum mehr zu trennende Weise miteinander verbindet, ist sicher kein Zufall. Zugleich Kulturanthropologe und Literaturwissenschaftler vereinigt er in seiner Person die Zugehörigkeit zu zwei Disziplinen, von denen jede paradigmatisch für eine dieser beiden Methoden steht: die Kulturanthropologie für die Entfaltung der funktionalen Analyse, die Literaturwissenschaft für die Hermeneutik.

Diese beiden Methoden werden üblicherweise als unvereinbar dargestellt, was vor allem dann naheliegt, wenn man die Hermeneutik auf den Nachvollzug des subjektiv intendierten Sinns *verengt*. Auch Girards methodologisches Selbstverständnis scheint noch von dieser intentionalistisch reduzierten Auffassung der Hermeneutik geprägt zu sein. Er begreift das, was er tut, zwar als eine Form der verstehenden Deutung (vgl. Girard 1992, S.469), die er jedoch ausdrücklich von jeder Hermeneutik absetzt (a.a.O., S.468).[62] Statt dessen spricht er dort, wo er die These vom versöhnenden Opfer durch eine Interpretation des Ödipusmythos zu belegen versucht, von *Dekonstruktion* und *'Archäologie'* (a.a.O., S.126 und S.128) und bringt damit klar zum Ausdruck, daß es ihm um die Freilegung *latenter Sinnbeziehungen* geht, die nicht auf der Ebene des expliziten oder manifesten Textinhalts festzustellen sind.

Betrachten wir diese methodologischen Selbstcharakterisierungen vor dem Hintergrund unserer bisherigen Diskussion, dann kann sie als indirekte Bestätigung für unsere These verstanden werden, nach der Girards Zugriffsweise die Methode der funktionalen Analyse mit einer nicht mehr intentionalistisch reduzierten Hermeneutik verknüpft. Wie dies geschieht, kann mit Hilfe des oben skizzierten analytischen Prozeßschemas (dem Girards eigene Darstellung freilich nicht explizit und in klarer Ordnung folgt), nämlich durch die Konstruktion einer *Problemstufenordnung* nachgezeichnet werden, die mit dem Bezugsproblem der sozialen Ordnung beginnt, über die private Rache als äußerst problematische 'Lösung' zum Opfer als leistungsüberlegenes *funktionales Äquivalent* fortschreitet, das deren Stelle einnimmt und schließlich mit der Darstellung des Konzepts der Unreinheit als (die *Latenz* dieser Verschiebung sichernde) *Deutungsprämisse* des Opferkultes sowie dessen *rational verstehender* Rekonstruktion endet. Am Prozeß der kollektiven Konstruktion des versöhnenden Opfers, das eine Krise des Opferkultes beendet, wird dabei deutlich, wie eine große Anzahl intentionaler Handlungen (hier: Beschuldigungen) ohne zentrale Koordination sich zu einem einmütigen Resultat (der Identifikation eines 'Schuldigen') zusammenfügen können, welches die Gültigkeit der diesem Vorgang zugrundeliegenden Deutungsprämissen nach dem Muster einer self-fulfilling-prophecy für die Handelnden bestätigt. Der manifeste Sinn ermöglicht die latente Funktion des Opferkultes, die wiederum zirkulär auf die Deutungsprämissen der manifesten Sinnzuweisung zurückwirkt und diese stabilisiert. Weil Girard nicht nur die latente Funktion des Opferkultes untersucht, sondern auch dessen manifesten Sinn für die Angehörigen primitiver Gesellschaften, den Zusammenhang zwischen latenter Funktion und manifestem Sinn sowie die Dynamik des Prozesses kollektiven

---

62 Interessanterweise mit einer Begründung, die ihn von Gadamers philosophischer Hermeneutik her gesehen genau zum gegenteiligen Schluß kommen lassen müßte. Girard schreibt (1992, S.468): "Die These vom versöhnenden Opfer konstituiert also keine neue Hermeneutik. Weil sie nur über Texte erarbeitet werden kann (sic!), kann sie auch nicht als Hermeneutik betrachtet werden."

Handelns in die Analyse einbezieht, formuliert er so zugleich eine Hypothese zur *kausalen Erklärung* des Opferkultes.

Ob Girards Interpretation und Erklärung zutrifft, muß und kann hier nicht entschieden werden. Mir ging es nur darum, an diesem prominenten Beispiel vorzuführen, daß der Gedanke der *Integration* von funktionaler Analyse und hermeneutischer Interpretation nicht das bloße Ergebnis abstrakter methodologischer Spekulation ist, sondern unabhängig davon in der Forschungspraxis bereits beobachtet werden kann. Um die praktische Tauglichkeit eines methodologischen Vorschlages zu demonstrieren, kann die nachträglich systematisierende Zusammenfassung einer Untersuchung freilich nicht in gleichem Maße überzeugen, wie die reale Durchführung einer derartigen Analyse, bei der die einzelnen Schritte nachprüfbar am Material belegt werden. Die 'Exotik' des Themas, um das es in Girards Untersuchung ging, könnte darüber hinaus zu der Annahme verleiten, daß es sich dabei nur um ein seltenes Ausnahmebeispiel handelt, das nicht auf den Forschungsalltag übertragen werden kann.

Im folgenden möchte ich deshalb ein Beispiel vorstellen, das solchen Einwänden nicht ausgesetzt ist. Ich wähle dazu eine Art von Datenmaterial, wie es für empirische Untersuchungen in den Sozialwissenschaften typisch ist: ein *Interview* (oder genauer: ein Experteninterview). Analysiert wird der Bericht eines Sozialwissenschaftlers über ein lange zurückliegendes Forschungsprojekt, das er - zusammen mit einem Kollegen - im Auftrag der Ministerialverwaltung einer Landesregierung durchgeführt hat. In seiner Darstellung spricht er von Differenzen zwischen den Zielsetzungen, die er und sein Kollege mit diesem Projekt verbanden, und den Vorstellungen, die er dazu bei den Vertretern der Ministerialadministration vermutete. Auch wenn diese Differenzen im vorliegenden Fall nicht zu einem offenen Konflikt führten, deuten sich darin doch charakteristische Probleme in der Kooperation zwischen Sozialwissenschaftlern und administrativen Praktikern an. Um deren Auslotung geht es in meiner Interpretation des Interviews. Besondere Aufmerksamkeit gilt dabei der Verknüpfung zwischen den *objektiven Strukturpoblemen* (expliziert aus der Beobachterperspektive), die aus den unterschiedlichen Funktionsanforderungen wissenschaftlichen und politisch-administrativen Handelns resultieren und der *spezifischen Deutung*, die diese Probleme in der Darstellung des befragten Sozialwissenschaftlers erhalten. Erneut liegt damit ein wesentlicher Akzent der Analyse bei der Aufhellung der Transformationsstelle zwischen der Perspektive des Beobachters und der Perspektive des Akteurs.

1.7 Zweites Analysebeispiel: Kooperationsprobleme zwischen Sozialwissenschaftlern und administrativen Praktikern[63]

1.7.1 Erläuterung der fallspezifischen Problemsituation

Im folgenden sollen einige Ausschnitte des Interviews untersucht werden, in deren Mittelpunkt der Bericht des Sozialwissenschaftlers über seine Erfahrungen in der Zusammenarbeit mit der Ministerialverwaltung stehen. Ziel der Untersuchung ist es zunächst (vgl. Abschnitt 1.7.1), die darin angedeuteten Schwierigkeiten bei der Abstimmung mit der Verwaltung aus der Struktur der berichteten Situation verständlich zu machen. In einem zweiten Schritt (vgl. Abschnitt 1.7.2) soll dann gezeigt werden, daß die fallspezifische Problemsituation ein allgemeines Problem professionellen Handelns reflektiert, das sich auch für anwendungsorientiertes wissenschaftliches Handeln (als einem von mehreren Subtypen professionellen Handelns) stellt. Bei der Darstellung dieses Problems und seiner Lösungsmöglichkeiten knüpfe ich an die klassische struktur-funktionalistische Professionalisierungstheorie an. In einem dritten Interpretationsschritt (vgl. Abschnitt 1.7.3) wird dieses allgemeine Bezugsproblem auf den Typus wissenschaftlichen Handelns als Sonderform professionellen Handelns hin respezifiziert und werden Möglichkeiten seiner Verarbeitung angesprochen. Den Abschluß bildet eine zweite Stufe der Respezifikation zurück auf die Ebene des Einzelfalles (vgl. Abschnitt 1.7.4). Ausführlich untersucht wird hier vor allem, welche Brechungen die explizierten Strukturelemente professionellen Handelns in den Deutungen des befragten Wissenschaftlers erfahren. Gezeigt wird dabei, wie deutungsleitende Annahmen über die Rolle der Administration in der Drogenpolitik und ein damit verschränktes Modell praktisch-politischer Nutzung sozialwissenschaftlichen Wissens die Interpretation generalisierter Normen professionellen Handelns auf eine Weise regulieren, die mit den Nutzungsinteressen des administrativen Auftraggebers konfligieren. Materiales Ziel dieser ausführlichen Analyse ist es, den Transformationsprozeß nachzuzeichnen, dem institutionalisierte Erwartungen durch ihre Interpretation aus der Perspektive bestimmter Deutungsmuster unterworfen sind und zu prüfen, welche *fallspezifische Ausformung* dadurch das *generalisierte Bezugsproblem* gewinnt, auf dessen Lösung diese Erwartungsstrukturen aus der Perspektive des Beobachters abgestimmt sind.

Die einzelnen Schritte der Analyse sind dabei zugeschnitten auf die oben explizierten Voraussetzungen, in denen Gadamers Hermeneutik, Poppers Konzeption objektiven Verstehens und die Methode funktionaler Analyse zusammentreffen und die zugleich übereinstimmen mit wesentlichen Voraussetzungen von Oevermanns objektiver Hermeneutik.

---

[63] Dieser Beitrag, ursprünglich 1992 erschienen (vgl. Drucknachweise), entstand im Kontext eines DFG-Projektes zur Anwendung sozialwissenschaftlichen Wissens in sozialpolitischen Administrationen, untersucht am Beispiel des Drogenproblems, das ich zusammen mit Berhard Giesen durchgeführt habe.

1.7 ZWEITES ANALYSEBEISPIEL: KOOPERATIONSPROBLEME

Bei der Interpretation von Interviewdaten stellt sich immer die Frage nach der Zuverlässigkeit der Mitteilungen des Befragten. Dies gilt vor allem dann, wenn es um Mitteilungen geht, die auch dessen eigenes Handeln betreffen und dabei Fragen der Rechtfertigung eine Rolle spielen. Unter diesen Voraussetzungen übernimmt die Darstellung des Befragten zugleich die Funktion der Legitimation seines vergangenen Tuns. Dementsprechend erhöht sich die Gefahr strategisch motivierter Auslassungen und Abweichungen vom tatsächlichen Geschehen. Hinzu kommt die Möglichkeit subjektiv aufrichtiger Mitteilungen, die durch Erinnerungslücken, Fehldeutungen und Selbsttäuschungen oder einfach dadurch beeinträchtigt sind, daß Dinge, die für den Interpreten äußerst bedeutsam sind, dem Befragten irrelevant erscheinen und deshalb nicht berichtet werden. Daß solche Verzerrungen und Beeinträchtigungen durch die unkontrollierbare Selektivität der gegebenen Darstellung vorliegen, können wir nie völlig sicher ausschließen. Wir dürfen freilich ebensowenig ohne entsprechende Indizien annehmen, daß sie gegeben sind. Würden wir die Skepsis weiter treiben und davon ausgehen, daß Interviewdaten *in jedem Falle* gravierende Defekte dieser Art aufweisen, müßten wir auf deren Analyse generell verzichten. Als *methodologische Regel* gilt, daß die Zuverlässigkeit einer Darstellung solange zu unterstellen ist, wie keine Anhaltspunkte für das Gegenteil vorhanden sind. Dabei ist durch ständige Prüfung der *Konsistenz* von neuen Mitteilungen mit vorausgegangenen Äußerungen sowie anderen dazu verfügbaren Informationsquellen sicherzustellen, daß solche Anhaltspunkte rasch identifiziert werden können.

In dem als erstes zu interpretierenden Interviewauszug äußert sich der befragte Sozialwissenschaftler über seine Einschätzung der Haltung der Verwaltungsangehörigen, mit denen er und ein Kollege während der Durchführung des Forschungsprojektes für das Gesundheitsministerium eines Bundeslandes zweimal zusammentrafen.[64] Nach seiner Darstellung (vgl. 8 W_1) bestanden zwischen den Wissenschaftlern und den Verwaltungsangehörigen unterschiedliche Auffassungen darüber, wie eng oder weit die vereinbarte Fragestellung des Projektes auszulegen sei. Ergänzend dazu beschreibt W_1 dann (vgl. 10 W_1), wie es zu der vertraglichen Festlegung der Projektziele kam und mit welcher Haltung er und sein Kollege den abweichenden Vorstellungen der Verwaltungsangehörigen über die Eingrenzung der Forschungsfragen begegneten.

Der Interviewauszug beginnt mit einer Frage des Interviewers (Int), die anschließt an die Darstellung der Vorgeschichte des Projektes und die Erwähnung der Kontakte mit der Verwaltung während der Projektdurchführung:

---

64 Zum Zeitpunkt des Interviews liegt das Projekt einige Jahre zurück. Die Mitteilungen des Befragten über dieses Projekt wurden verglichen mit der Darstellung, die sein Kollege sowie einer der damals zuständigen Verwaltungsangehörigen dazu im Rahmen einer Gruppendiskussion gaben. Dabei konnten keine Widersprüche zu dem im folgenden analysierten Bericht festgestellt werden, so daß nach der oben formulierten methodologischen Regel zunächst von der Zuverlässigkeit der Darstellung von W_1 auszugehen ist.

7 Int: 1 Und wie war der Eindruck von diesen Kontakten?

8 W$_1$:
1 Ja, daß man uns mit einer gewissen Skepsis betrachtet hat bei unserem Versuch, die Fragestellung
2 weiter zu fassen, als sie sich das wohl gedacht hatten und -

9 Int:
1 Haben sie versucht, Einfluß darauf zu nehmen und eine bestimmte Fragestellung während des
2 Projektes in den Vordergrund zu schieben und zu sagen -

10 W$_1$:
1 Dazu muß ich sagen, es war ja so, daß vor dem Projekt, also bevor die endgültige Genehmigung
2 kam, der Herr W$_2$ ein ziemlich langes Exposé geschrieben hat, also ein sehr gutes und langes Ex-
3 posé von 80 Seiten oder so, was eigentlich völlig den Rahmen gesprengt hat von so einem For-
4 schungsantrag, wo inhaltlich auch schon sehr viel drin war, mit sehr viel theoretischen Überle-
5 gungen und methodischen Überlegungen, und aufgrund dieses Exposés ist dann der Auftrag for-
6 mell an uns gegangen. Das war auch der Rahmen, auf den wir sie verpflichtet haben, da in L (die
7 Landeshauptstadt), und den Adm$_1$ (der das Projekt betreuende Referent) auch, und dann konnten
8 wir uns darauf auch zurückziehen, wenn so die Frage kam: "Muß das denn nicht alles mal prag-
9 matischer gefaßt werden?"

Nach der Äußerung 8 W$_1$ begegneten die Verwaltungsangehörigen den Sozialwissenschaftlern mit Zurückhaltung und Bedenken, weil die Auslegung der Forschungsziele durch die Wissenschaftler den eigenen Vorstellungen nicht entsprach. Worin die Abweichung bestand, bleibt undeutlich. Die Formulierung als bloße Mutmaßung (durch das eingefügte "wohl") deutet darauf hin, daß W$_1$ kein verläßliches und genaues Wissen über die abweichenden Vorstellungen der Verwaltung hat bzw. zu haben glaubt.

Auf die Frage (9 Int) des Interviewers, ob die Verwaltung bzw. die Wissenschaftler (das Pronomen 'sie' könnte sich auf jede der beiden Seiten beziehen) versucht hätten, während der Projektdurchführung eine bestimmte "Fragestellung" in den Vordergrund zu schieben, beschreibt W$_1$ (vgl. 10 W$_1$) zunächst in groben Zügen, auf welcher Basis der Forschungsauftrag an die Wissenschaftler vergeben wurde. Als 'Vertragsgrundlage' zwischen den Wissenschaftlern und der Verwaltung nennt er ein Exposé. Um dessen unterschiedliche Einschätzung in seiner Bedeutung für das vereinbarte Forschungsprojekt kristallisierten sich anscheinend die vorher summarisch angesprochenen Differenzen zwischen den Erwartungen der Verwaltung und den Zielen der Sozialwissenschaftler. Für W$_1$ steht dessen *materiale Güte*, gemessen an der Menge und Qualität der darin enthaltenen theoretischen und methodischen Überlegungen (vgl. 10 W$_1$, Zeile 2-5), im Vordergrund. Für die Verwaltung (nach W$_1$'s Darstellung) hatte das Exposé demgegenüber im Rahmen der Entscheidung über die Auftragsvergabe nur einen *"formellen"* Stellenwert. - Das könnte heißen: seine Bedeutung als mögliche interne Rechtfertigungsgrundlage der Vergabeentscheidung, z.B. gegenüber dem Rechnungshof, und seine Qualität als Sicherheit für die Verwaltung dafür, daß die auftragsausführenden Wissenschaftler auch bei engen zeitlichen Beschränkungen prinzipiell 'lieferfähig' waren (was bei der vereinbarten Projektdauer von nur einem Jahr und der politischen Konjunkturabhängigkeit des Nutzens von Forschungsergebnissen durchaus als wesentlicher Faktor gelten konnte) standen im Mittelpunkt.

1.7 ZWEITES ANALYSEBEISPIEL: KOOPERATIONSPROBLEME

Dies sowie die Tatsache, daß die Verwaltung eine mögliche Differenz zwischen der Auslegung des Exposés durch die Wissenschaftler und ihren eigenen Vorstellungen anscheinend nicht antezipierte und vorweg auszuräumen versuchte, deutet auf dessen unzureichende Prüfung vor der Erteilung des Auftrages hin. Die Verwaltung hätte es demnach versäumt, ihre eigenen Ziele in hinreichend präzisierter Form zum Bestandteil der Vertragsvereinbarungen zu machen, sei es, weil sie auf informelle Abreden vertraute, oder weil die eigenen Zielvorstellungen zum Zeitpunkt der Auftragsvergabe noch nicht klar formuliert werden konnten, man sich vielleicht zunächst primär eine generelle Orientierung über den untersuchten Problemkontext versprach, eventuell auch auf die Bereitschaft der Wissenschaftler hoffte, später formulierte Wünsche noch zu berücksichtigen.

Hatte das Exposé nur *formelle* Bedeutung für die Vergabeentscheidung, dann ist daran die Frage nach den *materiellen* Entscheidungskriterien der Verwaltung anzuschließen. Als Antwort kann die Äußerung 2 W_1 zur Vorgeschichte des Forschungsprojektes gelesen werden:

2 W_1:
1 Es ist dazu gekommen, weil X die Verbindung nach L (Name der Landeshauptstadt) hatte - der
2 kannte Y (damaliger Drogenbeauftragter) im Ministerium - jedenfalls aus diesen Kontakten heraus
3 ist der Auftrag an die Universität U (der Heimatuniversität von W_1) gegangen (...).

Persönliche Kontakte zwischen X, der, wie später (vgl. 4 W_1) ausdrücklich betont wird, "... als Projektleiter auch formell aufgetreten" sei, waren demnach die material ausschlaggebende Grundlage für die Verwaltung, das Projekt an die Wissenschaftler zu vergeben. Diese Grundlage jedoch war insofern fiktiv, als X selbst an der Durchführung des Projektes kaum beteiligt war:

4 W_1:
1 (...) X hat das initiiert, das an Land gezogen, praktisch X's Kontakte, und X ist als Projektleiter
2 auch formell aufgetreten. Aber wir beide haben das gemacht (...).

Persönliche Kontakte, darauf gegründetes Vertrauen in die Qualifikation sowie vielleicht die Kooperationsbereitschaft und Kooperationsfähigkeit von X waren - so kann hier nur vermutet werden - die wahrscheinlich ausschlaggebenden Gründe für die Vergabeentscheidung der Verwaltung.

Zu den projektausführenden Wissenschaftlern bestanden solche Kontakte zunächst anscheinend nicht. Für diese wiederum war *ihr Exposé* die maßgebliche Vertragsgrundlage. Vor diesem Hintergrund plausibel wird der Eindruck einer "gewissen Skepsis ..." gegenüber den Wissenschaftlern, den W_1 von den Kontakten mit der Verwaltung gewann (vgl. 8 W_1).

Die unterschiedliche Einschätzung des Exposés in seiner Bedeutung für die Auftragsvergabe und -abwicklung könnte die mitgeteilte Reaktion der Wissenschaftler gegenüber den Einwänden der Verwaltung erklären. Das Exposé, welches "formelle" Grundlage der Auftragserteilung war, avancierte demnach zum Schutzschild, hinter das sich die Wissenschaftler zurückzogen, "... wenn so die Frage kam: 'Muß das denn nicht alles mal pragmatischer gefaßt werden?" (vgl. 10 W_1, Zeile 5-9).

Mit diesem Rückzug auf die Vertragsgrundlage wurde der Administration (nach der Darstellung von W_1) nicht nur die Möglichkeit, Einfluß zu nehmen, verweigert, sondern darüber hinaus die Diskussion über die sachliche Berechtigung ihrer Bedenken abgelehnt. Der Rekurs auf die *Rechtsgrundlage* des Vertragsverhältnisses bedeutete praktisch die *Verweigerung der Kooperation* außerhalb des Rahmens, der von den Wissenschaftlern selbst abgesteckt worden war.

1.7.2 Strukturmerkmale professionellen Handelns in W_1's Darstellung

Auffällig ist in diesem Zusammenhang die Formulierung, in der die 'Schutzschild-Funktion' des Exposés als "... Rahmen, auf den wir sie verpflichtet haben" zum Ausdruck kommt. - Diese Formulierung widerspricht der Normalform eines Tauschverhältnisses, wie es zwischen Auftraggeber und Auftragnehmer besteht und rechtlich über das Institut des Dienstleistungsvertrages reguliert wird. Individuelle Nutzenmaximierung bzw. Maximierung des erzielten Tauschwertes sind die geläufigen Formeln zur Beschreibung der Strategie, von der die beteiligten Akteure sich innerhalb einer Tauschbeziehung leiten lassen. Primär als *Mittel* für den Erhalt einer Gegenleistung - bestehe diese in Waren, Diensten oder Geld - erscheint die zum Tausch angebotene eigene Leistung bedeutsam. *Zweck* der Transaktion und Fokus des Interesses der Beteiligten ist jeweils der Erhalt der Leistung, die *der andere* anzubieten hat.

Im Mittelpunkt einer vertraglichen Vereinbarung steht demnach für jeden Kontrahenten die vom anderen übernommene Leistungsverpflichtung. Ein symmetrisches Tauschverhältnis vorausgesetzt, in dem die Interessen beider Parteien gleichermaßen gewahrt sind, ist daher die Erbringung der eigenen Leistung Pflicht, der Erhalt der Gegenleistung demgegenüber Wunsch und Ziel der eigenen Bemühungen, dem nur in einem *rechtlich-formalen* Sinne eine Verpflichtung entspricht, die Leistung des Vertragspartners zu akzeptieren. In seinem rechtlichen Verpflichtungsgehalt *material* wirksam wird dieser Teil eines Vertrages nur dann, wenn der Leistungsempfänger seine Interessen nicht mehr ausreichend gewahrt sieht, sei es, weil sich seine Präferenzen zwischenzeitlich verschoben haben, der Tauschwert der erhaltenen Leistung dem Wert der erbrachten Leistung nicht mehr entspricht (z.B. wegen zwischenzeitlicher Preisveränderungen) oder weil der Inhalt bzw. Wert des Leistungsangebotes bei Vertragsabschluß falsch eingeschätzt wurde. Nur wenn eine derartige Bedingung erfüllt ist, kann es als pragmatisch angemessen gelten zu sagen, daß die Verwaltung auf das Exposé als Rahmen des Auftragsprojektes *verpflichtet* worden sei.

Durch die vorausgegangene Betonung der besonderen Güte des Projektantrages ist ausgeschlossen, daß W_1 das eigene Leistungsangebot als minderwertig im Vergleich zur Leistung der Verwaltung einstuft. Die Formulierung "... ein sehr gutes und langes Exposé von 80 Seiten oder so, was eigentlich völlig den Rahmen gesprengt hat von so einem Forschungsantrag ..." (vgl. 10 W_1, Zeile 2-4) zeigt im Gegenteil die Überzeugung an, eine unübliche Surplusleistung schon vor Projektbeginn erbracht zu haben. Für Präferenzverschiebungen auf Seiten der Verwaltung enthalten die Äußerungen von W_1 ebenfalls keinerlei Indizien. Dagegen kann der Äußerung des Eindrucks in 8 W_1, die Verwaltung habe die Wissenschaftler mit Skepsis betrachtet bei deren Versuch, "... die Fragestellung weiter zu fassen, als sie sich das wohl gedacht hatten", als Ausdruck der Vermutung gelten, daß die Verwaltung den Inhalt des Leistungsangebotes (d.h. des Exposés) bei Vertragsabschluß falsch eingeschätzt hat.

Damit ist W_1's Hinweis auf den Verpflichtungscharakter des Exposés für die Verwaltung jedoch keineswegs ausreichend erklärt. Nicht von einer Selbstverpflichtung der Verwaltung ist in 10 W_1 die Rede, sondern davon, daß die Wissenschaftler die Verwaltung auf diesen Rahmen verpflichtet hätten. Korrekt ist diese Formulierung nur dann, wenn ein starkes Interesse bei den Wissenschaftlern bestand, das Projekt nur in dem im Exposé fixierten und als besonders anspruchsvoll gekennzeichneten Rahmen durchzuführen. Dieser Rahmen stand demnach nicht zur Disposition. Seine einvernehmliche Änderung galt von vornherein als ausgeschlossen. Wurde er von der Verwaltung in Frage gestellt, blieb deshalb der Rückzug auf Rechtspositionen als letzte Möglichkeit der Konfliktlösung.

Das behauptete Interesse der Wissenschaftler, eine ausdrücklich als besonders anspruchsvoll charakterisierte Leistung auch gegen den Willen der Verwaltung zu erbringen, steht im Widerspruch zu der oben skizzierten Normalform eines Tauschverhältnisses. Die angebotene Leistung erscheint hier nicht als bloßes *Mittel* zum Erwerb einer Gegenleistung, sondern als ein *Zweck* an sich selbst. Bezahlt, um sich einem Forschungsvorhaben zu widmen, mit dem die Wissenschaftler in erster Linie eigene Interessen verbinden, kehrt sich das Verhältnis von Mittel und Zweck geradezu um: Die erhaltenen finanziellen Leistungen werden zum *Mittel*, das es erst möglich macht, sich den eigenen Forschungs*zielen* zu widmen. Auftragsforschung wird so zur Forschungsförderung umfunktioniert, der Auftraggeber in die Position des unfreiwilligen Mäzens versetzt, der das Nachsehen hat, weil er so unbedacht war, seine Informationswünsche nicht von vornherein zum ausdrücklichen Bestandteil der Vertragsvereinbarungen zu machen. Nicht individuelles Gewinnstreben ist es jedoch, durch das die Verwaltung etwa in die Rolle des Übervorteilten versetzt würde. Vielmehr wird sie "Opfer" eines *professionellen Engagements*, das die Interessen des Auftraggebers bestimmten, als vordringlich erachteten Forschungszielen unterordnet.

Die vorgetragene Interpretation setzt freilich die Glaubwürdigkeit der Mitteilung voraus, daß es den Wissenschaftlern darum ging, eine (nach ihren eigenen Kriterien beurteilt) besonders anspruchsvolle Forschungsleistung auch gegen den Willen der Verwaltung abzuliefern. Könnte es sich hier nicht um eine strategisch manipulierte Darstellung handeln, die eine aus faktischer Bequemlichkeit hervorgehende Haltung der Abwehr gegenüber den Wünschen der Verwaltung umfälscht zur Abwehr aus besonderem professionellem Engagement, um dadurch bei dem Kollegen, der das Interview durchführt, einen positiven Eindruck zu machen? - Mit völliger Sicherheit auszuschließen ist diese Möglichkeit nicht. Sie ohne besonderen Anlaß als erfüllt anzunehmen würde es jedoch vollständig ins Belieben des Interpreten stellen, wann er eine Darstellung als aufrichtig und zutreffend betrachtet und wann nicht. So lange daher keine Inkonsistenzen in den Äußerungen von W_1 festzustellen sind oder andere zuverlässige Informationen vorliegen, die Zweifel an der Triftigkeit seiner Darstellung nahelegen, ist aus den schon oben genannten methodologischen Gründen die Annahme zu bevorzugen, daß diese Darstellung korrekt ist.

Was aber, so kann man dann immer noch fragen, wenn diese Darstellung zwar in sich konsistent, aber gleichwohl nur Ergebnis einer geschickt angelegten Täuschung ist? - Völlig auszuschließen ist diese Möglichkeit, wie gesagt, nie. Doch auch dann sind die Ergebnisse einer Interpretation nicht einfach falsch, sondern erhalten nur einen etwas veränderten Stellenwert. Sie explizieren dann nämlich immer noch diejenigen normativen Kriterien, deren Erfüllung der Befragte gegenüber dem Interviewer vorzutäuschen versucht, mithin also ein *konsistentes normatives Modell adäquaten Handelns* unter den behaupteten Bedingungen, dessen *soziale Geltung* der Befragte in der Interviewsituation unterstellen muß, wenn er versucht, auf diesem Wege sein Handeln gegenüber dem Interviewer als *legitimes* Handeln darzustellen. Das im folgenden herauspräparierte Normalitätsmodell professionellen Handelns bleibt also von diesem Einwand unberührt. Die Differenz bestünde im angenommenen Fall nur darin, daß es nicht tatsächlich erfüllt, sondern seine Erfüllung fälschlich behauptet wäre.

Kehren wir zu unserer Interpretation zurück. Legen wir die Darstellung von W_1 zugrunde - so unser bisheriges Resultat - dann haben er und sein Kollege die Wünsche der auftraggebenden Administration abgeblockt, weil sie nicht mit den eigenen, als besonders anspruchsvoll charakterisierten Forschungsinteressen der Wissenschaftler zur Deckung zu bringen waren. Der hier von W_1 behauptete Konflikt zwischen Auftraggeber- bzw. Klienteninteressen einerseits und unter professionellen Gesichtspunkten bedeutsamen Handlungszielen andererseits ist in wesentlichen Merkmalen weder fallspezifischer Art, noch auf den Typus wissenschaftlichen Handelns beschränkt, sondern *verallgemeinerbares Merkmal professionalisierten Handelns*. Anknüpfend an die klassische Theorie der Professionen und mit vergleichendem Blick auf andere professionalisierte Berufe lassen sich diese Merkmale wie folgt explizieren:

Ein Wissenschaftler, Arzt oder Anwalt kann jederzeit in Situationen geraten, in denen die Ansprüche seines Auftraggebers, Patienten oder Klienten in Widerstreit geraten zu den Möglichkeiten und Anforderungen verantwortlicher Berufsausübung. Ein Klient kann versuchen, seinen Anwalt zum juristischen Helfershelfer bei der Umgehung der Gesetze zu instrumentalisieren. Patienten wünschen u.U. von ihrem Arzt über die Dauer ihrer Erkrankung hinaus von ihren Rollenverpflichtungen durch Attest entbunden zu werden. Wissenschaftler werden aufgefordert, kaum zu belegende Meinungen und Positionen durch Expertisen abzustützen oder - weniger strategisch - Fragen zu beantworten, die auf zweifelhaften Voraussetzungen beruhen. In allen derartigen Fällen gilt es als institutionalisierte Forderung verantwortlicher Berufsausübung, entsprechende Wünsche zurückzuweisen. Diese Anforderungen sind Ausdruck normativ verankerter berufsethischer Standards und spiegeln die *Gemeinwohlverpflichtung*, der professionalisiertes Handeln in besonderem Maße unterliegt (vgl. dazu u.a. Parsons 1973, S.162f; Rüschemeyer 1972, S.168; Münch 1984, S.126). Ihre Erfüllung genießt Priorität gegenüber Klienteninteressen, wie gegenüber den 'egoistischen' Zielen der Professionsmitglieder an der Maximierung von Einkommen und Prestige.

Die normativen Orientierungen, die mit professionellem Handeln verbunden sind, unterscheiden sich demnach grundlegend von den gesellschaftlichen Anforderungen, die sich an andere Formen von Dienstleistungen richten, die gegen Geld erbracht werden. Gewinnstreben als primär handlungsleitendes Motiv beruflicher Tätigkeit gilt allgemein als legitim und ist institutionell vorgesehenes Ziel im Rahmen des ökonomischen Systems. Daß z.B. für einen Handwerker die eigene Berufstätigkeit primär Mittel des Erwerbs ist, wird in der Regel als nahezu selbstverständlich vorausgesetzt. Der Arzt oder Rechtsanwalt, dem es offensichtlich vor allem um das Geld seiner Patienten bzw. Klienten geht, gibt Anlaß zu Kritik. Ihn zu konsultieren wird man tunlichst vermeiden. Gleichgültigkeit gegenüber der eigenen Arbeit bedroht die Qualität professioneller Leistungen in besonderem Maße, beeinträchtigt das Vertrauen potentieller Auftraggeber und verringert das Ansehen der Professionsmitglieder. Eigenes Interesse der Professionsangehörigen an ihrer Tätigkeit wird *normativ erwartet*. Es bietet die Gewähr dafür, daß der zu Rate gezogene Arzt, Anwalt, Wissenschaftler etc. die weitere Entwicklung des Wissens in seinem Bereich verfolgt und vor dem Hintergrund dieses Wissens jeweils alles tut, was in seinen Kräften steht. Es bürgt so für die Erfüllung hoher professioneller Standards.

Daß eine derartige Sicherung für den Klienten von besonderer Bedeutung ist, hat seinen Grund in einer spezifischen Eigenschaft professionalisierter Tätigkeit: *Die Qualität professioneller Leistungen ist für den Außenstehenden nicht überprüfbar* (vgl. Rüschemeyer 1972, S.168; Marshall 1964, S.162f.). Zwar unterliegt sie Standards, deren Einhaltung von der zuständigen Profession autonom kontrolliert wird. Ob die Regeln wissenschaftlicher Methodologie beachtet, eine Operation kunstgerecht durchgeführt oder alle rechtlichen Möglichkeiten zur Verfechtung einer Sache genutzt wurden, entzieht sich jedoch dem Urteil des Laien. Was er sieht, ist das Resultat. Die Qualität professioneller Leistungen bemißt er danach, ob plausibel erscheinende Erklärungen bzw. praktikable Handlungsempfehlungen geliefert, die Schmerzen beseitigt oder sein Fall gewonnen wurde. Der Erfolg professionellen Handelns ist jedoch immer unsicher (vgl. dazu auch Luhmann 2002, S.148f.). Werden die gewünschten Resultate nicht erreicht, muß sich der Klient deshalb in der Regel mit der Auskunft zufrieden geben, es sei alles getan worden, was unter den gegebenen Umständen möglich war. Kontrollieren kann er die Triftigkeit dieses Bescheides nicht. Nicht fehlende Kenntnisse professioneller Bearbeitungstechniken sind hierbei ausschlaggebend; in dieser Hinsicht befindet sich der technisch Unkundige gegenüber seinem Automechaniker in der gleichen Situation, wie etwa der medizinische Laie gegenüber seinem Arzt. Erst die Tatsache, daß *standardisierte Verfahren der Erfolgskontrolle nicht angegeben werden können*, schließt jede Möglichkeit der Prüfung durch Nichtmitglieder einer Profession aus.[65]

Was bei nicht-professionellem beruflichem Handeln als Ausnahme zählt, ist im Rahmen professionellen Handelns die Regel: Die Ergebnisse professioneller Leistungen können nicht zuverlässig berechnet werden. Zu spezifisch ist die Bedingungskonstellation eines jeden einzelnen Falles, sei es nun eines neuen wissenschaftlichen Problems, eines Rechtsstreites oder einer Erkrankung. Jede auf generalisierte Berufserfahrung oder wissenschaftliche Theorien gestützte Annahme und Intervention bleibt hier mit kaum zu kontrollierenden Kontingenzen belastet. Nicht nach dem Erfüllungsgrad des angestrebten Erfolges, sondern nur nach der *kunstgerechten Ausführung* der dafür geeignet erscheinenden Handlungen können die Leistungen professioneller Akteure deshalb bewertet werden. Der im Auftrag arbeitende Wissenschaftler, der Arzt oder Rechtsanwalt kann alle Regeln seiner Kunst mit größter Sorgfalt beachten, Erfolgsgarantien geben kann er nicht.[66] Versagt seine Kunst, kann er nicht haftbar gemacht werden, es sei denn, daß er einen Kunstfehler begangen hat, der Mißerfolg also nachweislich vermeidbar gewesen wäre. Bis zum Nachweis des Gegenteils wird auch bei schwersten Schädigungen eines Klienten - beispielsweise beim Tod eines Patienten auf dem Operationstisch - unterstellt, daß das beklagte Mitglied einer Profession kunstgerecht verfahren ist und für die negativen Folgen deshalb nicht aufzukommen hat.[67] Daß der Erfolg professionellen Handelns nicht sicher vorweg kalkuliert werden kann, standardisierte Erfolgskontrollen als Maßstab der Bewertung professioneller Leistungen also nicht möglich sind, findet darin seine rechtlich institutionalisierte Anerkennung.

Ohne die Möglichkeit, die Qualität der Leistungen eines von ihm konsultierten Professionsangehörigen selbst zu prüfen und ihn für negative Ergebnisse im Regelfalle haftbar machen zu können, bedarf der Klient besonderen Schutzes, wenn er nicht Opfer von Betrug und Scharlatanerie werden soll. Die Qualität professioneller Leistungen ist jedoch nicht nur ein individuelles Problem Hilfe suchender Klienten,

---

65 Vgl. dazu für die Erfolgsbewertung bei Forschungsprojekten Schneider 1988b.
66 Anders hingegen bei den Leistungen von Handwerkern oder Automobilwerkstätten. Hier ist es typisch nur eine Frage der *hinreichenden technischen Fähigkeiten* des Personals und des *Preises*, zu dem das gewünschte Resultat erreicht werden kann. Funktioniert die Bremse nach dem Werkstattaufenthalt immer noch nicht richtig, dann hat das Personal schlecht gearbeitet. War sie nicht mehr instand zu setzen, dann hätte sie eben ausgetauscht werden müssen. Dem technisch Unkundigen stellt sich dann allenfalls die Frage, ob die zu hohen Preisen ausgetauschten Teile nicht doch noch zu niedrigeren Kosten hätten repariert werden können. Selbst dann, wenn ein "Totalschaden" am Fahrzeug diagnostiziert wird, heißt das *meist nicht*, daß eine Reparatur *technisch unmöglich*, sondern nur, daß sie *ökonomisch zu aufwendig* wäre: "Machen kann man (fast) alles. Es ist nur eine Frage der Kosten" - dies ist die Antwort, die den Kunden erwartet, der in einer seriösen Werkstatt anfragt, ob man die leider schrottreife, aber innig geliebte Rostlaube nicht doch noch verkehrstüchtig machen könnte.
67 Dies gilt zumindest im Rahmen des deutschen Rechts. Nach amerikanischem Recht, auf das ich hier nicht näher eingehen kann, können Ärzte erheblich leichter und in größerem Umfang für Fehler bzw. (als vermeidbar geltende) Mißerfolge haftbar gemacht werden. Damit ist die unzureichende Berechenbarkeit von Behandlungsverläufen jedoch nicht beseitigt, sondern das damit verbundene Risiko nur verlagert mit der *möglichen* Folge, daß in kritischen Situationen riskante, aber u.U. lebensrettende Eingriffe von Ärzten aus Risikoscheu vermieden werden. Ob und in welchem Umfang dies *tatsächlich* der Fall ist (oder ob derartige Befürchtungen nur der interessengeleiteten Phantasie von Vertretern der ärztlichen Berufsverbände entspingen), wäre zu prüfen.

sondern zugleich maßgeblich für die Erfüllung *sozialer Funktionen*: Krankheit bedeutet eingeschränkte Fähigkeit zur Wahrnehmung von Rollenverpflichtungen (vgl. Parsons 1969, S.417); ungelöste Rechtsstreitigkeiten bedeuten Unsicherheit über die Geltung normativer Erwartungen (vgl. Luhmann 1981b, S.73ff.); mangelndes bzw. unzuverlässiges Wissen bedeutet kognitive Erwartungsunsicherheit und eingeschränkte Möglichkeiten geplanten Handelns.

Institutionalisierte Gemeinwohlorientierung, Sicherung hoher technischer und berufsethischer Standards durch die Profession, Kontrolle der Einhaltung dieser Standards durch die Kollegen und eine internalisierte professionelle Moral sind die wesentlichen in der klassischen Theorie der Professionen genannten Mechanismen, die sowohl den notwendigen Schutz des Klienten wie die hinreichende Erfüllung der gesellschaftlichen Funktionen garantieren sollen (vgl. dazu u.a. Rüschemeyer 1972, S.168; Goode 1972, S.158; Parsons 1973, S.161f.; Marshall 1964, S.161ff.). Die Ideologie der 'Berufung', die noch in Wortverbindungen wie 'ein begnadeter Chirurg', 'ein begabter Jurist' oder - in negativer Umkehrung der religiösen Symbolik - 'ein besessener Forscher' zum Vorschein kommt, fügt dem den Gedanken des selbstlosen Dienstes an einer Sache als Motivgrundlage hinzu: Der Beruf als Selbstzweck, die Fähigkeit zu seiner Ausübung als Gnade, als Gabe, als Geschenk, dessen man sich würdig zu erweisen hat, indem man sich ganz der Vervollkommnung dieser Fähigkeiten und ihrem gemeinnützigen Gebrauch widmet - oder auch als 'Besessenheit' durch einen inneren Dämon, dessen Forderungen die eigene Existenz unterstellt wird; dies sind *idealisierte Projektionen professioneller Identität*, deren gemeinsamer Nenner die Auflösung der üblichen Distanz zwischen privater und beruflicher Existenz, zwischen Arbeit und Selbstverwirklichung, zwischen Eigeninteresse und ethischer Verpflichtung in der vollständigen Identifikation mit den sachlichen Anforderungen professionellen Handelns ist.

1.7.3 *Respezifikation von der Ebene professionellen Handelns als allgemeinem Typus auf die Ebene wissenschaftlichen Handelns*

Die vorstehende Skizze einiger Strukturmerkmale professionellen Handelns ergab sich als Folge des Versuchs, die Angemessenheitsbedingungen einer Äußerung von W_1 zu rekonstruieren, in der das Verhältnis der Wissenschaftler zu ihrem administrativen Auftraggeber in einer Weise dargestellt wurde, die den Normalitätsbedingungen einer auf Gewinnmaximierung gerichteten Tauschbeziehung widerspricht. Zielpunkt der Darstellung war dabei der Nachweis, daß die darin zum Ausdruck kommenden Charakteristika professioneller Identität als Funktionselemente für die Lösung eines *generalisierten Bezugsproblems* verstanden werden können: des Problems der Nicht-Standardisierbarkeit der Erfolgskontrolle bei professionellen Leistungen und des damit verbundenen Sicherungsbedarfs für den Klienten wie für die Erfüllung der professionsspezifischen sozialen Funktionen. Je höher der Erfüllungsgrad dieses idealisierten Modells professioneller Identität empirisch zu veranschlagen ist, desto sicherer kann mit der Erfüllung hoher professioneller Standards gerechnet werden.

Mit den Interessen der Patienten bzw. Klienten sind diese Standards bei Ärzten und Anwälten durch das letztendliche berufliche Erfolgskriterium der Heilung bzw. des Prozeßgewinnes verschränkt. Für *wissenschaftliches Handeln fehlt* eine derartige intraprofessionell institutionalisierte Sicherung, die eine Verselbständigung der Forschungsinteressen des beauftragten Wissenschaftlers gegenüber den Interessen seines Auftraggebers verhindert.[68] Anschluß der Forschungsfragestellung an die Theorietradition, artistische Handhabung des Methodeninstrumentariums oder die eigenständige Konstruktion komplexer Hypothesensysteme garantieren keineswegs den Nutzen für den Auftraggeber. Seine Fragen können trotzdem unbeantwortet bleiben. Abweichend von den klassischen Formen praktischen professionellen Handelns gilt deshalb für wissenschaftliches Handeln im Rahmen anwendungsorientierter Auftragsforschung, daß das eigene Interesse des Wissenschaftlers vom Auftraggeber nicht nur als legitim betrachtet und gewünscht wird, sondern beinahe ebenso gefürchtet werden muß.

Die dargestellten Schwierigkeiten der Kontrolle professioneller und damit auch wissenschaftlicher Leistungen durch Außenstehende sowie das Fehlen institutionalisierter Orientierungen, welche die Interessen von Auftraggeber und Auftragnehmer miteinander synchronisieren könnten, lassen die institutionelle Regelung der Kooperation zwischen Wissenschaftlern und der Verwaltung per Dienstleistungsvertrag in einem zweifachen Sinne prekär erscheinen: Das *primäre Problem*, die Unkalkulierbarkeit der Ergebnisse wissenschaftlichen Handelns, erzeugt Unsicherheiten, die zu kontrollieren der Administration nicht möglich ist. In Verbindung mit (eventuell absehbaren) Interessendivergenzen zwischen Wissenschaftlern und der Verwaltung entsteht daraus das *sekundäre Problem*, daß die so eröffneten Spielräume von Wissenschaftlern *strategisch* zur Verfolgung eigener professioneller Interessen genutzt werden können. Wird dabei kein direkter Vertragsbruch begangen, dann sind die Chancen der Verwaltung, dem auf dem Klagewege zu begegnen, gering. Sofern es nicht um Routineforschung geht (bei der der Auftraggeber genau weiß, welche Informationen er wünscht, standardisierte Instrumente zu ihrer Ermittlung vorliegen und dementsprechend genaue Spezifikationen als Teil des erteilten Forschungsauftrages explizit vereinbart werden können), wird die Regelungskapazität des Vertragsverhältnisses damit überlastet.

Sanktionen, die universitäre Sozialwissenschaftler davon abhalten könnten, die Schwäche des institutionellen Regelwerkes ihren eigenen wie auch immer gearteten Forschungsinteressen gemäß auszunutzen, stehen der Verwaltung kaum zu Gebote. Die einzige Folge, die ein Wissenschaftler zu gewärtigen hat, der die eigenen In-

---

68 Wenn Patienten bemerken, daß ihre Krankheit auch das *wissenschaftliche* Interesse des behandelten Klinikarztes auf sich zieht, regt sich deshalb leicht der Argwohn, als 'Versuchskaninchen' herhalten zu müssen. Der rationale Kern dieser Befürchtung ist, daß bedeutsame Forschungsergebnisse auch durch ärztliche Maßnahmen gewonnen werden können, die sich für die Gesundheit des Patienten negativ auswirken.

teressen vor die Interessen seines administrativen Auftraggebers setzt, ist die, daß er keine weiteren Aufträge mehr erwarten kann. Größere Anschlußaufträge sind jedoch in vielen Fällen ohnehin nicht zu erwarten.[69] Darüber hinaus haben längerfristige Engagements in demselben Feld anwendungsorientierter Forschung innerhalb der sozialwissenschaftlichen 'scientific community' nur begrenzten Reputationswert und bleiben entsprechende Forschungstätigkeiten in der beruflichen Biographie von Wissenschaftlern deshalb häufig auf kürzere Fristen beschränkt oder werden als Nebenbeschäftigung betrieben. In vielen Fällen bleibt diese Drohung daher ohne Kraft.

Weil die institutionellen Regelungen zur Lösung des vorgegebenen Handlungsproblems nicht ausreichen, muß es auf die Ebene der Interaktion zwischen Wissenschaftlern und Verwaltungsangehörigen verschoben werden, sofern es nicht ohne jede Lösung bleiben soll. Jede Verwaltung müßte demnach vor allem bestrebt sein, gute persönliche Kontakte zu den beauftragten Wissenschaftlern herzustellen. Persönliche Bekanntschaft ermöglicht es, die prinzipiell bestehende Unsicherheit darüber, ob Wissenschaftler die ihnen erteilten Forschungsaufträge nicht primär zur Verfolgung eigener Forschungsinteressen zu Lasten der Interessen der Verwaltung nutzen werden, durch *Einschätzung von Personen und Bildung von Vertrauen* zu reduzieren. Darüber hinaus bietet sie eine (wenn auch noch so geringe) Chance, *informelle Verpflichtungsverhältnisse auf persönlicher Basis* zu erzeugen und so das anfällige vertragliche Verpflichtungsverhältnis gegenüber der Verwaltung als Organisation zu stützen.[70]

1.7.4 Respezifikation auf die Ebene des Einzelfalles: Zum Verhältnis zwischen der objektiven Struktur und W_1's Deutung der Problemsituation

Die vorstehenden Überlegungen sind zu verstehen als Rekonstruktion der *objektiven Struktur der Problemsituation*, in die W_1's Darstellung einzurücken ist. - Ausgangspunkt dieser Rekonstruktion war der Versuch, diejenigen Kontextbedingungen zu identifizieren, im Hinblick auf die W_1's Äußerung: "Das war auch der Rahmen, auf den wir sie verpflichtet haben da in L", als situationsangemessen verstanden werden kann. Dabei zeigte sich, daß diese Äußerung auf Strukturelemente wissenschaftlichen Handelns verweist, die es mit anderen Formen professionellen Handelns teilt. Als spezifisches Merkmal wissenschaftlichen Handelns wurde dabei erkannt, daß - jenseits tendenziell standardisierbarer Routineforschung - institu-

---

[69] Um Mißverständnisse zu vermeiden, sei ausdrücklich betont: Ich spreche hier *nicht* von kommerziellen Forschungsinstituten und den bei ihnen beschäftigten Sozialwissenschaftlern, sondern nur von Wissenschaftlern, die primär an Universitäten beschäftigt sind und für die eine Tätigkeit in Projekten, die durch Drittmittel aus dem außerakademischen Bereich finanziert werden, meist nur eine Übergangsphase in ihrer beruflichen Karriere darstellt.

[70] Eine ausführlichere Berücksichtigung der Verwaltungsperspektive ist hier leider nicht möglich. - Zur Analyse der Handlungsmöglichkeiten der Verwaltung, diskutiert anhand der Interviewäußerungen von Verwaltungsangehörigen, vgl. Schneider 1989, S.310ff.

tionalisierte Mechanismen zur Synchronisierung von professionellen Kriterien der Erfolgsbewertung und von Klienteninteressen fehlen. Daran angeschlossen wurden Überlegungen darüber, welche Folgeprobleme dies für die Verwaltung als Auftraggeber aufwirft und welche Lösungsstrategien ihr dabei zur Verfügung stehen.

Vor diesem Hintergrund ist festzuhalten, daß die Verwaltung nach W_1's Darstellung insofern situationsadäquat handelte, als sie dem persönlichen Kontakt mit X (dem Projektleiter) vermutlich einen hohen Stellenwert für die Entscheidung über die Projektvergabe beimaß. Unter den beschriebenen Voraussetzungen kommt persönlicher Bekanntschaft, darauf beruhendem Vertrauen und informellen Verpflichtungsverhältnissen besondere Wichtigkeit für die zufriedenstellende Erfüllung von Forschungsaufträgen zu. Der persönliche Kontakt wurde in dieser Funktion jedoch dadurch entwertet, daß X nur *formell* als Projektleiter auftrat. Entsprechende Beziehungen zu den projektausführenden Wissenschaftlern bestanden vor Projektbeginn anscheinend nicht. Geradezu als fahrlässig muß es jedoch gelten, daß die Verwaltung es versäumte, ihren Wünschen und Vorstellungen - sofern diese zum Vergabezeitpunkt überhaupt in hinreichender Klarheit vorhanden waren(!) - vor der Auftragsvergabe Eingang in das Exposé zu verschaffen. Sie begab sich damit von vornherein jeder rechtlichen Möglichkeit, ihre Informationswünsche gegenüber abweichenden Forschungsinteressen der Wissenschaftler durchzusetzen.

Die Position der Wissenschaftler war infolgedessen durch einen erstaunlichen Grad der Autonomie gekennzeichnet. Ihnen blieb die Spezifikation des Themas fast vollständig überlassen. Ihre Arbeitssituation entsprach damit in etwa den Bedingungen, wie sie z.B. für die Sonderforschungsbereiche der DFG typisch sind. Hatte sich die Verwaltung zu Beginn des Projektes faktisch wie eine Organisation der Forschungsförderung verhalten, so wurde sie dann von den Wissenschaftlern, welche nicht bereit waren, auch nur einen Zoll des ihnen so überlassenen Terrains freiwillig wieder aufzugeben, auf diese Rolle festgelegt. - Zu untersuchen ist nun, wie sich W_1's *Situationsdeutung* zur objektiven Struktur der Situation verhält, soweit sie bisher hypothetisch rekonstruiert wurde.

Der Struktur der Situation unmittelbar entsprechen würde eine *offen strategische* Haltung, die ohne Zögern, aber auch ohne für diese Entscheidung eine andere Rechtfertigung als die rechtlich bindende Wirkung des Exposés zu beanspruchen, den eigenen Forschungsinteressen den Vorrang vor den Informationswünschen der Verwaltung einräumt. Dadurch würde den eigenen Zielen jedoch per Implikation der Status der Partikularität zugesprochen. Sie würden zu privaten oder allenfalls Gruppeninteressen erklärt, die den Wissenschaftlern mit den Mitgliedern der eigenen Profession gemeinsam sind, für die aber keine darüber hinausreichende Verallgemeinerungsfähigkeit beansprucht werden kann. Damit wären die *Gemeinwohlpflichtigkeit* professioneller Ziele und die korrespondierenden Merkmale professioneller Identität verletzt. Deren Erfüllung auf der Ebene der Situationsdeutung ist nur dann möglich, wenn Gründe für die Bevorzugung der eigenen Ziele angegeben werden können, die zumindest den Schein allgemeiner Zustimmungsfähigkeit für sich haben.

1.7.4.1 Die Deutung des Zielkonfliktes zwischen den Wissenschaftlern und der Verwaltung

In der folgenden Passage des Interviews gibt W_1 eine ausführliche Darstellung der Art und Weise, in der der Zielkonflikt zwischen den Wissenschaftlern und der Verwaltung zu Tage trat. Dabei tritt in ersten Umrissen der *Deutungshintergrund* hervor, vor dem W_1 diesen Konflikt interpretiert.

Auf die Frage des Interviewers nach den Erwartungen der Administration gegenüber der Arbeit der Wissenschaftler antwortet W_1:

```
14 W₁:
 1  Ja die Erwartung, "was sollen wir als Ministerium machen", also was in der Drogenpolitik im-
 2  mer wieder so, dieser Dumm-stell-Reflex:"Wir wissen nichts, und jetzt sagt ihr mal, was los ist
 3  und was wir machen können und machen sollen, und was ist notwendig zu tun." Wenn dann
 4  von uns der Versuch eines Aufrollens kam - diese Fragestellung wurde ja immer gerne in ge-
 5  sellschaftlichen Kontext gestellt, auch von Ministeriumsleuten und auch von denen, die so die
 6  Drogenaufklärung betreiben, die die Broschüren in Auftrag geben. Damals schon, und das ist
 7  bis heute so. Die letzte von '79, diese Bonner Broschüre ist da ganz genau im Grundtenor: "Al-
 8  so es ist wirklich ein gesellschaftliches Problem und wir müssen uns dieser gesellschaftlichen
 9  Frage stellen" - wenn wir dann den Versuch gemacht haben, das beim Wort zu nehmen und
10  die Frage dann so aufzurollen, wie wir meinten, daß es notwendig sei, um's gesellschaftlich zu
11  eruieren, dann kam von da Achselzucken. Dann kam keine Diskussion zustande, und da hat
12  man uns so das Gefühl vermittelt, "na ja, das ist ganz schön und gut als Reflexion und als allge-
13  meiner Rahmen für eine Überlegung, aber das hilft uns ja nicht weiter". Aber dieser typische
14  Konflikt, wenn es darum geht, eine Fragestellung tatsächlich so aufzurollen, daß Hintergründe
15  sichtbar werden. Ich meine, das ist ein schwieriges Geschäft, und das ist auch nur durch Diskus-
16  sionen einzulösen, durch ein offenes Verfahren. Sonst geht es nicht. Damit sind wir auch ange-
17  sichts der Kürze der Zeit - wir haben zwei mal zwei Stunden mit denen geredet - da hatten wir
18  auch das Gefühl, ein bißchen auf Eis zu laufen.
```

Mit der Charakterisierung als "Dumm-stell-Reflex" wird die Haltung der Verwaltung auf eine prägnante Formel gebracht. Wer sich dumm stellt, handelt strategisch. Er versucht, andere über sein wirkliches Wissen zu täuschen. Ein solches Verhalten als Manifestation eines "Reflexes" darzustellen, läuft auf die Annahme hinaus, daß es Ergebnis eines kaum mehr reflexiv-intentional kontrollierten Reaktionsmusters ist. Wer so agiert, handelt weniger aus bösen Vorsätzen als gleichsam unter Zwang, der etwa psychisch bedingt oder (nach dem Muster eines 'konditionierten Reflexes') Folge einer habitualisierten Verhaltensanpassung an immer wieder auftretende Handlungsbedingungen sein kann. - Auf den Kontext der Drogenpolitik und die auftraggebende Administration bezogen, die in diesem Feld tätig ist, kann die Charakterisierung "Dumm-stell-Reflex" wie folgt interpretiert werden: Die Ministerialbeamten sagen nicht offen, was sie wirklich wissen. Dieses Verhalten ist habituell gesteuert und vermutlich *primär* durch typische Handlungsbedingungen bestimmt, denen die Angehörigen der drogenpolitischen Administration unterliegen.

In jedem Falle wird so der Administration unterstellt, nicht mit 'offenen Karten' zu spielen. Einem unaufrichtigen Partner gegenüber kann es als legitim gelten, ihm gleichfalls in strategischer Einstellung entgegenzutreten. Die oben rekonstruierte Haltung der Wissenschaftler gegenüber der Administration könnte deshalb in der Annahme, die Administration sei unaufrichtig, eine *mögliche Rechtfertigung* finden.

Bei der Explikation dieses "Dumm-stell-Reflexes" wird der Akzent deutlich auf die Frage nach möglichen bzw. gebotenen Maßnahmen ("was wir machen können und machen sollen, und was ist notwendig zu tun") gelegt. Damit wird den Mitgliedern der Administration unterstellt, daß sie nicht nur über die Hintergründe des Drogenproblems besser informiert sind, als sie erkennen lassen, sondern vor allem auch über die Kenntnis möglicher Gegenmaßnahmen verfügen. Wenn sie trotzdem nach weiteren Handlungsmöglichkeiten fragen, ohne ihr diesbezügliches Wissen offenzulegen, dann nur deshalb - so könnte W_1 annehmen - weil die daraus folgenden Maßnahmen aus anderen Gründen, die aber verborgen bleiben sollen, unliebsam sind bzw. nicht durchgeführt werden können. Auf das Desinteresse der Verwaltung an *bloßem Reflexionswissen*, sofern daraus keine praktischen Konsequenzen gefolgert werden können, wird deutlich hingewiesen. Der Konflikt zwischen dem Wunsch der Administration, *Handlungsanweisungen* zu erhalten und dem Interesse der Wissenschaftler, "Hintergründe sichtbar" zu machen, wird anscheinend klar gesehen und als "typisch" apostrophiert. Die Schuld für das Zustandekommen dieses Konfliktes sowie dafür, daß er nicht gelöst werden konnte, wird allerdings der Verwaltung zugeschoben. W_1 wirft der Administration inkonsistentes Verhalten vor und versucht diese Inkonsistenz zu exemplifizieren: Einerseits werde von Seiten der Ministerien und anderen in der Drogenbekämpfung tätigen administrativen Instanzen, beispielsweise in Broschüren zur Drogenaufklärung, ausdrücklich betont, daß das Drogenproblem ein gesellschaftliches Problem sei. Andererseits sei der Versuch der Wissenschaftler, derartige Aussagen "beim Wort" zu nehmen und die gesellschaftlichen "Hintergründe" zu untersuchen, mit "Achselzucken" quittiert worden. Reden und Handeln der Administration scheinen hier einander zu widersprechen. Ihre Wahrhaftigkeit wird so in Zweifel gezogen.

Die von W_1 konstruierte Inkonsistenz setzt jedoch die Vergleichbarkeit der zugrunde liegenden Kontexte voraus. Diese Voraussetzung ist problematisch. Die Deklaration des Drogenproblems in Aufklärungsbroschüren als "gesellschaftliches Problem" etwa ist Bestandteil einer *Maßnahme* der Administration. Die Rationalität dieser Aussage im Rahmen administrativen Handelns hängt nicht davon ab, ob sie, gemessen an wissenschaftlichen Standards, korrekt ist oder den Grad von Präzision erreicht, der bei dem gegebenen Forschungsstand möglich wäre. Sinnvoll ist diese Aussage schon dann, wenn sie geeignet ist, bestimmte *Wirkungen* bei den Adressaten zu erreichen, wie beispielsweise die, daß betroffene Eltern die Drogenabhängigkeit ihrer Kinder nicht primär als Folge eigenen Versagens erleben, die es um jeden Preis zu kaschieren gilt, und deshalb die verfügbaren Beratungsangebote nicht in Anspruch nehmen. Eine andere angestrebte Wirkung könnte sein, einer nach Abhilfe verlangenden Öffentlichkeit deutlich zu machen, daß die Ursachen des Drogenproblems aufgrund ihrer sozialen Bedingtheit nur in Grenzen administrativ manipulierbar sind und infolgedessen nur mit begrenzten Erfolgen bei der Drogenbekämpfung gerechnet werden kann. Auf diese Weise könnte versucht werden, übertriebene Erwartungen abzubauen und Legitimationsverluste zu verhindern.

In Handlungskontexten der erwähnten Art wird genauere Information über gesellschaftliche "Hintergründe" des Drogenproblems nur dann benötigt, wenn angenommen werden kann, daß damit die Effektivität administrativer Öffentlichkeitsarbeit erhöht, d.h. die intendierte einstellungsbeeinflussende Wirkung bei den Adressaten in gesteigertem Maße erzielt werden kann. Sind entsprechende Informationen zu diesem Zweck nicht geeignet und können sie auch nicht zur Planung oder Durchführung anderer Maßnahmen bzw. zu deren Legitimation und Durchsetzung verwendet werden, dann sind diese Informationen für die Administration irrelevant. In Aufklärungsbroschüren das Drogenproblem als gesellschaftliches Problem darzustellen, an der detaillierten Untersuchung seiner gesellschaftlichen Bedingungen aber wenig interessiert zu sein, ist unter diesen Voraussetzungen sehr wohl miteinander vereinbar. Die zugrundeliegende Konsistenzregel ist in beiden Fällen die *Entscheidungs- und Maßnahmeorientierung*, welche konstitutives Element administrativen Handelns ist.

Der von W_1 hier unterstellte Widerspruch sagt demnach weniger über Inkonsistenzen im Verhalten der Administration aus. Er ist vielmehr geeignet, die spezifische Perspektive zu beleuchten, aus der W_1 das Verhalten der Administration und die ihm zugrunde liegenden Orientierungen wahrnimmt. Obwohl er das Interesse der Administration an handlungsorientierender Information richtig beschreibt, den resultierenden Konflikt mit den Forschungsinteressen der Wissenschaftler erkennt und in seiner Struktur als "typisch" generalisiert, stellt W_1 das Verhalten der Administration als widersprüchlich dar. Widersprüchlich erscheint dieses Verhalten zunächst jedoch nur dann, wenn man von den spezifischen Konsistenzregeln, welche administratives Handeln steuern, absieht, und statt dessen den Bezugsrahmen wissenschaftlichen Handelns zugrunde legt: Wenn allein die *wissenschaftliche Erhellung und Erklärung* des Drogenproblems Ziel des vergebenen Forschungsauftrages hätte sein sollen, dann allerdings wäre es ein flagranter Widerspruch, die Bedeutung gesellschaftlicher Ursachen zu betonen, an deren detaillierter Untersuchung jedoch kein Interesse zu zeigen. - W_1's dementsprechendes Urteil über das Verhalten der Administration kann insofern gedeutet werden als *Bewertung adminstrativen Handelns nach Maßgabe konstitutiver Orientierungen wissenschaftlichen Handelns*.

Betrachten wir die Unterscheidung zwischen Erkenntnis- und Entscheidungsorientierung als konstitutiv für die strukturelle Differenz von wissenschaftlichem und administrativem Handeln, dann erscheint die selektive Akkordierung dieser Orientierungen als Problem, dessen Lösung eine Bedingung erfolgreicher Kooperation zwischen Wissenschaft und Verwaltung ist. Die Assimilierung administrativen Handelns an die Erkenntnisorientierung wissenschaftlichen Handelns, wie sie die Darstellung von W_1 vermuten läßt, kommt deshalb als maßgebliches Deutungselement für die Erklärung des Scheiterns der Kooperation in Betracht. Sie ist es auch, die das beschriebene Verhalten der Verwaltung inkonsistent erscheinen läßt und dadurch Ansatzpunkte für die Zuschreibung strategischer Motive bietet, die umgekehrt als mögliche Rechtfertigung eigenen strategischen Verhaltens dienen können.

Halten wir daher an der Differenz von Erkenntnis- und Entscheidungsorientierung als leitender Unterscheidung für unsere Interpretation zunächst fest, dann ergibt sich ein neues *Folgeproblem* für die weitere Analyse: Daran anzuknüpfen ist die Frage, welche besonderen impliziten Anahmen W_1 zu einer solchen Deutung kommen lassen. Gesucht werden muß nach den *latenten Präsuppositionen*, die geeignet sind, die allgemeine Differenz zwischen wissenschaftlicher Erkenntnisorientierung und administrativer Entscheidungsorientierung für W_1, zumindest im spezifischen Kontext der Drogenpolitik, zum Verschwinden zu bringen.

1.7.4.2 'Aufklärung' als Kompaktformel, die Erkenntnis- und Praxisbezug zur Deckung bringen könnte

Entsprechende Hintergrundannahmen lassen sich erneut aus der Strukturexplikation des behaupteten "Dumm-stell-Reflexes" ableiten. Aus dieser Charakterisierung der Haltung der Verwaltungsangehörigen ging hervor, daß die Administration (nach Meinung von W_1) über die Kenntnis zumindest einiger potentiell wirksamer Interventionsmöglichkeiten bereits verfügt, dies aber verschweigt, weil Restriktionen - welcher Art auch immer - deren Durchführung entgegenstehen. Nicht die Entwicklung neuer Strategien zur Bekämpfung illegalen Drogenkonsums wäre unter diesen Voraussetzungen die unbedingt vordringliche Aufgabe. Auch diese könnten ja wiederum an den gegebenen Restriktionen scheitern. Unter praktischen Gesichtspunkten dringlicher könnte es erscheinen, *die Restriktionen aufzudecken*, die eine wirksame Drogenpolitik verhindern, um diese Hindernisse dann beseitigen oder umgehen zu können.

Als ein mögliches *allgemeines Modell* einer solchen Verknüpfung zwischen theoretischem Wissen und praktischen Handlungsmöglichkeiten, bei dem die Aufdeckung von "Hintergründen" und die Entwicklung theoretischer Deutungen unmittelbar 'praxisrelevant' erscheinen, kann das Modell psychoanalytischer Therapie bzw. ein dazu analog gebautes gesellschaftstheoretisch inspiriertes Konzept der *praktisch folgenreichen Aufklärung* durch sozialwissenschaftliches Wissen angesehen werden:[71] Soziale Mißstände können demnach unter entsprechenden Voraussetzungen - wie individuelle Fehlleistungen in der Psychoanalyse - als Symptome eines dahinter verborgenen Konfliktes gedeutet werden.

Dieser Konflikt besteht im Falle individueller Pathologie zwischen unvereinbaren psychischen Strebungen, deren einer Teil bewußt und vom betroffenen Subjekt akzeptiert, deren anderer Teil dagegen mit negativen Vorstellungen verknüpft ist und durch psychische Abwehrstrategien unterdrückt wird, so daß der Konflikt insgesamt latent bleiben kann. Bei sozialen 'Pathologien' besteht dieser Konflikt zwischen allgemein anerkannten Interessen einerseits und entgegenstehenden partikularen, dem Blick der Öffentlichkeit entzogenen Interessen andererseits. Durch die Kaschierung der partikularen Interessen gelingt es hier ebenfalls, den Konflikt latent zu halten.

---

71 Ein vergleichbarer, am Modell psychoanalytischer Therapie orientierter Begriff von Aufklärung und eine darauf bezogene praktische Funktionsbestimmung "reflexiver" (sozial)wissenschaftlicher Theorien findet sich in elaborierter Form bei Habermas. Vgl. z.B. Habermas 1971b, S.33-45.

Als Hauptaufgabe einer erfolgreichen 'Therapie' erscheint im Falle psychischer wie sozialer Pathologien die Aufdeckung des verborgenen Konfliktes, der den pathogenen Symptomen jeweils zugrunde liegt. Mit der Aufdeckung der latenten Bestrebungen bzw. Interessen werden die Widersprüche manifest und können durch bewußte bzw. kommunikative Bearbeitung bewältigt oder gar aufgelöst werden. Bezogen auf soziale Mißstände würde dies heißen, daß die konfliktverursachenden partikularen Interessen in der *öffentlichen Kommunikation* identifiziert und ihrer politisch wirksamen Macht beraubt werden. Problematisch und infolgedessen detaillierter Klärung bedürftig erscheint nach diesem Modell nicht, mit welchen direkten Mitteln angestrebte Sachziele erreicht werden können. Durch Erforschung, Veröffentlichung und Anprangerung auszuschalten sind vielmehr in erster Linie die widerständigen und illegitimen Interessen, die der Ergreifung der tauglichen und im Prinzip bekannten (oder schnell zu entwickelnden) Maßnahmen entgegenstehen. Forschung, die in *diesem* Sinne auf die Aufdeckung von "Hintergründen" ausgeht, kann demnach in der Form von *Aufklärung* unmittelbar praktisch werden.

Inwieweit dieses allgemeine Modell der Nutzung sozialwissenschaftlichen Wissens durch die Darstellung von W_1 in allen Einzelheiten erfüllt wird, kann hier noch nicht entschieden werden.[72] Offen muß an dieser Stelle noch bleiben, welcher Art die vermuteten Restriktionen sind, denen die Drogenpolitik in der Wahrnehmungsperspektive von W_1 unterliegt (d.h., ob es sich dabei wirklich um partikulare Interessen handelt) und worin W_1 die praktische Bedeutsamkeit der angestrebten Untersuchung gesellschaftlicher Hintergründe sieht (d.h., ob damit tatsächlich in erster Linie die Aufklärung der Öffentlichkeit beabsichtigt wird).

Verwenden wir dieses Modell zunächst hypothetisch und tragen darin die wesentlichen Daten unseres Falles ein, so gewinnt der Konflikt zwischen den Wissenschaftlern und der Verwaltung (jener "typische Konflikt, wenn es darum geht, daß Hintergründe sichtbar werden"; vgl. 14 W_1, Zeile 13-15), die folgende Struktur: Um die latenten Handlungsrestriktionen aufzudecken und zu entmächtigen bzw. zu umgehen, die wirksame Maßnahmen zur Bekämpfung des Drogenproblems blockieren, müssen die sozialen Hintergründe dieses Problems erforscht werden. Welche Maßnahmen dann zu ergreifen sind, ist eine Frage, für die zumindest einige sinnvolle Lösungsvorschläge bereitliegen, deren Ausführung unter den gegebenen Umständen unmöglich ist. Die Administration kennt diese Vorschläge (zu-

---

72 Der Status dieses Modells ist der eines allgemeinen Strukturtyps, der - darin einem Weber'schen Idealtypus vergleichbar - der weiteren Deutung die Richtung weisen kann. Dabei ist festzuhalten, daß das *bisherige Datenmaterial* die Grundlage für die Selektion bzw. Konstruktion dieses Strukturtyps bereitstellte, dessen mehr oder weniger vollständige Erfüllung durch die Daten Gegenstand weiterer Prüfung ist. - Mit der Wahl dieses Strukturtyps als Bezugspunkt für die weitere Interpretation wird zugleich eine allgemeine *Stufe der Generalisierung* betreten: Er enthält eine Antwort auf das *allgemeine Problem*, wie sozialwissenschaftliches Wissen praktisch angewendet werden kann. Die von W_1 berichtete Haltung der Wissenschaftler gegenüber der Administration wird so in den Kontext der allgemeinen Frage nach den Nutzungsmöglichkeiten sozialwissenschaftlichen Wissens eingerückt. Wie schon die oben vorgenommene Explikation sozialer *Handlungs*strukturen, die in den Äußerungen von W_1 objektiv ihren Ausdruck finden, bewegt sich damit auch die Explikation des *Deutungshintergrundes* auf unterschiedlichen Generalisierungsstufen einer *Problemstufenhierarchie*.

mindest teilweise) und weiß mehr über die Hintergründe des Drogenproblems, zu denen auch die blockierenden Restriktionen gehören, als sie offenlegt. Sie tut dies (u.a.), weil sie dem Einfluß dieser Beschränkungen mit unterworfen ist und taugliche Maßnahmevorschläge, die damit konfligieren, deshalb nicht umsetzen kann oder will. Wenn die Verwaltung also nach praktischen Vorschlägen zur Drogenbekämpfung fragt und die Erforschung seiner sozialen Hintergründe als dafür irrelevant abtut (vgl. 14 W_1, Zeile 11-13), dann stellt sie sich dümmer als sie ist ("Dummstell-Reflex") und beteiligt sich zugleich aktiv an der Verschleierung derjenigen Hemmnisse, die der effektiven Bekämpfung des Drogenproblems entgegenstehen.

Bei dieser unterstellten Konfliktstruktur könnten sich die Wissenschaftler nicht nur berechtigt, sondern - sofern sie ihrem allgemeinen Auftrag, relevantes Wissen für die Problembearbeitung zu erzeugen, in ähnlicher Weise ernst nähmen, wie z.B. ein Arzt, der sich aus berufsethischen Gründen gehalten sieht, auch gegen den ausdrücklichen Wunsch eines Patienten eine korrekte Diagnose zu stellen[73] - sogar *professionell verpflichtet* fühlen, von der Verwaltung artikulierte Wünsche bezüglich der Projektdurchführung zurückzuweisen, wenn sie mit der intendierten Aufdeckung der sozialen Hintergründe illegalen Drogenkonsums nicht zu vereinbaren sind. Positionsneutrale Verständigungsbereitschaft wäre dann unangebracht. Unter Voraussetzung der oben skizzierten Anforderungen und Strukturmerkmale professionellen Handelns angemessen erschiene es statt dessen, die eigenen Forschungsziele - sei es mit den Mitteln argumentativer Überzeugung oder strategischen Handelns - so weit als möglich durchzusetzen.[74]

---

[73] Was nicht heißt, daß er diese Diagnose dem Patienten unbedingt in allen Einzelheiten mitteilen muß. Eine solche Mitteilung kann geradezu kontraindiziert sein, wenn dadurch psychische Reaktionen zu erwarten sind, die den Krankheitsverlauf negativ beeinflussen könnten.

[74] Die Art der Darstellung des "Konfliktes" zwischen den Wissenschaftlern und den Verwaltungsangehörigen bzw. seiner Auflösungsmöglichkeiten in 14 W_1 entspricht dieser hypothetischen Explikation:
14 W_1, Zeile 13-16: 13 ... Aber dieser typische Konflikt, wenn es darum geht, eine Fragestellung
14 tatsächlich so aufzurollen, daß Hintergründe sichtbar werden. Ich meine, das ist ein schwieri-
15 ges Geschäft, und das ist auch nur durch Diskussionen einzulösen, durch ein offenes Verfah-
16 ren. Sonst geht es nicht.
Der angesprochene Konflikt wird nicht dargestellt als Folge des Aufeinandertreffens gegensätzlicher, aber prinzipiell gleichberechtigter Perspektiven. Genannt wird nur sein unmittelbarer Anlaß aus der Sicht der Wissenschaftler: ihr Versuch, "Hintergründe sichtbar" zu machen. Auch in der Fortführung seiner Äußerung klammert W_1 die Perspektive der Administration, die er doch unmittelbar zuvor (Zeile 11-13) noch paraphrasierte, aus. Das "schwierige Geschäft", das nur über den Weg der Diskussion erfolgreich abgewickelt werden kann, ist die intendierte Aufdeckung von Hintergründen. Daran läßt die sprachliche Form der Aussage keinen Zweifel. Nicht die Vermittlung zwischen dem Erkenntnisinteresse der Wissenschaftler und der spezifischen Maßnahmeorientierung der Administration ist demnach beabsichtigt. Vielmehr soll die Administration veranlaßt werden, ihre Wünsche hintanzustellen und sich gegenüber den Zielsetzungen der Wissenschaftler aufgeschlossen zu verhalten. Die Forderung nach einem "offenen Verfahren" bedeutet also vor allem, daß *die Verwaltung* sich 'öffnen', d.h. ihren Standpunkt zur Disposition stellen soll.

1.7.4.3 Das Bild von der Verwaltung als mögliche Rechtfertigung der eigenen strategischen Handlungsorientierung

Wesentliche Elemente der vorgetragenen Bedeutungsexplikation der Darstellung von W_1 konnten bisher nur als Vermutungen vorgetragen werden. Dies gilt vor allem für die genaue Struktur jenes "Dumm-stell-Reflexes", den W_1 als Grundlage der Reaktion der Verwaltungsvertreter annimmt und aus dem eine Rechtfertigung des eigenen strategischen Verhaltens gegenüber der Verwaltung abgeleitet werden könnte. In der an 14 W_1 direkt anschließenden Äußerung werden die wichtigsten Unterstellungen, die in diese Charakterisierung des Verhaltens der Verwaltung eingehen, von W_1 selbst *expliziert* und dabei vor allem diejenigen Restriktionen genannt, denen seines Erachtens die Drogenpolitik der Administration unterworfen ist. Anhand dieser Äußerung kann deshalb die Triftigkeit der bisherigen Interpretation geprüft werden:

15 Int:
1   Ja und wo, würden Sie sagen, liegen da die eigentlichen Widerstände, hat man generell was ge-
2   gen Reflexion oder hat man gegen soziologische Reflexion was, oder was sind die Probleme? Ist
3   es schierer böser Wille?"

16 W_1:
1   Nein, nein, das glaube ich nicht. Ich glaube auch, daß da die Einsicht weiter gediehen ist, als
2   das tatsächliche Handlungsvermögen. Ich glaube, das sind zum Teil Wahlgesichtspunkte und
3   rein politisch-pragmatische Gesichtspunkte, die dann einfach ein 'Halt' erzwingen. Wenn man
4   die Fragestellung wirklich in einem größeren Rahmen sieht, dann kommen da Widersprüche
5   auf, die dann ans Mark gehen. Was ist mit dem Alkoholismus, was ist mit der Interessenverfil-
6   zung, mit der Verfilzung von staatlichen Interessen und Steuerpolitik und - oder wie ist, wenn
7   man es ganz global sieht, mit der Verflechtung von Waffengeschäften im internationalen Maß-
8   stab? Wie hängt da die Bundesrepublik drin mit Waffengeschäften im vorderen Orient und dem
9   hinteren Orient, Afghanistan, Pakistan, Türkei, Persien. Ich meine, das ist natürlich in dem Ge-
10 spräch nicht so gewesen, aber wenn man das sich jetzt so fortsetzt, dann kommt man auf diese
11 Verflechtungen, und die werden natürlich ungern zugegeben, da ist Eis."

Genannter Erklärungsgrund für die zuvor erwähnte ablehnende Haltung der Administration gegenüber der Erörterung der gesellschaftlichen "Hintergründe" des Drogenproblems ist die Begrenztheit ihrer Handlungsmöglichkeiten, die nicht so weit reichen, wie die vorhandene Einsicht. Der Administration wird damit zugebilligt, über mehr *handlungsrelevantes* Wissen zu verfügen, als ihre Drogenpolitik, aber auch ihre Haltung gegenüber den Wissenschaftlern (die in 14 W_1 deshalb mit dem Prädikat "Dumm-stell-Reflex" belegt wurde), vermuten lassen könnte. Bei der Aufzählung der Beschränkungen, die es der Verwaltung unmöglich machen, einsichtsgemäß zu handeln, werden "Wahlgesichtspunkte" und "politisch-pragmatische Gesichtspunkte" eher am Rande erwähnt ("... das sind zum Teil ...") und nicht weiter expliziert. Demgegenüber liegt der Schwerpunkt auf bestehenden oder vermuteten politisch-ökonomischen *Interessenverflechtungen* und daraus resultierenden "Widerspüchen":

"Wenn man die Fragestellung wirklich in einem größeren Rahmen sieht, dann kommen da Widersprüche auf, die dann ans Mark gehen." (16 W_1, Zeile 3-5).

In diesem Äußerungsteil, welcher die anschließende Aufzählung von Interessenverflechtungen eröffnet, wird die Offenlegung gravierender "Widersprüche" als notwendige Folge einer umfassenden Beantwortung der projektleitenden "Fragestellung" interpretiert. Unter "Widersprüchen" kann dabei die Unvereinbarkeit zwischen theoretischer Einsicht und faktischem Handeln der Administration, wie auch die Unvereinbarkeit ihres Handelns in verschiedenen Teilbereichen (z.B. die unterschiedliche Reaktion gegenüber Alkoholmißbrauch und Cannabiskonsum) verstanden werden. Daß diese "Widersprüche" W_1 zufolge "ans Mark gehen", impliziert die Stellungnahme, daß solche Widersprüche nicht sein dürften, es also notwendig wäre, sie zu vermeiden bzw. zu beseitigen. Als Hintergrund solcher "Widersprüche" werden im folgenden ökonomische Interessen des Staates genannt, welche sich gleichermaßen in der staatlichen Steuerpolitik, wie in vermuteten Verwicklungen der Bundesrepublik in internationale Waffen- und Drogengeschäfte niederschlagen. Diese Interessen kollidieren mit den Erfordernissen einer sachgemäßen, dem Kenntnisstand der Administration entsprechenden Drogenpolitik.

"Ans Mark gehen" können derartige Widersprüche im folgenden Sinne: Ein so begründeter Konflikt müßte von der Administration latent gehalten werden, weil die konfligierenden Interessen nicht gleichermaßen Legitimität für sich beanspruchen können und ein Kompromiß zwischen diesen Interessen deshalb ebenfalls kaum legitimiert werden könnte. Kann gezeigt werden, daß die offizielle Drogenpolitik auf einem solchen Kompromiß beruht, dann ist damit nicht nur die Legitimationsbasis der Drogenpolitik, sondern die Glaubwürdigkeit der dafür politisch Verantwortlichen insgesamt in Frage gestellt. Darüber hinaus kann die Position jedes Verwaltungsangehörigen, der an der Stabilisierung eines solchen Kompromisses qua formaler Zuständigkeit beteiligt ist oder zu sein scheint, schnell ins Zwielicht der Helfershelferschaft geraten: *Loyalitätsverpflichtungen* und das *Interesse an positiver Selbstdarstellung*, so könnte vermutet werden, stehen deshalb der offenen Thematisierung dieser Widersprüche entgegen und erklären, warum sie "ungerne zugegeben" werden.

Die bis hierher versuchte Paraphrase und Explikation von 16 W_1 zeichnet das Bild einer drogenpolitischen Administration, die - insbesondere angesichts der überwältigenden Macht politisch-ökonomischer Interessen - gezwungen ist, wider die eigene bessere Einsicht zu handeln, die aber im Dienste der Legitimitätssicherung, aus der Verpflichtung zur Loyalität und im Interesse positiver Selbstpräsentation eine Thematisierung dieser Restriktionen abwehren muß. Auf eine offene Diskussion der gesellschaftlichen Hintergründe des Drogenproblems kann die Administration sich daher nicht einlassen. Wegen des beschränkten Handlungsspielraumes wären so eventuell zu gewinnende Erkenntnisse für die Verwaltung ohnenhin kaum umsetzbar.

Mit dieser Interpretation kann das Verhalten der Administration gegenüber den Wissenschaftlern, wie es in 14 W_1 beschrieben wurde, in Übereinstimmung mit der bisher formulierten Deutungshypothese erklärt werden als habitualisierte strategische Reaktion ("Dumm-stell-Reflex") auf die Bedingungen ihrer Handlungssituation: Vorhandene "Einsichten", deren praktische Realisierung durch die Beschränktheit der eigenen Handlungsmöglichkeiten unmöglich gemacht wird, werden nicht preisgegeben, um die Inkonsistenzen und Widersprüche der Drogenpolitik zu überdecken. Dem Versuch, gesellschaftliche Hintergründe offenzulegen, wird mit der Behauptung seiner praktischen Irrelevanz begegnet - ("na ja, das ist ganz schön und gut als Reflexion und als allgemeiner Rahmen für eine Überlegung, aber das hilft uns ja nicht weiter'") - ohne die handlungsrestringierenden Faktoren und Interessenverflechtungen zu nennen, welche die Übersetzung von Erkenntnissen in Entscheidungen und Maßnahmen verhindern. Auf diese Weise fungiert die Verwaltung als Instanz der Verschleierung und indirekter Erfüllungsgehilfe illegitimer Interessen, die der Beeinflussung durch die Verwaltungsangehörigen entzogen sind und deren Handlungsspielraum beschränken.

Insofern diese Grenzen vorgegeben sind, können die Mitglieder der Administration für die offizielle Drogenpolitik subjektiv jedoch kaum verantwortlich gemacht und als vorsätzliche Agenten dieser Interessen betrachtet werden. Als potentielle Kooperationspartner sind die Verwaltungsangehörigen daher nicht prinzipiell diskreditiert. Vorsicht ihnen gegenüber erscheint gleichwohl geboten, strategisches Verhalten der Wissenschaftler im Konfliktfalle kann dadurch gerechtfertigt werden.

1.7.4.4 Das Bild von der Verwaltung als erfahrungsunabhängige Prämisse des aufklärerisch-politischen Modells der Verwendung sozialwissenschaftlichen Wissens

Bei diesen von W_1 unterstellten Annahmen über die Gründe des Verhaltens der Verwaltung handelt es sich jedoch offensichtlich um eine Konstruktion, die kaum noch in realem Zusammenhang mit den zu erklärenden Interaktionserfahrungen steht, wie aus dem letzten Satz von 16 W_1 hervorgeht:

> "Ich meine, das ist natürlich nicht so gewesen, aber wenn man sich das jetzt so fortsetzt, dann kommt man auf die Verflechtungen, und die werden natürlich ungerne zugegeben, da ist Eis."

Da die genannten "Verflechtungen" im Gespräch mit der Verwaltung nicht thematisiert wurden, kann deren Verhalten nicht mit dem Anspruch fallspezifischer empirischer Evidenz auf die explizierte Weise erklärt werden. Was zunächst ein Erklärungsversuch dieses Verhaltens zu sein scheint, erweist sich so als *Ausformulierung allgemeiner Hintergrundannahmen*, deren Inhalt von dem Gehalt der zu erklärenden Interaktionserfahrungen unabhängig ist. Gleichwohl wird durch den redepragmatischen Kontext von 16 W_1 (die Frage des Interviewers und die ihr vorausgegangene Beschreibung der Gespräche mit der Verwaltung in 14 W_1) suggeriert, daß diese Annahmen auch zur Erklärung dieses Verhaltens geeignet seien.[75]

Mit der Betonung der restriktiven Wirkung von Interessenverflechtungen, die im Widerspruch zu den offiziell deklarierten bzw. vernünftigerweise anzustrebenden Zielen der Drogenpolitik stehen und deren Thematisierung unerwünscht ist, erfüllte die Darstellung von W₁ explizit ein wichtiges Voraussetzungselement des oben skizzierten *allgemeinen Modells der politischen Nutzung sozialwissenschaftlichen Wissens*: Als Haupthemmnis einer wirksamen Drogenpolitik erscheinen *partikulare Interessen*, die der Durchführung erfolgversprechender Bekämpfungsmaßnahmen entgegenstehen. Bekämpfung dieser 'Widerstände' auf dem Wege öffentlicher Thematisierung des zugrunde liegenden Konfliktes wäre die in praktischer Analogie zum psychoanalytischen Therapiemodell zu ziehende Konsequenz, um ein administratives Handeln zu ermöglichen, das den proklamierten politischen Zielen entspricht. *Aufklärung der Öffentlichkeit* müßte demnach die vordringliche Aufgabe sein, der sozialwissenschaftliche Forschung zu dienen hätte, wenn sie zur praktischen Realisierung angemessener drogenpolitischer Maßnahmen beitragen wollte.

Wie eine spätere Interviewäußerung von W₁ zeigt, mit der unsere Interpretation abgeschlossen werden soll, bewegt sich seine Darstellung folgerichtig innerhalb dieses Modells. Gefragt nach den Folgen lebensweltlicher Beschreibungen von Drogenkarrieren (deren Anfertigung er zuvor als vordringlichen Forschungsbeitrag der Soziologie zur Lösung des Drogenproblems genannt hatte) für die Drogentherapie bzw. die Drogenpolitik, antwortet er:

32 W₁:
1 Ich glaube, man kann das nicht sehr hoffnungsvoll sehen und nicht mit sehr großen Ansprüchen
2 überfrachten. Ich glaube, wenn es gelingt, eine Realität richtig zu beschreiben und das an die Öf-
3 fentlichkeit zu bringen, daß die Widersprüche, in der die Drogenpolitik befangen ist, die Drogen-
4 politik und die Drogentherapie und die Wissenschaft über Drogen andererseits, daß diese Wider-
5 sprüche durchsichtig werden, dann ist der Beitrag der sozialwissenschaflichen Analyse geleistet.

33 Int: Die öffentliche Thematisierung als die Politik direkt?
34 W₁:
1 Ja, würde ich sagen. Weil, die Politik kann man, wenn es das überhaupt so als Block gibt, nur
2 durch Druck dazu bringen, die Sachen einzusehen, auf einem Umweg. Wenn sie selbst dazu ge-
3 zwungen wird, auf veränderte öffentliche Sichtweisen oder Wahrnehmungen selbst zu reagieren.
4 Aber das selbst in Bewegung zu setzen, da würde ich skeptisch sein.

---

75 Vgl. dazu auch die Anschlußäußerung im Fortgang des Interviews:
17 Int: Liegt es daran, daß die ungern zugegeben werden, oder liegt es daran, daß -
18 W₁:
1   - daß sie auch nicht verändert werden können von dem jeweiligen Referenten in seiner Po-
2 sition. Sicher, das ist ja klar, es ist ja immer ein Geschäft mit mehreren Unbekannten, und der
3 Experte nimmt sich da die Freiheit, Dinge anzusprechen, die er ansprechen kann, weil er ent-
4 bunden ist an tatsächlichem Handlungszwang. Er muß sich ja nicht einlassen. Und so ein Refe-
5 rent in einem Ministerium, der muß das umsetzen und ist dann gebunden an einen Rahmen, der
6 definiert ist durch die Mißpolitik und die Fehlschläge und durch diese ganze Misere der Drogen-
7 politik, die gescheitert ist an allen Ecken und Enden und immer wieder scheitert, und vielleicht
8 seinem persönlichen Goodwill und seinem besseren persönlichen Wissen. - Ich meine, das ist ja
9 auch so die Konstellation bei dem ... (genannt wird hier der Verwaltungsangehörige, der für das
10 von W₁ u.a. durchgeführte Projekt zuständig war, W.L.S.). Der hat tatsächlich besseres Wissen
11 gehabt als das, was er dann umsetzen konnte.

1.7 ZWEITES ANALYSEBEISPIEL: KOOPERATIONSPROBLEME

Aufklärung der Öffentlichkeit, um die politischen Instanzen durch deren Druck zu veränderten Reaktionen zu veranlassen, wird als praktisch-politisches Ziel der eigenen Forschung genannt. Welche Maßnahmen zu ergreifen sind, scheint sich von selbst zu verstehen. Als problematisch erscheint allein deren *politische Durchsetzbarkeit*. Dazu durch *öffentliche Aufklärung* beizutragen gilt als primäre praktische Nutzungsmöglichkeit sozialwissenschaftlicher Forschungsergebnisse.[76]

Unter diesen Voraussetzungen konnte es kaum zu einer Kooperation mit den Verwaltungsangehörigen kommen. Wenn W_1's Darstellung zutrifft, dann war der Konflikt zwischen den Wissenschaftlern und der Verwaltung wesentlich *politischer* Art. Praktische Intention (oder zumindest: praktische Rechtfertigung) ihres Forschungszieles, gesellschaftliche Hintergründe des Drogenproblems aufzudecken, war demnach die mittelbare Unterstützung von Maßnahmen, die - nach eigener Vermutung - den Handlungsspielraum der Administration überschritten. Demgegenüber waren die Administrationsvertreter ihrer Rolle entsprechend an Maßnahmevorschlägen interessiert, die im Rahmen ihrer Handlungsmöglichkeiten lagen. In den Kriterien der Erfolgsbewertung bestand somit keine Übereinstimmung. Ein dergestalt *politisiertes professionelles Engagement* trat deshalb in Gegensatz zu den Informationswünschen des administrativen Auftraggebers. Weil dieser es versäumt hatte, seine Wünsche zum verbindlichen Bestandteil der Vertragsvereinbarungen zu machen (vgl. die Rolle des Exposés), war er nun auf den guten Willen der Wissenschaftler angewiesen. Die von W_1 dargestellte Haltung der Wissenschaftler gegenüber der Administration erscheint als *intern konsistenter Ausdruck professioneller Gemeinwohlbindung* vor dem Hintergrund eines allgemeinen Modells der politisch-aufklärerischen Verwendung sozialwissenschaftlichen Wissens zur Mobilisierung der Öffentlichkeit und des damit verbundenen 'Gesellschaftsbildes', das die Beschränkung der politisch-administrativen Interventionsmöglichkeiten durch latente partikulare Interessen annimmt. Die darin unterstellte positionsbedingte Befangenheit der Verwaltungsmitglieder läßt es generell als legitim erscheinen, daß die analogen Restriktionen nicht unterworfenen Wissenschaftler soweit wie irgend möglich versuchten, die Konditionen ihrer Arbeit und der Kooperation mit der Verwaltung allein zu bestimmen. Dem zuwiderlaufende Wünsche und Steuerungsversuche der Verwaltung konnten en bloc als Indiz für die Existenz dahinter verborgener illegitimer Interessen interpretiert und entsprechende Versuche der Einflußnahme seitens der Verwaltung deshalb auch mit strategischen Mitteln abgewehrt werden.

---

76 Daß diese Orientierung auch für die Jahre zurückliegende Arbeit im Auftrag der Administration schon galt, kann aus den später genannten Adressaten der Ergebnisse dieser Arbeit geschlossen werden:
73 Int:
1 Was sind die wichtigsten Adressen für soziologische Drogenforschung, wenn sie publizieren.
2 Was haben Sie gedacht, als Sie - welches Urteil war das wichtigste?
74 W_1:
1 Wir haben an die Öffentlichkeit gedacht, wenn man das so sagen kann, also an interessierte,
2 kritische Öffentlichkeit, an Lehrer, Drogenberater, Leute, die in der Sozialarbeit mit Drogen zu
3 tun haben, an Schüler, Studenten, Pädagogik- und Sozialarbeitsstudenten und eben diese breite
4 amorphe Schicht der Öffentlichkeit ... .

1.7.5 Zusammenfassung der Interviewinterpretation

Überblick über die wichtigsten Stufen der Fallanalyse:

Untersuchungsebene	Ordnung der Problemstufen	
Profess. Handeln als generalisierter Handlungstyp	Problem der *Nichtstandardisierbarkeit der Qualitätskontrolle* ↑	
Vergleichstypen profess. Handelns		Lösung des Problems der *Koordination profess. Engagements mit Klienteninteressen über institut. Erfolgskriterien* profess. Handelns bei Ärzten u. Anwälten
wissenschaftliches Handeln als profess. Handeln	*Engagement für profess. Ziele* (abweichend vom ökonom. Tauschmodell) als Lösungsbeitrag zum Problem der Nichtstandardisierbarkeit der Qualitätskontrolle	*Fehlende institut. Lösung des Koordinationsproblems;* daher Verschiebung der Lösung auf die Ebene der Interaktion
Handlungskontext des Einzelfalles	*Ausgangssituation d. Analyse:* Kooperationsverweigerung d. Wissenschaftler durch Berufung auf ihr Exposé als Vertragsgrundlage	Anscheinend *keine* konsensuelle Lösung des *Koordinationsproblems* durch Aushandlung d. Forschungsziele vor Auftragsvergabe
Deutungskontext des Einzelfalles		Problem d. *Inkonsistenz mit d. Gemeinwohlbezug profess. Handelns*; Auflösung durch folgende *Präsuppositionen*: (a) Auftraggeber vertritt bzw. deckt spezifische illegitime Interessen; seinen Wünschen zu folgen *widerspräche daher d. Gemeinwohlverpflichtung* profess. Handelns
generalisiertes Deutungsmodell		(b) Alternatives *Modell d. polit.-aufklärerischen Nutzung sozialwiss. Wissens* unter Bedingungen einer von *partikularen Interessen beherrschten politischen Sphäre* als *Erfüllung des Gemeinwohlbezuges* profess. Handelns

Die Auslegung begann mit einer skizzenhaften Rekonstruktion der fallspezifischen Problemsituation aus den Interviewmitteilungen von W_1. Die von W_1 dargestellte Beziehungsstruktur (Verweigerung der Kooperation durch die Wissenschaftler, um eigene Forschungsziele durchzusetzen) wurde dann daraufhin untersucht, welches allgemeine soziale Normalitätsmodell sie objektiv erfüllt. Dabei schied das Modell des primär gewinnorientierten Tausches aus, weil eine seiner zentralen Bedingungen - daß die zum Tausch angebotenen Leistungen für den Anbieter nur als Tauschmittel bedeutsam sind - nicht erfüllt war. Als alternative pragmatische Präsupposition, deren Voraussetzung einsichtig machte, inwiefern die Verletzung des einfachen Tauschmodells als kontextangemessene Realisierung institutionalisierter Handlungsorientierungen zu erklären ist, erwies sich statt dessen der allgemeine Typus *professionellen Handelns*. Das spezifisch auffällige Element in der berichteten Konfliktbeziehung zwischen Wissenschaftlern und Verwaltungsangehörigen - das materiale Interesse der Wissenschaftler an der Gestalt ihres Leistungsangebotes - konnte vor diesem Hintergrund als *Funktionselement eines allgemeinen sozialen Strukturtyps* dechiffriert werden.

Gefragt wurde dann, welche positive Funktion dieses Element im Rahmen professionellen Handelns erfülle. Als Ergebnis konnte festgehalten werden, daß die normative Erwartung eines ausgeprägten materialen Interesses an der eigenen beruflichen Tätigkeit funktionalanalytisch als Antwort auf das allgemeine Problem der *Nicht-Standardisierbarkeit der Erfolgskontrolle* bei professionellen Leistungen, d.h. als Beitrag zur Sicherung hoher Leistungsqualität unter Bedingungen erschwerter Leistungsbewertung und -kontrolle verstanden werden kann. Diese Feststellung galt jedoch nur für die Ebene professionellen Handelns als generalisiertem Typus und die darauf bezogene Ausformung der Nicht-Standardisierbarkeit der Erfolgsbewertung.

Um von dieser generalisierten Problemstufe zur Ebene des untersuchten Einzelfalles zurückzugelangen, mußten zwei Schritte der Respezifikation eingeführt werden: Im ersten Schritt wurde nach den zusätzlichen Bedingungen gefragt, deren Erfüllung erst die hohe Qualität professioneller Leistungen sichert, so wie sie *vom Klienten* gewünscht werden. Dabei zeigte sich, daß dazu die intraprofessionellen Bewertungskriterien mit den Bewertungskriterien des Klienten *institutionell koordiniert* werden müssen. Erfüllt ist diese Bedingung beispielsweise bei Ärzten und Anwälten. Im Rahmen wissenschaftlicher Auftragsforschung dagegen *fehlt* ein zureichender institutionalisierter Koordinationsmechanismus. Sofern das Koordinationsproblem nicht ungelöst bleiben soll, müssen deshalb funktionale Alternativen einspringen. Unter Bedingungen diskontinuierlicher, an universitäre Sozialwissenschaftler vergebener Auftragsforschung, so lautete die These, muß eine Lösung letztlich auf der *Ebene der Interaktion* zwischen den Vertragspartnern gesucht werden. Neben der konsequenten Nutzung aller vertraglichen Bindungs- und Kontrollmöglichkeiten sind zu diesem Zweck gute persönliche Kontakte mit den beauftragten Wissenschaftlern anzustreben, um die prekäre Koordination mittels rechtsgültiger Vereinbarungen durch *Vertrauensbildung* und die Etablierung *informeller Verpflichtungsbeziehungen* zu stützen (vgl. dazu ausführlicher Schneider 1989).

Vor dem Hintergrund dieser Analyse konnte der zweite Respezifikationsschritt eingeleitet werden, der zum Ausgangspunkt - der spezifischen Problemsituation des untersuchten Einzelfalles - zurückführte. Das berichtete Verhalten der Beteiligten wurde zunächst konfrontiert mit den Anforderungen des generellen Strukturtyps professionellen Handelns: Die Verfolgung eigener wissenschaftlicher Ziele auf Kosten des öffentlichen Auftraggebers schien in Widerspruch zu stehen zur Gemeinwohlverpflichtung professionellen Handelns. Um festzustellen, ob dem eine offene Verletzung der institutionalisierten professionellen Anforderungen oder nur eine unerwartete Ausdeutung dieser Anforderungen zugrunde lag, wechselte die Analyse auf die Ebene der *Deutungsmusterrekonstruktion*. Dabei wurde deutlich, wie bestimmte Hintergrundannahmen über die Rolle der Verwaltung in der Drogenpolitik in verein mit einem generalisierten alternativen Modell politisch-aufklärerischer Nutzung sozialwissenschaftlichen Wissens die Interpretation der *professionellen Gemeinwohlverpflichtung* auf eine Weise konditionieren, die mit den Interessen des administrativen Auftraggebers systematisch konfligiert. Die Sinnstruktur des Interviews mit W_1 wurde so entschlüsselbar als fallsypezifischer Ausdruck eines darüber hinausreichenden Problem-Lösungs-Zusammenhanges, der von der Ebene allgemeiner sozialer Handlungsstrukturen bis hin zur Ebene von Deutungsmustern reicht, die auf diese Handlungsstrukturen bezogen sind.[77]

Differenzen zwischen dem allgemeinen sozialen Strukturtyp professionellen Handelns und seiner fallspezifischen Realisierung, wie sie aus unserer Beobachtungsperspektive festgestellt werden konnten, wurden dabei nicht einfach als Abweichung verbucht, sondern jeweils durch die Identifikation deutungsleitender Prämissen aufgelöst, bei deren Voraussetzung ein konsistenter Zusammenhang zwischen objektivem Strukturtyp und untersuchtem Fall herstellbar war. Beide Ebenen konnten so in einer Sequenz von Transformationsschritten miteinander verbunden werden.[78]

---

77 Die vorgetragene Interpretation schließt an die analytische Perspektive des Deutungsmusterkonzeptes an (vgl. Oevermann 1973b und 2001; Neuendorff 1979; Thomssen 1980; Arnold 1983; Dewe/Ferchhoff 1984; Giesen/Schneider 1984; Lüders 1991; Ullrich 1999).

78 Gezeigt werden konnte dadurch, daß die Verweigerung der Kooperation mit der Verwaltung nicht einfach auf die Verletzung professioneller Handlungsnormen zurückgeführt werden kann. Sie fand ihre Begründung gerade in der *Erfüllung dieser Handlungsnormen*. Dies bestätigt die schon früher (vgl. Schneider 2002, Bd.2, S.37ff.) geäußerte These, daß der spezifische Gehalt von Normen nur im Kontext interpretationsleitender Deutungsmuster erfaßt werden kann: Divergierende Deutungsmuster haben u.U. abweichende Normauslegungen und Weisen der Normbefolgung zur Konsequenz. Selbst unter der idealisierenden Voraussetzung totaler Konformität reicht ein gemeinsamer Normenbestand allein daher nicht aus, um abweichendes Verhalten auszuschließen. Dies verweist auf die besondere Bedeutung von Deutungsmusteranalysen für die Untersuchung konfliktärer wie reibungslos koordinierter Verläufe sozialen Handelns. Umgekehrt könnte die relative Invarianz generalisierter normativer Erwartungen gegenüber unterschiedlichen deutungsmusterabhängigen Realisierungsformen als Anzeichen dafür betrachtet werden, daß normative Strukturen als stabiler, restriktiv wirksamer Hintergrund für die Variation von Deutungsmustern fungieren. - Einige klassische Studien aus dem Bereich abweichenden Verhaltens, die allerdings analytisch nicht immer klar zwischen der Ebene deutungsmusterabhängiger Interpretationsregeln und (sozial)psychologisch zu charakterisierenden Abwehrstrategien unterscheiden, könnten als Bestätigung für diese Vermutung gelesen werden (vgl. Scott/Lyman 1968; Sykes/Matza 1957; Matza 1964).

Möglich wurde diese analytische Kopplung nur durch die *Verknüpfung von hermeneutischer Interpretation und funktionaler Analyse*, d.h. von zwei methodologischen Ansätzen, die üblicherweise konkurrierenden Paradigmen zugerechnet werden. Die abstrahierende und respezifizierende Bewegung der Dateninterpretation innerhalb einer *Problemstufenordnung* ermöglichte es dabei, unterschiedliche Stufen der Generalisierung miteinander zu verbinden. Ziel unserer Fallanalyse war es, die Verknüpfbarkeit beider Methoden anhand der Auswertung eines einfachen qualitativen Interviews, d.h. an einem Materialtyp zu demonstrieren, wie er in sozialwissenschaftlichen Forschungsprojekten häufig vorkommt.

Die hier vorgestellte Analyse rekonstruierte ein soziales Deutungsmuster als Manifestation der spezifischen Anforderungen professionalisierten wissenschaftlichen Handelns, das - so meine Vermutung - als *generatives Schema* für die Verfertigung von Situationsdeutungen sowie für die Auswahl von Handlungen bzw. für deren retrospektive Legitimation fungierte. Sie zielte damit auf die Klärung der strukturellen Prämissen der Kommunikation im *Funktionssystem* Wissenschaft.[79]

Dies geschah freilich *nicht* durch die Analyse einer technisch aufgezeichneten und dann verschrifteten Sequenz von Handlungen, sondern anhand des aufgezeichneten *Berichts*, den einer der beteiligten Sozialwissenschaftler über die zurückliegende Kooperation mit der Verwaltung mehrere Jahre nach dem Ende dieser Zusammenarbeit im Rahmen eines Interviews gab. Genau genommen haben wir damit die Deutungsprämissen einer *ex post actu-Rekonstruktion* eines Teilnehmers analysiert, die eingebettet war in einen narrativen Kontext, in dem mit der Darstellung vergangenen Handelns zugleich die Frage nach den Möglichkeiten seiner *Rechtfertigung* im Gespräch mit einem sozialwissenschaftlichen Kollegen aufgeworfen wurde und bearbeitet werden mußte.

Eine derartige Analyse wirft gleich mehrere Probleme auf. Zunächst stellt sich natürlich die Frage nach der Zuverlässigkeit der Erinnerung an die faktisch ausgeführten Handlungen. Dabei geht es nicht nur darum, ob die berichteten Handlungen tatsächlich so passiert sind, sondern vor allem darum, was an potentiell relevanten Handlungen und Ereignissen *nicht* erwähnt worden ist, d.h. um die *Selektivität* der Erinnerung.

Wie oben bereits diskutiert, stellt sich darüber hinaus die Frage nach dem Status der Deutungsprämissen, die aus dem Bericht über die vergangene Interaktion erschlossen wurden. Aufgerufen in der retrospektiven Darstellung eigenen Handelns gegenüber einem dritten, haben sie in diesem Kontext zunächst die Funktion der *nachträglichen Plausibilisierung und Rechtfertigung* vergangener Handlungsselektionen. Daß diese Deutungsprämissen auch als *operative Grundlage der Handlungsauswahl* in der berichteten Situation fungiert haben, ist dadurch zwar nicht ausgeschlossen. Es kann aber auch nicht als gesichert unterstellt werden. Unabhängig davon wirft der große Zeitabstand zwischen der Ausführung der berichteten Hand-

---

79 Oder in Anschluß an die Terminologie der Konversationsanalyse formuliert (vgl. Schneider 2002, Bd.2, S.73f.): Sie untersuchte die Orientierungsgrundlagen eines funktionsspezifischen *"Aktivitätstyps"*.

lungen und dem Bericht darüber im Interview die generelle Frage nach der Stabilität der Deutungsprämissen auf.[80]

Die genannten Schwierigkeiten können leicht umgangen werden, wenn Protokolle der Handlungen zur Verfügung stehen, deren Auswahl erklärt werden soll. Aus diesem Grund ist die Analyse direkt protokollierter Handlungssequenzen, sofern derartiges Datenmaterial zugänglich ist, der Analyse von Interviewaussagen vorzuziehen. Die *Konversationsanalyse*, mit der wir uns später noch beschäftigen werden, arbeitet u.a. auch deshalb ausschließlich mit direkt protokollierten Handlungssequenzen.

Nachdem wir sowohl auf begrifflicher Ebene wie auch an Beispielen gesehen haben, wie Hermeneutik und funktionale Analyse auf der Grundlage des ihnen gemeinsamen Analyseschemas von Problem und Problemlösung miteinander verknüpft werden können, bleibt zu klären, warum beide Methoden üblicherweise immer noch als inkompatibel miteinander angesehen werden. Um diese Frage zu klären, müssen wir uns mit der Position von Jürgen Habermas auseinandersetzen, der als profiliertester Vertreter der Inkompatibilitätsthese gelten kann. Ähnlich wie schon Luhmann für die funktionalanalytische Methode und die Systemtheorie, stellt auch Habermas eine enge Verbindung zwischen Methodologie und Gesellschaftstheorie her. Diese Verknüpfung gilt es zunächst zu untersuchen.

1.8 Theorie und Methode und die Reduktion hermeneutischen Verstehens auf das Verstehen subjektiv-intentionalen Sinns bei Habermas

Habermas (1981) deutet die moderne Gesellschaft bekanntlich als ein Gebilde, das differenziert ist in zwei unterschiedliche Sphären: die Sphäre der *Lebenswelt* und die Sphäre der ausdifferenzierten *Funktionssysteme* (vgl. dazu Schneider 2002, Bd.2, S.208ff.). Die adäquate Analyse der modernen Gesellschaft, so die damit verknüpfte Annahme, erfordert zwei verschiedene Typen von Theorien: nämlich eine Theorie *intentionalen, kommunikativen Handelns* für die Rekonstruktion der Lebenswelt sowie einen *systemtheoretischen Ansatz* zur Analyse der Funktionssysteme, der von dem subjektiven Sinn, den die Akteure mit ihrem Handeln verknüpfen, weitestgehend abstrahiert und sich statt dessen nur für die objektive Bedeutung (=Funktion) interessiert, die soziale Strukturen und Prozesse für die Reproduktion der Gesellschaft haben. Den beiden Dualismen von Lebenswelt und Funktionssystemen bzw. von Handlungs- und Systemtheorie wird als dritte Unterscheidung eine entsprechende Differenzierung der *Methoden* zugeordnet: Während sich die handlungs-

---

80 Zum Stellenwert derartiger Deutungsmuster für die *Strukturierung des Kommunikationsverhaltens*, untersucht am Beispiel einer Expertendiskussion zwischen Sozialwissenschaftlern und Verwaltungsangehörigen, vgl. Schneider 1986. - Eine *Typologie solcher Deutungsmuster* bei Wissenschaftlern und bei Verwaltungspraktikern sowie einige allgemeine Überlegungen zu deren Auswirkungen auf die Kooperation zwischen Wissenschaftlern und Verwaltungsbeamten im Rahmen von Auftragsforschung entwickeln Giesen/Schneider 1984.

theoretische Erschließung der Lebenswelt demnach auf *hermeneutische Methoden des subjektiven Sinnverstehens* stützt, bedient sich die Systemtheorie der Methode der *funktionalen Analyse*.[81]

Der Versuch, die gegenstandsbezogene Unterscheidung zwischen der Lebenswelt und den Funktionssystemen mit der Differenzierung zwischen verschiedenen Theorietypen und Methoden zu koppeln, kommt jedoch nicht ohne problematische Retuschen aus: Zahlreiche Kritiker meinen, daß Habermas dazu der Handlungstheorie ein Element entziehen und es dem Zuständigkeitsbereich der Systemtheorie zuschlagen müsse, dessen Untersuchung bereits bei Weber eng mit dem Begriff des Handelns verknüpft wird, - die *nicht intendierten Folgen* intentionalen Handelns. Vertreter einer reinen Handlungstheorie kommen so zu dem Ergebnis, daß die Verwendung eines Systembegriffs, der nicht auf das Konzept der Handlung zurückzuführen sei, von Habermas nur scheinbar triftig begründet werden könne, weil er dasjenige Element, auf das er die Notwendigkeit zur Verwendung des Systembegriffs stützt, zuvor aus der Handlungstheorie entfernt habe. Erst eine solchermaßen *verstümmelte Handlungstheorie* bedürfe der Ergänzung durch Systemtheorie. Hebe man diese Verstümmelung auf, dann entfalle damit auch die Notwendigkeit zum Gebrauch des Systembegriffs.[82]

Diese Entgegnung auf den Habermas'schen Theorievorschlag kann mittlerweile zum common-sense Wissen in der soziologischen Theoriediskussion gezählt werden. Weniger bekannt ist, daß Habermas *auch die Hermeneutik* einer entsprechenden Umdeutung unterziehen mußte, um sie dem dualistischen Schema seiner Gesamtkonstruktion gefügig zu machen.[83] Zwar blieb auch dies nicht unwidersprochen, wie Gadamers vehement ablehnende Reaktion darauf dokumentiert.[84] In den Sozialwissenschaften ist diese Kontroverse allerdings wenig zur Kenntnis genommen worden mit der Folge, daß dort das allgemeine Bild der geisteswissenschaftlichen Hermeneutik auch heute noch stark durch die Habermas'sche Hermeneutikrezeption geprägt ist. Die Lösung des Junktims von Sinn und subjektiver Intention, wie sie Oevermanns objektive Hermeneutik forciert, wird deshalb - nicht zuletzt von Oevermann selbst - oft als ein Novum in der verstehenden Soziologie wahrgenommen, ohne zu registrieren, wie stark diese Option bereits in der Hermeneutik (und hier insbesondere in der philosophischen Hermeneutik Gadamers) vorgebildet ist.

Um die aus dieser Lage resultierenden Barrieren gegenüber der bisher skizzierten Position aus dem Weg zu räumen, welche die Hermeneutik nicht nur aus der Bindung an den subjektiven Sinnbegriff lösen, sondern sie darüber hinaus mit der Methode funktionaler Analyse sowie der Systemtheorie in einen engeren Kontakt bringen will, möchte ich deshalb die Verkürzungen der Habermas'schen Hermeneu-

---

81 Wie wir unten noch sehen werden, handelt es sich dabei nicht um eine vollständig exklusive Zuordnung.
82 Vgl. exemplarisch dazu Joas 1992, 184ff. sowie einige der Beiträge in Honneth/Joas 1986; siehe auch Schneider 2002, Bd.2, S.246.
83 Die Verengung der Hermeneutik taucht freilich lange vor der Unterscheidung von Lebenswelt und System auf.
84 Vgl. Gadamer 1971. Ich komme unten darauf zurück.

tikrezeption nachzeichnen. Ich beginne dazu mit der Diskussion der methodologischen Position des 'frühen' Habermas.

In dem Buch "Zur Logik der Sozialwissenschaften",[85] das seine Einschätzung der Hermeneutik und die Bestimmung des Verhältnisses von Hermeneutik und funktionaler Analyse im wesentlichen schon enthält, diskutiert Habermas einige grundsätzliche Anforderungen, denen soziologische Theoriebildung zu genügen habe. Ausgehend von der Bestimmung sozialen Handelns "als ein Handeln unter geltenden Normen" (Habermas 1973a, S.165) und der Spezifikation, daß die Soziologie "es nur mit institutionalisierten Werten zu tun" habe, formuliert er die Frage: "Wie sind allgemeine Theorien des Handelns nach institutionalisierten Werten (oder geltenden Normen) möglich?" (Habermas 1973a, S.166). Habermas gibt darauf die folgende Antwort:

> "Die geforderten Theorien müssen Annahmen über den empirischen Zusammenhang geltender Normen gestatten. Dieser Zusammenhang geht einerseits über den subjektiv vermeinten Sinn derjenigen, die unter Normen handeln hinaus; als eine reale Verknüpfung von Normen teilt er aber mit diesen das Moment des Sinnhaften. Der Zusammenhang ist von den handelnden Subjekten nicht intendiert und gleichwohl intentional. Wir können auch sagen, daß der in Regeln und Rollen institutionalisierte Sinn manifest ist, während der Sinn des objektiven Zusammenhanges dieser Rollen latent bleibt" (Habermas 1973a, S.166).

Habermas unterscheidet hier zwischen dem subjektiv vermeinten oder manifesten und dem objektiven oder latenten Sinn, der konstituiert wird durch institutionalisierte Normen (Regeln, Rollen). Als "objektiv" oder "latent" gelten ihm diejenigen Sinnkomponenten, die aus dem "empirischen" Zusammenhang, der "realen" Verknüpfung von Normen resultieren. Habermas beschreibt es als spezifische Leistung des Funktionalismus, den *empirischen* (Sinn-)Zusammenhang von Normen als Elemente sich selbst erhaltender Systeme zu rekonstruieren, in denen sie bestimmte Funktionen erfüllen (vgl. Habermas 1973a, S.170). Die funktionale Analyse bleibt dabei allerdings angewiesen auf die hermeneutische Leistung der Interpretation *sprachlich symbolisierter* Sinngehalte, soweit diese in institutionalisierten Rollen und Normen verkörpert sind (vgl. Habermas 1973, S.176ff.). Umgekehrt kann sprachverstehende Soziologie den Sinnhorizont der Handelnden nicht auf die empirischen Sinnbeziehungen hin überschreiten, die außerhalb ihrer Weltauslegung und ihrer Situationsdeutungen liegen. Die sprachverstehende Soziologie -

> "... erklärt soziales Handeln aus Motiven, die mit Situationsdeutungen des Handelnden selber, also mit dem sprachlich artikulierten Sinn, an dem er sich orientiert, zusammenfallen. Der subjektive Ansatz, gleichviel, ob er phänomenologisch, linguistisch oder hermeneutisch begründet wird, schließt deshalb eine Trennung der beobachtbaren Verhaltenssegmente von den Interpretationen der Handelnden aus" (Habermas 1973a, S.293).

Sofern soziologische Theorie einerseits nicht in einen *"Idealismus der Sprachlichkeit"* (Habermas 1973a, S.289) verfallen will, der glaubt, die Totalität des gesellschaftli-

---

85 1. Aufl. 1967; hier zitiert nach der Auflage von 1973a.

chen Zusammenhanges vollständig aus der Binnenperspektive der kulturellen Überlieferung erfassen zu können, und andererseits objektive Sinnbeziehungen, die über die Grenzen sprachlich symbolisierter Bedeutungen hinausragen, nicht auf den naturalistischen Rahmen reiz-stimulierten Verhaltens reduziert werden sollen, bedarf es demnach der *funktionalen Analyse*.

Die behauptete Blickverengung auf den Bezirk des subjektiv vermeinten Sinnes, die Habermas als notwendige Folge der immanenten Schranken sprachverstehender Wirklichkeitsauslegung begreift, gründet in einer spezifischen Auffassung des Verhältnisses von Sprache und Realität: Sprache sowie sprachlich konstituiertes soziales Handeln ist demnach eingespannt in und abhängig von *faktischen* Zwängen, die sich aus den Bedingungen der materiellen Reproduktion durch gesellschaftliche Arbeit und aus den Imperativen der Sicherung von Herrschaft herleiten. Auf der Seite der Handelnden werden diese Zwänge überführt in ideologisch deformierte Weltdeutungen sowie in Triebversagung und Triebzensur, durch die Motivanteile abgespalten, dem Bewußtsein der Handelnden entzogen und aus dem Bereich des sprachlich symbolisierten Sinns ausgeblendet werden (vgl. Habermas 1973a, S.182f.). Arbeit, Herrschaft und Triebrepression wirken auf die kulturelle Überlieferung ein und bilden zugleich den Rahmen, in dem sie bestimmte Funktionen erfüllt, "ohne daß sie *in* ihr und *als solche* ausgesprochen würden" (Habermas 1973a, S.305; Hervorhebungen im Original).

Der Text, durch dessen Auslegung eine sprachverstehende Soziologie soziale Strukturen und Prozesse freilegen will, scheint demnach entstellt, die deformierenden Gewalten unsichtbar, die hermeneutisch aufschließbaren Bedeutungsgehalte auf die Selbstdeutungen der Akteure beschränkt. Alles, was die Grenzen des manifesten, subjektiv vermeinten Sinnes transzendiert, muß deshalb den Rahmen hermeneutischer Interpretation überschreiten. Die Aufdeckung der herrschaftsstabilisierenden Funktion von *Ideologien* findet hier ebensowenig Platz wie die psychoanalytische Rekonstruktion *verdrängter Motive*:

> "Einerseits stoßen wir auf nicht-triviale Grenzen des Anwendungsbereichs hermeneutischen Verstehens in Fällen, die die Psychoanalyse und soweit es sich um kollektive Zusammenhänge handelt, die Ideologiekritik aufzuklären beansprucht. Beide haben es mit umgangssprachlichen Objektivationen zu tun, *in denen das Subjekt, das diese Lebensäußerungen hervorbringt, seine eigenen Intentionen nicht wiedererkennt*" (Habermas 1971d, S.132; Hervorhebung von mir, W.L.S.).[86]

---

86 Die in dieser Aussage implizierte Behauptung der Bindung hermeneutischen Verstehens an die Möglichkeit, (1) die Intentionen eines Autors bzw. Akteurs zu verstehen und (2) diese genauso zu verstehen, wie dieser sie selbst verstanden hat, steht völlig in der Linie der "romantischen Hermeneutik" (Gadamer), wie sie etwa in der Formel des "Verstehens von bereits Verstandenem" zum Ausdruck kommt. - Daß Habermas diese Auffassung in seiner "Theorie des kommunikativen Handelns" nicht revidiert hat, zeigt das folgende Zitat aus Habermas 1981, Bd.I, S.191, Fußn.214, wo er im Anschluß an Kuhlmann feststellt: "Das Verstehen eines Textes verlangt die Verständigung *mit dem Autor*, der, solange er als zurechnungsfähiges Subjekt gilt, keineswegs ganz objektiviert werden kann. Denn Zurechnungsfähigkeit als die Fähigkeit, sich an Geltungsansprüchen, die auf intersubjektive Anerkennung zielen, zu orientieren, bedeutet, daß *der Autor* gegenüber dem Interpreten ebenso müßte recht behalten, wie er seinerseits aus einer vom Interpreten geübten Kritik an seinen Präsuppositionen grundsätzlich müßte lernen können" (Hervorhebungen von mir, W.L.S.). -
(Fortsetzung...)

Vor diesem Hintergrund deutet Habermas die Freud'sche Metapsychologie als "funktionalistischen Rahmen", der - jeder hermeneutisch angeleiteten Revision unzugänglich - als Interpretationsgerüst fungiert, das es dem Arzt erlaubt, die verstümmelten Mitteilungen des Patienten zu ergänzen und zu einem vollständigen Text zusammenzufügen. Er stellt dabei ausdrücklich fest, daß die funktionalanalytische Verfahrensweise psychoanalytischer Interpretation *nicht* gekoppelt ist an das Modell *adaptiver Systeme*. Statt dessen liegt ihr das Modell eines *individuellen Bildungsprozesses* zugrunde, den die psychoanalytische Metatheorie als eine Serie generalisierter Bezugsprobleme rekonstruiert, die in jeder Biographie durchlaufen und gelöst werden müssen und die dem psychoanalytischen Beobachter zugleich als Interpretationsfolie für die Dechiffrierung des objektiven Sinnes dienen, der sich in den Mitteilungen und Symptomhandlungen des Patienten verbirgt.[87]

Habermas unterscheidet damit ausdrücklich zwischen der funktionalanalytischen Methode und der Theorie grenzerhaltender Systeme, mit der diese Methode bei Parsons und Luhmann verbunden ist. Dem Modell der Psychoanalyse, das an der *Bildungsgeschichte des Subjekts* orientiert ist, stellt er dann programmatisch die Konzeption eines *historischen Funktionalismus* zur Seite, der die Entwicklung der menschlichen Gesellschaft als *kollektiven Bildungsprozeß* rekonstruieren solle. Auf diese Weise setzt er in "Zur Logik der Sozialwissenschaften" seine Vorstellung von

---

86 (...Fortsetzung)
Habermas deutet hier die Interpretation von Texten nach dem Muster der kommunikativen Herstellung eines inter-*subjektiven* Konsenses über Geltungsansprüche. Die Interpretation opaker Äußerungen gilt ihm dementsprechend als Versuch, "die gestörte Kommunikation zwischen dem Autor, dessen Zeitgenossen und uns wieder in Gang zu bringen" (a.a.O., S.191). Hermeneutisches Verstehen wird so reduziert auf die Rekonstruktion und die Bewertung des vom Autor intendierten Geltungssinnes. - Zu dieser Koppelung zwischen Textbedeutung, der Rekonstruktion und Diskussion von Geltungsansprüchen und den subjektiven Sinnvermeinungen des Autors vgl. abschließend die beiden folgenden Zitate: "Der Interpret kann den Bedeutungsgehalt eines Textes nicht verstehen, solange er nicht in der Lage ist, sich die Gründe, die *der Autor* unter geeigneten Umständen hätte anführen können, zu vergegenwärtigen" (a.a.O., S.191; Hervorhebung von mir, W.L.S.). "Nur in dem Maße wie der Interpret *Gründe* einsieht, die die Äußerungen des Autors als *vernünftig* erscheinen lassen, versteht er, was der Autor *gemeint* haben könnte" (a.a.O., S.190; Hervorhebungen im Original!).

87 Vgl. Habermas 1973a, S.300f.; Hervorhebungen von mir, W.L.S.: "Freuds Theorie gibt das Gerüst für eine Erzählung, die die psychodynamische Entwicklung des Kindes von der Geburt bis zur Reife als Ablauf von Handlungen narrativ darstellt. (...) Während der Interpret sein hermeneutisches Vorverständnis am Text erprobt und so lange korrigiert, bis beide 'Horizonte verschmelzen', ... hat Freud in seiner Metapsychologie einen solchen Rahmen der Interpretation ein für allemal festgestellt. (...) Der einmal festgesetzte Rahmen erlaubt solche Korrekturen nicht mehr (sic!). Dafür bietet er den Vorzug eines *funktionalistischen Rahmens*. Die Metapsychologie faßt die Entwicklungsgeschichte als eine gesetzmäßige Folge von Systemzuständen auf, so daß alle lebensgeschichtlichen Variablen in Abhängigkeit vom System im ganzen analysiert werden können. Der *objektiv-intentionale* Zusammenhang der Lebensgeschichte ist freilich *nicht funktionalistisch im üblichen Sinne*. Die elementaren Vorgänge erscheinen nicht unter dem instrumentalistischen Gesichtspunkt der zweckrationalen Mittelorganisation oder des adaptiven Verhaltens von Organismen. Der funktionalistische Zusammenhang wird jetzt vielmehr nach dem Bühnenmodell gedeutet: die elementaren Vorgänge erscheinen als Teile eines Zusammenhanges von Interaktionen, durch die ein 'Sinn' realisiert wird. Diese Art Sinn können wir nicht mit Zwecken gleichsetzen, die durch Mittel verwirklicht werden. (...) Es handelt sich um einen Sinn, wie er sich *durch kommunikatives Handeln* bildet und als lebensgeschichtliche Erfahrung artikuliert: er konstituiert sich im Rahmen von Bildungsprozessen."

einer Anwendung der funktionalanalytischen Methode auf die *Gesellschaft* als Untersuchungsgegenstand vom *systemtheoretischen* Funktionalismus Parsons'scher Prägung explizit ab (vgl. Habermas 1973a, S.305f.).[88] - Die distanzierte Haltung gegenüber der Verbindung von funktionaler Analyse und Systemtheorie als Instrument der Gesellschaftsanalyse revidiert Habermas mit der Einführung des Modells der dualen Konstitution von Gesellschaft als *Lebenswelt und System*, das er in seiner "Theorie des kommunikativen Handelns" ausführlich entfaltet.[89] Dort weist Habermas der Verbindung zwischen funktionaler Analyse und Systembegriff einen zentralen Platz innerhalb seiner eigenen Gesellschaftstheorie zu. Demgegenüber treten die Psychoanalyse und die Ideologiekritik als Anwendungsfelder einer alternativen Konzeption der funktionalen Analyse in den Hintergrund.

Doch kehren wir zurück zum Verhältnis von funktionaler Analyse und hermeneutischer Interpretation. Im Gegensatz zur ursprünglich distanzierten Haltung gegenüber dem Konzept des grenzerhaltenden Systems, die Habermas mit der "Theorie des kommunikativen Handelns" aufgibt, ändert sich seine Position in der Frage der Abgrenzung zwischen diesen Methoden nicht. Hermeneutik scheint weiterhin auf den Bereich *subjektiv intendierten* Sinnes beschränkt. Der funktionalen Analyse wird das Monopol zur Rekonstruktion *objektiver* Sinnzusammenhänge zugeschrieben.

Daß jeder Text dem Interpreten nur das mitteilen kann, was der Autor - sei es explizit oder implizit - schon weiß, dies ist die zentrale Voraussetzung, von deren Triftigkeit es abhängt, inwiefern die von Habermas behauptete Spezialisierung hermeneutischer Interpretation auf subjektiven Sinn besteht. - In einer Antwort auf Habermas bestreitet Gadamer genau diese Voraussetzung, wenn er sagt:

> "Die Wirklichkeit geschieht nicht 'hinter dem Rücken der Sprache', sondern hinter dem Rücken derer, die in der subjektiven Meinung leben, die Welt zu verstehen (oder nicht mehr zu verstehen), und sie geschieht auch in der Sprache" (Gadamer 1971, S.76).[90]

Für Gadamer fällt die Differenz zwischen subjektiv intendiertem und objektivem Sinn nicht zusammen mit der Grenze zwischen sprachlich symbolisierter und außersprachlich determinierter Wirklichkeit, sondern bestimmt sich als Differenz zwischen dem objektiv *in Sprache verkörperten* Sinn und den *Sinnvermeinungen* der Sprechenden. Verstümmelung und Entstellung durch ideologische oder psychopathologische Beeinträchtigungen deformieren nicht den Sinn des Textes, der Gegenstand hermeneutischer Auslegung ist, sondern machen es dem Autor eines Textes, der solchen Beeinträchtigungen unterworfen ist, unmöglich, den wahren Sinn seines

---

[88] Daran erinnert, mit kritischer Wendung gegenüber der späteren Adoption des Systembegriffs durch Habermas, McCarthy 1986, S.206-209.
[89] Habermas arbeitet mit dieser Unterscheidung freilich schon in seinen 1973 erschienen "Legitimationsproblemen im Spätkapitalismus" (1973c). (Die erste Fassung des Bandes "Zur Logik der Sozialwissenschaften", den wir hier in einer Ausgabe von 1973 zitiert haben, erschien - wie schon oben erwähnt - bereits 1967.)
[90] Gadamer bezieht sich hier auf Habermas 1973a (1. Aufl. 1967), S.289.

Textes richtig zu erfassen.[91] Freilich ist damit nicht behauptet, daß die ideologischen Befangenheiten und unbewußten Motive eines Autors aus seinen Äußerungen in vollständig explizierter Form entnommen werden könnten. Diese These besagt vielmehr, daß ein Text mehr verraten kann, als sein Autor sagen wollte und zu sagen wußte, daß er also auch als 'Symptomtext' gelesen werden kann.

'Symptom' meint hier nicht den Hinweis auf eine verborgene Krankheit, sondern jedes Anzeichen für etwas, das im Text nicht explizit mitgeteilt worden ist. Solche Anzeichen weisen über das ausdrücklich Gesagte hinaus. Ihre Bedeutung wird erst dann voll verständlich, wenn das, worauf sie verweisen, expliziert worden ist. Jeder Text ist bezogen auf einen bestimmten Kontext, den er nicht selbst ausspricht, mit dem er nur durch solche Verweisungen verbunden ist. Dieser prinzipiell *indexikalischen Qualität* ist es zuzuschreiben, daß Texte bei intensiver Auslegung *immer auch* als Symptomtexte gedeutet werden müssen. Kontextelemente, deren Explikation erst den Sinn bestimmter Textbestandteile einsichtig macht, sind als *pragmatische Verweisungsbeziehungen* mit dem Text verknüpft. Pragmatische Verweisungen verknüpfen einen Text mit Kontextbedingungen, deren empirische Erfüllung die Voraussetzung für die Angemessenheit des Textes in Relation zu der sozialen Situation ist, in die er eingebettet ist. Diese Verweisungen müssen dem *Autor* eines Textes nicht vollständig bewußt oder bekannt sein und sind dennoch Teil der *Text*bedeutung.

Als Texte, die einer solchen Auslegung zugänglich sind, sind nicht nur schriftliche Dokumente, sondern - unabhängig von ihrer jeweiligen materiellen Realisierungsform - Sinnkonfigurationen jeglicher Art zu betrachten, so z.B. Werke der bildenden Kunst, Handlungen oder soziale Institutionen. Auch soziale Institutionen können als Sinnzusammenhänge u.U. erst dadurch verständlich werden, daß mit ihnen verbundene Präsuppositionen, deren Gehalt den Akteuren nicht bekannt zu sein braucht, expliziert werden. Max Weber gibt hierfür ein Beispiel, wenn er in seiner Studie über den Hinduismus und Buddhismus die Karmanlehre (=die Lehre von der Seelenwanderung und Wiedergeburt) als eine solche Präsupposition darstellt, durch die erst die Institution der Kastenordnung als Sinnzusammenhang einsichtig wird.[92] In der Kastenordnung verkörpert, tritt dieser für den einzelnen Hindu u.U. partiell latente Sinnzusammenhang den Akteuren als objektive Gewalt gegenüber, die Möglichkeiten und Grenzen des Handelns bestimmt und deren Prägewirkung - vermittelt über Sozialisationsprozesse - sich bis in die Persönlichkeitsstrukturen der Individuen erstreckt.

---

91 Auch Oevermann hat dies (jedoch ohne Anknüpfung an Gadamer) wiederholt gegen Habermas geltend gemacht; vgl. etwa Oevermann et al. 1979, S.371 oder Oevermann 1986, S.81, Anmerk.25.
92 Vgl. Weber 1921, Bd.II, S.120f.; Hervorhebung von mir, W.L.S.: "Denn der unentrinnbar abrollenden Karman-Kausalität entspricht die Ewigkeit der Welt, des Lebens und vor allem: der Kastenordnung. ... Daß der einzelne fromme Hindu die pathetischen Voraussetzungen dieser die Welt in einen streng rationalen, ethisch determinierten Kosmos umwandelnden Karmanlehre ... nicht immer in ihrem Gesamtzusammenhang vor Augen zu haben pflegte, ist für die uns interessierende praktische Wirkung ohne Belang. Er blieb hineingebannt in das Gehäuse, *welches nur durch diesen ideellen Zusammenhang sinnvoll wurde* und die Konsequenzen davon belasteten sein Handeln."

Auch wenn dem einzelnen die kulturellen Determinanten seines Handelns verborgen sein mögen, hinterlassen sie darin Spuren, die einer hermeneutischen Aufklärung zugänglich sind. Dem Bereich des subjektiv intendierten Sinns sind solche Bedeutungskomponenten nicht mehr unmittelbar zuzurechnen, wohl aber noch dem weiten Feld des *sprachlich angezeigten und tradierten* Sinns, dessen Auslegung und Aneignung nach Habermas Aufgabe der Hermeneutik ist. Habermas verwischt diese Differenz, wenn er die spezifische Form von Handlungserklärungen im Rahmen einer sprachverstehenden Soziologie im allgemeinen und der *Hermeneutik* im besonderen dahingehend charakterisiert, daß sie -

"soziales Handeln aus Motiven (erkläre, W.L.S.), die mit Situationsdeutungen des Handelnden selber, also mit dem sprachlich artikulierten Sinn, an dem er sich orientiert, zusammenfallen" (Habermas 1973a, S.293).

Der Kontext, aus dem heraus ein Text verständlich wird, erschöpft sich nicht in sprachlich symbolisiertem und zu institutionalisierten Normen verdichtetem Sinn. Auch die sachlichen Realitätszwänge, auch die Anforderungen, die den "Systemen der Arbeit und Herrschaft" (Habermas 1973a, S.289) entstammen, sind Teil des Kontextes, auf den Texte *indexikalisch verweisen*.

An einem alltäglichen Beispiel illustriert: Eigentümlichkeiten der Kommunikation am Arbeitsplatz, wie die häufige Verletzung bestimmter Regeln der Höflichkeit - z.B. wenn ein Handwerker seinen Kollegen mit der Äußerung "Hammer!" auffordert, ihm das genannte Werkzeug zu reichen und es unterläßt, die prompte Ausführung dieser und ähnlicher Aufforderungen (Meißel!, Wasserwaage! etc.) mit einem höflichen "Danke" zu quittieren - erhalten ihren Sinn u.U. durch kommunikations*technische* Anforderungen der Kooperation. So können Lärm und Zeitdruck die Minimierung von Mitteilungen auf das zur gegenseitigen Abstimmung des Handelns unbedingt notwendige Maß erzwingen. Die Erfüllung entsprechender sachlicher Kontextbedingungen kann als objektive Voraussetzung eines Kommunikationsstils betrachtet werden. Wird ein solches Kommunikationsverhalten auch in anderen Kontexten beibehalten, so muß nach anderen Voraussetzungen gesucht werden, deren Erfüllung im jeweiligen Zusammenhang es sinnvoll erscheinen läßt: Fordert der erwähnte Handwerker am Mittagstisch einen Lehrling mit der Äußerung "Salz!" dazu auf, ihm das Salz herüberzureichen, um gleich darauf seinen ebenfalls am Tisch sitzenden Meister höflich zu fragen, ob er bitte den Pfeffer haben könne, so liegt die Vermutung nahe, daß die betriebliche Hierarchie zumindest eine wesentliche Kontextbedingung ist, die den Sinn dieses Verhaltens verständlich macht. Um so mehr gilt dies, wenn sich ein solches Kommunikationsgebaren als typisch für den Umgang zwischen Angehörigen verschiedener Hierarchiestufen innerhalb eines Betriebes erweist und Abweichungen von diesem Muster (gleichgültig mit welcher Begründung!) negativ sanktioniert werden. Diese Form der Kommunikation könnte so verstanden werden als Element der Reproduktion innerbetrieblicher Herrschaftsbeziehungen über die Grenzen von Situationen hinaus, in denen das Handeln durch zweckrational begründbare formale Weisungsbefugnisse reguliert ist.

Ob dies den Handelnden ganz, teilweise oder gar nicht bewußt ist, ist dabei ohne Belang. Maßgeblich ist allein die faktisch befolgte und hermeneutisch rekonstruierbare Handlungsregel, welche die betreffende Form der Kommunikation mit bestimmten *Kontextbedingungen* zu einem Sinnzusammenhang verknüpft. Ob diese Bedingungen aus handlungsorientierenden Normen bestehen, die in kulturell überlieferten Deutungsmustern verankert sind, oder den Zwängen von Arbeit und Herrschaft entspringen, *macht keinen Unterschied für die Methodik der Rekonstruktion*. Sie geht in jedem Falle darauf aus zu verstehen, inwiefern Handlungen in Relation zur Struktur einer gegebenen Problemsituation als angemessen zu betrachten sind.

Die Differenz zwischen objektivem und subjektiv vermeintem Sinn findet auch keinen zureichenden Anhalt in der Unterscheidung zwischen dem *symbolisierten* Sinn von Handlungsnormen, der einer rein logischen Analyse zugänglich ist, einerseits, und den *empirisch* vermittelten Sinnbeziehungen, die sich durch die objektiven Folgen normengeleiteten Handelns für die Stabilisierung eines zusammenhängenden (und z.B. die Herrschaft bestimmter sozialer Gruppen sichernden) Normengefüges ergeben, andererseits. Wie das Weber'sche Beispiel zeigt, können auch die symbolischen Zusammenhänge, durch die die Motive eines Handelnden mit der kulturellen Überlieferung verknüpft sind, für den Handelnden selbst latent bleiben. Ebenso wie dem Willen und Bewußtsein des Handelnden entzogene und insofern "objektive" Sinnbeziehungen auf symbolischer Ebene bestehen können, fällt umgekehrt ein großer Teil der "empirischen" Folgen normengeleiteten Handelns in den Bereich des von den Akteuren wahrgenommenen und beabsichtigten manifesten Sinnes.

In seiner "Theorie kommunikativen Handelns" greift Habermas die in "Zur Logik der Sozialwissenschaften" eingeführten Unterscheidungen in modifizierter Form auf. Habermas unterscheidet hier zwischen der Betrachtung von Gesellschaft aus der "Binnen- oder Teilnehmerperspektive von Angehörigen einer Lebenswelt" und der "systemtheoretischen Beobachterperspektive". Dabei parallelisiert er die "*methodologische* Differenz von Innen- und Außenbetrachtung" mit unterschiedlichen *theoretischen* "Begriffsstrategien", nämlich mit den Paradigmen von *Lebenswelt und System* (vgl. Habermas 1981, Bd.2, S.229; Hervorhebung von mir, W.L.S.). Als "methodologisch" appostrophiert Habermas die Unterscheidung der beiden Betrachtungsperspektiven von Gesellschaft, weil sie für ihn zwischen den beiden Möglichkeiten des sinnverstehenden Zugangs zur Analyse sozialer Zusammenhänge differenziert: Wie schon früher, sieht er alle Ausprägungen einer "verstehenden" Thematisierung sozialen Handelns unauflöslich gebunden "an die Perspektive der Selbstauslegung der jeweils untersuchten Kultur" (vgl. Habermas 1981, Bd.2, S.223); die objektiv-sinnhaften Beziehungen zwischen Handlungen bzw. Normen erscheinen ihm dagegen weiterhin nur aus der Distanz des *funktionalistischen Beobachters* zugänglich.

Das Abgrenzungskriterium für die zugleich theoretisch und methodologisch gedeutete Unterscheidung zwischen Binnen- und Beobachterperspektive ist die jeweils unterstellte Form der Integration von Gesellschaft: Aus der *Binnenperspektive* werden Handlungen durch Prozesse der Verständigung über subjektiv handlungsleitende Orientierungen koordiniert, aus der *Beobachterperspektive* hingegen "durch die nicht-normative Steuerung von subjektiv unkoordinierten Einzelentscheidungen integriert" (Habermas 1981, Bd.2, S.226). Die in "Zur Logik der Sozialwissenschaften" verwendete Unterscheidung zwischen dem "subjektiv vermeinten" oder manifesten Sinn einerseits und dem "objektiven", für die Handelnden latenten, durch die reale Verknüpfung von Normen gestifteten Sinn andererseits (vgl. Habermas 1973a, S.166), kehrt darin wieder. Habermas folgt den Implikationen dieser Position weiterhin konsequent. Sozialwissenschaftliche Analyse aus der "Binnenperspektive von Angehörigen sozialer Gruppen" zu betreiben erfordere vom Interpreten, "das eigene Verständnis hermeneutisch an das Verständnis der Teilnehmer anzuschließen". Dabei -

"... kommen die Vorgänge der materiellen Reproduktion ... nur aus der Perspektive der handelnden Subjekte, die zielgerichtet ihre Situation bewältigen, in den Blick - ausgeblendet werden alle kontraintuitiven Aspekte des gesellschaftlichen Reproduktionszusammenhanges. Diese Grenze bringt eine immanent ansetzende Kritik am hermeneutischen Idealismus der verstehenden Soziologie zu Bewußtsein" (Habermas 1981, Bd.2, S.226).

Darin, daß die Bindung an die Perspektive der Handelnden die ihnen verborgenen objektiven Zusammenhänge dem Blick des Interpreten ebenfalls entziehen muß, ist Habermas zweifellos zuzustimmen. Bestritten werden kann allerdings die Annahme, daß hermeneutische Interpretation auf die vollständige und ausschließliche Übernahme dieser Perspektive verpflichtet ist. Dem ist mit Gadamer entgegenzuhalten, daß -

"... auch dort Sinn erfahren wird, wo er nicht als intendierter vollzogen wird"; und Gadamer fährt fort: "Es verkürzt die Universalität der hermeneutischen Dimension, wenn ein Bereich des verständlichen Sinnes ('kulturelle Überlieferung') gegen andere, lediglich als Realfaktoren erkennbare Determinanten der gesellschaftlichen Wirklichkeit abgegrenzt wird. Als ob nicht gerade jede Ideologie, als ein falsches sprachliches Bewußtsein, sich nicht nur als verständlicher Sinn gäbe, sondern gerade auch in ihrem 'wahren' Sinn, z.B. dem Interesses der Herrschaft verstanden werden kann. Gleiches gilt für die unbewußten Motive, die der Psychoanalytiker zum Bewußtsein bringt. ... Der Sache nach aber erscheint es von der hermeneutischen Problemstellung aus geradezu als absurd, daß die realen Faktoren von Arbeit und Herrschaft außerhalb ihrer Grenzen liegen sollen. Was sind denn die Vorurteile, auf die es in der hermeneutischen Bemühung zu reflektieren gilt, anderes? Woher sollen sie sonst kommen? Aus kultureller Überlieferung? Sicher auch. Aber woraus bildet sich diese? Der Idealismus der Sprachlichkeit wäre in Wahrheit eine groteske Absurdität ..." (Gadamer 1971, S.70f., Hervorhebung im Original).

Texte besagen mehr über die Welt und ihren Autor, als dieser wissentlich in sie hineinlegte. Die Differenz zwischen objektiven und subjektiv intendierten Sinnanteilen fällt deshalb nicht zusammen mit der Grenze zwischen sprachlich konstituierten und empirisch vermittelten Sinnzusammenhängen. Sie besteht vielmehr innerhalb des Sinnganzen eines Textes und der darin indexikalisch angezeigten Sinnverweisungen auf den einbettenden Kontext, oder genauer, sie ergibt sich aus der selektiven Beziehung der subjektiven Bedeutungsintentionen des Autors zum Bedeutungsgehalt seines Textes (vgl. dazu Oevermann et al. 1979, S.370ff.).

Habermas ignoriert die *explizit gegenteiligen* Aussagen von Vertretern einer objektiv verstehenden Hermeneutik wie Gadamer, Popper und Oevermann, wenn er im Hinblick auf den methodologischen "Universalitätsanspruch der Hermeneutik" feststellt: darin spiegele sich "nur das Selbstverständnis der Laien, die verständigungsorientiert handeln" (Habermas 1981, Bd.2, S.225). Wenn aber die Hermeneutik - wie auch die oben präsentierten Beispielanalysen gezeigt haben - mit guten Gründen die Explikation objektiver Sinnstrukturen als ihre wesentliche Aufgabe betrachten kann, dann bricht auch die von Habermas behauptete Schranke zwischen Hermeneutik und funktionaler Analyse zusammen. Der Universalitätsanspruch der Hermeneutik läßt sich dann damit begründen, daß sie das Schema von Problem und Problemlösung als Grundlage der Auslegung verwendet, ohne sich dabei an die Perspektive der Handelnden zu binden. Wie die funktionale Analyse *manifeste und latente Funktionen* gleichermaßen aufdeckt, so erstreckt sich auch die Hermeneutik auf den *manifesten und latenten Sinn*.

Die *theoretische* Unterscheidung von System und Lebenswelt ist davon analytisch unabhängig. Begründet durch den Hinweis auf die Existenz zweier unterschiedlicher "Klassen von Mechanismen der gesellschaftlichen Integration: Tausch und Marktmechanismen vs. konsensbildende Mechanismen (die Einverständnis über Werte, Normen und sprachliche Kommunikation herstellen)" (Habermas 1986, S.379), müßte sich deren Kritik auf andere Argumente stützen. Zwischen dieser theoretischen Unterscheidung und der methodologischen Differenzierung zwischen funktionaler Analyse und Hermeneutik besteht allerdings eine enge Affinität. Die konsensbildenden Mechanismen, wie sie charakteristisch sind für die soziale *Lebenswelt*, lösen das Problem der gesellschaftlichen Integration von Handlungen durch Abstimmung der *Handlungorientierungen* der Akteure. Die Koordination von Handlungen über Handlungsintentionen ist einer am subjektiven Sinn ansetzenden hermeneutischen Rekonstruktion aus der Teilnehmerperspektive direkt zugänglich. Im Bereich der *sozialen Funktionssysteme* sorgen demgegenüber Mechanismen für die Lösung des Integrationsproblems, "die *nicht-intendierte* Handlungszusammenhänge über die *funktionale Vernetzung von Handlungsfolgen* stabilisieren" (Habermas 1981, Bd.2, S.179; Hervorhebung von mir, W.L.S.). Die hier anzutreffenden *objektiven* Sinnbeziehungen sind nach Habermas nur für eine aus der Beobachterperspektive vorgenommenen funktionalanalytischen Rekonstruktion auf der Basis des Modells adaptiver Systeme erreichbar.

Eine *exklusive* Zuordnung, d.h. eine eineindeutige Projektion der theoretischen Unterscheidung von System und Lebenswelt auf die methodologische Ebene, sei dennoch *nicht* möglich. Eine jüngere Bemerkung von Habermas, in der er auf kritische Anmerkungen McCarthys zur Lebenswelt-System-Unterscheidung antwortet (vgl. McCarthy 1986, bes. S.209ff.), macht dies deutlich:

> "Die funktionale Analyse ist, wie McCarthy noch einmal zeigt, für eine Analyse gesellschaftlicher Phänomene unter *beiden* Aspekten (System und Lebenswelt, W.L.S.) gleichermaßen relevant. Nicht diese Methode ist das, was zwischen den beiden Betrachtungsweisen diskriminiert, sondern die Verbindung dieser Methode mit dem System-Umwelt-Modell" (Habermas 1986, S.381; Hervorhebung im Original).

Diese Feststellung überrascht nicht, hat doch Habermas, wie oben gezeigt, bereits in "Zur Logik der Sozialwissenschaften" zwischen verschiedenen Formen des Funktionalismus unterschieden. Von zentraler Bedeutung war dabei für ihn die Differenz zwischen dem Parsons'schen Funktionalismus, der die funktionale Analyse mit dem Konzept *adaptiver Systeme* verknüpft und einem historisch gerichteten Funktionalismus, der sich mit dem Modell einer *generalisierten Bildungsgeschichte* von Individuen bzw. Kollektiven verbindet, in der bestimmte objektiv-strukturelle Problemlagen bewältigt werden müssen und den er paradigmatisch in Freuds Psychoanalyse realisiert sah.[93] Wenn es um die Untersuchung von Kommunikationsprozessen geht, die durch psychopathologische oder ideologische Blockierungen beeinträchtigt sind, dann ist es für Habermas auch im Kontext lebensweltlicher Kommunikation notwendig, *objektiv-latente* Sinnbeziehungen jenseits der Intentionen der Akteure freizulegen. Dazu ist aber, unter den Habermas'schen Prämissen, nur die funktional-analytische Methode in der Lage, die hier freilich nicht mit dem System/Umwelt-Modell verknüpft ist. Weil funktionale Analyse hier in den Dienst des *Verstehens von symbolischen Gehalten* tritt, die dem Bewußtsein der Handelnden unzugänglich sind, spricht Habermas in diesem Zusammenhang freilich auch von *"tiefenhermeneutischem Verstehen"* (vgl. etwa Habermas 1973b, S.331)! Neben der Psychoanalyse werden unter diesen Begriff dann auch kulturanthropologische Analyseverfahren subsumiert, die "an den linguistischen Strukturalismus anknüpfen" (Habermas 1981, Bd.2, S.246).[94] Die *Koppelung von funktionaler Analyse und Systemkonzept* wird hingegen erst dann erforderlich, wenn es um die Untersuchung von Handlungszusammenhängen im Bereich der materiellen Reproduktion geht, die durch die aggregierten Wirkungen von Handlungsfolgen stabilisiert werden, für die es keine Entsprechung auf der Ebene der subjektiven Handlungsintentionen von Akteuren gibt.

---

93 Habermas (1973a, S.164ff.) spricht zunächst von *drei* Formen des Funktionalismus, die er nach den Modellen unterscheidet, mit denen die Methode der funktionalen Analyse jeweils verknüpft ist: dem Funktionalismus auf der Basis des *Organismusmodells* (=Modell adaptiver Systeme); dem Funktionalismus auf der Basis des *Handwerkermodells*; sowie dem Funktionalismus auf der Basis des *Bühnenmodells* kommunikativen Handelns (das dem am Modell einer *Bildungsgeschichte* orientierten Funktionalismus entspricht). In der weiteren Diskussion spielt der Funktionalismus des Handwerkermodells bei Habermas dann aber keine eigenständige Rolle mehr, sondern wird - unter dem Titel der *"technischen Rationalität"* (vgl. Habermas 1973a, S.182) - dem systemtheoretischen Funktionalismus an die Seite gestellt, mit diesem *tendenziell verschmolzen* und dem Funktionalismus des *Bühnenmodells* gegenübergestellt. Insofern liegt der primäre Akzent bei Habermas, wie oben notiert, auf der Unterscheidung zwischen dem Funktionalismus auf der Basis des Modells adaptiver Systeme einerseits und einem am Bühnenmodell bzw. am Modell der Bildungsgeschichte orientierten historischen Funktionalismus andererseits. Die Verschleifung der Differenz zwischen Handwerkermodell und Organismusmodell wird auch deutlich in der bei Habermas häufig zu findenden Rede von den "Subsystemen zweckrationalen Handelns" (vgl. z.B. Habermas 1981, Bd.2, S.231). In einer späteren Phase der Theorieentwicklung wird diese Unschärfe jedoch aufgelöst. Dies geschieht durch die ausdrückliche Zurücknahme der Redeweise von den "Subsystemen zweckrationalen Handelns" mit der Begründung, daß darin die Differenz zwischen *instrumenteller Vernunft* (die sich in zweckrationalen Handlungen realisiert) und *funktionalistischer Vernunft* (die sich in den ausdifferenzierten Funktionssystemen durch Prozesse systemischer Selbststeuerung realisiert) *verfehlt* werde (vgl. Habermas 1986, S.388).

94 A.a.O., S.317ff., wird die Psychoanalyse als Form der funktionalen Analyse auf der Basis des Bühnenmodells rekonstruiert.

Eine systemtheoretisch-funktionalistische Analyse der Lebenswelt aus der Beobachterperspektive ist damit jedoch ebensowenig grundsätzlich ausgeschlossen, wie der Versuch, den Bereich der materiellen Reproduktion aus der Teilnehmerperspektive, d.h. mit hermeneutischen Mitteln, zu erkunden. Habermas behauptet nur, daß solche Versuche wesentliche Momente des jeweils betrachteten Bereichs nicht adäquat erfassen können und dies um so mehr, je stärker die materielle Reproduktion sich durch die Konstitution funktionsspezifischer Teilsysteme aus der Sphäre der Lebenswelt ausdifferenziert. In archaischen Gesellschaften ist diese Differenzierung noch nicht vollzogen. Die dort erfüllten sozialen Funktionen sind für die Gesellschaftsmitglieder größtenteils manifest; die Anwendung von funktionaler Analyse und Hermeneutik führt deshalb im wesentlichen zu übereinstimmenden Ergebnissen:

> "Funktionale Zusammenhänge sind in archaischen Gesellschaften eigentümlich transparent. Soweit sie nicht trivialerweise aus der Perspektive der Alltagspraxis zugänglich sind, sind sie in rituellen Handlungen chiffriert. (...) Vermutlich konnte sich der sozialwissenschaftliche Funktionalismus zunächst in der Kulturanthropologie durchsetzen, weil sich in Stammesgesellschaften systemische Zusammenhänge unmittelbar an normativen Strukturen spiegeln. Da das Gesellschaftssystem auf dieser Entwicklungsstufe in der soziokulturellen Lebenswelt noch weitgehend aufgeht, ist die Anthropologie aber gleichzeitig eine hermeneutische Wissenschaft par excellence geblieben" (Habermas 1981, Bd.2, S.245).[95]

In der weiteren gesellschaftlichen Entwicklung differenziert sich der Bereich der materiellen Reproduktion zunehmend aus der Lebenswelt aus. Mit wachsendem Grad der gesellschaftlichen Differenzierung werden die Prozesse materieller Reproduktion zunehmend "unübersichtlich und komplex" mit der Folge, "daß sie ... unter dem Systemaspekt *besser* erklärt werden können" (Habermas 1986, S.381, Hervorhebung im Original). Die hermeneutische Untersuchung dieser Prozesse aus der Teilnehmerperspektive bleibt zwar weiterhin möglich, wird aber in gleichem Maße inadäquat, wie der Grad der gesellschaftlichen Differenzierung sowie die dadurch erzeugte und von den Teilnehmern nicht mehr überblickte *Komplexität* steigt. Umgekehrt kann die Lebenswelt mit den Mitteln funktionalistischer Systemanalyse aus der Beobachterperspektive untersucht werden. Die Ausblendung der nur hermeneutisch zu ermittelnden Teilnehmerperspektive hat freilich ebenfalls Erklärungsdefizite zur Folge. Nicht erklärt werden können dann nämlich die Schranken, die der Steuerungskapazität der Funktionssysteme durch die *eigenlogischen Anforderungen der Lebenswelt* gezogen sind. Diese Schranken resultieren daraus, daß die sozialen Normen, über die die Funktionssysteme mit der Lebens-

---

[95] Im Anschluß an dieses Zitat (a.a.O., S.246) weist Habermas darauf hin, daß der Abstand zwischen unserer Welt und der Welt archaischer Gesellschaften zugleich besondere Schwierigkeiten des Verstehens erzeugt: "Der Anthropologe steht vor dem Paradox, daß sich die Lebenswelt einer archaischen Gesellschaft zwar grundsätzlich über das intuitive Wissen der Angehörigen erschließt, aber zugleich wegen des hermeneutischen Abstandes auf hartnäckige Weise unserem Verständnis entzieht. Dieser Umstand erklärt wiederum die Aktualität *tiefenhermeneutischer Verfahren* in der Anthropologie, gleichviel ob diese an die *Psychoanalyse* oder an den *linguistischen Strukturalismus* anknüpfen" (Hervorhebungen von mir, W.L.S.).

welt verbunden sind, nicht beliebig veränderbar sind, sondern bestimmte *Standards rationaler Geltung* erfüllen müssen, die vom historisch erreichten Niveau der Rationalisierung der Lebenswelt abhängen. In systemanalytischer Perspektive können diese Schranken nur als *Daten* behandelt, nicht aber durch die Rückführung auf rational rekonstruierbare Geltungsstandards *erklärt* werden (vgl. Habermas 1986, S.381f.).

Weil sowohl die hermeneutische Anknüpfung an die *Teilnehmerperspektive* wie auch die systemanalytische Betrachtung der Gesellschaft aus der *Beobachterperspektive* je für sich genommen defizitär bleiben müssen, verlangt eine adäquate Untersuchung gesellschaftlicher Prozesse für Habermas die Kombination beider Perspektiven und Methoden. Fragen *rationaler Geltung* sind demnach allein durch die Hermeneutik, Interdependenzbeziehungen von hoher *Komplexität* nur durch den systemtheoretischen Funktionalismus *angemessen* zu analysieren. Die Erfüllung manifester Systemfunktionen kann auch mit den Mitteln der Hermeneutik erfaßt werden. Geltungsprobleme können demgegenüber mit den Mitteln des System/-Umwelt-Modells nicht adäquat rekonstruiert werden, - so jedenfalls die Habermas'sche Position. In der Konkurrenz mit dem *systemtheoretischen* Funktionalismus wird der Hermeneutik *Exklusiv*zuständigkeit im Bereich *manifester Geltungsfragen* zugeschrieben.

Im Vergleich zu einem *nicht* an das System/Umwelt-Modell gebundenen Funktionalismus gilt diese Exklusivitätszuschreibung freilich nicht. Geltungsprobleme, die für die Teilnehmer *latent* bleiben, lassen sich unter den Habermas'schen Prämissen, welche die Reichweite hermeneutischer Interpretation auf den Bereich des subjektiv vermeinten Sinns einschränkt, nur aus einer *funktionalistischen Beobachterperspektive* analysieren, wie sie der *Ideologiekritiker* oder der *Psychoanalytiker* einnimmt.[96] An dieser Stelle verliert die Abgrenzung zwischen Hermeneutik und funktionaler Analyse jedoch an Deutlichkeit und Schärfe: Wie wir oben am Beispiel der Psychoanalyse sehen konnten, die bei Habermas als Anwendungsfall der funktionalen Analyse *ohne* Bindung an das Konzept des grenzerhaltenden Systems dargestellt wird, verwendet Habermas zur Charakterisierung dieser Form der Interpretation auch den Ausdruck des "*tiefenhermeneutischen* Verstehens". Nur noch getragen von der Differenz zwischen subjektivem und objektivem Sinn, scheint demnach auch für Habermas die Demarkationslinie zwischen Hermeneutik und funktionaler Analyse ins Fließen zu geraten.

---

96 Aus der Perspektive der Habermas'schen *Theorie der Geltungsansprüche* (vgl. dazu auch Schneider 2002, Bd.2, S.195ff.) sind die *kommunikationsverzerrenden* Wirkungen von Ideologien und Psychopathologien wie folgt zu beschreiben: *Ideologien* dogmatisieren primär problematische Geltungsansprüche, welche die Wahrheit von Propositionen sowie die Richtigkeit bzw. Angemessenheit von Normen und Werten betreffen und die Durchsetzung partikularer Interessen legitimieren. Sie tragen so zur Stabilisierung von Herrschaft durch die Immunisierung von Geltungsansprüchen gegen die Möglichkeit argumentativer Entkräftung bei. Demgegenüber beeinträchtigen *Psychopathologien* den reflexiven Zugang zur inneren Welt des eigenen Erlebens und führen dadurch zu systematischen Selbsttäuschungen, die dann auch die (unwissentlichen) Täuschung anderer Kommunikationsteilnehmer zur Folge haben. Davon betroffen sind vor allem Ansprüche in der Geltungsdimension der Wahrhaftigkeit.

Meine *Kritik* an der Habermas'schen Position und mein *Alternativvorschlag* zur Bestimmung des Verhältnisses von Hermeneutik und funktionaler Analyse lassen sich wie folgt zusammenfassen: Gegen die Habermas'sche Deutung habe ich mit Gadamer, Popper, Danto und Oevermann zu zeigen versucht, daß die Beschränkung der Hermeneutik auf den Bereich des subjektiven Sinns nicht zu halten ist. Besonders deutlich wurde dies im Blick auf die hermeneutische Untersuchung historisch bedeutsamer Handlungen und Ereignisse. Diese kann sich nicht auf die Dimension des subjektiv intendierten Sinns beschränken, sondern muß die Rolle von Handlungen und Ereignissen als Elementen komplexer Handlungsverkettungen betrachten, deren Resultat für die Akteure typisch unüberschaubar ist. Ihr objektiver (d.h. von den Intentionen der historischen Akteure unabhängiger) Sinn zeigt sich erst aus der Perspektive des realisierten Gesamtzusammenhanges, dessen Elemente sie bilden, und dessen historischer Bedeutung, wie sie vom Standpunkt der Gegenwart des Interpreten aus erscheint (vgl. dazu Gadamer 1965, S.318ff., bes. S.322f., sowie S.342ff.). Diese These habe ich oben in Anschluß an *Danto* ausführlich diskutiert. Wie wir ebenso gesehen haben, transponiert *Oevermanns objektive Hermeneutik* Dantos Analyse auf die Ebene methodologischer Regeln der Auslegung, deren Ziel es ist, den manifesten *und* latenten Sinn der jeweils analysierten Sinngebilde soweit als möglich zu erfassen. Anhand der Differenzierung zwischen subjektivem (oder manifestem) und objektivem (oder latentem) Sinn können Hermeneutik und funktionale Analyse deshalb nicht unterschieden werden.

Wie ich schon in Kapitel 1.5 zu zeigen versuchte, diskriminiert auch die Verwendung von Geltungsproblemen im Unterschied zu Bestands- bzw. Komplexitätsproblemen als Bezugspunkten der Interpretation nicht trennscharf zwischen beiden Methoden. Die hier gleichwohl zu beobachtenden Differenzen in ihrer forschungspraktischen Nutzung sind das kontingente Resultat ihrer unterschiedlichen historischen Entstehungskontexte und primären Anwendungszusammenhänge. An Arbeiten aus dem Bereich der Kulturanthropologie läßt sich gut nachvollziehen, wie diese Differenz unscharf wird.

Die oben vorgestellte Analyse von Girard ist dafür ein Beispiel: Mit der Fokussierung auf die Folgeprobleme der Institution der Blutrache, die im Grenzfall zur Vernichtung kleiner Stammesgesellschaften durch wechselseitige Ausrottung ihrer Mitglieder führen kann, konzentrierte sich Girards Analyse zunächst auf die Lösungsbedingungen des Problems sozialer Ordnung *als Bestandsproblem*. Die Dechiffrierung des Opferkultes als Beitrag zur Lösung dieses Problems (=Aufdeckung seiner latenten Funktion) führte zur Untersuchung des damit eng verknüpften Konzepts der "Unreinheit", das auf seine *rationale Nachvollziehbarkeit* aus der Erfahrungsperspektive der Gesellschaftsmitglieder und aus der Perspektive des wissenschaftlichen Interpreten geprüft wurde. In konsequenter Fortsetzung der Analyse trat damit an die Stelle des Bestandsproblems ein *Geltungsproblem* als Bezugspunkt der Interpretation; zugleich wechselte die Auslegung von der *Beobachter- zur Teilnehmerperspektive*. - In ähnlicher Weise verknüpfte die nachfolgende Untersuchung der Kooperation zwischen Sozialwissenschaftlern und Verwaltungsangehörigen den analytischen Gebrauch einer *Variante des Ordnungsproblems*

(Welche sozialen Mechanismen können Kooperation unter Bedingungen antagonistischer Interessen sichern?) mit der Untersuchung des *Geltungsproblems*, welche Prämissen für den befragten Sozialwissenschaftler unkooperatives Verhalten gegenüber der auftraggebenden Verwaltung als *begründet und legitim* erscheinen ließen.

Wenn aber weder die Differenz zwischen subjektivem und objektivem Sinn bzw. zwischen Teilnehmer- und Beobachterperspektive, noch die Verwendung von Geltungsproblemen im Gegensatz zur Nutzung von Bestands- bzw. Komplexitätsproblemen als Bezugspunkten der Interpretation ausreichen, um Hermeneutik und funktionale Analyse voneinander zu unterscheiden, wie können sie dann noch gegeneinander abgegrenzt werden?

Ausschlaggebend für die (relative) Unterscheidbarkeit beider Methoden ist m.E., welchen Gebrauch sie von der beiden gemeinsamen Leitunterscheidung von Problem und Problemlösung machen. Worum es dabei geht ist, inwiefern ein Sinngebilde auf allgemeine, d.h. fallunspezifische Bezugsprobleme hin ausgelegt oder als Antwort auf eine fallspezifische Problemsituation gedeutet wird: Wenn ein bestimmtes Problem ausgewählt und dann untersucht wird, welche Sinnzusammenhänge (Texte, Handlungen, soziale Institutionen) Lösungsbeiträge dazu enthalten, ohne sich darüber hinaus für die Auslegung der Besonderheiten der einzelnen Sinngebilde zu interessieren, dann wird das Schema von Problem und Problemlösung auf *funktionalanalytische* Weise genutzt. Ist hingegen nicht ein vorweg gewähltes und konstant gehaltenes Problem, sondern ein bestimmter Sinnzusammenhang der primäre Bezugspunkt der Analyse und wird versucht, eine fallspezifische Problemsituation zu rekonstruieren, die es erlaubt, die Besonderheiten dieses Sinnzusammenhanges als Teile einer Antwort darauf zu verstehen, dann wird die Unterscheidung von Problem und Problemlösung auf eine Weise eingesetzt, die charakteristisch ist für die *hermeneutische* Interpretation.

Diese Differenz des Ausgangspunktes kann im Fortgang der Analyse freilich kompensiert und die eine Art des Gebrauchs der Unterscheidung von Problem und Problemlösung über die *Konstruktion einer Problemstufenhierarchie* in die andere überführt werden. Auch dies konnten wir zunächst an *Girards* Analyse beobachten: Sie begann mit dem *allgemeinen Bezugsproblem* sozialer Ordnung, deutete das staatliche Gerichtswesen und die Institution der Blutrache als *alternative Lösungen* dieses Problems, wobei die letztere jedoch die Gefahr katastrophischer Aufschaukelung in Zyklen der Rache und Gegenrache impliziert und identifizierte den Opferkult als präventive Einrichtung zur Entschärfung des Gefahrenpotentials, das zur Auslösung derartiger Zyklen der Gewalt führen könnte. Im Fortgang der Untersuchung wurden dann Einzelheiten des Opferkultes und der damit verknüpften Deutungen in die Analyse einbezogen und das ursprüngliche Bezugsproblem zur Rekonstruktion einer *differenzierten Problemsituation* entfaltet, welche Einzelheiten der opferkultischen Praxis verständlich machte. *Was als funktionale Analyse des Opferkultes startete, ging damit über in dessen hermeneutische Interpretation.*

Die umgekehrte Abfolge konnten wir im ersten Teil des zweiten ausführlich vorgestellten Beispiels feststellen: Hier nahm die Untersuchung ihren Ausgangspunkt bei der Darstellung eines *Einzelfalles*, nämlich der Kooperation zwischen

Sozialwissenschaftlern und Administrationsangehörigen im Rahmen eines Auftragsforschungsprojektes, über die einer der beteiligten Wissenschaftler in einem Interview berichtete. Das dabei hervorgehobene besondere Engagement der Wissenschaftler für die Durchsetzung ihrer Forschungsziele gegenüber den abweichenden Wünschen der administrativen Auftraggeber wurde als typisches Strukturelement wissenschaftlichen Handelns gedeutet und auf das Problem der Nicht-Standardisierbarkeit der Erfolgskontrolle bezogen, das nicht nur für wissenschaftliches Handeln, sondern für professionalisiertes Handeln allgemein besteht. Ausgehend von diesem *generalisierten Bezugsproblem* kehrten wir dann im zweiten Teil der Analyse in mehreren Schritten der *Respezifikation* zu unserem Einzelfall zurück, dessen Besonderheiten dabei als *fallspezifische Realisierungsform* des generalisierten Bezugsproblems entschlüsselt werden konnten.

Die beiden Analysebeispiele belegen, daß die vorgeschlagene Deutung des Verhältnisses von funktionaler Analyse und hermeneutischer Interpretation nicht nur in abstracto explizierbar, sondern auch forschungspraktisch plausibel ist. Das *Problem sozialer Ordnung* war darin freilich nicht als völlig latentes, sondern als für die betroffenen Akteure durchaus wahrnehmbares Problem gegenwärtig, auch wenn deren Deutung dieses Problems sich von unserer Deutung unterschied. Insofern, so könnte Habermas vielleicht einwenden, gründet die exemplarisch vorgeführte Vereinbarkeit von Hermeneutik und funktionaler Analyse nur darauf, daß die durchgeführten Interpretationen sich noch nicht weit genug von der Perspektive der Akteure entfernt haben, um an ihre Stelle die ausschließliche *Koppelung der funktionalen Analyse an das System/Umwelt-Modell* zu setzen. Unvereinbar wären Hermeneutik und funktionale Analyse demnach nur dann, wenn die funktionalanalytische Methode in *strikterer* Bindung an das Konzept des grenzerhaltenden Systems durchgeführt würde. Im Gegensatz dazu nehme ich an, daß die Distanz zwischen der Perspektive der Akteure und der des wissenschaftlichen Beobachters weniger von der Verwendung des System/Umwelt-Modells als vielmehr vom Abstraktionsgrad der analytisch verwendeten Bezugsprobleme abhängig ist und (wie die dargestellten Untersuchungsbeispiele zeigen sollten) in dem Maße überbrückt werden kann, wie es im Prozeß der Analyse über eine *Stufenfolge von Spezifikationsschritten* gelingt, abstraktere in situationsnahe Bezugsprobleme zu transformieren.

Um jedoch diesem, von Habermas her möglichen Einwand gegen den von mir versuchten Nachweis einer engen Verwandtschaft von Hermeneutik und funktionaler Analyse ausführlich nachzugehen, will ich im folgenden untersuchen, welche Beziehung zwischen *Hermeneutik und Systemtheorie* besteht. Dabei wird zu klären sein, in welchem Umfang die Grundkonzepte, mit denen beide Ansätze arbeiten, miteinander kompatibel sind. Dieser Frage widmet sich der nun anschließende zweite Hauptteil dieses Buches. Die bisherigen Überlegungen weiterführend, will ich dazu zunächst das Verhältnis zwischen Gadamers philosophischer Hermeneutik und Luhmanns Systemtheorie genauer beleuchten. Danach wird die vergleichende Analyse auf diejenige verstehende Methode ausgedehnt, die sich gegenwärtig in den Sozialwissenschaften am energischsten gegen die Reduktion von Verstehen auf subjektives Sinnverstehen wendet: Oevermanns objektive Hermeneutik.

2. Hermeneutik und Systemtheorie

2.1 Hermeneutik sozialer Systeme? - Konvergenzen zwischen Systemtheorie und philosophischer Hermeneutik

Systemtheorie und Hermeneutik, so die lange übliche Überzeugung in der Soziologie, arbeiten mit inkompatiblen Grundbegriffen. Diese Annahme hat ihre unbefragte Plausibilität verloren, nachdem Luhmanns Systemtheorie Sinn als Grundbegriff für sich reklamiert, Kommunikation als basalen Operationsmodus sozialer Systeme bestimmt und Verstehen als konstitutivem Moment von Kommunikation eine hervorgehobene Bedeutung zugewiesen hat. Die Demarkationslinie zwischen Systemtheorie und Hermeneutik ist dadurch unscharf geworden.[1] Die Frage, wie Hermeneutik und Systemtheorie voneinander zu unterscheiden sind, wird unter diesen Prämissen auf neue Weise akut. Zu klären ist, wie Hermeneutik und Systemtheorie Verstehen verstehen.

Die folgenden Überlegungen lassen sich von der Vermutung leiten, daß die üblichen Unvereinbarkeitsunterstellungen im Hinblick auf maßgebliche Positionen innerhalb der Hermeneutik obsolet geworden sind. An erster Stelle ist hier die philosophische Hermeneutik Gadamers zu nennen. Wie schon oben gezeigt, löst Gadamer die Bindung des Sinnverstehens an den subjektiven Sinn, den der Autor mit seinem Text verknüpft. In scharfer Abgrenzung zur hermeneutischen Traditionslinie im Gefolge Schleiermachers ist es für Gadamer *nicht* die Intention *des Autors*, auf deren Rekonstruktion die Auslegung eines Textes primär zielt. Die hermeneutische Auslegung hat vielmehr den Sinn zu explizieren, den ein Text vor dem Hintergrund des Vorverständnishorizonts *seines Interpreten* erhält.[2]

Meine darauf gründende Leitthese für den Vergleich zwischen philosophischer Hermeneutik und Systemtheorie lautet: Durch diese Auflösung des Junktims von Sinn und subjektiver Intention geht Gadamers Hermeneutik auf Distanz gegenüber der *handlungstheoretischen* Konzeption von Sinn, die - von Weber bis zur sprachanalytischen Philosophie und zu Habermas - den Sinn von Handlungen, Texten etc.

---

[1] Diese 'Unschärfe' ist freilich nicht so neu, wie etwa Günthers kritische Rezension von Habermas' "Zur Logik der Sozialwissenschaften" (vgl. Günther 1968, bes. S.338) zeigt. Vgl. in diesem Zusammenhang auch Winograd/Flores 1986, die vor einer gleichmäßigen Vereinnahmung verstehenstheoretischer Ansätze von Heidegger über Gadamer bis Habermas nicht zurückschrecken.

[2] Als Beitrag, der aus systemtheoretischer Perspektive und mit dem Anspruch einer systemtheoretischen Revision der Hermeneutik argumentiert, sich dabei aber auf den Zweig der von Gadamer als "romantisch" apostrophierten Hermeneutik in der Tradition Schleiermachers beschränkt und die weit engeren Parallelen zwischen Gadamers Hermeneutik und der systemtheoretischen Konzeption von Verstehen deshalb außer acht läßt, vgl. Kneer/Nassehi 1991. Zur Differenz zwischen Schleiermachers Hermeneutik und der philosophischen Hermeneutik Gadamers vgl. Schneider 1991, Kap.2 und 3.

mit dem subjektiv gemeinten Sinn des Akteurs oder Autors gleichsetzt;[3] zugleich entwickelt Gadamer eine alternative Konzeption von Sinn und Verstehen, wie sie später (ohne Kenntnis der hier bestehenden Parallelen) in Luhmanns Systemtheorie erneut formuliert und in radikalisierter Weise entfaltet wird. - Um diese These zu prüfen, will ich zunächst untersuchen, welche Bedeutung der Begriff des Verstehens in Luhmanns Systemtheorie erhält.

2.1.1 Verstehen in der Systemtheorie

Luhmann konzipiert Systeme als Beobachter. Durch ihr Beobachten legen sie eine Grenze zwischen System und Umwelt als Differenz zwischen Beobachter und Beobachtetem. Sie reproduzieren diese Differenz kontinuierlich, indem sie jeweils mit Bezug auf die Ergebnisse eigener anderer Beobachtungen operieren und so jede Bezugnahme auf Umweltereignisse (=Fremdreferenz) an den gleichzeitig mitlaufenden Bezug auf sich selbst (=Selbstreferenz) binden (vgl. zusammenfassend Schneider 2002, Bd.2, S.273ff.). Jede einzelne Beobachtungsoperation impliziert dabei einen selbstreferentiellen und einen fremdreferentiellen Aspekt. *Psychische Systeme* etwa knüpfen Gedanken an Gedanken und an nichts sonst (=selbstreferentieller Aspekt), wobei jeder Gedanke zugleich auf etwas gerichtet ist (auf einen Gegenstand, eine Person, die zu erledigende Arbeit etc.), das nicht er selbst ist (=fremdreferentieller Aspekt). Mit jeder Beobachtungsoperation bezieht sich ein System so zugleich auf die Umwelt und auf sich selbst und reproduziert damit die Differenz von System und Umwelt von Operation zu Operation aufs Neue. Weil alles, was ein System 'tut', die Form einer Beobachtungsoperation annimmt, muß auch *"Verstehen"* unter den Prämissen der Systemtheorie als eine spezifische Weise des Beobachtens analysiert werden. Zu klären ist deshalb zunächst, was "Beobachten" in der Systemtheorie meint, um dann zu untersuchen, worin das Spezifikum der Beobachtungsoperation "Verstehen" liegt.

Beobachten heißt zunächst *bezeichnen*. Jedes Bezeichnen aber, indem es etwas als Etwas bestimmt, *unterscheidet* das so Bestimmte von anderem (z.B. diesen Stuhl von jenem, von diesem Tisch oder von allem, was sonst noch existiert). Beobachten bedeutet also das Anlegen einer Unterscheidung, aber so, daß nur eine Seite der Unterscheidung im Bezeichnen erscheint.[4] Durch Beobachten gewinnen Systeme *Information* über ihre Umwelt. Als Elementareinheit von Information bestimmt Luhmann mit Bateson "a difference which makes a difference" (Bateson, zit. nach Luhmann 1984, S.68). Derjenige, für den ein Unterschied einen Unterschied macht, ist

---

3 Hier ist freilich anzumerken, daß die Reduktion von Sinn auf subjektiv gemeinten Sinn bei Weber vor allem in den "Soziologische(n) Grundbegriffe(n)", dem Eröffnungskapitel von "Wirtschaft und Gesellschaft", suggeriert wird. In seinen materialen Analysen (und hier insbesondere in seiner Religionssoziologie) steht das intentionsunabhängige Verstehen von *Sinngebilden* im Vordergrund. Vgl. dazu auch Schneider 2002, Bd.1, Kap.1.9, insbes. S.47f. und die dort angegebene Literatur.

4 In Kurzfassung dieses Sachverhalts definiert Luhmann Beobachtung als "unterscheidende Bezeichnung"; vgl. 1990b, S.52.

ein Beobachter. Von den Unterscheidungen, mit denen er beobachtet, hängt es ab, welche Unterschiede er wahrnimmt, d.h. was er als Information erhält. Insofern ist das, was der Beobachter als seine Umwelt sieht, sein Entwurf, seine Konstruktion.

Verstehen ist eine spezifische Weise systemischen Beobachtens. Sie setzt voraus, daß ein System in seiner Umwelt etwas als anderes System bemerkt und dessen Verhalten als Realisation systemischen Operierens interpretiert. Das verstehende System legt dabei die Unterscheidung von *System und Umwelt* zugrunde. Es beobachtet, wie ein anderes System diese Unterscheidung intern für sich handhabt (vgl. Luhmann 1986b, S.80) und wie es seine Differenz zur Umwelt mit dem Gebrauch weiterer Unterscheidungen in jeder Beobachtungsoperation reproduziert als Differenz zwischen dem Bezeichneten und der dabei zugrundegelegten Unterscheidung (vgl. Luhmann 1986b, S.78). Verstehen eines Systems bedeutet insofern *Beobachtung seines Unterscheidungsgebrauchs*. Es kommt zustande, wenn ein System unterstellt, ein anderes beobachte mit bestimmten, aus mehreren internen Möglichkeiten ausgewählten Unterscheidungen, und wenn es deshalb zu sehen glaubt, was das beobachtete System im Blick hatte: Man sieht z.B., wie jemand in einer Tasche wühlt und versteht, 'er sucht seine Zigaretten'. Suchen/haben, Zigaretten/andere Dinge, in der Tasche/woanders; dies sind die Unterscheidungen, die dabei als Unterscheidungen des verstandenen Systems angenommen werden müssen.

Ob das so erreichte Verstehen *richtiges* Verstehen ist, dafür gibt es keine Garantie. Das beobachtete System bleibt für den verstehenden Beobachter intransparent, bleibt eine black box. Die Bemühung um Verstehen wird dadurch nicht etwa sinnlos, sondern hat in der Kompensation dieser Intransparenz ihre Funktion. Weil Durchschauen unmöglich ist, muß verstanden werden (vgl. Luhmann 1990a, S.25).

Reichweite und Differenzierungsvermögen eines auf Wahrnehmung gründenden Verstehens sind begrenzt. In besonderer Weise sozial folgenreich wird Verstehen deshalb erst im Kontext von *Kommunikation* als dem Operationsmodus sozialer Systeme. Kommunikation begreift Luhmann als Synthese von drei Selektionen: der Selektion einer *Information*, der Wahl eines Verhaltens (Gesten, Wortfolgen etc.), mit dem diese Information *mitgeteilt* werden soll und dem *Verstehen*. Kommunikatives Verstehen heißt, ein Ereignis mit Hilfe der Differenz von Information und Mitteilung zu beobachten (ausführlicher dazu Schneider 2002, Bd.2, S.276ff.). Dabei wird im Verstehen eine Seite dieser Unterscheidung bezeichnet.

Unter Normalbedingungen ist dies die Seite der Information (vgl. Luhmann 1990a, S.116). Angeschlossen wird in der Regel an das, *was* der andere gesagt hat, seltener daran, *wie* (mit welchen Worten, welcher Intonation, Begleitmimik etc.) bzw. *warum* (aus welchem Grund) er es *mitteilte*. Der Wechsel zur Mitteilungsseite erfolgt typisch in Situationen, in denen Verstehen problematisch erscheint, etwa wenn unklar ist, was der Unterton des Sprechers besagen soll oder warum er sich einer besonderen Formulierung bedient. Mitteilungs- und Informationsselektion treten unter solchen Umständen im Verstehen auseinander, und es entsteht Bedarf für *reflexive* Kommunikation (=Kommunikation über Kommunikation).

Was als Verstehen in der Kommunikation erreicht wird, entzieht sich der Steuerung durch einzelne Beteiligte. Es ist ein emergentes Resultat ihres Zusammenwirkens und daher nicht als Handlung ausschließlich zurechenbar auf Sender *oder* Empfänger. Zugleich aber vereinfacht sich Kommunikation ständig selbst zu einer Sequenz von Handlungen (Luhmann 1984, S.193, 212, 227ff.; 1990a, S.38): Das, woran die Folgeäußerung des Empfängers anschließt, erscheint unter Normalbedingungen störungsfreien Ablaufs als Erzeugnis des *Senders*, als Resultat seines Mitteilungs*handelns*.

Bedeutungskonstitution ist dabei das Resultat kommunikativer Attribution. Dafür ausschlaggebend ist die dritte Selektion: das Verstehen, wie es als Folge der Anschlußäußerungen des Empfängers *in der Kommunikation* zustande kommt. Jede Anschlußäußerung impliziert ein bestimmtes Verstehen der vorausgegangenen Äußerung, weist ihr eine bestimmte Bedeutung kommunikativ zu. Der Sprecher mag sich vielleicht mißverstanden fühlen. So z.B., wenn der Adressat die als Bitte intendierte Äußerung "Kannst du mir das Salz reichen?" (vielleicht in scherzhafter Absicht) einfach nur mit "Ja", d.h. als Informationsfrage beantwortet. Belassen es beide dabei, dann ist das in der Kommunikation durch die Antwort erreichte Verstehen das Verstehen einer Informationsfrage, deren Ausführung dem Sprecher als Handlung zugeschrieben wird, auch wenn beide Psychen etwas anderes verstanden haben. Die Möglichkeiten der kommunikativen Registrierung und Bereinigung von Mißverständnissen sind begrenzt. Um zureichende Verständigung zu erreichen, bedarf es freilich auch keiner absoluten Übereinstimmung der Sinnzuweisungen (vgl. dazu ausführlich unten, Kap.3.1.3). Insofern gilt: Verstehen "schließt ... mehr oder weniger weitgehende Mißverständnisse als normal ein" (Luhmann 1984, S.196).[5] In der Kommunikation aber zählt, was durch Anschlußäußerungen zustande kommt, solange als Verstehen, wie kein Einspruch erhoben und etwas als Mißverständnis deklariert wird.

Was verstanden wird ist weder determiniert noch limitiert durch den Informationsgehalt, um dessen Mitteilung es dem Sender ging:

> "... der Gebrauch von sprachlich fixiertem Sinn (gibt, W.L.S.) der Kommunikation immense Überschüsse an semantischen Selektionsmöglichkeiten, die zu Informationen verarbeitet werden können" (Luhmann 1990a, S.27).

Diese Überschüsse werden kommunikativ in dem Maße entbunden, wie die Selektionshorizonte zwischen mitteilendem System und verstehenden Systemen auseinandertreten, d.h. vor allem unter den Bedingungen schriftlicher bzw. massenmedialer Kommunikation und der Kommunikation unter Bedingungen funktionaler Differenzierung des Gesellschaftssystems.

Mit der Entstehung von Schrift und Buchdruck löst sich Kommunikation aus der Interaktion zwischen Anwesenden. Zeitlich wie räumlich weit entfernte

---

5   Jedoch: "Das Verstehen und Mißverstehen einschließende Verstehen versteht sich immer als Verstehen (und nicht als Mißverstehen), denn als Mißverstehen würde es sein Beobachten nicht fortsetzen, sondern einstellen" (1986b, S.85f.). Es bedarf deshalb besonderer Einrichtungen und Kontrollmöglichkeiten, soll nicht "die Mißverstehenskomponente ... so hoch sein, daß eine Weiterführung der Kommunikation unwahrscheinlich wird" (1984, S.217f.).

Adressaten können nun erreicht werden, für die anderes neu oder selbstverständlich, fremd oder vertraut ist, als für den Autor der Mitteilung. Mit dem Auseinanderdriften der Selektionshorizonte divergiert der semantische Gehalt, den Autor und Leser mit einem Text verbinden können, auf nicht mehr zu übersehende und praktisch unkontrollierbare Weise. Verstehen wird deshalb im Kontext der Aneignung der schriftlichen Überlieferung zuerst als Dauerproblem sichtbar und thematisch. Mit der Expansion ihrer Reichweite wird es zugleich unwahrscheinlich, daß Kommunikation auf Aufmerksamkeit trifft und die Adressaten dazu motivieren kann, die mitgeteilten Informationen "als Prämisse eigenen Verhaltens" zu übernehmen (Luhmann 1984, S.218). Auf beide Probleme reagiert die Ausdifferenzierung *symbolisch generalisierter Kommunikationsmedien* wie Wahrheit, Recht oder Geld und die auf der Basis dieser Medien ermöglichte *binäre Codierung* von Kommunikation: Binäre Codierung heißt Etablierung spezifischer Leitdifferenzen wie wahr/-unwahr, Recht/Unrecht, zahlen/nicht zahlen etc., die als beobachtungsleitende Unterscheidungen die Selektion von Informationen zu Mitteilungszwecken ebenso wie die Informationsverarbeitung im Verstehen instruieren. Solche semantischen Codes sind zugleich Präferenzcodes. "Sie suggerieren, daß es besser sei, sich für den positiven Wert als für den negativen zu entscheiden" (Luhmann 1987d, S.19). Binäre Kommunikationscodes erfüllen demnach eine Doppelfunktion: Sie organisieren Kontexte der Selektion von Sinn und strukturieren so die Informationserzeugung und -verarbeitung auf grundsätzlich erwartbare Weise vor (Luhmann 1987d, S.15), und sie motivieren zur Annahme von Kommunikationen, die sich dem positiven Wert eines Codes zuordnen lassen (vgl. ausführlicher dazu Schneider 2002, Bd.2, Kap.9.12 und 9.13).

Binär codierte Kommunikation kann bestimmte soziale Funktionen bedienen, etwa für Erwartungssicherheit in Konfliktfällen sorgen (Recht) oder Erkenntniswachstum wahrscheinlich machen (Wissenschaft). Die funktionale Autonomisierung sozialer Teilsysteme wie Recht, Wissenschaft, Wirtschaft, Politik impliziert daher zugleich die "funktionale Differenzierung der Codes" (Luhmann 1987d, S.21). Durch die funktionale Differenzierung des Gesellschaftssystems wird ein Nebeneinander *sozialer Großkontexte der Informationsverarbeitung* erzeugt, das ein synchrones Pendant bildet zur diachronen Differenzierung der Selektionshorizonte, die historisch das Verstehen tradierter Texte als Problem hervortreten ließ:[6]

"Unterschiedliche Codes führen zu einer unterschiedlichen Qualifizierung von Informationen, weil sie den Informationswert der Information auf unterschiedliche Selektionshorizonte beziehen" (Luhmann 1987d, S.21).

So mag etwa die Mitteilung über die Durchführung und die Ergebnisse einer Tierversuchsreihe, in der ein Pharmakonzern ein neues Medikament erprobt hat, im ökonomischen System als Hinweis auf zukünftige Erträge bewertet werden und die

---

6   Gadamer (1974, Sp. 1062ff.) verfolgt die Entwicklung *methodisch angeleiteter* Formen des Verstehens bis in die Antike zurück, sieht aber erst seit Schleiermacher die Stufe einer *allgemeinen Theorie* des Verstehens erreicht.

Aktienkurse in die Höhe treiben, im Gesundheitssystem Vorbereitungen auf die Erweiterung therapeutischer Möglichkeiten veranlassen, im Wissenschaftssystem die Überprüfung von Theorien anregen, die mit diesem Ergebnis unvereinbar sind, und im Rechtssystem zu einer Ermittlung wegen Verdachts auf Verstoß gegen das Tierschutzgesetz führen. Was hier jeweils anders ausfällt ist das, was als Verstehen - ablesbar an den unterschiedlichen Anschlüssen - erreicht wird.

Die Komplexität kommunikativer Verstehensmöglichkeiten (d.h. der unterschiedlichen Sinnzuschreibungen, die in den möglichen Anschlußalternativen impliziert sind) übersteigt den Rahmen des Informationssinns, den jedes Einzelindividuum je für sich psychisch aktualisieren und zur Grundlage eigenen Anschlußhandelns machen kann. Möglich ist dies nur, weil über den Informationsgehalt von Kommunikation im Verstehen entschieden wird. Dem Autor einer Mitteilung ist dadurch die Kontrolle über ihre psychischen und kommunikativen Sinneffekte entzogen. Was als gemeinsamer Knotenpunkt bleibt, von dem aus die verschiedenen Sinneffekte ihren Ausgang nehmen, ist das zitierfähige *Mitteilungsereignis*.

Variabel und zukunftsoffen sind demgegenüber die *Informationsgehalte*, die dieser Mitteilung im Verstehen abgewonnen werden können. Der verstandene Sinn kristallisiert zwar an der Mitteilung und ist an das Mitteilungsereignis gebunden. Das Verstehen jedoch ist *produktiv*. Der Informationsmehrwert, der in der Beziehung des Verstehens auf die Mitteilung emergiert, ist nicht auf eine der beiden Seiten rückführbar. Er kann deshalb nicht als primäres Resultat intentionalen (Mitteilungs-)Handelns rekonstruiert, sondern muß als Ergebnis von Kommunikation als nicht weiter auflösbarer Einheit betrachtet werden (vgl. Luhmann 1984, S.227).

Die systemtheoretische Beschreibung kommunikativer Sinnkonstitution läßt die hohe Unwahrscheinlichkeit des Richtig-Verstehens sichtbar werden. Als Folge soziokultureller Evolution kann zwar unter Normalbedingungen davon ausgegangen werden, daß kommunikative Anschlußselektionen -

"... tendenziell eher im Bereich des Richtig-Verstanden-Habens liegen"; jedoch "wenn Verstehensansprüche steigen - so ... nicht zuletzt im Kontext von Theoriediskussionen über 'Verstehen' - stellt sich die normale Wahrscheinlichkeit des Mißverstehens bei größeren Schwierigkeiten kommunikativer Kontrolle wieder her" (Luhmann 1986b, S.87).[7]

Unter den Bedingungen solcher Verständigungskrisen bietet der Übergang zur *Beobachtung des Beobachters* (= Beobachtung zweiter Ordnung) die Chance, die Wahrscheinlichkeit des Verstehens wieder zu steigern: Begibt sich das Verstehen auf die Ebene der Beobachtung zweiter Ordnung, dann unterstellt es nicht mehr einfach bestimmte Unterscheidungen als Unterscheidungen eines anderen Systems, um nur zu fragen, *was* dessen Mitteilungen bedeuten. Es fragt vielmehr danach, *wie* das mitteilende System oder andere verstehende Systeme die Welt beobachten, d.h. im Kontext welcher Unterscheidungen das Mitgeteilte für andere zur Information wird.

---

7   Luhmann (a.a.O.) fährt fort: "Zum Teil können diese Schwierigkeiten dann aber dadurch kompensiert werden, daß der ausdifferenzierte Sonderkontext auch Mißverständnisse fruchtbar werden läßt."

Wer die Unterscheidungen kennt, die ein anderer in seinem Beobachten zugrunde legt, der kann versuchen, so zu sehen, wie der andere sieht, indem er die gleichen Unterscheidungen operativ gebraucht und das Beobachten des anderen zu kopieren, seine Beobachtungsergebnisse für sich herzustellen, nachzukonstruieren, nachzuvollziehen sucht. Er gewinnt dadurch kein Wissen über die 'eigentliche' Bedeutung einer Mitteilung oder die 'wirkliche' Beschaffenheit der Welt, wohl aber darüber,

> "... wie sie intersubjektiv übereinstimmend (sic!) konstruiert werden kann mit der Folge, daß die Kommunikation fortgesetzt werden kann und nicht mangels Verständigungsmöglichkeiten abgebrochen werden muß" (Luhmann 1991a, S.150).[8]

Aber wieweit es dem Beobachter eines Beobachters auch gelingen mag, dessen Unterscheidungen zu erkennen, seine Beobachtungen zu reproduzieren, gleichsam mit seinen Augen (denn das sind seine Unterscheidungen) zu sehen: Die Differenz der systemischen Perspektiven bleibt dabei erhalten. Ihre totalisierende Verschmelzung erscheint ausgeschlossen. Das Verstehen eines anderen Systems geschieht im Binnenhorizont des verstehenden Systems, das *seine* Unterscheidungen operativ (als Beobachter erster Ordnung) verwenden muß, um sehen zu können, welche Unterscheidungen andere Systeme gebrauchen (vgl. Luhmann 1991b, S.68).[9] Es kann über seine Grenzen nicht hinausgreifen, am Operieren des verstandenen Systems unmittelbar partizipieren oder sich mit ihm in einem für beide externen Zwischenbereich treffen. Systeme bleiben füreinander (und für sich selbst) grundsätzlich intransparent. Jedes Verstehen operiert mit drastischen Vereinfachungen, kann die operative Komplexität des beobachteten Systems nicht erreichen, ist nur Konstruktion des verstehenden Systems, das damit versucht, die black box auszuleuchten, die jedes selbstreferentiell geschlossene System für einen Beobachter darstellt, und hat genau darin seine Funktion.

2.1.2 Verstehen in Funktionssystemen: Am Beispiel Kunst

Die systemtheoretische Kommunikationstheorie betont die autonome Rolle des Verstehens, das sich nicht auf die Duplizierung von intendiertem Sinn festlegen läßt. Die Ausdifferenzierung sozialer Funktionssysteme diversifiziert die Möglichkeiten des Verstehens in der Gesellschaft, weil sie unterschiedliche Kontexte für die Auswahl kommunikativer Anschlüsse etabliert. System*intern* steigert sie zugleich die Möglichkeiten der Disziplinierung des Verstehens. Durch Bindung an system-

---

8   Er kann darüber hinaus die Unterscheidungen, die andere verwenden, von anderen Unterscheidungen unterscheiden, die statt dessen gebraucht werden können und so sehen, was andere nicht sehen, so lange sie mit ihren Unterscheidungen die Welt beobachten: die Selektivität und Kontingenz ihres Beobachtens.
9   So operiert das wissenschaftliche Beobachten der Systemtheorie mit Hilfe der Unterscheidung wahr/unwahr, wenn sie andere Funktionssysteme auf deren Leitunterscheidungen hin beobachtet. Sie tut dies auch, wenn sie ihren Blick auf die Wissenschaft richtet und so als Instanz der Selbstbeobachtung des Wissenschaftssystems im Wissenschaftssystem fungiert.

eigene Voraussetzungen, d.h. an den jeweiligen binären *Code* und an *Programme*, die Kriterien für die Selektion von Themen und für die Zuordnung von Kommunikationen zu den Code-Werten bereitstellen (vgl. Luhmann 1990a, S.401ff.), wird festgelegt, was als *adäquates Verstehen im System* gilt. Das Verstehen von Kunstwerken im Kunstsystem ist ein instruktives Beispiel dafür, wie das geschieht und welche Anforderungsniveaus dadurch erreichbar sind.

Das einzelne Kunstwerk kann verstanden werden als "Kompaktkommunikation oder auch als Programm für zahllose Kommunikationen über das Kunstwerk" (Luhmann 1986c, S.627). Kunstwerke organisieren die Beteiligung an Kommunikation und stellen sie unter spezifische Restriktionen. Sie "disziplinieren" das sich auf sie richtende Beobachten (Verstehen), "indem sie dem Beobachter Unterscheidungen vorgeben, an die er sich zu halten hat, wenn er überhaupt an Kunst teilnehmen will" (Luhmann 1990d, S.11).

Der Begriff des Beobachtens, wie Luhmann ihn hier gebraucht, übergreift das Herstellen und Betrachten eines Kunstwerks (vgl. Luhmann 1990d, S.22). Am Prozeß der Herstellung eines Kunstwerkes ist der "Künstler ... als Beobacher beteiligt" (1990d, S.21).[10] Luhmann spricht auch von binärer Codierung der Arbeit am Kunstwerk, die sich "laufend orientiert an Unterscheidungen wie stimmig/- unstimmig, belebend/tötend, passend/unpassend" (1990d, S.29). Ausgehend von einer ersten und insofern voraussetzungslosen Differenz, dem "Zufall des Anfangs" (1990d, S.11), entsteht -

> "... das Werk ... in einer Art Individualgeschichte des Einzelfalles, es kontrolliert die dazu notwendigen Entscheidungen[11] und nimmt auf diese Weise den Künstler und im Nachvollzug andere Beobachter als Beobachter erster Ordnung in Anspruch" (1990d, S.29).

Weil Luhmann hier die vom Künstler im Herstellungsprozeß getroffenen Entscheidungen identifiziert mit dem Informationsgehalt des Werkes, versteht der Betrachter, der das Werk versteht, per Implikation die Unterscheidungen, von denen sich der Künstler bei der Produktion leiten ließ, mithin also auch *den Künstler selbst*.[12]

---

10 Luhmann fügt, naheliegende Bedenken antezipierend, hinzu: "Daß er auch Handgriffe beisteuern muß und Handgriffe bis zu einer unbewußten Automatik des Könnens beherrschen muß, widerspricht dem nicht" (a.a.O.).

11 Die Entscheidungen betreffen den sequentiellen Einsatz der Mittel. Als Mittel der Kunst gelten ihre Unterscheidungen (Luhmann 1990c, S.20). Ein Unterschied wird erst dadurch zur Information, daß er für ein beobachtendes System einen Unterschied macht, d.h. eine Frage, ein Entscheidungsproblem des Systems löst (vgl. Luhmann 1990c, S.14). In Übereinstimmung damit charakterisiert Luhmann künstlerische Produktion auch als Problem/Lösungssequenz: "Man kann sich die Herstellung eines Kunstwerks als einen Entscheidungsprozeß vorstellen, der Probleme sieht und unter Erwägung von Alternativen Problemlösungen sucht; oder auch etwas festlegt, um damit ein Problem zu erzeugen, das es ermöglicht, das Festgelegte als Lösung eines Problems zu behandeln" (Luhmann 1990c, S.21). Von hier aus lassen sich unmittelbare Parallelen zur hermeneutischen "Logik von Frage und Antwort" (Collingwood; Gadamer; s.u.) ziehen.

12 Assoziationen zu Schleiermacher sind hier nicht ganz von der Hand zu weisen: Den Nachvollzug der Entscheidungen des Künstlers in der Herstellung, soweit sie ihren Niederschlag finden in den Unterscheidungen des Kunstwerks; diese Aufgabe weist Schleiermacher der "ästhetischen Kritik"

(Fortsetzung...)

Der Betrachter braucht an den Künstler dabei nicht zu denken, sondern mag nur das Werk im Auge haben. Als Beobachter erster Ordnung folgt er den "im Kunstwerk festgelegten Anweisungen" (1990d, S.26) unmittelbar, d.h. ohne sie *als Unterscheidungen* zu thematisieren. Er sieht etwa, daß nur blau und weiß auf der Leinwand erscheinen und nimmt 'Kälte' als Ausdrucksqualität des Bildes wahr. Aber er muß dazu nicht die Unterscheidung zwischen 'kalten' und 'warmen' Farben beobachten und die Verwendung von blau und weiß als Lösung des Problems vorstellen, wie 'Kälte' als Ausdrucksqualität erzeugt werden kann.

Die Thematisierung der Unterscheidungen erfolgt auf der *Beobachtungsebene zweiter Ordnung*. Beobachtet wird damit zugleich, welchen Unterscheidungen andere Beobachter folgen, wenn sie das Werk als Kunstwerk beobachten. Die beobachteten Beobachter, das ist der herstellende Künstler, und das sind andere Betrachter:

"... man nimmt wahr, daß und wie einem zugemutet wird wahrzunehmen, und damit verbindet sich zwangsläufig die Vorstellung der gleichen bzw. abweichenden Wahrnehmung anderer. ... Durch die ins Werk hineinkomponierten Unterscheidungen ist ein Beobachten des Beobachtens anderer möglich, und erst auf dieser Ebene bildet sich das Kommunikationssystem Kunst" (Luhmann 1990d, S.27).

Die Unterscheidungen, um die es dabei geht, sind jedoch nur solche Unterscheidungen, die auf den binären Code des Kunstsystems (schön/häßlich) beziehbar sind, und die - selbst Sedimente vergangener Kunstkommunikation - als strukturierende Prämissen weiterer Kommunikation im Kunstsystem fungieren. Luhmann spricht

---

12(...Fortsetzung)
(damit also dem Verstehen von Kunst auf der Ebene der Beobachtung zweiter Ordnung) zu. Sie soll das "innere Verfahren" des Künstlers, den "ganzen Hergang der Komposition vom ersten Entwurf bis zur letzten Ausführung" nachzeichnen (vgl. Schleiermacher 1977, S.324f.). Die Form des Verstehens, von der Schleiermacher hier spricht, ist die psychologische Auslegung, die er spezifischer noch als *"technische"* (vgl. 1977, S.167f.) bezeichnet. Ihr geht es um "vollkommenes Verstehen des Stils" (1977, S.168), um die Rekonstruktion der "Individualität der Kombination und Darstellung", nicht um das Verstehen des Künstlers in seiner psychischen Totalität (vgl. Schleiermacher 1977, S.172). Die "beste Probe" für das Gelingen dieser Aufgabe sei "ohnstreitig die Nachahmung" (1977, S.168). Der Erwerb der Fähigkeit zur Reproduktion, zur Herstellung einer Kopie, wird zum Gütekriterium für das erreichte Verstehen. Schleiermachers Konzept des psychologischen Verstehens weist darin zurück auf den Gedanken Vicos, nach dem wir nur das verstehen, was wir machen können (vgl. Böhler 1981, S.490ff.; Jauß 1981, S.466); ein Gedanke, den auch Luhmann in Zusammenhang bringt mit der Beobachtung zweiter Ordnung (1991a, S.150, Fußn.12). Was bei Schleiermacher freilich fehlt, und gerade darauf kommt es hier an, ist ein Analogon zum Gedanken der *Konditionierung des Verstehens durch systemspezifische Prämissen*. Ganz anders als bei Luhmann kann deshalb zwischen dem Verstehen eines Kunstwerkes und dem Verstehen der *psychischen Individualität* des Urhebers nur undeutlich differenziert werden. Schleiermacher versucht dies mit Hilfe der Subunterscheidung zwischen einem *rein psychologischen* und dem *technischen* Verstehen innerhalb des psychologischen Verstehens: "Der relative Gegensatz des rein Psychologischen und Technischen ist bestimmter so zu fassen, daß das erste sich mehr auf das Entstehen der Gedanken aus der Gesamtheit der Lebensmomente des Individuums bezieht, das zweite mehr ein Zurückführen ist auf ein bestimmtes Denken und Darstellenwollen, woraus sich Reihen entwickeln" (Schleiermacher 1977, S.181). Noch an der Formulierung ihres Unterschieds wird deutlich, daß technische und rein psychologische Auslegung, das Verstehen der Komposition des Werks und das Verstehen der Individualität des Künstlers verschwimmend ineinander übergehen.

in diesem Zusammenhang von *Stil* (vgl. 1986c, S.632ff.; 1990d, S.28f.).[13] Die Funktion des Stils eines Kunstwerkes ist es, erkennbar zu machen, "was es anderen Kunstwerken verdankt und was es für weitere neue Kunstwerke bedeutet", und damit "... den Beitrag des Kunstwerkes zur Autopoiesis der Kunst zu organisieren" (1986c, S.632). Auf der Ebene des Stils ist das Repertoire der Unterscheidungen verankert, die das Beobachten von Kunst als Kunst in der Herstellung wie im Betrachten *instruieren*. Nicht kanonisierte Anforderungen, von denen nicht abgewichen werden dürfte, sind damit gemeint. Abweichungen sind im Gegenteil notwendig, um ein Werk als autonomes Einzelkunstwerk zu legitimieren. In der erkennbaren und durch die Ebene des Stils erst erkennbar gemachten Abweichung von anderen gewinnt es sein individuelles Profil, seine Einzigartigkeit:

> "Die Unterscheidung von Stil und Einzigartigkeit des Kunstwerks repräsentiert mithin die Differenz der Beobachtung zweiter und erster Ordnung und formuliert mit einer auf Kunst bezogenen Spezifik, daß Beobachtungen auf beiden Ebenen in einem Verhältnis der Komplementarität praktiziert werden müssen" (Luhmann 1990d, S.29).

Die Beobachtung von Kunstwerken ist so zwar angelegt auf den Nachvollzug der Unterscheidungen, die den Künstler im Herstellungsprozeß leiteten. Sie richtet sich dabei aber nicht auf das Verstehen seiner persönlichen Eigenarten, nicht auf seine privaten Obsessionen, Liebhabereien oder Alltagssorgen (vgl. Luhmann 1990d, S.26). Das Beobachten des Betrachters ist *programmiertes* Beobachten. Sofern es Beobachtung im Kunstsystem sein will, schlägt deshalb der Eigensinn der kommunikativen Anschlußbedingungen im System gegenüber den Darstellungsintentionen des Künstlers durch, so daß etwa noch "die Leugnung jeder Ausdrucksabsicht ... als besonders raffinierte, versteckte, hintersinnige Ausdrucksabsicht aufgefaßt (wird; W.L.S.)" (Luhmann 1986c, S.623). Mit Goffman spricht Luhmann auch vom "frame effect" des systemischen Kontextes.

Der Selektionshorizont des Systems ist es, der festlegt, welche Bedeutung ein Kunstwerk in der Kommunikation gewinnen kann, unabhängig von den Intentionen seines Urhebers. Was ein Kunstwerk bedeutet, wird fixiert durch das Verstehen, wie es in der Kommunikation des Kunstsystems erreicht wird. Wie es verstanden wird, hängt ab vom Selektionshorizont der Betrachter, der abhängig ist vom Selektionshorizont des Systems. Soweit auch der Künstler sich bei der Herstellung von den Unterscheidungen aus dem Repertoire des Systems leiten läßt, kann er damit rechnen, daß die Betrachter das Werk entlang dieser Unterscheidungen verstehen. Operiert er dagegen aus einem abweichenden Selektionshorizont, dann wird sein Werk *anders* verstanden werden als es seinen Absichten entspricht. Wer abweicht, wer anderes zum Ausdruck bringen will, als im System vorgesehen, der muß scheitern. Er muß ertragen, daß er mißverstanden wird, oder das System verlassen:

---

[13] An anderer Stelle nennt Luhmann *Kunstdogmatiken* als Programme des Kunstsystems (vgl. Luhmann 1981c, S.251f. und S.262).

"... statt sich psychischen Individualitäten (welchen auch?) anzupassen, operiert das System mit Inklusion/Exklusion je nach dem, ob formgemäß (d.h. entsprechend den Formen = Unterscheidungen des Systems, W.L.S.) beobachtet wird oder nicht" (Luhmann 1990d, S.26).

2.1.3 Hermeneutik und Systemtheorie als Reflexionstheorien des Verstehens

Bevor wir uns Gadamers Hermeneutik zuwenden, soll noch geklärt werden, wie sich die grundlegenden Thematisierungsperspektiven zueinander verhalten, aus der die Hermeneutik und die Systemtheorie Verstehen analysieren. Was dabei zunächst auf der Hand zu liegen scheint ist, daß Verstehen für die Hermeneutik Aufgabe, für die Systemtheorie dagegen ein kontingentes Faktum innerhalb ihres Beobachtungsbereichs darstellt (vgl. entsprechend Kneer/Nassehi 1991, S.354). Doch sehen wir zu, welche Ausformung diese Differenz annimmt und was daraus für die theoretische Bestimmung des Verhältnisses zwischen Hermeneutik und Systemtheorie folgt.

Verstehen wird in der Systemtheorie *funktional*, d.h. als Antwort auf ein Bezugsproblem gedeutet, nämlich - wie bereits festgestellt - als Antwort auf das Problem der Intransparenz psychischer (und sozialer) Systeme füreinander. Verstehen erscheint damit funktional notwendig, schließt aber - weil es die wechselseitige Intransparenz von Systemen nicht auflösen, sondern nur unvollkommen kompensieren kann - unaufhebbar Mißverstehen ein und nicht aus. Die Unlösbarkeit des Intransparenzproblems wirkt als kontinuierlicher Antrieb für Kommunikation und Strukturbildung. In evolutionärer Perspektive fragt die Systemtheorie nach den strukturellen Bedingungen der Möglichkeit, die das Unwahrscheinliche, daß Verstehen zustande kommt, wahrscheinlich gemacht haben. Und sie fragt nach den strukturellen Effekten von Mißverstehen.

Die Unterscheidung Verstehen/Mißverstehen kann genauer als Dekomposition eines Bezugsproblems durch eine Unterscheidung beschrieben werden: Beide Seiten der Unterscheidung sind anschlußfähig, heben die Blockadesituation der Intransparenz zwischen einander gegenüberstehenden Beobachtern auf, ermöglichen gemeinsames Weitermachen. Glaubt man, sich verstanden zu haben, kann man sich anderen Themen zuwenden. Wenn nicht, können Klärungsversuche unternommen, kann Metakommunikation betrieben oder ein Therapeut konsultiert werden, der einem sagen soll, wie es weitergeht, nachdem man sich zumindest darüber verständigt hat, daß man sich nicht mehr versteht. So lange überhaupt *irgend etwas* verstanden wird, geht Kommunikation weiter. Insofern (aber auch nur insofern) benötigt die Systemtheorie keine Präferenz für Verstehen im Unterschied zu Mißverstehen. Sie kann diese Präferenz in ihrem Beobachtungsbereich registrieren und eine hinreichend große Wahrscheinlichkeit für deren Erfüllung als Voraussetzung dafür ansehen, daß die Bemühungen um Verstehen nicht eingestellt werden. Für Verstehen und gegen Mißverstehen zu votieren braucht sie deshalb nicht.

Anders die *Hermeneutik*. Ihr geht es um die Klärung dessen, was Verstehen (im Unterschied zu Mißverstehen) heißen kann, was die Bedingungen seiner Möglichkeit sind und mit welchen methodischen Richtlinien es sich so weit als möglich erreichen läßt. Ihr Verhältnis zu Verstehen ist dem der Wissenschafts- und

Erkenntnistheorie zur Wahrheit analog. Wie es dort um die Klärung des Wahrheitsbegriffs, um methodologische Regeln für die Identifizierung wahrer bzw. die Ausscheidung unwahrer Aussagen sowie um die Rekonstruktion von Erkenntniszuwachs mit dem Ziel geht, die Bedingungen der Möglichkeit (und die Grenzen)[14] der Vermehrung wahren Wissens aufzuklären, so geht es der Hermeneutik um Verstehen. Ihr Status ist, systemtheoretisch gesprochen, der einer *Reflexionstheorie des Verstehens* (so wie Wissenschafts- und Erkenntnistheorie Reflexionstheorien des Wahrheitscodes sind). Und wie die Wissenschaftstheorie an den Wahrheitscode als Präferenzcode des Wissenschaftssystems gebunden ist, so die Hermeneutik an die Präferenz für Verstehen im Unterschied zu Mißverstehen. Sie läßt sich freilich keinem spezifischen Funktionssystem zuordnen und taucht dementsprechend überall dort auf, wo Verstehensprobleme virulent werden: In der Jurisprudenz, der Theologie, den Literatur- und Kunstwissenschaften, der Geschichte etc. Weil dort erst verstanden werden muß, um bestimmte Aussagen den Code-Werten Recht/Unrecht, Transzendenz/Immanenz, wahr/falsch, schön/häßlich zuordnen zu können, siedelt Hermeneutik im Bereich der Methoden, die Richtlinien für die Zuordnung zu den Code-Werten bereitstellen sollen.[15] Als philosophische Hermeneutik schließlich erhebt sie Universalitätsansprüche, die so weit reichen, wie das Verstehen überhaupt. Dieser Universalitätsanspruch ist jedoch nicht exklusiv, sondern durchaus mit dem Universalitätsanspruch einer Systemtheorie vereinbar, die dem Verstehen die Zentralposition für die Konstitution von Kommunikation als elementarer Operation sozialer Systeme zuweist.

Die Systemtheorie analysiert die Rolle von Verstehen und Mißverstehen für den Komplexitätsaufbau und die autopoietische Reproduktion von Systemen. Als Theorie, die soziale Systeme auf ihre Handhabung von Selbstreferenz hin beobachtet, versucht sie selbst, diese Systeme - nach ihrer eigenen Definition dieser Beobachtungsoperation - zu verstehen. Und als Beobachter, der sein eigenes Beobachten beobachtender Systeme an dem binären Code wahr/unwahr orientiert, muß es der Systemtheorie darum gehen, *richtig* zu verstehen, d.h. genau diejenigen Unterscheidungen zu treffen, die soziale Systeme in ihrem eigenen Beobachten verwenden. Als Beobachter beobachtender Systeme *gebraucht die Systemtheorie selbst die Unterscheidung Verstehen/Mißverstehen nach dem Muster eines Präferenzcodes*. Zugleich beansprucht sie zu zeigen, daß externe Beobachter ein binär codiertes System "nicht verstehen (können - W.L.S.), wenn sie dessen Selbstcodierung außer acht lassen" (Luhmann 1990d, S.30; vgl. auch 1984, S.245). Sie trifft damit Aussagen

---

14 Der Schlüsselbegriff für die wissenschaftstheoretische Debatte um die *Grenzen* kumulativen Erkenntnisgewinns ist "Inkommensurabilität". Kuhn (vgl. bes. 1978b und 1981) und Feyerabend verbinden mit diesem Konzept bekanntlich die These, daß sich Theorien in ihrer begrifflichen Erfassung eines Gegenstandsbereiches, in ihren Erklärungszielen und in ihren Erklärungsleistungen so sehr voneinander unterscheiden können, daß ein rationaler Leistungsvergleich zwischen ihnen nicht möglich ist, obwohl sie - von außen betrachtet - sich im wesentlichen auf den gleichen Gegenstandsbereich zu beziehen scheinen. Zur Diskussion dieses Begriffs und der damit verbundenen Kritik an der Vorstellung, die Entwicklung von Wissenschaft vollziehe sich nach dem Modell eines kontinuierlichen kumulativen Wissensfortschritts, vgl. u.a. Stegmüller 1979, Kap.VI und Stegmüller 1980.
15 Und insofern könnte sie grundsätzlich auch für die Systemtheorie von Bedeutung sein.

über die Bedingungen der Möglichkeit für das (richtige) Verstehen der Autopoiesis sozialer Systeme und nimmt darauf bezogen in einem exakten Sinne die Position einer Reflexionstheorie des Verstehens, einer *Hermeneutik sozialer Systeme* ein. Sie setzt insofern die Hermeneutik auf neuem Terrain fort.[16] Dabei zeigt sie, daß Verstehen von Kommunikation mit der Figur psychologischen (bzw. "motivationsmäßigen") Verstehens, dem es um den Nachvollzug subjektiv gemeinten Sinnes geht, nicht adäquat begriffen werden kann. Denn aus der Perspektive der verschiedenen Funktionssysteme gilt, daß ein gegebenes Mitteilungsereignis *nur nach Maßgabe des systemspezifischen Selektionshorizontes verstanden werden kann*, und daß es deshalb in jedem von ihnen erwartbar *anders* verstanden wird als in allen anderen.

Anders als der Autor (bzw. der 'ursprüngliche', vom Autor antezipierte Leser) zu verstehen, das kann unter den Prämissen der Hermeneutik in der Tradition Schleiermachers nur heißen, *falsch* zu verstehen.[17] 'Die Hermeneutik' freilich läßt sich darauf *nicht* verpflichten, wie am Beispiel Gadamers überdeutlich abzulesen ist.

2.1.4 Gadamers philosophische Hermeneutik und ihr Verhältnis zur systemtheoretischen Konzeption von Verstehen

Gadamer setzt sich strikt gegenüber der Reduktion von Verstehen auf psychologisches Verstehen, auf den Nachvollzug der Sinnintentionen eines Autors oder Akteurs ab. Er tut dies mit Hilfe der schon früher erwähnten Unterscheidung von "Sachverstehen" und "Meinungsverstehen" (Gadamer 1965, S.278f.), die wir hier noch einmal ausführlicher und in vergleichender Perspektive behandeln müssen.

Meinungsverstehen entspricht dem psychologischen Verstehen Schleiermachers wie auch dem historischen Verstehen, dem es um die Restitution des ursprünglichen Sinnes von Texten, Handlungen oder Artefakten aus der Perspektive der Zeitgenossen geht. Die Bedeutung des Meinungsverstehens ist für Gadamer jedoch abgeleiteter Art. Die Führungsrolle im Prozeß der Auslegung kommt dem Sachverstehen zu. Das *Sachverstehen* richtet sich unmittelbar auf das zu verstehende Sinngebilde selbst. Es fragt nicht danach, was der Autor dabei im Sinn hatte, welche "gedanklichen Erlebnisse" ihn bewegten, sondern was das Sinngebilde bedeutet (Gadamer 1965, S.354). Seine Bedeutung besteht für Gadamer, darin an Collingwoods *Logik von Frage und Antwort* anschließend, in seinem *Antwortgehalt*. Es zu verstehen heißt,

---

[16] Und sie kann *insofern* den "Kontingenzeinbau" im Hinblick auf Verstehen, den Kneer und Nassehi (1991, S.353 und 355) der Hermeneutik aus systemtheoretischer Perspektive empfehlen, nicht weiter treiben, als es der Hermeneutik möglich ist und - wie gleich darzulegen - von Gadamer bereits vorexerziert wurde. Damit ist jedoch nicht behauptet, daß Hermeneutik und Systemtheorie Reflexionstheorien *gleichen Typs* seien. Ich komme darauf und auf die *daraus* folgenden Differenzen später noch zurück.

[17] Ablesbar ist das etwa an folgender Bemerkung Schleiermachers zu den Ursachen des Mißverstehens: "Das Mißverstehen ist entweder Folge der Übereilung oder der Befangenheit. ... So erklärt man hinein oder heraus, was nicht im Schriftsteller (!) liegt" (Schleiermacher 1977, S.93).

eine *Frage* (einen Fragekontext, eine Problemsituation) zu finden, auf die es als *Antwort* gelesen werden kann (vgl. Gadamer 1965, S.351ff.).

Eine Äußerung, einen Text, ein Kunstwerk als Antwort auf eine Frage, als Lösung eines Problems zu deuten, d.h. - wenn man Batesons Definition des Informationsbegriffs zugrunde legt - seinen *Informationsgehalt* zu verstehen. Wie oben bereits notiert, bestimmt Bateson die Elementareinheit von Information als einen "Unterschied, der bei einem späteren Ereignis einen Unterschied ausmacht" (Bateson 1983, S.488). Der Unterschied ist Unterschied nur für ein informationsverarbeitendes System, in dem er einen bestimmten Zustand seligiert: Man hört, es soll kälter werden und entschließt sich, den Mantel mitzunehmen. 'Kälter werden' wird hier von 'warm bleiben' unterschieden und auf die Alternative 'Mantel zu Hause lassen oder mitnehmen' bezogen. Die Bezeichnung der einen Seite der ersten Unterscheidung informiert darüber, welche Seite der zweiten Unterscheidung zu bezeichnen ist und *löst damit ein Entscheidungsproblem*. Die Bedeutung der Aussage "Es wird kälter" ist hier, daß sie auf die Frage anwortet, "Soll ich den Mantel mitnehmen oder nicht?".[18]

In der Annahme, daß Bedeutung auf die Relation von Frage und Antwort, von Problem und Problemlösung[19] zurückgeführt werden kann, kommen Collingwoods *Logik von Frage und Antwort* (vgl. Collingwood 1955, S.30ff.; 1957, S.21ff.) und der kybernetische Informationsbegriff, wie ihn Luhmann in Anschluß an Bateson zugrunde legt, zur Deckung. Aus dieser Annahme ergeben sich jedoch spezifische Folgeprobleme für das Verstehen: Wenn die Bedeutung einer Äußerung, eines Textes[20] etc. relativ zu dem Selektionshorizont (= die beobachtungsleitenden Unterscheidungen) des verstehenden Systems ist, wie kann dann noch angenommen werden, daß Sinngebilde einen einheitlich bestimmten bzw. bestimmbaren Bedeutungsgehalt verkörpern?[21]

Die Lösung, die Collingwood für dieses Problem vorschlägt, deckt sich mit der Antwort, die Gadamer als die Antwort der "romantischen Hermeneutik" von Schleiermacher bis Dilthey begreift: Garant des Textsinns ist der Selektionshorizont des Urhebers. Die Frage, auf die ein Text für den Autor selbst antwortet,[22] gilt es zu rekonstruieren. Einen Text zu verstehen heißt deshalb nachvollziehen, welche

---

18 Dabei muß sich die Frage als offene Frage gar nicht gestellt haben. Sie ist u.U. nur aus der Antwort rekonstruierbar als präsupponierte Frage, die vorausgesetzt werden muß, wenn für einen Beobachter einsichtig werden soll, wie ein System aus Input-Daten Informationen generiert.
19 Mit Luhmann (1990a, S.422f.) betrachte ich das Schema Problem/Problemlösung als "de-sozialisierten" Abkömmling der dialogischen Unterscheidung von Frage und Antwort.
20 Für Gadamer (wie übrigens auch für Ricoeur; vgl. 1978) hat das Verstehen von Texten paradigmatischen Charakter für Verstehen überhaupt. Deshalb und aus Gründen der Vereinfachung werde ich im folgenden meist nur von Texten sprechen.
21 Von einer analogen Problemfassung her kommt Hirsch (1972, S.21 und 46) dazu, den subjektiven Sinn eines Textes für seinen Autor als allein maßgeblich für die Interpretation zu dogmatisieren, weil er nur so glaubt, die Voraussetzungen *methodologischer Objektivität* des Verstehens sichern, d.h. zwischen korrekten und falschen Interpretationen überhaupt noch unterscheiden zu können. Vgl. dazu kritisch Madison 1978.
22 Oder mit Luhmann formuliert: Die Unterscheidungen des herstellenden Beobachters.

Frage er *für seinen Autor* beantwortete, und diese Frage zu verfehlen heißt, einen Text mißzuverstehen. Damit ist eine zweite Anforderung Collingwoods jedoch nicht ohne weiteres zur Deckung zu bringen, die verlangt, nur solche Fragen für die Auslegung zuzulassen, die sich wirklich erheben, d.h. nicht auf erkennbar fehlerhaften Voraussetzungen beruhen.[23] Diese Anforderung kann der Interpret nur dadurch erfüllen, daß er seinen eigenen Selektionshorizont, sein Vorverständnis als Maßstab ins Spiel bringt. Sicherheiten für eine hinreichende Kongruenz mit dem Deutungshorizont des Autors gibt es dabei nicht. In Konfliktfällen (z.B. Hexenglauben als Präsupposition der Frage, woran man eine Hexe erkenne) bleibt der Interpret ohne Direktive, die eine Auflösung erlaubt.

Gadamer votiert hier anders. Er setzt den *Interpreten* an die Stelle, an der Collingwood den Autor plazierte. Der Selektionshorizont *des Auslegenden* wird zum Kriterium der Textbedeutung. Er muß eine vom Text beantwortete Frage finden, die sich *für ihn* tatsächlich erhebt.[24] Der Sinn des Textes ist relativ zum Vorverständnishorizont des Interpreten und damit variabel und zukunftsoffen. Er kann neue Bedeutungsschichten gewinnen und ältere abstoßen[25] unabhängig davon, was der Autor mit seinem Text im Sinn hatte. Besonders deutlich wird dies im Falle der juristischen Hermeneutik, wenn es um die Anwendung gesetzlicher Regelungen auf einen neuen Fall geht: Fällt die Anzapfung fremder Leitungen zur unbefugten Entnahme von Strom unter den Diebstahlsparagraphen? - Dazu mußte (Ende des 19. Jahrhunderts) geklärt werden, ob der im § 242 StGB verwendete Ausdruck "Sache" auch auf elektrische Energie angewendet werden kann, eine Frage, die sich den Autoren dieser Regelung bzw. dem Gesetzgeber, der sie beschlossen hat, so noch nicht stellen konnte. Offensichtlich wird hier die *produktive Dimension* der Auslegung.[26]

Gadamer generalisiert dieses Moment der "Applikation", wie es vor allem konstitutiv für die juristische und theologische Hermeneutik ist. In jedem Falle wendet der Interpret den auszulegenden Text an auf die historische Situation, in der er selbst steht und aus der heraus er interpretiert. Dies darf *nicht*, wie oft geschehen (vgl. dazu u.a. Betti 1962, S.49ff.; Apel 1971, S.31ff.; Böhler 1981, S.504ff.), als Aufforderung zur praktischen Aktualisierung für die Gegenwart durch Ableitung nor-

---

23 Welche Komplikationen sich daraus im einzelnen ergeben, kann hier nicht weiter verfolgt werden; vgl. dazu Schneider 1991, S.48ff.

24 Zu erinnern ist hier auch an Popper, der - wie wir oben gesehen haben - in seiner "Theorie des objektiven Geistes" (siehe 1984, S.158ff.), völlig analog zu Gadamers Bestimmung des Sinns von Texten durch ihren Antwortgehalt, Theorien, Kunstwerke, Artefakte etc. als Lösungen von Problemen betrachtet und dabei strikt zwischen den tatsächlich (d.h. aus der Interpretenperspektive) gelösten Problemen und den nach Meinung des Urhebers gelösten Problemen unterscheidet. - Zur näheren Untersuchung der Entsprechungen zwischen Gadamers Hermeneutik und Poppers Konzept objektiven Verstehens vgl. Schneider 1991, S.63-90.

25 Zu hier anknüpfenden Komplikationen des Collingwood/Gadamer'schen Schemas von Frage und Antwort vgl. Marquard 1981, S.118 und Blumenberg 1966.

26 Anders als im Bürgerlichen Recht setzt das im Strafrecht bestehende Analogieverbot der Auslegung jedoch enge Grenzen. Die Anwendbarkeit des § 242 für solche Fälle blieb deshalb unsicher. Dies führte schließlich dazu, daß durch Gesetz vom 9.4.1900 der § 248c (Entziehung elektrischer Energie) als zusätzliche Regelung eingeführt wurde (vgl. Schönke/Schröder: § 248c, RN 1).

mativ verbindlicher Handlungsorientierungen mißverstanden werden. Worum es Gadamer geht ist vielmehr, daß jede Interpretation eine "situationsbezogene Aneignung"[27] einschließt. Die Situation des Interpreten aber, das ist der historisch bestimmte Horizont seines sachlichen Vorverständnisses, sein Selektionshorizont, das Repertoire seiner Unterscheidungen, das er in jeder Auslegung ins Spiel bringt und als *Bedingung der Möglichkeit des Verstehens* ins Spiel bringen *muß*.

Die *Vor-Urteile* des Interpreten, die Sinn-Erwartungen, die er an einen Text heranträgt, sind daher für Gadamer nicht eine bloße Quelle der Trübung eines zu ermittelnden ursprünglichen Sinns. Sie gelten ihm vielmehr als konstitutives Moment jeder Auslegung. Die Strukturierung des Auslegungsprozesses durch verständnisleitende Vorurteile ist unhintergehbar. Womit sonst sollte der Interpret beginnen, sofern er keine metaphysichen Fähigkeiten, telepathischen Verbindungen zum Autor, Verbalinspiration o.ä. in Anspruch nehmen kann? Erst im Fortgang der Auslegung selbst kann zwischen verstehensförderlichen und -hinderlichen Vor-Urteilen unterschieden werden durch sukzessive Selektion derjenigen Vorannahmen, die den verständlichen Gehalt des Textes maximieren. Gadamers Hermeneutik erfüllt hier durchaus die Ansprüche des Popper'schen Falsifikationismus. Dadurch, daß der Ausleger seine verständnisleitenden Vormeinungen ins Spiel bringt, setzt er sie zugleich aufs Spiel. Sie können am Text scheitern und den Interpreten dann veranlassen, diese Annahmen zu überprüfen.

Von zentraler Bedeutung dafür ist das sogenannte *"Vorurteil der Vollkommenheit"* (Gadamer 1965, S.278), das Gadamer als Einstellung des Interpreten gegenüber dem Text verlangt. Nur dann, wenn er damit rechnet, daß der Text, wenn er seinen Vorannahmen widerspricht, gegen ihn im Recht sein könnte, kann der Interpret aus der Beschäftigung mit Texten für ihn Neues lernen. Beim "Vorurteil der Vollkommenheit" handelt es sich also um eine methodologische Maxime, deren Funktion es ist, die sachliche Informationsausbeute, die der Interpret aus einem Text gewinnen kann, zu maximieren (vgl. Gadamer 1965, S.352). Deshalb - und nicht etwa als Folge einer Dogmatisierung der Autorität der Überlieferung - ist die vorschnelle Unterstellung irrationaler Prämissen auf der Seite des Textautors, die es mit aufklärerischen, ideologiekritischen, psychoanalytischen oder anderen Mitteln der Latenzbeobachtung zu durchleuchten gälte, kontraindiziert.

Erst dann, wenn alle Bemühungen des Interpreten, den Text als *gültige* Antwort auf eine sich *für ihn* erhebende Frage auszulegen scheitern, erscheint es angemessen, Annahmen über zeittypische oder für den Autor charakteristische Hintergrundannahmen für die Auslegung heranzuziehen, die dem Interpreten als irrational erscheinen. Dann erst wird es notwendig, in den Bezirk des nur noch *historischen* und/oder *psychologischen Verstehens* einzutreten, den Gadamer unter der Bezeichnung des *Meinungsverstehens* zusammenfaßt. So lange dieser Punkt jedoch nicht

---

27 Vgl. Böhler 1981, S.506: "Insofern die Übersetzung eines Textes über die historische Differenz eine notwendigerweise aktualisierende Erschließung ist, enthält sie eine situationsbezogene Aneignung, die jedoch keine direkte Anwendung eines, vorweg als verbindlich gesetzten, handlungsleitenden Sinns ist."

erreicht ist, darf die Ebene des *Sachverstehens* nicht verlassen werden, soll der Sinngehalt *des Textes* für den Interpreten soweit als möglich ausgelotet werden. Gemessen an diesem Ziel ist die "psychologische Rekonstruktion der Gedanken eines Autors eine ganz andere Frage" (Gadamer 1965, S.354). Darin kommt Gadamer mit Luhmann überein, der das Verstehen von *Kommunikation* strikt vom Verstehen der *Person* unterscheidet, die als Urheber einer Mitteilung an der Kommunikation beteiligt ist (vgl. Gadamer 1965, S.354; Luhmann 1986b, S.96).

Diese Übereinstimmung ist keineswegs zufällig. Wie sich für Luhmann Kommunikation vom Verstehen her organisiert (vgl. 1986b, S.95), so wird der Sinn eines Textes für Gadamer durch dessen Auslegung, Auslegung aber als Vollzugsweise des Verstehens bestimmt (Gadamer 1965, S.366). Wie Luhmann votiert Gadamer damit gegen eine *handlungstheoretische* Auffassung von Kommunikation, die den Sinn von Äußerungen und Texten ausschließlich durch die Sinnintentionen ihrer Urheber bestimmt sieht und dementsprechend hermeneutisches Verstehen mit psychologischem Verstehen vollkommen identifiziert.[28] Hörer und Interpret gelten nicht mehr als passive Instanzen, gleichsam als siamesische Zwillinge des Autors einer Mitteilung, dazu verurteilt, dessen *subjektiven* Sinn zu duplizieren, sofern sie überhaupt deren Sinn verstehen wollen. Die Differenz der Selektionshorizonte wird ernst genommen. Deshalb gilt grundsätzlich, -

"... immer übertrifft der Sinn eines Textes seinen Autor. Daher ist das Verstehen kein nur reproduktives, sondern stets auch ein produktives Verhalten", und insofern gilt, "daß man *anders* versteht, wenn man überhaupt versteht" (vgl. Gadamer 1965, S.280; Hervorhebung von mir, W.L.S.).

Kommunikativer Sinn erscheint damit als *emergentes Resultat doppelt kontingenter Konstitution*: Der Autor fixiert die Folge der Zeichen, die Mitteilungsgestalt und etabliert damit scharfe Restriktionen für das, was als Information auf den Text zurückgeführt werden kann. Jede Deutung untersteht dem Gebot der Deckung durch den Text. Dennoch reicht die Mitteilungsgestalt nicht aus, um den Textsinn zu *determinieren*. Der Text bedarf des Auslegers, und er gewinnt seinen Sinn erst relativ zum jeweiligen Sinnhorizont, auf den er im Verstehen bezogen wird. Jedes Verstehen ist insofern bereits Interpretation. Interpretation aber ist nicht etwas dem Text Äußerliches, kontingent Hinzutretendes, denn *erst im Verstehen* wird er vollendet, kommt er neu zur Sprache, erhält er seinen Sinn (Gadamer 1965, S.156, 280, 437f., 448).

Daß Gadamer dem Verstehen eine derartig zentrale Rolle für die Konstitution des Textsinnes zuweist, hat weitere Konsequenzen, die dicht an Luhmanns Konzeption von Verstehen und Kommunikation heranführen: Es kann für Gadamer -

"... keine richtige Auslegung 'an sich' geben", denn "jede Auslegung hat sich in die hermeneutische Situation zu fügen, der sie zugehört" (1965, S.375). "Jede Aneignung der Überlieferung ist eine geschichtlich andere - was nicht heißt, daß eine jede nur eine getrübte Erfassung derselben wäre: eine jede ist vielmehr die Erfahrung einer 'Ansicht' der Sache selbst" (1965, S.448).

---

28 Wie oben gezeigt, wird die Bindung des Textsinnes an den subjektiven Sinn des Interpreten auch in der handlungstheoretisch verkürzten Hermeneutikrezeption von Habermas unterstellt.

Statuiert ist damit die *objektive Realität unterschiedlicher Beobachtungsperspektiven* für das Verstehen. Der Sinn eines Textes kann damit auch nicht gebunden werden an die notwendig selektive Auslegung eines einzelnen Interpreten. Wie die Sinnintention des Autors, so übersteigt er notwendig ebenso die Verstehenskapazität jedes einzelnen Interpreten und ist somit nicht mehr auf eine individuelle psychische Instanz beziehbar. Virulent wird deshalb die Frage nach der Ebene, von der her der Vorgang *multipler Sinnkonstitution* als Einheit gedacht werden kann.

Bei Hegel etwa ist die Funktionsstelle einer transindividuellen Einheit der historischen Konstitution von Sinn durch den Begriff *Geist* besetzt, wird also nach dem Muster eines Makrosubjektes gedacht. Luhmann, der bereits den Elementarfall *aktueller* sozialer Sinnkonstitution als transindividuellen Prozeß analysiert, votiert für *Kommunikation* als Einheit, die in sich differentiell (als Einheit von drei Selektionen) konstituiert ist und nicht mehr auf ein Subjekt (da sie *mindestens zwei* Prozessoren voraussetzt) zurückgeführt werden kann. Gadamer besetzt diese Stelle, soweit es um die *historische* Dimension der Konstitution von Sinn geht,[29] mit dem Begriff der *Wirkungsgeschichte*. Wirkungsgeschichte meint die sinnproduktive Wirkung der Geschichte, die über den Wandel der verständnisleitenden Vorurteile neue Möglichkeiten der Deutung erschließt und damit neue Sinnbezüge eines Textes freilegt (vgl. 1965, 284ff.). Um die Sinnfülle eines Textes zugänglich zu machen, ist die Verschiebung des Sinnhorizontes, in dem er interpretiert wird, konstitutive Voraussetzung. Darin und nicht im Absterben von Interessenbindungen, die den Blick der Zeitgenossen trüben könnten, sieht Gadamer die produktive Wirkung des Zeitenabstandes (1965, S.282).

Von hier aus läßt sich eine Parallele ziehen zum Modus der kommunikativen Reproduktion systemischer Strukturen. Wo Luhmann von Kommunikation spricht, da spricht Gadamer von Wirkungsgeschichte und Tradition, die sich als Überlieferungs*geschehen* vollzieht. Die "Seinsart der Überlieferung ... ist Sprache". Die "sprachliche Kommunikation zwischen Gegenwart und Überlieferung" ist das Geschehen, in dem sich die Überlieferung erhält und fortbildet. Von diesem Geschehen sagt Gadamer, daß es "nicht unser Tun an der Sache, sondern das Tun der Sache selbst ist" (1965, S.439). Das Überlieferungsgeschehen selbst wird hier zum Subjekt.[30] Der Autor und seine Interpreten sind Prozessoren in diesem Geschehen.

---

29 Als *elementare und je aktuell* realisierte Einheit der Konstitution von Sinn im Bereich der Kunst nennt Gadamer das "Spiel". Wie wir gleich sehen werden, wird "das Spiel der Kunst" (als Unterfall des "Spiels der Sprache", das sich in der *Wirkungsgeschichte* historisch entfaltet) bei Gadamer in frappierender Übereinstimmung mit Luhmanns Kommunikationsbegriff als Einheit von drei Sinnselektionen bestimmt.

30 Die Struktur des Spiels, in dem "das Verhalten der Spielenden nicht als ein Verhalten der Subjektivität verstanden werden dürfe, da vielmehr das Spiel es ist, das spielt, indem es die Spieler in sich einbeziehet und so selber das eigentliche subjectum der Spielbewegung wird" (1965, S.464), ist das Paradigma für die Vollzugsform des Überlieferungsgeschehens. Kritisch dazu Frank (1985, S.20ff.), der Gadamer vorhält (a.a.O., S.23f.): "Tatsächlich fällt damit dem Subjekt-als-Wirkungsgeschichte zu, was dem Subjekt-als-tätig-sich-entwerfendem-Individuum aberkannt wurde: die (durch Tradition motivierte, aber nicht unfreie) Konstitution von Sinn als aktive Erinnerung und Überschreitung des geschichtlich vorgegebenen Diskurses".

Die Wirkungsgeschichte eines Textes kann gelesen werden als *Reproduktionssequenz einer Tradition*: Diese setzt sich so lange fort, wie der Text als gültige Antwort auf (alte und/oder neue) Fragen verstanden werden kann.[31] Reproduktion einer Tradition meint hier also nicht geschichtsenthobene Konstanz, sondern die Anschließbarkeit von Transformationen im Bestand der deutungsleitenden Vorannahmen an ein Gemeinsames, das durch die anhaltende Geltung überlieferter Texte gestiftet wird. Die kontinuierliche Geltung der biblischen Offenbarung als Grundlage der christlichen Tradition oder die Rezeption des römischen Rechts geben Beispiele für diesen Reproduktionsmodus von Traditionen als Bedeutungszusammenhängen, welche in ständiger Transformation begriffen sind und für die identische Reproduktion nur noch als imaginärer Grenzfall ohne empirisches Korrelat in Betracht kommt. Instanzen der "Applikation" als Anwendung von Texten auf immer neue Fragekontexte, wie sie im Bereich juristischer wie theologischer Auslegung selbstverständlich aufgegeben erscheint, markieren hier gleichsam die Elementarereignisse oder *basalen Operationen*, auf denen die Reproduktion von Traditionen gründet.

"Applikation", das ist hier zu wiederholen, meint nicht die nachträgliche praktische Anwendung eines schon verstandenen, sondern die Aneignung eines Textes aus der je spezifischen (Deutungs)Situation des Interpreten. Die *Applikation* als basale Einheit der Reproduktion einer Tradition kombiniert das *Verstehen* im Sinne Luhmanns als dritter Selektion, die kommunikativ durch mindestens eine Anschlußäußerung realisiert werden muß, mit der *Annahme* des verstandenen Sinnes. Die Anschlußäußerung, das ist bei Gadamer zunächst die *Interpretation*. Wie bei Luhmann die minimale Einheit von Kommunikation aus zwei Äußerungen besteht, von denen die zweite der ersten eine bestimmte Bedeutung kommunikativ zuweist, so ist für Gadamer die Interpretation konstitutiver Bestandteil des Textes oder Kunstwerkes selbst, denn nur als interpretiertes gewinnt es jeweils einen bestimmten Sinn.

Dort, wo Gadamer die "Seinsweise des Kunstwerks" am Leitfaden des Spieles expliziert (1965, S.97ff.), tritt die konstitutive Rolle der Interpretation zuerst hervor. Gadamer reklamiert zunächst den *"Primat des Spieles gegenüber dem Bewußtsein der Spielenden"* (1965, S.100):

> "Das eigentliche Subjekt des Spieles ... ist nicht der Spieler, sondern das Spiel selbst. Das Spiel ist es, was den Spieler im Banne hält, was ihn ins Spiel verstrickt, im Spiel hält" (1965, S.102).

Man ist versucht, für "Spiel" "Kommunikation" einzusetzen, um so bei Luhmanns Diktum anzulangen, nach dem *nur die "Kommunikation kommuniziert"* (vgl. u.a. 1988b, S.884). Und tatsächlich sagt Gadamer, daß *"vielmehr das Spiel es ist, das spielt"* (1965, S.464). Das Spiel ist bestimmt durch seine "Regeln und Ordnungen" (1965,

---

31 Und in diesem Sinne spricht Gadamer von "Horizontverschmelzung": "Im Walten der Tradition findet ständig solche Verschmelzung statt. Denn dort wächst Altes und Neues immer wieder zu lebendiger Geltung zusammen" (1965, S.289).

S.102) und in seinem Sein zugleich abhängig davon, daß es gespielt wird. Dies gilt auch für das Schauspiel als Kunstwerk. Die Abhängigkeit davon, daß es gespielt wird, hat zur Folge, daß die Kontingenzen seiner Darstellung ihm nicht äußerlich bleiben, sondern es mit konstituieren:

> "Das Kunstwerk ist nicht von der 'Kontingenz' der Zugangsbedingungen, unter denen es sich zeigt, schlechthin isolierbar ... . Es selbst gehört in die Welt hinein, der es sich darstellt. Die These ist also, daß das Sein der Kunst nicht als Gegenstand eines ästhetischen Bewußtseins bestimmt werden kann, weil umgekehrt das ästhetische Verhalten mehr ist, als es von sich weiß. Es ist Teil des Seinsvorganges der Darstellung und gehört dem Spiel als Spiel wesenhaft zu" (1965, S.111).

Zur Kontingenz der Entstehung eines Kunstwerkes tritt hier die Kontingenz der Darstellungsbedingungen als zweites notwendiges Moment für die Existenz des Kunstwerkes hinzu. Der Sinn des Kunstwerkes ist notwendig *doppelt kontingent* bestimmt und *daher* weder auf seine Existenz als Tatsache im Bewußtsein seines Urhebers, noch als Gegenstand ästhetischer Erfahrung, wie er sich dem Bewußtsein des Betrachters darstellt, reduzierbar. Das Spiel als Gebilde, als "ein bedeutungshaftes Ganzes, das als dieses wiederholt dargestellt und in seinem Sinn verstanden werden kann", und seine Abhängigkeit vom "Gespieltwerden", von seiner Darstellung, gehören zusammen (1965, S.111).[32]

Der "Abstraktion der ästhetischen Unterscheidung" zwischen Werk und Darstellung, dem "eigentlichen Konstitutivum des ästhetischen Bewußtseins", setzt Gadamer "die 'ästhetische Nichtunterscheidung' entgegen" (1965, S.111). Diese Nichtunterscheidung wird näher bestimmt als die Einheit "der doppelten Unterscheidung von Dichtung und ihrem Stoff und von Dichtung und Aufführung" (1965, S.112).[33] Der *Stoff*, das Thema, die zugrunde liegende Fabel zum einen, seine *dichterische Gestaltung* zum zweiten und schließlich die darstellerisch realisierte *Interpretation* kommen je in einem Sinnganzen zur Einheit.

Diese Einheit entspricht im Grundsatz der Einheit der drei Selektionen *Information* (bei Gadamer: Stoff), *Mitteilung* (bei Gadamer: dichterische Gestaltung) und *Verstehen* (bei Gadamer: darstellerische Interpretation), die für Luhmann Kommunikation konstituiert. Der Sache nach erweist sich die Struktur, die Gadamer paradigmatisch am "Spiel der Kunst" entfaltet und schließlich als universelle Struk-

---

32 Die unterschiedlichen Weisen der Realisation widersprechen dem nicht: Bei der "Varietät der Aufführungen eines solchen Gebildes" handelt es sich "nicht um bloße subjektive Varietät von Auffassungen, sondern um eigene Seinsmöglichkeiten des Werks, das sich gleichsam in der Varietät seiner Aspekte selber auslegt" (1965, S.112).

33 Aus dieser Einheit, welche die "eigentliche Erfahrung einer Dichtung" ausmacht, tritt heraus, wer "die zugrundeliegende Fabel auf ihre Herkunft hin betrachtet" oder "über die Auffassung, die einer Aufführung zugrunde liegt" reflektiert, d.h. die "ästhetische Unterscheidung des Werkes von seiner Darstellung" in Anschlag bringt (1965, S.112). Nicht die Legitimität einer solchen ästhetischen Reflexion möchte Gadamer bestreiten, sondern nur deren abgeleiteten Status nachweisen, denn: "In Wahrheit unterstellen sie sich alle dem kritischen Leitmaßstab der 'richtigen' Darstellung (1965, S.113). Grundlage ästhetischer Kritik ist die "Störung des einheitlichen Verstehens" (1965, S.113). Sie fungiert als *Instanz der Meta-Kommunikation*, die aufgerufen ist, wenn das Verstehen sich mit der Möglichkeit des Nicht- oder Mißverstehens konfrontiert sieht und die auf die Wiederherstellung der gestörten Einheit zielt.

tur des Überlieferungsgeschehens im "Spiel der Sprache" behauptet (1965, S.464f.), die er durch das Konzept der *Wirkungsgeschichte* bestimmt, als genaues Analogon zur Struktur des Luhmann'schen Kommunikationsbegriffs. Grundlage dieser Übereinstimmung ist, daß Gadamer - wie Luhmann - den Sinn von Texten bzw. Kommunikation nicht handlungstheoretisch, sondern aus der Perspektive des Verstehens konzipiert. Von dort kommt Gadamer zu der Annahme der grundsätzlichen *Ungleichmächtigkeit* zwischen dem Sinn eines Textes und seinem subjektiven Sinn für den Autor bzw. seinem historischen Sinn aus der Perspektive der Zeitgenossen. Psychologisches und historisches Verstehen greifen deshalb für Gadamer grundsätzlich zu kurz, wenn es um das Verstehen des Textsinnes geht.

Diese Verstehensformen sind gleichwohl für Gadamer nicht bedeutungslos. Das dadurch zu gewinnende Bewußtsein der Andersheit des Gegenwartshorizontes gegenüber dem Horizont der Überlieferung, aus dem der Text spricht, wird dem Interpreten als "historisches Bewußtsein" ausdrücklich abverlangt.[34] Im gelungenen Verstehen jedoch ist dieses Bewußtsein nur -

> "... wie eine Überlagerung über einer fortwirkenden Tradition, und daher nimmt es das voneinander Abgehobene sogleich wieder zusammen, um in der Einheit des geschichtlichen Horizontes, den es sich so erwirbt, sich mit sich selbst zu vermitteln" (1965, S.290).

Das wirkungsgeschichtliche Bewußtsein weiß sich so als *Einheit* der Differenz der verschiedenen Vorverständnishorizonte und der korrespondierenden Auslegungsmöglichkeiten eines Textes. Diese Einheit konstituiert sich mit jeder Anwendung des Textes auf die Situation des Interpreten neu als *Fortsetzung des Überlieferungsgeschehens*, als Erneuerung der Tradition in der Gegenwart des Interpreten.

2.1.5 Grenzen der Kompatibilität

Zur Einheit kommen die verschiedenen An-sichten eines Textes insofern, wie sie *ihm* zurechenbar bleiben. Der vorverständnisrelativ variierende Sinn eines Textes wird im Überlieferungsgeschehen zur *temporalen Einheit einer Transformationssequenz* zusammengefaßt, die unter der Bedingung der *Fortgeltung des Textes* steht. Diese Einheit zerbricht mit dem Abbruch einer Tradition.

Eine solche, Gesellschaft übergreifende Einheit kennt die Systemtheorie unter den Bedingungen funktionaler Differenzierung nicht. Hier treten die Funktionssysteme als unterschiedliche Großkontexte der Informationsverarbeitung mit je eigenem Selektionshorizont auseinander, ohne daß Tradition (oder eine systemüber-

---

34 Insofern das wirkungsgeschichtliche Bewußtsein die Andersheit des Horizonts der Überlieferung zusammen mit dem Gegenwartshorizont umgreift, ist es dem Autor und den zeitgenössischen Lesern voraus. Es versteht den Text nicht nur, wie es selbst ihn (als Beobachter erster Ordnung) versteht, sondern kann darüber hinaus verstehen, wie andere ihn vor ihm verstanden haben. Der im Bewußtsein der Wirkungsgeschichte auslegende Interpret operiert mit dem Vorteil des Beobachters zweiter Ordnung, der sehen kann, mit welchen Unterscheidungen (d.h. aus welchem Vorverständnishorizont) frühere Beobachter erster Ordnung den Text beobachtet haben.

greifende prozeduralisierte Vernunft, wie bei Habermas und Apel) eine Ebene der *Konstitution von Einheit als Geltungskonsens* bereitstellen würden. Verstehen ist unter Bedingungen binär codierter Kommunikation grundsätzlich an den je besonderen Selektionshorizont des verstehenden Systems gebunden, das andere Systeme deshalb nur noch nach dem Muster psychologischen bzw. historischen Verstehens beobachten kann. Die Beobachtung des Beobachters hat hier zu kompensieren, daß ein in der Sache koinzidierendes Verstehen nicht mehr möglich ist. Verstanden (und damit erwartbar gemacht) werden kann nur noch, wie - d.h. aufgrund welcher Unterscheidungen - andere Systeme dazu kommen, so anders zu verstehen, wie sie verstehen. Jedes System kann jedes andere beobachten. Keines ist im Vor- oder Nachteil. Kongruenz der Beobachtungsperspektiven über die Systemgrenzen hinweg ist bei Strafe des Verlustes systemischer Identität ausgeschlossen.

Die Direktiven, die Luhmanns Systemtheorie einerseits, die Hermeneutik Gadamers andererseits für die Verstehenden bereithalten, divergieren dementsprechend deutlich: Offenheit für die Anrede der Überlieferung mit Aussicht auf Traditionsfortsetzung steht hier der Aufforderung gegenüber, sich auf multiperspektivisch gebrochene, heterarchische Beobachtungsverhältnisse einzurichten durch Ausbildung einer moraldistanzierten Kultur der Beobachtung anderer Beobachter, die von vornherein nicht mehr anstrebt als nur gelegentliche und äußerst selektive Akkordierung der Beobachtungsperspektiven, im übrigen aber gerade (und gerade dadurch) "Inkongruenz" pflegt (vgl. Luhmann/Fuchs 1989, S.223f.; Fuchs 1992, S.240).

Was demgegenüber bei Gadamer auffällt, ist die Marginalisierung von Traditions*brüchen*. Traditionsbrüche sind gegeben, wenn einst als verbindlich geltende Texte vom Interpreten nicht mehr als Antwort auf Fragen verstanden werden können, die sich auch für ihn erheben. Die Selektionshorizonte zwischen Gegenwart und Überlieferung treten unversöhnlich auseinander. Das Sachverstehen stößt an die Grenzen seiner Möglichkeiten. Wir haben es dann mit der *diachronen Parallelsituation zum Luhmann'schen Szenario funktional differenzierter Systemkontexte der Informationsverarbeitung* zu tun.[35]

Die Häufigkeit von Traditionsbrüchen ist nun einerseits eine empirische Frage. Andererseits aber muß sie sich in jedem Einzelfall erst zeigen am Scheitern des Versuchs, einen auszulegenden Text als Antwort für den Interpreten zu verstehen, sollen alle Möglichkeiten des Verstehens ausgeschöpft werden. Die für die Her-

---

35 Für die Rezeption von Texten heißt dies: Es können die gleichen Texte, die gleichen Mitteilungen, mit divergierenden systemspezifischen Leitunterscheidungen auf Informationsgehalte abgetastet und als Antworten auf unterschiedliche Fragen gelesen werden. Neben die *religiöse* Lektüre der Bibel (auf der Basis des religionsspezifischen Codes Transzendenz/Immanenz) kann etwa eine *ästhetische* Lektüre treten, welche die Bibel als Kunstwerk auf die Unterscheidung schön/häßlich bezieht, ebenso eine *historische* Lektüre, die sich für die daraus zu entnehmenden zeitgeschichtlichen Zusammenhänge interessiert (z.B. für die Kooperation von Hohenpriestern und römischer Besatzungsmacht bei der Bekämpfung religiös motivierter Aufrührer) und sich dabei an dem Code des Wissenschaftssystems (wahr/unwahr) orientiert. Und jede der so produzierten Deutungen kann Anschlüsse auslösen, die sich im gleichen binären Code plazieren und die darin übereinkommen, von den Lektüren, die auf andere Leitunterscheidungen zugeschnitten sind, keine Notiz zu nehmen.

meneutik konstitutive Präferenz für Verstehen und die ihr aufgetragene Aufgabe seiner Optimierung ist es, die hier aus systematischen Gründen zu einer *methodologisch* begründeten Marginalisierung von Traditionsbrüchen drängt, selbst wenn *empirisch* anderes erwartbar scheint. Per Implikation wird damit die Hermeneutik auch zum Treuhänder für die Fortsetzung des Überlieferungsgeschehens. Und mit Habermas (1973b, S.241f.) kann man dies, wenn man will, als das praktische Erkenntnisinteresse begreifen, das quasi-transzendental in der Struktur hermeneutischer Auslegung verankert ist.

Auch in der synchronen Dimension rechnet Gadamer durchaus mit dem Aufeinandertreffen divergenter Vorverständnishorizonte und daraus folgenden Verständigungsproblemen. Die Aufgabe der Hermeneutik ist es, so weit als möglich die Überwindung solcher Barrieren anzustreben:

> "Wenn man der Hermeneutik folgt, zielt vielmehr jede Anstrengung des Begreifens auf den möglichen Konsens, das mögliche Einverständnis ..." (Gadamer 1986, S.114f.).

Dabei fügt Gadamer jedoch ergänzend hinzu, diese Anstrengung des Begreifens müsse -

> "... selbst schon auf einem verbindenden Einverständnis beruhen, wenn je herauskommen soll, daß man sich versteht. Das ist durchaus keine dogmatische Annahme, sondern eine einfache phänomenologische Beschreibung. Wo nichts verbindet, kann auch kein Gespräch gelingen" (a.a.O., S.117, Fortsetzung des vorangegangenen Zitats).

Daß das Gespräch scheitern kann, weil die notwendige Vorverständigung, ein gemeinsamer Deutungshorizont, fehlt, wird hier als Möglichkeit durchaus eingeräumt. Die Hermeneutik Gadamers scheint insoweit nicht gebunden an die Wahrheit einer empirischen Hypothese über die mögliche Realisierung von Konsens. Sie klärt die Bedingungen der Möglichkeit von Einverständnissen, die erfüllt sein müssen, *sofern* es zu einem Einverständnis kommt bzw. kommen soll. Ihr Geltungsanspruch als Reflexionstheorie des Verstehens ist *transzendentallogischer* Art. Im Blick auf ihre als *universal* postulierte Reichweite adoptiert sie dennoch die erwähnte Hypothese. Soll - wie Gadamer dann doch annimmt - die Herstellung von Einverständnis grundsätzlich möglich sein, müssen freilich die Prinzipien der philosophischen Hermeneutik über die Grenzen der Wissenschaft hinaus als Prinzipien praktischer Vernunft im alltäglichen Verstehen sozial verankert sein (vgl. Gadamer 1986, S.117 und 499f.). Unter diesem Gesichtspunkt erscheint bei Gadamer der Bezug *jedes* Verstehens auf *Wahrheit* (im Sinne theoretischer Wahrheit bzw. normativ-praktischer und ästhetischer Geltungsansprüche) konstitutiv vorausgesetzt.

Aus Luhmanns Perspektive ist diese Voraussetzung in den Funktionssystemen *Wissenschaft* und *Kunst* sowie in Kontexten *moralisch* codierter Kommunikation erfüllt. In anderen Funktionssystemen jedoch steuern andere Codes das Verstehen in der Kommunikation. An dieser Stelle baut die Systemtheorie mehr Kontingenz in das Verstehenskonzept ein, als Gadamers philosophische Hermeneutik ohne Einschränkung ihres Universalitätsanspruchs verkraften kann. Hier präsentiert sich die Systemtheorie in einem genauen Sinne als eine *Hermeneutik sozialer Funktions-*

systeme eigenen Zuschnitts: Sie reflektiert die Bedingungen der Möglichkeit (und die Grenzen) des Verstehens nicht in einem transzendentallogischen Sinn, sondern als Theorie mit empirischem Anspruch und im Blick auf die historisch kontingente Realisierung eines spezifischen Typs sozialer Differenzierung.

Dem kann (und muß) die Hermeneutik auf der Ebene transzendentaler Reflexion nichts entgegensetzen. Was sie statt dessen *versuchen* kann ist, mit ihren methodischen Mitteln zu demonstrieren, daß die Orientierung an vernünftigen Geltungsansprüchen in der Kommunikation vielleicht weiter reicht als die Systemtheorie glaubt. Wenn hermeneutisches Verstehen dabei auf systemische Grenzen möglichen Einverständnisses trifft, ist die philosophische Hermeneutik freilich nicht 'widerlegt'. Denn auch dann kann noch hermeneutisch verstanden werden, welche Differenzen zwischen Deutungshorizonten es verhindern, daß Einverständnis als Geltungskonsens zu erreichen ist.[36]

2.1.6 Zur Funktion von Tradition

Die Systemtheorie gibt theoretische Gründe dafür an, warum unter den Bedingungen der modernen Gesellschaft die Erfahrung traditionsbruchanaloger Diskontinuitäten und Verständigungsgrenzen zur sozialen Normalität wird. Auch wenn dies die Reichweite ihres Anspruchs tangiert, soweit er die Ermöglichung von Einverständnis betrifft, muß sich die Hermeneutik gegenüber solchen Überlegungen nicht taub stellen. Ein Anzeichen für ihre Triftigkeit ist nicht zuletzt die Differenzierung der Hermeneutik selbst entlang der Grenzen unterschiedlicher systemischer Anwendungskontexte (insbesondere Recht, Religion, Kunst und parallel dazu die wissenschaftlichen Disziplinen Jurisprudenz, Theologie, Kunst- und Literaturwissenschaft) mit divergierenden Anforderungen der "Applikation" (vgl. dazu u.a. Herzog 1981a und 1981b; Böhler 1981, S.504ff.). Die Differenzierung funktionsspezifischer Selektionskontexte läßt unter systemtheoretischen Prämissen den Gedanken eines einheitlichen Überlieferungsgeschehens nicht mehr zu. Was möglich bleibt, ist Traditionsbildung auf der Ebene sozialer Teilsysteme. Ein solchermaßen *pluralisiertes Überlieferungsgeschehen* könnte aus systemtheoretischer Perspektive, so meine Vermutung, einen Platz im Kontext *intrasystemischer Identitätsreflexion* finden. Prüfen wir diese Vermutung knapp am Beispiel des Wissenschaftssystems.

Durch Reflexion konditioniert ein System das eigene Operieren, indem es sich an seiner Differenz zur Umwelt orientiert. Dazu muß es seine eigene Einheit thematisieren und Selbstbeschreibungen anfertigen, an die es sich in der weiteren Kommunikation halten kann (vgl. Luhmann 1984, S.617f.). Reflexion auf der Ebene

---

36 Als Anschauungsbeispiele dafür erinnere ich an Girards Interpretation des Opferkultes und meine Analyse des Berichts über die Kooperation zwischen Sozialwissenschaftlern und Verwaltungsangehörigen im Rahmen eines Auftragsprojektes: In beiden Fällen konzentrierte sich die Darstellung auf die Herausarbeitung *unterschiedlicher* Deutungsperspektiven und die damit verknüpften Hintergrundannahmen, um dann die Zwischenglieder zu ermitteln, welche es ermöglichen, den Übergang von der einen zur anderen Perspektive rational nachzuvollziehen.

des Wissenschaftssystems bedeutet Reflexion des *Codes*. Dieser Aufgabe widmen sich Erkenntnistheorie und Wissenschaftstheorie. Die Grenzziehung zwischen wissenschaftlichen Disziplinen und die darauf bezogene Reflexion ist demgegenüber vor allem auf der Ebene der *Programme* (Theorien und Methoden; vgl. Luhmann 1990a, S.401ff.) und der *konstituierenden Problemstellungen* (vgl. Luhmann 1981e) möglich. Spezifiziert auf diese Ebene der disziplinären Differenzierung formuliert Luhmann entsprechend:

> "Die Reflexion betrifft die jeweiligen Problem- und Theorietraditionen, an denen man Thematiken als 'wissenschaftlich' erkennt" (Luhmann 1981d, S.324).

Für Forschungen, die als "Grundlagenforschung" auf der Ebene disziplinärer Reflexion operieren und "sich um Steigerung des Auflösevermögens oder des Konsistenzniveaus der Begriffe und Theorien bemühen", gilt:

> "Sie haben immer verstärkt historische Implikationen. Ohne hier Anschluß zu suchen, wäre wissenschaftliches Arbeiten nicht möglich, weil als solches nicht identifizierbar. Das schließt nicht aus, jede bestimmte Problem- oder Theorietradition (mit Hilfe anderer!) in Frage zu stellen. Anschlußzwang ist mithin nicht nur eine Frage der Ökonomie und des Vermeidens unnötiger Doppelarbeit: es ist eine Frage der Identität" (Luhmann 1981d, S.324).

Insofern erfordert die kommunikative Reproduktion einer Disziplin als identifizierbarer Einheit die je neu aus der Perspektive der Gegenwart zu unternehmende *Rekonstruktion ihrer Tradition*. Selbstthematisierung des Systems im System ist nur mit Hilfe drastischer Vereinfachungen möglich. Was als Tradition jeweils präsent gehalten werden kann, unterliegt Beschränkungen. Man muß seligieren, sich an eine enge Auswahl von Theorien und Texten halten, die - als 'klassisch' etikettiert - verbindliche Anschlußstellen für die systemische Identitätsreflexion bilden. Was aber heißt es, einen Text als Klassiker zu lesen?

> Es "heißt gerade nicht: ihn historisch interpretieren. ... Man muß in der Analyse klassischer Texte den gegenwärtigen Stand des Faches zugrunde legen: das inzwischen gestiegene Auflösungsvermögen, die größere Tiefenschärfe der theoretischen und methodischen Gegenstandsprojektion." (Luhmann 1977, S.17f.).

Die Aneignung und "Applikation" überlieferter Texte aus dem *Vorverständnishorizont der Gegenwart* wird damit zum Gebot erhoben. Wird es befolgt, dann -

> "... geht die Rekonstruktion der Frage, aus der sich der Sinn eines Textes als Antwort versteht, in unser eigenes Fragen über" (Gadamer 1965, S.356).

Der Interpret versteht den Klassiker als Antwortversuch auf eine Frage, ein Problem, das sich ihm selbst ebenfalls stellt. Und insofern der Vorverständnishorizont als *Horizont des Fraglichen* zu bestimmen ist, auf das ein Text antwortet, findet *"Horizontverschmelzung"* statt zwischen dem Horizont des Interpreten und dem Horizont, aus dem der Text spricht (vgl. Gadamer 1965, S.356f.). Die *Funktion* der Wissenschaft, ihre Verpflichtung auf Erkenntniswachstum, macht es allerdings unwahrscheinlich, daß am Ende der Lektüre eines Klassikers auch die Übernahme seiner Antworten als uneingeschränkt gültige Problem*lösungen* steht. Die Aktualität eines klassischen Textes für eine wissenschaftliche Disziplin ist daran nicht gebunden.

> "Der Text bleibt aktuell, solange seine Problemstellung kontinuierbar ist. Er bleibt maßgebend in einem ambivalenten Sinne: Man kann an ihm ablesen, was zu leisten wäre; aber nicht mehr: wie es zu leisten ist" (Luhmann 1977, S.18).

In der *Identitätsreflexion wissenschaftlicher Disziplinen* lebt Tradition in der beschriebenen Weise auch für die Systemtheorie fort. Und dort, wo Luhmann sich dieser Aufgabe mit den Mitteln der Interpretation klassischer Texte widmet, formuliert und befolgt er selbst Anforderungen, in denen er mit Gadamers Hermeneutik übereinkommt.

2.1.7 Hermeneutik als Methode systemtheoretischer Forschung?

Hermeneutisches Verstehen als Methode der Systemtheorie - diese Verknüpfung mobilisiert Skepsis. Wie und wo 'versteht' die Systemtheorie im hermeneutischen Sinne dieses Begriffs? Verzichtet die Systemtheorie in ihrer 'Forschungspraxis' de facto nicht gerade auf Verstehen zugunsten kategorialer Ableitungen und der bloßen Subsumtion empirischer Bruchstücke unter ihre abstrakten Kategorien? - Wie auf diese Bedenken zu antworten ist, kann hier nur noch angedeutet werden mit Hilfe eines kurzen, aber m.E. repräsentativen Beispiels aus Luhmanns Analysen zum Verhältnis von "Gesellschaftsstruktur und Semantik".

Dort untersucht Luhmann u.a. die Essais de Morale von Pierre Nicole (1671-1674) (vgl. Luhmann 1980, S.109ff.). Er zeichnet dabei nach, wie Nicoles Versuch, eine religiös begründete Interaktionsmoral zu entwerfen, sich in widersprüchlichen Anforderungen verfängt: Die religiös begründete Anforderung, anderen unter Verletzung ihrer Selbstliebe durch Aufklärung zur heilsnotwendigen Selbsterkenntnis zu verhelfen, *kollidiert* mit der gleichfalls religiös begründeten Verpflichtung zur Wahrung des Friedens (vgl. Luhmann 1980, S.111f.).

An diesem und weiteren Beispielen versucht Luhmann dann zu zeigen, wie die exzessive Strapazierung von Religion zur Lösung von Interaktionsproblemen in Paradoxien mündet und wie die Versuche zu deren Bewältigung schließlich zur Ununterscheidbarkeit zwischen religiös empfohlener und weltlicher Interaktionsmoral und damit zur *Selbstmarginalisierung der Religion* für die Regelung der Interaktion in der Oberschicht führen. Diese Entlastung der Oberschichtinteraktion von spezifisch religiösen Anforderungen wird analysiert als ein Aspekt des generellen Trends zur Entlastung der Oberschichteninteraktion von *funktionssystemspezifischen* Anforderungen überhaupt. Diesen Trend wiederum interpretiert Luhmann systemtheoretisch als "Reaktion auf zunehmende Differenzierung der Systembildungsebenen Gesellschaft und Interaktion" (a.a.O., S.126), die einhergeht mit der Ausdifferenzierung funktionsspezifischer Teilsysteme.

In groben Umrissen wird hier zugleich deutlich, wie Luhmanns Analyse Problemstufen unterschiedlicher Abstraktionsniveaus miteinander verbindet und dadurch *hermeneutische* Einzelfallinterpretation und *systemtheoretische* Generalisierung (gewonnen auf dem Wege funktionaler Analyse) im Rahmen einer *Problemstufenhierarchie* systematisch miteinander verknüpft. Dabei verfährt er offensichtlich theoriegeleitet, mit spezifisch gerichtetem Interesse, ohne sich zu binden an die Mitteilungsintentionen der untersuchten Autoren oder den Vorverständnishorizont der Zeitgenossen. Ihn interessiert, wie sich in der Semantik der Interaktion die kulturellen Voraussetzungen für die Umstellung der Differenzierung des Gesellschaftssystems auf den Primat funktionaler Differenzierung abzeichnen. Im Ausgang von diesem *theoriegenerierten Problem* vollzieht sich die *Applikation* auf den Vorverständnishorizont des Interpreten und eine daraus entspringende *Frage*, die für Gadamer konstitutiv für jedes Verstehen ist. Wiewohl historisch gerichtet, ist Luhmanns Frage nicht selbst historisch (in dem Sinne, wie es etwa für uns die Frage wäre, woran man früher Hexen glaubte erkennen zu können), sondern eine Frage, die sich für den Interpreten wirklich erhebt.[37] Daß dieses Vorverständnis dem Kontext einer wissenschaftlichen Theorie entstammt, ist dabei sekundär.[38]

Zielt aber eine solche Frage nicht über den Rahmen des hermeneutisch Zugänglichen hinaus? - Zu diesem Ergebnis kommt nur, wer der Meinung ist, daß die Hermeneutik auf das Erkennen von bereits Erkanntem und in der kulturellen Überlieferung Niedergelegtem beschränkt ist. Gegen diese Auffassung hat sich Gadamer in der Diskussion mit Habermas ausdrücklich gewandt (siehe oben sowie Gadamer 1971, S.70). Sie gründet letztlich in der "romantischen" Identifikation von Sinn mit subjektiv gemeintem Sinn, von der sich Gadamers Hermeneutik und Luhmanns Systemtheorie gleichermaßen distanzieren.

2.1.8 "Kultursysteme" als Generatoren pluralisierten Sinns

Bei Gadamer wird die Differenz zwischen subjektivem und objektivem Sinn in der *Zeitdimension* entfaltet. Die Ungleichmächtigkeit von Sinn und Mitteilungsintention ergibt sich aus dem Wandel des auslegungsleitenden "Vorverständnisses" im "Überlieferungsgeschehen". Auch wenn sich bei Gadamer keine Hinweise darauf finden, wäre es eigentlich erstaunlich, wenn die *sinnpluralisierenden* Wirkungen *sozialer Differenzierung* von den Vertretern der Hermeneutik vollständig übersehen

---

37 Insofern war es nur konsequent, daß Gadamer in einer Diskussion mit Luhmann, die im Dezember 1989 am Graduiertenkolleg in Siegen stattfand, dessen Untersuchungen zu Gesellschaftsstruktur und Semantik, ohne zu zögern, als Beispiele hermeneutischen Verstehens qualifizierte. Im übrigen war, wie hier eher anekdotisch anzumerken ist, diese Diskussion von einem merkwürdigen Mangel an kontroversem Stoff zwischen den 'Kontrahenten' gekennzeichnet, der freilich vor dem Hintergrund des hier durchgeführten Vergleichs wenig überraschend erscheint.
38 Wie schon oben erwähnt, notiert Gadamer (1965, S.181, Fußn.1) für die Interpretation von Kunstwerken: Anders als etwa die Selbstinterpretation eines Schriftstellers könne "... die 'Theorie', z.B. der Musik oder der Poetik und Redekunst, sehr wohl ein legitimer Kanon der Auslegung sein".

worden wären. Wie Alois Hahn (1992) gezeigt hat, finden sich bereits bei Dilthey sehr klare Aussagen dazu, die geradezu als Antezipation der Luhmann'schen Konzeption funktionssystemisch differenzierter Kommunikation gelesen werden können. In seiner erstmals 1883 erschienenen "Einleitung in die Geisteswissenschaften" schreibt Dilthey:

> "Das einzelne Individuum ist ein Kreuzungspunkt einer Mehrheit von Systemen, welche sich im Verlauf der fortschreitenden Kultur immer feiner spezialisieren. Ja derselbe Lebensakt eines Individuums kann diese Vielseitigkeit zeigen. Indem ein Gelehrter ein Werk abfaßt, kann dieser Vorgang ein Glied in der Verbindung von Wahrheiten bilden, welche die Wissenschaft ausmachen; zugleich ist derselbe das wichtigste Glied des ökonomischen Vorgangs, der in Anfertigung und Verkauf der Exemplare sich vollzieht; derselbe hat weiter als Ausführung eines Vertrags eine rechtliche Seite, und er kann ein Bestandteil der in den Verwaltungszusammenhang eingeordneten Berufsfunktionen des Gelehrten sein. Das Niederschreiben eines jeden Buchstabens dieses Werkes ist so ein Bestandteil all dieser Systeme" (Dilthey 1959, S.51; so auch zitiert bei Hahn 1992, S.428f.).

Alois Hahn (1992, S.428) kommentiert: "Die Theorie der Systemdifferenzierung, die Dilthey inauguriert und die sich bei Luhmann wiederfindet, ist grundsätzlich anders gebaut als etwa die Arbeitsteilungslehre Durkheims. Bei Dilthey wie bei Luhmann sind die Grenzen zwischen den verschiedenen Systemen Bedeutungsgrenzen, wohingegen bei Durkheim unterschiedliche Handlungen je verschiedenen Systemen zugeordnet werden. Bei Dilthey wie bei Luhmann kann dieselbe Handlung (und zwar gleichzeitig!) verschiedenen Kultursystemen angehören." - Die einzelne Handlung erscheint hier als ein "Mehrerleiereignis" (Fuchs 1992, S.183), das in jedem System mit anderen vorausgehenden und nachfolgenden Ereignissen in Verbindung tritt, dadurch einen jeweils anderen Sinn erhält und so als plural konstituiertes Sinnelement im Prozeß der operativ gekoppelten Reproduktion dieser Systeme fungiert.[39] Sowohl in der *Zeitdimension* (als Moment des "Überlieferungsgeschehen") wie in der Dimension *sozialer Differenzierung* (als Folge des Auseinandertretens unterschiedlicher "Kultursysteme") haben prominente Vertreter der Hermeneutik demnach Sinn als Moment der Reproduktion transsubjektiver kultureller Bedeutungszusammenhänge untersucht.

---

39 Anders freilich als Gadamer und Luhmann, bei denen das Verstehen sich deutlich vom Akteur bzw. Autor und dessen Bedeutungsintentionen löst, bindet Dilthey den Sinn von Handlungen noch enger an die Perspektive ihres Urhebers. Dementsprechend begreift er die Individuen als Elemente von Gesellschaft und Geschichte. "Die Analysis findet in den Lebenseinheiten, den psychophysischen Individuis die Elemente, aus welchen Gesellschaft und Geschichte sich aufbauen ..." (Dilthey 1959, S.28). Makroanalytisch stellt sich die Gesellschaft für Dilthey als intern *doppelt differenzierte Einheit* dar: Einerseits als ein Gefüge von *Kultursystemen*, die sich auf der Basis spezifischer Zwecksetzungen ausdifferenziert haben, andererseits als eine Pluralität von Einrichtungen der *äußeren Organisation*, die den Willen der einzelnen in unterschiedliche kollektive *Verbände* eingliedern und gemeinsam verfolgten Zwecken unterstellen. Die Verbände erscheinen dabei als gesellschaftliche Einrichtungen der Handlungskoordination, die in den verschiedenen Kultursystemen in unterschiedlich intensiver Weise beansprucht werden können. Dilthey erwähnt Wissenschaft und Kunst als Grenzfälle von Kultursystemen, in denen "... die Koordination von selbständigen Einzeltätigkeiten einen solchen Grad von Ausbildung (erreicht), daß hinter ihrer Bedeutung die der Verbände, welche sich zur Verwirklichung der künstlerischen und wissenschaftlichen Zwecke gebildet haben, ganz zurücktritt" (Dilthey 1959, S.81). - Wie Hartmann Tyrell (1998, S.139) zeigt, knüpft Diltheys Konzeption sozialer Differenzierung wesentlich an *Schleiermacher* an.

Luhmanns Theorie setzt diese Linie der hermeneutischen Tradition mit einem neuartigen analytischen Instrumentarium fort. Für seine Theorie von zentraler Bedeutung ist vor allem die Identifikation von *Kommunikation* als elementarer Einheit der Reproduktion sozialer Systeme. Für deren Bestimmung als Einheit von drei Selektionen (Mitteilung, Information und Verstehen) fanden wir bei Gadamer starke Parallelen. Im folgenden will ich mich der jüngeren *sozialwissenschaftlichen* Hermeneutik zuwenden. Ausgeprägte Affinitäten zur systemtheoretischen Konzeption von Kommunikation, die noch erheblich weiter reichen, als es bei Gadamer zu beobachten war, läßt hier die von Oevermann et al. entwickelte Methode der *objektiven Hermeneutik* erkennen. Ich werde diese Affinitäten zunächst explizieren und danach an einem Fallbeispiel demonstrieren, wie die Methode der objektiven Hermeneutik für die systemtheoretische Analyse von Interaktionsprozessen fruchtbar gemacht werden kann.

2.2 Objektive Hermeneutik als Forschungsmethode der Systemtheorie

Eine Analyse, die nach Entsprechungen zwischen Systemtheorie und Hermeneutik sucht, kann Hermeneutik auf unterschiedliche Weisen beobachten: Sie kann sich an Hermeneutik *als Theorie* halten, als Reflexionstheorie des Sinnverstehens nämlich, die angibt, worum es der Hermeneutik als Methode zu gehen hat und dort nach Übereinstimmungen fahnden. Diese Perspektive lag dem eben durchgeführten Vergleich zwischen Gadamers philosophischer Hermeneutik und der Luhmann'schen Systemtheorie zugrunde. Oder sie kann sich unmittelbar auf Hermeneutik *als Methode* richten, um zu prüfen, inwiefern die dort vorfindlichen Regeln der Interpretation als auslegungs*praktische* Entsprechungen zur systemtheoretischen Konzeption sozialer Systeme gelten können.[40] Dies ist die Perspektive, von der sich die nun folgende Analyse leiten läßt. Sie behandelt die Frage, inwiefern die Hermeneutik eine zur funktional-strukturellen Systemtheorie passende Methode empirischer Forschung anbieten kann.[41]

---

40 Legen wir die Unterscheidung von Theorie und Methode an, ergeben sich darüber hinaus zwei weitere, per Kreuztabulierung ableitbare Möglichkeiten des Vergleichens: Man kann die der Systemtheorie entsprechende Methode funktionaler Analyse mit Hermeneutik als Methode vergleichen, und man kann prüfen, inwiefern die operative Verfahrensweise funktionaler Analyse kompatibel ist mit dem Sinnbegriff der Hermeneutik als Theorie des Verstehens. Auf diesen beiden Vergleichsebenen bewegte sich unsere Analyse im ersten Teil dieses Bandes; vgl. dazu auch Schneider 1991, Kap.8 und 10.

41 Um Mißverständnisse zu vermeiden: Es geht hier um Hermeneutik *als eine unter mehreren möglichen* Methoden, die zur Systemtheorie passen. Hermeneutik soll hier also nicht etwa in Konkurrenz zur funktionalen Analyse als Methode der Systemtheorie treten. Wie schon oben gezeigt, lassen sich beide Methoden auf eine gemeinsame analytische Grundfigur zurückführen, von der sie auf komplementäre Weise Gebrauch machen. Als weiterer für die Systemtheorie interessanter Methodenkandidat wäre die ethnomethodologische Konversationsanalyse zu nennen (vgl. Hausendorf 1992 sowie Teil 3 dieses Bandes). Wenn man nach den Möglichkeiten der methodologischen Interpretation systemtheoretischer Konzepte fragt, muß man demnach auf mehrere Antworten gefaßt sein.

Um diese Frage zu beantworten ist zu prüfen, ob sich im Bereich der Hermeneutik eine profilierte Position findet, die eine vergleichsweise starke, auf den Gegenstandsbereich der Soziologie und die Analyse von Kommunikationsabläufen hin spezifizierte und mit den theoretischen Prämissen der Systemtheorie kompatible *methodische Heuristik* anbietet. Eine Position, die diese Kriterien in maximalem Umfang erfüllt, ist die von Ulrich Oevermann und seiner Forschungsgruppe entwickelte "objektive Hermeneutik". Inwieweit ihre Methodik der Analyse von Kommunikation mit den Grundannahmen der Systemtheorie zu vereinbaren ist, soll im folgenden untersucht werden.

Die objektive Hermeneutik ist freilich nicht nur eine Methode bzw. Methodenlehre, sondern verfügt darüber hinaus über einen expliziten Sinn- und Strukturbegriff, der mit Hilfe des Konzeptes der *generativen Regel* entfaltet wird.[42] Einen Vergleich, der auf dieser Ebene ansetzt, will ich hier noch nicht, sondern erst im anschließenden Kapitel durchführen, weil mir die *forschungspraktische* Verknüpfbarkeit von objektiver Hermeneutik und Systemtheorie nicht an die vollständige Kongruenz ihrer Sinn- und Strukturbegriffe gebunden erscheint. Aus diesem Grunde werden sich meine Bemühungen, Begriffe der objektiven Hermeneutik in systemtheoretische Konzepte 'zu übersetzen', hier noch in engen Grenzen halten. Worum es statt dessen geht ist die Explikation der einzelnen methodischen Schritte, wie sie die objektive Hermeneutik für die Analyse von Kommunikationsprotokollen vorschlägt, *in der Sprache der Systemtheorie*, um auf diese Weise zu zeigen, daß diese Schrittabfolge exakt auf die Operationsweise sozialer Systeme zugeschnitten ist, wie sie die Systemtheorie beschreibt.

Als Startpunkt für dieses Vorhaben bieten sich der Sinnbegriff und dessen Derivate an, wird doch "Sinn" von Hermeneutik und Systemtheorie jeweils als Grundbegriff in Anspruch genommen. Statt um Begriffsvergleich geht es mir dabei um die Beantwortung der Frage, welche Folgerungen für ein *Verfahren der Sinnanalyse* aus dem systemtheoretischen Sinnbegriff gewonnen werden können. Nicht die ausführliche Untersuchung des Sinnbegriffes als *theoretischer* Kategorie, sondern seine knappe Rekapitulierung und unmittelbare Transponierung ins *Methodische* ist dabei mein Ziel.[43] Ich nutze damit den von Luhmann betonten Doppelcharakter der systemtheoretischen Grundbegriffe als "... theoretisch *und* methodisch ausbeutbare(r) Grundvorstellungen" (Luhmann 1978, S.13, Hervorhebung im Original). Im Anschluß daran soll die Interpretation einer kurzen Kommunikationssequenz vorführen, wie die so rekonstruierte Methode der objektiven Hermeneutik arbeitet und wie sie mit systemtheoretischen Überlegungen gegenstandsbezogener Art verbunden werden kann.

---

42 Vgl. dazu Oevermann 1983, S.269ff., 1986, S.22ff., 1991, S.271ff. sowie 1993b, S.181f.
43 Als weit ausholenden Versuch eines theoretischen Vergleichs von objektiver Hermeneutik und Systemtheorie vgl. Bora 1994.

2.2.1 Der Sinnbegriff der Systemtheorie und die daraus ableitbaren Direktiven für eine Methodologie des Verstehens[44]

Luhmann bestimmt "Sinn" bekanntlich in Anschluß an die Husserl'sche Phänomenologie.[45] Demnach hat etwas (für ein psychisches oder soziales System) Sinn, insofern sein aktuelles Gegebensein zugleich Verweisungen auf andere Möglichkeiten evoziert, die später angesteuert und selektiv aktualisiert werden können. Mit der Aktualisierung einer Möglichkeit werden wiederum neue Verweisungen aufgerufen, an die sich späteres Erleben bzw. Handeln halten kann usw. Die Sinnhaftigkeit des Erlebens und Handelns, sein Prozessieren entlang der Unterscheidung von Aktualität und Potentialität, garantiert so seine Fortsetzbarkeit.[46]

Der Möglichkeitsspielraum des Erlebens/Handelns wird eingeschränkt durch die Formierung von "Erwartungen" (Luhmann 1984, S.139 und S.397). Erwartungen "verdichten" die Verweisungsstruktur von Sinn. Sie bilden sich durch "Zwischenselektion eines engeren Repertoires von Möglichkeiten, im Hinblick auf die man sich besser und vor allem rascher orientieren kann" (Luhmann 1984, S.140). Die ausgeblendeten Möglichkeiten sind dabei auf negierbare Weise negiert. Ihre selektive Wiedereinführung wird durch die Unterscheidung von Erfüllung/Enttäuschung reguliert. Sie bleiben so lange außer Betracht, wie das, was geschieht, als erwartungskonform registriert wird. Erst das Erleben von Abweichungen führt dazu, daß sie reaktiviert und durch Lernen in Erwartungsstrukturen integriert oder isoliert, auf irreguläre Eigenheiten der Quelle der Abweichung zugerechnet und so neutralisiert werden.[47]

Psychische wie soziale Systeme sind Sinnsysteme, deren Strukturen aus Erwartungen bestehen. Klar unterschieden sind die operativen Einheiten, durch deren Verknüpfung beide Systemtypen kontinuieren: Bei psychischen Systemen sind dies Gedanken, bei sozialen Systemen kommunikative Ereignisse (vgl. Luhmann 1990a, S.30). Die Analyse der Strukturen eines sozialen Systems verlangt ihre Rekonstruktion aus der sequentiellen Abfolge kommunikativer Ereignisse. Kommunikativer Sinn kann freilich auch unter dem Gesichtspunkt des darin artikulierten gedanklichen Sinns analysiert werden. Weil Sinn als Medium sowohl für die Kristallisierung psychischer wie kommunikativer Formen zur Verfügung steht, sorgt er auch für die strukturelle Kopplung zwischen Gedanken und Kommunikationen,

---

44 Zu den in diesem Abschnitt vorgestellten Begriffen der Systemtheorie vgl. ausführlicher Schneider 2002, Bd.2, Kap.9.

45 Von der neueren Reformulierung des Sinnbegriffs mit Hilfe der Medium/Form-Differenz sehe ich hier ab, weil der Unterschied zwischen diesen beiden Darstellungsmöglichkeiten für die Beantwortung unserer Frage keinen Unterschied macht und die Diskussion deshalb nur unnötig komplizieren würde. Vgl. dazu jedoch Luhmann 1990a, S.107ff. und 1990c, S.21ff.; Fuchs 1993, S.61ff.

46 Zur Explikation des Sinnbegriffs der Systemtheorie vgl. ausführlicher Schneider 2002, Bd.2, S.254ff.; zur Unterscheidung von Erleben und Handeln vgl. a.a.O., S.283f.

47 Angesprochen ist hier die Differenz zwischen "kognitiven" und "normativen Erwartungen"; vgl. dazu Luhmann 1984, S.436ff.

ohne die Kommunikation nicht kontinuieren kann. Sowohl die Analyse kommunikativ prozessierter wie psychisch aktualisierter Erwartungsstrukturen kann daher ihren Ausgangspunkt bei der Interpretation kommunikativer Ereignissequenzen nehmen. Für den Elementarfall dyadischer Interaktion lassen sich so *drei Systemreferenzen* unterscheiden - die Psychen Egos und Alters sowie das von ihnen gebildete Interaktionssystem - bezogen auf die bestimmte Selektionsmuster festgestellt und als Anhaltspunkte für die Rekonstruktion je spezifischer Erwartungsstrukturen verwendet werden können.[48]

Bewußtseins- und Kommunikationssysteme bestehen aus ereignishaften und daher instabilen Systemelementen, ohne deren laufende Neuerzeugung die Reproduktion des Systems zum Erliegen käme. Erwartungen bilden die Voraussetzungen für die Produktion und rekursive Verkettung der ereignisförmigen Elemente. Ohne sie käme jedes mögliche Systemelement mit gleicher Wahrscheinlichkeit als Nächstelement in Betracht. Das System würde entropisch, die Selektion von Anschlußereignissen würde aus Zeitgründen zum Problem (vgl. Luhmann 1984, S.80). Kommunikationen als Elemente sozialer Systeme werden erzeugt durch *Relationierung zweier Ereignisse*, die von unterschiedlichen Prozessoren generiert werden und deren Verknüpfung *drei Selektionen* - Mitteilung, Information und Verstehen - zu einer Einheit synthetisiert. Dabei organisiert sich Kommunikation je retrospektiv vom Folgeereignis her, das ein vorangegangenes mit Hilfe der Unterscheidung von Mitteilung und Information beobachtet, d.h. es als Mitteilung eines bestimmten Inhaltes *versteht*.

Die systemtheoretische These, daß sich "die Kommunikation vom Verstehen aus (organisiert)" (vgl. Luhmann 1986b, S.95), ist freilich nicht so zu lesen, daß es *allein* die Folgeäußerung ist, die ihrem Vorläufer einen bestimmten Sinn zuweist.[49] Zwar entscheidet die Anschlußäußerung (vorbehaltlich späterer Korrektur) über den kommunikativ aktualisierten Sinn ihres Vorgängers. Sie bleibt dabei aber gebunden an diejenigen erwartungsstrukturell vorseligierten Sinnmöglichkeiten, die in dem verstandenen Äußerungsereignis bereits angezeigt sind.[50] Zugleich führt jede Anschlußäußerung selbst neuen Sinn in die Kommunikation ein und liefert so die ständig benötigten Sinnverweisungen auf Möglichkeiten des Weitermachens, aus denen dann die jeweils nächste Folgeäußerung auswählen und so die Kommunika-

---

48 Vgl. entsprechend Oevermann 1986, S.61f., freilich mit der terminologischen Differenz, daß Oevermann von "Fallstrukturen" anstelle von Systemreferenzen spricht.
49 Eine solche Auffassung würde direkt in einen infiniten Regreß führen, bei dem der Sinn eines Ereignisses durch das nächste bestimmt werden müßte, dessen Sinn durch das nächste bestimmt werden müßte usw., ohne daß je eine - wie auch immer reversible und nachträglich modifizierbare - Sinnbestimmung erreicht werden könnte.
50 Anschlüsse, die in kein verfügbares Erwartungsmuster passen, können sekundär normalisiert werden, indem sie als 'abrupter Themenwechsel', als 'Versuch, dem Thema auszuweichen', als Folge von 'Unaufmerksamkeit' oder Wahrnehmungsstörungen (Schwerhörigkeit) etc. gerahmt werden. Fallen derartige Äußerungen jedoch in dichter Folge, droht der Zerfall der Kommunikation, weil dann nicht mehr zwischen kommunikativen Anschlußereignissen und nicht anschließenden Ereignissen (wie z.B. 'Selbstgesprächen') unterschieden werden kann. Als Beispiel dazu vgl. Schneider 2002, Bd.2, S.312, Fußn.57.

2.2 OBJEKTIVE HERMENEUTIK ALS FORSCHUNGSMETHODE DER SYSTEMTHEORIE

tion fortsetzen kann. Luhmann spricht in diesem Zusammenhang von "antezipierender Rekursivität" als Bedingung der Möglichkeit selbstreferentieller autopoietischer Reproduktion (vgl. Luhmann 1984, S.604f.).

Zwei Richtungen der Rekursivität sind so an jedem Äußerungsereignis zu unterscheiden: Nach *rückwärts* gerichtet (= in der Dimension *retrospektiver* Rekursivität) trifft jede Äußerung eine Auswahl aus den Anschlußmöglichkeiten, die von vorangegangenen Äußerungen eröffnet wurden. Nach *vorne* gerichtet (= in der Dimension *antezipierender* Rekursivität) eröffnet sie neue Möglichkeiten der Fortsetzung. Jedes Äußerungsereignis ist daher "als Synthese von Reduktion und Öffnung für Anschlußmöglichkeiten" zu begreifen (Luhmann 1984, S.160).

Welche Anschlußmöglichkeiten eine Äußerung eröffnet hängt davon ab, welche Erwartungen sie als ihren möglichen Kontext aufruft: Jemand spricht darüber, daß der emotionale Stress, dem Schweine beim Schlachten ausgesetzt sind, zu Hormonausschüttungen führen, die das Fleisch wässrig werden lassen. Empörung über die 'Unmenschlichkeit' der Schlachtprozedur, Klage über den rückläufigen Absatz von Schweinefleisch oder der Hinweis auf die Schädlichkeit von Hormonen (eventuell verbunden mit einem engagierten Plädoyer für vegetarische Ernährung) könnten darauf folgen. Mit der Selektion einer dieser Möglichkeiten plaziert sich die laufende Kommunikation selbst in unterschiedliche strukturelle Kontexte - hier der Moral, der Ökonomie oder des Gesundheitssystems - und schließt andere Möglichkeiten vorläufig aus. Die *Identität* des vorausgegangenen Äußerungsereignisses, sein *sozialer Sinn*, wird so durch sequentielle Bedeutungszuweisung in der Kommunikation konstituiert.

Extrakommunikative Bedingungen der Situation sind dabei nicht ohne Einfluß, sie determinieren die Selektionsentscheidung jedoch nicht und informieren deshalb nicht zuverlässig darüber, welche Erwartungsstrukturen in der Kommunikation prozessiert werden.[51] Auch in einem Fleischergeschäft zwischen Metzger und Kunde kann Moral oder Gesundheit als Kontext angewählt werden.[52] Nur der Verlauf der Kommunikation selbst gibt verläßliche Auskunft über die darin reproduzierten Erwartungsstrukturen. Ihr Verlauf zeigt mit an, was als relevanter

---

51 Damit ist die Lösung eines in der Konversationsanalyse ausführlich thematisierten Koordinationsproblems benannt, das sich für die Kommunikationsbeteiligten ständig neu stellt: Um ihre Beiträge aufeinander abstimmen zu können, müssen sie sich wechselseitig über den Sinn des gemeinsamen Aktivitätstyps (z.B. Interview, Beratungsgespräch, Verhör bei Gericht) orientieren. Entsprechendes gilt für die kommunikativ relevanten Parameter der gemeinsamen Handlungssituation: Für jede Interaktion kann eine große Zahl unterschiedlicher Elemente des äußeren situativen Kontextes *potentiell*, jedoch nur eine geringe Zahl *aktuell* relevant werden. Durch *indexikalische Anzeige* des relevanten Kontextes in der Kommunikation selbst erscheint dieses Problem auf einfache Weise lösbar. Die Konversationsanalyse leitet aus dieser Prämisse die Berechtigung für ihr Vorgehen ab, das den externen Kontext als verläßliches Auskunftsmittel über den kommunikativ realisierten Aktivitätstypus verwirft. Vgl. dazu Schegloff 1987 und 1992b.

52 Wenngleich dies vielleicht überraschen mag und nach einem Erwartungsschema verlangt, in dem diese Beobachtung normalisiert werden kann. Die Aufmerksamkeit des Beobachters mag dann belohnt werden: Der Metzger hat sich auf Geflügel, Wurst aus Putenfleisch u.ä. spezialisiert, also will er seinen Kunden vermutlich - dies legen jedenfalls die ökonomietypischen Normalitätserwartungen nahe - die Vorzüge dieses Fleisches nahebringen.

Kontext für sie gelten kann. - Wenn dies so ist, dann muß sich die Rekonstruktion von Erwartungsstrukturen strikt an die sequentielle Verkettung kommunikativer Ereignisse halten. Systemtheoretisch ist dies eine notwendige Konsequenz des Autopoiesiskonzeptes, welches systemeigene Strukturen als rekurrente Muster der selektiven Relationierung systemischer Elemente - hier also als Verknüpfungsmuster kommunikativer Ereignisse - bestimmt. In der objektiven Hermeneutik (wie übrigens auch in der Konversationsanalyse) entspricht dem das methodische Postulat der strikten Bindung des Analysevorgangs an die sequentielle Organisation aufgezeichneter Kommunikationen (vgl. Oevermann et al. 1979, S.414).

Der Interpret einer kommunikativen Sequenz, der ohne Kenntnis der einbettenden Kommunikationsgeschichte und ohne Wissen um die situativ gültigen Erwartungsstrukturen mit der Deutung des ersten Äußerungsereignisses der Sequenz beginnen will, befindet sich in einer analogen Situation wie ein Kommunikationsteilnehmer unter den Bedingungen annähernd "reiner" doppelter Kontingenz am Initialpunkt der Bildungsgeschichte eines neuen sozialen Systems. Luhmann beschreibt das Anlaufen der Systembildung in einer solchen Situation wie folgt:

> "Alter bestimmt in einer noch unklaren Situation sein Verhalten versuchsweise zuerst. Er beginnt mit einem freundlichen Blick, einer Geste, einem Geschenk - und wartet ab, ob und wie Ego die vorgeschlagene Situationsdefinition annimmt. Jeder darauf folgende Schritt ist dann im Lichte dieses Anfangs eine Handlung mit kontingenzreduzierendem, bestimmendem Effekt - sei es nun positiv oder negativ" (Luhmann 1984, S.150).

Was hier als erstes Ereignis beschrieben wird erhält diesen Status und einen bestimmten *sozialen* Sinn erst durch die Reaktion des Gegenübers. Ob ein Lächeln erwidert, mit einer Grimasse beantwortet oder mit den Worten kommentiert wird "Wie kommen Sie dazu, sich lustig über mich zu machen", in jedem Falle wird ihm eine bestimmte Bedeutung zugewiesen, es als Signal freundlicher Kontaktbereitschaft, als aufdringlicher Annäherungsversuch oder als deplazierter Ausdruck einer Bewertung etikettiert und es damit zugleich als Erfüllung/Verletzung einer bestimmten Erwartung deklariert. Die Unbestimmtheit der Ausgangssituation, in der das erste Ereignis fällt, ist dabei offensichtlich nicht absolut.

> "Nie treffen Personen ohne jede Voraussetzung, ohne irgendwelche Erwartungen aufeinander ..." (Luhmann 1984, S.188).

Auch die Situation einer ersten Begegnung ist durch Erwartungen, wie unbestimmt diese immer sein mögen, vorstrukturiert. Unsicher ist hier vor allem, welche von unterschiedlichen möglichen Erwartungen als gemeinsame Handlungsgrundlage unterstellt werden können. Das erste Ereignis ist daher nicht einfach nur unbestimmt, sondern es ist dies insofern, als es auf unterschiedliche Weise *sozial bestimmbar* erscheint. Seine (relative) soziale Unbestimmtheit besteht darin, daß es auf verschiedene generalisierte Erwartungen bezogen, unterschiedlich gedeutet und mit verschiedenen Anschlußmöglichkeiten verbunden werden kann. Die Bestimmung eines Verhaltensereignisses durch kommunikative Folgeereignisse geschieht deshalb wesentlich durch den *Ausschluß anderer sozial präkonstituierter Deutungsmöglichkeiten*.

Mit der Erzeugung weiterer Ereignisse gewinnt das System dann Halt an seiner eigenen Geschichte: Vergangene Selektionen fungieren als strukturelle Vorgaben, welche die Produktion und Rezeption neuer Ereignisse im System orientieren (vgl. Luhmann 1984, S.175). Das soziale System *individualisiert* sich. Es gewinnt Autonomie gegenüber den strukturellen Vorgaben anderer sozialer Systeme und den psychisch repräsentierten Erwartungen der Beteiligten, die wesentlich durch die Partizipation an anderen Sozialsystemen geprägt sind. Die erreichte strukturelle Individualisierung bewahrt die Geschichte des Systems, jedoch nicht als Erinnerung an ein vergangenes Geschehen, sondern in synchroner Verdichtung, als Reproduktion des erreichten Selektionsprofils bei fortdauernder Zugänglichkeit der dadurch ausgeschlossenen Möglichkeiten.[53] - Der soziologische Beobachter, dem es um die Rekonstruktion der *individuellen Struktur* eines Kommunikationssystems geht, ist daher nicht auf den Nachvollzug der Systemgeschichte in concreto angewiesen. Er braucht kein Protokoll, das alle Ereignisse bis zurück zu einer 'Urszene' enthält, die der Situation reiner doppelter Kontingenz nahe käme. Er kann einen mehr oder weniger willkürlich gewählten Ausschnitt der Systemgeschichte gerade so behandeln, als ob es sich um eine solche Szene handeln würde und dann prüfen, wie sich die daran ablesbare (kontinuierlich reproduzierte) Reduktionsleistung gegenüber dem Repertoire sozial verfügbarer Möglichkeiten konturiert. Anders, als für den Kommunikationsteilnehmer, dem es nur um die treffsichere Erschließung der aktuell relevanten Erwartungen gehen muß, ist für den Beobachter gerade informativ, welche alternativ möglichen, d.h. mit einer Einzeläußerung grundsätzlich kompatiblen Erwartungsmuster durch die Anschlußäußerungen als Reproduktionsgrundlage eines Kommunikationssystems je aktuell ausgeschlossen (d.h. negierbar negiert) werden. Jede Irritation, die der Beobachter vor dem Hintergrund der *ihm* verfügbaren Erwartungen registriert, ist dabei als Abweichung relevant, die mögliche strukturelle Besonderheiten anzeigt.[54]

Mit diesen Bemerkungen haben wir die zentralen Punkte markiert, an denen die systemtheoretische Charakterisierung sozialer Systeme umschlägt in die Projektion methodologischer Empfehlungen für die Rekonstruktion systemspezifischer Struk-

---

53 Gewährleistet ist dies durch die Sinnförmigkeit systemischen Prozessierens, bei der jede Negation von Möglichkeiten ihrerseits negierbar bleibt. Vgl. dazu auch Oevermann 1991, S.280: "Die konkrete Fallstruktur in ihrer Reproduktionsgesetzlichkeit erweist sich als Besonderung gerade daran, daß sie die prinzipiell eröffneten Möglichkeiten eines Andersseins an jeder Sequenzstelle auf ihre typische, charakteristische, d.h. wiedererkennbare und voraussagbare Weise außer acht läßt und nicht realisiert."

54 Vgl. dazu Luhmann 1971, S.42: "Die Verwissenschaftlichung von Erfahrung muß daher in der Steigerung ihres Informationswertes - vor allem: durch Abstraktion ihrer Relevanz und durch Verfielfältigung der Möglichkeiten, aus denen sie auswählt - gesucht werden und nicht in der Bestätigung vorgefaßter Meinungen". Und erläuternd fügt Luhmann in einer Fußnote (16) hinzu: "Diese Aussage bezieht sich ... auf einen Begriff der Wissenschaft als eines sozialen Systems, das für Lernen kognitiver Erwartungen ausdifferenziert ist und darin seine 'Positivität' hat, daß es kognitive Strukturen als variabel behandeln und deshalb Erfahrungen strukturistisch (sic!) und nicht nur normalisierend auswerten kann". - Dieser Forderung entspricht die objektive Hermeneutik, wie hier vorgreifend anzumerken ist, durch gezielte Dramatisierung geringfügigster Anomalien zu Abweichungen, die es als Indikatoren für strukturelle Besonderheiten zu entschlüsseln gilt.

turen. Die folgenden daraus zu entwickelnden Direktiven entsprechen den Interpretationsregeln der objektiven Hermeneutik:[55]

1) Äußerungen haben einen bestimmbaren sozialen Sinn nur als Elemente einer kommunikativen Sequenz. Dies führt zu der Konsequenz, daß bereits das erste Ereignis einer protokollierten Kommunikation als Folgeereignis, als Ereignis mit einer Vorgeschichte betrachtet werden muß, auf die es verweist, mit der es - in rückwärts gerichteter Zeitrichtung - rekursiv verknüpft ist. Diese *retrospektiv-rekursive* Verknüpfung gründet auf Erwartungen, die - weil zur Vorgeschichte der Äußerung gehörig - die Form von *Voraussetzungen* annehmen, deren Erfüllung in der Äußerung unterstellt wird. Diese Erwartungen/Voraussetzungen betreffen sowohl vorausgegangene Äußerungen wie auch den situativen Kontext des zu analysierenden Ereignisses. Die Analyse des ersten Äußerungsereignisses einer kommunikativen Sequenz muß also die mit diesem Ereignis *potentiell* kompatiblen Erwartungsstrukturen/Voraussetzungen explizieren. Der außerkommunikative Kontext einer Äußerung kann dabei nicht einfach als etwas objektiv Vorgegebenes betrachtet werden. Er hat vielmehr den Status eines systemrelativen Umweltentwurfes, der selbst noch durch die Kommunikation projeziert wird. Welche der für einen Beobachter sichtbaren Situationsbedingungen für die Kommunikation relevant sind, kann deshalb nur der Verlauf der Kommunikation selbst entscheiden.

Die Berücksichtigung dieses Grundsatzes bei der Interpretation des ersten Äußerungsereignisses führt zu der Forderung, daß zunächst nur *mögliche* kommunikative und situative Voraussetzungen aus der Binnenperspektive der Äußerung entworfen werden, unter denen die untersuchte Äußerung in Übereinstimmung mit sozial geltenden Normalitätserwartungen hätte ausgeführt werden können. Beschreiben wir diesen Weg, dann erhalten wir im ersten Schritt eine *Liste möglicher Äußerungskontexte.*

Dabei kann man, wie es die objektive Hermeneutik vorschlägt, mit hoch spezifischen Kontextkonstellationen beginnen, um in einem weiteren Schritt möglichst *allgemeine Kontextmerkmale* zu abstrahieren, die auf unterschiedlichste Weise erfüllt sein können. Was damit gewonnen wird, ist ein *Möglichkeitsraum generalsierter sozialer Erwartungsstrukturen*, die durch eine gegebene Äußerung reproduziert werden könnten.

2) Um zu prüfen, ob die analysierte Äußerung tatsächlich in den aufgespannten Möglichkeitsraum fällt und - sofern dies der Fall ist - welche der möglichen Erwartungsstrukturen tatsächlich erfüllt sind, müssen im nächsten Schritt die *konstruierten* Kontexte mit den (aus der Perspektive des Interpreten) *faktisch*

---

[55] Zur Oevermannschen Version dieser Verfahrensregeln vgl. besonders Oevermann, Allert, Konau, Krambeck 1979, bes. S.414ff. sowie Oevermann 1981a. In Oevermann et al. 1979, S.394ff. werden daneben *acht* feinanalytische Ebenen unterschieden. In der Auslegungspraxis der objektiven Hermeneutik hat dieses Ebenenmodell jedoch keine eigenständige Bedeutung erlangt und wird deshalb im folgenden nicht diskutiert.

erfüllten Kontextbedingungen konfrontiert werden. Als Ergebnis dieses Vergleichs wird sichtbar, welche der vom Interpreten angelegten Normalitätserwartungen reproduziert oder auch verletzt wurden. Von besonderem Interesse sind dabei vor allem Abweichungsfeststellungen, deuten sie doch auf strukturelle Besonderheiten der beobachteten Kommunikation hin, die es dann zu rekonstruieren gilt.

3) In einem dritten Schritt ist der Bereich der erwartungskonformen Folgeereignisse zu skizzieren, die als *mögliche* Anschlüsse in Betracht kommen. Thematisch ist hier die Dimension der *antezipierenden Rekursivität*.

4) Danach ist die *faktische* Anschlußäußerung zu untersuchen. Fällt sie in den Bereich der konstruierten Anschlüsse, dann indiziert dies die soziale Reproduktion der betreffenden Erwartungsstrukturen. Liegt eine Abweichung vor, dann ist wiederum zu prüfen, welche alternativen Strukturen sie erfüllen könnte. Systemtheoretisch gesprochen wird hier die Beziehung zwischen *antezipierender und retrospektiver Rekursivität* untersucht. Kongruenz zwischen beiden Richtungen der Rekursivität indiziert *Reproduktion*, Inkongruenz hingegen die potentielle *Innovation* von Erwartungsstrukturen, gemessen an den Normalitätserwartungen des Interpreten.

5) Am Schluß steht die Rekonstruktion eines spezifischen Selektionsprofils sowie der Selektionsregel, die dieses Profil erklärt und die charakteristisch ist für das untersuchte Kommunikationssystem, oder - in Oevermanns Diktion - die Rekonstruktion der *Reproduktions- bzw. Strukturgesetzlichkeit* des analysierten Falles.[56]

Im folgenden will ich die einzelnen Analyseschritte anhand eines kurzen Interpretationsbeispiels vorführen. Über die Veranschaulichung und Präzisierung der bisherigen Darstellung hinaus geht es mir dabei auch darum zu demonstrieren, wie die Ergebnisse hermeneutischer Interpretation unmittelbar für Fragestellungen der Luhmann'schen Systemtheorie bedeutsam werden können.

2.2.2   Exemplarische Analyse einer Interaktionssequenz

In einem bekannten Artikel von Marvin B. Scott und Stanford M. Lyman wird die folgende Interaktionssequenz wiedergegeben:[57]

---

56   Die Rede von "Reproduktions-" bzw. "Strukturierungs*gesetzlichkeit*" mag Systemtheoretiker vielleicht irritieren und auf unüberbrückbare Differenzen schließen lassen (vgl. dazu ausführlich Oevermann 1981a und 1983, S.269ff.). Ob eine solche Unvereinbarkeitsvermutung zutrifft oder ob hier - etwa mit Hilfe des Begriffs der *Strukturdetermination* - ebenfalls deutliche Parallelen zwischen beiden Ansätzen auszumachen sind, kann hier jedoch offen bleiben. Die in Kap.2.3 unternommene Analyse des Strukturbegriffs sowie des Verhältnisses von Struktur und Ereignis in der objektiven Hermeneutik und der Systemtheorie ist dieser Frage gewidmet.

57   Vgl. dazu Scott/Lyman 1968, hier zitiert nach der deutschen Übersetzung in Auwärter/Kirsch/-Schröter 1976, S.73-114. Die Sequenz ist extrahiert aus der Darstellung auf S.97 und geht zurück auf Lewis 1963.

1 A: Wo warst du?
2 B: Das geht dich nichts an, du bist eine Frau.
3 A: Was für ein Vater bist du eigentlich?
4 B: Ich bin ein Mann, und du bist eine Frau.

Die Autoren erwähnen diese Sequenz als Illustration dafür, wie (a) die Identität der Beteiligten in der Kommunikation von ihnen selbst auf unterschiedliche Weise bestimmt werden kann und (b) wie Identitätsdefinitionen als Instrument verwendet werden können, um einer eingeforderten "praktischen Erklärung" auszuweichen, indem der fragenden Person eine Identität zugeschrieben wird, in der sie zur Einforderung einer solchen Erklärung nicht berechtigt erscheint. Die strukturelle Reichhaltigkeit der Sequenz und die daran anschließbaren Generalisierungsmöglichkeiten werden damit jedoch in keiner Weise ausgeschöpft.

Erinnern wir uns an die methodischen Leitlinien, die aus der systemtheoretischen Konzeption von Kommunikation zu entnehmen sind, dann ist klar, welchen Weg wir bei der Interpretation der Sequenz einschlagen müssen: Jede Äußerung ist auf ihre rekursive Verknüpfung mit Vorgänger- und Nachfolgeäußerungen, auf ihre retrospektive und antezipierende Rekursivität hin zu betrachten, um so ihren materialen Sinn "als Synthese von Reduktion und Öffnung für Anschlußmöglichkeiten" zu bestimmen. Für die Analyse der ersten Äußerung heißt dies, daß wir zunächst nach dem *vorausgehenden Systemzustand* fragen müssen, bezogen auf den die erste Äußerung als Selektion einer Möglichkeit beobachtet werden kann, die sozial generalisierte Erwartungsmuster erfüllt. Die exakt darauf zugeschnittene Anweisung der *objektiven Hermeneutik* lautet: Entwerfe "intuitiv typische Situationen - wie Geschichten - ..., in denen diese Äußerung als sinnvolle hätte fallen können" (Oevermann et al. 1979, S.416).

Halten wir uns an diese Direktive und abstrahieren dabei zunächst von allem Vorwissen über die faktischen Bedingungen der Kommunikationssituation, dann kommen wir zu einer Liste möglicher Situationskonstellationen, in denen diese Äußerung "angemessen", d.h. konform mit empirisch geltenden Erwartungen hätte ausgeführt werden können:[58]

a) In einer Unterhaltung zwischen Freunden, Bekannten oder Kollegen, in der gerade jemand von seinem Urlaub (von beruflich bedingter Abwesenheit; von seinem Wochenendvergnügen etc.) berichtet hat, erkundigt sich einer der Zuhörer nach dem Urlaubsort des Erzählers oder eines anderen Gesprächsteilnehmers.

---

[58] Oevermann spricht hier auch von den *Erfüllungsbedingungen*, für deren Explikation er ein zweistufiges Verfahren vorschlägt (vgl. z.B. et al. 1979, S.416), bei dem zunächst konkrete szenische Arrangements aufgelistet werden, in denen eine Äußerung hätte produziert werden können und aus denen dann *allgemeine Strukturmerkmale* abstrahiert werden, die bestimmten Klassen von Situationen gemeinsam sind. Zur Vereinfachung der Darstellung weiche ich von diesem Vorgehen etwas ab, indem ich im Text gleich eine Reihe von Situations*typen* präsentiere und erläuternd dazu passende Szenen und eventuelle Variationsmöglichkeiten des Grundtyps nenne. Dies entspricht einer von Oevermann selbst häufig gewählten Abkürzungsstrategie.

2.2 OBJEKTIVE HERMENEUTIK ALS FORSCHUNGSMETHODE DER SYSTEMTHEORIE

Dieser Situationstyp kann in unterschiedlichsten Varianten auftreten, von denen nur einige erwähnt seien. Sie betreffen einmal die Gründe der Erkundigung. Diese kann dadurch veranlaßt sein, daß der Erzähler seinen Aufenthaltsort noch nicht genannt hat, der Hörer die Nennung des Ortes nicht richtig verstanden oder überhört hat oder er erst später hinzugekommen ist. Zum zweiten mag es sich gar nicht um eine Informationsfrage, sondern um den Ausdruck ungläubigen Erstaunens handeln, mit dem etwa ein Hörer reagiert, wenn er erfährt, daß der Sprecher übers Wochenende in New York war. Schließlich kann es sein, daß es sich nicht um eine Rückfrage an einen vorausgegangenen Sprecher handelt, sondern eine andere Person auf diese Weise aufgefordert wird, sich am Gespräch zum Thema Urlaub (Wochenendvergnügen etc.) zu beteiligen. Als Gesprächsteilnehmer sind neben Erwachsenen ebensogut Jugendliche oder Kinder denkbar.

b) Der Sprecher war mit dem Adressaten (z.B. einem Freund, Kollegen, Ehegatten oder Kind) der Äußerung verabredet oder hat ihn, wie üblich, zu einer bestimmten Zeit erwartet, ohne daß der Adressat jedoch erschienen wäre.

Auch dieses *Grundschema einer Situation* kann auf unterschiedlichste Weise variiert werden: Zwei Freunde waren zum Kino oder Abendessen verabredet und einer von ihnen kam nicht. Eine Frau erwartete die Rückkehr ihres Mannes von der Arbeit wie üblich, um sechs Uhr; der kommt aber erst um acht. Ein Kind kommt verspätet von der Schule zum Mittagessen.

c) Das Aussehen bzw. Verhalten des Adressaten deutet daraufhin, daß er sich an einem anderen Ort aufgehalten haben muß als dem vom Sprecher vermuteten.

Wieder sind verschiedenste Varianten dieser Konstellation denkbar: Ein Schulkind kommt nach Hause ohne Schultasche, mit zerrissener Hose, weinend. Der erwartete Ehegatte torkelt betrunken zur Tür herein. Die Freundin taucht mit völlig veränderter Frisur, neuem Make up und Outfit auf. Der Kollege erscheint nach einem Winterwochenende sichtlich gebräunt im Büro.

Je nach den Bedingungen der Situation variieren die *Sprechhandlungstypen*, die mit der analysierten Äußerung auf *regelkonforme* Weise realisierbar sind:[59] In Situationstyp a wären die Bedingungen für eine Informationsfrage, für die Bitte um Wiederholung einer Äußerung (wenn der Ort schon genannt, aber nicht verstanden worden war) bzw. für einen Ausdruck der Überraschung (wenn zuvor ein außergewöhnlicher Aufenthaltsort genannt wurde) erfüllt. In Typ b und c wären die möglichen Bedeutungen die eines Vorwurfes, einer Aufforderung zu einer Erklärung, Rechtfertigung oder Entschuldigung bzw. eines Ausdrucks von Überraschung,

---

59 Abweichend von Oevermann unterstelle ich bei der Verwendung des Ausdrucks "regelkonform" eine Interpretation des Regelbegriffs, die es erlaubt, *Regeln* mit *sozial generalisierten Erwartungen* gleichzusetzen. Oevermann favorisiert im Anschluß an Chomsky das Konzept der *generativen Regel*, das ihm als wesentliches Element für die Begründung seiner hermeneutischen Methodologie dient; vgl. dazu vor allem Oevermann 1973a. Dabei sieht Oevermann (vgl. 1993b, S.181f.) in theoretischer Hinsicht wesentliche Differenzen zu Luhmanns Begriff der Erwartungserwartung, die - trotz zugestandener "formaler" Parallelen zwischen der objektiv hermeneutischen Sequenzanalyse und "Luhmanns Modell des Zusammenhangs von Kontingenz und Selektion" (1993b, S.181, Fußn.14) - für ihn eine unübersteigbare Trennlinie zur Systemtheorie markieren. Wenn es sich hier tatsächlich um eine fundamentale theoretische Demarkationslinie handeln sollte, dann liefe meine Argumentationsstrategie auf den Nachweis eines *äquifinalen Begründungsweges* hinaus, der die objektiv-hermeneutischen Auslegungsdirektiven von systemtheoretischen Prämissen her zu entwickeln gestattet. - Ich komme auf diese Differenz in Kap.2.3.3 ausführlicher zurück. Zur generellen Diskussion des Regelbegriffs vgl. unten, Kap.3.1.3.

Bestürzung oder auch Empörung, wobei mehrere dieser Bedeutungsmöglichkeiten zugleich erfüllt sein könnten.

Grundlage der *Berechtigung* für die Selektion der genannten Sprechhandlungen wäre in einer Situation vom Typ a das *gemeinsame Thema* der Kommunikation, das hinreichen würde, um Nachfragen oder den Ausdruck von Überraschung zu legitimieren. In den Konstellationen b und c würde demgegenüber der *Verpflichtungsgehalt der sozialen Beziehung* in den Vordergrund treten, die zwischen den Beteiligten besteht, sei es aufgrund von Vereinbarung oder auf der Basis einer engen persönlichen Beziehung (Freundschaft, Liebe, Ehe), in der entsprechende Nachfragen und Bitten um Erklärungen generell, d.h. ohne spezifische Begründung, als legitim gelten.[60]

Der erste Interpretationsschritt, der auf die Explikation objektiver Bedeutungsmöglichkeiten oder "Lesarten" einer Äußerung zielt, ist damit abgeschlossen. Auffällig ist dabei, daß die Konstruktion möglicher Deutungen hier (ebenso wie in den von Oevermann analysierten Beispielen) einer *impliziten Systematik* zu folgen scheint. Sie läßt sich als heuristische Suchanweisung formulieren:

'Überlege, *wer* diese *Äußerung* an *wen*, unter welchen *Bedingungen*, mit welcher *Berechtigung* und welcher *Zielsetzung* adressiert haben könnte.'

Die darin enthaltenen Komponenten -

- *Akteur(e)* (Sprecher; Adressat),
- *Bedingungen* der Handlungssituation,
- *Mittel*   (die zu interpretierende Äußerung),
- *Ziele*   (definiert durch die Sprechhandlungen, die mit dieser Äußerung vollzogen werden können und die damit verknüpfbaren Motive) sowie
- *Normen* (Berechtigungsgrundlage) -

entsprechen den Kategorien des *Parsons'schen action frame of reference* (vgl. Parsons 1968, S.731ff.; zusammenfassend dazu Schneider 2002, Bd.1, S.83ff.). Da es nicht um monologisches Handeln, sondern um Kommunikation geht, ist die Kategorie des Akteurs (mindestens) doppelt besetzt. Dabei sind für Sprecher und Hörer die *sozialen Rollen* einzutragen, die sie in der jeweiligen Konstellation zueinander einnehmen. Jede Deutungsmöglichkeit, die unter impliziter Verwendung dieses Kategoriengerüsts formuliert wird, enthält deshalb auch eine Charakterisierung der *sozialen*

---

60 Im Sinne der Parsons'schen Orientierungsalternative *funktionaler Diffusität* gilt hier gleichsam eine generalisierte Regel der Beweislastumkehrung, derzufolge derjenige begründungspflichtig ist, der einen bestimmten Themenbereich innerhalb einer solchen Beziehung aus der Kommunikation auszuschließen wünscht. Vgl. dazu u.a. Parsons 1969, S.413 sowie Schneider 2002, Bd.1, S.128 und 132f.

Beziehung, in die die so gedeutete Äußerung eingebettet sein könnte.[61]

Die auf diesem Wege gewonnenen Bedeutungsmöglichkeiten können insofern als "objektiv" gelten, als sie das Ergebnis der Explikation sozial generalisierter Erwartungen und damit verbundener Situationstypen sind, in denen die interpretierte Äußerung auf erwartungskonforme Weise hätte realisiert werden können. Diese Bedeutungsmöglichkeiten sind analytisch unabhängig von dem *subjektiven* Sinn, den der jeweilige empirische Sprecher mit dieser Äußerung psychisch verbunden haben mag.

Allgemeiner formuliert, hat die Rede vom objektiven Sinn und von objektiver Hermeneutik ihren Grund darin, daß Oevermann die Regeln oder Erwartungen, aus denen diese Bedeutungsmöglichkeiten abgeleitet werden, als "faites sociaux" im Sinne Durkheims, oder - systemtheoretisch formuliert - als *emergente Strukturen des Sozialsystems* begreift, die sich einer Reduktion auf individuelle Bewußtseinsstrukturen entziehen. "Objektivität" ist hier also nicht ontologisch zu verstehen, nicht als Verweis auf ein unbeobachtet für sich seiendes Sein, dessen Wesensgehalt zu entdecken die objektive Hermeneutik beanspruchen würde. An die Stelle der ontologisch gedachten Subjekt-Objekt-Differenz, in der jede perspektivenabhängige Erfahrung des Objektes nur als Verzerrung zählen kann, tritt vielmehr die Annahme, daß die Befunde des hermeneutischen Interpreten von dessen Beobachtungsperspektive abhängig und gleichwohl "objektiv" sind, weil die Perspektivität *jeder* Beobachtung angenommen und damit als Eigenschaft der Wirklichkeit unterstellt wird. Die beobachtungsperspektivische Konstitution der registrierten Tatsachen steht dem Anspruch auf Objektivität nicht entgegen, weil die objektive Hermeneutik (mit Whitehead und Mead) die *objektive Realität von Perspektiven* unterstellt.

Das Repertoire sozial generalisierter Erwartungen, das dem Interpreten vertraut ist, gibt ihm die notwendigen, zwar perspektivenabhängigen, aber sozial institutionalisierten und insofern "objektiv" geltenden Unterscheidungen an die Hand, um zu sehen, was er sieht.[62] Auch, ja gerade dann, wenn die beobachtete Kommunikation demgegenüber abweichenden Erwartungsmustern folgt, ist dies für den Interpreten informativ. Wie wir gleich sehen werden, kann es sehr aufschlußreich sein festzustellen, daß bestimmte Normalitätserwartungen als Orientierungsgrundlage für das Operieren eines sozialen Systems ausfallen.

Im nächsten Analyseschritt ist zu prüfen, inwiefern die Bedingungen der *tatsächlich* erfüllten Kommunikationssituation einer der gedankenexperimentell entworfenen Möglichkeiten entsprechen. Bereits hier, in der Richtung *retrospektiver Rekur-*

---

61 Dies muß freilich nicht als Anleihe bei Parsons gedeutet werden. Zur Verfolgung unterschiedlicher Varianten und Vorformen des Parsons'schen Schemas bis hinein in die abendländische Rhetoriktradition vgl. Junge 1993, Kap.III.

62 In einem analogen Sinn spricht Gadamer, wie hier zu erinnern, von der konstitutiven Rolle des "Vorverständnisses" oder gar der "Vorurteile" des Interpreten für jede Auslegung. Vgl. dazu Gadamer 1965, S.250ff. - Aber, so kann man hier einwenden, woher weiß der Interpret, ob er tatsächlich *sozial geltende* Normalitätserwartungen zugrunde legt und nicht nur seine eigenen ideosynkratischen Erwartungen fälschlich dafür hält? Die (abkürzende) Antwort darauf lautet: Durch die Übereinstimmung verschiedener Interpreten, die in einem hinreichend homogenen sozio-kulturellen Milieu sozialisiert sind. In Kap.2.3.2 komme ich auf diesen Punkt ausführlicher zurück.

sion, können so Abweichungen aufgedeckt werden, die sichtbar machen, daß die kontextuelle Plazierung eines Äußerungsereignis nicht mit vertrauten Normalitätserwartungen verträglich ist.[63] Ein solches Ergebnis hätte zur Konsequenz, daß Hypothesen darüber formuliert werden müßten, welche anders gearteten Erwartungsmuster statt dessen erfüllt sein könnten. Die Registrierung von Abweichungen hat also den Sinn, auf *alternative Normalitätsstrukturen* aufmerksam zu machen.

Systemtheoretisch gesprochen wird dazu die Unterscheidung konform/abweichend im ersten Schritt im Modus der *Beobachtung erster Ordnung* verwendet. Wird dabei die Seite der Abweichung markiert, dann ist dies Anlaß zur *reflexiven Applikation* des Schemas auf sich selbst: Mit einem re-entry (=Wiedereintritt) der Unterscheidung in die Seite der Abweichung ist nun zu fragen, welche alternative Konditionierung der Unterscheidung im als abweichend beobachteten Sozialsystem fungiert. Indem sie so zu beobachten sucht, wie andere Beobachter mit Hilfe der Unterscheidung konform/abweichend beobachten, wechselt die Analyse in den Modus der *Beobachtung zweiter Ordnung*.

Als beobachtete Beobachter kommen im Falle eines elementaren Interaktionssystems drei Systeme in Betracht: das Kommunikationssystem und die daran gekoppelten Psychen der Prozessoren Ego und Alter. Behandeln wir eine Äußerung als erste zu analysierende Äußerung,[64] dann kann deren Selektivität zunächst nur auf externe, durch andere Sozialsysteme präkonstituierte Erwartungsstrukturen bzw. ihren Autor und dessen Erwartungsprofil zugerechnet werden. Bis zur Einbeziehung weiterer Äußerungen in die Analyse bleibt dann offen, inwiefern eine hypothetisch entworfene Normalitätserwartung, die diese Äußerung erfüllt, auch vom Interaktionspartner geteilt und als Kommunikationsstruktur reproduziert wird. Gerade mit der Feststellung, daß die erste analysierte Äußerung bestimmte Normalitätserwartungen erfüllt (oder auch: verletzt), wird so ein Fokus für die Beobachtung der Anschlußereignisse etabliert. Bereits die nächste Äußerung kann dem Interpreten Aufschluß darüber geben, ob Alter (zumindest bis auf weiteres) bereit ist, die mit der ersten Äußerung projizierten Normalitätserwartungen zu erfüllen. Mit der Explikation möglicher Anschlüsse wechselt die Analyse in die Dimension der *antezipierenden Rekursivität*.

---

63 Vgl. dazu erneut Oevermann et al. 1979, S.416, wo ein solches Äußerungsbeispiel untersucht wird.
64 Dabei ist natürlich klar, daß es sich im Regelfalle um eine Äußerung handelt, die eingebettet ist in eine weiter zurückreichende Interaktionsgeschichte. Wie oben bereits angedeutet, liefert die Systemtheorie jedoch eine gute Begründung dafür, warum das methodisch bedingte Artefakt der 'ersten' Äußerung unproblematisch ist: Die Ereignisförmigkeit der Systemelemente, durch deren Verkettung systemspezifische Sinnstrukturen als Eigenwerte systemischen Operierens reproduziert werden, hat zur Implikation, daß die strukturell ausgeschlossenen Möglichkeiten - insofern nur negierbar negiert - im Prozessieren des Systems mitreproduziert werden und jederzeit aktualisiert werden können. Das System reproduziert so mit jedem neuen Folgeelement zugleich sein eigenes Transformationspotential, gegen das sich sein historisch erreichtes Selektionsprofil von Ereignis zu Ereignis *je neu* zur Geltung bringen muß. Die Reproduktion von Systemstrukturen geschieht immer - wie Ethnomethodologen formulieren würden - *for another first time*. Ihre Rekonstruktion kann daher im Grundsatz an nahezu beliebigen Stellen der Reproduktionsgeschichte einsetzen.

2.2 OBJEKTIVE HERMENEUTIK ALS FORSCHUNGSMETHODE DER SYSTEMTHEORIE

Wenden wir uns nun wieder der Interpretation unseres Beispiels zu und prüfen, ob die Bedingungen der realen Kommunikationssituation einer der oben entworfenen Konstellationen entspricht: Nach der Darstellung von Scott und Lyman fällt die Äußerung in der Auseinandersetzung eines Ehepaares aus der mexikanischen Unterschicht, nachdem der Mann von einem "Abend mit Weibern" zurückgekehrt ist. Sprecher ist die Ehefrau, der von den Autoren ein entsprechender Verdacht zugeschrieben wird, ohne freilich mitzuteilen, wie sie zu der Vermutung eines solchen Verdachtes gekommen sind (vgl. Scott/Lyman 1968, dt. Übersetzung, S.97). Da Spekulationen über psychische Zustände der Beteiligten, sofern sie sich nicht auf Anhaltspunkte in der Kommunikationssituation zurückführen lassen, als Prämissen der objektiv-hermeneutischen Interpretation nicht zugelassen sind, können wir diesen Verdacht allenfalls und mit der gebotenen Zurückhaltung unter dem Gesichtspunkt aufgreifen, welche denkbaren Anzeichen dafür in der Kommunikationssituation vorgelegen haben könnten. Anzeichen dieser Art wären etwa Lippenstift auf der Wange bzw. fremde Haare an der Kleidung des Mannes, eventuell angetrunkener Zustand sowie eine Empörung signalisierende Lautstärke und Intonation der Frage der Frau. Daß derartige Indizien vorlagen ist möglich, aber unsicher.

Vergleichen wir die spärlichen Angaben von Scott und Lyman mit unserer obigen Liste, dann stellen wir fest, daß die Konstellationen b und/oder c erfüllt sein dürften.[65] Verspätetes nach Hause kommen und/oder Auffälligkeiten in der äußeren Erscheinung des Mannes wären demnach die erfüllten Normalitäts*bedingungen*, bezogen auf die die Äußerung als "angemessen" gelten kann. Als Bedeutungsspektrum der Äußerung kommt das Verlangen nach einer Erklärung/Rechtfertigung in Betracht, das darüber hinaus verbunden sein kann mit einem indirekten Vorwurf sowie dem Ausdruck von Empörung bzw. Bestürzung. Die *normative Grundlage*, die zur Ausführung eines solchen komplexen Sprechaktes, verbunden mit einer entsprechenden Annahmeerwartung, berechtigen kann, ist die *Ehebeziehung* zwischen Sprecher und Adressat. Sie weist dem Mann hier die Rolle des Auskunftspflichtigen zu, die er nicht einfach zurückweisen kann, ohne den Charakter dieser Beziehung als *Intimbeziehung* aktuell in Frage zu stellen.

Der dabei zugrunde gelegte Begriff von Intimität entspricht auch dem der Systemtheorie. *Intimität* erscheint demnach bestimmt durch kommunikative -

> "... Regeln oder Codes, die festlegen, daß man in bestimmten sozialen Beziehungen prinzipiell für alles am anderen aufgeschlossen zu sein hat, kein Desinteresse bekunden darf an dem, was der andere persönlich wichtig nimmt, und seinerseits keine Fragen unbeantwortet lassen darf, auch und gerade wenn sie auf Persönliches zielen" (Luhmann 1982, S.14).

Diese Anforderungen sind präzise bezogen auf die Ermöglichung der kommunikativen Konstruktion einer gemeinsamen Welt, in der die eigene Weltsicht jedes Beteiligten ihren Platz und Anerkennung durch den anderen findet (vgl. dazu Berger/-

---

[65] Die Spärlichkeit der Kontextdaten läßt hier nicht mehr zu als die Formulierung einer begründeten Vermutung. Dies ist kein Defizit der Methode, sondern hat seine Ursache in der Lückenhaftigkeit der verfügbaren Aufzeichnung.

Kellner 1965, S.226ff.). Oder stärker systemtheoretisch formuliert - ihre Funktion besteht in der Ermöglichung *interpersonaler Interpenetration* (vgl. Luhmann 1982, S.217ff.; siehe auch 1990f., S.201 und 208).

Damit ist die Analyse der ersten Äußerung abgeschlossen und ein Spielraum für mögliche strukturkonforme Reaktionen definiert. Die Anschlußäußerung des Mannes muß demnach so gewählt sein, daß sie die Frage *als legitim akzeptiert* und die Verpflichtung zu ihrer Beantwortung grundsätzlich anerkennt. Wie dies zu geschehen hat, bleibt freilich offen. Eine beruhigende Erklärung, Schuldbekenntnis und Bitte um Verzeihung, der Versuch, die Antwort auf später zu verschieben, Ausreden oder Gegenangriffe ("Bist du schon wieder eifersüchtig? Hast du kein Vertrauen zu mir?") sind damit gleichermaßen kompatibel. Dies unterstreicht, daß Intimität hier nicht als psychischer Komplex von Empfindungen, sondern als *Kommunikationsvorschrift* aufzufassen ist, durch deren wechselseitige Erfüllung die Beteiligten die soziale Definition ihrer Beziehung als intim kontinuierlich ratifizieren und dadurch füreinander und für jeden anderen Beobachter sichtbar reproduzieren.

Blicken wir vor dem Hintergrund unserer fallspezifisch ausformulierten Normalitätserwartungen auf die zweite Äußerung, dann wird überdeutlich: Die Reaktion des Mannes, die den Sinn der vorausgegangenen Äußerung als den einer Frage bzw. als Einforderung einer Erklärung sozial definiert, sie zurückweist und als illegitim deklariert, schert aus dem Strukturmuster intimer Kommunikation vollständig aus.[66]

Betrachten wir zunächst nur den ersten Teil der Reaktion, "Das geht dich nichts an", dann läge der Schluß nahe, daß wir es hier mit dem empirisch nicht seltenen Fall einer Ehe zu tun haben, die als Intimbeziehung *nicht mehr* besteht, und in der die 'Trennung von Tisch und Bett', zumindest von Seiten des Mannes, schon vollzogen ist und er dies bei jeder Gelegenheit, bei der die Frau in das Muster intimer Kommunikation zurückfällt, unmißverständlich anzeigt. Die nachfolgende Begründung für die Antwortverweigerung, "... du bist eine Frau", macht jedoch deutlich, daß der analysierte Fall sich weiter von unseren Normalitätserwartungen entfernt, als diese Hypothese allein es vermuten läßt.

Die Unterscheidung Frau/Mann wird hier als fundamentale Trennlinie aufgerufen. Offen bleibt, welche Deutung dieser Trennlinie gegeben wird: Geht es dabei um eine *hierarchische Differenz* (z.B. im Sinne des religiös verankerten Postulats "Die Frau sei dem Manne untertan"), die einseitige Kommunikationsbeschränkungen von Seiten des Mannes legitimiert, die Frau jedoch uneingeschränkter Auskunftspflicht unterwirft (analog zum kommunikativen Status eines Kindes)? Ist diese Trennlinie als *Horizontale* zu denken, als Demarkation unterschiedlicher Zuständigkeitsbereiche (dies entspräche dem Differenzierungsmuster zwischen funktional spezifischen Rollen und würde deshalb funktional diffus strukturierte Kommunikation aus-

---

66 Vgl. dazu auch Luhmanns Charakterisierung der Struktur familialer Kommunikation (1990f., S.201; Hervorhebung von mir, W.L.S.): "Kurz: alles, was eine Person betrifft, ist in der Familie für Kommunikation zugänglich. ... Man kann eine Kommunikation über sich selber nicht ablehnen mit der Bemerkung: *das geht Dich nichts an!* ... ."

2.2 OBJEKTIVE HERMENEUTIK ALS FORSCHUNGSMETHODE DER SYSTEMTHEORIE

schließen)? Oder scheidet diese Linie fundamental divergierende Weisen des Erlebens, die wechselseitiges Verstehen in bestimmten Bereichen ausschließen[67] und es im Interesse der Konfliktvermeidung geraten erscheinen lassen, solche Themenbereiche aus der Kommunikation auszuklammern?

Unabhängig davon, ob eine dieser Deutungshypothesen sich in einer ausführlicheren, weiteres Material einbeziehenden Analyse als fruchtbar erweisen würde, ist jedoch hier bereits als wesentlicher Befund festzuhalten: Mit dieser Referenz auf die Geschlechtsdifferenz wird ein konstitutives Element zwischengeschlechtlicher Initimität als Begründung für die flagrante Verletzung der Regeln intimer Kommunikation herangezitiert. Eine *kulturelle Semantik*, die dies ermöglicht, funktioniert geradezu als potentielle *Blockadevorrichtung für intime Kommunikation*.

Man mag versucht sein, solche Überlegungen als Überinterpretation zu bewerten und statt dessen lieber in Erwägung ziehen, daß es sich vielleicht um einen einfachen, nicht weiter aufklärungsbedürftigen Lapsus handeln könnte. *Methodologisch* ist darauf zu antworten, daß dies einem *normalisierenden* Typus der Verarbeitung von Abweichungserfahrungen entspricht, wie er der natürlichen Einstellung im alltäglichen Handeln zugrunde liegt. Worauf dabei verzichtet wird, ist eine "Verwissenschaftlichung von Erfahrung", die auf Lernen spezialisiert ist und deshalb Erwartungsenttäuschungen in neue Hypothesen umarbeitet, die also - um mit Luhmann zu sprechen - "Erfahrungen strukturistisch und nicht nur normalisierend auswerten kann".[68] *Systemtheoretisch* ist darauf zu antworten, daß eine solche methodische Vorgehensweise völlig in Einklang steht mit der Annahme der *Strukturdeterminiertheit* systemischen Operierens.

Knüpfen wir an unsere obige Diagnose an und suchen nach einer Erklärung für die Reaktion des Ehemannes, die seine Reaktion auf relativ stabile, abweichende Erwartungsstrukturen zurückführt,[69] dann bietet sich die Vermutung an, daß er möglicherweise über ein semantisches Konzept intimer Kommunikation, das dem unseren entspricht, nicht verfügt. Warum dies so sein könnte, darüber lassen sich Vermutungen unterschiedlichen Generalisierungsgrades formulieren: Abweichende Individualsozialisation, 'pathogene' Familienstruktur oder Verankerung in einem fremden kulturellen Kontext ohne ein ausdifferenziertes Modell von Intimität, sind dabei die wohl zentralen Alternativen. Unsere Möglichkeiten, diesen Vermutungen hier weiter nachzugehen, sind äußerst begrenzt. Immerhin reichen sie noch aus zu einer ersten Prüfung der Frage, ob die Reaktion des Ehemannes nur auf eine personenspezifische Besonderheit zuzurechnen ist oder, ob sie Normalitätserwar-

---

67 So die Deutung von Scott und Lyman.
68 Zur vollständigen Wiedergabe dieses Zitats aus Luhmann 1971, S.42, vgl. oben, Fußn.53.
69 Damit ist freilich nicht gesagt, daß die Erklärung in jedem Falle auf der Ebene stabiler Strukturen zu finden sein muß. Die Verletzung der Regeln intimer Kommunikation kann auch in situativen Besonderheiten oder psychischen Ausnahmebedingungen (die als "performatorische Restriktionen" wirksam werden) begründet sein. Eine Erklärung durch relativ stabile Erwartungsstrukturen erscheint jedoch als die interessantere, weil *empirisch gehaltvollere* und daher auch leichter zu prüfende Hypothese (dies durchaus im Sinne des Popper'schen Falsifikationismus) und verdient aus diesen Gründen zunächst den Vorzug.

tungen erfüllt, die darüber hinaus zumindest auch für das untersuchte Kommunikationssystem Geltung beanspruchen können. Die dritte Äußerung der Sequenz bietet das dazu benötigte 'Testinstrument'. Daran, ob sie die Reaktion des Mannes als Abweichung markiert oder als erwartungskonform ratifiziert, entscheidet sich (aber auch hier gilt: bis auf weiteres und durch neue Folgeereignisse jederzeit falsifizierbar), wie unsere Frage zu beantworten ist.

"Was für ein *Vater* bist du eigentlich", so lautet die Replik der Frau an dritter Sequenzposition. Die dabei eingesetzte Wendung "Was für ein x (=Vater, Freund, Mensch, Arzt, Anwalt ...) bist du eigentlich?" ist eine Standardformel, mit der Zweifel daran geltend gemacht werden können, ob der so Angesprochene die Anforderungen erfüllt, die gegenüber Angehörigen dieser sozialen Kategorie legitimerweise erhoben werden können.[70] Eine Wendung dieser Art wird typisch gebraucht, um ein bestimmtes Verhalten als unvereinbar mit diesen Anforderungen zu kritisieren. Der Adressat wird so in eine kommunikative Situation gebracht, in der Erklärung und Rechtfertigung bzw. Entschuldigung die *präferierten* Anschlußmöglichkeiten sind.[71] Darüber hinaus stehen ihm die Zurückweisung der Berechtigung zu einer solchen Kritik bzw. Gegenangriff als *dispräferierte*, aber gleichwohl passende Anschlußmöglichkeiten zur Verfügung.

Welches Verhalten des Mannes ist es, das auf diese Weise gerügt wird? - Die Verweigerung der Antwort auf die vorausgegangene Frage bzw. Vorhaltung der Frau kann dies kaum sein. Ein Pflichtversäumnis gegenüber den Kindern ist daraus - vor dem Hintergrund typischer Normalitätserwartungen, wie sie dem Interpreten vertraut sind - nicht unmittelbar abzuleiten. Als wahrscheinlichster Kandidat für diese Kritik kommt in Frage, worauf sich bereits die erste Äußerung bezog: daß der Mann zu einer Zeit nicht da war, zu der er erwartet wurde bzw. daß er, wie eventuell aus bestimmten wahrnehmbaren Anzeichen zu schließen ist, sich an einem Ort aufgehalten hat, an dem er sich hätte nicht aufhalten sollen.

Inwiefern aber kann dies als Anlaß herhalten, um seine Qualifikation als *Vater* in Zweifel zu ziehen? - Unterschiedliche Möglichkeiten sind denkbar: Vielleicht war eine gemeinsame Unternehmung mit den Kindern geplant, ein Kind hatte Geburtstag o.ä., der Vater aber ist (und dies vielleicht: wie schon häufig) zur großen Enttäuschung der Kinder nicht rechtzeitig gekommen. Ziehen wir die Bemerkung von Lyman und Scott hinzu, daß der Mann von einem "Abend mit Frauen" zurückgekehrt sei und seine Frau diesen Verdacht habe (der u.U. durch äußere Anhaltspunkte wie Lippenstift, Alkoholisierung etc. begründet ist), und verbinden wir

---

70 Natürlich gibt es auch wertungsneutrale Verwendungen dieses Äußerungstyps im Sinne einer Informationsfrage. So z.B., wenn jemand weiß, daß der Angesprochene Arzt ist, aber nicht weiß, ob er Allgemeinmediziner ist bzw. über welche Facharztausbildung er verfügt. Bei der Kategorie "Väter" könnte sich so jemand danach erkundigen, ob sich der Befragte z.B. als "strenger" oder "nachgiebiger" Vater (oder wie immer sonst, angesichts mehrerer Selbstbeschreibungsmöglichkeiten) sieht. Im gegenwärtigen Kontext - der Auseinandersetzung zwischen Ehepartnern, bei denen mit hoher Wahrscheinlichkeit unterstellt werden kann, daß sie über solches Wissen bereits verfügen - scheidet die Deutung der Äußerung als neutrale Informationsfrage jedoch aus.

71 Ich lege hier das konversationsanalytische Konzept der *Präferenzorganisation* zugrunde. Vgl. dazu Sacks 1987.

dies mit der bereits erwähnten Kontextinformation, nach der es sich um ein Ehepaar der mexikanischen Unterschicht handelt, dann kommt eine weitere Möglichkeit in den Blick: Ein Aufenthalt in einer Bar oder einem Bordell kostet Geld, Geld, das wahrscheinlich dringend zum Lebensunterhalt der Familie gebraucht wird. Daß den Kindern fehlt, was er vergeudet, daß er also *seinen Unterhaltspflichten* nicht hinreichend nachkommt, dies wäre dann der Inhalt des Vorwurfes, den die Frau als *Mutter*, in stellvertretender Wahrnehmung der Rechte der Kinder, gegen den *Vater* geltend macht.

Es kann offen bleiben, welche dieser Möglichkeiten tatsächlich erfüllt ist bzw. welche Alternativen dazu eventuell noch in Betracht kämen. Maßgeblich ist hier nur, daß die dritte Äußerung allem Anschein nach auf den gleichen Sachverhalt referiert, wie schon bereits die Eingangsäußerung der Frau. In beiden Äußerungen stimmt auch der illokutionäre Bedeutungsgehalt im wesentlichen überein: das Verhalten des Mannes wird zum Gegenstand des Vorwurfes, eine Erklärung bzw. Rechtfertigung oder Entschuldigung wird verlangt. Insofern *konfirmiert* die dritte Äußerung die erste und *insistiert* zugleich gegen die barsche Zurückweisung des Mannes auf der Legitimität der ersten Äußerung. Sie insistiert, indem sie die aktuell relevante Identität des Sprechers als *Mutter* bestimmt, die sich um das Wohlergehen ihrer Kinder zu sorgen hat und in dieser Funktion Auskunft vom *Vater* der Kinder erwarten darf, wenn sie befürchten muß, daß dieser seine Verpflichtungen gegenüber den Kindern nicht erfüllt.

Die dritte Äußerung komplettiert damit die Sequenz zu einer *Elementarsequenz* für die kommunikative Konstitution bzw. Reproduktion einer Konfliktstruktur. Die Beteiligten (wie auch jeder andere Beobachter) können sich allein durch die Abfolge dieser drei Beiträge darüber informieren lassen, daß ein Konflikt etabliert ist, denn für jeden ist jetzt grundsätzlich erwartbar, daß der andere die Ablehnung seiner Interaktionsofferte nicht akzeptiert, sondern ebenfalls ablehnt, und jeder kann wissen, daß auch der andere dies weiß.[72]

Durch die Art des gewählten Zuges bestätigt die Frau dabei jedoch die aktuelle Irrelevanz der Ehebeziehung auf spezifische Weise.[73] Die Rechenschaftspflicht, die er durch die Einführung der Geschlechtsdifferenz als Fundamentalunterscheidung abzuweisen suchte, wird von ihr *gerade nicht* mit Hinweis auf die *Gattenbeziehung*

---

72 Zur ausführlichen Begründung der These, daß die kommunikative Konstitution bzw. Reproduktion von Erwartungserwartungen auf einer Elementarsequenz von drei Zügen basiert, vgl. Schneider 1994, S.176ff.; speziell für Konflikte vgl. a.a.O., S.199ff. sowie unten, Kap.3.1.7.

73 Zu dieser Schlußfolgerung berechtigt das Grice'sche "Kooperationsprinzip" (vgl. Grice 1979, S.248), dessen Beachtung die Teilnehmer eines Gesprächs einander als Bedingung der Möglichkeit des wechselseitigen Verstehens und der Koordination ihrer Kommunikationsbeiträge jeweils solange *unterstellen* müssen, wie es nicht offensichtlich verletzt ist und das deshalb auch für die hermeneutische Auslegung als *interpretative Ressource* genutzt werden kann. Dieses Prinzip, das den Status einer hoch generalisierten und für die Kommunikation konstitutiven *Normalitätserwartung* hat, verlangt und legitimiert die Unterstellung thematischer Kontinuität bei aufeinanderfolgenden Beiträgen, es sei denn, ein Wechsel des Themas würde kommunikativ angezeigt, was in der oben untersuchten Äußerung der Frau nicht der Fall ist. Konversationsanalytiker sprechen in diesem Zusammenhang auch von der "sequentiellen Implikativität" von Äußerungen; vgl. dazu Heritage 1984, S.249ff.

behauptet.[74] Die gemeinsame Verantwortung für die Kinder ist es, die hier als Legitimationsgrundlage herhalten muß, und die so auch der ersten Äußerung nachträglich als Prämisse zugewiesen wird.[75] Nur insofern, als die Begründung des Mannes für seine Auskunftsverweigerung diese gemeinsame Verantwortung außer acht läßt, wird sie (zusammen mit dem nur zu vermutenden Anlaß für die Eingangsfrage der Frau) in der Kommunikation als abweichend markiert. Auf indirektem Wege *ratifiziert* die dritte Äußerung so die Ausblendung von *Intimität* als Basis der laufenden Interaktion.

Was wir damit beobachtet haben, ist der *minimale Reproduktionszyklus eines Strukturmusters*, von dem hier freilich nur vermutet werden kann, daß es charakteristisch ist für das beobachtete Sozialsystem oder für einen kommunikativen Normaltypus von weit größerer Reichweite. Unsere Analyse erfüllt damit eine zentrale Anforderung für die Rekonstruktion von Strukturen, die aus der systemtheoretischen Beschreibung sozialer Systeme abgeleitet werden kann und die von Oevermann (wenngleich ohne Referenz auf die Systemtheorie) besonders betont wird:

> "Von einer Struktur ... kann in einem theoretisch erheblichen Sinne erst dann gesprochen werden, wenn mindestens eine Phase ihrer Reproduktion vollständig rekonstruiert und expliziert worden ist" (Oevermann 1981a, S.8).

Offen bleiben die systemspezifischen Konditionierungen für die Aktualisierung dieser Struktur. Über sie lassen sich nach unserer Interpretation noch keine Aussagen machen.

Die vierte und letzte Äußerung der Sequenz, "Ich bin ein Mann, und du bist eine Frau", fügt sich vollständig in diese Struktur ein. Sie konfirmiert die ursprüngliche Reaktion des Mannes, ohne nähere Erläuterung oder Modifikation, ohne Referenz auf die Einklagung seiner väterlichen Pflichten. Sie wirkt repetitiv und formelhaft, als bruchstückhaftes Zitat, entlehnt aus Beständen einer *kulturell etablierten Semantik*, das hier als Element für die Austragung eines Konfliktes abgerufen wird und die Weigerung legitimiert, sich auf das angesprochene Thema überhaupt einzulassen. Allein durch ihre Sequenzposition, als Reaktion auf die Erwiderung der Frau, fügt sie zugleich ein neues Bedeutungselement hinzu: Nicht nur die Gattenbeziehung, sondern auch die Verpflichtung, die er als Vater gegenüber seinen Kindern zu erfüllen hat, wird als Berufungsgrundlage überspielt von der fundamentalen kategorialen Differenz der Geschlechter, über deren Grenzen hinweg

---

74 Eine entsprechende Formulierung an dritter Sequenzposition hätte etwa lauten können, "So lange ich noch *Deine* Frau bin, geht mich das sehr wohl etwas an".

75 Damit ist nicht gesagt, daß die Gattenbeziehung *psychisch* hier ebenfalls keine Rolle spielt. Was hier nur zählt ist die Tatsache, daß sie *kommunikativ* als Berufungsgrundlage nicht ins Spiel gebracht wird. Dies läßt die Möglichkeit ausdrücklich zu, daß die Gattenbeziehung den ursprünglichen *psychischen* Kontext für die Frau bildete, in dem ihre Eingangsäußerung für sie selbst stand, daß aber die Reaktion ihres Mannes sie dazu veranlaßte, diesen Hintergrund aus der Kommunikation herauszuhalten, statt dessen auf das Thema 'väterliche Verpflichtungen' einzuschwenken und ihren Eingangsbeitrag durch ihre Folgeäußerung an dritter Sequenzposition nachträglich entsprechend umzudeuten. Auch wenn es so gewesen sein sollte, wenn also einer der Beteiligten *psychisch* das Thema gewechselt hat, wird *in der Kommunikation* kein Wechsel angezeigt.

Auskunfts- und Rechtfertigungsverpflichtungen keinen Bestand haben. Als *Mann* beansprucht der Sprecher so auch gegenüber den Anforderungen der Eltern-Kind-Beziehung einen gleichsam externen Status. Seine Verpflichtungen gegenüber seiner Familie erscheinen auf das Maß eingeschränkt, das mit seiner kategorialen Zugehörigkeit als Mann zu vereinbaren ist.

Dieses zweite strukturelle Element wird freilich nicht als gemeinsame Erwartungsgrundlage des Interaktionssystems ratifiziert, sondern ist explizit kontrovers und transformiert es in ein Konfliktsystem. Es mag sein, daß es sich hierbei um eine *lokale Variation* handelt, beschränkt auf eine Episode im Binnenkontext des beobachteten Interaktionssystems, die sich gegenläufig zu gesellschaftlichen Normalitätserwartungen verhält. Sollte jedoch auch diese divergierende Interpretation normativer Anforderungen entlang der Geschlechtsdifferenz auf der Ebene der soziokulturellen Semantik verankert sein, dann hätten wir es mit einer Situation zu tun, in der die Restrukturierung der Familie als Konfliktsystem mit der Frau als Sachwalterin der Interessen der Kinder auf der einen und dem Mann auf der anderen Seite bei Dissens zwischen den Ehepartnern *semantisch vorstrukturiert* wäre: Die Familie würde - auf der Ebene der sozialen Semantik - gleichsam als *institutionalisierter Kulturkonflikt* projektiert und mit einer endogenen Tendenz zur (Selbst)exklusion des Mannes ausgerüstet.

Diese Deutung impliziert nicht notwendig die Annahme, daß die involvierten Personen nach dem Muster *semantisch programmierter Automaten* agieren, die jeden auftretenden Dissens notwendig in den so kulturell vorgezeichneten Bahnen austragen. Zwar kann sich ein solches Modell der kulturellen Determination des Handelns auf eine ganze Reihe von Theoretikern berufen. Von Parsons über Levi-Strauss und Bourdieu bis zu Oevermann wird mit der Annahme operiert, daß kulturelle Muster von den Akteuren verinnerlicht werden und das Handeln steuern. Aber ebenso bekannt ist die Kritik an dieser Vorstellung. Autoren aus dem Umfeld des symbolischen Interaktionismus insistieren darauf, daß kulturelle Deutungen den Status von Vorlagen haben, die von den Handelnden interpretiert, spezifiziert und modifiziert, unter Umständen aber auch ignoriert werden. Garfinkel hat die Vorstellung, daß das Handeln der Akteure durch kulturelle Deutungsmuster *determiniert* sei, mit kritischer Wendung gegen Parsons als eine Auffassung verworfen, welche die Handelnden als "kulturelle Deppen" ("cultural dopes") porträtiert. Bei Luhmann entspricht dem die allgemeiner gefaßte Kritik an einem Systemmodell, das psychische bzw. soziale Systeme nach dem Muster von "Trivialmaschinen" begreift, d.h. als Automaten, die auf der Basis eines invarianten Verarbeitungsprogramms gleiche Inputdaten ("gleich" jeweils für einen externen Beobachter) in denselben Output (dasselbe Verhalten) transformieren. Diesen Einwänden gegenüber dem Modell der kulturellen Determination kann Rechnung getragen werden, wobei freilich zu berücksichtigen ist, daß es so eindeutig und vollständig, wie von den Kritikern unterstellt, von den kritisierten Autoren in der Regel nicht vertreten worden ist.

Eingedenk dieser Einwände gehe ich also davon aus, daß Konflikte im sozialen Geltungsbereich einer Semantik der hier hypothetisch skizzierten Art von den Handelnden entlang der semantisch vorgezeichneten Linien ausgetragen werden können, aber nicht müssen. Die vorgetragene Deutung würde deshalb auch durch davon abweichende Interaktionsverläufe zwischen denselben Akteuren nicht falsifiziert, besagt sie doch nur, daß ein bestimmtes kulturelles Muster bereitliegt, das aufgerufen werden *kann*, um Konflikte damit zu instrumentieren und sie dadurch, *sofern* dies geschieht, in entsprechend vorstrukturierte Bahnen zu lenken. Kulturelle Semantiken bzw. Deutungsmuster liefern so zwar einen wichtigen Beitrag zur Erklärung kommunikativer Selektionen. Sie - wie Oevermann dies tut - nach Art eines *Algorithmus* zu deuten, der die beobachtbaren Mitteilungs- und Verhaltensselektionen der Teilnehmer in gesetzesanaloger Weise steuert, scheint mir freilich eine zu starke Annahme, die an die von Garfinkel überzeugend kritisierte Figur des "cultural dopes" erinnert. Auf diesen Punkt, der den *theoretischen* Status empirisch ermittelter Deutungs- und Selektionsmuster betrifft, wird bei der Diskussion des Strukturbegriffs von objektiver Hermeneutik und Systemtheorie im nächsten Kapitel noch zurückzukommen sein.

Die kommunikative Nutzung bereitliegender Bestände der kulturellen Semantik ist für die Konfliktbeteiligten freilich attraktiv und wird dadurch wahrscheinlich, ermöglicht sie es doch, die eigene Position *sozial zu legitimieren*. In dem Maße aber, in dem die Teilnehmer von gegensätzlichen semantischen Legitimationsmöglichkeiten Gebrauch machen, steuern sie die Kommunikation in eine Richtung, welche die semantisch vorgeprägten Zuschreibungen zirkulär bestätigt. An unserem Beispiel verdeutlicht: Indem der Mann jede Auskunftspflicht auf die Fragen seiner Frau mit Hinweis auf die Geschlechtsdifferenz zurückweist, bestätigt er aus ihrer Perspektive, daß er nicht bereit ist, die ihm zufallende Verantwortung für die Kinder zu akzeptieren. Umgekehrt gilt: Indem sie ihn für etwas zur Rede zu stellen versucht, was er als Teil seiner männlichen Identität und Autonomie beansprucht, bestätigt sie aus seiner Perspektive, daß sie nicht in der Lage ist, die legitimen Wünsche und Bedürfnisse eines Mannes zu verstehen und zu respektieren.

Eine derartige Semantik plausibilisiert sich für die Beteiligten als *angemessener Interpretationsrahmen* ihrer Beziehung potentiell nach dem Muster einer self-fulfilling-prophecy, was die Wahrscheinlichkeit ihres kommunikativen Gebrauchs in weiteren Konflikten wiederum erhöht. Ohne etwa auf Internalisierungsannahmen à la Parsons zurückgreifen zu müssen, kann man daher vermuten, daß eine so gebaute Semantik *die Kommunikation nach ihrem Bilde formt*, sie - mit einem Ausdruck von Hermann Haken - "versklavt", *deshalb* auch die Handelnden durch Evidenz nachhaltig beeindruckt und sich auf dem Wege selbstverstärkender Rückkoppelung kontinuierlich stabilisiert.

Kehren wir zurück zu unserem Fallbeispiel. Die untersuchte Sequenz bricht nach der zuletzt interpretierten Äußerung ab. Trotz ihrer Knappheit bietet sie jedoch ausreichenden Anhalt, um resümierend festzustellen: Der beobachtete Gebrauch semantischer Vorgaben zur Instrumentierung eines Konflikts suspendiert die strukturellen Grundlagen intimer Kommunikation und stellt Familie als Funktionssystem, das im Modus intimer Kommunikation prozessiert, im Miniaturkontext einer Interaktionsepisode in Frage. Als *generalisierter semantischer Komplex*, der die Kommunikation auf die beschriebene Weise replikationsfähig orientieren könnte, kommt das Syndrom des *Machismo* in Betracht. Für die Einbeziehung dieses Komplexes in die Analyse fehlt hier der Raum.[76] Die Interpretation unserer Sequenz hat jedoch die Stelle markiert, an der eine entsprechende Ausdehnung der Analyse auf den einbettenden kulturellen Kontext in der Kommunikation selbst angezeigt ist.

2.2.3 Resümee

Die objektive Hermeneutik, so meine Ausgangsthese in diesem Kapitel, enthält exakt diejenigen methodischen Direktiven, die auf die systemtheoretische Beschreibung der autopoietischen Organisation von Kommunikation zugeschnitten sind. Um diese These zu belegen, habe ich zunächst versucht, die zentralen Interpretationsregeln der objektiven Hermeneutik aus systemtheoretischen Prämissen abzuleiten. Die anschließende Analyse einer kurzen Kommunikationssequenz sollte die Funktionsweise dieser Regeln demonstrieren, aus systemtheoretischer Perspektive kommentieren und darüber hinaus andeuten, wie die Ergebnisse hermeneutischer Interpretation mit systemtheoretischen Aussagen über die Reproduktionsbedingungen eines bestimmten Kommunikationstyps, hier von intimer Kommunikation im Funktionssystem Familie, verknüpft werden können. Als wesentliche Anschlußstelle erwies sich dabei die Analyse *sozialer Semantiken*.

Von systemtheoretischen Untersuchungen in diesem Bereich unterscheidet sich die durchgeführte hermeneutische Interpretation jedoch durch eine Verschiebung des Akzentes, die für die Anwendung der objektiven Hermeneutik charakteristisch ist. Nicht als eigentliches Thema, wie in Luhmanns einschlägigen Untersuchungen, sondern als *Instruktion und indexikalisch aufgerufene Begründungsressource* für die

---

[76] Weiteres Material dazu findet sich bei Lewis 1963 und 1971; als Untersuchung der semantischen Codierung entsprechender Geschlechterstereotype am Beispiel einer andalusischen Stadt vgl. Brandes 1981. Redewendungen, Sprichwörter und scherzhafte Bemerkungen markieren Geschlecht demnach als Fundamentaldifferenz und unterstreichen eine entsprechende Trennung der Lebensphären: "The home is for eating and sleeping; otherwise a man belongs out with his friends" (Brandes 1981, S.218), sagt etwa ein Sprichwort, das unter den Männern einer andalusischen Gemeinde üblich ist. Mit einer im wesentlichen sinnanalogen Bemerkung nimmt ein puertoricanischer Mann den Sohn seiner Frau aus einer früheren Beziehung gegen deren Vorwurf in Schutz, daß dieser zuviel trinke: "Und warum sollte er nicht trinken? ... Simplicio ist nicht so ein warmer Bruder, der die ganze Zeit zu Hause rumsitzt. Richtige Männer trinken, und genau das ist er, ein richtiger macho" (Lewis 1971, S.71). Häufig zu Hause zu sein, einen großen Teil der freien Zeit mit der eigenen Frau und Familie zu verbringen, erscheint hier als Ausscheren aus der gleichgeschlechtlichen Gruppe und als Gefährdung der Männlichkeit. Die betont antagonistische Profilierung männlicher Identität limitiert die Möglichkeiten des Perspektiventausches zwischen den Geschlechtern und der kommunikativen Konstruktion einer gemeinsamen privaten Welt, in der die Weltsicht jedes Beteiligten ihren Platz und Anerkennung durch den anderen finden kann. Intimität - so der Eindruck, den die Lektüre der Bücher von Lewis 1963 und 1971 hinterläßt - wird in der Kommunikation statt dessen vor allem durch exzessive Referenz auf gemeinsame Sexualität ausgeflaggt. Dies gilt auch für Berichte gegenüber Dritten: Als entscheidenden, ja geradezu ausschließlichen Beleg für die Intensität einer Liebe nennen Männer wie Frauen bei Lewis eine besonders hohe Frequenz von Orgasmen pro Nacht. Weil die Möglichkeit ihrer Ausdifferenzierung semantisch blockiert ist, so die naheliegende Vermutung, *erscheint Intimität als Kommunikationsmedium hier gleichsam kurzgeschlossen mit ihrem symbiotischen Mechanismus*.

Selektion konfliktär aufeinander bezogener Beiträge wird Semantik hier in Anspruch genommen. Nicht als elaborierte Selbstbeschreibung von Kommunikation, sondern als weitgehend implizite Anleitung, die auf die operative Ebene der Kommunikation durchgreift und die Selektionsentscheidungen der involvierten Psychen mitmotiviert, kommt sie ins Spiel.

Im Kontext der objektiven Hermeneutik siedelt hier das Konzept des *sozialen Deutungsmusters* (vgl. dazu Oevermann 1973b). Anders als der Titel "gepflegte Semantik", der auf *explizit* vorliegendes, bewahrenswertes Wissen, auf einen Themenvorrat für Kommunikation gemünzt ist, meint der Begriff "Deutungsmuster" ein zumindest partiell *implizit* bleibendes Wissen, das - der intuitiven Beherrschung grammatischer Regeln vergleichbar - in der Lage ist, die Auswahl von Äußerungen zu orientieren.[77] Soziale Deutungsmuster strukturieren Kommunikation, indem sie Limitationen einführen für das, was in bestimmten Situationen mit Aussicht auf Zustimmung (im Streit oft: auf Zustimmung *Dritter*) gesagt werden kann. *Insoweit* besteht keine Differenz zur *allgemeinen* Luhmannschen Bestimmung von Semantik als gesellschaftlichem "Vorrat an bereitgehaltenen Sinnverarbeitungsregeln", an denen Kommunikation Führung gewinnt.[78] Der objektiven Hermeneutik geht es dabei vor allem um die Rekonstruktion der *nicht-thematischen oder nur fragmentarisch aufscheinenden* Prämissen kommunikativer Selektionen.[79] Hier liegt die spezifische Leistungsfähigkeit des Instrumentariums, das sie der Systemtheorie anbieten kann. Sie eröffnet damit die Möglichkeit, die kommunikative Bedeutung und die Evolution sozialer Semantiken im Vorfeld expliziter Thematisierung und literarischer Kondensierung zu untersuchen.

Die vorstehende Analyse konzentrierte sich auf den Nachweis, daß die objektive Hermeneutik *als Methode* paßgenau zugeschnitten ist auf die systemtheoretische Konzeption von Kommunikation. Die dazu vorgetragenen Argumente setzen nicht voraus, daß die theoretischen Annahmen, die Oevermann mit dieser Methode verknüpft, mit den Voraussetzungen der Systemtheorie komplett kompatibel sind. Daß hier mit Differenzen zu rechnen ist, deutete sich bereits an. Offen ist freilich, wie weit sie reichen. Die Ergebnisse der hier entwickelten Argumentation sind davon unabhängig. Die enge Affinität der Methode der objektiven Hermeneutik zum systemtheoretischen Kommunikationsbegriff könnte für den Fall theoretischer Inkompatibilität dazu genutzt werden, die objektiv-hermeneutische Methode aus ihrer Verbindung mit den entsprechenden Prämissen zu lösen und den systemtheo-

---

77 In Anknüpfung an Polanyi (1985), Ryle (1969, S.26ff.) und Chomsky (vgl. Oevermann 1973a) firmieren Deutungsmuster als "tacit knowledge", die praktisch als "know how" abgerufen werden, ohne daß dieses implizite "know how" in ein explizites "know that" transformierbar sein muß.
78 Vgl. dazu Luhmann 1980, S.19; Fuchs 1992, S.86f. Diese Funktion erfüllen auch einfache Erwartungen. Im Unterschied dazu meint *Semantik* freilich "einen höherstufig generalisierten, relativ situationsunabhängig verfügbaren Sinn" (Luhmann 1980, a.a.O.).
79 Vgl. Luhmann 1980, S.19, der hier vom "Alltagsgebrauch von Sinn" spricht, mit der erläuternden Bemerkung, hier zähle "jeder Fluch der Ruderer in den Galeeren". - Differenzen zwischen Systemtheorie und objektiver Hermeneutik brechen freilich (wie eben schon erwähnt und später ausführlicher zu diskutieren ist) dort auf, wo Oevermann jedes Deutungsmuster als "Strukturgesetzlichkeit" begreift, die Verhaltens- und Mitteilungsselektionen von Handelnden *determiniert*.

retischen Kommunikationsbegriff als alternative theoretische Grundlage dafür einzusetzen.

Ob bzw. inwiefern die theoretischen Prämissen von objektiver Hermeneutik und Systemtheorie tatsächlich inkompatibel sind, ist nun zu prüfen. Im Mittelpunkt steht dabei der Strukturbegriff, der für die Systemtheorie wie für die objektive Hermeneutik von gleichermaßen zentraler Bedeutung ist, sowie das Verhältnis von Strukturen und kommunikativen Ereignissen in beiden Ansätzen.

2.3 Struktur und Ereignis in Systemtheorie und objektiver Hermeneutik: Affinitäten und Differenzen ihrer theoretischen Prämissen

Um Aussagen, die in unterschiedlichen Zusammenhängen stehen, miteinander vergleichen zu können, ist es zunächst erforderlich, den *Problemkontext* zu rekonstruieren, in dem diese Aussagen verankert sind. Erst vor diesem Hintergrund kann dann entschieden werden, inwiefern ähnlich klingende Aussagen ihrem Inhalte nach übereinstimmen, unterschiedliche Aussagen miteinander kompatibel sind oder anscheinend gegensätzliche Aussagen tatsächlich einander widersprechen (vgl. ausführlicher dazu Schneider 1991, S.39ff. und S.69ff. sowie 1996, S.264ff.). Die im folgenden durchgeführte vergleichende Analyse verfährt in diesem Sinn. Sie untersucht, welche Fassung die objektive Hermeneutik und die Systemtheorie dem Begriff der Struktur oder genauer, der Unterscheidung geben, deren eine Seite durch den Ausdruck "Struktur" bezeichnet ist: der Unterscheidung von *Strukturen und Ereignissen*.

Objektive Hermeneutik und Systemtheorie treffen sich in einer strikt komplementären Bestimmung des Verhältnisses von Strukturen und Ereignissen: Strukturen orientieren demnach die Produktion und Verkettung von Ereignissen und können umgekehrt nur durch passende Ereignissequenzen reproduziert werden. Ereignisse ohne Struktur wie Strukturen ohne Ereignisse sind unter diesen Voraussetzungen gleichermaßen undenkbar. Beide Ansätze kommen zu dieser Bestimmung jedoch aus unterschiedlichen Problemperspektiven. Die Systemtheorie analysiert Strukturen *funktional* vor dem Hintergrund des *theoretischen* Konzeptes operational geschlossener autopoietischer Systeme, d.h. unter der analytischen Prämisse, daß derartige Systeme ihre eigenen Elemente und Strukturen ausschließlich im Netzwerk ihrer Elemente erzeugen. Die objektive Hermeneutik argumentiert primär *methodologisch*. Ihr geht es um eine radikal empirische Fundierung des Strukturbegriffs auf der Ebene der *forschungspraktischen Operationen* für die Analyse protokollierter Handlungssequenzen, und sie betrachtet jedes Einzelereignis unter dem Gesichtspunkt, welche Strukturen als Grundlage seiner Erzeugung aus seiner Gestalt erschlossen werden können. Die Differenz der Ausgangspunkte hat Folgen für die weitere Konturierung des Strukturbegriffs.

Funktionalistisch gedeutet sind Strukturen zunächst beliebig austauschbar. Das Problem der Erzeugung von Anschlußereignissen in der autopoietischen Reproduktion von Systemen kann durch unterschiedlichste Strukturen und deren rasche

Variation gleichermaßen gelöst werden. Strukturen erscheinen insofern vor allem als *kontingent und wandelbar*. Das Konzept operativ geschlossener Systeme impliziert zugleich die Intransparenz jedes Systems für den Beobachter. Strukturhypothesen erscheinen insofern immer nur als *interne Konstruktionen* des beobachtenden Systems, das über keine Möglichkeiten verfügt, Übereinstimmungen zwischen diesen Konstruktionen und den 'tatsächlichen' Strukturen im beobachteten System unmittelbar festzustellen. Insofern scheinen skeptische Einschätzungen der Möglichkeit, systemische Strukturen empirisch ermitteln zu können, nahezuliegen. Andererseits macht auch die Systemtheorie Aussagen über soziale Strukturen, für die sie, im Unterschied zu manchen radikalen Konstruktivisten, mehr als nur den Status einer alternativen Mythologie beansprucht. Wie sehr sie den Geltungsstatus solcher Aussagen auch einschränken mag, bleibt sie deshalb doch grundsätzlich auf die Möglichkeit ihrer methodischen Begründbarkeit bzw. Widerlegbarkeit angewiesen.

Die methodisch kontrollierte Rekonstruktion von Strukturen ist freilich in stärkerem Maße auf deren *relative Invarianz* angewiesen, denn nur durch die *wiederholte* Beobachtung übereinstimmender Selektionsmuster kann sie Hypothesen über die Existenz von Strukturen empirisch bestätigen. Darüber hinaus muß sie sich mit der Frage nach den Bedingungen der Möglichkeit des Erkennens von Strukturen auseinandersetzen. Die objektive Hermeneutik wird dadurch zur Postulierung eines Niveaus *hoch generalisierter stabiler Strukturen* gedrängt, die dem Beobachter und den beobachteten Handlungsinstanzen gemeinsam sind. Aber diese Komplikationen verhindern nicht, daß auch aus objektiv-hermeneutischer Perspektive mit der Variabilität von Strukturen gerechnet wird und der Vorgang der Prüfung von Strukturhypothesen als ein äußerst vermittelter, fehleranfälliger und gerade deshalb methodischer Kontrolle bedürftiger Prozeß gilt.

Die Differenzen zwischen der systemtheoretischen und der objektiv-hermeneutischen Entfaltung der komplementären Relation von Struktur und Ereignis, dies sollten meine einleitenden Bemerkungen dazu plausibilisieren, sind zumindest teilweise zurückzuführen auf den Unterschied zwischen einer *spezifisch theoretisch* motivierten und einer *primär methodologisch* orientierten Argumentation. Es erscheint mir deshalb angemessen, diese Differenzen zunächst als selektive Pointierungen zu interpretieren, die nicht vorschnell als unüberbrückbare Gegensätze gelesen werden dürfen, sondern daraufhin zu prüfen sind, ob sich dahinter Konvergenzen verbergen, die weiter reichen, als es der erste Blick vermuten läßt. Dies möchte ich im folgenden tun. Ich beginne dazu mit der Explikation der Unterscheidung von Struktur und Ereignis im Kontext der Systemtheorie und der objektiven Hermeneutik.

2.3.1 Struktur und Ereignis in Luhmanns Systemtheorie

Erinnern wir uns zunächst daran, was wir bislang bereits über das Verhältnis von Ereignissen und Strukturen im Prozeß der Reproduktion sinnverarbeitender Systeme gehört haben und untersuchen wir danach, was daraus - in Verbindung mit weiteren Prämissen - für die Frage der empirischen Beobachtbarkeit systemischer Strukturen folgt.

Die Systemtheorie konzipiert psychische und soziale Systeme als ereignisbasierte operativ geschlossene Systeme. Systeme dieses Typs existieren genau so lange, wie es gelingt, jedes verschwindende Ereignis durch ein Nachfolgeereignis gleichen Typs zu ersetzen, d.h. Gedanke auf Gedanke bzw. Kommunikation auf Kommunikation folgen zu lassen. Das System existiert nur so lange, wie es auf diese Weise operiert. Bedingung seiner Reproduktion ist es, daß jedes neu auftauchende und gleich wieder verschwindende Ereignis hinreichend instruktiv ist, um mögliche Anschlußereignisse zugänglich zu machen. Dazu muß die Gesamtheit möglicher Systemzustände auf ein handhabbares Maß reduziert, d.h. der Auswahlbereich möglicher Folgeereignisse soweit beschränkt werden, daß das jeweils nächste Ereignis hinreichend schnell "errechnet" werden kann. *Anschlußfähigkeit* als notwendige Bedingung der Kontinuierung des Systems muß so an jedem Ereignis aufscheinen als unmittelbare Erreichbarkeit möglicher Folgeereignisse. In umgekehrter Zeitrichtung muß jedes Ereignis zugleich als Folgeereignis möglicher Vorläufer erkennbar sein, soll der Systemprozeß nicht mit jedem nächsten Ereignis auf den Punkt eines voraussetzungslosen Neubeginns zurückgeworfen werden. Nur dadurch, daß jedes Einzelereignis mit Verweisungen auf seine unmittelbare Vergangenheit und Zukunft überzogen und auf diese Weise rekursiv in eine Serie typengleicher Operationen eingebettet ist, ist daher die Fortsetzung systemischen Operierens möglich und als Fortsetzung erkennbar. Die Einzelereignisse mit selektiven Verweisungen auszurüsten, dies ist die *Funktion* von Strukturen (Luhmann 1984, S.382ff.).

Im Kontext von psychischen und sozialen Systemen sind Strukturen näher bestimmt als *Erwartungsstrukturen*. Diese beiden Systemtypen operieren auf der Basis von Sinn, d.h. sie orientieren ihr Erleben und Handeln mit Hilfe der Unterscheidung von *Aktualität und Potentialität*. Etwas hat Sinn, insofern sein aktuelles Gegebensein zugleich Verweisungen auf andere Möglichkeiten evoziert. Erwartungsstrukturen spannen einen begrenzten Selektionsraum auf, in den sich die Selektivität jedes Einzelereignisses einzeichnet. Zugleich öffnet jedes Ereignis einen neuen Möglichkeitsraum für die Auswahl von Anschlußereignissen. Die Identität eines Einzelereignisses ist so auf doppelte Weise, nämlich in Relation zum unmittelbar vorausgegangenen wie zum folgenden Zustand des Systems, bestimmt.

Mit jedem Anschlußereignis werden Erwartungsstrukturen aufgerufen und als Prämissen für die Verknüpfung mit anderen Ereignissen benutzt. Ereignisse und Strukturen stehen demnach in strikter Komplementarität zueinander: Wird einerseits Anschlußfähigkeit durch Strukturen hergestellt, so können andererseits Strukturen nur *prozessual*, durch passende Serien von Ereignissen reproduziert werden. Strukturen und Prozesse lassen sich deshalb nicht mehr als Realitätsebenen entlang der Unterscheidung von Stabilität und Wandel gegeneinander differenzieren. Mit jedem Einzelereignis werden Strukturen *neu* aktualisiert und *können* dabei zuvor benutzte Strukturen durch andere ersetzt, modifiziert oder unverändert reproduziert werden. Die Frage nach dem Verhältnis von Stabilität und Wandel entscheidet sich so mit jedem Ereignis neu. Die Reproduktion von Strukturen erscheint daher kaum weniger erklärungsbedürftig wie deren Variation. Im Hinblick auf die *Funktion* von Strukturen, die *Sicherung von Anschlußfähigkeit*, ist dies ein Unterschied, der keinen Unterschied macht, weil jede Struktur geeignet ist, diese Funktion zu erfüllen.

Systeme, so hatten wir bereits festgestellt, sind operativ geschlossene Zusammenhänge aneinander anschließender Operationen eines bestimmten Typs. Der Übergang von Operation zu Operation wird erzeugt durch systemeigene Strukturen, die festlegen, welcher Anschluß an einer gegebenen Zeitstelle jeweils folgt. Das System operiert demnach *strukturdeterminiert*. Die Strukturen, die ein System verwendet, um Operation auf Operation folgen zu lassen, können *nicht direkt beobachtet* werden. Alles, was ein Beobachter sehen kann, sind Ereignisse (z.B. Äußerungen und Verhaltensweisen), die ein System emittiert sowie bestimmte Bedingungen und Ereignisse in der Umwelt des Systems (z.B. Äußerungen und Verhaltensweisen anderer Systeme), die der Beobachter als Inputs identifiziert, mit den Output-Ereignissen korreliert und daraus auf Strukturen schließt, die bestimmte Inputs in bestimmte Outputs transformieren. Nur als *Muster der selektiven Verknüpfung von Ereignissen* werden systemische Strukturen für einen Beobachter demnach 'sichtbar'.

Bereits die Festlegung dessen, was als Input und was als Output zu betrachten ist, ist jedoch abhängig vom Beobachter: Ob ein Nach-oben-ziehen-der-Mundwinkel als nervöser Tick oder als freundliches Lächeln, als Versuch, einen zurückliegenden Streit beizulegen oder als höhnisches Grinsen verstanden wird, das Freude über das Mißgeschick eines anderen mitteilt, hängt ab vom Kontext, den der Beobachter als Vorwissen für die Interpretation dieses Verhaltens zugrunde legt und ist so gebunden an Erinnerungen und Erwartungen, die für die sinnhafte Identifikation eines Ereignisses vorausgesetzt werden. Der Beobachter ist insofern von Anbeginn gezwungen, eigene Strukturen, vor deren Hintergrund er Input und Output bestimmt, als Strukturen des beobachteten Systems zu unterstellen, um zu errechnen, welche Strukturen das beobachtete System zur Transformation von Inputs in Outputs benutzt. Jede Beobachtung verstrickt sich in eine zirkuläre Bewegung zwischen Präsuppositionen und Interpretationen, wie sie dem "hermeneutischen Zirkel" entspricht. Die so zu erreichenden Ergebnisse sind abhängig von der Perspektive des Beobachters, aber dennoch nicht beliebig. Sie zeigen, auf welche Weise *ein Beobachter* in der Lage ist, einen konsistenten Zusammenhang herzustellen zwischen den von ihm registrierten Daten.[80] Daraus kann jedoch nicht mit zwingender Gewißheit gefolgert werden, daß die beobachteten Strukturen identisch sind mit den Strukturen, die das beobachtete System zur Verkettung seiner Operationen benutzt.

Eine wesentlich weitergehende Begründung für die skeptische Einschätzung der Ergebnisse von Versuchen, die 'tatsächlich' operativ fungierenden Strukturen von Systemen zu beobachten, folgt aus der Darstellung von selbstreferentiellen Systemen als *nicht-trivialen Maschinen*. Eine nicht-triviale Maschine ist dadurch definiert, daß

---

80 Die Beobachterabhängigkeit jeden Verstehens ist für die geisteswissenschaftliche Hermeneutikdiskussion keine überraschende These, ist sie doch - wie wir oben gesehen haben - eine der zentralen Prämissen von Gadamers philosophischer Hermeneutik.

2.3 STRUKTUR UND EREIGNIS IN SYSTEMTHEORIE UND OBJEKTIVER HERMENEUTIK

sie, im Gegensatz zu einer Trivialmaschine, identische Inputdaten in unterschiedliche Outpudaten transformieren kann. Sie kann dies, weil sie über ein variables Innenleben verfügt. Während eine Trivialmaschine jedes Eingabedatum durch eine diesem eindeutig zugeordnete Transformationsfunktion in ein immer gleiches Ausgabedatum umwandelt, verfügt eine nicht-triviale Maschine über mehrere Transformationsfunktionen, mit der sie dasselbe Eingangsdatum verarbeiten und in unterschiedliche Ausgabedaten überführen kann. In Abhängigkeit von vorausgegangenen Operationen kann sie eine andere Transformationsfunktion aufrufen, d.h. die strukturellen Prämissen variieren, auf deren Grundlage sie im nächsten Schritt operiert, um aus einem gegebenen Ereignis ein Folgeereignis zu errechnen.

Heinz von Foerster hat gezeigt, daß unter diesen Voraussetzungen der Versuch, die Transformationsregeln einer solchen Maschine allein auf der Basis beobachtbarer Paarungen von Inputs und Outputs durch Berechnung aller Möglichkeiten zu ermitteln, bereits bei einer geringen Anzahl möglicher Eingabesymbole, Ausgabesymbole und Transformationsregeln eine prinzipiell nicht mehr zu bewältigende Menge von Rechenschritten verlangen würde.[81] Die daraus zu ziehende Schlußfolgerung erscheint klar: Bereits von einer geringen Komplexitätsstufe an müssen nicht-triviale Maschinen in ihren Operationen als *strukturdeterminiert* und dennoch *undurchschaubar* für einen Beobachter gelten. Undurchschaubar bedeutet hier, daß die Strukturen, mit deren Hilfe eine Maschine bzw. ein System ein gegebenes Ereignis (das Eingabedatum) in ein Folgeereignis (das Ausgabedatum) überführt, nicht zu ermitteln sind.[82]

Undurchschaubarkeit bedeutet jedoch nicht, daß solche Systeme in jeder Hinsicht unberechenbar sind. Wie ebenfalls bei Heinz von Foerster nachzulesen, genügt - unter der Voraussetzung der rekursiven Schließung des Systemprozesses - oft eine begrenzte Anzahl von Operationen, um zu zyklisch reproduzierten Ereignisserien zu führen: *Eigenwerte* spielen sich ein, die - *trotz fortbestehender Intransparenz* - das Verhalten des Systems kalkulierbar erscheinen lassen, sofern man über ausreichende Informationen über die Vorgeschichte seines Operierens verfügt:[83] "Meinst du, ich

---

81 Der entsprechende Beweis findet sich u.a. in von Foerster 1993, S.141ff. sowie im zugehörigen Anhang S.157f.; siehe ebenso von Foerster 1997.

82 Siehe entsprechend Luhmann (1990a, S.277) mit ausdrücklichen Bezug auf von Foerster: "Rekursive Systeme sind daher unprognostizierbar bzw. nur prognostizierbar, wenn man sie konkret und im Detail kennen würde. Für einen Beobachter funktionieren sie vergangenheitsabhängig, gleichwohl aber (wenn man nur wüßte: wie!) streng determiniert. Es braucht keinen Geist in der Maschine, kein Lebensprinzip, keine irrationale Spontaneität. Es genügt, sich vor Augen zu führen, daß rekursive Systeme schon bei ganz wenigen Möglichkeiten unterschiedlicher Inputs und Outputs eine immense Komplexität aufweisen, die kein externes System berechnen könnte, weil dessen Komplexität, ja sogar die Zeit seit der Entstehung der Welt dazu nicht ausreichen würden".

83 Bei von Foersters nicht-trivialer Maschine (1993, S.149) kann ein Beobachter dann etwa feststellen, daß das System ein Eigenverhalten der Form -C A D A D- zeigt, bei dem auf den Input C der Output A (der unter Bedingungen rekursiver Schließung zum Input für die nächste Operation wird etc.), auf den anschließenden Input A der Output D, auf den Input D wiederum A und auf Input A wiederum D folgt, um dann schließlich den Input D in den Output C zu transformieren, mit dem die Sequenz begann, um diese dann erneut zu durchlaufen etc. Er kann daraus, unter Berücksichtigung der unmittelbaren Vergangenheit der Maschine, sich bewährende wenn-dann-Hypothesen

(Fortsetzung...)

könnte den Kollegen Müller fragen, ob er mir hilft?" - mag etwa der neue Sachbearbeiter einen alteingesessenen Kollegen fragen und darauf zur Antwort erhalten, "Mach' das nur. Er hilft dir sicher gern. Du mußt nur den richtigen Zeitpunkt erwischen. Also heute frag' ihn besser nicht, er hat nämlich Ärger mit dem Chef gehabt, und am Montag auch nicht, denn am Wochenende hat er meistens Krach mit seiner Frau." Der *innere Zustand* des Kollegen Müller, der ihn dazu veranlaßt, Bitten um Hilfe im Regelfall positiv zu beantworten, sofern er nicht gerade vorher Ärger mit dem Chef, seiner Frau oder wem auch immer gehabt hat, mag dabei offen bleiben oder mit Formulierungen wie "hilfsbereit" vs. "verstimmt" bzw. "gereizt" erläutert werden, Formulierungen also, die das, was als Normalverhalten wahrgenommen wird, als Folge der *Disposition* zu solchem Verhalten, als Ausdruck des 'Charakters' einer Person erklären und Ausnahmefälle durch generalisierte Abweichungszuschreibungen vom angenommenen inneren Normalzustand verständlich machen.

Eine derartige Form von alltagspraktischem Behaviorismus reicht aus, um sich auf das Verhalten nicht-trivialer Maschinen einzustellen. Das Licht, mit dem so Helligkeit in den 'black boxes' erzeugt werden soll, die autopoietische Systeme füreinander sind, dringt freilich kaum durch die Oberfläche. Ist aber überhaupt mehr möglich? - Hält man sich strikt an die maschinen-theoretischen Überlegungen von Foersters, dann - angesichts der Komplexität nicht-trivialer Maschinen - allenfalls zufällig und ohne Kontrollmöglichkeit durch den Beobachter, dessen Vermutungen über das Innenleben der Maschine sich einer verläßlichen Überprüfung prinzipiell entziehen. Aber auch ohne diese Möglichkeit kann er eine Beschreibung des Systems anfertigen, sofern dessen Verhalten hinreichende Ansatzpunkte für die *Gewinnung von Redundanz* bietet. Sofern das System ein *stabiles Eigenverhalten* zeigt, erfüllt es dafür die notwendigen Voraussetzungen.

Vor dem Hintergrund dieser Überlegungen kommt Luhmann zu einer *Doppelung des Strukturbegriffs* entlang der Differenz zwischen der Selbstreproduktion des Systems und dessen Beobachtung und Beschreibung (sei es durch sich selbst oder einen externen Beobachter). Besteht die Funktion von Strukturen im Kontext der Selbstreproduktion in der *Sicherung von Anschlußfähigkeit*, so geht es der Beobachtung und Beschreibung eines Systems um die *Erzeugung von Redundanz*.[84] Obwohl die Operationen der Reproduktion und der Beobachtung/Beschreibung gleichermaßen Strukturbildung voraussetzen, besagt dies noch nicht - wie Luhmann vermerkt -

---

83 (...Fortsetzung)
    entwickeln. Etwa der Form: Wenn Input D, dann Output A, sofern dem die Sequenz C A voranging bzw. wenn Input D, dann Output C, sofern dem die Sequenz A D A vorausging. Was dem Beobachter gleichwohl verborgen bleibt, sind die inneren Zustände der Maschine, d.h. die Transformationsfunktionen, mit der sie jeweils das Ausgabesymbol aus dem Eingabesymbol errechnet.

84 Erzeugung von Redundanz - "Das heißt: Die Beschreibung eines Systems erfordert dann nicht, daß jedes seiner Elemente in seinem jeweiligen konkreten Zustand ermittelt wird, sondern man kann aus einer Beobachtung auf die andere schließen ... . Das vereinfacht die Aufgabe der Beobachtung bzw. Beschreibung und bringt sie in die Reichweite der Informationsverarbeitungskapazität realer Systeme" (Luhmann 1984, S.386).

2.3 STRUKTUR UND EREIGNIS IN SYSTEMTHEORIE UND OBJEKTIVER HERMENEUTIK

"... daß beide Operationen die gleichen Strukturen benutzen. Es *kann* erhebliche Divergenzen geben. Die Reproduktion erfordert hinreichende lokale Sicherheit, sozusagen Griffnähe des nächsten Elementes, etwa auf die Frage eine Antwort. Die Beschreibung sucht eher Gesamtsicherheiten und ist daher darauf angewiesen, daß wenige Indikatoren viele Rückschlüsse ermöglichen. ... Im einen Falle ist eher Anschlußfähigkeit, im anderen eher Redundanz gefragt, und in hochkomplexen Systemen *mag* beides weit auseinandergehen. So reproduziert sich auch die moderne Weltgesellschaft unaufhörlich auf der Ebene erwartungsgesteuerter Interaktion; aber sie ist kaum in der Lage, sich selbst angemessen zu beschreiben" (Luhmann 1984, S.387; Hervorhebungen von mir, W.L.S.).

Ich deute diese Passage als *recht elastische* Beantwortung der Frage, inwiefern die Strukturen, deren Funktion die Regulierung des Austauschs der Systemelemente ist, *andere* sind als diejenigen, durch deren Beobachtung und Beschreibung Redundanz gewonnen werden kann. Aufgrund der Funktionsdifferenz von Strukturen in beiden Verwendungskontexten, wie auch aufgrund des Komplexitätsproblems, das jeder Beobachter eines Systems (auch das System selbst, wenn es sein eigener Beobachter wird) in ein handhabbares Format bringen muß, werden "erhebliche Divergenzen" als *möglich* beurteilt. Der letzte Satz des Zitats gibt dabei eine deutliche Auskunft über die Art der Problemlage, die solche Divergenzen erzwingt: Zwar reproduziert sich die Weltgesellschaft unaufhörlich in erwartungsgesteuerten Interaktionen, doch jeder Beobachter, der versuchen wollte, aus der Beobachtung von Interaktionen und der Rekonstruktion der darin prozessierten Erwartungen hinreichende Redundanz zur Beschreibung der Weltgesellschaft auszufiltern, geriete rasch an die Grenzen seiner Informationsverarbeitungskapazität. Dies leuchtet ein. Gilt dieses Argument jedoch in unveränderter Weise für die Beobachtung von Interaktionssystemen?

Die These der funktionsabhängig produzierten Differenz zwischen den operativ benutzten Strukturen eines Kommunikationssystems und dem, was in Beschreibungen des Systems als Systemstruktur identifiziert wird, so läßt die vorsichtige Art ihrer Formulierung vermuten, ist nicht absolut zu verstehen. Sie ist zu differenzieren in Abhängigkeit von der *Systembildungsebene*, um deren Beobachtung es jeweils geht, und sie läßt *Graduierungen* zu in Abhängigkeit von der anzunehmenden Komplexität eines beobachteten Systems.

Die Konsistenz früherer Aussagen von Luhmann mit der eben zitierten späteren Argumentation vorausgesetzt (und für eine Revision seiner früheren Aussagen aus dem Band "Soziale Systeme" von 1984 finden sich bei Luhmann m.E. keine Anhaltspunkte), muß das oben skizzierte maschinentheoretische Argument insofern nicht als Versuch eines strikten, aus der Theorie nicht-trivialer Maschinen uneingeschränkt auf soziale Systeme übertragenen Unmöglichkeits*beweises* gelesen werden, der jede Übereinstimmung von operativ verwendeten und beobachteten Strukturen definitiv ausschließen soll.[85] Seine Bedeutung scheint vor allem darin zu liegen, hier *Skepsis gegenüber der selbstverständlichen Unterstellung von Identitäts-*

---

85 Vgl. dazu auch die folgende Aussage zum Thema der Änderung von Strukturen: Es sei nicht selten so, vermerkt Luhmann, "daß Strukturen erst *bewußt und kommunikationsfähig* werden, wenn sie geändert werden müssen" (1984, S.476). Diese frühere Formulierung impliziert die zumindest selektive psychische bzw. kommunikative Beobachtbarkeit operativer Strukturen unter bestimmten Voraussetzungen, und sie unterstellt die Latenz von Strukturen unter Bedingungen ihres Routinegebrauchs - beides Annahmen, die der objektiven Hermeneutik durchaus entgegenkommen.

annahmen zu plausibilisieren, wie Luhmann sie dem Strukturalismus und dem Strukturfunktionalismus zu Recht zuschreibt.[86] Die Wurzeln dieser Skepsis, so können wir resümieren, sind dreifacher Art: Sie gründet -

(a) auf der Annahme, daß ein autopoietisches System mit jeder Operation in einen anderen Zustand wechselt und der aktuelle innere Zustand darüber entscheidet, welche Strukturen ausgewählt werden, die dann die Auswahl der nächsten Operation bestimmen usf. (vgl. Luhmann 1990, S.278f.), so daß die verwendeten Strukturen *sehr rasch wechseln* und ein Beobachter bereits durch das Tempo des Strukturaustauschs überfordert werden kann;

(b) auf der *Intransparenz eines Systems* für jeden Beobachter, der nur versuchen kann, Strukturen hypothetisch zu erschließen und der sich dabei blind in einem für ihn unauslotbaren Raum möglicher Strukturen bewegen und eine kontingente Auswahl treffen muß, ohne dafür jemals Richtigkeitsgarantien erlangen zu können; und sie geht zurück

(c) auf die behauptete *Differenz der Funktion* von Strukturen, die einerseits auf der Ebene systemischen Operierens für *Anschlußfähigkeit* sorgen, andererseits hinreichende *Redundanz* bei der Beschreibung eines Systems generieren sollen, was nicht ohne weiteres durch dieselben Strukturen erreicht werden kann.

Diese mehrfach motivierte Skepsis muß sich auch gegen die objektive Hermeneutik richten, begreift diese sich doch selbst als *strukturale* Methode des Sinnverstehens, die ausdrücklich von der zumindest *indirekten* Beobachtbarkeit und Beschreibbarkeit *operativ* wirksamer Strukturen ausgeht und glaubt, dabei zu verläßlichen Hypothesen kommen zu können. Wie wir später sehen werden, geht diese Skepsis jedoch nicht soweit, daß sich die Systemtheorie jegliche Aussage über selektionsrelevante Strukturen verbietet. Unter dem Titel "binäre Schematismen" (bzw. "- Schemata") werden solche Strukturen von Luhmann explizit thematisiert. Bevor ich darauf eingehe, will ich den Strukturbegriff der objektiven Hermeneutik umreißen.

2.3.2 Struktur und Ereignis in Oevermanns objektiver Hermeneutik

Die objektive Hermeneutik versteht sich als eine Methodologie zur Rekonstruktion von Strukturen, die charakteristisch sind für individuierte Handlungsinstanzen. Als

---

86 Siehe Luhmann 1984, S.379, Hervorhebung im Original, mit der Bemerkung: "Strukturalismus und Strukturfunktionalismus lassen sich demnach beide als epistemologische Ontologie bzw. als analytischer Realismus charakterisieren. Der wissenschaftlichen Analyse von Systemen, Texten, Sprachspielen usw. wird Realitätsbezug zugeschrieben, und *dieser Realitätsbezug wird durch den Strukturbegriff garantiert*. Dadurch, daß die Analyse auf Strukturen stößt, ... entsteht ein Nichtzufälligkeitsbewußtsein, das sich selbst Realitätsbezug bescheinigt. Wenn die Analyse überhaupt Ordnung entdeckt und nicht Chaos, wenn sie trotz Abstraktion nicht ins Beliebige abrutscht, sondern auf gut konturierte Sachverhalte stößt, ist das für sie ein Symptom dafür, daß sie es mit Realität zu tun hat".

Handlungsinstanzen bzw. *"Lebenspraxen"* gelten Personen, Interaktionssysteme, Organisationen oder auch größere kollektive Einheiten wie etwa Nationen. Individualität kommt jeder Lebenspraxis zu, insofern sie in ihrem Handeln ein bestimmtes, *für sie spezifisches Selektionsmuster* erkennen läßt. Ein solches Muster wird betrachtet als Erscheinungsform ("Ausdrucksgestalt") einer *"Strukturgesetzlichkeit"*, die dieses Muster generiert (vgl. Oevermann 1993b, S.113).

Der Möglichkeitsraum, in den sich das fallspezifische Selektionsmuster einer Lebenspraxis einschreibt, wird konstituiert durch sozial geltende Normalitätserwartungen bzw. Regeln. Für die jeweilige Handlungsinstanz etabliert dieser Möglichkeitsraum den *Zwang zur Entscheidung* zwischen unterschiedlichen Handlungsalternativen. Jede Auswahl ist dabei kontingent. Beim Menschen fehlen definitive Reduktionen (etwa in Form von Instinktregulationen, durch die der Verhaltensspielraum bereits auf organischer Ebene auf einen engen Alternativenbereich eingeschränkt würde). An ihre Stelle treten kulturelle Formen der Absorption von Kontingenz durch Muster der *Begründung* (Oevermann 1993b, S.179f.). Eine Lebenspraxis ist demnach -

"... ein autonomes, selbst-transformatorisches, historisch konkretes Strukturgebilde ..., das sich als widersprüchliche Einheit von Entscheidungszwang und Begründungsverpflichtung konstituiert" (Oevermann 1993b, S.178).

In der *Binnen*perspektive einer Lebenspraxis erscheint die *Begründungsverpflichtung* als ein unaufhebbarer -

"... Zwang, die tatsächlichen, durch die Fallstrukturgesetzlichkeit zu erklärenden Auswahlen aus den Möglichkeiten zu einem konsistenten, subjektiv verfügbaren Selbstbild zusammenzufügen" (Oevermann 1993b, S.184).

"Widersprüchlich" ist der Zusammenhang zwischen Entscheidungszwang und Begründungsverpflichtung dabei insofern, als rationale bzw. sozial akzeptable Begründungen, die alle Handlungsmöglichkeiten zugunsten einer als allein richtig auszuweisenden Alternative ausscheiden, nicht immer zur Verfügung stehen und dennoch entschieden werden muß. Unter solchen Bedingungen können nicht beide konstitutionslogisch verankerten Imperative zugleich erfüllt, sondern muß ohne Begründung entschieden werden. Die Begründungsverpflichtung ist damit jedoch nicht eliminert, sondern nur aufgeschoben (Oevermann 1993b, S.179).

Die Unterscheidung von *Entscheidungszwang* und *Begründungsverpflichtung* ist konzipiert aus der Perspektive des analysierenden Beobachters. Die beobachtete Handlungsinstanz kann tun, was sie tut, indem sie Routinen folgt, d.h. ohne Alternativen wahrzunehmen und sich mit Begründungsfragen konfrontiert zu sehen. Für den *Beobachter* haben Routinen hier die Funktion, Entscheidungs- und Begründungsprobleme zu lösen und dadurch zugleich *latent* zu halten. Für das beobachtete System werden diese Probleme immer dann manifest, wenn eingespielte Routinen problematisch werden oder es in Situationen kommt, für die es noch keine Routinen entwickelt hat.

Systemtheoretisch entspricht der *Strukturgesetzlichkeit einer Lebenspraxis*, durch die dem Zwang zur Entscheidung auf fallspezifische Weise Rechnung getragen wird, die *Strukturdeterminiertheit eines Systems*. Demgegenüber handelt es sich bei der *Begründungsverpflichtung* um das reflexive Korrelat zur strukturdeterminierten Reproduktion des Systems auf der Ebene der *Selbstbeobachtung und Selbstbeschreibung*. Für Oevermann ist es dabei eine empirische und jeweils vom Einzelfall abhängige Frage, inwieweit die objektive, hermeneutisch rekonstruierbare Strukturgesetzlichkeit eines lebenspraktischen Gebildes in dessen Selbstbeschreibungsversuchen adäquat erfaßt wird. Die Lösung des Bezugsproblem jedoch: die (historisch variable) Anforderung, ein konsistentes Selbstbild zu erzeugen, - verlangt hier vermutlich keine Punkt-für-Punkt-Entsprechung zwischen strukturdeterminierten Selektionsentscheidungen und darauf zugeschnittene Begründungen, sondern nur Rechtfertigungen für *aggregierte* Selektionsmuster, deren Effekte leicht wahrgenommen und problematisiert werden können. Komplexe Handlungsroutinen können so gleichsam en bloc mit begründungswirksamen Selbstbeschreibungen verknüpft werden, ohne deren Auflösungsvermögen bis auf die Ebene der aneinander anschließenden Einzelselektionen zu steigern. Insofern kann auch vor dem Hintergrund von Oevermanns Konzeption der Lebenspraxis angenommen werden, daß Selbstbeschreibungen stärker auf die Erzeugung von *Gesamtsicherheiten* hin pointiert sind, im Unterschied zur Ebene strukturdeterminierten Operierens, wo von Moment zu Moment Anschlußselektionen erzeugt werden müssen.

Eine Sonderstellung nimmt bei Oevermann freilich der hermeneutisch analysierende Beobachter ein. Ihm geht es um die Aufdeckung der Strukturgesetzlichkeit, die die einzelnen Selektionsentscheidungen einer Lebenspraxis sinnhaft (und damit auf eine jederzeit veränderbare Weise!) determiniert. Dazu wird ein technisch aufgezeichneter und anschließend transkribierter Kommunikationsverlauf Äußerung für Äußerung in strikter Bindung an die protokollierte sequentielle Abfolge analysiert und jede Einzeläußerung daraufhin untersucht, aus welchen Möglichkeiten sie auswählt und welche unmittelbaren Anschlußmöglichkeiten sie eröffnet. Die objektive Hermeneutik beobachtet so, wie oben bereits vorgeführt, durch methodisch kontrollierte forschungspraktische Operationen Ereignis für Ereignis als "Synthese von Reduktion und Öffnung für Anschlußmöglichkeiten" (Luhmann 1984, S.160).

Gegenüber seiner systemtheoretischen Fassung erhält der Begriff "Sinn" im Kontext hermeneutischer Interpretation eine spezifischere Deutung. Oevermann spricht von der "objektiven" oder "latenten Sinn*struktur*" einer Äußerung bzw. einer Äußerungssequenz. Die Vereinigung der Begriffe "Sinn" und "Struktur" markiert weder eine bloße Abweichung im Sprachgebrauch, noch eine gravierende sachliche Differenz zur Systemtheorie. Sie zeigt vielmehr präzise an, auf welche Weise der Sinn kommunikativer Ereignisse allein einer *methodisch kontrollierten Analyse* zugänglich ist. Nicht die unübersehbare Gesamtheit denkbarer Alternativen wird dabei als relevanter Auswahlkontext zugrunde gelegt. Worum es geht, ist allein die Rekonstruktion des *durch Strukturen eingeschränkten* und erst dadurch bestimmbaren Sinns von Äußerungen bzw. Äußerungssequenzen. Der Sinn, oder eben präziser, die Sinnstruktur eines jeden Äußerungsereignisses, erscheint dabei bestimmt durch die sozial geltenden Normalitätserwartungen, die es - unter Ausschluß strukturell möglicher Alternativen - retrospektiv erfüllt bzw. verletzt und prospektiv, als Prämisse für Anschlußäußerungen, aufruft. Nur in diesem spezifizierten Sinne beansprucht die objektive Hermeneutik, jedes kommunikative Ereignis als "Synthese von Reduktion und Öffnung für Anschlußmöglichkeiten" zu analysieren.

Sinnstrukturen werden in der objektiven Hermeneutik mit den (im wesentlichen gleichbedeutenden) Prädikaten "objektiv" bzw. "latent" verbunden. Diese Verknüpfung ist häufiger Anlaß für Irritationen und scheint Inkompatibilität mit systemtheoretischen Annahmen zu signalisieren. Dieser Eindruck beruht jedoch weitgehend auf Mißverständnissen: *Objektivität* wird für die explizierte Bedeutung einer Äußerung behauptet, weil diese Bedeutung nicht an die Mitteilungsabsicht des Sprechers, sondern an die *empirische Geltung sozialer Normalitätsstandards* gebunden ist. *Latenz* kann dieser Bedeutung insofern zugeschrieben werden, als die Normalitätserwartungen, durch die sie konstituiert wird, in der Kommunikation nicht thematisiert, sondern nur als Prämissen für die Verknüpfung von Äußerungen benutzt werden. Latenz meint hier also weder notwendige Verborgenheit für die involvierten Bewußtseine, noch ist damit impliziert, daß es sich um Latenz mit Strukturschutzfunktion handelt. Worum es hier geht ist zunächst nur, daß der Sinn oder die Bedeutung von Äußerungen von Normalitätserwartungen abhängt, die jeweils vorausgesetzt werden müssen und deshalb nicht zugleich expliziert werden können. In welchem Umfang die Mitteilungsabsicht der rekonstruierten Textbedeutung entspricht ("manifester Sinn"), Teile davon als unbewußte Voraussetzungen im Sinne von "tacit knowledge" bzw. im psychoanalytischen Sinne als "unbewußt" zu betrachten sind oder schließlich mangels Kenntnis relevanter Normalitätserwartungen ohne jedes psychische Korrelat bleiben (letzteres etwa bei Kindern oder abweichend sozialisierten Personen), - all dies sind andere Fragen (vgl. dazu Oevermann 1993b, S.163), die durch den Begriff der "latenten Sinnstruktur" nicht vorentschieden werden.

Der Begriff der "objektiven Bedeutung" oder "latenten Sinnstruktur" betrifft ausschließlich die Ebene der *Textbedeutung*, wie sie *vom Beobachter rekonstruiert* wird. Davon strikt zu unterscheiden ist die Ebene der *psychischen Formation und Repräsentation* der Textbedeutung bei den Kommunikationsteilnehmern. Rückschlüsse auf die psychischen Korrelate der Textbedeutung gelten grundsätzlich als unsicherer, verglichen mit dem Status von Aussagen über latente Sinnstrukturen. Darin kann man eine Parallelversion zur systemtheoretischen Annahme der *Intransparenz* psychischer Systeme sehen. Der Beobachtung besser zugänglich erscheinen demgegenüber die objektiven Sinnstrukturen, die die Verkettung von Äußerungen in der *Kommunikation* instruieren. Oder mit einer Formulierung Luhmanns:

> "Die Transparenz der Interaktion ist größer als die Transparenz der beteiligten Systeme" (1997b, S.171).

Auch hier wird freilich in der objektiven Hermeneutik nicht angenommen, daß Sinnstrukturen *unmittelbar* zu beobachten sind. Weil Strukturen als *Präsuppositionen* der Verknüpfung kommunikativer Ereignisse fungieren, sind sie nicht direkt sichtbar, sondern können immer nur auf methodisch kontrollierte Weise *erschlossen* werden.

Die Differenzierung zwischen Textbedeutung und psychischer Bedeutung ist der systemtheoretischen Unterscheidung von *Kommunikations*systemen und *Bewußtseins*systemen eng verwandt. Sie fokussiert freilich nicht auf die Ebene der je unterschiedlichen Operationen, durch deren Verknüpfung verschiedene rekursiv geschlossene Netzwerke gegeneinander differenziert werden, sondern thematisiert die Differenz von Kommunikation und Bewußtsein primär als Differenz der Sinn*strukturen* (Regeln, Normalitätserwartungen), die jeweils zur Generierung von Anschlüssen benutzt werden bzw. explizit bewußtseinsfähig sind. Die objektiv-hermeneutische Analyse protokollierter Kommunikationen trennt dabei klar zwischen den Systemreferenzen: Jedes Einzelereignis ist sowohl als Element einer Sequenz von Äußerungen wie auch im Hinblick auf die dabei vorauszusetzende Bewußtseinsbeteiligung auf seine strukturelle Bedeutung zu untersuchen. Für den elementaren Fall eines dyadischen Interaktionssystems wird so jedes Ereignis auf drei verschiedene Systemkontexte (das Interaktionssystem sowie Ego und Alter als involvierte Bewußtseinssysteme) bezogen und auf seinen jeweiligen Strukturwert hin analysiert. Systemtheoretisch gesprochen macht die objektive Hermeneutik damit die Untersuchung von Kommunikationssystemen wie auch die Analyse der *strukturellen Kopplungen* zwischen Kommunikation und Bewußtseinssystemen zu ihrem Thema.

Dabei geht es der objektiven Hermeneutik immer um die Beantwortung einer spezifischen Leitfrage: Ihr primäres Ziel ist weder die generelle Explikation sozial geltender Erwartungen bzw. Regeln noch die Auslotung des Alternativenspielraums, wie er durch diese Regeln definiert wird. Ihr zentrales Anliegen richtet sich vielmehr auf die Aufdeckung genau derjenigen sinnstrukturellen Prämissen, die als *Erzeugungsgrundlage* der analysierten Äußerungsereignisse unterstellt werden können:

> "Latente Sinnstrukturen sind objektiv gegebene Realitäten genau insofern, als sie von objektiv geltenden Regeln im Sinne von Algorithmen generiert werden und als solche mit Anspruch auf objektive Gültigkeit durch Inanspruchnahme genau jener Regeln im Interpretationsakt rekonstruiert werden können, die schon bei der Erzeugung der zu interpretierenden protokollierten Wirklichkeit operierten" (Oevermann 1993b, S.115).

Systemtheoretisch formuliert geht es hier um die Rekonstruktion der *Strukturdetermination* jedes der gekoppelten Systeme im Übergang von Ereignis zu Ereignis. Die objektive Hermeneutik versucht damit etwas, das - nach den skizzierten Prämissen der Systemtheorie - aus Gründen der internen Komplexität jedes Systems so nicht möglich ist. Oevermann spricht in diesem Zusammenhang von der *"Strukturgesetzlichkeit"* des jeweils untersuchten Einzelfalles, die er den *"allgemeinen Regeln"* gegenüberstellt, welche an jeder neuen Sequenzstelle die Menge der alternativen Anschlußmöglichkeiten erzeugen. Der sequentielle Übergang von Ereignis zu Ereignis erscheint durch diese beiden "Parameter" bestimmt: Die "allgemeinen Regeln" eröffnen einen Raum möglicher Anschlußoptionen; die "fallspezifische Strukturgesetzlichkeit" determiniert die Selektionsentscheidung, die mit jedem weiteren Ereignis je neu getroffen werden muß (vgl. bes. Oevermann 1991,

S.271f. und 283). Die (natürlich immer hypothetisch bleibende) Rekonstruktion einer fallspezifischen Struktur verlangt dabei, daß mindestens eine Phase der Reproduktion expliziert worden ist (vgl. Oevermann 1981a, S.8). Für die Instanz, die durch ein explizierbares Strukturgesetz bestimmt erscheint, wählt Oevermann - wie oben erwähnt - den Begriff der "Lebenspraxis".

Als Methodologie muß die objektive Hermeneutik eine Antwort auf die Frage nach den *Bedingungen der Möglichkeit* bereithalten, die sie voraussetzen und in Anspruch nehmen kann, um ihre Ziele zu erreichen. Wie also ist der hermeneutische Interpret in der Lage, die Strukturgesetzlichkeit einer Lebenspraxis zu rekonstruieren? - Um diese Frage zu beantworten, muß die Bedeutung des *Regelbegriffs* in der objektiven Hermeneutik erläutert und mit dem Erwartungsbegriff der Systemtheorie verglichen werden. Bisher habe ich die Begriffe "Erwartung" und "Regel" im wesentlichen synonym verwendet. Eine begrenzte Berechtigung dafür zog ich aus dem Umstand, daß Oevermann selbst an verschiedenen Stellen von "Normalitätserwartungen" spricht. Hier nun sind die Besonderheiten nachzutragen, die für den Regelbegriff der objektiven Hermeneutik charakteristisch sind.

Oevermann deutet Normalitätserwartungen nach dem Vorbild *generativer Regeln*, wie sie Chomskys Konzeption der Sprachkompetenz zugrunde liegen (vgl. zum folgenden Oevermann et al. 1979, S.388ff.; Oevermann 1979, S.148ff.): Nach Chomsky können die Sprecher einer Sprache auf der Grundlage ihres *intuitiven Urteilsvermögens* mit hoher intersubjektiver Übereinstimmung zwischen grammatischen und ungrammatischen Sätzen unterscheiden, ohne deshalb jedoch über eine *explizite Kenntnis* der dabei *implizit befolgten* Regeln zu verfügen. Sie verfügen über ein sprachliches Regelwissen, aber nur im Sinne einer "tacit knowledge", die die Handhabung der Unterscheidung wohlgeformt/nicht wohlgeformt stillschweigend orientiert, wenn es um die Beurteilung konkreter Sprachdaten geht. Eine direkte Überführung dieses regelgeleiteten Vermögens in Regelexplikationen ist nicht möglich. Der Linguist, der die grammatischen Regeln einer Sprache rekonstruieren will, kann sich dieses impliziten Regelwissens auf zweifache Weise bedienen. Zum einen benötigt er es, um aus der Menge der durch Fehler verunreinigten Sprachdaten eine Menge wohlgeformter Sätze auszufiltern, die er als Grundlage für die Entwicklung von Hypothesen über diejenigen generativen Regeln verwenden kann, durch deren Befolgung diese Sätze erzeugt worden sind. Sobald er über solche Regelhypothesen verfügt, kann er mit ihrer Hilfe *neue* Sätze erzeugen und diese dann den "native speakers" zur Bewertung vorlegen. Als Kandidaten, die eine adäquate Explikation für das intuitive Regelwissen der Mitglieder einer Sprachgemeinschaft liefern, kommen dann nur solche Regelhypothesen in Betracht, deren Anwendung ausschließlich zur Erzeugung grammatisch wohlgeformter Sätze führt. Das so beschriebene *idealisierte Modell* des kompetenten Sprechers einer Sprache erscheint als ein durch *algorithmische Strukturen* determiniertes System, das für sich selbst wie für andere Beobachter intransparent ist, über dessen Innenleben in Gestalt generativer Regeln nur Vermutungen entwickelt und am weiteren Verhalten des Systems getestet werden können.

Oevermann generalisiert dieses an Chomskys Grammatiktheorie abgelesene Modell regelgeleiteten Verhaltens und subsumiert darunter die sozial geltenden Handlungsregeln, die die Beteiligung an Kommunikation leiten (vgl. 1986, S.24ff.). Der hermeneutische Beobachter, sofern er der gleichen Kultur angehört wie die Kommunikationsteilnehmer, verfügt demnach über die notwendige *implizite* Kenntnis dieser Regeln, um durch gedankenexperimentelle Erprobung konkreter Verhaltensoptionen den Bereich sozial angemessener, d.h. erwartungskonformer Äußerungsmöglichkeiten auszuloten und in Relation dazu die Selektivität jedes Äußerungsereignisses zu bestimmen. Die Verfügung über ein entsprechendes *explizites* Regelwissen ist dazu *nicht* erforderlich und könnte auch nichts zur Objektivierung des Interpretationsergebnisses beitragen, bleibt die empirische Geltung jeder Regelexplikation doch immer abhängig von der Bestätigung durch die intuitiven Angemessenheitsurteile kompetenter Akteure.

Die Achillesferse dieser Übertragung des Chomsky'schen Regel- und Kompetenzbegriffs ist offensichtlich: Sie erscheint abhängig von einer im wesentlichen *kongruenten Sozialisation* von Teilnehmern und Interpreten. Wie aber ist es dann möglich, Äußerungen zu interpretieren, die sich an abweichenden Normalitätserwartungen orientieren? Können diese anders als negativ, als unangemessen, als erwartungsverletzend verbucht werden? Wird der Interpret dann nicht zum bloßen Verkünder von Wert- und Unwerturteilen, wie sie charakteristisch für seine Herkunftskultur sind?

Derartigen Fragen begegnet die objektive Hermeneutik durch konsequente Fortsetzung der *Reflexion auf die Bedingungen ihrer Möglichkeit.* Als Voraussetzung für die Rekonstruierbarkeit unbekannter Normalitätserwartungen werden kulturübergreifend geltende, im Grenzfall *universale Regeln* unterstellt, die *konstitutiv* sind für Interaktion und menschliches Handeln überhaupt (etwa universalgrammatische Regeln, Regeln logischen Schließens, Regeln der Reziprozität).[87] Sie bilden das implizit vorauszusetzende Fundament, von dem aus Annahmen über alternative Normalitätsstandards entworfen und getestet werden können, wenn bei der Untersuchung einer Interaktionssequenz zunächst nur der negative Befund erreicht worden ist, daß der protokollierte Interaktionsverlauf den vom Interpreten angelegten Normalitätsstandards widerspricht.

Das Beobachtungsschema angemessen/unangemessen bzw. konform/abweichend, das einen zentralen Stellenwert für die Durchführung hermeneutischer Interpretationen hat, wird dabei auf eine spezifische Weise eingesetzt: Anders als im Kontext alltäglicher Interaktion, fungiert es nicht als *Bewertungs*schema. Es hat vielmehr die Bedeutung eines *Detektors*, der Differenzen anzeigt zwischen den vom Interpreten vorausgesetzten Normalitätserwartungen und den Normalitätsstandards, auf deren Grundlage das jeweils beobachtete System funktioniert und die es dann zu rekonstruieren gilt.

---

87 Vgl. dazu Oevermann 1986, S.29. Oevermanns knüpft dabei an Searles Begriff der "*konstitutiven* Regel" (im Unterschied zu Regeln "*regulativen*" Typs) an; vgl. dazu Searle 1976, S.54ff. sowie Schneider 1994, S.122ff.

2.3 STRUKTUR UND EREIGNIS IN SYSTEMTHEORIE UND OBJEKTIVER HERMENEUTIK

Unterstellt werden muß dazu, daß registrierte Abweichungen nicht als 'zufällig' und daher 'bedeutungslos' bagatellisiert werden können (vgl. Oevermann 1993b, S.129). Diese Bedingung hat den Status einer *methodologischen Sicherheitsvorkehrung*. Sie blockiert jeden Versuch, Interaktionsprotokolle um diejenigen Elemente zu 'bereinigen', die einer Deutungshypothese widersprechen und sichert damit die für jede empirische Überprüfung konstitutive Differenz zwischen Hypothesen und Daten. In der Diktion der Konversationsanalyse, die diese Voraussetzung mit der objektiven Hermeneutik teilt, lautet diese Prämisse *"order at all points"* (vgl. Sacks 1985).[88]

Als gegenstandstheoretisches Korrelat zur methodologischen Voraussetzung der vollständigen Geordnetheit protokollierter Interaktionen konzipiert Oevermann - darin Chomskys Grammatiktheorie folgend - *Regeln* nach dem Muster von *Algorithmen* (Oevermann 1993b, S.115). Ein Algorithmus ist ein Entscheidungsverfahren, das aus einer "endliche(n) Menge von Anweisungen" besteht, "die *vollkommen mechanisch* ausgeführt werden können, d.h. *ohne Zuhilfenahme von Urteilsvermögen*, Intuition oder anderen Fähigkeiten, über die zwar Menschen, nicht aber Rechenmaschinen nach allgemeinem Urteil verfügen" (so Wall 1973, 142f.; Hervorhebung von mir, W.L.S.).[89] Wenn Oevermann den Begriff des Algorithmus, den er ohne nähere Erläuterung verwendet, in diesem Sinne gebraucht, dann behauptet er damit, daß die hermeneutisch rekonstruierbaren Regeln der Selektion von kommunikativen Anschlüssen sich im Prinzip darstellen lassen als mechanisch ausführbare Programme, die in einer begrenzten Anzahl von 'Rechenschritten' zu einem Ergebnis führen, welches durch das Programm *eindeutig determiniert* ist.

Inwiefern die Übertragung der Vorstellung algorithmischer Regeln aus dem Bereich *formal* konzipierter grammatischer Regeln à la Chomsky auf *situationsbezogene* Regeln des Handelns erforderlich und adäquat ist, wird von Oevermann meines Wissens nicht diskutiert. Dabei unterstellt Oevermann jedoch ausdrücklich die Veränderlichkeit algorithmischer Regeln:

"Eine Reproduktion, die nichts als Wiederholung ist, ist natürlich in sich schon ein empirisch nicht anzutreffender Grenzfall ... . Nur programmierte Maschinen können im Sinne vollständiger bzw. absoluter Wiederholung reproduzieren, jedenfalls solange sie funktionieren" (Oevermann 1991, S.275f.).

---

88 John Heritage (1984, S.241, Hervorhebung im Original) kleidet diese Annahme in die weichere Formulierung, "... that no order of detail can be dismissed, *a priori*, as disorderly, accidental or irrelevant". *Methodologisch* ist damit sichergestellt, daß überall dort, wo geordnete Muster festgestellt werden können, diese Muster als nicht-zufällig behandelt werden und infolgedessen Hypothesen, die es erlauben, Datenmerkmale als geordnet zu beobachten, den Vorzug gegenüber konkurrierenden Hypothesen erhalten, die hier keine Ordnung erkennen lassen und Zufälligkeit unterstellen müssen. Ungeordnetheit und Zufälligkeit werden so als mögliche Eigenschaft der Daten nicht völlig ausgeschlossen, sondern nur als Annahmen letzter Instanz behandelt, die erst dann zum Zuge kommen können, wenn alle anderen Möglichkeiten erschöpft sind. Die *ontologische Wendung* eines methodologisch notwendigen Postulats in eine apriorische Annahme über den Gegenstandsbereich wird dadurch vermieden.

89 Wall (1973, S.106) nennt den Euklidischen Algorithmus zur Ermittlung des größten gemeinsamen Teilers (mittels der Methode der Zerlegung der jeweiligen Zahlen in ihre Primfaktoren) und das unter dem Namen 'Sieb des Eratostenes' bekannte Verfahren zur Findung von Primzahlen als einfache Beispiele.

Was Oevermann hier in faktischer Übereinstimmung mit von Foerster und Luhmann zurückweist, ist die Vorstellung von psychischen und sozialen Systemen als "Trivialmaschinen". Die immer wieder auftauchende Rede von Regeln als *Algorithmen* muß demnach im Sinne der auch von der Systemtheorie angenommenen *Strukturdetermination nicht-trivialer Maschinen* verstanden werden.

Mit Luhmann, der den Situationsbezug selektionsrelevanter Strukturen betont und deshalb annimmt, daß sie sich einer scharf abgrenzenden Bestimmung entziehen, können freilich Zweifel an der Deutung von Selektionsregeln als Algorithmen angemeldet werden. Obwohl auch Luhmann von der "Struktur*determiniertheit*" der Auswahl von Operationen spricht, deutet er diesen Begriff in wesentlich schwächerer Weise. Weil er nicht annimmt, daß Strukturen eindeutig definiert sind, kann er auch nicht unterstellen, daß ihr Gebrauch jeweils ein bestimmtes Ergebnis eindeutig festlegt: Strukturen -

> "... kondensieren und konfirmieren durch Wiederholung in verschiedenen Situationen einen Sinnreichtum, der sich exakter Definition entzieht" und "realisieren sich ... nur in der Dirigierung (Einschränkung des Möglichkeitsbereichs) des Fortgangs von Operation zu Operation" (Luhmann 1997a, S.431; Klammerbemerkung im Original).

Oevermann glaubt allem Anschein nach, Strukturen (alias Regeln) seien soweit von ihrer Bindung an Situationen abzulösen, daß sie allgemein formuliert werden *und dennoch* für jede spezifische Situation ein bestimmtes Verhalten *eindeutig* determinieren könnten. Luhmann hingegen begreift Strukturen *in stärkerem Maße historisch*: Vergleichbar der Bedeutung von Rechtsentscheidungen als Präjudizien im angelsächsischen Recht, die als Basis für die Gewinnung von Kriterien für die Beurteilung von späteren und als hinreichend ähnlich wahrgenommenen Fällen dienen, erscheinen Strukturen für ihn wesentlich bestimmt durch die Geschichte ihrer Ausformung in der Abfolge ihrer Verwendungssituationen, von der sie nicht vollständig gelöst werden können. Strukturen kondensieren nur als Resultat von Auswahlentscheidungen in vergangenen Situationen und müssen für jeden neuen Anwendungsfall vor dem Hintergrund der vergangenen Anwendungssituationen respezifiziert werden, wobei unterschiedliche Möglichkeiten der Respezifikation bestehen können.[90] Anders als mechanisch ausführbare Algorithmen bleiben sie also bei jedem erneuten Gebrauch *vergangenheitsabhängig, interpretationsbedürftig* und implizieren deshalb *nicht eliminierbare Kontingenzspielräume*.

2.3.3 Theoretische Differenzen

Die Darstellung des Strukturbegriffs der Systemtheorie und der objektiven Hermeneutik ließ deutliche Parallelen aber keine Deckungsgleichheit erkennen. Übereinstimmung besteht vor allem darin, Strukturen nicht durch Stabilität zu definieren

---

[90] Eine ähnliche Position haben wir bereits bei Garfinkel kennengelernt, der auf dieser Grundlage die Parsons'sche Konzeption normengeleiteten Handelns kritisiert hat; vgl. Schneider 2002, Bd.2, S.51f.

und von variablen Prozessen zu unterscheiden. Strukturen existieren nur als selektive Muster der Verknüpfung von Ereignissen. Invarianz kommt ihnen daher nur in dem Maße zu, wie sie durch analoge Ereignisfolgen reproduziert werden. Die Bindung an Ereignisfolgen aber macht Strukturen anfällig für Variation. In jedem neuen Reproduktionszyklus können kleinere oder größere Abweichungen auftauchen, die sich in weiteren Zyklen wiederholen, verstärken bzw. durch andersartige Variationen abgelöst werden können. Strukturreproduktion erscheint so nur als Grenzfall von Strukturtransformation. Wandel wird also bei Oevermann wie bei Luhmann nicht als Zerfall von Stabilität, sondern umgekehrt die Beobachtung von Stabilität als Folge einer Infinitesimalisierung von Prozessen des Wandels gedeutet.

Insofern die objektive Hermeneutik auf die Rekonstruktion von Strukturen zielt, setzt sie freilich voraus, daß es Strukturen gibt, die sich über eine längere Dauer relativ invariant reproduzieren. Aber auch dann noch betont sie zunächst die *Unwahrscheinlichkeit* invarianter Reproduktion. Dies wird vor allem an ihrem Textbegriff deutlich. Als "Text" oder "Protokoll" gilt jede Spur (also auch die Erinnerungsspuren des Gedächtnisses!), jede Form der Dokumentation des *sinnförmigen* sequentiellen Operierens eines Systems. Jede Aufzeichnung dieser Art dokumentiert nicht nur die laufend anfallenden Selektionsergebnisse, sondern macht (vor dem Hintergrund sozial geltender Normalitätserwartungen) auch das *Woraus* der Selektion, den *Auswahlbereich* der Fremd- bzw. Selbstbeobachtung zugänglich. Die durch die einzelnen Selektionsentscheidungen je ausgeblendeten Möglichkeiten verschwinden nicht einfach, sondern bleiben grundsätzlich vergegenwärtigbar und dokumentieren so das Transformationspotential, das jede Auswahl wie ein Schatten begleitet und mit jedem Schritt der Strukturreproduktion erneut depotentialisiert werden muß.[91]

---

[91] Aus diesem Grunde können auch psychisch gestört erscheinende Personen für Oevermann keine 'pathologischen Sinnstrukturen' erzeugen, sind auf der Ebene von Sinnstrukturen doch immer auch die jeweils ausgeschlossenen Handlungsoptionen mitrepräsentiert und können in zukünftigen Handlungen aktualisiert werden, die eine identifizierte Struktur dann transformieren bzw. außer Kraft setzen würden. "Wir sehen darin das, was man das Selbstheilungspotential von Sprache nennen könnte, und es bestätigt sich wiederum, daß bei genauer Betrachtung nicht die latenten Sinnstrukturen von Interaktionen pathologisch sind, sondern 'lediglich' das Verhältnis der handelnden Subjekte zu ihnen" (Oevermann et al. 1979, S.386). Was also festgestellt werden kann, sind nicht 'pathologische Strukturen', sondern nur eine vom Beobachter als 'pathologisch' beschreibbare *Einschränkung der Wahrnehmung möglicher Selektionen durch die involvierten Bewußtseine*, die zum Ergebnis hat, daß bestimmte Strukturmuster stereotyp und ohne Alternativenbewußtsein reproduziert werden.

Luhmann formuliert diesen Sachverhalt anläßlich der Diskussion eines Fallbeispiels aus der Familientherapie im Blick auf die Wahrnehmungsweisen der Mitglieder des beobachteten Familiensystems wie folgt: "Wenn man jetzt diese Familie betrachtet, so hat sie offenbar Möglichkeiten gefunden, Strukturen zu bilden, die ihr dieses Problem der doppelten Kontingenz löst oder vom Halse schafft, oder gar nicht erst aufkommen läßt. Man hat feste Muster, wie die andere aussieht, wie er reagieren wird. Wenn man diese Muster auflösen würde, entstände eine Situation der Unentschiedenheit. Dann wüßte keiner mehr, was er vom anderen erwarten soll. Dann wäre eine völlig unstrukturierte Situation geschaffen, die so weder angeboten, noch akzeptiert werden kann. Mein Eindruck oder meine Interpretation ist nun, daß in diesem Bereich des Wiedergewinnens von (doppelter; W.L.S.) Kontingenz in feststrukturierten Situationen etwas von der Problematik ist, mit der die Therapeuten es zu tun haben" (siehe von Foerster, Luhmann, Schmid, Stierlin, Weber 1997,
(Fortsetzung...)

Die skizzierten Konsequenzen lassen sich ebenfalls ableiten aus der systemtheoretischen Prämisse, daß Strukturen nur als Muster der selektiven Verknüpfung von Ereignissen existieren und dabei die Funktion erfüllen, mit jedem neuen Ereignis einen Auswahlbereich für die Selektion von Anschlußereignissen zugänglich zu machen sowie aus der dabei vorausgesetzten Deutung von Strukturen als *Sinnstrukturen*, die entlang der Differenz von *Potentialität* (=Raum möglicher Anschlüsse) und *Aktualität* (=Selektion einer Möglichkeit, deren Auswahl erneut einen Raum von Anschlußalternativen aufspannt) prozessiert werden. Das sequenzanalytische Verfahren der objektiven Hermeneutik ist zu verstehen als methodisches Instrument, das - wie im vorausgegangenen Kapitel gezeigt - exakt zugeschnitten ist auf diesen Strukturbegriff. Diese Übereinstimmung zwischen Systemtheorie und objektiver Hermeneutik wird von Oevermann en passant vermerkt, wenn er feststellt, daß -

> "... Luhmanns Modell des Zusammenhangs von Kontingenz und Selektion ... zumindest formal einige Parallelen zur Sequenzanalyse der objektiven Hermeneutik aufweist. Auch in ihm geht es wesentlich darum, daß jeweils aus der Perspektive eines durch Erwartungs-Erwartungen gekennzeichneten Systemzentrums Kontingenzen eröffnet werden, unter denen selegiert werden muß" (vgl. Oevermann 1993b, S.181, Fußn.14).

Vor diesem Hintergrund notiert Oevermann freilich die für ihn zentralen Divergenzen:[92] Luhmann unterscheide nicht zwischen den objektiven, d.h. sozial geltenden generativen Regeln, die den Bereich sozial präkonstituierter Anschluß*möglichkeiten* definieren, und den *Entscheidungsregeln*, die eine Auswahl aus diesem Bereich ermöglichen und die sich zusammenfügen zur *individuellen Strukturgesetzlichkeit* einer Lebenspraxis. Für beide Typen von Regeln verwende Luhmann unterschiedslos den Begriff der Erwartungs-Erwartung.

Objektiv geltende Regeln seien darüber hinaus zu unterscheiden von *subjektiv repräsentierten und explizit bewußten Antezipationen*. Diese Differenz kann unterschiedliche Ausprägungen annehmen: Sofern objektiv geltende Regeln psychisch als implizites Wissens repräsentiert sind, fehlt das Bewußtsein ihres explizierbaren Gehalts. Ebenso ist es jedoch möglich, daß performatorische Restriktionen (zu denen Oevermann auch psychodynamische Faktoren im Sinne der Psychoanalyse

---

91(...Fortsetzung)
  S.116). Die *objektive Hermeneutik* entwirft gedankenexperimentell an jeder Sequenzstelle einer Interaktion die offenen Möglichkeiten, aus denen Anschlüsse ausgewählt werden können und beobachtet vor diesem Hintergrund die Schließung des Möglichkeitsraumes durch die faktische Anschlußselektion. Was auf diese Weise rekonstruiert wird ist nichts anderes, als *die mit jeder Handlung erneut vollzogene* Transformation einer Situation *offener* doppelter Kontingenz, in der noch unbestimmt ist, welche von unterschiedlichen Strukturierungs*möglichkeiten* durch die nächste Mitteilung seligiert werden wird, in eine strukturierte Situation.

92 Siehe dazu ebenfalls Oevermann 1993b, S.181, Fußn.14. - Die im folgenden in zwei Stufen formulierte Abweichung zu Luhmann wird von Oevermann (a.a.O.) in einer etwas unklaren Verdichtung vorgetragen, in der sich zwei Unterscheidungen überlagern: a) objektiv geltende Regeln als Prämissen für die Erzeugung einer Menge möglicher Anschlüsse vs. selektionswirksame Fallstrukturgesetzlichkeit; b) objektiv geltende Regeln vs. subjektive Antezipationen. Im Text versuche ich, beide Unterscheidungen deutlich voneinander abzuheben.

rechnet) den Gebrauch impliziten Regelwissens beeinträchtigen oder jedes psychische Äquivalent für bestimmte objektiv geltende Regeln fehlt und ein beobachtbares Selektionsmuster dadurch wesentlich mitbestimmt ist. Insofern andere Kommunikationsteilnehmer ein Verhalten, das nicht an bestimmten, als gültig unterstellten Regeln orientiert ist, als abweichend beobachten und entsprechend darauf reagieren, kann gerade die performatorische Beeinträchtigung bzw. das völlige Fehlen des subjektiven Äquivalents für sozial geltende Handlungsregeln auf Seiten einer Handlungsinstanz in besonderem Maße folgenreich werden für den Verlauf einer Interaktion. Auch diese Differenz (objektive Regeln vs. subjektive Antezipationen) verschwinde im Luhmannschen Erwartungsbegriff.

Ein dritter Unterschied, der in der systemtheoretischen Bestimmung von Strukturen als Erwartungsstrukturen unberücksichtigt bleibe, sei die Differenz zwischen Regeln mit einem für Sozialität *konstitutiven* Status und *historisch kontingenten* Regeln. Wie oben erwähnt, ist die Voraussetzbarkeit universaler konstitutiver Regeln, die der Beobachter mit den beobachteten Handlungsinstanzen teilt, eine Bedingung der Möglichkeit objektiv-hermeneutischer Interpretation. Diese Annahme hat insofern einen quasi-transzendentalen Status.[93] Universale Regeln werden dabei jedoch nicht in der Form eines expliziten Fundaments beansprucht, das mit Letztbegründungsstrategien vom Schlage einer philosophischen Transzendentalpragmatik zu gewinnen wäre, sondern nur im Sinne eines impliziten Wissens, das sich in intuitiven Angemessenheitsurteilen artikuliert und das einer empirisch prüfbaren (d.h. immer unter dem Vorbehalt jederzeit möglicher Falsifikation stehenden) Explikation zugänglich ist (ausführlich dazu Oevermann 1986, S.22ff.). Jede Falsifikation trifft dabei nur die jeweilige Regelhypothese, nicht aber die generelle Voraussetzung, daß es solche Regeln überhaupt gibt.[94]

---

93 Zu einer hier ansetzenden Kritik an der "Regelontologie" der objektiven Hermeneutik siehe Sutter/-Weisenbacher 1993 sowie Sutter 1997b, S.311ff.

94 Weil direkter empirischer Falsifikation entzogen, hat die Annahme universaler konstitutiver Regeln den Status einer *unwiderlegbaren Präsupposition*, auf die wir nicht verzichten können, sobald wir versuchen, generative Strukturen in Aufzeichnungen von Kommunikationsprotokollen sowie nichtkommunikativen Handlungen zu identifizieren. Sie ist damit auf dieselbe Weise konstitutiv für den Gegenstandsbereich der Geistes- und Sozialwissenschaften wie die Annahme stabiler Regularitäten in der natürlichen Welt für die Naturwissenschaften. Aus der Perspektive des Popper'schen Falsifikationismus kommt auch der Voraussetzung universaler natürlicher Regularitäten (d.h. der Annahme von 'Naturgesetzen'), sobald man sie in der Form eines Existenzsatzes formuliert, ein nicht-falsifizierbarer und insofern metaphysischer Status zu (vgl. Popper 1966). Um dies zu vermeiden, muß diese Voraussetzung *als methodologische Anweisung* formuliert werden, nach solchen Regularitäten zu suchen, *ohne deren Existenz als sicher zu behaupten*. Doch auch dieser Ausweg läßt erkennen, daß die wissenschaftliche Analyse (ebenso wie alltägliches Handeln) nicht umhinkommt, *sich durch bestimmte unbeweisbare Voraussetzungen selbst zu ermöglichen* und relative Sicherheit über deren Triftigkeit nur sekundär dadurch gewinnt, daß sie zu Ergebnissen kommt, die hinreichend überzeugen, um zugleich als indirekte Bestätigung dieser Voraussetzungen zu gelten. Diese Bestätigung kann jedoch niemals definitiv sein, steht doch jede Hypothese und damit letzten Endes all das, was wir als gesichertes Wissen betrachten, unaufhebbar unter dem Vorbehalt jederzeit möglicher Falsifikation (vgl. Oevermann et al. 1979, S.390f.). Theoretische Letztgewißheiten sind deshalb, auch aus der Perspektive der objektiven Hermeneutik, die hier an Poppers Falsifikationismus anschließt, grundsätzlich nicht erreichbar. Erkenntnis bleibt insofern, sowohl im Bereich der Naturwissen-

(Fortsetzung...)

Zu prüfen ist, ob die Systemtheorie nicht Korrelate bzw. Reformulierungsmöglichkeiten für die von Oevermann eingeklagten Unterscheidungen bereithält. Beginnen wir dazu mit der Differenz zwischen den *objektiv geltenden Regeln*, welche die Anschlußmöglichkeiten an einer gegebenen Sequenzstelle erzeugen und der *fallspezifischen Strukturgesetzlichkeit*, die sich in der Auswahl einer bestimmten Möglichkeit realisiert.

Diese Differenz läßt sich ableiten aus der oben genannten systemtheoretischen Definition eines Ereignisses als "Synthese von Reduktion und Öffnung für Anschlußmöglichkeiten" (Luhmann 1984, S.160). Der hier behauptete Doppelstatus jedes Einzelereignisses wird von Oevermann projeziert auf die beiden eben genannten Regeltypen. Die Unterscheidung dieser Regeltypen profiliert am Einzelereignis die spezifische Selektivität des jeweils analysierten (psychischen oder sozialen) Systems vor dem Hintergrund der Komplexitätsreduktionen, die auf der Ebene des Gesellschaftssystems als institutionalisierte Erwartungsstrukturen verankert sind. Unter Voraussetzung des systemtheoretischen Strukturbegriffs folgt die Notwendigkeit dieser Unterscheidung unmittelbar aus der Zielsetzung, die Strukturen eines bestimmten Systems auf der Grundlage seines sequentiellen Operierens zu rekonstruieren. Diese Unterscheidung kann deshalb problemlos in die Systemtheorie integriert werden.

Ähnlich die Unterscheidung zwischen *objektiv geltenden Regeln* und *subjektiven Antezipationen*: Die soziale Institutionalisierung von Erwartungen impliziert nur, daß psychische bzw. soziale Systeme *damit rechnen müssen*, daß ihre Interaktionsofferten vor diesem Hintergrund beobachtet, d.h. verstanden und beantwortet werden. Inwiefern ein bestimmtes System dazu in der Lage ist oder nicht, ist eine andere Frage. Differenzen der Sozialisation (Kinder vs. Erwachsene, Differenzen zwischen kulturellen Herkunftsmilieus) wie auch kontingente Beeinträchtigungen (Mißverständnisse, Unaufmerksamkeit, Erregung, Alkoholeinfluß ...) können jederzeit dazu führen, daß kommunikative Anschlüsse durch Erwartungsstrukturen geleitet sind, für die ein aktuelles Äquivalent auf der Seite eines beteiligten Systems fehlt. Diese Möglichkeit des Auseinanderfallens zwischen sozial institutionalisierten und psychisch aktualisierten, zwischen kommunikativ prozessierten und individuell antezipierten Erwartungen ist aus der Perspektive der Systemtheorie keineswegs überraschend, sondern eine folgerichtige Konsequenz der autopoietischen Geschlossenheit psychischer und sozialer Systeme.

Ebensowenig wie die objektive Hermeneutik unterstellt die Systemtheorie, daß die Erwartungen, die ein System zur Produktion von Anschlüssen benutzt, für dieses in *expliziter* Form zugänglich, d.h. in vollem Umfange bewußt bzw. mitteilungsfähig sind: Im Prozessieren von Operation zu Operation fungieren Strukturen

---

94(...Fortsetzung)
    schaften wie auch für die geistes- und sozialwissenschaftliche Rekonstruktion von Sinnstrukturen, eine je vorläufige *Konstruktion*. Einem *ontologischen* Realismus ist damit die Grundlage entzogen. Statt dessen verwendet Oevermann das Prädikat *"methodologischer Realismus"* zur Kennzeichnung seiner Position (vgl. 1993b, S.115).

einwertig, d.h. als Determinanten für die Selektion des nächsten Ereignisses, ohne dieses Ereignis von anderen Möglichkeiten zu unterscheiden und es etwa als 'konform' im Gegensatz zu vorgestellten 'Abweichungen' zu deklarieren (vgl. Luhmann 1990a, S.278f. sowie unten, Kap.3.1.5). Insofern fungieren Erwartungen typisch implizit. Um sie bewußt bzw. zum Gegenstand einer Mitteilung zu machen, bedarf es spezifischer darauf gerichteter Beobachtungsoperationen. Dazu kommt es nur unter Sonderbedingungen, wie etwa bei Krisenerfahrungen als Folge des Erlebens von Erwartungsenttäuschungen. Aber selbst dann bleibt der Inhalt der enttäuschten Erwartung oft unspezifiziert, äußert sich die Enttäuschungswahrnehmung nur in kompakten Abweichungsmarkierungen. Für die strukturdeterminierte Produktion von Anschlüssen kommt es nicht auf die Explizierbarkeit der Erwartungen an. Darüber hinaus gilt die oben skizzierte These der Undurchschaubarkeit des Systems auf der Ebene strukturdeterminierten Operierens für jeden Beobachter und damit auch für die Selbstbeobachtung des Systems, so daß auch dessen Selbstbeschreibungen kein privilegierter Status zukommt.

Was schließlich die objektiv-hermeneutische Annahme *konstitutiver* generativer Regeln mit universalem Status betrifft, so ist auch hier keine grundsätzliche Inkompatibilität festzustellen. Zu berücksichtigen ist dabei, daß Oevermann hier nicht etwa an kognitive oder normative Erwartungen *spezifischen Inhalts*, sondern an *abstrakte und formale Regeln* denkt, die als Erzeugungsprinzipien unterschiedlicher Erwartungen mit spezifischem und variablem Inhalt fungieren.[95] Die Vermutung, daß es derartige, allen Sinnsystemen gemeinsame formale Strukturen gibt, erscheint auch aus systemtheoretischer Perspektive plausibel. So spricht Luhmann ausdrücklich davon, daß die sprachliche Prozessierung von Sinn im Medium der Lautlichkeit

"... Grammatik und vielleicht die Chomsky'schen Tiefenstrukturen voraus(setzt), die sicherstellen, daß genügend Spielraum für die Bildung von Sätzen besteht und es gleichwohl nicht beliebig zugehen kann, sondern genügend Redundanzen für Rekursionen, für rasches Verstehen und vor allem für rasches Sprachlernen vorhanden sind" (1997a, S.214).[96]

Als weiteres Indiz ist zu erinnern an Luhmanns Explikation des Zirkels reiner doppelter Kontingenz als wechselseitige Konditionierung eigener Bereitschaft zur Annahme fremder Interaktionsofferten durch die Bereitschaft des Gegenübers zur Annahme eigener Angebote.[97] Dieser Zirkel kann gelesen werden als Explikation einer *universalen formalen Reziprozitätsregel*, die für alle sozialen Systeme gilt und die - als Bedingung der Arbeitsfähigkeit eines sozialen Systems - durch inhaltliche Bestimmung von Erwartungen, deren Erfüllung die Annahme von Kommunika-

---

95 Oevermann (1986, S.75 Anmerk.12) geht davon aus, daß es sich bei diesen Regeln um nicht-kontingente Lösungen universaler Reproduktionsprobleme von Sozialität handelt.
96 Wie Luhmann (a.a.O, Fußn.36) hinzufügt, will er sich damit freilich nicht auf Chomskys These angeborener Strukturen einlassen, sondern setzt statt dessen auf die strukturelle Kopplung von Kommunikation und Bewußtsein als Bedingung ontogenetischen Strukturerwerbs.
97 Vgl. dazu Luhmann 1984, S.166, mit der folgenden Formulierung des Zirkels doppelter Kontingenz: "Ich tue, was du willst, wenn du tust, was ich will", bzw. in der negativen Version im Falle von Konflikten (a.a.O., S.531), "Ich tue nicht, was du willst, wenn du nicht tust, was ich will".

tionen wahrscheinlich macht, enttautologisiert werden muß. Bedingung der Möglichkeit für die Kristallisierung spezifischer Erwartungsstrukturen ist dabei die Reziprozitäts*unterstellung*, daß das Verhalten des Gegenübers in irgendeiner Weise auf das eigene Verhalten bezogen ist und als Reaktion darauf bzw. als Versuch, bestimmte Reaktionen zu veranlassen, interpretiert werden kann. Auf der Grundlage der wechselseitigen Voraussetzung aufeinander bezogenen Verhaltens kann auch unter Bedingungen, die sich einer Situation reiner doppelter Kontingenz annähern, weiteres Verhalten orientiert und so ein Prozeß in Gang gesetzt werden, in dessen Verlauf Erwartungen sich einspielen, an denen die weitere Interaktion ihren Halt gewinnt.

Das Beispiel der Reziprozitätsregel macht deutlich, auf welche Weise Oevermanns These, daß universalen konstitutiven Regeln von Sozialität *objektive Gültigkeit* zukomme, aus systemtheoretischer Perspektive gedeutet werden kann: Solche Regeln (soweit es sie auch für die Systemtheorie gibt) gelten *kraft Unterstellung*, und ihre Geltung muß unterstellt werden als Bedingung der Möglichkeit der Evolution von Kommunikation. Wie Kommunikation verläuft, welche kontingenten Erwartungsstrukturen darin aufgerufen, inwieweit übereinstimmendes Verstehen erreicht und Interaktionsofferten angenommen werden, ist dadurch nicht präjudiziert.

Universale konstitutive Regeln sind für Oevermann formaler Art und somit offen für unterschiedlichste Spezifikation durch historisch-kontingente Regeln und fallspezifische "Strukturgesetzlichkeiten". Fallspezifische Strukturen sind dabei vorzustellen als Besonderungen vor dem Hintergrund konstitutiver Regeln sowie kontingenter Regeln höherer Reichweite. Unabhängig von ihrer Allgemeinheitsstufe werden Regeln bzw. Strukturen nach dem Muster *rekonstruierbarer Algorithmen* aufgefaßt, die an jeder Stelle einer Interaktionssequenz operieren, unterschiedliche Möglichkeiten der Fortsetzung generieren und die Wahl der Anschlüsse determinieren.[98] Zugleich aber gilt, daß an jeder Sequenzstelle eine *nicht prognostizierbare Transformation* einer Fallstruktur und der relevanten kontingenten Regeln möglich

---

98 Sich ausschließlich auf diese Seite des Regelbegriffs konzentrierend und ohne Berücksichtigung der Affinität des *methodisch* fundierten Strukturbegriffs der objektiven Hermeneutik zur systemtheoretischen Bestimmung des Verhältnisses von Struktur und Ereignis kommt Nassehi (1997, S.147ff., insbes. S.150) zu einer Kontrastierung zwischen objektiver Hermeneutik und Systemtheorie entlang der Unterscheidung 'Regeln als *externe* Ordnungsgarantie kommunikativer Prozesse' à la Parsons vs. 'prozeß*interne* Erzeugung von Strukturen'. Vgl. dagegen die folgende Charakterisierung des Strukturbegriffs bei Oevermann (1991, S.274): "Wir rekonstruieren sie (die "Fallstrukturiertheit eines konkreten Gebildes", W.L.S.), indem wir mindestens eine vollständige Phase ihrer Reproduktion sequenzanalytisch rekonstruieren. Struktur läßt sich also in diesem Modell von Prozeß gar nicht mehr unterscheiden oder dazu in Gegensatz bringen, denn Struktur zeigt sich nur als Strukturiertheit von konkreten Gebilden, und diese wiederum läßt sich nur nachweisen als Verlauf, d.h. als Prozeß ihrer Reproduktion. Wir können also nicht mehr, wie in den traditionellen struktur-funktionalistischen Analysen oder in gewissen Varianten der Systemtheorie, Struktur und Prozeß, Statik und Dynamik gegenüberstellen. Sie fallen ineins. Auch ihre analytische Differenzierung ist in diesem Bezugsrahmen nicht mehr sinnvoll."

ist (vgl. Oevermann 1991, S.278 und 305ff.).[99] Absolut invariante Reproduktion gilt für die objektive Hermeneutik nur, wie schon festgestellt, als kontrafaktischer Grenzfall mehr oder weniger ausgeprägter Transformation von Strukturen.

Strukturen sind demnach grundsätzlich nicht als starr zu betrachten. Psychische und soziale Systeme werden nicht als "Trivialmaschinen" konzipiert. Determination und Kontingenz erscheinen miteinander kompatibel. Die objektive Hermeneutik nähert sich so der systemtheoretischen Annahme der *Strukturdetermination*, von der sie freilich immer noch dreierlei unterscheidet:

(1) Das Vertrauen, daß das Variationstempo von Strukturen durchschnittlich *eher gering* einzuschätzen ist;
(2) die Annahme der *Erkennbarkeit* systemischer Strukturen;
(3) die Unterstellung, daß Strukturen als *Algorithmen* darstellbar sind, die für jeden möglichen Kontext *präzise definieren*, welches Verhalten darin angemessen ist und welches nicht.

Die erste Differenz kann man als empirische Frage behandeln, die nicht theoretisch bzw. methodologisch vorentschieden werden kann und muß. Die beiden anderen erscheinen freilich gravierender.

Unser Überblick über den Strukturbegriff der Systemtheorie und der objektiven Hermeneutik folgte der Maxime, beide Positionen so weit als möglich auf Kompatibilität hin zu pointieren. Was als zentrale Differenz bleibt, läßt sich bündeln in der Frage nach der *Form* und der *Beobachtbarkeit operativ fungierender Strukturen*:

---

99 Unprognostizierbarkeit bedeutet dabei andererseits nicht Indeterminiertheit im Sinne völliger Zufälligkeit. *Retrospektiv* können Transformationen als determiniert *rekonstruiert* werden: "Die Determiniertheit erfassen wir aber so immer nur unter der Voraussetzung der *Nachträglichkeit*, die der Rekonstruktion notwendig innewohnt. Nur nachträglich können wir erschließen, inwiefern und warum eine Lebenspraxis einen Schritt vollzogen hat, der unter der Voraussetzung der bloßen Reproduktion ihrer Fallstruktur nicht zu erwarten war, im Zuge einer übergreifenden, im Vollzug sich ausweitenden Transformationsgesetzlichkeit jedoch dennoch determiniert war" (Oevermann 1991, S.305, Hervorhebung im Original). - Dieser Annahme entspricht in der Systemtheorie die (freilich schwächer klingende) These der grundsätzlichen Strukturabhängigkeit der "Abfolge der Benutzung und Änderung von Strukturen", wie in der folgenden Erläuterung des Begriffs "Strukturdetermination" formuliert: "Die Transformation von Zustand in Zustand setzt Strukturen voraus, die bestimmen, welcher Zustand erreicht werden kann, ohne daß das System sich auflöst (im Verhältnis zu seiner Umwelt desintegriert). Der Begriff 'determiniert' besagt also nicht, daß alle Ursachen für Veränderungen durch das System selbst ausgewählt und bestimmt werden können; er besagt nur, daß die *Abfolge* der Benutzung und Veränderung von Strukturen auf eben diese Strukturen angewiesen ist, also mit dem Verfahren der Überschußproduktion und Selektion arbeiten muß, das im System selbst angelegt ist. Die Serie der Transformationen kann daher mit Maturana auch als 'structural drift' beschrieben werden" (Luhmann 1990a, S.279, Hervorhebung im Original). Siehe auch die folgende Bestimmung des Begriffs "Zufall": "Der Begriff 'Zufall' bezeichnet deshalb nicht Indeterminiertheit, sondern Interdependenzunterbrechung. Vom System her gesehen ist Zufall dann die Fähigkeit, Ereignisse zu benutzen, die im System weder vorhergesehen noch produziert werden können"; dabei "... spezifiziert das System (und nicht etwa die Umwelt als solche) das, was als irritierendes, Strukturänderungen auslösendes Ereignis in Betracht kommen kann" (Luhmann 1990a, S.564).

--- Im Gegensatz zur objektiven Hermeneutik begreift die Systemtheorie Strukturen *nicht* als Algorithmen.

--- Für die objektive Hermeneutik kommt alles darauf an, daß Strukturen zumindest *hypothetisch und approximativ erschließbar* sind;[100] die Systemtheorie verhält sich hier, wenn auch mit gewissen Schwankungen in der Entschlossenheit ihrer Formulierungen, dezidiert skeptisch.

Die Systemtheorie bestreitet freilich nicht, daß Strukturen beobachtet (bzw. erschlossen) werden können, sondern nur, daß die *beobachteten* Strukturen *völlig identisch* sind mit den *operativ fungierenden* Strukturen.[101] Bestritten wird deshalb auch nicht, daß beobachtete Strukturen als Selektionshilfe für die Auswahl von Operationen wirksam sein können, sondern nur, daß *alle* Strukturen, welche zusammengenommen die Auswahl einer Operation determinieren, durch einen Beobachter zu erfassen sind.

Als selektionsorientierende Strukturen werden von Luhmann vor allem *"binäre Schematismen" oder "- Schemata"* diskutiert. Um die Reichweite der Beobachtungsmöglichkeiten selektionswirksamer Strukturen aus der Perspektive der Systemtheorie genauer einschätzen zu können, ist zu klären, was dieser Begriff meint.

2.3.4 Binäre Schemata als orientierende Prämissen kommunikativer Selektionen

Die Codierungen der Funktionssysteme wie wahr/falsch für die Wissenschaft, Recht/Unrecht für das Rechtssystem etc. sind bekannte Beispiele für binäre Schemata, die jeweils einen zweiwertigen Alternativenraum für die Prozessierung funktional spezifizierter Kommunikationen aufspannen (vgl. dazu Schneider 2002, Bd.2, S.308ff. und 317ff.). Binäre Schemata bilden aber nicht nur die Grundlage für die Ausdifferenzierung sozialer Funktionssysteme, sie erfüllen darüber hinaus - zusam-

---

100 Mehr wird aber auch von der objektiven Hermeneutik nicht beansprucht: "Die Kategorie der latenten Sinnstrukturen selbst zielt letztlich auf eine transzendentallogische, dem Peirce'schen Konzept des Erkennbaren - im Unterschied zum Erkannten - analoge Konstruktion einer vollständig expliziten und konsistenten Rekonstruktion der Realität von Bedeutungsmöglichkeiten ab, die in einem Text gewissermaßen schlummern. Diese Ebene kann 'in the long run' erreicht werden, *aber immer nur approximativ*. Wie im Peirce'schen Pragmatizismus erreichen wir - aufgrund dieser Konstruktion darstellbar - Erkenntnisfortschritt, aber empirisch nicht oder nie sein absolutes Ende" (Oevermann et al. 1979, S.390; Hervorhebung von mir, W.L.S.). Und etwas später: Die Aufgabe der objektiven Hermeneutik sei es, "... im Sinne einer Kunstlehre ihren Gegenstand *approximativ zu erschließen*. ... Aus dem vorausgehenden Argument folgt, daß es kein forschungspraktisch verwendbares prinzipielles Kriterium für den Abschluß der Interpretation eines Textes geben kann. ... Hierin sehen wir das hermeneutische Analogon zur Popper'schen Idee der Falsifikation von Hypothesen, beziehungsweise der ihr vorausgehenden These der prinzipiellen Nicht-Verifizierbarkeit von Hypothesen. Der Interpretationsprozeß ist also *prinzipiell offen* und seine Ergebnisse sind *jederzeit revidierbar*" (a.a.O., S.391; Hervorhebungen von mir, W.L.S.).
101 Wie weit die Abweichungen reichen, die hier anzunehmen sind, läßt sie offen und muß sie offen lassen, würden genauere Aussagen doch die Möglichkeit des Vergleichs und damit die Erkennbarkeit des als unerkennbar Behaupteten voraussetzen.

men mit Sprache (vgl. Schneider 2002, Bd.2, S.286ff.) - die Aufgabe, *Kommunikation und Bewußtsein strukturell miteinander zu koppeln*.[102] Bei wechselseitiger und für die involvierten Systeme reproduktionsnotwendiger struktureller Kopplung, wie im Verhältnis von Kommunikation und Bewußtsein der Fall, spricht Luhmann auch genauer von *"Interpenetration"* (Luhmann 1997a, S.107f.). Wechselseitige strukturelle Kopplung bzw. Interpenetration durch binäre Schemata meint, -

> "...daß verschiedene Systeme in der Reproduktion ihrer Elemente dasselbe Differenzschema verwenden, um Informationen zu verarbeiten, die sich aus den komplexen Operationen des jeweils anderen Systems ergeben" (Luhmann 1984, S.315).

Dabei bleibt aus der Perspektive jedes Systems offen, welche der beiden im Differenzschema vorgesehenen Möglichkeiten ein anderes System wählen wird. Die interpenetrierenden Systeme sind also füreinander weiterhin undurchschaubar und deshalb unberechenbar. Die Verwendung desselben Differenzschemas reduziert die Komplexität der gekoppelten Systeme jedoch drastisch. Weil erwartet werden kann, daß die Selektionen jedes Systems entweder dem einen oder dem anderen Pol des Schemas zugeordnet werden können, kann die Unberechenbarkeit der faktisch getroffenen Auswahl kompensiert werden, indem Anschlußoptionen für beide Möglichkeiten bereitgehalten werden (Luhmann 1984, S.316).

Als prominentes Beispiel für ein binäres Schema, das Kommunikation und Bewußtsein wechselseitig miteinander koppelt, diskutiert Luhmann die Unterscheidung *konform/abweichend* (vgl. 1984, S.312f.): In *sozialen* Systemen können Ereignisse mit Hilfe dieser Differenz als *normenkonform* bzw. *normwidrig* beobachtet werden. Ein nachgeschaltetes zweites Schema wie *annehmen/ablehnen* kann dann benutzt werden, um das Anschlußverhalten des Systems zu regulieren. *Psychische* Systeme können durch Gebrauch der gleichen Unterscheidungen versuchen, ihr Verhalten entsprechend einzurichten, indem sie danach trachten, abweichendes Verhalten zu vermeiden bzw. zu tarnen, für eventuelle Vorwürfe Rechtfertigungen bereithalten, bei Verfehlungen anderer entrüstungsbereit sind etc.

Übereinstimmung *kann* dabei häufig erreicht werden, ist aber keineswegs garantiert: Ein Verhalten, das dem einen Kommunikationsteilnehmer bereits als abweichend erscheint und seine ablehnende Reaktion provoziert, mag dem anderen durchaus noch als tolerierbar erscheinen, der diese Differenz der Bewertungen dann vielleicht mit Hilfe des Schemas großzügig/kleinlich beobachtet und entsprechend reagiert. Das Schema konform/abweichend kann so nicht nur in unterschiedlicher Weise angewendet werden, sondern auch mit unterschiedlichen nachgeschalteten Schemata verknüpft sein.

Ebenso können die Präferenzen innerhalb des gleichen Schemas umgepolt werden: Eine Gruppe rebellisch gesonnener Schüler mag das normenkonforme Verhalten der Mitschüler im Unterricht als "angepaßt" und typisches Merkmal von "Stre-

---

[102] Wie Luhmann (1997a, S.110) vermerkt, knüpft er mit der Rede von "Schemata" an einen Begriff der kognitiven Psychologie an, für den sich dort auch andere Bezeichnungen wie "'frames', 'scripts', 'prototypes', 'stereotypes', 'cognitive maps', 'implicit theories'" finden.

bern" etikettieren, abweichendes Verhalten hingegen als Ausdruck "selbstbewußter Unabhängigkeit" bewerten und durch Anerkennung prämieren (vgl. Willis 1979). Durch die Unterscheidung angepaßt/unabhängig wird in diesem Fall die Präferenz im Schema konform/abweichend auf den zweiten Unterscheidungspol verschoben und das Nachfolgeschema annehmen/ablehnen invertiert. Und auch hier ist eine gleichsinnige Anwendung des Schemas nicht gewährleistet. So kann z.B. die körperliche Bedrohung eines Lehrers durch einen Schüler von den einen als Heldentat gefeiert, von anderen Mitgliedern derselben Gruppe jedoch als Überschreitung einer Grenze abgelehnt werden, die zu unterstützen sie nicht bereit sind.

Zusammenfassend ist festzuhalten: Die Verwendung übereinstimmender Schemata sichert nicht deren übereinstimmenden Gebrauch. Welche Seite einer binären Unterscheidung im einzelnen Anwendungsfall jeweils bezeichnet wird, darüber kann in unterschiedlichen sozialen bzw. psychischen Systemen verschieden disponiert werden. Sichtbar gewordene Differenzen können dann ignoriert, überspielt oder auch als Konflikt ausgetragen werden. Dies geschieht u.U. unter Benutzung derselben Schemata, die so ihre Orientierungswirksamkeit, trotz gegensätzlicher Anwendung, behalten: Wer die Bedrohung des Lehrers durch einen Mitschüler als Versuch der Demonstration von Autonomie ablehnt, sieht sich plötzlich selbst als "angepaßter Streber" redefiniert und aus der Gruppe der "selbstbewußten Nonkonformisten" ausgeschlossen.

Die Möglichkeit der divergierenden Anwendung des gleichen Schemas in unterschiedlichen Systemen ist kein Mangel, der durch die Festlegung genauer Anwendungskriterien geheilt werden könnte. Wohldefinierte Regeln (bzw. generalisierte Erwartungen)[103] für den Gebrauch der Unterscheidung konform/abweichend, etwa in der Form von Rechtsnormen, heben diese Möglichkeit nicht auf. Weil jede Regel, jede Menge generalisierter Kriterien für eine Mehrzahl von Situationen gelten und deshalb von den Besonderheiten der Einzelsituation abstrahieren muß, entsteht eine *Determinationslücke* zwischen Regel und Anwendungsfall. Diese Lücke kann nicht durch weitere Regeln (generalisierte Erwartungen) geschlossen werden, weil sich für diese das gleiche Problem stellt (etc. ad infinitum). Jede Regelanwendung verlangt deshalb *ein Urteil* darüber, inwiefern eine gegebene Situation unter die Regel fällt, das so oder anders ausfallen kann und das auch bei engster Orientierung an der Regel nicht vollständig durch sie determiniert sein kann.[104] Dies gilt zumindest dann, wenn man mit Luhmann annimmt, daß es sich bei Regeln, Erwartungen bzw. Schemata um Sinnformen handelt, die durch die Generalisierung von Sinn über die Grenzen einer bestimmten Situation hinaus auf der Basis von Ähnlichkeitswahrnehmungen zwischen verschiedenen Situationen und Verhaltensweisen gewonnen werden und wenn man nicht, wie Oevermann, Selektionsregeln generell als *Algorithmen* konzipiert, d.h. als mechanisch ausführbare Ent-

---

103 Die Ausdrücke "Regel" und "generalisierte Erwartung" können im gegenwärtigen Zusammenhang synonym gebraucht werden.
104 Ich komme in Kap.3.1.3 ausführlicher auf dieses wohlbekannte Problem zurück, das in ähnlicher Weise u.a. von Kant, Wittgenstein, Garfinkel und Bourdieu formuliert wird.

scheidungsprogramme, für deren Anwendung es keines zusätzlichen Urteils über die Ähnlichkeit von Situationen und Verhaltensweisen bedarf.[105] Wenn aber die Befolgung einer Regel nicht allein durch die Regel selbst bestimmt sein kann, welche weiteren Faktoren könnten dann das Urteil über ihre Anwendbarkeit und die aus ihr folgenden Verhaltensanforderungen in einer gegebenen Situation strukturieren? Und welche Faktoren sind darüber hinaus im Spiel, wenn Regeln nicht befolgt, sondern offensichtlich verletzt werden?

An dieser Stelle setzt die Suche nach den besonderen inneren Zuständen eines Systems ein, das es zu einer bestimmten (und keiner anderen) Entscheidung veranlaßt. Bekannte Titel, unter denen die Suche nach den entsprechenden Determinanten bei psychischen Systemen aufgenommen wird, sind etwa "Einstellungen", "Überzeugungen" (believe systems), bewußte und unbewußte "Motive", "Interessen", oder Routinen des Urteilens und Handelns, wie sie Bourdieu im Begriff des "Habitus" zusammenfaßt. Die jeweiligen Wissensbestände und Überzeugungen, die erlebten Affekte, die Absichten und Ziele, die jemand verfolgt, - all dies kann freilich in psychischen Systemen, die sich von Moment zu Moment durch die kontinuierliche Ersetzung auftauchender und schon wieder verlöschender Bewußtseinsereignisse durch neue Ereignisse reproduzieren, rasch wechseln und ist der direkten Beobachtung entzogen. Unterschiedliche innere Zustände sind darüber hinaus geeignet, dasselbe Verhalten zu erzeugen, so daß von dem beobachteten Verhalten nicht zuverlässig auf die auslösenden internen Determinanten zurückgeschlossen werden kann. Jede Analyse, welche die strukturelle Determination psychischer Systeme vollständig erfassen will - so die uns nun schon bekannte Schlußfolgerung Luhmanns - scheitert "angesichts von Komplexität und Operationstempo der Bewußtseinssysteme" (vgl. u.a. 1997, S.81f., Fußn. 107).

Es ist dies der Ort, an dem Luhmann die These der *Unbeobachtbarkeit der Strukturdetermination* eines Systems plaziert. Die Annahme, daß Systeme binäre Schemata als strukturelle Prämissen für die Auswahl von Anschlußoperationen verwenden und diese Schemata auch von wissenschaftlichen Beobachtern ermittelt werden können, bleibt davon unberührt. Wenn Oevermanns objektive Hermeneutik dagegen beabsichtigt, die *fallspezifische Strukturgesetzlichkeit* aufzudecken, die ein beobachtetes Muster kommunikativer Selektionen erzeugt, dann scheint er damit gerade die *vollständige* Explikation der strukturellen Determinanten anzustreben, deren Unmöglichkeit die Systemtheorie behauptet.

Man kann in diesem Ergebnis unseres Theorievergleichs einen klaren Beleg für die letztendliche Unvereinbarkeit des Strukturbegriffs der objektiven Hermeneutik mit dem der Systemtheorie sehen und es dabei belassen. Mir scheint es jedoch interessanter zuvor zu erproben, wie deutlich diese Differenz noch ausfällt, wenn es um die empirische Analyse eines Fallbeispiels geht.

---

[105] Der Status von Algorithmen wird dabei sowohl den sozial geltenden *Normalitätserwartungen* zugeschrieben, die eine Menge wohlgeformter Anschlußmöglichkeiten an einer gegebenen Sequenzstelle konstituieren, wie auch der fallspezifischen *Strukturgesetzlichkeit*, die zur Auswahl einer bestimmten Fortsetzungsmöglichkeit führt.

2.3.5 Analyse einer Interaktionssequenz

Als Ausgangspunkt dazu soll uns eine Bemerkung Luhmanns zu einem Kommunikationsmuster "fernöstliche(r) Kulturen" dienen. Hintergrund für diese Bemerkung ist die These, daß Kommunikation zur Zuspitzung der Frage der Annahme oder Ablehnung einer mitgeteilten Information führe.

> "Dieses Risiko ist einer der wichtigsten morphogenetischen Faktoren, es führt zum Aufbau von Institutionen, die auch bei unwahrscheinlichen Kommunikationen noch Annahmebereitschaft sicherstellen. Es kann aber, und dies scheint mir für fernöstliche Kulturen zu gelten, auch umgekehrt sensibilisieren: Man *vermeidet Kommunikationen mit Ablehnungswahrscheinlichkeit*, man versucht Wünsche zu erfüllen, bevor sie geäußert werden, und signalisiert eben dadurch Schranken; und man wirkt an der Kommunikation mit, *ohne zu widersprechen und ohne die Kommunikation dadurch zu stören, daß man Annahme oder Ablehnung zurückmeldet*" (Luhmann 1997b, S.26; Hervorhebung von mir, W.L.S.).

Was Luhmann hier beschreibt, formuliert eine chinesische Interviewpartnerin von Susanne Günthner mit folgenden Worten:

> "Ja weißt du, bei uns im chinesischen Gesprächsverhalten ist man immer bemüht, *Harmonie* unter den Beteiligten zu erhalten. Konflikte und verschiedene Meinungen werden nicht direkt ausgesprochen, vielmehr ist jeder versucht, die 'Wogen zu glätten'. Es ist sehr schwierig im Chinesischen, Konflikte und Nichtübereinstimmung auszusprechen, ohne dabei gleichzeitig unverschämt zu wirken. Bei euch im Deutschen geht das, man kann ausdrücken, daß man nicht einverstanden ist oder man kann jemanden kritisieren, ohne daß man sofort *das Gesicht verliert*. Bei uns ist das nahezu unmöglich" (Günthner 1993, S.74f.; Hervorhebung von mir, W.L.S.).

Das von Luhmann beschriebene Selektionsmuster wird hier in wesentlichen Teilen bestätigt und in einen generalisierten *semantischen Begründungszusammenhang* gestellt. Im Zentrum steht dabei das *Interaktionsideal der Harmonie* sowie die Drohung, bei Handlungen, die dieses Ideal verletzen, *das Gesicht zu verlieren*. Um der Frage nachzugehen, welche Erscheinungsform das so beschriebene Muster auf der Ebene der operativen Verkettung kommunikativer Ereignisse annehmen kann, möchte ich eine kurze Szene aus einem Gespräch zwischen einer Deutschen und einem Chinesen interpretieren, die ich ebenfalls von Susanne Günthner übernehme.[106] Nach der beigefügten Erläuterung ging der ersten Äußerung der Sequenz die Feststellung des chinesischen Gesprächsteilnehmers voraus, daß chinesische Frauen emanzipiert seien und es keine geschlechtsspezifischen Probleme in China gäbe, was die deutsche Kontrahentin jedoch bestreitet:

1 D: das ist eben nicht so einfach für Frauen. - DIE können nicht einfach sagen eh den Haushalt eh um den kümmere ich mich jetzt nicht mehr das Bab eh Kind soll schreien so lange es will. irgendwann wird der Vater sich ja schon kümmern. (---) für Frauen ist die Doppelbelastung viel größer.
2 C: ja eh das ist so.

---

[106] Ich zitiere die Sequenz hier nach Kotthoff 1992, Episode 12, S.28f. Zur Deutung des Beispiels in einem anderen Zusammenhang vgl. auch Schneider 2002, Bd.2, S.72f.

3 D: ja aber vorhin haben sie doch gesagt in Schina (sic!) würden die Männer genausoviel im Haushalt mitarbeiten= (C: hm) =sie helfen vielleicht mal, aber die HAUPTbelastung liegt bei der FRAU.
4 C: ja vielleicht stimmt so.

Ich beginne mit der hermeneutischen Interpretation der ersten Äußerung, ohne von dem mitgeteilten Kontextwissen Gebrauch zu machen. Ziel dieser Vorgehensweise ist es, am kommunikativen Einzelereignis aufzuweisen, was darin als aktuell relevanter Kontext angezeigt wird. Oder anders formuliert: Nicht was der wissenschaftliche Beobachter als Kontext ansieht, sondern das, was die laufende Kommunikation als ihren Kontext beobachtet, ist zu ermitteln.

1 D: Die erste Äußerung kontrastiert die Situation von Männern und Frauen im Blick auf Hausarbeit und Kinderbetreuung und behauptet, daß die Situation der Frauen schwieriger, d.h. ihre Doppelbelastung (durch Haushalt und Beruf) wesentlich höher sei, als die der Männer. Durch eine Markierung in der Startphase ("das ist *eben nicht* so einfach für Frauen ...") wird diese Feststellung auf eine *darin unterstellte Kontraposition* bezogen, gegen die sie sich direkt und ohne jede Abschwächung richtet, die Position des chinesischen Gesprächspartners.[107] Die Äußerung präsentiert sich so als Beitrag zu einer laufenden Auseinandersetzung, als *Gegen*argument, das eine Antwort des Adressaten verlangt. Seine Reaktion wird damit unter Prämissen gestellt, die von ihr eine sichtbare Entscheidung der Frage verlangen, ob sie die Interaktion als Konflikt fortsetzt oder nicht.[108]

Der Angesprochene hat, sofern er innerhalb des so abgesteckten Bereichs erwartbarer Anschlußmöglichkeiten bleibt, die folgenden Optionen: Er kann D's Behauptung *in toto bestreiten*. Er kann statt dessen ihre *partielle Berechtigung* einräumen, um dann aber zu beanspruchen, daß wesentliche Aspekte seiner Position dadurch nicht berührt sind. Schließlich kann er D's Behauptung *uneingeschränkt akzeptieren* und die ihm zugeschriebene Position aufgeben. Die ersten beiden Alternativen setzen die Kommunikation als Konflikt fort, die letzte beendet ihn.

2 C: Die tatsächliche Reaktion des Chinesen fällt gerade dadurch aus dem Rahmen, daß sie hier *keine klare Entscheidung erkennen läßt*. Weil diese Frage durch die Eingangsäußerung jedoch aufgerufen ist, erhält auch diese Nichtentscheidung durch sie eine klare Bedeutung: Wenn C einfach zustimmt, dann kann dies nur heißen, daß er *keinen Widerspruch* zwischen D's Behauptung und seiner eigenen Position sieht bzw. sehen will. Damit aber würde C die mit D's Äußerung verknüpfte Präsupposition bestreiten, daß hier ein

---

107 Die Interpretation im Text kürzt ab: Daß es sich bei der unterstellten Kontraposition um die Position des Chinesen handelt, kann an dieser Stelle - bei ausschließlicher Berücksichtigung des Binnenkontexts der protokollierten Sequenz - nämlich nur vermutet werden. Diese Vermutung wird aber durch die nächste Äußerung von D an dritter Sequenzposition bestätigt.
108 Zu dem hier in Anschluß an die Konversationsanalyse vorausgesetzten Konzept von Konflikt vgl. unten, Kap.3.1.7.

Ausschließungsverhältnis besteht.[109] - Demnach hätte D die Position C's anders verstanden als C selbst. Der Dissens hätte sich damit verlagert auf die Frage der Vereinbarkeit zwischen D's Behauptung und C's Position. Um ihre Eingangsäußerung zu rechtfertigen, wäre D deshalb gezwungen, *diese Vereinbarkeit zu bestreiten*. Alternativ dazu könnte sie freilich C um weitere Erläuterungen bitten, um ein eventuelles Mißverständnis aufzuklären bzw. selbst einräumen, daß sie C dann wohl falsch verstanden habe und/oder die Sache auf sich beruhen lassen.

3 D: Wie gleich sichtbar wird, wählt D die erste Möglichkeit. Sie beginnt ihre Äußerung mit einer *metakommunikativen Problematisierung*, in der sie C's Zustimmung an zweiter Sequenzposition als *inkonsistent* mit einer früheren Äußerung von C deklariert. Nur unterbrochen durch ein kurzes, Bestätigung oder aufmerksames Zuhören signalisierendes "hm" von C, führt D ihren Beitrag danach mit der sinngemäßen Wiederholung ihrer Eingangsbehauptung zu Ende. Die Ursprungsformulierung "... für Frauen ist die Doppelbelastung viel größer", in der bereits impliziert ist, daß auch für Männer eine (wenngleich geringere) Doppelbelastung existiert, sie also auch im Haushalt helfen, wird darin in eine schwache, rhetorische Konzession transformiert und dient so als Auftakt für die Restatuierung ihrer Position als *Gegenposition*, "... *sie helfen vielleicht mal, aber* die HAUPTbelastung liegt bei der Frau". D's Äußerung beschreibt sich so als Beitrag zur Fortsetzung der Auseinandersetzung mit C.

C ist damit in eine Situation gebracht, in der er einer Entscheidung der Frage, die er zuvor vermieden hat, scheinbar kaum noch ausweichen kann: Er kann seine Zustimmung zur Behauptung von D nur aufrecht erhalten, wenn er sie als *Teilkonzession* definiert und ihre Verträglichkeit mit seiner Ausgangsposition gegenüber D demonstriert, oder seine Ausgangsposition *offen revidiert*, oder sie auf eine Weise *reinterpretiert*, die den von D behaupteten Selbstwiderspruch aufhebt. Dieser Alternativenraum ist aufgespannt *durch die vorausgegangenen Äußerungen*. Wie immer C's Reaktion nun ausfallen und was er sich dabei denken mag, sie erhält ihre Bedeutung vor diesem Hintergrund. Damit ist nicht behauptet, daß C keine anderen Optionen offenstehen, sondern nur, daß auch eine Anschlußselektion, die hier keine Entscheidung erkennen läßt, vor diesem Hintergrund beobachtet und dann (wie bereits C's vorangegangene Äußerung) als *Vermeidung* einer Entscheidung registriert werden kann.

---

109 Diese Vermutung ergibt sich als konsequente Schlußfolgerung, *sofern* die explizierte und durch die vorausgegangene Äußerung der deutschen Teilnehmerin in der Kommunikation aufgerufene Erwartungsstruktur zugrunde gelegt wird. Diese Struktur kann als Grundlage für die *Zuschreibung* entsprechender Einstellungen und Motive gegenüber dem chinesischen Gesprächsteilnehmer dienen. Aber nur, *wenn* der chinesische Teilnehmer seinen Beitrag unter Voraussetzung der gleichen Erwartungen formuliert hat, kann angenommen werden, daß die explizierte Sinnzuschreibung eine Entsprechung im subjektiven Sinn findet, den der Chinese mit seiner Äußerung psychisch verknüpft. Inwiefern dies tatsächlich der Fall ist, muß an dieser Stelle offen bleiben.

4 C: C reagiert nun erneut mit einer zustimmenden Äußerung, ohne dabei D's Feststellung zu widersprechen, daß eine solche Zustimmung unvereinbar sei mit seiner ursprünglichen Position. Vor dem Hintergrund der relevanten Alternativen kann dies nur als "stillschweigende Bestätigung"[110] von D's Feststellung und somit als Zeichen dafür gedeutet werden, daß C nicht uneingeschränkt an seiner früher geäußerten Auffassung festhält. Die angezeigte Revision bleibt jedoch auf eigentümliche Weise unbestimmt. Eingeräumt wird nur, daß es "vielleicht" so sei, wie von D behauptet.[111] Die ursprünglich geäußerte Auffassung wird damit nicht definitiv zugunsten der von D verabschiedet. D's Position wird nur als *plausible Möglichkeit* akzeptiert, deren Anerkennung es nicht ausschließt, der eigenen Auffassung den gleichen Status zuzubilligen. Die in D's Beitrag (3 D) vorausgesetzte normative Erwartung, daß eine einmal geäußerte Meinung *konsistent durchgehalten oder revidiert* werden müsse, wird so unterlaufen und eine Entscheidung darüber, welche der geäußerten Überzeugungen *wahr* sei, vermieden. Die Auseinandersetzung könnte so beendet werden, ohne diese Frage zu beantworten, weil die *soziale Akzeptabilität* der Behauptung von D für C nicht an die kommunikative Erzielung von *Geltungskonsens* gebunden erscheint.

Wie die hermeneutische Interpretation zeigt, treffen in der analysierten Sequenz *unterschiedliche Präsuppositionen* aufeinander und erzeugen das Bild eines einseitigen, weil nur mit D's Äußerungen betriebenen Konflikts.[112] Blicken wir von diesem Ergebnis her auf die erste Äußerung von C zurück, dann gewinnen deren zunächst als 'deviant' beobachteten Merkmale einen plausiblen Sinn: Auffällig erschien diese Äußerung, weil sie die kontextuell primär relevanten Deutungsmöglichkeiten umsteuerte, d.h. weder als beschränkte Konzession unter der Prämisse von Dissens noch als klare Aufgabe der eigenen und Übernahme der gegnerischen Position interpretiert werden konnte.[113] Der Umstand, daß sie keiner dieser beiden Deutungsmöglichkeiten einen verläßlichen Anhalt bietet, aber auch keine andere Interpretation zuläßt, motiviert die Vermutung, daß der besondere Sinn dieser Äußerung *genau in dieser Unschärfe zu suchen ist*: Eine eindeutig beschränkte Zustimmung würde auf die Bekundung der Absicht zur Fortsetzung der Debatte hinauslaufen. Die Aufgabe der eigenen Position käme andererseits dem Eingeständnis einer *Niederlage* gleich bei dem Versuch, sie erfolgreich zu verteidigen. Der Versuch einer

---

110 Zur generellen Diskussion der kommunikativen Funktion der "tacit confirmation" an jeder dritten Stelle einer Sequenz vgl. Heritage 1984, S.258f. sowie Kap.3.1 in diesem Band. - Im Text haben wir es mit einer *dreizügigen Teilsequenz* zu tun, die mit der Äußerung 2 C beginnt, durch D's Interpretation dieser Äußerung (3 D) im Kontext der vorausgegangenen Beiträge weitergeführt und durch die "stillschweigende Bestätigung" dieser Interpretation in 4 C abgeschlossen wird.
111 Zur häufigen Verwendung von "vielleicht" und anderen Abschwächungsformen als typischen Elementen chinesischen Gesprächsverhaltens vgl. Günthner 1993, S.75.
112 Zur Reformulierung der hier vorgetragenen Analyse aus *konversationsanalytischer* Perspektive siehe unten, Kap.3.1.7.
113 Helga Kotthoff (a.a.O.), S.28, führt als mögliche Erklärung für diesen Sachverhalt nur defizitäre Sprachbeherrschung an.

Reinterpretation der eigenen Position mit dem Ziel, den von D behaupteten Widerspruch als Folge eines Mißverständnisses darzustellen, liefe schließlich Gefahr, die Auseinandersetzung nur zu verlagern. Wie schon zuvor könnte D - bestrebt, nun *ihre Deutung* von C's Position zu verteidigen - darauf immer wieder mit Einwänden des Typs "Aber vorhin haben sie doch gesagt ..." reagieren. Wenn ein möglichst sicherer Weg zur Beendigung der Debatte gesucht wird, eine *offene Unterwerfung* dabei jedoch vermieden werden soll, dann erscheint die diagnostizierte Unklarheit der Äußerung deshalb als adäquate Realisationsform dieser Intention. Um dieses Ziel sicher zu erreichen, bedarf es jedoch eines kooperierenden Interaktionspartners, der die eröffnete Möglichkeit taktvoll, d.h. ohne hier auf Eindeutigkeit zu insistieren, ergreift. So etwa, indem er in seinen weiteren Beiträgen auf *Konsens*unterstellung umschaltet und gleichzeitig die Äußerung von Überzeugungen vermeidet, für die auch weiterhin keine Übereinstimmung vorausgesetzt werden kann. Erreicht wäre so die Beendigung der Debatte, ohne einem der Beteiligten die problematische Position des Unterlegenen zuzuweisen. Die Tolerierung sachlicher Inkonsistenz sowie die Bereitschaft zur Ausklammerung der strittigen Fragen aus der weiteren Interaktion wären der Preis, der für die gemeinsame Durchführung dieses Manövers zu zahlen wäre.

Dazu ist die deutsche Kontrahentin allerdings nicht bereit. Sie insistiert auf Konsistenz, setzt die Debatte fort, bei der sie auch die Simulation des Widerparts übernimmt, und erreicht doch wieder nur eine Reaktion, der es an der gesuchten Eindeutigkeit fehlt: Das abschließende "ja vielleicht stimmt so" des Chinesen besagt nicht mehr, als daß es durchaus so sein könnte, wie die Deutsche behauptet, so - oder vielleicht auch anders. Das unauffällige "vielleicht" erlaubt es, *beide Positionen nebeneinander* stehen zu lassen, ohne sie miteinander konfrontieren zu müssen. Die Leistung dieser Äußerung ist die gleiche, wie die der vorausgegangenen (2 C): Sie gestattet die *Beendigung der Debatte ohne 'Gewinner' und 'Verlierer'*. Dies geschieht um den Preis einer Inkonsistenz. Diese Inkonsistenz wird in C's zweitem Beitrag explizit anerkannt und durch Potentialisierung der unvereinbaren Sachverhaltsdarstellungen neutralisiert.[114]

Die vorstehende Interpretation weist der Produktion von *Inkonsistenzen* eine prominente Bedeutung zu. Diese Bedeutung besteht darin, daß Inkonsistenzen geeignet sind, Ablehnungen das Ziel zu entziehen und damit die *Voraussetzungen für die Unterhaltung eines Konflikts aufzulösen*. Aus der Beobachtungsperspektive eines streitbaren Kontrahenten wird ein Gegenüber, das Inkonsistenzen in der beschriebenen Weise kommunikativ einsetzt, wahrscheinlich als jemand erscheinen, der 'keine Angriffsfläche bietet', der 'nicht zu fassen' ist, der 'sich entzieht', bei dem

---

114 Interessant übrigens, daß die explizite Lokalisierung der Inkonsistenz in der *Sozialdimension* erneut vermieden wird, wie sie etwa mit der Formulierung "ja vielleicht haben *sie recht*" angesprochen worden wäre. Vermutlich würde damit das Thema des Gegen-den-anderen-Recht-behaltens zu deutlich angesprochen und die auf Distanz gehaltene Frage nach 'Gewinner' und 'Verlierer', nach 'Überlegenem' und 'Unterlegenem' gerade ins Spiel gebracht.

man 'nicht weiß, woran man mit ihm ist', der 'undurchsichtig' erscheint u.ä.m.[115] Ein derartiges Verhalten provoziert also leicht Devianzzuschreibungen. Was aber sind die *alternativen Normalitätserwartungen*, die dieses Verhalten als *angemessene* Strategie zur Vermeidung von konfliktär verlaufenden Argumentationen erscheinen lassen?

"Verstehend erklärt" werden kann ein solches Verhaltensmuster nur, wenn weitere Deutungsprämissen hinzugezogen werden, die es in einen generalisierten Zusammenhang der Schematisierung sozialer Beziehungen einbetten. Aus dem identifizierten Selektionsmuster kann dazu die Vermutung abgeleitet werden, daß die konfliktäre Austragung von Meinungsverschiedenheiten als unangemessen gilt. Positiv gewendet würde dem die Vorstellung entsprechen, daß Interaktionen *harmonisch* verlaufen sollten. Gedeutet als Beitrag zur Sicherung bzw. Wiederherstellung einer solchen Harmonie würde das Verhalten des chinesischen Gesprächsteilnehmers rational einsichtig.

Harmonie als Interaktionsideal, dessen Verletzung bei Strafe des Gesichtsverlustes vermieden werden muß, dieses semantische Syndrom haben wir bereits in der oben zitierten Auskunft einer chinesischen Interviewpartnerin kennengelernt.[116] Das *analytisch* unabhängig davon rekonstruierte Selektionsmuster entspricht vollständig dieser semantischen Beschreibung und zeigt,[117] auf welche Weise dieses Interaktionsideal das Kommunikationsverhalten in einer Situation dirigieren *kann*, die unausweichlich auf einen Konflikt hin programmiert zu sein scheint. Vermieden wird dabei *sowohl Widerspruch* gegenüber dem Interaktionspartner *als auch die Unterwerfung* unter seine Auffassung. *Wie* dies möglich ist, kann aus dem erwähnten Interaktionsideal offensichtlich nicht deduktiv abgeleitet werden. Um diesem Ideal gemäß handeln zu können, bedarf es zusätzlich routinisierter kommunikativer Strategien (wie etwa der dosierten Plazierung von Inkonsistenzen), die hinreichend spezifisch sind, um die operative Erzeugung von Anschlußereignissen zu steuern. Die vorgetragene Interpretation identifizierte eine solche Strategie. Insofern kann, mit Rücksicht auf die skeptische Einschätzung der Systemtheorie in dieser Frage

---

115 Umgekehrt dürfte das streitlustige Verhalten der Deutschen aus der Gegenperspektive als 'aggressiv', 'rüde', 'unhöflich' erscheinen.

116 Mit dem normierten Interaktionsideal der Harmonie haben wir ein *soziales Deutungsmuster* (vgl. Oevermann 1973b) vor uns, das die vermutete *generative Struktur* der untersuchten Sequenz in ein *explizites kulturelles Begründungsmuster* konsistent einbetten und dadurch gegenüber ständig anfallenden Abweichungen (Variationen) stabilisieren könnte. In der Diktion der Systemtheorie entspricht dem die Ebene kultureller *Semantik*, auf der Beobachtungen "... als Beschreibungen fixiert, also als bewahrenswert anerkannt und für Wiederholung bereitgehalten werden" (Luhmann 1990a, S.107).

117 Die *analytische* Unabhängigkeit der vorgetragenen Interpretation von den oben zitierten Beschreibungen fernöstlichen bzw. chinesischen Kommunikationsverhaltens zeigt sich darin, daß wir nirgends von diesen Beschreibungen Gebrauch gemacht haben, um daraus eine Deutung abzuleiten und an die Daten heranzutragen, deren Plausibilität nicht durch die Daten selbst hinreichend gedeckt ist. Daß die Kenntnis dieser oder ähnlicher Beschreibungen die Formulierung solcher Hypothesen *forschungs*psychologisch erheblich erleichtert, bleibt dabei selbstverständlich unbestritten. - Zu dieser für die objektive Hermeneutik im Hinblick auf die Inanspruchnahme von Vorwissen in der Interpretation äußerst wichtigen Unterscheidung vgl. Oevermann 1986, S.35f.

vorsichtig formuliert, zumindest angenommen werden, daß unsere Rekonstruktion aufgrund ihres größeren Auflösungsvermögens näher an die Ebene operativ fungierender Strukturen heranreicht, als die oben zitierten semantischen Beschreibungen, - freilich *ohne* zu beanspruchen, damit *alle* systeminternen strukturellen Determinanten ermittelt zu haben, die für das beobachtete Selektionsmuster relevant gewesen sein könnten.

Meine kurze Interpretation versuchte einen Weg zu zeigen, wie es möglich sein könnte, die Differenz zwischen den *operativ fungierenden* Strukturen, die im Übergang von Ereignis zu Ereignis aufgerufen werden und für Anschlußfähigkeit sorgen, und der *Beschreibung* dieser Strukturen auf der Ebene sozialer Deutungsmuster (Oevermann) bzw. kultureller Semantiken (Luhmann) zu transponieren in die Relation zwischen *Beschreibungen mit unterschiedlichem Auflösungsvermögen* und so zumindest einige der operativ wirksamen Strukturen auf indirektem Wege zum Gegenstand der Beobachtung und Beschreibung zu machen. Der systemtheorieinterne Anknüpfungspunkt, auf den wir uns dabei beziehen können, ist markiert durch die Bedeutung *binärer Schemata* für die Auswahl kommunikativer Operationen und als Einrichtungen der strukturellen Kopplung von Kommunikation und Bewußtsein (vgl. Luhmann 1997a, S.108ff.). Um diesen Anknüpfungspunkt präzise anzusteuern, müssen wir noch genauer auf das Verhältnis zwischen der rekonstruierten Kommunikationsstruktur, ihrer semantischen Beschreibung und ihren psychischen Erzeugungsbedingungen eingehen.

Auf der *Ebene der Kommunikation* haben wir beobachtet, wie die Erwartung von Konsistenz im Kontext einer Interaktion, die als Konflikt markiert war, in den Äußerungen D's eingeklagt wurde und wie C's Äußerungen diese Erwartung sowie den Konflikt, dessen Betriebsvoraussetzung sie war, zunächst durch *Inkonsistenz*, dann durch Ausmanövrierung der Konsistenzforderung auf dem Wege der *Potentialisierung* der involvierten Positionen, unterlief. Als *semantische Beschreibung*, die zu dem Verhalten von C paßt, haben wir das Interaktionsideal der Harmonie identifiziert. Demgegenüber erfüllt D's Verhalten eine Beschreibung, in der Wahrheit (z.B. im Kontext einer Orientierung am Ziel der Aufdeckung von und der Aufklärung über soziale Mißstände durch Diskussion und Kritik) als Wert gilt, für dessen Realisierung die kontroverse Argumentation als angemessener Weg erscheint. Diese Beschreibung entspricht gesellschaftlichen Bedingungen, unter denen Wahrheit als symbolisch generalisiertes Kommunikationsmedium institutionalisiert ist und das Risiko der Ablehnung von Kommunikation deshalb nicht nur durch Vermeidung von Widerspruch, sondern auch gerade umgekehrt, auf dem Wege der streitigen Durchsetzung von Wahrheitsansprüchen, sozial legitim bearbeitet werden kann.

Kann man annehmen, daß diese (hier nur angedeuteten) semantischen Beschreibungen als *psychische Beweggründe* im kommunikativen Verhalten der Beteiligten wirksam geworden sind? - Eine unvermeidbare Notwendigkeit, einen solchen Zusammenhang zu unterstellen, besteht sicherlich nicht, lassen sich doch auch plausible Motivierungshypothesen anderer Art finden, wie wir unten noch sehen werden. Aber diesen Zusammenhang einmal als möglich unterstellt, wie wäre er genauer zu bestimmen? Sicher nicht so, daß jeweils eine elaborierte Situationsbeschreibung in terms der entsprechenden Semantik in Gedanken entwickelt und zur Grundlage der Selektion von Anschlußhandlungen gemacht wird. Eine solche Beschreibung wäre wahrscheinlich zu aufwendig, um in der Situation schnell genug entworfen und ihrem weiteren Verlauf kontinuierlich angepaßt zu werden, und sie wäre vermutlich nicht detailliert genug, um hinreichende Einschränkungen für die rasche Auswahl kommunikativer Anschlüsse zu etablieren. Die dafür benötigten Führungen müssen zugleich einfacher und spezifischer sein.

Als mögliche Lösung spricht die objektive Hermeneutik hier von implizit regelgeleiteten *intuitiven Angemessenheitsurteilen*. Aus systemtheoretischer Perspektive kommen dafür, wie oben skizziert, *binäre Schemata* in Frage (vgl. Luhmann 1984, S.315f.; 1997a, S.110f.), durch deren Anwendung Situationen rasch kategorisiert und dazu passende Anschlüsse seligiert werden können. In unserem Interpretationsbeispiel könnte etwa die deutsche Teilnehmerin die Beiträge ihres Gegenübers mit Hilfe der Unterscheidungen wahr/falsch und konsistent/inkonsistent beobachten, wobei zu vermuten wäre, daß die Kombination wahr/konsistent vorzugsweise *Zustimmung* auslösen, die Kombination falsch/konsistent *Ablehnung* in der Form expliziten Widerspruchs provozieren, die Kategorisierung wahr/inkonsistent *metakommunikative Problematisierungen* (vgl. 3 D) stimulieren und die Kategorisierung falsch/inkonsistent *expliziten Widerspruch und/oder metakommunikative Problematisierung* hervorrufen kann. Dagegen wäre auf der Seite des chinesischen Gesprächsteilnehmers zu vermuten, daß im Vordergrund die Unterscheidung Harmonie/Disharmonie (= sichtbare Übereinstimmung/Nicht-Übereinstimmung) steht, in beiden Fällen vorzugsweise mit der Annahme eines Beitrages reagiert wird, dabei jedoch zwischen *konsistenter* und *inkonsistenter* (bzw. die Gegenbehauptung nicht ausschließender) *Annahme* unterschieden und so auf indirektem Wege Zustimmung bzw. Ablehnung mitgeteilt werden kann.

Die Antworten der objektiven Hermeneutik und der Systemtheorie erscheinen mir auf dieser Ebene der Analyse kompatibel: Hermeneutisch rekonstruierbare *Schemata* der o.g. Art rüsten die in Kommunikation involvierten Psychen mit rasch einsetzbaren *Grundlagen des Urteilens* aus. Die Bewußtseinssysteme können sich dadurch an unvorhergesehene Wendungen des Kommunikationsverlaufs leicht anpassen und Mitteilungsereignisse zu seiner Fortsetzung beisteuern. Ohne darauf angewiesen zu sein, daß die Erwartungsstrukturen, die in der Kommunikation und in den beteiligten Bewußtseinen prozessiert werden, *identisch* sind, kann deren *hinreichende Abstimmung* aufeinander damit auch noch in Situationen wechselseitigen Mißverstehens sichergestellt, d.h. die "strukturelle Kopplung" von Kommunikation und Bewußtsein(en) aufrechterhalten werden.

Dabei ist zu beachten, daß die Anwendung allgemeiner Schemata auf eine konkrete Situation immer noch durch *interpretative Leistungen* vermittelt ist, deren Struktur durch die Rekonstruktion eines Schemas nicht vollständig geklärt ist und auch nie erschöpfend geklärt werden kann, weil jede Rückführung des Schemagebrauchs auf tieferliegende Schemata das Problem der Applikation auf die besonderen Bedingungen einer Situation erneut aufwirft und somit in einen infiniten Regreß führt:

"Schemata können (anders als das Wort suggerieren könnte) nicht schematisch angewandt werden. Aber sie erleichtern das Finden von Problemlösungen in einem durch sie selbst begrenzten Variationszusammenhang" (Luhmann 2002, S.45).

Elaborierte *semantische Beschreibungen* liefern demgegenüber einen generalisierten Sinnzusammenhang, in dem binäre Schemata expliziert, begründet und auf konsistente Weise miteinander verknüpft werden. Schematisierungen werden so, von konkreten Situationen abgelöst, mitteilungsfähig, legitimierbar und tradierbar. Für ihre Anwendung freilich ist die Kenntnis dieser Beschreibungen weder in jedem Einzelfall notwendig noch hinreichend. Dazu bedarf es vielmehr der sozialisatorischen Konditionierung durch häufige Partizipation an Interaktionen, in denen diese Schemata als Prämissen der Selektion von Anschlüssen benutzt werden. In der Aufdeckung solcher Schemata, d.h. in der *Analyse von Mechanismen struktureller Kopplung* zwischen Kommunikation und Bewußtsein, könnte - aus der Perspektive der Systemtheorie - das Aufgabenfeld liegen, für dessen Bearbeitung die objektive Hermeneutik in besonderem Maße geeignet ist.

2.3.6 Methodologische und theoretische Probleme der Erklärung kommunikativer Selektionen - Zur Falsifizierbarkeit von Deutungshypothesen

Wie weit reichen die so zu gewinnenden Erklärungen? - Darüber gehen die Einschätzungen von objektiver Hermeneutik und Systemtheorie auseinander. Die objektive Hermeneutik geht davon aus, daß auf diesem Wege die "Strukturgesetzlichkeit" des jeweils untersuchten Falles, d.h. ein systemintern fungierender "Algorithmus" aufgedeckt werden kann, der das protokollierte fallspezifische Selektionsmuster generiert. Wenn ich diesen Anspruch richtig deute, dann ist damit behauptet, daß die determinierenden Strukturen eines Systems, welche die Auswahl seiner Operationen bestimmen, als *Entscheidungsprogramm*, nach dem Muster von "Wenn ..., dann ..."-*Anweisungen* (bzw. - aus der Perspektive des Beobachters formuliert - von "Wenn ..., dann ..."-*Aussagen*) rekonstruiert werden können, die - zusammen mit den jeweils gegebenen Anfangs- und Randbedingungen - die notwendige und hinreichende Grundlage für die Ableitung und Prognose von Verhaltensselektionen darstellen. Prüfen wir an unserem Interpretationsbeispiel, was damit gemeint sein kann.

Wenn wir die oben versuchte Erklärung des Verhaltens eines chinesischen Teilnehmers, das wir in einer Gesprächsepisode mit einer deutschen Gesprächsteilnehmerin beobachtet haben, in die Form entsprechender allgemeinerer Aussagen zu bringen versuchen, dann kommen wir zu (mindestens) vier miteinander verbundenen Hypothesen:

(1) Immer dann, wenn eine Äußerung von C auf den Widerspruch eines beliebigen anderen Teilnehmers T trifft, wird C es vermeiden, der Äußerung von T seinerseits zu widersprechen.

Aus dieser Hypothese folgt, daß C bei Widerspruch auf eine zuvor von ihm formulierte Aussage *nicht insistieren* und u.U. zustimmen wird, auch wenn er sich damit in Widerspruch zu eigenen früheren Äußerungen setzt und sich dadurch *sichtbar inkonsistent* verhält. Für den Fall, daß T daraufhin die Inkonsistenzen im Verhalten von C thematisiert, benötigen wir eine weitere Hypothese:

(2) Immer dann, wenn C durch T auf eine Inkonsistenz in seinen Äußerungen hingewiesen und aufgefordert wird, sich für eine der beiden angeblich widersprechenden Möglichkeiten zu entscheiden, wird er auf eine Weise reagieren, die sowohl die offene Zurückweisung wie auch die Erfüllung dieser Entscheidungszumutung vermeidet.

Um sicherzustellen, daß das in (1) und (2) beschriebene Verhalten von C nicht beliebigen anderen Ursachen zuzuschreiben ist, sondern erzeugt wird durch die Orientierung am *Interaktionsideal der Harmonie*, muß noch eine weitere Annahme erfüllt sein:

(3) Immer dann, wenn T sich so, wie in (1) bzw. (2) beschrieben, verhält, erlebt C dieses Verhalten als unangemessene Abweichung vom Muster einer harmonischen Interaktion, was bei ihm die in (1) bzw. (2) beschriebenen Reaktionen auslöst.

Die Hypothesen 1-3 definieren zusammen zugleich ein *konditionales Programm*, dessen Befolgung kommunikative Selektionsmuster generieren würde, die dem Muster des analysierten Beispiels entsprechen. Wenn man darüber hinaus annimmt, daß das Interaktionsideal der Harmonie charakteristisch für *alle* Chinesen ist, dann gelten diese Hypothesen nicht nur für den chinesischen Teilnehmer in unserer Beispielsequenz, sondern für alle erwachsenen Personen, die dem 'chinesischen Kulturkreis' zuzurechnen sind. So, wie das Symbol T einen beliebigen Interaktionspartner von C repräsentiert, steht dann auch das Symbol C für einen beliebigen chinesischen Gesprächsteilnehmer.[118] - Unsere aus den Annahmen 1-3 bestehende "Strukturgesetz"-

---

118 Wie die 'Zugehörigkeit zur chinesischen Kultur' zu ermitteln wäre, ist natürlich schon für sich genommen ein gewichtiges Problem, das von besonderer Bedeutung ist, weil man versucht ist, jedes hypothesenwidrige empirische Verhaltensbeispiel dadurch zu erledigen, daß man die Zugehörigkeit des 'abweichenden' Akteurs zu der Population, für die unsere Strukturhypothese Geltung beansprucht, in Zweifel zieht. Bei unscharfen Zugehörigkeitskriterien droht damit aber Immunität gegen Falsifikation. Hier eine adäquate Lösung zu erreichen ist nicht leicht. Staatsangehörigkeit oder Abstammung scheinen sich als Kriterien anzubieten, sind hier aber weder unbedingt notwendig (jemand kann, von europäischen Eltern abstammend und mit europäischer Staatsangehörigkeit, von seinen Eltern getrennt in China aufgewachsen und vollständig 'chinesisch' sozialisiert worden sein) noch hinreichend (wie das spiegelbildliche Beispiel eines in Amerika unter entsprechenden Bedingungen aufgewachsenen chinesischen Kindes verdeutlicht). Wenn wir annehmen, daß das Interaktionsideal der Harmonie ein konstitutiver Bestandteil der 'chinesischen Kultur' ist, dann scheint es nahezuliegen, nur diejenigen Personen zu dieser Kultur zu rechnen, die dieses Ideal teilen. Wir geraten dann aber in einen Zirkelschluß, weil wir unter diesen Voraussetzungen nur diejenigen

(Fortsetzung...)

Hypothese müßte, um tatsächlich den Status einer allgemeinen Gesetzeshypothese beanspruchen zu können, ausnahmslos gelten. Sie wäre also bereits durch ein einziges davon abweichendes empirisches Vorkommnis falsifiziert.[119] Ihrer Form nach trägt sie insofern den Anforderungen des Popper'schen Falsifikationismus Rechnung, deren Erfüllung die objektive Hermeneutik ja ausdrücklich für sich reklamiert. Würden wir aber tatsächlich bereit sein, die skizzierte Hypothese so rasch aufzugeben? Nehmen wir an, wir würden feststellen, daß C in einer Interaktionssequenz einem Gesprächspartner widerspricht und auf der Richtigkeit seiner eigenen Auffassung gegen die Einwände des Gegenübers insistiert. Würden wir unsere Hypothese dann als falsifiziert betrachten?

Sicher würden wir uns nicht so leicht geschlagen geben. Wir könnten versuchen, einschränkende Zusatzbedingungen zu formulieren, die bisher unbeachteten Unterschieden zwischen der oben analysierten und der neuen Interaktionssituation Rechnung tragen. So etwa, indem wir untersuchen, ob Statusdifferenzen, Alter und Geschlecht der Beteiligten, die relative Bekanntheit/Fremdheit der Gesprächsteilnehmer eine Rolle spielen. Weitere Komplikationen entstehen, wenn wir berücksichtigen, daß diese zusätzlichen Faktoren einander überlagern und in unterschiedliche Richtungen weisen können. Wir kommen vielleicht zu der modifizierten Hypothese, daß C nur dann nicht widerspricht bzw. insistiert, wenn T statushöher ist als C, und nehmen an, daß Männer als statushöher gelten im Vergleich zu Frauen, der Status eines promovierten Wissenschaftlers höher ist als der eines Sprachlehrers, der eines Lehrers höher als der eines Schülers.

Im analysierten Beispiel handelte es sich um den Dialog eines Chinesen mit seiner deutschen Sprachlehrerin. Unter den eben gemachten Voraussetzungen wäre, bei Anwendung des Schemas Lehrer/Schüler, sie statushöher als er. Dieser Befund paßt zu dem beobachteten Verhalten des Chinesen. Nehmen wir die Dimension Geschlecht hinzu, könnte der Faktor Status genau umgekehrt wirksam werden. Daraus könnte man schließen, daß der Faktor beruflicher Status gegenüber dem geschlechtlichen Status dominiert. Aber gilt dies generell oder nur dann, wenn die unter beruflichen Gesichtspunkten statushöhere Frau nicht gleichaltrig oder gar jünger ist als der Mann? Wie groß muß der Altersunterschied gegebenenfalls sein, um als relevant wahrgenommen zu werden, und wie wird der berufliche Status dabei definiert? Gilt der berufliche Status im Binnenkontext der gerade aktuellen Interak-

---

118 (...Fortsetzung)
 Personen als 'Mitglieder der chinesischen Kultur' anerkennen werden, deren Verhalten unserer Strukturhypothese entspricht. Wenn wir keine Person finden, deren Interaktionsverhalten ausnahmslos mit dem Harmonieideal übereinstimmt, könnten wir uns dann zu der Annahme entschließen, daß die chinesische Kultur ausgestorben sein muß. Um den Preis ihrer Einschränkung auf eine nicht mehr zugängliche Vergangenheit wäre unsere Hypothese dann 'gerettet', - d.h. gegenüber jeder Konfrontation mit potentiell abweichenden Erfahrungen geschützt und so gegen Falsifikation immunisiert.

119 Wie wir später sehen werden, bedarf der hier noch vorausgesetzte "naive" Falsifikationsbegriff erheblicher Modifikation. Die Darstellung im Text versucht die Schwierigkeiten zu veranschaulichen, in die der "naive" Falsifikationsbegriff führt, um dadurch die Einführung des revidierten Konzepts der Falsifikation in Anschluß an Lakatos vorzubereiten, das deren Lösung ermöglichen soll.

tion, in unserem Beispiel also die Lehrer/Schüler-Differenz, oder der jenseits dieser Interaktion bestehende Unterschied zwischen der Sprachlehrerin und dem promovierten Wissenschaftler, der im Sprachunterricht nur seine Deutschkenntnisse zu verbessern sucht?[120] Kann die Statushierarchie sich mit dem Kontext umkehren (etwa: im Unterricht ist die Deutschlehrerin statushöher; außerhalb, sobald sie nicht mehr in dieser Rolle handelt, der Mann und promovierte Wissenschaftler)? Ist vielleicht der ausländische Gast, neben den übrigen bisher genannten Kriterien, als Fremder zu besonderer Zurückhaltung verpflichtet?

Gilt dies auch dann, wenn der nicht-chinesische Gesprächsteilnehmer sich ein Urteil über 'innerchinesische Verhältnisse' anmaßt, das im Widerspruch zu den Äußerungen des Chinesen steht? Welche Rolle spielen überhaupt das Thema und die möglichen Folgen der Kommunikation, insbesondere dann, wenn das Thema wichtig und die Kommunikation folgenreich ist?[121] Welche Rolle spielen schließlich individualspezifische und psychische Faktoren für die Vermeidung von Widerspruch? Mangelnde Sprachbeherrschung als Element, das die Aussichten auf erfolgreiche Selbstbehauptung in einem Konflikt drastisch reduziert und deshalb die Beteiligung daran entmutigt, könnte in unserem Beispiel mit bedeutsam sein für die zurückhaltende Reaktion des chinesischen Gesprächsteilnehmers; ebenso ein grundsätzlich eher defensiver Charakter oder geringes Selbstbewußtsein bzw. kontingente Faktoren wie Sympathie oder Antipathie gegenüber dem Interaktionspartner, desinteressierte Gleichgültigkeit gegenüber seiner Person oder dem Thema, die Anwesenheit dritter Personen und die Art der Beziehung zu diesen, besonders friedfertige oder aggressive Gestimmtheit, Einfluß von Alkohol oder Drogen etc.

Schon dieser kurze Überblick macht deutlich, wie zahlreich die zusätzlich in Rechnung zu stellenden Einflußgrößen sein können. Im Prinzip ist es zwar immer möglich, zusätzliche Bedingungen in eine "Wenn ..., dann ..."-Hypothese zu integrieren. Bei der hohen Zahl der potentiell relevanten Faktoren und der Komplexität der hier denkbaren Konstellationen ist es jedoch wahrscheinlich, daß (a) sich immer wieder zusätzliche Bedingungen finden lassen, die in einer konkreten Situation orientierungswirksam sein und die faktische Verhaltensselektion beeinflussen können; daß (b) viele Bedingungen nur unscharf definiert werden können, so daß zahlreiche Situationen möglich sind, in denen nicht eindeutig zu entscheiden ist, ob sie erfüllt sind oder nicht, und daß (c) zahlreiche Konstellationen auftreten, in denen die Überlagerung von Faktoren mit konträrer Orientierungsrelevanz

---

120 Ich spiele im Text nur unterschiedliche Möglichkeiten durch. Der genaue berufliche Status der Deutschen sowie des chinesischen Sprechers ist mir nicht bekannt.

121 An einem Extrembeispiel illustriert: Ein chinesischer Flugkapitän liest während des Fluges über ein Gebirge einen falschen Wert vom Höhenmesser ab; der chinesische Kopilot bemerkt dies und registriert zugleich, daß der Kapitän die Maschine auf eine niedrigere und potentiell gefährliche Flughöhe steuern will. Gibt hier die Statusdifferenz oder die drohende Gefahr den Ausschlag (und wie gefährlich ist gefährlich genug, um hier Widerspruch gegenüber dem Flugkapitän und Insistieren darauf seitens des Kopiloten zu rechtfertigen)? - Über derartige statusinduzierte Probleme der Kommunikation im Cockpit als Ursache von gefährlichen Situationen und sogar Flugzeugabstürzen berichtete Jörg R. Bergmann auf der Basis der Aufzeichnungen der Voice-Recorder von Flugzeugen im Rahmen der Tagung "Neue Perspektiven der Wissenssoziologie" am 22.06.2002 in Konstanz.

Unentscheidbarkeiten produziert, so daß die Regel mit beliebigem Verhalten kompatibel wird. Schließlich ist es jederzeit möglich, daß (d) in einer gegebenen Situation andere Regeln relevant sein oder psychische Zustände eintreten können (z.B. Übermut, Aggressivität, Müdigkeit, Zerstreutheit), die dazu führen, daß unsere Regel nicht aufgerufen und als Struktur zur Auswahl von Äußerungen benutzt wird. Die Regel wird dann nicht befolgt, was aber nicht ausschließt, daß ein Verhalten beobachtet werden kann, das dem von der Regel geforderten Verhalten dennoch entspricht.

Zum Problem wird, wie unter diesen Voraussetzungen eine Falsifikation von Strukturhypothesen im strengen Sinne möglich sein soll: Wenn jedes unerwartete Verhalten nachträglich erklärt werden kann, indem man entweder auf die Präsenz zusätzlicher Bedingungen, an die man zuvor noch nicht gedacht hatte oder auf die wechselseitige Neutralisierung gegensätzlich wirkender Faktoren verweist, die dazu führen, daß konträre Verhaltensalternativen mit einer Strukturhypothese gleichermaßen kompatibel sind, dann lassen sich immer Gründe finden, um an ihr festzuhalten. Dies ist aber nicht auf einen Mangel an methodologischer Korrektheit, sondern auf die *Komplexität und partielle Unschärfe der strukturellen Determinanten jeder einzelnen Verhaltensselektion* zurückzuführen, die immer nur unvollständig erfaßt werden können.

Noch weiter verschärft wird diese Problemlage, wenn Strukturen nicht als stabil betrachtet werden, sondern - wie sowohl Oevermann als auch Luhmann annehmen - Struktur*transformationen* jederzeit möglich sind. Wenn der Chinese aus unserer Beispielsequenz in einer später aufgezeichneten Interaktionssequenz mit derselben Gesprächspartnerin plötzlich beginnt, Widerspruch zu äußern und auf seiner Meinung zu beharren, dann kann dieses Datum nicht nur durch bisher noch nicht berücksichtigte Randbedingungen erklärt, sondern alternativ dazu auch auf Lerneffekte zurückgeführt werden: Am Verhalten der deutschen Gesprächspartnerin, so eine plausible Vermutung, konnte er erkennen, daß zumindest von dieser Kommunikationsteilnehmerin nicht der Verzicht auf Widerspruch zur Wahrung von Harmonie, sondern das konsistente Durchhalten einer einmal geäußerten Auffassung normativ erwartet wird; er konnte dann sein weiteres Verhalten darauf einstellen. Für den Beobachter entsteht aus dieser Möglichkeit das Zusatzproblem, daß er anhand des Kommunikationsverhaltens nicht ohne weiteres beurteilen kann, ob seine ursprüngliche Strukturhypothese falsch war und deshalb geändert werden muß, oder die Hypothese richtig war, aber die determinierende Struktur sich geändert hat.[122]

Als Resümee ist zu notieren: Das Problem, wie Falsifikation hier noch möglich sein soll, ist die *methodologische Erscheinungsform des Komplexitätsproblems*. Weil die Anzahl der denkbaren strukturellen Determinanten sehr groß ist; weil sich der Zustand des Systems mit jeder Operation ändert und mit jeder Zustandsänderung andere Strukturen zur Auswahl der nächsten Operation aufgerufen werden können;

---

122 Diesen Einwand hat Bernhard Giesen in verschiedenen Diskussionen formuliert.

weil jede spezifische Struktur darüber hinaus in jeder neuen Situation verändert werden kann und all dies nicht der direkten Beobachtung zugänglich ist, *können die strukturellen Determinanten von Operationen nicht vollständig erfaßt werden*. Eine zuverlässige Prognose des Systemverhaltens ist deshalb nicht zu erreichen.

Wenn wir trotzdem jede Abweichung zwischen prognostiziertem und faktischem Verhalten als Falsifikation deuten, dann wird, hinreichendes Datenmaterial zur Überprüfung vorausgesetzt, keine Strukturhypothese diese Behandlung überleben. Sofern wir uns entschließen, derartige Abweichungen zu tolerieren oder, was immer möglich ist, nachträglich zum Verschwinden zu bringen, indem wir ad hoc zusätzliche Annahmen einfügen, die sie erklären und unsere Hypothese vor Widerlegung schützen, nimmt unser Problem die entgegengesetzte Form an. Dann können wir keine Hypothese mehr falsifizieren. Wie aber soll es dann möglich sein, zwischen Strukturhypothesen unterschiedlicher Güte zu unterscheiden?

Das skizzierte Dilemma verdankt sich einer zu einfachen Vorstellung vom Vorgang der Falsifikation. In einem bekannten Aufsatz hat Lakatos (1974) diese Version des Falsifikationismus als "naiven Falsifikationismus" bezeichnet und überzeugend kritisiert. Theorien und Hypothesen, so der Kern der Kritik von Lakatos, scheitern nicht an widersprechenden Daten, sondern an konkurrierenden Theorien und Hypothesen von höherer Leistungsfähigkeit.[123] Eine derartige (sich ebenfalls auf Aussagen Poppers stützende) "raffinierte" Version des Falsifikationismus schlägt, grob formuliert, die beiden folgenden Maximen zur Auswahl unter konkurrierenden Theorien und Hypothesen vor:

(1) Bevorzuge Theorien und Hypothesen, die den *höchsten empirischen Gehalt* aufweisen, d.h. mehr denkmögliche Zustände und Ereignisse in der Welt als hypothesenwidrig ausschließen als andere.
(2) Bevorzuge Theorien und Hypothesen, bei denen *die Bilanz* zwischen ihrem empirisch *bewährten* Gehalt (d.h. den registrierten Übereinstimmungen von Beobachtungsaussagen und Daten) und dem *Falschheitsgehalt* (d.h. den registrierten Widersprüchen zwischen Hypothesen und Daten) am günstigsten ausfällt.

Diese beiden Maximen, die für die Naturwissenschaften wie für die Geistes- und Sozialwissenschaften gleichermaßen gelten sollen, machen deutlich, daß "Falsifikation" nun zu einem Begriff wird, der sich nicht mehr allein auf die Relation zwischen einer theoretischen Hypothese und darauf beziehbaren Beobachtungsaussagen stützt, sondern der *notwendig einen intertheoretischen Vergleich* einschließt. Ohne konkurrierende Theorien bzw. Hypothesen, so die Konsequenz daraus, kann es keine Falsifikation geben. Jeder Falsifikationsversuch einer Strukturhypothese setzt demnach voraus, daß konkurrierende Deutungen vorgeschlagen werden. Je zahlreicher die Konkurrenten, um so härter der Test, den eine Hypothese zu be-

---

[123] "Der raffinierte Falsifikationismus verwandelt also das Problem der Bewertung von *Theorien* in das Problem der Bewertung von *Theoriereihen*. (...) *Es gibt keine Falsifikation vor dem Auftauchen einer besseren Theorie*" (Lakatos 1974, S.116f., Hervorhebungen im Original).

stehen hat.[124] Eindeutige Entscheidungen sind dabei freilich nicht immer möglich. Eine Strukturhypothese A kann etwa genauere Aussagen über das zu erwartende Systemverhalten machen, als eine Hypothese B. Sie hat dann einen höheren empirischen Gehalt als B und wäre unter diesem Gesichtspunkt zu bevorzugen. Gerade wegen ihres höheren empirischen Gehalts kann sie aber auch häufiger mit Beobachtungsaussagen in Konflikt kommen und deshalb einen höheren Falschheitsgehalt als B aufweisen, dem andererseits zahlreiche Bewährungen durch die Erfüllung sehr präziser Prognosen gegenüberstehen. Bereits die Anwendung unserer beiden *drastisch vereinfachenden* Maximen kann also zu Situationen führen, in denen eine schwierige Abwägung zwischen unterschiedlichen Vor- und Nachteilen erforderlich ist, für deren 'Verrechnung' es keinen eindeutigen Maßstab gibt.[125]

Blicken wir von diesen methodologischen Prämissen her auf die Interpretation unseres Beispiels zurück: Ein Widerspruch zu den Daten war nicht festzustellen, was natürlich darauf zurückzuführen ist, daß die analysierte Sequenz extrem kurz war und vollständig dazu verwendet wurde, die Strukturhypothese überhaupt erst zu formulieren. Konkurrierende Hypothesen, die mit den Daten ebenfalls verträglich sind, haben wir zwar nicht entwickelt, lassen sich aber leicht ausdenken. So könnten wir vermuten, daß der chinesische Teilnehmer jeden Widerspruch vermied, weil er eine Debatte in einer fremden Sprache, in der er sich nicht sicher genug fühlte, vermeiden wollte; oder: weil er müde war; weil er kein Interesse am Thema hatte; weil er das Gespräch rasch beenden wollte, um einen anderen Termin nicht zu versäumen oder, weil er es sich mit seiner Sprachlehrerin (deren besondere Sensibilität bei Debatten über die soziale Benachteiligung von Frauen ihm vielleicht bekannt war) nicht verderben wollte. Jedes dieser möglichen Motive könnte ausreichen, um

---

124 Dabei sind auch die Beobachtungsaussagen nicht vor Revision sicher, enthalten sie doch ebenfalls theoretische Annahmen, wie z.B. Annahmen über die Funktionsweise unserer Meßinstrumente bzw. Wahrnehmungsorgane. Was wir registrieren, wenn wir einen Widerspruch zwischen Beobachtungsaussagen und theoretischen Annahmen feststellen, ist immer nur eine Inkonsistenz zwischen verschiedenen Sätzen, bei der wir erst durch eine *Zurechnungsentscheidung* dazu kommen, die Ursache dieser Inkonstistenz an einer bestimmten Stelle, etwa in der Falschheit unserer Hypothesen, in Beobachtungsfehlern, beschädigten Beobachtungsinstrumenten etc. zu lokalisieren. Wie können wir eine solche Entscheidung begründen, wenn der Defekt überall liegen könnte? Der Vorschlag von Lakatos lautet: Wir sollten den Defekt vorzugsweise dort suchen, wo er durch Änderungen ausgebessert werden kann, die den bewährten empirischen Gehalt unserer Annahmen erweitern (vgl. Lakatos 1974, S.127 mit wissenschaftsgeschichtlichen Belegen zur erfolgreichen Korrektur 'widerspenstiger' Beobachtungsdaten). Hintergrund dieses Vorschlags ist die Duhem-Quine-These, nach der eine Prüfung isolierter Einzelhypothesen unmöglich ist, weil wir immer nur Inkonsistenzen in einem ganzen System von Annahmen, das dabei im Spiel ist, feststellen, ohne diese Inkonsistenzen auf bestimmte, eindeutig als 'falsch' zu identifizierende Annahmen zurechnen zu können (einführend dazu Stegmüller 1979, Bd.2, S.265ff.).
125 Vgl. dazu auch Kuhn 1978, S.422ff., der *fünf* voneinander unabhängige Rationalitätskriterien nennt, die bei Theoriewahlentscheidungen zu berücksichtigen sind (nämlich Tatsachenkonformität, Widerspruchsfreiheit, Reichweite, Einfachheit und Fruchtbarkeit). Weil Theorien bei der vergleichenden Bewertung nach jedem einzelnen Kriterium unterschiedlich erfolgreich sein können und es keinen gemeinsamen Maßstab gibt, der eine 'Verrechnung' der unterschiedlichen Rangplätze erlauben würde, die eine Theorie bei der Anlegung der verschiedenen Kriterien einnimmt, ist davon auszugehen, daß in einer Vielzahl von Situationen keine eindeutige Vorzugsentscheidung auf der Basis rationaler Kriterien getroffen werden kann. Vgl. dazu auch Schneider 1991, S.110ff.

das beobachtete Selektionsmuster zu produzieren. Weitere lassen sich sicher ausdenken. Wie können wir dann aber rechtfertigen, daß wir die Orientierung am *Interaktionsideal der Harmonie* bzw. an daraus abgeleiteten Normen gegenüber all diesen Hypothesen bevorzugen?

Wir können uns hier eine Implikation des "raffinierten Falsifikationismus" zunutze machen, die aus dem oben Gesagten folgt. Danach können Vorzugsentscheidungen zugunsten einer bestimmten Theorie oder Hypothese nicht erst dann getroffen werden, wenn Widersprüche zwischen Beobachtungsdaten und theoretischen Annahmen die Aussonderung schlechter bewährter Theorien bzw. Hypothesen ermöglichen. Weil die *Erweiterung des bewährten empirischen Gehalts* unserer Theorien und Hypothesen Ziel aller Bemühungen ist, ein erweiterter Gehalt jedoch oft nicht sofort auf seine Bewährung an den Daten überprüft werden kann, genügt in einem ersten Schritt bereits der größere Gehalt eines Konkurrenten (auch wenn dieser empirische Gehalt gegenwärtig *noch nicht* bewährt ist), um ihm *vorläufig* den Vorzug zu geben und die anderen solange auf nachrangige Plätze zu verweisen, wie der Gehaltsvorsprung nicht durch Kollision mit den Daten aufgezehrt und zu einem entsprechend größeren Falschheitsgehalt geworden ist, der zur Aussortierung der gehaltsreicheren Annahme(n) führt.[126]

Für die hermeneutische Dateninterpretation bedeutet dies: Stimmen mehrere Strukturhypothesen gleichermaßen mit den Daten überein, dann kann eine Vorzugsentscheidung zugunsten der Hypothese mit dem größten empirischen Gehalt gerechtfertigt werden. Entspricht ein Verhalten den *Normalitätserwartungen*, die aus einem empirisch weit verbreiteten kulturellen Deutungsmuster abgeleitet werden können, dann ist eine Erklärung, die das beobachtete Verhalten auf die Befolgung dieser Erwartungen zurückführt, deshalb als Hypothese zunächst vorzuziehen gegenüber allen anderen (und meist beliebig vermehrbaren) Vermutungen, die statt dessen situations- oder personenspezifische Motive ins Feld führen. Denn solche Vermutungen haben einen geringeren empirischen Gehalt.

Oevermanns Methodologie der objektiven Hermeneutik empfiehlt nun genau dies, nämlich einer Erklärung durch sozial geltende Normalitätserwartungen immer den Vorzug gegenüber Erklärungsversuchen zu geben, die mit fallspezifischen Sonderbedingungen argumentieren. Aus diesem Grunde steht bei der Standardversion dieses Verfahrens am Beginn die Explikation der Kontexte, in denen die erste Äußerung eines Interaktionsprotokolls in Übereinstimmung mit sozial standardisierten Erwartungen ausgeführt werden könnte. Erst dann, wenn die Äußerung realiter in einem Kontext gefallen ist, in dem sie den geltenden Erwartungen widerspricht, werden Erklärungshypothesen formuliert, die mit fallspezifischen Annahmen arbeiten. Dabei sind wiederum solche Hypothesen zu bevorzugen, die eine beobachtete Abweichung *nicht* auf situations- und individualspezifische Faktoren, sondern auf *abweichende soziale Normalitätsstandards* zurückführen, wie wir es

---

[126] Auf die Übereinstimmung der methodologischen Kriterien der Hermeneutik für die Entscheidung zwischen konkurrierenden Deutungsmöglichkeiten mit dem wissenschaftstheoretischen Konzept der *Vergleichsbewährung* komme ich in Kap.3.1.5 noch einmal ausführlicher zurück.

in der Analyse unseres Beispiels getan haben.[127] Die objektive Hermeneutik ist demnach genau so konzipiert, daß sie den Postulaten des "raffinierten Falsifikationismus" Rechnung trägt.

Aus der Perspektive der Systemtheorie steckt hier freilich noch ein Problem, das die objektive Hermeneutik tendenziell unterschätzt: Worum es geht, ist nicht die Untersuchung der Regularitäten von Naturprozessen, bei denen es plausibel erscheint, ein hohes Maß an Stabilität anzunehmen, sondern die Rekonstruktion der Strukturen *ereignisförmig prozessierender autopoietischer Systeme*. Autopoietische Systeme, dies sei hier noch einmal wiederholt, sind endogen unruhig und instabil. Sie reproduzieren sich durch die Verkettung von immer neuen Operationen. Dabei verwenden sie Strukturen zur 'Errechnung' der Folgeoperationen, die ihrerseits durch vorausgegangene Operationen aufgerufen worden sind und ebenso rasch durch andere, später aufgerufene Strukturen ersetzt werden können. Der Begriff der Struktur verliert damit die Konnotation der Dauerhaftigkeit und Stabilität. Er ist ausschließlich funktional definiert. *Alles* was dazu dient, den Bereich möglicher Anschlüsse einzuschränken und dadurch zur Lösung des Problems der Selektion von Folgeoperationen beizutragen, fungiert als Struktur. Nachwirkende Eindrücke vergangener Erlebnisse, gerade ausgelöste Wünsche und Absichten oder kurzfristig aufwallende Affekte können ebenso als Strukturen benutzt werden, wie lang gehegte Überzeugungen oder normative Regeln. Eine jetzt aufgerufene Struktur kann im Grenzfall nur die Auswahl der nächsten Operation dirigieren und dann schon wieder verschwinden, ohne irgendwann noch einmal auftauchen zu müssen. Als 'dauerhaft' erscheinen Strukturen, wenn sie in vergleichbaren Situationen immer wieder aufgerufen und verwendet werden. Dabei sind sie freilich der Evolution ausgesetzt, können also modifiziert, auf neuartige Situationen ausgedehnt oder auf spezifische Situationen eingeschränkt werden (vgl. Luhmann 1997a, S.431).

Insofern erscheint eine langfristige und weitgehend unveränderte Reproduktion von Strukturen *theoretisch zunächst unwahrscheinlich*, wenn auch keineswegs unmöglich. Außerdem muß davon ausgegangen werden, daß Strukturen nicht jeweils einzeln und isoliert fungieren, sondern sich überlagern, miteinander interferieren, sich aneinander akkomodieren, zu Kompromißbildungen führen oder sich wechselseitig verstärken können. Eine bestimmte Selektion kann etwa zugleich als Verwirklichung einer interessengeleiteten Absicht, als Abreaktion eines Affektes und als Erfüllung einer Verpflichtung realisiert werden. Die Dirigierung des Systems auf diese Selektion hin ist dann *überdeterminiert*. In dem Maße, in dem verschiedene Strukturen bei der Auswahl der nächsten Operation eine kongruente Lenkungswirkung entfalten, fällt es dem Beobachter schwer, Anhaltspunkte für deren Un-

---

[127] Oevermann spricht in diesem Zusammenhang auch von der hermeneutischen "Sparsamkeitsregel" (vgl. 1979, S.419 und 1980, S.25). Dem entspricht bei Popper der "Grundsatz des sparsamsten Hypothesengebrauchs", d.h. die methodologische Regel, keine Hilfshypothesen zur Rettung eines Systems von Hypothesen zuzulassen, die den Falsifizierbarkeitsgrad des Systems (alias seinen empirischen Gehalt) verringern (vgl. dazu Popper 1966, S.50f., 105 und 218). Zur Befolgung dieses Grundsatzes durch Popper im Rahmen seiner Konzeption des *situationslogischen Verstehens* vgl. Schneider 1991, S.85ff.

terscheidung zu finden. Dies gilt auch für die Beantwortung der Frage, welche von mehreren möglichen strukturellen Determinanten von *größerem Gewicht* für die Auswahl einer Verhaltensalternative gewesen ist. Wenn etwa Neigung und Norm in die gleiche Richtung weisen, fällt es schwer zu sagen, ob eines und gegebenenfalls welches der beiden Strukturelemente hier 'entscheidend' war für die getroffene Auswahl.

Schließlich ist aus systemtheoretischer Perspektive anzunehmen, daß die objektive Hermeneutik dazu tendiert, die Bedeutung *kurzfristig* fungierender und *instabiler* Strukturen für die Selektion von Anschlüssen *systematisch zu unterschätzen*. Sie wird, um dies noch einmal an unserem Interpretationsbeispiel zu illustrieren, es mit guten *methodologischen* Argumenten möglichst vermeiden, das konfliktumsteuernde Verhalten des Chinesen auf die schon erwähnten individuellen und situativen Faktoren zurückzuführen, die grundsätzlich ebenfalls ausreichen würden, um es zu erzeugen und statt dessen dazu neigen, in diesem und analogen Fällen immer das Interaktionsideal der Harmonie und die damit verknüpften Verhaltensnormen am Werke sehen. Daß diese Deutung im *jeweiligen Einzelfall* auch die richtige ist, ist damit nicht gesichert. Zu vermuten wäre insofern eine *Tendenz zur Überattribution zugunsten sozial geltender Normalitätserwartungen* als primär selektionsrelevanten Strukturen.

Dem kann freilich durch methodische Sorgfalt entgegengesteuert werden:[128] Wenn sich kommunikative Selektionsmuster, die sich einer Strukturhypothese fügen, in *unterschiedlichsten Situationen* und mit einem hinreichenden *zeitlichen Abstand* immer wieder zeigen und wenn darüber hinaus derartige Muster auch bei *anderen Personen* (bzw. Organisationen) außergewöhnlich häufig zu beobachten sind, dann ist dies ein Indiz für sachlich, zeitlich und sozial generalisierte Strukturen mit *hoher Reproduktionsrate*.[129]

Der Aufwand, den solche Analysen verlangen, ist relativ hoch. Dieser Umstand, zusammen mit den zuvor genannten Einwänden, mag skeptisch stimmen gegenüber dem Anspruch der objektiven Hermeneutik, im Prinzip *jeweils genau diejenigen* Strukturen *vollständig* rekonstruieren zu können, durch die ein beobachtetes Selektionsmuster generiert worden ist. Schränken wir diesen Anspruch hingegen in einer Weise ein, die den eben genannten Einwänden Rechnung trägt, dann sehe ich keine Methode, die besser geeignet wäre, selektions*relevante* Strukturen zu erschließen. Wenn die Systemtheorie nicht darauf verzichten will, empirisch zu untersuchen, auf welche Weise *binäre Schemata* in der Kommunikation und als Ein-

---

128 Es sei jedoch nicht verschwiegen, daß die Einwände, auf die Oevermanns Interpretationen typisch treffen, eher eine Verzerrung in die entgegengesetzte Richtung, nämlich zur ständigen Entdeckung von Abweichungen, behaupten. Oevermann erklärt die häufige Registrierung normalitätsdiskrepanter Verhaltensselektionen in seinen Analysen durch Besonderheiten des Datenmaterials.

129 Bei der hermeneutischen Analyse biographischer Verlaufskurven läßt sich z.B. immer wieder beobachten, daß lebensgeschichtlich bedeutsame Entscheidungen sachlich unterschiedlicher Art (z.B. Berufswahl, Gattenwahl, Wechsel von Wohnort, Arbeitsplatz oder Gruppenzugehörigkeiten) bei näherem Hinsehen erstaunliche Gemeinsamkeiten aufweisen, die es plausibel erscheinen lassen, diese Entscheidungen als Wiederholung eines Selektionsmusters zu begreifen, in dem sich die Reproduktion einer zugrunde liegenden Struktur dokumentiert.

richtungen der wechselseitigen strukturellen Kopplung von Kommunikation und Bewußtsein fungieren, dann scheint mir die objektive Hermeneutik ein dazu hervorragend geeignetes Forschungsinstrument.

2.3.7 Resümee

Unsere vergleichende Analyse startete mit der Annahme, daß das Verhältnis von Struktur und Ereignis in der Systemtheorie und der objektiven Hermeneutik ähnlich bestimmt, aber zugleich in einen je unterschiedlichen Problemkontext eingespannt wird, der zu gegenläufigen Pointierungen führt. Diese Annahme hat sich bestätigt.

Vor dem Hintergrund der Leitunterscheidung von System und Umwelt sowie der Konzipierung von Systemen als black boxes mit einer internen Komplexität, die sich jeder Berechenbarkeit durch einen Beobachter grundsätzlich entzieht, erscheinen die *operativen* Strukturen psychischer und sozialer Systeme *kaum erkennbar*. Beschreibungen, wie sie in Prozessen der Fremd- bzw. Selbstbeobachtung angefertigt werden, sind zwar in der Lage, *Redundanzen* zu registrieren und als Systemstrukturen zu behandeln. Wir können jedoch nicht ohne weiteres annehmen, daß die beschriebenen Strukturen mit den operativen Strukturen eines beobachteten Systems identisch sind. Unter dem Titel *"binäre Schemata"* werden andererseits auch in der Systemtheorie Einrichtungen der strukturellen Kopplung von Kommunikation und Bewußtsein diskutiert, von denen unterstellt wird, daß sie relevant sind für die Selektion kommunikativer Operationen.

Im Gegensatz zur Systemtheorie unterstellt die objektive Hermeneutik die grundsätzliche *Erschließbarkeit* operativer Strukturen durch methodisch kontrollierte Beobachtung und Beschreibung. Als Bedingung der Möglichkeit dafür muß sie eine Ebene *hoch generalisierter und gemeinsam geteilter konstitutiver Strukturen* (alias Regeln) mit universaler Reichweite unterstellen, die als kognitive Grundlage für die Ermittlung unbekannter Strukturen mit beschränkter Reichweite der sozialen Geltung dienen können.

So kontrastiert, setzt die Systemtheorie die Unterscheidung von System und Umwelt als unübersteigbare *Letztdifferenz* an, während die objektive Hermeneutik auf einer übergreifenden Ebene der *Intersubjektivität* beharrt, die psychische und soziale Systeme mit anderen psychischen bzw. sozialen Systemen in ihrer Umwelt verbindet.[130] - Andererseits konnte gezeigt werden, daß jede der beiden Positionen

---

[130] Insofern liegt es nahe, sie unter den Etiketten "Differenztheorie" vs. "Identitätslogik" gegeneinander auszuspielen. Vgl. entsprechend Bora (1997, S.246), der im Anschluß an die Kritik der "regelontologischen Grundlegung" (siehe Sutter/Weisenbacher 1993; ebenso Sutter 1997b) der objektiven Hermeneutik dafür plädiert, "... das identitätslogische Konzept universeller Strukturen an der Verbindungsstelle von Objekttheorie und Methodologie in der objektiven Hermeneutik durch ein differenztheoretisches Konzept der Selbstorganisation zu ersetzen" und Anknüpfungspunkte dafür in Oevermanns Subjekttheorie sieht. Wie oben im Text von mir versucht, behandelt auch Bora die
(Fortsetzung...)

unter ihren eigenen Ausgangsvoraussetzungen Entsprechungen zu zentralen Elementen der Gegenposition mitführt: So die Systemtheorie, wenn sie die Situation reiner doppelter Kontingenz nach dem Muster einer wechselseitigen *Reziprozitätsunterstellung* beschreibt, für Sprache als Mechanismus struktureller Kopplung mit *universalen Tiefenstrukturen* à la Chomsky rechnet und die Behauptung der Unerkennbarkeit operativer Strukturen in die elastischere Form der Möglichkeit einer *mehr oder weniger starken Divergenz* zwischen operativen Strukturen und beobachteten Strukturen bringt. So umgekehrt die objektive Hermeneutik, wenn sie mit der Möglichkeit der *Transformation* von (nicht-konstitutiven) Strukturen an jeder Sequenzposition rechnet, von der immer nur *approximativen* Rekonstruierbarkeit latenter Sinnstrukturen spricht, den Prozeß der Rekonstruktion als prinzipiell zukunftsoffen und seine Ergebnisse als *jederzeit revidierbar* darstellt. Von verschiedenen Ausgangspunkten her kommend, treffen sich beide Ansätze in einer Auffassung von Erkenntnis, die auf externe Richtigkeitsgarantien verzichtet und Wissen als je vorläufiges Produkt theoretisch inspirierter und methodisch kontrollierter Operationen im Kontext wissenschaftlicher Kommunikation begreift.[131]

Unterschiedlich bleiben vor allem die *forschungsstrategischen Konsequenzen*, die beide Ansätze aus ihren Prämissen ziehen. Die objektive Hermeneutik insistiert auf der akribischen Untersuchung natürlicher Daten in strikter Bindung an die sequentielle Ordnung ihrer Erzeugung. Sie übersetzt dabei den systemtheoretischen Strukturbegriff unmittelbar in Analyseoperationen. Skeptisch gegenüber der Möglichkeit, operative Strukturen auf methodischem Wege zu erschließen, verzichtet die Systemtheorie auf die Option, eine *Methode empirischer Analyse aus ihrem Strukturbegriff* zu entwickeln und setzt statt dessen konsequent auf theoretische Abstraktion. An den Interpretationsergebnissen der objektiven Hermeneutik kann die Systemtheorie deshalb beobachten, wie weit das Auflösungsvermögen von Strukturbeschreibungen gesteigert werden kann, wenn man ihren eigenen Strukturbegriff methodisch beim Wort nimmt.

Die Analyse *"binärer Schemata"*, d.h. selektionsrelevanter Strukturen, die zugleich als Einrichtungen der strukturellen Kopplung zwischen Bewußtsein und Kommunikation dienen, erscheint mir dabei als ein besonders aussichtsreiches Feld für eine Kooperation zwischen Systemtheorie und Hermeneutik. Ein kurzes Beispiel dazu haben wir zuletzt behandelt. Das nun folgende Kapitel zeigt anhand einer

---

130(...Fortsetzung)
Kontrastierung "Identitätslogik" vs. "Differenztheorie" nicht als definitive Unvereinbarkeitsfeststellung, sondern als Markierung für eine potentiell zu überwindende Divergenz.

131 Eine solche Auffassung von Erkenntnis wird nicht hinfällig, wenn man die Resultate wissenschaftlicher Analyse als *bloße methodische Konstruktionen* deklariert. Auch dann noch bleibt es möglich, *Konstruktionen unterschiedlicher Güte* zu erzeugen, deren Qualität nach internen methodologischen Kriterien des Wissenschaftssystems geprüft und bewertet werden kann. Was wir als 'wahr' betrachten und was wir als 'unwahr', 'nicht durch die Daten gedeckt' etc. verwerfen, hängt wesentlich von den benutzten Unterscheidungen ab, mit denen wir die Welt beobachten. Was wir dabei zu sehen bekommen, ist dadurch gleichwohl nicht vollständig präjudiziert. Die je vorläufig als 'wahr' deklarierten Ergebnisse methodisch kontrollierter Prüfung sind insofern *nicht beliebig* und Resultat *methodischer Konstruktion* zugleich. Vgl. dazu auch Luhmann 1990a, S.510ff.

ausführlicheren explorativen Analyse *auf der Basis unterschiedlichen Datenmaterials*, wie eine empirische Rekonstruktion binärer Schemata mit hermeneutischen Mitteln durchgeführt werden kann.

Dabei werde ich eine Abweichungszuschreibung untersuchen, die im innerdeutschen Diskurs unmittelbar nach der Wiedervereinigung besondere Prominenz erlangt hat: Es geht um die Zuschreibung von *"Überheblichkeit"* bzw. *"Arroganz"*. Von ostdeutschen Beobachtern immer wieder als Kennzeichen westdeutschen Verhaltens registriert und als Beschwerde an die Westdeutschen adressiert, wurde bisher kaum die Frage gestellt, welche Bezeichnung und welches Verhalten denn dabei als positiv bewertetes Gegenstück vorausgesetzt wird.[132] Wie im Falle des zuletzt analysierten Beispiels die Meidung von Widerspruch und Konflikt durch den chinesischen Gesprächsteilnehmer offen läßt, welche normative Konzeption gelungener Kommunikation, d.h. welches *Interaktionsideal* im Hintergrund dieses Verhaltens steht, so bleibt auch beim Gebrauch der Abweichungszuschreibung Überheblichkeit/Arroganz unklar, welches normative Modell der Interaktion den Maßstab bildet, der mit der Verwendung dieser Prädikate vorausgesetzt wird. Ziel der Analyse ist es, dieses latente und durch den implizit bleibenden *Gegenbegriff* bezeichnete *Modell* zu ermitteln und damit die Abweichungszuschreibung Überheblichkeit/Arroganz als eine von zwei sich wechselseitig voraussetzenden Bezeichnungen innerhalb eines *binären Schemas* zu rekonstruieren, das in innerdeutschen Kommunikationsbeziehungen nach der deutschen Wiedervereinigung eine bedeutende Rolle gespielt hat. Darüber hinaus will ich zeigen, daß diese Abweichungszuschreibung *semantisch überdeterminiert* ist, weil zumindest ein weiteres Beobachtungsschema identifiziert werden kann, dessen Gebrauch in vielen Situationen zum gleichen Resultat führen muß.

2.4 Zur hermeneutischen Rekonstruktion sozialer Beobachtungsschemata: "Überheblichkeit" als Delikt. Strukturelle Prämissen ostdeutscher Beobachtung westdeutschen Verhaltens[133]

2.4.1 Zur hermeneutischen Rekonstruktion sozialer Beobachtungsschemata

"Überheblichkeit" oder "Arroganz", die sich vor allem in belehrendem und bevormundendem Verhalten zeigt - diese Kennzeichnung gehörte schon kurz nach der Wiedervereinigung zum ostdeutschen Standard-Portrait der Westdeutschen. Darin wurde das Verhalten vieler Westdeutscher im Umgang mit Ostdeutschen als norm-

---

[132] "Nicht-arrogant/überheblich" ist hier eine zwar naheliegende aber unzureichende Auskunft, bleibt dabei doch völlig offen, was man darunter zu verstehen hat.

[133] Die folgende Analyse (vgl. dazu die Titel 5 und 6 in den Drucknachweisen) entstand im Rahmen eines Projektes zum Thema "Veränderungen in der Semantik kollektiver Identität", das ich zusammen mit Bernhard Giesen im Rahmen des hessischen Landesforschungsschwerpunktes "Institutioneller Wandel und Alltagserfahrung in den neuen Bundesländern" durchgeführt habe.

widrig gedeutet und auf eine negative Charaktereigenschaft zurückgeführt. - Welche Formen des Wohlverhaltens wurden hier eingeklagt? Was war der Deutungshintergrund der Interaktionsmoral, die sich in solchen Abweichungszuschreibungen artikulierte? Die Vertrautheit der Worte, die dabei verwendet werden, darf nicht dazu verführen, ihre Bedeutung von vornherein als allgemein bekannt und identisch für Ost- und Westdeutsche zu unterstellen. Wer dies, wie in der Umfrageforschung üblich, ungeprüft tut, dem entgeht u.U. der spezifische soziale Sinnzusammenhang, in den Zuschreibungen dieser Art möglicherweise eingebettet sind. Was so erreicht wird ist die Feststellung von 'Mentalitätsdifferenzen', deren sozio-kulturelle Verankerung im Schatten ungeprüfter Gemeinsamkeitsunterstellungen dem Blick entzogen bleibt.[134]

Will man solche Differenzen nicht nur registrieren, sondern als Manifestation sinnstruktureller Prämissen des Erlebens und Handelns dechiffrieren, die sich möglicherweise von unseren eigenen Normalitätserwartungen unterscheiden, muß man ein alternatives analytisches Instrumentarium wählen. Wesentliche Anknüpfungspunkte dafür bietet der konstruktivistische Beobachtungsbegriff der Systemtheorie (vgl. u.a. Luhmann 1995a, S.92ff).

Psychische und soziale Systeme reproduzieren sich danach durch die sequentielle Verkettung von Beobachtungsoperationen. Beobachten bedeutet dabei Bezeichnen im Rahmen einer Unterscheidung. Psychische und soziale Systeme sind zunächst Beobachter in dem fundamentalen Sinne, daß jede ihrer Operationen die Unterscheidung von System und Umwelt als Differenz von Selbstreferenz und Fremdreferenz zugleich handhaben muß. So erfordert Verstehen als kommunikative Operation, daß ein Ereignis als *Mitteilung* (selbstreferetieller Aspekt) einer *Information* (fremdreferentieller Aspekt) beobachtet und durch eine Anschlußäußerung, die sich entweder auf die mitgeteilte Information oder die Mitteilungsselektion beziehen kann, eine Seite der Differenz von Mitteilung und Information bezeichnet wird (vgl. Luhmann 1991, S.45 und 97f. sowie Schneider 2002, Bd.2, S.273ff.).

Darüber hinaus ist jedoch auch die kommunikative Bezeichnung eines *bestimmten* Mitteilungsmotivs bzw. einer *bestimmten* Information nur möglich durch ihre Unterscheidung von anderem, das nicht zugleich artikuliert werden kann. Jede Bezeichnung kann nur eine Seite der Unterscheidung aufrufen, die sie als ihren Kontext voraussetzt, durch den sie ihren spezifischen Sinn erhält. Sie konstituiert so einen *Bereich der Latenz*, der nur durch eine spätere Bezeichnung, die die andere Seite der Unterscheidung aktualisiert, sichtbar gemacht werden kann. Eine bloße Übereinstimmung in den Bezeichnungen, wie sie von verschiedenen Kommunikationsteilnehmern für bestimmte Sachverhalte verwendet werden, kann deshalb leicht in die Irre führen. Sie suggeriert eine Übereinstimmung der Sinnzuweisungen, ohne hinreichenden Anhalt dafür zu geben, läßt doch die Übereinstimmung von Bezeichnungen so lange keinen Rückschluß auf die Identität der zugrundegelegten Unterscheidungen zu, wie die andere Seite der Unterscheidung verborgen bleibt.

---

134 Als Beispiel für Einstellungsuntersuchungen dieses Typs mit gleichwohl interessanten Ergebnissen, vgl. statt vieler Doll, Mielke, Mentz 1994.

Aus dieser Anlage des Beobachtungsbegriffs kann die hermeneutische Rekonstruktion sozialer Beobachtungsschemata methodische Direktiven gewinnen, indem sie versucht, mündliche und schriftliche Kommunikationen auf diejenigen *semantischen Unterscheidungen* hin zu beobachten, die sie strukturieren und die sich darin zugleich reproduzieren. Diese Beobachtungsweise, die sich auf die von anderen Beobachtern verwendeten *binären Schemata* richtet, operiert - in der Diktion der Systemtheorie - auf der *Beobachtungsebene zweiter Ordnung*. Der Beobachter zweiter Ordnung muß -

(1) versuchen, die im Unterscheidungsgebrauch eines von ihm beobachteten Beobachters jeweils *aktuell* latent bleibende andere Seite einer Unterscheidung zu rekonstruieren.

Aktuelle Latenz bedeutet freilich nicht notwendig, daß die andere Seite einer verwendeten Unterscheidung an keiner Stelle eines Beitrages oder der anschließenden Kommunikation explizit markiert wird. Längere Äußerungen oder Texte kreuzen oft von einem zum anderen Unterscheidungspol und machen so die strukturierende Funktion eines Beobachtungsschemas grundsätzlich erkennbar. Selbst dann aber ist es eine nicht-triviale Operation, unter den zahllosen Bezeichnungen, die in einer Kommunikation sequentiell prozessiert werden, diejenigen zu identifizieren, die sich zur Einheit einer *strukturell bedeutsamen* Unterscheidung zusammenfügen.

(2) Um zu beobachten, wie eine solche Unterscheidung funktioniert, muß untersucht werden, unter welchen Bedingungen sie gebraucht wird und welche Sachverhalte darunter subsumiert werden.

(3) Schließlich muß eine Unterscheidung, um sie - im strikten Sinne des hier verwendeten Begriffs - *beobachten* zu können, als kontingent erkannt, d.h. nicht nur bezeichnet, sondern zugleich explizit von anderen möglichen Unterscheidungen, die an ihrer Stelle hätten verwendet werden können, unterschieden werden.

Eine so angelegte Methodik der Beobachtung zweiter Ordnung kann als spezifische Form der *Präsuppositionenanalyse* verstanden werden, die in ihren methodologischen Voraussetzungen mit der objektiven Hermeneutik weitgehend übereinkommt.

Im folgenden will ich die Zuschreibung von *Überheblichkeit/Arroganz*, wie sie im Kontext der gleich nach der Wiedervereinigung entstandenen Ossi-Wessi-Semantik von Ostdeutschen an Westdeutsche adressiert wurde, mit beobachtungstheoretischen und hermeneutischen Mitteln untersuchen. Welches Verhalten wurde/(wird?) von Ostdeutschen so klassifiziert? Um dieser Frage nachzugehen, konsultiere ich zu Beginn eine ostdeutsche 'Beobachterin', die - in einem Leserbrief an eine westdeutsche Zeitung - Kriterien für die Verwendung dieses Prädikats nennt. Danach untersuche ich zunächst ein literarisch-fiktives, dann ein reales Fallbeispiel, in dem Ostdeutsche das Verhalten von Ostdeutschen zu DDR-Zeiten jeweils als "überheblich", "arrogant", "selbstherrlich", von "Selbstüberschätzung" zeugend etc. klassifizieren, um auf diese Weise den *Deutungshintergrund* dieser Verhaltenscharakterisierungen beobachtungstheoretisch zu rekonstruieren. Schließlich analysiere ich einige Auszüge aus einem Interview mit einer ostdeutschen Studentin, in denen diese über Verhaltensweisen eines Westkommilitonen berichtet, die sie als Ausdruck von Arroganz wahrgenommen hat, um daran zu prüfen, inwiefern sich darin diejenigen Strukturmuster wiederfinden lassen, die an den zuvor untersuchten Beispielen aufgedeckt werden konnten.

Das untersuchte Material stammt demnach aus unterschiedlichen *Sach*kontexten sowie aus Kommunikationen zwischen unterschiedlichen *Personen* bzw. *Organisationsvertretern*, die zu unterschiedlichen (zum Teil weit auseinanderliegenden) *Zeitpunkten* stattfanden. Trotz der Heterogenität des Materials konnten dabei analoge Selektionsmuster identifiziert und auf eine gemeinsame generative Struktur zurückgeführt werden, was ich als Indiz dafür deute, daß es sich hier um eine Struktur von erstaunlich hoher Stabilität und Verbreitung handelt. Diese Struktur, so meine These, ist definiert durch ein *Interaktionsideal*, das als impliziter Referenzpunkt für die Etikettierung eines Verhaltens als "überheblich", "arrogant" etc. fungiert, das Ideal der *Gesinnungsgemeinschaft*.

Danach will ich zeigen, daß neben diesem Interaktionsideal mindestens ein weiteres, allgemeineres Schema für die ostdeutsche Beobachtung westdeutschen Verhaltens von wesentlicher Bedeutung ist: die Unterscheidung zwischen *"Einheimischen" und "Fremden"*. Dieses Schema trifft durch die spezifischen Bedingungen der Wiedervereinigung auf eine Situation, in der seine üblichen Anwendungsbedingungen pervertiert sind, mit der Folge, daß durch seinen Gebrauch dieselbe Abweichungszuschreibung generiert, d.h. "Überheblichkeit" als typisches Merkmal der Westdeutschen registriert wird.

2.4.2 "Überheblichkeit" als Delikt und das Kollektiv als Instanz sozialer Kontrolle

In einem Leserbrief an die Frankfurter Allgemeine Zeitung formuliert eine ostdeutsche Leserin die folgende Zuschreibungsregel für die Verwendung der Ausdrücke "arrogant", "überheblich" bzw. "selbstherrlich" in der DDR:

> "Betont selbstbewußtes Auftreten wurde laut sozialistischer Moral als *arrogant* gewertet. Wer seine individuellen Züge betonte, stach aus dem 'sozialistischen Kollektiv' heraus und wurde von der Masse als *'selbstherrlich'* und *'überheblich'* abgelehnt. Dem gepflegten Äußeren wurde keine große Beachtung geschenkt. Eher im Gegenteil: wer ganz 'schnieke' aussah, fiel aus der Rolle, es sollte sich keiner von der Masse abheben".[135]

Das Prädikat "überheblich" und seine Varianten wird hier dargestellt als generalisierte Abweichungsmarkierung, die auf jeden angewendet werden kann, dessen

---

135 Vgl. den Leserbrief von Frau Helga Prigge aus Gera-Liebschwitz, in der FAZ vom 21.6.1991, S.11, veröffentlicht unter der Überschrift "Sind wir 'ein' Volk?"; Hervorhebungen von mir, W.L.S. Thema des Briefes sind die spezifischen Prägungen, denen die Ostdeutschen nach Auffassung der Schreiberin durch ihre DDR-Sozialisation ausgesetzt waren.

Verhalten sich von dem, was als allgemein üblich gilt, unterscheidet. Als Bezugskontext für das, was als allgemein üblich gilt, wird das "'sozialistische Kollektiv'" genannt, eine Organisationseinheit, die - als Arbeitsbrigade, Seminargruppe, Gewerkschaftsgruppe, Hausgemeinschaft etc. - alle Arbeits- und Lebensbereiche der DDR-Gesellschaft durchzog und durch die jeder einzelne in seiner beruflichen und privaten Existenz in Gruppen eingebunden war. Das Kollektiv erscheint als Instanz, die das Verhalten ihrer Mitglieder auf eine Weise beobachtet und kontrolliert, die scharfe Restriktionen für die Kultivierung von Individualität etabliert. Als arrogant gilt, wer aus dem Kollektiv "heraussticht". Die *Einordnung ins Kollektiv*, so kann daraus geschlossen werden, ist demnach das erste Gebot, dem das Verhalten des einzelnen zu genügen hat. Wer sich dieser unspezifischen Konformitätsanforderung mit Gruppenstandards nicht fügt, 'fällt aus der Rolle', 'tanzt aus der Reihe', *beansprucht also einen illegitimen Sonderstatus* gegenüber den anderen. Die Art der Abweichung ist dabei sekundär. Ob Unterschiede im Äußeren, in der Kleidung, im Auftreten oder der geäußerten Meinung - jede offene Markierung individueller Besonderheiten genügt, um den Verdacht zu wecken, jemand erhebe damit den unberechtigten Anspruch auf eine Sonderstellung gegenüber den anderen und verhalte sich ihnen gegenüber insofern "überheblich". Diese Zuschreibung erscheint so als Teil einer systematischen Kontrolle des Verhaltens, der es um die Sicherung von Gleichheit,[136] um die Konformität mit Gruppenstandards und um entsprechende Beschränkung der Profilierung von Individualität geht.

Die Art, wie die Kontrolle durch das Kollektiv im zitierten Leserbrief beschrieben wird, zielt auf Distanzierung. In der Sozialdimension impliziert dies, daß die Autorin auf Distanz zu denjenigen Ostdeutschen geht, die das Verhalten Westdeutscher mit Hilfe eines Vokabulars beschreiben, dessen Ursprungskontext ihrer Darlegung nach die "sozialistische Moral" ist. Im Zusammenhang der Ost-West-Konfrontation nimmt sie damit als ehemalige Ostdeutsche tendenziell Partei für die Westdeutschen. Beobachtungstechnisch geschieht dies, indem die Unterscheidung *Überheblichkeit (Arroganz, Selbstherrlichkeit)* vs. *Einordnung ins Kollektiv* mit der parallelen Unterscheidung *Individuum* vs. *Masse* beobachtet wird, die jedoch mit einer umgekehrten Wertungspolarität verbunden ist. Westdeutscher 'Individualismus' wird so gegen sozialistischen 'Kollektivismus' ausgespielt.

Der untersuchte Leserbrief bewegt sich offensichtlich auf der *Beobachtungsebene zweiter Ordnung*. Er behauptet gemeinsame Anwendungsbedingungen für den Gebrauch der Prädikate "selbstherrlich", "überheblich", "arrogant" und behandelt sie so als Synonyme. Zugleich thematisiert er diese Prädikate als Bezeichnungen innerhalb einer Unterscheidung, die aus der Perspektive einer zweiten Unterscheidung beobachtet und als kontingent dargestellt wird. Sehen wir von den bewerten-

---

136 Siehe dazu auch Lydia Lange (1993, S.56), die bis zu ihrer "Abwicklung" Psychologie an der Ostberliner Humboldt-Universität lehrte: "Beherrschend in der gesamten DDR-Gesellschaft war der Gleichheitsgedanke. Er wurde wesentlich über die 'Kollektive' wirksam. Die Vorstellung wurde verinnerlicht, wahrscheinlich ohne es zu merken, daß alle gleich seien und somit auch die gleichen Ansprüche haben sollten. So war man denn der 'Partei- und Staatsführung' böse, daß sie sich nicht so 'gleich' verhielt, wie es der verkündeten Ideologie entsprochen hätte".

den Implikationen und der dadurch vollzogenen Parteinahme der Autorin ab, dann operiert dieser Text demnach auf der gleichen Beobachtungsstufe, auf der sich auch unser Versuch zur Analyse des Prädikats der Überheblichkeit im folgenden bewegt. Diesen Umstand nutzend, können wir die darin entwickelte These, nach der die Bezeichnung "Überheblichkeit" als negativer Wert der Differenz *Überheblichkeit* vs. *Einordnung ins Kollektiv* zu betrachten ist, als Starthypothese für die weitere Untersuchung verwenden.

In der vorliegenden Fassung hat diese Hypothese freilich einen gravierenden Mangel. Sie läßt kaum erkennen, welche Praxis der Anwendung dieser Unterscheidung im Einzelfall entspricht. Geeignetes empirisches Material, das diese Praxis sichtbar macht, liegt in Dokumenten vor, deren Autoren zu ideologischen Delikten Stellung nehmen, die ihnen vorgeworfen wurden. Entsprechende Materialien sollen später konsultiert werden. Was kaum verfügbar ist, sind Aufzeichnungen von Interaktionen, in deren Verlauf Zuschreibungen der hier untersuchten Art verwendet werden. Um dennoch wenigstens einen Eindruck davon zu gewinnen, wie solche Zuschreibungen in direkter Interaktion eingesetzt worden sein *könnten*, greife ich auf die literarisch-fiktive Darstellung einer entsprechenden Szene aus Monika Marons erstem, 1981 erschienenen Roman "Flugasche" zurück.

2.4.3 Ein literarisch-fiktives Fallbeispiel

Bei dieser Szene handelt es sich um die Sitzung der Parteileitung in der Redaktion einer Wochenzeitschrift. Gegenstand dieser Sitzung ist das Verhalten der Hauptfigur, Josefa Nadler, Journalistin bei einer Illustrierten und selbst ebenfalls Parteimitglied.[137] Josefa hatte den Auftrag, eine Reportage über die Stadt B. zu machen.[138] Was sie sah, war eine Stadt, die in den Abgasen und dem Schmutz eines überalterten Kraftwerks erstickte. Josefa ist entsetzt, beschließt zu schreiben, was sie gesehen hat: "B. ist die schmutzigste Stadt Europas ...". Sie erhält die Zustimmung ihrer unmittelbaren Vorgesetzten, die sich für die Publikation des riskanten Artikels einsetzt, scheitert aber am stellvertretenden Leiter der Redaktion, Strutzer, der zugleich Vorsitzender der Parteileitung ist. Es folgt ein Termin bei der Staatssicherheit, bei dem Verständnis für ihre Motive gezeigt, die Gründe der Ablehnung erläutert und um ihre "Einsicht" geworben wird. Damit hätte alles sein Bewenden haben können,

---

137 Ich verwende diesen Text im folgenden wie das reale Interaktionsprotokoll einer Parteisitzung, über das ich leider nicht verfüge. Zwar handelt es sich hier nicht um ein unmittelbares, sondern um ein gleichsam von der Autorin *inszeniertes* Geschehen, dem eine bestimmte Darstellungsabsicht zugrunde liegt. Bezogen darauf kommt dem Inhalt der Darstellung jedoch der Status des *propositionalen Gehalts* zu, der Bestandteil einer Phantasie, eines Angriffs, Entlarvungsversuches, einer Apologie etc. sein könnte und der einer selbständigen Analyse durchaus zugänglich ist. Davon zu unterscheiden ist die Frage, inwiefern reale Entsprechungen zu den in einer solchen Analyse identifizierten Strukturmerkmalen existieren, oder ob diesen Merkmalen nur ein fiktiver Status zukommt. Diese Frage kann selbstverständlich nur durch Vergleich mit den Ergebnissen der Analyse realer Daten beantwortet werden.

138 Die Stadt, um die es geht, ist Bitterfeld.

hätte Josefa danach nicht noch einen Brief an den "Höchsten Rat" geschrieben,[139] in dem sie die Vermutung äußert, dieses Gremium sei über die unhaltbaren Zustände in B. nicht zutreffend unterrichtet und um Schließung des Kraftwerks bittet. Die Abfassung dieses Schreibens ist das 'Delikt', für das sie sich in der Sitzung der siebenköpfigen Parteileitung zu verantworten hat, die sich aus einigen Journalisten-Kollegen Josefas sowie Kollegen anderer Abteilungen, ihrer unmittelbaren Vorgesetzten sowie dem stellvertretenden Redaktionsleiter zusammensetzt. Der Brief wird verlesen. Die inkriminierten Schlüsselpassagen lauten:

> "... die Stille, die um Sie verbreitet wird durch vorausfahrende Kräder, durch emsige Vorbereitung Ihres Besuches ((gemeint sind die offiziellen Besuche der Mitglieder des 'Höchsten Rates' (alias Staatsrat); W.L.S.)), durch falsche Berichte, hindert Sie, die Dinge zu erkennen, wie sie sind. (...) Da es mir unmöglich gemacht wird, meiner beruflichen Verpflichtung nachzukommen und die Öffentlichkeit auf dringend notwendige Veränderungen hinzuweisen, mußte ich diesen Weg wählen, um Sie über die Zustände in B. zu unterrichten. Ich bitte Sie, den Vorgang zu überprüfen und Ihre Entscheidung (betreffend die Fortsetzung des Betriebs des veralteten Kraftwerkes in B.; W.L.S.) zu ändern" (Maron 1981, S.196f.).

Interessant ist nun, welche Form das Delikt annimmt, das aus dem Sachverhalt destilliert wird, daß Josefa diesen Brief geschrieben hat. Nicht ideologische Abweichung, parteischädigendes Verhalten oder Verleumdung von Kollegen wird ihr vorgehalten, sondern *Arroganz und Selbstherrlichkeit*, für die dann nach Indizien in ihrem übrigen Verhalten am Arbeitsplatz gesucht wird:

> "Ich fasse eigens für die Genossin Nadler noch einmal zusammen, was Gerhard Wenzel gesagt hat: Deine *Arroganz* ist nicht nur dem zuständigen Genossen (gemeint ist Josefas Gesprächspartner bei der Stasi; W.L.S.) aufgefallen. Selbst Gerhard, der ja noch nicht lange bei uns ist, hat sich über deine *Uneinsichtigkeit*, er sagte *Selbstherrlichkeit*, schon oft gewundert. Es war auch von deiner Arbeitsdisziplin die Rede, nicht wahr, Gerhard?" (Maron 1981, S.203; Hervorhebungen von mir, W.L.S.).

Die Vorwürfe der Arroganz sowie der mangelnden Arbeitsdisziplin, die sich angeblich vor allem in häufiger Verspätung zu Arbeitsbeginn zeigt, werden schließlich im Beitrag einer Kollegin zu einer resümierenden Gesamtdeutung miteinander verknüpft und von anderen bestätigt:

---

[139] Diese Kennzeichnung kann nur den Staatsrat meinen. Der von Josefa Nadler abgefaßte Brief hatte demnach vermutlich den Status einer sogenannten *Staatsratseingabe*. Lutz Niethammer (vgl. Niethammer u.a. 1991, S.10f.) charakterisiert dieses Institut wie folgt: "Staatsratseingaben ... waren im ancien régime der DDR ein weitverbreiteter Brauch, durch Petitionen beim Landesherrn (sozusagen als oberstem Ombudsmann) die Entscheidungen oder die Untätigkeit seiner Bürokraten überprüfen zu lassen. Sie standen im Ruf unerwartet häufigen Erfolgs und konnten sich, der Allzuständigkeit des Staates in einer weitgehend verstaatlichten Gesellschaft entsprechend, prinzipiell auf alle Lebensgebiete beziehen. ... Die Masse der Eingaben und die Fama ihrer hohen Erfolgsquote stärkten den Ruf des 'Generals' - wie der Vorsitzende des Staatsrates und Generalsekretär der SED in Parteikreisen genannt wurde - toleranter, einsichtsvoller, populärer und jedenfalls gnädiger zu sein als sein Apparat. Das Institut der Staatsratseingabe stellte 'Erich', wie das Volk ihn (Erich Honecker, W.L.S.) nannte, in die Tradition jener Monarchen und Führer, die alles zum Besten wenden würden, wenn sie nur erst um die Nöte des Volkes und die Korruptheit ihrer Beamten wüßten".

"'Ja, Genossen, wie sage ich das jetzt am besten. Also, ich glaube, der Hans recht hat. Ob wir das nun *selbstherrlich* nennen wie der Gerhard oder *arrogant* wie der zuständige Genosse - es ist letztendlich das gleiche, was uns bedenklich stimmt. Und wenn wir Josefa *helfen wollen*, und dazu sitzen wir schließlich hier, können wir uns vor dieser Frage nicht drücken. Weißt du, Josefa, nimm das jetzt bitte nicht persönlich, sondern betrachte das, was ich dir sagen werde, als wohlmeinende Kritik: aber wenn ich dich morgens, eine halbe Stunde nach Arbeitsbeginn, mit Stiefeln und Cape und hocherhobenem Haupt durch den Gang fegen sehe,[140] frage ich mich oft: Junge, Junge, wo nimmt das Mädchen bloß das *Selbstbewußtsein* her?' 'Genau', sagte Ulrike Kuwiak und kicherte leise. Gerhard Wenzel nickte zufrieden. 'Das Bild trifft den Nagel auf den Kopf, wie man zu sagen pflegt', sagte er" (Maron 1981, S.205; Hervorhebungen von mir, W.L.S.).

Und eine Sekretärin, die einer anderen Abteilung angehört als Josefa Nadler, und dennoch und obwohl sie unter großem Zeitdruck stand, einmal drei Briefe für sie geschrieben hat, stimmt ein mit der Klage:

"Ein Wort des Dankes habe ich aber nicht gehört. Wenn es auch nur eine Kleinigkeit ist, aber in Ordnung finde ich das nicht" (Maron 1981, S.205).

Bemerkenswert ist, wie hier der ursprüngliche Sachverhalt verschwindet, der den Anlaß zu der Sitzung der Parteileitung bot. Er wird nur gewürdigt als *Symptom charakterlicher Mängel*. Auf analoge Weise wird der Vorwurf unzureichender Arbeitsdisziplin verarbeitet. Das schuldig gebliebene Dankeschön vervollständigt dieses Bild. Eine Reihe nur locker miteinander verbundener Beobachtungen angeblich typischen Verhaltens bilden hier die Input-Daten für die Ermittlung eines *moralisch inspirierten Psychogramms*, dessen Erstellung eine öffentliche Angelegenheit ist und aus dem entnommen werden kann, daß die so beurteilte Person der *kollektiven Hilfe* bedarf. Die Gemeinschaft erscheint als Organ der Beaufsichtigung und Kontrolle, der Disziplinierung und Erziehung, die für das moralisch einwandfreie Verhalten ihrer Mitglieder Verantwortung trägt.[141] Zentraler Bewertungsmaßstab ist dabei die *Akzeptierung des geltenden Konsenses*. Nicht die bloße Äußerung einer abweichenden Meinung, sondern das *Insistieren* darauf in ausdrücklichem Gegensatz zur Position der entscheidungsbefugten Funktionsträger (im Roman realisiert durch Josefas Brief an den "Höchsten Rat" nach Ablehnung ihres Artikels durch den stellvertretenden Redaktionsleiter und Vorsitzenden der Parteileitung) führt zum Konflikt. Um die Konsequenzen von Verhaltensabweichungen zu entschärfen, ist es vor allem erforderlich, daß der Delinquent *Einsicht* in seine Verfehlung zeigt. Tut er dies

---

140 "... mit Stiefeln und Cape und hoch erhobenem Haupt ...", d.h. ausgestattet mit hervorstechenden Elementen damaligen westlichen modischen Schicks, die hier als symbolische Abreviatur in das Bild einer Person eingearbeitet werden, dessen gemeinsamer Nenner in ungerechtfertigtem "Selbstbewußtsein", in "Selbstherrlichkeit", "Arroganz", "Überheblichkeit" besteht. - Was hier überrascht ist die Detailgenauigkeit, in der Marons Darstellung der oben zitierten Zuschreibungsregel aus einem Leserbrief für die genannten Attributionen entspricht.

141 Dieses Bild wird durch die Äußerung eines Kollegen bestätigt, der Josefa auf strategisch geschickte Weise zu verteidigen sucht, und der sich dabei die etablierte Semantik zunutze zu machen sucht; vgl. Maron 1981, S.199: "Wie konnte es geschehn, daß eine Genossin, die wir jeden Tag sehen, mit der wir arbeiten, sich mit Sorgen und Problemen herumträgt, die sie letztlich zu dieser Verzweiflungstat treiben, ohne daß wir davon Kenntnis nehmen? Ja für mich ist dieser Brief eine Verzweiflungstat. Und ich frage euch, wie konnte es mit Josefa dahin kommen? *Was haben wir versäumt?*"

nicht und erweist er sich so als *unbelehrbar*, droht ihm moralische Stigmatisierung und Ausgrenzung.[142]

2.4.4 Zur Funktionsweise des Kollektivs

Die Form der sozialen Kontrolle abweichenden Verhaltens, die Monika Marons fiktive Darstellung drastisch veranschaulicht und die auf erstaunlich genaue Weise übereinstimmt mit der oben zitierten Verwendungsregel für das Prädikat "überheblich", beschreibt Lydia Lange als charakteristisches Funktionselement des Kollektivs:

> "Der 'Gefährdete' oder 'Auffällige' mußte gewillt sein beziehungsweise zu erkennen geben, daß er bereit sei, sich in 'das Kollektiv einzufügen', sich also notfalls erziehen zu lassen (wobei die Verantwortung wesentlich beim sozialen Umfeld lag) und mit Unterstützung der Kollektivmitglieder eine Umkehr zu vollziehen" (Lange 1993).

Eine Tendenz zur Erzeugung von Gleichheit zwischen den Kollektivmitgliedern könnte von hier aus als Nebenprodukt kontinuierlicher wechselseitiger Abweichungskontrolle vermutet werden, als Ergebnis der 'sozialen Anzüchtung' eines gemeinsamen Habitus, die - wenngleich mit andersgearteter Motivierung und Wirkungsrichtung - Ähnlichkeiten aufweist zu der von Weber behaupteten Prägewirkung der protestantischen Sekten. Galt im Kontext der protestantischen Sekten der Lebenswandel als Zeichen des Gnadenstandes des Gemeindemitglieds, so konnte unter den skizzierten Umständen alltägliches Verhalten als Indikator für die Erfüllung von Tugenden gedeutet werden, die vor allem eines erwarten ließen, die grundsätzliche Bereitschaft und Fähigkeit zur *'Einfügung ins Kollektiv'*.[143] Nicht nur die Legalität des Verhaltens, sondern die Moralität der Person im Sinne der kollektiven Standards war gefordert. Unkonventionelles Verhalten und die Kultivierung von Individualität waren unter diesen Bedingungen vermutlich riskant, konnten sie doch im Konfliktfalle als Symptome mangelnder Einordnungsbereitschaft gewertet werden.

Die Aktualisierung der komplementären Seite der Unterscheidung, die Zuschreibung von Überheblichkeit/Selbstherrlichkeit/Arroganz, ist darauf genau zugeschnitten. Sie deutet das Insistieren auf der Legitimität abweichenden Verhaltens gegen den Gruppenkonsens als Verletzung der Gleichheitsnorm, die darin besteht, daß der Abweichler sein Urteil über das aller anderen stellt, und erklärt dieses Ver-

---

142 Von der ihr wohlgesonnenen unmittelbaren Vorgesetzten Luise wird Josefa vor Beginn der Sitzung der Parteileitung dementsprechend empfohlen, sie "dürfe *nicht widersprechen*, müsse sich die Vorwürfe anhören und wenigstens die Spur von *Reue* zeigen" (Maron 1981, S.195) und ein Kollege kommentiert nachträglich den Verlauf der Sitzung, "Mit unerwarteter *Demut*, sagte Hans Schütz, hätte sie auf die Vorwürfe reagiert, so daß er geglaubt habe, die Sache könnte noch gut ausgehen. Dann aber ..." (a.a.O., S.206). - Nicht zufällig erinnert das hier sich einstellende Vokabular an den Kontext von Sünde und Vergebung.

143 Die gleich noch zu erwähnende Verantwortung des Kollektivs für das Verhalten seiner Mitglieder gegenüber der Partei hat dabei ihre Parallele in der Solidarhaftung der protestantischen Sekte für die Reinheit aller Mitglieder, die am Abendmahl teilnehmen, gegenüber Gott (vgl. Weber 1920, S.225).

halten als Folge einer Persönlichkeitsdisposition, die auch zukünftig erwarten läßt, daß der so Etikettierte 'Schwierigkeiten macht'. Je nach dem, ob dieser 'Defekt' als korrigierbar erscheint oder nicht, sind Belehrung und Umerziehung oder Isolierung und Ausschluß die dann noch verfügbaren Reaktionsmuster der Gruppe.

Soweit mußte es jedoch nicht gleich kommen. Solange ein Dissens noch nicht *offiziell* als Konflikt markiert war, standen weichere Reaktionsmöglichkeiten zur Verfügung. Zu nennen ist hier etwa der Hinweis auf drohende Schwierigkeiten, die nicht nur den Abweichenden treffen, sondern das ganze Kollektiv in Mitleidenschaft ziehen konnten, weil es der Verantwortung für eines seiner Mitglieder nicht gerecht geworden war (vgl. erneut Lange 1993). Äußerer Druck und Sanktionsdrohungen richteten sich so nicht allein und unmittelbar gegen den einzelnen. Sie konnten deshalb im Kollektiv umgearbeitet werden in Appelle an die Einsicht, Loyalität und Solidarität, die jedes Mitglied den anderen schuldete.

Das Kollektiv als Netzwerk persönlicher Bindungen und Verpflichtungen, in das jeder eingebunden war und als Haftungsgemeinschaft für das Verhalten jedes einzelnen Mitgliedes, funktionierte so als Vermittlungsinstanz, welche die Konformität mit anonymen, sanktionsbewehrten Verhaltensanforderungen zu einer Frage der Verantwortung und Rücksichtnahme gegenüber den Kollegen machte, die möglicherweise zu erkennen gaben, daß sie ähnlich dachten, aber vernünftig und verantwortungsvoll genug waren, um daraus keine provozierenden Konsequenzen zu ziehen. Auf der Ebene der *Motivation und (Selbst)legitimation* konnten so *externe Zwangsgebote in interne Loyalitätsverpflichtungen*, heteronome Verhaltensdiktate in eine aus autonomer Verantwortlichkeit entspringende Erfüllungsbereitschaft umgemünzt werden, die um so leichter fiel, wenn divergierende Überzeugungen intern kommunizierbar blieben und so die gleichzeitige Distanzierung von der gezeigten Konformität ermöglichten. Die dem Kollektiv zugewiesene Verantwortlichkeit für das Verhalten seiner Mitglieder, die daraus resultierenden Formen sozialer Kontrolle und die Verantwortung des einzelnen gegenüber allen anderen Mitgliedern seines Kollektivs, wirkten so in dieselbe Richtung: Sie zeichneten legitime Motive für konformes Verhalten vor.[144]

2.4.5 "Überheblichkeit" als Ursache ideologischer Abweichungen: Drei Stellungnahmen anläßlich des Verbots von H. Müllers Komödie "Die Umsiedlerin oder das Leben auf dem Lande"

Die fiktive Verhandlung vor der Parteileitung aus Monika Marons Roman "Flugasche" sollte auf exemplarische Weise zeigen, wie die Zuschreibung von Überheb-

---

[144] Dies ist freilich nur eine der sozialen Funktionen des Kollektivs, das bekanntlich von widersprüchlichem Doppelcharakter war: Einerseits Instrument für die Durchsetzung der Ansprüche von Partei, Staat und Betrieb gegenüber dem einzelnen, funktionierte es andererseits auch als Abwehr- und Notgemeinschaft gegenüber unliebsamen Anforderungen dieser Instanzen und als soziale Primärgruppe. Vgl. dazu Kern/Land 1991; Rottenburg 1991; Senghaas-Knobloch 1992; Lange 1993; Schmidt 1995.

lichkeit im Kontext direkter Interaktion eingesetzt worden sein könnte. Der hohe Grad der Übereinstimmung zwischen der Darstellung Marons und dem eingangs zitierten Leserbrief ist dabei erstaunlich. Wie schon aus dem Leserbrief zu entnehmen, fungiert das Prädikat "Überheblichkeit" auch in Marons Roman als Teil der Unterscheidung *Überheblichkeit vs. Einordnung ins Kollektiv*. Diese Übereinstimmung spricht für die weitgehende Authentizität des darin vorgeführten Interaktionsmusters. Reale Daten ersetzen kann Marons Darstellung freilich nicht. Im folgenden möchte ich deshalb einen gut dokumentierten Fall ideologischer Abweichung aus dem Bereich der Kultur behandeln, der 1961, kurz nach dem Bau der Mauer, die offiziellen Organe des DDR-Staates beschäftigte und seinen Niederschlag in schriftlich formulierten Kritiken sowie Selbstkritiken der Angegriffenen fand, in denen die Zuschreibung von Überheblichkeit bzw. verwandten Prädikaten eine wesentliche Rolle spielen. Der Fall, um den es geht, ist Heiner Müllers Komödie "Die Umsiedlerin oder das Leben auf dem Lande", die am 30. September 1961 erstmals aufgeführt und danach sofort verboten wurde (vgl. zum folgenden Braun 1995).

Das Stück behandelt die Geschichte eines mecklenburgischen Dorfes von der Bodenreform bis zur Kollektivierung im Jahre 1960. Die Kollektivierung wird darin als eine in ihrer Zielsetzung grundsätzlich richtige Maßnahme dargestellt, in der Art ihrer Durchführung jedoch mit satirischen Mitteln kritisiert. Bereits am Tag nach der Ur-Aufführung durch die FDJ-Studentenbühne an der Hochschule für Ökonomie in Berlin begann die offizielle Kampagne gegen Müllers Stück. Sein Inhalt wurde als "konterrevolutionär" gebrandmarkt. Zu einer Auseinandersetzung mit diesem Inhalt kam es freilich nicht. 'Gutachten' und Berichte, die dazu angefertigt wurden, enthalten in erster Linie *politische Bewertungen*. Nach der offiziellen Verurteilung des Stückes drohten massive Sanktionen. Wollten die Beteiligten sich möglichst glimpflich aus der Affäre ziehen, mußten sie ihre Verfehlungen eingestehen und sich einer rückhaltlosen Selbstkritik unterziehen. Heiner Müller und der Regisseur des Stückes, Bernhard Klaus Tragelehn, aber auch eine Vielzahl anderer Akteure, die in irgendeiner Form in Zusammenhang mit der Aufführung des Stückes standen, gaben entsprechende Stellungnahmen ab. Einige Auszüge daraus möchte ich im folgenden interpretieren.

Ich zitiere zunächst einen Berichtsentwurf der Hochschule für Ökonomie, deren Studentenbühne das Stück aufgeführt hatte, gerichtet an das Staatssekretariat für das Hoch- und Fachschulwesen. Darin findet sich die folgende Passage (vgl. Braun 1995, Dokument 35, S.145f.; Hervorhebungen von mir, W.L.S.):

> "Daß an der Hochschule ernste Mängel, besonders in politisch-ideologischer Hinsicht, vorhanden sind, wurde sogar für die größten Optimisten nach der Aufführung des konterrevolutionären Stückes am 30. September dieses Jahres offenkundig. Für jeden wurde es jetzt deutlich sichtbar, daß an der Hochschule innerhalb des Lehrkörpers sowie des Nachwuchses politische Blindheit verbreitet ist, daß *Selbstüberschätzung und Überheblichkeit gegenüber Parteibeschlüssen* unseren Blick trüben und daß auch Klarheit über die grundsätzlichen politischen Fragen keineswegs erreicht ist."

Bei dieser Stellungnahme handelt es sich um die Selbstkritik einer Institution. Die Aufführung von Müllers Stück wird als klares Zeichen für politisch-ideologische Mängel bei den Mitgliedern der Hochschule verbucht. Das Verhalten von Müller und anderen an der Aufführung Beteiligten wird als *Symptom einer weitverbreiteten Haltung* gedeutet und den Mitgliedern der Institution *als Kollektiv* zur Last gelegt. Das Kollektiv wird so für das Vergehen einiger Weniger mitverantwortlich gemacht. Als Ursache der festgestellten Mängel wird politische Blindheit genannt, die vor allem zurückgeführt wird auf Selbstüberschätzung und Überheblichkeit gegenüber Parteibeschlüssen.

Selbstüberschätzung und Überheblichkeit gegenüber Parteibeschlüssen, diese Charakterisierung meint in deskriptiver Lesart vermutlich, daß diese Beschlüsse nicht immer streng beachtet und als verbindlich behandelt wurden, daß man von ihnen zum Teil abwich bzw. Abweichungen tolerierte. Als Zeichen politischer Blindheit sowie Ausdruck von Selbstüberschätzung und Überheblichkeit kann ein solches Verhalten nur dann gedeutet werden, wenn die unbezweifelbare Autorität von Parteibeschlüssen vorausgesetzt, d.h. der *Führungsanspruch der Partei* und die über alle Zweifel erhabene Richtigkeit ihrer Einschätzungen und Entscheidungen als normative Prämisse unterstellt wird.

Diesen Anspruch nicht zu akzeptieren, sich nicht den Vorgaben der Partei selbstverständlich unterzuordnen, das bedeutet, sich für klüger zu halten als die Partei, heißt, ihr die übergeordnete Position streitig zu machen. Wer seine eigene Meinung zum Maßstab der Beurteilung und Befolgung von Parteibeschlüssen macht, kehrt die vorgegebene Hierarchie um. Er setzt sein eigenes Urteil an die Stelle, die den Beschlüssen der Partei gebührt und weist der Partei eine demgegenüber untergeordnete Position zu. Weil Heteronomie normativ vorausgesetzt wird, muß jeder Anspruch auf Autonomie des Urteilens und Handelns als Infragestellung der Führungsrolle der Partei erscheinen.

Soll diese Infragestellung nicht als Ausdruck parteifeindlicher Gesinnung gedeutet werden, dann muß sie als unbeabsichtigt dargestellt werden. Weil andererseits das politisch-ideologische Gefährdungspotential, das von einer solchen Haltung ausgeht, als erheblich eingestuft wird, können deren Ursachen nicht auf neutrale Weise bestimmt, also z.B. nicht als Ergebnis nachvollziehbarer und deshalb verzeihlicher Irrtümer erklärt werden. Die Zuschreibung von Überheblichkeit und Selbstüberschätzung ist geeignet, das hier bestehende Erklärungsproblem auf eine Weise zu lösen, die den genannten Anforderungen Rechnung trägt:

(1) Sie unterstellt keinen Vorsatz und vermeidet so die Etikettierung als Gegner.
(2) Sie bezeichnet auf präzise Weise die Art der Abweichung, die sich jemand unter der Voraussetzung des Führungsanspruchs der Partei *objektiv* zuschulden kommen läßt, der seiner eigenen Meinung statt Parteibeschlüssen folgt: Wer sich so verhält, versucht sich 'zu überheben', gemessen an der sozialen Position, die ihm in Relation zur Partei zusteht.
(3) Und sie rechnet dieses Verhalten auf unmittelbar sinnentsprechende psychische Dispositionen, auf Überheblichkeit und Selbstüberschätzung zu, die als *Charaktermängel* gelten, denen gegebenenfalls durch politische *Erziehungsmaßnahmen* begegnet werden kann.

Unsere kurze Analyse zeigt, daß wesentliche Strukturmerkmale der Szene aus dem Roman von Monika Maron hier wiederkehren. Als Differenz fällt allerdings auf, daß nicht das *Kollektiv*, sondern die *Partei* hier als maßgebliche Instanz genannt wird, die definiert, welche Überzeugungen und Verhaltensweisen als korrekt gelten. In der Romanszene sind Kollektiv und Partei nahezu deckungsgleich, sind es doch, neben zwei Vorgesetzten, die Kollegen, die der Parteileitung angehören, vor der sich die Hauptfigur zu verantworten hat. Der *Führungsanspruch der Partei* und das Gebot der *Einordnung ins Kollektiv* kommen deshalb überein. In der Stellungnahme der Hochschule für Ökonomie zur Aufführung von Heiner Müllers Stück steht demgegenüber allein die *Unterordnung unter die Beschlüsse der Partei* im Vordergrund. Die Forderung nach Konformität wird damit nicht durch das Postulat der *Gleichheit*, sondern durch die Voraussetzung *legitimer Hierarchie* begründet.

Freilich besteht darin kein Widerspruch. In beiden Fällen wird die Unterwerfung des einzelnen unter kollektive Standards gefordert und der Anspruch auf individuelle Autonomie des Urteilens und Handelns als deviant eingestuft. Ob dies durch die Gleichheit der Kollektivmitglieder und/oder durch den Führungsanspruch der Partei begründet wird, ist demgegenüber zweitrangig, ändert dies doch nichts am gleichermaßen heteronomen Charakter der jeweils begründeten Interaktionsstruktur. Die Konformitätsansprüche von Partei und Kollektiv lassen sich dabei in eine Rangfolge bringen: Wie der einzelne verpflichtet ist, sich dem Kollektiv unterzuordnen, so das Kollektiv den Forderungen der Partei. Das Kollektiv fungiert hier gleichsam als *Vermittlungsinstanz zwischen der Partei und dem einzelnen*.

Auch dann, wenn dieses normative Modell realiter nicht reibungslos funktioniert, kann das Kollektiv diese Vermittlungsfunktion noch erfüllen: Als spezifisches Bindeglied, durch das der 'Führungsanspruch der Partei' in die Forderung der 'Einordnung ins Kollektiv' transformiert werden kann, fungiert dann das *Prinzip der Solidarhaftung*, in die das Kollektiv von der Partei für das abweichende Verhalten einzelner Mitglieder genommen werden kann. Wer aus der Reihe tanzt und dabei auffällt - dies zeigte die *selbstkritische* Stellungnahme der Hochschule für Ökonomie - tut dies potentiell zu Lasten anderer, die dafür Mitverantwortung übernehmen müssen und die deshalb verlangen können, daß jeder diese möglichen Folgen in Rechnung stellt und sich den geltenden Regeln unterwirft.

"Überheblichkeit", "Selbstüberschätzung" und ähnliche Prädikate können daher in Relation zur Partei wie zum Kollektiv auf analoge Weise gebraucht werden, um individuelle Überzeugungen und Verhaltensweisen als abweichend zu deklarieren. Dies schließt nicht aus, daß es in bestimmten Fragen zu Loyalitätskonflikten kommen kann zwischen den Parteirichtlinien und dem, was in einem Kollektiv als gemeinsame Auffassung gilt. Hier können das *Gleichheitspostulat* und der *Führungsanspruch der Partei* miteinander kollidieren und dann gegeneinander ausgespielt werden. Der Ruf der Leipziger Demonstranten, "Wir sind das Volk", kann genau in diesem Sinne verstanden werden: als Ablehnung des Führungsanspruchs der Partei unter Berufung auf das Gleichheitspostulat, das den Führungsanspruch einer Minderheit gegen den Willen der Mehrheit ausschließt.

Die Zuschreibung von Überheblichkeit bzw. Selbstüberschätzung findet sich in weitgehend analoger Verwendung wie in dem Berichtsentwurf der Hochschule für Ökonomie auch in den schriftlichen *Selbstkritiken* von Heiner Müller und des Regisseurs Bernhard Klaus Tragelehn. Tragelehn bezichtigt sich (vgl. Braun 1995, S.152, Dokument 42; Hervorhebung von mir, W.L.S.):

> "In meiner Arbeit als Regisseur dieser Aufführung habe ich die Linie der Partei verlassen, mich gegen ihre Auffassung gestellt, also politisch versagt. Die Gründe: Ich habe den Standpunkt der Partei in der Frage der Darstellung des neuen Lebens als einseitig, eng und zur Schönfärberei führend angesehen. Ich habe versucht, *mich über die Partei zu stellen, klüger zu sein, als die Partei*, das Leben 'allseitig' zu sehen. Daraus ist Schwarzfärberei entstanden. (...) Es kommt hinzu, daß ich, politisch leichtfertig, keine Kritik gesucht habe, wenige Fälle von Kritik nicht beachtet, dagegen Lob immer angenommen habe. Ich sehe, daß ich große Fehler begangen habe und unserer Sache ernsten Schaden zugefügt habe. Ich habe den festen Willen zu lernen."

Der Auszug aus Tragelehns Stellungnahme vor der Grundorganisation der SED am Theater der Bergarbeiter in Senftenberg beginnt mit dem Eingeständnis, die Linie der Partei verlassen und - eine wichtige Schlußfolgerung, weil damit die Linie der Partei als sakrosankt und jeder möglichen Kritik des einzelnen entzogen anerkannt wird - *deshalb* politisch versagt zu haben. In der anschließenden Erklärung für dieses Verhalten wird das Delikt der Überheblichkeit in ausformulierter Form paraphrasiert ("Ich habe versucht, *mich über die Partei zu stellen* ..."). Später folgt die Selbstbezichtigung, politisch leichtfertig gehandelt zu haben, weil er keine Kritik gesucht, vorgetragene Kritik nicht beachtet, Lob hingegen immer angenommen habe. Die beiden Möglichkeiten der Reaktion auf Lob bzw. Kritik, die hier miteinander kontrastiert werden, sind auf interessante Weise selektiv: *Nicht-Beachtung oder Annahme,* so lautet die Alternative. Daß Kritik zwar beachtet, aber argumentativ entkräftet und damit begründet zurückgewiesen werden könnte, ist demnach nicht vorgesehen. Oder anders formuliert, die *Beachtung* von Kritik wird *gleichgesetzt* mit ihrer *Annahme*. Die Äußerung von Kritik hat so nicht den Status der Eröffnung einer Debatte mit offenem Ausgang. Ihr wird vielmehr der Geltungsanspruch einer *Belehrung* zugeschrieben, die nur angenommen werden oder unbeachtet bleiben kann. Daß er solche Belehrung nicht gesucht bzw. in einigen Fällen ignoriert habe und damit jeden Hinweis auf die Revisionsbedürftigkeit seiner Auffassung unbeachtet ließ, ist demnach der Sinn dieser Selbstbezichtigung.

Bemerkenswert ist dabei, wie durch die Kontrastierung zwischen *wenigen Fällen* nicht beachteter Kritik und *immer angenommenem* Lob zugleich angedeutet wird, daß das erfahrene Lob die Kritik überwog.[145] Die schwache Stimme der Kritik,

---

145 Eine weitere zunächst möglich erscheinende Lesart, nach der Tragelehns Darlegung hier so zu verstehen wäre, daß er von einer Vielzahl erhaltener Kritiken nur wenige nicht beachtet habe, kann aufgrund des vorausgehenden Textes als unwahrscheinlich ausgeschlossen werden, bezichtigt sich doch Tragelehn in dem oben zitierten Auszug unmittelbar zuvor, "keine Kritik gesucht" zu haben: Dieses Verhalten kann nur dann als schuldhafte Verfehlung gelten, wenn er dadurch in nicht ausreichendem Maße Kritik erfuhr. Bei ausreichender Konfrontation mit Kritik wäre die Suche nach ihr unnötig und daher die Unterlassung der Suche kein Fehlverhalten, sondern nur folgerichtig gewesen.

so der erweckte Anschein, wurde durch viele Worte des Lobes übertönt. Tragelehns Schuld erscheint dadurch vermindert, weil eher als Ausdruck verständlicher menschlicher Schwäche unter ungünstigen Bedingungen entschuldbar. Zugleich aber wird ein Teil der Schuld damit potentiell auf andere (darunter auch die späteren Kritiker) verlagert, müssen sie sich doch fragen lassen, warum sie ihre Stimme nicht bzw. nicht früher erhoben und den Regisseur rechtzeitig auf seine Fehler hingewiesen haben. Die durch Kritik wahrzunehmende *Kontrollfunktion des Kollektivs*, so die implizite Botschaft dieser Darstellung, wurde nicht erfüllt. Diese Andeutung stimmt überein mit dem expliziten Gehalt des oben zitierten Berichtsentwurfs der Hochschule für Ökonomie, der das Versagen des Lehrkörpers selbstkritisch eingesteht.

Auf die implizite Abschwächung des eigenen Verschuldens folgt dann das ausdrückliche Eingeständnis "... großer Fehler ...". Diese widersprüchlich anmutende Kontrastierung verknüpft vermutlich zwei gegenläufige Zielsetzungen in einer rhetorischen Kompromißbildung: Die Präsentation entlastender Gesichtspunkte und das rückhaltlose Eingeständnis eigener Verfehlungen, das nicht durch *explizite* Entlastungsversuche beeinträchtigt werden darf.[146] Am Schluß der Stellungnahme steht die Bekundung des Willens, aus den begangenen Fehlern lernen, d.h. zukünftig den Lehren der Partei folgen zu wollen.

Die Selbstkritik Heiner Müllers, gerichtet an die Abteilung Kultur im Zentralkomitee der SED, zeigt enge Parallelen zur Stellungnahme Tragelehns (vgl. Braun 1995, S.160f., Dokument 51; Hervorhebungen von mir, W.L.S.):

> "Mit nicht ausreichendem politischen Wissen ein politisches Stück schreibend, habe ich die *Diskussion* mit politischen Funktionären nicht gesucht, sondern gemieden. Isoliert von der Partei, *verstand ich ihre Kritik nicht*, die mir aus meiner Isolierung geholfen hätte, und *versteifte mich auf Vorbehalte* gegen die Formulierung der Kritik durch einzelne Funktionäre. Allein nicht in der Lage, die Fülle des Stoffs, die Vielzahl der Probleme, die der Stoff, wie ich ihn damals sah, aufwarf, künstlerisch zu reagieren (sic!), habe ich Gespräche mit Fachleuten des Theaters und der Literatur ebenfalls vermieden, vielleicht aus *Selbstüberschätzung*."

Wie bereits in der Stellungnahme Tragelehns ist der Topos *Kritik* auch in Müllers Selbstkritik von wesentlicher Bedeutung. Müller bekennt als Verfehlung, daß er bei der Abfassung seines Stückes trotz mangelnden politischen Wissens nicht die *Diskussion* mit politischen Funktionären gesucht habe. In diesem Selbstvorwurf wird das unzureichende politische Wissen des Künstlers dem *Expertenwissen der Funktionäre* gegenübergestellt. Eine "Diskussion" unter Voraussetzung einer derartig asymmetrischen Wissensverteilung kann nicht die Form einer offenen Debatte annehmen, sondern muß im wesentlichen nach dem Muster der *Belehrung* verlaufen. Daß er eine solche Belehrung nicht gesucht, sondern gemieden und sich dadurch von der Partei isoliert habe, gesteht Müller als Fehler ein. Die Kritik von Seiten der Partei, soweit sie ihn dennoch erreicht hat, habe er *nicht verstanden*, sondern sich auf *Vorbehalte* gegenüber der Form ihrer Formulierung *versteift*. Das Verstehen der

---

146 Vgl. dazu auch die unten (Fußn.153) ausführlich im Zusammenhang zitierte Anweisung von Helene Weigel gegenüber Heiner Müller für die Abfassung seiner Selbstkritik: "Du darfst nichts erklären, nichts entschuldigen. Du bist schuld, sonst hat es gar keinen Zweck." Vgl. ebenso oben, Fußn.142.

Kritik wird hier kontrastiert mit dem Sichversteifen auf Vorbehalte. Hätte Müller die Kritik der Partei verstanden, dann hätte er einsehen müssen, daß diese Vorbehalte nicht gerechtfertigt waren. Das richtige Verstehen und die Annahme von Kritik werden damit, wie schon in der Stellungnahme Tragelehns, gleichgesetzt.

Kritik als Eröffnung einer Diskussion, die auch mit der argumentativen Entkräftung der Kritik enden kann, ist in diesem Modell von Diskussion und Kritik nicht vorgesehen. Als normiertes Normalitätsmuster wird eine in ihrer Elementarform dreizügige Sequenz unterstellt, in der (1) ein *politisch relevantes Verhalten* sich (2) der *Kritik der Parteifunktionäre* auszusetzen hat und dann, sofern diese Kritik negativ ausfällt, (3) *zu korrigieren ist*.[147]

Wer von diesem Muster abweicht, keine Kritik sucht bzw. trotz negativer Kritik auf seiner Position *insistiert*, verhält sich normwidrig. Nicht die ursprüngliche Abweichung, sondern erst der Versuch, sich der kritischen Belehrung und der Notwendigkeit der Revision des ursprünglichen Verhaltens zu entziehen, konstituiert das Delikt, dessen sich Müller schuldig bekennt. Müllers Selbstkritik präsupponiert damit das gleiche Interaktionsmuster, das wir bereits in der Verhandlung vor der Parteileitung aus Monika Marons Roman feststellen konnten.

Am Schluß des zitierten Auszuges aus seiner Selbstkritik steht das Bekenntnis der Überforderung durch den Stoff auch in künstlerischer Hinsicht, verbunden mit dem Eingeständnis, auch hier das *Gespräch mit den dafür zuständigen Experten*, den "Fachleuten des Theaters und der Literatur", vermieden zu haben. Auch der Ausdruck "Gespräch", der für sich genommen eine symmetrische Beziehung zwischen den Teilnehmern nahelegt, wird hier zur Bezeichnung einer Interaktion gebraucht, die gekennzeichnet scheint durch eine asymmetrische Wissensverteilung zwischen dem überforderten Künstler und den "Fachleuten". Was der Künstler unter diesen Voraussetzungen aus den Gesprächen hätte gewinnen können, fällt wiederum in die Kategorie *Ratschlag und Belehrung*. Andererseits geht es hier um die Belehrung durch Fach*kollegen*, die dem Sprecher (im Unterschied zu den *Laiendarstellern* der Studentenbühne) im Prinzip gleichgestellt sind. Als repräsentative Mitglieder der *Gemeinschaft bzw. des Kollektivs der Berufsgenossen* jedoch, die hätten bemerken können, auf welche Abwege Müller geraten war, kommt ihrem Urteil - dies suggeriert der Aufbau von Müllers Stellungnahme - auf analoge Weise Vorrang vor dem eines einzelnen zu, wie der Position der Partei. Die Autonomie des Künstlers, die sich auch und gerade in begründeter Differenz gegenüber den Auffassungen der Kollegen artikulieren kann, wäre damit in ähnlicher Weise negiert, wie die Autonomie des politischen Urteils. Anders als im Hinblick auf die politische Kritik der Parteifunktionäre, deren verbindliche Geltung Müller explizit anerkennt, *legt* Müllers Text jedoch *nur nahe*, daß er Ratschlägen der "Fachleute des Theaters und der Literatur" einen analogen Stellenwert zubilligen würde, ohne sich darauf ausdrücklich festzulegen. Im Unterschied zur vollständigen Delegation der *politischen* Urteilsfähigkeit an die Vertreter der Partei hält er die Möglichkeit einer autonomen

---

147 Vgl. dazu auch die in Kap.3.4.4 behandelte Sequenz zur Feststellung des Delikts der Häresie.

Bewertung der Empfehlungen von Fachkollegen in *künstlerischen* Fragen so unterschwellig offen.

Diese Unschärfe im Text hat vermutlich den Status einer *Kompromißbildung* zwischen strategischer Intention und tatsächlicher Überzeugung. Sie deckt sich im wesentlichen mit Müllers retrospektiver Kommentierung seiner Selbstkritik in seiner Autobiographie, nach der er im Prinzip von der künstlerischen Qualität seines Stückes überzeugt und deshalb nur dazu bereit war, "darüber nachzudenken, ob ich politisch irgend etwas falsch sah".[148] Unter dieser Voraussetzung ist es um so bemerkenswerter, daß Müller es anscheinend als notwendig betrachtete, sich als einen auch in künstlerischer Hinsicht überforderten Autor darzustellen, der des Rates und der Hilfe von "Fachleuten" bedurft hätte, um die Fehler zu vermeiden, die ihm zur Last gelegt wurden. Die selbstgewählte Isolation gegenüber den Fachkollegen, d.h. der *Rückzug aus dem Kollektiv der Berufsgenossen* wird damit - in strikter Parallele zur selbstverschuldeten *Isolation von der Partei* - zur Mitursache für diese Fehler erklärt. Wenn auch nicht ganz ohne Brechung, so erscheinen "Kritik", "Diskussion" und "Gespräch", deren Vermeidung Müller als schuldhafte Verfehlung in seiner Selbstkritik eingesteht, so vor allem als *Formen der sozialen Kontrolle*, denen sich der einzelne pflichtgemäß zu unterziehen und gegebenenfalls zu unterwerfen hat. Dies nicht getan und sich dieser Kontrolle damit entzogen zu haben, führt Müller schließlich (wenngleich wiederum mit einem relativierenden "vielleicht") auf eine uns wohlbekannte Haltung zurück, auf *Selbstüberschätzung*.

Unsere Analyse verschiedener Auszüge aus Stellungnahmen zu Heiner Müllers Stück "Die Umsiedlerin ..." hat gezeigt, daß und auf welche Weise die Zuschreibung von "Überheblichkeit" und ihren Derivaten eingebettet ist in die Unterscheidung *Überheblichkeit vs. Unterordnung unter den Führungsanspruch der Partei*. Der Führungsanspruch der Partei wird in allen Fragen von politisch-ideologischer Bedeutsamkeit fraglos vorausgesetzt. Jedes *individuelle Insistieren* auf Meinungen und Verhaltensweisen, die nicht mit dem Standpunkt der Partei übereinstimmen, die aber dennoch nicht als offene Manifestation vorsätzlicher Gegnerschaft interpretiert werden sollen, kann als Ausdruck dieser *persönlichen Untugend* erklärt werden. Statt strafender Vergeltung ist dann *Belehrung und Erziehung*,[149] bzw. aus der Perspektive der Delinquenten, die Bekundung der Bereitschaft zur *Besserung und künftigen Bewährung* der gewandelten Gesinnung, die adäquate Reaktion, oder in den Worten Tragelehns: "Ich habe den festen Willen zu lernen. Ich bitte, mir bei der Überwindung meiner Fehler zu helfen. Ich werde, wo immer die Partei will, versuchen, mich zu bewähren".[150]

---

148 Vgl. Heiner Müller 1992, S.180, hier zitiert nach Braun 1995, S.73.
149 Mit der Begründung, "... um besser *erzieherisch* auf H. Müller einwirken zu können ...", hatte Otto Gotsche, Sekretär des Staatsrates der DDR und Schriftsteller, im Auftrag Ulbrichts zunächst gegen Müllers Ausschluß aus dem Schriftstellerverband plädiert, diese Auffassung aber später zugunsten der Entscheidung für den Ausschluß revidiert. *Erziehung oder Ausschluß*, dies waren demnach die Alternativen, um die es hier ging und die typisch aufgerufen sind, wenn ideologische Abweichungen sanktioniert werden. Vgl. dazu Braun 1995, S.74f.; Hervorhebung von mir, W.L.S.
150 Vgl. erneut die Stellungnahme Tragelehns in Braun 1995, Dokument 42, S.152.

Durch die Erklärung politisch-ideologischer Abweichung als Folge einer moralisch zu verurteilenden persönlichen Haltung wird die Bekundung einer konformen Gesinnung mit den Bedingungen *persönlicher Achtung* verknüpft.[151] Wer auf seinem individuellen Standpunkt beharrt, dem droht Achtungsentzug, Ausschluß und soziale Isolierung. Die *Moralisierung von Gesinnungskonformität* greift zu auf die Gesamtperson. Sie ist nicht auf kalkulierbare Weise sachlich eingeschränkt, unterwirft den einzelnen damit einem tendenziell totalen Kontrollanspruch und macht ihn so zum Mitglied einer durch bestimmte Kommunikationsvorschriften definierten *Gesinnungsgemeinschaft*.[152]

Die politische Beurteilung eines Kunstwerkes wie des Stückes von Heiner Müller in Verbindung mit der systematischen Verwischung des Unterschiedes zwischen den *politischen Überzeugungen* von Personen und ihren *moralischen Qualitäten* verweist auf eines der wesentlichen Elemente realsozialistischer Herrschaft. Im Mikroformat sichtbar wird darin die Tendenz, die Differenz sowohl der verschiedenen Funktionsbereiche, von Ökonomie, Kunst, Wissenschaft etc. zur politischen Sphäre, wie auch die Differenz zwischen der Privatsphäre und der politischen Sphäre aufzulösen, d.h. potentiell jegliches Handeln der Beurteilung nach Gesichtspunkten der Kompatibilität mit moralisch geladenen politisch-ideologischen Anforderungen zu unterwerfen. In den Selbstkritiken von Müller und Tragelehn wird diese Tendenz vorausgesetzt und als legitim akzeptiert.

Bei diesen Stellungnahmen handelt es sich jedoch offensichtlich um Texte einer *hoch ritualisierten Gattung*, die darüber hinaus unter *strategischen* Prämissen stehen.[153] Die Vermutung liegt deshalb nahe, daß die Autoren sich darin einer

---

151 Zur hier vorausgesetzten Definition von Moral als eine Art von Kommunikation, die Hinweise auf die Bedingungen mitführt, unter denen die Beteiligten einander achten, vgl. Luhmann 1989c, S.18f.

152 Deren Interaktionsstruktur verbindet die Partizipation an *kollektiven Ritualen* und ritualisierten Formen des *Bekenntnisses* (zur Arbeiterklasse, zur Führungsrolle der Partei etc.) mit innerer *Missionierung und Pädagogisierung*. Sie kombiniert insofern Elemente der "konventionellen" und der "kulturellen" Codierung gemeinschaftlicher Kommunikation im Sinne der von Bernhard Giesen formulierten Typologie symbolischer Codes zur Konstruktion sozialer Gemeinschaften, in der zwischen *primordialer, konventioneller und kultureller Codierung* gemeinschaftlicher Kommunikationszusammenhänge unterschieden wird; siehe dazu Giesen 1993, dort die zusammenfassende Übersicht auf S.66. - Zum Konzept der *Gesinnungsgemeinschaft* in Anschluß an Tönnies, Weber und Sennet vgl. Schneider 1988a, S.138f. und 142f. - Die Figur der Gesinnungsgemeinschaft darf übrigens nicht betrachtet werden als alleinige Konsequenz sozialistischer bzw. kommunistischer Ideologie. Auch in anderen Kontexten finden sich Parallelen dazu. So etwa im Zusammenhang mit der Idee der *"Volksnation"*, die, wie die "Klasse" bzw. die "Klassennation", als kollektiver Akteur den Individuen vorgeordnet ist und die ebenfalls der Führung ausgewählter Eliten überantwortet wird; vgl. dazu Lepsius 1990, S.241f. - Als systematische Darstellung der Evolution des Nationen-Codes in Deutschland, die *weitere historische Parallelen* erschließt, vgl. Giesen 1993.

153 Vgl. dazu Müllers Darstellung der Umstände, unter denen er seine Selbstkritik, unterstützt durch die Schauspielerin und Intendantin des Berliner Ensembles, Helene Weigel, verfaßt hat, in seiner Autobiographie "Krieg ohne Schlacht", hier zitiert nach Braun 1995, S.72f.: "Zwei Tage später rief die Weigel mich an. Das war der Rettungsversuch. Sie sagte, die Anna Seghers hätte mit ihr gesprochen und Siegfried Wagner, der Chef der Kulturabteilung, und sie, Weigel, wäre jetzt mein Engel. Ich müßte meine Selbstkritik schreiben, und sie würde mir dabei helfen, weil sie wüßte, wie man so etwas macht. Ich kriegte das Turmzimmer (im Berliner Ensemble). 'Da hat der Brecht auch immer gesessen' und: 'Du darfst nichts erklären, nichts entschuldigen. Du bist schuld, sonst hat es

(Fortsetzung...)

offiziell verbindlichen Semantik bedienen, mit der sie sich nicht identifizieren und die sie nur in diesem Kontext benutzen, in dem es darum geht, durch ein möglichst vorbehaltloses Eingeständnis eigener Schuld in Übereinstimmung mit dem Inhalt und der Diktion der ihnen offiziell zur Last gelegten Verfehlungen, Unterwerfungsbereitschaft zu bekunden und dadurch eine Abschwächung der drohenden Sanktionen zu erreichen.

Stellen wir diese Voraussetzungen in Rechnung, dann erscheint es wenig wahrscheinlich, daß diese vor allem zum öffentlichen und offiziellen Gebrauch vorgesehene Semantik mehr war, als ein *standardisiertes Idiom*, dessen sich die Mehrzahl der Ostdeutschen nur in Situationen bediente, in denen sie durch den äußeren Zwang drohender Sanktionen dazu genötigt waren. In modifizierter Form jedoch, so meine These, finden sich strukturanaloge Deutungsprämissen zu dieser Semantik in den *alltäglichen Wahrnehmungsmustern*. Die Modifikation, die hier zu beobachten ist, betrifft eine der beiden Unterscheidungsseiten. Ausgetauscht wird der für konformes Verhalten stehende Gegenbegriff zum Prädikat der "Überheblichkeit": An die Stelle der Forderung der *Unterordnung unter den Führungsanspruch der Partei* tritt hier, wie schon oben erwähnt, das Gebot der *Einordnung ins Kollektiv*. Diese Substitution ist jedoch verknüpft mit wesentlichen sinnstrukturellen Übereinstimmungen.

Ob unter der Voraussetzung von Hierarchie oder von Gleichheit gedacht, in beiden Fällen erscheint hier der Anspruch auf individuelle Autonomie des Urteilens und Handelns als illegitim, sieht sich der einzelne der normativen Erwartung ausgesetzt, sich in seinen Ansichten und seinem Tun den Vorgaben anderer zu unterwerfen. Im Hinblick auf diese Grundstruktur sind die Instanzen, die den einzelnen unter den Druck von Konformitätszumutungen setzen, austauschbar. Ob Parteifunktionäre oder die Mitglieder des Kollektivs, wer sich den Erwartungen widersetzt, die von dort an ihn adressiert werden, wer sich das Recht nimmt, anders zu urteilen und zu entscheiden, verhält sich normwidrig. Er stellt sich "über" die Partei bzw. das Kollektiv und verhält sich insofern "anmaßend", "überheblich", "arrogant", "besserwisserisch" oder wie immer sonst die Prädikate lauten mögen, denen allen eines gemeinsam ist: Sie präsupponieren die Unterordnung des einzelnen als Norm, markieren ein bestimmtes Verhalten als Verletzung dieser Norm, d.h. als Zurückweisung des Unterordnungsanspruchs, an dem gemessen das abweichende Verhalten *objektiv* als 'Selbstüberhebung' erscheinen muß und deuten dieses Beobachtungsergebnis *psychologisch* um als Manifestation einer dementsprechenden *subjektiven Disposition*, d.h. einer "überheblichen" Haltung oder Einstellung des abweichenden Akteurs.

Wie die skizzierten Beobachtungsprämissen alltäglich wirksam werden und bei der Deutung des Verhaltens von Westdeutschen verwendet werden können, möchte

---

153(...Fortsetzung)
    gar keinen Zweck.' Ich habe dann im Turmzimmer diese Selbstkritik geschrieben, und der Weigel jede halbe Seite vorgelegt, zur Korrektur. Und korrigiert, und weitergeschrieben. Es hat Tage gedauert."

ich nun anhand einiger Auszüge aus einem Interview mit einer ostdeutschen Studentin zeigen. Mit einer solchen Einzelfallanalyse können natürlich keinerlei Aussagen über die quantitative Verbreitung der explizierten Deutungselemente gemacht werden. Dennoch ist dieser Fall von besonderem Interesse, wird daran doch sichtbar, wie die skizzierten Strukturmerkmale der Gesinnungsgemeinschaft trotz gleichzeitig bestehender Distanz gegenüber dieser Projektion und den mit ihr verknüpften Kommunikationsvorschriften die alltägliche Wahrnehmung fremden Verhaltens beeinflussen können.

2.4.6 Insistieren auf einer abweichenden Meinung als Indikator für "Überheblichkeit": Analyse eines Interviews

Im Verlauf des Interviews stellt die Befragte es als typisches Verhalten ostdeutscher Studenten dar, sich im Rahmen des Studiums zu Gruppen zusammenzuschließen. Sie sieht darin ein Moment der Kontinuität zur Situation in der DDR, in der die Studierenden in *obligatorischen* Seminargruppen zusammengefaßt waren und bezeichnet die nun auf *freiwilliger* Basis entstehenden Gruppen als "neues Kollektiv". Daraufhin fragt der Interviewer, ob sie Abweichungen dazu im Verhalten westdeutscher Kommilitonen sehe:[154]

Int: Sehen sie da eh, meinetwegen wenn sie eh - Westen, Kommilitonen aus dem Westen sehen, in deren Verhalten Abweichungen dazu?
St 1: Also bei den unsrigen hier ja.
Int: Ja?
St 2: Ja. Obwohl manche eh, das is auch, glaub ich, an die Mentalität gebunden. Aber bei einem seh ich genau, daß der das gut findet, daß der *sich versucht einzufügen*. Also der *sucht direkt die Nähe*. Der hat äußerlich so dieses Verhalten, was man immer so als ostdeutscher Bürger der Eind- den Eindruck hatte, das wäre eben für Westdeutsche kennzeichnend, also *so'n bißchen arrogant*. Das meinten wir ja. Das war ja unsere Einstellung. So'n bißchen arrogant. Aber jetzt zum Beispiel, wir hatten 'ne Bonn-Exkursion, danach weiß ich zum Beispiel, *daß das bei dem nich so is*, daß der eigentlich direkt die-*die Nähe irgendwo sucht*, daß das dem gern möchte, sich'n bißchen so *einfühlen*, zum Beispiel in unsre Vierer- oder Fünfergruppe, daß er das gern möchte, gern mitmachen möchte, bei diesem einen. Aber eben bei dem Gros, bei den anderen, daß die das so gewohnt sind, also eigentlich ihr Ding allein zu machen. (...)

Die Antwort bestätigt, daß sich das Verhalten der westdeutschen Studenten nach der Wahrnehmung der Befragten in diesem Punkt von dem der ostdeutschen Studenten unterscheidet, insofern die ersteren, wie sie dann später feststellt, "ge-

---

154 Vgl. Interview 7/92, Transkript S.20. "Int" steht für Interviewer, "St" für die von mir befragte Fachhochschulstudentin. Das Interview wurde Ende 1992 durchgeführt. *Alle hier und in den folgenden Interviewauszügen enthaltenen Hervorhebungen wurden von mir hinzugefügt*, um die für meine Interpretation zentralen Anhaltspunkte rascher erkennbar zu machen. - Die Transkription gibt die Äußerungen der Sprecher *wortgetreu* wieder. Auf die Repräsentation von Betonung, Intonation, Dehnungen, lautlichen Eigentümlichkeiten etc., wie sie in der Konversationsanalyse üblich ist, wurde hingegen verzichtet, weil eine derartige gleichsam mikroskopische Darstellung sprachlicher Daten das Auflösungsniveau, auf dem die beobachtungstheoretische Analyse sozialer Semantiken operiert, bei weitem überschreitet.

wohnt sind, ... ihr Ding allein zu machen". Im Zentrum der Äußerung steht jedoch der eingeschobene Bericht über einen westdeutschen Kommilitonen, der als Ausnahme von dieser Regel präsentiert wird. Interessant ist dabei das *grundlegende Kontrastpaar*, das zur Beschreibung seines Verhaltens verwendet wird: Die *äußerlich* auf den ersten Blick beobachtete und als generelles Kennzeichen der Westdeutschen verbuchte *Arroganz* in seinem Verhalten wird konterkariert durch sein Bemühen, *sich "einzufügen"*; er suche "direkt die Nähe", wolle "sich'n bißchen einfühlen ... in unsre Vierer- oder Fünfergruppe". Suche nach Nähe, Einfühlung und Einfügung in die Gruppe erscheinen hier als Paraphrasen *derselben Grundhaltung* und werden *arrogantem Auftreten* als ihrem Gegenteil gegenübergestellt. Zwischen dem Versuch, engeren *Kontakt* zur Gruppe zu gewinnen und der Bemühung um *Konformität* wird nicht unterschieden. Beides erscheint tendenziell miteinander identisch. In der Gegenüberstellung des äußerlichen Eindrucks, den das Verhalten des westdeutschen Kommilitonen erweckt, mit seinen tatsächlichen Absichten, kehrt so die Unterscheidung wieder, die wir bereits aus der zu Beginn zitierten Zuschreibungsregel kennen: die Opposition 'Arroganz' vs. 'Einordnung ins Kollektiv'.

Dabei wird die Haltung des westdeutschen Kommilitonen, "... daß er das gern möchte, gern mitmachen möchte ..." als deutlich kontrastierender Ausnahmefall gegenüber dem Verhalten der anderen westdeutschen Studierenden markiert; für diese gilt: "Aber eben bei dem Gros, bei den anderen, daß die das so gewohnt sind, also eigentlich ihr Ding allein zu machen." Das vorher erwähnte Generalurteil, die Westdeutschen seien "so'n bißchen arrogant", wird nur für den berichteten Ausnahmefall in Zweifel gezogen. Das Verhalten der anderen westdeutschen Studierenden erscheint demgegenüber, dies signalisiert die Art der gewählten Rahmung ("Aber eben bei dem Gros, bei den anderen ..."), tendenziell als Bestätigung der zuvor geäußerten Generaleinschätzung.

Warum, läßt sich aus der Darstellung der Befragten erschließen: Insofern die "anderen" erkennen lassen, daß sie "gewohnt sind, also eigentlich ihr Ding allein zu machen", vermeiden sie "die Nähe" der ostdeutschen Studierenden und die *Einfügung in deren Gruppe(n)*. Dieses Verhalten könnte schon ausreichen, um die Generalzuschreibung der "Arroganz" zu bestätigen. Bereits die Neigung zur *Absonderung und Vereinzelung* würde so zum Indiz für Überheblichkeit.

Auch über den hier untersuchten Fall hinaus läßt sich leicht vorstellen, wie Beurteilungen aussehen können, die eine solche Bewertung implizieren und welcher Logik sie folgen: Aus der Perspektive einer Gruppe, die den Wunsch nach Zugehörigkeit zu ihr *normativ erwartet*, zeigt Absonderung und Einzelgängertum an, daß da jemand wohl glaubt, 'etwas besseres zu sein', 'es nicht nötig zu haben', mit den anderen in engem Kontakt zu stehen etc. Je nach Bezugsgruppe, aus deren Perspektive solche Zuschreibungen formuliert werden, können die so 'verhaltensauffällig' gewordenen Personen dann als 'hochnäsige zugezogene Städter' (im Unterschied zu den alteingesessenen Bewohnern eines Dorfes), als Personen mit einem kritikwürdigen Hang zum 'bürgerlichen Individualismus' (im Unterschied zu klassenbewußten Parteigenossen), als 'arrogante Wessis' o.ä. etikettiert werden. Gemeinsamer Nenner derartiger Zuschreibungen ist, daß die Einnahme eines freundlich distanzierten Status gegenüber der Gruppe, aus deren Binnenperspektive solche Urteile formuliert werden, nicht als legitim akzeptiert wird und deshalb *bereits die Vermeidung der Mitgliedschaft* als abweichendes Verhalten gilt.

Doch zurück zum analysierten Fall: Was für ein Verhalten muß ein westdeutscher Studierender an einer ostdeutschen Hochschule für die Befragte zeigen, um die Zuschreibung von *Arroganz* in Frage zu stellen? - Aus dem berichteten Ausnahmebeispiel des westdeutschen Kommilitonen kann direkt abgeleitet werden, daß er dazu zweierlei erkennen lassen muß: den Wunsch nach Zugehörigkeit ("Nähe") zu einer Gruppe von ostdeutschen Studierenden und die Bereitschaft, sich in diese Gruppe "einzufügen". Auch hier gilt also, daß die Position des *neutralen Fremden*, mit dem man zwar den formalen Status des Studierenden an einer Hochschule teilt, der aber nicht den *personalisierten* Zusammenhang einer informellen Gruppe sucht, nicht als legitimer Status vorgesehen ist.

In späteren Äußerungen der befragten Studentin wird die Unterscheidung 'Arroganz' vs. 'Einordnung in die Gruppe (alias Kollektiv)' weiter entfaltet. Auf die Erkundigung hin, in welchen Verhaltensweisen sich die Arroganz ausdrückte, die sie an dem erwähnten West-Kommilitonen zunächst zu bemerken glaubte, gibt die Studentin folgende Darstellung (a.a.O., S.21):

Int: Ja. Sie sagten gerade, bei dem einen-einen Kommilitonen, der wirkt arrogant. In welchen Verhaltensweisen hat sich das denn ausgedrückt?

St 3: Also der hatte zum Beispiel, war ich bei ein Herrn X. in der Gruppe 'Wissenschaftliches Arbeiten', da war dieser Kommilitone auch in dieser Gruppe und eh er *hatte also grundsätzlich was zu kontern*, grundsätzlich. Wo ich mich manchmal gefragt hab, also jetzt hat er zehn Sätze gesagt und im Prinzip war ein Satz nur Inhalt und der war noch Quatsch. Das war noch Blödsinn. Also wo ich zum Beispiel überlegen würde erstmal, also erstmal, sagst du was oder sagst du nichts, is es überhaupt *bedeutend*. Und wo der eben wirklich *einfach gesagt hat, alles, was er denkt* und wo *viel Unsinn* dabei war aus meiner Sicht heraus, *aber* wo er wirklich auf diesen Unsinn *bestanden* hat (Int: Ja; - danach Fortsetzung durch St, s.u.).

Eine abweichende Meinung, die als *offenkundig unsinnig* erscheint, zu *äußern* und darauf zu *insistieren*, gilt hier als Indikator für Arroganz. Nicht der Widerspruch als solcher wird dabei als problematisch definiert, sondern die Kriterien der Auswahl und die Hartnäckigkeit in der Realisierung widersprechender Äußerungen. Als erstes Angemessenheitskriterium für die Formulierung von Widerspruch wird die besondere Wichtigkeit des Themas und/oder des eigenen Beitrages dazu genannt ("wo ich zum Beispiel überlegen würde erstmal, also erstmal, *is es überhaupt bedeutend*"; zwischen der Bedeutsamkeit von Thema und Beitrag wird hier nicht unterschieden). Das Verhalten des westdeutschen Kommilitonen läßt für die Befragte keine Orientierung an einem derartigen Auswahlkriterium erkennen. Ohne eine derartige innere Vorzensur habe er *alles gesagt, was er denke*.

Aber weder dadurch, noch durch den Umstand, daß bei dem, was der Kommilitone sagte, "viel Unsinn dabei war aus meiner Sicht", scheint die Zuerkennung des Prädikats 'arrogant' hinreichend begründet zu sein. Unzensiert und im Widerspruch zur Auffassung anderer die eigene Meinung zu äußern, auch wenn sich das, was man sagt, als Unsinn herausstellt - dies ist noch keine vollständige Versammlung der Tatbestandsmerkmale, deren Erfüllung das Delikt der Arroganz konstituiert. Es bedarf dazu noch eines weiteren Elementes, das mit kontrastiver Hervorhebung gegenüber den zuvor erwähnten Merkmalen eingeführt wird, "*aber wo er wirklich auf diesen Unsinn bestanden* hat". Wie schon in der Szene aus Monika Marons Roman ist es hier das *Insistieren* auf der abweichenden Meinung, das von zentraler Bedeutung ist für die Zuschreibung von Arroganz.

Die Wahl dieser Zuschreibung erscheint freilich nicht zwingend. Andere Zurechnungsmöglichkeiten lassen sich denken. So etwa die Zurückführung des beobachteten Verhaltens auf 'verbale Inkontinenz' ('Schwätzer') und mangelnde Einsichtsfähigkeit ('Dummheit', 'mangelnde Flexibilität', 'Starrsinn') oder auf die Unfähigkeit, einen Irrtum durch Aufgabe einer einmal eingenommenen Position öffentlich einzugestehen ('verbissener Ehrgeiz', 'schlechter Verlierer'). Ebenso könnte das beschriebene Verhalten gedeutet werden als Versuch, eine eigene Position probehalber zu formulieren, um sie so ausgiebig wie nur möglich dem Test der Diskussion auszusetzen. Weitere Deutungen sind sicherlich vorstellbar. Weil allem Anschein nach kontingent, erscheint die Selektivität der verwendeten Zuschreibung erklärungsbedürftig.

Über das Kernstück einer solchen Erklärung verfügen wir bereits: Wer *widerspricht* und trotz Ablehnung seines Widerspruchs durch andere Kommunikationsteilnehmer darauf *insistiert*, der *verweigert die 'Einfügung in die Gruppe'* und verhält sich damit - sofern man die von der Befragten selbst zuvor verwendete Unterscheidung zugrunde legt - *'arrogant'*. Es ist die Logik dieses *binären Beobachtungsschemas*, die unter bestimmten Voraussetzungen dazu zwingt, ein Verhalten, das der präferierten Seite der Unterscheidung ('Einfügung in die Gruppe') nicht zugeordnet werden kann, dem dispräferierten Pol ('Arroganz') zuzuordnen. Als ergänzendes Kriterium für die Zuordnungsentscheidung im Rahmen dieses Schemas fungiert die Differenz *bedeutsam vs. unsinnig*. Sofern ein Beitrag aus der Perspektive der Befragten als "bedeutsam" zu bewerten ist, kann vermutet werden, daß das Insistieren darauf nicht automatisch die Zuschreibung von Arroganz zur Folge hätte, sondern - wenn vielleicht auch nicht ohne Ambivalenz - als sachlich gerechtfertigt betrachtet werden könnte. Diese Berechtigungsgrundlage entfällt jedoch, wenn - wie im Falle des westdeutschen Kommilitonen - auf abweichenden Meinungsäußerungen bestanden wird, die als unsinnig wahrgenommen werden. Die Zuschreibung von Arroganz wird dann unvermeidlich.

Als Deutungselement, das diese Konsequenz einsichtig macht, kann die folgende Hintergrundannahme vermutet werden: Wer "Bedeutsamkeit" für den *sachlichen Gehalt* abweichender Äußerungen nicht beanspruchen kann und dennoch darauf insistiert, der muß *sich selbst* für so "bedeutend" halten, daß er glaubt, sich gegen akzeptierte Auffassungen in einer Gruppe wenden und Anspruch auf die Beachtung durch andere erheben zu können. Das Kriterium der "Bedeutsamkeit" würde demnach auf eine generalisierte Weise verwendet und in jedem Falle den *Anspruch auf besondere Beachtung durch andere* einschließen. Nicht die Prüfung individuell erhobener und verteidigter Geltungsansprüche stünde demnach im Vordergrund kontroverser Diskussion (für die Widersprechen und Insistieren auf der eigenen Position ja konstitutiv ist), sondern der Anspruch, etwas zu sagen, das von den anderen *als verbindlich akzeptiert* werden sollte. Zugespitzt formuliert stünde gleichsam jeder Beitrag unter der impliziten Überschrift, 'Hört her, ich habe euch etwas zu sagen'. Nicht die Äußerung von Gedanken, sondern die Verkündigung von Wahrheiten, die *Unterrichtung und Belehrung* anderer wäre das Modell, dem ein solches Kriterium der "Bedeutsamkeit" von Seminarbeiträgen entsprechen würde. Wer unter diesen Prämissen seine Meinung im Seminar äußert und gegen Einwände daran festhält, beansprucht für sich selbst die *Rolle des Belehrenden*, überhebt sich damit über die anderen und kann als *überheblich* gelten, wenn dieser Anspruch durch nichts gedeckt ist. - Unsere Deutungshypothese findet Anhalt am weiteren Material. In direkter Fortsetzung ihres oben zitierten Beitrages (nach dem eingeschobenen "Ja" des Interviewers) fährt die befragte Studentin fort:

St 3: (Fortsetzung) Und - das is eben, das hat sich bei dieser Exkursion herausgestellt, daß er eigentlich eh verunsichert is eher 'n bißchen. Und *daß er erstmal nur wirklich alles gesagt hat, was er denkt und weiß*. Aber irgendwie läßt - so ganz erklären läßt sich - also so ganz eindeutig is das für mich auch noch nich, weil er - aah ich weiß auch nich, ich bin damit noch nich so ganz fertig, aber es is jedenfalls so, daß er sich im Augenblick versucht, nich seine Meinung zu unterdrücken, also er sagt *trotzdem seine Meinung, auch wenn er sich versucht, unsre Gruppe irgendwie einzufügen*. Es is -irgendwie isses, diese Gruppe, die wir unter uns gebildet haben jetzt im Studienjahr, auch nich eh so wie früher, also wie die Seminargruppe, es is trotzdem so, daß jeder seine Meinung sagt, also es is von der Struktur her 'n bißchen anders, als es früher war. Es is frei, aber es is *trotzdem* so irgendwie produktiver, möcht ich sagen (Int: Ja) als es früher war. Es treibt mehr voran.

Der Eindruck der Arroganz scheint hier relativiert durch die Erfahrungen einer gemeinsamen Exkursion. Das Verhalten des Kommilitonen wird reklassifiziert als Ausdruck des Versuchs, "daß er erstmal nur wirklich alles gesagt hat, was er denkt und weiß". Seine Äußerungen werden mit dieser Darstellung in ihrem Geltungsanspruch *subjektiviert*. Die alternative Möglichkeit der Motivierung seines Verhaltens, gegen die sich diese Darstellung abgegrenzt und deren Erfüllung bei der Zuschreibung von Arroganz unterstellt wurde, bleibt implizit. Unsere Deutungshypothese, nach der Widerspruch und Insistieren auf einer abweichenden Auffassung wahrgenommen werden als *Anzeichen für die Beanspruchung von "Bedeutsamkeit" und Beachtung durch andere*, erscheint hier als plausibler Kandidat für die Explikation dieser Gegenmöglichkeit.

Die Revision des ursprünglichen Eindrucks wird anschließend als noch unsicher markiert[155] und das Verhalten des West-Kommilitonen dann in einer komplexen Kontrastierung resümiert: der *'Einfügung in die Gruppe'* wird hier die Äußerung der eigenen Meinung in einem Spannungsverhältnis gegenübergestellt ("... sagt *trotzdem* seine eigene Meinung, *auch wenn* er sich versucht, unsre Gruppe irgendwie einzufügen"). Beides, die Äußerung der eigenen Meinung und die Integration in die

---

155 Diese Unsicherheit könnte darin ihren Grund haben, daß 'erstmal alles zu sagen, was man weiß' zwar ein mögliches Motiv ist, um anderen zu *widersprechen*, damit aber nicht ohne weiteres erklärt werden kann, warum man auf Meinungsäußerungen, die sich dann als "unsinnig" herausstellen, auch noch *insistiert*. Als Deutung, die diese Erklärungslücke füllen könnte, liegt es für die befragte Studentin insofern immer noch nahe, doch auf *Arroganz* zu schließen.

Gruppe, erscheint demnach nicht reibungslos miteinander vereinbar zu sein.

Verständlich ist eine solche Formulierung vor allem dann, wenn die Übereinstimmung mit bestimmten Auffassungen innerhalb der Gruppe als Mitgliedschaftsbedingung gilt bzw. die Äußerung einer abweichenden Meinung als illegitime Beanspruchung einer übergeordneten Position gegenüber den anderen Gruppenmitgliedern wahrgenommen wird. Beide Momente sind kombinierbar und ergeben zusammen die Projektion einer *egalitären Gesinnungsgemeinschaft* als möglichen Hintergrund dieser Darstellung. Dieser Hintergrund wird freilich nicht einfach affirmativ in Anspruch genommen, sondern durch eine querliegende Differenz zugleich problematisiert: das Sagen der eigenen Meinung erscheint positiv konnotiert als Versuch, "*nich seine Meinung zu unterdrücken*". Die Meinungsäußerung des Kommilitonen erhält so eine *ambivalente Wertigkeit*, einerseits positiv, weil gegen die Unterdrückung der eigenen Meinung gerichtet, erscheint sie zugleich als Gefährdung der Einfügung in die Gruppe. *Zwei Kontrastpaare, die zueinander in Spannung stehen*, prägen demnach die Wahrnehmungsperspektive der Befragten und erzeugen vermutlich die von ihr bekundete Unsicherheit über die abschließende Bewertung des West-Kommilitonen: die bereits bekannte Differenz von *Arroganz vs. Einordnung ins Kollektiv* und die Unterscheidung *freie Äußerung vs. Unterdrückung der eigenen Meinung*. Zwei Deutungsmöglichkeiten scheinen so miteinander im Streite zu liegen.

Diese Unsicherheit kann als möglicher Indikator dafür gelesen werden, daß die Vereinbarkeit zwischen 'freier Meinungsäußerung' und der 'Einfügung in die Gruppe' weiterhin als prekär wahrgenommen wird. Die abschließende Charakterisierung der neuen, auf eigene Initiative gebildeten Studiengruppe im Kontrast zu der Seminargruppe, der sie früher, zu DDR-Zeiten während eines Germanistikstudiums an der Humboldt-Universität, angehörte, stellt diese Verknüpfung einerseits als positiv und in der neuen Gruppe realisiert dar, macht aber zugleich deutlich, daß sie immer noch als *ungewöhnlich, spannungsgeladen und riskant* erscheint.

Deutlicher wird dies in einer späteren Äußerung, in der sie ihr Bedürfnis nach engem Kontakt mit anderen Kommilitonen beschreibt (a.a.O., S.22/23):[156]

St 10: ... Ich hätte es zum Beispiel damals auch nich gewollt, zu Hause zu wohnen, ich empfand das angenehm, im Wohnheim zu sein und den Kontakt zu meinem Studiengang auch zu haben (Int: Ja), wogegen ich jetzt zum Beispiel sehe, entgegen meiner Befürchtung, weil ich ja eben zu Hause wohne und nich im Wohnheim, daß das genauso gut geht. Man stellt sich bloß darauf anders ein. (Int: Ja) Und in gewisser Weise is es wirklich produktiver. 's -'s geht besser, weil man, *ich bin ja nicht gezwungen, mit denen zu kommunizieren*. (Int: Ja) Ich mache es so, wie ich es will und *ich kann meine Meinung sagen und ich werde deshalb nicht verachtet*. (Int: Mmhh) Und es sind da irgendwo auch keine, *in meiner Meinungsäußerung, keine Maßstäbe*, also ich kann in jeder Richtung erstmal das sagen, was ich will. ...

---

156 Die zitierte Darstellung ist Teil einer längeren Passage, in der die Befragte die Unterhaltung engerer Kontakte zwischen Studierenden einer Fachrichtung als ein Verhalten darstellt, das für Ostdeutsche typisch, für Westdeutsche hingegen, wie sie auf der Grundlage einiger Beispiele vermutet, eher untypisch ist.

Gegen ihre ursprünglichen Befürchtungen, daß sie den Kontakt zu ihrem Studienjahrgang nicht so gut würde halten können, wenn sie nicht mit den Kommilitonen gemeinsam im Studentwohnheim wohnt (d.h. wenn die "Nähe" zur Gruppe beeinträchtigt ist),[157] sieht sie nun in der räumlichen Distanz auch Vorteile. Der Wegfall des Kommunikationszwanges eröffnet Freiheitsspielräume. *Weil* sie nicht mehr "gezwungen" ist, "mit denen zu kommunizieren", so der von ihr hergestellte Kausalzusammenhang, kann sie 'es so machen, wie sie es will' und ihre Meinung sagen, ohne deshalb "verachtet" zu werden. Seine Meinung zu äußern und zu tun, was man für richtig hält, erscheint nicht problemlos vereinbar mit der Zugehörigkeit zu einer Gruppe. Individuelle Abweichung, so die dahinter stehende Normalitätserwartung, führt leicht bzw. führte früher oft zur Ausgrenzung.

Daß dies in ihrer gegenwärtigen Studiengruppe nicht mehr der Fall ist, wird nicht oder zumindest nicht allein auf die veränderte Struktur der Gruppe, sondern wesentlich auf den *räumlichen Abstand* und damit wohl auf das *verringerte Kontroll- und Sanktionspotential* der Gruppe zurückgeführt. Die zuvor erwähnte größere Freiheit in der neuen Gruppe erscheint durch die Gruppe selbst noch nicht hinreichend garantiert. Die Vereinbarkeit von *freier Meinungsäußerung* und der Anforderung, *sich in die Gruppe einzufügen*, wie sie in der vorangegangenen Äußerung thematisiert wurde, gilt ohne den Außenhalt der räumlichen Distanz noch als ungesichert.

Um hier - unabhängig von einer solchen äußeren Sicherung - Vereinbarkeit grundsätzlich zu ermöglichen, müssen Meinungsäußerungen nicht nur sanktionsfrei (ohne die Gefahr der 'Verachtung') möglich sein, vielmehr muß auch die einzelne Meinungsäußerung eine spezifische Kompatibilitätsanforderung erfüllen, nämlich frei zu sein von dem Anspruch, "*Maßstäbe*" zu setzen, d.h. *Verbindlichkeit für die anderen zu beanspruchen*. Die Darstellung der Studentin ist hier genau so konstruiert, daß - entlang der Differenz *Gemeinschaft/Individuum* - die komplementären Anforderungen genannt werden, deren Erfüllung den Fortbestand der Gruppe bei gleichzeitiger wechselseitiger Freiheitskonzession ermöglicht: "... ich kann meine Meinung sagen, und *ich werde deshalb nicht verachtet. Und es sind da irgendwo auch keine, in meiner Meinungsäußerung, keine Maßstäbe ...*".[158] Negiert werden damit

---

[157] Worin könnte die Befürchtung begründet sein, daß nicht mit den anderen im Studentenwohnheim zu wohnen, den Kontakt zu ihnen beeinträchtigen könnte? - Eine naheliegende Vermutung wäre, daß auswärtiges Wohnen von den anderen als Indiz für den *Wunsch nach Absonderung* gegenüber der Gruppe gedeutet werden und dies ihr dann selbst als abweichendes Verhalten und Ausdruck von Überheblichkeit zugeschrieben werden könnte. Ihre Befürchtung könnte demnach in der gleichen Zuschreibungsregel verankert sein, die sie (in St 2) dazu veranlaßt, die bei westdeutschen Kommilitonen beobachtete Tendenz zur Absonderung und Vereinzelung als Anzeichen für "Arroganz" zu verbuchen.

[158] Hier kann man sich fragen, ob die ausdrückliche Dementierung der 'Maßstäblichkeit' der eigenen Meinungsäußerungen nicht im Widerspruch steht zu unserer Interpretation des Ausdrucks "bedeutend" in der Äußerung "... Also wo ich zum Beispiel überlegen würde erstmal, also erstmal, sagst du was oder sagst du nichts, is es überhaupt *bedeutend*". Berücksichtigt man den Kontext dieser Äußerung, dann löst sich dieser Widerspruch jedoch auf: 'Bedeutsamkeit' wird dort nämlich als Angemessenheitskriterium anläßlich der Beiträge eines West-Kommilitonen in einer Seminar-

(Fortsetzung...)

die kommunikationsstrukturellen Voraussetzungen der *Gesinnungsgemeinschaft*, d.h. die *Moralisierung strikter Gesinnungskonformität als Achtungs- und Mitgliedschaftsbedingung* und die daraus folgende Aufladung jeder Meinungsäußerung mit dem Anspruch, den Konsens der Gruppe zu artikulieren (= den geltenden "Maßstäben" zu entsprechen) oder neue Konsensbedingungen für alle zu etablieren (= neue "Maßstäbe" zu setzen).[159]

Andererseits erscheint das Modell der Gesinnungsgemeinschaft als Prämisse der Beobachtung fremden Verhaltens noch nicht vollständig außer Kraft gesetzt. Auch wenn die ursprüngliche Deutung des Diskussionsverhaltens des West-Kommilitonen als arrogant revidiert wurde, bleibt eine Ambivalenz der Beurteilung erkennbar, ist sie doch nach eigenem Bekunden "... damit noch nicht so ganz fertig ..." (s.o. St 3, Fortsetzung). *'Freie Meinungsäußerung' vs. 'Unterdrückung der eigenen Meinung'* und *'Arroganz' vs. 'Einfügung in die Gruppe'*, diese beiden Unterscheidungen verhalten sich gegenläufig zueinander und *generieren einander widersprechende Beobachtungsresultate*: Ein Verhalten, das mit Hilfe der ersten Unterscheidung als 'freie Äußerung der eigenen Überzeugung' wahrgenommen und positiv bewertet wird, kann bei Gebrauch der zweiten als 'arrogant' diskreditiert werden; umgekehrt kann, was im ersten Falle als abzulehnende 'Unterdrückung der eigenen Meinung' erscheint, im zweiten als begrüßenswerter Versuch der 'Einfügung in die Gruppe' gedeutet werden. Die Unentschiedenheit und Ambivalenz in der Darstellung der befragten Studentin erklärt sich aus der *Oszillation zwischen diesen beiden Beobachtungsschemata*. Die alternativlose Geltung des Schemas der Gesinnungsgemeinschaft erscheint so einerseits erschüttert. Zugleich aber und vor allem dann, wenn es um die Bewer-

---

158 (...Fortsetzung)
diskussion genannt, die sich gegen die Ausführungen des *Dozenten* richten. Eingebettet in den asymmetrischen Kontext einer pädagogischen Beziehung, kommt den Äußerungen des Dozenten eine (freilich gegenüber den Bedingungen einer Gesinnungsgemeinschaft andersartige) 'maßstäbliche' Bedeutung zu, insofern sie unter der Prämisse stehen, den aktuellen Stand des als gültig anerkannten (wenngleich jederzeit bezweifelbaren) Wissens wiederzugeben. Wer dagegen argumentiert (und auf seinen Einwänden insistiert), setzt sich einem Vergleich unter den dadurch definierten Bedingungen aus. Er kann beobachtet werden als jemand, der - wie punktuell auch immer - mit der Autorität etablierten wissenschaftlichen Wissens und der Lehrautorität des Dozenten konkurriert, so daß sein Widerspruch nur dann als angemessen gilt, wenn er eine analoge 'maßstäbliche' Bedeutung beanspruchen kann, wie dessen Lehrvortrag.

159 Auf den Erfahrungshintergrund, gegen den sich diese Aussagen profilieren, kommt die Studentin an anderer Stelle zu sprechen (Interview 7/92, S.16f.). Dort erwähnt sie die obligatorischen Seminargruppen, denen Studierende zu DDR-Zeiten angehörten, bei denen es "... immer so war, wenn man das konsequent abgelehnt hat, 'ne Sache, dann war man erstmal das schwarze Schaf". Ebenso sei es auch in der Schule gewesen. Als Beispiel berichtet sie, welche Konsequenzen es für sie hatte, daß sie in der elften Klasse zusammen mit einer anderen Schülerin nicht an der Grippeschutzimpfung teilnehmen wollte, eine Entscheidung, die sie zunächst als "'ne ganz persönliche Sache" betrachtete, ohne mit besonderen Folgen zu rechnen. Es kam jedoch anders: Zunächst Androhung des Klassenboykotts ("... wenn ihr dann eben mal wegen Krankheit ausfallt, dann müßt ihr nicht denken, daß ihr von uns irgendwie was mitgeteilt bekommt, wie weit wir mit'm Stoff sind ...") und des Ausschlusses aus dem Kollektiv, schließlich Vorladung zur Grundorganisationsleitung der FDJ und Absetzung als FDJ-Sekretär der Klasse mit der Begründung, "... daß ich nicht mehr tragbar sei für diese eh Stelle, weil ich die Interessen des Kollektivs nicht ausreichend vertrete, durch solche Sachen".

tung fremden Verhaltens geht, wird es immer noch als Deutungsgrundlage mit in Anspruch genommen.

Unsere Analyse weist dem Ausdruck *Arroganz* (bzw. bedeutungsanalogen Etikettierungen) eine Schlüsselposition in der ostdeutschen Beobachtung westdeutschen Verhaltens zu. Dagegen könnte der Einwand erhoben werden, daß hierbei ein vielleicht eher marginaler Gesichtspunkt, veranlaßt durch dessen häufige Erwähnung in den Medien, in seiner Bedeutung weit überschätzt wird. Ein Indiz dafür, daß dieser Einwand nicht zutrifft, findet sich ebenfalls in unserem Interview. Nach weiteren Verhaltensmerkmalen gefragt, die besonders auffällig seien im Umgang zwischen Ostdeutschen und Westdeutschen, antwortet die befragte Studentin (a.a.O., S.26f):

St 13:   ... Tja - andere Verhaltensmerkmale. - Also direkt benennen könnt' ich die jetzt gar nicht. -- Bei uns war's bisher immer mit dem Wort 'Arroganz'.

Die Auskunft läßt erkennen, daß der Ausdruck *Arroganz* und seine Derivate aus der Perspektive der Studentin und - sofern man ihrer Einschätzung vertraut - auch ihrer sozialen Umgebung tatsächlich die zentrale Kategorie darstellt, unter die sich die auffälligsten Besonderheiten im Verhalten der Westdeutschen subsumieren lassen.

Die Unterscheidung, deren eine Seite dieser Ausdruck bezeichnet, ist die im Modell der Gesinnungsgemeinschaft verankerte Unterscheidung 'Arroganz' vs. 'Einfügung in die Gruppe' (alias 'Einordnung ins Kollektiv'). Wenn sich dieses Ergebnis unserer Interviewanalyse generalisieren läßt, dann wäre mit dieser Unterscheidung ein maßgebliches Beobachtungsschema für die ostdeutsche Beobachtung westdeutschen Verhaltens bestimmt. Die zu Beginn aus dem Leserbrief einer Ostdeutschen entnomme Zuschreibungsregel für die Zuerkennung des Prädikats 'arrogant' wie auch die Interpretation der Auszüge aus dem Roman "Flugasche" von Monika Maron kommen mit diesem Befund überein. Berücksichtigt man, wie oben bereits dargelegt, die *strukturelle* Austauschbarkeit des Gebots der 'Unterordnung unter den Führungsanspruch der Partei' und der Forderung nach 'Einordnung ins Kollektiv', dann gilt Entsprechendes für die Analyseergebnisse der Selbstkritiken anläßlich des Verbots von Heiner Müllers Stück "Die Umsiedlerin ...". Auch wenn der Umfang des untersuchten Materials keinerlei quantitative Aussagen zuläßt, spricht diese nachweisbare strukturelle Konvergenz unterschiedlichster Daten dafür, daß unsere Interviewanalyse den Gebrauch eines sozialen Beobachtungsschemas nachzeichnet, dessen Bedeutung über diesen Einzelfall hinausreicht. Ob und in welchem Umfang dies tatsächlich der Fall ist, muß hier freilich offen bleiben.[160]

---

160 Um naheliegenden Mißverständnissen vorzubeugen: (1) Es geht hier keinesfalls um eine Behauptung von der Art, daß *alle* Ostdeutschen Bezeichnungen wie 'arrogant', 'überheblich', 'selbstherrlich' *ausschließlich* als Element der Unterscheidung *Überheblichkeit vs. Einordnung ins Kollektiv* verwenden, sondern nur um die Vermutung, daß dies möglicherweise in einer nicht unerheblichen Anzahl von Fällen, in der westdeutsches Verhalten als überheblich beobachtet wird, geschieht. (2) Ebensowenig zwingt die *strukturelle* Verwandtschaft der Unterscheidungen 'Überheblichkeit vs. Unterordnung unter den Führungsanspruch der Partei' und 'Überheblichkeit vs. Einordnung ins Kollektiv' zu der
(Fortsetzung...)

Die vorstehende Untersuchung versuchte eine Hypothese mit beobachtungstheoretischen und hermeneutischen Mitteln zu explorieren. Die *Figur der Gesinnungsgemeinschaft*, so unser Resultat, fungiert möglicherweise als eine wesentliche Prämisse der ostdeutschen Beobachtung westdeutschen Verhaltens. Der Konflikt mit Kommunikations- und Verhaltensmustern, wie sie von vielen Westdeutschen kultiviert werden, wäre damit programmiert: Die *eigene* Meinung, das *unabhängige* Urteil, die *Kritik* an sogenannten 'gängigen Klischees', die häufig nur beschworen werden, um die eigene Position davon abzugrenzen, all dies gehört zu einem unter Westdeutschen verbreiteten Stil der Selbstdarstellung, in dem die Zumutung zum Ausdruck kommt, möglichst immer und überall dem normativen *Anspruch auf Individualität* zu genügen.[161] Die forcierte Präsentation von Individualität ist dabei aber gerade nicht mit dem Anspruch verknüpft, andere zur Übernahme entsprechender Auffassungen und Verhaltensweisen zu veranlassen.

Im Gegensatz dazu impliziert die Figur der *egalitären Gesinnungsgemeinschaft*, daß jede selbstbewußt vorgetragene Meinung, die von einem erkennbaren kollektiven Konsens abweicht, wahrgenommen werden kann als Weigerung, sich *in die Gruppe einzufügen*, d.h. das Urteil der anderen als übergeordnete Instanz zu akzeptieren, nach der man sich zu richten hat. Jede Form der Betonung von Individualität und Differenz kann unter diesen Voraussetzungen gedeutet werden als *offene Ablehung des von allen als gültig Akzeptierten*. Unter den Prämissen der Gesinnungsgemeinschaft muß diese Ablehnung als Häresie, als Versuch zur allgemeinverbindlichen Durchsetzung abweichender Geltungsansprüche, zur Setzung neuer "Maßstäbe" und somit als Anmeldung eigener *Führungsansprüche* erscheinen. In der Zuschreibung von "Überheblichkeit/Arroganz" und analogen Prädikaten kann sich eine derartige Deutung individueller Abweichung mit ihrer Verurteilung und Erklärung als Ausdruck einer moralisch defizitären Persönlichkeitsstruktur verbinden. Jede pronon-

---

160(...Fortsetzung)
Annahme, daß die letztere *ausschließlich* als modifizierter Abkömmling der ersteren zu erklären ist. Die Lebensbedingungen in einem *geschlossenen Dorfverband* etwa erzeugen analoge Formen der sozialen Kontrolle, zu deren Instrumentarium auch eine Unterscheidung wie *Überheblichkeit vs. Einordnung in die Dorfgemeinschaft* gehören dürfte. Umgekehrt könnte man vermuten, daß die Unterscheidung *Überheblichkeit vs. Einordnung ins Kollektiv* unter großstädtischen Lebensbedingungen, die ungünstigere Voraussetzungen für entsprechende Formen der sozialen Kontrolle bieten, weniger häufig verwendet wird bzw. worden ist, als in dörflichen Kontexten. Hinweise auf den Zusammenhang zwischen *sozialer Schicht* und der normativen Erwartung von Konformität finden sich bei Bourdieu. Vgl. dazu Bourdieus Feststellung (1987, S.596), das "Konformitätsprinzip" sei charakteristisch für den Lebensstil der "unteren Klassen" (d.h. von Arbeitern und Bauern). Es impliziere den Befehl, "nicht aus der Reihe zu tanzen". Und weiter: "Was dabei verworfen wird, ist nicht die Differenz an sich, sondern die zur Schau getragene Absicht, sich zu unterscheiden" (Bourdieu, a.a.O., S.597, Fußn.12). Neben der offiziellen Selbstbeschreibung der DDR als "Arbeiter- und Bauernstaat" ist in diesem Zusammenhang das empirische Datum interessant, daß sich 1991 60% der befragten Ostdeutschen selbst in die "Unter- und Arbeiterschicht" einordneten (gegenüber 24% der Westdeutschen); vgl. Hradil 1999, S.406.

161 'Individualtät' meint hier also *kein* persönlichkeitsstrukturelles Merkmal, sondern ein *kommunikatives Muster der Selbstpräsentation*, das keine direkten Rückschlüsse auf den Individuierungsgrad der Psychen zuläßt, die von diesem Muster Gebrauch machen. Daß für die DDR eine geradezu gegenläufige Beziehung zwischen sozial standardisierten Ausdrucksschemata und persönlicher Individuierung anzunehmen sei, diese These vertritt Engler 1997.

cierte Darstellung von Individualität setzt sich so der Gefahr aus, auf diese Weise beobachtet zu werden.

Unter dem Vorbehalt weiterer empirischer Prüfung dieser Hypothese könnte die *generalisierende* Zuschreibung von Überheblichkeit an die Westdeutschen damit wesentlich verstanden werden als Folge ostdeutscher Beobachtung westdeutscher Selbstdarstellungsmuster unter Prämissen, die mit diesen Mustern nicht notwendig verbunden sind, sondern ihren Ursprung im *Modell der Gesinnungsgemeinschaft* haben. Die Attraktivität dieses Modells darf nicht unterschätzt werden, impliziert es doch nicht nur Konformitätsanforderungen, sondern auch das Versprechen wechselseitiger Solidarität und Unterstützung. Das Kollektiv als reale Verkörperung dieses Modells ist mit dem Untergang der DDR verschwunden. Als *Interaktionsideal und soziales Beobachtungsschema* jedoch, das die Beschreibung fremden Verhaltens instruiert und darauf zugeschnittene Reaktionsmuster aktiviert, war (bzw. ist?) es möglicherweise (wenn auch nicht ohne Brechung und mit abnehmender Geltung)[162] noch lange danach intakt.

Damit ist freilich *nicht* behauptet, daß das semantische Repertoire ostdeutscher Charakterisierungen der Westdeutschen, wie es vor allem in den ersten Jahren nach der Wiedervereinigung zu beobachten war, *ausschließlich* auf die Figur der Gesinnungsgemeinschaft zurückgeführt werden kann. Wie ich im nächsten Abschnitt zeigen möchte, ist in der gleichen Zeit mindestens ein weiteres binäres Beobachtungsschema von wesentlicher Bedeutung für die ostdeutsche Wahrnehmung der Westdeutschen: die Unterscheidung von *Einheimischen und Fremden*. Der allgemeinen Bedeutung dieser Unterscheidung entsprechend, will ich sie zunächst unabhängig von der Beziehung zwischen Ost- und Westdeutschen einführen und sie erst danach auf diese besondere Beziehungskonstellation anwenden.

2.4.7 Die Pervertierung der Unterscheidung von Einheimischen und Fremden als Hintergrund für die Zuschreibung von "Überheblichkeit"

Die Beobachtung beliebiger abweichender Handlungen kann soziale Kategorisierungen aufrufen und zur Markierung unterschiedlicher kollektiver Identitäten auf der Basis der Unterscheidung von 'Einheimischen' und 'Fremden' Anlaß geben. Ein hübsches Beispiel dafür aus einem scheinbar entlegenen Kontext gibt Anders Linde-Laursen, der - selber Däne - als Gast bei schwedischen Freunden die lokal geltenden Regeln korrekten Geschirrspülens verletzte (er versäumte es, die Spülmittelreste durch Nachspülen in klarem Wasser zu entfernen) und der dafür den folgenden Tadel seines Gastgebers erhielt (vgl. Linde-Laursen 1993, S.277):

"You're not washing up properly, you're doing it the Danish way".

---

162 Hier ist vor allem mit generationsabhängigen Differenzen zu rechnen.

Hier wird eine beobachtete *Abweichung* zum Anlaß für eine *Renormalisierung*, indem diese Abweichung identifiziert wird als *typisches* Verhaltensmuster von Angehörigen einer bestimmten sozialen Kategorie.[163] Deren Verhalten wird damit zugleich als fehlerhaft und insofern korrekturbedürftig charakterisiert und eine asymmetrische Beziehung zwischen den Angehörigen dieser Kategorie und der ingroup des Sprechers projeziert: 'Wir Schweden wissen, wie man es richtig macht und können es euch Dänen beibringen' - so die Implikation der Äußerung. Der Gastgeber (=Einheimischer) übernimmt als Schwede die Rolle des *Lehrmeisters* gegenüber dem Gast (=Fremder), dem er in dessen Eigenschaft als Däne die Rolle des *zu Belehrenden* zuweist.[164]

Die zugrunde liegende Interaktionsfigur ist wohlbekannt und - etwa in der Realisierungsform 'Bei uns in Deutschland macht man das so' - als paternalistisch-gönnerhafter Ausdruck der Empfindung eigener Überlegenheit des *Einheimischen gegenüber dem Fremden* ebenso vielfach parodiert, wie als verkappte Form der Fremdenfeindlichkeit gebrandmarkt. Zu fragen ist jedoch, ob diese Figur nicht eine darüber hinausreichende Bedeutung hat. Bemerkenswert ist hier zunächst, daß sie dem Fremden gleichsam die Position eines *Novizen* in Relation zur *lokalen Gemeinschaft* zuweist und so letztlich auf dessen *Inklusion* zielt. Inklusion freilich unter den Bedingungen der Assimilation an die lokal geltenden Üblichkeiten.[165]

Der interaktive Gebrauch dieser Figur ist an bestimmte *situative Angemessenheitsbedingungen* geknüpft. Sie funktioniert problemlos, wenn Interaktionsteilnehmer sich wechselseitig auf *übereinstimmende* Weise den beiden Seiten der Unterscheidung zuordnen. So etwa bei Urlaubsreisen im Ausland, bei denen die Selbstkategorisierung als Fremder oft geeignet ist, eine Lern- und Anpassungsbereitschaft gegenüber den ortsüblichen Gepflogenheiten zu mobilisieren, die u.U. beträchtlich kontrastiert mit der Anpassungsunwilligkeit an fremde Sitten und Umgangsformen, sobald sie im heimischen Alltag erlebt werden. Und noch die Rolle des Gastes im chinesischen Restaurant einer deutschen Stadt kann geeignet sein, deutsche Besucher zu ungeschickten und etwas verschämten Versuchen im Umgang mit Stäbchen zu motivieren, deren Verwendung beim Mittagessen in der Kantine am Arbeitsplatz sie wahrscheinlich energisch zurückweisen würden.

---

163 Linde-Laursen (1993, S.277) kommentiert: "There was no doubt that my host was unpleasantly affected by my way of washing up, so I let myself be taught how the detergent should be rinsed off before the dishes were put in the drainer. On the other hand, they were not be dried. As I continued washing up, I felt that I was being singled out for being Danish. It was perfectly clear that I had breached the local Swedish code of decent dishwashing".

164 Wie die Untersuchung von Linde-Laursen übrigens zeigt, ist die Deutung der unterschiedlichen Praxis des Abwaschens als Ausdruck national bedingter Differenzen keineswegs fiktiv, können entsprechende Unterschiede doch von expliziten Instruktionen nationaler Hausfrauenvereinigungen bis hin zu den Eigentümlichkeiten der typischen Konstruktion von Spülen in Dänemark und Schweden aufgewiesen werden, die an die unterschiedlichen Formen des Abwaschens angepaßt sind.

165 Ich analysiere im folgenden die Unterscheidung von Einheimischen und Fremden als *generalisertes Attributionsschema* (vgl. dazu auch Hahn 1994, S.140f.), für dessen Gebrauch die Unterstellung von Vertrautheit bzw. Unvertrautheit mit den lokal etablierten "Zivilisationsmustern des Gruppenlebens" (Schütz 1972, S.54) von konstitutiver Bedeutung ist.

2.4 HERMENEUTISCHE REKONSTRUKTION SOZIALER BEOBACHTUNGSSCHEMATA

Scheinbare Inkonsistenzen dieser Art sind oft Gegenstand einer zuweilen spöttischen, oft moralisierenden Kritik in der öffentlichen Diskussion. Wenn ausländische Restaurants gerne besucht, ausländische Kollegen oder Mitbewohner eines Mietshauses dagegen nur dann akzeptiert werden, wenn sie zur Anpassung an die gewohnten Verhaltensstandards bereit sind, dann kann dies auf einfache Weise durch die *situativ unterschiedliche Handhabung der Unterscheidung von Einheimischen und Fremden* erklärt werden. So gesehen mag "Fremdenfeindlichkeit" in vielen Fällen nichts anderes bedeuten als die Anwahl dieses Kategorisierungsschemas in Situationen, in denen sein Gebrauch aus der Perspektive der kritisierenden Beobachter als inadäquat gilt.

Im Grenzfall erscheint dieses Schema nur noch auf einseitige Weise verwendbar, immer dann nämlich, wenn man sich selbst und andere Angehörige der Kategorie 'Deutsche' als 'fremd' verbuchen und Landsleute zur Anpassung an die Sitten des Gastlandes auffordern kann.[166] Die umgekehrte Anwendung des Schemas aber ist normativ eingeschränkt.[167] Bezeichnungen wie 'Gastarbeiter', 'Fremdarbeiter' o.ä., durch die ausländischen Arbeitnehmern ausdrücklich der Status von Fremden zugewiesen wird, sind öffentlich kaum mehr verwendungsfähig. Die Forderung nach Gleichheit und Integration verträgt nicht die Etikettierung von längerfristig im Inland wohnenden Ausländern als 'Fremde', so daß tendenziell jeder Neuankömmling von vornherein als potentieller Einheimischer kategorisiert und behandelt werden muß.

Konsequent zu Ende gedacht erfordert die Aufhebung *jeder* Asymmetrie zwischen Einheimischen und Fremden freilich die *Destruktion des Geltungsprivilegs* lokal etablierter Normen, Überzeugungen und Verhaltensroutinen. Dies hätte zur Folge, daß die Einheimischen unter einen Druck zu lernbereiter Anpassung gesetzt würden, dem sonst in diesem Umfang nur die Fremden ausgesetzt sind und die Differenz von Einheimischen und Fremden so in Richtung auf die *Generalisierung von Fremdheit* hin aufgehoben würde.[168]

Die Tendenz zur Generalisierung von Fremdheit kann zugleich als *strukturell* bedingtes Merkmal der Moderne gelten (vgl. dazu auch Hahn, 1994, S.162), das aus der Umstellung des Gesellschaftssystems auf den Primat *funktionaler Differenzierung* folgt: Die Inklusion von Personen in Funktionssysteme gründet auf universalistischen, leistungsgebundenen und funktionsspezifischen Anforderungen von kontextabhängiger Geltung (vgl. Stichweh 1988). Sie wird vor allem durch die Ausübung unterschiedlicher *Klientenrollen* in den Funktionssystemen wie Schüler oder Student

---

166 Z.B.: 'Verletzt nicht das Schamempfinden der Einheimischen. Nackt baden in Griechenland deshalb bitte nur an eigens dafür ausgewiesenen Stränden!'

167 Die dazu gegenläufige und oft als 'provinziell', 'ethnozentrisch' oder 'nationalistisch' bezeichnete Vereinseitigung liegt vor, wenn auch bei Auslandsaufenthalten die gewohnten Standards generell als normativ gültig unterstellt und davon abweichende Sitten der Einheimischen als Ausdruck einer defizitären *Mentalität* oder eines abweichenden *Nationalcharakters* gedeutet werden.

168 Vielleicht ist die annähernde Realisierung eines solchen Zustandes ein charakteristisches Merkmal moderner Großstädte. Doch scheint eine solche Entwicklung nach *Kompensation* zu verlangen: Ethnische Seggregation kann verstanden werden als Resultat der Internalisierung der Unterscheidung von Einheimischen und Fremden in den Körper der Stadt. Sie reproduziert die Differenz von Fremdheit und Vertrautheit, von Ausland und Inland im Verhältnis verschiedener städtischer Quartiere.

(Erziehungssystem), Käufer (ökonomisches System), Wähler (politisches System), Patient (Gesundheitssystem) etc. - in raschem Wechsel von Situationen und Handlungsanforderungen vollzogen. Inklusion in die Funktionssysteme wird so in weitgehend anonymisierten Rollenbeziehungen realisiert, die ein Heimischwerden kaum noch ermöglichen. Der Rhythmus der Veränderung funktionssystemischer Anforderungen an das Handeln folgt dabei einer eigenen Logik. Er ist nicht mehr abgestimmt auf die *Stabilitätsbedürfnisse und Lernkapazitäten der Individuen*.

Gerade hier kann die Unterscheidung zwischen Einheimischen und Fremden, von Alteingesessenen und Neuankömmlingen als Vorrichtung zur Ausbalancierung wirksam werden. Um Überforderungen personaler Lernkapazitäten durch das Tempo sozialen Wandels entgegenzusteuern, kann sie als Instrument der Dämpfung von Änderungszumutungen eingesetzt werden, als Modus der Sicherung eines generellen Geltungsprivilegs der etablierten und kollektiv routinisierten Überzeugungen und Verfahrensweisen, die mit jedem neu Hinzukommenden unter Kontingenzdruck geraten können und deshalb gegen ständige Umwälzung geschützt werden müssen.

Sich als 'Einheimischer' zu kategorisieren bedeutet zunächst, im Unterschied zu 'Fremden' sich nicht an deren Vorstellungen des Üblichen und Richtigen anpassen, d.h. von ihnen *lernen* zu müssen, sondern selbst die Rolle des *Lehrenden* gegenüber den Fremden übernehmen zu können.[169] Diese Rollenverteilung wird in ihr Gegenteil verkehrt, wenn *Fremde als Lehrmeister* auftreten und *Einheimische zu Unterrichtungsbedürftigen* werden, von denen Anpassungs- und Lernbereitschaft verlangt wird. Mit der generellen Darstellung der eingelebten Verhaltensorientierungen als defizitär und korrekturbedürftig im Sinne fremder Muster, mit der *Umkehrung des Geltungsvorranges* zugunsten importierter Maßstäbe, geraten die Einheimischen gleichsam in die Position von *Fremden im eigenen Land*.

Diese Situation entsprach im wesentlichen der Lage in den neuen Bundesländern unmittelbar nach der Wiedervereinigung. Die Notwendigkeit des Umlernens, von der kein Lebensbereich verschont blieb, produzierte Fremdheitserfahrungen in einem Umfange, wie er aus westdeutscher Perspektive nur schwer nachzuvollziehen ist. Die Westdeutschen, vor der Wende und über die Distanz der Grenze kaum als Fremde beobachtet (und innerhalb der DDR wohl primär als gelegentlich zu Besuch kommende Verwandte erlebt), wurden als zahlreich einströmende Agenten des Wandels, als Personifizierung ungewohnter Verhaltensmuster und bedrohlicher Anpassungsforderungen zu Fremden, *die zugleich das reguläre Beziehungsmuster zwischen Einheimischen und Fremden umkehrten*.

Auch für Situationen einer solchen Umkehrung gibt es freilich paradigmatische Fälle, auf die das Erleben der Ostdeutschen als Deutungshintergrund zurückgreifen konnte: Situationen der *Eroberung* durch eine fremde Macht, der *Kolonisierung*, aber auch der fremden Unterstützung in der Form von *Entwicklungshilfe*. Und von

---

169 Paradigmatisch für eine Situation, deren Struktur grundsätzlich zu dieser Unterscheidung paßt, ist die Erkundigung nach dem Weg: Wer nach dem Weg fragt, deklariert sich damit selbst als 'fremd' und unterrichtungsbedürftig durch den Angesprochenen, dem damit zugleich die Rolle des Einheimischen zugewiesen wird.

2.4 HERMENEUTISCHE REKONSTRUKTION SOZIALER BEOBACHTUNGSSCHEMATA

Eroberung, Kolonisierung oder der Behandlung der neuen Länder als Entwicklungsland war denn auch häufig die Rede, wenn das Verhalten der Westdeutschen kritisiert wurde.

Jurek Becker etwa bringt den Topos *Kolonisierung* in einen engen Zusammenhang mit dem *Oktroy der fremden Ordnung*, wenn er schreibt (vgl. die Wochenzeitung *Die Zeit*, 20.5.1994, S.58; Hervorhebung von mir, W.L.S.):

> "Kolonisierung mag ein zu krasses und Emotionen weckendes Wort sein, aber ich will nicht verhehlen, daß ich den Zorn vieler Ostdeutscher über Bevormundung, Mißachtung, Gängelei, Taktlosigkeit für nicht aus der Luft gegriffen halte. Ein unausgesprochener westlicher Grundsatz der Vereinigung war: *Eure Regelungen taugen nichts, ab jetzt gelten unsere.* So gut wie alle ostdeutschen Normen wurden abgeschafft, nicht weil sie sich im Einzelfall als die schlechteren erwiesen, sondern weil sie auf der falschen Seite gegolten hatten. Warum muß Alkohol vor dem Autofahren getrunken werden dürfen? Warum sind kommunistische Antifaschisten für Straßennamen weniger geeignet als preußische Prinzessinnen? Warum ..."

Als kränkend erlebt wird hier vor allem der gleichsam totalitäre, alles Alte verdrängende und mit der Prätention genereller Überlegenheit verbundene Geltungsanspruch der *fremden, neuen Ordnung*. Ihre Regeln, und d.h. die *Regeln der Westdeutschen*, wurden den Ostdeutschen vorgeschrieben, ohne daß sie die Möglichkeit hatten, Alternativen zu erwägen, Änderungen durchzusetzen oder selbst zu entscheiden. Bevormundung, Gängelung und Mißachtung (ausgedrückt durch den Entzug von Entscheidungsautonomie) sind Prädikate, die diesen Sachverhalt von der Sach- in die Sozialdimension einspiegeln, d.h. als Qualität der Kommunikations- und Interaktionsbeziehungen zwischen Ost- und Westdeutschen interpretieren, weil die Erzeugung dieser Situation den Westdeutschen verantwortlich zugerechnet wird.

Wie sehr allein die *asymmetrische Rollenverteilung zwischen Lehrenden und Lernenden* von Ostdeutschen bereits als Kränkung empfunden wurde, tritt am deutlichsten im Motiv des *Entwicklungslandes* in den Vordergrund: Entsprechende Empfindlichkeiten wurden z.B. sichtbar bei den Mainzer Tagen der Fernsehkritik von 1991 (vgl. die Tageszeitung *Main-Spitze* 31.5.1991, S.35; Hervorhebung von mir, W.L.S.):

> "Den Vorschlägen, etwa 'Umschulungssendungen' oder 'Orientierungshilfen' in alltäglichen Fragen ins regelmäßige - und nun auch in den neuen Bundesländern offen zu verfolgende - Programm westlicher Sender einzubauen, mußte zwangsläufig der mehr als einmal vermeldete Hinweis entgegengestellt werden: Nun haben die Wessis ihr *eigenes Entwicklungsland vor der eigenen Haustür* bekommen. Selbst 'Tandem-Redaktionen' oder Redakteurs-Austausch, teilweise schon praktiziert (und mit dem besten Willen zu helfen) konnten den Eindruck von *Arroganz besitzergreifender 'Wessis'* kaum mildern".[170]

---

170 'Entwicklungshilfe' muß freilich nicht immer negativ bewertet werden: Sachlich analog, jedoch mit positivem Akzent, rubrizierte etwa der Schweriner Justizminister Born eine auswärtige Sitzung des 7. Senats des Bundesverwaltungsgerichts am 25.4.91 in Schwerin, bei der "mehrere Dutzend Studenten aus Greifswald, alles Erstsemester der neuen juristischen Fakultät" als Zuschauer zugegen waren, als *"praktische Entwicklungshilfe"* (hier zitiert nach einem Bericht von Johannes Leithäuser in der FAZ vom 26.4.1994, S.5 unter der Überschrift "Pädagogische Gerichtsverhandlung"). Zu beachten ist dabei freilich die Situation, um die es geht: Im Verhältnis zwischen Richtern des
(Fortsetzung...)

Die flächendeckende Implantierung einer fremden Ordnung und die dadurch erzeugte Unterlegenheit gegenüber deren Trägern, die sich quer durch alle Handlungskontexte und Funktionssysteme darin niederschlug, daß die Westdeutschen als kundige Helfer, als Unterrichtende, Korrigierende und Evaluierende auftraten, ist es, gegen die sich der Widerstand vor allem richtete. Noch die Kooperation zwischen Kollegen stand unter der Prämisse, daß die Ostdeutschen von den Westdeutschen *lernen* sollten, wie man es richtig macht, was freier und kritischer Journalismus ist, was Marktwirtschaft bedeutet, welchen Anforderungen wissenschaftliche Forschung zu genügen hat, was effiziente Verwaltung ist, wie man die neuen Gesetze richtig anwendet, wie man Politik betreibt, was Erziehung zur Mündigkeit heißt.

Die Besetzung von Führungspositionen mit Westdeutschen, deren bessere Bezahlung in gleichen Positionen und die Einklagung alter Besitzansprüche vervollständigten nur das Bild, das daraus entstehen mußte: *Die Westdeutschen als die Regeln vorgebende Herrenschicht, die Ostdeutschen in der Rolle der Fremdregierten*, abhängig von auswärtiger Fürsorge und Subventionierung, oder - bei weniger freundlicher Einschätzung - als Almosenempfänger, als Objekte von Missionierung und Kolonialisierung.

Es sind die *situations*strukturellen Vorgaben in einer überwältigenden Zahl von Kontakten zwischen Ost- und Westdeutschen, die - einer willentlichen Beeinflussung durch die Interaktionsbeteiligten weitestgehend entzogen - kaum eine andere Form der *Codierung* zuzulassen scheinen. Diese *situativen* Vorgaben können leicht *subjektiviert*, d.h. durch die Zuschreibung entsprechender Haltungen oder Persönlichkeitseigenschaften auf die westdeutschen *Akteure* projiziert werden: Die Einahme übergeordneter Positionen, die Weitergabe von Kenntnissen durch Unterricht, Ratschläge und Empfehlungen werden so als Versuch der "Bevormundung" und als Zeichen des illegitimen, von "Überheblichkeit" zeugenden Anspruchs, alles besser zu wissen ("Besser-wessi-erei") interpretierbar.

Der Vorwurf, die Westdeutschen verhielten sich in Ostdeutschland wie "Eroberer", "Kolonisatoren" oder wie die wissenden Helfer gegenüber der rückständigen Bevölkerung eines "Entwicklungslandes" ist analog gebaut: Solche Etikettierungen kritisieren westdeutsche Verhaltensmuster, indem sie diese als 'angemessenen' Ausdruck einer abzulehnenden Definition der Situation im Verhältnis zwischen den ehemaligen deutschen Teilstaaten markieren, welche den Ostdeutschen/Einheimischen den Status von Entrechteten (siehe Rückgabeansprüche, Arbeitsplatzverlust etc.), Entmündigten, Betreuten und Belehrungsbedürftigen im eigenen Land zuwies.

Diese Charakterisierungen ("Eroberer", "Kolonisatoren" etc.) haben den Status typisierender *Metaphern*, mit denen die Struktur einer sozialen Beziehung beschrieben und bewertet wird. Ihnen ist gemeinsam, daß sie eine asymmetrische Beziehungsstruktur projizieren, in der die Plätze zwischen den *Einheimischen*, d.h. den

---

170(...Fortsetzung)
Bundesverwaltungsgerichts und Jura-Studenten des ersten Semesters ist die Rollenverteilung zwischen Lehrenden und Belehrten offensichtlich unkontrovers.

2.4 HERMENEUTISCHE REKONSTRUKTION SOZIALER BEOBACHTUNGSSCHEMATA 277

Angehörigen der *lokalen Gemeinschaft*, sowie den *Fremden vertauscht* sind und die eingelebte Ordnung ihr Geltungsprivileg an die von den Fremden importierte Ordnung verloren hat.

Warum aber erschien eine solche Situation, die aus ostdeutscher Perspektive als *krisenhafte Umkehrung* fundamentaler Normalitätserwartungen erlebt wurde, für Westdeutsche in Ostdeutschland keineswegs so? - Meine These dazu: *Eine wesentliche Ursache liegt im Ausfallen der Selbstdefinition als 'fremd'*. Was damit gemeint ist, veranschaulicht der folgende Text. Darin beschreibt ein Westdeutscher, wie er den ostdeutschen Straßenverkehr erlebt:[171]

> "Seit über zwei Jahren lebe ich im Osten, in Schwerin, und allein die Nerverei auf den Straßen hat mich sicher ein Jahr meines Lebens gekostet. *Ein Volk von Führerscheinneulingen!* Da gibt es eine Minderheit, die sich im neuen Auto hoffnungslos überschätzt, gefährlich überholt und mit Tempo 100 innerorts die Ausfallstraße entlangrast. Und eine Mehrheit, die vor sich hindrömelt und gefährlich rücksichtsvoll agiert: Unzählige Male wäre ich fast aufgefahren, weil ein Ossi vor mir stark abbremste, nur um einen Linksabbieger vorbeizulassen, obwohl hinter mir alles frei war".[172]

Die zitierte Passage demonstriert zunächst vor allem eines (und dies ist *nicht moralisch* gemeint!), die *völlige Anpassungsunwilligkeit* des Autors. Die monierten Besonderheiten der örtlichen Fahrweise werden umstandslos als Fehlverhalten verbucht und auf Fähigkeitsmängel zurückgeführt, die denen von Führerscheinneulingen entsprechen. Die Rücksichtnahme gegenüber dem Linksabbieger erscheint, gemessen an den *Anforderungen der Situation*, inadäquat. Sie wird wahrgenommen als Verkehrsgefährdung, die zudem überflüssig ist, verschafft sie doch dem dadurch Begünstigten keinen nennenswerten Vorteil. - Jedoch: "*gefährlich* rücksichtsvoll" ist das Vorbeilassen von Linksabbiegern nur dann, wenn die Hinterherfahrenden diese Möglichkeit (wie anscheinend der zitierte Autor trotz umfangreicher diesbezüglicher Erfahrung) nicht antezipieren und zu wenig Abstand halten, um gefahrlos bremsen zu können. Als nutzlos erscheint es nur, wenn *höfliche Zuvorkommenheit* im Verkehr dem Ziel *schnellen Fortkommens* wie selbstverständlich *untergeordnet* wird. Und so können Ostdeutsche im Gegenzug die *Drängelei* westdeutscher Autofahrer, ihre *Ellenbogenmentalität und Rücksichtslosigkeit* kritisieren.

Unterschiedliche Fahrstile - und ich denke, daß sich dieser Befund auch auf andere Verhaltensbereiche übertragen läßt - produzieren so nicht nur ein Koordinationsproblem, sie liefern darüber hinaus die Beobachtungsprämissen für die Registrierung von Abweichungen und die Formulierung von Abweichungserklärungen. Sie etablieren gemeinsame Beobachtungsvoraussetzungen zwischen Akteuren, die diesen Fahrstil habitualisiert haben, prägen auch die präferierte *Definition der Situation*, nach deren Bedingungen die Angemessenheit dieses Stils beurteilt wird und ermöglichen deshalb oft einen schnellen Konsens über Bewertungen und Zuschreibungen. Zwischen den Trägern unterschiedlicher Fahr- oder anderer Verhal-

---

[171] Dieses Beispiel habe ich bereits in Schneider 2002, Bd.2, S.34f. verwendet, dort mit dem Ziel, die generelle Interpretationsabhängigkeit von Regeln zu verdeutlichen.
[172] So der "Wessi" Jochen Spengler (1993, S.23; Hervorhebung von mir, W.L.S.), Korrespondent des RIAS in Schwerin, in seinem Bericht "Zuneigung, Ratlosigkeit, Zorn. Ein Wessi bei den Ossis".

tensstile eine rasche Übereinstimmung darüber zu erzielen, welcher Stil nun der 'richtige' ist und wer sein Verhalten infolgedessen ändern muß, erscheint jedoch illusorisch.

Um einen solchen Konsens zu blockieren, bedarf es weder besonderer strategischer Motive noch psychischer Wahrnehmungsbeeinträchtigungen. Es genügt der alltägliche Egozentrismus, der dem routinisierten Gebrauch kollektiv verwendeter Beobachtungs- und Verhaltensschemata entspringt. Der Status dieser Schemata ist *normativer* Art. Werden normative Erwartungen in der Interaktion verletzt, dann wird das verletzende Verhalten als *abweichend und fehlerhaft* registriert. Nicht die zugrunde gelegten Erwartungen, sondern das abweichende Verhalten erscheint damit korrekturbedürftig.[173] Sein Urheber gilt als verantwortlich für die erlebte Störung. Die einfachste Erklärung für sein Verhalten läßt sich durch die Projektion der Abweichung auf seine *Person* bzw. auf ein *Kollektiv* gewinnen, als dessen Mitglied er wahrgenommen wird: *Unkenntnis der Verhaltensstandards, Unfähigkeit oder auch Unwilligkeit zu ihrer Erfüllung* sind die daraus ableitbaren Zuschreibungen. Die zugrundegelegten Erwartungen werden so auf *zirkuläre* Weise bestätigt. Dadurch erübrigt sich eine Korrektur der Prämissen eigenen Erlebens. Was bleibt ist der wechselseitig erhobene Anspruch, die *anderen* sollten gefälligst *umlernen*.

Analoge Reaktionen auf 'abweichendes Verhalten' im Straßenverkehr kennt jeder Autofahrer von sich selbst. Ob "drömelnde" Schweriner oder amerikanische Autofahrer, die im 60-Meilentempo die mittlere oder gar linke Spur einer deutschen Autobahn besetzt halten, in beiden Fällen fühlen sich viele (West-)deutsche "genervt". Eigentümlicherweise stellt sich dieses Erleben jedoch nicht so leicht ein, wenn man als Deutscher auf einer amerikanischen Autobahn fährt. Die abweichende Fahrweise wird hier typisch als Teil der *ortsüblichen Gepflogenheiten* wahrgenommen, an die man sich *als Fremder anzupassen* hat. Die Selbstkategorisierung als Fremder impliziert dabei in der Regel die Anerkennung des Geltungsprivilegs der lokalen Ordnung. Dadurch wird hier die Lernbereitschaft aktiviert, die ein Westdeutscher in Schwerin nicht ohne weiteres aufbringen kann. Was Lernbereitschaft dort blockiert, ist vermutlich das *Ausfallen der Selbstkategorisierung als Fremder*. Gerade weil man sich als Westdeutscher - in Kategorien nationaler Zugehörigkeit und geltender rechtlicher Regeln - auch in Schwerin zu Hause fühlen kann, wird normatives und d.h. lernunwilliges Erwarten ermutigt, das es als selbstverständlich betrachtet, daß es die Ostdeutschen sind, die zu lernen und sich anzupassen haben.[174]

Diese *Asymmetrie der Lernzumutungen* wurde von Ostdeutschen häufig beklagt und mit der Forderung nach der Symmetrie der Lernbereitschaft verknüpft. In exemplarischer Deutlichkeit zeigt dies z.B. eine Kritik des Schweriner Wirtschafts-

---

[173] Vgl. dazu Pollner (1976), der den Gebrauch unkorrigierbarer Prämissen als generelles Merkmal "mundanen" Denkens begreift. Zur weiteren Analyse dieses Zusammenhanges siehe Kap.3.1.5 dieses Bandes.
[174] Zum hier verwendeten Erwartungsbegriff siehe Luhmann 1984, S.436ff. sowie Schneider 2002, Bd.2, S.256ff.

minister Lehment (FDP) an der Bonner Parteispitze:[175]

> "Man *tut so*, als ob begriffen worden sei, daß die neue deutsche Situation auch eine *neue Politik* verlange. Im übrigen aber bleibt man weitgehend bei dem Grundsatz: Weiter auf bewährte Weise, *die im Osten haben gefälligst zu lernen*."

Mit dieser Formulierung wird die damalige innerparteiliche Auseinandersetzung der FDP um die wirtschaftspolitische Linie auf eine allgemeinere Konfliktlinie zwischen Osten und Westen als deren Hintergrund projiziert und das Durchschlagen dieses Hintergrundkonfliktes in die innerparteiliche Auseinandersetzung behauptet. Ausgehend von der Prämisse, die *für alle* neue Situation verlange eine völlig neue Politik, also Umdenken, Innovation, Neuanpassung und Lernen in *Ost und West*, wird hier die Asymmetrisierung zwischen Ost- und Westdeutschen gekippt: *Beide* Seiten müssen lernen, aber nur die *Ostdeutschen* (hier in Gestalt der Subpopulation ostdeutscher FDP-Vertreter) haben das auch *wirklich begriffen*.

Die Umkehrung der Asymmetrie ist dabei vor allem *moralisch* akzentuiert. "Man *tut so*" in Bonn, als ob man es auch begriffen hätte und versucht so, die andere Seite über das mangelhafte Begreifen zu täuschen. Das Verhalten der Westdeutschen wird damit in die Nähe des Betruges gerückt. Der Betrug der Westler erscheint als Einheit von Täuschung und Selbsttäuschung: Sie wissen weniger als sie glauben und zu wissen vorgeben. Sie kombinieren Dummheit mit Täuschung. Sie *wollen* alles besser wissen (Stichwort: "Besserwessi"), *glauben* deshalb selbst daran und *täuschen* dadurch sich und andere, die sie nicht durchschauen. Ihr zentrales Delikt ist die *Überheblichkeit*, die erst dazu führt, daß sie sich und andere täuschen und die ihnen zugleich den Blick verstellt für Anforderungen der neuen Situation, die die angeblich unwissenden und unterrichtungsbedürftigen ostdeutschen Beobachter längst zur Kenntnis genommen haben.[176]

Worum es bei der so codierten Auseinandersetzung ging, war die weiterhin betont marktwirtschaftliche Orientierung des FDP-Bundesvorstandes, die von vielen Parteivertretern aus den neuen Ländern kritisiert wurde. Zwar wurde dieser Dissens von vielen anderen ostdeutschen FDP-Vertretern vorsichtiger und *ohne* Rückgriff auf entsprechende Code-Elemente formuliert.[177] Gerade daran wird jedoch deutlich, wie die moralisch imprägnierte Ost/West-Semantik als Ressource für die rhe-

---

175 Vorgetragen auf dem Landesparteitag der FDP Mecklenburg-Vorpommern in Güstrow am 14.4.1991, im folgenden zitiert nach einer Meldung der FAZ vom 15.4.1991, S.5; Hervorhebungen von mir, W.L.S.

176 Im Kern entspricht diese Deutungsfigur dem aus der religiösen Semantik wohlvertrauten Zusammenhang von *Hoffahrt und Verblendung*. Dort mit der Pointe, daß nur der Demütige die rechte Glaubenseinsicht findet.

177 So etwa vom damals gerade neu gewählten FDP-Landesvorsitzenden und Bundesbildungsminister Ortleb mit dem Hinweis, "Die Freien Demokraten könnten dem Vorwurf, sie seien eine 'Klientel-Partei', im Osten nur begegnen, indem sie ihre Auffassung von sozialer Marktwirtschaft vor allem auf die sozialen Komponenten richteten". Ebenso auch vom scheidenden Landesvorsitzenden und FDP-Fraktionschef im Schweriner Landtag, Goldbeck, der "für eine Korrektur klassischer FDP-Leitlinien in der Wirtschaftspolitik" plädierte, mit der Forderung, "Wir brauchen jetzt Subventionen, damit Subventionen schnell überflüssig werden" (FAZ vom 15.4.1991, S.5).

torische Aufrüstung in Auseinandersetzungen unterschiedlichster Art genutzt wurde.[178]

Schon unmittelbar nach der Wiedervereinigung als einer der wesentlichen Reibungspunkte in der Beziehung zwischen Ost- und Westdeutschen identifiziert, wurde die situationsstrukturell erzeugte Asymmetrie der Lernzumutungen auch zum Anknüpfungspunkt für *rhetorische Kompensationsversuche* an die Adresse der Ostdeutschen. Dem Bundespräsidenten von Weizsäcker etwa wird (im April '91) das Lob eines westdeutschen Rundfunkkommentators zuteil, "*kein* Besserwessi" zu sein,[179] weil er, wie vom Kommentator zitiert, bei einem Besuch in den neuen Ländern verkündet hatte, "*Ich bin gekommen, um zu lernen*". Mit dieser präzise plazierten Demutsgeste wies er sich selbst die Position des Unterlegenen zu und stellte sich als jemand dar, der Hilfe in der Form von Belehrung durch die ostdeutschen Neubürger wünschte. Und noch in der Rede von Weizsäckers anläßlich des Abschiedes aus dem Amt des Bundespräsidenten Mitte '94 finden sich Nachklänge dieser *Symmetrisierungsoperation*, wenn es heißt: "Auch die Menschen im Westen haben Sorgen und müssen *lernen*".[180]

---

178 Als weiterer Beleg für die weite Verbreitung und sachlich beliebige Verwendbarkeit des diskutierten Code-Elementes eine Äußerung von Seiten der 'grünen Konkurrenz': "Auf die innere Zerrissenheit der West-Grünen und deren Hochmut gegenüber den östlichen Bundesgenossen anspielend", bemerkte Vera Wollenberger, Bundestagsabgeordnete der Gruppe Bündnis 90/Die Grünen (FAZ vom 18.4.1991, S.3, Rubrik "Fundsache"), "'Warum sollten nicht auch die West-Grünen von uns lernen können, obwohl wir die kleinere Gruppierung sind?" - Von westdeutscher Seite wurde ostdeutschen Vorwürfen vor allem durch die forcierte Forderung nach der Kultivierung von *Interaktionstugenden* Rechnung getragen, wie Verständnis, Einfühlungsvermögen, Takt, Zurückhaltung und demonstrativer Bescheidenheit, deren ständige Anmahnung freilich oszilliert zwischen westdeutschen Selbstanklagen und der Etikettierung der Ostdeutschen als Schonungs- und Hilfebedürftige, als Abhängige und Unterlegene. Derartige Charakterisierungen der Beziehung zwischen Ost- und Westdeutschen wurden rasch stereotypiert und - vor allem als Bestandteil von Politikeräußerungen - formelhaft eingeschliffen. Sichtbar wurde dies an Reaktionen, wie etwa der des damaligen Bundeswirtschaftsministers Rexrod in der Fernsehsendung "Talk im Turm" vom 11.9.94 in seiner Antwort auf den Vorwurf einer verfehlten Aufbaupolitik in Ostdeutschland; bevor er auf positive wirtschaftliche Daten zu sprechen kam, die gute Zukunftsaussichten plausibel machen sollten, wurden zunächst die typischen Delikte der Westdeutschen aufgelistet: "die Besserwisserei", "das Belehrende", "die Gängelei", "das sich Überheben" gegenüber den Ostdeutschen. So in den Bereich von Fragen des kommunikativen comme-il-faut abgedrängt, konnten Animositäten zwischen West- und Ostdeutschen bequem eingestanden, die Schuld auf einige unverbesserliche Wessis geschoben und ansonsten ein positives Bild der gesamtdeutschen Entwicklung gezeichnet werden, das man realistischer- und gerechterweise von subjektiven Empfindlichkeiten und Störungen der Stimmungslage frei halten müsse.

179 So gehört im 1. Programm des Hessischen Rundfunks am 18.4.1991.

180 Zitiert nach der Veröffentlichung der Rede in der FAZ vom 2.7.1994, S.5. - Als Alternative zur rhetorischen Beschwörung einer Gleichheit im Lernenmüssens vgl. die Antrittsrede von Roman Herzog (hier zitiert nach der FAZ vom 2.7.1994, S.4), der die entgegengesetzte Strategie wählt: Herzog hebt die *einseitig* abgeforderte Anpassung drastisch hervor und definiert sie als bewunderungswürdige "Umstellungs*leistungen*, die dort immer noch Tag für Tag erbracht werden", verbunden mit der anschließenden Aufforderung an die Westdeutschen, "Und deshalb sage ich den Menschen in den alten Ländern: Machen Sie sich klar, wie privilegiert Sie vierzig Jahre lang waren und wie privilegiert Sie heute noch sind - trotz aller Kosten des Wiederaufbaus in den neuen Ländern!" Die Ungleichheit der Lernanforderungen wird so als faktisch bestehendes aber unverschuldetes, als normativ nicht gerechtfertigtes, aber niemandem vorzuwerfendes Element der gegenwärtigen *Situa-*
(Fortsetzung...)

Zusammenfassend ist festzuhalten: Die *Einseitigkeit des 'lernen Müssens'* umschreibt ein *Kernmotiv*, das den meisten Zuschreibungen zugrunde liegt, die mit der Unterscheidung von Ostdeutschen und Westdeutschen, von 'Ossis' und 'Wessis' in den ersten Jahren nach der Wiedervereinigung verbunden sind. Verknüpft mit dem Modell der *lokalen Gemeinschaft* und den damit einhergehenden Normalitätserwartungen hinsichtlich der Verteilung der Interaktionsrollen in Kontakten zwischen "Einheimischen" und "Fremden" kann diese Asymmetrie nach dem Muster von Situationen der Eroberung durch eine fremde Macht, der Kolonisierung und Unterwerfung oder der Bevormundung eines rückständigen Entwicklungslandes durch westliche Helfer gedeutet werden. Die Westdeutschen als *fremde Lehrmeister*, die Ostdeutschen als *Einheimische und zu Belehrende*, - dieses Beziehungsmuster kehrt die Rollenbesetzung der Unterscheidung von Einheimischen und Fremden für die Ostdeutschen in krisenhaft erlebter Weise um. Ostdeutsche, die sich als Einheimische kategorisieren, aber von Westdeutschen als fremde Neuankömmlinge im Kontext der bundesrepublikanischen Ordnung behandelt und belehrt werden vs. Westdeutsche, die sich selbst auch in Ostdeutschland als Einheimische definieren und von den Ostdeutschen als Fremde wahrgenommen werden, welche sich in allen Bereichen als Lehrmeister aufspielen, anstatt sich lernbereit an die lokal gültigen Regeln anzupassen - dieser *Attributionskonflikt* ist *ein* zentraler Anlaß dafür, daß Westdeutsche von Ostdeutschen als "überheblich" beobachtet und als "Besserwessis" etikettiert worden sind.

2.4.8 Überlagerung der rekonstruierten Beobachtungsschemata

In der vorstehenden Untersuchung haben wir zwei unterschiedliche Beobachtungsmuster rekonstruiert: zunächst das Modell der *Gesinnungsgemeinschaft* (subdifferenziert in die beiden Varianten der *hierarchischen* und der *egalitären* Gesinnungsgemeinschaft) und das Modell der *lokalen Gemeinschaft*. Der Gebrauch dieser Modelle kann unter bestimmten Voraussetzungen dieselbe Abweichungszuschreibung generieren: "Überheblichkeit". Zu klären ist nun, wie sich diese beiden Modelle zueinander verhalten.

Das Modell der *Gesinnungs*gemeinschaft betont in besonderem Maße die Forderung nach *Konformität der Überzeugungen*. Abweichende Meinungsäußerungen werden vor diesem Hintergrund als Ausscheren aus dem als verbindlich geltenden Gruppenkonsens wahrgenommen, mit dem jemand bekundet, daß er sein eigenes Urteil über das der Partei bzw. des Kollektivs stellt, sich damit jeweils in Widerstreit zu derjenigen Instanz setzt, die allein zur verbindlichen Definition des kollektiv Geltenden autorisiert ist und sich insofern "überheblich" verhält. Diese Konformitätserwartung ist gebunden an Mitgliedschaft. Wie wir gesehen haben,

---

180(...Fortsetzung)
    tion gedeutet, die es gemeinsam zu überwinden gilt und zu deren Überwindung die Ostdeutschen das meiste beigetragen haben und weiterhin beitragen.

erscheint jedoch bereits die fehlende Bemühung zum Erwerb von Mitgliedschaft in einer Gruppe als Indikator dafür, daß derjenige, der sich so verhält, nicht bereit zu sein scheint, sich in eine Gruppe "einzufügen" und insofern die Tendenz zur Überheblichkeit erkennen läßt. Die Äußerung abweichender Meinungen gilt dabei nicht generell als normwidriges Verhalten. Zum Delikt wird dies erst, wenn man sich nicht um die Abstimmung der eigenen Auffassung auf die der Partei bzw. der Mehrheit des Kollektivs bemüht und sich nicht *lernbereit* verhält, sobald deutlich wird, daß die eigene Meinung abweicht vom herrschenden Konsens.

Das Modell der *lokalen* Gemeinschaft ist demgegenüber stärker an Territorialität gebunden. Es betont den *Geltungsvorrang der an einem Ort üblichen Regeln*. Von Orts*fremden* wird die Bereitschaft erwartet, sich an die lokal geltenden Regeln anzupassen. Wenn Fremde von diesen Regeln abweichen, kann mit Nachsicht und Belehrung reagiert werden, wobei freilich erwartet wird, daß sich der Fremde *lernbereit* verhält und nicht auf seinen eigenen Auffassungen und Gepflogenheiten beharrt.

Beide Modelle weisen offensichtlich der *Bereitschaft zu lernender Anpassung* eine hohe Bedeutung zu und sehen im Dissensfalle eine analoge Verteilung der Rollen der belehrenden Instanz und des Lernenden vor, wie die folgende Übersicht verdeutlicht:

Modell: Rolle:	Hierarchische bzw. egalitäre Gesinnungsgemeinschaft		Lokale Gemeinschaft
Belehrende Instanz	Partei	Kollektiv	Einheimische
Belehrte	Mitglieder	das einzelne Mitglied	Fremde

Die typischen Anwendungssituationen der beiden Modelle sind unterschiedlich: Das Modell der *Gesinnungs*gemeinschaft wird relevant in Situationen, in denen ein Mitglied abweichende Überzeugungen erkennen läßt, das Modell der *lokalen* Gemeinschaft bei Abweichungen eines Fremden gegenüber den üblichen Verhaltensregeln.

Die Anwendungsbedingen beider Modelle können jedoch auch gleichzeitig erfüllt sein: Westdeutsche Studierende an einer ostdeutschen Universität etwa können zum einen als *Fremde* beobachtet werden, die sich - anders als unter den einheimischen Studierenden üblich - nicht um Anschluß an eine studentische Gruppe bemühen, sondern es vorziehen, "ihr Ding allein zu machen" (vgl. oben, St 2) und zugleich auch durch ihr sonstiges Verhalten (z.B. durch häufigen Widerspruch in Seminarsitzungen) erkennen lassen, daß sie nicht bereit sind, sich *in einen Gruppenzusammenhang "einzufügen"*.

2.4 HERMENEUTISCHE REKONSTRUKTION SOZIALER BEOBACHTUNGSSCHEMATA

Allgemein kann festgehalten werden: Zur Überlagerung beider Schemata kommt es mit hoher Wahrscheinlichkeit dann, wenn Westdeutsche in Ostdeutschland den Status eines Mitglieds in Gruppen bzw. Organisationen erwerben oder zu erwerben versuchen. Westdeutsche, die in ostdeutschen Betrieben, Verwaltungen oder privaten Dienstleistungsorganisationen eine Aufgabe übernehmen, befinden sich in einer solchen Situation. Sie werden, so kann man daher vermuten, als *Fremde* beobachtet, von denen lernbereite Anpassung an die *lokal gültigen* Regeln erwartet wird. Als *Mitgliedschafts*regeln können diese Regeln zugleich eine Form annehmen, die dem Modell der *Gesinnungsgemeinschaft* entspricht.

Zur Überprüfung dieser These wären zwei Typen von Daten besonders geeignet: Aufzeichnungen von Konflikten zwischen ostdeutschen und westdeutschen Kollegen innerhalb einer ostdeutschen Organisation sowie von Bewerbungsgesprächen zwischen westdeutschen Interessenten und ostdeutschen Vertretern der einstellenden Organisation. Situationen dieser Art erscheinen auch deshalb zur Überprüfung der bisher entwickelten Überlegungen besonders geeignet, weil sie eine explizite Thematisierung normativer Erwartungen wahrscheinlich machen, - im einen Fall im Rahmen des konfliktären Austauschs von Vorwürfen, Gegenvorwürfen und Rechtfertigungen, im anderen, um dem neuen Bewerber klar zu machen, welche Erwartungen er als Organisationsmitglied erfüllen müßte und um die verbindliche Zusicherung des Bewerbers zu erhalten, daß er dazu bereit ist.

Kommunikationsprotokolle aus derartigen Situationen sind naturgemäß schwer zu erhalten und liegen mir nicht vor. Um dennoch einen Eindruck davon zu geben, welche Gestalt die Überlagerung beider Schemata annehmen könnte, greife ich auf den in Buchform publizierten Erfahrungsbericht einer westdeutschen Krankengymnastin zurück, die - mit ihrem Mann, der eine Chefarztposition an einer ostdeutschen Klinik übernommen hat und mit ihrem Sohn nach Ostdeutschland gezogen - sich dort bei einem Therapiezentrum um eine Stelle bewirbt. Das Bewerbungsgespräch, das sie (im Buch als "Frau Hitzig" eingeführt) mit dem Geschäftsführer des Zentrums ("Herr Zeitschel") und dem Chef der Physiotherapie ("Herr Kladow") führt, gibt sie wie folgt wieder (vgl. Endlich 1999, S.77f.):[181]

---

[181] Die Autorin hat die genannten Personen durch Decknamen anonymisiert. Die Stadt, in der sich die berichteten Ereignisse abspielen, wird im Buch durchgängig "Oststadt" (gelegen in der Nähe der Oder) genannt. Im Buch sind die im folgenden zitierten Passagen durchweg in wörtlicher Rede wiedergegeben. Ausgelassen habe ich dabei nur die Zwischenkommentare der Autorin über das nonverbale Verhalten ihrer ostdeutschen Gesprächspartner. - Die zitierten Aufzeichnungen sind wahrscheinlich das Ergebnis nachträglicher Aufzeichnung aus der Erinnerung und insofern nicht mit Kommunikationsprotokollen zu vergleichen, die durch direkte technische Aufzeichnung und anschließende Verschriftung entstanden sind. Zudem erhebt die Publikation, der sie entnommen ist, keinerlei wissenschaftlichen Anspruch. Der Status des Datenmaterials ist also dem von *Reiseberichten* vergleichbar, in denen bemerkenswert erscheinende Erlebnisse mitgeteilt werden. Statt um wissenschaftliche Exaktheit, geht es dabei eher um die Unterhaltung des Publikums, freilich mit dem Anspruch, daß sich das Berichtete im wesentlichen tatsächlich so zugetragen hat. *Die Beweiskraft des Materials ist dementsprechend eingeschränkt.* Es wäre freilich ein unwahrscheinlicher Zufall, wenn eventuelle Abweichungen der publizierten Darstellung vom tatsächlichen Ereignisablauf gerade so beschaffen wären, daß sie die oben formulierten Hypothesen konsistent bestätigen würden. Im folgenden interpretiere ich die Dialogsequenz auf die gleiche Weise wie eine mit technischen Mitteln exakt aufgezeichnete Kommunikation.

1	Kladow:	Wir sind sehr an ihrer Mitarbeit interessiert. Also, wir haben Ihre Fortbildungsnachweise genau gelesen, sie sind ja umfangreich. Einige Sachen kenne ich gar nicht. Und darum sind Sie genau die Frau, die hier fehlt, die hier andere Formen der Behandlung einführt und andere Wege aufzeigt. Aber wir fangen ja auch erst richtig an.
2	Zeitschel:	Sehen Sie, Frau Hitzig, die Möglichkeiten der zusätzlichen Qualifikation haben wir erst in den Jahren seit der Wende bekommen. Früher war unsere Ausbildung mehr auf Massagen und Bäder ausgerichtet. Inzwischen haben alle, die hier bei uns arbeiten, Cyriax oder manuelle Therapie gelernt.
3	Kladow:	Es ist doch so, daß wir hier alle eine gemeinsame Sprache sprechen müssen. Ich habe gesehen, daß Sie noch keine Weiterbildung in den Methoden nach Cyriax oder manueller Therapie gemacht haben. Das wäre uns aber sehr wichtig, weil alle aus unserem Kollektiv diese Kurse besucht haben.
4	Hitzig:	Die Belege über die Grundkurse dieser Behandlungsmethoden sind im Ordner. Aber ich arbeite lieber mit anderen Therapien. Immerhin habe ich hineingeschnuppert, so daß man mir nicht sagen kann, daß ich hier nicht weiß, worum es geht.
5	Kladow:	Ja, schon, aber es geht uns darum, daß wir hier alle eine Sprache sprechen müssen. Wir wollten Ihnen vorschlagen, daß Sie erst einmal anfangen. Sie bauen sich Ihren eigenen Patientenstamm auf, wobei wir selbstverständlich behilflich sind, und dann besuchen Sie die Kurse, die Ihnen noch fehlen.
6	Zeitschel:	Ja, dann sprechen wir hier alle eine Sprache.
7	Hitzig:	Mir fehlen aber keine Kurse, ich möchte niemanden nach Cyriax behandeln. Ich spreche doch 'Ihre Sprache', wie Sie sagen. Ich spreche Deutsch.
8	Kladow:	Aber hier haben sich alle Mitarbeiterinnen an diesen Methoden orientiert. Einige machen gerade diese Ausbildung. Warum wehren Sie sich so dagegen?
9	Hitzig:	Das kann ich Ihnen ganz genau erklären. Aus den Unterlagen wissen Sie, wie oft ich mich niedergelassen und von vorne angefangen habe. Ich habe meine Spezialisierung gefunden und erfolgreich gearbeitet.
10	Kladow:	Sehen Sie mal, Sie kommen doch aus dem Westen? Da müßten Sie sich hier schon an unser Kollektiv anpassen, hier wird eben nach diesen Methoden gearbeitet. Das sind ja auch Kurse, die man im Westen lernt.
11	Hitzig:	Aber nicht für Atemwegserkrankungen. Nee, also daraus wird nichts.

Betrachten wir die erste hier wiedergegebene Äußerung (1 Kladow), dann ist leicht zu sehen, daß sie eine Situationsdefinition etabliert, die den Einsatz der zuvor untersuchten Beobachtungsschemata wenig wahrscheinlich erscheinen läßt: Die Bewerberin ist eine erfahrene westdeutsche Krankengymnastin, die bereits drei eigene Praxen aufgebaut und - wegen familiär bedingter Umzüge - wieder aufgegeben hat. Ihre umfangreichen, durch Fortbildungsnachweise dokumentierten Kenntnisse unterschiedlicher therapeutischer Ansätze werden vom Leiter der physiotherapeutischen Abteilung des Therapiezentrums ausdrücklich gewürdigt (vgl. 1 Kladow). Sie erstrecken sich zum Teil auf Methoden, die ihm, wie er anmerkt, zum Teil selbst nicht bekannt sind. *Gerade deshalb* ("Und darum ...") kommt er zu der Einschätzung, daß die Bewerberin "die Frau" sei, "die hier fehlt, die hier andere Formen der Behandlung einführt und andere Wege aufzeigt". Die erläuternde Feststellung "Aber wir fangen ja auch erst richtig an", erklärt zum einen seine partielle Unkenntnis, zum anderen deutet sie daraufhin, daß das Therapiezentrum sich in der Phase des Aufbaus bzw. einer grundlegenden Neustrukturierung befindet. Dies sowie die zuvor mitgeteilte Erwartung gegenüber der Bewerberin, daß sie "... andere Wege aufzeigt", signalisiert zunächst maximale Offenheit gegenüber neuen Behandlungsmethoden, einen großen Handlungsspielraum für die Bewerberin und eine hohe Bereitschaft der Institution, von ihr vorgeschlagene Innovationen aufzunehmen. Mit dieser Eröffnung wird ihr, dem ersten Anschein nach, eine de facto leitende Rolle beim Neuaufbau des Therapiezentrums angeboten, einer Organisation, die nach Darstellung ihrer autorisierten Vertreter einen hohen Innovationsbedarf hat und lernbereit ist. Unterstrichen wird dieser Eindruck noch durch den Hinweis (vgl. 2 Zeitschel), daß die Ausbildung der Mitarbeiter der Einrichtung vor der Wende tendenziell auf Bäder und Massagen beschränkt war und es für sie erst danach die Möglichkeit gab, zusätzliche Qualifikationen zu erwerben, was immerhin dazu geführt habe, daß nun alle Mitarbeiter "Cyriax oder manuelle Therapie gelernt" hätten.

Nach diesem Beginn ist die Anwendung der oben rekonstruierten Beobachtungsschemata kaum zu erwarten. Wenn Innovation gewünscht wird und die westdeutsche Bewerberin gerade dafür engagiert werden soll, dann erscheint sie geradezu dazu ausersehen, die lokalen Arbeitsroutinen zu ändern und neue Handlungsmuster in die Organisation einzubringen, die von den bisher gültigen Auffassungen abweichen. Unter diesen Voraussetzungen erscheint es unwahrscheinlich, daß von den lokalen Üblichkeiten abweichende Vorstellungen der Bewerberin als unangemessene Belehrungsversuche gedeutet und mit der Forderung nach Anpassung an den etablierten Konsens unter den Mitgliedern der Einrichtung beantwortet werden könnten.

Im weiteren Verlauf nimmt die berichtete Interaktion jedoch eine überraschende Wendung. Die Bewerberin, Frau Hitzig, verfügt zwar über eine ungewöhnliche und beeindruckende Fülle von Fortbildungsnachweisen. Was sie jedoch nicht vorweisen kann, sind Fortbildungen in manueller Therapie oder der Behandlung nach Cyriax, welche die anderen Mitarbeiterinnen der Einrichtung erworben haben (bzw. einige gerade erwerben).[182] An diesem Punkt kommt es zum Dissens. Kladow und Zeitschel wünschen und insistieren darauf, daß Frau Hitzig diese Kurse noch absolvieren soll. Frau Hitzig lehnt dies ab.

Sehen wir uns zunächst die *sachlichen Gründe* an, die beide Seiten für ihre Position in der kurzen Debatte darüber nennen, bevor dann (in 10 Kladow) die Ost/West-Differenz als zusätzliches Argument ins Spiel gebracht wird: "daß wir hier alle eine Sprache sprechen müssen" (3 Kladow), "weil alle aus unserem Kollektiv diese Kurse besucht haben" (3 Kladow), "hier haben sich alle Mitarbeiterinnen an diesen Methoden orientiert" (8 Kladow) - dies sind die Gründe, die es angeblich

---

[182] Beides sind Methoden zur Behandlung von Erkrankungen bzw. Störungen des Bewegungsapparates, wobei die manuelle Therapie die allgemeinere Methode und die Behandlung nach Dr. James Cyriax eine speziellere Untervariante dazu ist. - Physiotherapeuten oder Krankengymnasten, die eine Erweiterung ihrer Zulassung um die Methode der manuellen Therapie anstreben, müssen eine Weiterbildung mit einer Mindestdauer von 260 Unterrichtsstunden á 45 Minuten absolvieren, an die eine Prüfung anschließt. Ein Komplett-Angebot für die Cyriax-Ausbildung ("Orthopädische Medizin nach Cyriax für Physiotherapeuten und Ärzte") im Umfang von 296 Stunden (inclusive 24 Stunden "Refresher"-Einheit, zu absolvieren in insgesamt 34 Tagen (verteilt auf 6 Kurse á 5 Tagen und dem "Refresher"-Kurs mit Prüfung von 4 Tagen zwischen April und November) wurde 2003 im Internet für insgesamt 2.688 EUR (bereits ermäßigter Preis für Verbandsmitglieder) angeboten (unter: www.ifk.de/fortbildung/cyriax.htm). Da die Dauer der Ausbildung in manueller Therapie nur um ca. 12% kürzer ist als die Cyriax-Ausbildung, dürften die Kosten dafür nicht sehr viel geringer sein. Die gewünschten Weiterbildungen sind also ebenso zeitaufwendig wie kostspielig.

notwendig machen, daß Frau Hitzig sich in den erwähnten Methoden noch fortbilden müsse. Auffällig ist daran zunächst, welche möglichen Begründungen *nicht* auftauchen: Es *fehlt* jeder Hinweis darauf, daß diese Methoden sich nach Einschätzung der Vertreter der Institution in der Behandlung besonders bewährt haben, daß unter den Patienten, die ins Therapiezentrum kommen, diejenigen Krankheitsbilder, die mit diesen Methoden behandelt werden können (das wären: Erkrankungen des Bewegungsapparates), besonders häufig sind bzw. die Ärzte im Einzugsgebiet des Zentrums diese Therapien bevorzugt verordnen. Kriterien, die sich auf die besondere therapeutische Qualität der angebotenen Behandlung oder auf die spezifische Struktur der Nachfrage nach therapeutischen Leistungen beziehen, spielen in den gegebenen Begründungen keine Rolle. Weder *medizinisch-professionelle* noch *ökonomische* Gesichtspunkte kommen also darin zum Zuge. Statt dessen wird die *Einheitlichkeit der Ausbildung* aller Mitarbeiter als entscheidendes und unmittelbare Evidenz beanspruchendes Argument genannt.

Frau Hitzig entgegnet, daß sie die Grundkurse für beide Methoden, wie aus den Belegen in ihren Unterlagen hervorgehe, ja besucht habe, aber niemanden danach behandeln möchte und fügt auf die Nachfrage, warum sie sich denn so gegen diese Methoden wehre (8 Kladow), hinzu, "ich habe meine Spezialisierung gefunden und erfolgreich gearbeitet" (9 Hitzig). Die Art dieser Spezialisierung wird erkennbar in ihrer Antwort auf die Vorhaltung, daß man ja auch im Westen diese Kurse lerne: "Aber nicht für *Atemwegserkrankungen*" (11 Hitzig).

Sofern die spezifische Struktur des Patientenstammes, d.h. ein besonders hoher Anteil anfallender Behandlungen des Bewegungsapparates (bei eventuell sehr geringem Anteil atemtherapeutischer Behandlungen) für die hohe Gewichtung von manueller Therapie und der Therapie nach Cyriax ausschlaggebend ist, könnte dies an dieser Stelle thematisiert werden. Dazu kommt es jedoch nicht. Nach einer *kurzen Schweigephase* wechselt das Thema des Gesprächs; die Bewerberin erkundigt sich nach dem Gehalt.

Zwei *Modelle der Kooperation* scheinen hier aufeinanderzuprallen: Die Vertreter der Einrichtung gehen davon aus, daß alle Mitarbeiterinnen über dieselbe Ausbildung verfügen und sich in gleicher Weise an den erlernten Methoden orientieren sollten. Ein *sachlich zwingender* Grund dafür wird nicht genannt. Frau Hitzig besteht demgegenüber darauf, selbst zu entscheiden, nach welchen Methoden sie behandeln möchte, ohne damit den Anspruch zu verbinden, daß andere nach denselben Methoden arbeiten müßten. Gegenüber einem Modell der *einheitlichen Ausrichtung* der Behandlung insistiert sie auf der Legitimität *selbstgewählter Spezialisierung* sowie auf der *professionellen Autonomie des einzelnen in der Auswahl und Bewertung der Behandlungsmethoden*.

Diese Differenz könnte zum Teil dadurch erklärt werden, daß hier unterschiedliche *Organisationsmodelle* von Behandlung den Erfahrungshintergrund bilden und entsprechende Normalitätserwartungen geprägt haben: Ein Modell tendenziell bürokratischer Organisation von Krankenbehandlung, in dem Therapieverfahren von allen Mitarbeitern einer Institution nach dem Muster allgemein verbindlicher Verwaltungsrichtlinien 'befolgt' werden müssen einerseits; ein Modell, das orientiert ist an dem Muster der Krankengymnastin mit eigener, selbständig geführter Praxis andererseits (dessen Vorbild wiederum der niedergelassene Arzt und dessen hohe professionelle Autonomie ist).

Beide Seiten verfügen über Vorerfahrungen, die eine derartige Prägung ihrer Erwartungen wahrscheinlich machen: Wenn Zeitschel ausführt, "Früher war unsere Ausbildung mehr auf Massagen und Bäder ausgerichtet" (2 Zeitschel), dann deutet dies auf Erfahrungen unter Bedingungen einer standardisierten Ausbildung und Behandlungspraxis hin, während wir von der Krankengymnastin hören, daß sie sich dreimal niedergelassen hat und das Referenzmodell für ihre Vorstellung von Behandlung dementsprechend stark von der Tätigkeit in der eigenen Praxis bestimmt sein dürfte. Das Therapiezentrum als *bürokratische Organisation* oder als *Gemeinschaftspraxis*, dies - so könnte man vermuten - sind die beiden Organisationsmodelle, die hier miteinander kollidieren.

Freilich ist auch dann noch unklar, warum innerhalb eines bürokratisch geführten Therapiezentrums nicht Raum sein soll für verschiedene Möglichkeiten der Spezialisierung, so daß nicht alle dieselben Weiterbildungen durchlaufen müssen. Angesichts des Zeitaufwandes und der Kosten, die für Weiterbildungen jeweils aufzuwenden sind, sowie der dadurch für das Zentrum eröffneten Möglichkeit, sich durch entsprechende Diversifizierung seines therapeutischen Angebots u.U. neue Patientengruppen zu erschließen, wäre dies wahrscheinlich ökonomisch sinnvoll.

Das ostinate Insistieren der Vertreter des Therapiezentrums, "daß wir hier alle eine gemeinsame Sprache sprechen müssen", überschreitet jedoch ganz offensichtlich den Rahmen eines rein bürokratischen Organisationsmodells. Diese den Text geradezu leitmotivisch durchziehende Floskel (sie taucht - mit leichter Variation - in 3 Kladow, 5 Kladow und 6 Zeitschel, also insgesamt drei Mal, auf) weist der übereinstimmenden Ausbildung die Rolle eines sprachanalogen *Mediums der Verständigung* zu. "Eine gemeinsame Sprache sprechen" heißt, wörtlich genommen, dasselbe Vokabular zu gebrauchen und es auf übereinstimmende Weise zu verwenden, um sich auf Sachverhalte in der Welt zu beziehen. Eine gemeinsame Sprache impliziert eine gemeinsame Ontologie, eine übereinstimmende Weise der Bezeichnung von Dingen und Ereignissen und insofern eine in den kategorialen Grundlagen gemeinsame Weltanschauung. Die *geläufige Verwendung* des Ausdrucks 'eine gemeinsame bzw. dieselbe Sprache sprechen' deutet in die gleiche Richtung. Wenn etwa über mehrere Personen gesagt wird, daß sie 'dieselbe Sprache sprechen', dann heißt dies nicht nur, daß jeder weiß, was der andere meint, sondern signalisiert darüber hinaus die Möglichkeit leicht herstellbarer *Übereinstimmung*. Von Personen, die 'eine gemeinsame Sprache sprechen', kann man auch sagen, daß sie 'einander verstehen'. Im Gebrauch von Äußerungen wie 'Die beiden verstehen sich sehr gut' oder 'Ich glaube, wir verstehen uns' läßt sich ebenfalls die *Tendenz zur Gleichsetzung von Verstehen und Einverständnis* erkennen. Und noch die in drohendem Ton gesprochene Äußerung, 'Haben wir uns verstanden?', verlangt nicht nur neutrales Verstehen, sondern widerspruchslosen Gehorsam.

Daß es den Vertretern des Therapiezentrums tatsächlich um *Übereinstimmung* in der gesamten therapeutischen Ausrichtung und nicht nur um die Erleichterung der sprachlichen Verständigung zwischen den Mitarbeitern geht, wird auch in anderen Äußerungen erkennbar: So wenn Kladow auf Frau Hitzigs Ablehnung der gewünschten Zusatzausbildung antwortet, "Aber hier haben sich alle Mitarbeiterinnen an diesen Methoden orientiert" (8 Kladow) und später apodiktisch feststellt "hier wird eben nach diesen Methoden gearbeitet" (10 Kladow). Spätestens hier zeigt sich, daß die Rede von der "gemeinsamen Sprache" die materiale *Übereinstimmung* der Mitarbeiter in der therapeutischen Ausrichtung meint und verlangt.

Daran, daß er eine andere Sprache spricht, erkennt man auch den *Fremden*. Wer nicht die am Ort gesprochene Sprache erlernt, verharrt im Status des Fremden und Außenstehenden, der nicht bereit ist, sich an die lokalen (Kommunikations-)Gepflogenheiten anzupassen. Der von Frau Hitzig verlangte Erwerb einer "gemeinsamen Sprache" enthält also sowohl das Moment der Anpassung an die Gepflogenheiten der *lokalen Gemeinschaft* wie auch das Moment der Eingliederung in eine auf gemeinsamen (hier: therapeutischen) Überzeugungen beruhenden *Gesinnungsgemeinschaft*. Kulminationspunkt der Verknüpfung zwischen diesen beiden Beobachtungsschemata ist die Äußerung -

> 10 Kladow: Sehen Sie mal, Sie kommen doch aus dem Westen? Da müßten Sie sich hier schon an unser Kollektiv anpassen, hier wird eben nach diesen Methoden gearbeitet. Das sind ja auch Kurse, die man im Westen lernt.

Mit dem Verweis auf ihre *westdeutsche Herkunft* wird die Bewerberin zugleich *als Fremde* deklariert und mit dieser Begründung die *Anpassung an das Kollektiv der Mitarbeiter* gefordert, dessen *Mitglied* sie im Falle der Einstellung würde. Die *Einheimischen* und das *Kollektiv* der Mitarbeiter des Therapiezentrums werden damit *gleichgesetzt*. Die Einheimischen werden als Kollektiv verstanden, und die Anpassung an die lokalen Regeln kann deshalb mit der Anpassung an das Kollektiv identifiziert werden. Das Kollektiv aber, dies zeigte die vorangegangene Analyse, wird gedeutet nach dem Modell einer Gesinnungsgemeinschaft.

Daß die Unterscheidung von *Einheimischen und Fremden* an dieser Stelle aufgerufen wird, ist nicht selbstverständlich. In einem Bewerbungsgespräch geht es um die Klärung der Mitgliedschaftsbedingungen, zu deren Erfüllung der Bewerber bereit sein muß, wenn er eine Stelle in der Organisation erhalten will. Eine Formulierung wie, 'Wenn Sie bei uns arbeiten wollen, dann müssen Sie diese Kurse noch absolvieren', hätte also viel näher gelegen als die Bezugnahme auf die westdeutsche Herkunft der Bewerberin. Wenn gleichwohl die Unterscheidung von *Einheimischen und Fremden* an dieser Stelle aufgerufen wird, dann ist zu vermuten, daß diese Schemaüberlagerung motiviert ist durch den Versuch, die eigene Position nach dem vorausgegangenen Widerstand der Bewerberin durch ein zusätzliches Argument zu verstärken. Der Sinn der Kumulation beider Schemata ließe sich demnach etwa durch die folgende Paraphrase explizieren: 'Wer bei uns mitarbeiten will, muß sich an unser Kollektiv anpassen. Und für Sie als Westdeutsche, die als Fremde zu uns kommt, gilt das um so mehr.'

Zur angenommenen Logik der Kumulation paßt auch der nachgeschobene Hinweis, "Das sind ja auch Kurse, die man im Westen lernt": Mit dieser Äußerung wird hervorgehoben, daß die Standards, an die sich die Bewerberin anpassen soll, mit den lokalen Standards ihres Herkunftsortes übereinstimmen, von ihr also gar keine Anpassung an ostdeutsche Besonderheiten, sondern an Behandlungsmethoden verlangt wird, die in West- und Ostdeutschland gleichermaßen üblich sind. Indem sie sich gegen diese Forderung wehrt, stemmt sie sich gleichsam gegen einen gesamtdeutschen Konsens, der diese Methoden als Teil des therapeutischen 'state of the art' definiert. Die Argumentation der Bewerberin wird damit freilich verfehlt, bestreitet sie doch nicht die Qualität dieser Behandlungsmethoden, sondern insistiert nur auf der Legitimität ihrer individuellen Spezialisierung auf ein anderes Gebiet (Atemwegserkrankungen), für das diese Methoden, die für die Behandlung von Erkrankungen des Bewegungsapparates entwickelt worden sind, gar keine Geltung beanspruchen.

Nun könnte man vermuten, daß hinter der Argumentation von Kladow und Zeitschel vielleicht etwas anderes steckt, nämlich die Absicht, die Bewerberin vor allem im Bereich der orthopädischen Therapie einzusetzen, wofür die Beherrschung dieser Methoden nützlich wäre, daß man dies aber nicht offen sagen will, weil sie sonst das Interesse verlieren könnte. Die Schemata der lokalen Gemeinschaft und der Gesinnungsgemeinschaft würden dann nur als *strategische* Argumentationsressourcen genutzt. Sie wären nur eine Staffage, um die wahren Absichten zu verbergen. Dies ist durchaus möglich, würde an der vorgetragenen Analyse allerdings kaum etwas ändern. Denn auch für den strategisch-argumentativen Gebrauch dieser Schemata muß angenommen werden, daß der Sprecher *die Plausibilität* der damit formulierten Gründe für den Adressaten unterstellt. Er kann dies, wenn er auf ein sozio-kulturell verankertes Repertoire anerkannter Begründungsfiguren zurückgreift, sich also einer *eingeschliffenen Semantik* bedient, deren Plausibilität gebunden ist an die Anerkennung ihrer oben explizierten Prämissen.

Wie aber paßt zu alledem die zu Beginn des Gesprächs gegenüber der Bewerberin geäußerte Erwartung, daß sie "hier andere Formen der Behandlung einführt und andere Wege aufzeigt"? Wie ist der Wunsch nach Innovation mit der Forderung nach Anpassung an das Kollektiv zu vereinbaren? - Wenn wir hier nicht einfach einen Widerspruch unterstellen,[183] sondern zunächst (im Sinne des Gadamer'schen "Vorurteils der Vollkommmenheit") solange wie möglich Konsistenz annehmen, dann bietet sich die folgende Hypothese an: Neuerungsvorschläge, sofern sie

---

[183] Man könnte erneut an einen durch kommunikativ latente, strategische Motive erzeugten Widerspruch denken: Die Bewerberin sollte vielleicht durch die Art der Darstellung ihrer möglichen Rolle im Therapiezentrum 'geködert' werden, um sie dann allmählich in die gewünschten Bahnen zu dirigieren. Man müßte dann aber zugleich ein hohes Maß an Ungeschicklichkeit bei der Realisierung dieser Intention unterstellen, steht doch bereits die dritte Äußerung, in der von ihr das Nachholen der aufwendigen Weiterbildungen verlangt wird, in starkem Kontrast zu der ihr zuvor zugeschriebenen Rolle als treibender Kraft, die neue Wege aufzeigt (und nicht auf ausgetreten Pfaden hinter den übrigen Mitarbeitern herläuft). Eine derartige kommunikative Ungeschicklichkeit in der Verfolgung strategischer Absichten würde deshalb nach einer gesonderten Erklärung verlangen. Die Interpretation, die ich im Text formuliere, ermöglicht eine solche Erklärung. Sie läuft darauf hinaus, daß der Sprecher einen solchen Widerspruch nicht sieht, weil er unter seinen Deutungsprämissen so gar nicht existiert. Diese Hypothese ist zugleich unabhängig davon, ob der Sprecher tatsächlich von strategischen Motiven geleitet ist oder sich von Beginn an aufrichtig geäußert hat.

einleuchtend erscheinen, würden nach dem gleichen Muster assimiliert, wie schon die manuelle Therapie und die Behandlung nach Cyriax, d.h. möglichst alle Mitarbeiterinnen sollten die Ausbildung für neu einzuführende Behandlungsformen durchlaufen. Nur so könnte weiterhin gesichert werden, daß alle eine "gemeinsame Sprache" sprechen. Das *Modell der Gesinnungsgemeinschaft* verlangt, daß eine Änderung der *'therapeutischen Linie'* (darin Änderungen der 'ideologischen Linie' von Weltanschauungsparteien durchaus vergleichbar) durch alle Angehörigen der Institution vollzogen wird. Bei Innovationen kann der ungeteilte, auf einer gemeinsamen Gesinnungsbasis fußende (hier: therapeutische) Konsens nur auf diese Weise gesichert werden. Arbeitsteilige Spezialisierung auf der Ebene der Ausbildung zuzulassen würde bedeuten, die gemeinsame Überzeugungsgrundlage auszudünnen, d.h. nicht mehr uneingeschränkt am Modell der Gesinnungsgemeinschaft festzuhalten. Soll dieses Modell nicht aufgegeben werden, dann ist eine derartige Spezialisierung nicht innerhalb einer Einrichtung, sondern nur zwischen verschiedenen Organisationen möglich und zwar unabhängig davon, ob bei der Struktur des Patientenstammes eine interne Differenzierung möglich und ökonomisch sinnvoll wäre oder nicht.

Legen wir das Modell der Gesinnungsgemeinschaft durchgängig zugrunde, dann sind die Forderungen gegenüber der Bewerberin, sie müsse sich an die nach der Wende neu eingeführten Behandlungsmethoden anpassen und der Wunsch, sie solle andere Formen der Behandlung einführen und andere Wege aufzeigen, also ohne weiteres miteinander zu vereinbaren: Einzelne können den Auftrag erhalten, Änderungen vorzuschlagen und anzustoßen; diese Änderungen müssen dann aber *kollektiv* akzeptiert und realisiert werden. Dabei bleibt jeder einzelne verpflichtet, sich den Entscheidungen des Kollektivs zu beugen. Innovation verlangt die *Neudefinition des Gruppenkonsenses*. Andernfalls scheitert sie. Insistieren auf Änderungen gegen das Votum der Gruppe oder der Versuch, *Neuerungen allein und auf 'eigene Rechnung'* zu erproben, wird dann als *abweichendes Verhalten* beobachtet und d.h. häufig: als Ausdruck von "Überheblichkeit". Ansprüche auf Unabhängigkeit des einzelnen, - sei es die Unabhängigkeit des einzelnen Studierenden von der Meinung der Kommilitonen und des Dozenten, die professionelle Autonomie des Künstlers gegenüber dem Urteil seiner Berufskollegen (wie oben am Beispiel von Heiner Müllers Stück "Die Umsiedlerin ..." untersucht) oder die autonome Spezialisierung von Krankengymnasten und Physiotherapeuten im Rahmen des jeweiligen "Kollektivs", in dem sie arbeiten, - sind dabei nicht vorgesehen und gelten als illegitim. Gleichgültig, ob der einzelne zum Initiator von Neuerungen wird oder sich an die Auffassung der anderen anpaßt, oberste Richtinstanz bleibt der Konsens der Gruppe. Der einzelne kann diesen Konsens durch sein Verhalten bestätigen oder zu modifizieren suchen; nur eines darf er nicht: diesen Konsens ignorieren und nach eigenem Urteil agieren.

Die zuletzt vorgetragene Analyse sollte exemplarisch verdeutlichen, unter welchen Bedingungen und auf welche Weise die Beobachtungsschemata der *lokalen* Gemeinschaft (Einheimische/Fremde) und der *Gesinnungs*gemeinschaft einander überlagern und zu analogen Beobachtungsresultaten führen können. Das allgemeinere Schema, definiert durch die Unterscheidung von *Einheimischen und*

Fremden, wird dabei moduliert, indem die Geltungspriorität der lokalen Ordnung durch das Schema der Gesinnungsgemeinschaft überformt wird. Beide Schemata können unter geeigneten Bedingungen freilich auch unabhängig voneinander gebraucht werden. In der Interaktion zwischen den "einheimischen" Mitgliedern eines Kollektivs fehlt der Anknüpfungspunkt für die Unterscheidung zwischen Einheimischen und Fremden. In flüchtigen Kontakten zwischen Ostdeutschen und Westdeutschen hingegen, bei denen engere Beziehungen und die Mitgliedschaft in einer Gruppe oder Organisation von vornherein ausgeschlossen sind, kann diese Unterscheidung leicht aktiviert werden. Hier fehlen jedoch die Voraussetzungen für Beobachtungen im Schema der Gesinnungsgemeinschaft.

Auch in Situationen, in denen der Gebrauch eines oder beider Schemata als Prämisse für die Beobachtung des Verhaltens anderer nahezuliegen scheint, ist keineswegs sicher, daß es zu ihrer Verwendung kommt: Zwischen Ost- und Westdeutschen, die einander durch enge verwandtschaftliche Beziehungen verbunden sind, werden als abweichend erlebte Verhaltensweisen u.U. eher auf individualspezifische Eigenheiten zurückgeführt, so z.B. auf eine temperamentsbedingte 'Lust am Widerspruch' oder die Neigung zur 'Rechthaberei'. Erinnert sei hier auch an die ostdeutsche Studentin, die zwischen dem Gebrauch *zweier verschiedener* Deutungsschemata oszillierte und sich deshalb nicht entscheiden konnte, ob sie das Verhalten des westdeutschen Kommilitonen als Anzeichen für Arroganz oder nur als Versuch interpretieren sollte, seine Gedanken zu einem Thema ohne jede innere Vorzensur zu äußern.

Ebensowenig sichert die Verwendung dieser Schemata durch verschiedene Personen zur Beobachtung des gleichen Verhaltens die *Übereinstimmung der Beobachtungsresultate*: Vom Üblichen abweichende Vorschläge einer Person innerhalb einer Gruppe können von einigen Mitgliedern als wichtig genug gedeutet werden, um die Unterstützung der ganzen Gruppe zu verdienen und ihrem Autor besonderen Einfluß auf die kollektive Meinungsbildung zuzugestehen, während andere darin vielleicht einen von *Überheblichkeit* zeugenden Versuch sehen, aus dem bisherigen Gruppenkonsens auszuscheren und den anderen 'Vorschriften zu machen'.

Sowohl die Anwendung der Schemata wie auch die Ergebnisse ihres Gebrauchs, bleiben also grundsätzlich kontingent. Schemata fungieren als Strukturen, die gedankliche und kommunikative Anschlüsse orientieren und in dieser Funktion gegeneinander austauschbar sind. Wie häufig oder selten, wie rigide oder flexibel sie eingesetzt werden, sind nur schemaspezifisch und empirisch zu beantwortende Fragen. Die Analyse des Gebrauchs solcher Schemata kann Bedingungskonstellation identifizieren, die ihre Verwendung wahrscheinlich machen (freilich ohne die Wahrscheinlichkeit ihrer Nutzung quantifizieren zu können). Und sie kann (wie hier versucht) durch den Nachweis, daß solche Schemata in unterschiedlichsten Situationen, zu unterschiedlichen Zeiten und in Verbindung mit unterschiedlichen Personen sowie Organisationen eingesetzt werden, plausibel machen, daß es sich dabei um sachlich, zeitlich und sozial generalisierte Strukturen der Kommunikation mit einer relativ hohen Reproduktionsrate handelt. *Notwendige und hinreichende Bedingungen,* bei deren Erfüllung ihr Gebrauch *mit Sicherheit* zu erwarten ist, *kann sie jedoch nicht* angeben. Denn dazu müßte sie zuverlässig ausschließen können, daß ein psychisches oder soziales System noch über andere Schemata verfügt, die es für die Deutung einer gegebenen Situation aufrufen kann. Das aber wäre nur unter der empirisch nicht zu erfüllenden Voraussetzung möglich, daß der sozialwissenschaftliche Beobachter den *Gesamtbestand* der verfügbaren Schemata des jeweiligen Systems kennen würde.

Dementsprechend ist der Status der oben durchgeführten Untersuchung einzuschätzen: Die Beziehungen zwischen Ostdeutschen und Westdeutschen in den Jahren nach der Wiedervereinigung boten hinreichend zahlreiche Gelegenheiten, in denen die passenden situativen Bedingungen erfüllt waren, um westdeutsches Verhalten auf der Grundlage der rekonstruierten Schemata zu beobachten, als abweichend zu registrieren und immer wieder auf "Überheblichkeit" als kollektives Merkmal der Westdeutschen zurückzuführen. Daher konnte diese Zuschreibung eine beachtliche, auch in den Massenmedien thematisierte und so noch verstärkte Prominenz erlangen. Auch die Beispiele aus dem Bereich massenmedialer Kommunikation verdeutlichten jedoch die Kontingenz ihres Gebrauchs.

Die vorstehende Analyse versuchte zu zeigen, wie binäre Beobachtungsschemata die Deutung fremden Verhaltens strukturieren. Die Systemtheorie begreift derartige Schemata als Einrichtungen der strukturellen Kopplung zwischen Kommunikation und Bewußtsein. Mein Ziel war es, an einem ausführlichen empirischen Beispiel vorzuführen, wie die Hermeneutik dazu beitragen kann, solche Schemata aufzudecken, um damit ein mögliches Feld der Kooperation zwischen Hermeneutik und Systemtheorie abzustecken. Deutlich wurde dabei, daß Kommunikationsteilnehmer sowohl unterschiedliche Schemata als Prämissen des Verstehens verwenden wie auch von übereinstimmenden Schemata auf divergierende Weise Gebrauch machen können. Abweichungen zwischen dem mit Äußerungen und Verhaltensweisen subjektiv intendierten und dem von anderen attribuierten Sinn sind die dann zu erwartende Folge. Es kommt zu divergierendem Verstehen, das teilweise unbemerkt bleiben, aber auch für Irritationen sorgen und Konflikte auslösen kann, deren Quelle für die Beteiligten oft verborgen bleibt. In den Vordergrund tritt damit das *Problem der Intersubjektivität*.

Dessen Diskussion soll im Zentrum des nun folgenden dritten Teils dieses Bandes stehen. Dabei wird es zunächst um die Frage gehen, wie Intersubjektivität unter der systemtheoretischen Voraussetzung gedacht werden kann, daß Bewußtseinssysteme ebenso wie soziale Systeme autopoietisch geschlossen sind. In Auseinandersetzung mit dem *Habermas'schen Intersubjektivitätsbegriff* einerseits und mit der Unterstützung von *Hermeneutik und Konversationsanalyse* andererseits wird zu zeigen sein, wie ein Konzept der Intersubjektivität aussieht, das mit den Annahmen der Systemtheorie kompatibel ist. Die weiteren Abschnitte des dritten Teils versuchen dann, dieses Konzept theoretisch zu entfalten und seine empirische Fruchtbarkeit an ausgesuchten Beispielen zu demonstrieren.

3. Intersubjektivität aus hermeneutischer, konversationsanalytischer und systemtheoretischer Perspektive

3.1 Intersubjektivität als kommunikative Konstruktion

3.1.1 Intersubjektivität und Systemtheorie

Luhmanns Theorie sozialer Systeme hat den Menschen und seine semantischen Nachfolger, das Subjekt und die Intersubjektivität, exkommuniziert. Soziales erscheint als operativ geschlossenes System, als rekursives Netzwerk kommunikativer Ereignisse und Strukturen, das alles andere aus sich ausschließt und in die Umwelt des Systems verbannt. Nur die Kommunikation kommuniziert. Ganz ohne Subjekte kann und soll das freilich nicht gehen. Sie werden als externe Bedingungen der Möglichkeit, als Betreiber oder Prozessoren von Kommunikation benötigt. Intern kommen sie als Thema, als Referenten für die Anlagerung von Erwartungen und als Zurechnungspunkte ins Spiel, die als Quelle von Mitteilungsereignissen identifiziert und verantwortlich gemacht werden können.

Theorieimmanent läßt sich diese Entscheidung als Konsequenz aus der Nichthintergehbarkeit der System/Umwelt-Differenz verstehen. Dem begriffstechnischen Zwang des so angelegten Theoriebauplanes folgend, müssen alle Beziehungen entweder als systeminterne oder als System-Umwelt-Beziehungen konstruiert werden. Kommunikation und die sie betreibenden Subjekte werden daher zu unterschiedlichen operativ geschlossenen Systemen, die füreinander Erscheinungen der Umwelt sind.

Weil jedes System nur innerhalb seiner Grenzen, nicht aber in der Umwelt operieren kann, gilt auch für die Beziehungen zwischen Subjekten (oder besser: psychischen Systemen), daß sie als doppelperspektivische System-Umwelt-Beziehung konzeptualisiert werden müssen. Inter-Subjektivität kann es unter diesen Prämissen nicht als transsubjektive Einheit, sondern nur als je systeminterne Repräsentation der Relation zwischen Subjekten geben, als Egos oder Alters Inter-Subjektivität. Sie fällt in Subjektivität zurück und iteriert so nur die Differenz, deren Aufhebung sie doch leisten soll (vgl. Luhmann 1986a, S.42). Um von hier aus zu einer Theorie des Sozialen zu gelangen, muß die Systemtheorie das Soziale als eigenständigen Zusammenhang konzipieren, der die dazu beitragenden Subjekte aus sich ausschließt, sie in seine Umwelt verbannt und sich als Systemtyp auf autonomer operativer Grundlage konstituiert. An die Stelle der "inkludierenden" Unterscheidung Subjekte/Intersubjektivität tritt so die "exkludierende" zwischen psychischen und sozialen Systemen.[1]

---

1 Zur Unterscheidung zwischen inkludierenden und exkludierenden Unterscheidungen siehe Luhmann 1990a, S.378.

Gegen Luhmanns "abstrakte Trennung von psychischem und sozialem System" (Habermas 1985, S.437) bietet Habermas ein sprachanalytisch fundiertes Intersubjektivitätskonzept auf. Intersubjektivität gilt ihm als ein Gemeinsames, in dem sich die Subjekte treffen, als transsubjektive Ebene möglichen Einverständnisses, die noch das Selbstverstehen der Subjekte trägt. An Wittgenstein anschließend analysiert Habermas Intersubjektivität in ihrer elementaren Version als *kollektive Praxis der Regelbefolgung* und gewinnt daraus ein für ihn zentrales Argument gegen die Systemtheorie.[2] Im Begriff der Regel sieht er zwei Momente vereinigt, die s.E. aus der "monologischen", unhintergehbar an die System/Umwelt-Differenz gebundenen Perspektive der Systemtheorie nicht rekonstruiert werden können: *identische Bedeutung* und *intersubjektive Geltung*.

Intersubjektivität und die Thematisierung von Kommunikation als subjektfreier Systemzusammenhang erscheinen so als konkurrierende Ausgangspunkte soziologischer Theoriebildung.[3] Darin stimmen Habermas und Luhmann überein. Bei gegensätzlichen begrifflichen Anfangsentscheidungen erledigen beide die Konkurrenz der Konzepte Intersubjektivität und Kommunikation um den theoretischen Vorrang durch Subordination des abgewiesenen Kandidaten unter das jeweils eigene Leitkonzept. In der Argumentationsführung von Habermas ist dies offensichtlich. Er versucht, Kommunikation unter der Prämisse intersubjektiv geteilter Bedeutungen und Geltungsansprüche zu rekonstruieren. Ihm geht es um die "Untersuchung von Kommunikation als einer die Identität von Bedeutungen erst garantierenden 'Teilung desselben'" (Habermas 1971e, S.188).

Luhmann verhält sich - vor allem terminologisch - distanzierter. "Intersubjektivität" ist für ihn "kein Begriff, sondern eine Verlegenheitsformel", bei der die beiden Komponenten einander aufheben, ein "Unbegriff", in dem nur die Aporie der Subjekttheorie zur Sprache kommt und deren Korrekturbedürftigkeit markiert (vgl. Luhmann 1986a, S.42).[4] Der Sache nach enthält seine Kommunikationstheorie jedoch eine markierte Stelle für ein *reformuliertes* Intersubjektivitätskonzept. Sie ist verknüpft mit dem Verstehen, das Luhmann als eine von drei Selektionen einführt, die zusammen Kommunikation konstituieren. Kommunikatives Verstehen muß sich als richtiges Verstehen beobachten und d.h. von Mißverstehen unterscheiden können, "... denn als Mißverstehen würde es sein Beobachten nicht fortsetzen, sondern einstellen" (Luhmann 1986b, S.86). Im Blick auf die Unterscheidbarkeit von 'richtigem' und 'falschem' Verstehen wird "Intersubjektivität" deshalb zum

---

2 Vgl. dazu besonders Habermas 1971e, S.189ff., 1981, Bd.2, S.31ff. sowie 1984, S.65ff.
3 So Luhmann 1986a mit dem Titel "Intersubjektivität oder Kommunikation: Unterschiedliche Ausgangspunkte soziologischer Theoriebildung".
4 Vgl. auch Luhmann 1994, S.53: "Gibt man der Frage nach dem Beobachter einen 'meta-physischen' Primat ..., lösen sich die alten Probleme der Ontologie, des Wahrheitskonsenses, der 'Intersubjektivität' auf." - Gleichwohl finden sich auch Formulierungen vorsichtiger Annäherung wie die, daß "... Kommunikation denn auch Bedingung für so etwas wie 'Intersubjektivität'..." sei; vgl. Luhmann 1990a, S.19. Statt Komplettablehnung signalisiert diese Redeweise eher Bedarf für eine systemtheoriekompatible Neufassung des Intersubjektivitätsbegriffs.

Problem.⁵ Zu fragen ist, welche strukturellen Anhaltspunkte *die Kommunikation* für diese Unterscheidung bietet.

Mit dem Wechsel des Theoriekontextes verändert sich freilich der Status dieses Begriffs. Er meint jeweils anderes. Direkt miteinander konfrontiert könnten seine Verwendungsweisen deshalb "inkommensurabel" scheinen. Auf dem Wege einer immanent ansetzenden Kritik lassen sich jedoch Inkonsistenzen des Habermas'schen Intersubjektivitätskonzepts aufweisen, deren Konsequenzen zu seiner Transformation im Sinne der systemtheoretischen Kommunikationstheorie drängen.⁶ Um dies zu demonstrieren, wende ich mich im folgenden der Diskussion des *Regelbegriffs* zu. Mein Interesse ist dabei zugleich rekonstruktiver und systematischer Art. Es führt von der Untersuchung des *Regelbegriffs als Intersubjektivitätsgarant* beim 'frühen' Habermas zu seiner (beim 'späten' Habermas vorbereiteten) Reformulierung als *Operations- und Beobachtungsschema*, das in der Kommunikation in verschiedenen Modi mit jeweils unterschiedlicher Funktion aktiviert werden kann.⁷

3.1.2 Intersubjektivität bei Habermas

Habermas versucht zu klären, welche Voraussetzungen Kommunikationsteilnehmer unterstellen müssen, wenn sie annehmen, daß sie mit der Verwendung von Zeichen eine intersubjektiv übereinstimmende Bedeutung verbinden.⁸ Sie müssen dazu annehmen, daß sie gleichartige Zeichen in gleichartiger Weise, d.h. gemäß *derselben Verwendungsregeln* gebrauchen. Die Intersubjektivität der Bedeutungen erscheint abhängig von der Orientierung an denselben Regeln. Damit verschiebt sich das Problem intersubjektiver Bedeutungsidentität. Denn wie können Kommunikationsteilnehmer wissen, ob sie identischen Regeln folgen? - Auch darauf läßt sich eine naheliegende Antwort geben: Denselben Regeln zu folgen heißt, sich an *übereinstimmenden Kriterien der Richtigkeit* zu orientieren. Damit verschiebt sich das

---

5   Die strukturellen Einrichtungen zur Lösung dieses Problems bleiben in der Systemtheorie bisher eher unterbelichtet. Vgl. etwa Luhmann 1984, S.198f.; 1986b, S.85ff.; ausführlich dazu Schneider 1994, Kap.3 und 4 sowie 2002, Bd.2, Kap.9.9 - 9.11.
6   Eine derartige kommunikationstheoretische Umwidmung des Intersubjektivitätsbegriffs setzt sich der Gefahr aus, außerhalb der Systemtheorie als Etikettenschwindel und innerhalb der Systemtheorie zumindest als terminologischer Fehlgriff, wenn nicht als Versuch zur Implantation theoretischen Fremdgewebes wahrgenommen zu werden und dementsprechende Abwehrreaktionen auszulösen. Ich ziehe es dennoch vor, diesen Begriff weiter zu verwenden, um dadurch deutlich zu machen, daß die darin sich artikulierende Intuition, daß in der Kommunikation zwischen Verstehen und Mißverstehen unterschieden werden könne, von der Systemtheorie nicht dementiert werden muß, sondern sich mit ihren eigenen Mitteln rekonstruieren läßt.
7   Insofern versuche ich, die "Äther-Hypothese der Soziologie" (so eine Charakterisierung des "Regelparadigmas" von Peter Fuchs 1993, S.19, Fußn.16) nicht nur zu 'retten', sondern darüber hinaus zu zeigen, daß sie - in einer mit Wittgenstein durchaus kompatiblen Version - als wesentliches Element der systemtheoretischen Kommunikationstheorie betrachtet werden muß.
8   Und daß die Kommunikationsbeteiligten zu dieser Unterstellung genötigt sind, steht für Habermas außer Frage, weil sie "... allein unter der Voraussetzung intersubjektiv identischer Bedeutungszuschreibungen überhaupt kommunikativ handeln können" (Habermas 1985, S.233; Hervorhebung im Original).

Problem erneut. Zu klären ist nun, wie die Übereinstimmung der Kriterien geprüft werden kann. Gleichförmigkeiten des beobachtbaren Verhaltens reichen dazu nicht aus, denn -

> "Nicht jede Ungleichförmigkeit zeigt einen Regelverstoß an. Man muß die Regel kennen, wenn man feststellen will, ob jemand von der Regel abweicht" (Habermas 1981, Bd.2, S.33).

Was damit gemeint ist, läßt sich an einem einfachen Beispiel verdeutlichen.[9] Nehmen wir an, jemand notiert die folgende Zahlenreihe: 2, 4, 6, 8, 10. Als Beobachter registrieren wir hier die Gleichförmigkeit, daß jede folgende Zahl um den Betrag von 2 größer ist als die vorausgegangene. Eine Regel, die wir daraus hypothetisch ableiten können, lautet etwa: 'Errechne das jeweils nächste Glied der Reihe, indem du zum bisher letzten Reihenglied den Betrag 2 addierst.' Nehmen wir an, die von uns beobachtete Person würde die Reihe fortsetzen und zu unserer Überraschung nicht 12 sondern 13 als nächstes Glied notieren. Eine offensichtliche Ungleichförmigkeit, so könnte man meinen, aber doch nur, weil wir eine bestimmte Bildungsregel aus der begonnenen Zahlenreihe abgeleitet und diese Regel als Prämisse bei unserer anschließenden Beobachtung zugrunde gelegt haben! Für die beobachtete Person mag hier gar keine Unregelmäßigkeit vorliegen, weil sie einer *anderen* Regel folgt, die vorschreibt, das nächste Reihenglied nur solange durch Addition von 2 zu errechnen, wie die Zahl 10 dadurch nicht überschritten wird und dann fordert, bis zur Überschreitung von 20 den Betrag 3, bis zur Überschreitung von 30 den Betrag 4 usw. zu addieren. Aus der Perspektive dieser Regel beobachtet ergibt sich die Zahl 13 als regelkonforme Fortsetzung der Reihe; abweichend wäre hingegen die Auswahl der Zahl 12 als nächstes Reihenglied.[10]

Damit ist klar, daß Gleichförmigkeiten des Verhaltens nicht als unabhängiges Kriterium dafür dienen können, ob jemand derselben Regel folgt wie wir. Die beobachtete Gleichförmigkeit mag das zufällige Resultat einer begrenzten Übereinstimmung im gewählten Beobachtungsbereich sein. Diese Übereinstimmung kann sehr weit reichen und dennoch kein verläßliches Anzeichen dafür sein, daß sie das Ergebnis einer gemeinsam geteilten Regel ist. (So z.B., wenn die Anweisung den Betrag 2 zu addieren, nicht schon bei 10, sondern erst bei Überschreitung der Zahl 100 000 durch die Anweisung ersetzt würde, 3 zu addieren.) Ob eine beobachtete Gleichförmigkeit als Ergebnis der Befolgung derselben Regel zustande gekommen ist, die wir als Beobachter unterstellt haben, kann letztlich nur dann zuverlässig beurteilt werden, wenn wir die Regel kennen, an der sich der beobachtete Akteur

---

9 Ähnliche Beispiele finden sich bei Wittgenstein; so in seinen "Philosophischen Untersuchungen" (im folgenden zitiert als PhU), § 185ff.

10 Hätten wir von vornherein diese Regel vermutet, dann hätten wir vielleicht gar keine "Ungleichförmigkeit" in der Fortsetzung der Reihe registriert, ergab sie sich doch als Folge der Diskrepanz unserer, von einer anderen Regel erzeugten Erwartung gegenüber der faktisch beobachteten Fortsetzung der Reihe. Soweit geht Habermas jedoch nicht. Er unterscheidet zwischen beobachtbaren Gleichförmigkeiten einerseits und Regeln andererseits, so als ob Gleichförmigkeiten völlig unabhängig von der Unterstellung einer Gesetzmäßigkeit wahrgenommen werden könnten, die sich in der Abfolge der Reihenglieder manifestiert.

in seinem Verhalten orientierte. Jedoch: Um diese Regel kennenzulernen, haben wir gerade nach Gleichförmigkeiten in seinem Verhalten gesucht. Wir haben uns also im Kreise gedreht und sind wieder an unserem Ausgangspunkt angelangt, nämlich bei der Frage: 'Wie ist es für Ego möglich zu erkennen, ob ein anderer Akteur sich in seinem Verhalten an denselben Regeln orientiert, wie Ego sie als gültig unterstellt?'

Das Problem, ob jeweils dieselbe Regel zugrunde gelegt wird, stellt sich darüber hinaus in zweifacher Form: In der *Sozial*dimension geht es um die Frage, ob Ego und Alter sich an derselben Regel orientieren; in der *Zeit*dimension kann es für Ego selbst zum Problem werden, ob Ego in seinem gegenwärtigen Verhalten derselben Regel folgt wie in der Vergangenheit. In beiden Fällen geht es um die Frage der *Identität* der befolgten Regel sowie darum, *an welchen Kriterien* abgelesen werden kann, ob Egos und Alters Verhalten bzw. Egos Verhalten heute und Egos Verhalten gestern als Erfüllung einer identisch durchgehaltenen Regel gelten kann.

Daß von regelbefolgendem Verhalten überhaupt nur dann die Rede sein kann, wenn ein Verhalten in unterschiedlichen Situationen einer *identischen* Regel folgt, steht dabei für Habermas in Anschluß an Wittgenstein außer Frage, denn -

"Im Sinn von 'Regel' ist analytisch enthalten, daß das, was A seiner Verhaltensorientierung zugrunde legt, sich gleich bleibt.[11] (...) Einer Regel folgen, bedeutet, in *jedem* einzelnen Fall *derselben* Regel folgen" (Habermas 1981, Bd.2, S.33; Hervorhebungen im Original).

Die Frage nach den Kriterien, nach denen die Identität der befolgten Regel überprüft werden kann, stellt sich deshalb unausweichlich. Solange es nur darum geht, ob eine Person zu verschiedenen Gelegenheiten immer wieder derselben Regel folgt, scheint eine einfache Antwort nahezuliegen: Zumindest der Handelnde selbst weiß, ob er sich dabei an einer gleichbleibenden Regel orientiert; er weiß es, weil er über ein Gedächtnis verfügt, sich daher an vergangene Situationen der Regelbefolgung erinnern und infolgedessen prüfen kann, ob er in unterschiedlichen Situationen in Übereinstimmung mit derselben Regel handelt. Aber, so der von Wittgenstein formulierte und von Habermas geteilte Einwand gegen diese scheinbar naheliegende Auskunft -

"... der Regel zu folgen glauben ist nicht: der Regel folgen" (Wittgenstein, PhU, § 202, auch zitiert bei Habermas 1981, Bd.2, S.33).

Um zwischen tatsächlicher Regelbefolgung und dem bloßen Glauben, der Regel zu folgen, unterscheiden zu können, muß zwischen *richtigem* und *irrtümlichem* Erinnern unterschieden werden. Solange wir allein auf unser Gedächtnis angewiesen sind, fehlt uns dazu -

---

11 Für dieses Argument rekurriert Habermas (1981, Bd.2, S.33) auf folgende Bemerkung Wittgensteins im § 225 der Philosophischen Untersuchungen: "Die Verwendung des Wortes 'Regel' ist mit der Verwendung des Wortes 'gleich' verwoben".

"... ein Kriterium der Richtigkeit. Man möchte hier sagen: richtig ist, was immer mir als richtig erscheinen wird. Und das heißt nur, daß hier von 'richtig' nicht geredet werden kann" (Wittgenstein, PhU, § 258).

Ohne unabhängiges Kriterium kann weder ein Akteur für sich selbst feststellen, ob er in verschiedenen Situation derselben Regel folgt, noch kann ein Akteur überprüfen, ob ein anderer Akteur sich an einer vermuteten Regel orientiert. Die bisher inspizierten Kandidaten für ein solches Kriterium, nämlich Erinnerung an vergangene Anwendungen für den ersten Fall bzw. beobachtbare Gleichförmigkeiten von Alters Verhalten im zweiten, erwiesen sich dazu für sich allein genommen als untauglich.

Habermas sucht deshalb die Lösung in einem dritten Kriterium, das er nicht in der *Zeit*dimension (Erinnerung) oder *Sach*dimension (beobachtbare Gleichförmigkeiten), sondern primär in der *Sozial*dimension zu finden glaubt und das sowohl für den Fall individueller Regelbefolgung wie auch für den Fall einer Mehrzahl von Akteuren gelten soll, bei denen festzustellen ist, inwiefern sie ihr Verhalten an derselben Regel orientieren. In der Möglichkeit der *gegenseitigen Kritik* sieht Habermas in beiden Fällen die Bürgschaft dafür, daß die Identität der Regel überprüft werden kann:

"Die Pointe dieser Überlegung ist, daß A nicht sicher sein kann, ob er überhaupt einer Regel folgt, wenn nicht eine Situation besteht, in der er sein Verhalten einer grundsätzlich konsensfähigen Kritik durch B aussetzt" (Habermas 1981, Bd.2, S.33). "Mithin kann die Identität der Regel nicht auf empirische Regelmäßigkeiten zurückgeführt werden. Sie hängt vielmehr von intersubjektiver Geltung, d.h. von dem Umstand ab, daß a) Subjekte ihr Verhalten an Regeln orientieren, von diesen abweichen und b) ihr abweichendes Verhalten als Regelverstoß kritisieren können. (...) Ohne diese Möglichkeit der *gegenseitigen Kritik* und einer zu Einverständnis führenden wechselseitigen Belehrung wäre die Identität von Regeln nicht gesichert" (Habermas 1981, Bd.2, S.33 und 34; Hervorhebung im Original).

Durch die Möglichkeit der Herstellung von Einverständnis darüber, was als korrekte Befolgung einer Regel gilt, scheint gesichert, daß die Kommunikationsteilnehmer prüfen können, inwiefern sie tatsächlich denselben Regeln folgen. Sie können deshalb auch feststellen, ob sie sich bei der Verwendung sprachlicher Ausdrücke an denselben Verwendungsregeln orientieren und d.h., ob sie mit dem Gebrauch dieser Ausdrücke eine intersubjektiv identische Bedeutung verknüpfen. Ist kein Konsens darüber herstellbar, ob ein bestimmter Gebrauch eines Ausdrucks als regelkonform gilt, dann divergieren die von verschiedenen Teilnehmern zugrunde gelegten Regeln und damit auch die Bedeutungen, die durch ihre Befolgung generiert werden.

Noch nicht hinreichend geklärt ist, wie sich Habermas das Verfahren vorstellt, in dem Akteure einen Konsens darüber herstellen, welches Verhalten als korrekte Befolgung einer Regel gilt. Reicht eine bloße Übereinstimmung im *Urteil* aus, um von identischen Regeln als gemeinsam geteilter Erzeugungsgrundlage für diese Übereinstimmung auszugehen? – Sehen wir uns näher an, wie Habermas dieses Verfahren beschreibt.

Habermas geht von einer Situation aus, in der zwei Akteure, A und B, Einverständnis über die richtige Befolgung einer Regel herzustellen versuchen (vgl. zum folgenden Habermas 1981, S.34). Dazu müssen beide zum einen über die Fähigkeit zur *praktischen Befolgung*, zum anderen über die Fähigkeit zu ihrer *Anwendung im Urteil* über das Verhalten des anderen verfügen. Wenn A aus der Urteilsperspektive von B einen Fehler bei der praktischen Befolgung der Regel begangen hat, dann muß B in der Lage sein, A praktisch vorzuführen, welches alternative Verhalten das richtige wäre, während nun B in die Rolle des Urteilenden wechselt. Akzeptiert B die *Korrektur* von A, dann ist ein Konsens darüber erreicht, was hier und jetzt als regelkonformes Verhalten zu betrachten ist. Was aber, wenn A auch nach B's Korrekturversuch weiterhin der Ansicht ist, daß sein ursprüngliches Verhalten der Regel entsprach? Kann er dann nurmehr auf der Richtigkeit seines Verhaltens insistieren und damit das Bestehen von Dissens bekräftigen (worauf B sich dann vor die Wahl gestellt sähe, seinerseits auf seinem Korrekturversuch zu beharren oder seinen Widerspruch aufzugeben und sich A's Urteil zu eigen zu machen)? Der Dialog käme dann schon nach wenigen Zügen zu einer endgültigen Feststellung von Konsens oder Dissens. Im Dissensfalle könnte er nur durch wechselseitiges Insistieren auf den eingenommenen Positionen, letztlich also durch monotones Oszillieren nach dem Muster, 'So ist es richtig'/'Nein so'/'Nein so'/... etc. fortgesetzt werden. Habermas beschreibt eine Situation, in der A den Korrekturvorschlag B's nicht akzeptiert, jedoch anders:

> "In diesem Fall übernimmt A die Rolle des Beurteilers, der nun seinerseits die Möglichkeit haben muß, sein ursprüngliches Verhalten dadurch *zu rechtfertigen*, daß er B eine falsche Applikation der Regel *nachweist*" (Habermas 1981, Bd.2, S.34; Hervorhebungen von mir, W.L.S.).

Die Rechtfertigung der eigenen Position und der Nachweis, daß es der andere ist, der einen Fehler begangen hat, ist nicht durch bloßes Insistieren möglich. Erforderlich ist dazu, daß das eigene Richtigkeitsurteil nicht nur bekräftigt, sondern auch *begründet* wird. Können Differenzen zwischen dem Verhalten Egos und dem Richtigkeitsurteil Alters nicht auf dem Wege von Korrekturvorschlag und direkt anschließender Einigung behoben werden, muß die Kommunikation vom Austausch gegensätzlicher Urteile auf die Ebene ihrer metakommunikativen Thematisierung mit Hilfe *argumentativer* Rechfertigungs- und Widerlegungsversuche übersetzen. Die Kommunikation wechselt, wie Habermas an anderer Stelle formuliert, in den Modus des *"explikativen Diskurses"* (vgl. Habermas 1981, Bd.1, S.44f.), dessen Thema, "die Prüfung der Verständlichkeit oder Wohlgeformtheit symbolischer Äußerungen" ist, bei dem es also um die Beantwortung der Frage geht, "ob symbolische Äußerungen regelrecht, d.h. in Übereinstimmung mit dem entsprechenden System von Erzeugungsregeln hervorgebracht werden" (Habermas, a.a.O., S.43f.).

Daß *übereinstimmendes Verstehen* nur dort möglich ist, wo Konsens auf der Basis einer *gemeinsam akzeptierten Begründung* erreicht wird, ist eine der zentralen Prämissen des Habermas'schen Intersubjektivitätskonzepts. "Wir verstehen einen Sprechakt nur, wenn wir wissen, was ihn akzeptabel macht" (Habermas 1981, Bd.1, S.168). Deshalb gilt, wie Habermas erneut mit ausdrücklichem Bezug auf Wittgenstein vermerkt:

"Der Interpret kann sich also den semantischen Gehalt einer Äußerung nicht unabhängig von den Handlungskontexten klarmachen, in denen die Beteiligten auf die fragliche Äußerung mit Ja oder Nein oder Enthaltungen reagieren. Und diese Ja/Nein-Stellungnahmen wiederum versteht er nicht, wenn er sich nicht die impliziten Gründe vor Augen führen kann, die die Beteiligten zu ihren Stellungnahmen bewegen" (Habermas 1981, Bd.1, S.169).

Daraus folgt: Wer die Behauptung verstehen will, daß ein bestimmtes Verhalten *regelkonform bzw. regelwidrig* sei, muß eine Vorstellung von den Gründen haben, mit denen diese Behauptung erfolgreich gegen Einwände verteidigt werden kann. Intersubjektive Identität einer befolgten Regel verlangt zwischen den Kommunikationsteilnehmern einen Konsens darüber, welche Gründe ein Urteil über die Regelkonformität oder -devianz für alle Teilnehmer akzeptabel macht.

Welche Gründe können angeführt werden, um die Behauptung der Regelkonformität eines Verhaltens zu belegen? - Geht es etwa darum, ob ein Akteur einen bestimmten sprachlichen Ausdruck richtig verwendet hat, dann kann er Beispiele für dessen Verwendungen anführen, die allgemein akzeptiert und der aktuellen Gebrauchssituation hinreichend ähnlich sind. Diese Verwendungsbeispiele erhalten so die argumentative Funktion von *Präzedenzfällen*. Der Opponent kann dann im Gegenzug versuchen nachzuweisen, daß die aufgerufenen Beispiele nicht als begründungswirksame Präzedenzfälle taugen, weil deren Verwendungssituationen mit dem kontroversen Fall nicht genügend übereinstimmen oder die Regelrichtigkeit der Belegbeispiele selbst zweifelhaft ist etc.

Was aber, wenn - wie z.B. im Recht - eine Regel explizit vorgegeben ist? Kann dann zur Begründung der Regelkonformität bzw. -widrigkeit eines Verhaltens nicht einfach auf den Wortlaut der Regel verwiesen werden, so daß Regel und Begründung unter diesen Voraussetzungen zusammenfallen? - Die Antwortet lautet: Nein. Denn eine Regel kann nur eine *generalisierte* Verhaltens- oder Deutungsanweisung sein, die auf eine Vielzahl von Situationen angewendet werden kann, die sich in ihren Einzelheiten mannigfaltig voneinander unterscheiden. Eine Begründung dafür, warum ein bestimmtes Verhalten in einer gegebenen Situation regelkonform oder abweichend ist, kann sich deshalb nicht allein auf die Wiedergabe der Regel beschränken, sondern muß den Hiatus zwischen der Allgemeinheit der Regel und den besonderen Bedingungen der jeweiligen Anwendungssituation überbrücken, d.h. die Regel aus der Perspektive des Anwendungsfalles *auslegen*. Eine Regel kann deshalb zwar als Element einer Begründung erwähnt werden, nicht aber mit ihr identisch sein. Die rechtlichen Regeln des Straf- und Zivilrechts bieten dafür reichhaltiges Anschauungsmaterial. Weiter unten werde ich ein Beispiel aus diesem Bereich ausführlicher diskutieren.

Eine Regel könnte nur dann als *erschöpfende* Begründung für die Korrektheit eines zu beurteilenden Verhaltens genannt werden, wenn ihr Wortlaut ausreichen würde, um für jede Anwendungssituation genau festzulegen, welches Verhalten sie erfüllt und welches nicht. Eine solche Regel würde ihre eigene Anwendung sinnhaft determinieren, damit den behaupteten Hiatus zwischen der Allgemeinheit der Regel und den Besonderheiten der verschiedenen Anwendungssituationen schließen und dadurch zugleich notwendig und hinreichend sein, um zu begründen, warum ein

Verhalten dieser Regel entspricht oder warum nicht. Nur bei einer solchen selbstgenügsamen, ihre eigene Anwendung unter allen Umständen selbst determinierenden und damit auch begründenden Regel würden Regel und Begründung notwendig zusammenfallen.

Wie gleich noch genauer zu zeigen sein wird, können Regeln des Handelns und des kommunikativen Zeichengebrauchs ihre Anwendung jedoch *nicht* selbst determinieren,[12] sondern müssen immer unter Berücksichtigung der gegebenen Situation sowie von weiteren, in der Formulierung der Regeln nicht mitausgesagten Hintergrundannahmen auf einen Fall hin *ausgelegt* werden, um zu *begründen*, welches Verhalten ihnen im jeweiligen Kontext entspricht. Wie das *Urteil* über die Regelkonformität bzw. -widrigkeit eines Verhaltens und dessen *Begründung* zu unterscheiden sind, so deshalb auch die *Begründung* des Urteils und die (u.U. explizit vorgegebene) *Regel*, durch deren Befolgung ein Verhalten erzeugt worden ist.

Die Habermas'sche Analyse des Regelbegriffs will klären, welche Voraussetzungen Kommunikationsteilnehmer unterstellen müssen, wenn sie annehmen, daß sie mit der Verwendung von Zeichen eine intersubjektiv übereinstimmende Bedeutung verbinden.[13] Sie müssen dazu annehmen, daß sie gleichartige Zeichen in gleichartiger Weise, d.h. gemäß *derselben Verwendungsregel* gebrauchen. Und insofern sie dies annehmen, müssen sie auch unterstellen, daß sie Fälle regelwidrigen Zeichengebrauchs *mit übereinstimmenden Gründen* als regelwidrig erkennen (und nicht etwa nur, weil sie aus unterschiedlichen Gründen mehr oder weniger zufällig zu einem übereinstimmenden Urteil über die Angemessenheit der Zeichenverwendung kommen). Indem Habermas Intersubjektivität als perspektivenübergreifende *Identität* der Bedeutungen, als *"Teilung desselben"* begreift, muß er (weil dann die Frage nach den *Kriterien* für die intersubjektive Identität der Bedeutungen nach Beantwortung verlangt) an der Verbindung des Konsenses über die Korrektheit des Zeichengebrauchs mit einer übereinstimmenden Begründungsbasis und damit an der Möglichkeit der Unterscheidung zwischen einer für sich allein genommen noch unzureichenden Übereinstimmung im *Urteil* und in der darüber hinausgehenden Übereinstimmung in dessen *Begründung* festhalten. Die Übereinstimmung in der Begründung soll garantieren, daß ein Konsens im Urteil über die Regelkonformität des Zeichengebrauchs sich nicht in einer mehr oder weniger *zufälligen* und auf die aktuelle Situation begrenzten Übereinstimmung zwischen den Kommunikationsteilnehmern erschöpft, sondern tatsächlich zurückgeführt werden kann auf die

---

12 Empirisch ist es natürlich möglich, daß in bestimmten Situationen das Zitieren der Regel genügt, um zwischen Ego und Alter Konsens herzustellen (so z.B., wenn einer der Beteiligten nur deshalb zu einem anderen Urteil über die Regelkonformität eines Verhaltens kommt, weil er den Wortlaut einer gesetzlichen Regelung unzutreffend erinnert. Dies setzt dann freilich ein hohes Maß an Übereinstimmung bei der Interpretation der Regel voraus.

13 Und daß die Kommunikationsbeteiligten zu dieser Unterstellung genötigt sind, steht für Habermas außer Frage, weil sie "... *allein unter der Voraussetzung intersubjektiv identischer Bedeutungszuschreibungen überhaupt kommunikativ handeln* können" (Habermas 1985, S.233; Hervorhebung im Original).

intersubjektive Übereinstimmung in der zugrunde gelegten *Regel* des Zeichengebrauchs, durch deren Befolgung im Prinzip eine unbegrenzte Menge übereinstimmender Fälle der Zeichenverwendung erzeugt werden kann.

Aber: Können die gemeinsam anerkannten Gründe tatsächlich als zuverlässiger Ausdruck eines die aktuelle Situation überschreitenden Konsenses betrachtet werden, der in gemeinsam geteilten, transsituational identischen Regeln fundiert ist? Wie können die Kommunikationsteilnehmer sicher sein, daß sie nicht nur *glauben*, aus übereinstimmenden Gründen zu demselben Urteil über die Korrektheit des Zeichengebrauchs zu kommen? - Das Ausgangsproblem, inwiefern die Übereinstimmung im *Urteil* in einer Übereinstimmung der Urteils*kriterien* verankert ist, wiederholt sich hier auf höherer Stufe. Denn Begründungen können nur durch Zeichengebrauch formuliert und mitgeteilt werden. Die Zustimmung zu einer gegebenen Begründung aber kann nur dann als Indikator dafür gedeutet werden, daß die Kommunikationsteilnehmer *dieselben* Gründe (die aus denselben Regeln folgen) für ihr übereinstimmendes Urteil über die Korrektheit des Zeichengebrauchs haben, wenn sie die Formulierung der Begründung *auf übereinstimmende Weise verstehen*. Wie aber können sie dies annehmen? - Sie können dies annehmen, wenn und insofern die angenommene Übereinstimmung sich in der *zukünftigen Übereinstimmung ihrer Urteile* über die Adäquatheit der Zeichenverwendung bewährt.

Das Argument kann demnach wie folgt resümiert werden: Die Verankerung der Übereinstimmung der *Urteile* in gemeinsam geteilten *Regeln* soll zurückgeführt werden auf die Übereinstimmung der Urteils*begründung*; die übereinstimmende Deutung einer gemeinsam geteilten Begründung (und damit die intersubjektive Identität der Regeln) wiederum soll umgekehrt durch die Übereinstimmung *in weiteren Urteilen* über regelgemäßen bzw. regelverletzenden Zeichengebrauch bestätigt werden.

Liegt hier nicht ein klassischer Zirkelschluß vor? - Nein, denn die übereinstimmende Interpretation der Begründung soll sich darin zeigen, daß die Akteure in *anderen* (daraus ableitbaren) Urteilen übereinstimmen als in denjenigen Urteilen, die den Anlaß für die Explikation der Begründung bildeten. Die kombinierte Beanspruchung der *Sozial- und der Zeitdimension* ermöglicht es, den Zirkel zu vermeiden, aus dem es weder über die *Sachdimension* (das wären konsensunabhängige Kriterien objektiver Art) noch über die *Sozialdimension* (das ist der je aktuelle Konsens) allein ein Entkommen geben kann. Die Übereinstimmung im Urteil wird durch die gemeinsam geteilte Begründung auf eine intersubjektiv geltende Regel zurückgeführt; das übereinstimmende Verstehen der gemeinsam anerkannten Begründung, und damit die Identität der ihr zugrundeliegenden Regel aus der Perspektive der verschiedenen Teilnehmer, bewährt sich in der Übereinstimmung der *zukünftigen* Urteile, die sich auf diese Basis stützen.

Übereinstimmung in einer begrenzten Anzahl von Fällen genügt dabei freilich nicht. Von der intersubjektiven *Identität* der Zeichenbedeutung kann nur dann ausgegangen werden, wenn in allen erdenklichen Anwendungssituationen ein übereinstimmendes Urteil erreicht würde.[14] Jeder empirische Konsens muß demnach durch idealisierende Unterstellung auf einen *unbegrenzten* Konsens hin überschritten werden, von dem angenommen werden muß, daß er sich unter allen denkbaren Bedingungen bewähren würde. Nur unter dieser Voraussetzung kann trennscharf zwischen einer nur kontingenten Übereinstimmung in einzelnen bzw. einer begrenzten Reihe von Urteilen und einer nicht-kontingenten Übereinstimmung der Urteile unterschieden werden, die in einem Konsens über die Begründung dieser Urteile und damit in einer identischen Regel fundiert ist.

Für diese Unterstellung kann es jedoch kein empirisches Korrelat geben. Sie kann nicht als Antezipation eines real herstellbaren infiniten Konsenses gedeutet, sondern muß *fallibilistisch* verstanden werden als eine Unterstellung, die mit jeder Anwendungssituation einer neuen Probe unterworfen wird und sich dabei als falsch herausstellen kann.[15] Unter diesen Voraussetzungen die Realisierung von Bedeutungs*identität* als *empirische Möglichkeit* anzunehmen, ist eine starke Behauptung.[16] Zwar sind die Konstruktionsentscheidungen einsichtig, die Habermas zu diesem Ergebnis führen. Das Resultat jedoch stimmt skeptisch. So viel Nötigung zur Kreditierung kontrafaktischer Annahmen stimuliert die Frage, ob dies nicht ein Symptom für überzogene Ansprüche ist.

3.1.3 *Die Indeterminiertheit der Regelbefolgung aus sprachanalytischer, hermeneutischer und dekonstruktivistischer Perspektive*

Kritische Argumente gegen die Habermas'sche Position können aus unterschiedlichen Quellen bezogen werden. So etwa aus Quines These der Unbestimmtheit der Übersetzung, die in einer von ihren anti-mentalistischen Prämissen befreiten Version, wie sie Davidson vertritt, auch Geltung für Sprecher der gleichen Sprache beansprucht,[17] ebenso von Lyotard und Derrida oder aus dem Umfeld der Kyber-

---

14 Vgl. Habermas 1984, S.70: "Das 'Undsoweiter', mit dem der Lehrer (der die Anwendung einer mathematischen Regel lehrt; W.L.S.) eine Reihe von Zahlen, die eine Regel exemplifizieren sollen, abbricht, steht für die abstrakte Möglichkeit, unendlich viele weitere Operationen auszuführen und unendlich viele weitere Fälle zu generieren, die der Regel entsprechen. Die Kompetenz, die ich durch das Erlernen einer Spielregel oder einer grammatischen Regel erwerbe, ist eine generative Fähigkeit."
15 Siehe entsprechend Wellmer 1992, S.29f., der zwischen einer schwachen fallibilistischen und einer starken konsensustheoretischen Interpretation der kontrafaktischen Unterstellungen unterscheidet, die mit dem Habermas'schen Konzept kommunikativen Handelns verbunden sind, und sich dann für die schwächere Interpretation als allein haltbare entscheidet.
16 Vgl. dazu erneut Habermas 1971e, S.188, mit der These, es bedürfe "... der Untersuchung von Kommunikation als einer die Identität von Bedeutungen erst *garantierenden 'Teilung desselben'*. ... Der Sinn des Sinnes besteht zunächst darin, daß er intersubjektiv geteilt werden, daß er für eine Gemeinschaft von Sprechern und Handelnden *identisch sein kann*"; Hervorhebungen von mir, W.L.S. - Einschränkend ist hier jedoch hinzuzufügen, daß die Annahme der empirischen Möglichkeit von Bedeutungs*identität* in späteren Publikationen von Habermas faktisch aufgegeben worden ist. Ich komme darauf weiter unten zurück.
17 Vgl. dazu Quine 1960, § 12ff. und 1969, S.26ff. sowie die Beiträge zum Thema "radikale Interpretation", in: Davidson 1986, S.183ff. und Davidson 1990, S.203ff.

netik zweiter Ordnung.[18] Für unsere Zwecke empfiehlt es sich vorrangig auf Argumentationskontexte zurückzugreifen, aus denen auch Habermas seine Begründungsressourcen bezieht, läßt sich doch auf diese Weise am einfachsten zeigen, daß die Habermas'sche Position in ihrer frühen Version an *immanenten* Inkonsistenzen leidet, die Habermas später zu abschwächenden und modifizierenden Formulierungen nötigten, ohne ihn jedoch zu veranlassen, die damit einhergehenden Änderungen hinreichend explizit zu machen. Einwände lassen sich hier zunächst im Anschluß an Wittgenstein und die Hermeneutik gewinnen.

Gegen die Habermas'sche Wittgensteininterpretation, die versucht, aus dem Konzept der Regel die Grundlage für die Behauptung intersubjektiv *identischer* Zeichenbedeutungen abzuleiten, sprechen u.a. Wittgensteins Äußerungen zur "Familienähnlichkeit". Am Beispiel der von uns als 'Spiele' bezeichneten Vorgänge entwickelt Wittgenstein die These, daß keine Gruppe von Kriterien existieren muß, die allen Anwendungen eines Begriffs zugrunde liegt. Vergleichen wir diese Anwendungen untereinander, so können wir nur "... Ähnlichkeiten auftauchen und verschwinden sehen".[19] Der Umfang eines Begriffs muß demnach " ... *nicht* durch eine feste Grenze abgeschlossen" sein (Wittgenstein, PhU, § 68; Hervorhebung im Original). Um den Gebrauch eines solchen Begriffs zu erklären, kann man nur Anwendungsbeispiele beschreiben, -

> "... und wir könnten der Beschreibung dann hinzufügen: 'das, *und Ähnliches*, nennt man 'Spiele'. Und wissen wir selbst denn mehr? Können wir etwa nur dem Andern nicht genau sagen, was ein Spiel ist? - Aber das ist nicht Unwissenheit. *Wir kennen die Grenzen nicht, weil keine gezogen sind*" (Wittgenstein, PhU, § 69; Hervorhebung im Original).

Für Begriffe des von Wittgenstein diskutierten Typs fehlen feststehende Kriterien, die für alle Anwendungen gelten. Der Begriffsumfang ist beweglich, offen für die Eingliederung neuer Anwendungen, ohne daß dabei entweder aufzählbare Merkmale erfüllt sein oder die Verwendungsregel des Begriffs verändert werden müßte. Neue Anwendungen stützen sich auf *hinreichend analoge Präzedenzfälle*. An die Stelle der Subsumtion unter feststehende Gattungsmerkmale tritt eine unter limitierenden Bedingungen durchzuführende Entdeckungsprozedur. Parallele Überlegungen finden sich u.a. im wissenschaftstheoretischen Ansatz Kuhns und in Gadamers Hermeneutik:

---

18 Vgl. Lyotard 1987 sowie die - wesentlich über Wittgenstein vermittelte - Konfrontation von Lyotard und Habermas durch Frank 1988. Zu Derrida siehe vor allem seine Auseinandersetzung mit Austin und Searle (Derrida 1988 und 1977; als Darstellung und Kommentierung der Debatte Searle-Derrida vgl. Frank 1983, S.497ff. und 1990, S.491ff.; aus dekonstruktivistischer Perspektive siehe dazu besonders Culler 1988, S.123ff.). Zur Behandlung von Kommunikation im Umkreis der Kybernetik zweiter Ordnung vgl. etwa Pendretti/Glanville 1980; von Foerster 1985, S.85 und 90; Winograd/Flores 1985, Part I. - Auf die Auseinandersetzung von Habermas mit Derrida, in der Habermas sich stellvertretend an die Derrida-Interpretation von Jonathan Culler hält, komme ich später kurz zurück.

19 Siehe PhU, § 66; unmittelbar anschließend endet der Paragraph mit den Worten: "Und das Ergebnis dieser Betrachtung lautet nun: Wir sehen ein kompliziertes Netz von Ähnlichkeiten, die einander übergreifen und kreuzen. Ähnlichkeiten im Großen und Kleinen."

Folgt man Kuhn, dann funktionieren wissenschaftliche Musterbeispiele, d.h. exemplarische Problemlösungen (Paradigmata) gemäß dieser Beschreibung (vgl. Kuhn 1978, S.400ff.). Sie bilden die gemeinsame Grundlage einer wissenschaftlichen Gemeinschaft, an der die einzelnen sich bei der Suche nach neuen Problemlösungen orientieren. Die Bedeutung der dabei verwendeten *Begriffe* hängt ab von den typischen *Anwendungskontexten*, in denen sie funktionieren. Mit der Veränderung der Problemlösungspraxis verändert sich ihr Anwendungskontext. Dadurch verschiebt sich ihre Bedeutung, und es treten Differenzen zwischen verschiedenen Verwendern eines Begriffs auf, die in unterschiedlichen Anwendungskontexten von ihm Gebrauch machen.[20]

In der philosophischen Hermeneutik Gadamers finden wir analoge Überlegungen im Blick auf das Verstehen von Texten. Die Bedeutung eines Textes wird hier bestimmt als sein Antwortgehalt in Relation zu einem Fragekontext. Dieser wiederum variiert mit dem Vorverständnis des Interpreten. Die historische Transformation des Vorverständnishorizontes erzeugt neue Fragekontexte, auf die hin ein Text als gültige Antwort ausgelegt werden kann.

Die Relationen Text/Fragekontext und Begriff/Anwendungskontext stimmen darin überein, daß Bedeutung hier als Funktion der Applikation in variierenden Problemsituationen aufgefaßt und damit dynamisiert wird.[21] Im Fluchtpunkt eines solchen Ansatzes liegt ein *ereignisbezogenes und kontextgebundenes Bedeutungskonzept*: Weil keine Verwendungssituation mit einer anderen völlig identisch ist, kann ein Wort, ein Begriff, eine Äußerung oder ein Text nicht zweimal auf *absolut selbige* Weise gebraucht bzw. verstanden werden.[22] Regeln dürfen daher nicht als starre, kontextinvariante, keiner Interpretation bedürftige und daher aus unterschiedlichsten Perspektiven übereinstimmend und eindeutig zu verstehende Anweisungen aufgefaßt werden, deren Befolgung durch beliebige Akteure eine *infinite Serie sachlich, zeitlich und sozial übereinstimmend identifizierbarer Ereignisse erzeugen kann*.[23] Die sachlich invariante Reproduktion einer Regel muß vielmehr als idealisierter Grenzfall eines nie definitiv stillzustellenden Transformationsprozesses vorgestellt werden, in dem jede neue Applikation der Regel modifizierende Auswirkungen auf die Regel selbst hat bzw. haben kann.

Nicht nur Wittgensteins sprachanalytische Untersuchungen, Kuhns Wissenschaftsphilosophie und Gadamers Hermeneutik, sondern auch Garfinkel (darin an Wittgenstein anschließend) sowie der *Dekonstruktivismus* (vgl. dazu Derrida 1977

---

20 Als Illustration dazu siehe Kuhn 1981, S.64.
21 Bekanntlich betrachtet Gadamer jede Auslegung als "Applikation" des gedeuteten Textes (vgl. Gadamer 1965, S.290ff.) und sieht darin die paradigmatische Bedeutung der juristischen und theologischen Auslegung für die Hermeneutik überhaupt.
22 Oder, um es nochmals mit Gadamer zu formulieren, man versteht jeweils *anders*, sofern man überhaupt versteht; siehe dazu Gadamer 1965, S.280; vgl. auch a.a.O., S.448: "Jede Aneignung der Überlieferung ist eine geschichtlich andere - was nicht heißt, daß eine jede nur eine getrübte Erfassung derselben wäre: eine jede ist vielmehr die Erfahrung einer 'Ansicht' der Sache selbst."
23 Vgl. dazu auch Frank 1988, S.47f. Frank (a.a.O., S.48) kritisiert die Habermas'sche Wittgenstein-Interpretation mit dem Einwand, daß Habermas "... in Wittgensteins Regel-Begriff eine Bürgschaft für die starre Identität der kommunizierten Bedeutungen übernommen sieht".

und 1988; Fish 1980, S.197ff. und 268ff.; Culler 1988, S.123ff.) treffen sich in dieser Konsequenz. Gegen die Vorstellung, daß eine Regel eine infinite Menge zukünftiger Anwendungen im vorhinein exakt festlegen könne, setzen sie die *"finitistische"* Position, nach der eine Regel *nicht* in der Lage ist, vollständig zu determinieren, welches Verhalten unter verschiedensten Umständen als Befolgung dieser Regel zu gelten hat und welches nicht.[24] Dieser Mangel, so die These, ist unheilbar und kann nicht durch weitere Regeln kompensiert werden. Dazu bedarf es vielmehr, wie schon *Kant* in der "Kritik der reinen Vernunft" feststellt, der "Urteilskraft":

> "... Urteilskraft (ist) das Vermögen, unter Regeln zu *subsumieren*, d.i. zu unterscheiden, ob etwas unter einer gegebenen Regel (casus datae legis) stehe, oder nicht. Die allgemeine Logik enthält gar keine Vorschriften für die Urteilskraft, und kann sie auch nicht enthalten. ... Wollte sie nun allgemein zeigen, wie man unter diese Regeln subsumieren, d.i. unterscheiden sollte, ob etwas darunter stehe oder nicht, so könnte dieses nicht anders, als wieder durch Regeln geschehen. Diese aber erfordert eben darum, weil sie eine Regel ist, aufs neue eine Unterweisung der Urteilskraft, und so zeigt sich, daß zwar der Verstand einer Belehrung und Ausrüstung durch Regeln fähig, Urteilskraft aber ein besonderes Talent sei, welches gar nicht belehrt, sondern nur geübt sein will" (Kant 1981, S.184, Hervorhebung im Original).

Entsprechend (aber ohne sich dabei auf Kant zu beziehen) unterscheidet Wittgenstein zwischen *Definitionen*, welche die Verwendungsregeln für sprachliche Ausdrücke vorgeben, und ihrer Anwendung im Urteil:

> "Zur Verständigung durch die Sprache gehört nicht nur eine Übereinstimmung in den Definitionen, sondern (so seltsam dies klingen mag) eine Übereinstimmung in den Urteilen. Dies scheint die Logik aufzuheben; hebt sie aber nicht auf" (Wittgenstein, PhU, § 242).

Unter analogen Prämissen und mit explizitem Bezug auf Wittgenstein attackiert Garfinkel eine Forschungsstrategie, welche determinierende Regeln des Verhaltens und des Zeichengebrauchs unterstellt und dabei die *autonome* Rolle der Urteile der Akteure im Anwendungsprozeß ausblendet:

> "In each case a procedural description of such symbolic unsages is precluded by neglecting the judgemental work of the user" (Garfinkel 1967, S.71).[25] Das Urteil des Zeichenverwenders aber ist von konstitutiver Bedeutung für die Befolgung der Regel des Zeichengebrauchs, denn: "... there must still be a judgement as to whether the next occasion is sufficiently similar to fall within the scope of the prior judgement. In this sense, the rules as Garfinkel puts it, are always applied for 'another first time'" (so, Garfinkels Position erläuternd, Heritage 1984, S.122; vgl. dazu auch Schneider 2002, Bd.2, S.27ff.).[26]

Jede Anwendung einer Regel verlangt ein Urteil, das aus ihr selbst allein nicht unmittelbar folgt, sondern die Interpretation der Regel vor dem Hintergrund

---

24 Als kompakte Zusammenfassung der "doctrine of 'finitism'" vgl. Heritage 1984, S.120ff.
25 Das Parsons'sche Modell der Steuerung des Handelns durch kulturell geprägte Bedürfnisdispositionen und internalisierte Handlungsregeln wird von Garfinkel dementsprechend charakterisiert als "making out the person-in-society to be a judgemental dope" (a.a.O., S.68). Vgl. dazu auch Heritage 1984, S.120ff. sowie Schneider 2002, Bd.2, S.47ff.
26 Siehe dazu ausführlicher Schneider 2002, Bd.2, S.27ff. und 47ff.

weiterer Voraussetzungen verlangt, zu denen auch die Annahmen darüber gehören, welche der unbestimmbaren Menge der Umstände, die eine konkrete Situation ausmachen, für die Anwendung der Regel in dieser Situation relevant sind. Die intersubjektiv übereinstimmende Anwendung einer Regel ist nicht durch sie selbst garantiert, sondern abhängig von weiteren Prämissen, die als gemeinsam unterstelltes *Hintergrundwissen* die Applikation der Regel auf einzelne Fälle leiten. Das Hintergrundwissen (Gadamer würde hier vom interpretationsleitenden "Vorverständnishorizont" sprechen) bildet einen unverzichtbaren Kontext für die Deutung der Regel.

Dieser Kontext kann niemals vollständig und endgültig expliziert werden. Jede neue Situation kann dazu führen, daß neue, bislang niemals formulierte oder auch nur ins Bewußtsein getretene Annahmen als 'eigentlich immer schon unterstellte' Voraussetzungen der Regelanwendung *entdeckt und deklariert* werden. Diese *Hintergrundannahmen*, die den impliziten Kontext für die Deutung einer Regel bilden, können zwischen verschiedenen Interpreten divergieren und so zu unterschiedlichen Regelauslegungen führen. Mit der Divergenz der Auslegungen aber steht in Frage, ob verschiedene Interpreten überhaupt derselben Regel folgen.

An den Problemen der Auslegung von Gesetzen läßt sich die Abhängigkeit der Regelanwendung von impliziten (d.h. in der Regel selbst nicht mitformulierten) Hintergrundannahmen gut veranschaulichen: Eine vorgegebene rechtliche Regel allein kann nicht festlegen, welche Lebenssachverhalte mit dem darin definierten Tatbestand in Übereinstimmung gebracht werden können. Um sie jeweils auf sachlich eindeutige und sozial konsensfähige Weise anzuwenden, bedarf es einer *offenen Menge* ergänzender Kriterien der Auslegung, wie dogmatischer Begründungsfiguren, der Bindung jeder Deutung an den Rahmen der Verfassung, der Einschränkung des Auslegungsspielraums durch die bisherige Praxis der Regelbefolgung, die dadurch einen präjudiziellen Status erhält etc.[27]

Stanley Fish, der dem *Dekonstruktivismus* Derrida'scher Provenienz nahesteht, gibt dazu ein Beispiel aus der Rechtspraxis (vgl. Fish 1980, S.278ff.): In dem Rechtsstreit Riggs gegen Palmer, indem die Gültigkeit eines Testaments strittig war, hatte ein Gericht in New York 1889 die Frage zu entscheiden, ob eine durch das Testament begünstigte Person als Erbe anzuerkennen sei, nachdem sie den Tod des

---

27 Die verschiedenen Gesichtspunkte juristischer Interpretation, wie sie gemeinhin unter den Titeln der grammatischen, systematischen, historischen und teleologischen Auslegung zusammengefaßt werden, umschreiben dabei je unterschiedliche *Kontexte* (Sprachgebrauch, Relation zu anderen Rechtsnormen, Wille des Gesetzgebers, objektiver Gesetzeszweck), vor deren Hintergrund die Bedeutung eines gesetzlichen Tatbestandes für eine bestimmte Anwendungssituation zu spezifizieren ist. Die verschiedenen Auslegungsweisen können zu gegensätzlichen Ergebnissen führen. Charakteristisch ist hier, daß eine *generelle*, d.h. von der individuellen Anwendungssituation unabhängige *Rangfolge* zwischen den Auslegungstypen, die als Entscheidungsregel bei konfligierenden Ergebnissen der Interpretation herangezogen werden könnte, *nicht angegeben werden kann*. Vgl. dazu Hassemer 1986, S.197 und 204. Noch die Applikation der Kriterien für die Interpretation rechtlicher Tatbestände, die im Hinblick auf diese den Status von Meta-Regeln einnehmen, ist unaufhebbar rückgebunden an die jeweilige Anwendungssituation und kann erst in ihrem Lichte bestimmt werden. Tatbestand und Sachverhalt (so Hassemer 1968, S.107f.) bestimmen einander wechselseitig im Prozeß der Auslegung.

Erblassers durch Verabreichung von Gift selbst herbeigeführt hatte. - Der beklagte Mörder vertrat die folgende Rechtsauffassung: Der Erblasser sei tot, das Testament sei in korrekter Form abgefaßt und vom Gericht zur Eröffnung zugelassen und müsse daher *seinem Wortlaut gemäß* vollstreckt werden. Das Gericht hingegen verwarf den behaupteten Rechtsanspruch des Mörders auf das Erbe unter Berufung auf eine allgemeine und fundamentale Maxime des common laws, nach der es niemandem gestattet werden solle, aus eigenem rechtswidrigem Handeln Vorteile zu ziehen, einen Rechtsanspruch daraus abzuleiten oder Eigentum durch Verbrechen zu erwerben (vgl. Fish 1980, S.279). Die von dem testamentarisch begünstigten Täter geltend gemachte *Regel*, nach der ein formal korrekt zustande gekommenes Testament durch das Gericht zu bestätigen und die darin verfügte Eigentumsübertragung dem niedergelegten Willen des Erblasseres gemäß zu vollziehen sei, wurde durch das Gericht zwar ausdrücklich bestätigt; in ihrer Reichweite erschien sie den Richtern jedoch durch die als Kontext und Hintergrund ihrer Interpretation *vorauszusetzende Prämisse* beschränkt, nach der das Recht keine Ansprüche zuerkennen und schützen dürfe, die auf unrechtmäßige Weise erworben worden sind.

Fish will mit diesem Beispiel zeigen, daß sich die Interpretation einer Regel *immer* auf zusätzliche, in der Regel selbst nicht enthaltene, sondern vom Interpreten darüber hinaus unterstellte Voraussetzungen stützt. Diese Voraussetzungen können *niemals* vollständig expliziert werden. Sie geraten jeweils nur soweit in den Blick, wie sie für die Anwendung einer Regel in einer gegebenen Situation relevant erscheinen. Um diese These zu verteidigen, muß Fish darauf insistieren, daß *beide* Varianten der Regelauslegung in seinem Beispiel von stillschweigenden Hintergrundannahmen Gebrauch machen. Die Auslegung durch den im Testament begünstigten Mörder kann deshalb nicht einfach als *wörtliche*, d.h. von keiner weiteren Annahme abhängige Auslegung aufgefaßt und der durch *zusätzliche Voraussetzungen* regulierten Interpretation des Gerichts gegenübergestellt werden. Auch bei der Auslegung des Mörders müssen stillschweigend beanspruchte Hintergrundannahmen im Spiel sein. Wie aber lautet die unausgesprochene Prämisse, die der Mörder zugrundlegen muß, wenn er vor Gericht die "wörtliche" Befolgung der Regel verlangt, daß die Eigentumsübertragung gemäß der testamentarischen Verfügung des Erblassers zu vollziehen sei?

Nach Fish muß er voraussetzen, daß diese Regel "um jeden Preis" zu erfüllen, d.h., daß der vom Erblasser bedachte Erbe *unter allen Umständen* anzuerkennen und der dokumentierte Wille des Verstorbenen dementsprechend zu vollstrecken sei (vgl. Fish 1980, S.280). - Aber, so ließe sich einwenden, hat Fish damit nicht das Gegenteil dessen gezeigt, was er mit seinem Beispiel vorführen wollte? Hat er nicht gerade durch die Explikation dieser Voraussetzung die Regel auf eine Weise *vervollständigt*, die ihre Anwendung zukünftig von allen unausgesprochenen Hintergrundannahmen unabhängig machen würde, und hat er nicht damit ein Beispiel für eine Regel fabriziert, *die ihre eigene Anwendung vollständig determinieren könnte?* - Wenn nicht, müßte es leicht möglich sein, gedankenexperimentell Situationen zu entwerfen, in denen *nicht* eindeutig klar ist, welche Verfahrensweise die so ergänzte Regel vorschreibt, sofern sie nicht um weitere Prämissen ergänzt wird. Machen wir die Probe darauf.

Angenommen, jemand setzt in seinem Testament seinen Hund als Erben ein. Verlangt die Formulierung, daß der Wille des Erblassers "*unter allen Umständen* zu vollstrecken sei", die Anerkennung dieser Verfügung? - Wenn man die Formel "unter allen Umständen" vor dem Hintergrund der stillschweigend unterstellten Voraussetzung interpretiert, daß sie nur meinen könne, Eigentumsübertragungen auf *rechtsfähige Personen* seien in jedem Falle durchzuführen, wird man diese Frage innerhalb unseres Rechtskreises verneinen, weil - zumindest in Europa und den USA - Tiere nicht als rechtsfähig gelten. Das Testament unseres Erblassers wäre insofern *ungültig*.[28] Dagegen läßt sich einwenden, daß die Formel "unter allen Umständen" dann eben nicht wörtlich befolgt worden sei, denn sonst müßten die Eigentumsrechte in jedem Fall auf den Hund des Erblassers übertragen werden.

Folgen wir diesem Einwand, ist unser Problem allerdings nicht gelöst. Es nimmt nur eine veränderte Gestalt an. Denn was könnte es heißen, daß ein Hund Eigentümer eines Autos, Hauses oder von Aktien ist? - Das volle Eigentumsrecht an derartigen Objekten schließt das Recht zu ihrer Nutzung, Vermietung, Veräußerung oder Weitergabe an Dritte auf dem Wege der Schenkung oder der Vererbung ein. Ja das Eigentumsrecht ist letztlich *definiert* durch derartige Möglichkeiten der Verfügung über Objekte. Wie aber soll man sich die Nutzung, den Verkauf, die Verschenkung bzw. Vererbung durch einen Hund vorstellen? Diesen Ausdrücken und damit auch den Begriffen "Eigentum", "Eigentümer" bzw. "Eigentumsübertragung" ist im Rahmen unseres Rechts keine klar ersichtliche Bedeutung mehr zuzuordnen, wenn sie auf Tiere bezogen werden. Das "Sprachspiel" (Wittgenstein), in dem diese Ausdrücke einen verständlichen Sinn haben, gerät hier in einen undefinierten Bereich. Die Vollstreckung des Testaments, das einen Hund als Erben bedenkt, muß scheitern, weil bzw. insofern keine Praxis existiert, die festlegt, was darunter zu verstehen wäre. In anderen, z.B. hinduistisch geprägten Kulturen könnte dies durchaus anders sein.[29] Ebenso könnte man sich vorstellen, daß unser Recht, für den Fall sich häufender Versuche von Tierhaltern, ihre Tiere als Erben einzusetzen, die dafür notwendigen Verfahren *neu entwickelt*, um diese Lücke zu schließen.[30]

---

28 Ein möglicher Weg für den Tierhalter, die Zukunft eines geliebten Haustieres nach dem eigenen Tode über das Testament rechtlich abzusichern, besteht darin, einen Erben zu bestimmen mit der Auflage, daß dieser das Tier versorgt. Vgl. dazu auch die unten zitierte Neuregelung im Artikel 482 Abs.4 des Schweizerischen Zivilgesetzbuches (ZGB).

29 In Indien ist es, wie ich einem Bericht aus der Frankfurter Allgemeinen Zeitung entnehme, z.B. möglich, daß ein minderjähriges Mädchen mit einem Esel rituell verheiratet wird. Ob der Esel dabei auch zum Miteigentümer an eventuellen Hochzeitsgeschenken wird, ist mir nicht bekannt.

30 So etwa, indem ein Mensch als Vormund und Verwalter eingesetzt werden kann, der die Eigentumsrechte stellvertretend für sein tierisches Mündel ausübt. - Eine weit einfachere und deshalb praktikablere Lösung wählt hier die Neufassung des Art. 482 Abs.4 des Schweizerischen Zivilgesetzbuches (ZGB), die am 1. April 2003 in Kraft trat. Die Neufassung dieses Artikels legt gesetzlich fest, daß testamentarische Vermächtnisse zugunsten von Tieren *nicht* unwirksam, sondern wie folgt zu interpretieren sind: "Wird ein Tier mit einer Zuwendung von Todes wegen bedacht, so gilt die

(Fortsetzung...)

Nicht nur Tiere, sondern auch andere in Testamenten vorgesehene 'Erben' können derartige Probleme aufwerfen. Was z.B. wäre zu tun, wenn der Erblasser wissentlich eine bereits verstorbene Person im Glauben an deren bald zu erwartende Wiedergeburt bedacht hat? Was, wenn er - ebenfalls an Seelenwanderung und Wiedergeburt glaubend, aber seiner gegenwärtigen Existenz überdrüssig und dennoch nicht gewillt oder in der Lage, ihr selbst ein Ende zu setzen - seinen eventuellen Mörder, wer immer es sei, als Erbe einsetzt und sich dann doch selbst umbringt? Was, wenn er - animistischen Glaubens - einen ihm beseelt erscheinenden Baum mit seinem Eigentum bedenken möchte? - In allen diesen Fällen fehlt in unserer Rechtskultur ein *Hintergrund*, der die notwendigen Voraussetzungen bereitstellt, um auch nur die Bedeutung derartiger Vermächtnisse klar angeben zu können. Aus diesem Grund ist es auch dann nicht möglich, den in solchen Testamenten verfügten Willen des Erblassers wortgetreu zu vollstrecken, wenn dieser Wille "unter allen Umständen" als verbindlicher Maßstab anerkannt werden soll.

Die Formulierung, daß der Wille des Erblassers "unter allen Umständen" rechtliche Gültigkeit erhalten solle, befreit diese Regel also keineswegs von der Bindung an unausgesprochene Prämissen, die als Kontext ihrer Anwendung vorausgesetzt werden müssen. Welche Konstellationen der testamentarischen Eigentumsübertragung in den Umkreis klar bestimmbarer Möglichkeiten fallen, ist jeweils durch den *Gesamtkontext des Rechts* vorgezeichnet und beschränkt. Außerhalb dieses Bereichs liegende Möglichkeiten sind *aktuell* nicht eindeutig und mit Aussicht auf Konsens unter den Rechtskundigen zu bestimmen. Dies schließt, wie schon festgestellt, nicht aus, daß das Recht modifiziert wird und dadurch neue, zuvor nicht bestehende, ja vielleicht nicht einmal vorstellbare Möglichkeiten geschaffen werden.[31] Hier geht es dann freilich um die Schaffung *neuer bzw. veränderter* Regeln

---

30(...Fortsetzung)
   entsprechende Verfügung als Auflage, für das Tier tiergerecht zu sorgen." In einem vorausgegangenen "Bericht der Kommission für Rechtsfragen des Ständerates" zur "Parlamentarischen Initiative 'Die Tiere in der schweizerischen Rechtsordnung'" vom 25.1.2002 heißt es in Absatz "3.2 Erbrecht (Art. 482 Abs.4 [neu] ZGB)" erläuternd dazu (hier zitiert nach "Parlamentarische Initiative: Die Tiere in der schweizerischen Rechtsordnung", www.admin.ch/ch/d/ff/2002/4164.pdf): "Verschiedentlich werden in letztwilligen Verfügungen Tiere bedacht: Entweder werden sie als Erbe eingesetzt oder es werden ihnen Vermögenswerte vermacht. Nach geltendem Recht könnte eine solche Zuwendung als unsinnig betrachtet werden (Art. 482 Abs.3 ZGB), da das Tier keine Rechtsfähigkeit hat, also weder Erbe noch Vermächtnisnehmer sein kann. Ein Erbe, der sich gegen diese Zuwendung stellt, könnte somit versuchen, den Willen des Erblassers zu durchkreuzen. Der neue Absatz 4 von Artikel 482 ZGB hält die Bedeutung fest, die einer solchen Zuwendung zukommt: Sie gilt als Auflage zu Lasten der Erben oder des Vermächtnisnehmers, für das Tier tiergerecht zu sorgen. Schon heute gilt in Bezug auf die Testamentsauslegung der Grundsatz des 'favor testamenti', d.h. der Richter muß eine Bestimmung so auslegen, daß sie dem Willen des Erblassers entspricht und aufrechterhalten werden kann, auch wenn ihre Form nicht den Anforderungen des Gesetzes genügt. Die neue Bestimmung enthält eine Auslegungsregel, nämlich die gesetzliche Anordnung einer Konversion. Auch für den juristischen Laien soll klargestellt sein, wie eine letztwillige Verfügung zu Gunsten eines Tieres zu vollziehen ist."

31 Ein Beispiel dafür ist die historische Entwicklung der Vorstellung, daß nicht nur natürliche Personen und Verwandtschaftsverbände (Sippen, Familien), sondern auch soziale Gebilde wie Städte oder Handelsgesellschaften als rechtsfähige ("korporative" bzw. "juristische") Personen tätig werden können. Vgl. dazu Coleman 1986, S.17ff.

und nicht um die Befolgung bereits bestehender Gesetze. - Die Differenz zwischen der Anwendung bestehender Gesetze und der Veränderung bzw. Neuschöpfung von Regeln ist dabei fließend. Durch *Analogiebildung* kann etwa im Zivilrecht die Anwendung eines Gesetzes auf Lebenssachverhalte ausgedehnt werden, die einem bereits gesetzlich erfaßten Tatbestand hinreichend ähnlich sind, zur Zeit der Inkraftsetzung des Gesetzes jedoch noch unbekannt und nicht voraussehbar waren, z.B. weil sie erst durch spätere Fortschritte der Technik möglich wurden. Hält man sich darüber hinaus vor Augen, daß kein Anwendungsfall einer Regel einem vorausgegangenen vollständig gleicht, dann wird klar, daß zwischen der reinen Anwendung und der Weiterentwicklung einer Regel nicht scharf unterschieden werden kann. Die Differenz zwischen beiden ist nicht absoluter, sondern gradueller Art. Jede neue Anwendung kann insofern ein Element der Entscheidung über die *Fortbildung* der Regel implizieren. Das sieht, in Anschluß an die Hermeneutik, auch Habermas, wenn er (in einem anderen thematischen Zusammenhang) notiert:

"Die regelanwendenden Interpretationsleistungen sind, wie die philosophische Hermeneutik zeigt, mit implizit-rechtsfortbildenden Konstruktionsleistungen ... unauflöslich verwoben" (vgl. Habermas 1992, S.597).[32]

Es kann deshalb keine sachlich konstante und zeitlich potentiell unbefristete *Identität* einer Regel unterstellt werden, die nur noch vor die Alternativen Erfüllung, Mißachtung oder Änderung der Regel stellt. Mit jedem Übergang zu einer neuen Anwendung steht vielmehr die Identität der Regel selbst zur Disposition, weil jeweils *von neuem bestimmt* werden muß, was sie im gegebenen Fall 'besagt', d.h. welches Verhalten ihr hier und jetzt entspricht.[33]

Die dazu entgegengesetzte Auffassung (daß nämlich eine Regel eine infinite Menge von Anwendungsfällen im vorhinein eindeutig bestimmen kann), von deren Triftigkeit es letztlich abhängt, ob Regeln als festes Fundament für intersubjektiv *identische* Bedeutungen dienen können, weist bereits Wittgenstein deutlich zurück:

"'Die Übergänge sind eigentlich alle schon gemacht' heißt: ich habe keine Wahl mehr. Die Regel, einmal mit einer bestimmten Bedeutung gestempelt, zieht die Linien ihrer Bedeutung durch den ganzen Raum ..."; diese Beschreibung der Regel weist Wittgenstein zurück: "... - *So kommt es mir vor* - sollte ich sagen" (Wittgenstein, PhU, § 219, Hervorhebung im Original); und schärfer noch: "Mein symbolischer Ausdruck (gemeint ist der Ausdruck 'Die Übergänge ...'; W.L.S.) war eigentlich eine mythologische Beschreibung des Gebrauchs einer Regel" (Wittgenstein, PhU, § 221).

Konsens darüber, was als Regelerfüllung gilt, bestätigt nicht einfach eine vorgängig bestehende Übereinstimmung. Die Regel garantiert keine prästabilierte Harmonie

---

32 Gerade daraus aber folgt letztlich die Unhaltbarkeit der These einer empirisch möglichen Bedeutungs*identität* in dem von Habermas früher vertretenen Sinne. Wie wir gleich sehen werden, hat Habermas diese Konsequenz, wenngleich nicht ohne sichtbare Konsistenzprobleme, dann auch gezogen.

33 Vgl. auch Hassemer 1968, S.160 mit der auf die Subsumtion empirischer Sachverhalte unter gesetzliche Tatbestände bezogenen Feststellung: "Seine (des gesetzlichen Tatbestandes, W.L.S.) Grenzen sind nicht schon immer bestimmt, sondern werden erst im Auslegungsprozeß bestimmbar."

über eine unbegrenzte Zahl von Anwendungen, die in einem infiniten Konsens zur Darstellung käme. Von Anwendung zu Anwendung muß Konsens in einer *creatio continua* immer wieder erzeugt werden.[34] Solange dies jedoch gelingt, bestätigt der gefundene Konsens *nachträglich*, daß das konsentierte Verhalten durch die Regel *vorgezeichnet* war, insofern ihr Limitationspotential in der gegebenen Anwendungssituation und in Anbetracht implizit unterstellter Hintergrundannahmen ausreichte, um das Aufkommen divergierender Möglichkeiten ihrer Befolgung auszuschließen.

Mit jeder *aktuell* manifest werdenden Divergenz aber ist zugleich die Unterstellung in Gefahr, daß *vergangener* Konsens auf übereinstimmenden Grundlagen beruhte. Mißlingt die Herstellung von Konsens in einer gegebenen Anwendungssituation, dann können vergangene Übereinstimmungen *rückblickend* als kontingentes Resultat grundsätzlich divergierender Regelinterpretationen erscheinen. Divergiert jedoch die Interpretation, dann wird zweifelhaft, inwiefern die dissentierenden Personen oder Kollektive *derselben* Regel folg(t)en.

Schon aus Gründen der Gedächtniskapazität ist dabei freilich mit eng begrenzten kommunikativen 'Teststrecken' für die Bewährung von Konsens zu rechnen. Darüber hinaus werden selbst unter angespannten Rationalitätsanforderungen, wie die wissenschaftstheoretische, -historische und -soziologische Diskussion lehrt, Anomalien meist normalisiert und nur unter besonderen Bedingungen als Falsifikation perzipiert. Solange Anzeichen für eine gravierende Beeinträchtigung wechselseitigen Verstehens fehlen, können abweichende Formen des Sprachgebrauchs als Randphänomen ignoriert oder als Lapsus bagatellisiert werden, denen man nicht nachzugehen braucht. Auffälligere Abweichungen können Anlaß zu personenspezifischen Zuschreibungen geben (z.B. der Sprecher scherzt, versucht zu provozieren etc.), mit denen die Abweichung normalisiert und mit der Annahme eines fortbestehenden Konsenses über Regeln des Zeichengebrauchs und der Bedeutungszuweisung in Übereinstimmung gebracht wird.[35] Die Anforderungen des "Dauertests", dem die idealisierende Unterstellung intersubjektiv identischer Bedeutungszuschreibungen in der kommunikativen Alltagspraxis nach Habermas ausgesetzt ist (vgl. Habermas 1985, S.233f.), dürfen daher nicht überschätzt werden. Sie hängen ab vom Verständigungsbedarf in der *aktuellen Situation* und den damit verbundenen Bedürfnissen nach Konsistenz mit dem Sprachgebrauch in anderen Kontexten.

Übereinstimmende Regelinterpretation kann deshalb nicht als etwas dem Konsens über die Regelkonformität des Zeichengebrauchs Voraus- und Zugrundeliegendes betrachtet werden, das in der Übereinstimmung der Urteile über die je aktuelle Angemessenheit der Zeichenverwendung nur seinen Ausdruck findet, sondern sie muß durch laufende Herstellung von Konsens über den Sinn der Regeln immer wieder neu produziert werden. In jeder Kommunikation muß daher das Problem der *kontinuierlichen Synchronisation der Auslegungsentscheidungen* gelöst

---

34 Vgl. dazu Hassemer 1968, S.112f.: "Jede Sachverhaltsentscheidung bedeutet ja ein Neu- und damit Anders-Verstehen des angewendeten Tatbestandes" sowie a.a.O., S.165: "Positive Garantien für die Richtigkeit der Auslegung gibt es nicht außerhalb des Auslegungsprozesses selber".
35 Vgl. Garfinkel 1967, besonders S.35ff. und Heritage 1984, S.115ff. Ich komme unten darauf zurück.

werden, für die es keine eindeutigen Instruktionen gibt, so daß jede weitere Applikation einer Regel die Möglichkeit auseinanderdriftender Voten in sich birgt.

"Identität" der Bedeutungen kann deshalb nur im Kontext der je laufenden Kommunikation hergestellt werden. Solange Ego und Alter ihr Verhalten wechselseitig als regelkonform beobachten, können sie die Unterstellung übereinstimmender Bedeutungszuweisungen aufrecht erhalten. Treten Abweichungen auf, müssen diese angezeigt und repariert oder in reflexiver Kommunikation zum Thema gemacht und muß ein Konsens darüber herbeigeführt werden, ob das kritische Ereignis als regelkonform oder regelverletzend einzustufen ist. Unter diesen Voraussetzungen wird einsichtig, -

> "... how language can work without any 'objective' criteria of meaning. We need not base our use of a particular word on any externally determined truth conditions, and need not even be full in agreement with our language partners on the situations in which it would be appropriate. All that is required is that there be a sufficient coupling so that breakdowns are infrequent, and a standing commitment by both, speaker and listener, to enter into dialog in the face of a breakdown" (so Winograd/Flores 1987, S.63).

Worauf es hier ankommt ist, daß die *Voraussetzung* einer absoluten, d.h. sich auf eine infinite Serie von Applikationen eines Wortes oder Begriffs sich erstreckenden *Identität* des Gebrauchs, aufgegeben werden kann und muß zugunsten einer *aktuell und lokal* erreichten Übereinstimmung, die sich in der laufenden Kommunikation bewährt (vgl. Garfinkel 1967, S.9f. und 32f.), ohne die Transzendierung auf einen *infiniten Konsens* hin zu erfordern. Abweichungen jenseits des gerade relevanten Kontextes können ignoriert werden, solange sie als Unterschiede verbuchbar sind, die für das, worum es den Beteiligten aktuell geht, keinen Unterschied machen.[36] Umgekehrt muß jeder Teilnehmer darauf bauen können, daß der andere relevante Abweichungen thematisiert. Nur so kann hinreichend übereinstimmendes Ver-

---

36 Wie leicht zu sehen, greife ich hier Batesons Bestimmung einer elementaren Informationseinheit auf als "... Unterschied, der einen Unterschied ausmacht" (vgl. 1983, S.582) und gebe ihr eine (negierbar) negierte Fassung. Unter diesen Prämissen kann "Identität" dann weder als Qualität eines an sich Seienden noch als regeldeterminierte Invarianz verstanden werden, sondern ist Produkt der Abweisung anderer Möglichkeiten. - Aus systemtheoretischer Perspektive sind hier Präzisierungen möglich: "Identität" wird operativ erzeugt durch wiederholte Verwendung einer Bezeichnung zur Identifizierung von etwas im Unterschied zu anderem. Über verschiedene Anwendungen "identisch" bleibt der Sinn einer verwendeten Bezeichnung dabei nur insoweit, wie das, wovon das Bezeichnete unterschieden wird, nicht ausgetauscht wird. Auch hier jedoch handelt es sich um eine Setzung, die keine absolute Übereinstimmung verbürgen kann. Auch wenn Ego und Alter etwas übereinstimmend bezeichnen und von anderem unterscheiden und insofern die gleiche Unterscheidung bei der Generierung von Äußerungen verwenden, kann der psychische Hintergrund, vor dem dies geschieht, beträchtliche Sinndifferenzen enthalten. So, wenn jeder die verwendete Unterscheidung intern von anderen Unterscheidungen unterscheidet bzw. die aufeinander bezogenen Seiten der Unterscheidung in anderen Kontexten von den Beteiligten mit je anderen Bezeichnungsmöglichkeiten in die Einheit einer Unterscheidung gespannt werden. Auf diese Weise kann die aktuell prozessierte Unterscheidung für die Beteiligten mit unterschiedlichen Konnotationen geladen sein, die als irrelevant ausgeblendet werden müssen, um aktuell als "identisch" beobachtbaren Sinn zu ermöglichen. Zur Genetik von Sinn und Identität vgl. Luhmann 1990a, S.108f. und 1990c, S.21ff.

stehen gesichert werden.[37] - In seiner Auseinandersetzung mit Derridas "Dekonstruktivismus" nähert sich Habermas dieser Position an. Habermas wendet sich dort gegen die These, nach der Verstehen eine spezifische Spielart des Mißverstehens sei. Dabei hält er sich an die folgende Erläuterung der Position Derridas durch Jonathan Culler:

> "Wenn ein Text verstanden werden kann, kann er im Prinzip wiederholt von verschiedenen Lesern unter verschiedenen Umständen verstanden werden. Und diese Lektüre- oder Verstehensakte sind natürlich nicht identisch. Sie implizieren Modifikationen und Differenzen, die aber für unwesentlich gehalten werden. Wir können demnach in einer Formulierung, die stichhaltiger ist als ihre Umkehrung, sagen, daß das Verstehen ein Sonderfall des Mißverstehens ist, eine besondere Abweichung von oder Bestimmung des Mißverstehens. Es ist das Mißverstehen, dessen Verfehlungen keine Rolle spielen" (vgl. Culler 1988, S.197; bei Habermas 1985, S.233 im englischen Originaltext zitiert).

Worum es hier geht, ist die Kritik der Auffassung von Verstehen als identische Reduplikation eines ursprünglichen Sinns. In Zweifel gezogen wird, was für Habermas gerade zentral ist, die Möglichkeit "intersubjektiv identischer Bedeutungszuschreibungen" (Habermas 1985, S.233). In seiner Entgegnung bestätigt Habermas zunächst das produktive Moment des Verstehens im Anschluß an die Einsichten der Hermeneutik, um dann fortzufahren:

> "Culler läßt freilich einen Umstand außer Betracht. Die Produktivität des Verstehensprozesses bleibt nur solange unproblematisch, wie alle Beteiligten am Bezugspunkt einer möglichen aktuellen Verständigung festhalten, in der sie *denselben* Äußerungen *dieselbe* Bedeutung beimessen. Auch die hermeneutische Anstrengung, die zeitliche und kulturelle Abstände überbrücken will, bleibt, wie Gadamer gezeigt hat, an der Idee eines möglichen, aktuell herbeigeführten Einverständnisses orientiert" (Habermas 1985, S.233, Hervorhebungen im Original).

Die Antwort von Habermas trifft nicht die Pointe von Cullers Argument. Culler muß nicht bestreiten, daß die Idee des Verstehens mit der Unterstellung einer möglichen Herbeiführung von Bedeutungskonsens verknüpft ist. Strittig ist nur, ob eine solche Übereinstimmung, wenn sie erreicht ist, als Übereinkunft in einem *ununterschieden Identischen*, als "Teilung *desselben*" begriffen werden kann. Culler insistiert darauf, daß jeder Verstehensakt in Differenz zum Original tritt, es in einer bestimmten als einseitig kritisierbaren Hinsicht auffaßt und daß dies für jeden Verstehensakt gilt, so daß kein Verstehen dem anderen völlig gleicht. Übereinstimmung im Verstehen kann demnach nicht auf differenzlos geteiltem Sinn gründen, sondern nur auf dem Wege der *Einklammerung einer unbestimmt bleibenden und nie definitiv auslotbaren Menge fortbestehender Differenzen* erreicht werden. Als Unterschiede, die für die Beteiligten aktuell keine Unterschiede machen, informieren sie nicht über divergierende Deutungen eines Textes, werden sie als indifferent behandelt und ausgeblendet. Damit sind sie jedoch nicht eliminiert, sondern nur vorläufig

---

[37] Das von Winograd und Flores (s.o.) behauptete "standing commitment ... to enter into a dialog in the face of a breakdown" kommt deshalb in der Kommunikation vor allem als Berechtigung zur Geltung, fehlenden Einspruch als Bestätigung der Korrektheit eigener Anschlüsse an Äußerungen des anderen zu behandeln. (Es handelt sich hier, wenn man so sagen darf, um eine generalisierte Version des juristischen Prinzips des Vertrauensschutzes.)

und auf grundsätzlich negierbare Weise negiert.³⁸ Angesteuert durch neue Verstehensakte, die daraus konkurrierende Folgerungen ziehen, können sie jederzeit reaktiviert werden.

Bedeutungskonsens kann sich insofern nicht auf identischen, sondern nur auf *widerrufbar indifferentialisierten* Sinn stützen.³⁹ Nur durch koordinierten Negationsgebrauch kann sozial erzeugt werden, was den Beteiligten aktuell als Bedeutungsidentität erscheint.⁴⁰ Das Anführen und Akzeptieren von Gründen bietet hier keine Alternative, denn auch sie können unterschiedlich verstanden werden. Begründungen ziehen jedoch stärkere Limitationen ein für das, was mit den begründeten Aussagen verträglich ist. Argumentative Konsenserzeugung ist insofern eine wirksame Negationstechnik, deren Einsatzbereich freilich begrenzt bleibt.

Jüngere Äußerungen von Habermas überraschen durch die weitgehende Preisgabe der These intersubjektiver Bedeutungsidentität. Habermas spricht jetzt -

"... von konstruktiven Verständigungsleistungen, die sich in den Formen einer gebrochenen Intersubjektivität vollziehen", und erläutert: "Gewiß, die grammatischen Regeln garantieren die Bedeutungsidentität der sprachlichen Ausdrücke; aber zugleich müssen sie Raum lassen für einen individuell abgeschatteten und innovativ unvorhersehbaren Gebrauch dieser ab bedeutungsidentisch nur unterstellten Ausdrücke. Die Tatsache, daß die Intentionen der Sprecher von den Standardbedeutungen der verwendeten Ausdrücke auch immer wieder abweichen, erklärt jenen Schatten von Differenz, der auf jedem sprachlich erzielten Einverständnis ruht: 'Alles Verstehen ist daher immer zugleich ein Nicht-Verstehen, alle Übereinstimmung in Gedanken und Gefühlen zugleich ein Auseinandergehen' (W. v. Humboldt)" (vgl. Habermas 1988, S.56).⁴¹

Als Ergebnis seiner Auseinandersetzung mit dem Neo- bzw. Poststrukturalismus und dessen Rezeption durch die Hermeneutik⁴² besinnt sich Habermas mit dem "Nicht-Identischen" auf ein verdrängtes Moment der kritischen Theorie,⁴³ dessen

---

38 Zur Rolle der Negation in der Konstitution von Sinn vgl. Luhmann 1971, S.46ff.
39 Auch interaktionsleitende Typisierungsschemata sind nur durch entsprechende Operationen der Indifferentialisierung möglich; siehe dazu Schütz 1960, S.230f. sowie Schneider 2002, Bd.1, S.242ff. Durch Ausblendung individualisierter Sinnmomente, welche die Interaktionsbeteiligten gleichwohl mit ihnen verknüpfen können, etablieren sie Schwellen der Indifferenz gegenüber möglichen Unterschieden im Verstehen. Solange ein Mißverstehen sich unterhalb dieser Schwellen bewegt, kann es daher in Anschluß an Culler (a.a.O., S.195f.) charakterisiert werden als ein "... Mißverstehen, dessen Verfehlungen keine Rolle spielen".
40 Siehe dazu für die juristische Auslegung Kriele 1981, S.410 (Hervorhebung von mir, W.L.S.): "Auch wenn wir feststellen: Der Text sei eindeutig und erlaube kein Deuten, so haben wir entschieden, *daß wir davon absehen*, von Auslegungsmöglichkeiten, die den Text relativieren, Gebrauch zu machen. - Vgl. dagegen Habermas 1971e, S.188 (Hervorhebung von mir, W.L.S.): "Für die fundamentale Frage, wie denn identische Bedeutungen überhaupt möglich sind, *kann aber der Hinweis auf die Rolle der Negation nicht hilfreich sein.*"
41 Wenige Zeilen später unterstreicht Habermas noch einmal, daß Bedeutungsidentität *empirisch unerreichbar ist*, wenn er feststellt, daß "... der sprachlich erzielte Konsens in der Übereinstimmung die Differenzen der Sprecherperspektiven *nicht tilgt, sondern als unaufhebbar voraussetzt*" (Hervorhebung von mir, W.L.S.). - Deutlicher kann die Revision der ursprünglichen Position kaum mehr vollzogen werden.
42 Vor allem vertreten durch Manfred Frank; vgl. besonders 1983, 1988 und 1990.
43 Vgl. dazu 1988, S.57: "So bleibt in der kommunikativen Alltagspraxis jenes verletzbare, objektivierend immer wieder verstellte Nicht-Identische, das durch das Netz der metaphysischen Grundbegriffe stets hindurchfiel, auf eine triviale Weise zugänglich."

Integration in den ursprünglichen konzeptuellen Rahmen jedoch sichtbar schwerfällt.⁴⁴ Nach schwacher Beschwörung einer "grammatisch" verankerten Identitätsgarantie wird die These einer *empirisch erreichbaren* Bedeutungsidentität, die Habermas (1971e) als zentrales Argument gegen den systemtheoretischen Sinnbegriff ins Feld führte,⁴⁵ *faktisch aufgegeben*!

Was als 'harter Kern' der Habermas'schen Position noch bleibt ist die These, daß die Teilnehmer einer Kommunikation als Sinnbedingung ihres Engagements die Möglichkeit der aktuellen Herbeiführung von Bedeutungskonsens *unterstellen* müssen.⁴⁶ Diese Unterstellung hat den Status einer *praktischen Hypothese*, die sie - selbst bei schlechter Bewährung(!) - solange nicht aufgeben können, wie sie sich an Kommunikation beteiligen. Der Hinweis auf ihre Unvermeidlichkeit kann jedoch kaum als Grund für die Verläßlichkeit dieser Unterstellung beansprucht werden. *Alternativlosigkeit ist keine Begründung, sondern eher ein funktionales Äquivalent dafür.*⁴⁷ Sie macht Gründe als Handlungsgrundlage überflüssig. Wir unterstellen die Möglichkeit intersubjektiver Regelbefolgung und daran gebundener gemeinsam geteilter Bedeutungen, weil wir nicht anders können.

Das aber heißt, daß auch jene kommunikativen Ereignisse, die als potentielle "Falsifikatoren" dafür in Frage kommen könnten, mit dieser Unterstellung kompatibel gemacht, d.h. *im Schema* intersubjektiver Regelbefolgung *beobachtet* werden müssen. Weil keine Alternativen denkbar sind, besteht eine quasi-transzendentale

---

44 Warum aber beharrt Habermas selbst hier noch - und dies um den Preis eines anschließenden Selbstdementis - auf einer angeblich durch sprachliche Regeln garantierten Bedeutungs*identität*? - Dazu die folgende Vermutung: Im Anschluß an die revidierte Wahrheitssemantik behauptet Habermas, wie oben erwähnt, einen "internen" Zusammenhang zwischen der Bedeutung sprachlicher Ausdrücke und der Einlösbarkeit von Geltungsansprüchen. "Eine Behauptung zu verstehen, heißt zu wissen, wann ein Sprecher gute Gründe hat, die Gewähr dafür zu übernehmen, daß die Bedingungen für die Wahrheit der behaupteten Aussage erfüllt sind" (vgl. Habermas 1981, Bd.1, S.426). Habermas generalisiert diese These für alle Typen von Sprechhandlungen und die mit ihnen verknüpften Geltungsansprüche (vgl. a.a.O., S.168). Dieses Junktim von Bedeutung und Geltungsbegründung aber hat zur Folge, daß mit der empirischen Möglichkeit intersubjektiv identischer Bedeutungen zugleich die empirische Möglichkeit intersubjektiven Geltungskonsenses in Fragen der Wahrheit und der Rechtfertigbarkeit von Normen problematisch wird. Solange Habermas an der empirischen Möglichkeit konsensueller Geltungsbegründung - dem wohl zentralen Motiv seiner Theorie - festhalten will, *darf er* deshalb die These intersubjektiver Bedeutungsidentität nicht aufgeben.

45 Siehe erneut Habermas 1971e, S.188f.: "Der Sinn des Sinnes besteht zunächst darin, daß er intersubjektiv geteilt werden, daß er für eine Gemeinschaft von Sprechern identisch sein kann. Identität der Bedeutungen verweist nicht auf Negation, sondern auf die Bürgschaft intersubjektiver Geltung. Diese Fragestellung bleibt Luhmann verschlossen". Die Pointe seiner damaligen Position lag gerade darin, daß Habermas glaubte, Bedeutungsidentität aus der intersubjektiven Geltung von Regeln ableiten zu können.

46 Obwohl Habermas sich dabei nur auf kommunikatives Handeln bezieht, gilt dies m.E. auch für strategisch handelnde Teilnehmer, die auf konsensunabhängige Realisierung privater Zwecke aus sind: Sie können diese Zwecke nur dann verläßlich (und nicht nur zufällig) erreichen, wenn sie korrekt antezipieren können, wie der andere die zu seiner Beeinflussung bestimmten Mitteilungen verstehen wird. Im Hinblick auf die reguläre Bedeutung ihrer Äußerung müssen daher auch sie "am Bezugspunkt einer aktuell möglichen Verständigung" (Habermas 1988, S.233) festhalten.

47 Umgekehrt gilt: Wo sich Alternativen bieten (d.h. Alternativlosigkeit als Handlungsbasis ausfällt), können Gründe (gute wie schlechte) für die notwendigen Selektionsleistungen sorgen.

Nötigung zur Immunisierung dieser Beobachtungsweise gegenüber möglichen Gegenevidenzen. Sie muß ausgerüstet sein mit Bewältigungsstrategien, die Deutungs- und Reaktionsmöglichkeiten für alle unerwarteten Wechselfälle der Kommunikation bereitstellen. Diese Strategien gilt es zu rekonstruieren, wenn geklärt werden soll, was Intersubjektivität unter den revidierten Voraussetzungen heißen kann.

Um die Erzeugung von gemeinsamem Sinn in der Kommunikation sicherzustellen, bedarf es vor allem ständig aktivierter *Einrichtungen der Abweichungskontrolle*. Kollektives Regelbefolgen und korrektes Verstehen werden ermöglicht durch übereinstimmendes Erkennen und Abweisen von Fehlern. Weil Habermas an einem identitätstheoretischen Fundament umgangssprachlicher Kommunikation festhalten will, das jedoch nicht ontologischer Art ist, sondern in der Möglichkeit der Herbeiführung von Konsens über die Auslegung der Regeln des Zeichengebrauchs verankert sein soll, weist auch er der gemeinsamen Identifizierung von Abweichungen in der Kommunikation eine besondere Rolle zu.[48] An Wittgenstein anschließend bewährt sich für Habermas die Annahme der intersubjektiven Geltung einer Regel, wie oben skizziert, wenn zwei miteinander interagierende Personen gegebenenfalls einander *Fehler* nachweisen und ein Einverständnis über die *richtige* Befolgung der Regel herbeiführen können. Die intersubjektive Bewährung in der Kommunikation verlangt insofern minimal eine *Sequenz von drei Zügen*: (1) Eine Verhaltensäußerung Egos; (2) die Markierung des Verhaltens als abweichend durch Alter; (3) Egos Zustimmung zu dieser Bewertung.

Der Versuch, Intersubjektivität kommunikationstheoretisch zu rekonstruieren, kann hier anknüpfen. Er führt jedoch über die Grenzen einer Theorie kommunikativen Handelns hinaus auf ein anderes, der Luhmann'schen Systemtheorie nahegelegenes Terrain: Was Habermas mit Wittgenstein in abstracto als elementares Sprachspiel konzipiert, in dem gemeinsame Regelbefolgung zum Thema wird, stellt sich aus der Perspektive der ethnomethodologischen Konversationsanalyse als Moment der *kommunikativen Reparaturorganisation* dar.[49] Mit der Reparaturorganisation verbunden ist eine Sondierungsvorrichtung, die kontinuierlich prüft, ob die Kommunikation unter Bedingungen intersubjektiv kompatibler Bedeutungszuweisungen verläuft oder Diskrepanzen auftreten. Sie kann Zusammenbrüche der Intersubjektivität registrieren und die notwendigen Reparaturen auslösen. Diese Sondierungsvorrichtung wird an jeder dritten Position einer Interaktionssequenz aktiviert. An ihrer Funktionsweise und am Ablauf der dadurch stimulierten Reparaturen wird deutlich, wie Intersubjektivität *ohne* transsubjektive Bedeutungsidentität in der Kommunikation kontinuierlich reproduziert werden kann.[50]

---

48 Dies bereits in seiner frühen Auseinandersetzung mit Luhmanns Sinnbegriff; vgl. Habermas 1971e, S.190; ausführlicher dazu 1981, Bd.2, S.34ff.

49 Vgl. dazu besonders Schegloff, Jefferson, Sacks 1977; Jefferson 1987 sowie Schegloff 1992a. Zur Nähe zwischen der Konversationsanalyse und der systemtheoretischen Thematisierung von Kommunikation als autopoietischem System vgl. Hausendorf 1992.

50 Ich knüpfe hier zunächst an die Behandlung des Intersubjektivitätsproblems in der Konversationsanalyse und der Systemtheorie an, wie ich sie in Schneider 2002, Bd.2, S.53ff. und 297ff. dargestellt

(Fortsetzung...)

3.1.4 Gemeinsame Regelbefolgung und die kommunikative Synthesis von Bedeutungsselektionen aus den Perspektiven von Konversationsanalyse und Systemtheorie

Jede Äußerung einer Interaktionssequenz, was immer ihre sonstige kommunikative Funktion sein mag, weist der unmittelbar vorangehenden Äußerung, insofern sie an diese anschließt, eine mehr oder weniger genau bestimmte Bedeutung zu. Der vorangehende Redebeitrag fungiert gleichsam als Einleitung oder Weiterführung einer Reihe,[51] die vom nächsten Sprecher auf regelkonforme Weise fortgesetzt werden soll. In einer weiteren Äußerung kann der Sprecher der ersten Äußerung diese Bedeutungszuweisung bestätigen und damit die Reaktion des zweiten Sprechers als regelkonformen Anschluß konfirmieren oder als Fehldeutung und abweichende Fortsetzung der Reihe markieren.[52]

Wird die Reaktion als abweichend markiert, kann ihr Autor an vierter Sequenzposition den Defekt reparieren. Er signalisiert damit zugleich seine Zustimmung zur Fehleranzeige des ersten Sprechers. Das folgende Beispiel zeigt eine solche Reparatur-Sequenz:

Beispiel A[53]

1	Mother:	Do you know who's going to that meeting?
2	Russ:	Who.
3	Mother:	I don't kno:w.
4	Russ:	Oh::. Prob'ly Missiz McOwen ('n detsa) en prob'ly Missiz Cadry and some of the teachers. ( )

Die erste Äußerung kann als Frage, die sich nach dem Wissensstand des Hörers erkundigt, als Bitte um Information mit Blick auf die eingebettete Frage oder als Vorankündigung einer anschließenden Mitteilung (etwa im Sinne von: "Stell dir vor, wer zu dem Treffen kommt") verstanden und damit als Erfüllung der Regeln unterschiedlicher Sprechakte gedeutet werden. Die Reaktion von Russ weist der Eingangsäußerung die Bedeutung der Vorankündigung einer Mitteilung zu. Mit der an dritter Sequenzposition folgenden Bemerkung macht die Mutter deutlich, daß nicht die Voraussetzungen für die Vorankündigung einer Mitteilung, wohl aber die Einleitungsbedingungen[54] für eine Informationsfrage erfüllt sind und signalisiert

---

50 (...Fortsetzung)
  habe, um dann im folgenden das Konzept der Intersubjektivität theoretisch und empirisch weiter zu entfalten.
51 Mit Wittgenstein könnte man auch sagen: eines elementaren Sprachspiels.
52 Und dies unabhängig davon, ob die zugewiesene Bedeutung der ursprünglichen Mitteilungsintention (sofern eine vorhanden war) entspricht oder nicht; vgl. dazu Garfinkel/Sacks 1979, S.171f.
53 Ich greife hier auf das bereits in Schneider 2002, Bd.2, S.62 verwendete Beispiel aus Schegloff 1988, S.57 zurück und erweitere dessen Interpretation um einige Gesichtspunkte, die für den gegenwärtigen Zusammenhang zentral sind.
54 Einleitungsbedingungen bzw. -regeln im Sinne Searles (vgl. 1976, S.88ff., hier: S.102).

damit, daß Russ sie falsch verstanden hat. Russ reagiert mit einem Ausdruck der Überraschung[55] und anschließender Beantwortung ihrer Äußerung als Informationsfrage. Er revidiert damit seine ursprüngliche Deutung der Eingangsäußerung der Mutter in Übereinstimmung mit der von ihr formulierten Korrektur.

Richten wir den Blick auf die Teilsequenz 2-3-4, so stellen wir fest, daß sie der von Habermas als konstitutiv für Regelbefolgung bezeichneten Sequenz 'Verhaltensereignis - Kritik des Verhaltens als Regelabweichung - Akzeptierung der Kritik' grundsätzlich entspricht.[56] Auf sparsamste Weise, *ohne explizite* Thematisierung des 'Fehlers', wird hier eine Äußerung (a) als abweichend registriert, (b) die Abweichung konsensuell validiert und (c) korrigiert. Die Sequenz zeigt exemplarisch, wie minimalistisch und unspektakulär Reparaturen verlaufen und Bedeutungskonsens durch kontinuierliche Abweichungskontrolle in der alltäglichen Kommunikation reproduziert werden kann. - Treten *keine* Abstimmungsprobleme auf, dann kommen wir zu einer Sequenz von dreizügiger Elementarform:

Beispiel B[57]

1 Mother:	Do you know who's going to that meeting?
2 Russ:	Prob'ly Missiz McOwen ('n detsa) en prob'ly Missiz Cadry and some of the teachers.
3 Mother:	Then I'll go too.

Die Äußerung der Mutter und deren Bedeutungsmöglichkeiten sind hier identisch mit Beispiel A. Russ' Reaktion jedoch versteht die Äußerung der Mutter von vornherein als Erfüllung der Regel für den Vollzug einer Informationsfrage, indem sie eine dazu passende Antwort realisiert. Die anschließende Mitteilung der Mutter, daß sie ebenfalls zu dem Treffen gehen werde, weist sich (durch das einleitende "Then ...") explizit als Folgerung aus der gegebenen Antwort aus und beschreibt dadurch die Reaktion von Russ als *richtige* Fortsetzung der Handlungssequenz, die

---

55 Oder präziser: mit der Produktion eines Äußerungselementes ("Oh::"), das eine Veränderung des Wissensstandes beim Sprecher anzeigt; siehe dazu Heritage 1984, S.286. Das einleitende "Oh::" signalisiert demnach, daß Russ vorher nicht wußte, daß seine Mutter nicht wußte, wer zu dem Meeting kommen würde, er dies aber jetzt weiß und er damit über die Voraussetzungen verfügt, die Äußerung der Mutter als Informationsfrage zu identifizieren.

56 Dabei unterläßt es die Mutter jedoch, die Reaktion von Russ *explizit* als fehlerhaft zu markieren. Es unterbleibt so die Zuschreibung des regelabweichenden Äußerungsereignisses als Handlung. Es bleibt Russ (in Übereinstimmung mit der in der Konversationsanalyse festgestellten "preference for self-correction"; vgl. dazu Schegloff, Jefferson, Sacks 1977) selbst überlassen, seine ursprüngliche Deutung zu revidieren und damit zugleich als Fehlschlag zu definieren, ohne dabei die Frage anzuschneiden, wer die Verantwortung für das Mißverständnis trägt. Das Risiko einer sich leicht entzündenden Debatte darüber, ob etwa die Mutter sich 'falsch ausgedrückt' oder ob Russ sie 'falsch verstanden' hat, kann so umschifft werden. Noch die *ausdrückliche* Etikettierung als Mißverständnis wird vermieden. (Und auch dies kann ein Vorteil sein, wie der Autor einmal durch die Reaktion seines Gegenübers erfuhr, als er eine mißlungene Abstimmung in geringfügigen Angelegenheiten administrativer Art mit der Bemerkung zu erledigen versuchte, daß wohl ein Mißverständnis vorgelegen hätte. Die Antwort des Gesprächspartners lautete "Nein, nein, ich habe sie nicht mißverstanden". Der explizit kommunizierte Versuch, die Fehlerzurechnung auf sich beruhen zu lassen, wurde hier offensichtlich bereits als Vorwurf aufgefaßt, gegen den man sich verteidigen muß.)

57 Ich bediene mich dazu einer freien Variation des vorangehenden Beispiels.

durch die Eingangsäußerung initiiert wurde. Die Bedeutungszuschreibungen der Äußerungen 2 und 3 an die Adresse der Äußerung 1 erscheinen deckungsgleich. *Beide* schließen an die Eingangsäußerung *als Informationsfrage* an, identifizieren sie so auf übereinstimmende Weise als soziale Handlung eines bestimmten Typs und produzieren sie damit als doppelperspektivisch konstituierte Einheit *in der Kommunikation*.

So, wie in unseren beiden Beispielen, wird potentiell an jeder dritten Äußerung einer Sequenz für die Beteiligten sichtbar, ob die von ihnen produzierten Anschlüsse als kongruente Interpretationen des ersten Ereignisses verstanden werden können und eine durch *doppelte Beschreibung* kooperativ konstituierte Einheit zustande gekommen ist, die als Prämisse weiterer Anschlüsse zugrunde gelegt werden kann.[58] Ist Kongruenz erreicht, dann wird damit die Reaktion des Adressaten an zweiter Sequenzposition als korrekte Fortführung und d.h. als richtige Befolgung der Bedeutungsregel beschrieben, die durch das erste Äußerungsereignis der Sequenz aufgerufen wurde. Damit ist zugleich ein elementarer Zyklus intersubjektiver Regelbefolgung durchlaufen.[59] Uno actu bestätigt die Kommunikation die Intersubjektivität der in ihrem Ablauf prozessierten *Bedeutungszuweisungen* und der dabei erfüllten *Regeln*.[60] Inkongruenz der Bedeutungsattributionen bedeutet dementsprechend die kommunikative Anzeige gestörter Intersubjektivität, sowohl im Blick auf das problematische Einzelereignis wie auf die aktuell involvierten Regeln.[61] Gleichgültig aber, ob die dritte Sequenzposition Kongruenz oder Inkongruenz registriert, in jedem Falle wird eine Seite der Unterscheidung *richtig verstehen/ falsch verstehen* bezeichnet und damit die Intersubjektivität der Bedeutungsselektionen und der Regelapplikation an dieser Stelle in die Kommunikation eingeführt.

Systemtheoretisch gesprochen fungiert an der dritten Sequenzposition die Unterscheidung von Verstehen und Mißverstehen *in der Selbstbeobachtung der Kommunikation*.[62] Gleichgültig, was die Beteiligten sich dabei denken und was sonst noch geschieht, wird hier eine Seite dieser Unterscheidung durch den Verlauf der Kom-

---

58 Bateson (1982, S.163ff.) weist dem Prinzip der doppelten Beschreibung auf unterschiedlichen Ebenen der Evolution grundlegende Bedeutungen für die Konstitution emergenter Phänomene zu (so z.B. erzeugt das binokulare Sehen den optischen Raum). Als strukturelle Elementareinheit der Interaktion bestimmt Bateson eine dreizügige Sequenz von Reiz, Reaktion und Verstärkung (a.a.O., S.167), bei der in Übereinstimmung mit dem Prinzip der doppelten Beschreibung Reaktion und Verstärkung als Beschreibungen der Reizbedeutung aufgefaßt werden können. Das dadurch konstituierte Emergenzniveau ist Sozialität als Ebene, die nur durch die Kooperation unterschiedlicher Bewußtseine möglich, aber nicht auf Bewußtseinsphänomene reduzierbar ist.
59 Vgl. ausführlicher dazu sowie zum folgenden Schneider 1994, Kap.4.
60 Entsprechend dazu Heritage 1984, S.258: "Any 'third' action, therefore, which implements some 'normal' onward development or trajectory for a sequence, tacitly confirms the displayed understandings in the sequence so far."
61 Siehe dazu erneut Schegloff 1992a, dessen Titel der "repair after next turn" die Rolle der "... last structurally provided defense of intersubjectivity in conversation" zuschreibt.
62 Wem diese Formulierung zu sehr nach einer Hypostasierung von Kommunikation als Subjekt aussieht, der kann hier für die abkürzende Formel 'Selbstbeobachtung der Kommunikation' auch die explizitere Fassung 'Beobachtung der Kommunikation in der Kommunikation' einsetzen.

munikation bezeichnet oder zumindest angezeigt, daß gegenwärtig eine solche Zuordnung noch nicht möglich ist.[63] In jedem Falle ist diese Unterscheidung aufgerufen, und jede an dritter Stelle positionierte Mitteilung gewinnt Bedeutung in dem dadurch definierten Beobachtungsbereich. Läuft die Kommunikation ohne ein Anzeichen von Verstehensproblemen über die dritte Sequenzposition hinweg, dann wird damit die Kommunikation in der Kommunikation als störungsfrei prozessierend beschrieben (vgl. entsprechend Schneider 1991a, S.8 sowie Fuchs 1993, S.50). Die *Kommunikation* attestiert, daß sie von übereinstimmendem Verstehen getragen ist.

"Intersubjektivität" - und dies gilt es zu betonen - fungiert hier als Kategorie der *Selbstbeobachtung von Kommunikation*.[64] Es wäre deshalb auch zu kurz gegriffen, wenn man die Funktion der dritten Sequenzposition reduzieren wollte auf die Ermöglichung von Intersubjektivität zwischen den involvierten Psychen und auf die *mögliche* Überleitung hin zu reflexiver Kommunikation über Kommunikation, die nur dann in Betrieb genommen wird, wenn die intersubjektive Übereinstimmung der Bedeutungszuweisungen aus der psychischen Binnenperspektive des Sprechers an erster Sequenzposition nicht erreicht ist. Wird die Möglichkeit der Metakommunikation an dieser Stelle nicht genutzt, so hat auch dies kommunikative Folgen. Die Möglichkeit der Metakommunikation ist dann in der Kommunikation gleichsam "offiziell abwesend".[65] Man kann hier - um Watzlawick u.a. zu paraphrasieren - *nicht nicht metakommunizieren*, weil noch die Nicht-Nutzung der Möglichkeit zur metakommunikativen Korrektur besagt, daß eine solche Korrektur nicht nötig ist und das kommunikativ erreichte Verstehen als *richtiges* Verstehen im weiteren Ablauf zugrunde gelegt werden kann (vgl. Schneider 1991a, S.8). Wie die Reaktion Alters den Sinn des vorausgehenden Mitteilungsereignisses kommunikativ bestimmt, so konfirmiert oder diskonfirmiert Egos Anschlußverhalten an dritter Sequenzposition kommunikativ die in der Reaktion enthaltene Sinnzuweisung und die darin präsupponierten Regeln.

Daraus folgt *keine Identität* der psychisch prozessierten Bedeutungsselektionen. Um es an unserem Beispiel zu illustrieren: Die Frage der Mutter kann auf unterschiedlichste Weise motiviert sein. Vielleicht will sie mit einem der Lehrer über die schulischen Leistungen ihres Sohnes sprechen oder sie hofft, die eine oder andere Bekannte zu treffen; sie mag sich fragen, ob der Abend anregend oder langweilig wird, welche Themen zur Sprache kommen, wie lange das Treffen vermutlich dauert, ob sie es sich sozial leisten kann, zu 'fehlen' oder nicht, ob sie sich sportlich

---

[63] So z.B. durch Rückfragen, die signalisieren, daß noch kein hinreichend deutliches Verstehen erreicht wurde, um 'richtiges' von 'falschem' Verstehen unterscheiden zu können.

[64] Mit dieser kommunikationstheoretischen Umwidmung des Intersubjektivitätsbegriffs entfallen m.E. die Voraussetzungen für die von Luhmann (1986a) behauptete wechselseitige Ausschließung der Konzepte Intersubjektivität und Kommunikation als Ausgangspunkten soziologischer Theoriebildung.

[65] "Noticeably or 'officially' absent" - dieser Ausdruck stammt aus der Konversationsanalyse (vgl. Heritage 1984, S.249) und bezeichnet dort den Ausfall einer erwarteten Möglichkeit (z.B. den Ausfall der Antwort auf eine Frage, wenn der Adressat einfach schweigt), der vor dem Hintergrund der Erwartung zu einem positiven Ereignis wird.

oder elegant kleiden soll usw. und glaubt Rückschlüsse darauf ziehen zu können, wenn sie weiß, wer kommen wird. Diese und andere Gesichtspunkte können zum *subjektiven Relevanzhintergrund* der Frage gehören. In der Kommunikation taucht davon nichts auf. Sie verhält sich indifferent gegenüber dem "subjektiven Sinn" der gestellten Frage und dem spezifischen Sinn, den die Antwort vor diesem Hintergrund erhält. Russ kann die Frage beantworten, unabhängig davon, inwieweit er diesen *Hintergrund* antezipiert. Ob es der Mutter um die Eruierung der Möglichkeit geht, Bekannte zu treffen oder den Klassenlehrer von Russ zu sprechen, ob sie ihre Themenerwartungen oder ihre Kleidung danach einrichten will, wie die Antwort ausfällt - all dies sind *Unterschiede*, die in der Kommunikation solange *als indifferent* behandelt werden können, wie es für deren Fortgang keinen relevanten Unterschied macht, ob sie berücksichtigt werden oder nicht. Retrospektiv kann sich herausstellen, daß diese Voraussetzung nicht erfüllt war: Nehmen wir an, die Mutter wollte tatsächlich den Klassenlehrer sprechen. Der aber hatte abgesagt und Russ wußte dies. Als die Mutter erfährt, daß Russ über diese Information verfügte, hält sie ihm vor, ihre Frage nicht richtig beantwortet zu haben. Er hätte schließlich wissen können, daß sie nicht zum Vergnügen zu solchen Veranstaltungen gehe usw. - Durch den weiteren Verlauf der Ereignisse wird hier nachträglich einer der indifferentialisierten Unterschiede kommunikativ relevant. *Retrospektiv* erweist sich das in der vorausliegenden Frage-Antwort-Sequenz erreichte Verstehen als unzureichend. Unter normalen Umständen (der Klassenlehrer wäre wie üblich erschienen) hätten die ausgeblendeten Unterschiede keine Rolle gespielt. Das erreichte Verstehen und die darauf gründende Antwort von Russ wäre dann so präzise gewesen, wie aus der Perspektive der Mutter erforderlich.

Die Anforderungen an das Verstehen lassen sich, so meine Folgerung daraus, nicht beschränken auf korrektes Erkennen aktueller Bedeutungsintentionen und erfüllter Bedeutungskonventionen. Beide spielen vor einem *kommunikativ unthematischen Hintergrund subjektiver Relevanzen*, die solange nicht mitverstanden werden müssen (und im Prinzip nie vollständig verstanden werden können), wie keine Ereignisse auftauchen, durch die es für die Kommunikation bedeutsam wird, ob Beiträge unter Berücksichtigung dieser Relevanzen konzipiert wurden oder nicht.

Die Anforderungen an die Tiefenschärfe des Verstehens sind, je nach der Art der sozialen Beziehung, unterschiedlich.[66] Sie liegen etwa in der Kommunikation zwischen Verkäufer und Kunde niedriger als unter Bedingungen intimer oder psychotherapeutischer Kommunikation. Absolute Bedeutungsidentität ist dabei keine empirisch realisierbare Möglichkeit. Der "subjektiv gemeinte Sinn" ist vielmehr, wie Schütz feststellt, ein "Limesbegriff", der approximiert, aber nie vollständig erreicht

---

66 "*Ein* Ideal der Genauigkeit ist nicht vorgesehen; wir wissen nicht, was wir uns darunter vorstellen sollen - es sei denn, du selbst setzt fest, was so genannt werden soll. Aber es wird dir schwer werden, so eine Festsetzung zu treffen; eine, die dich befriedigt", notiert Wittgenstein, PhU, § 88; Hervorhebung im Original.

und daher auch nicht intersubjektiv geteilt werden kann.[67] Bedeutungskonsens verlangt immer die Ausblendung von Differenzen, die *aktuell* keinen Unterschied machen. Um unendliche in endliche Koordinationslasten zu transformieren, müssen ständig Unterschiede *indifferentialisiert* werden im Vertrauen darauf, daß sie keine Rolle spielen. Das damit verbundene Risiko, daß spätere Ereignisse die ausgeblendeten Unterschiede relevant machen, ist tragbar, weil die Möglichkeit fortbesteht, zunächst aus der Kommunikation ausgeschlossene Sinnmomente im Bedarfsfalle nachträglich durch metakommunikative Thematisierung einzuführen und darüber Bedeutungskonsens zu erzielen.

Die von Habermas betonte Unterstellung der Möglichkeit zur aktuellen Herbeiführung eines Einverständnisses, die sich auch unter Bedingungen nachträglicher Relevanz- und Sinnverschiebungen bewähren soll, steht daher nicht als Gewähr der Herstellbarkeit von Bedeutungsidentität, sondern im Gegenteil *als funktionales Äquivalent* dafür: Weil es *nicht* möglich ist, zeitfeste und kontextinvariante Bedeutungs*identität* in der Kommunikation herzustellen, muß die Möglichkeit fortwährender Abweichungskontrolle als *Ersatzlösung* einspringen, die sicherstellt, daß die Bedeutungszuweisungen der Beteiligten kontinuierlich hinreichend synchronisiert werden können, um den (situativ variierenden) Verständigungsbedarf für die Fortsetzung der Kommunikation zu gewährleisten.

Mit dieser Analyse der kommunikativen Koordination von Bedeutungsselektionen haben wir den wesentlichen Schritt auf dem Weg zur systemtheoretischen Umwidmung des Konzepts intersubjektiver Regelbefolgung bereits getan. Um es fugenlos zu implementieren bleibt zu zeigen, wie es auf unterschiedliche Weise in der Kommunikation aktiviert werden kann, welche verschiedenen Funktionen es dabei erfüllt und wie es mit den übrigen Komponenten des systemtheoretischen Kommunikationsbegriffs verknüpft ist.

3.1.5 *Aktivierungsmodi des Regelschemas im Kontext der systemtheoretischen Kommunikationstheorie und der Konversationsanalyse*

Erinnern wir uns zunächst knapp an die hier relevanten Kernelemente der systemtheoretischen Konzeption von Kommunikation: Luhmann konzipiert Kommunikation als autonome Systembildungsebene. Eine elementare kommunikative Einheit ist dabei bestimmt als Synthese von drei Selektionen, von Mitteilung, Information und Verstehen, die in einer Sequenz von zwei Äußerungsereignissen realisiert wird (vgl. Luhmann 1984, S.191ff.).[68] Ein zweites Ereignis schließt an ein erstes an, deklariert es damit als seinen Vorläufer und präsentiert sich selbst als dessen Fol-

---

67 Siehe Schütz 1960, S.30 und 108. Nur als idealisierende Unterstellung des "natürlichen Bewußtseins", die diese Ausblendung trägt, fungiert die "Generalthese reziproker Perspektiven" in der Kommunikation; siehe Schütz 1971, Bd.1, S.14. Vgl. dazu auch Schneider 2002, Bd.1, S.236ff.
68 Zur ausführlichen Diskussion des Luhmann'schen Kommunikationsbegriffs vgl. Schneider 2002, Bd.2, S.276ff.

geereignis. Das zweite *versteht* das erste als *Mitteilung* einer *Information*. Ob das erste Ereignis als Beitrag zur Kommunikation intendiert war oder nicht, ist dabei ebenso sekundär wie die eventuelle Mitteilungsabsicht, die sein Autor damit verband. Jemand mag sich in einer Auktion gedankenverloren am Kopf kratzen oder einem gerade entdeckten Bekannten ein Zeichen geben wollen; indem der Auktionator auf diese Geste hin ihm den Zuschlag erteilt, erhält sie den kommunikativen Sinn eines Gebots. Der überraschte 'Bieter' muß dann entscheiden, ob er die ihm zugerechnete kommunikative Handlung als seine Handlung bestätigt oder versucht, das Ganze als Mißverständnis zu deklarieren. Ohne die Anschlußhandlung des Auktionators oder eines anderen Teilnehmers der Veranstaltung hätte die Geste, wie immer sie auch motiviert war, keine kommunikative Bedeutung erlangt. Die Kommunikation organisiert sich daher nicht von den psychisch repräsentierten Mitteilungsintentionen der Sprecher, sondern vom *kommunikativen Verstehen* her,[69] wie es mit den Anschlußäußerungen anderer Sprecher zustande kommt. Die *Simultaneinheit* der Selektionstriade findet darin ihre Begründung. *Verstehen*, so können wir präzisieren, ist die für Kommunikation konstitutive *Beobachtungsoperation*, die darin besteht, daß ein Ereignis durch ein Folgeereignis mit Hilfe der Unterscheidung von Mitteilung und Information beobachtet wird.

Das Konzept der *Beobachtung* ist im Rahmen der Systemtheorie generell als Gebrauch einer Unterscheidung definiert, bei der eine Seite der verwendeten Unterscheidung bezeichnet wird. Unterscheidungen können jedoch in verschiedener Weise eingesetzt werden: Sie können in einem kompakten oder *einwertigen* Modus verwendet werden (z.B. 'Verstehen') oder in einem *zweiwertigen* Modus (z.B. 'richtiges Verstehen' im Gegensatz zu '*falschem* Verstehen'). Die Systemtheorie differenziert deshalb zwischen dem *operativen* (=einwertigen) Gebrauch und der Verwendung von Unterscheidungen im Modus der *Beobachtung erster Ordnung* (=zweiwertiger Gebrauch).[70] Ein weiterer Modus des Unterscheidungsgebrauchs wird als *Beobachtung zweiter Ordnung* bezeichnet. Dieser Modus wird benutzt, wenn eine komplette, zweiwertige Unterscheidung von einer anderen Unterscheidung unterschieden wird. Man könnte in diesem Fall auch von einem *reflexiven Modus* des Unterscheidungsgebrauchs sprechen, weil hier nicht nur (wie bei der Beobachtung erster Ordnung) Bezeichnungsmöglichkeiten, sondern *Unterscheidungen unterschieden* werden. Vor dem soweit skizzierten kommunikations- und beobachtungstheoretischen Hintergrund will ich nun genauer die Rolle analysieren, die das Konzept der Regel innerhalb einer Sequenz von drei Zügen spielt.

Die bisherige Diskussion intersubjektiver Regelbefolgung führte zu dem Ergebnis, daß der *Regelbegriff als Beobachtungsschema* zu rekonstruieren ist, das in der

---

69 Vom *kommunikativen* und nicht vom psychischen Verstehen her, weil der Produzent einer Anschlußäußerung etwas anderes verstehen kann als das, was als Verstehen in der Kommunikation erscheint. So etwa, wenn sich jemand durch eine scharfe Bemerkung verletzt fühlt und ihrem Autor entsprechende Absichten unterstellt, darauf aber eine Reaktion zeigt, die diese Bemerkung als *Scherz* definiert.

70 Zum Verhältnis von Operation und Beobachtung siehe Luhmann 1990a, S.76ff. und 114ff. sowie Esposito 1991, S.42ff.

Kommunikation spezifische Funktionen erfüllt. Dieses Beobachtungsschema ist definiert durch die binäre Unterscheidung von 'richtig' und 'falsch'.[71] Durch die Bindung der präferierten Unterscheidungsseite ('richtig') an bestimmte Kriterien werden einzelne Regeln konstituiert. Das Regelschema kann, in Abhängigkeit von der jeweiligen Sequenzposition, an der es operiert, in drei verschiedenen Modi aktiviert werden: (1) im *einwertigen* Modus, (2) im *zweiwertigen* Modus oder (3) im *reflexiven* Modus. In der Begrifflichkeit der Systemtheorie und der Kybernetik zweiter Ordnung können wir hier auch vom Gebrauch des Regelschemas auf *operativer* Stufe sowie auf den Stufen der *Beobachtung erster und zweiter Ordnung* sprechen. In jedem dieser drei Modi löst die Verwendung des Regelschemas ein besonderes Problem, das von vitaler Bedeutung für die Fortsetzung von Kommunikation ist und jeweils an bestimmten Sequenzpositionen relevant wird:

(1) Wird eine Mitteilung als *Initialäußerung* unter gegebenen situativen Randbedingungen ausgeführt oder schließt ein kommunikatives Ereignis als *zweites Ereignis* einer Sequenz an seinen Vorgänger an, dann fungieren Regeln zunächst *operativ*. Sie etablieren Einschränkungen für die Wahl von Verhaltensalternativen und liefern so die notwendigen Orientierungsgrundlagen für den Beginn bzw. die Fortsetzung von Kommunikation. In der Lösung des Initialisierungs- bzw. Anschlußproblems an erster bzw. zweiter Sequenzposition fungieren Regeln (alias Erwartungen) *einwertig*. Dabei versteht jede Folgeäußerung die vorangehende als (hier notwendig 'richtige') Realisierung einer zugrundeliegenden Bedeutungsregel, indem sie eine dazu passende Anschlußäußerung liefert. Die Regel stiftet die Verbindung zwischen beiden Ereignissen. Ohne sie bestünde kein Zusammenhang, könnte zwischen Fortsetzung und Nicht-Fortsetzung der Kommunikation nicht unterschieden werden.[72] Umge-

---

71 Angemessen/unangemessen, befolgen/abweichen u.ä. können im wesentlichen als synonyme Unterscheidungen betrachtet werden. Analog dazu nennt Luhmann (1984, S.363) erfüllen/enttäuschen als Differenz, mit denen *Erwartungen* die Umwelt abtasten. Ich gehe davon aus, daß der Begriff der generalisierten Erwartung und der Regelbegriff (in einer um die Annahme intersubjektiver Bedeutungs*identität* bereinigten Fassung) ineinander überführt werden können. Aus Gründen terminologischer Einheitlichkeit behalte ich im Rahmen der hier geführten Diskussion den Regelbegriff durchgängig bei. - Vgl. dazu auch Habermas (1971e, S.190f.), der seine Deutung des Regelbegriffs aufs engste mit der *Reflexivität* des Erwartens verbindet, die Luhmann (1971, S.63; 1984, S.411) als Voraussetzung für die Konstitution und Reproduktion sozialer Strukturen begreift. Habermas führt aus (vgl. a.a.O., Hervorhebung im Original): "Die Intersubjektivität der Geltung einer Regel, und damit Identität der Bedeutungen, beruht auf einer wechselseitigen Kritisierbarkeit regelorientierten Verhaltens, und diese wiederum verlangt nicht sowohl Reziprozität des Verhaltens, sondern der Verhaltens*erwartung*. A muß B's Erwartungen ebenso antizipieren und sich zu eigen machen können wie umgekehrt auch B die Erwartungen von A. Die gegenseitige Reflexivität der Erwartungen ist die Bedingung dafür, daß sich beide Partner in derselben Erwartung 'treffen', daß sie die Erwartung, die mit der Regel objektiv gesetzt ist, identifizieren, daß sie deren symbolische Bedeutung 'teilen' können."
72 "Erwartungsstrukturen sind zunächst ganz einfach Bedingung der Möglichkeit anschlußfähigen Handelns und insofern Bedingung der Möglichkeit der Selbstreproduktion der Elemente durch ihr eigenes Arrangement", notiert dementsprechend Luhmann (1984, S.392), um dann zu generalisieren: "Der Strukturbegriff ist mithin ein Komplementärbegriff zur Ereignishaftigkeit der Elemente. Er bezeichnet eine Bedingung der Möglichkeit basaler Selbstreferenz und selbstreferentieller Reproduktion des Systems" (a.a.O., S.392/93).

kehrt können Regeln nur durch eine Minimalsequenz zweier Ereignisse (bzw. durch die Relation zwischen einer Äußerung und ihrem situativen Kontext) vitalisiert, verkörpert werden. Isolierte Ereignisse sind grundsätzlich regellos. Ihnen fehlt ein Relatum, zu dem sie in einem wie auch immer konditionierten Zusammenhang stehen könnten. Ein zweites Ereignis kann seinen Vorgänger als Eröffnung einer regulär konstituierten Reihe ansteuern und ihm damit einen spezifischen Platz in einer Sequenz anweisen, zu der es zugleich selbst gehört. Eine Antwort weist die vorausgegangene Äußerung als Frage aus, eine Rechtfertigung definiert sie als Vorwurf, ein Widerspruch als Behauptung etc.[73]

(2) Erst an *dritter Sequenzposition* kann in der Kommunikation thematisch werden, ob das erste Ereignis durch seinen Nachfolger der *richtigen* Reihe zugewiesen wurde und dementsprechend das zweite Ereignis als *korrekte* Fortsetzung der Reihe gelten kann, die der Autor des ersten einleiten wollte, oder nicht. An dieser Stelle ist die für Regelbefolgung konstitutive Unterscheidung *richtig/falsch* in den sequentiellen Ablauf der Kommunikation eingebettet. Mit jedem Passieren einer dritten Sequenzposition wird sie aufgerufen und eine ihrer Seiten markiert. Das Regelschema fungiert hier zumindest *zweiwertig*, d.h. auf der *Beobachtungsebene erster Ordnung* in der Selbstbeobachtung von Kommunikation.

Davon, welche Bezeichnungsseite die Kommunikation ansteuert, hängt der weitere Verlauf ab. In elementarer Ausprägung geht es darum, ob Reparaturen bzw. metakommunikative Schleifen nötig werden oder die Kommunikation störungsfrei über die dritte Sequenzposition hinweggleitet. Darüber hinaus aber ist hier der kommunikationsinterne Anlagerungspunkt für die Erzeugung spezifischer Erwartungen, die sich auf die beteiligten Prozessoren richten.

Korrekt erscheinende Anschlüsse geben dafür wenig her. Sie lassen den anderen als 'normal' erscheinen. Er verhält sich in Übereinstimmung mit Erwartungen, die als gültig unterstellt werden, bewegt sich also im Rahmen des allgemein als 'vernünftig' akzeptierten Verhaltens, das den Anforderungen der wahrgenommenen Situation Rechnung trägt und gerade deshalb nichts über Besonderheiten des Akteurs aussagt. Anders bei 'falschem' Verhalten. Weil es den situativen Anforderungen anscheinend zuwiderläuft und die Standards allgemeiner Vernünftigkeit verletzt, müssen Erklärungsversuche sich an die beteiligten Personen halten.[74] - Eine gute Illustration dazu bieten Garfinkels Krisenexperimente:

---

73 Zur *konversationsanalytischen* Diskussion des hier in Anspruch genommenen Prinzips der strikten Koppelung von Äußerungsbeiträgen als Voraussetzung für das Sichtbarwerden des Verstehens in der Kommunikation vgl. Heritage 1984, S.254ff. sowie Schneider 2002, Bd.2, S.55ff.
74 So auch Heritage (1984, S.116) mit der Bemerkung über "... the participants' believe that breaches of norms are commonly more revealing about the attitudes, motives and circumstances of other people than is conformity".

3.1 INTERSUBJEKTIVITÄT ALS KOMMUNIKATIVE KONSTRUKTION

Beispiel C[75]

(S) Hi, Ray. How is your girl friend feeling?
(E) What do you mean, "How is she feeling?" Do you mean physical or mental?
(S) I mean how is she feeling? What's the matter with you?
 (He looked peeved.)

S *begrüßt* E und erkundigt sich nach dem Befinden von E's Freundin. Er verwendet dazu eine Standardformulierung, die der Erfüllung konventioneller Gepflogenheiten der Höflichkeit entspricht und es dem Angesprochenen überläßt, wie ausführlich und spezifisch er darauf antwortet.[76] Im Gegensatz dazu definiert E's Reaktion die Äußerung von S als präzisierungsbedürftige *Informationsfrage*. Ihr wird damit eine Bedeutung zugeschrieben, die von den sozial geltenden Regeln für die Verwendung einer solchen Äußerung unter den gegebenen Bedingungen abweicht.[77] An dritter Sequenzposition weist S E's Forderung nach Präzisierung und damit zugleich die zugrundeliegende Bedeutungszuschreibung zurück. Darüber hinaus wird die Reaktion von E als Abweichung verbucht, die nur darin eine Erklärung finden kann, daß *irgend etwas mit E nicht in Ordnung ist.*

Dieser Verlauf ist charakteristisch für die von Garfinkel durchgeführten Experimente. Die Bedeutungsregel, der die Versuchsperson bei ihrer Äußerung zu Beginn der Sequenz folgt, bildet den von ihr als gültig unterstellten Maßstab, nach dem sie das Verhalten des Gegenübers beurteilt. Die Beobachtung einer Abweichung von dieser Regel provoziert keinen Zweifel an ihrer aktuellen Geltung. Daß der andere das Wissen um die Regel teilt, wird unterstellt. Seine Abweichung muß daher als zurechenbare Handlung verstanden werden.[78] Sie stimuliert die Annahme, daß

---

75 Vgl. Garfinkel 1967, Kap.2. Hier die vollständige Version des zitierten Beispiels (siehe a.a.O., S.42f., Case 2; "E" steht dabei für "Experimenter", "S" für "Subject"):
 (S) Hi, Ray. How is your girl friend feeling?
 (E) What do you mean, "How is she feeling?" Do you mean physical or mental?
 (S) I mean how is she feeling? What's the matter with you?
  (He looked peeved.)
 (E) Nothing. Just explain a little clearer what do you mean?
 (S) Skip it. How are your Med School applications coming?
 (E) What do you mean, "How are they?"
 (S) You know what I mean.
 (E) I really don't.
 (S) What's the matter with you? Are you sick?

76 Als Besonderheit ist hier nur anzumerken, daß im Kontext von Begrüßungen an dieser Stelle typisch die Erkundigung nach dem Befinden des Begrüßten steht (z.B. "Hallo Ray, wie geht es dir?"). Ist bekannt, daß nahe Angehörige oder sonstige enge Bezugspersonen erkrankt sind bzw. waren oder besondere Schwierigkeiten anderer Art durchzustehen hatten, dann entspricht es üblichen Gepflogenheiten, daß alternativ dazu auch nach deren Befinden gefragt werden kann.

77 Die Regeln des Zeichengebrauchs, die zugleich die Bedeutungszuschreibung orientieren, können in Entsprechung zu der von Searle (1976, S.57) vorgeschlagenen Explikationsformel für konstitutive Regeln wie folgt wiedergegeben werden: 'Die Äußerung des Ausdrucks X gilt als Vollzug einer Sprechhandlung mit der Bedeutung Y im Rahmen des Kontextes K.'

78 "You know what I mean", lautet die typische Reaktion auf die Frage "What do you mean ...". Und so, wie die Experimente angelegt waren, konnten die Versuchspersonen auch kaum etwas anderes annehmen, waren doch andere Deutungsmöglichkeiten, die eine normalisierende Interpretation der Situation ermöglicht hätten, systematisch blockiert.

irgend etwas mit ihm los sein müsse, er besondere Gründe hat oder Absichten verfolgt. "What's the matter with you?", "What came over you?", "Are you sick?", "Why are you asking me those (bzw.: such silly) questions?", - dies sind die typischen Reaktionen, über die Garfinkel berichtet. Ihnen allen ist gemeinsam, daß darin das Verhalten des Gesprächspartners als Regelverletzung markiert wird, für die kein vernünftiger Grund ersichtlich ist und die deshalb nur auf eine Normalitätsabweichung in der Person des anderen zurückgeführt werden kann.

Dies bedeutet nicht unbedingt, daß tatsächlich an dessen Zurechnungsfähigkeit gezweifelt wird, denn dann wäre es sinnlos, von ihm eine klare Auskunft über die (Hinter)Gründe seines Verhaltens zu verlangen.[79] Pragmatisch haben diese Reaktionen vielmehr den Status einer Aufforderung zur Rechtfertigung bzw. zur Reparatur des verursachten Problems. Sie implizieren die Zuschreibung der Regelabweichung als zu verantwortendes und korrekturbedürftiges Delikt.

Zusammenfassend ist festzuhalten: Im Kontext der *Beobachtung erster Ordnung* ist die Regel *unkorrigierbar*.[80] Sie bleibt als Beobachtungsinstruktion ohne Alternative uneingeschränkt in Kraft, weil sie die Feststellung von Abweichungen auslöst, die Suche nach Erklärungen anleitet und als Prämisse in diese Erklärungen eingeht. Die Unterscheidung richtig/falsch wird dabei nach dem Muster eines Präferenzcodes eingesetzt. 'Falschheit' (Abweichung) fungiert hier als Reflexionswert 'richtigen' Verhaltens,[81] der nur als Negation der präferierten Unterscheidungsseite zählt und Reparaturprozeduren aufrufen oder Etikettierungen provozieren kann. Die Beobachtung erster Ordnung gebraucht das Regelschema demnach auf *autistische* Weise. Weil jede Abweichung von einer Regel durch die Anwendung dieser Regel in der Beobachtung eines Verhaltens erfaßt und verbucht werden kann, bestätigt sich die Regel in ihrem Gebrauch notwendig selbst. Grenzen ihres Geltungsbereichs können so nicht festgestellt werden.

Ausschließlich auf diese Weise eingesetzt, würde die Fortsetzbarkeit von Kommunikation durch den Gebrauch des Regelschemas gefährdet. Divergierende Kriterien für seine Verwendung würden schnell zum Konflikt und/oder zum Abbruch von Kommunikation mangels Verständigungsmöglichkeiten führen.[82] Die Beobachtung im Schema richtig/falsch kann aber ebensowenig aufgegeben werden, weil nur so zwischen 'richtigem' und 'falschem' Verstehen in der Kommunikation

---

79 Auch der (mit dem Gestus der Verärgerung oder Empörung verbundene) Ausruf 'Du bist ja verrückt!' hat typisch die pragmatische Funktion eines Vorwurfes, der sich darauf bezieht, daß alle vernünftigen Gründe gegen eine bestimmte Handlungsweise sprechen. Dementsprechend reagiert der so Angesprochene häufig mit Begründungen und Rechtfertigungen.
80 Siehe dazu Pollner 1976, der den Gebrauch unkorrigierbarer Prämissen als generelles Charakteristikum "mundanen" Denkens begreift.
81 Zur Rolle des Reflexionswertes in binären Codes vgl. Luhmann 1990a, S.200 und 202ff.
82 Drastisch illustriert dies der Verlauf von Garfinkels Fallbeispiel 6 (vgl. 1967, S.44):
"The victim waved his hand cheerily.
(S) How are you?
(E) How am I in regard to what? My health, my finances, my school work, my peace of mind, my...?
(S) (Red in the face and suddenly out of control.) Look! I was just trying to be polite. Frankly, I don't give a damn how you are."

unterschieden und dadurch die Orientierungsvoraussetzungen für die Rekrutierung von Psychen für weitere Beteiligung gesichert werden können.

(3) Um den Autismus des Regelschemas zu kompensieren, muß es auf die Ebene der *Beobachtung zweiter Ordnung* transponiert werden. Dies geschieht, wenn die Unterscheidung richtig/falsch nicht nur unmittelbar zur Beobachtung und Bezeichnung von Verhalten verwendet, sondern darüber hinaus beobachtet wird, wie andere Beobachter diese Unterscheidung gebrauchen. Wenn ein Verhalten im Beobachtungsmodus erster Ordnung als abweichend (='falsch') beobachtet wird, kann auf den Modus der Beobachtung zweiter Ordnung umgeschaltet und so die Frage aufgeworfen werden, welchen alternativen Richtigkeitsstandards dieses Verhalten aus der Perspektive seines Urhebers vermutlich folgt.

Mit einem Terminus, den Luhmanns Systemtheorie (vgl. u.a. 1990a, S.189f. und 379f.) aus der Logik von Spencer Brown (1979) entliehen hat, kann man dies auch wie folgt formulieren: Es kommt zu einem *re-entry* der Unterscheidung richtig/falsch, d.h. zu einem Wiedereintritt dieser Unterscheidung in den von ihr erzeugten Unterscheidungsbereich. Indem gefragt wird, durch welche abweichende Konditionierung der Unterscheidung richtig/falsch das als 'falsch' erkannte Verhalten geleitet sein könnte, tritt hier die Unterscheidung richtig/falsch in eine ihrer beiden Seiten, nämlich die Seite des als 'falsch' bezeichneten Verhaltens ein, um so den abweichenden 'Eigensinn' dieses Verhaltens zu ermitteln. Der Vollzug eines solchen re-entry bedeutet, daß -

(a) zwischen dem primären Gebrauch der Unterscheidung richtig/falsch und der Verwendung derselben Unterscheidung auf der Basis divergierender Kriterien ihrer Anwendung bei der Erzeugung des beobachteten Verhaltens *unterschieden* wird sowie, daß
(b) die Unterscheidung richtig/falsch bei der Suche nach den *alternativen Richtigkeitskriterien*, denen das zunächst als 'falsch' beobachtete Verhalten möglicherweise folgte, *reflexiv auf sich selbst angewendet* wird.

Die Verwendung des Regelschemas im Modus der Beobachtung zweiter Ordnung ist durchaus nicht an kommunikative Ausnahmesituationen gebunden. Bereits das *psychische* Verstehen nichtstandardisierter Konversationsimplikaturen à la Grice ist nicht anders möglich:

Beispiel D[83]

A: Was in aller Welt ist mit dem Braten geschehen?
B: Der Hund schaut sehr glücklich aus.

---

83 Ich entnehme das folgende Beispiel aus Levinson 1990a, S.129.

A stellt hier eine Frage. Er produziert demnach das erste Paarglied eines Nachbarschaftspaares, das an der nächsten möglichen Stelle nach seiner Vervollständigung durch ein zweites passendes Paarglied, d.h. nach einer Antwort (bzw. nach einer Äußerung, die als Vorbereitung dazu oder als Substitut dafür gedeutet werden kann) verlangt.[84] Die Äußerung B's ist jedoch weder als direkte Antwort oder deren Vorbereitung noch als Erklärung dafür zu verstehen, warum B keine Antwort geben kann. Sie erscheint daher auf den ersten Blick als Abweichung gegenüber den regulär erwartbaren Anschlußmöglichkeiten. Im *Beobachtungsmodus erster Ordnung* kann A diese Abweichung als Faktum unterstellen, um dann nach Erklärungen dafür zu suchen. Er könnte so zu dem Ergebnis kommen, daß B wahrscheinlich nicht zugehört bzw. ihn auf eine unerfindliche Weise mißverstanden hat oder aus bestimmten Gründen nicht antworten will.[85]

Behandelt A die registrierte Abweichung nur als Zwischenergebnis, das ihn zur Suche nach ergänzenden Prämissen veranlaßt, die die Feststellung von B als korrekten Anschluß erkennbar werden lassen, schaltet er in den *Beobachtungsmodus zweiter Ordnung*. A muß dazu unterstellen, daß B "kooperiert",[86] d.h. seine Äußerung als relevante Reaktion auf A's Frage intendiert war und in diesem Sinne interpretierbar ist. Wenn A so verfährt und über den Zusammenhang zwischen verschwundenem Braten und Hundeglück grübelt, wird er schnell zu dem Ergebnis kommen, B habe sagen wollen (oder genauer: "konversationell impliziert"; Grice 1979, S.248ff.), daß möglicherweise der Hund den Braten gefressen hat. Er mag sich dann mit einem Aufschrei der Entrüstung an den Hund wenden und damit für alle Zuhörer zum Ausdruck bringen, wie er die Äußerung B's verstanden hat. Daß dieses kommunikative realisierte Verstehen *psychisch* über die Prozessierung des Regelschemas im Beobachtungsmodus zweiter Ordnung erreicht wurde, bleibt dabei unsichtbar.

Möglich ist dies jedoch nur, wenn die kognitive Kapazität des beobachtenden Bewußtseins ausreicht, um alternative Kriterien der Richtigkeit für das zunächst als abweichend beobachtete Ereignis zu ermitteln. Arbeitet es rasch genug, wird das auf diesem Wege erreichte Verstehen als unmittelbares Verstehen erlebt, in dem die Differenz zwischen dem Beobachtungsmodus erster und zweiter Ordnung kaum wahrgenommen wird. Benötigt das Bewußtsein einige Zeit, um derartige Richtig-

---

84 Zur Struktur von "Nachbarschaftspaaren" (adjacency pairs) vgl. Levinson 1990, S.302ff. sowie Schneider 2002, Bd.2, S.55ff.

85 Dazu passende Anschlüsse wären dann etwa: "Ich habe gerade gesagt ..."; "Nein, ich meinte gerade ..."; "Hörst du mir eigentlich zu?"; "Dir scheint es wohl völlig egal zu sein, wo der Braten geblieben ist!".

86 Nach Grice (1979) erwarten Kommunikationsteilnehmer wechselseitig voneinander die Beachtung eines allgemeinen "Kooperationsprinzips", das es ermöglicht, bei einer Äußerung, die in einem gegebenen Gesprächskontext zunächst unpassend erscheint, nach einer Ergänzung zu suchen, die diese Äußerung passend machen würde und dem Sprecher den Inhalt dieser Ergänzung als *stillschweigend impliziertes* Element seiner Mitteilung zuzuschreiben. Grice formuliert dieses Prinzip wie folgt: "Mache deinen Gesprächsbeitrag jeweils so, wie es von dem akzeptierten Zweck oder der akzeptierten Richtung des Gesprächs, an dem du teilnimmst, gerade verlangt wird. Dies könnte man mit dem Etikett *Kooperationsprinzip* versehen" (Grice 1979, S.248, Hervorhebung im Original).

keitskriterien zu entdecken, wird diese Differenz auch in seinem Erleben deutlich registriert werden. Kann es keinerlei Anhaltspunkte ausmachen, die das abweichende Ereignis doch noch als regelkonformen Anschluß erkennbar machen, dann muß es in den Beobachtungsmodus erster Ordnung zurückschalten und die Abweichung auf den perzipierten Urheber projezieren, ihm dazu passende Absichten oder Zustände zuschreiben, ihn als strategisch motiviert, aktuell gestört, unzurechnungsfähig bzw. regelinkompetent typisieren (oder auch, bei hinreichender Geringfügigkeit, das Ganze als Bagatelle, Ausnahme, Zufall ignorieren). In ernsten Fällen werden dann Kommunikationsabbruch oder Weiterführung als Konflikt wahrscheinlich. Will ein Bewußtsein jedoch auch unter erschwerten Bedingungen sein Beobachten zweiter Ordnung fortsetzen, dann ist es auf den Weg der *metakommunikativen Thematisierung* verwiesen, um sich durch explizite Mitteilung darüber informieren zu lassen, welchen Korrektheitsstandards sein Gegenüber folgt. Das Lernen der Psychen ist hier an Kommunikation gebunden. Wenn solches Lernen zustande kommt, kann die Störung der Intersubjektivität beseitigt und der kommunikative Bedeutungskonsens wiederhergestellt werden.

Um das Regelschema auf der Beobachtungsstufe zweiter Ordnung in der Kommunikation aufzurufen, bedarf es jedoch nicht immer ausführlicher Metakommunikation. Ebensowenig geschieht dies nur, wenn ein Teilnehmer nicht anders in der Lage ist, seine Irritation über eine Abweichung zu kompensieren. Das folgende Beispiel aus einer gruppentherapeutischen Sitzung mit Teenagern gibt Einblick in die *kommunikative* Gebrauchsweise und Funktion des Regelschemas im Beobachtungsmodus zweiter Ordnung:

Beispiel E[87]

Dan:	...See Al tends, it seems, to pull in one or two individuals on his side (there). This is part of his power drive, see. He's gotta pull in, he can't quite do it on his own. Yet.
Al:	W'l-
Roger:	Well so do I.
Dan:	Yeah. ⌈I'm not criticizing, I mean we'll just uh=
Roger:	⌊Oh you wanna talk about him.
Dan:	=look, let's just talk.
Roger:	Alright.

Dan, der *Therapeut*, charakterisiert das Verhalten von Al, einem Mitglied der Gruppe auf eine Weise, die Roger dazu veranlaßt, sich zum gleichen Verhaltensmuster zu bekennen und sich so mit Al zu solidarisieren (so die Deutung Schegloffs). Dan produziert daraufhin eine Klarstellung seiner Äußerungsabsicht. Er benennt und dementiert explizit diejenige Deutung, auf die ihm Rogers Reaktion zugeschnitten zu sein scheint. Er wolle Al nicht kritisieren, sondern nur über sein Verhalten reden. Dan markiert damit Rogers Reaktion auf indirekte Weise als *falschen* Anschluß, indem er *die darin unterstellte Richtigkeitsbedingung expliziert* (daß er mit seiner Äußerung Al kritisiert habe) und *als aktuell nicht erfüllt* dekla-

---

87 Das Beispiel ist entnommen aus Schegloff 1992a, S.1307.

riert. Rogers Anschluß an vierter Sequenzposition, der unmittelbar nach Dans "Yeah" einsetzt und sich als Revision der Interpretation ausweist, auf der Rogers ursprüngliche Reaktion gründete, ratifiziert diese Deutung zeitgleich.[88]

Der Modus der Beobachtung zweiter Ordnung im Regelschema wird in der Kommunikation dann erreicht, wenn die alternativen Deutungsprämissen für die Richtigkeit einer als abweichend etikettierten Anschlußäußerung ausdrücklich genannt werden. Indem festgestellt wird, unter welchen Voraussetzungen eine 'falsche' Äußerung 'richtig' gewesen wäre, wird das Regelschema *doppelt verwendet*: zum einen, um die 'Falschheit' eines Anschlusses zu markieren; zum anderen, in *reflexiver* Weise an diese erste Verwendung anknüpfend, indem die nicht erfüllten alternativen Bedingungen der 'Richtigkeit' für den 'falschen' Anschluß expliziert werden. Zur Durchführung von Reparaturen ist eine solche Explikation jedoch nicht unbedingt erforderlich und fehlt in vielen Fällen.[89] Dieser Umstand wirft die Frage nach ihrer spezifisch kommunikativen Funktion auf.

Das zuletzt zitierte Beispiel enthält dafür einen wichtigen Hinweis. Das Mißverständnis, um dessen Aufklärung es darin ging, ist keineswegs zufällig. Es verweist vielmehr auf ein *Strukturproblem gruppentherapeutischer Kommunikation*. Spezialisiert auf die Bearbeitung von 'Persönlichkeitsdefiziten' müssen hier ständig Verhaltensweisen, individuelle Eigenheiten etc. thematisiert werden, die konventionell als abweichend typisiert sind. In alltäglicher Kommunikation gilt oft bereits die Thematisierung solcher Merkmale und Verhaltensweisen als Kritik bzw. Disqualifikation. Die Möglichkeit einer direkten und primär deskriptiven Bezugnahme ist dafür kaum vorgesehen.[90] Sie muß daher im Kontext gruppentherapeutischer Kommunikation eigens eingerichtet und gegen Interferenzen geschützt werden. Nur so können Schwächen offengelegt und negativ typisierte Eigenheiten angesprochen werden, ohne die Kommunikation in alternative Muster, wie etwa Schuldbekenntnis-Vergebung (Beichte) oder Vorwurf-Verteidigung/Gegenvorwurf (Konflikt), abzudrängen.

---

88 In der Begrifflichkeit der Konversationsanalyse formuliert, haben wir es hier mit der parallelen Durchführung einer "third- " und einer "fourth position repair" zu tun. Schegloff (1992a, S.1324 und 1325; Hervorhebungen von mir, W.L.S.) charakterisiert die kommunikativen Funktionen von Reparaturen an diesen beiden Sequenzpositionen wie folgt: "What third position repair is to the speaker of a trouble-source turn, fourth position repair is to its recipient's understanding of it. Third and fourth position are 'self's' and 'other's' (i.e., speaker's and recipient's) post-next-turn positions for dealing with problematic understandings of some turn (T1). This intimate, virtually mirror-image relationship of the two positions is evidenced in various ways. ...( ) ... these repair positions provide a *defense of intersubjectivity*. They are *the last structurally provided* positions because after these positions there is no systematic provision for catching divergent understandings. In general, after third position, such repair as gets initiated can at best be characterized as being initiated when the trouble source is 'next relevant'. Of course, it may never again be relevant."

89 Vgl. Schegloff 1992a, S.1307, Hervorhebungen im Original: "On other occasions, however, although the misunderstanding is overtly rejected, it is not named but is referred to by a pronoun - 'I don't mean *that*' or '*That's* not what I meant'."

90 Maximen wie die, daß diejenigen unsere wahren Freunde seien, die uns die Wahrheit über uns sagen, bestätigen nur die Riskanz solcher Kommunikation, appellieren sie doch an den Adressaten unangenehmer Wahrheiten, darauf nicht feindselig zu reagieren.

Vor diesem Hintergrund gewinnt die Reparatur des Therapeuten durch die explizite Deklaration seiner Eingangsäußerung als Nicht-Kritik den Status einer (vermutlich routinisierten) *Struktursicherungsoperation*.[91] Dabei geht es nicht nur um Bedeutungskonsens im Hinblick auf ein einzelnes kommunikatives Ereignis. Dieses Ereignis steht vielmehr als Paradigma für die spezifische Struktur (gruppen)therapeutischer Kommunikation, die als spezifischer *"Aktivitätstyp"* von anderen kommunikativen Aktivitätstypen (wie z.B. Schulunterricht, gerichtliches Verhör, Nachrichteninterview etc.) zu unterscheiden ist.[92] Als Kritik verbucht und ratifiziert würde es aus dieser Struktur herauskippen und damit zugleich deren Reproduktion unterbrechen, die nur durch kontinuierliche Verkettung strukturkonformer Ereignisse möglich ist.[93] Worum es geht, ist die Negierung anderer Fortsetzungsmöglichkeiten, die - würden sie zugänglich - die Kommunikation in andere

---

91 Bemerkenswert ist, daß diese Operation *kooperativ* durchgeführt wird: Der Therapeut sagt, was er *nicht* meinte und - *überlappend damit* - produziert der Autor der Fehlinterpretation die revidierte Bedeutungszuweisung in *expliziter* Fassung, die der Therapeut dann in der Fortführung seines Beitrages übernimmt. Das Mißverständnis erscheint dadurch retrospektiv als Vorfall, der von beiden Beteiligten erwartet werden konnte. Dies kann als Indiz für das Bestehen eines gemeinsamen Wissens um die Artifizialität einer Kommunikationsstruktur gelten, die gegen Abweichungen dieses Typs immer wieder neu durchgesetzt werden muß. - Zur konversationsanalytischen Untersuchung "strukturerhaltender" bzw. "-konservierender" Operationen vgl. auch Jefferson/Lee 1992 und Knoblauch 1991.

92 Levinson (1992, S.69) gibt die folgende lockere Definition des von ihm heuristisch eingeführten Begriffs "Aktivitätstyp": "... I take the notion of an activity type to refer to a fuzzy category whose focal members are goal-defined, socially constituted, bounded, events with *constraints* on participants, setting, and so on, *but above all on the kinds of allowable contributions*. Paradigm examples would be teaching, a job interview, a jural interrogation, a football game, a task in a workshop, a dinner party, and so on. The category is fuzzy because ... it is not clear whether it includes a chat (probably) or the single telling of a joke (probably not)" (erste Hervorhebung im Original, zweite Hervorhebung von mir, W.L.S.). Der Begriff markiere ein Forschungsfeld, zu dem die *Ethnographie der Kommunikation* bereits bedeutsame Beiträge geleistet habe und dessen Erkundung wichtig sei "... for anyone interested in giving Wittgenstein's intuitions about 'language games' some flesh" (Levinson 1992, S.70). Mit vergleichbarer Bedeutung und dabei ebenso an die Ethnographie der Kommunikation wie auch an Arbeiten aus dem Bereich der Volkskunde und der Folkloreforschung anknüpfend, verwenden Bergmann und Luckmann das Konzept der "kommunikativen Gattung" (vgl. Luckmann 1986; Bergmann 1987, S.35ff.). - Aus systemtheoretischer Perspektive ist die Frage nach den Arten von Kommunikationsbeiträgen, die innerhalb eines Aktivitätstyps möglich sind und miteinander verkettet werden können, zu ergänzen durch die Frage nach der *sozialen Funktion* des Aktivitätstyps insgesamt sowie durch die genaue Untersuchung der *spezifischen funktionalen (Teil)Leistungen* der einzelnen Äußerungstypen und Sequenzmuster, die für einen Aktivitätstyp charakteristisch sind.

93 Ich behaupte selbstverständlich nicht, daß Kritik in therapeutischer Kommunikation nie vorkommen kann bzw. immer als abweichendes Verhalten verbucht werden muß, sondern nur, daß sie an besondere Voraussetzungen gebunden ist bzw. spezifische Anschlußroutinen aufruft, *die solche Vorkommnisse strukturkompatibel machen.* Kritik kann - als begrenzte Wiedereinführung des generell ausgeschlossenen - zugelassen werden, etwa wenn jemand Mitgliedschaftsbedingungen mißachtet (z.B. weil jemand immer zu spät zur Gruppentherapiesitzung kommt oder die Probleme der anderen zwar ausführlich kommentiert, aber nichts über sich selbst preisgibt); sie kann umgedeutet werden als notwendiges Element des Therapieprozesses (z.B. weil es gerade als therapiebedürftiges Problem des Kritisierten definiert wird, daß er Kritik schlecht ertragen kann und deshalb ertragen lernen muß, ohne darauf aggressiv oder depressiv zu reagieren); sie kann schließlich als Symptomhandlung definiert werden, die nicht Sanktionen, sondern Interpretation verlangt ("Du attackierst in mir deine Mutter ...").

strukturelle Bahnen (hier wahrscheinlich: die eines Konflikts) lenken könnten. Um diese strukturfeindlichen Anschlußmöglichkeiten möglichst zuverlässig zu blockieren, genügt eine positive Reformulierung der 'eigentlich gemeinten' Bedeutung nicht, sondern muß die problematische Bedeutung explizit abgewiesen, d.h. als nicht-anschlußfähig deklariert und der *strukturbezogene* Konsens, der durch das Mißverständnis bedroht war, restituiert werden.[94]

Strukturbezogener Konsens muß in Interaktionen von Ereignis zu Ereignis reproduziert werden. Dies gilt ebenso für Strukturen, die konstitutiv für einen Aktivitätstyp sind, wie für die Prozessierung von (relativ zu einem bestimmten Aktivitätstyp) kontingenten Strukturen, deren ordnender Einfluß über kurze Episoden nicht hinausreicht. Er wird durch Mißverständnisse bedroht, die zu *Bifurkationspunkten für die Selektion alternativer Strukturmuster* werden können. Die explizite Kennzeichnung und Negierung problematischer Deutungen ermöglicht die eindeutige Identifizierung und Kontrolle von *Bedeutungs*unterschieden, die *strukturelle* Unterschiede machen. Sie ist daher besonders geeignet, unerwünschte Bedeutungszuweisungen und die von ihnen her zugänglichen Anschlußmöglichkeiten zu blockieren.[95] Diese spezifische Form der kommunikativen Verwendung des Regelschemas im Modus der Beobachtung zweiter Ordnung, so die daraus ableitbare Hypothese, ist zugeschnitten auf die Funktion des *Strukturmanagements* an potentiellen Verzweigungsstellen kommunikativer Strukturreproduktion unter Bedingungen, die nach besonderen *Selektionsverstärkungen* verlangen. Sie eignet sich in besonderem Maße für die kommunikative Inhibierung psychisch verfügbarer und besonders naheliegender Deutungs- und Anschlußmöglichkeiten.

Der Ausschluß bestimmter Möglichkeiten des Verstehens und der Fortsetzung von Kommunikation ist eine notwendige Voraussetzung dafür, daß sich unterschiedliche Aktivitätstypen ausdifferenzieren und ihre Grenzen gegeneinander stabilisieren können. Nur so ist Kommunikation lernfähig, können neue Typen der Kommunikation evoluieren und die Grenzen zwischen etablierten Kommunikationsformen im Prozeß ihrer autopoietischen Reproduktion gesichert werden. Wie wir später noch sehen werden, können *Struktursicherungsoperationen* nicht nur im Beobachtungsmodus zweiter Ordnung, sondern auch im Modus erster Ordnung oder im operativen Aktivierungsmodus des Regelschemas durchgeführt werden, sofern die Grenzen des aktuell prozessierten Aktivitätstyps hinreichend sicher auf der Ebene wechselseitiger Erwartungen verankert sind, so daß es keiner besonderen Selektivitätsverstärkungen für dessen Fortsetzung bedarf.

Wir hatten zuletzt die These diskutiert, daß die kommunikative Verwendung des Regelschemas im Modus der Beobachtung zweiter Ordnung für die Funktion des Strukturmanagements durch Selektionsverstärkung besonders geeignet ist. Dies

---

94 *Psychisch* mögen die abgewiesenen Bedeutungsmöglichkeiten weiter anschlußfähig bleiben (und müssen es in therapeutischen Kontexten vielleicht sogar, um Hospitalisierungseffekte zu vermeiden, d.h. um zu verhindern, daß sich Teilnehmer in diesem Kommunikationstyp häuslich einrichten und dadurch jede Motivation zur Beendigung einer Therapie verlieren).
95 Als weitere Beispiele dazu vgl. Schegloff 1992a, S.1306, Excerpt 7 (auf das ich gleich noch zurückkomme) und S.1314, Excerpt 16.

heißt selbstverständlich *nicht*, daß sie diese Funktion immer und ausschließlich bedient. Bei Schegloff findet sich ein Beispiel aus der Schlußphase eines Telephongesprächs, in dem eine Korrektur gleichen Typs eine andere Aufgabe erfüllt:

Beispiel F[96]

```
Agnes:   I love it.
         (0.2)
Portia:  Well, honey? I'll pob'ly see yuh one a' these
         day:s.
Agnes:   Oh:: God yeah,
Portia:   ⌈Uhh huh!
Agnes:   We-
Agnes:   B't I c- I jis'⌈couldn' git down ⌈there.
Portia:          Oh-           Oh I know.
         I'm not askin ⌈yuh tuh ⌈come dow-
Agnes:                 Jesus.   I mean I jis' I didn' have
         five minutes yesterday
```

Die erste Äußerung der Sequenz schließt das vorausgegangene Thema ab. Danach kommt es zu einer minimalen Pause. Portia leitet dann mit der Äußerung, "Well honey? I'll pob'ly see yuh one a' these days.", die Schlußphase des Telephongesprächs ein. Agnes reagiert darauf in einer Weise, die typisch ist für die entschuldigende Ablehnung einer Einladung ("Oh:: God yeah, We- B't I c- I jis' couldn' git down there ..."), worauf Portia deutlich macht, daß sie dies weiß und *keine Bitte bzw. Einladung ausgesprochen habe* ("Oh- Oh I know. I'm not askin yuh tuh come dow-").

Ähnlich wie im vorausgegangenen Beispiel aus einer gruppentherapeutischen Sitzung wird hier der kommunikative Anschluß eines Gesprächspartners als unangemessen (='falsch') deklariert, indem diejenige Sprechhandlung explizit benannt und *als nicht ausgeführt* deklariert wird, bezogen auf die die Anschlußäußerung des Gesprächspartners eine adäquate (='richtige') Reaktion gewesen wäre. Dadurch, daß der Anschluß von Agnes als 'falsch' markiert wird, indem die Richtigkeitsbedingungen explizit werden, auf die er allem Anschein nach zugeschnitten ist, wird das Regelschema nicht nur durch Bezeichnung einer Seite ('falsch') im Beobachtungsmodus erster Ordnung aktiviert, sondern zugleich in *reflexiver Form* (durch Explikation der alternativen, aber aktuell nicht erfüllten Richtigkeitsbedingungen) auf das Ergebnis bezogen, das die einfache Anwendung des Regelschemas im Beobachtungsmodus erster Ordnung erzeugt haben würde. Allgemein formuliert besagt diese reflexive Anwendung des Regelschemas im *Beobachtungsmodus zweiter Ordnung*, -

'Deine Reaktion y ist *falsch*, weil die Bedingungen, unter denen sie *richtig* wäre (daß ich nämlich zuvor x gesagt hätte), nicht erfüllt sind.'

---

96 Vgl. Schegloff 1992, S.1306, Excerpt 7. - Als Kontextinformationen zu diesem Dialog erwähnt Schegloff, daß Agnes und Portia Schwestern sind und mehrere von ihnen unternommene Versuche, miteinander zusammenzutreffen, vor diesem Gespräch fehlgeschlagen waren.

Im gegebenen Interaktionskontext ist diese abstrakte Grundstruktur freilich in einer Weise eingekleidet, welche die darin enthaltene Fehlerzuschreibung fast unsichtbar macht, kann man Portias Äußerung doch als rücksichtsvollen Versuch deuten, Agnes von der Verpflichtung zu entbinden, entschuldigende Gründe dafür anzuführen, daß sie voraussichtlich nicht kommen kann, der sich etwa wie folgt paraphrasieren ließe (vermutlich implizierte Bedeutungselemente setze ich in Klammern):

> 'Oh, ich weiß (daß du nicht kommen kannst) und habe dich (deshalb) auch nicht eingeladen herunterzukommen. *(Du brauchst dich also nicht zu entschuldigen!)*.'

Mit dem expliziten Hinweis auf die Nicht-Erfüllung der Voraussetzungen für eine Entschuldigung oder Rechtfertigung geht es auch hier anscheinend darum, bestimmten kommunikativen Anschlüssen die Grundlage zu entziehen. Dahinter können unterschiedliche Motive stehen: Es könnte der Sprecherin z.B. darum gehen, Agnes unnötige Entschuldigungen bzw. Rechtfertigungen zu ersparen oder zu verhindern, daß sie - wieder einmal - in ihr nur allzu bekanntes Klagelied über die erdrückende Menge ihrer Verpflichtungen verfällt bzw. überhaupt einen thematischen Anlaß zur Fortsetzung des Telephongesprächs findet, dessen Abschluß die Sprecherin gerade einzuleiten versuchte, etc. Es ist jedoch *kein Aktivitätstyp* zu erkennen, dessen Struktur auf diese Weise gegen Störungen geschützt werden soll.[97] Anders, als es in dem Beispiel aus der gruppentherapeutischen Sitzung anzunehmen ist, hat die Verwendung des Regelschemas im Beobachtungsmodus zweiter Ordnung hier also *nicht* die (potentiell manifeste) Funktion einer Struktursicherungsoperation, durch die das Umspringen der Kommunikation in einen anderen Aktivitätstyp verhindert werden soll.

3.1.6 *Aktivierungsmodi des Regelschemas und die allgemeine Funktion von Struktursicherungsoperationen*

Intersubjektivität - so die Generalthese dieses Kapitels - kann nicht als Teilung *völlig identischer* Bedeutungen rekonstruiert werden, die durch *gemeinsame Regeln* garantiert sind. Weil Regeln ihre eigene Anwendung nicht determinieren können, sondern jeweils aus der Perspektive der Anwendungssituation sowie unter Ergänzung durch stillschweigende Hintergrundannahmen interpretiert werden müssen, besteht mit jeder neuen Situation die Möglichkeit divergierender Regelauslegung. Die Regeln der Sprache sind davon nicht ausgenommen. In der Kommunikation kann die Intersubjektivität von Bedeutungen daher nicht als sichere Grundlage vorausgesetzt und beansprucht werden, die durch eine gemeinsame Sprache gewährleistet ist. Bedeutungskonsens muß vielmehr in der Kommunikation durch kon-

---

[97] Auch wenn es darum ginge, die begonnene *Beendigung des Gesprächs* gegen die störende Einführung eines neuen, die Fortsetzung der Kommunikation wahrscheinlich machenden Themas abzuschotten, würde sich diese Intervention damit nur auf die Ermöglichung des Vollzugs einer kooperativen Handlung und nicht auf die Sicherung eines *Aktivitätstyps* richten.

tinuierliche Abstimmung der je individuellen Bedeutungszuweisungen ständig miterzeugt werden. Das Regelkonzept fungiert dabei *als Beobachtungsschema* im Prozeß kommunikativer Abweichungskontrolle, der dafür sorgt, daß Differenzen der Bedeutungsattribution aufgedeckt und durch Reparaturen oder metakommunikative Verständigungsbemühungen soweit reduziert werden können, daß sie nicht mehr als störend registriert werden.

Wie wir sahen, kann das Regelschema in verschiedener Weise, an unterschiedlichen Sequenzpositionen und mit jeweils anderer Funktion in der Kommunikation aufgerufen werden:

(1) Im *operativen* Modus (an erster bzw. zweiter Sequenzposition) sorgt das Regelschema für die *Anschlußfähigkeit* von Äußerungen und die *Konstitution* von Bedeutungen durch sequentielle Attribution;

(2) im Modus der *Beobachtung erster Ordnung* (der in der Interaktion unter Anwesenden strukturell notwendig an dritter Sequenzposition ausgelöst wird, sofern nicht statt dessen der Beobachtungsmodus zweiter Ordnung einspringt) ermöglicht es die *intersubjektive Koordination der Bedeutungsattributionen* und der dabei vorausgesetzten Bedeutungs*regeln*;

(3) im Modus der *Beobachtung zweiter Ordnung* (der unter geeigneten Voraussetzungen alternativ zum Beobachtungsmodus erster Ordnung ebenfalls an dritter Sequenzposition aktiviert werden kann) ermöglicht es die *reflexive Explikation abweichender Bedeutungsattributionen* mit der Funktion, sie als Bezugspunkt möglicher kommunikativer Anschlüsse auszuschalten. Geht es dabei um die Blockierung möglicher Anschlüsse, die aus dem *Aktivitätstypus* ausscheren würden, in dem die Kommunikation aktuell prozessiert (z.B. therapeutische Interaktion, pädagogische Interaktion etc.), dann hat die explizite Markierung der zu eliminierenden Bedeutungszuweisung hier die Funktion einer *Struktursicherungsoperation*.

Die verschiedenen Anwendungsmodi und Funktionen des Regelschemas innerhalb von Kommunikation hängen wie folgt miteinander zusammen:

---- Im *operativen Modus* limitieren Regeln die Möglichkeiten des Beginns und der Fortsetzung von Kommunikation und sichern damit die *Anschlußfähigkeit* von Äußerungsereignissen. Ohne diese Reduktionsleistung könnte kein *zweites* Ereignis sich als Fortsetzung eines ersten darstellen, das von ihm als Mitteilung einer Information identifiziert und auf spezifische Weise verstanden wird. Jeder Anschluß führt so die Autopoiesis der Kommunikation fort, *versteht* eine Vorläuferäußerung und *weist ihr damit eine bestimmte Bedeutung kommunikativ zu*, ohne jedoch zwischen 'richtiger' und 'falscher' Fortsetzung, zwischen Verstehen und Mißverstehen unterscheiden zu können.

---- Um dies zu ermöglichen, bedarf es der Selbstbeobachtung von Kommunikation. Das Binärschema richtig/falsch fungiert dabei zumindest im Modus der *Beobachtung erster Ordnung*: An jeder *dritten Sequenzstelle* ist die Unterscheidung von 'richtigem' und 'falschem' Verstehen aufgerufen, wird das an zweiter Sequenzposition erreichte

Verstehen des ersten Ereignisses konfirmiert oder seine Korrekturbedürftigkeit angezeigt. Jede hier hergestellte Übereinstimmung besteht aktuell und lokal. Sie betrifft die *Koordination der Bedeutungsselektion* und die *übereinstimmende Anwendung der Regeln*, die als Voraussetzung für das Übereinkommen der Bedeutungszuweisungen zu unterstellen sind. Mit jeder erneuten Aktualisierung einer früheren Äußerung durch eine darauf referierende Anschlußäußerung kann die früher erreichte Übereinstimmung ein weiteres Mal bestätigt oder aber in Frage gestellt werden. Sie gilt stets nur auf Widerruf und unter der Prämisse, daß die jeweils als indifferent behandelten Unterschiede auch für die zukünftige Kommunikation keinen Unterschied machen. Auf diesem Wege, als 'working-consensus', dessen Anspruchsniveau zwischen verschiedenen Kontexten variieren kann, erzeugt Kommunikation den *Bedeutungs- und Regelkonsens* ständig neu, dessen sie zu ihrer Fortsetzung bedarf, ohne deshalb die uneinlösbare Unterstellung intersubjektiver *Identität* von Bedeutungen und Regelinterpretationen zu benötigen.

---- Dieser Konsens betrifft nicht nur (1) die Bedeutung einzelner Äußerungsereignisse sowie (2) die Befolgung der dafür relevanten Regeln des Zeichengebrauchs. Er erstreckt sich darüber hinaus (3) auf den jeweiligen *Aktivitätstyp*, der den strukturellen Rahmen darstellt, in den sich die einzelnen Äußerungsereignisse einfügen, der als kommunikationsinterner Kontext für deren Interpretation fungiert und der umgekehrt durch die *kontinuierliche Verkettung aktivitätstypkonformer Äußerungen* reproduziert wird.[98] Werden Äußerungen fehlinterpretiert und dadurch kommunikative Anschlüsse provoziert, die den strukturellen Rahmen eines aktuell prozessierten Aktivitätstyps zu sprengen drohen, dann bedarf es u.U. besonderer *Struktursicherungsoperationen*, um diese Gefahr zu neutralisieren. Wenn es darum geht, Fehldeutungen dieser Art durch besondere *Selektionsverstärkung* so zuverlässig wie nur möglich zu unterbinden, kann das Regelschema im *Beobachtungsmodus zweiter Ordnung* eingesetzt werden. Dies geschieht durch re-entry des Binärschemas richtig/falsch, indem ein als 'falsch' beobachtetes Verhalten daraufhin abgetastet wird, welchen eigenen Standards der Angemessenheit es folgt und d.h. im Binnenkontext von Kommunikation: welche *abweichende Deutung* eines vorausgegangenen Äußerungsereignisses zu diesem Verhalten Anlaß gegeben hat und *durch explizite Negation* als Bezugspunkt möglicher Anschlüsse eliminiert werden muß. Die Herstellung von *Bedeutungskonsens* im Blick auf das einzelne Mitteilungsereignis wird hier zur Voraussetzung für die Fortschreibung des *strukturbezogenen Konsenses* über den Aktivitätstyp, der - von Äußerung zu Äußerung - als intersubjektiv geteilter Rahmen der laufenden Interaktion bestätigt und reproduziert wird oder durch ausscherende Äußerungen gestört und (bei ausbleibenden oder fehlschlagenden Reparaturversuchen) rasch transformiert werden kann.

Wie wir gesehen haben, kann das Regelschema nicht nur im Rahmen von Kommunikation, sondern auch im Binnenkontext von Bewußtseinssystemen im Beob-

---

[98] Das zirkuläre Verhältnis von Äußerungen und Aktivitätstyp entspricht dabei der allgemeiner gefaßten Relation von Ereignissen und Strukturen in der objektiven Hermeneutik und im Rahmen des systemtheoretischen Autopoiesiskonzeptes. Vgl. dazu oben, Kap.2.3.

3.1 INTERSUBJEKTIVITÄT ALS KOMMUNIKATIVE KONSTRUKTION

achtungsmodus zweiter Ordnung eingesetzt werden. Unabhängig vom Systemtyp, in dem es so genutzt wird, korrigiert dies die einseitige Akzentuierung, die mit seinem Gebrauch im Beobachtungsmodus erster Ordnung unausweichlich verknüpft ist: Die Asymmetrie von 'richtig' und 'falsch' kann damit aufgehoben und das als 'falsch' wahrgenommene Verhalten sekundär normalisiert werden. Das beobachtete Verhalten erscheint als Ausdruck *alternativer Richtigkeitskriterien*, die zu berücksichtigen sind, wenn man adäquat verstehen, urteilen und reagieren will. Auf diese Weise wird der *widerlegungsimmune Autismus* des Regelschemas, der bei der Befolgung divergierender Regeln schnell zu Etikettierungen und Konflikten sowie Kommunikationsabbruch führen kann, mit Hilfe dieses Schemas selbst kompensiert. So - psychisch bzw. (meta)kommunikativ - praktiziert, öffnet es den Blick für die Kontingenz der Kriterien, die seiner Anwendung zugrunde liegen und eröffnet dadurch Lernmöglichkeiten, die der Selbstgefährdung von Kommunikation durch den Primärgebrauch der Unterscheidung richtig/falsch entgegenarbeiten.

Lernen hat dabei für Bewußtseins- und Kommunikationssysteme eine jeweils andere Bedeutung: *Psychen* lernen durch die *Erweiterung ihres Wissens* darüber, welche Äußerungen und Anschlüsse in bestimmten Kontexten adäquat sind und welche nicht. *Kommunikation* lernt durch *selektive Blockierung* von Äußerungs- und Anschlußmöglichkeiten, die für andere Aktivitätsstypen zugelassen oder gar gefordert sind.[99] Für Bewußtseins- wie Kommunikationssysteme gilt dabei jedoch gleichermaßen, daß die Grenzen des so möglichen Lernens definiert sind durch die *Beobachtung im Regelschema*. Die grundsätzliche Geltung der Unterscheidung von 'richtig' und 'falsch' wird bei der Identifizierung wie auch bei der Renormalisierung bzw. Reprimierung abweichender Anschlüsse vorausgesetzt. Sie kann nicht aufgegeben werden, solange es einem Beobachter darum geht, zu verstehen und dieses Verstehen als korrektes Verstehen von Mißverstehen zu unterscheiden.

Die kommunikativen Funktionen der Sicherung von Anschlußfähigkeit und der Differenzierung zwischen 'richtigem' und 'falschem' Verstehen müssen kontinuierlich erfüllt werden.[100] Die Funktion der Reparatur bzw. präventiven Vermeidung von Störungen intersubjektiven Verstehens ist demgegenüber nur in Ausnahmefällen relevant. Das Regelschema wird in der Kommunikation immer dann auf sichtbare Weise aktiviert, wenn Reparaturen ausgeführt werden. Reparaturen korrigieren häufig Fehlgriffe mit lokal begrenzter Relevanz. Nicht jede Reparatur hat deshalb den Status einer Struktursicherungsoperation. Wie das zuletzt behandelte Beispiel aus dem Telephongespräch zwischen den Schwestern Agnes und Portia zeigte, schließt diese Einschränkung auch Reparaturen im Modus der Beobachtung zweiter Ordnung ein. Als Struktursicherungsoperationen sind nur solche Reparaturen zu klassifizieren, die auf die Beseitigung von *strukturell bedeutsamen* Störungen zielen,

---

99 Evolutionär folgenreich geschieht dies insbesondere mit der sozialen Ausdifferenzierung funktionsspezifischer Kommunikationstypen.
100 Wie wir später sehen werden, gilt dies für die Unterscheidung zwischen 'richtigem' und 'falschem' Verstehen nicht uneingeschränkt, sondern vor allem unter Bedingungen der Interaktion unter Anwesenden.

d.h. Fehlgriffe bereinigen sollen, welche die Reproduktion von Aktivitätstypen zu unterbrechen drohen und zu deren Transformation führen könnten. Die nebenstehende Übersicht resümiert die skizzierten Aktivierungsmodi des Regelschemas und deren Funktionen für die Reproduktion von Kommunikation.

Struktursicherungsoperationen können, wie in dem Beispiel aus dem Bereich therapeutischer Kommunikation der Fall, im Beobachtungsmodus *zweiter Ordnung* durchgeführt werden. In Abhängigkeit von den besonderen Umständen der Interaktionssituation werden jedoch auch Reparaturen dieses Typs häufig im *operativen* Modus oder im Beobachtungsmodus *erster Ordnung* realisiert. Im folgenden Abschnitt werde ich dazu einige Beispiele vorstellen. Zugleich wird es darum gehen, "Struktursicherungsoperationen", die auf die Lösung bzw. Vermeidung kommunikativer *Krisen*situationen zielen,[101] von "strukturellen Markierungen" zu unterscheiden, die verwendet werden, um *routinemäßig* die Aktivitätstypzugehörigkeit von Äußerungen zu kennzeichnen. Anknüpfend an die Darstellung der Konversationsanalyse in Band 2 der "Grundlagen der soziologischen Theorie", stelle ich dabei zunächst die Unterscheidung zwischen konsensorientierten und konfliktären Formen der Kommunikation in den Mittelpunkt der Analyse.

3.1.7 Strukturelle Markierungen und Struktursicherungsoperationen, untersucht am Beispiel konfliktärer Kommunikation

Aus dem Traditionsbestand konversationsanalytischer Forschung stammt ein Phänomen, das unter dem Titel der "preference for agreement" bekannt geworden ist (vgl. Sacks 1987). Was unter dieser Überschrift firmiert, kann als konversationsanalytische Auskunft auf das "Hobbesian problem of social order" verstanden werden, die an die Stelle gemeinsamer Werte und Normen à la Parsons die Rekonstruktion kommunikativer Praktiken setzt, die es erlauben, Konsens auch unter Bedingungen unvermeidlicher Erwartungsenttäuschungen verläßlich zu reproduzieren (vgl. Schneider 2002, Bd.2, S.69ff.).

Wie Harvey Sacks gezeigt hat, läßt sich im Kontext alltäglicher Kommunikation eine Präferenz für Zustimmung bzw. Übereinstimmung oder knapper, eine *Präferenz für Konsens*, zwischen den Gesprächspartnern nachweisen. Dabei geht es nicht um die Annahme einer psychologischen Neigung, sondern um die Bedeutung von spezifischen Äußerungsmerkmalen, durch deren Erzeugung die Teilnehmer füreinander *sichtbar anzeigen*, daß sie die Aufrechterhaltung von Übereinstimmung gegenüber der Mitteilung von Dissens vorziehen bzw. vorziehen würden.

Eine solche Präferenz für Konsens wird für die Teilnehmer und den wissenschaftlichen Beobachter gleichermaßen daran erkennbar, daß zustimmende Anschlüsse rasch, direkt, knapp und eindeutig formuliert (vgl. Beispiel G), Ablehnun-

---

101 Der Ausdruck "*Krisen*situation" ist hier nicht im Sinne einer subjektiv-existentiellen Krise zu verstehen, sondern meint einen Wendepunkt in der Kommunikation, an dem faktisch zwischen unterschiedlichen strukturellen Möglichkeiten der Fortsetzung entschieden wird.

3.1 INTERSUBJEKTIVITÄT ALS KOMMUNIKATIVE KONSTRUKTION

Aktivierungsmodi und kommunikative Funktionen des Regelschemas in der Interaktion unter Anwesenden

Aktivierungsmodus	Funktion	Realisierungsform	Aktualisierungsbedingungen
operativer Modus	Sicherung von Anschlußfähigkeit	Selektion von Anschlußäußerungen	mit jedem kommunikativen Ereignis
Modus der Beobachtung erster Ordnung	Differenzierung zwischen 'richtigem' und 'falschem' Verstehen	Markierung einer Seite der Unterscheidung richtig/falsch verstehen	strukturell notwendig an jeder dritten Sequenzposition ausgelöst (Ausnahme: siehe unten)
Modus der Beobachtung zweiter Ordnung	selektive Blockierung kommunikativer Anschlußmöglichkeiten (u.U. mit der Funktion einer Struktursicherungsoperation)	re-entry der Unterscheidung richtig/falsch verstehen durch Explikation und Negation der Richtigkeitsbedingungen, die in dem 'falschen' Anschluß als erfüllt vorausgesetzt werden	alternativ zum Beobachtungsmodus erster Ordnung an dritter Sequenzposition aktivierbar zur Reparatur bzw. präventiven Vermeidung von Störungen intersubjektiven Verstehens

gen hingegen zögernd, verklausuliert, abgeschwächt und mit Begründungen versehen ausgeführt werden (vgl. Beispiel H):

Beispiel G[102]

A: Well, it was fun Claire,
B: Yeah, I enjoyed every minute of it.

Beispiel H[103]

'A' wants 'B' to 'come down early'
A: Yuh comin down early?
B: Well, I got a lot of things to do before gettin cleared up tomorrow. I don't know. I w- probably won't be too early.

Die Antwort B's in Beispiel H zeigt die charakteristischen Merkmale einer als dispräferiert markierten Ablehnung. Dem einleitenden "Well, ..." folgt keine direkte Annahme oder Ablehnung, sondern die Nennung von Umständen, die einer positiven Antwort im Wege stehen ("I got a lot of things to do ..."), dann die Bekundung von Unsicherheit, ob A's Wunsch erfüllt werden kann ("I don't know") und erst am Ende die in maximal möglicher Abschwächung vorgetragene Ablehnung ("I w- *probably* won't be *too early*"), bei der darüber hinaus der selbstkorrigierende Abbruch des bereits begonnenen "w-(on't)" zugunsten des abschwächenden Einschubs von "probably" auffällt. Durch ihre Realisierungsform beschreibt sich die Ablehnung insgesamt als Ergebnis verhindernder Bedingungen, die der Erfüllung des Wunsches von A entgegenstehen. Die Ablehnung etikettiert sich so als *kontingente* Abweichung gegenüber der Annahmeerwartung, die - qua Sprechakttypus - mit der (indirekten) Äußerung eines Wunsches bzw. einer dementsprechenden Aufforderung verknüpft ist und bestätigt damit die grundsätzliche Berechtigung dieser Erwartung als Prämisse der sozialen Beziehung zwischen A und B.

Was an diesem Beispiel beobachtet werden kann, gilt auch für andere Fälle, in denen Interaktionen unter der "Präferenz für Konsens" ablaufen: Die Kommunikation beschreibt sich mit Hilfe derartiger *struktureller Markierungen* als konsensorientiert, indem Abweichungen von sichtbar gemachten Annahmeerwartungen darstellungstechnisch minimiert bzw. als Ausnahmen isoliert werden. Die soziale Kongruenz der unterstellten Erwartungen wird damit so weit als möglich bekräftigt. In der *Reproduktion der gemeinsamen Erwartungsgrundlagen* und der Sicherung der darin verankerten sozialen Beziehung, die andernfalls gefährdet werden könnte, liegt die Funktion der "Präferenz für Konsens".

Konflikte sind dadurch weder ausgeschlossen, noch werden sie als bloße Störung sozialer Ordnung verbucht. In Übereinstimmung mit Luhmanns Systemtheorie können Konflikte aus konversationsanalytischer Perspektive als Sozialsysteme eigener Art betrachtet werden, die eigenständige Erwartungsgrundlagen entwickeln. Sie

---

102 Entnommen aus Anita Pomerantz 1984, S.60.
103 Entnommen aus Sacks 1987, S.58.

"parasitieren" dabei an anderen Sozialsystemen, deren Strukturen sie für ihre Reproduktion benutzen. Konflikte entstehen, wenn die mit einer Äußerung verknüpften Annahmeerwartungen in der Kommunikation durch die ablehnenden Reaktionen anderer Teilnehmer enttäuscht und deren Ablehnung dann in gleicher Münze quittiert wird. Der Ablehnung einer Interaktionsofferte (einer Behauptung, einer Aufforderung etc.) folgt dann die Ablehnung dieser Ablehnung.

Die Ablehnung Alters allein reicht also nicht aus. Sie *projeziert nur die Möglichkeit* eines Konflikts. Um einen Konflikt im Minimalformat zu erzeugen, muß sichtbar geworden sein, "... daß jeder 'gegen den Willen' des anderen (handelt)" (Tyrell 1976, S.258). Eine Sequenz wie "'Leihst Du mir Deinen Wagen?'", - "Nein", (vgl. Luhmann 1984, S.510), genügt dazu nicht.[104] Zwar weiß hier der Ablehnende, daß seine Reaktion im Gegensatz zu dem erklärten Wunsch des um den Wagen Bittenden steht; seine Ablehnung ist insofern gegen den ausdrücklichen Willen des Bittenden gerichtet; offen bleibt jedoch noch, ob der Bittende auf der Erfüllung des geäußerten Wunsches besteht, nachdem für ihn erkennbar geworden ist, daß sein Wunsch im Gegensatz zum expliziten Willen des Autobesitzers steht. Akzeptiert der Bittende die Ablehnung (z.B. "So ein Pech."), dann bringt er damit zum Ausdruck, daß er den von seinen Wünschen abweichenden Willen des anderen akzeptiert, und es kommt nicht zum Konflikt. *Insistiert* er hingegen (z.B.: "Aber Du weißt doch, wie wichtig dieser Termin für mich ist, und ohne Auto komme ich da

---

104 Anders jedoch Luhmann 1984 (S.530) mit der klaren Feststellung: "Von Konflikten wollen wir immer dann sprechen, wenn einer Kommunikation widersprochen wird. Man könnte auch formulieren: wenn ein Widerspruch kommuniziert wird", - ergänzt durch den Hinweis, daß die Intensität der Zurückweisung dabei keine Rolle spielt: "... jede Abschwächung der Ablehnung fällt in den Bereich unseres Begriffs, sofern nur erkennbar ist, daß es sich um eine Ablehnung handelt." - In späteren Publikationen scheint Luhmann von dieser Aussage abzurücken und ebenfalls anzunehmen, daß zwei Züge für die Konstitution eines Konflikts nicht ausreichen. Vgl. dazu etwa die folgende Feststellung in Luhmann 1993, S.566 (Hevorhebung von mir, W.L.S.): "Zur Störung der Kommunikation wachsen sich solche Bagatellvorfälle aus, *wenn auf ein Nein mit einem Gegennein geantwortet wird*; denn das bringt die Versuchung mit sich, beim Nein zu bleiben und das Nein auf beiden Seiten durch weitere Kommunikation zu verstärken. In einem solchen Falle wollen wir von Konflikt sprechen." - Das Zitat ist allerdings nicht ganz eindeutig, läßt es doch offen, ob das "In einem solchen Falle ..." des letzten Satzes sich auf die Abfolge von Nein und Gegennein oder auf eine Situation bezieht, in der die Beteiligten versuchen, ihr jeweiliges Nein "durch weitere Kommunikation zu verstärken". In letzterem Falle würden für Luhmann auch Nein und Gegennein noch nicht genügen, um von einem Konflikt zu reden. Ähnlich uneindeutig äußert sich Luhmann in "Die Gesellschaft der Gesellschaft" (1997a, S.466; Hervorhebung im Original), wenn er sagt: "... wenn man es wagt, abzulehnen, *nachdem* andere sich in der Kommunikation bereits festgelegt hatten, steht der Konflikt ins Haus. Die anderen werden insistieren, Argumente und Verbündete suchen und finden, und unversehens bildet sich ein System im System: ein Konflikt." - Diese Formulierung hebt einerseits den ersten Widerspruch gegenüber einer kommunikativ sichtbar gewordenen Erwartung noch als *auslösendes Ereignis* für einen Konflikt hervor, nimmt aber allem Anschein nach an, daß dieser erst durch die nachfolgenden Reaktionen (Insistieren, Argumente und Verbündete suchen) *strukturell komplettiert* wird. Die Frage nach der minimalen Anzahl von Ablehnungen, die erforderlich sind, um eine elementare Konfliktsequenz zu konstituieren, wird auch hier nicht präzise beantwortet (möglicherweise deshalb, weil Luhmann in seinen späteren Aussagen ein *gradualistisches* Modell der Ausdifferenzierung von Konflikten favorisiert und deshalb allgemeine Aussagen darüber, von welchem Punkt an eine Kommunikation als Konflikt funktioniert, vermeidet). - Zur Diskussion der Elementarform von Konflikten siehe auch Schneider 1994, S.199ff. sowie Messmer 2003, S.124ff.

nicht hin!"), dann hat nach dieser Äußerung jeder der Teilnehmer ausdrücklich dem kommunikativ exponierten Willen des anderen widersprochen. Der Dissens zwischen den beiden Teilnehmern, der durch das erste Nein eines Sprechers *einseitig angezeigt* worden ist, wird dann durch das folgende Nein des anderen *konfirmiert* und so zum *wechselseitigen Dissens* vervollständigt.[105]

Mit der Artikulation zweier wechselseitig aufeinander bezogener Ablehnungen ist - zumindest in der *Sach*dimension - die strukturell vollständige Elementarversion eines (Proto)Konflikts erzeugt. Damit die Kommunikation in der *Sozial*dimension als Konflikt prozessiert, ist freilich ein weiteres erforderlich (vgl. Schneider 1994, S.204ff.): An der Form der ablehnenden Mitteilungen muß darüber hinaus erkennbar sein, daß sie keine Rücksicht auf die Annahmeerwartungen des Gesprächspartners nehmen. Solange sie die enttäuschten Annahmeerwartungen noch zu schonen versuchen, indem sie sich als kontingente Zurückweisung präsentieren und so als Ablehnung definieren, die sich weiterhin der "Präferenz für Konsens" unterstellt, mögen zwar in der *Sachdimension* einander entgegengesetzte Positionen aufeinandertreffen. In der *Sozialdimension* aber funktioniert die Kommunikation dann noch nicht als Konflikt. Dies ist erst der Fall, wenn sich widersprechende Äußerungen ohne Einschränkung als Widerspruch deklarieren und jeder Widerspruch sich damit gleichsam selbst bejaht. Abzulesen ist dies am *Umspringen der Präferenzorganisation* von "Konsens" auf "Dissens". Erkennbar wird daran, daß die zugrunde gelegte Erwartungsstruktur sich transformiert, indem die Beteiligten durch den Zuschnitt ihrer Äußerungen anzeigen, daß sie darin übereinstimmen, nicht übereinzustimmen. Erst nach dieser *Transformation der in der Mitteilungsform angezeigten Erwartungsgrundlagen* funktioniert die Kommunikation als Konflikt. Auch dazu können zwei aufeinander folgende Ablehnungen genügen:

A: Leihst du mir Dein Auto?
B: Niemals!
A: Spießer!

Schon die erste Ablehnung erfolgt hier unmoduliert, d.h. ohne durch eine Äußerung des Bedauerns und die Angabe besonderer Gründe die grundsätzliche Berechtigung der Annahmeerwartung des Bittenden anzuerkennen und provoziert eine entsprechend ungebremste Erwiderung, welche den Konflikt in der Sach- und Sozialdimension zugleich komplettiert.[106]

---

105 Siehe dazu auch Maynard 1985, S.8: "... initial opposition does not constitute an argument. An utterance may oppose a prior action, but its status as part of an argument is dependent on whether it is treated as a legitimate repair initiation or whether it is let to pass or whether it is itself counteracted." Vgl. auch Messmer 2003, S.120, Fußn.14, mit weiteren Literaturangaben und der Feststellung, daß als Folge "der Einsichten ethnomethodologischer Analysen ... die dreigliedrige Zugabfolge als *'take off'* der Ausdifferenzierung einer Konfliktsituation heute weitestgehend akzeptiert" sei (Hervorhebung im Original).

106 Jedes anschließende Einschwenken auf die Position des Interaktionspartners durch einen der Beteiligten (z.B. durch ein "Na gut, wenn Du meinen Wagen unbedingt brauchst", geäußert vom Autobesitzer an vierter Sequenzposition) erscheint dann als Einlenken in dem *bereits etablierten Konflikt*.

Ebenso ist es aber auch möglich, daß mehr als zwei Ablehnungen nacheinander realisiert werden, ohne daß dabei die Präferenzstruktur umspringt und die Kommunikation in die Bahn eines Konflikts einschwenkt:

> A: Leihst Du mir Deinen Wagen?
> B: Oh, ich glaube, das geht heute leider nicht, weil ich noch einen wichtigen Termin habe.
> A: So ein Pech, was mache ich nur? Könntest Du den Termin nicht verschieben? Ich brauche den Wagen so dringend!
> B: Das würde ich sehr gern tun, wenn es nur möglich wäre. Aber leider ...

Obwohl in dieser Version des (konstruierten) Beispiels der Bittende nach vorausgegangener Ablehnung insistiert und daraufhin erneut eine abschlägige Antwort erhält, so daß drei Ablehnungen nacheinander folgen, kann man hier kaum von einem Konflikt sprechen. Was dazu fehlt, ist das Umspringen der Präferenzstruktur auf "Dissens".[107] Werden Ablehnungen kontinuierlich als dispräferiert markiert, dann können sachliche Gegensätze thematisiert werden, ohne daß dies in der Form eines Konflikts geschehen muß. Eine *Obergrenze* für die Anzahl der Ablehnungen, die aufeinander folgen können, ohne die Kommunikation in konfliktäre Bahnen zu drängen, kann nicht angegeben werden.

Wie verhält es sich nun mit der *minimalen* Anzahl unmodulierter Ablehnungen, die für einen Konflikt erforderlich sind? - *Zwei Ablehnungen*, so haben wir bisher angenommen, sind mindestens erforderlich, um eine Situation zu erzeugen, in der zwei Parteien in sachlicher Hinsicht einander wechselseitig widersprechen *und* diesen Widerspruch als Konflikt austragen. Ist keine Unterschreitung einer solchen Konfliktsequenz aus drei Beiträgen, von denen zwei ablehnender Art sind, möglich? Dazu ein weiteres simuliertes Beispiel:

> A: Geld her, oder ich schieße!
> B: Von meinem Geld kriegen sie keinen Cent!

Intuitiv wird man wohl sagen, daß hier ein vollständig ausgebildeter Konflikt vorliegt, obwohl wir es nur mit zwei Äußerungen zu tun haben. Aber wie ist das möglich? - Die Antwort lautet: Dadurch, daß sich der Autor der ersten Äußerung für den Fall eines Widerspruches durch den Interaktionspartner an zweiter Sequenzposition auf die Ablehnung dieses Widerspruchs an dritter Sequenzposition im vorhinein ausdrücklich festlegt. Obwohl hier nur zwei Züge ausgeführt werden, haben wir es deshalb mit einer *virtuell dreizügigen Sequenz mit zwei wechselseitigen Ablehnungen* zu tun, bestehend aus Egos Aufforderung ("Geld her"), Alters Widerspruch ("... kriegen sie keinen Cent") und Egos *angekündigter* martialischer Ableh-

---

107 Heinz Messmer (2003, S.124ff.) übersieht diese Bedeutung der "Präferenz für Dissens" (obwohl er zuvor die "Präferenz für Konsens" ausführlich diskutiert). Weil er nicht bemerkt, daß die Umpolung der kommunikationsleitenden Erwartungsstrukturen von positiver auf negative doppelte Kontingenz durch den Wechsel der Präferenzmarkierungen vollzogen wird, nimmt er an, daß es dazu außer der zweiten Ablehnung (im dritten Äußerungsbeitrag) auch noch einer *dritten Ablehnung* (an vierter Sequenzposition) bedarf. M.E. zeigen jedoch bereits die im Text gedankenexperimentell konstruierten Beispielvarianten, daß ein dritter Widerspruch dafür weder notwendig noch hinreichend ist.

nung dieses Widerspruchs ("..., oder ich schieße"). Weil Ego bereits in seiner ersten Äußerung explizit festlegt, welche Anschlußhandlung er an dritter Sequenzposition ausführen wird, sofern Alter seine Aufforderung ablehnt, erscheint die komplette dreizügige Konfliktsequenz schon mit Alters Ablehnung erwartungsstrukturell determiniert. Nur dadurch, daß die erste Äußerung auf den dritten Zug vorgreift, wird hier die Erzeugung eines Konflikts auf der Ebene wechselseitiger Erwartungen in nur zwei Zügen möglich. Selbst dieser abweichende Fall bestätigt also noch die konstitutive Bedeutung einer dreizügigen Sequenz für die Etablierung eines Konflikts in der Kommunikation. Realisiert Ego die von ihm formulierte Drohung nicht, obwohl Alter sich geweigert hat, seine Geldbörse herauszurücken, dann enttäuscht er die Konflikterwartungen, die er durch seine erste Äußerung etabliert hat.

Daß sich eine Äußerung als Beitrag zu einem beginnenden oder bereits laufenden Konflikt präsentiert, wird daran deutlich, daß es nun Ablehnung und Widerspruch sind, die prompt und ohne Abschwächung formuliert werden (vgl. Beispiel I), Zustimmung und Annahme hingegen mit Anzeichen der Einschränkung und Abschwächung versehen werden müssen, um sie mit der etablierten Ordnung des Konflikts kompatibel zu machen (vgl. Beispiel J):

Beispiel I[108]

1 Wife:	Now you told me that this was east.
2 Husband:	I never did. That's west.
3 Wife:	Yes you did.
4 Husband:	No I never.
5 Wife:	Last week.
6 Husband:	(to guests): She has a terrible sense of direction.

Beispiel J[109]

Sch: yeah, in a way thats true. of course. but those are so much separate issues.

Beispiel I zeigt eine Serie von Ablehnungen, von denen jede sich durch die ungebremste Form ihrer Äußerung als Konfliktbeitrag beschreibt. Beispiel J läßt erkennen, wie selbst eine ausdrückliche Zustimmung als Element eines Konflikts ausgeflaggt werden kann: Versehen mit deutlichen Abschwächungen und Einschränkungen, präsentiert sie sich als begrenzte 'Zustimmung unter der Prämisse eines fortbestehenden Dissenses'. Eine derartige Markierung der Zustimmung als beschränkte Zustimmung innerhalb einer Debatte (d.h. eines argumentativ ausgetragenen Konflikts über Geltungsansprüche) zeigt an, daß die Debatte dadurch nicht beendet werden soll, sondern die Zustimmung als Beitrag *in* der Debatte verstanden werden muß, durch den sie fortgesetzt wird.

Die bisher zitierten Beispiele verdeutlichen anhand der Differenz zwischen konsensorientierter und konfliktärer Interaktion, wie die Mitteilungsform von Kommu-

---

108 Entnommen aus Vuchinich 1990, S.131.
109 Entnommen aus Kotthoff 1992, S.21.

nikationsbeiträgen genutzt wird, um dadurch den strukturellen Kontext bzw. Aktivitätstyp zu markieren, auf den diese Äußerungen zugeschnitten sind und zu dessen Reproduktion sie beitragen sollen. Derartige *strukturelle Markierungen* fungieren als Kennzeichnungen der Situationsdefinitionen, die Ego und Alter als Prämissen ihrer Äußerungen zugrunde legen und ermöglichen so in routinisierter Weise ihren kontinuierlichen Abgleich in der Kommunikation. Vom Routinefall zu unterscheiden ist der Krisenfall, der eintritt, wenn Äußerungen *inkompatibel* zu sein scheinen mit der bislang prozessierten Situationsdefinition. Die Transformation des strukturellen Kontextes der Interaktion wird damit wahrscheinlich.

Gleichwohl ist eine solche Transformation nicht unvermeidlich. Durch spezielle *Reparaturversuche*, die auf die *Konservierung* der in Frage gestellten Situationsdefinition zielen, kann die 'bedrohliche' Abweichung u.U. neutralisiert werden. Reparaturen, die auf diese Funktion zugeschnitten sind, bezeichne ich, wie oben festgestellt, als *Struktursicherungsoperationen*. Im folgenden möchte ich einige Beispiele für Struktursicherungsoperationen behandeln, die auf die Immunisierung konsens- bzw. konfliktorientierter Interaktion gegenüber abweichenden Kommunikationsbeiträgen spezialisiert sind. Ich beginne dazu mit einem klassischen Beispiel von Sacks, an dem deutlich wird, wie die sichtbar werdende Möglichkeit eines Konfliktes vermieden und die "Präferenz für Konsens", trotz durchgängig erkennbarer Differenzen, als Prämisse der weiteren Kommunikation aufrechterhalten werden kann:

Beispiel K[110]

```
7   A:  First of all you haftuh control yerself. Know about yourself.
8       (2.5 Sekunden)
9   A:  And be capable of l:iving.
10  A:  Once you- are to control yer inner self
11  A:  Y'undustan what-
12  A:  Y's, y'see what I'm//talkin-
13  B:  Yeah-uh- I think I do, uh except uh...
14  A:  Uh- it's controver//sial (paricularly-)
15  B:  I- don't like-
16  B:  I don't like the idea of controlling yerself-
17  B:  I don't think you mean- by the way-
18  B:  Yer using the word cn//trol
19  A:  No. I don't mean-
20  B:  -yerself but I don't think//you-
21  A:  No.
22  B:  -really mean//that
23  A:  I don't mean control yerself. A:ble to adapt.
24  A:  Uh-uh::: more flexible person. Uh-uh::
25  A:  What is it- discipline, adjust-disciplin may be a better
26  A:  word. I don't know.
27  B:  Uh- Uh well, I- I like to use the word tuned in. Someone
28  B:  wh's in t' the conditions a:nd uh who's responsive
29  B:  uh::: who know what's happening and knows what-what-
30  B:  what has t' be done.
```

---

110 Entnommen aus Sacks 1987, S.65f.

Die Interaktionsszene zeigt, wie voneinander abweichende Auffassungen in der Kommunikation unter klarer Markierung der *Präferenz für Konsens* registriert (Zeile 13-16), dann aber nicht als Meinungsunterschied behandelt, sondern als kooperativ zu lösendes *Formulierungsproblem* definiert werden (Zeile 17-22). Besonders interessant ist dabei die gleichsam 'feinmotorische' Abstimmung der Kommunikationsbeiträge, die erkennen läßt, wie ein möglicher Konflikt durch die kooperative Ausführung einer Reparatur mit dem Status einer Struktursicherungsoperation umsteuert wird.

Nachdem A seine Auffassung vorgetragen und B gefragt hat, ob dieser verstehe, was er sagen wolle (Zeile 11/12), antwortet B (Zeile 13) mit einem Beitrag, der die typischen Merkmale eines *als dispräferiert markierten Widerspruchs* erkennen läßt: Beginnend mit einer zögernden und damit eine mögliche Unsicherheit anzeigenden Bestätigung ("Yeah, uh-"), der ein explizit relativierender Äußerungsteil folgt ("*I think* I do"), wird schließlich - aber wiederum zögernd - die Einleitung zu einer Einschränkung formuliert ("uh *except* uh"). Die Reichweite dieser Einschränkung ist hier noch offen: Sie kann auf den Grad des erreichten Verstehens begrenzt sein oder sich auch auf die Akzeptierung des Inhaltes der von A zuvor formulierten Feststellungen beziehen. A (Zeile 14) reagiert darauf, indem er signalisiert, daß er nicht die uneingeschränkte Zustimmungsfähigkeit seiner Aussagen unterstellt, sondern weiß, daß sie umstritten sind ("uh, it's controversial"), infolgedessen mit der Möglichkeit von Widerspruch rechnet und diesen als grundsätzlich legitim anerkennt. Indem Widerspruch so als erwartbar gekennzeichnet und antezipatorisch normalisiert wird, öffnet A die Situation für eine potentiell kontroverse Behandlung seiner vorausgegangenen Äußerungen unter Aufrechterhaltung der Präferenz für Konsens.

B reagiert auf diese Offerte in zweifacher Weise: Er formuliert zunächst seine *Ablehnung* gegenüber einer der vorausgegangenen Aussagen von A (Zeile 15/16): "... I don't like the idea of controlling yerself"), um dann, nachdem so ein manifester Dissens in der Kommunikation hergestellt worden ist, dessen *Redefinition als Scheindissens* anzubieten, der die Folge eines sprachlichen Fehlgriffs von A sein könnte: "I don't think you mean- by the way- Yer using the word cn//trol -yerself but I don't think//you-really mean//that" (Zeile 17-22). Die gesamte Äußerung von B (Zeile 15-22) kann in die Form der folgenden *Paraphrase* gebracht werden, welche die Äußerung auf ihren strukturellen Gehalt hin abstrahiert (nicht ausdrücklich formulierte, aber sprachpragmatisch implizierte Elemente der Äußerung sind in Klammern eingefügt):

> 'Ich muß dem, was du gesagt hast in einem Punkt x widersprechen. Ich glaube aber nicht, daß du mit dem Gebrauch des Ausdrucks x auch x gemeint hast (so daß mein Widerspruch gegen x vermutlich fehlgeht, weil die Voraussetzung dafür - nämlich daß du mit der Äußerung von x auch tatsächlich x gemeint hast - wohl nicht erfüllt ist).'

Die Paraphrase läßt erkennen: Wie schon bei der oben vorgestellten Sequenz aus einer gruppentherapeutischen Sitzung wird hier eine Anschlußäußerung, mit der die weitere Kommunikation auf die Prozessierung von Dissens umgestellt würde, als (vermutlich) 'falscher' Anschluß markiert, indem dessen Richtigkeitsbedingungen explizit negiert werden und so die gerade angezeigte Möglichkeit einer strukturellen Transformation der laufenden Kommunikation vorläufig storniert wird (gebunden an die Voraussetzung, daß A dabei kooperiert und zu der dafür notwendigen Reparatur bereit ist). Auch hier wird also das Regelschema im reflexiven Modus der Beobachtung zweiter Ordnung aktiviert, um ein (mögliches) Mißverständnis zu kennzeichnen und durch anschließende Korrektur aufzulösen.

Neben dieser für unseren Zusammenhang zentralen Übereinstimmung lassen sich freilich auch eine Reihe von (sekundären) Differenzen notieren: Anders als in dem Beispiel aus der Gruppentherapie geht es hier um ein Problem, das nicht in der übereinstimmenden Identifizierung einer Äußerung als Ausführung eines bestimmten illokutionären Aktes, sondern im Bereich des übereinstimmenden Gebrauchs eines prädikativen Ausdrucks ('to conrol yourself') zu liegen scheint. Darüber hinaus ist es nicht der Sprecher (A), sondern der Verstehende (B), der das Verständigungsproblem identifiziert. Schließlich wird es nicht auf einen Verstehensfehler, sondern auf die Wahl eines unangemessenen Ausdrucks zurückgeführt und so A als dem Sprecher der vorausgegangenen Äußerung verantwortlich zugeschrieben. Dies alles geschieht unter dem Vorbehalt der noch ausstehenden Bestätigung durch A, mit der A zugleich die Aufgabe zur Auflösung des Verständigungsproblems durch Reformulierung des beanstandeten Äußerungselements zufallen würde.

Die Äußerung B's hat deshalb den Status einer an A gerichteten Aufforderung zum Vollzug einer Selbstkorrektur. A beginnt mit der Reparatur noch vor Abschluß von B's Korrekturinitiierung in Überlappung mit dieser (Zeile 19: "No. I don't mean- ..."). Er hat damit B's Offerte zur Redefinition der Kommunikationssituation angenommen, indem er, wie zuvor von B vorgeschlagen, das inkriminierte Element seiner vorausgegangenen Äußerung *explizit negiert* und es damit als nicht weiter anschlußfähig aus dem Verkehr zieht. Danach (Zeile 23-26) macht A einen Reformulierungsvorschlag, den er im gleichen Atemzug jedoch ebenfalls als potentiell korrekturbedürftig deklariert ("I don't know"). Er hält sich so die Möglichkeit offen, bei weiteren Dissensanzeigen von B sich erneut zu korrigieren und eventuell abgelehnte Aussagenelemente wiederum als Fehlformulierungen zu eliminieren. B antwortet darauf (Zeile 27ff.) mit einem eigenen Reformulierungsvorschlag, der in der Wortwahl von A's Selbstkorrektur abweicht, dabei aber offen läßt, inwiefern er sich auch in seinem Inhalt von A's Reformulierungsangebot unterscheidet.

Beide Teilnehmer kooperieren hier bei der Etablierung einer Situationsdefinition, die es ermöglicht, Diskrepanzen zu registrieren, ohne sie jedoch zu gegensätzlichen Positionen zu verfestigen und konfliktär zu bearbeiten. Stattdessen wird auf dem Wege einer *kooperativ ausgeführten Struktursicherungsoperation* (nämlich durch eine fremdinitiierte Selbstkorrektur), ein alternatives Interaktionsmuster eingerichtet, das die Beibehaltung der "Präferenz für Konsens" in der Krisensituation eines manifest gewordenen Dissenses ermöglicht. Dieses Interaktionsmuster könnte man (in lockerer Anlehnung an den Habermas'schen Begriff des "sinnexplikativen Diskurses") als *"kooperative Sinnexplikation"* bezeichnen.[111] Beginnend mit Zeile 17 ist jeder Beitrag als Zug innerhalb dieses Aktivitätstyps markiert. An die Stelle der konfliktären oder konsensorientierten Austragung von Dissens tritt so die vorsichtige Erprobung von Reformulierungen, die darauf gerichtet zu sein scheinen, eine 'gemeinsame Sprache' zu finden, in der ein sachlicher Konsens mit der Übereinstimmung im Sprachgebrauch zusammenfällt, ohne daß beides noch voneinander unterschieden werden könnte.

Eine weitere Möglichkeit der nicht-konfliktären Behandlung von Erwartungsdiskrepanzen möchte ich noch vorstellen. Von den bisher erwähnten Beispielen unterscheidet sie sich dadurch, daß sie in einem beruflichen Kontext situiert ist, in dem die Behandlung derartiger Diskrepanzen nahezu unvermeidlich, die Aktivierung des Aktivitätstypus *Debatte* jedoch kontraindiziert ist, weil sie die Erfüllung der sachlichen Aufgaben beeinträchtigen würde. Der Aktivitätstypus, um den es dabei geht, ist das *Nachrichteninterview*. Auch in diesem Rahmen müssen gegensätzliche Auffassungen thematisiert werden, ohne sie im Format eines Konflikts zu bearbeiten. Die kommunikative Strategie, welche die Interviewer dazu verwenden, ist die *Externalisierung* des thematisierten Gegensatzes. Kritik an den Äußerungen oder Handlungen des Interviewpartners kann der Interviewer ohne Provokation eines Konfliktes zur Sprache bringen, sofern er es nur vermeidet, sie in der ersten Person zu formulieren. Statt dessen muß die Kritik einer dritten Instanz zugeschrieben werden, deren Auffassung der Interviewer nur zitiert. An einigen Beispielen:

Beispiel L[112]

IR: Reverend Boesak lemma a- pick up a po̲int uh the Ambassador made (...omitted)
AB: =Eh theh- thuh- thuh Amba̲ssador has it wro̲ng. (...omitted)

Beispiel L zeigt, wie die externalisierende Zuschreibung einer Position, die zu der Position des Befragten im Gegensatz steht, in dessen Antwort aufgegriffen und sein Widerspruch darauf ebenfalls an die vom Interviewer genannte Drittpartei (nämlich den "Botschafter") adressiert wird. Die übereinstimmende Zuschreibung von Widerspruch an Dritte fungiert hier als *Operation der strukturellen Markierung*, mit der die Teilnehmer füreinander wie auch für unbeteiligte Beobachter (Hörer; Zuschauer) sichtbar machen, daß hier ein Konflikt *thematisiert* und eine Stellungnahme dazu formuliert wird, dies jedoch zwischen den Teilnehmern des Aktivitätstyps "Interview" in nicht-konfliktärer Form geschieht.

Beispiel M macht sichtbar, daß das Fehlen der Zuschreibung an eine externe Adresse vom Interviewer selbst als Fehler registriert werden kann, der ihn zu einer Selbstkorrektur veranlaßt, die hier den Status einer implizit, d.h. im *operativen Modus* ausgeführten *Struktursicherungsoperation* hat:

---

[111] Diese Titelwahl impliziert keine theoretischen Anleihen beim Habermas'schen Kommunikationsmodell.
[112] Entnommen aus Clayman 1992, S.181.

Beispiel M:[113]

IR: But isn't this- uh::: critics uh on thuh conservative- side of thuh political argument have argued thet this is:. abiding by thuh treaty is:. uninlateral (.) observance. (.) uh:: or compliance. (.) by thuh United States.

Die hier ausgeführte Struktursicherungsoperation ist auf den ersten Blick kaum zu erkennen, weil sie sich selbst *nicht explizit als Reparatur kenntlich* macht. Zu sehen ist zunächst nur eine Unterbrechung der begonnenen Äußerung ("But isn't this - uh:::") gefolgt von einem Neubeginn ("critics uh on thuh conservative- side"). Grundsätzlich könnte ein solcher Verlauf auch durch äußere Umstände und nicht durch die Korrekturbedürftigkeit der begonnenen Äußerung ausgelöst sein. So z.B. durch plötzlichen Lärm, der den Sprecher zu übertönen drohte bzw. offensichtliche Unaufmerksamkeit des Adressaten, der den Äußerungsbeginn überhört haben könnte und den Sprecher deshalb zum Abbruch und Neubeginn veranlaßte oder eine momentane Unkonzentriertheit des Sprechers, der den Faden verloren hat, und deshalb neu einsetzt etc. Um den Verlauf der Äußerung *explizit* als Folge eines Reparaturversuchs zu kennzeichnen, hätte der abgebrochene Äußerungsteil mit einer *Fehlermarkierung* versehen werden müssen. Ein eingeschobenes "no" etwa hätte dazu bereits ausgereicht ("But isn't this- uh::: no: critics on thuh conservative side").

Signifikant ist jedoch die Art der Differenz zwischen der zunächst begonnenen und dann abgebrochenen Äußerung einerseits und ihrer danach eingeleiteten und zu Ende geführten Version andererseits: Während in der zunächst begonnenen Version der Sprecher in einer Weise einsetzt, bei deren Fortführung er sich selbst als Quelle des schließlich erhobenen Einwandes präsentiert hätte, stellt die zu Ende geführte Version der Formulierung dieses Einwandes die *Nennung einer fremden Quelle* voran. Durch den Neubeginn wird demnach de facto die Quellenangabe in einer Weise verändert, die verhindert, daß der Sprecher als jemand erscheint, der für die Position, von der aus ein Widerspruch gegenüber dem Adressaten geltend gemacht wird, Partei ergreift und der dann in der Folge als Gegner innerhalb einer Debatte behandelt werden könnte. Dieser Zuschnitt des Abbruchs und Neubeginns macht ihn als *impliziten (=operativen) Vollzug* einer Reparatur mit Struktursicherungsfunktion erkennbar.

An der revidierten Konstruktion der Äußerung läßt sich dabei exakt ablesen, daß durch den Neubeginn tatsächlich nur die Quellenzuschreibung modifiziert wird, die Äußerung im übrigen aber so gebaut ist, daß ohne diese Modifikation keinerlei Veränderung nötig gewesen wäre und sie in der ursprünglich begonnenen Form hätte zu Ende geführt werden können.[114] Statt *selbst* Widerspruch zu erhe-

---

113 Entnommen aus Clayman 1992, S.171.
114 Leicht erkennbar wird dies, wenn man die veränderte Quellenzuschreibung in Klammern setzt: "But isn't this- uh::: --> [critics uh on thuh conservative- side of thuh political argument have argued thet this is:.] --> abiding by thuh treaty is:. uninlateral (.) observance. (.) uh:: or compliance. (.) by thuh United States". - Würde man den in eckigen Klammern stehenden Teil herausstreichen, wäre die Äußerung gleichwohl vollständig. Verändert hätte sich nur die Instanz, die als Quelle des erwähnten

(Fortsetzung...)

ben, *zitiert* der Interviewer durch die Modifikation der ursprünglich begonnenen Äußerung den Widerspruch, den "Kritiker auf der konservativen Seite der politischen Auseinandersetzung" gegenüber der Position des Gesprächspartners erheben, präsentiert sich damit selbst als jemand, der sich gegenüber dieser Auseinandersetzung *neutral* verhält und kann dadurch Meinungen in das Gespräch einführen, die in scharfem Gegensatz zur Position seines Interviewpartners stehen, ohne daß die Kommunikation deshalb die Form eines Konflikts annehmen muß.

Wie leicht ein solcher Konflikt andernfalls ausgelöst und der Aktivitätstyp *Nachrichteninterview* in eine *Debatte* zwischen dem Interviewer und dem Befragten umschlagen kann, zeigt Beispiel O:

Beispiel O[115]

(FW is Deputy Assistant Secretary of State for African Affairs in the Reagan administration.)
IR: But isn't this (.) declaration of thuh state of emergency:: (0.3) an admission that the eh South African government's policies have not worked, an' in fact that that the um- United States (0,4) administration's policy of constructive engagement (0,2) has not worked.
FW: I do not agree with you 'hhh that the approach we have taken (.) toward South Africa is- ay- is an incorrect approach. ...

In diesem Beispiel wird die externalisierende Zuschreibung der ins Gespräch gebrachten kritischen Position (welche die Süd-Afrika-Politik der amerikanischen Regierung gegenüber einem Vertreter dieser Regierung als Fehlschlag darstellt) unterlassen. Damit *fehlt* die strukturelle Markierung, mit der die Fortgeltung der Präferenz für Konsens angezeigt wird. Zugleich ist die direkte und kaum abgeschwächte Ausführung einer offen widersprechenden Äußerung ein typisches Signal für eine Umkehrung der vorausgesetzten Erwartungsstruktur in Richtung einer *Präferenz für Dissens* wie sie für Konflikte charakteristisch ist. Genau auf diese strukturelle Markierung zugeschnitten ist dann auch der daran anschließende direkte Widerspruch des Gesprächspartners, der der *Kritik* des Interviewers die *Ablehnung* dieser Kritik hinzufügt und sie damit zur Elementarform eines Konflikts vervollständigt.[116]

Die externalisierende Zuschreibung kritischer Äußerungen an Dritte, die der Interviewer nur zitiert, dient nicht allein der Konfliktprävention. Ihre primäre und durchaus manifeste Funktion besteht darin, im Gespräch mit dem Befragten andere Meinungen zur Sprache zu bringen und die Stellungnahme des Befragten dazu einzuholen. Der Fragende präsentiert sich so als eine Person, die gegensätzliche

---

114 (...Fortsetzung)
Einwandes genannt wird. In der Modifikation dieser Quelle, so kann man daraus schließen, scheint demnach die *pragmatische Funktion* des Abbruchs und Neubeginns der Äußerung zu bestehen.
115 Entnommen aus Clayman 1992, S.185.
116 Die Sequenz dokumentiert nur die beiden aufeinander folgenden Ablehnungen einer *elementaren dreizügigen Konfliktsequenz*. Die in Frageform durch den Interviewer vorgetragene Kritik an der Afrikapolitik der amerikanischen Regierung ist jedoch durch das einleitende "But..." auf eine vorausgegangene, hier aber nicht mitabgedruckte Äußerung des Gesprächspartners *kontrastiv* bezogen, dergegenüber sich die Äußerung des Interviewers damit als Einwand positioniert.

Positionen *sichtbar* macht und miteinander *konfrontiert*, ohne dabei selbst Partei zu ergreifen, und die so unter Wahrung des Gebots der *Neutralität* agiert. Er erfüllt damit eine wesentliche Aufgabe im System massenmedialer Kommunikation, die gekoppelt ist an die *Rolle* des Interviewers im Rahmen des *Aktivitätstyps* "Nachrichteninterview" (vgl. Clayman 1992). Mit der Verwendung der Strategie der externalisierenden Zuschreibung zur Einführung abweichender Positionen in das Gespräch signalisiert der Fragesteller deshalb in der laufenden Kommunikation eine Situationsdefinition als strukturellen Kontext seiner Äußerungen, die diesem Aktivitätstyp entspricht und ihm sowie dem Gesprächspartner die darin vorgesehenen Rollen des neutralen Interviewers und des Befragten zuweist.

Wie bereits mehrfach erwähnt, haben Konflikte eine eigene Präferenzstruktur, die sich spiegelbildlich zur "Präferenz für Konsens" verhält. Innerhalb eines Konfliktes werden Ablehnung und Widerspruch prompt und ohne Abschwächung formuliert, wohingegen Zustimmung und Annahme mit Anzeichen der Zurückhaltung bzw. mit Einschränkungen versehen werden müssen, um sie mit der etablierten Ordnung des Konflikts kompatibel zu machen. Zustimmenden Äußerungen eines Kontrahenten, in denen eine solche strukturelle Markierung fehlt, die aber ebensowenig als Aufgabe der eigenen Position zugunsten der Position des Gegenspielers gekennzeichnet sind, erhalten dadurch einen problematischen Status. Erforderlich wird gleichsam eine 'erkennungsdienstliche Behandlung', d.h. die Durchführung einer *Reparatur*, die den Status dieser Äußerungen klärt. Um die Fortsetzung eines Konfliktes auch im Anschluß an Beiträge zu ermöglichen, die aus dem Ordnungsformat des Konflikts auszuscheren drohen, können ebenfalls bestimmte Struktursicherungsoperationen eingesetzt werden, die über diese Krisensituation hinweghelfen.

Ein schönes Beispiel dafür bietet die folgende, in einem früheren Kapitel (vgl. Kap.2.3.5) hermeneutisch analysierte Sequenz aus einem Gespräch zwischen einer Deutschen und einem Chinesen über die Rechte und Belastungen der Frauen in der chinesischen Gesellschaft, auf das ich deshalb hier noch einmal zurückkomme.[117] Wie Susanne Günthner erläutert, von der dieser Gesprächsauszug stammt,[118] hat der chinesische Gesprächsteilnehmer zuvor behauptet, daß chinesische Frauen emanzipiert seien und es keine geschlechtsspezifischen Probleme in China gebe, was die deutsche Kontrahentin jedoch bestreitet:

---

117 Wie sich gleich zeigen wird, können wir dazu an die oben erreichten Ergebnisse der hermeneutischen Interpretation anknüpfen, um sie *konversationsanalytisch zu reformulieren* und auf unser gegenwärtiges Thema - die Analyse von Struktursicherungsoperationen - zuzuspitzen. Zusammengenommen zeigen die beiden Interpretationen des Beispiels, daß die methodischen Zugangsweisen der objektiven Hermeneutik und der Konversationsanalyse sich *teilweise überschneiden*, zugleich aber auch *wechselseitig ergänzen*.
118 Hier zitiert nach Kotthoff 1992, Episode 12, S.28f.

Beispiel P

1 D: das ist eben nicht so einfach für Frauen. - DIE können nicht einfach sagen eh den Haushalt eh um den kümmere ich mich jetzt nicht mehr das Bab eh Kind soll schreien so lange es will. irgendwann wird der Vater sich ja schon kümmern. (---) für Frauen ist die Doppelbelastung viel größer.
2 C: ja eh das ist so.
3 D: ja aber vorhin haben sie doch gesagt in Schina (sic!) würden die Männer genausoviel im Haushalt mitarbeiten= (C: hm) =sie helfen vielleicht mal, aber die HAUPTbelastung liegt bei der FRAU.
4 C: ja vielleicht stimmt so.

Die Äußerung 1 D der deutschen Teilnehmerin präsentiert sich als *Replik* auf eine *darin vorausgesetzte Gegenposition*. Wie - neben der erwähnten Mitteilung von Susanne Günthner über die Vorgeschichte des abgedruckten Auszuges - auch an den weiteren Beiträgen der deutschen Sprecherin sichtbar wird, handelt es sich dabei um die dem chinesischen Teilnehmer zugeschriebene Position. Die Äußerung 1 D *markiert und forciert* so zugleich einen Dissens zwischen den Teilnehmern, und sie etikettiert sich als Beitrag zu einer kontroversen *Debatte*, die mit dieser Äußerung begonnen oder fortgesetzt werden soll.

In 2 C stimmt der chinesische Teilnehmer *ohne erkennbare Einschränkung* zu, läßt aber auch nicht erkennen, daß er damit seine bisherige Position zugunsten der Position der deutschen Opponentin *aufgegeben* hätte, so daß ein Konsens erreicht wäre und die (in 1 D unterstellte) Debatte ihr Ende gefunden hätte. Der Status der Zustimmung relativ zum Aktivitätstyp "Debatte" ist deshalb unklar. Sie läßt offen, inwiefern die debattenspezifische Rollendifferenzierung von Proponent und Opponent gilt oder, ob mit ihr versucht werden soll, die Kommunikation - in Relation zu 1 D - aus dem Bereich des Aktivitätstyps "Debatte" herauszumanövrieren.

In 3 D reagiert die deutsche Gesprächspartnerin daraufhin mit einer *explizit* (im Beobachtungsmodus erster Ordnung) ausgeführten *Struktursicherungsoperation*, welche die Zustimmung des chinesischen Gesprächspartners mit dem Hinweis auf deren Unverträglichkeit mit seinen früheren Äußerungen ausdrücklich als 'fehlerhaften' Anschluß markiert und auf dem Gegensatz zwischen D's Position und der zuvor von C geäußerten Meinung insistiert. Diese Struktursicherungsoperation verbindet die folgenden Leistungen miteinander:

(1) Sie weist auf die *Inkonsistenz* der Zustimmung von C in Relation zu seinen vorausgegangenen Äußerungen hin und macht damit die Anforderung der *Konsistenz als normative Erwartung* gegenüber den Äußerungen des Gesprächspartners geltend. - Daß diese Erwartung hier eingeklagt wird, ist kein Zufall, denn ihre Erfüllung in einer Debatte ist die Voraussetzung dafür, daß den Angriffen des Opponenten nicht durch Äußerungen des Proponenten, mit denen dieser eigenen früheren Aussagen widerspricht, willkürlich das Ziel entzogen werden kann. Nur die Sicherung von Konsistenz kann verhindern, daß ein ursprünglich festgestellter Dissens auf dem Wege verdeckter Positionsveränderungen aufgelöst wird und die Betriebsbedingungen des Aktivitätstyps "Debatte" dadurch zerstört werden.

(2) Sie fordert C zu einer *Reparatur* seiner Äußerung auf, welche die behauptete Inkonsistenz bereinigt.

(3) Sie wiederholt D's *Kontra*position gegenüber der *C zugeschriebenen* Position, setzt damit die *(Fort)Geltung des Aktivitätstyps "Debatte" und der Rollenverteilung von Proponent und Opponent* voraus, fügt sich in die so bekräftigte Situationsdefinition ein und präsentiert sich als *Beitrag zur Fortsetzung* der (unterstellten) Debatte.

D's Versuch, C zu einer aktivitätstypkonformen *Reparatur* seiner vorausgegangenen Äußerung (2 C) zu veranlassen, mißlingt jedoch. C bleibt in 4 C bei seiner Zustimmung, ohne sie in bestimmter Weise einzuschränken oder klar erkennen zu lassen, daß er seine ursprüngliche Auffassung aufgegeben hätte. Das eingefügte "vielleicht" gibt freilich einen Hinweis darauf, wie diese Zustimmung zu lesen ist. Es räumt ein, daß die Dinge "vielleicht" so liegen könnten, wie die deutsche Opponentin es gerade sagte und läßt damit zugleich die Möglichkeit offen, daß es aber "vielleicht" auch nicht so ist. Die ihm zugeschriebene Position und die Position der Opponentin werden so in der Äußerung (4 C) des chinesischen Teilnehmers als zwei Möglichkeiten behandelt, die buchstäblich *gleich gültig nebeneinander stehen gelassen* werden können, weil gegenwärtig nicht zu entscheiden ist, welche zutrifft. Die ihm von D zugewiesene Position des Proponenten wird damit von C nicht eingenommen und der Debatte die Grundlage entzogen, ohne deshalb die eigene Position unbedingt aufzugeben und sich der Position der Opponentin zu unterwerfen.

Aufgrund dieser pragmatischen Funktion kann die Äußerung 4 C als eine *Struktursicherungsoperation* eingestuft werden, die *konträr* zu der vorausgegangenen Struktursicherungsoperation 3 D angesetzt ist. Dagegen scheint zu sprechen, daß sich diese Äußerung nicht explizit als Reparatur ausweist. Ein genauerer Blick zeigt jedoch, daß sie sehr wohl als Reparatur entschlüsselt werden kann, die hier freilich in *impliziter Form* (d.h. im operativen Aktivierungsmodus des Regelschemas) durchgeführt wird. An welchen Indizien kann man dies erkennen?

Zunächst an ihrer sequentiellen Einbettung: Die unmittelbar vorausgegangene Äußerung 3 D enthielt eine Reparaturaufforderung mit der eine "konditionale Relevanz" zur Ausführung einer entsprechenden Reparatur an der nächstmöglichen Sequenzposition etabliert worden ist. Diese Sequenzposition ist mit 4 C erreicht. Unter Voraussetzung des Grice'schen "Kooperationsprinzips" muß diese Äußerung deshalb, sofern dies möglich ist, zunächst als Reparaturversuch gedeutet werden. Möglich ist dies, wenn die Äußerung tatsächlich die in 3 D monierte Inkonsistenz beseitigt. Wie wir gesehen haben, leistet sie genau dies (wenngleich in anderer Form als durch 3 D vorgezeichnet) durch die Verwendung des Ausdrucks "vielleicht".

Vergleichen wir darüber hinaus den Beitrag 2 C ("ja eh das ist so"), der die Reparaturaufforderung 3 D ausgelöst hat, mit der Äußerung 4 C ("ja vielleicht stimmt so"), dann sehen wir, daß in beiden Fällen in kaum veränderter Weise Zustimmung gegenüber Behauptungen von D geäußert wird, deren Inhalt im wesentlichen ebenfalls identisch ist (1 D: ... für Frauen ist die Doppelbelastung viel größer; 3 D: ... die Hauptbelastung liegt bei der Frau). Die einzige *signifikante*

Differenz zwischen 2 C und 4 C besteht in der Einfügung des unscheinbaren Wortes "vielleicht", mit dem die gegebene Zustimmung näher qualifiziert wird. Durch dieses Wort beschreibt sich C's Zustimmung als Anerkennung von D's Position als *plausibler Möglichkeit*, ohne sie bereits als 'wahr' zu akzeptieren und anderslautende Meinungen deshalb als 'falsch' verwerfen zu müssen.

Die Äußerung 4 C löst so die in 3 D behauptete Inkonsistenz tatsächlich auf, freilich auf andere Weise als in D's Beitrag nahegelegt: Durch Potentialisierung der im Gespräch geäußerten Meinungen *werden die Konsistenzanforderungen soweit reduziert*, daß gegensätzliche Äußerungen nebeneinander bestehenbleiben können, ohne daß zwischen ihnen nach 'wahr' und 'falsch' differenziert und damit zwischen ihnen entschieden werden müßte. Wie schon in dem oben untersuchten Auszug von Sacks, in dem ein zunächst erkennbar gewordener Dissens in der Folge als Verständigungsproblem definiert und weiterverarbeitet wurde, so verdeutlicht auch diese auf den ersten Blick unscheinbare, weil *implizit* ausgeführte Reparatur des chinesischen Gesprächsteilnehmers, daß diskrepante Auffassungen in der Kommunikation sichtbar werden können, ohne daß diese nach dem Muster einer *Debatte*, d.h. als Konflikt zwischen konkurrierenden Geltungsansprüchen ausgetragen werden müssen.

Anders als in dem Beispiel von Sacks oder der Sequenz aus einer gruppentherapeutischen Sitzung, kommt in dem Gesprächsauszug zwischen der Deutschen und dem Chinesen *keine einheitliche, kooperativ realisierte* Struktursicherungsoperation zustande. Statt dessen prallen *zwei konträre* Struktursicherungsoperationen aufeinander, die auf die Stabilisierung divergierender Aktivitätstypen ausgelegt sind und einander wechselseitig paralysieren. Man gewinnt den Eindruck, daß sich die Äußerungen der deutschen Teilnehmerin als Beiträge zu einer "Debatte" ausweisen, an der der chinesische Gesprächsteilnehmer sich nicht beteiligt. Dadurch wird eine Situation erzeugt, in der die Kommunikation ohne intersubjektiv ratifizierten Strukturkonsens und damit ohne gemeinsam anerkannten Aktivitätstyp prozessiert, der als Prämisse der einzelnen Beiträge vorausgesetzt und durch sie reproduziert werden könnte. - Als Hintergrund dafür hatten wir in der oben (Kap.2.3.5) durchgeführten objektiv-hermeneutischen Analyse unterschiedliche kulturspezifische Deutungsmuster vermutet, die - als *operativ fungierende Semantiken* - zur Auswahl systematisch divergierender Äußerungsformate anleiten. Dieses Element der Interpretation, das von wesentlicher Bedeutung für die verstehende Erklärung der untersuchten Sequenz ist und so deren konversationsanalytische Auswertung ergänzt, braucht hier jedoch nicht wiederholt zu werden.

Als Ergebnis der Analyse von Beispiel P kann festgehalten werden: Die sequentielle Einbettung, die pragmatische Funktion und die Binnenstruktur der Äußerung 4 C, weisen sie gleichermaßen als eine *implizit* (d.h. im operativen Modus der Aktivierung des Regelschemas) vollzogene *Struktursicherungsoperation* aus, die *konträr* angelegt ist zu der explizit im Beobachtungsmodus erster Ordnung ausgeführten Struktursicherungsoperation (3 D) der deutschen Teilnehmerin. Die Unauffälligkeit der Struktursicherungsoperation des chinesischen Teilnehmers macht sie nicht nur schwerer erkennbar, sondern erfüllt dabei selbst eine spezifische Funktion: Explizit durchgeführt, würde diese Reparatur auf eine offene Zurückweisung der Konsistenzerwartungen hinauslaufen, welche die deutsche Teilnehmerin in ihrer Reparaturaufforderung einklagt und damit eine Situation wechselseitigen Widersprechens herbeiführen, auf deren Umsteuerung sie doch gerade zugeschnitten zu sein scheint.[119] Um ihre Funktion erfüllen zu können, muß sie deshalb in impliziter Form ausgeführt werden.

Eine entsprechende Übereinstimmung zwischen Funktion und Durchführungsmodus läßt sich für die Struktursicherungsoperation der deutschen Teilnehmerin feststellen: Ihre Reparaturaufforderung zielt darauf, die Bedingungen für die Fortsetzung der Kommunikation als "Debatte" sicherzustellen und hat, indem sie die angebliche Inkonsistenz in den Beiträgen des chinesischen Gesprächspartners *explizit* thematisiert, zugleich selbst die Form eines Beitrages, der den Aktivitätstyp "Debatte" fortsetzt. Der Umstand, daß die angebliche Inkonsistenz nicht vom Sprecher der problematisierten Äußerung selbst registriert und korrigiert wird, sondern dessen Reparatur *vom Gesprächspartner initiiert* werden muß, läßt eine *implizite* Durchführung der Struktursicherungsoperation ungeeignet erscheinen und macht sie daher eher unwahrscheinlich. Allgemein gilt dies vor allem in Kommunikationssituationen, in denen die Verständigung und Kooperationsbereitschaft zwischen den Teilnehmern durch Dissens beeinträchtigt ist. Allerdings ist die implizite Durchführung von Struktursicherungsoperationen, die auf dem Wege der Fremdinitiierung versuchen, Korrekturen auszulösen, nicht generell unmöglich.[120]

---

119 Auch eine Äußerung wie "Streiten wir darüber nicht" kann dieses Problem nicht umgehen, markiert sie ihre Vorgeschichte doch als Beginn eines Streites, an dem sich zu beteiligen der Sprecher einer solchen Äußerung ausdrücklich *ablehnt*. Damit führt er aber zugleich einen Zug aus, der bestens zur Fortführung konfliktärer Kommunikation paßt. Die konfliktadäquate Mitteilungsform steht hier in einem (performativen) Widerspruch zum Inhalt der Mitteilung, der auf Konfliktvermeidung zu zielen scheint. Watzlawick u.a. (1969) würden hier von einem Widerspruch zwischen *Beziehungs- und Inhaltsaspekt* sprechen.

120 Um hier ein Beispiel aus einem anderen Bereich zu geben, an dem sofort deutlich wird, daß Struktursicherungsoperationen, die auf die Fremdinitiierung einer Selbstkorrektur zielen, *auch implizit ausgeführt* werden können, denke man nur daran, wie eine Lehrperson versuchen kann, 'dazwischenredende' oder 'schwätzende' Schüler zu disziplinieren: Sie kann energisch "Ruhe!" fordern (=*explizite* Fremdinitiierung einer von den Schülern verlangten *Selbstkorrektur* durch Selbstdisziplinierung); oder sie kann mit der Feststellung, "Ich habe dich nicht gefragt!", den Zwischenruf eines Schülers in *reflexiver* Form als deplazierten Anschluß markieren, weil er eine vorausgegangene Sprechhandlung der Lehrperson als reguläre Bedingung seiner Angemessenheit voraussetzt, die von dieser nicht ausgeführt worden ist; sie kann aber auch versuchen, auf *implizite* Weise die Schüler zum Schweigen zu veranlassen, indem sie z.B. mitten im Satz innehält und schwätzende Schüler *erraten* läßt, 'Sie/Er hält inne, weil wir reden und wird erst weitersprechen, wenn wir still sind (und wenn wir es nicht sind, droht ein Donnerwetter)'. Klar ist aber auch, daß eine derartige implizite Vollzugsweise ein hohes Maß an Vorverständigung sowie an Aufmerksamkeit von Seiten der Schüler voraussetzt, um erfolgreich zu sein. Die *explizite* und die *reflexive* Vollzugsweise sind hier wesentlich robuster, weil weniger voraussetzungsvoll, und deshalb vermutlich weit häufiger anzutreffen. Weiter unten wird ausführlicher behandelt werden, inwiefern die schultypische Rederechtsverteilung als konstitutives Element des Aktivitätstyps der pädagogischen Interaktion gelten kann und eine Äußerung der Lehrperson, die Verstöße dagegen zu unterbinden versucht, deshalb tatsächlich als Ausführung einer Struktursicherungsoperation zu betrachten ist.

3.1.8 Resümee

In diesem Teilkapitel habe ich untersucht, wie "Intersubjektivität" in der Kommunikation unter Anwesenden kontinuierlich erzeugt werden kann. Die *Intersubjektivität von Bedeutungen*, - so die Habermas'sche These, mit der wir uns zunächst auseinandergesetzt haben -, wird gestiftet durch die übereinstimmende Befolgung gemeinsam geteilter *Regeln* des Zeichengebrauchs. Im Gegensatz zum 'frühen' Habermas kamen wir dabei zu dem Ergebnis, daß intersubjektive Bedeutungs*identität* so jedoch nicht zu erreichen ist.

Wir näherten uns diesem Resultat zunächst über die Rekonstruktion der Habermas'schen Deutung des Konzepts intersubjektiver Regelbefolgung: Welcher Regel ein Verhalten folgt, kann nach Habermas nicht an äußeren Gleichförmigkeiten des Verhaltens abgelesen werden. Ob ein Verhalten eine Regel erfüllt, kann man nur unter Anwendung der Regel feststellen. Inwiefern verschiedene Kommunikationsteilnehmer *derselben* Regel folgen, ist deshalb nicht anhand objektiver sachlicher Kriterien, sondern nur durch Verständigung darüber zu ermitteln, welches Verhalten als regelkonform gilt. Die immer wieder herstellbare intersubjektive Übereinstimmung der *Urteile* und Urteils*begründungen*, betreffend den regelgemäßen oder abweichenden Charakter eines Verhaltens, dient den Handelnden als Kriterium dafür, daß sie *dieselben* Regeln befolgen. Jede begrenzte Zahl von Situationen der Übereinstimmung kann dabei Differenzen verbergen, die in anderen, bisher zufällig nicht eingetretenen Anwendungssituationen zu unterschiedlichen Urteilen führen würden. Die Befolgung *derselben* Regel und damit Bedeutungs*identität* in allen durch sie angeleiteten Fälle des Zeichengebrauchs könnte daher erst dann als sicher angenommen werden, wenn die Akteure in einer *infiniten Reihe von Anwendungsfällen* ohne Ausnahme einen übereinstimmend begründeten Konsens darüber erreichen würden, welches Verhalten als regelkonform zu beurteilen ist. Die Erfüllung dieses Kriteriums ist offensichtlich unmöglich. Die Annahme intersubjektiver Bedeutungs*identität* läuft daher auf eine rein kontrafaktische Unterstellung ohne empirisches Korrelat hinaus, von der wir ausgehen müssen, *sofern* wir die *vollständige intersubjektive Identität* der Bedeutungen annehmen wollen und die wir immer nur vorläufig und jeweils nur solange als erfüllt unterstellen können, wie wir nicht auf falsifizierende Gegenevidenzen treffen. Was aber sollte uns zu der Annahme einer derartig weitreichenden Übereinstimmung zwingen?

Ich halte dies für eine mit überzogenen Ansprüchen befrachtete Annahme, bei der wir darüber hinaus sehen konnten, wie sie in späteren Publikationen von Habermas selbst bis zur Unkenntlichkeit abgeschwächt worden ist, scheint ihm die Unterstellung einer durch "grammatische Regeln" angeblich "garantier(t)en Bedeutungs*identität* der sprachlichen Ausdrücke" doch schließlich sogar kompatibel mit der Aussage, daß "ein Schatten von *Differenz* ... auf jedem sprachlichen Einverständnis" ruhe (vgl. Habermas 1988, S.56; Hervorhebungen von mir, W.L.S.). Die Behauptung von "Identität" erscheint hier nicht mehr allein deshalb kontrafaktischer Art, weil jeder reale Konsens an die Gegenwart gebunden bleibt, sondern auch, weil er in jedem Fall *aktuell vorhandene Differenzen* ausblenden muß. Sowohl in der Zeitdimension wie in der Sachdimension erscheint tatsächliche intersubjektive Bedeutungsidentität demnach unerreichbar. Die Unterstellung intersubjektiv identischer Bedeutungen, so meine Schlußfolgerung daraus, ist nur als *fragile Konstruktion* der Kommunikationsteilnehmer möglich, die darin übereinkommen, in ihrem jeweils erreichten working-consensus von weiterhin anzunehmenden, aber unbestimmt bleibenden Differenzen abzusehen und der deshalb das Moment des Fiktiven unauslöschlich eingeschrieben bleibt.

Die weitere Diskussion des Regelbegriffs unter Anknüpfung an Wittgenstein, die Hermeneutik und den Dekonstruktivismus machte darüber hinaus deutlich, daß die Annahme, Regeln könnten als Garanten intersubjektiver Bedeutungsidentität in Anspruch genommen werden, bereits an einer unzutreffenden Vorstellung der Struktur und Funktionsweise von Regeln scheitern muß. - Das dafür zentrale Argument lautet: Regeln des Zeichengebrauchs zeichnen *grundsätzlich keine* infinite Serie vollständig vorweg bestimmter Anwendungen vor. Weil auf wiederholbare Befolgung in einer Vielzahl von Situationen angelegt, müssen sie immer von den Besonderheiten der Einzelsituation abstrahieren. Sie können deshalb ihre Anwendung nicht selbst determinieren, sondern nur Einschränkungen dafür etablieren, was mit ihnen in Übereinstimmung gebracht werden kann. Ihre Applikation in konkreten Situationen verlangt immer ihre Interpretation. Die Gesichtspunkte, die für die Interpretation einer Regel relevant sind, können der Regel selbst nicht vollständig entnommen werden.

Die autonome Bedeutung der Regelinterpretation wird durch ein ergänzendes Argument hervorgehoben. Regeln der Verwendung sprachlicher Zeichen sind typisch nicht explizit formulierte, sondern durch ständigen Gebrauch tradierte und durch exemplarische Einübung erlernte Regeln. Ihre Erlernung und Befolgung kann deshalb nicht nach dem Modell der Exekution möglichst präzise formulierter Anweisungen, sondern nur nach dem Muster der Übertragung von Präzedenzfällen auf neue Situationen vorgestellt werden. Welche Situationen in den Anwendungsbereich einer Regel fallen, ist nicht durch fest vorgegebene Grenzen definiert, sondern muß durch die Orientierung an wahrgenommenen "Familienähnlichkeiten" (Wittgenstein) zwischen vergangenen Anwendungsfällen und neuen Situationen deutend ermittelt werden. Werden unterschiedliche Anwendungen der Vergangenheit als Präzedenzfälle angesteuert, können divergierende Vorstellungen darüber, welches Verhalten als Befolgung einer Regel gelten kann, die Folge sein. Durch die explizite Formulierung von Regeln kann versucht werden, die Möglichkeiten ihrer Interpretation stärker zu beschränken. Eindeutige Grenzen für das mit ihnen zu vereinbarende Verhalten, die von jeder Interpretation unabhängig wären und die es ermöglichen würden, die Orientierung an Präzedenzfällen bzw. an weiteren nicht explizierten Voraussetzungen vollständig durch die genaue Beachtung des Wortlauts der Regel *zu ersetzen*, können auf diesem Wege *nicht* erreicht werden.

Am Beispiel rechtlicher Regeln haben wir diese Behauptung exemplarisch belegt. Welches Verhalten eine Regel verlangt, kann nicht durch sie selbst erschöpfend bestimmt werden, sondern wird erst durch ihre Applikation in der jeweiligen

Anwendungssituation und die dabei getroffenen Auslegungsentscheidungen fixiert.

Ein derartig offenes Konzept der Regel kann nicht mehr scharf zwischen der unveränderten Anwendung und der konstruktiven Weiterentwicklung einer Regel unterscheiden. Damit verlieren Regeln die Garantenstellung für intersubjektive Bedeutungs*identität*, die ihnen vom 'frühen' Habermas zugeschrieben wird. Ihnen fehlt die dazu notwendige Invarianz und Interpretationsunabhängigkeit. Intersubjektive Übereinstimmung darüber, was als korrekte Befolgung von Regeln des Sprachgebrauchs gilt, kann deshalb nicht einfach als unterstellbare Voraussetzung gelingender Verständigung in Anspruch genommen werden, sondern muß je aktuell und von Äußerung zu Äußerung *erneut* durch Synchronisierung der im Verhalten realisierten Regelinterpretationen *hergestellt* werden.

Als Ergebnis können nicht zeitfest fixierte und intersubjektiv identische Bedeutungen erwartet werden. Was statt dessen erreicht werden kann, ist die kommunikative Konstruktion von *aktuell und lokal als indifferent behandelten* Bedeutungszuweisungen, ermöglicht durch die jederzeit reversible Ausblendung von Unterschieden, die hier und jetzt irrelevant erscheinen oder einfach verborgen bleiben. Intersubjektivität wird so zum *Provisorium*, das ständig von Störung und Zerfall bedroht ist und für dessen kontinuierliche Erneuerung die Kommunikation durch geeignete *Abstimmungsmechanismen* Sorge tragen muß, wenn es mit hinreichender Wahrscheinlichkeit zustande kommen soll.

Damit hatten wir den Punkt erreicht, an dem das Intersubjektivitätsproblem eine transformierte Gestalt annahm: Stand am Beginn unserer Diskussion die Auseinandersetzung mit seiner noch primär philosophisch bzw. universalpragmatisch geprägten Deutung bei Habermas, so erhielt es nun eine mit *empirischen* Mitteln zu untersuchende Form. In dieser veränderten Version wurde es zum Ausgangspunkt der weiteren Analyse.

Um zu erklären, wie Kommunikation unter diesen Voraussetzungen funktionieren und Intersubjektivität empirisch erzeugt werden kann, haben wir Elemente des begrifflichen Instrumentariums von Konversationsanalyse und Systemtheorie kombiniert und das Regelkonzept als *Beobachtungsschema* reformuliert, das in der Kommunikation in drei unterschiedlichen Modi fungiert. Daran sei hier noch einmal erinnert:

--- Im *operativen Modus* sorgt es für die Sicherung von Anschlußfähigkeit und die Konstitution von Bedeutungen durch kommunikative Zuschreibung.
--- Im Modus der *Beobachtung erster Ordnung* ermöglicht es die Unterscheidung zwischen 'richtigem' und 'falschem' Verstehen, d.h. die intersubjektive Koordination der kommunikativen Bedeutungszuschreibungen sowie die Abstimmung der dabei befolgten Regeln.
--- Im Modus der *Beobachtung zweiter Ordnung* ermöglicht es die Ausführung von Struktursicherungsoperationen mit der Funktion, kommunikative Anschlußmöglichkeiten, die aus einem *aktuell prozessierten Aktivitätstyp* ausscheren und dessen Reprodukion bedrohen bzw. in einen unerwünschten Aktivitätstyp hineinführen würden, zu blockieren. (Wie wir später gesehen haben, können

Struktursicherungsoperationen aber auch in den beiden anderen Aktivierungsmodi des Regelschemas ausgeführt werden.)

Der aus der Konversationsanalyse stammende Begriff des kommunikativen *Aktivitätstyps* umschreibt diejenige Dimension von Intersubjektivität, für die bei Wittgenstein der Begriff des *"Sprachspiels"* steht (vgl. Levinson 1992, S.69f.). Nicht durch genaue Definition bestimmt, sondern von Wittgenstein wie von Levinson nur an Beispielen veranschaulicht, liegt diesem Begriff die Intuition zugrunde, daß Äußerungen in Analogie zu den Zügen innerhalb eines Spieles verstanden werden können. In einem Spiel sind nur bestimmte Züge möglich. Welche Bedeutung einem einzelnen Zug zukommt, hängt davon ab, welchem Spiel dieser Zug zuzuordnen ist sowie von der aktuellen Spielsituation, die unter Voraussetzung der spieltypischen Regeln anzunehmen ist. Wer ein Spiel kennt, kann aus dem Verhalten anderer Akteure schließen, ob sie dieses Spiel spielen und gegebenenfalls die Rolle eines Mitspielers übernehmen, indem er ihr Verhalten als Ausführung bestimmter Spielzüge deutet und seine Verhaltensbeiträge dazu passend aus dem Repertoire der möglichen Züge des von ihm angenommenen Spieles auswählt. Unterstellt er jedoch das falsche Spiel, dann wird er die Züge der anderen systematisch mißverstehen und selbst Züge wählen, die in dem von den anderen Teilnehmern angenommenen Spiel nicht zulässig sind oder eine andere Bedeutung darin haben, als er meint.

Kommunikationsteilnehmer befinden sich in einer analogen Situation. Sie müssen, um die Äußerungen anderer richtig zu verstehen und um passend darauf reagieren zu können, in der Lage sein zu erkennen, welches "Sprachspiel" bzw. welcher "Aktivitätstyp" darin als Kontext vorausgesetzt wird. Aktivitätstypen wie eine Gerichtsverhandlung, ein polizeiliches Verhör, Schulunterricht, eine Pressekonferenz, die Sitzung eines Verwaltungsgremiums oder ein Nachrichteninterview finden oft an charakteristischen Orten und unter Beteiligung bestimmter Rollenträger statt. Aus dem äußeren Rahmen kann dann schon entnommen werden, welche Aktivitätstypen als wahrscheinlich zu erwarten sind. Für die Orientierung in der laufenden Kommunikation reicht dies jedoch nicht aus. Eine Gerichtsverhandlung muß eröffnet und kann durch Pausen unterbrochen werden. Wer in der Pause genauso wie während der Verhandlung agiert, verhält sich unpassend,[121] wer nicht bemerkt, daß die Verhandlung bereits wieder begonnen hat, wahrscheinlich ebenfalls. In der Schule findet nicht nur Unterricht statt, und auch während der Stunde können die sonst geltenden Regeln zeitweise außer Kraft gesetzt sein, so, wenn z.B. nach einer angespannten Unterrichtsphase kurzfristig ein fröhliches Tohuwabohu unter Beteiligung der Lehrkraft an die Stelle des Unterrichtsgesprächs tritt, an dem man sich nicht durch ordentliches 'Melden-und-warten-bis-man-

---

121 Andererseits sind auch hier gewisse Darstellungsrücksichten auf den einbettenden Kontext zu empfehlen: Ein Victory-Zeichen des Angeklagten vor Pressekameras etwa paßt schlecht zu dem 'Ernst der Situation' sowie der Achtung vor Staatsanwaltschaft und Gericht, die von dem Angeklagten in einem laufenden Verfahren normativ erwartet wird.

aufgerufen-wird' beteiligen kann, es sei denn in parodistischer Manier.

Um das daraus folgende Problem der intersubjektiven Koordination der Bedeutungszuweisungen und Kommunikationsbeiträge zu lösen, müssen die Teilnehmer einander wechselseitig anzeigen können, auf welchen Aktivitätstyp ihre Äußerungen zugeschnitten sind. Möglich ist dies durch passende Gestaltung der Mitteilungsform, durch die Einrichtung spezifischer Sequenzformate etc., die als *strukturelle Markierungen* fungieren, in denen der Aktivitätstyp angezeigt wird, dem sich ein Beitrag jeweils zuordnet. Dabei kann es freilich zu Mißverständnissen und Fehlgriffen kommen, so daß unklar bleibt, welchem Aktivitätstyp ein kommunikatives Ereignis zuzurechnen und wie darauf zu reagieren ist. Ebenso können Äußerungen dem falschen Aktivitätstyp zugeordnet bzw. Beiträge produziert werden, die aus dem etablierten Aktivitätstyp ausbrechen. Zur Lösung dieser Probleme werden *spezifische Reparaturprozeduren* benötigt, die es ermöglichen, die Aktivitätstypenzugehörigkeit von Kommunikationsbeiträgen zu klären und unpassende Beiträge, welche die Fortsetzung eines Aktivitätstyps zu beeinträchtigen drohen, zu neutralisieren. Reperaturprozeduren mit dieser Funktion haben wir als *Struktursicherungsoperationen* bezeichnet. Mit der Untersuchung der Bedingungen der *kommunikativen Reproduktion von Aktivitätstypen* haben wir begonnen, diese Dimension des Intersubjektivitätsproblems auszuloten, die ein wichtiges Thema konversationsanalytischer Untersuchungen ist und Möglichkeiten der Kooperation mit der Systemtheorie und der objektiven Hermeneutik eröffnet.

Im letzten Abschnitt haben wir eine Reihe empirischer Beispiele zur Verwendung von strukturellen Markierungen und zur Ausführung von Struktursicherungsoperationen analysiert: In den Beispielen G, H, I und L wurde untersucht, in welcher Weise es möglich ist, Kommunikationsbeiträge durch *strukturelle Markierungen* als Elemente eines Aktivitätstyps auszuweisen, zu dessen Reproduktion sie zugleich beitragen. Die Gefährdung der Reproduktion eines Aktivitätstyps durch den Ausfall struktureller Markierungen konnten wir in den Beispielen O und P (Äußerung 2 C) beobachten. Wie *Struktursicherungsoperationen* eingesetzt werden, um die Kommunikation in den Bahnen eines Aktivitätstyps zu halten, aus dem sie auszubrechen droht (bzw. um zu verhindern, daß sie auf einen bestimmten, bisher nicht prozessierten Aktivitätstyp einschwenkt), wurde zuletzt an verschiedenen Beispielen aus dem Bereich konsens- bzw. konfliktorientierter Kommunikation untersucht (vgl. die Beispiele E, K, M, P). Dabei haben wir zugleich gesehen, wie Struktursicherungsoperationen in den drei zuvor unterschiedenen *Modi der Aktivierung des Regelschemas* durchgeführt werden können, nämlich -

(1) als *operativ*, d.h. *implizit* vollzogene,
(2) als *explizit* im Beobachtungsmodus erster Ordnung ausgeführte oder
(3) als *explizit und reflexiv* im Beobachtungsmodus zweiter Ordnung realisierte Reparaturen.

Die nachstehende Übersicht faßt diese Modi, die Form ihrer Realisierung und die dazu präsentierten Beispiele zusammen.

Modi und Realisierungsformen von Struktursicherungsoperationen

MODUS	REALISIERUNGSFORM	BEISPIELE
operativer Modus	*implizit* durch *unmarkierte* Einfügung oder Substitution von Äußerungen bzw. Äußerungselementen	M; P (4 C)
Modus der Beobachtung erster Ordnung	*explizite* Fehlermarkierung	P (3 D)
Modus der Beobachtung zweiter Ordnung	*explizite und reflexive* Fehlermarkierung durch ausdrückliche Benennung und Negation der *Richtigkeitsbedingungen*, deren Erfüllung in der *'falschen'* Äußerung vorausgesetzt wird	E; K

Welcher *Aktivierungsmodus des Regelschemas* gewählt wird, hängt dabei von der kontextspezifischen Funktion einer Struktursicherungsoperation sowie den lokalen Randbedingungen ihrer Ausführung ab. Für Struktursicherungsoperationen etwa, bei denen der Sprecher einer Äußerung den 'Fehler' selbst registriert und rasch korrigiert, bevor noch die fehlerhafte Äußerung vollständig zu Ende geführt ist, genügt oft die *implizite* Durchführung im operativen Modus. Fremdkorrekturen oder fremdinitiierte Selbstkorrekturen werden hingegen mit höherer Wahrscheinlichkeit *zumindest explizit*, d.h. im Modus der Beobachtung erster Ordnung ausgeführt. *Explizit-reflexive* Struktursicherungsoperationen im Beobachtungsmodus zweiter Ordnung schließlich sind vor allem als Instrument der *Selektionsverstärkung* erforderlich, wenn bestimmte Elemente oder Deutungsmöglichkeiten einer Äußerung, die als Bezugspunkt strukturfremder kommunikativer Anschlüsse angesteuert werden könnten, möglichst unmißverständlich markiert und eliminiert werden sollen.

Die Formen, die Struktursicherungsoperationen annehmen und die Funktionen, die sie erfüllen können, sind damit nur exemplarisch umrissen. Hier konnte es nur darum gehen, die grundlegende Bedeutung von Reparaturen dieses Typs für die kontinuierliche Lösung des Intersubjektivitätsproblems zu verdeutlichen und so ein mögliches Feld für zukünftige empirische Untersuchungen abzustecken.

Aktivitätstpyen und die strukturellen Mechanismen ihrer Reproduktion sind von allgemeinem theoretischem Interesse, weil sie einen wichtigen Ansatzpunkt für die empirische Entfaltung der systemtheoretischen These bilden könnten, nach der soziale Differenzierung als Ausdifferenzierung unterschiedlicher reproduktionsfähiger Kommunikationszusammenhänge zu rekonstruieren ist. Die Unterscheidung von *strukturellen Markierungen* und *Struktursicherungsoperationen* ist dabei exakt auf zwei zentrale Bedingungen der autopoietischen Reproduktion sozialer Systeme zugeschnitten. Erforderlich ist dazu, -

(1) daß die *Systemzugehörigkeit* kommunikativer Ereignisse erkannt werden und die Produktion passender Anschlüsse orientieren kann. Diese Funktion wird im Kontext von Aktivitätstypen durch *strukturelle Markierungen* erfüllt. Notwendig ist darüber hinaus, -
(2) daß *systemfremde* Ereignisse identifiziert und neutralisiert werden können, um Störungen der selbstreferentiellen (d.h. nur durch Verknüpfung systemeigener Ereignisse realisierten) Reproduktion eines sozialen Systems zu eliminieren. Im Rahmen von Aktivitätstpyen wird diese gleichsam *immunologische* Funktion durch *Struktursicherungsoperationen* erfüllt.

Diese Parallelen unterstreichen die enge Verwandtschaft der systemtheoretischen Vorstellung von Kommunikation mit den kommunikationstheoretischen Prämissen der Konversationsanalyse. Damit ist freilich *nicht* behauptet, daß Aktivitätstypen mit sozialen Systemen *gleichzusetzen* wären. Beide Begriffe sind unterschiedlichen Stufen der autopoietischen Organisation von Kommunikation zuzuordnen. Nehmen wir z.B. das Rechtssystem, dann lassen sich hier sehr verschiedene Aktivitätstypen feststellen. Die Vernehmung eines Verdächtigen vor Gericht, das Mandantengespräch des Verteidigers mit dem Angeklagten, die notarielle Beurkundung eines Kaufvertrages in Anwesenheit der Vertragsparteien, die Durchführung einer Polizeikontrolle etc. sind Aktivitätstypen, die sich gleichermaßen dem Rechtssystem zuordnen, *weil und insofern* sie alle konstitutiv und für die Teilnehmer erkennbar auf das *Kommunikationsmedium* Recht und dessen *binären Code*, die Unterscheidung Recht/Unrecht, bezogen sind. Aktivitätstypen mögen strukturell geradezu antithetisch zueinander stehen, wie Verhör und Mandantengespräch, oder als sequentiell verknüpfte Formate in einen übergreifenden Aktivitätstyp eingebettet und durch Überleitungsroutinen miteinander verbunden sein, wie die verschiedenen Teilaktivitäten einer Gerichtsverhandlung. Als Einheiten der Reproduktion eines *Funktionssystems* flaggen sie sich durch die Aktivierung des systemspezifischen Codes aus, der wiederum auf die Erfüllung einer bestimmten gesellschaftlichen Funktion zugeschnitten ist.

Zur Bildung eines solchen Systems durch soziale Ausdifferenzierung kommt es, wenn sich Kommunikationsmuster, die teilweise in sehr unterschiedlichen Kontexten entstanden sein mögen, zu einer wachsenden Population von Aktivitätstypen formieren, deren gemeinsames Moment darin besteht, daß sie sich demselben Code und derselben Funktion unterstellen. Die Analyse von Aktivitätstypen kann deshalb einen wichtigen Beitrag zur empirischen Rekonstruktion der Operationsweise sozialer Funktionssysteme liefern.

Zu untersuchen sind dabei Formen *funktional spezifischer* Kommunikation. Die Beispiele zu den Aktivitätstypen "Gruppentherapie" und "Nachrichteninterview" gehörten bereits zu diesem Bereich. Um eine engere Verbindung zur Systemtheorie herzustellen, muß jedoch der Code- und Funktionsbezug der beobachteten Kommunikationsmuster in der Analyse deutlicher werden, als dies bisher der Fall war. Im folgenden möchte ich etwas detaillierter zeigen, wie die Konversationsanalyse, die Systemtheorie und die objektive Hermeneutik bei der empirischen Erkundung des damit umrissenen Untersuchungsfeldes miteinander kooperieren können. Welche Parallelen und Möglichkeiten der Zusammenarbeit ich hier sehe, will ich zunächst allgemein, d.h. in theoretisch bzw. methodologisch vergleichender Perspektive und danach am Beispiel pädagogischer Interaktion untersuchen.

3.2 Die Analyse von Struktursicherungsoperationen im Kontext funktional spezifizierter Kommunikation als Kooperationsfeld von Konversationsanalyse, objektiver Hermeneutik und Systemtheorie

3.2.1 *Zur Komplementarität von Konversationsanalyse, objektiver Hermeneutik und Systemtheorie*

Soziale Systeme, so die Annahme der Systemtheorie, bestehen nicht aus Akteuren oder deren intentionalen Handlungen, sondern konstituieren und reproduzieren sich durch die autopoietische Verknüpfung kommunikativer Ereignisse. Kommunikation wird damit als autonome (aber nicht autarke!) Strukturbildungsebene des Sozialen definiert. Welche Attacke auf das übliche Verständnis von Soziologie mit dieser Umstellung verbunden ist, macht vor allem die folgende Konsequenz deutlich:[122] Handlungszielen, Interessenkonflikten, Ungleichheiten, Herrschaftsbeziehungen und anderen Dingen, für die sich Soziologen gemeinhin besonders interessieren, ist demnach nur insoweit *soziale* Realität zuzusprechen, als sie in Kommunikationen *aufgerufen*, d.h. entweder explizit thematisiert oder als Prämissen für die Produktion und Verknüpfung von Mitteilungsereignissen beansprucht werden.

Aus der Perspektive der objektiven Hermeneutik und der Konversationsanalyse ist diese Konsequenz freilich nicht sonderlich überraschend, stimmt sie doch völlig überein mit ihren Vorstellungen über die Organisation von Kommunikation und dem daraus abgeleiteten Postulat *strikt sequentiell* verfahrender Analyse. Was als der *relevante externe Kontext* einer Interaktionssequenz zu gelten hat, erschließt der objektive Hermeneut aus der Binnenstruktur und der Abfolge der einzelnen Äußerun-

---

[122] Zur Kritik dieser Implikation vgl. Berger 1987, S.138ff.; als Antwort darauf siehe Luhmann 1987a, S.316ff.

gen als diejenigen *situativen Angemessenheitsbedingungen*, deren Erfüllung vorausgesetzt werden muß als Prämisse ihres regelgemäßen Vollzugs.[123] Welchen Regeln die Produktion einer Äußerungssequenz folgt, ist dabei offen und allein an der Gestalt der Sequenz selbst abzulesen. Unterstellt wird nur, daß ihre Erzeugung überhaupt bestimmbaren Regeln folgt, daß also nicht Zufall und Beliebigkeit herrschen.[124]

Ähnlich verfährt die Konversationsanalyse,[125] wenngleich mit anders gelagertem Erkenntnisinteresse: Während es der objektiven Hermeneutik vor allem um die Herauspräparierung der fallspezifischen Besonderungen vor dem Hintergrund allgemeinerer Regeln geht, zielt die Konversationsanalyse primär auf die Rekonstruktion dieser allgemeineren Regeln selbst. Dabei legt sie, wie wir gesehen haben, einen gewichtigen Akzent auf die Analyse der Äußerungsmerkmale, durch die die Beteiligten einander mitanzeigen, in welches übergreifende *kommunikative Strukturmuster* sich ihre Einzelbeiträge als Teileelemente jeweils einfügen sollen. In jüngeren Veröffentlichungen richtet sich hier die Aufmerksamkeit verstärkt auf unterschiedliche *institutionelle Kontexte*.[126] Ob Therapiegespräch oder Nachrichteninterview, ob gerichtliche Vernehmung oder Schulunterricht, stets machen die Teilnehmer durch die Art ihrer Beteiligung einander sichtbar, in welches kommunikative Genre, in welchen *Aktivitätstyp* sie gemeinsam involviert und wie ihre Rollen darin verteilt sind. Möglich wird so, wie oben an verschiedenen Beispielen vorgeführt, die kontinuierliche Abstimmung des Kommunikationsverhaltens im Blick auf den Strukturtypus, der als Kontext der fortlaufenden Einzelbeiträge konsensuell vorausgesetzt und mit jedem Beitrag reproduziert wird, der sich sichtbar darin einfügt.

Das Verhältnis von Äußerungen und Kommunikationstyp, von *Element* und *Struktur* erscheint hier zirkulär bestimmt: Strukturen orientieren die Verkettung von Äußerungen und werden durch die Verkettung von Äußerungen reproduziert. Dies entspricht im Kern dem systemtheoretischen *Autopoiesiskonzept*.[127] Ebenso paßt dazu die allgemeine Fassung des objektiv-hermeneutischen Strukturbegriffs von Oevermann, nach dem die Rekonstruktion einer Struktur die Analyse eines *vollständigen Zyklus ihrer sequentiellen Reproduktion* verlangt (vgl. Oevermann 1991, S.274 sowie oben, Kap.2.3).

---

123 Siehe dazu bes. Oevermann et al. 1979 sowie Oevermann 1986, 1991 und 1993b.
124 Oder in konversationsanalytischem Vokabular formuliert: Die Analyse verfährt unter der Prämisse einer das Material durchdringenden "order at all points" (Sacks 1984). - Umstritten ist freilich, wie wir bereits gesehen haben, in welcher Weise das Konzept der Regel genauer zu bestimmen ist. Einwände richten sich insbesondere gegen Oevermanns Konzeption *algorithmischer* Regeln. Zur Kritik von Oevermanns Regelbegriff als einer quasi ontologischen Grundlage objektiver Bedeutungen vgl. Bora 1997, S.246; Nassehi 1997, S.149 und 154f.; Sutter/Weisenbacher 1993; Sutter 1997, S.309ff. Die oben skizzierte Deutung des Regelbegriffs als *Beobachtungsschema* ist diesen Einwänden m.E. nicht ausgesetzt und erscheint mir gleichermaßen mit den Prämissen der Konversationsanalyse, der Systemtheorie und der Methode der objektiven Hermeneutik kompatibel.
125 In aller Deutlichkeit und Konsequenz siehe dazu Schegloff 1987, 1992b und 1996.
126 Exemplarisch dazu der Sammelband von Drew und Heritage 1992.
127 Vgl. dazu Luhmann 1984, S.383ff. Aus der Perspektive der Konversationsanalyse siehe Hausendorf 1992.

Differenzen betreffen vor allem die thematischen Schwerpunkte der drei Ansätze: Anders als die streng mikrologisch argumentierende und sich auf die Untersuchung von *Interaktionssystemen* konzentrierende Konversationsanalyse, betreffen die Aussagen der Systemtemtheorie vor allem die Systembildungsebene der Gesellschaft und die Typik ihrer Differenzierung in primäre Teilsysteme.[128] Entsprechend gering erscheint das Auflösungsvermögen ihrer Feststellungen aus konversationsanalytischer Perspektive.[129] Umgekehrt geraten Fragen, wie sie sich etwa mit der These des *Primats funktionaler Differenzierung* als Charakteristikum der modernen Gesellschaft verbinden lassen, nicht in das Blickfeld der Konversationsanalyse.

Man mag deshalb vielleicht der Auffassung zuneigen, daß trotz einiger abstrakter begrifflicher Gemeinsamkeiten sich hier das vertraute disziplinäre Schisma zwischen mikro- und makrosoziologischen Thematisierungsweisen wiederholt und die erwähnten Ansätze im Grunde genommen keine gemeinsamen Themen haben. Damit würde aber übersehen, daß Funktionssysteme und Interaktionssysteme nicht nach dem Muster räumlich getrennter Handlungsbereiche vorgestellt werden dürfen. Die Ausdifferenzierung sozialer Funktionssysteme bedeutet eben nicht deren vollständige Ablösung von Prozessen der Interaktion, sondern läßt sich gerade auch an der Spezifizierung von Interaktionen ablesen, so z.B. dann, wenn die Teilnehmer als Träger von *Leistungsrollen* einerseits und *Klientenrollen* andererseits agieren (etwa Arzt/Patient im Gesundheitssystem; Anwalt/Klient im Rechtssystem; Lehrer/Schüler im Erziehungssystem).[130]

Die Analyse derartiger Interaktionen müßte daher einen aussichtsreichen Ausgangspunkt für die Rekonstruktion von strukturellen Eigentümlichkeiten funktionssystemischer Kommunikationen bieten. Nimmt man den bereits erwähnten Umstand hinzu, daß die Untersuchung von Interaktionen in institutionellen Kontexten einen der wesentlichen Schwerpunkte der neueren konversationsanalytischen Forschungen darstellt und - in Verbindung mit professionalisierungstheoretischen Überlegungen - *funktionsspezifische Interaktionen* auch zum Gegenstand der objektiven Hermeneutik geworden sind,[131] dann liegt es nahe, hier (aber nicht nur hier!) einen möglichen Kooperationsbereich zwischen den genannten Ansätzen zu vermuten. Eine solche Kooperation scheint mir auch deshalb von besonderem Interesse, weil von ihr ein wesentlicher Beitrag zum Problem der Verknüpfung mikro- und makroanalytischer Aussagen erwartet werden kann.[132]

---

128 Als Ausarbeitung der Systemtheorie für Systeme der Interaktion unter Anwesenden vgl. jedoch Kieserling 1999.
129 Zur Bedeutung "unterschiedliche(r) Auflösungsvermögen als constraint soziologischer Theorien" vgl. Junge 1993, S.106ff.
130 Zum Zusammenhang der Theorie funktionaler Differenzierung und der Theorie der Professionen aus systemtheoretischer Sicht siehe besonders Stichweh 1988 und 1992.
131 Vgl. dazu Oevermann 1978 und 1981b. Als Fallanalyse, die professionalisierungstheoretische Überlegungen im Hintergrund der Interpretation mitführt, siehe Oevermann 1993a.
132 Oder in systemtheoretischer Diktion: Ein Beitrag zur Verknüpfung von Aussagen, die sich auf die Systembildungsebenen Interaktion, Organisation und Gesellschaft beziehen.

Dabei verkenne ich nicht, wie ich hier noch einmal hervorheben möchte, die - meines Erachtens freilich eher kontingente - *Differenz der jeweiligen Beobachtungsperspektiven*:

(1) Systemtheorie, objektive Hermeneutik und Konversationsanalyse unterscheiden sich deutlich in der Art der analytischen Berücksichtigung von Funktionsbezügen: Luhmanns Systemtheorie fokussiert vor allem auf die jeweilige soziale Funktion und die darauf zugeschnittene Codierung von Kommunikation in sozialen Systemen unterschiedlichen Typs. Ihr Zugriff erreicht aber kaum das Auflösungsniveau, dessen es bedarf, um eine Interaktionssequenz als Realisierung funktionsadäquater Erwartungsstrukturen zu entschlüsseln. Konversationsanalyse und objektive Hermeneutik arbeiten zwar mit einem entsprechenden Auflösungsvermögen, marginalisieren dabei jedoch - wenngleich auf unterschiedliche Weise - den *gesellschaftlichen Funktionsbezug*: In objektiv-hermeneutischen Analysen erscheint er oft als nur kontrafaktischer Hintergrund für die Explikation von devianten Strukturmerkmalen des Einzelfalles, auf deren Darstellung dann der Schwerpunkt der Untersuchung liegt.[133] Man erfährt demnach vor allem, inwiefern der untersuchte Verlauf *abweicht* von bestimmten Funktionsanforderungen. Deren strukturierende Kraft für diesen Verlauf kommt so meist nur *ex negativo*, etwa in der Form verdeckter Kompromiß- und Symptombildungen zum Ausdruck. Das mag an den Besonderheiten des analysierten Materials, vielleicht auch an der bevorzugten Suchrichtung des Interpreten liegen und ist insofern gerade *nicht* konstitutiv für die Methode. Dennoch prägt es ihr Erscheinungsbild.

Von dieser 'Vorliebe' für Abweichungen ist die Konversationsanalyse frei. Ihr geht es um die Identifikation *typenspezifischer Sequenzmuster* und um die Funktionen ihrer Bauelemente. Die funktionale Betrachtungsweise kommt dabei jedoch meist nur auf eine gleichsam introvertierte Weise zur Geltung:[134] Im Vordergrund stehen jeweils Probleme, deren Lösung Voraussetzung für die kooperative Prozessierung des analysierten Kommunikationsmusters selbst ist. Über dessen Reproduktionsanforderungen hinausreichende soziale Funktionen bleiben so *weitgehend ausgeblendet*.

(2) Unübersehbare Differenzen zwischen Konversationsanalyse und objektiver Hermeneutik betreffen vor allem die Einbeziehung von Deutungsmustern in die Analyse sowie die den Umgang mit der Differenz zwischen den Perspektiven der Kommunikationsteilnehmer und der wissenschaftlichen Beobachter: Die Rekonstruktion *fallspezifischer Verknüpfungsregeln und Deutungsprämissen*, die den generativen Hintergrund für die Abfolge und den Inhalt der Kommunikationsbeiträge bilden, steht im Zentrum objektiv-hermeneutischer Interpretation. Vor allem gegenüber der Einbeziehung von Deutungsprämissen verhält sich die Konversationsanalyse, zumindest in ihrer 'orthodoxen' Ausprägung, eher abstinent. Sie versucht

---

133 Als Beispiel dazu vgl. die Analyse von Oevermann 1993a.
134 Als Beispiel dazu vgl. die Explikation des "closing problems" in Schegloff/Sacks 1974.

3.2 DIE ANALYSE VON STRUKTURSICHERUNGSOPERATIONEN

zu zeigen, wie - d.h. mit Hilfe welcher Praktiken ("Ethnomethoden") - und auf welche Weise die Beteiligten *einander* verstehen. Interpretationen des wissenschaftlichen Beobachters stehen dabei solange unter dem Verdacht, bloße Beobachtungs*artefakte* zu sein, wie sie keine Bestätigung durch übereinstimmende Interpretationen eines Gesprächsteilnehmers erfahren.[135]

Verglichen mit den klassischen konversationsanalytischen Untersuchungen zu internen Organisationsproblemen von Kommunikation, wie etwa den Analysen der Modalitäten des Sprecherwechsels ("turn-taking"; vgl. Sacks, Schegloff, Jefferson 1974), der Eröffnung oder Beendigung von Gesprächen (vgl. Schegloff 1972; Schegloff, Sacks 1974) oder der Reparaturorganisation (vgl. Schegloff, Jefferson, Sacks 1977; Schegloff 1992a), weist die Rekonstruktion *impliziter Deutungsprämissen* eine methodologisch problematische Besonderheit auf: Die empirischen Abstützpunkte, die dafür aus der *sequentiellen Organisation* von Kommunikationen zu gewinnen sind, weisen typisch eine weniger dichte Verteilung auf, finden sich oft nicht in der unmittelbaren lokalen Umgebung des Äußerungsereignisses, das den Anlaß zu ihrer Explikation bildete und sind häufig von weniger direkter Qualität als in der Konversationsanalyse sonst üblich. Die gewohnten methodologischen Gütekriterien können so nur in abgeschwächter Form erfüllt werden. Davor scheint die Konversationsanalyse Schegloff'schen Typs zurückzuschrecken, vermutlich, weil als Folge der Aufweichung dieser Gütekriterien die Verwischung der (für die Konversationsanalyse konstitutiven)[136] Differenz zwischen bloßen Beobachter- und nachweislichen Teilnehmerinterpretationen befürchtet wird.

Inwieweit diese Befürchtung berechtigt ist, läßt sich wohl nur am einzelnen Interpretationsbeispiel diskutieren. Welche Anforderungen an das Niveau der erreichbaren Trennschärfe man hier stellt entscheidet darüber, in welchem Umfang die Rekonstruktion des impliziten Deutungshintergrundes von Äußerungsereignissen Eingang in die Konversationsanalyse finden kann. Pointiert formuliert wird damit die Frage beantwortet, inwiefern (aus konversationsanalytischer Perspektive betrachtet),[137] das Interpretationsverfahren der objektiven Hermeneutik aufgrund seiner ebenfalls strikt sequenzanalytischen Bindung als Fortsetzung der Konversationsanalyse auf dem Terrain der Rekonstruktion sozialer Deutungsmuster und

---

135 Explizit diskutiert wurde diese Frage z.B. am Problem der Behandlung ambiger Äußerungen. Schegloffs Aussagen dazu (vgl. 1984, S.50ff.) repräsentieren die 'orthodoxe' konversationsanalytische Position. Das Problem der Ambiguität in seiner üblichen Fassung erscheint ihm im wesentlichen als *"overhearer's problem"*, das entsteht, weil der unbeteiligte Interpret nicht über das gemeinsam geteilte und wechselseitig unterstellte Vorwissen der Teilnehmer verfügt, das diese bei der Formulierung ihrer Äußerungen voraussetzen. Die methodologische Konsequenz daraus ist, daß nur solche Äußerungen, die von den Teilnehmern selbst ausdrücklich als mehrdeutig behandelt werden (z.B. durch Hörernachfrage oder Selbstkorrektur des Sprechers), vom wissenschaftlichen Interpreten in einem empirisch gehaltvollen Sinne als mehrdeutig klassifiziert werden dürfen.
136 Vgl. dazu auch Hausendorf 1997.
137 Aus der Perspektive der objektiven Hermeneutik mag es sich dann genau umgekehrt ausnehmen und die Konversationsanalyse im Grundsatz als Anwendung des eigenen sequenzanalytischen Vorgehens erscheinen, das dort zur Untersuchung der Regeln bzw. Praktiken eingesetzt wird, mit denen die Teilnehmer individuell zurechenbare Sprechhandlungen kooperativ erzeugen.

daran gebundener Verknüpfungsregeln gelten könnte.[138]

Der konversationsanalytischen Unterscheidung von "overhearer" (=externem Beobachter) und "participant" (=Kommunikationsteilnehmer) entspricht in der objektiven Hermeneutik die Differenz zwischen den "objektiv möglichen Lesarten" einer Äußerung (entworfen aus der Perspektive des interpretierenden "overhearer") und ihrer "faktisch erfüllten" Bedeutung, die sich als Folge der Selektion aus den Bedeutungsmöglichkeiten durch den realen situativen Kontext und die Anschlußäußerungen der "participants" ergibt (vgl. dazu Oevermann 1981a, S.9ff.). Völlig deckungsgleich sind diese Unterscheidungen jedoch nicht. Während die Konversationsanalyse dazu neigt, Interpretationen des beobachtenden "overhearer", die von den Interpretationen der "participants" abweichen, als verzerrende Artefakte zu behandeln, versucht die objektive Hermeneutik daraus Gewinn zu ziehen, indem sie solche Abweichungen mit Hilfe der *Zusatzunterscheidung manifest/latent* weiterverarbeitet: Daß bestimmte Bedeutungsmöglichkeiten durch die Anschlußäußerungen systematisch ausgeblendet werden, erscheint als wesenliches Element der "latenten Sinnstruktur" eines analysierten Falles.[139] Systemtheoretisch gesprochen versucht damit die objektive Hermeneutik die besondere Leistungsfähigkeit der *Beobachtung zweiter Ordnung* (vgl. Luhmann 1991b, bes. S.66ff.) zu nutzen. Indem sie beobachtet, mit welchen Unterscheidungen bzw. "Schemata" (vgl. oben, Kap.2.3.4) Systeme operieren, kann sie deren Unterscheidungen von anderen unterscheiden und damit sehen, was die beobachteten Systeme nicht sehen, solange sie mit diesen Unterscheidungen operieren - die Selektivität ihres Unterscheidungsgebrauchs.[140]

Die erwähnten Differenzen zwischen Konversationsanalyse, Systemtheorie und objektiver Hermeneutik verdanken sich, so mein Eindruck, unterschiedlichen Akzentsetzungen, die in einer gemeinsamen Grundvorstellung der Organisation von

---

138 Vgl. erneut den aus konversationsanalytischer Perspektive argumentierenden Beitrag von Hausendorf 1997. Dessen Interpretationsbeispiel (a.a.O.) macht zudem sichtbar, wie ein Befund, der mit den Mitteln des konventionellen konversationsanalytischen Inventars gewonnen worden ist, Probleme aufwirft, deren Lösung zur Fortsetzung der Analyse als Deutungsmusteranalyse *zwingt*. In einer solchen Situation mit Hinweis auf *methodologische Korrektheitsstandards* die Analyse abzubrechen wäre eine denkbare Alternativoption, die freilich der konversationsanalytischen Generalstrategie, methodologische Fragen nicht abstrakt zu behandeln, sondern gleichsam durch den Gegenstand selbst entscheiden zu lassen, strikt zuwider laufen würde. Als Indiz für eine in jüngerer Zeit sich abzeichnende Tendenz zu einer stärkeren 'Hermeneutisierung' der Konversationsanalyse vgl. bes. Schegloff 2000.
139 Als Interpretationsbeispiele dazu vgl. Oevermann u.a. 1979, S.354-378 sowie oben Kap.1.7, Kap. 2.2.2, Kap.2.3.5 und Kap.2.4.
140 Der berechtigten Befürchtung, daß der Bereich textkompatibler Deutungsmöglichkeiten, sobald er von der Bindung an die Perspektive der "participants" gelöst wird, ins Beliebige auszuufern droht, trägt die objektive Hermeneutik dabei ausdrücklich Rechnung, indem sie nur solche Lesarten zuläßt, die durch eine "im Text lesbare, sichtbare, fühlbare oder hörbare Markierung erzwungen werden" (Oevermann 1996, S.103; ich komme darauf in Kap.3.2.5 ausführlicher zurück). Zentrale Voraussetzung für diese Einschränkung im Bereich der zulässigen Lesarten ist, daß Oevermann zwischen der *Perspektive der Teilnehmer* und dem von ihnen jeweils erzeugten *Text* scharf unterscheidet. Nur unter dieser Voraussetzung kann der Beobachter Sinnstrukturen aufdecken, für die es in der Wahrnehmung der Teilnehmer keine Entsprechung gibt und die dennoch nicht als bloße Artefakte der Beobachtung zu qualifizieren sind.

Kommunikation zusammenlaufen. Zwischen ihnen herrscht insofern nicht Konkurrenz, sondern *Komplementarität*.[141] Ihre Kombination erscheint so als Desiderat.[142] Bei der empirischen Analyse von Kommunikationsmustern sind demnach gesellschaftliche *und* typeninterne Funktionsanforderungen, die Standardformen ihrer Realisierung *und* die dabei sichtbar werdenden fallspezifischen Brechungen, manifeste *und* latente Bedeutungsaspekte gleichermaßen zu beachten. Durch die Verbindung konversationsanalytischer und hermeneutischer Analysetechniken sowie den *heuristischen* Einsatz systemtheoretischer Begriffe und Hypothesen kann dieses Ziel erreicht werden.

Zu betonen ist, daß die Luhmannsche Systemtheorie dabei als *eine Quelle neben anderen* zählt, aus der Deutungshypothesen zu beziehen sind.[143] Die ausschließliche Bindung an systemtheoretische Prämissen würde die funktionale Differenz zwischen Theorien und Methoden verkennen und die systemtheoretischen Annahmen so der empirischen Prüfung durch Leistungsvergleich mit anderen theoretischen Deutungsmöglichkeiten entziehen. Diese Einschätzung gilt auch aus der Perspektive der Systemtheorie selbst, sieht sie die spezifische Funktion von Methoden im Sozialsystem Wissenschaft doch gerade darin, von den jeweils zu prüfenden Hypothesen und Theorien möglichst unabhängige Kriterien für deren Zuordnung zu den Code-Werten wahr bzw. falsch bereitzustellen (vgl. Luhmann 1991, S.428ff.).[144]

Von besonderem Interesse ist die Systemtheorie hier vor allem deshalb, weil sie - vor dem Hintergrund eines mit beiden Methoden kompatiblen Kommunikationsbegriffs - eine Vielzahl *funktionaler Interpretationen* enthält, die für Sequenzanalysen fruchtbar gemacht werden können. In der Regel ist dazu eine Präzisierung dieser Hypothesen aus der Perspektive des Einzelfalles notwendig, für dessen Interpretation sie verwendet werden. Für die Systemtheorie bedeutet dies ein *Gewinn an Bestimmtheit*, der nicht durch theoriegesteuerte Deduktion, sondern nur durch empirisch kontrollierte Spezifikation erreicht werden kann.

Wie es forschungspraktisch möglich ist, Konversationsanalyse, Systemtheorie und objektive Hermeneutik mit der dargestellten Zielsetzung zu verknüpfen, möchte ich im folgenden erneut anhand der Analyse von Struktursicherungsoperationen vorführen. Wie schon oben diskutiert, ist es die Aufgabe von Struktursicherungsoperationen, einen aktuell prozessierten Aktivitäts- oder Kommunikationstyp

---

141 Zur Diskussion des Verhältnisses zwischen objektiver Hermeneutik und Systemtheorie vgl. auch Bora 1994 sowie die Beiträge von Bora, Nassehi und Sutter in Sutter (Hrsg.) 1997.
142 Um Mißverständnisse zu vermeiden sei angemerkt, daß die These der Kompatibilität und Komplementarität der hier diskutierten Ansätze nicht totalisierend zu verstehen ist. Es geht also *nicht* um Komplettintegration, sondern um selektive Kooperation, deren Reichweite zunächst offen bleiben kann und sich durch die Fruchtbarkeit ihrer Ergebnisse zu bewähren hat.
143 Andere Quellen sind etwa der klassische Strukturfunktionalismus, die Ethnologie bzw. Kulturanthropologie oder auch Theorien rationaler Wahl.
144 Dieses Urteil gilt natürlich nur für Hypothesen mit empirischem Gehalt. Begriffe sind keiner direkten Überprüfung zugänglich. Sie imponieren durch Konsistenz, Plausibilität und die Eröffnung neuartiger Beobachtungsmöglichkeiten. Eine *hinreichende Kompatibilität* zwischen den Begriffen von Theorien und den *begrifflichen Prämissen* der verwendeten Methoden ist jedoch die Voraussetzung dafür, daß Methoden als adäquate Instrumente der Prüfung akzeptiert werden können.

gegen abweichende Äußerungsereignisse oder auch nur gegen deren typusunverträgliche Interpretation zu schützen. Ich nehme an, daß Struktursicherungsoperationen als kommunikative Formen, die von Sprechern routinisiert gehandhabt werden, vor allem entlang besonderer Risikozonen kondensieren, in denen ein Kommunikationstyp leicht auflaufen und umkippen kann. Solche Risikozonen finden sich sowohl im Rahmen alltäglicher Kommunikation wie auch - und möglicherweise verstärkt - bei Aktivitätstypen, die auf die Erfüllung spezifischer Funktionsbezüge zugeschnitten sind. In jedem Falle vermute ich, daß die Analyse von Struktursicherungsoperationen einen guten Zugang zur empirischen Aufdeckung funktional bedeutsamer Struktureigenschaften von Kommunikationsmustern bietet.

Erste Anhaltspunkte lieferten bereits die Datenauszüge aus einer gruppentherapeutischen Sitzung und aus Nachrichteninterviews. Im folgenden will ich mich ausführlicher einem ausgewählten Feld funktional spezifischer Interaktion zuwenden, um daran die Fruchtbarkeit der hier vorgeschlagenen Analyseperspektive exemplarisch zu prüfen. Ich wähle dazu den Bereich der pädagogischen Interaktion. Zunächst werde ich dabei die Grundstruktur *pädagogischer Interaktion* aus den Perspektiven der Konversationsanalyse und der Systemtheorie untersuchen. Die Kombination konversationsanalytischer Befunde und systemtheoretischer Überlegungen bei der Analyse einer unterrichtstypischen Struktursicherungsoperation soll dabei sichtbar machen, auf welche Weise Schule als *Organisation* und Erziehung als *Funktionssystem* im Kontext der Unterrichtsinteraktion präsent sind. Die daran anschließende, primär hermeneutisch angelegte Interpretation der *fallspezifischen Verknüpfungslogik* einer Unterrichtssequenz macht sowohl von konversationsanalytischen wie von systemtheoretischen Annahmen Gebrauch. Sie identifiziert ein mikrologisches Strukturmuster abweichenden Verhaltens, das 'makro'logische Entsprechungen in institutionell ausdifferenzierten Einrichtungen mit äquivalenter Funktion findet.[145]

3.2.2 Die sequentielle Struktur, Codierung und Funktion pädagogischer Interaktion aus den Perpektiven von Konversationsanalyse und Systemtheorie

Die Konversationsanalyse geht davon aus, daß sich verschiedene kommunikative Aktivitätstypen durch charakteristische Handlungssequenzen unterscheiden, die von den Teilnehmern auf intersubjektiv koordinierte Weise auszuführen sind. Dabei obliegt die Ausführung bestimmter Handlungen innerhalb einer solchen Sequenz typisch den Inhabern bestimmter Rollen. Die Konversationsanalyse spricht in diesem Fall von sogenannten "category-bound-activities". Akteure, die unter geeigneten

---

[145] Wie hier angedeutet, verstehe ich die Mikro-Makro-Unterscheidung als eine über mehrere Stufen iterierbare Differenz, d.h. die erwähnten institutionellen Einrichtungen, die aus der Perspektive der Analyse kurzer Interaktionsepisoden als 'makro'soziale Erscheinungen angesprochen werden, können bei der Untersuchung sozialer Strukturen größerer Reichweite ihrerseits als 'Mikro'strukturen gelten usw.

3.2 DIE ANALYSE VON STRUKTURSICHERUNGSOPERATIONEN

Bedingungen derartige rollengebundene Handlungen ausführen, machen damit zugleich für andere sichtbar, daß sie in der jeweiligen Situation die zugehörige Rolle einnehmen bzw. einzunehmen versuchen. Sehen wir uns an, wie diese allgemeinen Annahmen für den Schulunterricht zu spezifizieren sind.

Konversationsanalytische Untersuchungen zeigen, daß eine bestimmte *Basissequenz*, die in unterschiedlichsten Varianten auftreten kann, charakteristisch ist für die Unterrichtskommunikation. Diese Sequenz ergibt sich aus der Erweiterung der *Paarsequenz Frage-Antwort* zu einer dreizügigen Sequenz der Struktur *Frage-Antwort-Bewertung*. Um diese Sequenz und ihre Elemente auf unmißverständliche Weise zu kennzeichnen, verwende ich im weiteren - darin an Mehan anschließend - die Bezeichnung *Initiierung-Erwiderung-Bewertung*.[146] - Die Einzelhandlungen in dieser Sequenz sind gebunden an bestimmte Rollen, nämlich die Rollen von Lehrer und Schüler. Auf die *Frage oder Initiierung* des Lehrers folgt - oft unter Dazwischenschaltung der Routine des *Meldens und Aufrufens* - die *Erwiderung* eines Schülers, danach die *Bewertung* des Lehrers, welche die Sequenz abschließt. Dazu die folgende Übersicht:

Rolle	*Handlung*	*Beispiel*[147]
Lehrer:	Initiierung	Überlegt mal, wie wird der Flächeninhalt beim Parallelogramm berechnet? (Pause)
[Schüler/ Lehrer]	[Melden/ Aufrufen]	Vanessa?
Schülerin:	Erwiderung	Ähm, ja a mal ha zum Beispiel.
Lehrer:	Bewertung	Richtig. (...)

Dieses dreigliedrige Format ist weniger starr, als es auf den ersten Blick scheinen mag. In Abhängigkeit vom Verlauf der Kommunikation kann es flexibel variiert werden, ohne deshalb seine Grundstruktur aufzugeben. In der einfachen Grundversion wird es nur dann realisiert, wenn auf die Initiierung des Lehrers eine Schülererwiderung folgt, die voll und ganz zutrifft. Eine solche Antwort muß von der Lehrperson im Anschluß als korrekt bestätigt werden. Andere Reaktionen seitens der Lehrperson würden hier Irritationen auslösen.[148] Geben aufgerufene Schüler falsche oder unvollständige Antworten, kann die Bewertung zunächst zurückgehalten werden, um statt dessen andere Schüler aufzurufen und/oder ergänzende

---

146 Mehan verwendet die Ausdrücke "Initiation-Reply-Evaluation". Zur ausführlichen Untersuchung dieser Sequenz und ihrer Variationsmöglichkeiten vergleiche besonders Mehan 1979; einen knappen Überblick über "the structure of classroom discourse" (so der Titel des Artikels) gibt Mehan 1985, ebenso auch Mehan 1986.
147 Das Beispiel übernehme ich mit leichten Vereinfachungen der Transkription aus Kalthoff 1995, S.935.
148 Weiter unten komme ich auf diesen Punkt noch einmal zurück.

Hinweise auf die Art der erwarteten Antwort zu geben. Die dann (noch) nicht vollständige Basissequenz Initiierung-Erwiderung-Bewertung fungiert dabei *als instruierende Erwartungsstruktur*, vor deren Hintergrund die nicht ausgeführte Bewertung von den Schülern als 'fehlend' registriert werden und die Schlußfolgerung auslösen kann, daß die gegebene Antwort 'falsch' oder zumindest 'ungenau' oder 'unvollständig' war und die Lehrperson anderen Schülern die Möglichkeit geben will, eine zutreffendere Antwort zu formulieren. Weitere Wortmeldungen und Antwortversuche werden dadurch motiviert. Abgeschlossen wird die Sequenz aber auch hier erst durch die Bewertung der Lehrperson. An die Stelle des einfachen dreigliedrigen Verlaufs treten dann komplexere Varianten wie z.B.: *'Initiierung - Erwiderung - ergänzender Hinweis - Erwiderung - [Aufruf eines anderen Schülers] - Erwiderung - Bewertung'*. Durch entsprechende Variation des dreigliedrigen Grundformats können auch Diskussionen im Unterricht nach diesem Muster prozessiert werden. Der thematischen Initiierung durch die Lehrperson folgen dann die Schülerbeiträge, deren Bewertung durch den Lehrer nicht Beitrag für Beitrag erfolgen muß, sondern durch abschließende Zusammenfassung der 'richtigen' Elemente der verschiedenen Schüleräußerungen zu einem 'gültigen Ergebnis' am Ende der Diskussion realisiert werden kann.[149]

Die These, daß die dreigliedrige Sequenz Initiierung-Erwiderung-Bewertung als Basissequenz pädagogischer Interaktion zu betrachten ist, darf freilich nicht so verstanden werden, daß die gesamte Kommunikation innerhalb einer Unterrichtsstunde diesem Muster folgen würde. Werden z.B. Arbeitgruppen eingerichtet, dann kann angenommen werden, daß die Interaktion innerhalb dieser Gruppen nicht in diesem Muster prozessiert. Zum *Bestandteil des Schulunterrichts* wird die Kooperation in Arbeitsgruppen aber gerade dadurch, daß die dabei behandelten Themen *von der Lehrperson initiiert* (bzw. eventuelle Anregungen von Schülern von ihr als legitimes Thema lizensiert) und die erreichten Arbeitsergebnisse, häufig nach klassenöffentlicher Präsentation, auch in irgendeiner Form *von ihr bewertet* werden. Die dreigliedrige Basissequenz erweist sich so als äußerst variationsfähiges und robustes Format für die Prozessierung pädagogischer Kommunikation. Um zu klären, warum dieses Format in seinen verschiedenen Varianten im Unterricht so allgegenwärtig ist, müssen wir seine einzelnen Glieder einer *funktionalen Analyse* mit den begrifflichen Mitteln der Systemtheorie unterziehen. Bevor ich dies tue, will ich aber noch die Frage behandeln, an welcher Stelle die primäre Gefährdung dieses Kommunikationsmusters durch ausscherende Äußerungen zu lokalisieren ist und durch welche Struktursicherungsoperationen Lehrpersonen typisch versuchen, diese Gefahr zu neutralisieren.

Mit der Sequenz Initiierung-Erwiderung-Bewertung eng verknüpft ist die schultypische Regulierung der *Rederechtsverteilung*, des *"turn-taking"*. Die Lehrperson verwaltet das Rederecht zentral und teilt es den Schülern jeweils befristet zu. Dies geschieht durch Aufruf eines Schülers nach Abschluß einer Initiierung, dem damit

---

149 Didaktiker sprechen hier von "Ergebnissicherung".

3.2 DIE ANALYSE VON STRUKTURSICHERUNGSOPERATIONEN

das Rederecht für den Vollzug der Erwiderung übertragen wird. Nach Abschluß der Erwiderung fällt das Rederecht automatisch wieder an den Lehrer zurück, der es dann wiederum anderen Schülern für weitere Antwortäußerungen übertragen kann etc. Nur durch diesen Modus der Rederechtsverteilung ist gesichert, daß der Lehrer nach der Erwiderung eines Schülers zuverlässig die Gelegenheit zu ihrer Bewertung sowie zu einer neuerlichen anschließenden Initiierung erhält und nicht Schüleräußerung an Schüleräußerung anknüpft, ohne den Lehrer zu Wort kommen zu lassen. Die Organisation des Rederechts ist demnach die *strukturelle Garantie* dafür, daß die Lehrperson trotz einer Vielzahl anderer möglicher Sprecher die Initiative behält und der Unterricht kontinuierlich im Format *'Initiierung (Lehrer) - Erwiderung (Schüler) - Bewertung (Lehrer)'* ablaufen kann. Zugleich wird so verhindert, daß mehrere Schüler gleichzeitig zu reden versuchen und es dadurch zu lautstark ausgetragenen Konkurrenzen um das Rederecht oder zur Aufsplitterung der Kommunikation in mehrere, unverbunden nebeneinander prozessierende Kleinsysteme kommt.

Spontane Schüleräußerungen ohne vorausgegangene Autorisierung durch die Lehrperson gelten deshalb als regelwidrig. Mit dem zentralisierten Modus der Verteilung des Rederechts gefährden sie zugleich das Prozessieren der Unterrichtskommunikation im triadischen Format der pädagogischen Basissequenz. Die Verletzung dieses *turn-taking-Regimes* löst daher typisch Handlungen der Lehrperson aus, die auf die Sicherung der Kommunikationsstruktur gegen derartige Abweichungen zielen. Entsprechende Handlungen der Lehrperson haben den Status von *Struktursicherungsoperationen*:

Rolle	*Handlung*	*Beispiel*[150]
Schüler:	Unautorisiertes Reden	Ruft etwas in die Klasse.
Lehrer:	Ermahnung	Wenn du was sagen willst, Periza, meldest du dich.

Struktursicherungsoperationen sind typisch Bestandteil einer einfachen Paarsequenz der Form: *Störung-Ermahnung*. Wie wir später sehen werden, kann aber auch die dreigliedrige Basissequenz *Initiierung-Erwiderung-Bewertung* zum Vollzug einer Struktursicherungsoperation umfunktioniert werden.

Im folgenden möchte ich zunächst die funktionale Bedeutung des sequentiellen Grundmusters der Unterrichtsinteraktion sowie der damit verbundenen Prozedur des Meldens und Aufrufens diskutieren. Dabei will ich in knappen Umrissen andeuten, wie eine *systemtheoretische* Interpretation der *konversationsanalytisch* isolierten *Basissequenz pädagogischer Interaktion* empirische Befunde, welche die Systembil-

---

[150] Das Beispiel ist entnommen aus der unten ausführlich zu analysierenden Sequenz von Brunkhorst 1983, S.52.

dungsebene der Interaktion betreffen, in Kontakt bringen kann mit Aussagen, die sich auf die Systembildungsebenen *Organisation* und *Gesellschaft* beziehen.

Die Ausdifferenzierung pädagogischer Kommunikation als primäres gesellschaftliches Teilsystem setzt zunächst eine soziale *Funktion* von gesamtgesellschaftlicher Relevanz voraus, auf deren Erfüllung sich pädagogische Kommunikation spezialisiert. Die selbstreferentielle Schließung von Kommunikationen zu einem sozialen System, das diese Funktion durch ausschließliche Verkettung kommunikativer Ereignisse systemeigenen Typs erfüllt, ist nur auf der Basis einer dafür gebildeten *kommunikativen Operation* möglich. Um zuverlässig dafür zu sorgen, daß ausschließlich Operationen dieses Typs miteinander verknüpft werden, bedarf es schließlich eines systemspezifischen *Codes*. Er sichert die Erzeugung von systemeigenen Kommunikationen aus vorangegangenen systemeigenen Kommunikationen und dadurch die autopoietische Reproduktion des Systems.

Die Gesichtspunkte für den nächsten Schritt unserer Untersuchung sind damit vorgegeben: Zu klären ist, wie die Systemtheorie die soziale Funktion, die systemspezifische Operation und den binären Code pädagogischer Kommunikation bestimmt und welcher Zusammenhang zwischen diesen *Konstitutionselementen des Erziehungssystems* und der von der Konversationsanalyse isolierten Basissequenz 'Initiierung-Erwiderung-Bewertung' besteht, die die *Struktur pädagogischer Interaktion als "Aktivitätstyp"* definiert.

Voraussetzung für Unterricht ist die Unterstellung einer sozial ungleichen Verteilung von Wissen oder Fertigkeiten. Seine *soziale Funktion* besteht nicht in der möglichst vollständigen Beseitigung dieser Ungleichheit,[151] sondern darin, die Allokation von Wissen und Fertigkeiten in gewissen Grenzen *sozial erwartbar* zu machen und dadurch - vor allem für Kontakte außerhalb des Erziehungssystems - Kommunikation auf der Basis der *Unterstellung* zu ermöglichen, daß entsprechende Fähigkeiten vorhanden sind.[152]

Die *kommunikative Operation*, die auf die Erfüllung dieser Funktion zugeschnitten ist, ist die "Operation des *Vermittelns"* (vgl. Luhmann 2002, S.60). Von sozialisatorischen Lerneffekten, die sich als unkontrollierte Nebeneffekte jeder Kommunikation ergeben können, ist die *erzieherische* Operation des Vermittelns dadurch zu unterscheiden, daß ihr die *zurechenbare Absicht* zu erziehen, d.h. bestimmte Dinge zu vermitteln, erkennbar eingeschrieben ist.[153]

---

151 In der Schule sollen nicht nur Lehrer, an der Universität nicht nur Professoren ausgebildet werden.
152 Oder, wie Luhmann/Schorr (1979, S.28) formulieren: Die Funktion von Erziehung besteht "... in der Ermöglichung von eher unwahrscheinlichen Prämissen für soziale Kontakte, die normalerweise außerhalb des Erziehungssystems liegen"; vgl. entsprechend Luhmann 2002, S.38f. Siehe dazu auch Tenort (1989, S.813), der für das Erziehungssystem die folgende Funktionsbestimmung gibt: Erziehung ist "... dasjenige gesellschaftliche System, in dem bei allem Wechsel der Generationen generelle und gesellschaftlich für unverzichtbar erachtete Prämissen für Kommunikation je subjektiv, als 'Habitus', universalisiert werden, die sich ohne Ausdifferenzierung von Erziehungstätigkeit nicht universalisieren lassen".
153 Damit ist *nicht* gemeint, daß jede einzelne Kommunikation mit einer entsprechenden psychischen Intention verbunden sein muß, sondern nur, daß durch die Mitteilungsform und/oder den Kontext
(Fortsetzung...)

Der *binäre Code*, in den diese Operation eingespannt ist und an dem sie Führung gewinnt, ist die Unterscheidung *vermittelbar/nicht-vermittelbar* (so Luhmann 2002, S.59 in Anschluß an Kade 1997). Weil die Operation auf einen bestimmten kommunikativen Erfolg, nämlich die kontrollierte Vermittlung von Wissen oder Fertigkeiten zielt, muß in der Kommunikation immer wieder getestet werden, inwiefern sie ihr Ziel erreicht oder verfehlt hat. Dies geschieht, indem eine Nachfolgekommunikation eine der beiden Seiten der Unterscheidung vermittelbar/nichtvermittelbar bezeichnet.

In anderen Funktionssystemen genügt typisch eine *Sequenz von zwei Äußerungen*, von denen die zweite der ersten einen der beiden systemspezifischen Code-Werte zuschreibt (bzw. sie durch eine Unentscheidbarkeitsmarkierung in den Binnenbereich des Codes einrückt), um eine elementare kommunikative Einheit zu konstituieren, die sich diesem System zuordnet. Eine Rechtsbehauptung etwa kann sich auf eine vorausgegangene beziehen, indem sie diese als zu recht oder unrecht erhoben bestimmt (oder auch mitteilt, daß gegenwärtig noch nicht sicher entschieden werden kann, welche dieser beiden Möglichkeiten erfüllt ist). Eine wissenschaftliche Publikation kann die Wahrheitsbehauptungen einer anderen als zutreffend (=wahr) oder unzutreffend (=unwahr) bzw. als unzureichend begründet (=Zuordnung des Code-Werts noch offen) deklarieren. Im Erziehungssystem jedoch genügt eine zweistellige Sequenz zur Konstitution einer elementaren kommunikativen Einheit nicht.

Um eine Äußerung als Mitteilung zu qualifizieren, die auf *Vermittlung* zielt, bedarf es einer minimal *dreistelligen* Sequenz: Einer Initialäußerung der Lehrperson, welche die zu vermittelnde Information markiert und in einer Frage oder in der Aufforderung zur Ausführung einer bestimmten Handlung (letzteres z.B. im Sport- oder Kunstunterricht) ausläuft, muß nicht nur eine Schülerreaktion, sondern darüber hinaus eine bewertende Anschlußäußerung der Lehrperson an dritter Sequenzposition folgen, mit der die beabsichtigte Vermittlung als gelungen (Stoff erfolgreich vermittelt) oder mißlungen (Stoff nicht-vermittelt) qualifiziert wird. Selbstverständlich sind auch hier Abstufungen innerhalb des Bereichs möglich, der durch den Code des Erziehungssystems definiert ist: Eine Schülerantwort kann nicht sofort klar erkennen lassen, ob sie als 'richtige' oder 'falsche' Antwort zu bewerten ist, oder sie kann 'halbrichtig', 'unvollständig' o.ä. sein, so daß Nachfragen und Ergänzungen nötig werden, um sie dem einen oder anderen Code-Wert abschließend zuzuordnen. Aber eine Anschlußäußerung der Lehrperson, die dies

---

153(...Fortsetzung)
der Kommunikation die *Zuschreibung* einer solchen Absicht nahegelegt wird und sie aus diesem Grunde kaum dementiert werden kann: "Das Symbol 'Absicht zu erziehen' erfüllt seine Funktion, wenn es der Definition eines Interaktionssystems zugrundegelegt wird, und dazu bedarf es keiner psychischen Tests. Der Plausibilität dieses Symbols liegt die Erfahrung zugrunde, daß man, wenn man handelt und erst recht: wenn man kommuniziert, nicht gut behaupten kann, dies ohne Absicht zu tun - so als ob das, was als Verhalten sichtbar geworden ist, einem bloß passiert ist. Es ist eine ganz andere Frage, ob man das, was man tut, vorher überlegt hat und nach Plan ausführt. Entscheidend ist, daß man retrospektiv keine andere Wahl hat, als sich zu einer eigenen Absicht zu bekennen, und im erzieherischen Milieu ist das eben die Absicht zu erziehen" (Luhmann 2002, S.55).

erkennen läßt (z.B. ein zweifelndes "Na, ja"), genügt schon, um kommunikativ sichtbar zu machen, daß der Code des Erziehungssystems aufgespannt ist und Mitteilungen ihre Bedeutung in dem dadurch definierten Bereich erhalten. Die Antwort eines Schülers auf eine Frage des Lehrers genügt dazu noch nicht, kann doch auch eine Frage während des Unterrichts, z.B. "Wie spät ist es?", als Informationsfrage, die nicht auf Vermittlung zielt, formuliert und beantwortet werden. Erst die Bewertung an dritter Sequenzposition (oder eine statt dessen ausgeführte Ersatzäußerungen: z.B. ein Hinweis, der das Finden der 'richtigen' Antwort erleichtert) macht in der Kommunikation sichtbar, daß es der gestellten Frage um *Vermittlung* ging.

Die Differenz vermittelbar/nicht-vermittelbar wird in den beiden Zeitrichtungen der Rekursivität von Kommunikation auf unterschiedliche Weise aktiviert: An erster Sequenzposition, in der Dimension *antezipierender* Rekursivität, orientiert sie die Informationsauswahl ('Unterrichtsstoff') und die Selektion der Mitteilungsform ('didaktische Präsentation') unter dem Gesichtspunkt der hier und jetzt, in der aktuell gegebenen Unterrichtssituation und vor dem Hintergrund der zurückliegenden Interaktionsgeschichte jeweils erwartbaren Vermittlungseignung; an dritter Sequenzposition, in der Dimension *retrospektiver* Rekursivität, wird rückblickend der Erfolg des Vermittlungsversuchs registriert, d.h. angezeigt, inwiefern sich der gerade behandelte Stoff, in der gewählten Form und unter den gegebenen Bedingungen, als vermittelbar oder nicht-vermittelbar erwiesen hat. Die Registrierung von Vermittlungserfolg ermöglicht hier die reibungslose Fortsetzung der Vermittlungsbemühungen. Die Feststellung von Mißerfolg wirft hingegen Zurechnungsprobleme auf, für die unterschiedliche, nach Sach-, Zeit- und Sozialdimension aufgliederbare Zurechnungsalternativen bereitstehen: etwa 'Stoff noch zu schwierig?', 'Zu rasch vorgegangen?', 'Schüler X (oder die Klasse) heute (bzw. in der Regel) unaufmerksam/-desinteressiert/leistungsschwach?', - und erzeugt Nachsteuerungsbedarf, der durch nachfolgende, zurechnungsabhängig modifizierte Vermittlungsbemühungen befriedigt werden kann.

Unsere Darstellung läßt erkennen: Die systemtheoretische Bestimmung der Funktion, der elementaren Operation und der Codierung der Kommunikation im Erziehungssystem kann direkt projeziert werden auf die konversationsanalytische Basissequenz 'Initiierung-Erwiderung-Bewertung'. Die *Initiierung* hat aus systemtheoretischer Perspektive den Status einer initialen Vermittlungsoperation. Die *Erwiderung* der Schüler fungiert als Reaktion darauf, die in dem Versuch, auf die Frage des Lehrers 'richtig' zu antworten, auf den Erfolg seiner Vermittlungsbemühungen hin orientiert ist und ihn darüber informiert, inwiefern der Vermittlungsversuch sein Ziel erreicht hat. Die *Bewertung* der Lehrperson schließlich zeigt den Erfolg oder Mißerfolg einer Vermittlungsoperation kommunikativ an, ordnet sie damit einem der beiden Code-Werte zu, macht ihr Ergebnis auch für die Schüler erkennbar und schließt die Vermittlungsoperation ab. Die Basissequenz, die für die Konversationsanalyse den *Aktivitätstyp* "pädagogische Interaktion" definiert, erscheint demnach kongruent mit der *elementaren Reproduktionseinheit erziehungssystemischer Kommunikation*, wie sie die Systemtheorie bestimmt.

Diese Kongruenz ist einfach zu erklären. Schon weiter oben (vgl. Kap.3.1.8) hatten wir enge Parallelen zwischen den strukturellen Voraussetzungen der Reproduktion von Aktivitätstypen und der Autopoiesis sozialer (Funktions)Systeme notiert. Dort hatten wir auch festgehalten, daß diese beiden Reproduktionsprozesse unterschiedlichen Stufen der autopoietischen Organisation von Kommunikation zuzuordnen seien mit dem Argument, daß innerhalb eines Funktionssystems *unterschiedliche* Aktivitätstypen zu beobachten sind, die sich durch die Aktivierung desselben Codes als Einheiten der Reproduktion eines sozialen Systems ausflaggen. Eine Besonderheit des Erziehungssystems (im Unterschied etwa zum Wissenschafts-, politischen oder ökonomischen System) besteht darin, daß seine Operationen nicht auf bloße kommunikative Annahme, sondern auf die Veränderung von Personen zielen und dazu die Ebene der *Interaktion unter Anwesenden* benutzen.[154] Aus diesem Grund muß die Konstitution einer elementaren kommunikativen Einheit, mit deren Erzeugung eine Phase der Reproduktion erziehungssystemischer Kommunikation durchlaufen ist, zwangsläufig im Beobachtungsbereich der Konversationsanalyse auftauchen und von ihr registriert werden, sofern ihr begriffliches und empirisch-analytisches Instrumentarium tatsächlich soweit auf die systemtheoretische Konzeption von Kommunikation eingestellt ist, wie oben behauptet.

Den Beleg dafür haben wir nun vor Augen. Zugleich liefert die systemtheoretische Analyse mit der Bestimmung des Codes und der basalen Operation erziehungssystemischer Kommunikation ein theoretisches Argument dafür, warum die von der Konversationsanalyse beobachtete Basissequenz als verbindendes Element unterschiedlicher kleinformatiger Aktivitätstypen (wie z.B. Frontalunterricht, Diskussion, Gruppenarbeit etc.) zu beobachten sein müßte, die im Schulunterricht vorkommen können.[155] Sehen wir uns nun noch etwas genauer an, in welcher Weise die pädagogische Basissequenz zugeschnitten ist auf die soziale Funktion und Codierung des Erziehungssystems. Betrachten wir dazu zunächst die spezifische Bedeutung der *Initiierung*.

Welches Wissen Unterrichtsgegenstand ist und auf welche Weise es vermittelt werden soll, darüber entscheidet (innerhalb des Interaktionssystems Unterricht) die Lehrperson. Ihr obliegt *die Themenkontrolle*, die Entscheidung über Art und

---

154 Ein Parallelfall dazu ist das System der Krankenbehandlung (vgl. Luhmann 1997, S.407f.).
155 'Verbindendes Element' meint dabei *nicht* unbedingt, daß die Basissequenz pädagogischer Interaktion in jeder Unterrichtsaktivität *komplett* reproduziert würde, sondern kann auch bedeuten, daß eine Aktivität durch Einbettung in die Basissequenz mit dem Unterricht verknüpft und als Element erziehungssystemischer Kommunikation ausgewiesen wird. Dies ist z.B. der Fall, wenn die Lehrperson bestimmte Themen und Fragen in Arbeitsgruppen bearbeiten läßt, deren Ergebnisse anschließend im Unterricht vorgestellt und bewertet werden. Während der Gruppenarbeit dürfte die Basissequenz in der Regel deaktiviert sein. Der Kommunikation im Erziehungssystem wird die Interaktion in der Gruppe erst dadurch zugeordnet, daß sie als *Phase einer Vermittlungsoperation* ausgewiesen, d.h. vom Lehrer initiiert bzw. autorisiert worden ist und sie in irgendeiner Form, bewertet wird. Fällt die Bewertung (durch die auch nicht vom Lehrer initiierte Zusammenarbeit nachträglich von ihm autorisiert werden kann) völlig weg, dann bleibt die Vermittlungsoperation unvollständig. Lerneffekte sind natürlich auch dann zu erwarten. Insofern sie aber nicht planvoll und kontrolliert erzielt werden, handelt es sich nicht um das Ergebnis von Erziehung, sondern um Lernen durch Sozialisation.

Verteilung der Schülerbeiträge und deren Bewertung unter den Gesichtspunkten thematischer Zugehörigkeit und sachlicher Richtigkeit. Die *Monopolisierung des Initiativrechts* und die Verwaltung des Rederechts ermöglichen ihr die Erfüllung dieser Aufgabe.[156] Im Rahmen einer alltäglichen Unterhaltung werden Belehrungen typisch entweder von dem Belehrten angefordert oder vom Belehrenden erst nach einem Vorspann erteilt, in dem er sich der Zustimmung des anschließend zu Belehrenden vergewissert (vgl. dazu Keppler 1989 sowie 1994, S.89ff.). Daß ein bearbeitungsrelevantes Wissensdefizit beim Belehrten vorliegt, muß so durch ihn selbst angezeigt oder zumindest gegenüber dem potentiellen 'Lehrer' bestätigt werden. Kontrastierend dazu ist die *funktionale Spezifikation* von Kommunikation auf Wissensvermittlung daran zu erkennen, daß es einer solchen Vorklärung nicht mehr bedarf. Die Rollenverteilung von Belehrendem und Belehrtem, von Lehrer und Schüler kann hier, sei es als Ergebnis institutioneller Einrichtungen wie Schulpflicht (d.h. Oktroyierung der Mitgliedsrolle in einer Organisation) oder von vorausgegangener individueller Vereinbarung (z.B. mit einem Fremdsprachen-, Klavier- oder Tennislehrer), vorausgesetzt werden.[157] Eine Vorschaltphase, in der diese Voraussetzungen für jede Einzelbelehrung in der laufenden Kommunikation jeweils neu hergestellt werden, erübrigt sich deshalb. Das *Initiativrecht* zur Belehrung liegt beim Lehrer, oder genauer gesagt: wer ein solches Recht unbestritten ausübt, dem wird damit die Rolle eines Lehrers in der Kommunikation zugeschrieben.[158]

Um *Erwiderungen* von Schülern zu ermöglichen, müssen Initiierungen in Fragen auslaufen bzw. in Frageform vorgetragen werden. Die Erwiderung fungiert als Feedback-Mechanismus, durch den die Lehrperson in kurzen Abständen Informationen darüber erhält, inwiefern es ihr gelungen ist, den Stoff auf hinreichend verständliche Weise darzustellen bzw. wo eventuell Verstehensprobleme vorliegen, die eine veränderte Präsentation des Lehrstoffes, die ausführlichere Behandlung bestimmter Teilaspekte oder die besondere Betreuung einzelner Schüler verlangen. Die häufige Stimulierung von Schülererwiderungen erzeugt so die Rückmeldungen

---

156 Natürlich ist auch ein Unterricht denkbar, in dem *die Schüler* diejenigen sind, von denen *initiierende Äußerungen* primär ausgehen, indem sie - geleitet von ihrem Interesse, bestimmte Dinge zu lernen - dem Lehrer Informationsfragen stellen, deren Beantwortung sie von ihm wünschen, um auf diese Weise selbstbestimmt zu lernen. Der Lehrer hätte dann die Rolle eines Beraters im Rahmen eines Lernprozesses, der *von den Schülern initiiert und gesteuert* würde. - Nehmen wir einmal an, die Schüler wären hinreichend motiviert und befähigt, den Unterrichtsverlauf generell in dieser Form selbst zu regulieren, dann ergäbe sich gerade daraus ein gravierendes Folgeproblem für die Erfüllung der *sozialen Funktion* schulischer Erziehung: Weil der Unterrichtsverlauf nur noch den kontingenten Interessen der Schüler folgen würde, würden die behandelten Lerninhalte von Lerngruppe zu Lerngruppe in unvorhersehbarer Weise divergieren, so daß es völlig unberechenbar wäre, was die Schüler in der Schule lernen und was an Wissen und Fertigkeiten von den Absolventen erwartet werden kann.

157 Alternative Angemessenheitsbedingungen sind denkbar: So z.B. ein Eltern-Kind-Verhältnis, unter bestimmten Voraussetzungen auch große Altersdifferenz oder anders begründete Statusunterschiede zwischen den Beteiligten, ebenso die aktuelle Relevanz der Unterscheidung Einheimischer/Fremder (vgl. oben, Kap.2.4.7.).

158 Eine solche kommunikative Zuschreibung kommt durch kongruente Selbst- und Fremdzuschreibung zustande, die sich aus dem ungestörten Zusammenspiel von initiativer Belehrung und deren widerspruchsloser Annahme durch den Belehrten ergibt.

über den Erfolg von Vermittlungsversuchen, die benötigt werden, um die Diskrepanz zwischen angestrebten Unterrichtszielen und aktuell erreichten Lernerfolgen in Stichprobenform kontinuierlich zu registrieren und weitere *Initiierungen* so zu dirigieren, daß diese Diskrepanz minimiert werden kann. Weil der Einbau von Möglichkeiten der Erwiderungen in den Unterricht (im Gegensatz zum monologischen Vortrag des Unterrichtsstoffs durch den Lehrer) Beteiligungschancen für die Schüler eröffnet, trägt sie daneben zur *Bindung von Aufmerksamkeit* bei.

Die *bewertende* Kommentierung der Schülerantwort markiert den spezifisch pädagogischen Charakter der vorausgegangenen Verknüpfung von *Initiierung und Erwiderung*: Sie macht deutlich, daß der Autor der Initiierung über das thematische Wissen bereits verfügt, ihr Sinn also nur darin liegen kann, dieses Wissen auch seinen Interaktionspartnern zu vermitteln und schließt eine elementare Vermittlungsoperation durch kommunikative Markierung ihres Erfolgs bzw. Mißerfolgs ab. Für die Schüler macht die Bewertung sichtbar, *was als Wissen (bzw. Können) gilt* und von ihnen erwartet wird. Entfällt diese Information für die Schüler, können sie entsprechende Erwartungserwartungen nicht mehr entwickeln und als Orientierungsgrundlage für die Planung und Bewertung ihrer Beiträge verwenden. Konsequente Abstinenz gegenüber Bewertungen würde die Unterscheidung zwischen relevanten und irrelevanten sowie zwischen richtigen und falschen Beiträgen auflösen.[159] Damit verschwände die konstitutive Differenz zwischen Wissen und Nicht-Wissen (bzw. bei der Vermittlung von Fertigkeiten: von Können und Nicht-Können) aus der Kommunikation und der identitätssichernde *Funktionsbezug* pädagogischer Interaktion würde gekappt.

Daß Bewertung auch *soziale Differenzierungseffekte* erzeugt, ist dabei nicht zu übersehen.[160] Die mitproduzierte Differenzierung zwischen Schülern, die oft und

---

159 Zur möglichen Reaktion von Schülern auf ein solches pädagogisches 'Krisenexperiment' vgl. die folgende Bemerkung von Sinclair/Coulthard 1975, S.51 (hier zitiert nach Hammersley 1986, S.96): "... we have a tape of one lesson where a teacher, new to a class, and trying to suggest to them that there aren't always right answers, does withhold feedback and eventually reduces the children to silence - they cannot see the point of his question". - Wie tief die Erwartung bei Schülern verankert ist, daß es auf Fragen, die im Unterricht behandelt werden, eine als 'richtig' geltende Antwort geben müsse, zeigt auch die folgende Sequenz aus einer Unterrichtsdiskussion in der 12. Jahrgangsstufe eines berufsbildenden Gymnasiums, in der die Schüler anhand des Auszuges aus einem autobiographischen Text gerade über die möglichen Motive der nicht-jüdischen Freundinnen einer Jüdin zur Zeit des Dritten Reichs gesprochen haben, die Kontakte zu ihrer jüdischen Freundin abzubrechen (entnommen aus Hollstein u.a. 2002, S.98f.; Hervorhebungen von mir, W.L.S.):

Ahad: (...) Die Leute haben doch auch damals halt Angst gehabt.
Sebastian: *Kann man ja nicht wissen.* Vielleicht ist auch bißchen Charakter.
Ahad: *Warum diskutieren wir dann diese ganze Sache?*
Lehrer: Wobei ich Euch irgendwie dazu angestiftet habe. ((lacht)) Nehme ich auf meine Kappe. ((lachend)) (.) Aber vielleicht hat jemand eine Idee, warum man diskutiert. Außer, daß ich es war.
Ahad: (Eure) *Zeit vertreiben.* ((lachend))

Der Umstand, daß nicht mehr erkennbar erscheint, nach welchen Kriterien zwischen 'richtigen' und 'falschen' Motivhypothesen unterschieden werden kann, *delegitimiert* hier aus der Perspektive des Schülers Ahad die Behandlung dieses Themas im Unterricht und degradiert die Auseinandersetzung zum bloßen 'Zeitvertreib'.

160 Zu "Lob und Tadel" als den "primären Intrumente(n) pädagogischer Interaktion" siehe auch Luh-

(Fortsetzung...)

richtig sowie anderen, die seltener oder häufig falsch antworten, kommt zunächst als kaum vermeidbare Nebenfolge zustande. Spätestens dann aber, wenn die Unterrichtung bestimmter Gegenstände spezifische Vorkenntnisse verlangt, die nicht bei allen Schülern vorausgesetzt bzw. durch ergänzenden Unterricht vermittelt werden können, wird *soziale Selektion zur Prämisse der Funktionserfüllung*. Biographisch einschneidende, hochaggregierte Selektionsentscheidungen, etwa über die Versetzung von Schülern oder den Übertritt in einen weiterführenden Schulzweig, schließen an dieser Stelle an. Vorbereitet und fundiert werden solche Selektionsentscheidungen durch *Zensuren*. Sie bilden die Form, zu der sich die ständig anfallenden Bewertungen verdichten, graduierbare selektionsrelevante Kennziffern, die - zeitfest fixiert und 'aktenmäßig' erfaßt - als Elemente des Systemgedächtnisses fungieren, d.h. als *jederzeit aktualisierbarer Hintergrund* des Interaktionsgeschehens im Unterricht zugänglich sind und den Abstand überbrücken zwischen situationsgebundenem Lob und Tadel einerseits und den weitreichenden, durch den organisatorischen Aufbau des Erziehungssystems erforderlichen Entscheidungen andererseits (wie Zuweisung zu besseren oder schlechteren Kursen; zu einem weiterführenden Schulzweig oder nicht; Versetzung/Nicht-Versetzung; Schulabschluß erreicht oder verfehlt). Lob und Tadel, Zensuren und organisationsbedingte Entscheidungen bauen aufeinander auf und fügen sich zusammen zur Einheit des *Selektionscodes*, der - definiert durch die in verschiedenartiger Ausprägung aktualisierbare Unterscheidung besser/schlechter - als *Sekundärcode* des Erziehungssystems fungiert (vgl. Luhmann 2002, S.73). Die Funktion dieser Zweitcodierung ist es, den Erfolg von Vermittlung im Blick auf die Erzeugung der gewünschten Fähigkeiten *beim einzelnen Schüler* zu testen. Die Primärcodierung vermittelbar/nicht-vermittelbar leistet dies, für sich allein genommen, nicht. Sie beschränkt die Erfolgskontrolle, die mit jeder Bewertung durchgeführt wird, auf die *Sach*dimension. Die *Sozial*dimension bleibt demgegenüber abgeblendet. *Kommunikativ registriert* wird so vor allem, *daß* eine Vermittlungsoperation erfolgreich war, aber nicht unbedingt, *wer* etwas gelernt hat. Aber schon die Verknüpfung einer sachlichen Bewertung ('richtig'/'falsch') mit einem an die Person adressierten Lob oder Tadel blendet die Sozialdimension auf und aktiviert die Sekundärcodierung erziehungssystemischer Kommunikation in elementarer Form. Die *Bewertung* an (frühestens) dritter Sequenzposition der pädagogischen Basissequenz markiert damit zugleich den Abschluß einer basalen Vermittlungsoperation und die Andockstelle für den Selektionscode des Erziehungssystems, der sich dann in Zensuren, Versetzungsentscheidungen etc. bis hin zu den Zertifikaten über den Abschluß eines Bildungsganges über verschiedene Stufen ausfaltet.

Zensuren sind eine Einrichtung, durch die Schule als *Organisation*, die Selektionsentscheidungen produziert, im Kontext der laufenden Interaktion präsent, aber auch auf bemerkbare Weise abwesend sein kann: Der Lehrer blättert im Notenbüchlein, und schon reagieren die Schüler alarmiert. Normalunterricht und 'Ernst-

---

160(...Fortsetzung)
mann/Schorr 1979, S.300ff.

3.2 DIE ANALYSE VON STRUKTURSICHERUNGSOPERATIONEN

fall' erscheinen hier deutlich gegeneinander differenziert. Die ständig als notwendiges Begleitresultat pädagogischer Interaktion anfallenden und die Person durch lobende/tadelnde Beiklänge mehr oder weniger einbeziehenden Bewertungen bleiben im Vergleich dazu diffus, situationsgebunden und schnell reversibel. Ihre mögliche Selektionsrelevanz wird durch Zensuren und eigens zu deren Festsetzung ausdifferenzierte Phasen der Interaktion (Klassenarbeiten, mündliche Prüfungen) marginalisiert.[161] Durch den Unterschied von Normalunterricht und Prüfungsepisoden wird die Differenz zwischen *pädagogischer Interaktion* und den Anforderungen organisationeller Produktion selektionsrelevanter *Entscheidungen* in der Interaktion deutlich markiert und kontinuierlich reproduziert.[162] Funktions- und Selektionsorientierung, sachlich bewertende Kommentierung und (positive bzw. negative) Sanktionierung können so auseinandergezogen und partiell desambiguiert werden.[163] Die Schüler wissen, daß bei falschen Antworten im einen Fall nur eine *Korrektur*, im anderen dagegen eine schlechte *Zensur* droht, und stellen ihr Verhalten darauf ein.[164]

Die interne Differenzierung pädagogischer Interaktion in der *Zeit*dimension ist jedoch nur eine Form, in der die Differenz von Interaktion und Organisation prozessiert wird. Die ihr vorausliegende zentrale, weil auf der Ebene *basaler Selbstreferenz ständig* mitlaufende Form, durch die sich pädagogische Interaktion als dem organisationellen Kontext Lehrer-Schulklasse zugehörig beschreibt, ist die Subroutine des *Meldens und Aufrufens*. Ihr kommt innerhalb der pädagogischen Basissequenz von Initiierung-Erwiderung-Bewertung eine spezifische Bedeutung zu: Die besondere Bedeutung der Prozedur des Meldens und Aufrufens ist darin zu sehen, daß sie es ermöglicht, die pädagogische Interaktion aus den Schranken der dyadischen

---

161 Bei Bedarf können diese Bewertungen jedoch re-aktualisiert und selektionsrelevant werden. So etwa, wenn die *'rege und erfolgreiche Beteiligung am Unterricht'* als diffuse Hintergrundvariable herangezogen wird, um bei einem Schüler, dessen Leistung zwischen zwei Noten liegt, die Entscheidung für die bessere Zensur zu begründen.

162 System- bzw. unterscheidungstheoretisch (im Sinne der Unterscheidungslogik von Spencer Brown, 1979) gesprochen liegt hier ein Fall von "re-entry", d.h. des Wiedereintritts einer Unterscheidung (hier: Interaktion/Organisation) in eine ihrer beiden Seiten (hier: Interaktion) vor.

163 Interessanterweise ist es gerade die Differenz zwischen *negativer Bewertung* und *Sanktion*, die bei Auffassungsschwierigkeiten eines Kindes nur schwer aufrecht zu erhalten ist, wenn etwa Eltern sich an ihren eigenen Kindern als Pädagogen versuchen (verwischt wird diese Differenz bei Kommentaren wie 'Stell' dich doch nicht so dumm an, ich habe dir doch gerade erklärt ...'). Dies spricht für eine spezifische Einübungsbedürftigkeit dieser Unterscheidung, die ihren Grund darin haben dürfte, daß jedes Scheitern einer Vermittlungsoperation ein Zurechnungsproblem aufwirft und es besonderer Anstrengungen bedarf, um die Kommunikation von der Bearbeitung dieses Zurechnungsproblems (die dann typisch zu Lasten des statusniedrigeren Teilnehmers geht) freizuhalten.

164 Das Lachen der Mitschüler kann freilich schlimmer verletzen, als eine schlechte Zensur. Um die Differenz zwischen primär sachlich bewertender Kommentierung und wesentlich (positiv oder negativ) sanktionierender Zensierung sozial durchzusetzen, muß das Auslachen von Mitschülern deshalb *als Delikt behandelt*, d.h. ebenfalls zum Gegenstand entsprechender *Struktursicherungsoperationen* werden. Siehe dazu die folgende Mitteilung eines Lehrers (zitiert nach Hargreaves/-Hester/Mellor 1981, S.100): "... Ich dulde kein Gelächter, wenn jemand etwas falsch macht. Das ist das allererste; ich bestehe von Anfang an darauf. Ich sage: 'Mir macht es nichts, ob ihr eine Antwort richtig hinkriegt oder nicht. Meldet euch und versucht eine Antwort. Wenn die Antwort falsch ist, ist sie halt falsch'. Und wenn einer von ihnen lacht, ermahne ich sie immer."

Beziehung zwischen Erzieher und Zögling zu lösen. Durch den Einbau dieser Prozedur in die Basissequenz wird die unterrichtstypische turn-taking-Regelung erzeugt. Unter Bedingungen *dyadischer* Interaktion zwischen Erzieher und Zögling funktioniert dieses Sequenzmuster ohne sie. Erst bei einer *Mehrzahl* von Schülern wird diese Subroutine benötigt. Sie ermöglicht es, ein Kommunikationssystem mit einer Vielzahl von Beteiligten als ein System mit nur zwei Sprecherrollen zu prozessieren. Die Unterrichtskommunikation kann so als eine Abfolge von Episoden realisiert werden, deren jede *das dialogische Modell von Erzieher und Zögling simuliert* und die übrigen Schüler in die Rolle des *beobachtenden Publikums* versetzt.

Dadurch bleibt der Unterricht mit einer großen Zahl von Schülern zentral kontrollierbar. Durcheinanderreden, Unverständlichkeit der Einzelbeiträge für Lehrer und Klasse sowie deren typische Folge, daß sich die Sprecher auf Adressaten in ihrer Nahumgebung konzentrieren und das System Unterricht in eine Vielzahl kleinster Kommunikationssysteme zerfällt, werden so verhindert. Die Prozedur des Meldens und Aufrufens ist insofern eine der zentralen kommunikativen Vorrichtungen, die die Unterrichtung einer ganzen Klasse durch einen Lehrer ermöglichen.

Zugleich zeigt sie auf der basal-operativen Ebene der Kommunikation für alle Teilnehmer sichtbar an, daß es sich bei der Realisierung der Sequenz Initiierung-Erwiderung-Bewertung um pädagogische Interaktion unter den Bedingungen *klassen- bzw. lerngruppenförmiger Organisation* handelt. Die weitgehende Blockierung spontaner Schülerbeiträge bindet deren Beteiligung an die Bedingung, daß sie als Ergebnis von *Entscheidungen* dargestellt und prozessiert wird. Das Melden eines Schülers (vergleichbar dem Antrag an eine Amtsperson) zielt darauf, den Lehrer zu veranlassen, ihm das Rederecht in Konkurrenz zu alternativen Möglichkeiten zu übertragen. Es hat insofern den Status einer kommunikativ sichtbar gemachten *Entscheidung* zur Beteiligung am Unterricht, die sich von einer *Anschlußentscheidung* des Lehrers abhängig macht. Die Prozedur des Meldens und Aufrufens stellt die Fortsetzbarkeit der Unterrichtskommunikation unter die Bedingung, daß sie sich ständig als Relationierung von Teilnahmeentscheidungen und Entscheidungen über Teilnahmeentscheidungen reproduziert, d.h. bereits auf der Ebene der Interaktion die operative Gestalt *organisationeller* Kommunikation annimmt.[165]

Diese Lösung des Problems, wie Unterricht in größeren Lerngruppen durchgeführt werden kann, ist nicht frei von Nebenwirkungen: Die zwangsweise Plazierung der meisten Schüler in *Publikumsrollen* macht es schwierig, sie darin engagiert zu halten. Psychischer Absentismus und aufmerksamkeitsabsorbierende Nebenbeschäftigungen verschiedenster Art sind die kaum zu vermeidenden Folgen. Nehmen solche Absetzbewegungen überhand, dünnen die psychischen Abstützpunkte der Unterrichtskommunikation zu sehr aus, dann kommt es zu unübersehbaren Krisenerscheinungen: Kaum jemand meldet sich; die Fragen der Lehrperson werden nicht oder falsch beantwortet; sie versucht, sich in den Monolog zu retten oder in die Metakommunikation ('Was ist heute mit euch los?'; 'Kein Wunder, daß ihr

---

[165] Vgl. dazu Luhmann 1981a, S.339f., der Organisationssysteme bestimmt als "... soziale Systeme, die aus Entscheidungen bestehen und Entscheidungen wechselseitig miteinander verknüpfen".

nicht antworten könnt, wenn ihr nicht aufpaßt!'; 'Was soll ich nur mit euch machen?').[166] Doch auch hier erfüllt die Prozedur des Meldens zumindest eine *dämpfende* Funktion. Sie stellt ein Forum der Konkurrenz zur Verfügung, an der viele sich beteiligen können. Die Möglichkeit der freien Kandidatur für die Übertragung des Rederechts bindet Aufmerksamkeit, die ohne diese Chance kaum für das Unterrichtsgeschehen zu gewinnen wäre. - Für den Lehrer ist die Beteiligung daran ein wichtiger Kontrollparameter: Wer sich meldet, signalisiert Engagement. Es dauerhaft *nicht* zu tun, ist deshalb riskant, weil es auf kognitive Überforderung bzw. Unsicherheit oder auf Unaufmerksamkeit bzw. Desinteresse schließen läßt und gerade dadurch die Aufmerksamkeit des Lehrers wecken kann. Das Wissen um diesen Zusammenhang kann Minimal- oder auch Pseudobeteiligung motivieren. Aber selbst dies trägt noch zur Reduktion möglicher Störquellen bei.

Darin, daß Lehrer auch Schüler aufrufen können, die sich nicht gemeldet und sich damit sichtbar gegen die gerade aktuelle Möglichkeit zur Beteiligung entschieden haben, reflektiert sich, daß Schüler einer Teilnahmeverpflichtung unterliegen, die in letzter Instanz durch die gesetzliche Schulpflicht gedeckt ist. Unter dieser Voraussetzung indiziert die häufige Entscheidung für Nicht-Teilnahme, wie schon erwähnt, entweder abweichendes Verhalten (und)/oder Schwierigkeiten, dem Unterricht zu folgen. Für den Lehrer bedeutet beides: akuter Handlungsbedarf. Die kombinierte Prozedur des Meldens und Aufrufens fungiert so zugleich als *Ordnungsvorrichtung, Informationsraffer und Diagnoseinstrument*, mit dessen Hilfe der Lehrer die Kommunikation regulieren und sich über die Situation der Klasse wie auch einzelner Schüler in Relation zum ablaufenden Unterricht sowie zum angestrebten Vermittlungserfolg zeitökonomisch und in kurzer Taktung (wenn auch nicht ohne Irrtumsrisiko) informieren lassen kann.[167]

Dennoch ist diese Prozedur keine alternativlose Einrichtung für den Unterricht in der Schulklasse. Auf die Möglichkeit des Meldens kann zugunsten der Praxis direkten Aufrufens einzelner Schüler durch den Lehrer verzichtet werden. Richten Fragen bzw. Aufforderungen des Lehrers sich an die Klasse als kollektiven Akteur, dessen Antwort im Chor erfolgt, bedarf es auch des individuellen Aufrufens nicht mehr. Im Grenzfall schließlich tritt an die Stelle des Dialogs zwischen Lehrer und Schülern der bloße Lehrervortrag, dessen Erfolg als Vermittlungsoperation dann durch mündliche oder schriftliche Prüfung getestet werden kann. Gleichgültig, welche dieser Formen der Prozessierung von Kommunikation bevorzugt oder im Wechsel gewählt werden und unabhängig davon, wie effektiv sie unter pädagogischen Gesichtspunkten jeweils sein mögen, lassen sie sich gleichermaßen verstehen

---

166 Systemtheoretisch läßt sich diese Gefahr als *Erosion der strukturellen Kopplung* zwischen dem Kommunikationssystem und den involvierten Psychen beschreiben.
167 Zugleich kann diese Einrichtung von Schülern *selbstdiagnostisch* genutzt werden, um den eigenen Wissensstand in Relation zu dem der Mitschüler kontinuierlich einzuschätzen, ohne das persönliche Risiko einzugehen, das mit einem expliziten Test in der Unterrichtskommunikation verbunden ist: Wenn es häufiger geschieht, daß viele sich melden, aber man selbst keinerlei Ahnung hat, welche Antwort richtig sein könnte, dann kann man daran ablesen, daß man den Anschluß an die anderen zu verlieren droht.

als Lösungsversuche desselben Bezugsproblems, des Problems nämlich, Erziehung in Schulen zu ermöglichen, sie auf diese Weise *organisierbar* zu machen und damit eine notwendige Voraussetzung für die *Ausdifferenzierung von Erziehung als sozialem Funktionssystem* zu sichern.[168]

Gegenüber diesen Überlegungen liegt der Einwand nahe, daß sie sich ausschließlich an einem veralteten Modell des lehrerzentrierten Frontalunterrichts orientieren, dem die heutige Unterrichtspraxis kaum noch entspricht. Sofern die vorgetragenen Argumente zur *funktionalen* Bedeutung des Sequenztyps Initiierung-Erwiderung-Bewertung und der damit verbundenen Prozedur des Meldens und Aufrufens gültig sind, erscheint es andererseits wenig wahrscheinlich, daß diese kommunikativen Einrichtungen ihre zentrale Rolle verloren haben sollen. Versuchen wir beides zusammenzudenken, dann führt dies zu der Hypothese, daß bei offeneren Unterrichtsformen, wie Gruppenarbeit oder Diskussionen, das beschriebene Kommunikationsmuster zwar oft suspendiert sein mag, seine funktional begründete Prominenz aber dennoch grundsätzlich bestehen bleibt.[169] Dessen besondere Bedeutung kann sich daran zeigen, daß es als einbettendes Strukturmuster genutzt wird, in dem solchen Aktivitäten eine darauf bezogene Rolle zugewiesen wird. So z.B., wenn die Lehrperson ein bestimmtes Thema initiiert und erwidernde Beiträge darauf in Arbeitsgruppen vorbereitet werden, oder wenn eine Diskussion zwischen den Schülern als eine Serie von Erwiderungen auf das gestellte Thema behandelt und von der Lehrperson zum Abschluß bewertet wird, indem sie die als wichtig und 'richtig' zu beurteilenden Aussagen zusammenfaßt. Darüber hinaus kann die besondere Prominenz der pädagogischen Basissequenz auch in Phasen ihrer befristeten Suspendierung daran erkennbar werden, daß besondere Sicherungsmaßnahmen ergriffen werden müssen, um die Kommunikation nicht vorzeitig in das Muster 'Initiierung-Erwiderung-Bewertung' zurückkippen zu lassen.

Die zuletzt erwähnte Möglichkeit ist in der folgenden Sequenz aus einer Gruppendiskussion zwischen Schülern zu beobachten, bei der es um die Frage der Selbstverteidigungsmöglichkeiten mittelalterlicher Kaufleute gegenüber rechtsbrecherischen Lords geht:

---

168 Zum Zusammenhang von Organisierbarkeit und funktionssystemischer Ausdifferenzierung von Erziehung vgl. Luhmann/Schorr 1979, S.53f.
169 Als Unterstützung für diese These sei hier auf die Ergebnisse der ersten repräsentativen Befragung deutscher Lehrer verwiesen (befragt wurden 1123 Lehrer der Sekundarstufe I und 331 Grundschullehrer, die im Herbst 1995 im Auftrag des Dortmunder Instituts für Schulentwicklungsforschung (IfS) durchgeführt wurde. Nach diesen Ergebnissen hat sich "am eher konventionellen Unterricht ... nach Einschätzung der Lehrer bislang wenig geändert: Sehr häufig redet der Lehrer und stellt Fragen, einzelne Schüler antworten, oder die Schüler bearbeiten jeder für sich die gleichen Aufgaben oder Arbeitsblätter. Daneben wird oft gemeinsam mit der Klasse diskutiert. Fast 40% der Befragten geben aber an, daß in ihrem Unterricht die Schüler niemals oder nur ganz selten selbständig an selbstgewählten Aufgaben arbeiten"; so der Bericht von Kanders, Rolff und Rösner (alle Mitarbeiter am IFS) über diese Befragung in Die Zeit, Nr.12 vom 15.3.1996, S.35.

3.2 DIE ANALYSE VON STRUKTURSICHERUNGSOPERATIONEN

Beispiel Q[170]

B: Gordon's the leader, right, Gordon should go to the king and ask ...
A: He's only our chairman - *sorry to interrupt.*
B: Chairman. He could go to the king and ask the king can have some of his army ...
C: But he could ...
D: Wait Johnny.
B: Could he control his army so we can fight the lords and win?
C: But he's too weak to control his army.

Interessant ist hier die aufwendige Entschuldigung A's für den Umstand, daß er B durch einen korrigierenden Einwurf unterbricht. Auffällig ist vor allem, daß er seinen Einwurf dabei *explizit als Unterbrechung beschreibt,* so als ginge es um den Ausschluß der Möglichkeit, daß A nicht einen knappen Einwurf, sondern die Aneignung des Rederechtes beabsichtigt habe. Warum diese Möglichkeit überhaupt als relevant behandelt und eigens ausgeschlossen werden muß wird erkennbar, wenn man den Umstand einbezieht, daß es sich bei A um den Lehrer handelt. Seine Intervention in die befristet eingerichtete Struktur einer Gruppendiskussion hat den Status einer *Korrektur* der vorausgegangenen Schüleräußerung, impliziert also zugleich eine *Bewertung.* Sie könnte deshalb interpretiert werden als Reaktualisierung der unterrichtstypischen turn-taking-Organisation in Verbindung mit dem Sequenzformat Initiierung-Erwiderung-Bewertung, nach der das Rederecht in Anschluß an eine Schüleräußerung an den Lehrer zurückfällt und dieser über dessen Neuverteilung für den nächsten Zug entscheiden muß. Darin, daß sie diese Deutungsmöglichkeit *effektiv ausschließt,* liegt der spezifische Sinn der Etikettierung des Einwurfes als "Unterbrechung". Der unterbrochene Schüler reagiert durch Übernahme der Korrektur und Wiederaufnahme seines Beitrages, ratifiziert also durch seine Reaktion die Definition des Einwurfes als Unterbrechung und setzt die Diskussion fort. Die Selbstetikettierung des Lehrereinwurfes fungiert so als *inverse Struktursicherungsoperation,* die auf die Sicherung der turn-taking-Modalitäten einer freien Diskussion unter Bedingungen der prinzipiellen Fortgeltung der oben als schultypisch vorgestellten turn-taking-Regeln zielt.

Struktursicherungsoperationen können unter verschiedensten Umständen sowie in unterschiedlicher und unterschiedlich effektiver Form durchgeführt werden. Daß auch die Analyse der *fallspezifischen* Kontextbedingungen und Realisierungsformen dieser Operationen Ergebnisse erzeugen kann, die von theoretischem Interesse sind, möchte ich im folgenden anhand der ausführlichen objektiv-hermeneutischen Analyse einer turbulenten Unterrichtssequenz zeigen, in der von dem Instrumentarium der Konversationsanalyse ebenso Gebrauch gemacht wird wie von systemtheoretischen Deutungen. In der untersuchten Szene erscheint die übliche Ordnung pädagogischer Interaktion außer Kraft gesetzt. Zugleich aber ist sie darin auf eine eigentümliche Weise präsent.

---

[170] Ich übernehme die zitierte Sequenz von Edwards/Westgate 1987, S.39; Hervorhebung von mir, W.L.S.

3.2.3 Struktursicherungsoperationen im Unterricht: Hermeneutische Analyse einer Sequenz

Hier zunächst der Wortlaut der vollständigen Sequenz.

Beispiel R[171]

```
1   Sm1:  (skandierend) Zugabe!
2   Sm2:  Wuah ...
3   Sw3:  (ahmt den Lehrer nach) Wer hat was zu sagen? - ne ...
4   Sm1:  (imitiert Lehrerbefehlston) Wer hat was zu sage!
5   L:    Ich will heute nur mal zuhören, was ihr meint.
6   Sw3:  Ich bin nur müde.
7   Sm1:  Wir sage kein Wort, gelle!
8   L:    (ironisch) Richtig.
9   Sm1:  Wollt' ich auch hoffen!
10  Sw3:  Wir sind noch geschockt.
11  Sw4:  Ganz schön geschockt.
12  Sm1:  (redet unverständlich dazwischen)
13  L:    Die Frau Koch macht die Diskussion. (leicht verwarnend zu Sm1) Wenn du
           was sagen willst, Periza, meldest du dich.[172]
```

---

[171] Ich übernehme diese Sequenz aus Brunkhorst 1983, S.52; Hervorhebung von mir, W.L.S. Sm1 und Sm2 stehen dabei für zwei Schüler, Sw3 und Sw4 für zwei Schülerinnen; L steht für den Lehrer. Problematisch an dem zitierten Transkript erscheint, daß es auf genauere Angaben über Intonation und Betonung verzichtet und statt dessen bei einzelnen Äußerungen *interpretierende Klammerbemerkungen* in das Textprotokoll einfügt. Bei meiner Auslegung des Textes werde ich diese Deutungen nicht von vornherein als gültig voraussetzen, sondern mich bei der Interpretation der Äußerungen nur an deren Wortlaut, an dem aufgrund der Satzzeichen zu vermutenden Verlauf der Intonationskonturen sowie am Äußerungskontext orientieren.

[172] Um dem Leser einen Vergleich der im folgenden entwickelten Interpretation mit der knappen, aber mit meiner Deutung in einem sehr wesentlichen Punkt (nämlich der Herausarbeitung des in der Sequenz inszenierten *Rollentausches*) übereinstimmenden Interpretation von Brunkhorst zu ermöglichen, sei letztere hier vorweg zitiert: "Kurz: wer am Ende seiner Schulzeit die Rollenkompetenz des Lehrers noch nicht beherrscht, der wird es vermutlich nimmermehr lernen. Damit wäre ich wieder bei der Interpretation unseres Textes angelangt. Wir befinden uns nämlich in der Abschlußklasse einer Hauptschule: also können wir erwarten, daß die Schüler nach 9-10 Jahren Schule wenigstens partiell die Lehrerrolle beherrschen. Da der Lehrer den Schülern die Möglichkeit zum ironischen Rollentausch offen hält, in anderen Worten: zur Performierung ihrer Lehrerkompetenz, passiert, was wir erwarten. Die erste Schülerin schlüpft in die Lehrerrolle mit der Frage: 'Wer hat was zu sagen?' Diese typische Lehrerfrage hat zur Folge, daß die anderen Schüler das ironisch-provozierende Rollenspiel fortsetzen. Der erste Schüler, der eben noch mit der skandierten 'Zugabe' vorwitzig *als* Schüler sich inszeniert hatte, nimmt das Angebot an und wechselt die Rollen, indem er das Lehrerverhalten durch Imitation des direktiven Gestus verstärkt, aus der Frage eine Aufforderung, einen Befehl macht: 'Wer hat was zu sage!' Und als der Lehrer vorsichtig versucht, die institutionell vorgegebene Hierarchie wieder herzustellen, reagieren die Schüler zunächst mit Verweigerung: 'Ich bin müde', 'Wir sage kein Wort'; dann, als der Lehrer seinerseits durch ironische Inszenierung seiner eigenen Rolle reagiert, indem er die Verweigerungshaltung wie eine korrekt beantwortete Wissensfrage mit dem Wort 'richtig' bestätigt und so zu entwerten sucht, nutzt der erste Schüler diese Distanzierung des Lehrers von seiner eigenen Rolle zu einem weiteren provokativen Vorstoß. Indem er die Ironie in dessen affirmativer Äußerung des Wortes 'richtig' beflissentlich überhört, übernimmt er seinerseits die Lehrerstrategie, Schülerantworten ironisch zu entwerten und degradiert jenen überdies dergestalt zum Schüler, daß er die Machtposition und die autoritativen Merkmale der

(Fortsetzung...)

Beginnen wir zunächst, wie in der objektiven Hermeneutik üblich, mit der Explikation der *möglichen* Kontexte, in denen die erste Äußerung der Sequenz ausgeführt worden sein könnte und vergleichen die Menge der so gewonnenen Möglichkeiten mit der tatsächlichen Situation, in der sie vollzogen worden ist. Im vorliegenden Fall kann dieser Interpretationsschritt besonders leicht und rasch durchgeführt werden, weil die Äußerung "Zugabe!" auf eine relativ klar umrissene Menge *typischer* Situationen verweist, in denen ihre Ausführung standardisierten Normalitätserwartungen entsprechen würde: Sie paßt in den Kontext einer Veranstaltung von (im weitesten Sinn) *unterhaltsamer Art*, etwa aus den Bereichen Sport, Kunst oder Entertainment, dort vollzogen vom Publikum in Anschluß an eine beifallswürdige Leistung und fordert auf zu einer weiteren Darbietung gleicher Art und Qualität.

Vergleichen wir dies mit dem realen Kontext der Äußerung: Sie stammt von einem Schüler der 9. Klasse einer Hauptschule in Frankfurt am Main und fiel unmittelbar nach der Vorführung einer ca. 50-minütigen Kurzfassung der Fernsehserie "Holocaust", die den Völkermord an den Juden im Dritten Reich zum Thema hat.[173]

Als Ergebnis des ersten Interpretationsschrittes können wir festhalten: Der reale Kontext und die typischen Kontexte, die durch die Startäußerung der Sequenz aufgeblendet werden, kontrastieren denkbar hart. Statt zu Reaktionen wie Betroffenheit, Entsetzen und Empörung zu veranlassen, wird die Filmvorführung durch den Ruf "Zugabe!" als Unterfall der o.g. möglichen Kontexte gerahmt, d.h. sie wird als *unterhaltsame Darbietung* behandelt. Untersuchen wir nun die verschiedenen Deutungsmöglichkeiten, welche die Wahl einer solchen Rahmung erklären könnten:

---

172 (...Fortsetzung)
Lehrerrolle hervorhebt. Sein 'Wollt' ich auch hoffen!' hieß im autoritären Unterrichtscode: 'Du bist grade noch mal an einer Ohrfeige vorbeigekommen.' Damit ist die Grenze des institutionell Möglichen erreicht und das ironisch-tentative Probehandeln in Richtung Rollentausch beendet. Der Unterricht beginnt" (Brunkhorst 1983, S.54f., Hervorhebungen im Original). Auf die Habermas'sche "Theorie des kommunikativen Handelns" zurückgreifend, deutet Brunkhorst diese Unterrichtsszene dann anschließend als Exempel für die Differenz zwischen *lebensweltlich* regulierter bzw. *verständigungsorientierter* Interaktion (=spielerisch inszenierter Rollentausch) einerseits und *"systemorientiertem Handeln"* andererseits (a.a.O., S.58f.), das sich den Anforderungen "administrativer Rationalität" unterwirft (=die institutionalisierte Normalform des Unterrichts, die mit der letzten Äußerung der Sequenz wieder eingerichtet wird). - Wie wir im folgenden sehen werden, ist die Sinnstruktur der Sequenz noch erheblich reichhaltiger, als es Brunkhorsts Interpretation erkennen läßt.

173 Die amerikanische Fernsehserie "Holocaust", welche die Grundlage für den gezeigten Zusammenschnitt war, wurde in vier Folgen am 22., 23., 25. und 26.1.1979 über die zusammengeschalteten Dritten Programme vom Westdeutschen Rundfunk gesendet, jeweils gefolgt von einer anschließenden Live-Diskussion. Bereits im Vorfeld der Sendung begann eine zum Teil heftige Kontroverse um die Serie, deren Ausstrahlung "... zu dem größten 'Medienereignis' seit Jahren ..." wurde; vgl. Märthesheimer/Frenzel (Hrsg.) 1979, Vorbemerkung der Herausgeber, S.20. Die durchschnittliche Sehbeteiligung bei der hier relevanten Altersgruppe der 14-29 Jahre alten Personen lag bei 27,5%. In der Gruppe der "Erwachsenen ab 14 Jahren" haben 48,1% mindestens eine der vier Folgen gesehen. Zu diesen Daten siehe Magnus 1979, S.223f.

(1) Die Spannung zwischen realem und möglichem Kontext findet eine gewisse Entsprechung im präsentierten Film selbst, bearbeitet dieser das historische Geschehen doch mit den Mitteln des Erzählkinos Hollywood'scher Prägung.

Die Wahl einer typisch auf Unterhaltung zielenden filmischen Form für die Darstellung des Holocaust wurde in der öffentlichen Diskussion um diese Fernsehserie einerseits kritisiert, andererseits jedoch als erfolgreicher Kunstgriff begrüßt, um auf dem Wege individueller Identifikation und dadurch ermöglichten Nacherlebens beim Publikum die gewünschte Bereitschaft zur Auseinandersetzung mit der deutschen Vergangenheit zu erzeugen.[174] Diese Spannung zwischen der dem Unterhaltungskino entlehnten Form und dem realhistorischen Inhalt könnte in der zitierten Äußerung in unterschiedlicher Weise verarbeitet werden:

(1.1) An die Spannung zwischen Form und Inhalt anschließend, könnte eine Reaktion, die das Gesehene als Unterhaltung deklariert, verstanden werden als *demonstrative Anzeige* eines spezifischen Rezeptionsmusters, das durch die *filmische Form* bedient wird - eines Rezeptionsmusters, das der intendierten Verwechselung zwischen Filmdramaturgie und Realgeschehen, wie sie sich im identifikatorischen Erleben vollzieht, nicht 'auf den Leim geht', sondern beansprucht, die Form als Form zu durchschauen ('alles nur gestellt'), sie dabei goutiert (oder zumindest vorgibt zu goutieren) und sich gegenüber dem Realitätsgehalt des Gezeigten explizit desinteressiert bis skeptisch verhält. Was dann übrig bliebe wäre *der Holocaust als Unterhaltungskino*, rezipiert nach einem analogen Muster, wie Seifenopern oder Gewalt- und Horrorfilme.[175]

Die Aufforderung zu einer "Zugabe" verweist dabei möglicherweise auch auf die Differenz zwischen der Unterrichtsversion des Filmes und seiner Fernsehfassung: Es handelte sich um eine Kurz-Serie von vier Sendungen mit einer Gesamtdauer von sieben Stunden, die innerhalb eines Zeitraumes von fünf Tagen ausgestrahlt wurden. Die Unterrichtsversion von 50 Minuten Dauer präsentiert also nur einen Bruchteil des Filmmaterials. Die Wahrnehmung dieser Differenz kann deshalb die (tatsächliche oder nur vorgebliche) Aufforderung veranlassen, der Lehrer solle *weitere Teile des Filmes vorführen*. - Mindestens zwei weitere Deutungsvarianten könnten an die erwähnte Spannung zwischen Form und Inhalt des Filmes anknüpfen:

(1.2) Insofern die vereinseitigte Anknüpfung an die Form *das dargestellte Geschehen selbst fiktionalisiert*, würde das skizzierte Rezeptionsmuster zugleich zu rechten politischen Positionen passen, welche die historische Realität des Holocaust leugnen. Seine demonstrative Artikulation eignet sich daher (unabhängig davon, ob der

---

174 Vgl. dazu die Dokumentation der Diskussion um "Holocaust" in Märthesheimer/Frenzel (Hrsg.) 1979.

175 Daß dieses Rezeptionsmuster gegebenenfalls nicht einfach naiv praktiziert, sondern zugleich (oder auch nur im Modus des 'als ob') *demonstrativ vorgeführt* wird, ist deshalb anzunehmen, weil wir mit hoher Wahrscheinlichkeit davon ausgehen können, daß die Schüler (schon allein aufgrund der Einbettung des Films in den Unterricht) *wissen*, daß der Film sich auf das reale historische Geschehen des Holocaust bezieht.

Sprecher sich mit dieser Auffassung tatsächlich identifiziert oder nicht) als *provokative Markierung* einer solchen Position, die zugleich hinreichend indirekt angezeigt wäre, um den Sprecher nicht definitiv auf diese Position festzulegen und ihm dadurch taktisch nutzbare Rückzugsmöglichkeiten offenhalten würde.

(1.3) Bedingt durch diesen Mangel an Eindeutigkeit wäre es freilich auch möglich, daß jemand mit einer äußerst kritischen Einstellung gegenüber einer verharmlosenden und tendenziell irrealisierenden 'Aufbereitung' des Holocaust-Themas mit den Mitteln des Unterhaltungskinos diese Ausdrucksform wählt, um auf diese Weise diejenige Rezeptionsweise in *sarkastischer Überspitzung* vorzuführen, die ihm bei dieser Art der Bearbeitung adäquat erscheint.[176]

(2) Eine weitere Deutungsmöglichkeit ergibt sich, wenn man den Ruf "Zugabe!" auf den Stoff oder *propositionalen Gehalt* des Filmes, das historische Realgeschehen des Mordes an den Juden, bezieht. Die Äußerung würde dann den Holocaust selbst als beifallswürdige Leistung deklarieren und käme einer Aufforderung zu seiner Wiederholung/Fortsetzung gleich, für die jedoch in der gegebenen Situation der konkrete Adressat fehlt.[177] Das Verhalten des Sprechers wäre hier dem eines begeister-

---

176 Die o.g. Prämissen für die Rezeption des Gesehenen als *unterhaltsame Darstellung* (Analogisierung zu Seifenopern, Vergnügen an Gewaltszenen, der Holocaust als Show) wurden in verschiedenen Kritiken des Films ausführlich dargelegt. Insofern wirkt diese Äußerung, als sei es geradezu ihr Zweck, in kunstvoller Verdichtung ein Reaktionsmuster vorzuführen, das dem Inhalt der Kritiken entspricht. - Als Belege einige Auszüge (hier zitiert nach dem Dokumentationsband von Märtheshei- mer/Frenzel (Hrsg.) 1979; Hervorhebungen jeweils von mir hinzugefügt, W.L.S.): "Die Judenver- nichtung als *Seifenoper*", so lautete die Überschrift eines Artikels von Sabina Lietzmann, der noch vor Ausstrahlung der Serie in der F.A.Z. vom 20.4.1978 erschien (vgl. a.a.O., S.35-41). Der Artikel nahm u.a. Bezug auf einen wenige Tage zuvor erschienenen Essay von Elie Wiesel, der in The New York Times vom 16.4.1978 unter dem Titel "Die Trivialisierung des Holocaust: Halb Faktum und halb Fiktion" veröffentlicht wurde und in dem Wiesel dem Film vorwirft, daß er "... ein ontologi- sches Ereignis in eine Seifen-Oper" verwandele (a.a.O., S.26). Wiesel hält dem Film die verwirrende und oft geschmacklose Vermischung der Gattungen Drama und Dokumentation vor und gibt dazu die beiden folgenden Beispiele (a.a.O., S.28f.): "Wir sehen Juden, die in, langen, endlosen Kolonnen nach Babi Yar marschieren - mit 'entsprechendem' musikalischem Background. Wir sehen, wie sie sich ausziehen, sich an die Grube begeben, dort auf die Kugeln warten, hinunterstürzen. Wir sehen die nackten Körper voller 'Blut' - und alles bleibt Fiktion. Ein anderes Beispiel: Wir sehen nackte Frauen und Kinder in die Gaskammern hineingehen; wir sehen ihre Gesichter, wir hören ihr Stöhnen, als die Türen geschlossen werden, dann - nun, genug: Warum fortfahren? Besondere Effekte und Tricks zu benutzen, um das Unbeschreibbare beschreibbar zu machen, ist für mich moralisch anstößig. Schlimmer, *es ist obszön*." Zu der damit angesprochenen Frage der Darstellung von Gewalt und Grausamkeit schreibt ein anderer Autor (Pankraz, in: Die Welt vom 26.6.1978; vgl. a.a.O., S.52f.), die im Fernsehen oft gezeigten Brutalitäten "sind im Grunde nur ertragbar, weil sie - im Gegensatz zu 'Holocaust' - leicht durchschaubare Fiktionen sind. ... Vollkommene Fiktion oder große historische Ferne, so zeigt sich, sind die ästhetischen Bedingungen dafür, daß die vielen Gewaltdarstellungen auf dem Bildschirm unbeanstandet passieren. Entfallen sie, wird sofort die prinzipielle Fragwürdigkeit von *Grausamkeit und Gewalt* als Mitteln der künstlerischen Dramaturgie augenfällig. ... der Effekt beim Zuschauer ist nie kathartische Betroffenheit, sondern immer *lustvolles Vergnügen an der eigenen Gänsehaut*, ja, vielfach sogar sadomasochistisches Einverständnis mit der gezeigten Moritat". Passend dazu der Schlußsatz des Essays von Wiesel, mit dem er seine Kritik re- sümiert: "Der Holocaust muß uns in Erinnerung bleiben. Aber nicht als eine *Show*" (a.a.O., S.30).
177 Die dazu passende Hintergrundüberzeugung verbalisiert die folgende Äußerung eines Anrufers aus
(Fortsetzung...)

ten Fußballfans vergleichbar, der die Aufzeichnung eines Spieles vor dem Fernsehschirm verfolgt und seine Mannschaft zu weiteren Aktionen anfeuert, sich also so verhält, *als ob* er anwesender Beobachter des Geschehens wäre. Legt man diese zweite Lesart zugrunde, würde sich der Sprecher der Äußerung damit als *Neonazi bzw. Antisemit* schärfster Ausprägung präsentieren (wobei auch hier offen bliebe, ob er sich mit einer solchen Position tatsächlich identifiziert oder sie nur inszeniert).

Nimmt man als Kontextinformation hinzu, daß es sich bei dem Sprecher vermutlich um einen ausländischen Schüler handelt (er wird in 13 L als "Periza" adressiert), dann erscheint vor allem die zuerst genannte Lesart (1.1) wahrscheinlich.[178] Die Rezeption des Filmes unter weitgehender Ausblendung des historischen Realbezuges findet in der *Situation des Sprechers* einen doppelten Anknüpfungspunkt: Als Angehöriger einer Generation, deren Eltern die Zeit des Nationalsozialismus allenfalls in ihrer Kindheit miterlebt haben, und als Nicht-Deutscher, für den der Holocaust ohnehin zur Geschichte eines anderen Volkes gehört, kann für ihn das dargestellte Geschehen auf eine ähnliche Weise *distant und irreal* erscheinen, wie für viele Fernsehzuschauer ohne ausgeprägtes geschichtliches Interesse die filmische Dramatisierung eines beliebigen historischen Stoffes aus weit zurückliegender Zeit. Wie Brunkhorst (1983, S.52) mitteilt, hat die Klasse, in der die analysierte Szene sich ereignet hat, einen ausländischen Schüleranteil von 50%, so daß eine solche Situation doppelter Distanz für einen erheblichen Teil der Schüler vorausgesetzt werden kann.

Die bisher umrissenen Deutungsmöglichkeiten ergeben sich, wenn man die Startäußerung der Sequenz auf Form oder Inhalt des gezeigten Filmes bezieht. Unberücksichtigt blieb die *pragmatische Einbettung* der Filmvorführung. Sie ist Teil des Unterrichts, d.h. eine Veranstaltung des Lehrers für die Schüler. Stellt man diesen Umstand in Rechnung, dann ergibt sich daraus eine weitere mögliche Bedeutung:

(3) Nicht primär der Film mit seinem spezifischen Inhalt, sondern die Tatsache, daß der Lehrer *einen Film vorgeführt hat*, statt auf die sonst übliche Weise *zu unterrichten*, könnte demnach als seltene Darbietung mit besonderem Unterhaltungswert deklariert werden, deren Fortsetzung (etwa durch Vorführung weiterer Teile der ursprünglichen Fernsehserie oder eines anderen Films) gewünscht wird. Gerade indem er selbst schweigt und den Film für sich sprechen läßt, würde der Lehrer mit dem Ruf "Zugabe!" wie ein erfolgreicher Entertainer gefeiert.

177(...Fortsetzung)
  der an den Film anschließenden Sendung "Anruf erwünscht", die vom Moderator der Sendung wiedergegeben wurde (hier zitiert nach Schoeps 1979, S.227): "Man hätte alle Juden umbringen sollen". - Als aktuellere und etwas 'mildere' Parallelkonstellation zur Deutung im Text könnte man an eine Situation denken, in der Beobachter die Bewerfung eines Asylantenheimes mit Steinen und Molotowcocktails - bzw. die Dokumentation eines solchen Ereignisses im Fernsehen - mit Zugabe-Rufen quittieren würden.

178 Damit ist nicht gesagt, daß die übrigen Lesarten aus der weiteren Analyse auszuscheiden sind, sondern nur, daß sie *vorläufig zurückgestellt* und erst dann für die Interpretation herangezogen werden, wenn sich spezifische Anhaltspunkte für sie finden.

Als Hintergrund der Äußerung wäre hier die Unterscheidung (oder das "Schema"): *interessante Abwechselung* (=Filmvorführung) vs. *langweilige Routine* (=Normalunterricht) zu vermuten. Auf der expliziten Ebene als Lob an den Lehrer als Veranstalter der Vorführung adressiert, würde implizit Kritik und/oder Desinteresse an seinem sonstigen Unterricht mitgeteilt. Nach dieser Interpretation ist die Äußerung objektiv *ironisch* gebaut und erzeugt so eine *double-bind-analoge Struktur*,[179] die zwei gegensätzliche Mitteilungsinhalte in einer sprachlichen Gestalt synthetisiert.

Doch damit nicht genug. Bereits das explizite Lob ist, wenn man es näher auf seinen Voraussetzungsgehalt hin analysiert, 'vergiftet': Die *Vorführung* des Filmes läßt sich nur dann als unterhaltsam deklarieren, wenn auch *der Film selbst* (wie in Lesart 1.1 expliziert) als unterhaltend wahrgenommen worden ist. Das Lob präsupponiert so ein Rezeptionsverhalten des Schülers, das die anzunehmenden pädagogischen Intentionen, die mit der Vorführung des Films "Holocaust" im Unterricht verbunden sind,[180] *schon im Ansatz sabotiert* und dem Lehrer Beifall für eine Vorstellung spendet, die sich für die Umwidmung zu bloßen Unterhaltungszwecken eignet. Dem Lob liegt so die Umkehrung der pädagogischen Zielsetzung in ihr Gegenteil unmittelbar zugrunde. Es bringt die Vereitelung dieser Zielsetzung zum Ausdruck und erscheint auch hier in seiner objektiven Struktur ironisch, als *beifällige Bestätigung und Sabotageerklärung* in einem.

Zugleich kehrt es das unterrichtstypische Beziehungsmuster tendenziell um: Indem der Schüler den Platz eines Beifall spendenden Publikums einnimmt, *lobt er den Lehrer*. Er handelt so im Muster einer "category-bound-activity", die innerhalb des Schulunterrichts für den Lehrer reserviert ist und weist ihm die Rolle eines Akteurs zu, der sich - wie sonst die Schüler - die Bewertung seiner Leistung gefallen lassen muß.

Als einstweilen wahrscheinlichste (weil nicht auf ungesicherte Voraussetzungen gestützte) Interpretation der ersten Äußerung können wir resümierend festhalten:[181] Der Ruf

---

179 Zum Konzept des "double bind" (bzw. der "Doppelbindung") vgl. Watzlawick u.a. 1969, S.194ff.
180 Als Ziele, die vor dem Hintergrund der Diskussion um "Holocaust" und der berichteten Zuschauerreaktionen auf den Film vermutet werden können (vgl. erneut die Beiträge in Märthesheimer/Frenzel (Hrsg.) 1979), sind hier etwa zu nennen: die Konfrontation mit den Greueltaten des Nationalsozialismus; Erzeugung von Empörung, Betroffenheit und Abscheu; Stimulierung der Frage, wie es dazu hat kommen können sowie des Vorsatzes, daß sich so etwas niemals wiederholen dürfe. - Anders, als man vielleicht meinen könnte, geben die hier für Hessen einschlägigen Rahmenrichtlinien Gesellschaftslehre für die Sekundarstufe I (vgl. die zum Zeitpunkt der Filmvorführung vor den Schülern relevanten Rahmenrichtlinien von 1973 und 1982; das Fach Gesellschaftslehre vereint die Fächer Sozialkunde, Geographie und Geschichte) keine spezifischen Lernzielprojektionen für die Behandlung des Holocaust-Themas vor. Dies hat seinen Grund darin, daß die anzustrebenden Lernziele dort jeweils themenunabhängig formuliert sind und deren Konkretisierung für die einzelnen Themenbereiche des Unterrichts den Fach- und Koordinationskonferenzen der Schulen bzw. dem einzelnen Lehrer überlassen bleibt.
181 Ich weise noch einmal darauf hin, daß die hier zunächst als 'weniger wahrscheinlich' behandelten Deutungen damit nicht definitiv ausgeschieden sind. Sie behalten weiterhin den Status von Bedeutungs*möglichkeiten*, für deren tatsächliche Erfüllung im gegebenen Fall bisher aber noch stichhaltige
(Fortsetzung...)

"Zugabe!" (a) rahmt die Vorführung des Films "Holocaust" nach dem Muster einer Vorführung, die der *Unterhaltung* eines Publikums dient;[182] (b) *fiktionalisiert* damit per Implikation das zugrundeliegende historische Realgeschehen - den nationalsozialistischen Völkermord an den Juden;[183] (c) porträtiert den Lehrer so als erfolgreichen *Entertainer*, der die Schüler am besten dadurch unterhält, daß er Filme vorführt und selbst schweigt; (d) wertet damit implizit (und potentiell ironisch) den 'Normalunterricht' des Lehrers im Unterschied zu der 'unterhaltsamen Filmvorführung' als *vergleichsweise langweilig* ab; (e) indiziert mit der Rezeption des Films als unterhaltsame Darbietung das *Scheitern der pädagogischen Zielsetzung*, die den Lehrer vermutlich zur Vorführung des Filmes im Unterricht bewogen hat; (f) *lobt* den Lehrer für diese Veranstaltung und präsentiert sich so als *kompetente Bewertung* für dessen Leistung im Unterricht (auch dies vermutlich im Modus der Ironie).

Wenden wir uns nun der Analyse der kontextuellen Randbedingungen zu, um diejenigen Voraussetzungen zu identifizieren, die geeignet sein könnten, das explizierte Rezeptionsmuster als angemessene Reaktionsbildung auf Merkmale der Handlungssituation zu erklären: Die in der Schüleräußerung artikulierte Haltung zum Unterricht erscheint keineswegs untypisch. Daß Schüler sich im Unterricht häufig langweilen und eine Unterbrechung des Normalablaufs, die dazu noch von einer der beliebtesten Formen der Freizeitgestaltung kaum zu unterscheiden ist, als unterhaltsame Abwechslung begrüßen, kann als Bestandteil des gemeinsamen Wissens von Lehrern und Schülern unterstellt werden. Struktureller Hintergrund dafür ist letztlich die Zwangsmitgliedschaft der Schüler in der Institution Schule und die von ihnen kaum zu beeinflussende Vorgegebenheit des Lehrstoffes. Die Möglichkeiten wirksamer Artikulation von Unzufriedenheit mit dem Unterricht sind dadurch drastisch beschränkt. *"Exit"* (d.h. die Aufkündigung der Mitgliedschaft) ist praktisch ausgeschlossen, *"voice"* (d.h. hier: Kritik an den Unterrichtszielen bzw. der Art ihrer Realisierung) kann nur zu geringfügigen Änderungen füh-

---

181(...Fortsetzung)
   Anhaltspunkte fehlen. Die als Zwischenresümee formulierte Interpretation faßt diejenigen objektiven Deutungsmöglichkeiten zusammen, die am wenigsten von Voraussetzungen Gebrauch machen, für die hier die Indizien fehlen. Welche Anhaltspunkte für diese Deutung aus dem *schulischen Kontext* der Interaktion gewonnen werden können, wird gleich zu diskutieren sein. Dabei wird sich zeigen, daß darin auch Anknüpfungspunkte zu finden sind, die zumindest eine mögliche Ausbeutung der Lesarten 1.2 und 2 zu experimentellen, spielerisch-provozierenden Zwecken aus der Perspektive von Schülern attraktiv erscheinen lassen könnten.

182 Und zwar unabhängig davon, welchen subjektiven Sinn der Sprecher selbst damit verbindet! Dies gilt auch für die übrigen Teile der Interpretation. Die einzelnen Elemente der Deutung ergeben sich jeweils aus der Relation der Äußerung zu den faktisch erfüllten Kontextbedingungen. Die in Klammern gesetzten Bemerkungen betreffen die dazu vermutete subjektiv-intentionale Entsprechung.

183 Von "Fiktionalisierung" als Implikation einer Rahmung, die den vorgeführten Film als gelungene Form der Unterhaltung definiert, könnte dann *nicht* die Rede sein, wenn die Lesart (2) erfüllt, d.h. der Völkermord an den Juden *als Realgeschehen* durch den Zugabe-Ruf begrüßt würde. Für die Erfüllung dieser Lesart fehlt jedoch jeder Anhaltspunkt (wie z.B. Mitgliedschaft des Sprechers in einer neo-nazistischen Vereinigung).

3.2 DIE ANALYSE VON STRUKTURSICHERUNGSOPERATIONEN

ren.[184] Generalisierte Formen der Entschädigung (vergleichbar der Entlohnung abhängiger Arbeit) sind ebensowenig in ausreichendem Maße verfügbar wie nachhaltige Sanktionsmöglichkeiten.[185] Hinreichende *"Loyalität"* gegenüber den Anforderungen und Zielsetzungen von Schule und Lehrer kann deshalb *günstigstenfalls* als Resultat der Selektion von konform sozialisierten Schülern (A-Kurse; Schüler weiterführender Schultypen) oder charismatischer Befähigung des einzelnen Pädagogen, nicht jedoch als institutionell garantiertes Normalergebnis erwartet werden. Zu einem wahrscheinlichen Reaktionsmuster wird so die innere, aber auch oft demonstrativ zur Schau getragene Distanzierung von einem Unterrichtsgeschehen, dem beizuwohnen unvermeidliches Schicksal ist, das über weite Strecken als langweilig erlebt wird und deshalb dazu disponiert, nach Möglichkeiten der Ablenkung zu suchen sowie jede Abwechslung ohne Rücksicht auf ihren spezifischen Inhalt zu begrüßen.[186] Es sind demnach die skizzierten *Randbedingungen der Schule als Organisation*, die ein Rezeptionsmuster nahelegen, welches jede Sonderveranstaltung, gleichgültig wie sehr dies ihrem Inhalt widersprechen mag, zunächst als unterhaltsame Darbietung wahrnimmt.

---

184 Zu der im Text verwendeten Unterscheidung von *voice, exit und loyality* siehe Hirschmann 1974.

185 *Zensuren* haben eine symbolische Anreiz- bzw. Sanktionsqualität primär für diejenigen, die im Sinne der Schule leistungsorientiert, d.h. bereits auf deren Erfolgssymbole hin sozialisiert sind. Ohne den stützenden Hintergrund familialer Sozialisation sind die Chancen der Schule, entsprechende sozialisatorische Effekte allein aus eigener Kraft zu erzielen, eher ungünstig einzuschätzen. *Nicht-Versetzung* bedroht die Schüler zwar mit dem Verlust von peer-group-Kontakten und einer stigmatisierenden Gesamtbewertung ihrer intellektuellen Fähigkeiten. Sie hat insofern eine relativ hohe Sanktionsqualität, ist jedoch ein Mittel in letzter Instanz, durch kalkulierte Minimalanstrengung in der Regel vermeidbar und deshalb nicht geeignet, die von Unterrichtsstunde zu Unterrichtsstunde neu zu gewinnende Aufmerksamkeit und Mitarbeitsbereitschaft der Schüler kontinuierlich zu sichern. Ähnliches gilt für die Drohung des *'Abstieges'* in einen weniger anspruchsvollen Kurstyp oder Schulzweig, die für Hauptschüler, um die es in unserer Analyse geht, zudem kaum relevant ist.

186 Diese Haltung der Schüler kann als Grundprämisse pädagogischen Handelns gelten, als permanentes Hindernis, das immer wieder neu überwunden, unterlaufen und umgangen werden muß, ohne je definitiv beseitigt werden zu können. Die Möglichkeiten des Lehrers, eine *generalisierbare Antwort darauf* zu finden, die mit seiner Aufgabendefinition kompatibel ist, sind eng begrenzt: Eine uneingeschränkt billigende Reaktion des Lehrers gegenüber dieser Haltung ist kaum möglich, steht sie doch der Erfüllung seiner Aufgabe entgegen. (Da dies auch für die Schüler sichtbar ist, würde eine solche Reaktion vermutlich als Versuch zur Anbiederung bzw. Kumpanei wahrgenommen und der Lehrer daraufhin getestet, wie weit man bei ihm gehen kann, bis die Grenzen seiner Toleranz erreicht sind.) Ihre pauschale Zurückweisung als Verletzung struktureller Verhaltensnormen erscheint freilich ebensowenig praktikabel, würde damit doch der strukturelle Hintergrund dieser Haltung ignoriert und die Orientierungen eines großen Teils der Schüler en bloc als abweichend deklariert. Wer dennoch so handelt, muß wesentlich *gegen* die Schüler unterrichten. (Und d.h. einen 'autoritären' Unterrichtsstil entwickeln, für dessen Durchsetzung heute in der Regel die sozialisatorischen Voraussetzungen auf Seiten der Schüler wie auch der dafür notwendige Rückhalt bei den Eltern sowie innerhalb der Institution Schule fehlen. Wer sich dennoch in der Kultivierung eines solchen Verhaltensmusters versucht, riskiert, sich in wirkungsloser Aufgeregtheit zu erschöpfen und sich selbst leicht der Lächerlichkeit preis.) Was als aussichtsreiche Alternative bleibt, ist die *Kombination* von gelassener Toleranz gegenüber dem Desinteresse der Schüler mit der klaren Forderung, die unterrichtsrelevanten Verhaltenszumutungen gleichwohl zu erfüllen; auf *"Moralität" der Handlungsorientierungen* im Sinne schulischer Anforderungen kann dabei verzichtet werden; die bloße *"Legalität"* des Verhaltens, d.h. die rein äußerliche Erfüllung dieser Anforderungen durch die Schüler ohne Identifikation und inneres Engagement, genügt dazu. Weitergehende Erwartungen finden in der Realität der Schule wenig Anhalt.

Hinzu kommt ein weiteres: Die moralische Besetzung des Themas *Holocaust* läßt nur geringen Raum für die legitime Vertretung unterschiedlicher Einschätzungen. Seine Behandlung im Unterricht kann sich deshalb nicht auf die Vermittlung historischen Wissens beschränken, sondern muß die Übernahme bestimmter Bewertungen anstreben.[187] Wird die sichtbare Übernahme bzw. Ablehnung dieser Bewertungen durch die Schüler ihrerseits vom Lehrer zum Anknüpfungspunkt moralischer Kommunikation, dann funktioniert Schule in diesem Moment strukturell nach dem Muster einer totalen (genauer: totalitären) Institution, die *Zwangsmitgliedschaft* mit dem Ziel der *Gesinnungskontrolle* vereint, ohne jedoch über entsprechende Überwachungs- und Sanktionsmöglichkeiten zu verfügen.

Damit reproduziert sich die bereits skizzierte Problemlage in verschärfter aber zugleich modifizierter Form: Wenn die "exit"-Option ausgeschlossen und durch Kritik keine Veränderung zu erreichen ist, dann eröffnet gerade der Versuch zur *Normierung von Überzeugungen* Möglichkeiten der sichtbaren Distanzierung und Demonstration von Autonomie durch die Signalisierung abweichender Auffassungen, die in einem Alter, in dem die Gewinnung und Selbstvergewisserung autonomer Handlungsfähigkeit biographisch ohnehin in besonderer Weise aktuell ist,[188] mit hoher Wahrscheinlichkeit genutzt werden.[189] Die Thematisierung des Holocaust im Schulunterricht gerät so in Gefahr, als *paradoxen Effekt ihrer interaktionsstrukturellen Prämissen* die Artikulation derjenigen Einstellungen zu provozieren, deren Verhütung das pädagogische Ziel dieses Unternehmens ist. Sie *ermutigt* den zumindest simulativen, experimentellen, demonstrativ zur Schau gestellten Umgang mit Auffassungen bzw. deren Symbolen, die die besondere Bedeutung des Holocaust ignorieren, dementieren oder gar dessen historische Realität in Zweifel ziehen.[190]

---

187 Vgl. dazu Artikel 56, Abs.5 der Verfassung des Landes Hessen: "Der Geschichtsunterricht muß auf getreue, unverfälschte Darstellung der Vergangenheit gerichtet sein. ... Nicht zu dulden sind Auffassungen, welche die Grundlagen des demokratischen Staates gefährden". Siehe weiterhin § 1, Abs.1 des hessischen Schulverwaltungsgesetzes in der Fassung vom 4.4.1978 (GV 81.I S.232): "... Die Schulen sollen den Schüler befähigen, in Anerkennung der Wertforderungen des Grundgesetzes und des Landes Hessen die Grundrechte für sich und andere wirksam werden zu lassen, ... nach ethischen Gesichtspunkten auf der Grundlage der christlichen und humanistischen Tradition zu handeln sowie religiöse und kulturelle Werte zu achten, ... und die Beziehungen zu anderen Menschen nach den Grundsätzen der Toleranz, der Gerechtigkeit und der Solidarität zu gestalten ...". Auch in der "Allgemeinen Grundlegung der Hessischen Rahmenrichtlinien" (1978), in der die o.g. Rechtsvorschriften als Anlage mitabgedruckt sind, wird ausdrücklich die Notwendigkeit eines in Schule und Unterricht herzustellenden "Grundkonsenses" (S.10) betont: "Die Konsensbildung muß darauf gerichtet sein, das erforderliche Maß an Einheit zur Gewährleistung des gesellschaftlichen und staatlichen Zusammenhangs und der Erreichung gemeinsamer verbindlicher Ziele herzustellen. Dazu gehören die Anerkennung der Menschenwürde sowie die Überzeugung von der Legitimität der freiheitlichen rechtsstaatlichen Demokratie des Grundgesetzes, der Hessischen Verfassung und ihrer Institutionen ...".

188 Zur Erinnerung: Es geht um eine 9. Hauptschulklasse, d.h. um Schüler, für die das Ende der Schulzeit, die Berufswahlentscheidung und der Wechsel in die Arbeitswelt unmittelbar bevorstehen.

189 Oder mit einer Formulierung Luhmanns, die generell darauf gemünzt ist, daß jeder Versuch der Erziehung in einer Gesellschaft, die das Streben nach Individualität propagiert und prämiert, zugleich Motive für abweichendes Verhalten miterzeugt: "Dieser Weg des Widerstandes ist besonders deshalb attraktiv, weil er Chancen bietet, Individualität zu entwickeln" (Luhmann 2002, S.49).

190 Wie häufig von dieser Möglichkeit Gebrauch gemacht wird und ob die Schüler es riskieren, dies
(Fortsetzung...)

Welche geeigneten Reaktionsmöglichkeiten stehen dem Lehrer auf die Äußerung von Sm1 zur Verfügung, wenn wir die oben dargestellte Interpretation dafür zugrunde legen? Obwohl auf den ersten Blick vielleicht naheliegend, erscheint eine bewertende Kommentierung oder das Zur-Rede-Stellen des Schülers kontraindiziert. Beide Reaktionen liefen Gefahr, die Unterrichtskommunikation in einen moralisch aufgeladenen Konflikt des Lehrers mit Sm1 zu transformieren und damit die Entfaltung des eben erwähnten paradoxen Effektes zu begünstigen. Für eine argumentative Thematisierung liefert die Äußerung ebenfalls keinen ausreichenden Ansatzpunkt. Ihr fehlt der dazu benötigte propositionale Gehalt. Ihn müßte der Lehrer zuvor selbst durch Interpretation erst erzeugen oder bei Sm1 erfragen. Das aber heißt, er müßte den Ausruf des Schülers als Indiz für eine dahinter verborgene Gesinnung behandeln, die es - gleichsam auf dem Wege des Vorhaltes bzw. Verhörs - zu ermitteln gilt und der so der Status eines möglichen Deliktes per Präsupposition zugeschrieben würde. Bereits im Vorfeld einer angestrebten argumentativen Thematisierung würde die Kommunikation damit unter moralische Prämissen gestellt.[191] Zudem könnte jede Bedeutungsvermutung des Lehrers leicht dementiert werden und der Schüler sich so einer offenen Auseinandersetzung entziehen. Was dann bliebe, wäre (gleichgültig, ob ursprünglich beabsichtigt oder nicht) die erfolgreiche Provokation, die den Lehrer als schnell reizbar und machtlos zugleich vorführt. Das, was eine adäquate Reaktion auf die Äußerung so schwierig erscheinen läßt, die hochgradige Implizitheit ihres Bedeutungsgehaltes, macht es andererseits leicht, sie als bloßen Zwischenruf ohne besondere Bedeutung zu definieren, sie also kommentarlos zu übergehen oder als bloße Störung zu behandeln, die nur formal, als unautorisierte Äußerung, zu rügen ist.

Beziehen wir nun die turn-taking-Modalitäten mit in die Analyse ein: Zwar könnte die Äußerung beobachtet werden als *Verletzung der unterrichtstypischen Regeln der Rederechtsverteilung*, handelt es sich dabei doch um eine klassenöffentliche Äußerung, die nicht durch den Lehrer autorisiert ist. Diese Bedeutungsmöglichkeit findet in der Unterrichtssituation freilich keinen eindeutigen Anhalt. Die Vorführung des Filmes kann zunächst als Teil einer *Initiierung* (d.h. des ersten Gliedes der pädagogischen Basissequenz) verstanden werden, nach deren Ende der Lehrer weitere Erläuterungen zu geben, Fragen zu stellen oder einen Arbeitsauftrag zu erteilen hätte, um diese Initiierung abzuschließen. Bisher jedoch hat der Lehrer noch nicht wieder das Wort ergriffen. Vielleicht hantiert er noch am Projektor oder Videogerät, so daß eine Unterbrechung entsteht, in der die Fortführung der Initiierung *ausgesetzt* ist. Dieser Aufschub erzeugt einen *Zwischenraum*, der besetzt werden kann, eine kurze *Schaltphase*, in der die Filmvorführung bereits zu Ende ist, der normale Unterricht jedoch noch nicht wieder begonnen hat. Die Geltung des

---

190(...Fortsetzung)
    auch im Unterricht zu tun oder dafür lieber den geschützten Binnenraum der Peer Group nutzen, ist eine andere Frage, deren Beantwortung von weiteren Determinanten abhängig ist.

191 Zu den Problemen, die mit einer explizit moralischen Thematisierung des Holocaust im Schulunterricht verbunden sein können sowie den Moralumsteuerungsversuchen, mit denen Lehrkräfte darauf u.U. reagieren, vgl. die Analyse von Mitschnitten aus dem Geschichtsunterricht in Schneider 2004a.

unterrichtstypischen turn-taking-Reglements kann deshalb nicht ohne weiteres unterstellt werden. Der Zwischenruf muß daher nicht als Ordnungswidrigkeit verbucht, ja, er braucht überhaupt nicht als Teil des Unterrichtsgeschehens registriert zu werden, auf das zu reagieren der Lehrer verpflichtet wäre.

Welchen Unterschied dies für die Bedingungen macht, die für das weitere Handeln des Lehrers gelten, zeigt sich bei gedankenexperimenteller Erprobung der entgegengesetzten Situation: Bei Geltung der üblichen turn-taking-Regeln wäre durch den Zwischenruf von Sm1 eine Situation eingerichtet, in der der Lehrer als Garant der sozialen Ordnung im Unterricht zum Handeln aufgerufen ist. Was immer er jetzt tut, würde seine Bedeutung vor diesem Hintergrund erhalten.[192] Nicht-Handeln im Hinblick auf diese Situation wäre unmöglich. Nichts zu tun, wie immer es auch motiviert sein mag, bedeutete Interventionsverzicht, hieße also, daß er den 'Täter' gewähren ließe, könnte ihm (ähnlich, wie passives Verhalten der Polizei gegenüber gewaltsamen Ausschreitungen von Demonstranten) verantwortlich zugerechnet werden und Anlaß zu Attributionen geben, an denen die Schüler ihr weiteres Verhalten orientierten (z.B. 'lasch', 'kann sich nicht durchsetzen' bzw. 'großzügig', 'nimmt nicht alles supergenau' oder 'läßt sich nicht provozieren', 'reagiert cool' etc.). - *Andererseits*: Sklavische Orientierung am Legalitätsprinzip und unnachsichtige Verfolgung jedes Vergehens ist - weder für Polizisten noch für Lehrer - eine brauchbare Strategie. 'Übersehen' bzw. 'Überhören' wird deshalb von Lehrern häufig praktiziert. Dieses Bewältigungsmuster erlaubt es, die Mehrzahl der ständig anfallenden kommunikativen wie nicht-kommunikativen Ordnungswidrigkeiten zu erledigen, indem man sie ins Leere laufen läßt. Anders ist Unterricht kaum durchführbar, würde doch die peinlich genaue Verfolgung jedes Vergehens viel zu viel Zeit benötigen und die Schüler leicht in die Lage versetzen, durch geringfügige Übertretungen immer neue Interventionen und Bearbeitungszyklen zu provozieren und den Unterricht so zu blockieren.

Systemtheoretisch gesprochen haben Struktursicherungsoperationen, deren Funktion es ist, die kommunikative Ordnung gegen Störungen zu schützen, den Status von *Immunreaktionen*, die sich gegen strukturfremde Mitteilungsereignisse innerhalb eines Kommunikationssystems richten. Und wie bei Immunreaktionen generell, so führt auch der übermäßige Einsatz von Struktursicherungsoperationen u.U. zur *Selbstgefährdung* (bis hin zur Selbstzerstörung) des Systems.

Beobachtet aus der Perspektive des Lehrers ergibt sich daraus eine dilemmatisch anmutende Problemsituation: Jetzt nicht auf einen Regelverstoß zu reagieren kann Zeit sparen und deshalb unter *kurzfristigen* Gesichtspunkten opportun sein. In *längerfristiger* Perspektive muß einkalkuliert werden, ob daraus nicht Präzedenzfälle entstehen, durch die die Schüler zu Schlußfolgerungen gebracht werden, die der Autorität und Durchsetzungsfähigkeit des Lehrers abträglich sind und es dadurch

---

192 In konversationsanalytischer Diktion könnte man dann davon sprechen, daß die Ordnungsverletzung des Schülers eine "konditionale Relevanz" für eine anschließende, auf die Bearbeitung dieser Störung gerichtete Reaktion des Lehrers erzeugt und der Ausfall einer solchen Reaktion dazu führt, daß sie als "noticeably absent" wahrgenommen werden kann.

zu häufigeren sowie gravierenderen Regelverletzungen kommt.[193] Jede Intervention verlangt demnach die Berücksichtigung *potentiell konkurrierender* Gesichtspunkte. Sie bewegt sich zwischen unterschiedlichen Gefahrenzonen, bei denen übermäßige Umsteuerungsversuche gegenüber der einen oft um so tiefer in die andere hineinführen.

Derartige Bedingungen, obgleich pädagogische Alltagsnormalität, machen jedes Handeln riskant, weil es für zukünftige Interaktionen im Unterricht potentiell folgenreich, in der Art seiner Auswirkungen jedoch kaum zu berechnen ist. - In der hier analysierten Situation aber sind die schultypischen turn-taking-Regeln nicht (bzw. noch nicht wieder) auf eindeutige Weise etabliert. Dies eröffnet für den Lehrer die Möglichkeit, nicht zu reagieren, ohne sich darauf einrichten zu müssen, daß ihm dies als Handlungsunterlassung zugerechnet und mit Attributionen der o.g. Art verknüpft wird. Insofern erscheint die Thematisierung des "Zugabe"-Rufes durch eine anschließende Äußerung des Lehrers auch im Hinblick auf die formale Organisation der Rederechtsverteilung zwar möglich, aber nicht erforderlich.

Wie die Fortsetzung des Transkriptes zeigt, bleibt eine unmittelbare Reaktion des Lehrers aus. Dies eröffnet die Möglichkeit, daß ein weiterer Schüler (Sm2) per Selbstselektion als nächster Sprecher zu Wort kommt. Seine Äußerung ("Wuah ...") entzieht sich freilich einer eindeutigen Interpretation. Es ist möglich, daß diese Ausdrucksgeste die vorangegangene Äußerung als in besonderem Maße bemerkenswert apostrophiert (paraphrasierbar als: "Das war vielleicht 'n Ding!"). Ebensogut kann es sich dabei jedoch um ein lautstarkes Gähnen bzw. Strecken, die Imitation von Motorengeräusch, das ein gerade durchs Klassenzimmer segelndes Papierflugzeug begleitet oder die 'Kommentierung' irgendeines anderen Ereignisses handeln, das nicht im Transkript festgehalten ist. Auch diese Äußerung weicht ab vom schulüblichen turn-taking-Reglement, ohne daß dabei von dessen Verletzung die Rede sein kann, fehlen doch hinreichende Anhaltspunkte dafür, daß dieses Reglement aktuell in Kraft ist. Die Situation bleibt deshalb weiterhin offen. Der Lehrer kann, aber er muß nicht reagieren. Sein Schweigen läßt Raum für zusätzliche Schüleräußerungen per Selbstselektion der jeweiligen Sprecher. Diese Bedingungen gelten, solange der Lehrer nicht interveniert, um die Verwaltung der Rederechtsverteilung wieder in seine Regie zu nehmen.

Die gleichen Voraussetzungen gelten für die beiden nachfolgenden Schüleräußerungen.[194] Darin wird die Tatsache, daß die bisherigen Schüleräußerungen nicht das unterrichtstypische Ordnungsformat erfüllen, zum Thema gemacht und - gleichsam stellvertretend für den nicht reagierenden Lehrer - gerügt: Die *dritte* Äußerung

---

[193] Vgl. dazu die Antwort eines Lehrers auf die Frage, wie er reagiere, wenn ein bestimmter Problemschüler "Dummheiten" mache (zitiert nach Hargreaves/Hester/Mellor 1981, S.215): "... Wenn es nicht viel Unruhe erzeugt, unternehme ich manchmal sehr wenig, denn die Störung wäre viel größer, wenn ich offensichtlich etwas dagegen unternehmen würde. ... Manchmal schreie ich Fritz an, so daß der Rest der Klasse nicht angesteckt wird. Mit anderen Worten, sie merken, daß das, was Fritz sich erlauben kann, nicht für sie zutrifft."

[194] Aus Abkürzungsgründen verzichte ich auf die durchgängige Explikation der Anschlußmöglichkeiten für den jeweils nächsten Redezug.

("Wer hat was zu sagen? - ne ...") simuliert die Reaktion eines Lehrers (an dessen Stelle sich Sw3 damit setzt) gegenüber schwätzenden oder unautorisiert in die Klasse rufenden Schülern (hier: Sm1 und Sm2), mit der diese dazu bewegt werden sollen, die Regeln für die Verteilung des Rederechts zu beachten. Sie hat die Form einer Frage, benutzt also ein unterrichtstypisches Format zur *Initiierung* von Schülerbeiträgen, funktioniert aber nach dem Muster einer konditionalen Aufforderung (Paraphrase: 'Wenn einer was zu sagen hat, dann soll er sich melden'): Wer darauf "Ich" antwortet oder sich meldet, schwenkt auf die übliche turn-taking-Prozedur ein und beantwortet die 'Frage' bereits dadurch 'richtig'. Wer dazu nicht bereit ist und deshalb schweigt, wählt die zweite regelkonforme Alternative.

Ausgeführt von Sw3, d.h. durch eine dazu nicht autorisierte Person, hat diese Äußerung objektiv den Status einer *Parodie*.[195] Parodiert wird die Ausführung einer Struktursicherungsoperation, wie sie an dieser Stelle vom Lehrer hätte realiter vollzogen werden können. Der Umstand, daß der Lehrer bisher nicht intervenierte, wird durch diese *Ersatzhandlung* zugleich registriert und spielerisch kompensiert. Die nicht ausgeführte Struktursicherungsoperation erscheint so in der Kommunikation *auf eine darin selbst angezeigte Weise abwesend*. Die Situation wird definiert als Ausnahmesituation, in der die unterrichtsübliche kommunikative Ordnung nicht gilt, und sie wird faktisch auf eine Weise genutzt, die genau dies zum Ausdruck bringt.

Die simulierte Struktursicherungsoperation ist dabei auf eine ähnlich widersprüchliche, aber entschärftere Weise doppeldeutig, wie bereits die Eingangsäußerung: Sie gibt sich auf der *Inhaltsebene* als Beitrag zur Herstellung der schultypischen Ordnung der Unterrichtskommunikation, die sie insofern scheinbar bestätigt.[196] *Interaktionsstrukturell* impliziert sie die symbolische *Usurpation* der Lehrerrolle und damit gerade die Verletzung der Ordnung, deren Beachtung sie auf der Inhaltsebene einzufordern scheint. Zugleich wird der Lehrer in seinem Beisein öffentlich parodiert. Beides zusammengenommen erzeugt eine potentiell gesichtsbedrohende Situation für den Lehrer in seiner Rolle als Garant der sozialen Ordnung im Klassenzimmer.

Die *vierte* Äußerung ("Wer hat was zu sage!"), die wieder vom Autor der Eingangsäußerung stammt, wiederholt diese Parodie, jedoch mit einer *Verschiebung des Akzents*. Die Änderung der Intonationskontur hebt den drohenden Beiklang hervor. Indem sie die Vorläuferäußerung in leicht modifizierter Form wiederholt, tritt sie zu ihr in Konkurrenz, versucht sie, diese zu korrigieren bzw. zu übertrumpfen

---

195 Als alternative Lesart, die an dieser Stelle noch möglich wäre, ist zu erwähnen, daß Sw3 hier *tatsächlich* in einer lehreranalogen Rolle agieren könnte. Dies wäre etwa dann der Fall, wenn sie hier als designierter Leiter einer zuvor vereinbarten Diskussion tätig zu werden versuchte, die in unmittelbarem Anschluß an den Film hätte beginnen sollen, durch die Einwürfe von Sm1 und Sm2 aber noch nicht beginnen konnte. - Durch den weiteren Verlauf der Sequenz kann diese Deutungsmöglichkeit jedoch ausgeschlossen werden. Aus Gründen der Darstellungsökonomie werde ich sie deshalb nicht weiter verfolgen.
196 Die Unterscheidung zwischen der *inhaltlichen* und der *interaktionsstrukturellen* Dimension der untersuchten Äußerungen entspricht der Unterscheidung zwischen *Inhalts- und Beziehungsaspekten* der Kommunikation, wie sie Watzlawick u.a. (1969, S.53ff.) verwenden.

und sich an deren Stelle zu setzen: Die imitierte Lehrerintervention erhält eine verstärkt autoritäre Komponente. Die Okkupation der Lehrerrolle gibt sich dadurch den Anschein größerer Gewagtheit, richtet sie sich doch gegen eine - laut eigener Darstellung - bedrohlichere Figur. - Von Sw3 zuvor als 'störender Schüler' behandelt, dessen unautorisierte Bemerkung vom 'Lehrer' mit einem allgemeinen Ordnungsruf quittiert wurde, schert Sm1 damit aus der ihm zugeschriebenen Rolle aus und rivalisiert mit Sw3 um die Übernahme der Lehrer-Rolle, weist so aber zugleich selbst seinem vorausgegangenen Zwischenruf (und der vorausgegangenen 'schlechten Imitation' der Lehrerrolle durch Sw3) per Implikation den Status einer unautorisierten Schüleräußerung zu, auf die er sich nun als 'Lehrer' bezieht.

Kann man annehmen, daß diese parodistische Episode durch den *beobachtbaren Ausfall* der Lehrerintervention (mit)ausgelöst wurde? - Eine solche Vermutung erscheint unter zwei Gesichtspunkten zumindest plausibel: Das Ausbleiben einer vielleicht erwarteten Intervention mag die Hemmschwellen für weitere Zwischenrufe senken und so einer Kettenreaktion Vorschub leisten. Ob die kurze Zeitdauer und die geringe Anzahl der Schüleräußerungen ausreichen, um einen nennenswerten Effekt in dieser Richtung zu erzeugen, sei hier dahingestellt. Wichtiger erscheint mir, daß der Ausfall der Intervention eine *Leerstelle* erzeugt, die parasitär besetzt werden kann, um überschießenden Handlungsimpulsen Ziel und Struktur zu verleihen. Dabei mag die Anwesenheit mindestens einer weiteren Person (die in 13 L erwähnte Frau Koch - vermutlich eine Praktikantin oder Referendarin) katalytische Wirkung entfalten: Weder Schüler noch Lehrerin der Klasse und insofern 'dritte Partei' ist diese Person geeignet, als Publikum eines 'character contests' zu dienen, bei dem ein Schüler den anderen zu übertreffen versucht. Gerade im Rahmen eines solchen 'contests' aber muß die Okkupation der Lehrerrolle als besonders gewagte und daher beifallswürdige Leistung erscheinen.

Das Verhalten eines anderen in dessen Beisein offensichtlich zu imitieren, ihn 'nachzuäffen', gilt üblicherweise als Provokation, die eine adäquate Reaktion verlangt. Wer darauf keine Antwort weiß, erscheint hilflos. Wer wütend wird signalisiert, daß er sich getroffen fühlt und darüber die Fassung verliert. Offensichtliche Hilflosigkeit, leichte Verletzlichkeit und mangelnde Selbstkontrolle können den Anspruch auf Autorität diskreditieren, den der Lehrer qua Rolle gegenüber den Schülern plausibel machen und durchsetzen muß. Die Situation ist demnach für den Lehrer tendenziell riskant.[197] 'Überhören' bleibt zwar eine grundsätzlich mögliche Strategie, um einer solchen Situation zu begegnen. Sie reizt jedoch zum weiteren Austesten der Toleranzgrenzen des Lehrers. Diese Gefahr besteht hier besonders, weil durch die Äußerungsabfolge 3 Sw3 - 4 Sm1 eine *Wettbewerbssituation* zwischen Sm3 und Sw1 hergestellt worden ist, in der es nun an Sw3 wäre, die parodistische Leistung von Sm1 zu überbieten. *Langfristiges* wie *kurzfristiges Kalkül*

---

[197] Dies gilt um so mehr, als die Unterrichtsstunde durch ihre Aufzeichnung einem anonymen Publikum zugänglich sein wird und darüber hinaus bereits jetzt mindestens eine weitere Person (Frau Koch) in der Klasse ist, von der angenommen werden kann, daß sie das Verhalten des Lehrers unter Gesichtspunkten kompetenter Rollenerfüllung beobachtet.

(s.o.) weisen hier in die gleiche Richtung: Sowohl um Ansehens- und Autoritätsverluste gegenüber der Klasse als auch um eine Aufschaukelung abweichenden Verhaltens in der Konkurrenz zwischen Sw3 und Sm1 zu vermeiden, erscheint eine Intervention des Lehrers an dieser Stelle gleichermaßen sinnvoll.

Im Anschluß an diese Episode, an *fünfter Sequenzposition*, kommt es zur ersten Reaktion des Lehrers ("Ich will heute nur mal zuhören, was ihr sagt."). Er formuliert darin eine Ordnungsvorgabe für den weiteren Unterrichtsverlauf, die von der üblichen Ordnung des Rederechtes abweicht. Dies bestätigt die Vermutung, daß für den bisherigen Verlauf noch kein fest etabliertes Ordnungsformat vorausgesetzt werden konnte. Der Lehrer weist sich selbst die Rolle des Zuhörers der Schüler zu und macht es den Schülern zur *Aufgabe*, ihre Meinung zu äußern. Spontane Schüleräußerungen erscheinen damit potentiell zulässig. Die bisherige Passivität des Lehrers wie auch die nicht autorisierten Äußerungen der Schüler erhalten im Nachhinein einen *legitimierenden Rahmen*. Indem er die Rolle des Publikums einnimmt, erhält das, was er sich von den Schülern 'bieten läßt', den Charakter einer Darbietung und wird so zu einer den Schülern grundsätzlich offen stehenden Möglichkeit, den zugestandenen Spielraum zu nutzen. Weil er damit zugleich völlig anders reagiert, als in der vorangegangenen Parodie des 'Lehrers als Ordnungshüter' dargestellt, es also offensichtlich mißlungen ist, 'den Lehrer vorzuführen', entzieht er der spielerischen Nachahmung das mögliche Angriffsziel. Die Parodie verliert die Qualität einer Provokation. Ihren Urhebern wird 'der Wind aus den Segeln' genommen.

Die angekündigte Rollenverteilung wird dabei ausdrücklich als befristete Ausnahme deklariert ("Ich will *heute* nur mal zuhören, ..."). Für deren Dauer will sich der Lehrer, wenn wir dem Wortlaut der Äußerung folgen, auf eine reine Beobachterrolle beschränken, d.h. auf die Bewertung, Kommentierung sowie Reglementierung von Schülerbeiträgen verzichten, mithin also weiterhin so verfahren, wie er es bisher bereits getan hat. Genau genommen ist es damit auch ausgeschlossen, daß er etwa als Diskussionsleiter fungiert. Demnach muß er entweder darauf vertrauen, daß die Schüler selbst in der Lage sind (sei es durch Selbstdisziplin, die Wahl eines Mitschülers als Diskussionsleiter o.ä.), die für ein Gespräch notwendigen Ordnungsleistungen zu sichern, oder er muß eine andere Person mit der Moderation des Gesprächs beauftragen. Welche dieser Möglichkeiten erfüllt ist, bleibt hier noch offen.

Die *unterbrochene Initiierung* des Lehrers, die mit der Vorführung des Films begann, ist damit fortgeführt, aber immer noch nicht abgeschlossen. Erneut entsteht so ein Zwischenraum, in den sich weitere Schüleräußerungen schieben können. Dieser nur vorläufigen, unabgeschlossen bleibenden Einführung der Strukturvorgabe für den weiteren Unterricht kann ein klarer *funktionaler Sinn* zugewiesen werden:[198] Sie hat den Status eines *'Versuchsballons'*, mit dessen Hilfe der Lehrer

---

198 Der "funktionale Sinn" (oder kürzer: die "Funktion") einer Äußerung oder Handlung meint die "objektive" (d.h. aus der Perspektive eines *externen Beobachters* feststellbare) Bedeutungs- bzw. Ursache-Wirkungsbeziehung der betrachteten Verhaltenseinheit zu einem bestimmten Bezugs-
(Fortsetzung...)

feststellen kann, inwieweit die Schüler schon fähig und bereit sind, ihm zu folgen, ohne im negativen Fall gleich mit Normverletzungen konfrontiert zu sein, die ihn vor die Alternative stellen, sie entweder mit unklaren Erfolgsaussichten sanktionieren oder sichtbar tolerieren zu müssen. Die Funktion dieses 'Versuchsballons' ist es, zum einen den Schülern anzuzeigen, worauf sie sich einzurichten haben und ihnen Zeit zu geben, allmählich und noch ohne unmittelbare Sanktionsdrohung die gewünschte Richtung einzuschlagen. Zum anderen machen die anschließenden Reaktionen der Schüler für den Lehrer sichtbar, ob er die *Initiierung* ohne Risiko zu Ende führen und den Unterricht fortsetzen kann, oder ob die Klasse 'noch nicht soweit ist'. Im letzteren Fall hat er dann die Option, den Abschluß der Initiierung weiter hinauszuzögern und/oder sich auf die Notwendigkeit einer schärferen Intervention vorzubereiten. Die *unabgeschlossene Initiierung* fungiert so gleichsam als *Sonde*, mit deren Hilfe der Lehrer Daten über den Zustand des Kommunikationssystems Schulklasse generiert, an denen er dann sein weiteres Verhalten orientieren kann.

Mit der *sechsten Äußerung* ("Ich bin nur müde.") schwenkt der erste Schülerbeitrag zumindest formal auf die unabgeschlossene Strukturvorgabe des Lehrers ein: Indem die Schülerin Sw3, die eben noch den Lehrer parodierte, jetzt ihre Müdigkeit thematisiert, weist sie auf eine kontingente Einschränkung ihrer Beteiligungsfähigkeit hin. Die Feststellung, daß sie "... nur müde" sei, impliziert jedoch darüber hinaus, daß Müdigkeit der einzige mitteilungsfähige Eindruck ist, den der vorgeführte Film bei ihr hinterlassen hat. Nun ist Müdigkeit als Folge einer Filmvorführung eine nicht ungewöhnliche vegetative Reaktion. Sie nach der Aufforderung zu einer Meinungsäußerung als *einzige* Reaktion auf die Darstellung des Holocaust zu nennen erscheint jedoch, gemessen an den dramatischen, affektiven und moralischen Valenzen des dargestellten Geschehens, als ungewöhnliche Reaktion. Als Motivhintergrund für diese Mitteilung kommen mehrere Alternativen in Frage: Sie kann Ausdruck aktueller Blockierung, desinteressierter Gleichgültigkeit oder auch von Abwehr bzw. passivem Widerstand gegenüber der Beschäftigung mit dem Thema und der Aufforderung des Lehrers sein. In jedem Falle impliziert sie, daß der Lehrer mit Äußerungen der Schülerin zu diesem Thema gegenwärtig nicht rechnen kann.

198(...Fortsetzung)
problem, das unter den gegebenen situativen Bedingungen aus den institutionalisierten Zielsetzungen im Rahmen des untersuchten sozialen Zusammenhangs abgeleitet werden kann und zwar unabhängig davon, ob sich die Akteure in ihrem aktuellen Verhalten subjektiv an diesen Zielen orientieren oder nicht (vgl. dazu Schneider 1991, S.157-174). - Auf unser Interpretationsbeispiel bezogen heißt dies: Nach dem Ende des Films und den Einwürfen der Schüler ist, wenn wir die *schultypischen Zielsetzungen* zugrunde legen, das Problem zu lösen, wie eine geordnete Fortsetzung des Unterrichts rasch und zuverlässig ermöglicht werden kann. Das vom Lehrer gewählte kommunikative Verhalten (die weitergeführte, aber noch nicht abgeschlossene Initiierung) ist dazu, wie im Text näher ausgeführt, "objektiv" (d.h. aus der Beobachterperspektive beurteilt) geeignet. Inwiefern sich der Lehrer bei der Auswahl seines Verhaltens an diesem Ziel auch "subjektiv" orientiert hat, ist dabei eine nachrangige Frage, die hier nicht entschieden werden muß.

Die nun folgende Äußerung 7 Sm1 ("Wir sage kein Wort, gelle!") greift diese Implikation auf, gibt ihr eine explizite Form und generalisiert sie für alle Schüler. Dabei hat sie die illokutionäre Bedeutung einer *Ankündigung bzw. Zusicherung*, die Sm1 stellvertretend für alle Schüler, also gleichsam in der Rolle eines Klassensprechers gegenüber dem Lehrer, abgibt. Das nachgestellte "gelle", eine Bestätigung heischende Floskel, kann sich dabei sowohl an die Mitschüler wie an den Lehrer richten: An die Mitschüler, die bekräftigen sollen, daß ihr gemeinsamer Wille zutreffend zum Ausdruck gebracht worden ist; an den Lehrer, insofern er bestätigen soll, daß das zugesagte Verhalten seinen Wünschen entspricht. Eine solche Bestätigung könnte vom Lehrer unter der Voraussetzung erwartet werden, daß er zuvor die Klasse zur Ruhe aufgefordert, d.h. genau diejenige Struktursicherungsoperation ausgeführt hätte, die in Reaktion auf die unautorisierten Einwürfe der Schüler ausblieb, die aber in parodistischer Form von den Schülern selbst - zuletzt durch Sm1 - vorgeführt wurde. Mit der Äußerung 7 reagiert Sm1 insofern auf seine eigene Vorläuferäußerung in 4 Sm1, die er als authentische Äußerung des Lehrers behandelt, sich ihr gegenüber nun als Schüler verhält und stellvertretend für die Klasse die *Zusicherung* formuliert, daß kein störendes Wort mehr gesprochen werde. Was wir hier sehen, ist die spielerische Simulation einer Lehrer-Schüler-Interaktion, bei der Sm1 als Solist agiert und im Wechsel beide Rollen übernimmt.

Interessant ist die *Binnenstruktur dieser Simulation*: Einer *expliziten* Zusicherung (wie mit, "Wir sagen kein Wort, gelle!", gegeben) bedürfte es nach der fingierten Lehreräußerung ("Wer hat was zu sage!") gar nicht. *Schweigen* oder *Melden* (letzteres als Vorhalt einer beabsichtigten Schüleräußerung) wären, wie oben erwähnt, die beiden konformen Antwortalternativen, die durch diese Äußerung aufgerufen sind. Die *explizite* Zusicherung bricht aus diesem Spektrum aus. Als weitere unautorisierte Schüleräußerung verletzt sie die (simulativ) etablierten Interaktionsbedingungen auf der *Beziehungsebene* und hat zugleich die Zusicherung ihrer Erfüllung *zum Inhalt*. Formal hat sie damit die Struktur eines performativen Widerspruchs. Bezogen auf den (simulierten) Kontext gewinnt dieser Widerspruch die bereits aus der Eingangsäußerung bekannte *Doppelstruktur von expliziter Bestätigung* des Lehrers (bzw. der von ihm etablierten Handlungsbedingungen) und gleichzeitiger *Sabotage*. Diese Doppelstruktur schlägt also selbst noch in der *solistischen Simulation* einer Lehrer-Schüler-Interaktion durch Sm1 durch.

Vergleichen wir den *fingierten* Kontext mit dem *realen* Kontext der Sequenz, in welcher der Lehrer die Schüler gerade ausdrücklich zu Meinungsäußerungen aufgefordert hat (5 L), dann bedeutet die Versicherung, daß die Schüler kein weiteres Wort mehr sagen werden, faktisch die Verweigerung der Kooperation. Ebenso wie in der Binnenrelation des fingierten Kontextes reproduziert diese Äußerung auch im Verhältnis zwischen realem und fingiertem Kontext die *widersprüchliche Doppelstruktur der Startäußerung*: Sie deklariert sich als Bestätigung des Lehrers im Hinblick auf eine ihm fiktiv zugeschriebene Handlung (in der Startäußerung: Präsentation des Films "Holocaust" als unterhaltsame Darbietung; hier: Aufforderung der Klasse zur Ruhe) und ist zugleich eine *Sabotageerklärung* im Blick auf die jeweils *real geltenden* Interaktionsbedingungen.

In der Anschlußäußerung 8 L ("Richtig.") nimmt der Lehrer die Aufforderung zur Beteiligung an der Simulation von Sm1 an. Er reagiert ganz so, *als ob* es sich bei der Äußerung von Sm1 um eine korrekte Antwort auf eine *von L selbst* zuvor gestellte *Frage* handeln würde. Damit knüpft er an die Mitteilungs*form* des simulierten Ordnungsrufes in Äußerung 4 Sm1 ("Wer hat was zu sage!") wie auch den expliziten Charakter der Reaktion darauf in Äußerung 7 Sm1 an und kann deshalb die Äußerung 7 Sm1 als *richtige Antwort bewerten*. Der Lehrer nutzt damit die gebotene Möglichkeit zur Plazierung des abschließenden Elementes der dreigliedrigen Standardsequenz *Initiierung-Erwiderung-Bewertung*. Dies eröffnet die Chance, einen schnellen Abschluß des Intermezzos ohne die Ausführung einer expliziten Struktursicherungsoperation zu erreichen und die Initiative zurückzugewinnen. - Wenn Sm1 diese Bewertung akzeptieren würde, so wäre zumindest auf der Ebene *simulierter* Interaktion die Normalform einer Lehrer/Schüler-Beziehung für diese Episode hergestellt, ein mögliches Ende des Zwischenspiels wäre auf sparsamste Weise, ohne Rüge bzw. Sanktion, erreicht und die Interaktion könnte in die Bahn einschwenken, die der Lehrer in 5 L bereits angekündigt hat.

Das 'Manöver' des Lehrers mißlingt jedoch:[199] In 9 Sm1 ("Wollt' ich auch hoffen!") reagiert Sm1 seinerseits mit der *Simulation einer Bewertung*, die in autoritärem Duktus die Erwartungskonformität der vorausgegangenen Lehreräußerung bestätigt. Er weist damit der faktischen Lehreräußerung den Status einer *Schülerantwort*, sich selbst aber die Rolle des bewertenden und zurechtweisenden *Lehrers* zu. - Diese Deutung ist zu ergänzen um eine *zweite Lesart*, die sich erschließt, wenn die Äußerung auf 7 Sm1 ("Wir sage kein Wort, gelle") bezogen wird: "Wollt' ich auch hoffen" unterstreicht dann mit Nachdruck, daß das in 7 Sm1 zugesicherte Schülerverhalten eine Forderung des Sprechers erfüllt. 9 Sm1 wäre demnach nicht nur als Antwort auf 8 L, sondern auch als simulierte Reaktion auf 7 Sm1 zu betrachten, bei der Sm1 wiederum die Rolle gewechselt und nun als 'Lehrer' auf die zuvor von ihm selbst fabrizierte 'Schüler'äußerung reagiert hätte. In Relation zu 7 Sm1 hätten 8 L und 9 Sm1 dann gleichermaßen den Status von Antworten, von denen die letztere mit der ersteren *konkurriert* und sie zu ersetzen, zu korrigieren bzw. zu übertrumpfen beansprucht, indem sie - wie bereits die

---

199 Von einem *Manöver* des Lehrers kann hier nur im Sinne eines 'als ob' die Rede sein. Inwiefern die dargestellten objektiv möglichen Folgen seiner Äußerung dem Lehrer als Teil seiner Handlungs*intention* zugeschrieben werden können, muß hier offen bleiben. Gleichwohl erscheint das Strukturierungspotential der Äußerung für den weiteren Kommunikationsverlauf hinreichend gut zu den Handlungszielen zu passen, die dem Lehrer qua *Rolle* sowie aufgrund seiner Äußerung 5 L unterstellt werden können, so daß dieser Redezug die notwendigen Voraussetzungen erfüllt, um als mögliches Element eines solchen Manövers zu fungieren. In jedem Fall ist sein Gebrauch in *funktionaler* Hinsicht dazu geeignet, die möglichst rasche Wiederherstellung der kommunikativen Ordnung des Schulunterrichts wahrscheinlich zu machen. - In diesem Zusammenhang von Interesse ist die Auskunft einer erfahrenen Lehrkraft, die die Plazierung einer *positiven Bewertung* ("Richtig") als eine *Standardstrategie* nennt, mit der sie versucht, unerwünschten Schülerbeiträgen zu begegnen. *Generell*, so meine Deutung dieser Mitteilung, eröffnet eine solche Reaktion die Möglichkeit, nach vorübergehenden Episoden, in denen der Sprecherwechsel durch *Selbstselektion* des jeweils nächsten Sprechers erfolgte, ohne Rüge und Ermahnung, d.h. ohne Ausführung einer Struktursicherungsoperation, auf die zentrale Verwaltung des Rederechtes durch den Lehrer zurückzuschalten.

Äußerung 4 Sm1 gegenüber 3 Sw3 - sich *drohender gebärdet*. Durch die Vorführung einer Antwortvariante, die an die Stelle der faktischen Lehrerantwort treten soll, würde Sm1 damit beanspruchen, eine adäquatere Darstellung der Lehrerrolle anzubieten, mithin also mit dem Lehrer konkurrieren und ihn darüber *belehren*, wie dessen Rolle 'richtig' auszufüllen ist. Auch hier würde der Lehrer also tendenziell als Schüler behandelt.[200] Die zweite Lesart kommt insofern, mit einer leichten Verschiebung des Akzents, zu einem ähnlichen Resultat wie schon die erste. Darüber hinaus aber erscheint die Äußerung 9 Sm1 in ihrem Lichte als weiteres und vorläufig abschließendes Element einer *one-man-show*, in welcher der Alleindarsteller zwischen Lehrer- und Schülerrolle hin und her wechselt.

Prüfen wir, ob diese Hypothese geeignet sein könnte, die sequentielle Logik aller bisherigen Redebeiträge von Sm1 zu entschlüsseln, indem wir diese Beiträge unmittelbar hintereinanderstellen und in Klammern die jeweils vermutete Rolle eintragen:

Sequenz-position	Sprecher	Rolle	Text
1	Schüler 1	(Schüler):	Zugabe!
4	Schüler 1	(Lehrer):	Wer hat was zu sage!
7	Schüler 1	(Schüler):	Wir sage kein Wort, gelle!
9	Schüler 1	(Lehrer):	Wollt' ich auch hoffen!

Die so gewonnene Sequenz hat eine klare Struktur:
- Zwischenruf eines Schülers.
- Lehrer ruft zur Ordnung. ('Schweigen' oder 'Melden' sind die danach möglichen korrekten Reaktionsmöglichkeiten für die Schüler.)
- Schüler sagt stellvertretend für alle die weitere Einhaltung dieser Ordnung *explizit* zu. (Dabei verletzt er diese Ordnung auf der *performativen* Ebene erneut, indem er dies durch eine weitere unautorisierte Äußerung tut und fordert den Lehrer zugleich auf, diese neuerliche Ordnungswidrigkeit als korrektes Verhalten zu bestätigen).
- Lehrer bestätigt und bekräftigt in autoritärer Diktion, daß der explizite Inhalt der vorausgegangenen Zusage seinen (in 4 Sm1 bereits angezeigten) Konformitätserwartungen entspricht. (Dabei unterläßt er es, die neuerliche Ordnungsverletzung zu thematisieren.)

Die Sequenz erweist sich als *solistisch inszenierte Parodie der Störung und Wiederherstellung des schultypischen turn-taking-Reglements durch eine Struktursicherungsoperation*. Den in dem Eingangsruf "Zugabe!" artikulierten Wunsch nach einer Fortsetzung der unterhaltsamen Darbietung, die sich abhebt vom Einerlei des Routine-

---

[200] Freilich ist hier die hierarchische Dimension abgeschwächt, insofern die *Konkurrenz* um die bessere Rollendarstellung hier im Vordergrund steht und der Lehrer darin wie ein zu übertreffender *Mit*schüler behandelt wird.

unterrichts, hat sich Sm1 damit selbst erfüllt, indem er eines seiner wesentlichen Ordnungselemente karikiert und die Wiederaufnahme des Unterrichts dadurch zugleich sabotiert. Die *Doppelstruktur von Bestätigung und Sabotage* bestimmt dabei nicht nur die Bedeutung dieses Verhaltens in Relation zum tatsächlichen Kontext und in der Reaktion auf die Beiträge der anderen Teilnehmer der Szene, sondern reflektiert sich zugleich im *Binnenkontext der inszenierten Parodie*. Was Sm1 in der Interaktion mit dem Lehrer faktisch tut, führt er zugleich als solistisches Spiel vor. Durch die Art der interaktionellen Einbettung gelingt es ihm, die solistisch fingierte Bedeutungsstruktur mit derselben Äußerung (7 Sm1) zugleich real zu erzeugen! Sm1 stellt dar, wie ein Schüler seinen Lehrer 'vorführt', und indem er dies zeigt, führt er seinen Lehrer tatsächlich vor. Er synthetisiert so ein Verhalten, das dem eines *Klassenclowns* entspricht, mit dem eines *Provokateurs*, der den Lehrer reizt, sein Reaktionsvermögen testet, dessen Rolle spielerisch übernimmt, ihm dagegen die Schülerrolle zuweist (mit 9 Sm1) und so mit ihm - für ein kurzes Intermezzo - um die Führungsposition in der Klasse konkurriert.

Die Äußerung 9 Sm1 stimmt mit 8 L in einer wesentlichen Hinsicht überein: In beiden Fällen handelt es sich um eine *Bewertung* und damit um das dritte Element der unterrichtstypischen Basissequenz Initiierung-Erwiderung-Bewertung. Von hier aus beobachtet fällt auf, daß die simulativen Äußerungen 4 Sm1 ('Lehrer'): "Wer hat was zu sage!" und 7 Sm1 ('Schüler'): "Wir sage kein Wort, gelle!" sich wie eine (rhetorische) Lehrer*frage* und eine darauf bezogene Schüler*antwort* zueinander verhalten, mithin also auch die Glieder *Initiierung* und *Erwiderung* in korrekter Reihenfolge in der Sequenz enthalten sind.

Die parodistische Einlage von Sm1 simuliert demnach nicht nur die Wiederherstellung der schulüblichen Organisation des Rederechtes nach einer vorausgegangenen Störung durch eine Struktursicherungsoperation. Sie gibt dem Ablauf dieser Intervention darüber hinaus auch die Form der unterrichtstypischen Basissequenz. Sm1 gelingt es so, eine komplette Reproduktionsphase der schultypischen kommunikativen Strukturmuster zu fingieren, die ich oben aus konversationsanalytischer Perspektive allgemein eingeführt und funktionalistisch interpretiert habe, und darin zugleich seinen doppelbödigen Umgang mit diesen Ordnungsvorgaben vorzuführen.

Für den Lehrer war es attraktiv, mit einer positiven Bewertung ("Richtig!") auf die Vorführung von Sm1 einzugehen, blieb er doch so eine Antwort nicht schuldig und konnte zugleich hoffen, ohne Sanktion und Konflikt das *passende Schlußelement* zu der szenischen Einlage von Sm1 beizusteuern, um so auf kürzestem Wege die Kommunikation in unterrichtsnahe Bahnen zurückzuleiten. Auch wenn dieses Manöver zunächst mißlingt und eine weitere Äußerung von Sm1 (9 Sm1) folgt, die das Spiel fortsetzt, erscheint der mögliche Schlußpunkt der Vorführung damit nur um diesen Beitrag hinausgeschoben. Zufrieden mit der gelungenen Aufführung könnte Sm1 sich nun zurückziehen und dem Lehrer das Feld überlassen. Aus der Handlungsperspektive des Lehrers bedeutet dies, daß er ohne weitere Intervention mit der Rückkehr zu normalen Unterrichtsbedingungen rechnen kann. Ein Ordnungsruf oder eine Sanktion hingegen wären mit hoher Wahrscheinlichkeit geeignet, Sm1 zu weiteren Kapriolen zu veranlassen. *Ignoranz* gegenüber der Schüleräußerung erscheint insofern erneut als brauchbare Strategie.

Tatsächlich reagiert der Lehrer nicht. Die darauf folgenden Äußerungen zweier Schülerinnen zeigen die Rückkehr zur Ordnung des Unterrichts an. Sw3, die in Äußerung 6 ihre Müdigkeit erwähnt hatte, stellt nun in Äußerung 10 für sich wie auch stellvertretend für andere fest: "Wir sind noch geschockt". Dabei hat diese Äußerung den Status einer Reformulierung von 6 Sw3 ("Ich bin nur müde"), die jetzt jedoch - qua Stellvertretungsanspruch - eine 'offizielle' Form annimmt. Grundsätzlich, so scheint es, wird Kooperationsbereitschaft bei aktuell eingeschränkten Beteiligungsfähigkeiten angezeigt. Die Einschränkung wird jetzt als Ergebnis einer *emotionalen Reaktion* deklariert, die den *themaspezifischen Normalitätserwartungen* entspricht, wie sie mit dem gezeigten Film verbunden sind.[201] Damit fungiert die Äußerung de facto bereits als ein erster Beitrag zum Gespräch über den gezeigten Film, das der Lehrer (in 5 L) bereits als nun folgende Unterrichtsaktivität angekündigt hat. Die Äußerung 10 Sw3 kontrastiert dadurch scharf mit dem Zugabe-Ruf von Sm1 am Beginn der Sequenz. Die parodistisch-*explizite* Sabotage-Erklärung von Sm1 ("Wir sage kein Wort, gelle!") erhält insofern keine Unterstützung. Dadurch, daß auch Sw3 sich der Wir-Form bedient, tritt sie darüber hinaus mit Sm1 in Konkurrenz um die Rolle des 'Klassensprechers'.

Was so zunächst als Überleitung zu konformem Verhalten erscheint, ist freilich nicht ohne *Ambivalenz*. Wie lange die mitgeteilte Schockreaktion noch andauert, wird nicht gesagt. Der Effekt dieser Reaktion ist deshalb nicht unbedingt unterschieden von den Auswirkungen der zuvor behaupteten Müdigkeit. *Beide* Äußerungen (6 Sw3 und 10 Sw3) lassen sich verstehen als Angabe von Gründen dafür, warum mit einer regen Unterrichtsbeteiligung der Sprecherin gegenwärtig nicht gerechnet werden kann. Obwohl in ihren Folgen vergleichbar, lassen sich diese Gründe jedoch nicht miteinander vereinbaren: Die lähmende Wirkung eines emotionalen Schockzustandes resultiert aus einem hohen Maß empfundener *Betroffenheit*, für die kein sprachlicher bzw. handlungsförmiger Ausdruck gefunden werden kann. 'Nur müde sein' meint hingegen einen Zustand, in dem die Aufnahme- und Reaktionskapazität eines Akteurs auf das Niveau *desinteressierter Gleichgültigkeit* reduziert ist. Die in 6 Sw3 und 10 Sw3 mitgeteilten Befindlichkeiten widersprechen demnach einander in ihrem semantischen Gehalt, aber sie konvergieren in ihrer pragmatischen Funktion. Die Begründung für ausbleibende Unterrichtsbeteiligung hat so die *Erscheinungsform gewechselt*. Statt 'nur müde sein' wird 'geschockt sein' angeführt und damit eine normativ unangemessene durch eine konforme Erläuterung von Passivität im Unterricht ersetzt, deren wohlorganisierte Gestalt zugleich das dementiert, was sie ihrem Inhalt nach behauptet: betroffene

---

[201] Vgl. dazu auch Tilman Ernst (1979, S.297f.), der als eines der wesentlichen Elemente des "Tenors" einer überwältigenden Anzahl von Zuschriften an die Bundeszentrale für politische Bildung (bis zum 8.2.1979 gingen ca. 50 000 Briefe und Postkarten ein, ohne daß bis zu diesem Zeitpunkt ein Ende abzusehen gewesen wäre) *"Betroffenheit/Schockiertheit durch den Film"* nennt.

Sprachlosigkeit. - Dem explizierten *objektiven* Sinn der Äußerung (10 Sw3) im Kontext der Sequenz könnte als *subjektiv-intentionales* Korrelat das strategische Motiv zugrunde liegen, eigene Widerstände (Unlust, Desinteresse etc.), die der Beteiligung am Unterrichtsgespräch entgegenstehen, hinter vorgeblicher Kooperationsbereitschaft zu verbergen.[202] In diesem Falle würde die Sabotage-Erklärung von Sm1 ("Wir sage kein Wort, gelle!") auf verdeckte Weise wiederholt. Zugleich aber würde dieser Widerstand (sofern diese *Motiv*hypothese zutreffen sollte) damit auch soweit in die *kommunikative Latenz* zurückgenommen, daß diese Äußerung nicht nur eine spätere Unterrichtsbeteiligung der Sprecherin in Aussicht stellt, sondern sich bereits selbst als erster Beitrag zum Thema verstehen und verwerten läßt: Der Lehrer könnte hier mit der Nachfrage anschließen, *was* an dem vorgeführten Geschehen so schockierend für sie gewesen sei und Sw3 so mit der Alternative konfrontieren, sich völlig in die Sprachlosigkeit zu flüchten oder weitere thematisch anknüpfungsfähige Äußerungen zu produzieren, durch die sie (und sei es gegen einen möglicherweise fortbestehenden Widerstand) allmählich in ein Unterrichtsgespräch über den gesehenen Film verwickelt werden könnte.

Mit 11 Sw4 ("Ganz schön geschockt.") bestätigt eine weitere Schülerin diese emotionale Reaktion und unterstreicht ihre Intensität. Die Äußerung teilt die *ambivalente Bedeutungsstruktur* der vorangegangenen und verleiht ihr soziale Resonanz. Anders, als zuvor bei Sm1, wird der von Sw3 erhobene Stellvertretungsanspruch damit durch einen anderen Schüler *explizit ratifiziert*. Es ist Sw3 und nicht Sm1, die als 'Sprecher der Klasse' Anerkennung findet.

Blicken wir von hier aus zurück, so zeigt sich, daß bereits in der Abfolge der vorangegangenen Äußerungen eine solche Konkurrenz zwischen Sw3 und Sm1 angelegt ist: Es ist Sw3 (in 3 Sw3), die auf den Zugabe-Ruf von Sm1 zuerst die Lehrer-Rolle spielerisch usurpiert und damit Sm1 (stellvertretend und fiktiv) zur Ordnung ruft. Sm1 (in 4 Sm1) reagiert, indem er versucht, Sw3 in dieser Rolle zu übertrumpfen. Eine analoge Beziehung findet sich zwischen den Äußerungen 6 Sw3 und 7 Sm1: Während Sw3 mit ihrer Müdigkeit auf einen Umstand hinweist, der es ihr gegenwärtig unmöglich macht - wie vom Lehrer gewünscht - etwas zu dem Film zu sagen, generalisiert Sm1 diese Konsequenz und spitzt sie zu der provozierenden Mitteilung zu "Wir sage kein Wort, gelle". Wiederum nutzt er so eine vorausgegangene Äußerung von Sw3 und beansprucht darüber hinaus, stellvertretend für die Klasse zu sprechen. Die Bestätigung der angemaßten Sprecherrolle durch andere Schüler bleibt jedoch aus. Kurz darauf (10 Sw3; 11 Sw4) erhält Sw3 diese Bestätigung mühelos mit einer Äußerung, die bereits erkennbar auf den vom Lehrer formulierten Arbeitsauftrag einschwenkt, Meinungen zum eben gesehenen Film zu äußern, die aber, wie erwähnt, u.U. zugleich auch als verdeckte Wiederholung der Sabotage-Erklärung von Sm1 gelesen werden kann. Sie agiert dadurch gleichsam in der Rolle des legitimen Klassensprechers, der zumindest auf der *'offiziellen'* Ebene der Kommunikation eher die Konformität mit den Lehrer-Anfor-

---

202 Die Anregung zu dieser Deutung verdanke ich Tilmann Sutter.

derungen betont, d.h. insofern objektiv als Bündnispartner des Lehrers gegenüber Sm1 handelt.

Nachdem mit Sw3 und Sw4 alle übrigen an der laufenden Episode beteiligten Schüler auf der Ebene expliziter Kommunikation bestätigend an die Ordnungsvorgabe des Lehrers (in 5 L) angeschlossen haben, ist Sm1 ohne Intervention des Lehrers in der *Position des Störers und Provokateurs isoliert*. Gleichwohl gibt er immer noch nicht auf. In 12 Sm1 redet er, wie das Transkript notiert, "unverständlich dazwischen" (d.h. vermutlich: überlappend mit der Vorläufer- bzw. Nachfolgeäußerung).[203] Erst dadurch löst er die an ihn persönlich adressierte *Struktursicherungsoperation in 13 L* aus: "... Wenn du was sagen willst, Periza, meldest du dich". Ihr vorangestellt ist eine Detaillierung der Strukturvorgabe für den weiteren Unterrichtsablauf ("Die Frau Koch macht die Diskussion. ..."). Die Rolle des 'bloßen Zuhörers', deren Übernahme der Lehrer in 5 L angekündigt hatte, erscheint darin auf zweifache Weise begründet: Zum einen soll im folgenden diskutiert werden, zum anderen übernimmt nicht der Lehrer, sondern eine andere Person (Frau Koch; wahrscheinlich eine Referendarin, Praktikantin o.ä.) die Diskussionsleitung.[204]

Betrachtet man die Beiträge 5 L ("Ich will heute nur mal zuhören") und 13 L bis zu dem hier analysierten Punkt ("Frau Koch macht die Diskussion"), dann fügen

---

[203] Leider ist das Transkript hier sehr ungenau, ersetzt es doch an dieser Stelle die *Darstellung* des Gesprächsverhaltens durch den zusammenfassenden *Kommentar*, Sm1 rede "unverständlich dazwischen". "Dazwischenreden" ist eine Charakterisierung, die in der Regel voraussetzt, daß ein Sprecher, dessen Verhalten so bezeichnet wird, einem anderen ins Wort fällt bzw. redet, obwohl ein anderer Sprecher an der Reihe wäre. Bei meiner Interpretation lege ich daher die Erfüllung dieser Voraussetzung zugrunde.

[204] Beim Wort genommen, deutet der Ausdruck "... *macht* die Diskussion" darauf hin, daß die Aufgabe der Diskussionsleitung aus der Perspektive des Sprechers anscheinend ein hinreichend hohes Maß an Aktivität verlangt, um die Feststellung zu rechtfertigen, die Diskussionsleitung stelle *"Diskussion" als kommunikativen Aktivitätstypus* praktisch erst her. Dies wäre etwa dann der Fall, wenn der Inhaber dieser Funktion ständig intervenieren muß, um zu verhindern, daß die Schüler durcheinanderreden oder umgekehrt, die Beiträge sich so 'zähflüssig' einstellen, daß durch Fragen und Statements immer wieder zur weiteren Beteiligung motiviert werden muß, ebenso wenn darüber hinaus durch häufige Zusammenfassungen und Fokussierungen für thematische Kontinuität zu sorgen ist, um so der anhaltenden Gefahr zu begegnen, daß die Diskussion den Faden verliert bzw. sich in unverständlichem Durcheinanderreden auflöst.

Eine weitergehende Deutung, die ebenfalls durch den Wortlaut der Äußerung gedeckt ist, würde darauf hinauslaufen, daß der Diskussionsleiter auch die Aufgabe hat, den *Inhalt* der Diskussion zu *"machen"*, d.h. durch geschickte thematische Steuerung, Auswahl von Beiträgen und Zusammenfassungen einen *erwünschten Verlauf mit bestimmten Ergebnissen* sicherzustellen. In diesem Falle wäre die 'Diskussion' durch den Veranstalter idealiter gleichsam *nach einem pädagogischen Drehbuch zu fabrizieren* und d.h. letztlich: zu fingieren. Gerade anläßlich des Themas "Holocaust" ist diese Lesart durchaus plausibel, könnte sich ein Pädagoge doch kaum nach dem Muster eines neutralen, sich auf formale Koordination der Beiträge beschränkenden Moderators verhalten, wenn etwa diskutierende Schüler rechtsradikale Positionen vertreten würden.

Der möglichen Entgegnung, daß es sich hier um die Überinterpretation einer laxen Redeweise handele, die sich bei Lehrern häufig finde, wäre die Frage entgegenzusetzen, worin eine solche Redeweise ihren Grund hat. Daß Diskussionen im Unterricht *typisch* einen hohen Strukturierungsaufwand durch die Lehrkraft verlangen, der bis zur Inszenierung nach curricularem 'Drehbuch' reichen kann, wäre dann eine naheliegende Erklärungs*hypothese*, die jedoch, da die Sequenz hier abbricht, nicht mehr am Material zu überprüfen ist.

sich diese beiden Äußerungen mit der vorangegangenen Vorführung des Filmes zum ersten Glied der Basissequenz Initiierung-Erwiderung-Bewertung zusammen. Erst jetzt, in 13 L, findet diese *unterbrochene, d.h. in (mindestens) drei Teilen durchgeführte Initiierung* (bestehend aus: Filmvorführung, 5 L sowie 13 L) einen vorläufigen Abschluß. "Diskussion" wird als Aktivitätstyp annonciert, ohne das Thema zu bezeichnen. Dies ist ohne weiteres möglich, sofern der gezeigte Film auf selbstverständliche Weise als allen bekannte Themenvorgabe vorausgesetzt werden kann. Bezogen auf diese dreiteilige Initiierung kommt den gewünschten Diskussionsbeiträgen der Schüler der Status von *Erwiderungen* zu, die - eventuell durch die Prozedur des Meldens und Aufrufens vom Lehrer bzw. seiner Stellvertreterin ("Frau Koch") koordiniert - einen wesentlichen Teil des weiteren Unterrichtsablaufs bestimmen sollen.[205] Eine *Bewertung* der Schülerbeiträge kann dabei sowohl diskussionsbegleitend wie auch am Schluß der Diskussion in der Form eines Fazits erfolgen. Daß eine solche Bewertung ausbleibt, erscheint unwahrscheinlich. Dies nicht nur wegen der verhandelten Thematik, sondern vor allem deshalb, weil nur so zwischen dem, was als *anzueignendes Wissen* gelten soll und 'fehlerhaften' bzw. 'unwichtigen' Schülerbeiträgen unterschieden, d.h. der pädagogische *Funktionsbezug* gewahrt und "Diskussion" als Aktivitätstypus nur unter dieser Voraussetzung problemlos in den Unterricht eingebaut, d.h. als Element *pädagogischer Vermittlung* kenntlich gemacht werden kann. Weil die Unterrichtssequenz mit 13 L endet, muß diese Vermutung jedoch ohne weitere Bestätigung am Material bleiben.

Das Kommunikationsmuster "Diskussion" impliziert häufig, aber nicht notwendig, daß jeder Redner sich zu Wort melden muß, um sich vom Diskussionsleiter die Berechtigung zu einem Beitrag erteilen zu lassen. In kleineren Gruppen oder in Gesprächsphasen, in denen sich kein anderer Sprecher um das Rederecht bewirbt, sind Spontanäußerungen möglich, ohne deshalb das turn-taking-Reglement zu verletzen. Auch dann gilt es freilich typisch als Delikt, wenn man andere nicht ausreden läßt, ihnen ins Wort fällt bzw. die Reihenfolge der bereits nominierten nächsten Sprecher durch Dazwischenreden durchbricht. Wer anderen ins Wort fällt, kann dann daran erinnert werden, daß er nicht an der Reihe ist bzw. sich gegebenenfalls melden muß, um sich in die Warteschlange kandidierender Sprecher einzureihen. Genau dies tut der Lehrer im zweiten Teil der Äußerung 13 L. Periza (alias Sm1), der laut Transkript in 12 Sm1 "unverständlich *dazwischen*" geredet hat,[206] wird jetzt darauf hingewiesen, daß er sich zu melden habe, wenn er etwas sagen wolle. Sein vorausgegangenes Verhalten wird damit als kritikwürdig deklariert.

---

205 Der Umstand, daß auf eine Initiierung mehrere Erwiderungen von Schülern folgen können, bevor es zu einer Bewertung des Lehrers kommt, findet sich dabei auch außerhalb von Diskussionen im Unterricht. So etwa, wenn der Lehrer zunächst mehrere Schülerantworten auf eine Frage sammelt und sie dann erst bewertend kommentiert.

206 Diese Einstufung der Äußerung 12 Sm1 gibt zunächst nur die Einschätzung des wissenschaftlichen Beobachters wieder, der diese Äußerung damit als *Störung* des anlaufenden Unterrichtsgesprächs bewertet. Diese Deutung wird aber sofort darauf durch die Äußerung 13 L bestätigt und damit sozial wirksam.

Der Lehrer reagiert hier offensichtlich auf eine Situation, in der Sm1 gerade etwas gesagt hat und insofern (seine Zurechnungsfähigkeit unterstellt) per Implikation auch den *Willen* bekundet hat, etwas zu sagen. Indem der Beitrag 13 L diese (Willens)Äußerung einerseits implizit voraussetzt, sie aber andererseits zugleich explizit als ungeschehen behandelt, macht er deshalb außerdem deutlich, daß im weiteren nur solche Äußerungswünsche anerkannt, durch Zuteilung des Rederechts erfüllt sowie nur solche Beiträge in der Unterrichtskommunikation berücksichtigt werden, die in Übereinstimmung mit den Anforderungen der explizierten Melderegel angezeigt und ausgeführt worden sind.

Von einer solchen Meldepflicht ist freilich jetzt erstmals die Rede. Darüber hinaus hat sich keiner der Schüler, die bisher gesprochen haben, vorher gemeldet. Dennoch wird diese Verpflichtung nicht in allgemeiner und unpersönlicher Form eingeführt, sondern speziell an Sm1 adressiert. Schließen wir die Möglichkeit aus, daß es damit *allein für Sm1* zur Auflage gemacht werden soll,[207] sich vor weiteren Beiträgen zu melden, dann kann dies nur bedeuten, daß die Meldepflicht als allgemein gültige und bekannte Regel *vorausgesetzt* wird, an die - mit Ausnahme von Periza - niemand ausdrücklich erinnert werden muß. Bisher nicht in Geltung und dennoch als gültig und bekannt voraussetzbar - dies scheint ein Widerspruch zu sein. Der Widerspruch löst sich jedoch auf, wenn wir annehmen, daß die Melderegel per Implikation mit der Strukturvorgabe "Diskussion" verbunden und dies für alle Schüler ersichtlich ist. Ihre Explikation mit Adresse an Sm1 ist dann redundant. Der Sinn dieser ausdrücklichen und persönlich adressierten Wiederholung wäre der einer 'Extra-Einladung', d.h. einer *vorbeugenden Ermahnung*, deren Prämisse die Erwartung zukünftiger Regelverstöße vor dem Hintergrund des vorausgegangenen Verhaltens von Sm1 ist. Dabei ist es nicht in erster Linie die parodistische Einlage, die diese Erwartung rechtfertigt, sondern der Umstand, daß er - nachdem ein Abschluß dieser Episode erreicht schien - in 12 Sm1 "dazwischenredet" und damit in einer Situation stört, in der Sw3 und Sw4 (zumindest auf der Ebene *explizit* kommunizierter Bedeutungen) gerade dabei sind, auf die Vorgabe des Lehrers einzuschwenken. Sm1 zeigt damit ein Verhalten, das einem Verstoß gegen die Strukturvorgabe "Diskussion" entsprochen *hätte*, wenn deren Etablierung, die mit 5 L auf für die Schüler sichtbare Weise eingeleitet worden war, vor 12 Sm1 bereits abgeschlossen gewesen *wäre*. Dies legt die Befürchtung nahe, daß Sm1 mit weiteren Einwürfen fortfahren und die anlaufende Diskussion stören wird. Unter diesen Voraussetzungen erscheint die Ausführung einer *präventiven Struktursicherungsoperation*, wie sie der Lehrer vollzieht, durchaus situationsangemessen.

---

[207] Mit *Sicherheit* auszuschließen ist diese Möglichkeit hier natürlich nicht. Sie erscheint nur weniger wahrscheinlich, würde sie doch eine scharfe Diskriminierung von Sm1 gegenüber allen anderen Schülern bedeuten, die durch den bisherigen Interaktionsverlauf nicht hinreichend erklärt und kaum auf eine derartig knappe und weitgehend implizite Weise vollzogen werden könnte. Möglich wäre dies nur, wenn Sm1 bereits einen solchen diskriminierten Sonderstatus in der Klasse hätte, der dann durch eine derartige Äußerung für die laufende Interaktion nur reaktualisiert würde. Auch das erscheint wenig wahrscheinlich, ist aber keineswegs völlig ausgeschlossen.

Als Resultat dieser Konstellation kommt es dazu, *daß die Strukturvorgabe "Diskussion" innerhalb desselben Redebeitrages angekündigt und die dafür geltenden turn-taking-Regeln durch eine darauf bezogene, sofort anschließende präventive Struktursicherungsoperation im selben Redebeitrag in Kraft gesetzt werden.* Die unterbrochene Initiierung, die mit der Vorführung des Films begann und mit der Äußerung 5 L ("Ich will heute nur mal zuhören, was ihr meint") fortgesetzt wurde, ist damit abgeschlossen, die nun folgende Unterrichtsphase als "Diskussion" definiert und in Geltung gesetzt. Die Übergangsphase zwischen dem Filmende und dem Neubeginn des Unterrichts scheint beendet.

3.2.4 Zusammenfassung der Interpretation und Strukturgeneralisierung

In globaler Betrachtung erscheint die analysierte Sequenz zunächst als *anomische Schaltphase*, die nach dem Ende des Films einsetzt und mit der Re-etablierung unterrichtstypischer Ordnungsbedingungen endet. "Anomisch" ist diese Sequenz, insofern darin eine Reihe unterrichtstypischer normativer Erwartungen sanktionsfrei verletzt werden, diese Erwartungen dadurch außer Kraft gesetzt zu sein scheinen und nicht sichtbar wird, welche Regeln statt dessen gelten. Die Art der festgestellten Abweichungen läßt jedoch eine *klare Struktur* erkennen. Durch die Schüleräußerungen werden Möglichkeiten des Erlebens und Handelns kommunikativ sichtbar gemacht, die im Unterricht *als ausgeschlossene zugleich latent präsent* sind:

Ein Film über den Holocaust wird gezeigt, der mit den dramaturgischen Mitteln des Unterhaltungskinos arbeitet, um die Aufmerksamkeit des Publikums zu mobilisieren, aber nicht als unterhaltsam erlebt werden darf. Indem der Lehrer den Film als Teil des Unterrichts vorführt, läßt er ihn (im doppelten Sinne) 'für sich' sprechen, kann er - wenn die Spannung zwischen fiktionaler Form und dem realhistorischen Inhalt des Filmes zur Seite der Form hin aufgelöst wird - in der Rolle des erfolgreichen *Entertainers* wahrgenommen werden, dem man durch den Ruf "Zugabe!" den gebührenden Beifall zollt und zur Präsentation einer weiteren Folge der Fernsehserie auffordert. Unterricht als anspruchslose Freizeitveranstaltung, der Holocaust als Amalgam aus Seifenoper, Horror- und Gewaltdarstellung, die Schüler als diese Mischung genießendes Publikum und das Ganze vom Lehrer zur Unterhaltung kompetent arrangiert, - all dies darf Schule gerade nicht sein, ist das, *wogegen sie sich abgrenzt und ausdrücklich richtet.* Durch die Einführung des erwartungsstrukturell Ausgeschlossenen ins System wird die Grenze zwischen Innen und Außen, zwischen System und Umwelt, symbolisch durchbrochen. Die folgenden beiden Äußerungen von Sw3 und Sm1 markieren diese Überschreitung des systemintern Zulässigen durch Metakommunikation. Dies geschieht freilich nur formal, d.h. im Hinblick auf die gewählte Mitteilungsform (unautorisierter Zwischenruf) und im Modus des 'Als ob': *Per Simulation* als Möglichkeit eingeblendet wird die Ausführung einer *Struktursicherungsoperation*, die im Anschluß an die ersten beiden Äußerungen vom Lehrer hätte vollzogen werden können, aber nicht ausgeführt worden ist und deren stellvertretende Aktualisierung durch die Schüler zugleich die fiktive *Usurpation der Lehrerrolle* impliziert.

Die daran anschließende erste Äußerung des Lehrers bietet dann die Chance, *"antistrukturelle"* (Turner; s.u.) Verhaltensoptionen in der laufenden Lehrer-Schüler-Interaktion vorzuführen: Sm1 nutzt diese Chance, indem er die Einleitung der Strukturvorgabe "Diskussion" (5 L) zunächst mit der noch als 'Schüler' vorgetragenen Zusage disziplinierten Schweigens konterkariert (7 Sm1), dann aber, nach der anschließenden Reaktion des Lehrers, die *Umkehr der Rollen* arrangiert, indem er dessen Verhalten einer zurechtweisenden Bewertung unterwirft (9 Sm1: "Wollt' ich auch hoffen!"). Die Logik, die diesen Ablauf beherrscht, ist die der Umkehrung. Die Sequenz funktioniert im wesentlichen als *karnevaleske Travestie der herrschenden Ordnung*, d.h. nach dem Muster eines entlastenden Rituals, in dem Heiliges zum Objekt von Lästerungen wird, die Knechte das Gebaren des Herren nachahmen, ja, deren Platz einnehmen und diese zu Knechten machen und so das Korsett der geltenden Verhaltensbeschränkungen vorübergehend abwerfen. Das Verhältnis zwischen schultypischen Normalitätserwartungen und der analysierten Szene entspricht, mit einer Unterscheidung von *Victor Turner (1989)*, dem von *Struktur und Anti-Struktur*. Die Szene spielt in einem *Übergangszustand des Interaktionssystems*, zwischen dem Ende der Filmvorführung und dem Neubeginn des Unterrichts, einem Phasenwechsel im Übergang zwischen zwei Aktivitätstypen, in dem die Verhaltensregeln der gerade abgeschlossenen Phase *nicht mehr* und die der gleich anschließenden *noch nicht* gelten und ein improvisierter "rite de passage" diese Leerstelle im Prozessieren des Kommunikationssystems Unterricht besetzt.

Prüfen wir diese These noch einmal durch genauere Rekapitulierung des Verlaufs der Sequenz: Am Beginn der Szene steht ein Ereignis, welches das Ende der abgeschlossenen Phase durch einen scharfen *Bruch* normativer Erwartungen, ein *offenes Sakrileg*, symbolisch markiert, - die Etikettierung der filmischen Darstellung des Holocaust als 'unterhaltsame Darbietung' mit dem unautorisierten Zwischenruf "Zugabe!". Im Anschluß daran wird auf parodistische Weise vorgeführt, wie die so erzeugte 'Krisensituation' durch den Vertreter der herrschenden Ordnung mit Hilfe des Repertoires institutionell vorgesehener Prozeduren bewältigt werden könnte. Dessen erste Intervention (5 L) führt zum Rückzug eines der 'Spieler' (6 Sw3). Dem anderen (Sm1), der das Spiel initiierte, gibt diese Intervention jedoch die Möglichkeit, den Hüter der Ordnung in dieses Spiel zu verwickeln, sich darin seinem Willen ironisch zu widersetzen (7 Sm1), dann seine Stelle einzunehmen und ihm, in einem Akt der Statusumkehr und der rituellen Degradierung, die Position des Herrschaftsunterworfenen zuzuweisen, der gemaßregelt wird (9 Sm1). Die komödiantische 'Rebellion' im Singular hat damit ihren Höhepunkt und möglichen Abschluß erreicht. Ihr Protagonist könnte abtreten, sich seines Schelmenkostüms entledigen und den Weg freigeben für die Rückkehr zur Ordnung des Alltags. Der zweite 'Spieler' und ein Mitglied des 'Publikums' tun dies bereits (vgl. die Beiträge der beiden Schülerinnen 10 Sw3 und 11 Sw4). Der *manifeste Gehalt* ihrer in expliziter Stellvertretung für das Kollektiv der Herrschaftsunterworfenen formulierten Äußerungen ("Wir sind noch geschockt"; "Ganz schön geschockt") steht dabei in antithetischem Verhältnis zur Eröffnungsäußerung ("Zugabe") der Szene, heilt so den darin begangenen Regelbruch und *hebt das Sakrileg auf*, das am Beginn der Aufführung stand. Der Phasenwechsel scheint beinahe abgeschlossen, doch der Protagonist versucht einen neuen Anlauf zur Fortsetzung des Spiels. Jetzt endlich greift der Hüter der Ordnung entschlossen ein. Knapp und entschieden statuiert er, was im folgenden geschehen wird und ermahnt den Protagonisten, sich den damit in Geltung gesetzten Regeln zu fügen.

Die zusammenfassende "dichte Beschreibung" der Szene bestätigt: Tatsächlich läßt der skizzierte Aufbau der Inszenierung mit der Sequenz 'Durchbrechung der sozialen Ordnung durch ein initiales Sakrileg - Umkehr der Statushierarchie - Heilung des Sakrilegs - Re-etablierung der sozialen Ordnung' die wesentlichen Züge eines antistrukturell gebauten "sozialen Dramas" im Sinne Turners (vgl. 1989a, S.108ff.) erkennen, das hier eine strukturelle Leerstelle im Übergang zwischen zwei Aktivitätstypen des Kommunikationssystems Unterricht okkupiert.

Was am Spiel des Hauptakteurs beeindruckt und ihn von seinen Mitakteuren deutlich unterscheidet ist die Flexibilität und Konsequenz, mit der er *ein* Verhaltensmuster durchgängig vermeidet - das des *konformen* Schülers. Alle Darstellungsmöglichkeiten auszuschöpfen, die es ihm ermöglichen, das nicht zu sein, was er sein soll und dies vor allem durch subversive Umwidmung institutioneller Normalitätsmuster zu erreichen, scheint das *generative Prinizip* zu sein, das sein Verhalten in der analysierten Sequenz leitet.[208] Ob als 'schlitzohrig-renitenter Schüler' oder als 'autoritärer Lehrer', jede dieser Rollen ist geeignet, vor allem eines vorzuführen: *Autonomie und souveräne Distanz* gegenüber den Anforderungen der qua Schulpflicht oktroyierten Schülerrolle.[209] Um zu demonstrieren, daß man sich den An-

---

208 In spezifischem Kontrast dazu steht das *Verhalten von Sw3*: Sie ist es, die zuerst die Rolle des Lehrers übernimmt. Dabei reagiert sie jedoch mit einer 'stellvertretenden' Struktursicherungsoperation auf die beiden Eröffnungsäußerungen 1 Sm1 und 2 Sm2. Nach der ersten Äußerung des Lehrers (5 L) wechselt sie sofort zurück in die Schülerrolle, agiert darin aber (mit dem Hinweis auf ihre Müdigkeit in 6 Sw3 in Reaktion auf die bekundete Absicht des Lehrers, den Schülern das Wort überlassen zu wollen) im Muster des Rückzugs bzw. des passiven Widerstands. Kurz darauf äußert sie in selbstzugeschriebener Stellvertretung für die anderen Schüler eine erwartungskonforme Reaktion auf die gezeigten Film ("Wir sind noch geschockt.") und signalisiert damit grundsätzliche Kooperationsbereitschaft bei weiterhin eingeschränkten Beteiligungsmöglichkeiten, was auf strategisch latent gehaltene Widerstände gegenüber den Kooperationserwartungen des Lehrers hindeuten kann, aber nicht muß. Ob für sich allein als Schülerin, in unautorisierter Stellvertretung des Lehrers oder ihrer Mitschüler, Sw3 agiert hier auf eine *ambivalente* Weise, die konforme und non-konforme Bedeutungselemente kombiniert, zu Beginn der analysierten Episode die non-konformen Momente in den Vordergrund stellt und am Ende umgekehrt die non-konformen Anteile hinter den konformen verschwinden läßt.
209 Zum Konzept der Rollendistanz, dessen Bedeutung für das Verhalten von Schülern die Darbietung von Sm1 auf originelle Weise unterstreicht, vgl. Goffman 1973.

forderungen dieser Rolle nicht willenlos unterwirft, man zugleich aber jedes der kontextuell relevanten Verhaltensmuster problemlos und unübertreffbar beherrscht, um so letztendlich zu zeigen, daß die eigenen Fähigkeiten weit über das hinausreichen, was von einem Schüler verlangt wird, ist die Strategie der Verkehrung konformer Muster und die Usurpation der Lehrer-Rolle bestens geeignet.

Die Vorlagen dazu liefern jeweils andere (vgl. 3 Sw3; 6 Sw3; 8 L). Die Leistung von Sm1 ist es, dieses Material mit Gespür für abweichende Effekte zu modifizieren bzw. die Vorlage zu übertrumpfen. Über die jeweils lokalen Pointen in Relation zu den benachbarten Äußerungen anderer Sprecher hinaus gelingt ihm dabei (in der sequentiellen Verkettung seiner Einzelbeiträge 1 Sm1, 4 Sm1, 7 Sm1 und 9 Sm1) die solistische Parodie der Störung und Wiederherstellung des schultypischen turn-taking-Reglements im Muster der pädagogischen Basissequenz Initiierung-Erwiderung-Bewertung. Gerade weil die schultypischen Strukturmuster situativ außer Kraft gesetzt sind, eignet sich deren fingierte Einführung in die Kommunikation als Mittel zur Inszenierung non-konformen Verhaltens. Die Bedingungen der Situation und die Art der von Sm1 präferierten Strategie zur Demonstration von Rollendistanz haben so zur Folge, daß seine 'Rebellion' im Bereich der institutionalisierten Handlungsmuster verbleibt und damit letztendlich die *Alternativenlosigkeit der Gesamtordnung* bestätigt; - auch die einzige Ausnahme davon, der "Zugabe"-Ruf zu Beginn der Sequenz, wird noch innerhalb des Spiels als Ordnungswidrigkeit kategorisiert (vgl. die Folgeäußerungen 3 Sw3 und 4 Sm1), damit als alltägliches Bagatelldelikt definiert und so in die Ablaufmechanik routinisierter schultypischer Handlungsschemata integriert.

Zur Klärung der Frage, welche Funktion dem beobachteten Verhaltensmuster im Kontext des Sozialsystems Unterricht zugeschrieben werden kann, können wir an bekannte Hypothesen zur allgemeinen *sozialen Funktion* ritualisierter Formen der Ordnungsverletzung und der Umkehr von Statusbeziehungen in *hierarchisch differenzierten* Sozialsystemen anschließen: Deren Aufgabe ist es, durch Einrichtung periodisch wiederkehrender Entlastungsmöglichkeiten diejenigen psychischen Spannungen und sozialen Widerstandspotentiale zu neutralisieren, die - vor allem auf Seiten der Statusniedrigen - aus der Erfahrung der Differenz zwischen dem Gesamt der sozial vorgesehenen Handlungsmöglichkeiten und dem eingeschränkten Repertoire der Möglichkeiten herrühren, die für den einzelnen aufgrund seiner Zugehörigkeit zu einer bestimmten Statusgruppe sozial zugänglich sind. Durch befristete Lockerung dieser Einschnürung werden daraus entspringende Handlungsimpulse aufgefangen und in sozial kontrollierbare Bahnen gelenkt. Ihr Störpotential wird so entschärft und die involvierten Psychen werden wieder in die Lage versetzt, sich selbst zu erwartungskonformem Verhalten zu disziplinieren.

Einrichtungen dieser Art können als *Zugeständnisse hierarchisch differenzierter sozialer Systeme an die eigensinnigen Reproduktionsbedingungen ihrer psychischen und sozialen Umwelt* betrachtet werden, mit denen sie durch operative und strukturelle Kopplungen verbunden sind. Ihre Funktion es ist, die Kompatibilität hierarchischer Strukturen mit den Reproduktionsanforderungen dieser Umweltsysteme zu sichern. Sie tragen dadurch zur Stabilisierung der spielerisch attackierten Ordnung bei. -

3.2 DIE ANALYSE VON STRUKTURSICHERUNGSOPERATIONEN

Oder wie der Kulturanthropologe Victor Turner (1989, S.168) formuliert:

> "Rituale der Statusumkehrung ... machen in ihren Symbol- und Verhaltensmustern soziale Kategorien und Gruppierungen sichtbar, die als selbstverständlich und sowohl in ihrem Wesen als auch in ihren Beziehungen zueinander als unveränderlich gelten. Kognitiv betrachtet unterstreicht nichts Ordnung so sehr wie das Absurde oder Paradoxe. Emotional betrachtet befriedigt nichts so sehr wie extravagantes oder vorübergehend gestattetes unerlaubtes Verhalten. Rituale der Statusumkehrung umfassen beide Aspekte. Indem sie die Niedrigen erhöhen und die Hohen erniedrigen, bestätigen sie das hierarchische Prinzip. Indem sie die Niedrigen das Verhalten der Hohen (manchmal bis hin zur Karikatur) nachahmen lassen und die Initiativen der Stolzen bremsen, unterstreichen sie die Vernünftigkeit des kulturell vorhersehbaren Alltagsverhaltens der verschiedenen Gruppen der Gesellschaft."

Rituale der parodistischen Ordnungsverletzung und der Statusumkehrung können als *soziale Systeme* mit eigenen Grenzen ausdifferenziert werden: etwa als *Festveranstaltungen* wie die römischen Saturnalien, bei denen die Herren die Sklaven bedienten oder wie die mittelalterlichen Narrenfeste, bei denen sich niedere Kleriker die Privilegien der höheren Geistlichkeit aneigneten, Narrenbischöfe und einen Pseudopapst wählten und kirchliche Rituale auf oft gotteslästerliche Weise parodierten; und noch die Erstürmung des Rathauses und die Übernahme der Macht durch die Narren im Karneval der Gegenwart lassen diese Struktur erkennen.[210] Funktional äquivalente Einrichtungen dazu können als Sonder*rollen*, wie die des Hofnarren, institutionalisiert werden, deren Träger - gleichsam stellvertretend für andere - äußern und tun dürfen, was jenen verwehrt ist. Ebenso finden sie sich aber auch, wie unsere Analyse zeigt, als *flüchtige "antistrukturelle" Episoden* im Normalbetrieb eines Systems, als *spontane Improvisationen* der Teilnehmer oder eines 'Klassenclowns', die - u.U. bereits nach wenigen Sekunden - wieder einmünden in strukturkonformes Verhalten.

Die prinzipielle Funktionalität solcher Episoden für die Sicherung der systemischen Ordnung läßt eine allzu strikte Intervention der Ordnungshüter nicht geraten erscheinen. Zugleich macht der Umstand, daß es sich dabei nur um ritual*analoge* Abläufe handelt, institutionell verankerte Regeln und Beschränkungen, an die sich die Akteure dabei halten können, also fehlen, hier jedes Verhalten in besonderem Maße riskant. Weil noch die Regeln des Spiels im Spiel selbst ausgehandelt werden müssen, es also zugleich darum geht, welches Maß an Ordnungsverletzungen die Ordnungshüter zu akzeptieren bereit sind und wie es ihnen gelingt, die Ordnung wieder herzustellen, wird jede derartige Situation zum Testfall für deren Großzügigkeit und Durchsetzungsfähigkeit. Der Versuch schneller und scharfer Intervention kann überflüssige Konflikte provozieren, abwartende Toleranz zur Ausdehnung und Eskalation spielerischer Normverletzungen und Provokationen ermutigen. Beides kann das Image der Ordnungsinstanz schädigen und ihrer Autorität abträglich sein. Unter diesen Voraussetzungen geboten erscheint eine Strategie der Flexibilität und der sanften, aber nachdrücklichen Begrenzung.

---

210 Als Untersuchung eines im französischen Schulsystem institutionalisierten Rituals dieser Art und dessen "anomischer" Transformation siehe Testanières 1967; vgl. dazu auch Krämer 1995, S.182.

Was damit gemeint sein kann, zeigt das Verhalten des Lehrers in der analysierten Sequenz: Er versucht nicht, die Initiierung, zu der die Vorführung des Filmes zählt, in unmittelbarem Anschluß an die Vorführung zu Ende zu bringen. Indem er die Beendigung der Initiierung *aufschiebt*, sich gleichsam selbst unterbricht, erzeugt er einen *Zwischenraum*, der durch spontane Schüleräußerungen besetzt werden kann. Auf entsprechende Initiativen der Schüler reagiert er zunächst durch *anfängliches Gewährenlassen*. Er leitet dann die Etablierung der Strukturvorgabe "Diskussion" mit einem Redebeitrag ein (5 L: "Ich will heute nur mal zuhören, was ihr meint"), der für die nicht autorisierten Äußerungen der Schüler wie auch seine bisherige Passivität als Ordnungshüter im Nachhinein einen *legitimierenden Rahmen* bereitstellt. Aber auch jetzt führt er die Initiierung noch nicht zu einem deutlich markierten Ende. Wieder entsteht eine Lücke, die weiteren Schüleräußerungen Raum gibt. Die unabgeschlossene Einführung der Strukturvorgabe fungiert hier als *'Versuchsballon'*: Am Anschlußverhalten der Schüler kann der Lehrer ablesen, inwieweit sie schon bereit und in der Lage sind, ihm zu folgen, ohne sich, bei negativem Ergebnis, auf die Alternative festzulegen, entweder zu *sanktionieren* oder als Normverletzung sichtbar gewordenes Verhalten *tolerieren* zu müssen. Vermieden werden kann dadurch die vorschnelle kommunikative Fixierung normativer Erwartungen zu einem Zeitpunkt, zu dem sie noch nicht oder nur unter unverhältnismäßig hohem Einsatz gegenüber den Schülern durchgesetzt werden könnten. Sm1 nutzt diese Möglichkeit zur Fortsetzung seiner Vorführung. Der Lehrer reagiert darauf, indem er sich, nach vorausgegangener Aufforderung von Sm1, mit der Äußerung 8 L ("Richtig.") an dessen Inszenierung auf knappe und den möglichen Abschluß des Spieles in Aussicht stellende Weise beteiligt. Erst nachdem dieser Versuch zur Beendigung fehlschlägt, die übrigen an der Kommunikation beteiligten Schüler die grundsätzliche Bereitschaft erkennen lassen, sich in das angekündigte Ordnungsformat einzuklinken, Sm1 hingegen erneut dazwischen redet und dadurch als *'einzelner Störer' isoliert und sichtbar geworden ist*, reagiert der Lehrer mit einer *präventiven Struktursicherungsoperation*. Er tut dies im zweiten Teil seines Redebeitrags 13 L, dessen erster Teil die in 5 L eingeleitete Etablierung der Strukturvorgabe "Diskussion" zu Ende führt und die Initiierung damit abschließt. Er behandelt die vorbeugende Ermahnung von Sm1 so nur als Nebenthema, macht damit aber deutlich, daß die im weiteren zu beachtenden turn-taking-Regeln ab sofort gelten. Die Situation erscheint günstig, der Moment klug gewählt. Eine frühere Intervention hätte die Konfrontation mit mehreren Schülern bedeutet, die leicht den Charakter einer Kraftprobe zwischen Klasse und Lehrer hätte annehmen können. Dieser Gefahr ist der Lehrer durch *verzögerten* (aber, bezogen auf die sequentielle Etablierung der neuen Strukturvorgabe, frühestmöglichen!), äußerst sparsamen und betont beiläufigen Einsatz von Autorität ausgewichen, ohne die Klasse dabei 'aus dem Ruder laufen zu lassen'. Zuvor bot die verzögerte Beendigung der Initiierung den Platz für ein auflockerndes Zwischenspiel, ohne gegen bereits in Kraft getretene Vorgaben zu verstoßen. Der Lehrer brauchte deshalb nicht früher einzugreifen, ohne daß ihm dies als bereitwilliges Akzeptieren von Verstößen zugerechnet werden konnte. Auf optimale Weise gelingt ihm damit beides: *Er gibt*

Raum für eine entlastende "antistrukturelle" Episode und sorgt für deren Begrenzung. Die Sequenz eignet sich deshalb durchaus als Anschauungsmaterial für die strategisch geschickte Plazierung von Strukturvorgaben und Struktursicherungsoperationen. Deren Beherrschung kann als wesentlicher Bestandteil professioneller pädagogischer Handlungskompetenz gelten.

Halten wir uns noch einmal vor Augen, daß im Zentrum der "anomischen" Sequenz die inszenierte Störung und Wiederherstellung des unterrichtstypischen turn-taking-Regimes steht und dabei die komplette pädagogische Basissequenz wiederkehrt, dann überrascht, daß die Prominenz dieses Grundmusters sich selbst in einer Situation zeigt, in der es gerade außer Kraft zu sein scheint. Als *parodistische Beschreibung des Systems* in einer Schaltphase der Unterrichtskommunikation ins System eingeführt, wird dieses Grundmuster reflexiv vergegenwärtigt, gegen seinen Garanten gewendet und so als Medium der symbolischen Inszenierung von Distanz gegenüber den Anforderungen der Institution und ihres Vertreters genutzt. Es erscheint paradox, aber gerade der Umstand, daß die Akteure *nicht* als regelgesteuerte "cultural dopes" (Garfinkel),[211] *nicht* als konditionierbare "Trivialmaschinen" (von Foerster) funktionieren,[212] sondern ein spielerisch-distanziertes Verhältnis zu den Normalitätsmustern der Institution einnehmen und kommunikativ vorführen können, läßt hier die Bedeutung dieser Normalitätsmuster für die Strukturierung des Verhaltens nur um so deutlicher hervortreten.

3.2.5 Methodologisches Resümee: Zum Verhältnis von Einzelfallrekonstruktion und theoretischer Generalisierung

Die vorgetragenen Überlegungen und Interpretationen versuchten, den *makrosoziologischen* Funktionalismus der Systemtheorie mit dem *mikroanalytischen* Funktio-

---

211 "Cultural dope", unter diesem Titel resümiert und kritisiert Garfinkel die Parsons'sche Konzeption des Akteurs. Was dieses Etikett meint, formuliert Garfinkel (1967, S.68) wie folgt: "By 'cultural dope' I refer to the man-in-the-sociologist's society who produces the stable features of the society by acting in compliance with preestablished and legitimate alternatives of action that the common culture provides." Vgl. dazu auch Schneider 2002, Bd.2, Kap.6.1.8, S.47ff.

212 Nach von Foerster (1985, S.12; Hervorhebung von mir, W.L.S.) ist "eine triviale Maschine ... durch eine eindeutige Beziehung zwischen ihrem 'Input' (Stimulus, Ursache) und ihrem 'Output' (Reaktion, Wirkung) charakterisiert. Diese invariante Beziehung *ist* die Maschine". (Es bedarf also keiner Räder und Schrauben. Die Art der Hardware ist überhaupt irrelevant. Die triviale "Maschine" besteht ausschließlich in einer *Transformationsfunktion,* welche die immer gleiche Umsetzung identischer Inputs in identische Outputs garantiert.) Im Unterschied dazu variiert der Output von *nicht-trivialen* Maschinen bei identischen Inputs in Abhängigkeit von ihren veränderlichen inneren Zuständen, die wiederum Resultat ihres vorausgegangenen Operierens sind, und ist deshalb nicht berechenbar. In diesem Sinne begreift Luhmann (1991c, S.25 und 30), darin an von Foerster anschließend (vgl. 1985, S.13), Kinder bzw. psychische Systeme überhaupt als *nicht-triviale Maschinen,* bei denen durch schulische Erziehung nur versucht werden kann, sie in Teilbereichen (z.B. beim Lösen von Rechenaufgaben bzw. generell bei Fragen, für die einzig richtige Antworten vorgesehen sind) dazu zu bringen, *wie* Trivialmaschinen zu funktionieren, d.h. sie zu *"trivialisieren".* Zur Bedeutung der Unterscheidung triviale/nicht-triviale Maschinen für die Systemtheorie vgl. ausführlicher oben, Kap.2.3.1.

nalismus von Konversationsanalyse und objektiver Hermeneutik in Kontakt zu bringen und sowohl *systemtypische* als auch *fallspezifische* Strukturmerkmale bei der Analyse zu berücksichtigen. Demonstrationsfeld dieses Versuchs war die Untersuchung von *Struktursicherungsoperationen* im Kontext pädagogischer Interaktion. Die Untersuchung von Operationen dieses Typs erschien mir als Kooperationsfeld der genannten Ansätze besonders geeignet, weil sie zum einen auffällig und dadurch gut zu isolieren sind, zum anderen aber eine bedeutsame Funktion für die Reproduktion kommunikativer Aktivitätstypen und sozialer Systeme erfüllen, hatten wir doch vermutet, daß Struktursicherungsoperationen gleichsam als *Immunabwehr* fungieren, die ausgelöst werden kann, wenn aktivitätstyp- und systemfremde Strukturmuster in der Kommunikation auftauchen, durch die die Reproduktion eines Aktivitätstyps bzw. die Autopoiesis eines sozialen Systems unterbrochen werden könnte.

Die Rollenverteilung zwischen den beteiligten Ansätzen wurde durch die Wahl des Untersuchungsgegenstandes wesentlich geprägt:

— Die *Konversationsanalyse*, spezialisiert auf die Explikation allgemeiner sowie typenspezifischer Regeln der Gesprächsorganisation, lieferte die zentralen Konzepte für die Konstruktion des *strukturellen Normalitätstyps* der pädagogischen Kommunikation (die pädagogische Basissequenz 'Initiierung-Erwiderung-Bewertung') und für die Identifikation darauf bezogener Struktursicherungsoperationen.
— Hypothesen aus dem Bereich der *Systemtheorie* wurden herangezogen, um die pädagogische Basissequenz als Einrichtung zur Erfüllung einer spezifischen *sozialen Funktion* (Ermöglichung der Unterstellung bestimmter Kenntnisse und Fertigkeiten für Kontakte außerhalb des Erziehungssystems) sowie darauf beziehbarer Unterfunktionen zu interpretieren und um zu zeigen, in welcher Weise die für das Erziehungssystem charakteristische *Codierung* der Kommunikation (Primärcode: vermittelbar/nicht vermittelbar; Sekundärcode: besser/-schlechter) in diese Basissequenz eingeschrieben ist.
— Der *objektiven Hermeneutik* fiel in der Analyse des Fallbeispiels zunächst die Aufgabe zu, vor dem Hintergrund der konversationsanalytischen Ergebnisse zum Normalitätstyp pädagogischer Interaktion die *fallspezifische Sinnstruktur* der Sequenz, in die die untersuchte Struktursicherungsoperation (13 L) eingebettet war, ebenso aufzudecken wie *die besondere Form ihrer Realisierung* (nämlich als präventive Ermahnung und zugleich abschließendes Element einer *unterbrochenen Initiierung*, mit der die zunächst nur angekündigte Situationsdefinition 'Unterrichtsdiskussion' verbindlich in Kraft gesetzt wurde). Durch die hermeneutische Sequenzanalyse gelang es dabei, die *latente Eigenlogik* der Abweichungen präzise zu bestimmen, die zur Realisierung der Struktursicherungsoperationen Anlaß gaben. Dabei trat die *strukturaffirmierende Bedeutung* abweichenden Verhaltens sowie die Analyse seiner Regulation durch den Lehrer als Ordnungsinstanz des Interaktionssystems Unterricht in den Vordergrund.

Für die *theoretisch generalisierende* Deutung der identifizierten Fallstruktur konnte die hermeneutische Analyse an Hypothesen aus dem Bereich der Ethnologie und Systemtheorie anschließen. Eine kurze, strukturell unterbestimmte Phase des Übergangs zwischen zwei Aktivitätstypen (Filmvorführung; Diskussion) im Schulunterricht okkupierend, folgten die verschiedenen Abweichungen in unserer Beispielszene im wesentlichen dem "antistrukturellen" Muster (Turner) einer *karnevalesken Umkehr* der geltenden Ordnung, primär realisiert als *Parodie unterrichtstypischer Struktursicherungsoperationen*.

Aus systemtheoretischer Perspektive leisten antistrukturelle Rituale bzw. Episoden einen wesentlichen Beitrag zur Erfüllung der folgenden *sozialen Funktion*: Sie ermöglichen die Stabilität der systemischen Ordnung, indem sie die für streng stratifizierte Sozialsysteme charakteristischen abweichenden Verhaltensimpulse episodisch integrieren und dadurch neutralisieren. Dies geschieht durch die befristete Umkehr der hierarchischen Beziehungen zwischen den Inhabern unterschiedlicher Statuspositionen auf dem Wege des Rollentauschs, der noch im Modus der Abweichung die Alternativenlosigkeit der Statushierarchie vor Augen führt. Durch diese temporäre Suspendierung der geltenden Verhaltensrestriktionen machen antistrukturelle Rituale (bzw. antistrukturelle Phasen im Normalbetrieb eines sozialen Systems) die Verhaltenslasten für die involvierten Individuen (insbesondere in den untergeordneten Statuspositionen) tragbar, ohne deshalb die Struktur eines hierarchisch geordneten Systems infrage zu stellen. Sie sichern so die Kompatibilität zwischen den Verhaltensanforderungen des Sozialsystems und den Reproduktionsbedingungen der damit strukturell gekoppelten psychischen Systeme.

In Analysen der vorgestellten Art gelingt es der objektiven Hermeneutik, ausgehend von den besonderen Merkmalen einer untersuchten Sequenz, ein ihr zugrunde liegendes Selektionsmuster zu identifizieren und es als Spezifikation eines allgemeineren Strukturtyps (hier: von "antistrukturellen" Ritualen) mit charakteristischen Funktionen (und/oder Dysfunktionen) von entsprechender Generalisierungsstufe zu dechiffrieren. Auf dem Wege fallanalytisch fundierter Generalisierung überbrückt sie so die Distanz zwischen *hermeneutischer Einzelfallrekonstruktion* und funktionalistischer, im *System/Umwelt-Modell* argumentierender *Theoriebildung*. Sie demonstriert damit in exemplarischer Weise, daß Hermeneutik und Systemtheorie eng miteinander kooperieren können und dementiert zugleich die Habermas'sche These, nach der Hermeneutik und Systemtheorie auf grundsätzlich inkompatiblen begrifflichen Grundlagen beruhen (vgl. oben, Kap.1.8). Neben der Kooperation mit der Systemtheorie (aber auch mit anderen theoretischen Ansätzen) ist freilich auch die selektive Konkurrenz mit Theorieangeboten dieser Allgemeinheitsstufe möglich, sofern am Einzelfall gewonnene Strukturgeneralisierungen in Widerspruch zu deren Annahmen treten.

Die Verknüpfung zwischen bereits entwickelten theoretischen Konzepten und hermeneutischen Interpretationen bzw. konversationsanalytischen Befunden ist dabei vor allem *heuristischer* Art. Theoretische Begriffe und Hypothesen können beim Entwerfen von Deutungsmöglichkeiten eingesetzt werden. Die Systemtheorie fungiert hier als eine Anregungsquelle neben anderen. Sie stellt Unterscheidungen zur Verfügung, die - *nach hinreichender Spezifikation* im Blick auf die besondere Konstellation des Falles - bestimmte Bedeutungsmöglichkeiten hervortreten lassen, auf die der Interpret ohne diese Unterscheidungen vielleicht nicht verfallen wäre. Umgekehrt ergeben sich aus der fallanalytischen Konkretisierung allgemeiner theoretischer Begriffe ein *höheres Auflösungsniveau* der damit möglichen Beobachtungen und Beschreibungen und daraus folgende *Bestimmtheitsgewinne* für die involvierten Theorien, die auf andere Weise kaum zu erzielen sind.

Die interpretative Nutzung theoretischer Konzepte ist in der Hermeneutik allerdings nicht unumstritten. Manche sehen darin nur eine *unfruchtbare Subsumtion* des empirischen Materials unter fixe Begriffe und Deutungsprämissen, die dessen strukturelle Besonderheiten verfehlen muß und über die sterile Wiederholung von im Prinzip bekannten Interpretationsmöglichkeiten nicht hinausführt. Daß diese Gefahr besteht, ist nicht von der Hand zu weisen. Ob eine Fallrekonstruktion, die von theoretischen Hypothesen heuristischen Gebrauch zu machen sucht, dieser Gefahr zum Opfer fällt, ist freilich allein nach den Interpretationsergebnissen zu beurteilen. Der bloße Verdacht auf subsumtionslogischen Hypothesen- und Begriffsgebrauch hat, so lange er nicht an der Interpretation selbst belegt werden kann, den Status eines "paper doubt" (Peirce) und führt in einen performativen Widerspruch, bedeutet seine unbelegte Äußerung doch selbst nichts anderes als die subsumtionslogische Verwendung dieses Etikettes.

Nach welchen Kriterien kann man beurteilen, ob theoretische Prämissen subsumtionslogisch genutzt worden sind? - Wenn die Analyse eines Fallbeispiels keine überraschenden, sondern nur theoretisch erwartbare Ergebnisse produziert, so ist dies sicher kein ausreichendes Indiz dafür, kann dies doch auch als Beleg für die Triftigkeit der theoretischen Annahmen verstanden werden. Werden hypothetische Deutungsmöglichkeiten im Prozeß der Interpretation allein deshalb nicht weiter verfolgt, weil sie bestimmten theoretischen Prämissen widersprechen bzw. eine theoretische 'Deckungsgrundlage' dafür bisher fehlt, dann ist dadurch offensichtlich vorentschieden, daß in den Daten nur Bekanntes aufgefunden werden kann. Wer theoretische Annahmen so verwendet, gebraucht sie *subsumtionslogisch*. Er minimiert damit zugleich die Chancen für deren Falsifikation, weil er - statt konkurrierende Deutungshypothesen offensiv zu entwickeln und die eigenen Ausgangsannahmen dadurch einer *Vergleichsbewährung* in Relation zu theoretischen Alternativen auszusetzen - abweichende Interpretationen erst akzeptieren wird, wenn ihre Evidenz nicht mehr zu leugnen ist. Nach den gleichen Kriterien ist der interpretierende Gebrauch theoretischer Vorannahmen dann unproblematisch, wenn dadurch Deutungen formuliert und anschließend geprüft werden können, zu denen man ohne diese Annahmen nicht gekommen wäre (vgl. entsprechend Oevermann 2002, S.24f.). Denn hier wird die Menge der Hypothesen, die einer vergleichenden Bewährung am Material ausgesetzt werden können, nicht reduziert, sondern erweitert und dadurch gleichermaßen die Berücksichtigung neuer Deutungen wie auch deren Prüfung in der Konkurrenz mit schon bekannten Hypothesen ermöglicht. Auf diese Weise kann, - in Übereinstimmung mit den Standards des "raffinierten Falsifikationismus" und der "Methodologie wissenschaftlicher Forschungsprogramme", welche die *Vergleichsbewährung zwischen konkurrierenden Theorien oder Forschungsprogrammen durch Überschußgehalt* verlangen (vgl. Lakatos 1974 sowie oben, Kap.2.3.6), - eine möglichst reichhaltige Interpretation der Besonderheiten des jeweils untersuchten Falles mit scharfer Prüfung der entwickelten Deutungen kombiniert werden, weil jede Deutung nicht nur mit den Daten verträglich sein, sondern sich auch gegenüber eventuellen Konkurrenten als überlegen oder zumindest gleichwertig erweisen muß. Ich will versuchen, diesen Gedanken etwas genauer zu beleuchten. Klären wir dazu zunächst die Frage, inwiefern auch Deutungshypothesen, zu denen aktuell gar keine Alternativen verfügbar sind, subsumtionslogisch eingesetzt werden können.

Bei einzelnen Deutungshypothesen ohne Konkurrenten kann von einer subsumtionslogischen Verwendung m.E. dann gesprochen werden, wenn die Dichte der Abstützpunkte im Material relativ zu Deutungshypothesen analoger Reichweite zu gering ist (vgl. dazu auch Reichertz 1997), d.h. wenn *gezeigt* werden kann, daß das Auflösungsvermögen von Falldeskriptionen einerseits und darauf bezogenen Deutungs- bzw. Erklärungshypothesen andererseits zu weit und ohne die Vermittlung durch kontrolliert nachvollziehbare Abstraktionsschritte auseinanderklafft. Am Extrembeispiel illustriert: Wenn die Auswahl einer Äußerung in einer Sequenz als Bewältigung des Problems der "Reduktion von Komplexität", d.h. der Einschränkung der Überfülle alternativer Möglichkeiten interpretiert wird, so ist diese Deutung zwar nicht falsch, aber offensichtlich zu allgemein gewählt, um Aufschluß darüber zu geben, welche *spezifische* Bedeutung der Auswahl *dieser* Äußerung an *dieser* Sequenzstelle in *diesem* Sozialsystem zuzuschreiben ist.

Wenn ich recht sehe, bedient sich Schegloff (1987) eines ähnlichen Arguments, wenn er Versuche der Einführung makrosoziologischer Variablen zur Erklärung konversationeller Phänomene als voreilig kritisiert. Als Angemessenheitskriterium für die Konstruktion einer Deutung wird hier angenommen, daß die Auswahl einer Äußerung zunächst als Beitrag zur Lösung eines *lokalen* Organisationsproblems der Kommunikation zu erklären ist und makrosoziologische Variablen (wie z.B. Machtdifferenzen zwischen den beteiligten Akteuren) hier nur dann eingeführt werden dürfen, wenn sie als Beitrag zur Lösung eines solchen Problems relevant sind oder als abhängige Variablen analysiert werden können, deren Erzeugung bzw. Reproduktion als Folge der Lösung von Problemen dieses Typs verstanden werden kann.

Was Schegloff damit einklagt, ist nichts anderes, als eine abgeschwächte Variante des *allgemeinen hermeneutischen Kriteriums*, daß eine Interpretation den Besonderheiten des zu interpretierenden Sinngebildes Rechnung tragen muß (vgl. ausführlich dazu oben, Kap.1.5). Daß die Art der für die Interpretation in Frage kommenden Bezugsprobleme dabei von vornherein beschränkt ist auf Probleme der kooperativen Prozessierung von Kommunikation, setzt der individualisierenden Auslegung von Interaktionstexten freilich Grenzen, die den konversationsanalytischen Mikro*funktionalismus* deutlich unterscheiden von einem genuin hermeneutischen Zugang, der ein Sinngebilde als Antwort auf eine Problemsituation auszulegen sucht, die für es charakteristisch ist.

Jede Auslegung, die ein Sinngebilde auf ein Problem bezieht, für dessen Lösung es eine größere Menge alternativer Lösungsmöglichkeiten gegeben hätte und die keinerlei kontextspezifische Bedingungen der Angemessenheit für die faktisch getroffenen Selektionen identifizieren kann, verfehlt dieses methodologische Kriterium. Die hermeneutische Interpretation darf den Bezug zu derartig allgemeinen Bezugsproblemen *nicht unmittelbar* suchen, sondern darf ihn nur vermittelt über eine Folge von sorgfältig kontrollierten Schritten fallspezifischer Rekonstruktion und anschließender Generalisierung herstellen. In der oben vorgetragenen Interpretation habe ich dies versucht, indem ich aus der Äußerung für Äußerung vorgenommenen Sequenzanalyse ein Selektionsmuster extrahiert habe, das der allgemeinen Struktur eines "antistrukturellen -" oder Umkehrrituals präzise entsprach. Dieses Muster konnte deshalb mit einer für Rituale dieses Typs geltenden *generalisierten* Funktionszuschreibung verknüpft und diese Funktionszuschreibung umgekehrt auf die besonderen Bedingungen des untersuchten Falls hin *spezifiziert* werden.

Konkurrieren verschiedene Interpretationen im Prozeß der Auslegung miteinander, dann ist - im Rahmen eines paarweise durchgeführten Vergleichs - jeweils diejenige Interpretation zu bevorzugen, die es ermöglicht, einer größeren Zahl von Elementen des Sinngebildes eine für sie spezifische Rolle innerhalb der Gesamtdeutung zuzuordnen. Dies folgt aus der schon im ersten Teil dieses Bandes formulierten These, nach der es das Ziel hermeneutischer Interpretation ist, bei der Interpretation eines Sinngebildes eine individualisierte Problemsituation zu entwerfen, bezogen auf die im *idealisierten Grenzfall* jedes einzelne seiner Elemente als notwendiger Teil eines Lösungsversuchs verstanden werden kann.

Man kann diese These freilich auch ohne Rückgriff auf einen kontrafaktisch angenommenen idealisierten Grenzfall formulieren und ihr dadurch zugleich eine *konstruktivistische Wendung* geben, indem man das Ziel hermeneutischer Auslegung ex negativo, als Vermeidungsimperativ formuliert: Worum es demnach in jeder Auslegung geht, ist die Sicherung der Nicht-Beliebigkeit der Interpretation. Im Falle der Konkurrenz zwischen unterschiedlichen Deutungshypothesen ist deshalb diejenige als besser bewährt zu betrachten, die den *geringsten Beliebigkeitsgrad* aufweist.

Das Konzept der "Wahrheit" einer Interpretation erscheint hier in methodologisch transformierter Gestalt, als Imperativ, nach größtmöglicher Einschränkung von Beliebigkeit durch Maximierung des Auflösungsvermögens von Deutungshypothesen zu streben. Um in diesem Sinne "Wahrheit" für vorgeschlagene Interpretationen beanspruchen zu können, muß nicht mehr als die Minimalvoraussetzung erfüllt sein, daß zwischen akzeptablen und zu verwerfenden Hypothesen mit Gründen unterschieden werden kann. Dieser Minimalvoraussetzung kommt zugleich der Status einer Sinnbedingung für die Bildung von Deutungs- und Erklärungshypothesen zu.

Ein Wahrheitskonzept, das voraussetzt, es könne Wahrheit jeweils nur im Singular, d.h. nur *eine* wahre Interpretation eines Textes (oder auch der natürlichen

Welt) geben, ist auf diese Weise freilich *nicht* zu begründen. Texte, oder allgemeiner, Sinngebilde, etablieren Restriktionen für ihre Interpretation. Wie scharf diese Restriktionen sind und ob sie in jedem Falle ausreichen, um eine Entscheidung zwischen verschiedenen Interpretationen zuzulassen, die miteinander inkonsistent sind, ist eine jeweils nur empirisch zu entscheidende Frage. Texte können Zonen objektiver Unbestimmtheit aufweisen. Von vollständiger Bestimmtheit eines Textes kann gesprochen werden, sofern er genügend widerständige Anhaltspunkte liefert, um alternative Deutungshypothesen scheitern zu lassen. Letztes Kriterium für die "Wahrheit" bzw. genauer: für die *rationale Akzeptabilität* einer Interpretation, ist ihre Verträglichkeit mit allen Einschränkungen, die ihr durch den Text auferlegt sind, oder - um einen Begriff aus dem Diskussionskontext des "radikalen Konstruktivismus" zu bemühen, der eben dies besagt - ihre "Viabilität" (vgl. dazu Glasersfeld 1987, S.439f.).

Das Kriterium der Verträglichkeit oder Kompatibilität kann freilich auf *unterschiedlichen Stufen der Güte* erfüllt sein: Auf der schwächsten Gütestufe bedeutet es nur, daß eine Deutung *nicht in Widerspruch* zu den relevanten Textmerkmalen steht. Auf der höchsten Stufe meint es, daß eine Deutung in der Lage ist, relevante Textmerkmale als *notwendige* Elemente der Textbedeutung zu bestimmen, für die keine funktionalen Äquivalente vorstellbar sind. Genau dies fordert, wie wir im ersten Teil dieses Bandes gesehen haben, die hermeneutische Interpretation (im Unterschied zur funktionalen Analyse). Deutungen, die in der Lage sind, eine möglichst große Menge deskriptiv bestimmbarer Textelemente als notwendige Elemente einer Interpretation zu integrieren, sind deshalb unbedingt gegenüber Auslegungen vorzuziehen, die mit diesen Textelementen nur ohne Widerspruch zu vereinbaren sind.

Die Einschränkungen, mit denen Interpretationen kompatibel sein müssen, sind dabei nicht als etwas anzusetzen, das durch den Wortlaut eines Textes beobachtungsunabhängig fixiert wäre. Sie sind vielmehr ihrerseits interpretativ konstituiert, d.h. sie werden wesentlich durch das Auflösungsvermögen der verschiedenen, miteinander konkurrierenden Deutungshypothesen bestimmt, in deren Licht wesentliche Merkmale der zu interpretierenden Daten häufig erst sichtbar werden, die dann als Bewährungskriterien in der vergleichenden Beurteilung der rivalisierenden Deutungsvorschläge fungieren. Die *Vermehrung der Deutungshypothesen* wird so zugleich zum Motor für die Verbreiterung der bewährungsrelevanten Datengrundlage, indem dadurch immer neue, deutungsbedürftige Elemente in Texten und protokollierten Interaktionen ans Licht gebracht werden, denen ihre Interpretation Rechnung tragen muß. - An unserem Fallbeispiel verdeutlicht: Der durch die konsequente Nutzung der konversationsanalytischen Beobachtungsperspektive erreichte deskriptive Befund, daß sich die Beiträge von Sm1 zu einer kompletten Episode der Störung und Wiederherstellung des unterrichtstypischen turn-taking-Regimes durch eine Struktursicherungsoperation (vollzogen im passend modifizierten Muster einer pädagogischen Basissequenz) zusammenfügen, erzeugt *ein neues Datum*. Dieses Datum ermöglicht es, Interpretationen, die ihm keinen spezifischen Sinn zuordnen können, in der Konkurrenz mit alternativen Deutungen, die dieses

Datum (bei ansonsten gleicher Deutungskapazität) als ein notwendiges Element entschlüsseln und in eine Gesamtdeutung integrieren können, als unterlegen zu bewerten und zu eliminieren.

Das von Oevermann formulierte Kriterium für die Adäquatheit von Interpretationen, nach dem nur solche Lesarten zuzulassen sind, die durch eine "... im Text lesbare, sichtbare, fühlbare oder hörbare Markierung erzwungen werden" (Oevermann 1996, S.103),[213] läßt sich meines Erachtens in diesem Sinne verstehen. Es verlangt, daß hermeneutische Interpretationen sich durch ihre Fähigkeit bewähren müssen, den besonderen Merkmalen des Textes einen Sinn zuweisen zu können, der sie als notwendige Elemente des Textes verständlich macht. In dem Maße, in dem eine Interpretation dazu besser in der Lage ist als konkurrierende Deutungen, kann sie als durch den Text "erzwungen" betrachtet werden (freilich auch dann: immer nur vorläufig, d.h. solange keine andere Interpretation gefunden werden kann, die hier nicht gleiches oder mehr leistet).

Die skizzierte Deutung des Konzepts der rationalen Akzeptabilität einer Interpretation kann verstanden werden als hermeneutisches Äquivalent für das im "raffinierten Falsifikationismus" (vgl. Lakatos 1974) angenommene Kriterium, nach dem jeweils diejenige Hypothese oder Theorie *vorläufig* zu akzeptieren ist, deren bewährter empirischer Gehalt im Vergleich mit ihren Konkurrenten am größten ist. An die Stelle des engen Begriffs der Falsifikation durch direktes Scheitern an abweichenden Beobachtungsaussagen tritt dabei das Konzept der *vergleichenden Bewährung*, das es ermöglicht, auch solche Deutungshypothesen zu eliminieren, die nicht in Widerspruch zu den Daten stehen, die aber durch leistungsüberlegene Konkurrenten geschlagen und verdrängt werden.

Erinnern wir uns noch einmal in wenigen Stichworten an den bisherigen Gang der Argumentation im dritten Teil dieses Bandes:[214] Nach einer ausgiebigen Auseinandersetzung mit Habermas haben wir drei Dimensionen der kommunikativen Konstruktion von Intersubjektivität unterschieden: (a) Die Erzeugung von Konsens über die *Bedeutung* einzelner Mitteilungen; (b) die Erzeugung von Konsens über die korrekte Befolgung von *Regeln* (insbesondere von Regeln des Zeichengebrauchs bzw. der Bedeutungszuschreibung) sowie (c) die Erzeugung von Konsens über den

---

213 An dem Zitat mag die Rede von hör- und fühlbaren Textmarkierungen irritieren. Dazu ist anzumerken, daß Oevermann mit einem äußerst weiten Textbegriff arbeitet. Als "Text" gilt jeder physische Träger von Sinn, also nicht nur sprachliche Texte, sondern auch Bilder, Musik, Plastiken bzw. Objekte jeglicher Art, in deren Gestalt sich Sinn objektiviert. Das Blut des Erstochenen an einem Messer weist ihm im Rahmen eines Mordes die Bedeutung einer Tatwaffe und seinem Besitzer den Status des Tatverdächtigen zu; die charakteristische Oberflächenbeschaffenheit eines behauenen Steines läßt u.U. auf eine bestimmte Bearbeitungstechnik und diese wiederum auf den Ort, ja vielleicht sogar auf den Handwerker oder Künstler schließen, der ihn bearbeitet hat etc. Die Interpretierbarkeit von Objekten als Träger von Sinn ist demnach nicht daran gebunden, daß sie zu Mitteilungszwecken produziert worden sind. Es genügt, daß sie Spuren tragen, die - und seien sie noch so fragmentarisch und schwer zu erkennen - als Spuren von Handlungen gelesen werden können, um ihnen den Status eines *Handlungsprotokolls* und damit eines Textes zuzuschreiben.
214 Eine detailliertere Zusammenfassung dazu gibt Kap.3.1.8. und kann hier deshalb entfallen.

kommunikativen *Aktivitätstypus*, der als struktureller Kontext der Verfertigung von Mitteilungen vorausgesetzt und durch sie reproduziert bzw. transformiert wird. - Die Diskussion des Regelbegriffs führte zu seiner Rekonstruktion als *Beobachtungsschema*, das in der Kommunikation *in unterschiedlichen Modi aktiviert* werden kann: Im operativen (= impliziten) Modus, im (expliziten) Modus der Beobachtung erster Ordnung sowie im (reflexiven) Modus der Beobachtung zweiter Ordnung. - Schließlich haben wir unter dem Titel *Struktursicherungsoperationen* einen besonderen Typus von Reparaturen kennengelernt, die in jedem dieser drei Modi ausgeführt werden können und deren Funktion in der Stabilisierung des jeweils prozessierten kommunikativen Aktivitätstyps gegenüber registrierten oder antezipierten Abweichungen besteht. - Zuletzt erprobten wir dann am Beispiel pädagogischer Interaktion, wie die Konversationsanalyse, die Systemtheorie und die objektive Hermeneutik bei der Analyse von Aktivitätstypen im Kontext funktionssystemischer Kommunikation kooperieren können.

In den zurückliegenden Analysen konzentrierten wir uns nahezu durchgängig auf die Ebene der Interaktion unter Anwesenden, in der die Produktion von Intersubjektivität als routineförmig erzeugtes 'Nebenprodukt' anfällt, weil die Unterscheidung von 'richtig' und 'falsch' verstehen hier an jeder dritten Sequenzstelle in der Kommunikation aufgerufen und eine ihrer beiden Seiten bezeichnet werden kann. Offen blieb die Frage, in welchem Umfang Kommunikation auf die begleitende Herstellung von Intersubjektivität als Bedingung der Möglichkeit ihrer Selbstfortsetzung angewiesen ist.

Diese Frage wird in besonderem Maße relevant, wenn wir die Ebene direkter Interaktion verlassen, in der Kommunikation und Intersubjektivitätsproduktion auf die beschriebene Weise miteinander verschränkt sind. Unter den Bedingungen schriftlicher bzw. *massenmedialer* Kommunikation *entfällt* der mit jedem Passieren einer dritten Sequenzposition absolvierte Intersubjektivitätstest, dem die prozessierten Bedeutungszuweisungen und präsupponierten Erwartungsstrukturen in der Interaktion ausgesetzt sind. Der Autor eines Textes oder der Politiker im Fernsehen haben keine Kontrolle darüber, wie das Publikum ihre Äußerungen versteht. Nicht erst die Akzeptierung von Äußerungen als Prämissen für kommunikative Anschlüsse, sondern bereits die Übereinstimmung der Bedeutungszuweisungen wird dadurch erheblich weniger wahrscheinlich.

Symbolisch generalisierte Kommunikationsmedien springen hier ein, um die notwendigen Koordinationsleistungen und Annahmebereitschaften sicherzustellen (vgl. dazu Luhmann 1984, S.220ff.; Schneider 2002, Bd.2, S.313ff.). Dies ist nur möglich durch drastische Reduktion der Anforderungen an die Intersubjektivität des Verstehens. Aus der Perspektive einer Kommunikationstheorie als *Gesellschaftstheorie* scheint das Konzept der Intersubjektivität deshalb tendenziell in eine Randposition zu geraten, aus der es mit kontrafaktischen Idealisierungen nicht zu befreien ist. Zumindest in einer Negativversion, - nämlich bei dem Versuch, mögliche Grenzwerte für die sozial integrierbare Heterogenität kommunikativer Strukturen und Verstehensweisen zu ermitteln (in Gestalt der Frage nach den *Grenzen und Effekten ihrer Ausdünnung* also), - kommt Intersubjektivität als Problem aber auch hier wieder ins Spiel.[215] Anders, als es die Systemtheorie bisher erkennen läßt, vermute ich freilich, daß der kommunikativen Intersubjektivitätsproduktion auch jenseits der Interaktion unter Anwesenden eine erhebliche Bedeutung zukommt.

Um diese Frage zu klären, müssen wir nun das bisher entwickelte Konzept der Intersubjektivität auf seine empirische Fruchtbarkeit auch jenseits der face-to-face Interaktion hin prüfen. Zugleich gilt es, dieses Konzept unter verstärkter Beanspruchung der begrifflichen Mittel der Systemtheorie weiter auszuarbeiten. Im folgenden Kapitel versuche ich beides. Es widmet sich der vergleichenden Analyse der Bedingungen, der Struktur und der Funktion der Intersubjektivitätsproduktion in der face-to-face Interaktion und in der Massenkommunikation.

Dabei werde ich zunächst auf einige Einschränkungen hinweisen, denen die Produktion von Intersubjektivität bereits unter den Bedingungen der face-to-face Interaktion unterworfen ist. Danach geht es um die Struktur und Funktion kommunikativer Intersubjektivitätserzeugung in der face-to-face Interaktion. Schließlich diskutiere ich die Struktur und Funktion von Intersubjektivität im Binnenkontext massenmedialer Kommunikation sowie im System/Umwelt-Verhältnis zwischen Massenmedien und Publikum.

3.3 Intersubjektivitätsproduktion in der face-to-face Interaktion und in der Massenkommunikation

3.3.1 Zur Struktur der Intersubjektivitätsproduktion in der face-to-face Interaktion

Bisher haben wir untersucht, wie die Kongruenz der Sinnzuweisungen von Ego und Alter in der *Interaktion unter Anwesenden* kontinuierlich überprüft werden kann. Die Kernthese dazu läßt sich wie folgt zusammenfassen: Alters Anschlußreaktion auf ein von Ego gezeigtes Verhalten versteht dieses Verhalten auf bestimmte Weise; Egos Anschlußverhalten an dritter Sequenzposition beobachtet diese Reaktion mit Hilfe der Unterscheidung richtig verstehen/falsch verstehen und bezeichnet eine der beiden Seiten dieser Unterscheidung. Dabei muß nur falsches Verstehen ausdrücklich kenntlich gemacht und korrigiert werden. Die einfache Fortsetzung der Kommunikation bestätigt demgegenüber implizit, daß die Kommunikation von ausreichendem wechselseitigen Verstehen getragen ist. An jeder dritten Sequenzposition wird so die Unterscheidung richtig verstehen/falsch verstehen aktiviert und eine ihrer beiden Seiten bezeichnet. Unter den Bedingungen direkter Interaktion kann auf diese Weise die Kongruenz der Sinnzuweisungen *kontinuierlich getestet* und Intersubjektivität als Nebenprodukt der Kommunikation generiert werden. Wenden wir uns nun den Einschränkungen zu, denen die so mögliche Produktion von Intersubjektivität unterworfen ist.

---

215 Üblicherweise von Systemtheoretikern jedoch unter anderen Titeln, wie etwa dem der "Kompossibilität", verbucht; siehe dazu besonders Fuchs 1992, S.89ff.

Zunächst ist festzuhalten: Das Anspruchsniveau, das bei der Prüfung der Kongruenz der Sinnzuweisungen erreicht werden kann, ist variabel und oft äußerst gering. Kann jemand, wenn er eine Frage stellt oder einen anderen zu etwas auffordert, am Passen oder Nichtpassen der Reaktion des Adressaten noch relativ gut erkennen, inwiefern er richtig verstanden worden ist, so fehlen Anzeichen von entsprechender Deutlichkeit, wenn etwa die Reaktion des Zuhörers nach einem längeren Bericht sich auf ein knappes "Interessant" beschränkt; ähnlich beim Lachen als Reaktion auf einen Witz. Zwar passen diese Reaktionen und signalisieren so, daß der Hörer anscheinend verstanden hat, daß der Sprecher gerade etwas berichtet bzw. einen Witz erzählt hat. Aber sie teilen nichts darüber mit, welchen genaueren Sinn der Hörer diesen Mitteilungen beilegt. Richtiges Verstehen kann hier nur - solange gegenteilige Anzeichen fehlen - *unterstellt*, aber kaum an der kommunikativen Reaktion abgelesen werden.[216] Für die Fortsetzung der Kommunikation reicht das jedoch aus.

Selbst dann, wenn die Kommunikation ausdrücklich darauf zielt, eine möglichst weit reichende kommunikative Validierung intersubjektiven Verstehens zu erreichen, sind hier enge Grenzen gezogen. Längere Beiträge der einen Partei können durch Folgebeiträge anderer typisch nur en bloc oder unter hoch selektiver Anknüpfung angesteuert werden. Soll diese Restriktion umgangen werden, müssen Anschlußäußerungen die Form ausführlicher interpretierender Beiträge annehmen. Der Engpaß für die kommunikative Anzeige von Verstehen, und d.h. auch für die kommunikative Produktion von Intersubjektivität, wird dadurch aber nur an die nächste Sequenzposition verschoben. Mit der Ausführlichkeit interpretierender Beiträge wächst nicht nur die Chance der Registrierung von Mißverstehen, sondern es steigt auch der Aufwand, der betrieben werden muß, um Mißverständnisse zu reparieren. Die Folge ist, daß die Kommunikation, wenn sie sich der Klärung psychisch registrierter Mißverständnisse widmen soll, sich immer mehr mit der Aufarbeitung ihrer Geschichte beschäftigen muß und für anderes kaum noch Raum bleibt. Eine derartige thematische Spezialisierung ist offensichtlich nur unter seltenen Sonderbedingungen möglich. Und sie macht die Selbstvereitelung der hypertrophierenden Bemühungen um richtiges Verstehen zunehmend wahrscheinlich, erzeugt doch jeder Versuch der Bereinigung von Mißverstehen zugleich weitere Mißverstehensmöglichkeiten, die - sofern registriert - zu weiteren Reparaturbemühungen Anlaß geben können etc.

Auch diese Darstellung läuft noch Gefahr, Umfang und Reichweite der kommunikativen Produktion von Intersubjektivität in der face-to-face Interaktion *zu überschätzen*, unterstellt sie doch immer noch die *strikte Kopplung* von Mitteilung an Mitteilung, bei der keine Äußerung ohne einen Anschluß bleibt, der ein zumindest rudimentäres Verstehen kommuniziert. Das Prinzip der strikten Kopplung ist aber

---

[216] Es sei denn, der Berichtende unternimmt dazu besondere - aber oft aufdringlich erscheinende und sich deshalb verbietende - Anstrengungen, fragt etwa nach, *was* der Hörer an dem Berichteten interessant finde oder *warum* er so heftig über den Witz gelacht habe.

nicht unumgänglich.²¹⁷ Die Differenzierung von *Themen und Beiträgen* ermöglicht es, dieses Verknüpfungsprinzip zu ersetzen durch die direkte Relationierung von Einzelbeiträgen zum Gesprächsthema. Erleichtert wird dies besonders dann, wenn die Kommunikation unter einem *expliziten* Thema steht (wie z.B. im Rahmen von Diskussionsveranstaltungen). Damit erhöht sich die Wahrscheinlichkeit, daß viele Beiträge ohne Anschluß und damit ohne kommunikativ artikuliertes Verstehen bleiben. Andererseits können durch die *Suspendierung* des Ordnungsprinzips strikter Kopplung einzelne Beiträge immer wieder als Anknüpfungspunkt für Nachfolgekommunikation angesteuert und gedeutet werden. Diese asymmetrische Verteilung der Häufigkeit, mit der verschiedene Äußerungsereignisse überhaupt zum Objekt kommunikativen Verstehens werden, hat eine entsprechend asymmetrische Verteilung der Aussicht auf intersubjektive Validierung von Verstehen in der Kommunikation zur Folge.

Aber auch dann, wenn kommunikativ artikuliertes Verstehen erreicht wird, können weitere Restriktionen wirksam werden, welche die Möglichkeiten der nachfolgenden Aktualisierung der Unterscheidung richtig/falsch verstehen - und damit die Produktion von Intersubjektivität - einschränken:

--- Die Möglichkeit der Korrektur kommunikativen Verstehens kann durch besondere *turn-taking-Modalitäten* nahezu eliminiert werden. Z.B. wenn Pressekonferenzen so organisiert sind, daß nach der Beantwortung der Frage eines Journalisten durch den befragten Pressesprecher, Verbandsvertreter oder Politiker sofort der nächste Journalist das Wort erhält (vgl. dazu Schegloff 1987, S.222ff.). Ebenso bei Diskussionen im Anschluß an wissenschaftliche Vorträge, sofern diese (etwa bei großen Tagungsveranstaltungen) nach analogem turn-taking-Muster organisiert sind. Ähnlich auch im Schulunterricht, sofern sich die Kommunikation an dem Format 'Initiierung (durch die Lehrperson) --> Erwiderung (durch einen Schüler) --> Bewertung (durch die Lehrperson)' orientiert.
--- Auch dann, wenn solche Einschränkungen nicht vorgegeben sind, werden Reparaturen bei einer größeren Anzahl von Beteiligten zunehmend aufwendig. Nehmen wir an, A sagt etwas, B reagiert darauf, A glaubt sich mißverstanden, doch bevor er einen Korrekturversuch starten kann, formuliert C einen weiteren Beitrag zum Thema, auf den D reagiert, wobei D's Äußerung zugleich das Thema modifiziert. Bevor A die Möglichkeit erhält, B's Mißverstehen zu korrigieren, ist die Kommunikation bereits an einem Punkt angelangt, an dem dieses Mißverständnis nicht mehr relevant erscheint. Eine Korrektur, die ja zunächst die zurückliegende Episode in Erinnerung rufen müßte, würde einen hohen Aufwand an Zeit und Aufmerksamkeit verlangen, der nur unter Übernahme zusätzlicher Begründungslasten, d.h. nur im Ausnahmefall zu legitimieren ist. Der Zusammenhang zwischen der *Nicht-Korrektur und der Bestätigung der Korrektheit*

---

217 Das Prinzip der strikten Kopplung von Äußerungen gilt für die Ausführung sogenannter "Nachbarschaftspaare" (adjacency pairs), wie z.B. Frage/Antwort, Aufforderung/Erfüllung bzw. Ablehnung etc. Vgl. dazu Heritage 1984, S.245ff.

kommunikativ artikulierten Verstehens ist unter diesen Voraussetzungen *geschwächt*. Oder anders gesagt: Die Schwelle für die Korrektur von Mißverständnissen liegt höher. Kleinere Mißverständnisse - und dies erwarten die Beteiligten wechselseitig voneinander - unterliegen gleichsam einer *Geringfügigkeitsklausel*. Wer sie hartnäckig zu korrigieren versucht, dürfte leicht als pedantisch wahrgenommen werden oder als jemand, der sich selbst zu wichtig nimmt.

Sind mehr als zwei Personen an einer Interaktion beteiligt, dann entstehen daraus freilich nicht nur Restriktionen, sondern auch *neue Möglichkeiten* der Intersubjektivitätserzeugung. Nehmen wir an, A verwendet in einem Beitrag den Ausdruck "Neger". B versteht dies als Ausdruck von Geringschätzung und Diskriminierung. A beteuert, mit diesem Ausdruck keinerlei diskrimierende Absichten und Vorstellungen zu verbinden. B akzeptiert dies nicht, spricht von der Möglichkeit "unbewußter Ressentiments" und erhält dafür die Bestätigung durch C, der den Gebrauch des inkriminierten Ausdrucks durch A auf die gleiche Weise versteht. B und C haben damit ein als "übereinstimmend" deklariertes Verstehen der Äußerung von A erreicht, das A zugleich die Berechtigung oder Befähigung aberkennt, den Sinn seiner Äußerung selbst zu definieren. Ein derartiger Entzug der Sinnbestimmungskompetenz findet sich vor allem in moralisch aufgeladenen oder therapeutischen Interaktionen. In unserem Zusammenhang von Interesse ist dabei die Möglichkeit der *Ablösung des Verstehens und der kommunikativen Intersubjektivitätsproduktion von der bekundeten Selbstdeutung des Autors einer Äußerung*. In der Interaktion unter Anwesenden gelegentlich vorkommend, liegt ihre eigentliche Bedeutung in ihrer Nutzbarkeit im Rahmen massenmedialer Kommunikation.

3.3.2 Zur Funktion der Intersubjektivitätsproduktion in der face-to-face Interaktion

Bisher habe ich mich darauf konzentriert, die *Struktur* der Produktion von Intersubjektivität in der Interaktion unter Anwesenden zu umreißen. Nur unzureichend beantwortet wurde dabei die Frage nach der *kommunikativen Funktion* der Intersubjektivitätsproduktion.

Eine typische Generalantwort, welche die Systemtheorie für derartige Fragen bereithält, würde lauten, Intersubjektivität hat die Funktion der *Sicherung von Anschlußfähigkeit*. Diese Antwort erscheint zunächst wenig befriedigend. Sie scheint vor allem viel zu allgemein, um wirklich von Interesse zu sein und erweckt den Eindruck eines Passepartouts, das immer dann aus dem Hut gezaubert wird, wenn Systemtheoretiker um eine gehaltvollere Antwort verlegen sind. Doch sehen wir zu, ob dieser Antwort nicht doch etwas mehr abgewonnen werden kann, als es der erste Blick erwarten läßt.

Auffällig ist in jedem Fall, daß diese Funktion - die Sicherung von Anschlußfähigkeit - auch anderen Strukturelementen von Kommunikation zugeordnet wird. So vor allem der kommunikativen Verfertigung von *Handlungen*. Handlungen werden nach den Prämissen der Systemtheorie nicht durch die Mitteilungsintentionen ihrer Urheber, sondern durch Sinnzuschreibungen *aus der Perspektive anderer* als Sinneinheiten der Kommunikation generiert. Luhmann beschreibt Handlungen als Selbstvereinfachungen der Kommunikation, deren Aufgabe es ist, Abstützpunkte für Anschlußhandlungen zu liefern (vgl. Luhmann 1984, S.229). Als artifizielle Selbstvereinfachung von Kommunikation gilt Handeln dabei deshalb, weil Kommunikation zunächst als *Koprodukt* mindestens zweier Prozessoren definiert ist: Ego erzeugt ein Verhaltensereignis, um Alter damit etwas mitzuteilen, und Alter versteht es als Mitteilung einer Information. Aber Alter muß den verstandenen Sinn auf Egos Mitteilung und nicht auf sein Verstehen zurechnen, weil sonst eine wichtige Orientierungsgrundlage entfiele, die Alter benötigt, um zu wissen, wie er mit einer eigenen Äußerung an Egos Mitteilung anschließen und so die Kommunikation fortsetzen kann.

Empirischer Testfall dafür sind Situationen, in denen der Adressat einer Mitteilung Verstehensprobleme hat, er zwar einer Äußerung eine mögliche Deutung zuordnen kann, es aber für unwahrscheinlich hält, daß der von ihm verstandene Sinn mit dem Sinn übereinstimmt, den der Mitteilende mit seiner Äußerung verbunden hat. Psychisch werden solche Situationen als verwirrend registriert. Kommunikativ werden sie an Rückfragen wie "Meinst du damit, daß ..." erkennbar, deren Funktion darin besteht, die Zuschreibung des verstandenen Sinnes auf die Mitteilung sicherzustellen, ihn als Produkt von Egos Mitteilungshandlung zu definieren, zu der Alter sich zunächst erlebend verhält, um dann auf der Grundlage des verstehend erlebten Sinnes eine entsprechende Anschlußäußerung auszuwählen.[218]

Das Problem, eine Orientierungsgrundlage für die Fortsetzung der Kommunikation zu gewinnen, ist in der direkten Interaktion eng mit dem Problem der Intersubjektivität verknüpft: Jeder Teilnehmer muß den von ihm verstandenen Sinn als Sinn der verstandenen Äußerung (und nicht etwa als eigenen Einfall) voraussetzen, wenn er daran anschließt.[219] Dies wird aber nur dann möglich sein, wenn er *die Reaktionen des anderen* auf eigene Beiträge im Regelfalle als passende Anschlußäußerung verstehen kann. Schließt Alter hingegen an Egos Mitteilungen

---

[218] Die Kommunikation mit geistig verwirrten Personen liefert anschauliche Beispiele dafür, was passiert, wenn solche Formen der Verstehenssicherung nicht mehr funktionieren. Sofern Kommunikation nicht überhaupt abbricht, gewinnt sie Halt an ritualisierten Sequenzen, die auch unter diesen Bedingungen noch funktionieren oder diejenige Person, welche die Kommunikation dennoch fortzusetzen versucht (z.B. Pflegerinnen und Pfleger) simulieren das ausfallende Gegenüber in ihren eigenen Äußerungen mit, inszenieren also mit monologischen Mitteln einen Dialog, der aber oft so gebaut ist, daß die kommunikative Übernahme der Rolle des anderen sich als Explikation des Sinns nichtsprachlicher Verhaltensäußerungen und als versprachlichte Reaktion darauf präsentiert und auf diese Weise den Anschein von Kommunikation aufrecht erhält (z.B. "Jetzt stehen wir mal auf und gehen zum Tisch. - Gell? - Ja. - Kommen Sie. - Nur keine Eile, wir haben Zeit. - Ach, Sie wollen lieber auf den Stuhl dort drüben? - Gut, dann gehen wir dahin."). Ähnliche Muster als Folge einer analogen Problemkonstellation lassen sich im Rahmen sozialisatorischer Interaktion zwischen Eltern (bzw. anderen Bezugspersonen) und Kleinkindern feststellen. Vgl. dazu Sutter 1999a, 264ff.

[219] Wenn er diese Sicherheit nicht hat, kann er im Einzelfall freilich auch Tarnungsstrategien anwenden, indem er z.B. das Thema wechselt und sich so vom Zwang sinnadäquaten Anschließens dispensiert.

ständig auf eine Weise an, die nicht zu Egos Mitteilungsintentionen paßt (z.B. indem er Egos Fragen unbeantwortet läßt und Antworten, die Ego auf seine Fragen hin gibt, nicht als Antworten zu registrieren scheint), dann ist nicht nur zu erwarten, daß Ego die Motivation zur Fortsetzung der Kommunikation verliert. Vielmehr wird dadurch auch nachträglich in Frage gestellt, ob Ego die Mitteilungen Alters, an die er mit seinen Äußerungen anzuschließen versuchte, tatsächlich richtig verstanden hat. Ego kann den verstandenen Sinn dann nicht mehr auf Alters Mitteilung zurechnen, sondern muß ihn immer mehr sich selbst zuschreiben und offen lassen, welche Bedeutung Alter damit verbunden haben könnte. Damit entfallen schließlich die benötigten Orientierungsgrundlagen für die Produktion von Anschlußäußerungen.

Diese Überlegungen zeigen: Die kontinuierliche Interpunktion von Kommunikation in eine Sequenz zurechenbarer Mitteilungshandlungen mit bestimmbarem Sinn ist in der face-to-face Interaktion nicht unabhängig von der Bestätigung des jeweils angezeigten Verstehens als 'richtiges' Verstehen möglich. Die Attribution des verstandenen Sinnes auf den Autor einer Äußerung ist nicht aufrechtzuerhalten, ohne die mitlaufende Produktion der Intersubjektivität der Sinnzuweisungen. *Handlungsattribution und Intersubjektivitätsproduktion bedingen demnach einander.* Diese These besagt freilich nichts über das Anspruchsniveau der Intersubjektivitätserzeugung; alle oben dazu erwähnten Einschränkungen behalten also ihre Geltung. Und sie gilt, wie gleich zu zeigen sein wird, in dieser Form nur unter den Bedingungen der *face-to-face Interaktion*.

3.3.3 Zur Struktur der Intersubjektivitätsproduktion im Binnenkontext massenmedialer Kommunikation

Von massenmedialer Kommunikation können wir sprechen, wenn sich die Kommunikation bestimmter Verbreitungsmedien wie Schrift, Druck, Funk bzw. elektronischer Medien bedient und an einen größeren Kreis nicht anwesender anonymer Adressaten richtet. Unter solchen Voraussetzungen fällt bereits die routineförmige Rückmeldung kommunikativen Verstehens an den Autor einer Mitteilung aus. Ohne zu wissen, wie er verstanden worden ist und ohne Kontakt zum Publikum, entfällt für den Autor dann auch die Möglichkeit, das erreichte Verstehen als 'richtig' zu bestätigen oder als 'falsch' zu deklarieren und zu korrigieren. *Massenkommunikation kann demnach funktionieren, ohne auf begleitende Intersubjektivitätsproduktion angewiesen zu sein.*[220] Für ihren Betrieb genügt es, wenn Bücher und Pressemitteilungen Leser bzw. Funk- und Fernsehsendungen Zuhörer und Zuschauer finden und Folgekommunikationen auslösen.

Die Verstehenseffekte und Anschlußkommunikationen, die durch Massenkommunikation ausgelöst werden, liegen selbst zu einem großen Teil *jenseits* der Mas-

---

220 Vgl. dazu auch Schneider 1994, S.186ff., 1998, S.180ff. sowie 2002, Bd.2, S.300ff.

senkommunikation. Sie können nur *äußerst selektiv* und durch besondere, darauf gerichtete Anstrengungen in den Binnenkontext massenmedialer Kommunikation eingespiegelt werden, etwa durch Veröffentlichung von Leserbriefen, Umfragen und deren Publikation, Call-in-Sendungen oder Sendungen mit Beteiligung des dazu eingeladenen Studiopublikums.[221]

Wie Publikationen und Sendungen verstanden werden, kann deshalb für die Autopoiesis massenmedialer Kommunikation kaum eine Rolle spielen. Sie läuft weiter, solange ein hinreichend großes Publikum erreicht und die notwendigen Finanzmittel für den Betrieb des Apparates mobilisiert werden können. In welchem Maße tatsächlich aufmerksame Bewußtseine (und nicht etwa nur Empfangsgeräte oder Zeitschriftenablagen) erreicht werden, bleibt dabei im Dunkel. Bei der Beobachtung des Publikums müssen sich die Massenmedien im wesentlichen mit *Ersatzindikatoren* wie Einschaltquoten und Absatzziffern zufrieden geben. Für die Fortsetzung massenmedialer Kommunikation reicht das. Wer mehr wissen will, setzt seine Hoffnung in die Medienwirkungsforschung oder den Ausbau 'interaktiver' Sendeformate.

Obwohl für die kontinuierliche Reproduktion von Massenkommunikation nicht notwendig erforderlich, finden wir auch hier die begleitende Erzeugung von Intersubjektivität. Im Vergleich zur direkten Interaktion lassen sich freilich Unterschiede feststellen, die sowohl die Struktur als auch die Funktion der Intersubjektivitätsproduktion betreffen. Betrachten wir zunächst die *strukturellen Besonderheiten*. Hier fällt zunächst auf, daß eine Möglichkeit, die schon in der face-to-face Interaktion zwischen mehr als zwei Personen besteht, dort aber eher eine randständige Rolle spielt, weit häufiger genutzt wird: Intersubjektivität, so hatten wir gesagt, wird in der Interaktion erzeugt, wenn die Mitteilung einer Person durch die Anschlußäußerung einer anderen auf bestimmte Weise verstanden und die Richtigkeit dieses Verstehens durch den Autor der ersten Äußerung kommunikativ bestätigt wird.[222] Ist dieser Punkt erreicht, dann ist in der Kommunikation eine Sinneinheit hergestellt, die durch übereinstimmende Sinnattribution als 'intersubjektiv geteilt' markiert ist. Konstitutiv für die kommunikative Produktion von Intersubjektivität ist also die *doppelte bzw. mehrfache kongruente Beschreibung* eines Ausgangsereignisses durch kommunikative Folgeereignisse, die von mindestens zwei verschiedenen Prozessoren erzeugt worden sind. Der Autor einer Mitteilung, die auf diese Weise in der Folgekommunikation beschrieben wird, muß die Richtigkeit des Verstehens seiner Äußerung freilich nicht selbst bestätigen. Auch andere können untereinander - u.U. sogar gegen die erklärten Intentionen des Autors - Übereinstimmung darüber herstellen, wie eine Mitteilung zu verstehen ist. Zur Produktion von Intersubjektivität genügt es also, wenn ein kommunikatives Ereignis in den Anschlußbeiträgen verschiedener Teilnehmer auf übereinstimmende Weise verstanden und diese

---

221 Zum Verhältnis von Medienkommunikation und Interaktion vgl. auch Sutter 1999b.
222 Dies geschieht, wie ich noch einmal betonen möchte, in der Regel implizit, d.h. durch Nicht-Gebrauch der Korrekturmöglichkeit an dritter Sequenzposition.

Übereinstimmung in der Kommunikation registriert wird.[223] Die dritte Sequenzposition, an der die Unterscheidung von richtig und falsch Verstehen in der Kommunikation aufgerufen und eine ihrer beiden Seiten bezeichnet werden kann, *wird so zu einer in der Sozialdimension variabel besetzbaren Funktionsstelle anonymisiert.*

Ein Blick in die Zeitung genügt, um festzustellen, daß Intersubjektivität in diesem Sinne ein häufiges Begleiterzeugnis massenmedialer Kommunikation ist. *Skandale* entzünden sich oft daran, daß Äußerungen von Politikern oder anderen prominenten Personen publiziert und in einer Reihe öffentlicher Reaktionen darauf übereinstimmend auf eine Weise interpretiert werden, gegen die kein Dementi mehr hilft, das diese Deutungen als Fehlinterpretationen zu definieren und zu korrigieren versucht. Dabei ist keineswegs einhellige Übereinstimmung über die Bedeutung einer Äußerung erforderlich. Personengruppen und Organisationen können intern zu einer kollektiv geteilten (bzw. durch ihre Sprecher als gültig deklarierten) Interpretation kommen, die den Interpretationen anderer Gruppen bzw. Organisationen widersprechen. Im politischen Raum sorgt schon die Parteienkonkurrenz und die Unterscheidung von Regierung und Opposition dafür, daß solche Konstellationen nicht ungewöhnlich sind. Die Vervielfältigung der Rezipienten im Kontext massenmedialer Kommunikation macht es so möglich und wahrscheinlich, *daß Intersubjektivität pluralisiert wird* und unterschiedliche, im Binnenkontext verschiedener *"interpretativer Gemeinschaften"* als 'übereinstimmend' validierte Deutungen untereinander in Konkurrenz treten.[224]

Stanley Fish (1980) verwendet den Ausdruck der "interpretativen Gemeinschaft", um eine Menge von Interpreten zu bezeichnen, die eine intersubjektive Übereinstimmung über die Deutung von Texten auf der Basis gemeinsam geteilter Hintergrundannahmen erreichen können. Ich gebrauche diesen Begriff in einer *modifizierten* Fassung, die genau zugeschnitten ist auf das Problem der kommunikativen Konstruktion von Intersubjektivität in der bisher entwickelten Form: Als "interpretative Gemeinschaft" bezeichne ich hier und im folgenden *jede kommunikative Konstellation,* in der einer Mitteilung (einer Äußerung, einem Text, einem Kunstwerk etc.) durch anschließende Kommunikationsbeiträge *anderer* Teilnehmer Bedeutungen zugewiesen und diese Bedeutungszuweisungen von den Teilnehmern als 'übereinstimmend' deklariert werden. Zwei Teilnehmer eines Gesprächs, die hier und jetzt feststellen, daß sie die Äußerung eines dritten auf gleiche Weise verstehen, bilden den Elementarfall einer "interpretativen Gemeinschaft" im Sinne dieser Begriffsbestimmung, die keine weiteren Festlegungen enthält, und deshalb

---

223 Auch nicht-kommunikativen Ereignissen (z.B. einem Erdbeben) kann auf diese Weise eine intersubjektiv übereinstimmende Bedeutung zugeordnet werden (etwa durch kongruente Deutung des Erdbebens als 'schicksalhafte Naturkatastrophe', als 'Strafe Gottes' oder als 'vermeidbare Folge menschlicher Eingriffe in die Natur').

224 Die Pluralität möglicher Bedeutungszuweisungen kann freilich auch dazu führen, daß eine Mitteilung in verschiedenen und untereinander konfliktär kommunizierenden Interpretationsgemeinschaften gerade wegen divergierender Bedeutungszuweisungen überraschend einmütige Zustimmung auslöst. Brandts Kniefall vor dem Monument im Warschauer Ghetto und die positive internationale Resonanz darauf geben hier ein instruktives Beispiel. Zur hermeneutischen Interpretation dieser Geste (die auch eine Deutung des Mahnmals einschließt) vgl. Schneider 2004b.

analytisch unabhängig ist von der Zahl der Kommunikationsbeiträge bzw. -teilnehmer, der Dauerhaftigkeit und sachliche Reichweite der deklarierten Übereinstimmung, spezifischen Gemeinsamkeiten im vorausgesetzten Hintergrundwissen, der Art der verstandenen Mitteilung oder der Form und Intensität der sozialen Kontakte zwischen den Kommunikationsbeteiligten. Große und dauerhafte "interpretative Gemeinschaften" wie politische Parteien, religiöse Vereinigungen oder auch wissenschaftliche Schulen (die intern wiederum, sobald es zur Bildung interpretativer Fraktionen kommt, für kurze oder auch längere Frist in unterschiedliche "Subgemeinschaften" zerfallen können), nehmen oft die Form von Organisationen an und nutzen *Verfahren organisationeller Entscheidungsproduktion* als Modus der kommunikativen Konstruktion von Intersubjektivität.

In der massenmedialen Kommunikation können unterschiedliche und oft sehr flüchtige Formen der Produktion von Intersubjektivität beobachtet werden. Intersubjektiver Konsens über die Bedeutung von Mitteilungen wird hier nicht nur auf dem Wege der Bestätigung durch den Autor bzw. durch andere Interpreten explizit festgestellt und dadurch sichtbar erzeugt. Häufig trifft man auch auf Berichte, in denen unterschiedliche Reaktionen mitgeteilt werden, die zu verschiedenen Zeiten und an verschiedenen Orten artikuliert worden sind und die dann *von Berichterstattern und Kommentatoren* auf ihre Kongruenz bzw. Inkongruenz hin beobachtet werden.

Sehen wir uns an einem kurzen Fallbeispiel genauer an, wie dieser Modus kommunikativer Intersubjektivitätsproduktion funktioniert:

(1) Anfang August 1999 machte der damalige SPD-Fraktionsvorsitzende Struck einen Vorschlag zur Reform des Steuersystems. In einem Artikel der FAZ vom 3. August 1999[225] wird über Reaktionen auf diesen Vorschlag berichtet und ausdrücklich vermerkt, "In Übereinstimmung mit früheren Vorschlägen der FDP nannte Struck Steuersätze von 15 Prozent, 25 Prozent und 35 Prozent". Der Bericht erwähnt, Struck sei mit der Bemerkung zitiert worden, "Was die FDP da vorschlägt, ist doch völlig richtig". Ebenso wird eine dazu in Gegensatz stehende Äußerung des stellvertretenden SPD-Fraktionsvorsitzenden Poß zitiert, der gesagt habe, "es wäre fatal, wenn jetzt die 'SPD mit einem längst als absurd erkannten neoliberalen Modell' aufwarte" und der damit an Formulierungen anknüpfte, mit denen die SPD während des Wahlkampfes die steuerpolitischen Vorstellungen der FDP *kritisiert* hat.[226] - Strucks Vorschlag wird hier unter dem Gesichtspunkt der *Kongruenz mit einem früheren FDP-Vorschlag beobachtet.* Die Behauptung der Über-

---

[225] Publiziert unter der Überschrift "Strucks 'ganz einfaches Steuersystem' überrascht Partei und Fraktion" auf der Titelseite der Ausgabe.

[226] Vgl. dazu auch den expliziten Hinweis in einem Artikel der FAZ vom 4. August 1999 (S.3), daß es sich hier um ein Steuermodell handele, "das die Sozialdemokraten noch im Wahlkampf als neoliberales Teufelswerk gegeißelt hatten" (der von Albert Schäffer verfaßte Artikel trägt die Überschrift, "Die Attacke wird als Avance wahrgenommen. Der FDP-Vorsitzende Gerhardt sagt im richtigen Augenblick 'nicht für alle Zeit'" und befaßt sich mit der Frage, inwiefern bestimmte Äußerungen Gerhardts als Signal für die Bereitschaft zu einer Koalition mit der SPD zu deuten seien).

einstimmung wird mit unterschiedlichen, in dieser Deutung übereinkommenden Äußerungen belegt.

(2) Einen Tag später (FAZ vom 4. August 1999) findet sich - ebenfalls auf der Titelseite der FAZ - eine kurze Meldung, in der der FDP-Fraktionsvorsitzende Gerhardt mit der Bemerkung zitiert wird, "Es sei schon überraschend, daß der SPD Fraktionsvorsitzende Struck die Vorschläge der FDP komplett übernehmen wolle, die von den Sozialdemokraten zwei Jahre lang blockiert worden seien".[227] Diese und ähnliche Äußerungen des FDP-Vorsitzenden bilden wiederum den Ausgangspunkt für einen kommentierenden Artikel von Albert Schäffer. - Der Artikel beginnt wie folgt:

> "Mit tückischer Akustik hat der FDP-Vorsitzende Gerhardt zu kämpfen. Seine Freudesbekundungen, daß sich unter den eifrigen Lesern der FDP-Parteiprogramme unversehens Sozialdemokraten befinden, voran der SPD-Fraktionsvorsitzende Struck, wird vom Publikum seltsam verzerrt wahrgenommen - es will immer nur ein Wort verstehen: Koalition, Koalition und nochmals Koalition. So daß Gerhardt als Interpret seiner selbst wirken muß und erläutert, warum diese und jene Äußerung auf keinen Fall bedeutet, daß sich seine Partei, bundespolitisch gesehen, auf Freiersfüßen bewege" (vgl. FAZ vom 4.August 1999, S.3).

Anknüpfungspunkt ist hier ein Dissens zwischen dem FDP-Vorsitzenden und dem nicht näher gekennzeichneten "Publikum" über die *Mitteilungsmotive*, die als Hintergrund der jüngsten Äußerungen von Gerhardt anzunehmen sind. Gerhardt dementiert die umlaufende und - wie die allgemeine Referenz auf "das Publikum" impliziert - vielfach bestätigte Deutung dieser Motive. Der Artikel wiederum ist der genaueren Analyse dieser Dementis gewidmet und kommt zu dem Ergebnis, daß Gerhardts öffentliche Korrekturversuche letzten Endes auf die Bestätigung der kursierenden Interpretation hinauslaufen.

Im Beobachtungsmodus zweiter Ordnung, durch deutendes Verstehen des Verstehens anderer, wird hier im Massenmedium Presse registriert, wie die Äußerungen eines Politikers im Kontext massenmedialer Kommunikation für unterschiedliche Instanzen Anlaß zu *kongruenten Motivzuschreibungen* werden. Mit der These, daß auch diejenigen Äußerungen des Politikers, die sich selbst als Widerspruch gegenüber diesen Zuschreibungen deklarieren, diese Zuschreibungen noch bestätigen, *wird der zuvor registrierte intersubjektive Bedeutungskonsens dann ein weiteres Mal konfirmiert und damit reproduziert.*

Als Phänomen sind solche Formen der Intersubjektivitätsproduktion trivial. Dennoch sind sie erklärungsbedürftig. Anders als in der face-to-face Interaktion ist die Erzeugung von Intersubjektivität im Kontext massenmedialer Kommunikation *kontingent*. Bereits bei oberflächlichem Durchblättern einer Tageszeitung kann man feststellen, daß viele Artikel *ohne* Intersubjektivitätsbezug auskommen. Über hervorstechende Ereignisse, amtliche Mitteilungen und politische Initiativen kann

---

[227] Die Überschrift des Artikels lautet, "Gerhardt: Strucks Zustimmung zum FDP-Steuermodell nutzen".

berichtet werden, ohne Übereinstimmungen und Differenzen zwischen den Deutungen solcher Ereignisse und Mitteilungen durch unterschiedliche Beobachter zu thematisieren. *Welche spezifische Funktion* hat dann aber die Produktion von Intersubjektivität innerhalb massenmedialer Kommunikation?

3.3.4 Zur Funktion massenmedialer Intersubjektivitätsproduktion

Eine definitive Antwort auf diese Frage kann ich hier nicht vorlegen, wohl aber einige Überlegungen dazu, in welcher Richtung die Antwort zu suchen ist.

Die eben erwähnten Beispiele legen zunächst die Vermutung nahe, diese Frage mit Hinweis auf die Besonderheiten des beobachteten Kontextes zu beantworten. Die Codierung der Politik durch die Unterscheidung Macht haben/nicht haben[228] und die Zweitform, die diese Codierung unter den Bedingungen demokratischer Parteienkonkurrenz durch die Differenz von Regierung und Opposition erhält (vgl. u.a. Luhmann 1987c, S.127f.), legen es nahe, Äußerungen prominenter Politiker unter dem Gesichtspunkt der Übereinstimmung bzw. Nicht-Übereinstimmung mit Vertretern der jeweils anderen Seite zu beobachten. Entsprechendes gilt für das Verhältnis zwischen verschiedenen Gruppierungen innerhalb der Parteien. Die permanente Aktualität der Frage, welche Gruppen und Personen sich jeweils durchsetzen und wem dabei die Rolle der unterliegenden innerparteilichen Opposition zufällt, verleiht der Feststellung von Übereinstimmungen und Differenzen zwischen den Beiträgen, die zu einem Thema artikuliert werden, dauerhafte Relevanz. Dabei geht es vor allem um die Feststellung von Übereinstimmung bzw. Nicht-Übereinstimmung im Blick auf die Annahme oder Ablehnung bestimmter Positionen unter dem Gesichtspunkt der Mobilisierung politischer Unterstützung. Die Dimension übereinstimmenden Verstehens wird dabei jedoch zwangsläufig mit in die Beobachtung einbezogen.

Hält man diese Überlegung für zutreffend, dann könnte man versucht sein, die massenmediale Produktion von Intersubjektivität primär darauf zurückzuführen, daß die Massenmedien die Relevanzkriterien des *politischen Systems* als Leitgesichtspunkte für ihre Beobachtungsaktivität verwenden.

Plausibel ist diese These jedoch nur für den Bereich der Politik. Geht es hingegen um Sport, Kunst oder Mode, muß man entweder behaupten, daß die Produktion von Intersubjektivität dort kaum eine Rolle spielt oder - zumindest für diese Bereiche - zu anderen Erklärungen greifen. Wenn Modetrends registriert, wenn Reaktionen auf die anhaltend schlechten Spielergebnisse der deutschen Fußballnationalmannschaft referiert und Kontroversen über die Rezeption von Kunstwerken präsentiert werden, dann kann man auch hier darauf verweisen, daß es entsprechende Auseinandersetzungen doch schließlich gibt und die Massenmedien letztlich nur darauf reagieren. Damit wird jedoch das Problem der Selektion über-

---

228 Gemeint ist damit Macht, die durch das *Innehaben von Ämtern* verliehen wird.

sprungen. Warum attrahieren vor allem derartige Konfliktkonstellationen und die dabei aufeinandertreffenden Deutungen, die oft einen interpretativen Konsens innerhalb relevanter Gruppen und Organisationen zu repräsentieren beanspruchen, die Aufmerksamkeit der Massenmedien?

Dazu die folgende Hypothese: *Konfliktdarstellungen plausibilisieren sich selbst als Information*, ohne daß es dazu wesentlicher Vorkenntnisse bedarf. Die Frage, gegenüber welchen anderen Möglichkeiten eine wiedergegebene Äußerung überhaupt einen Unterschied macht, und d.h. letztlich: was sie überhaupt mitteilenswert erscheinen läßt, ist hier immer schon beantwortet durch die Mitpräsentation der Gegenposition. Konfliktdarstellungen erscheinen deshalb auch für den Unkundigen sofort informativ.[229] Sie liefern einen Unterschied und projezieren zugleich einen klar konturierten Horizont alternativer Möglichkeiten, zwischen denen zu unterscheiden und zu entscheiden ist. Jeder Rezipient sieht sich sofort mit der Frage danach konfrontiert, *was* denn nun richtig ist, *wer* Recht hat, wer sich *wann* durchsetzen wird. Die Zukunft - oder vielleicht auch schon der Fortgang des Artikels - wird es zeigen. - Konflikte imponieren so als selbstevidente Unterschiede, die offensichtlich weitere Unterschiede machen.[230]

Selbstevidente Informativität allein genügt freilich nicht. Jede Mitteilung einer Information ist eine Auswahl aus einer Überfülle alternativer Möglichkeiten, die den Verdacht der Beliebigkeit nur in dem Maße beschwichtigen kann, in dem sie sich als *relevante* Information ausweist.[231] Konfliktdarstellungen attestieren ihre Relevanz, wenn entweder prominente Personen oder repräsentative Gruppen bzw. Organisationen die Kontrahenten sind. *Prominenz* kann als Indikator für die Chance verstanden werden, kopierfähige Meinungs- und Verhaltensmuster exemplarisch zu verkörpern bzw. zu erzeugen und erfolgreich in Umlauf zu setzen. Prominente Personen gelten und fungieren als Stifter von Intersubjektivität unter denen, die sich zu ihnen als "Ratsuchende", als "Fans", als von ihnen "Vertretene", als "Gefolgschaft" oder "Gemeinde" verhalten. Sowohl von ihren Anhängern wie auch von ihren Gegnern oder von neutralen Beobachtern werden ihre Äußerungen deshalb mit besonderer Aufmerksamkeit registriert, in Folgekommunikationen wiederholt und kommentiert. Verlautbarungen von *Gruppen oder Organisationen* (deren Sprecher und Vertreter in der Öffentlichkeit häufig zu den "Prominenten" zählen) stehen für unterschiedliche, *je intern intersubjektiv validierte* Situationsdefinitionen

---

229 Ähnliches gilt für Mitteilungen über die Veränderung quantitativer Werte (Arbeitslosenziffern, Staatsverschuldung, Wirtschaftswachstum etc.) und daran anschließende Trendextrapolationen. Zur Rolle von Konflikten und Quantitäten als Nachrichtenselektoren vgl. auch Luhmann 1996, S.59f.

230 Ein "Unterschied, der bei einem späteren Ereignis einen Unterschied ausmacht" - dies ist bekanntlich die von Gregory Bateson (1983, S.488) stammende Definition einer elementaren Informationseinheit.

231 Es besteht ein enger Zusammenhang zwischen der *Relevanz* und dem *redundanzgenerierenden Potential* einer Information: Relevant ist eine Information dann, wenn sie über sich selbst hinausweist, so etwa, wenn sie soziale Repräsentativität beanspruchen kann oder weitreichende sachliche Folgen erwarten läßt. In dem Maße, in dem die mitgeteilten Informationen über den Einzelfall hinausreichende Schlußfolgerungen und die Bildung entsprechender Erwartungen erlauben, erzeugen sie (im informationstheoretischen Sinn) Redundanz.

und Deutungen, die in Konflikten aufeinanderprallen und um Vorherrschaft konkurrieren. Sie erscheinen als *Repräsentation* der Meinungen der jeweiligen Mitglieder, die darin ihren sichtbaren Ausdruck finden. Die Selektion von Konflikten nach dem Kriterium der Prominenz der involvierten Personen bzw. Organisationen wie auch die Plausibilisierung der repräsentativen Qualität der gegensätzlichen Positionen, die in einem sonst vielleicht unbedeutend erscheinenden Konflikt aufeinander treffen, werden dabei als Strategien der Relevanzsicherung genutzt.

Konfliktdarstellungen, so mein Fazit, ermöglichen die *Kombination von selbstevidenter Informativität und Relevanz* auf knappem Raum. Die bevorzugte Selektion von Konflikten erscheint so einerseits darauf zugeschnitten, Interesse zu erzeugen und Aufmerksamkeit zu binden, ohne dafür weitreichendes Vorwissen beanspruchen zu müssen. Konfliktlinien, die durch intersubjektiven Deutungskonsens validiert sind und sich damit als Konflikte zwischen Kollektiven bzw. Organisationen darstellen, können leicht als bedeutsame Sachverhalte der gesellschaftlichen Wirklichkeit präsentiert werden. Die Darstellung solcher Konflikte liefert deshalb einen wesentlichen Beitrag zur Erfüllung der *sozialen Funktion* der Massenmedien, die aus der Perspektive der Systemtheorie in der kontinuierlichen Erzeugung einer gesellschaftsweit akzeptablen, von Tag zu Tag neu aktualisierten *Beschreibung der Welt und der Gesellschaft* besteht (vgl. Luhmann 1996, S.169ff.), adressiert an ein anonymes Publikum mit unbekanntem und inhomogenem Hintergrundwissen, dessen Aufmerksamkeit damit gewonnen werden muß.

Die Beobachtung sozialer Intersubjektivitätsproduktion, und dies vor allem innerhalb von Konflikten, ist freilich nur ein feststellbares Muster massenmedialer Kommunikation. Wie hoch die Bedeutung dieses Musters zu veranschlagen ist, welche alternativen Muster der Kombination von Informativität und Relevanz erzeugt werden bzw. welche alternativen Prämissen für die Selektion von Mitteilungen in den Massenmedien eingesetzt werden - all dies sind selbstverständlich nur empirisch zu beantwortende Fragen, die dadurch in keiner Weise vorentschieden sind.

3.3.5 Intersubjektivität im System/Umwelt-Verhältnis zwischen Massenmedien und Publikum

Die vorstehenden Überlegungen thematisierten die Produktion von Intersubjektivität im *Binnenkontext* der Massenmedien. Bisher nicht behandelt haben wir die Herstellung von Intersubjektivität über die Systemgrenze hinweg in der Beziehung zwischen den Massenmedien und ihrem Publikum. Dazu nun eine spekulative These. Anknüpfungspunkte dafür liefert die *Medienwirkungsforschung*.

Auf unsere Überlegungen besonders zugeschnitten scheint hier die von Lazarsfeld, Berelson und Gaudet (1969) in ihrer klassischen Studie über die amerikanischen Präsidentschaftswahlen von 1940 entwickelte Hypothese eines *two-step-flow* massenmedialer Kommunikation. Diese Hypothese besagt bekanntlich, daß die Informationen der Massenmedien oft nicht unmittelbar von den Rezipienten aufgenommen werden und sich auf ihr Verhalten auswirken. Häufig werden diese

Informationen erst durch die Vermittlung über besonders aktive Personen, die sogenannten *"opinion leaders"* wirksam, welche die Berichterstattung in Presse, Funk und Fernsehen aufmerksamer verfolgen und sich in der Kommunikation mit anderen stärker bemühen, ihrer Meinung Geltung zu verschaffen.[232]

An die Stelle eines zweistelligen Modells tritt so eine *dreistellige Beziehung* zwischen massenmedialer Information, opinion leaders und opinion followers: Die Nachrichten und Berichte der Medien lösen hier zunächst Reaktionen bei den Meinungsführern aus, die dann andere, die Meinungsnachfolger, in direkter Interaktion zur Übernahme ihrer Haltung motivieren und auf diese Weise *intersubjektive Übereinstimmung* generieren. Dies kann auf Seiten der Meinungsnachfolger mit oder ohne Kenntnis der ursprünglichen massenmedialen Information geschehen. Skandale um angeblich blasphemische Szenen in Filmen oder Romanen sind ein gutes Beispiel für die zweite Konstellation. Der geringste Teil der Personen, die sich über die angeblichen Schmähungen entrüsten, hat das angeprangerte Werk selbst gesehen bzw. gelesen. Man vertraut auf die Urteilsfähigkeit, die Deutung und Bewertung anderer und hier insbesondere auf anerkannte religiöse Führer.

Einflußstrukturen sind jedoch nicht notwendig hierarchisch geordnet. Zwischen Meinungsführern und -nachfolgern bestehen oft keine oder nur geringe Statusdifferenzen. Auch kann nicht in jedem Falle angenommen werden, daß die Besetzung der Relation von Meinungsführer- und Gefolgschaft zwischen denselben Personen in der Zeit und über unterschiedliche Situationen hinweg stabil ist.[233] Eine Person A kann in einer Situation Ratgeber einer Person B und damit Meinungsführer sein und kurz darauf den Rat von B suchen und damit gegenüber B in die Rolle des Meinungsnachfolgers wechseln.[234] Dabei kann es sich auch um Fragen handeln, die in demselben Problemfeld lokalisiert sind.[235] Bei einer größeren Anzahl von

---

232 Vgl. Lazarsfeld, Berelson, Gaudet 1969, S.28. - Zur Diskussion, Kritik und Modifikation der These des two-step-flow vgl. u.a. Katz 1957, Merten 1988 und 1994, Schenk 1989 sowie Eisenstein 1994.

233 Die Unterscheidung opinion leader/opinion follower wird empirisch in der Regel über die Erfragung von Rat gebenden und Rat suchenden Personen operationalisiert. Wer jemanden um Rat bittet und diesen Rat dann befolgt ist - zunächst nur in dieser Situation - Meinungsnachfolger, wer um Rat gefragt wird und einen Rat erteilt, der befolgt wird, ist - in dieser Situation - Meinungsführer. Wer von vielen Befragten als Ratgeber genannt wird, der kann dann der Kategorie der Meinungsführer zugerechnet werden. Wer sich selbst als häufig den Rat anderer Suchenden deklariert, wird der Kategorie der Meinungsnachfolger zugerechnet. Einer einseitig-hierarchischen Deutung dieser kategorialen Unterscheidung steht jedoch entgegen, daß eine große Zahl von Befragten angibt, sowohl Rat zu suchen wie auch Rat zu geben. Ein weiteres Problem bildet die Kategorie der "Isolierten", d.h. derjenigen Personen, die angeben, weder Rat zu suchen noch zu geben. Auf diese Gruppe, die - wie Umfragen belegen - tendenziell wächst, wird gleich noch näher einzugehen sein.

234 Eine z.B. in Intimbeziehungen nicht ungewöhnliche Konstellation: Sie fragt ihn, wenn sie unsicher ist, ob das Auto, das sie gerne für sich kaufen möchte, den neuesten technischen Sicherheitsstandards genügt. Er fragt sie, wenn es um Fragen der Bekleidung und der Mode geht.

235 Vgl. dazu die schon früher erwähnte Studie von Blau (1976) zur Struktur der Konsultationsbeziehungen unter Kollegen in einer Bundesbehörde, deren Aufgabe darin bestand, Unternehmen daraufhin zu kontrollieren, ob sie gesetzliche Auflagen einhielten. Zur Lösung der oft schwierigen Detail- und Ermessensfragen, mit denen sich die jeweils zuständigen Sachbearbeiter dabei konfrontiert sahen, suchten viele den Rat von Kollegen. Unterschiedliche Sachkompetenz zwischen Ratsuchendem und Ratgeber erwies sich dabei als eine mögliche, aber nicht zwingend notwendige

(Fortsetzung...)

Personen kann auch nicht unterstellt werden, daß die Beziehung Meinungsführer/-nachfolger *transitiv* geordnet ist. A kann B um Rat fragen, B wiederum C, der sich seinerseits an A wendet. Solche *heterarchischen* Konstellationen der wechselseitigen Konsultation und der Produktion von Intersubjektivität sind vor allem in informellen Beziehungen möglich und werden vermutlich mit dem Maß der sozialen Verbreitung von Unsicherheit darüber, welche Informationen verläßlich sind bzw. wie in bestimmten Fragen zu entscheiden ist, wahrscheinlicher. Komplikationen dieser Art machen deutlich, daß eine angemessene empirische Handhabung der Unterscheidung von Meinungsführern und -nachfolgern die Untersuchung der Beziehungsmuster von *sozialen Netzwerken* verlangt (vgl. dazu Schenk 1989).

Das Konzept des two-step-flow richtete sich ursprünglich gegen die Annahme, daß der einzelne Rezipient den Einflüssen der Medien unmittelbar ausgesetzt sei. Die Interaktion zwischen einander persönlich bekannten und im gleichen sozialen Zusammenhang verankerten Meinungsführern und Meinungsnachfolgern erschien dabei als *Filter*, der über die Art der Auswirkung massenmedialer Kommunikation entscheidet. Die dramatische Expansion des Medienangebotes und die Zunahme von Personen, die in geringerem Maße in persönliche Netzwerke integriert sind, werfen die Frage auf, ob man nicht von einer wachsenden Bedeutung der direkten Beeinflussung von Personen durch die Massenmedien ausgehen muß. Tatsächlich gibt es Studien, die zeigen, daß der Einfluß der Medien auf die Meinungsbildung bei denjenigen Personen stärker ist, die in geringerem Maße in dichte Netzwerke eingebunden sind (vgl. dazu Beinstein 1977). Andere Analysen zeigen, daß die größte Zahl der untersuchten Personen der Gruppe der *Inaktiven oder Isolierten* zuzurechnen ist, die weder Meinungen zu politischen Themen äußern noch andere nach deren Meinung fragen,[236] und auch dort wird angenommen, daß diese Gruppe dem direkten Einfluß der Medien in stärkerem Maße ausgesetzt ist.

Es liegt nahe, diese Befunde mit der These eines allgemeinen Trends zur Auflösung von homogenen sozialen Milieus und der daraus folgenden Tendenz zur "Individualisierung" in Zusammenhang zu bringen (vgl. Beck 1986, Streeck 1987). Muß man daraus schließen, daß die These des two-step-flow (bzw. die differenzierteren Versionen eines multi-step-flow; vgl. dazu Eisenstein 1994, S.153ff.) massenmedialer Kommunikation nur noch für eine Minderheit der Medienrezipienten zutrifft, die zudem in Zukunft weiter schrumpfen wird? - Den veränderten empirischen Rand-

---

235(...Fortsetzung)
Voraussetzung. Blau konnte eine ganze Reihe von Beratungsbeziehungen identifizieren, in denen die Beteiligten in etwa als gleich kompetent gelten konnten und einander je nach Bedarf *wechselseitig konsultierten*. Meinungsführer bzw. -nachfolger zu sein ist in diesen Fällen weder eine stabile Eigenschaft von Personen noch eine dauerhafte Ausprägungsform der sozialen Beziehung zwischen bestimmten Personen, sondern nur noch ein *je aktuelles Arrangement kommunikativer Rollen*, das sich von Moment zu Moment ändern kann. Vgl. dazu auch die Studie von Troldahl und van Dam (1965/66, S.632, Tab.2; hier zitiert nach Eisenstein 1994, S.171) mit dem Ergebnis, daß drei Viertel der untersuchten Personen innerhalb eines Gesprächs die Rollen des Ratgebers bzw. Ratsuchers mehrmals wechselten.
236 Vgl. dazu Eisenstein 1994, S.170ff. und die dort angegebene Literatur. Die Gruppe der Isolierten wird in einer Studie von Robinson 1976/77 mit 51% beziffert.

bedingungen trägt eine Erweiterung des Konzepts des Meinungsführers Rechnung, die nicht mehr nur persönlich bekannte Personen in den Blick nimmt, sondern auch aus den Medien bekannte Personen mit einbezieht, die als "virtuelle Meinungsführer" fungieren können (vgl. Merten 1994, S.317). "Virtuelle Meinungsführer", dieser Ausdruck meint "Personen, die als Prominenz häufig in den Medien auftreten und eine hohe Glaubwürdigkeit besitzen" (Merten, a.a.O.). 'Konsultiert' werden virtuelle Meinungsführer primär von Personen, die in geringerem Maße in soziale Gruppen eingebettet sind. Sie werden dabei vor allem in Anspruch genommen als Quelle vertrauenswürdiger Auskünfte über die "Wichtigkeit und Richtigkeit" massenmedialer Informationen (Merten, a.a.O.). "Virtuelle Meinungsführer" fungieren so als eine von den Massenmedien selbst generierte Einrichtung zur Reduktion der Überfülle massenmedialer Information auf ein individuell handhabbares Maß.

Sucht man nach historischen Vorläufern, dann kann die Art und Weise der Verbreitung religiöser Propaganda durch die spätantike und mittelalterliche katholische Kirche als ein frühes und geradezu paradigmatisches Beispiel für das Modell des two-step-flow betrachtet werden: Die massenmediale Information in Gestalt des biblischen Schriftenkanons wurde von den Beauftragten einer leistungsfähigen *Organisation*, der katholischen Kirche, auf dem Wege vorwiegend mündlicher Lehre durch ihre Abgesandten und Amtsträger für ein weitestgehend illiterates Publikum selektiv publiziert und interpretiert. Durch vielfache übereinstimmende Beschreibung der Ausgangsinformation - bei der freilich von einem hohen Maß von Varianz auf der Basis unterschiedlichster lokaler Interpretationsgemeinschaften auszugehen ist - wurde so ein als übereinstimmend *deklariertes* Verstehen erzeugt. Die Lehrautorität der katholischen Kirche und die Verfolgung von Ketzern sicherten in Konfliktfällen die Durchsetzung der offiziellen Auslegung der biblischen Überlieferung gegen abweichende Deutungen. Um die Wahrscheinlichkeit von Abweichungen, welche die postulierte *Einheit des Glaubens* bedrohten, auch in der Zeitdimension einzuschränken, waren jedoch weitere Vorkehrungen erforderlich. Die Lehrmeinungen der zentralen "opinion leaders", nämlich der Kirchenväter sowie die Entscheidungen der Konzilien und des apostolischen Stuhles darüber, welche Glaubensauffassungen durch die Heilige Schrift nicht gedeckt waren, mußten ihrerseits in eine zeitfest überlieferungsfähige Form gebracht, d.h. schriftlich niedergelegt und so - zusammen mit den als *häretisch* verworfenen Deutungen - in eine interaktionsfrei rezipierbare Mitteilung umgewandelt werden. Diese Inkorporierung der Autoritäten der Lehrtradition in den Kanon der Schriften, die den katholischen Glauben definieren, antezipiert die Transformation des persönlich bekannten in den "virtuellen Meinungsführer" der modernen Massenmedien.

Auch "virtuelle Meinungsführer" erzeugen die Massenmedien (sowohl in der Vergangenheit wie in der Gegenwart) im Plural. Deren Äußerungen können sich deshalb wechselseitig dementieren oder konfirmieren. Diskussionen, Talk Shows etc. bieten dem Rezipienten die Möglichkeit, Kongruenzen und Differenzen zwischen den Äußerungen verschiedener Repräsentanten der Medienprominenz zu registrieren und sich daran zu orientieren. - Vor diesem Hintergrund läßt sich die folgende Trendhypothese formulieren: Die intersubjektive Übereinstimmung der sozialen Nahgruppe, in denen die persönlich bekannten Meinungsführer das aktive und prägende Element darstellten, wird partiell ersetzt oder zumindest ergänzt durch die *massenmedial inszenierte Intersubjektivitätsproduktion* zwischen prominenten Figuren.[237]

Die "virtuellen Meinungsführer" formieren eine (oft konfliktär kommunizierende und nach Fraktionen differenzierte) *virtuelle Interpretationsgemeinschaft*.[238] Der einzelne Rezipient wird dabei, sofern er nicht in dichte Netzwerke eingebunden ist, tendenziell zum "opinion follower" bestimmter Fraktionen dieser "Interpretationsgemeinschaft" und zwar um so eher, je mehr sich seine Lebensbedingungen dem Muster gesellschaftlicher Individualisierung angleichen. Aus der Perspektive der Wirkungsforschung könnte man so einen *Trend zur massenmedialen Internalisierung der Produktion von Intersubjektivität* vermuten.[239]

3.3.6 Resümee

Zu Beginn dieses Kapitels habe ich an die weiter oben ausgeführte kommunikationstheoretische Reformulierung des Intersubjektivitätskonzeptes erinnert. Intersubjektivität wird demnach *in der face-to-face Interaktion* als routineförmiges Begleiterzeugnis der Kommunikation hergestellt. Mit jedem reibungslosen Passieren einer dritten Sequenzposition wird implizit bestätigt, daß die Kommunikation auf der Grundlage intersubjektiv übereinstimmendem Verstehen weiterläuft. Das Anspruchsniveau der Intersubjektivitätsproduktion darf dabei freilich nicht überschätzt werden. Es ist, wie wir gesehen haben, variabel und häufig sehr gering. Gleichwohl ist die - wie minimal auch immer ausfallende - Erzeugung von Intersubjektivität in der face-to-face Interaktion eine notwendige Bedingung der Fortsetzbarkeit von Kommunikation und hat darin ihre wesentliche Funktion.

---

237 Vgl. dazu auch die folgende Passage aus dem Artikel "Meldungsmacher. Alles, was ein Kanzler braucht: Die Nummer der dpa", von Michael Hanfeld, erschienen in der FAZ vom 18. August 1999, S.47: "Helden werden geboren und Schurken gerichtet allein über dpa. Es beginnt damit, daß sich A über B, sagen wir Alice Schwarzer über Annemarie Schimmel, beschwert und sie der Häresie bezichtigt, sich C, Ralph Giordano zum Beispiel, dem Protest anschließt, mit dem sich D und E via Agentur solidarisieren. Binnen Minuten ist in der Republik der Agenturen der Ausnahmezustand ausgerufen, das Individuum isoliert, der Schuldige kenntlich gemacht. Schließlich stand es in der Meldung von dpa."

238 Solche Interpretationsgemeinschaften werden zum Teil en miniature innerhalb bestimmter Sendungen (etwa, um ein nicht-politisches Beispiel zu nennen: als "Literarisches Quartett") durch die Medien selbst eingerichtet.

239 Diese These wäre natürlich empirisch zu prüfen. Und dies nicht nur auf der Basis von Interviews, sondern vor allem in realen Situationen des Aufeinandertreffens zwischen alltäglich-interaktiver und massenmedialer Intersubjektivitätsproduktion, wie sie in Familien oder anderen Gruppen, etwa während bzw. nach der gemeinsamen Verfolgung des Fernsehprogramms vorkommen. Hier wäre zu untersuchen, inwieweit die *interaktive* Intersubjektivitätsproduktion sich primär auf die selektive Übernahme von *medial* offerierten und durch "virtuelle Meinungsführer" bestätigten Deutungsangeboten beschränkt, ob sich Kontroversen vor allem auf die Auswahl und die Vertrauenswürdigkeit der von verschiedenen Akteuren präferierten Meinungsführer beziehen etc.

Unter den Bedingungen *massenmedialer* Kommunikation entfällt die routineförmige Produktion von Intersubjektivität. Wenn sie hier festzustellen ist, dann oft in einer Form, in der die Richtigkeit eines Verstehens nicht durch den Autor einer Äußerung, sondern durch andere Interpreten bestätigt wird. Verschiedene Interpreten können so durch kongruente Beschreibung eines Mitteilungsereignisses untereinander einen Deutungskonsens erreichen, der den vom Autor bekundeten Mitteilungsintentionen offen widerspricht. Zugleich wird dadurch die Möglichkeit eröffnet, daß unterschiedliche *interpretative Gemeinschaften* zu verschiedenen, je intern intersubjektiv validierten Deutungen kommen und die Differenzen ihrer Deutungen als *Konflikt* austragen.

Ein wesentlicher Teil massenmedialer Intersubjektivitätsproduktion, so meine Vermutung, gründet auf der Prozessierung solcher Konflikte. Als Grund dafür, daß derartige Konflikte für die Massenmedien von besonderem Interesse zu sein scheinen, wurden zwei Eigenschaften von Konflikten genannt, an denen Prominente bzw. Kollektive oder Organisationen beteiligt sind: *selbstevidente Informativität und soziale Relevanz*. Die besondere Bedeutsamkeit dieser Eigenschaften im Kontext massenmedialer Kommunikation steht in engem Zusammenhang mit der sozialen *Funktion* der Massenmedien. Diese Funktion sehe ich mit Luhmann in der von Tag zu Tag aktualisierten *Beschreibung der Welt und der Gesellschaft* für ein anonymes und heterogenes Publikum, dessen Aufmerksamkeit gewonnen werden muß. Die Kombination von selbstevidenter Informativität und sozialer Relevanz ist präzise auf diese Funktion zugeschnitten.

Zuletzt habe ich mich den Bedingungen der Intersubjektivitätsproduktion im Verhältnis zwischen den Massenmedien und ihrem Publikum zugewandt. Anknüpfend an das Modell des "two-step-flow" sowie dessen revidierter Fassung, die an die Stelle der medienexternen Meinungsführer medienintern agierende "virtuelle Meinungsführer" setzt, wurde eine spekulative Trendhypothese skizziert. Diese These behauptet einen relativen Bedeutungsverlust medienexterner Intersubjektivitätsproduktion zugunsten *innermedialer* Intersubjektivitätserzeugung. Ein wachsender Teil des Publikums der Massenmedien wird demnach zum Abnehmer der massenmedialen Intersubjektivitätsproduktion einer Pluralität von "virtuellen Meinungsführern". Für diesen Teil des Publikums gilt, daß immer weitere Bereiche der alltäglichen Intersubjektivitätserzeugung gleichsam von den Massenmedien 'internalisiert' werden.

Als historisches Beispiel für Konstruktion von Intersubjektivität zwischen einer Pluralität von "virtuellen Meinungsführern" hatte ich die katholische Kirche erwähnt. Weil sich die Kirche als *Organisation* über die 'Einheit des Glaubens' definiert, muß darüber, was als gemeinsamer Glaube gilt, auf der Basis der Heiligen Schrift und ihrer Interpretation Übereinstimmung immer wieder hergestellt werden. Insofern kann die Kirche als *interpretative Gemeinschaft* betrachtet werden, in der der Produktion von Intersubjektivität jenseits der Ebene der Interaktion unter Anwesenden eine zentrale Bedeutung zukommt.

Unvermeidlich ist dabei, daß unterschiedliche Varianten der Interpretation des Glaubens und der Schrift auftreten. Zwischen ihnen muß *auf verbindliche Weise entschieden* werden können, wenn an der Prämisse der 'Einheit des Glaubens' festgehalten werden soll. Dabei akzentuiert die Verankerung des Glaubens in einem Kanon überlieferter Schriften die Zeitdimension in besonderem Maße: Das Ensemble der heiligen Texte konstituiert ein *kommunikatives Gedächtnis,* auf das sich jede Lesung und Deutung dieser Schriften *erinnernd* bezieht. Jede Deutung steht dabei in einer Reihe mit vorausgegangenen Deutungen dieser Texte. Sofern diese ebenfalls schriftlich überliefert sind, können auch hier Differenzen registriert und kann dadurch die Frage nach der 'richtigen' Interpretation aufgeworfen werden, die dann auf die eine oder andere Weise beantwortet werden muß.

Wesentliche Eigentümlichkeiten der Kirche als *Organisation* werden verständlich aus diesen Anforderungen, die zu begreifen sind als Anforderungen kommunikativer Intersubjektivitätsproduktion. Diese Anforderungen können freilich durch unterschiedliche Einrichtungen und organisatorische Strukturen erfüllt werden. Verschiedene Organisationsmuster lassen sich so unter dem Gesichtspunkt analysieren, in welcher Weise sie zur Lösung des Problems der Intersubjektivität beitragen und welche Folgeprobleme daraus erwachsen.

Die Reichweite der Ergebnisse, die durch derartige Analysen zu gewinnen sind, ist nicht auf das Beispiel der katholischen Kirche oder auf religiöse Glaubensgemeinschaften beschränkt. Auch andere Formen der Gemeinschaftsbildung unter der Prämisse einer einheitlichen *Gesinnung,* wie etwa politische Gruppierungen mit einer gemeinsamen Ideologie oder wissenschaftliche Schulen, die sich durch die Bindung an eine Theorie bzw. an einen kanonisierten 'Klassiker' definieren, konstituieren sich als interpretative Gemeinschaften. Auch für sie ist die Lösung des Problems der Reproduktion von Überzeugungen, die als 'gemeinsam geteilt' definiert und intern anerkannt werden, eine bestandswichtige Voraussetzung. Die folgende Untersuchung versteht sich deshalb als exemplarische Analyse der Erzeugung von Intersubjektivität im Rahmen interpretativer Gemeinschaften, durchgeführt am Beispiel religiöser Kommunikation. Sie mündet ein in eine kurze vergleichende Betrachtung, die einen Seitenblick auf die kontinuierliche organisationsbasierte Intersubjektivitätsproduktion im Rechtssystem wirft und in einem resümierenden Überblick über die Modalitäten der Verfertigung von Intersubjektivität in der Interaktion unter Anwesenden, in der Religion, im Recht und in der massenmedialen Öffentlichkeit endet.

Konstitutionsbedingung interpretativer Gemeinschaften ist die Möglichkeit, Mitteilungen dauerhaft für Anschlußkommunikation verfügbar zu halten, so daß sie wiederholt als Objekte des Verstehens und der Auslegung angesteuert werden können. Voraussetzung dafür, daß verschiedene Beiträge zu verschiedenen Zeiten sich auf eine als identisch unterstellte Mitteilung beziehen und übereinstimmendes Verstehen erreichen können, ist also die Möglichkeit *übereinstimmenden Erinnerns.* Dieses wiederum ist nicht möglich ohne *Gedächtnis.* Die Untersuchung der Intersubjektivitätsproduktion in interpretativen Gemeinschaften hat deshalb zunächst die Frage zu klären, wie Erinnerung und Gedächtnis *als Leistungen der Kommunikation* vorzustellen sind. Ich tue dies am Beispiel religiöser Kommunikation.

3.4 Textbasierte Intersubjektivitätsproduktion in interpretativen Gemeinschaften: Gedächtnis, Interpretation und Organisation im Kontext religiöser Kommunikation

3.4.1 Erinnerung, Gedächtnis und Verstehen als Artefakte der Kommunikation

Erinnerung und Gedächtnis werden meist als Bewußtseinsleistungen behandelt. Das mag so lange plausibel erscheinen, wie es um Erinnerung und Gedächtnis von Einzelpersonen geht. Kommunikation erscheint dann primär als Vehikel der Artikulation und Erforschung dieser Leistungen, das Einblicke in die Funktionsweise der entsprechenden Bewußtseinsprozesse ermöglichen soll. Die Situation ändert sich jedoch grundlegend, wenn es um die Untersuchung *kollektiven* Erinnerns geht. Erinnerung und Gedächtnis geraten dann unter die Bedingung *doppelter Kontingenz*: Verschiedene Personen können Unterschiedliches auf unterschiedliche Weise erinnern und unterschiedliche Konsequenzen daraus ziehen. Für die Konstruktion eines 'gemeinsamen' Gedächtnisses und die Koordination des Erinnerns erhält dadurch Kommunikation einen konstitutiven Stellenwert, oder schärfer pointiert: Erinnerung und Gedächtnis werden zu *Artefakten der Kommunikation*. Um diese These zu entfalten, will ich zunächst explizieren, wie die Begriffe Verstehen, Erinnerung und Gedächtnis auf Kommunikation und insbesondere auf religiöse Kommunikation zu beziehen sind.

Legen wir das systemtheoretische Konzept von Kommunikation zugrunde (vgl. dazu Luhmann 1984, S.191ff.), dann besteht die Minimaleinheit von Kommunikation aus zwei miteinander verbundenen Mitteilungsereignissen, von denen das zweite auf das erste als Mitteilung einer Information referiert, d.h. es auf eine mehr oder weniger bestimmte Weise *versteht*. Ohne Verstehen, das sich in einer Anschlußäußerung artikuliert, kommt kein kommunikatives Ereignis zustande. Die bloße Verknüpfung eines Verhaltens mit einer Mitteilungsabsicht reicht dazu nicht aus. Notwendig ist ein zweites Mitteilungsereignis, erzeugt von einem anderen Prozessor, das dem ersten die Eigenschaft eines Kommunikationsbeitrags zuschreibt, indem es sich selbst als darauf bezogene kommunikative Reaktion präsentiert.

Wenn, wie in der unmittelbaren Abfolge von Rede und Gegenrede, das verstehende bzw. Verstehen anzeigende Mitteilungsereignis unmittelbar folgt, dann erscheint dieses Verstehen nicht als Rückgriff auf etwas Vergangenes, sondern als fortdauernde Gegenwart des Mitteilungssinnes, welcher der vorausgegangenen Mitteilung zugewiesen wird. Obwohl von seiner Zeitstruktur her konstitutiv nachträglich, präsentiert sich unmittelbar anschließendes kommunikatives Verstehen deshalb nicht als Akt der Erinnerung.[240] Das ändert sich aber bereits dann, wenn

---

[240] Mit Husserl formuliert, hat das unmittelbare kommunikative Verstehen den Status der Retention. Husserl folgend kann man dann zwischen *primärem retentionalem* Erinnern, das sich nicht als Erinnerung weiß bzw. darstellt und *sekundärem oder reflexivem Erinnern* (Wiedererinnerung, (Fortsetzung...)

in einem Gespräch auf Äußerungen von Teilnehmern Bezug genommen wird, die weiter zurückliegen. Soll eine frühere, aber nicht unmittelbar vorausgegangene Mitteilung durch eine spätere Äußerung angesteuert und kommentiert oder interpretiert werden, dann verlangt dies eine explizite Kennzeichnung, mit der das Zurückliegende in der Gegenwart als Vergangenes aufgerufen und damit *als Erinnertes markiert* wird.[241] Schon in der Interaktion unter Anwesenden wird so *reflexives* Erinnern für die Strukturierung der Kommunikation bedeutsam.

Die Erinnerung an ein vergangenes Mitteilungsereignis deklariert es als Element des *Gedächtnisses* der Kommunikation. Unter den Bedingungen ausschließlich mündlicher Kommunikation hebt sich das kommunikative Gedächtnis freilich noch nicht ab von den einzelnen Akten kommunikativer Erinnerung. Gedächtnis als das Woraus des Erinnerns, als Selektionsraum, der unterschiedliche Möglichkeiten des Erinnerns aufspannt und jeder Erinnerung den Status kontingenter Selektivität zuweist, kann hier *nur als Bewußtseinsleistung unterstellt* werden. Den Bewußtseinen kann ein Überschuß an Erinnerungen zugetraut werden, aus denen sie zu Mitteilungszwecken auswählen. Sie versorgen dadurch Kommunikation mit der Möglichkeit selektiven Erinnerns. Kommunikation kann so an ihrer Vergangenheit Halt und Führung gewinnen, ohne durch sie determiniert zu sein. Um diese Möglichkeit nutzen zu können, muß freilich das Problem gelöst werden, wie das Erinnern *sozial koordiniert* werden kann. Denn Gedächtnis erzeugt zugleich mit der Möglichkeit des Erinnerns die Kontingenz und – im Kontext von Kommunikation – die *doppelte Kontingenz* jeder Erinnerung und damit einen entsprechenden Abstimmungsbedarf, wenn Erinnerungen in der Kommunikation anschlußfähig sein sollen.

Die vollständige Bindung von Gedächtnis an Bewußtsein wird aufgehoben durch den Gebrauch von Schrift als Medium der Verbreitung von Kommunikation. *Schrift* erlaubt die zeitfeste Fixierung von Mitteilungsereignissen und damit die Konstitution eines bewußtseinsunabhängigen Gedächtnisses. Niedergeschriebenes kann psychisch vergessen werden und bleibt dennoch verfügbar für spätere Kommunikationen, weil es erneut entdeckt, wieder gelesen und in der Kommunikation erinnert werden kann. Unter den Bedingungen schriftbasierter Kommunikation konstituiert sich das kommunikative Gedächtnis als eine Menge von *Texten*.

Texte können gesammelt und archiviert werden. Das so entstehende kulturelle Gedächtnis übersteigt die Gedächtniskapazität jedes Bewußtseins. Verschiedene Personen lesen Verschiedenes und erinnern sich auf unterschiedliche Weise daran. Mit der Expansion des kommunikativen Gedächtnisses steigt die Selektivität und damit auch die Kontingenz jedes einzelnen Erinnerungsaktes. *Übereinstimmendes* Erinnern in der Kommunikation wird dadurch in verschärfter Weise zum Problem.

240(...Fortsetzung)
　Vergegenwärtigung) unterscheiden, das es ermöglicht, sich auf weiter Zurückliegendes zu beziehen. Vgl. dazu sowie zur Umsetzung dieser Unterscheidung auf den Luhmann'schen Kommunikationsbegriff Bohn 1999, S.26ff.

241 Alltäglich gebrauchte Formulierungen, an denen dies deutlich wird, sind z.B.: "Du hast vorhin behauptet, daß ...", "Im Gegensatz zu dem, was Hans vorhin gesagt hat, glaube ich ..." oder, "Gestern warst du da noch anderer Meinung".

Ein geläufiges Muster der Bearbeitung dieses Problems ist die Bildung eines *Kanons* von Schriften, die als relevant, vorbildlich und verbindlich definiert werden.[242] Kanonbildung bedeutet, daß bestimmte Texte explizit als erinnerungswürdig deklariert und von nicht-erinnerungswürdigen Texten unterschieden werden.[243] Wir haben es also mit einem *reflexiven* Prozess der Formierung eines kulturellen Gedächtnisses zu tun, bei dem bestimmte Teile einer Überlieferung ausgewählt und als normativ verbindlicher Bestand definiert werden, der das Ganze einer Tradition symbolisiert (vgl. Hahn 1987, S.28 sowie 1998, S.333f.).

Alois Hahn (1998, S.333f.) vergleicht den Vorgang der Kanonisierung mit dem Vorgang der *Formalisierung von Normen in Organisationen*. Formalisiert sind hier diejenigen Normen, deren Anerkennung Voraussetzung für die Mitgliedschaft ist. Die Formalisierung erstreckt sich nicht auf alle Normen, die das Handeln innerhalb einer Organisation orientieren, sondern nur auf einen bestimmten hervorgehobenen Teil und verknüpft sie mit der Entscheidung über die Zugehörigkeit von Personen zur Organisation. In ähnlicher Weise beansprucht ein Kanon Verbindlichkeit für diejenigen, die sich als Angehörige eines Glaubens verstehen, dessen Inhalt durch heilige Texte kodifiziert ist.

Die Herausbildung eines Kanons mit prägnanten Grenzen setzt dabei typisch zweierlei voraus: (1) Einen Bedarf nach Abgrenzung, wie er z.B. durch verwandte, aber zugleich konkurrierende religiöse Strömungen erzeugt wird, die sich teilweise auf dieselben Texte berufen; (2) die Möglichkeit der verbindlichen Entscheidung darüber, welche Schriften zum Kanon zu zählen sind, verbunden mit der Aussicht auf die Beachtung dieser Entscheidung durch andere. - Funktion und Konstitutionsbedingungen eines Kanons lassen so gleichermaßen eine ausgeprägte Affinität zwischen *Kanonbildung* und *Organisation* erkennen.[244]

---

242 Ein Korpus von Schriften kann als "klassisch" etikettiert (z.B. als Klassiker der Literatur, als soziologischer Klassiker, als Klassiker des Marxismus-Leninismus etc.) und ihre Kenntnis als notwendige Voraussetzung dafür behauptet werden, daß man als gebildet oder sachkompetent gelten kann. Wer bei Themen, für die es einschlägige Klassiker gibt, "mitreden will", der sieht sich so mit der (normativen) Erwartung konfrontiert, die entsprechenden Schriften zu kennen. Ein komprimierter *Zitatenschatz* kann dabei zu Beglaubigungszwecken genutzt werden. Zugleich steht er für die Art und Weise, in der ein standardisiertes Repertoire von Texten in mündlicher Kommunikation selektiv und mit der Aussicht auf Wiedererkennung erinnert werden kann.

243 In dem Maße, in dem die anerkennende Erinnerung bestimmter Alternativen in der Kommunikation *blockiert* werden soll, werden diese Alternativen dabei häufig *explizit negiert*. Kanonisierungen bewahren dadurch Ausgeschlossenes "als bedrohliche Möglichkeit im Gedächtnis"; vgl. Hahn 1998, S.323-356, hier S.334. Ich komme darauf in Abschnitt 3.4.5. ausführlicher zurück.

244 Diese Behauptung ist nicht unstrittig. In der Diskussion um die Entstehung des neutestamentlichen Kanons konkurriert die These, daß dieser Kanon durch die Kirche geschaffen und durchgesetzt worden sei mit der Gegenthese einer organisations- und entscheidungsunabhängigen Selbstdurchsetzung des Kanons (vgl. dazu Ritter 1987 sowie die dort angegebene Literatur). Diese Kontroverse ist jedoch vermutlich auf eine Ambiguität in der Verwendung des Kanonbegriffs zurückzuführen, der in einem weiteren Sinne verwendet wird, um die *Sammlung* der neutestamentlichen Schriften zu bezeichnen und in einem engeren Sinne (den ich hier in Anschluß an Alois Hahn zugrunde lege) die *reflexiv normierende Auswahl* aus einer Schriftensammlung meint. - Die nach dem einschlägigen Standardwerk von Hans Frhr. v. Campenhausen (1968) geläufige und mit der oben formulierten These übereinstimmende Erklärung der Entstehung des normativen neutestamentlichen Kanons

(Fortsetzung...)

Die Bildung eines Kanons erzeugt ein reflexives, normativ stabilisiertes kulturelles Gedächtnis und stellt eine wichtige Voraussetzung für koordiniertes Erinnern sicher. Das Problem der sozialen Koordination des Erinnerns wird damit aber nicht definitiv gelöst, sondern nur in eine andere Form gebracht. Die Fixierung kanonischer Texte als Grundlage einer Tradition, die ungebrochene Fortgeltung für die Gegenwart beansprucht, verlangt die Überbrückung der Distanz zwischen ihrem historischen Entstehungskontext und dem je aktuellen Kontext ihrer Anwendung. Wie soll die Überlieferung aus der Perspektive der Gegenwart verstanden werden? Welches Verhalten erfüllt unter den veränderten Lebensbedingungen die tradierten Gebote? Welche Neuerungen sind mit ihnen verträglich, und welche stehen zu ihnen im Widerspruch?

Die Konstitution eines (relativ) zeitfest verankerten kulturellen Gedächtnisses steigert die Möglichkeiten koordinierten Erinnerns nur um den Preis der Erzeugung von Folgeproblemen. Jetzt ist es nicht mehr ohne weiteres möglich, die Erinnerung nach den Anforderungen der Gegenwart zu modellieren, irrelevant bzw. unverständlich Erscheinendes zu vergessen und den Wortlaut der Überlieferung kontinuierlich an veränderte Denkgewohnheiten und Handlungsanforderungen anzupassen, wie es unter Bedingungen einer rein mündlichen Überlieferung noch möglich war. Auch die Variation der Textgrundlage, durch die Unpassendes bzw. Unverständliches allmählich an den Rand gedrängt, umformuliert oder ausgeschieden und durch andere Texte ersetzt werden kann, ist nun erschwert.[245] Nicht nur *Gedächtnis* (Kanon) und *Erinnerung* (kommunikativer Rekurs auf Elemente des Kanons), sondern auch *Erinnerung* (Lesung, Zitation) und *Verstehen* (das jetzt als "Interpretation" beobachtbar wird) treten nun in einer Deutlichkeit auseinander, wie dies unter den Voraussetzungen mündlicher Überlieferung nicht möglich war.[246] Dramatisch verschärft werden so die Probleme der *Applikation*[247] der

---

244(...Fortsetzung)
    resümiert Ritter (1987, S.95) wie folgt: "Daß es zur Idee eines normativen neutestamentlichen Kanons, einer neuen Schriftensammlung aus Evangeliums- und Apostelteil ('Evangelium' - 'Apostolos') kam, hängt nach v. Campenhausen mit dem Auftreten des Marcion aus Sinope (Pontus) um die Mitte des 2. Jh. zusammen. Marcion, ein Ultra-Pauliner, 'verwarf die gesamte zu seiner Zeit lebendige Christusüberlieferung', von der er meinte, sie sei durch und durch 'judaistisch' verfälscht ... . Statt dessen 'verpflichtete' er 'seine Kirche ihr gegenüber auf eine kleine, dogmatisch bearbeitete Auswahl urchristlicher Dokumente'. Es waren das 'gereinigte' Lukasevangelium und 10 ebenfalls korrigierte Paulusbriefe (ohne Past), 'die er allein als echt ansah. Dadurch wurde die Großkirche genötigt, ihm und allen anderen Irrlehrern eine entsprechende, aber erheblich weitere und nicht korrigierte Sammlung echter Urkunden entgegenzustellen' (v. Campenhausen 1968, S.379)."

245 Abweichungen durch Kopierfehler, unterschiedliche Übersetzungen, redaktionelle Eingriffe (bis hin zu vorsätzlichen Fälschungen) bleiben natürlich immer möglich, können aber nun durch Vergleich mit anderen Ausgaben eines Textes bemerkt werden.

246 D.h. freilich nicht, daß zwischen Erinnern und Verstehen ständig unterschieden würde. Diese Unterscheidung wird nur dann aufgerufen, wenn Verstehensprobleme auftauchen und thematisch werden, d.h. wenn entweder Stellen der Schrift unverständlich oder auf unterschiedliche Weise auslegbar erscheinen.

247 Zum Problem der Anwendung oder Applikation als hermeneutischem Grundproblem, das in paradigmatischer Deutlichkeit im Kontext der theologischen und der juristischen Hermeneutik hervortritt, vgl. Gadamer 1965, S.290ff.

Überlieferung auf die Gegenwart und der Legitimation von Innovationen im Lichte der tradierten Texte. Zur Lösung dieser Probleme muß "Textpflege" durch "Sinnpflege" ergänzt werden; die Kanonisierung von Texten erzeugt einen Bedarf für Techniken der Auslegung und Anwendung, durch die der sonst unvermeidliche "Sinnverfall" aufgehalten werden kann (vgl. Aleida und Jan Assmann 1987, S.13). Der Kanon generiert den Kommentar als sein Supplement und die dafür zuständigen Spezialisten der Sinnpflege wie Brahmanen, Mandarine, Rabbis, Mullahs, Mönche, Gelehrte etc.[248]

Sofern - wie bei heiligen Schriften der Fall - die Wahrheit des Inhalts der kanonisierten Texte fraglos vorausgesetzt wird, bedeutet korrekte Textauslegung dabei zugleich Wahrheitserschließung. Das erreichte Verständnis wird unmittelbar gleichgesetzt mit dem Gewinn von Erkenntnis. Jede Auslegung beansprucht, die im Text geoffenbarte Wahrheit zur Sprache zu bringen, die durch abweichende Auslegungen nur verdunkelt und entstellt werden kann. Zwischen Sinnexplikation und Geltungsbegründung kann hier kaum differenziert werden. Diese beiden Dimensionen der Produktion von Intersubjektivität verschmelzen in der Auslegung von Texten, deren Geltung fraglos unterstellt wird, tendenziell zu einer unauflöslichen Einheit.

Durch Kanonbildung formiert sich das kommunikative Gedächtnis einer religiösen Gemeinschaft primär in Abgrenzung zu anderen rivalisierenden Gemeinschaften.[249] Gemeinschaftsintern nehmen religiöse Differenzen die Form der Unterscheidung zwischen *Orthodoxie* und *Heterodoxie (bzw. Häresie)* an. Die Alternative von Konformität und Abweichung erhält dabei die Gestalt der Frage, ob ein Glaube, der sich auf die schriftlichen Quellen der Offenbarung beruft, tatsächlich dieser Offenbarung gemäß, d.h. offenbarungskonform ist. Aufgeworfen ist damit das Problem, welcher Glaube sich auf eine korrekte Auslegung der Schriften

---

248 Heilige Texte müssen freilich nicht interpretiert, sie können auch *rezitiert* werden. Rezitation blockiert die Differenzierung zwischen Text und Auslegung. Heilige Texte werden dabei als Elemente von *Ritualen und magischen Praktiken* eingesetzt, deren Ausführung durch die Unterscheidung konform/abweichend kontrolliert wird. Die Verwendung bestimmter Formeln kann Geister und Dämonen zwingen, Götter gnädig stimmen oder - z.B. als Teil meditativer Praktiken - Erleuchtung bringen. Die *Bedeutung* von Texten erscheint hier als erhoffte *Wirkung*, die nicht durch Verstehen, sondern durch korrekte Reproduktion erreicht wird. Erst mit der Umstellung der Religion von Ritual auf Glauben, dessen verbindlicher Inhalt in heiligen Schriften gültig niedergelegt ist, wird die Bedeutung von Texten gegenüber ihrer Wirkung unterscheidbar und kann die Heilswirksamkeit von Texten abhängig gemacht werden von der adäquaten Erfassung ihrer Bedeutung.

249 Das gilt selbstverständlich nur für die "Buchreligionen" und bei diesen wiederum nur für deren jeweilige schriftgebundene "große Tradition" (im Unterschied zu den verschiedenen lokal gebundenen, mündlich überlieferten Varianten, die unter dem Titel der "kleinen Tradition(en)" firmieren und ein typisches Element der Buchreligionen sind). Vgl. dazu den instruktiven Überblick von Bernhard Lang (1990). Religionen, die als spezifische Strömung oder Häresie im Binnenkontext einer etablierten Religion und d.h. in der Regel, auf der Grundlage eines gemeinsamen Schriftenkanons starten, bilden dabei eine Sonderkategorie. Bei Religionen dieses Typs trägt die *abweichende Interpretation* der heiligen Schriften oft die Hauptlast der identitätssichernden Abgrenzung. Neuinterpretation und Konstruktion eines eigenständigen Kanons können sich freilich auch miteinander verbinden, wie das bereits erwähnte Beispiel der Abspaltung der Marcionitischen Kirche im 2. Jahrhundert zeigt. Auch bei Luther läßt sich die Tendenz zur Definition eines *Kanons im Kanon* innerhalb des Neuen Testaments feststellen (s.u.).

berufen kann und welcher nicht. Auslegungsentscheidungen fixieren, was als korrektes (d.h. richtiges Verstehen implizierendes und damit die Wahrheit der überlieferten Texte erschließendes) Erinnern in einer religiösen Gemeinschaft gilt. Der Kampf zwischen Orthodoxie und Häresie, zwischen dem 'allein wahren Glauben' und den verschiedenen Varianten des 'Irrglaubens', wird so zu einem *Kampf der Interpretationen* und dieser Kampf wiederum zur Auseinandersetzung um die *Kriterien* der adäquaten Interpretation.

3.4.2 Das Problem der Unterscheidung von 'richtigem' und 'falschem' Verstehen/Erinnern in der christlichen Tradition

Wie wir oben im Rahmen der face-to-face Interaktion gesehen haben, eröffnet jede Äußerung eines Interaktionsteilnehmers die Möglichkeit, daß der Sprecher damit einen anderen Sinn verbindet als der Adressat. Ist die Reaktion des Adressaten kompatibel mit der Selbstdeutung des Sprechers, dann kann letzterer daraus schließen, daß er 'richtig' verstanden worden ist. Sofern auf die Reaktion des Adressaten keine Verstehenskorrektur durch den Sprecher folgt, kann der Adressat seinerseits annehmen, den Sprecher richtig verstanden zu haben. Das Ausbleiben einer möglichen Korrektur *konfirmiert* das erreichte Verstehen. Einer expliziten Feststellung der Richtigkeit des kommunikativ sichtbar gewordenen Verstehens bedarf es dazu nicht. Die Mitteilungsintention des Sprechers und das erreichte Verstehen können in der face-to-face Interaktion durch diesen Feedback-Mechanismus über die kurze Distanz von drei Sequenzstellen hinweg kontinuierlich miteinander verglichen und als 'übereinstimmend' ratifiziert oder explizit als 'abweichend' markiert werden.[250] Abweichungsmarkierungen lösen dann Reparaturversuche aus.

Geht es um das Verstehen überlieferter Texte, ändert sich die Situation grundlegend. Zwischen Autor und Rezipient besteht keine direkte Beziehung. Die interaktionstypische Form der Registrierung von Übereinstimmungen und Divergenzen zwischen der Intention des Autors und der Reaktion bzw. Interpretation des Lesers entfällt. Die triadische Sequenz, die in der face-to-face Interaktion einen Abgleich zwischen der Sinnintention (bzw. retrospektiven Sinnattribution) des Sprechers und der Sinnzuweisung durch den Adressaten ermöglicht, kann freilich in modifizierter Weise besetzt und so auf das Problem bezogen werden, wie ein Interpret zwischen der 'richtigen' und der 'falschen' Auslegung eines Textes unterscheiden kann: An *erster Sequenzposition* stehen der zu deutende Text bzw. diejenigen Stellen eines Textes, deren Deutung zum Problem geworden ist, an *zweiter Position* die Interpretation des Rezipienten. Diese Interpretation muß nun anhand bestimmter Kriterien als 'richtig' oder 'falsch' erkannt, d.h. konfirmiert oder diskonfirmiert

---

[250] Wie bereits festgestellt, operiert dieser Mechanismus freilich nicht irrtumsfrei und nur mit geringer Tiefenschärfe. Mißverständnisse können deshalb leicht unentdeckt bleiben und werden vielleicht erst später oder gar nicht bemerkt.

werden können, wozu es mindestens eines weiteren Ereignisses an *dritter Sequenzposition* bedarf.

Diese *triadische Grundstruktur* ist nicht nur eine Konstruktion des wissenschaftlichen Beobachters, die von außen an den Gegenstandsbereich herangetragen wird. Sie fungiert vielmehr *im Gegenstandsbereich selbst als Beobachtungsschema*, das eingesetzt wird, wenn Verstehen als kontingent registriert wird und 'richtiges' von 'falschem' Verstehen unterschieden werden soll. Am Beispiel der Auslegung der Heiligen Schrift läßt sich diese These gut belegen. Dabei lassen sich unterschiedliche Möglichkeiten für die Besetzung der Funktion der Konfirmation feststellen, die ich im folgenden knapp skizzieren möchte. Die Funktion der Konfirmation markiert darüber hinaus die Anlagerungsstelle für unterschiedliche Formen religiöser *Gemeinschafts- und Organisationsbildung*, die unter diesem Gesichtspunkt näher betrachtet werden sollen. Ich beschränke die Darstellung auf den Kontext der christlichen Tradition.

Das Problem der Interpretation der Heiligen Schrift stellt sich im Christentum von Anbeginn. Zwei Gründe sind es, die vor allem Probleme des Verstehens aufwerfen (vgl. zum folgenden Ebeling 1959): Der historische Abstand zwischen den Autoren und den Auslegern der Schrift sowie der Umstand, daß das Alte Testament als Teil der christlichen Überlieferung gilt und mit dem Inhalt des Neuen Testaments auf konsistente Weise verknüpft werden muß. Besondere Schärfe erhält das Problem der Interpretation dadurch, daß mit dem Festhalten am Alten Testament zugleich eine Situation der Konkurrenz zur jüdischen Exegese geschaffen ist, von der sich die christliche Auslegung abgrenzen muß. Die Auslegung dunkler oder auch als anstößig empfundener Stellen sowie der Bedarf nach der Auflösung von Widersprüchen zwingen schon bald dazu, über den *wörtlich-historischen Schriftsinn* (sensus litteralis) hinaus einen zweiten *geistlichen Sinn* (sensus spiritualis) zu postulieren, der es ermöglichen soll, diese Schwierigkeiten aufzulösen. In der ersten systematischen Erörterung des hermeneutischen Problems bei Origenes (185-253/54) findet sich bereits ein *dreifacher* Schriftsinn. Unterschieden wird zwischen dem *somatischen* (buchstäblichen, historisch-grammatischen), dem *psychischen* (moralischen) und dem *pneumatischen* (mystischen) Sinn. In der Auslegungspraxis bleibt es jedoch weitgehend beim *doppelten* Schriftsinn. Die Grundunterscheidung von *wörtlicher* und *geistlicher* Bedeutung wird auf unterschiedliche Weise variiert und differenziert und schließlich (erstmals von Joh. Cassianus (360-435)) zur Lehre vom *vierfachen* Schriftsinn schematisiert. Auch hier bleibt noch die Grundunterscheidung von wörtlichem und geistlichem Schriftsinn erkennbar, wird doch der vierfache Schriftsinn durch dreifache Subdifferenzierung des sensus spiritualis erreicht (dabei werden verschiedene Anwendungsrichtungen des sensus spiritualis unterschieden, je nachdem, ob eine Stelle in der Auslegung auf das Verhalten des einzelnen Gläubigen, auf die Kirche und ihre Lehre oder auf die metaphysischen und eschatologischen Geheimnisse bezogen wird).

Mit der Postulierung einer geistlichen Bedeutungsebene neben dem wörtlichen Schriftsinn entsteht ein Folgeproblem: Die *allegorische Interpretation*, die auf die

Aufdeckung des geistlichen Sinns gerichtet ist, kann beinahe beliebige Auslegungen erzeugen. Nach der Auflösung des Junktims von Wortlaut und Sinn funktioniert der Text nicht mehr selbstverständlich als Limitativ seiner Interpretation. Lag das Ausgangsproblem darin, zu wenig verstehen zu können, hat man es nun mit einer Überfülle möglicher Deutungen zu tun, die durch zusätzliche *Regeln der Auslegung* auf handhabbare Kontingenz zurückgeschnitten werden sollen. Bei Tertullian (150-225), der von der antiken Rhetorik beeinflusst ist, finden sich dazu eine Vielzahl methodisch-technischer Überlegungen, so z.B., "... daß der textliche, historische und gedankliche Zusammenhang zu berücksichtigen sei, daß das Einzelne vom Ganzen aus, die dunklen Stellen von den klaren her zu verstehen seien usw." (vgl. Ebeling 1959, Sp.248). Die Beantwortung der Frage nach der Richtigkeit der Auslegung wird hier *an den Text* delegiert. Die klaren Stellen sollen die Interpretation der unklaren, die Vereinbarkeit mit dem unterstellten Gesamtsinn die Einzeldeutung bestätigen.[251] Tertullian zeigt jedoch "... Skepsis in bezug auf die Möglichkeit exegetischer Verständigung"; für sich genommen erscheint die Schrift "... weithin dunkel; Vorbedingung ihres richtigen Verständnisses ist der Besitz der regula fidei als gubernaculum interpretationis ..." (Ebeling 1959, Sp.248).

Darin ist ausgesprochen, was die Geschichte der Schriftauslegung immer wieder bestätigt: Eine voraussetzungslose Auslegung, die sich von der Bibel allein über den rechten Inhalt des Glaubens belehren lassen will, ist unmöglich; die *Exegese* kann nicht auf eigenen Füßen stehen; sie bedarf eines *Vorverständnisses* davon, was Inhalt des Glaubens ist und ist insofern auf *dogmatische Vorgaben* angewiesen.[252]

Die Übereinstimmung der Auslegung unklarer Stellen mit dem Sinn klar erscheinender Stellen gilt auch für Luther als Kriterium ihrer Richtigkeit. Er nimmt die Regel der alten kirchlichen Überlieferung auf, wonach man überall vom "Hellen" auszugehen und mit ihm in das "Dunkle" hineinzuleuchten habe (vgl. dazu Holl 1927, S.559), verknüpft jedoch mit dieser Regel eine neue Grundposition, die sich gegen die katholische Auffassung von der Dunkelheit der Schrift und die daraus gefolgerte Notwendigkeit wendet, die kirchliche Lehrtradition als Norm für das Verständnis der Heiligen Schrift zugrunde zu legen. Luther muß dazu sowohl die Eindeutigkeit und innere Einheit der Bibel, wie auch ihre grundsätzliche Verständlichkeit behaupten (vgl. Holl 1927, S.551, 553 und 559). Eine Folgerung

---

251 Dabei handelt es sich offensichtlich um eine Version des hermeneutischen Zirkels.
252 Dabei ist sekundär, ob man dann, wie die katholische Kirche, die *Tradition* als Norm hermeneutischer Auslegung reklamiert oder mit Luther postuliert, daß *die Schrift sich selbst* auslege, um dann *ausgewählte Teile* der Schrift als klar verständlich und für den gesamten Sinn der Bibel wesentlich zu bestimmen und die aus diesem *Kanon im Kanon* entwickelte Glaubensauffassung als Richtmaß jeder weiteren Auslegung festzuhalten (vgl. dazu die anschließende Fußn.). In beiden Fällen wird ein bestimmtes Vorverständnis als Kern des Glaubens fixiert und gegen Korrektur durch den weiteren Prozeß der Auslegung immunisiert. Ob als explizite Prämisse vorausgesetzt oder als Voraussetzung geleugnet und dann in der Auslegung der Schrift implizit restituiert, in jedem Falle reproduziert sich die Differenz von Dogmatik und Exegese. Ohne Dogmatik kann keine hinreichende Limitativität der Auslegung erreicht werden. Zur Sicherung eines gemeinsam geteilten Verstehens der Heiligen Schrift reichen technische Regeln der Auslegung nicht. Dazu bedarf es der Absicherung durch dogmatische Prämissen und der kollektiv verbindlichen Entscheidung über die Zulässigkeit von Auslegungsergebnissen.

3.4 INTERSUBJEKTIVITÄTSPRODUKTION IN INTERPRETATIVEN GEMEINSCHAFTEN

daraus ist seine Forderung nach einer Auslegung im Großen, die das Ganze der Bibel vor Augen hat und den Sinn der einzelnen Stellen vor diesem Hintergrund zu bestimmen sucht. Die *Kohärenz des Gesamttextes* voraussetzend, erscheint die Kompatibilität der Auslegung einer Textstelle mit dem erreichten *Gesamtverstehen* als Kriterium für ihre adäquate Interpretation. Die zirkuläre Beziehung zwischen dem Verstehen der einzelnen Textstellen und dem Verstehen des Gesamttextes kann in dem oben beschriebenen *triadischen Elementarformat* prozessiert werden: Jede Einzelauslegung wird auf ihre Übereinstimmung mit dem bereits erreichten Gesamtverstehen geprüft und dadurch konfirmiert oder diskonfirmiert.[253]

Die Verlegung der dialogischen Form der Konfirmation *in den Text* ist nur eine unter mehreren Möglichkeiten zur Neubesetzung der Konfirmationsfunktion unter den Bedingungen schriftbasierter Kommunikation. Würde dies als einziger Weg zum adäquaten Verstehen der Schrift und zum rechten Glauben deklariert, dann würden die Gelehrten und religiösen Experten damit gegenüber den einfachen Gläubigen in die Position privilegierter Einsichtsfähigkeit manövriert. Luthers Angriff auf die Autorität der Tradition und des kirchlichen Lehramtes in der katholischen Kirche wäre so nicht möglich gewesen. Als weitere Möglichkeit der Konfirmation findet sich deshalb bei Luther die Beglaubigung des Verstehens durch die *affektiven Resonanzen*, die eine Deutung im *Bewußtsein des Interpreten* auslöst. "Ein einfacher Mensch, ein Laie, kann das Wort unter Umständen richtiger auffassen als der Gelehrte, wenn er dabei lebendig und warm wird, während der

---

[253] Diskonfirmierung muß dabei zwar nicht notwendig die Fehlerhaftigkeit der Einzelinterpretation, sondern *kann* auch die Revisionsbedürftigkeit des Gesamtverstehens anzeigen. De facto aber wird diese Möglichkeit durch *Dogmatisierung* eines bereits erreichten Verständnisses typisch ausgeblendet und werden Textstellen, die sich der Einfügung in dieses Vorverständnis entziehen, entweder durch ergänzende Hinzufügung geeigneter Hintergrundannahmen kompatibel gemacht, als Anomalien behandelt und ignoriert oder auf die Unzuverlässigkeit der Überlieferung (z.B. Fehler oder Verfälschungen von Kopisten) zurückgeführt. Erscheinen nicht nur einzelne Stellen oder Teile von Texten, sondern komplette Schriften mit der Auffassung vom richtigen Glauben unvereinbar, kann dies Zweifel an ihrer Authentizität auslösen und - wie im 2. Jahrhundert bei Marcion exemplarisch zu beobachten - zu ihrer Entfernung aus dem Kanon führen.
Luther nutzt hier u.a. den Weg der Konstruktion eines *Kanon im Kanon*, indem er bestimmte Teile des Neuen Testaments als Träger der zentralen Glaubenswahrheiten deklariert und andere Teile demgegenüber abwertet: Er präferiert ausdrücklich diejenigen Teile der Schrift, welche die Predigt Jesu wiedergeben und betrachtet demgegenüber diejenigen Teile als nachrangig, die über seine Werke berichten: "... denn die Werke hülfen mir nichts; aber seine Worte die geben das Leben, wie er selbst sagt Joh. 6, 63.8,51". Ausgehend von diesem Kriterium kommt Luther dann zu der folgenden Hierarchisierung der Evangelisten: "Weil nun Johannes gar wenig Werke von Christo, aber ganz viel [von] seiner Predigt schreibt, wiederum die andern drei Evangelisten viel seiner Werke, weniger seiner Worte beschreiben, ist Johannis Evangelium das einzige zarte, rechte Hauptevangelium und den andern dreien weit vorzuziehen und höher zu heben. ... Summa, S. Johannis Evangelium und seine erste Epistel, sonderlich die zu den Römern, Galatern, Ephesern, und S. Peters erste Epistel, das sind die Bücher, die dir Christum zeigen und alles lehren, das dir zu wissen noth und selig ist, ob du schon kein andres Buch noch Lehre siehst und hörst. Darum ist S. Jakobs Epistel eine recht stroherne Epistel gegen sie, denn sie doch keine evangelische Art an sich hat." So Luther im Schluß der Vorrede der sogenannten Septemberbibel von 1522 (in den späteren Ausgaben wurde dieser Schluß weggelassen), hier zitiert nach *Luthers Werke*, Bd.7, 1905, S.13.

andere mit all seinem Wissen kalt bleibt."²⁵⁴ Der affektiven Erschütterung kann dabei die Funktion der Beglaubigung des rechten Verstehens von Gottes Wort zukommen.²⁵⁵ Um es zu erreichen, bedarf es der Hilfe des Heiligen Geistes, die dem einzelnen Gläubigen ohne die Vermittlung kirchlicher Autoritäten unmittelbar zuteil wird. "Denn es mag niemand gott noch gottes wort recht vorstehen, er habs denn ohn mittel von dem heiligen geyst."²⁵⁶ Das affektiv nacherlebende Mitschwingen des Bewußtseins erzeugt demnach das durch den Heiligen Geist direkt bewirkte *konfirmierende Evidenzerlebnis*, welches das wahre Verstehen auszeichnet.²⁵⁷

Diese Deutung ermöglicht es erst, die Monopolisierung des richtigen Verstehens der Heiligen Schrift durch die kirchlichen Experten der Auslegung und Inhaber des Lehramtes zu verwerfen. Wenn das rechte Verstehen der Bibel letztlich nur durch den Heiligen Geist bewirkt werden kann, dann ist Gelehrsamkeit dafür weder hinreichend noch notwendig. Nur unter dieser Voraussetzung kann die Lektüre der Bibel durch jeden Gläubigen als Weg zum richtigen Glauben behauptet, die von der katholischen Kirche beanspruchte Autorität der Tradition und des kirchlichen Lehramtes abgewiesen und das autonome Urteil der Laienchristen an deren Stelle gesetzt werden.²⁵⁸ Sie ist aber zugleich das Einfallstor für die von Luther attackier-

---

254 So Holl 1927, S.548, oder in den Worten Luthers: "moraliter autem nunc quoque multi quos unctio docet, sapiunt super pontifices et doctores et literales Christianos, eo quod illi in fide mortua mortui pereunt et non student in spiritu proficere, intellectu quidem illustrissimi, sed affectu frigidissimi." Vgl., D. Martin Luthers Werke. Kritische Gesamtausgabe, Weimar 1883ff., Bd.IV, S.353, 18, hier zitiert nach Holl 1927, S.548.

255 Vgl. Holl 1927, S.556: "Der Geist schafft sich die ihm und der Schrift entsprechende Stimmung, indem er (durch das Wort) das Herz erschüttert und erhebt und damit die mächtige innere Bewegung, die Wärme, den Affekt hervorbringt, der die Höhen und Tiefen der Sache zu empfinden vermag. Luther hat zuerst die Wahrheit ausgesprochen, daß man nicht in der Kühle, sondern im Affekt, in der Leidenschaft versteht." Oder um Luther wiederum selbst zu Wort kommen zu lassen: "Niemant kanß aber von dem heiligenn geist haben, er erfareß, versuchs und empfinds denn, unnd yn derselben erfarung leret der heylig geyst alß ynn seyner eygenen schule, außer wilcher wirt nichts geleret, denn nur scheinwort und geschwetz." Vgl. D. Martin Luthers Werke, a.a.O., Bd.VII, S.546, 26, hier zitiert nach Holl 1927, S.556.

256 Vgl. D. Martin Luthers Werke, Bd.VII, S.546, 24f., hier zitiert nach Holl 1927, S.555.

257 Die These, daß das richtige Verstehen sich durch die Evidenz psychischen Nacherlebens subjektiv beglaubigt, findet sich dann bekanntlich auch in der geisteswissenschaftlichen Hermeneutik. Vgl. dazu etwa Diltheys Feststellung, daß das Verstehen "... nicht einfach als eine Denkleistung aufzufassen ist: Transposition, Nachbildung, Nacherleben – diese Tatsachen weisen auf die Totalität des Seelenlebens hin, die in diesem Vorgang wirksam ist. Hierin steht es mit dem Erleben selbst in Zusammenhang, das eben nur ein Innewerden der ganzen seelischen Wirklichkeit in einer gegebenen Lage ist. So ist in allem Verstehen ein Irrationales, wie das Leben selber ein solches ist; es kann durch keine Formeln logischer Leistungen repräsentiert werden. Und eine letzte, obwohl ganz subjektive Sicherheit, die in diesem Nacherleben liegt, vermag durch keine Prüfung des Erkenntniswertes der Schlüsse ersetzt zu werden, in denen der Vorgang des Verstehens dargestellt werden kann"; vgl. Dilthey 1961, S.218.

258 Vgl. dazu Luthers Schrift "Daß eine christliche Versammlung oder Gemeinde Recht und Macht habe, alle Lehre zu urtheilen und Lehrer zu berufen, ein- und abzusetzen: Grund und Ursache aus der Schrift" von 1523, in: Luthers Werke, Bd.7, 1905, S.139-150, dort insbesondere S.143f.: "Abermals spricht Christus Matth. 7, 15: Hütet euch vor den falschen Propheten, die in Schafskleidern zu euch kommen, inwendig aber sind sie reißende Wölfe. Siehe, hier gibt Christus nicht den Propheten

(Fortsetzung...)

ten "Schwärmer". Denn, wenn es keiner Mittler zwischen Gott und dem Gläubigen bedarf, wenn weder Heilige noch Priester dafür benötigt werden, weil Gottes Geist den rechten Glauben im Gläubigen bewirken kann, ist dann nicht auch die Heilige Schrift ein kontingentes Mittel, dessen es nicht unbedingt bedarf?

Die "Schwärmer", oder allgemeiner formuliert, die *Mystik* als Prinzip religiöser Gemeinschaftsbildung mit dem Status einer sozialen Bewegung, zieht diese Konsequenz.[259] Die Schrift erscheint hier zunächst, wie bei Luther, als Quelle des wahren Glaubens. Deren 'richtiges' Verstehen wird allein durch individuelle und inkommunikable *Inspiration* erreicht. Letzten Endes bedarf es dann aber nicht einmal mehr der Heiligen Schrift als Einrichtung zur Übermittlung der Offenbarung. Die Erfahrung gelungener mystischer Vereinigung mit dem Göttlichen kann durch Direktkontakt mit dem Heiligen Geist zuteil werden. An die Stelle des Verstehens der göttlichen *Mitteilung* tritt sozusagen Telepathie.

In letzter Konsequenz verschwindet damit die Differenz zwischen 'richtigem' und 'falschem' Verstehen, die unter der Voraussetzung kirchlicher Organisation zum Anknüpfungspunkt für die Differenz von *Orthodoxie* und *Häresie* wird, aus der Kommunikation. Sie wird ersetzt durch die nur individuell zu erreichende Erfahrung von Erleuchtung. Die Mystik *anihiliert* so das Problem, wie mit dem Anspruch auf soziale Geltung zwischen 'richtiger' und 'falscher' Deutung der Heiligen Schrift unterschieden werden kann, indem sie es in der Vorstellung der unio mystica des Einzelbewußtseins mit Gott verschwinden läßt.

3.4.3 Kirche und Sekte als organisatorische Lösungen des Problems, wie zwischen unterschiedlichen Auslegungsmöglichkeiten verbindlich entschieden werden kann

Die bisher diskutierten Möglichkeiten zur Lösung bzw. Auflösung des Problems der Konfirmation plazierten dieses Problem in der Relation von Text und individuellem Rezipienten und lokalisierten die Lösung *entweder im Text* (Konfirmation durch Übereinstimmung des Sinns zwischen klaren und unklaren Textstellen bzw. zwischen Teil- und Gesamtsinn) oder in der *evidenzerzeugenden psychischen Reaktion* des Rezipienten. Weitestgehend ausgeblendet wurde dabei die *Sozialdimension* religiöser Kommunikation.

In der Interaktion unter Anwesenden ist dies die Dimension, in der die Konfirmierung eines Verstehens als korrektes Verstehen erreicht wird. Egos Anschluß an dritter Sequenzposition konfirmiert (oder diskonfirmiert) hier die in Alters Reaktion zum Ausdruck kommende Deutung von Egos Initialäußerung. In der Auslegung überlieferter Texte ist diese Möglichkeit versperrt. An die Stelle von Egos

---

258(...Fortsetzung)
  und Lehrern das Urtheil, sondern den Schülern und Schafen. Denn wie könnte man sich vor den falschen Propheten hüten, wenn man ihre Lehre nicht sollte in Bedenk nehmen, richten und urtheilen? So kann je kein falscher Prophet sein unter den Zuhörern, sondern allein unter den Lehrern. Darum sollen und müssen alle Lehrer dem Urtheil der Zuhörer unterworfen sein mit ihrer Lehre."
259 Zur Mystik als Prinzip religiöser Gemeinschaftsbildung vgl. Troeltsch 1965, S.848ff.

konfirmierender Anschlußäußerung kann jedoch die Konfirmation durch *andere Interpreten* treten. Geschieht dies, dann wird die Funktion der Konfirmation in den Binnenkontext *interpretativer Gemeinschaften* verlagert,[260] deren Mitglieder einander wechselseitig die Übereinstimmung ihres Verstehens der überlieferten Texte bestätigen können. Damit nimmt das Problem der Konfirmation eine veränderte Form an. Zu klären ist nun, mit Hilfe welcher Verfahren innerhalb einer Gemeinschaft darüber entschieden wird, welche von mehreren divergierenden Auslegungen als 'richtige' Interpretation anerkannt werden soll.

Die *Mystik*, so hatten wir gesehen, anihiliert dieses Problem. In der *Hermeneutik* wird es zum einen als methodologisches Problem definiert, zum anderen dem Gang der Diskussion überlassen, die zu einem Auslegungskonsens führen kann oder auch nicht. Ob ein Auslegungskonsens erreicht wird, bleibt damit kontingent. Religiöse Gemeinschaften, deren Identität nicht primär über die Partizipation an Ritualen, sondern durch einen gemeinsamen Glauben definiert ist, stehen unter stärkerem Einigungszwang. Werden Unterschiede in der Interpretation der gemeinsam anerkannten heiligen Schriften manifest, müssen Möglichkeiten zur kollektiv verbindlichen Unterscheidung zwischen 'richtigen' und 'falschen' Deutungen zur Verfügung stehen.

Meines Erachtens lassen sich mindestens zwei *organisationelle* Grundtypen von Lösungen des Problems identifizieren, wie zwischen unterschiedlichen Auslegungsmöglichkeiten der Heiligen Schrift auf sozial bindende Weise entschieden werden kann. Diese beiden Grundtypen koinzidieren im wesentlichen mit den von Ernst Troeltsch und Max Weber als zentral betrachteten Strukturprinzipien religiöser Gemeinschaftsbildung, nämlich *Kirche* und *Sekte*.[261] Diese Organisationsprinzipien beanspruchen zwangsbasierte Autorität bzw. freiwillige und aufkündbare Mitgliedschaft als strukturelle Prämissen der Entscheidung zwischen 'richtigen' und 'falschen' Auslegungen der Heiligen Schrift:

1) *Kirche* als Strukturprinzip religiöser Gemeinschaftsbildung meint eine Anstalt mit einer Amtshierarchie, damit verbundener Trennung zwischen religiösen Experten und Laien, Dogmatisierung der Glaubensüberzeugung sowie amtlicher Lehrautorität. Die Gläubigen gehören einer Kirche typisch nicht durch freiwillige Entscheidung, sondern durch Geburt an. Gottgefällige und Sünder, Rechtgläubige und Häretiker unterstehen gleichermaßen dem Regiment der Anstaltszucht. Als Häresie gelten hier Abweichungen von der kirchlichen Lehrmeinung, die gleichermaßen auf der Lehrtradition und der Heiligen Schrift gründest. Die Autorität der Tradition, wie sie etwa die katholische Kirche beansprucht, fungiert hier als Limitativ, das die Auslegung der Schrift reguliert und ihr Grenzen setzt. Vergangene Auslegungen definieren so den Rahmen für das, was gegenwärtig und zukünftig an Auslegungen möglich ist. Das Regreßproblem, das sich an der Frage entzündet, wie

---

260 Zur Erläuterung des Begriffs der "interpretativen Gemeinschaft" vgl. oben, Kap.3.3.3.
261 Zur Kontrastierung von "Kirche" und "Sekte" vgl. Troeltsch 1965, S.362ff. und Weber 1980, S.622ff. und 721ff.

3.4 INTERSUBJEKTIVITÄTSPRODUKTION IN INTERPRETATIVEN GEMEINSCHAFTEN

denn nun die Vorgaben der Tradition zu interpretieren sind, wird ebenso wie die Frage zulässiger Schriftinterpretation (ähnlich wie im Recht) durch Entscheidung auf der Basis von *Amtsautorität* gelöst.

In der katholischen Kirche geschieht dies bekanntlich durch Entscheidung der Konzilien, der Bischöfe bzw. den unfehlbaren Letztentscheid des Bischofs von Rom,[262] legitimiert durch die von Christus erteilte Vollmacht des Apostolats der Lehrverkündigung und die Vorstellung der Kontinuität der apostolischen Sukzession, die von der Spitze der kirchlichen Hierarchie verkörpert wird. Die apostolische Überlieferung gilt, kraft des verheißenen Beistandes durch den Heiligen Geist, als unfehlbare Widerspiegelung von Gottes Wort ((vgl. Scheeben 1959 (1.Aufl. 1874), S.66)). Die *Lehrtradition* hat deshalb Vorrang gegenüber der Orientierung am Wortlaut der Schrift. Die Behauptung des Vorranges der Heiligen Schrift gilt demgegenüber – schon bei Origines – als häretisch,[263] weil sie deren Auslegung der Willkür und den Launen jedes einzelnen ausliefere.

Die triadische Sequenz von Text, Auslegung und sozial verbindlicher Konfirmierung/Diskonfirmierung wird hier durch die hierarchische Differenzierung zwischen amtscharismatisch legitimierten Experten und Laien überformt. Die Laien erscheinen nicht befähigt, den wahren Sinn der Heiligen Schrift aus eigener Kraft zu erkennen. Zwischen divergierenden Interpretationen kann weder allein durch Rekurs auf den Gesamtsinn der Schrift, noch durch individuelle Inspiration entschieden werden. Die authentische Auslegung bedarf vielmehr notwendig der Beglaubigung durch die *Inhaber des kirchlichen Lehramtes*. Ihnen wird so die Funktion der gültigen Konfirmation zugewiesen.

Interessant ist dabei, wie die Glaubensauffassungen der Träger des Lehramtes und der Laienchristen, von "Lehrkörper" und "Glaubenskörper", im Kontext der (jüngeren) katholischen Dogmatik zueinander in Beziehung gesetzt werden: Die "kirchliche Gemeinschaft" wird dargestellt als Ergebnis der "organischen Verbindung des Lehrkörpers mit dem Glaubenskörper"; entsprechend dieser internen Doppelung der Glaubensgemeinschaft wird angenommen, daß "... die Lehre Christi ihrer Idee nach in doppelter Form zur Darstellung und Bezeugung kommt, einerseits in Form der offiziellen, authentischen und autoritativen Lehre und Verkündigung, andererseits in Form des privaten gläubigen Bekenntnisses. (...) Die erstere (Form der Darstellung und Bezeugung; W.L.S.) erscheint als ein Nach- und Forthallen des Wortes Gottes, als eine fortgesetzte Rede Gottes zu den Menschen in der Kirche, die zweite zunächst als Widerhall des Wortes Gottes; weil aber dieser Widerhall auch seinerseits vom Geiste Gottes beseelt wird, so ist er ebenfalls in seiner Weise als ein nach- und forthallendes Wort Gottes zu betrachten" (vgl. Scheeben 1959, S.98).

---

[262] Die Unfehlbarkeit des Gesamtepiskopats in Glaubensfragen ist seit dem Konzil von Nizäa (325 n.Chr.) Teil der kirchlichen Lehre. Die Unfehlbarkeit des Papstes wurde erst durch das Vatikanische Konzil von 1870 definitiv fixiert, aber bereits seit dem Hochmittelalter zunehmend anerkannt.
[263] "Sola scriptura" ist insofern keineswegs ein Spezifikum der Lehre Luthers.

Das Verhältnis zwischen göttlicher Offenbarung, Verkündigung des "Lehrkörpers" und dem Bekenntnis des "Glaubenskörpers" wird hier in der Form einer *triadischen Struktur* dargestellt, in der die Priorität genießende Verkündigung des Lehrkörpers und das Bekenntnis des Glaubenskörpers miteinander zur Deckung kommen – und zur Deckung kommen müssen, um die Einheit der Offenbarung zum Ausdruck zu bringen.[264] *Offenbarung, Verkündigung* und *Bekenntnis* besetzen hier die Positionen der ursprünglichen Mitteilung, ihrer verstehenden Deutung und der Konfirmation der erreichten Interpretation. Die Metapher des *Nach- und Widerhalls* von Gottes Wort, in der Scheeben diesen Zusammenhang von lehramtlicher Verkündigung und Bekenntnis der Laienchristen artikuliert, tilgt freilich das Moment *kontingenten* Verstehens vollständig.

Die Herstellung der Übereinstimmung von Verkündigung und Bekenntnis stützt sich realiter, und daran läßt auch Scheben keinen Zweifel, auf den Gebrauch von *Macht*:[265] Die Innehaltung des rechten Glaubens wird unter den Prämissen der Organisationsform Kirche definiert als Rechtspflicht, deren Verletzung durch das kirchliche Strafrecht sanktioniert wird. "Exit",[266] d.h. die Kündigung der Mitgliedschaft durch den einzelnen Gläubigen oder die Kirche, ist nicht als Möglichkeit vorgesehen.[267] Die Mitglieder sehen sich deshalb mit der Alternative konfrontiert, sich entweder "loyal" zu verhalten, oder durch offenen Widerspruch ("voice") zu

---

264 Der Vorrang der Verkündigung des Lehrkörpers vor dem Bekenntnis der Laienchristen wird dabei durch die Annahme relativiert, "daß das einmütige Bekenntnis des gesamten Glaubenskörpers auch ebenso unfehlbar ein Zeugnis des Heiligen Geistes repräsentiert wie das einmütige Zeugnis des Lehrkörpers." Ja, es wird sogar mit der Möglichkeit gerechnet, daß "das offenkundig vorhandene Bekenntnis der Gesamtheit der Gläubigen, als ein relativ selbständiges Zeugnis des Heiligen Geistes, mitunter einer bestimmten Manifestation des Lehrkörpers zeitlich und logisch vorausgehen und in diesem Fall als orientierendes Moment die spätere Entscheidung des Lehrkörpers beeinflussen, insofern also auch auf die eigene Tätigkeit des Lehrkörpers zurückwirken kann." Freilich sei der mögliche "Rekurs auf das Bekenntnis des bereits im Volke bestehenden Glaubens ... für ihn immer nur ein sekundäres Hilfsmittel, nicht primäre Regel oder Quelle seiner Lehre." Vgl. zu allen Zitaten Scheeben 1959, S.98f.

265 Der Auftrag zur Verkündigung "würde aber bloß zur Anregung, nicht auch zur Erzeugung des Glaubens genügen, ohne das mit ihm verliehene Recht und die Macht der Glaubwürdigkeit. Dieses Recht aber würde wiederum nicht vollkommen genügen, namentlich nicht *zur Herbeiführung eines gehorsamen, einheitlichen und allgemeinen Glaubens* genügen, ohne Mitteilung der Gewalt, die Anerkennung der verkündigten Wahrheit *gebieterisch* zu fordern und die Forderung durch Strafen zu unterstützen." Vgl. Scheeben 1959, S.47, Hervorhebungen im Original.

266 Zur Unterscheidung von "exit", "voice" und "loyality" vgl. Hirschmann 1974.

267 Schwere Sünder und Häretiker können natürlich *exkommuniziert* werden. Sie unterstehen aber grundsätzlich auch dann noch der Jurisdiktion der Kirche. Für die katholische Kirche ist die mit der Taufe erworbene Mitgliedschaft *auch heute noch* unwiderruflich und unverlierbar. Der Austritt aus der Kirche als Körperschaft öffentlichen Rechts bewirkt nur den Verlust bestimmter Mitgliedschaftsrechte, darunter vor allem des Zugangs zu den Sakramenten sowie des Rechts zur Mitarbeit in kirchlichen Gremien und zur Übernahme von Ehrenämtern. Die theologische Begründung für die Unkündbarkeit der Mitgliedschaft stützt sich auf die Vorstellung des "untilgbaren Prägemals" (character indelebilis), welches die Taufe bewirke. Vgl. dazu den Canon 849 des Codex Iuris Canonici in der Fassung von 1983 mit der Formulierung: "Die Taufe ist die Eingangspforte zu den Sakramenten, ... durch sie werden die Menschen von den Sünden befreit, zu Kindern Gottes neu geschaffen und, *durch ein untilgbares Prägemal Christus gleichgestaltet, der Kirche eingegliedert* ..." (Hervorhebung von mir; W.L.S.). – Eine entsprechende Deutung der Taufe findet sich auch bei Luther, bei modernen evangelischen Theologen sowie in den meisten orthodoxen Kirchen.

riskieren, verfolgt und sanktioniert zu werden. Die Kontrolle religiöser Kommunikation mit Hilfe der Unterscheidung von 'richtigem' und 'falschem' Verstehen erfolgt hier durch die erzwingbare Unterwerfung der Gläubigen unter die amtscharismatisch legitimierte Autorität der kirchlichen Hierarchie. Ob die Zwangsgeltung der rechten Lehre gegenüber den Gläubigen dann unmittelbar durch kirchliche Gerichte durchgesetzt wird, wie im Katholizismus und im Calvinismus, oder diese Aufgabe an die weltliche Obrigkeit delegiert wird, wie in der Lutherischen Kirche, ist dabei nebensächlich.[268]

2) Anders in der Sekte: Die *Sekte* als Strukturprinzip der Gemeinschaftsbildung ist im Gegensatz zur Kirche eine Vereinigung der religiös Qualifizierten. Der Erwerb der Mitgliedschaft vollzieht sich nach dem Prinzip der freien Auslese durch die Gemeinde auf der Grundlage strenger Beurteilung der religiösen Qualifikation des einzelnen. Die Sekte versteht sich als sichtbare Gemeinschaft der Heiligen. Anstaltsgnade und Amtscharisma, die für den Typus der Kirche charakteristisch sind, werden abgelehnt und Mitglieder, welche die Kriterien des glaubensgemäßen und die Qualifikation des einzelnen verbürgenden Lebenswandels verletzen, aus dem Kreis der Gemeinde ausgeschlossen. Es gilt die Freiwilligkeit und Kündbarkeit der Mitgliedschaft.

Mit der Vorstellung von Anstaltsgnade und Amtscharisma entfallen die Voraussetzungen für die Ausdifferenzierung einer Amtshierarchie und eines damit verbundenen privilegierten Lehramtes. Die Heilige Schrift ist die zentrale und uneingeschränkte Quelle der Glaubenswahrheit. Ihr Sinn ist allen Gläubigen ohne autoritative Mittler zugänglich. Es gilt also das *Schriftprinzip*.

Die konsequente Realisierung des Sektentyps impliziert das Prinzip der *Gemeindesouveränität*. Dies folgt zum einen daraus, daß letztlich nur die persönliche Kenntnis der Glaubensgenossen es ermöglicht, die religiöse Qualifikation des einzelnen Mitgliedes durch Beobachtung des Lebenswandels zu beurteilen, zum anderen aus der Ablehnung jeder amtscharismatischen Deutung religiöser Organisation, wie sie sich aus der Normierung grundsätzlich gleicher religiöser Qualifikation aller Angehörigen der Gemeinde als Mitgliedschaftsbedingung ergibt. Zusammenschlüsse einzelner Gemeinden zu einer größeren Gemeinschaft haben deshalb den Status eines "Zweckverbandes" (vgl. Weber 1980, S.722). Eine Übertragung der Autorität in Fragen des Glaubens oder der Entscheidung über die Mitgliedschaft auf die Ebene der übergreifenden Gemeinschaft ist damit nicht verbunden.

Entscheidungen über die 'richtige' Auslegung der Schrift müssen unter diesen Voraussetzungen durch den Konsens der Mitglieder der einzelnen Gemeinde getragen werden. Zwischen der demokratischen Entscheidung der Gemeindemitglieder unter konkurrierenden Deutungsvarianten und bloßer Akklamation der Interpretationsentscheidungen charismatischer Führungsfiguren sind hier alle Zwischenstufen

---

268 Zur Verschränkung der rein geistlich konzipierten Kirchenordnung mit der weltlichen Macht- und Rechtsordnung im Lutherischen Protestantismus, die im Ergebnis ein "rechtliches Zwangskirchentum etabliert", vgl. Troeltsch 1965, S.512ff., insbesondere S.517f.

möglich. Bei Abweichungen vom rechten Glauben droht Ausschluß, d.h. Verlust der Mitgliedschaft und Boykott durch die ehemaligen Glaubensgenossen. Eine darüber hinausreichende und durch machtgestützte Autorität gesicherte Rechtspflicht zum Glaubensgehorsam besteht nicht. Auslegungsdifferenzen können deshalb jederzeit zur Grundlage für die Abspaltung neuer Glaubensgemeinschaften werden. Die dadurch bedingte Instabilität ist hoch. Kleinere Differenzen, wie z.B. Dissens über die Frage der Orgelbenutzung in der Kirche (wie bei den Jüngern Christi (Disciples of Christ)) oder über die zu befolgende Prozedur beim Fußwaschungsritual (so bei den Dunkers), reichen schon aus, um die Spaltung einer Sekte zu provozieren.[269] Vereinigungen wie die Plymouth-Brethren-Gemeinschaft des neunzehnten Jahrhunderts, die in sechs verschiedene Gruppen zerfiel oder die Mennoniten, die sich gar in sechzehn getrennte Körperschaften teilten, veranschaulichen die hohe Spaltungsanfälligkeit der Glaubensgemeinschaften des Sektentypus auf paradigmatische Weise (vgl. Wach 1951, S.226).[270]

Die Kontrolle religiöser Kommunikation und die Unterscheidung zwischen 'richtiger' und 'falscher' Schriftauslegung beruht hier primär auf dem Prinzip aufkündbarer Mitgliedschaft. Die einzelne Sekte formiert sich als Gesinnungsverein mit dem Schwerpunkt in der lokalen Gemeinde, die im Blick auf die Auslegung der Heiligen Schrift zugleich den Status einer (zumindest formal) *egalitären Interpretationsgemeinschaft* annimmt, in der Auslegungsfragen durch die übereinstimmende Konfirmation der Mitglieder entschieden werden. Durch diese Struktur begünstigt wird die *Variation und institutionelle Verkörperung unterschiedlicher Auslegungsmöglichkeiten*. Die Pluralisierung der Interpretationen wird durch den Typus der Sekte stimuliert und die Chance der sozialen Selektion neuartiger Deutungen durch die Öffnung der Möglichkeit ihrer organisationellen Verankerung erheblich gesteigert. Die Sekte fungiert so als Einrichtung, welche die Eigenschaft der Schrift als "Kontingenztransporteur"[271] auf der Basis enger Kopplung von Schriftinterpretation und direkter Interaktion freisetzt von den Restriktionen, denen sie unter den Bedingungen der Organisationsform Kirche unterworfen ist. Im Gegensatz zur *Mystik*, die diese Restriktionen ebenfalls aufsprengt, die Kontingenz des Verstehens dabei jedoch *individualisiert und psychisiert* und so sozial weitestgehend neutralisiert, nutzt sie die Kontingenz des Verstehens als Anknüpfungspunkt sozialer Strukturbildung.

Als Resümee kann festgehalten werden: Die Unterscheidung von 'richtigem' und 'falschem' Verstehen überlieferter heiliger Schriften kann nur dadurch mit Aussicht auf sozial gleichsinnigen Gebrauch im Kontext religiöser Gemeinschaften verankert werden, daß sie rückgebunden wird an die Unterscheidung konform/abweichend.

---

269 Vgl. dazu Faris 1937, S.56 und 59, hier wiedergegeben nach Wach 1951, S.226.
270 Daß Streit zwischen den Häretikern herrscht, gilt der katholischen Kirche von alters her als Beleg für die Falschheit ihrer Lehren, der sie die *wahrheitsverbürgende Einheit* der eigenen Lehre entgegenhält.
271 Zu dieser Charakterisierung von Schrift vgl. Hahn 1998, S.343 und 353f.

Regeln der Auslegung sichern hier keine hinreichende Limitationalität, um das Verstehen sozial zu koordinieren. Wer diese Schriften in der Kommunikation anders versteht als andere, dessen Verstehen darf nicht einfach als kontingentes Erleben behandelt werden, das so oder auch anders ausfallen kann. Auch die bloße Verbuchung als Irrtum reicht nicht aus. Es muß vielmehr die Möglichkeit bestehen, divergierendes Verstehen durch *verbindlich geltende Entscheidung* als Irrtum zu deklarieren und danach das Verharren in diesem Irrtum als *abweichendes Verhalten* verantwortlich zuzurechnen, das sanktioniert werden kann. Anders ist ein übereinstimmendes Erinnern schriftlicher Überlieferung nicht stabilisierbar. Die von Alois Hahn festgestellte Entsprechung zwischen dem Vorgang der *Kanonisierung* und dem Prozeß der *Formalisierung* von Normen in Organisationen kann so weiter entfaltet werden. Sie nimmt die Gestalt der Frage nach den historisch nachweisbaren *organisationellen Grundmustern* an, die das Problem übereinstimmenden Verstehens der Überlieferung bearbeiten und versuchen, die kommunikative Praxis kollektiven Erinnerns und Verstehens zu koordinieren und zu homogenisieren. "Kirche" und "Sekte" lassen sich verstehen als organisationelle Grundformen der Lösung dieses Problems.

Die Frage, wie die kommunikative Konstruktion eines als intersubjektiv übereinstimmend definierten Glaubens innerhalb religiöser Gemeinschaften möglich ist, wirft ein weiteres Problem auf, das ich nun behandeln möchte: Das Problem der *ungleichen Verteilung des Wissens* über den Inhalt und die korrekte Auslegung der heiligen Bücher.

3.4.4 Ungleiche Verteilung des Wissens als Intersubjektivitäts- und Inklusionsproblem und dessen Lösung durch die reflektierte Konsensfiktion der "fides implicita"

Die Bindung von Religion an heilige Schriften und darin geoffenbarte Glaubensinhalte erzeugt ein spezifisches Problem im Bereich der Intersubjektivität und der sozialen Inklusion:[272] Die Verteilung des Wissens darüber, was als rechter Glaube gilt, ist ungleich. Dennoch ist der gemeinsame Glaube ein zentrales Merkmal zur Unterscheidung zwischen denjenigen, die der Religionsgemeinschaft zugerechnet werden und den Ungläubigen, Heiden etc., die ihr nicht angehören.

In scharfer Form ausgeprägt ist dieses Problem etwa im mittelalterlichen Katholizismus. Einer kleinen Schicht schriftkundiger und dogmatisch gebildeter Intellektueller steht hier eine Mehrheit der Gläubigen gegenüber, die bis hinein in die Reihen der Priesterschaft illiterat sind und über ein äußerst geringes Wissen in Glaubensdingen verfügen. Volksglaube und Intellektuellenglaube differieren unter diesen Bedingungen so stark, daß von einer gemeinsamen Religion kaum die Rede sein kann. Gemessen an dem Wissen der Experten, wissen die Laien buchstäblich nicht, was sie glauben sollen. Viele Dogmen (etwa die Lehre von der Doppelnatur

---

[272] Zur Unterscheidung Inklusion/Exklusion vgl. Luhmann 1997a, S.618ff.; mit spezifischem Bezug auf die katholische Kirche im römischen Reich, a.a.O., S.624.

Jesu oder die Trinitätslehre) sind ihnen völlig oder in ihrem genauen Inhalt unbekannt. Sie können so leicht unwissentlich und wider Willen zu Häretikern werden und, insofern der rechte Glaube heilsnotwendig ist, ihr Seelenheil verlieren. – Diese Situation erzeugt ein Dilemma:

(1) Entweder man macht vollständiges explizites Wissen um die Glaubensinhalte zur Voraussetzung von Mitgliedschaft und Seelenheil. Dann bleibt die Glaubensgemeinschaft auf eine kleine Gruppe gebildeter religiöser Virtuosen beschränkt, die sich dem konzentrierten Studium der heiligen Schriften zuwenden können. Praktikabel ist eine derartige Lösung vor allem im Kontext des Organisationstyps der Sekte.

(2) Oder man verlangt ein solches Wissen nicht und toleriert die Existenz unterschiedlicher Überzeugungen zumindest bei den Laienmitgliedern, ohne daraus eine Beeinträchtigung der Heilsmöglichkeiten abzuleiten. Diese Lösung liegt nahe, sofern eine Glaubensgemeinschaft sich als Kirche mit tendenziell universalem Herrschaftsanspruch konstituiert. Die Behauptung des Glaubens als einheitliches und heilsnotwendiges System von Überzeugungen wird damit faktisch weitgehend aufgegeben.

Die mittelalterliche katholische Kirche beugt sich diesem Dilemma freilich nicht widerspruchslos. Obwohl sich diese beiden Möglichkeiten auszuschließen scheinen, hält sie an der Prämisse fest, daß die gesamte biblische Offenbarung Gegenstand des christlichen Glaubens ist, ohne deshalb die Ungebildeten von Mitgliedschaft und Seelenheil auszuschließen. Ermöglicht wird diese Option durch eine spezifische *semantische Brückenkonstruktion*: Als Subjekt des Glaubens gilt nicht der einzelne Gläubige, sondern die Kirche. Deren Glauben wird definiert durch die Entscheidungen der Konzilien, der Bischöfe und des Papstes sowie durch die kirchliche Lehrtradition. Vor allem für die Laien und die ungebildeten niederen Kleriker gilt, daß sie – und dies ist das zentrale Überbrückungselement – *implicite* glauben. Voraussetzung der *fides implicita* ist nur die Bereitschaft des Gläubigen, zu "glauben, was die Kirche glaubt" (credere, quod ecclesia credit; vgl. Ritschl 1890, S.7). Eines *expliziten Wissens* um den Inhalt des kirchlichen Glaubens bedarf es dazu nicht. An die Stelle des Wissens um die Glaubensartikel tritt die grundsätzliche, nicht an spezifische Inhalte gebundene Bereitschaft zum Gehorsam gegenüber der kirchlichen Lehrautorität.[273] Als Minimalanforderung an den expliziten Glauben definiert etwa Innozenz der IV. (Papst von 1243-1254) den Glauben an einen vergeltenden Gott. Für alle anderen Glaubenswahrheiten genügt der implizite Glaube (vgl. Ritschl 1890, S.10). Fingiert wird auf diese Weise ein gemeinsam geteilter Glaube, der de facto nicht existiert. Die fides implicita hat demnach den Status einer *reflektierten Intersubjektivitäts- und Konsensfiktion*.[274]

---

273 Diese Lösung des Problems ungleicher Wissensverteilung ist nicht auf die katholische Kirche beschränkt. "Der Masse der Dogmen gegenüber kann in einer dogmenreichen Kirche in weitestem Umfang dagegen nur fides implicita, die allgemeine Bereitschaft der Unterstellung aller eigenen Überzeugungen unter die im Einzelfall maßgebende Glaubensautorität verlangt werden, wie dies die katholische Kirche in weitestem Umfang tat und tut", vermerkt Weber 1980, S.342.
274 Zum Begriff der Konsensfiktion vgl. Luhmann 1964, S.68ff.; siehe dazu auch Hahn 1983.

Die semantischen Prämissen dieser Fiktion bestehen in dem Gedanken der Kirche als Körperschaft, deren Einheit durch ihre Spitze repräsentiert wird, und in der Reduktion von Glaube auf den Willen zum Gehorsam gegenüber den kirchlichen Autoritäten. Dieser Wille hat den Status eines Willens zum Rechtsgehorsam, insofern es Rechtspflicht des Gläubigen war (und ist), sich in Glaubensfragen nur in Übereinstimmung mit dem Glauben der Kirche zu äußern. Bei Zuwiderhandlung wurden, so jedenfalls der Grundgedanke der fides implicita, nur diejenigen als Häretiker verfolgt, bei denen man davon ausging, daß sie sich wissentlich in Widerspruch zum Glauben der Kirche begeben hatten. Unwissentliche, oder genauer: erfolgreich *als unwissentlich deklarierte* Abweichungen wurden hingegen nicht als Delikt bestraft. Da für Laien die fides implicita ausreiche, war also die Verwirklichung des Tatbestandes der Häresie in der Regel erst dann gegeben, wenn sie nach ausdrücklicher Belehrung über die Lehrmeinung der Kirche "beharrlich" am Bekenntnis zu einer abweichenden Glaubensüberzeugung festhielten. Gaben sie diese hingegen auf, wurde ihnen – in moderner juristischer Terminologie formuliert – ein "Verbotsirrtum" mit schuld- und strafbefreiender Wirkung zugebilligt.

Die analogisierende Verwendung dieses modernen Rechtsbegriffs ist kein bloßer Anachronismus. Die Parallelität der Problemlösung im mittelalterlichen Katholizismus und im modernen Strafrecht ist am Wortlaut des dafür einschlägigen Gesetzestextes klar zu erkennen. Im § 17 unseres heutigen Strafgesetzbuches heißt es:

"Fehlt dem Täter bei Begehung der Tat die Einsicht, Unrecht zu tun, so handelt er ohne Schuld, wenn er diesen Irrtum nicht vermeiden konnte. Konnte der Täter den Irrtum vermeiden, so kann die Strafe nach § 49 Abs. 1 gemildert werden" (Schönke/Schröder 1988, S.264).

Die *Unvermeidbarkeit* des Verbotsirrtums ist hier notwendige Bedingung für die Schuld- und Straffreiheit. Auf sehr ähnliche Weise beantwortet Innozenz III. die Frage, unter welchen Voraussetzungen die Zustimmung des Laien zu "widerkirchlicher Predigt" ihm nicht als Schuld zur Last zu legen ist:

"... wenn bei demjenigen Maße der Prüfung solcher Predigt, welches für den Laien pflichtmäßig und möglich ist, der Irrthum nicht gefunden, also auch nicht überwunden wird, so haftet an dem Glauben an falsche Lehre keine Schuld" (so Innozenz III. nach Ritschl 1890, S.8).

Ganz wie im modernen Recht scheint hier die schuld- und strafbefreiende Wirkung eines Verbotsirrtums an dessen *Unvermeidbarkeit* für den Gläubigen unter der Voraussetzung gebunden, daß er die ihm *zumutbaren Sorgfaltsverpflichtungen* erfüllt hat. Diese Sorgfaltsverpflichtungen waren freilich, und hier liegt die Differenz zwischen mittelalterlichem Katholizismus und modernem Strafrecht, für den religiösen Laien meist minimal.

Die Unterscheidung von "fides implicita" und "fides explicita" wurde auch zur flexiblen Bemessung der erforderlichen Glaubenskenntnisse bei kirchlichen Amtsträgern eingesetzt. So trifft Innozenz IV. die folgenden Entscheidungen, welche *innerhalb des Klerus* unterschiedliche Anforderungen an die Reichweite des expliziten Wissens um den Inhalt des Glaubens in Abhängigkeit von den jeweils zu erfüllenden beruflichen Aufgaben festlegen:

"1. Es gibt ein gewisses Maß des Glaubens, zu welchem jeder verpflichtet ist, und welches den Einfältigen und vielleicht allen Laien genügt, nämlich, daß jeder Erwachsene glaube, daß Gott ist und Vergelter für alle Guten ist. Ebenso müssen Alle die anderen Artikel implicite glauben, nämlich daß alles wahr ist, was die allgemeine Kirche glaubt. 2. Dieses Maß des Glaubens müssen alle den Kirchen Vorgesetzte (praelati ecclesiarum), welche Seelsorge treiben, überschreiten. Diese müssen die Glaubensartikel, welche im Glaubensbekenntnis enthalten sind, explicite et distincte scire. Denn die Bischöfe müssen mehr wissen (scire), weil sie es verstehen (scire) sollen, über die Glaubensartikel jedem Rechenschaft abzulegen, der sie fordert. [...] Der Papst aber und andere höhere Vorgesetzte können aus gewissen Gründen durch Dispens weniger Unterrichtete und weniger Strebsame bei der Pfründe halten. 3. Für die niederen Kleriker genügt es, wenn sie arm sind, und dem Lernen nicht obliegen können, weil sie keine Lehrer und kein Geld haben, und ihren Unterhalt mit Handarbeit suchen müssen, daß sie von den Glaubensartikeln wissen, was für die einfältigen Laien genug ist; nur kommt dazu ein Weniges mehr, wie in Hinsicht des Altarsacramentes. Sie müssen nämlich glauben, daß in demselben der wahre Leib Christi hervorgebracht wird. Dies also müssen sie explicite glauben, weil sie täglich und dauernd sich damit mehr beschäftigen als die Laien. 4. So hoch gilt die implicita fides (ut aliqui dicunt), daß, wenn einer sie hat, nämlich glaubt, was die Kirche glaubt, aber durch einen natürlichen Grund bewogen, fälschlich meint, der Vater sei größer oder früher als der Sohn, oder die drei Personen seien drei voneinander getrennte Dinge, er nicht Häretiker ist und nicht sündigt, wenn er nur diesen seinen Irrthum nicht vertheidigt, und dieses glaubt, weil er meint, die Kirche glaube so, und seine Meinung dem Glauben der Kirche unterschiebt. Denn obgleich er so fälschlich meint, so ist dieser Glaube nicht der seine; vielmehr ist der Glaube der Kirche sein Glaube".[275]

Nicht nur für das Seelenheil der Laien und für die realistische Eingrenzung des funktionsnotwendigen Wissens um den Glauben für die weniger gebildeten Ränge der amtskirchlichen Hierarchie wurde die Figur der fides implicita eingesetzt. Auch die Gelehrten zogen daraus ihren Nutzen. Wilhelm von Ockham (ca. 1285-1347) hat das Recht, wesentliche Teile der kirchlichen Lehre nur implicite glauben zu müssen sowie bei Abweichungen vom rechten Glauben sich auf Unwissenheit und schuldbefreienden Irrtum zu berufen, auch für theologisch Gebildete behauptet, und er zögerte nicht, es für sich selbst in Anspruch zu nehmen. So in seinen Traktaten über das Abendmahl.[276] Gleich zu Beginn, im ersten Kapitel des Traktates über den Leib Christi, findet sich die folgende Erklärung:

"Indem ich folglich im Begriff bin, von diesem allerhöchsten Sakramente ein paar kurze Ausführungen abzufassen, bekenne ich, dass ich nichts bejahen werde, welches nicht die Römische Kirche für wahr hält und lehrt".[277]

Die darin ausgedrückte grundsätzliche Bejahung des Glaubens der Kirche bedeutet das Bekenntnis zur *fides implicita*. In Ockhams Text ist die Spannung zwischen der offiziell als Dogma fixierten Transsubstantiationslehre und der von ihm positiv ge-

---

[275] Aus dem 1.Kap. des ersten Buches der Decretalen de summa trinitate et fide catholica, hier zitiert nach Ritschl 1890, S.10.

[276] Ockham schreibt diese Traktate bereits unter dem Eindruck des von Johannes Lutterell (dem ehemaligen Kanzler der Universität Oxford, an der Ockham lehrte) gegen ihn erhobenen Vorwurfes, Irrlehren zu vertreten. Sachlich enthalten sie kaum Neues gegenüber seinem früheren Kommentar zu den Sentenzen von Petrus Lombardus. Ihre Funktion scheint deshalb vor allem in der Verteidigung der schon bisher von ihm eingenommenen und von Lutterell attackierten Position zu bestehen. Vgl. dazu besonders Leppin 2003, S.114f.

[277] Vgl. Guillelmi de Ockham Opera Theologica. Hrsg. v. P.J Lalor u.a., Bd.1-10, St. Bonaventura, N.Y. 1967-1986, Bd.10, 90,18ff., hier zitiert nach der Übersetzung in Leppin 2003, S.114.

zeichneten konsubstantialistischen Interpretation der Wandlung von Brot und Wein in Christi Leib und Blut offensichtlich. Von zentraler Bedeutung ist dabei die aristotelische Unterscheidung von Substanz und Akzidenz. Die Transsubstantiationslehre behauptet, daß die Abendmahlsworte die *Umwandlung* der Brot*substanz* in den Leib Christi bewirken und nur die *Akzidenzien* des Brotes erhalten bleiben. Ockham betrachtet die dabei unterstellte Annahme, daß Akzidenzien ohne eine zugrundeliegende Substanz bestehen könnten, schon in seinem früheren Sentenzenkommentar als äußerst unplausibel.[278] Dies ändert sich auch in den Abendmahlstraktaten nicht: "Nach wie vor steht schroff nebeneinander das Bekenntnis zur Konsubstantiationslehre als der wahrscheinlicheren und der Theologie eher entsprechenden Lehre und die Aussage, daß er sich der Transsubstantiationslehre anschließe".[279] Dem explizit erhobenen Zweifel an der Lehre der Kirche wird so das Bekenntnis zu dieser Lehre als Bekenntnis zum Rechtsgehorsam im Sinne der fides implicita gegenübergestellt (vgl. auch Ritschl 1890, S.30f.; Hoffmann 1903, S.161ff.).

Mit dieser Form der Darstellung wird Ockham der 18. These der ebenso berühmten wie wirkungsmächtigen (und von ihm auch verschiedentlich zitierten; so Leppin 2003, S.30) Pariser Lehrverurteilung des Bischofs Etienne Tempier von 1277 auf genaue Weise gerecht, die sich gegen Tendenzen zur Autonomisierung eines eigenständigen philosophischen Wahrheitsbegriffs gegenüber der Glaubenswahrheit der Theologie richtete. In der erwähnten These seiner Lehrverurteilung verwirft Tempier die folgende Auffassung als Irrlehre:

"Die künftige Auferstehung kann vom Philosophen nicht zugestanden werden, da es unmöglich ist, sie mit der Vernunft zu erfassen". Bischof Tempier verwirft diese Meinung mit der Begründung: "Dies ist ein Irrtum, weil auch der Philosoph seinen Geist gefangengeben soll in den Gehorsam Christi" (zitiert nach Flasch 1989, S.114).

Daß Ockham *allein deshalb* bereit ist, die Transsubstantiationslehre zu akzeptieren, weil er, wie Bischof Tempier mit Bezug auf die paulinische Formulierung aus dem 2. Korintherbrief 10,5 fordert, "seinen Geist ... in den Gehorsam Christi" gefangengibt,[280] dies wird durch die scharfe Kontrastierung zwischen Vernunftplausibilität

---

278 "..., denn unter allen unplausiblen Annahmen, die als mit diesem Sakrament verbunden festgestellt werden, ist die schwerwiegendste, daß es ein Akzidenz ohne ein Subjekt gibt. Wenn man aber von der ersten Auffassung ausgeht (d.h. der Koexistenz der Substanz des Leibes Christi mit der Substanz des Brotes, W.L.S.), braucht man dies nicht anzunehmen, also etc.", schrieb er dazu in seinem Sentenzenkommentar (4.Teil, Questio 8, hier zitiert nach der Übersetzung von Leppin/Müller 2000, S.183), um kurz darauf festzustellen: "Nun bestimmt aber die Festlegung der Kirche das Gegenteil, wie aus dem *Corpus Iuris Canonici X 1.1.1 Über die Höchste Trinität und den katholischen Glauben* und *X 3.41.6 Über die Meßfeier* hervorgeht. Ebenso vertreten alle Kirchenlehrer gemeinschaftlich das Gegenteil. Deshalb vertrete ich die Ansicht, daß auf dem Altar nicht die Substanz des Brotes zurückbleibt, sondern jene äußerliche Erscheinung, und daß der Leib Christi zusammen mit dieser existiert" (Leppin/Müller 2000, S.185; Hervorhebungen im Original).
279 So Leppin 2003, S.114, mit Verweis auf Guillelmi de Ockham Opera Theologica, Band 10, 101,45-52.
280 Wie Flasch (1989, S.28) vermerkt, wurde diese Formel, die bereits Papst Gregor IX. 1228 in seiner Ermahnung an die Pariser Theologieprofessoren gebraucht hatte, "im 13. Jahrhundert zum Schlagwort gegen das Überhandnehmen der Philosophie".

und Glaubensdogma überdeutlich. Was Ockham hier *sichtbar vollzieht*, ist das *Opfer des Intellekts*, d.h. die gehorsame Unterwerfung des eigenen abweichenden Vernunfturteils unter den Glauben der Kirche. Diese Bereitschaft zur Unterwerfung unter die Autorität der Kirche ist das zentrale Element der fides implicita und unabhängig davon, ob abweichende Glaubensäußerungen auf Unwissenheit oder den 'exzessiven' Gebrauch der eigenen Vernunft zurückzuführen sind.

Die Berufung auf die fides implicita wird aber nicht nur zur Minderung des persönlichen und für Theologen berufstypischen Risikos benutzt, als Häretiker verfolgt zu werden. Sie wird zugleich als Einrichtung eingesetzt, die es ermöglichen soll, die theologische Spekulation von der absoluten Bindung an die amtskirchlich normierten Glaubensüberzeugungen zu lösen. Allgemeiner formuliert geht es darum, die *Variation* der religiösen Semantik im Diskurs der Gelehrten und die *Selektion* bestimmter Deutungen durch organisationelle Entscheidung partiell voneinander zu entkoppeln. Das ausdrückliche Bekenntnis zur fides implicita wird dabei von Ockham als präventive Reparaturprozedur mit der Funktion einer *Struktursicherungsoperation* eingesetzt, die ihn vor der Anklage bzw. Verurteilung wegen Häresie schützen soll für den Fall, daß die faktisch bestehende Abweichung seiner konsubstantialistischen Position von der kirchlich anerkannten Transsubstantiationslehre inkriminiert würde. Dieses Bekenntnis ist ein vorweggenommener Widerruf für einen solchen Eventualfall, mit dem er - gegründet auf die Versicherung, er bejahe nur, was die Kirche lehre und werde deshalb von jeder Aussage Abstand nehmen, die mit dem Glauben der Kirche nicht zu vereinbaren sei - das Recht zu einem folgenlos bleibenden Irrtum in den Fragen des rechten Glaubens beansprucht.[281]

Sofern dieser Eventualfall eintreten sollte, bietet er darüber hinaus eine entsprechend modifizierte Deutungsmöglichkeit für seine Schriften an:

> Dort, "... wo seine Ausführungen der Lehre der Kirche widersprechen, da sollen seine kirchlichen Vorgesetzten dieselben so verstehen, als spräche er nicht in seiner eigenen Person, sondern in der Person derer, welche eine solche Meinung haben" (Hoffmann 1903, S.164).

Was Ockham damit tut, konnten wir in ähnlicher Weise bereits weiter oben als *Struktursicherungsoperation eines Nachrichteninterviewers* beobachten, der sich in der Formulierung eines gerade begonnenen Einwandes gegenüber dem Gesprächspartner unterbricht, um eine andere Person als Autor dieses Einwandes voranzustellen und so die Transformation des Gesprächs in einen *Konflikt* zu verhüten.

> IR: But isn't this- uh::: critics uh on thuh conservative- side of thuh political argument have argued thet this is (... omitted)[282]

---

281 Wie Jürgen Miethke (1969, S.294) darlegt, hält es Ockham für zulässig, die *Konsubstantiationslehre* als die plausiblere Auffassung gegenüber der offiziell anerkannten *Transsubstantiationslehre* zu vertreten, weil er bei seinem Studium der als authentisch anerkannten Quellen (d.h. der Bibel, der Kirchenväter, der päpstlichen Dekretalen, der Konzilsbeschlüsse sowie der Schriften von Theologen, die von der römischen Amtskirche rezipiert wurden) keine Ansicht angetroffen habe, die mit der seinen unvereinbar gewesen wäre.

282 Entnommen aus Clayman 1992, S.171.

Was der Nachrichteninterviewer mit dieser *implizit* ausgeführten Struktursicherungsoperation tut, vollzieht Ockham hier in *ausdrücklicher* und konditionalisierter Form. Für den Fall, daß seine Darlegungen als "häretisch" gebrandmarkt würden, offeriert er die Möglichkeit, diese Ausführungen als Äußerungen Dritter zu redefinieren und weist sich selbst die Rolle einer Person zu, die abweichende Meinungen *nur zur Sprache bringen*, sich solche Meinungen *aber nicht zu eigen machen* und nicht mit der Kirche in einen Konflikt über den rechten Glauben eintreten will.

Wie sind die Erfolgsaussichten einer solchen Struktursicherungsoperation zur damaligen Zeit zu beurteilen?[283] - Die Frage, ob und in welchem Umfang auch Gelehrten das Recht zur Berufung auf die fides implicita zuzugestehen sei, wird in der zeitgenössischen Literatur unterschiedlich beantwortet (vgl. Hoffmann 1903, S.153ff.). Bemerkenswert ist immerhin, daß Ockham in seinem "Dialogus inter magistrum et discipulum" (vermutlich entstanden zwischen 1333 und 1341), in dem er sich ausgiebig mit der genauen Bestimmung des Delikts der Häresie beschäftigt, ausdrücklich vermerkt, daß eine derartige Beanspruchung der fides implicita durch eine entsprechende Erklärung unter den Gelehrten, Predigern und Schreibenden der Zeit üblich sei.[284] Wie Volker Leppin (1995, S.256) zeigt, steht die von Ockham verwendete Protestationsformel in Übereinstimmung mit dem kanonischen Recht, an das sie auch in der Wortwahl unmittelbar anknüpft, und kann deshalb den Status einer "offiziellen Protestationsformel" beanspruchen (so Leppin/Müller 2000, Fußn.21, S.336). Ihr kommt demnach der Status einer *sozial konventionalisierten* Struktursicherungsoperation zu. Diese Operation kann sowohl präventiv (wie von Ockham in seinen Eucharistietraktaten) als auch nachträglich, d.h. in Anschluß an die Monierung von Abweichungen ausgeführt werden.

Als hinreichendes Indiz für die Erfüllung der sanktionsbefreienden *fides implicita* trotz Äußerung von Irrlehren nennt Ockham, mit ausdrücklicher Berufung auf die kirchliche Überlieferung, die *Bereitschaft zur Korrektur* eines Irrtums:

---

[283] Für Ockham *könnte* sie zumindest zum Teil erfolgreich gewesen sein: Zwar wurde er vor dem päpstlichen Gericht zu Avignon wegen Häresie angeklagt. Der Prozeß, der von 1324 bis 1328 dauerte, endete auch damit, daß eine päpstliche Kommission einen Teil seiner Lehren als häretisch verwarf. Er selbst aber wurde nicht als Häretiker verurteilt. Die Gründe dafür sind freilich unbekannt. Zum Prozeß gegen Ockham vgl. ausführlich Miethke 1969, S.46-74; resümierend dazu Leppin 2003, S.133ff.

[284] "Thirdly it is possible for someone to preach publicly against the faith while protesting that he intends neither to defend rashly nor to hold anything against the faith. And because such a person shows that he is not pertinacious and that he is not in error out of malice or pertinacity but because of simplicity and ignorance he is not a manifest heretic only because of such public preaching. And it is for this reason in these times in which very many people try out of hatred, rancour, envy and malice to defame those who are better and wiser than they are with [an accusation of] heresy those who teach, preach and write *make such protestations* to show before everyone that they are not pertinacious" ((Ockham, Dialogus, Teil 1, Buch 3, Kapitel 9, zitiert nach der Übersetzung von John Scott (1999), abrufbar im Internet unter der Adresse www.britac.ac.uk/pubs/dialogus/t1d3b.html); Hervorhebung von mir, W.L.S.; vgl. dazu auch Hoffmann 1903, S.161)). - Für Ockhams Werk vermerkt Jürgen Miethke (1969, S.296): " Es findet sich kaum ein Traktat ohne eine solche 'Protestation' ... ."

> So mit Bezug auf die Glosse "... on 24, q. 3, c. *Dixit apostolus* [col.1429] which says, 'Therefore even if someone holds things against the faith, he should not be held to be a heretic as long as he is ready to be corrected'. And the gloss on the same causa q. 1, c. *A recta* [actually c.14, *Haec est fides*, col. 1388] says, 'Even if someone errs he is not a heretic if he is prepared to be corrected'" (Ockham, Dialogus, Teil 1, Buch 3, Kapitel 8, a.a.O.; Hervorhebungen im Original).

Um jemanden zum Häretiker zu erklären, bedarf es demnach einer vorausgegangenen, minimal *dreizügigen Sequenz* mit den folgenden Gliedern:

(1) Äußerung von Glaubenssätzen, die dem kirchlichen Glauben *widersprechen*;
(2) *Belehrung* des abweichenden Gläubigen darüber, *daß* seine Äußerungen der Lehre der Kirche widersprechen;
(3) *beharrliches Insistieren* des Gläubigen auf abweichenden Glaubensäußerungen.

Nach einer solchen triadischen Sequenz ist die *Struktur eines Konfliktes* zwischen der kirchlichen Lehre und dem abweichenden Glauben des einzelnen grundsätzlich für alle Beteiligten sichtbar in der Kommunikation etabliert, und das Urteil kann gesprochen werden. Erst das *wissentliche und beharrliche Insistieren* auf dem 'Irrglauben' konstituiert das Delikt der Häresie.[285] Tritt an seine Stelle die glaubwürdige Versicherung eines Irrtums aus Unwissenheit und/oder Korrekturbereitschaft durch Widerruf, dann fehlt das entscheidende Glied an dritter Sequenzposition, dessen es bedarf, um dieses Delikt zu verwirklichen und einen Konflikt über den Inhalt des wahren Glaubens als Kommunikationsstruktur zu erzeugen.

Die skizzierte 'Häresiesequenz' wird nicht nur bei Ockham und im mittelalterlichen kanonischen Recht entworfen. Auch die katholische Kirche der Gegenwart kennt noch das Delikt der Häresie und bindet dessen Feststellung im heute gültigen Kirchenrecht an eine analoge Schrittfolge. Dies zeigt sowohl die aktuelle Fassung des *Codex Iuris Canonici* von 1983 wie auch der *Codex Canonum Ecclesiarum Orientalium*, der speziell für die unter dem Dach der katholischen Kirche vereinten orientalischen Kirchen gilt. Beide Codices enthalten vergleichbare Normen zum Delikt der Häresie. Hier die kompaktere Formulierung des Canons 1436 aus dem *Codex Canonum Ecclesiarum Orientalium* in der Neufassung vom 29. Juni 1998:[286]

> "Can. 1436 - § 1. Wer eine Wahrheit leugnet, die kraft göttlichen und katholischen Glaubens zu glauben ist, oder sie in Zweifel zieht oder den christlichen Glauben gänzlich ablehnt und nach rechtmäßiger Ermahnung sein Unrecht nicht einsieht, soll als Häretiker oder Apostat mit der

---

[285] Die besondere Bedeutung des *Insistierens* haben wir bereits in den Kapiteln 2.4.4 und 2.4.5 kennengelernt, dort vor allem im Hinblick auf die interaktive Konstituierung des *Delikts der 'Überheblichkeit'*, das Akteuren zugeschrieben wurde, die in ihren Meinungsäußerungen von den Einstellungen und Überzeugungen *beharrlich* abwichen, welche in Partei und Kollektiv erwartet wurden.

[286] Zitiert nach: "Als *Motu Proprio* erlassenes Apostolisches Schreiben *Ad tuendam fidem*, durch das einige Normen in den *Codex Iuris Canonici* und in den *Codex Canonum Ecclesiarum Orientalium* eingefügt werden" (Hervorhebungen im Original), erlassen von Papst Johannes Paul II. am 18. Mai 1998, einsehbar unter der Internetadresse www.vatican.va/roman_curia/congregations/cfaith/documents/rc_con_cfaith_doc_1... . Im gleichen Dokument wird auch der Canon 1371 des *Codex Iuris Canonici*, der dem eben zitierten Canon 1436 des *Codex Canonum Ecclesiarum Orientalium* im wesentlichen entspricht, novelliert.

großen Exkommunikation bestraft werden; der Kleriker kann darüber hinaus mit anderen Strafen belegt werden, die Absetzung nicht ausgeschlossen.
§ 2. Außer diesen Fällen soll derjenige, der eine als endgültig zu halten vorgelegte Lehre hartnäckig ablehnt oder an einer Lehre festhält, die vom Papst oder vom Bischofskollegium in Ausübung ihres authentischen Lehramtes als irrig zurückgewiesen worden ist, und nach rechtmäßiger Ermahnung sein Unrecht nicht einsieht, mit einer angemessenen Strafe belegt werden".

Leugnung einer offiziell festgestellten Glaubenswahrheit, rechtmäßige Ermahnung und hartnäckiges Festhalten an der abweichenden Position - diese Abfolge wiederholt nur die bereits bekannte dreizügige Sequenz, nach deren Realisierung der Tatbestand der *Häresie* (bzw. - bei gänzlicher Ablehnung des christlichen Glaubens durch ein Mitglied der katholischen Kirche - der *Apostasie*) erfüllt ist.

Fassen wir kurz zusammen: Die Konstruktion der fides implicita, so haben wir gesehen, löst das Problem der faktisch bestehenden ungleichen Verteilung des Wissens über den Inhalt des Glaubens und beantwortet die Frage, wie an der Heilsnotwendigkeit des Glaubens und der Erreichbarkeit von Seelenheil auch für unwissende Laien (sowie ungebildete Kleriker) festgehalten werden kann. Umsteuert wird dadurch die Alternative, daß die Evolution der Glaubenssemantik entweder ein elementares, d.h. allen Mitgliedern zugängliches Niveau der Elaboration nicht überschreiten kann oder die Glaubensgemeinschaft auf eine kleine Gruppe religiöser Virtuosen beschränkt bleiben muß. Weil auch die Experten des Glaubens sich auf sie berufen können, wirkt sie darüber hinaus der Gefahr der Erstarrung der theologischen und philosophischen Diskussion unter dem Damoklesschwert des Häresievorwurfs entgegen. Theologische Spekulation und philosophische Reflexion können sich so partiell aus der Koppelung an die Dogmatik des kirchlichen Glaubens lösen und auf der Basis autonomer Rationalitätskriterien evoluieren. Erreicht wird all dies durch den Gebrauch einer *reflektierten Intersubjektivitäts- und Konsensfiktion*, welche die Bekundung allgemeiner Konformitätsbereitschaft als ausschlaggebende Inklusionsvoraussetzung an die Stelle einer Form der Anerkennung des gemeinschaftskonstitutiven Glaubens setzt, die auf detaillierter Kenntnis und der Fähigkeit zu intellektuellem Nachvollzug gründet.

Ein weiterer Grund, der die fides implicita auch für die besten Kenner der Theologie bedeutsam werden läßt, ergibt sich aus der organisationellen Form der Reproduktion und Stabilisierung des kirchlichen Glaubens: Durch die Notwendigkeit der Entscheidung in immer neuen Glaubensstreitigkeiten und die Verwerfung abweichender Positionen als Häresien wird der Glaube der Kirche ständig komplexer. Es ist - wie gleich ausführlicher zu behandeln - ein *organisatorisch produzierter und immer weiter differenzierter Glaube*, der in umfangreichen Entscheidungssammlungen erfaßt wird, so daß dessen dokumentierter Inhalt schon zu Ockhams Zeiten kaum mehr kompatibel ist mit den Kapazitätsgrenzen des individuellen Gedächtnisses und Rezeptionsvermögens. Die Schwierigkeiten der Beschaffung der Entscheidungssammlungen - schließlich gibt es noch keinen Buchdruck - verschärfen die Situation zusätzlich. In seinem Dialogus nimmt Ockham deshalb *auch für Theologen und Kanonisten* an, daß sie viele Glaubenswahrheiten aus schlichter Unkenntnis nur implicite glauben können und auch nur dazu verpflichtet sind:

"But no one or few people are bound to believe explicitly all the truths which contradict explicitly condemned heresies because many do not have, nor can have, the books which contain the explicit condemnations. Even if someone unknowingly holds an explicitly condemned heresy, therefore, he should not immediately be judged heretic" (Ockham, Dialogus, Teil 1, Buch 4, Kapitel 20). Kurz darauf fragt der Schüler: "Before you proceed further would you say whether those who are well informed about the sacred page and canon law can excuse themselves by ignorance if they hold explicitly condemned heresies" und erhält die Antwort des Meisters: "It is answered yes, because the well informed are not bound to have knowledge of every heresy that has been explicitly condemned. They should not be regarded as heretics, therefore, if they hold them in ignorance and are ready to be corrected". Denn wie soll es möglich sein "... to know all the decretal of the highest pontiffs, when some people who study them, sometimes für 20 years and more, do not know many of them. Many can not even obtain a copy of them at all" (Ockham, Dialogus, Teil 1, Buch 4, Kapitel 21, a.a.O.).

Die kommunikative Konstruktion von Intersubjektivität nimmt unter diesen Voraussetzungen eine Gestalt an, die den *fiktiven* Charakter einer Vorstellung von Intersubjektivität als Übereinstimmung psychisch prozessierter Deutungen klar hervortreten läßt: Schon auf der Ebene der Interaktion unter Anwesenden können divergierende Bedeutungszuschreibungen nur selektiv thematisiert und korrigiert werden. Die strukturell verankerte Aktivierung der Unterscheidung richtig/falsch verstehen an jeder dritten Sequenzposition ermöglicht jedoch die routinisierte Registrierung und Eliminierung von Differenzen der Sinnzuweisung auf der Basis einer ständig mitlaufenden Verstehenskontrolle, so daß die Begrenztheit der erreichbaren Übereinstimmung und die hohe Selektivität, mit der Differenzen in der Kommunikation festgestellt und bearbeitet werden können, von den Teilnehmern kaum bemerkt wird. Dies ändert sich fundamental, wenn es nicht mehr um den kurz getakteten Abgleich von Bedeutungszuschreibungen zwischen wenigen Personen, sondern um die Prüfung der Übereinstimmung der Glaubensüberzeugungen einer unübersehbar großen Personenzahl geht. Unter diesen Voraussetzungen *wird offensichtlich*, daß "Intersubjektivität" nicht die Übereinstimmung psychisch prozessierter Deutungen und Überzeugungen meinen kann, sondern nur als Aussortierung nicht mehr tolerierbarer Deutungsvarianten durch organisationelle Einrichtungen der Kontrolle und Selektion abweichender Kommunikationen möglich ist. Erreicht werden kann hier nur die Einschränkung der Variationsbreite von Deutungen durch kollektiv verbindliche Entscheidungen, in denen bestimmte Deutungen als abweichend deklariert und mit dem *Anathema*, dem Kirchenbann, belegt werden. Dazu bedarf es *organisationeller Entscheidungsverfahren*. Dabei kann, selbst von Theologen und Amtsträgern, nur die generalisierte Bereitschaft zur Anerkennung, nicht aber die explizite Kenntnis des Inhalts jeder einzelnen Lehrentscheidung erwartet werden.

3.4.5 Anathematisierung als Struktursicherungsoperation und die kontinuierliche Konstruktion des gemeinsamen Glaubens durch organisationelle Entscheidungen

Die *Einheit des Glaubens* für alle Gläubigen, die zu sichern die katholische Kirche als ihre Aufgabe ansieht, verlangt mehr als nur die explizite Feststellung dessen, was der Inhalt des rechten Glaubens ist. Jede nicht im Wortlaut völlig identische

Wiederholung eines Dogmas, jede Übersetzung, jede geringfügige Variation führt bereits auf den Weg der Auslegung und birgt die Gefahr einer Abweichung von der unwandelbaren Wahrheit der Offenbarung. Wenn die Texte des Glaubens nicht nur ritualistisch rezitiert, sondern auch frei wiedergegeben, wenn sie paraphrasiert und interpretiert werden, Variationen der Mitteilungsform also unvermeidlich sind, die Information dabei jedoch im Kern unverändert bleiben soll, dann muß zwischen zulässigen und unzulässigen Variationen deutlich unterschieden werden können. Dazu bedarf es besonderer Vorkehrungen der *Selektionsverstärkung*, an denen abgelesen werden kann, wo die Grenzen gezogen sind, die erlaubte Variationen und abzulehnende 'Irrlehren' voneinander trennen. Festgestellt werden muß, wann Unterschiede der Formulierung Unterschiede im Glauben machen.

Die Grenzen für die Tolerierbarkeit von Unterschieden sind nicht deutungsunabhängig vorgegeben. Wo diese Grenzen liegen und wann Bedarf für deren Markierung besteht, muß in der religiösen Kommunikation selbst geklärt werden. Bedarf für Grenzziehung entsteht typisch, wenn bestimmte Auslegungen des Glaubens auf Widerspruch innerhalb der Glaubensgemeinschaft treffen und daraus ein *dauerhafter Konflikt* zwischen relevanten Gruppierungen bzw. hochrangigen Amtsinhabern entsteht. Wenn dies der Fall ist, dann ist die *Einheit des Glaubens* in den umstrittenen Punkten sichtbar gefährdet. Konflikte markieren so den jeweiligen Gefahrenbereich, in dem eine Klärung der Glaubenslehre erforderlich ist, und sie zeichnen das Verfahren vor, mit dem dieser Gefahrenbereich umsteuert werden kann: Mit kollektiv verbindlicher Geltung muß *entschieden* werden, welche Aussagen den rechten Glauben wiedergeben und welche nicht.

Daß die als abweichend erkannte Glaubensauffassung *genau expliziert* und *ausdrücklich* als 'Irrlehre' verworfen wird, darauf kommt es besonders an. Die alleinige Feststellung des 'richtigen' Glaubens genügt hier nicht mehr, würde sie doch erneut offen lassen, wo der Bereich endet, in dem Unterschiede als indifferent behandelt werden können. Um dem Aufbrechen zukünftiger Konflikte an derselben Stelle vorzubeugen bzw. in *allgemein erwartbarer Weise* festzulegen, wer im Falle eines neuerlichen Konflikts zum gleichen Thema im Recht ist, muß möglichst genau definiert werden, welche Lehren als Fehldeutungen auszuscheiden sind, d.h. innerhalb der Glaubensgemeinschaft nicht vertreten werden können, ohne den eigenen Status als konformes Mitglied zu gefährden.

In der katholischen Kirche ist die geläufige Form dafür die ausdrückliche Beschreibung der jeweiligen 'Irrlehre' in den einzelnen inkriminierten Elementen, die so die Bedeutung von Tatbestandsmerkmalen für die Zuschreibung des Delikts der Häresie erhalten, und ihre Belegung mit dem *Anathema*, dem Kirchenbann. Bereits in den Glaubensbekenntnissen, die von den frühen Konzilien formuliert werden, ist dieses Muster deutlich ausgeprägt. So wurde im 1. Konzil von Nikaia (im Jahre 325 n.C.) der *Arianismus* verurteilt, der die Wesensgleichheit zwischen der ersten und zweiten Person Gottes bestritt, indem er annahm, Jesus Christus als Sohn Gottes sei vom Vater *geschaffen* worden. Dies geschieht am Ende des *Nizänischen Glaubensbekenntnisses* mit den Worten:

(DH 125/ NR 155) "Die aber sagen 'Es gab einmal eine Zeit, als er nicht war', und 'Bevor er gezeugt wurde, war er nicht', und 'Er ist aus nichts geworden', oder die sagen, der Sohn Gottes sei aus einer anderen Hypostase oder Wesenheit, oder er sei geschaffen oder wandelbar oder veränderlich, diese belegt die katholische Kirche mit dem Anathema".[287]

Die *ausdrückliche Anathematisierung* bestimmter Aussagen, die in der Form eines institutionellen, explizit performativen Sprechaktes vollzogen wird,[288] fungiert als Selektionsverstärkung. Sie hat den Charakter einer *expliziten Struktursicherungsoperation*, ausgeführt von der *Kirche als Organisation*, welche die Einheit des Glaubens gegenüber einer Vielzahl von 'Irrlehren' zu verteidigen und dessen uneingeschränkte Anerkennung als Bedingung der Vollmitgliedschaft[289] zu normieren sucht. Durch die kollektive Bestätigung des Glaubensbekenntnisses (das mit den Worten beginnt: "Wir glauben ...") und die darin vollzogene Anathematisierung bestimmter Lehrsätze wird dessen intersubjektiv übereinstimmende Anerkennung von den Teilnehmern des Konzils als kommunikatives Faktum erzeugt und damit zugleich beansprucht, in den behandelten Punkten den für alle Mitglieder verbindlichen Glauben der Kirche zu definieren.

Nicht nur einzelne Glaubenssätze werden auf diese Weise als häretisch definiert, sondern auch durch Eigennamen gekennzeichnete Glaubensvarianten, deren abweichender Inhalt nicht unbedingt im einzelnen spezifiziert wird. So heißt es in der Verurteilung verschiedener Häresien, die auf dem 1. Konzil von Konstantinopel (381 n.C.) beschlossen wurde:

(DH 151) "Der Glaube der 318 Väter, die zu Nikaia in Bithynien versammelt waren, soll nicht aufgehoben werden; vielmehr soll er gültig bleiben und jede Häresie mit dem Anathema belegt werden, insbesondere die der Eunomianer bzw. Anomöer, die der Arianer bzw. Eudoxianer, die der Semarianer bzw. Pneumatomachen, die der Sabellianer, die der Marcellianer, die der Photinianer und die der Apollinaristen".[290]

---

[287] Zitiert nach den "Lehramtliche(n) Texte(n) der Katholischen Kirche", die auf der Web-Seite der Theologischen Fakultät der Leopold-Franzens-Universität Innsbruck abgerufen werden können, hier unter der Adresse http://theol.uibk.ac.at/leseraum/texte/250-6html. Die zu Beginn des Zitats angegebenen Nummern entsprechen den Zählungen dieser Quellentexte in den beiden einschlägigen Textsammlungen, die von Denzinger, Hoping und Hünermann 2001 (DH) sowie von Neuner, Roos und Rahner 1992 (NR) herausgegeben worden sind.

[288] Typisch mit der Formel "Anathema sit".

[289] *Voll*mitgliedschaft im Unterschied zum Mitgliedschaftsstatus von Personen, die als 'Häretiker' dem Kirchenbann unterworfen und exkommuniziert worden sind, damit aber immer noch der Rechtsprechung und Strafgewalt der Kirche unterstehen.

[290] Vgl. "Lehramtliche Texte der Katholischen Kirche", Web-Seite der Theologischen Fakultät der Leopold-Franzens-Universität Innsbruck, http://theol.uibk.ac.at/leseraum/texte/250-7html. - Das dieser Verurteilung vorausgehende "Konstantinopolitanische Glaubensbekenntnis" ist auch heute noch offiziell gültiges Bekenntnis der katholischen Kirche, wie z.B. die von Papst Johannes Paul II. bestätigte Erklärung der vatikanischen "Kongregation für die Glaubenslehre" mit dem Titel "'Dominium Jesus'. Über die Einzigkeit und die Heilsuniversalität Jesu Christi und der Kirche" vom 6. August 2000 zeigt, an deren Beginn dieses Glaubensbekenntnis abgedruckt ist (die Erklärung der Kongregation für die Glaubenslehre ist zugänglich über die home-page des Vatikan: www.vatican.va/roman_curia/congregations/cfaith/documents/rc_con_cfaith_doc_2...).

Kompaktidentifikationen wie "Sabellianer", "Marcellianer" usw. ermöglichen hier die explizite kommunikative Herstellung und Dokumentierung von Übereinstimmung darüber, welche Lehren als häretisch zu betrachten sind, ohne dazu die jeweils inkriminierten Sätze noch im einzelnen aufzählen zu müssen. Unterschiede in der Vorstellung darüber, worin genau der häretische Gehalt dieser Lehren zu sehen ist, sind hier möglich, wenn nicht gar wahrscheinlich. Sie beeinträchtigen die kommunikative Produktion und Demonstration von Intersubjektivität insoweit nicht, wie sie aus der Kommunikation ausgeblendet und so als Unterschiede behandelt werden, die im gegebenen Zusammenhang keinen Unterschied machen. Dies macht erneut darauf aufmerksam, daß "Intersubjektivität" in der hier zugrunde gelegten Bedeutung dieses Begriffs *gerade nicht die Identität* des Sinns aus den verschiedenen Perspektiven der Kommunikationsteilnehmer impliziert, der als 'gemeinsam geteilt' deklariert wird.

Durch die Verwendung von Kompaktidentifikationen der eben erwähnten Art können umfangreiche Lehren, Texte bzw. Textsammlungen, in denen sie niedergelegt sind sowie Gemeinschaften, die sich zu ihnen bekennen, auf sparsamste Weise bezeichnet und zum Gegenstand von Aussagen und Beschlüssen gemacht werden. Durch den gemeinsamen Gebrauch solcher Simplifikationen können Unschärfen in der Reichweite der darin angezeigten Übereinstimmung u.U. vorsätzlich forciert und strategisch genutzt werden, um vorhandene und durchaus bekannte Differenzen zwischen den Teilnehmern von Versammlungen, die sich auf Aussagen und Beschlüsse einigen wollen, unterhalb der Schwelle expliziter Thematisierung zu halten und Einigkeit bei fortbestehenden Meinungsunterschieden zu erreichen. *Politisch* motivierte Einigungen auf gemeinsam abgegebene öffentliche Erklärungen nutzen diese Möglichkeit häufig als Mittel verdeckter Kompromißbildung. Wenn es jedoch darum geht, die Grenze zwischen Glaube und Irrglaube so zu fixieren, daß in Häresieverfahren möglichst klar entschieden werden kann, wann diese Grenze überschritten ist, wenn es also um die *rechtsförmige* Bestimmung von Glaubens*delikten* geht, dann können undeutliche Formulierungen rasch zum Problem werden.

Möglicherweise ist dies ein Grund dafür, daß die Verurteilungen der nur ein Jahr später als das 1. Konzil von Konstantinopel stattfindenden Synode von Rom (382) erheblich präziser sind und die Irrtümer einiger bereits in Konstantinopel anathematisierter Glaubensvarianten (zusammen mit anderen dort nicht erwähnten Positionen) explizit bestimmen, wie der folgende Auszug zeigt:[291]

(DH 154ff./NR 252ff.) "(2) Wir belegen mit dem Anathema auch die, welche dem Irrtum des Sabellius folgen und sagen, der Vater sei derselbe wie der Sohn. (3) Wir belegen mit dem Anathema Arius und Eunomius, die in der gleichen Gottlosigkeit, wenn auch mit unterschiedlichen Worten, behaupten, der Sohn und der Heilige Geist seien Geschöpfe. (4) Wir belegen mit dem Anathema die Macedonianer, welche, der Wurzel des Arius entstammend, nicht die Gottlosigkeit sondern nur den

---

291 Vgl."'Tomus Damasi' bzw. Glaubensbekenntnis an Bischof Paulinus von Antiochien", zitiert nach den "Lehramtliche(n) Texte(n) der Katholischen Kirche", Web-Seite der Theologischen Fakultät der Leopold-Franzens-Universität Innsbruck, http://theol.uibk.ac.at/leseraum/texte/250-8html.

Namen geändert haben. (5) Wir belegen mit dem Anathema den Photinus, der die Häresie des Ebion erneuert und bekennt, der Herr Jesus Christus stamme nur aus Maria...".

Unter ausgiebiger Nutzung der Operation der Anathematisierung in den Lehrentscheidungen der Konzilien und des Papstes wurde (und wird) so der Glaube der Kirche, für den vom einzelnen Gläubigen nur der Glaube im Modus der fides implicita verlangt werden kann, als *schriftlich dokumentierte und als Teil des Organisationsgedächtnisses fungierende kommunikative Konstruktion* kontinuierlich reproduziert, modifiziert und ergänzt.

Die Anathematisierung bestimmter Glaubensaussagen durch die Kirche als Organisation und das Bekenntnis des einzelnen abweichenden Mitgliedes zur fides implicita sind dabei als unterschiedliche, aber sich komplementär zueinander verhaltende Struktursicherungsoperationen zu begreifen: Durch *Anathematisierung* bestimmter Möglichkeiten der Deutung des überlieferten Glaubens markiert die Kirche als Organisation ihre Grenze zu einer religiösen Umwelt, in der die gleichen Schriften als Offenbarung des Glaubens anerkannt werden, indem sie bestimmte Deutungsvarianten explizit negiert sowie andere konfirmiert, dogmatisiert und deren Anerkennung als Mitgliedschaftsbedingung normiert. Die kontinuierliche Sicherung dieser Grenze orientiert sich an dem Ziel, die 'Einheit des Glaubens' in der Kirche zu bewahren und erzwingt immer neue *Auslegungsentscheidungen*, in denen bestimmte Interpretationen des christlichen Glaubens auf der Basis von *Amtsautorität* als kollektiv verbindliche Auslegungen bestätigt werden. Der 'Glaube der Kirche', dessen Anerkennung von den Mitgliedern erwartet und der als 'gemeinsam geteilter' Glaube unterstellt wird, wird so als *Artefakt innerorganisatorischer Kommunikation* generiert und reproduziert. Dies geschieht ohne jede Rücksicht auf die Möglichkeiten der kommunikativen Verbreitung unter den Mitgliedern und deren kognitive Verarbeitungskapazität. Der 'Glaube der Kirche' erreicht dadurch ein Maß an Komplexität, das es - wie schon oben erwähnt - im Laufe der historischen Entwicklung selbst für die Experten der Theologie und des kanonischen Rechts schwer macht, ihn so, wie er durch die Gesamtheit der Auslegungsentscheidungen definiert und dokumentiert ist, vollständig zu überblicken. Vom einzelnen Gläubigen kann deshalb nicht erwartet werden, daß er weiß und explicite glaubt, was die Kirche als Glauben lehrt. Nur durch die reflektierte Intersubjektivitäts- und Konsensfiktion der fides implicita kann daher die Forderung nach Anerkennung des 'Glaubens der Kirche' als Mitgliedschaftsbedingung erfüllt werden.

Als *Reparaturprozedur*, die Konfliktumsteuerung und die Sicherung des Mitgliedschaftsstatus ermöglichen soll, hat das Bekenntnis zur fides implicita vor allem für die Prediger, Lehrer und Schriftsteller den Status einer *expliziten Struktursicherungsoperation*, deren Verfügbarkeit die Verpflichtung auf den 'Glauben der Kirche' für eine soziale Gruppe, die ihre Deutung des Glaubens in der Kommunikation ständig exponiert, *erst tragbar macht*. Die fortschreitende dogmatische Differenzierung des Glaubens und die *Anathematisierung* immer neuer Varianten, die ebenfalls den Status einer Struktursicherungsoperation hat, machen diese Reparaturprozedur für die Laien wie für die theologisch geschulten Experten und Amtsträger als *komplementäre Einrichtung* erforderlich.

Als Struktursicherungsoperation, der es um die innerkirchliche Markierung einer Grenze zwischen der Kirche als Organisation und ihrer religiösen Umwelt geht, hat die Operation der Anathematisierung abweichender Glaubensvarianten dabei einen eigentümlichen Doppelcharakter: Sie sichert die intraorganisatorische 'Einheit des Glaubens' auf der Basis eigener Konsistenzkriterien gegenüber einer Vielzahl von 'Irrlehren' in einer Sequenz von Entscheidungen, die immer dann notwendig wurden, wenn unterschiedliche Glaubensvarianten, die sich gleichermaßen dem Christentum zurechneten oder ihm zugerechnet wurden, miteinander konkurrierten und in Konflikt gerieten. Diese Entscheidungen dokumentieren deshalb die inneren Kämpfe der Kirche um die Gestalt des rechten Glaubens. Indem sie dabei ausdrücklich benennen, was sie verwerfen, schließen sie es als Ausgeschlossenes in die kirchliche Überlieferung ein, erinnern sie, was sie abzuwehren suchen, inkorporieren sie es in das *kommunikative Gedächtnis der Kirche als Organisation* und tradieren so die bekämpften Varianten des Glaubens als Hintergrund, gegen den sich die Lehre der Kirche profiliert, der aber gerade deshalb auch erinnerungsfähig bleibt und unter geeigneten Bedingungen revitalisiert werden kann.

3.4.6 Vergleichendes Resümee: Das Problem der Intersubjektivität in Religion und Recht, massenmedialer Öffentlickeit und der face-to-face Interaktion

Rekapitulieren wir zunächst den Inhalt dieses Kapitels: Zu Beginn haben wir *Kanonbildung* in Anschluß an Alois Hahn als reflexive Formierung eines normativ stabilisierten kulturellen Gedächtnisses diskutiert und mit der *Formalisierung von Normen in Organisationen* parallelisiert. Das so auf der Basis heiliger Texte formierte kommunikative Gedächtnis bildet den Bezugspunkt für kommunikative Akte des Erinnerns, die jeweils zugleich ein bestimmtes Verstehen der aktualisierten Elemente des Gedächtnisses implizieren. Weil es dabei um Texte geht, deren Inhalt *autoritative Geltung* zugeschrieben wird, begreift sich das jeweils erreichte Verstehen zugleich als Erfassung eines *als 'wahr' zu akzeptierenden* Sinns. Sinn und Geltung, Textfragen und Sachfragen, Verstehen und Akzeptieren erscheinen hier unauflöslich miteinander verwoben.

Im anschließenden Abschnitt haben wir die Bedingungen für die kommunikative Konstruktion von Intersubjektivität im Hinblick auf die Auslegung der christlichen Überlieferung untersucht. Dazu habe ich nachgezeichnet, welche Form das Problem der Unterscheidung von 'richtigem' und 'falschem' Verstehen in der christlichen Tradition in der Diskussion um die rechte Auslegung der Heiligen Schrift angenommen hat. *Regeln der Auslegung* reichten als Antwort darauf nicht aus. Um sozial koordiniertes Erinnern und Verstehen der religiösen Tradition zu ermöglichen, mußten Einrichtungen geschaffen werden, die es erlauben, auf *kollektiv verbindliche Weise zu entscheiden*, was als 'richtiges' und was als 'falsches' Verstehen gilt. Die von Hahn vorgenommene Parallelisierung von Kanonisierung und Formalisierung weiter verfolgend, analysierten wir "Kirche" und "Sekte" als zwei historisch besonders bedeutsame Varianten der Lösungen dieses Problems durch *Organisationsbildung*.

Die *kommunikative Konstruktion* eines als 'gemeinsam geteilt' definierten Glaubens durch kollektiv verbindliche Entscheidungen autorisierter Amtsinhaber kann freilich keine Übereinstimmung der *psychisch* repräsentierten Glaubensinhalte bei den Mitgliedern einer Glaubensgemeinschaft erzeugen. Nicht Glaubenszweifel sind hier das zentrale Problem. Zunächst muß das einzelne Mitglied einer religiösen Gemeinschaft erst einmal wissen, was es glauben soll. Zum Problem wird hier die *sozial ungleiche Verteilung des Wissens* darüber, was als rechter Glaube gilt. Für die Lösung dieses Problems hat die katholische Kirche (aber nicht nur sie) schon früh eine *semantische Brückenkonstruktion* entwickelt: die Intersubjektivitäts- und Konsensfiktion der fides implicita. Sie ermöglicht die Existenz einer Organisation, in der ein 'gemeinsamer Glaube' als Mitgliedschaftsbedingung normiert, es aber gleichwohl nicht erforderlich ist, daß alle Mitglieder den Inhalt dieses Glaubens in gleicher Weise kennen. Es genügt die Bereitschaft zur *generalisierten Anerkennung* der kirchlichen Glaubenslehre ohne Wissen um deren Details. Gestützt auf diese Fiktion, kann der in autoritativen Entscheidungen dokumentierte Glauben der Kirche einen Grad von Elaboration annehmen, der das psychische Fassungsvermögen jedes einzelnen Mitgliedes übersteigt.

Um die 'Einheit des Glaubens' der Kirche angesichts einer Vielzahl konkurrierender Deutungsvarianten kommunikativ zu sichern, genügt dessen positiv-dogmatische Formulierung allein nicht. Wie wir gesehen haben, ist darüber hinaus die explizite Abgrenzung gegenüber abweichenden Lehren erforderlich, die durch eine spezifische *Struktursicherungsoperation* vollzogen wird: nämlich durch die *explizite Negation und Anathematisierung* abweichender Deutungen als zu verdammende 'Irrlehren'. Als Folge der kontinuierlichen Verwendung dieser Reparaturprozedur zur Stabilisierung der Identität des kirchlichen Glaubens unter Bedingungen ständig auftretender Varianten tradiert die Kirche die verworfenen Lehren als Teil ihrer eigenen Glaubensentscheidungen.

Die Notwendigkeit fortdauernder expliziter Abgrenzung gegenüber konkurrierenden Möglichkeiten der Deutung des christlichen Glaubens durch die Operation der Anathematisierung erzeugt eine unübersehbare Zahl möglicher Häresien. Das einzelne Mitglied schwebt so in ständiger Gefahr, sich ohne Willen und Bewußtsein zu einer bereits verurteilten Lehre zu bekennen. Vor allem die Träger von *Expertenrollen* im Religionssystem, die ihre Auffassung des Glaubens in der Kommunikation exponieren müssen, die Prediger, die Schreibenden, die Lehrer der Theologie und des kanonischen Rechts, sind dieser Gefahr ständig ausgesetzt. Sie nutzen deshalb das Bekenntnis zur fides implicita auch als *präventive* Struktursicherungsoperation, die sie vor dem Vorwurf der Häresie schützen soll. Dieses Bekenntnis dient nicht nur als Schutz für den einzelnen, sondern zielt zugleich auf die Sicherung eines gefahrlos nutzbaren Freiraums theologischer Spekulation angesichts der unüberschaubaren Zahl der Verdammungen von Irrlehren durch kirchliche Dekrete. Das *individuell* zu nutzende Bekenntnis zur fides implicita ermöglicht so die - zumindest partielle - Kompensation der Folgeprobleme, die vor allem für die predigenden, schreibenden und lehrenden Kleriker und Theologen durch den Gebrauch der organisationellen Reparaturprozedur der Anathematisierung erzeugt werden. Insofern können diese beiden Operationen als *komplementäre Struktursicherungsoperationen* betrachtet werden.

Parallelen zu den Bedingungen der kommunikativen Konstruktion von Intersubjektivität im Katholizismus finden sich im modernen Recht: Im *Strafrecht* stellt sich das Problem, wie mit Rechtsverstößen rechtsunkundiger Laien umzugehen ist, in ähnlicher Weise dar, wie die Frage der Behandlung irrgläubiger Laien in der katholischen Kirche. Sowohl für den unter der Voraussetzung eines *unvermeidbaren* Verbotsirrtums rechtswidrig Handelnden, wie auch für den katholischen Laien, der auf falsche Lehren hört, kommt es im Blick auf die Befreiung von schuldhafter Zurechnung darauf an, daß sie *guten Glaubens* handelten, d.h. mit dem Willen zum Gehorsam gegenüber dem Recht bzw. zum Glaubensgehorsam gegenüber der Kirche. Insofern findet das Konzept der fides implicita durchaus eine Entsprechung im Strafrecht. Wie aber verhält es sich mit der Feststellung und Beurteilung von Deutungsfehlern bei den maßgeblichen *Expertenrolleninhabern* im Rechtssystem?

Fehler von *Richtern* bei der Rechtsauslegung und -anwendung etwa werden auf dem Wege der Revision durch die dafür zuständigen Obergerichte registriert und korrigiert. Die Feststellung der Rechtsfehlerhaftigkeit eines Urteils kann verglichen werden mit der Feststellung, daß Äußerungen im Rahmen von Predigt, Lehre oder Schriften vom Glauben der Kirche abweichen. Dem auf falscher Rechtsauslegung gründenden Fehlurteil entspricht die auf falscher Glaubensauslegung beruhende Irrlehre. Und wie der Staatsanwalt oder Strafverteidiger ein solches Urteil auf dem Wege der *Revisionsklage* vor dem zuständigen Obergericht anfechten kann, so kann bei Verdacht einer widerkirchlichen Irrlehre der Weg zur *Anzeige* bei zuständigen kirchlichen Instanzen beschritten werden.

Die Verurteilung einer Lehre als Irrlehre, so hatten wir gehört, bedeutet nicht zwangsläufig, daß derjenige, der sie verbreitet hat, als *Häretiker* gebrandmarkt wird. Dies ist erst dann der Fall, wenn ihm die *wissentliche* Verbreitung der Irrlehre nachgewiesen wird bzw. wenn er trotz Belehrung über den abweichenden Charakter seiner Glaubensauffassung auf deren Verteidigung *beharrt*. Das der Häresie vergleichbare Delikt im Bereich des Rechts trägt den Titel der *"Rechtsbeugung"* (§ 339 Strafgesetzbuch). Dieses Delikt liegt vor, wenn ein Amtsträger in der Entscheidung einer Rechtssache das geltende Recht in *schwerwiegender* Weise *vorsätzlich* fehlerhaft ausgelegt hat. Wie eng begrenzt die Voraussetzungen sind, die für das Delikt der Rechtsbeugung erfüllt sein müssen, geht aus dem folgenden Leitsatz aus einem einschlägigen Urteil des Bundesgerichtshofes hervor:[292]

"Nach ständiger Rechtsprechung stellt nicht jede unrichtige Rechtsanwendung eine Beugung des Rechts im Sinne von § 339 StGB dar. Nur der Rechtsbruch als elementarer Verstoß gegen die Rechtspflege soll unter Strafe gestellt sein. Rechtsbeugung begeht daher nur der Amtsträger, der sich bewußt und in schwerwiegender Weise von Recht und Gesetz entfernt. Selbst die (bloße) Unvertret-

---

292 Zitiert nach Höchstrichterliche Rechtsprechung - Strafrecht: www.hrr-strafrecht.de, Online-Zeitschrift der Hamburger Anwaltskanzlei Strate & Ventzke.

barkeit einer Entscheidung begründet eine Rechtsbeugung nicht ..." [BGH 5 StR 92/01 - Urteil vom 3. September 2001 (Landgericht Hamburg), Leitsatz 3].

Solange einem Richter bzw. rechtspflegerisch tätigen Amtsträger keine vorsätzliche Abweichung von der korrekten Auslegung und Anwendung des Rechts nachgewiesen werden kann, wird ihm also - weit großzügiger als bei einem gewöhnlichen Straftäter, der dazu erst die Unvermeidbarkeit seines Verbotsirrtums belegen muß - schuldloses Handeln in gutem Glauben unterstellt und damit eine *fides-implicita-ähnliche Form der Entlastung* zugestanden.

Die funktionale Entsprechung zu den amtskirchlichen Lehrentscheidungen und den darin enthaltenen Anathematisierungen glaubenswidriger Sätze durch Bischöfe, Päpste und Konzilien bilden im Recht die *Grundsatzentscheidungen* der Obergerichte und die daraus gewonnenen *Leitsätze*, für die der zuletzt zitierte Satz als Beispiel dienen mag.

Die Parallelen zwischen Religion und Recht reichen demnach überraschend weit. Sie betreffen gleichermaßen die Entlastungsmöglichkeiten von Laien und Experten von Schuldvorwürfen, die sich auf unbeabsichtigte Diskrepanzen im Bereich von Wissen, Deutung und Verstehen zurückführen lassen. Die jeweils verwendeten Verfahren zur kommunikativen Konstruktion von Intersubjektivität, oder genauer: zur Einschränkung der Variationsbreite akzeptabler Interpretationen, setzen auf *Organisation*, d.h. auf Selektion durch kollektiv verbindliche Entscheidungen, die dann auch gegen Widerstrebende durchgesetzt werden. Obwohl sie ein autoritatives Lehramt im Sinne der katholischen Kirche ebenso wie die Figur der fides implicita ablehnt, kennt übrigens auch die evangelische Kirche der Gegenwart noch die Einrichtung des *Lehrzuchtverfahrens*, durch das Pfarrer und Theologen, die allzu ideosynkratisch erscheinende Glaubensauffassungen vertreten, gemaßregelt und aus kirchlichen Amtsstellungen entfernt werden können.[293]

Eine andere Frage ist, mit welcher Intensität von derartigen Einrichtungen Gebrauch gemacht wird. Dabei gilt: In dem Maße, wie die organisationellen Verfahren der Intersubjektivitätsproduktion außer Kraft gesetzt werden, kommt es zu einer *ungehemmten Proliferation* kommunizierter Deutungen. Die *Religion* kann dies als Autonomisierung und Individualisierung von Frömmigkeit registrieren und ihre Angebote darauf abstimmen. Was geglaubt wird und die professionellen Vertreter der Religion als Glauben empfehlen, mag dort - wo der Gedanke der Fixierung des Glaubens durch *kirchliche Lehrautorität* aufgegeben wird - dem einzelnen überlassen bleiben (wie in der *Mystik*) bzw. kleineren, primär durch häufige face-to-face Interaktion integrierten Gruppen (wie in den *Sekten*), die einen gewissen Konformitätszwang auf ihre Mitglieder ausüben, sich im Konfliktfall leicht spalten und so zur Pluralisierung intersubjektiv validierter Glaubensmuster beitragen. Das *Recht* aber, zugeschnitten auf die Funktion der Erzeugung von Erwartungssicherheit in Situa-

---

293 Vgl. dazu als jüngeres Beispiel das von der Württembergischen Landeskirche zwischen 1990 und 1993 durchgeführte Lehrzuchtverfahren gegen die Pfarrerin Jutta Voss wegen ihres Buches "Das Schwarzmond-Tabu - die kulturelle Bedeutung des weiblichen Zyklus".

tionen, in denen konfligierende Erwartungen aufeinandertreffen, kann sich hier weniger tolerant verhalten. Anders als die Religion ist das moderne Recht für die Erfüllung seiner sozialen Funktion auf eine leistungsfähige Apparatur zur *scharfen Begrenzung* der Variationsbreite bei seiner Auslegung und Anwendung angewiesen.

Eine besonders fluide Form der Intersubjektivitätsproduktion konnten wir in der *massenmedialen Öffentlichkeit* feststellen. Ähnlich wie in Religion und Recht und anders als in der face-to-face Interaktion löst sich hier die Erzeugung von Intersubjektivität weitestgehend aus der Bindung an die Bestätigung der Richtigkeit kommunikativen Verstehens durch *den Autor* der verstandenen Äußerung. An die Stelle seiner Bestätigung tritt die Konfirmierung *durch andere* Kommunikationsteilnehmer. Im Gegensatz zur face-to-face Interaktion wird hier die dritte Sequenzposition, an der die Unterscheidung von 'richtigem' und 'falschem' Verstehen in der Kommunikation aufgerufen und eine ihrer beiden Seiten bezeichnet werden kann, zu einer in der Sozialdimension *variabel besetzbaren Funktionsstelle* anonymisiert. Im Rahmen organisatorisch verankerter Intersubjektivitätsproduktion kann diese Funktionsstelle durch *Amtsinhaber bzw. entscheidungsbefugte Gremien* (etwa durch Bischöfe oder den Papst, durch Konzilien oder Gerichte) eingenommen werden. In der massenmedialen Öffentlichkeit hingegen gibt es keine allein autorisierte Instanz, die über die Richtigkeit einer Deutung mit Aussicht auf allgemeine Anerkennung befinden könnte. Ob z.B. bestimmte Äußerungen eines Politikers als "antisemitisch" einzustufen sind, hängt weder davon ab, ob er dieser Deutung zustimmt, noch von dem Urteil eines bestimmten Amtsträgers. Entscheidend dafür, daß diese Deutung in den Massenmedien Dominanz erreicht, ist vor allem, daß anschließende Stellungnahmen von Kommentatoren, den Vertretern bedeutender Verbände und Parteien und anderer Prominenz in einer solchen Deutung übereinkommen.

Dabei kommt es häufig zur Lagerbildung: Die Sprecher bestimmter Parteien und Verbände und ihnen nahestehende Journalisten favorisieren eine mögliche Deutung; andere bevorzugen eine andere, die mit der ersteren konfligiert. Die Produktion von Intersubjektivität wird dadurch *sozial pluralisiert*. Sie wird dabei oft in die Form von Kontroversen gebracht, die wiederum von bereits bestehenden Konfliktkonstellationen als Medium ihrer Reproduktion parasitär genutzt werden können.

Die Produktion von Intersubjektivität in der *Wissenschaft* weist im wesentlichen die gleiche Struktur auf und kann insofern als *Unterfall massenmedialer Intersubjektivitätserzeugung* betrachtet werden: Auch in den Debatten der wissenschaftlichen Öffentlichkeit ist nicht die Stimme des Autors einer Publikation dafür ausschlaggebend, wie ihr Inhalt verstanden wird. Thomas Kuhn etwa hat sich immer heftig dagegen gewehrt, daß seine wissenschaftstheoretische Position, wie er sie in seinem Buch über "Die Struktur wissenschaftlicher Revolutionen" dargelegt hat, von Popper und anderen Vertretern der Schule des Kritischen Rationalismus als "irrationalistische" Theorie der Entwicklung von Wissenschaft gedeutet worden ist. Die Differenz der Interpretationen wurde dadurch nicht beseitigt, sondern nur - als Teil einer für die Wissenschaftstheorie lange prägenden Debattenkonstellation zwischen

Vertretern konkurrierender Schulen - fortgeschrieben und stabilisiert. Wissenschaftliche Schulen fungieren hier typisch als interpretative Gemeinschaften, die intern durch den Gebrauch von *Kompaktidentifikationen und -zuschreibungen* (wie etwa "Irrationalismus") *selektive* Übereinstimmung darüber herstellen,[294] wie bestimmte Positionen und Publikationen zu deuten sind und sich durch diesen internen Deutungskonsens von konkurrierenden Schulen absetzten.

Die nebenstehende Tafel gibt einen zusammenfassenden Überblick über die Modalitäten der kommunikativen Produktion von Intersubjektivität in der face-to-face Interaktion, der organisierten Religion, dem Recht und der massenmedialen Öffentlichkeit.

4. Gesamtresümee

Der vorliegende Band verfolgte das Ziel, die engen wahlverwandtschaftlichen Beziehungen, die m.E. zwischen Hermeneutik und funktionaler Analyse, Konversationsanalyse und Systemtheorie bestehen, nachzuweisen und an ausführlichen Interpretationsbeispielen zu demonstrieren, wie diese Beziehungen für die empirische Analyse fruchtbar gemacht werden können. Voraussetzung für dieses Unternehmen war die *Auflösung des Junktims von Sinn und Intention*, das weithin als selbstverständliche Prämisse von Hermeneutik und Handlungstheorie vorausgesetzt wird.

In der (je unterschiedlich akzentuierten und unterschiedlich weit reichenden) Aufkündigung dieses Junktims treffen die hier untersuchten Ansätze zusammen: Bei Gadamer ist die Bedeutung eines Textes eine historisch variable Größe, die jeweils bestimmt wird durch die Relation des Textes zur jeweiligen Situation seiner Applikation und zum Vorverständnishorizont des Interpreten. Bei Oevermann bilden sozial geltende Regeln den Bezugspunkt, vor dessen Hintergrund Äußerungen einen Sinn gewinnen können, der nicht identisch sein muß mit den Mitteilungsabsichten ihrer Urheber. Für die Systemtheorie ergibt sich der soziale Sinn eines kommunikativen Ereignisses aus den Deutungen, die es durch die daran anschließenden Mitteilungen erhält. In jedem Fall tritt so der *fremdzugeschriebene* Sinn in den Vordergrund und weist dem subjektiven Sinn, den der Autor einer Äußerung oder eines Textes mit seinem Kommunikationsbeitrag verband, eine sekundäre Position zu.

Wenngleich in geringerer Schärfe als für die hier diskutierten Varianten der Hermeneutik und für die Systemtheorie, gilt die These der Entkoppelung von Sinn und Intention auch für die Konversationsanalyse: Durch die konsequente Konzentration auf die Ebene der Kommunikation wird auch hier Bedeutung zunächst als *fremdzugschriebene* (und insofern im Schütz'schen Sinne "objektive") Bedeutung erfaßt und erst dann nach der Möglichkeit gefragt, wie Übereinstimmung zwischen

---

[294] Zu betonen ist die *Selektivität* dieser Übereinstimmung, die zugleich viel Raum für Deutungsdifferenzen läßt. Denn wissenschaftliche Schulen sind intern eher locker integriert. Innerhalb des Rahmens der gemeinsam akzeptierten theoretischen Prämissen bleibt ein weites Feld für möglichen Dissens.

4. GESAMTRESÜMEE

Modalitäten der kommunikativen Produktion von Intersubjektivität in den Kontexten der face-to-face Interaktion, der organisierten Religion, dem Recht und der massenmedialen Öffentlichkeit

	Face-to-face Interaktion	*Massenmediale Öffentlichkeit*	*Recht und Religion*
Wie wird Intersubjektivität erzeugt?	routinemäßig begleitend durch *strukturelle Verankerung* an dritter Sequenzposition	durch *besondere Formate* mit artifiziell erzeugten Konfirmierungs-/Diskonfirmierungsmöglichkeiten	durch *organisationelle* Entscheidungsverfahren
Wer unterscheidet zwischen richtigem und falschem Verstehen?	primär der *Autor* einer Äußerung	primär *andere Interpreten*	autorisierte *Amtsinhaber*
Welche Form nimmt Intersubjektivität an?	*Monovalenz* intersubjektiven Verstehens durch Bindung der Konfirmierung an die Perspektive des Autors	*Pluralisierung* intersubjektiven Verstehens durch Formierung interpretativer Gemeinschaften	*Formalisierung und Standardisierung* intersubjektiven Verstehens durch verfahrensförmig herbeigeführte Entscheidungen

fremd- und selbst*zugeschriebener* Bedeutung erreicht werden kann. Dabei ist klar, daß die notwendig erst nachträglich erfolgende Bestätigung einer fremdzugeschriebenen Bedeutung durch den Autor einer Mitteilung nur besagt, daß der Autor bereit ist, diese Zuschreibung - aus welchen Gründen auch immer - *retrospektiv zu akzeptieren*. Inwiefern diese Zuschreibung tatsächlich übereinkommt mit der ursprünglichen psychischen Mitteilung*intention* des Autors, muß offenbleiben. Die Beantwortung dieser Frage liegt jenseits des Instrumentariums, mit dem die Konversationsanalyse operiert, geht es ihr doch darum, im Sinne einer "doppelten Hermeneutik" (Giddens) durch genaue Beobachtung der Kommunikation zu verstehen, wie die Kommunikationsteilnehmer einander verstehen oder genauer, welches Verstehen die Teilnehmer in der Kommunikation *darstellen* und in welchen *retrospektiven Bedeutungszuschreibungen* sie übereinkommen.

Im *ersten Teil* unserer Untersuchung stand das Verhältnis von Hermeneutik und funktionaler Analyse im Mittelpunkt der Betrachtung. Die Unterscheidung von *Problem und Problemlösung* erwies sich dabei als gemeinsames Grundschema, von dem beide Methoden auf eine komplementäre Weise Gebrauch machen: Der funktionalen Analyse geht es primär um die Identifizierung *generalisierter* Bezugsprobleme und darauf beziehbarer *funktional äquivalenter* Problemlösungen. Geleitet von der regulativen Idee des "Vorgriffs der Vollkommenheit", zielt die Hermeneutik auf die Rekonstruktion einer *hinreichend spezifischen* Problemsituation, von der her alle Elemente des jeweils interpretierten Sinngebildes als *notwendige* Elemente verstanden werden können, für die es unter den gegebenen Bedingungen keine alternativen Möglichkeiten gibt. Die komplementären Leistungen der *theoretischen Generalisierung* und der *Einzelfallrekonstruktion* lassen sich freilich verbinden, wenn man die unterschiedlichen Ebenen der Generalisierung, auf der sich die Deutung eines Sinngebildes bewegen kann, im Schema einer *Problemstufenhierarchie* anordnet und miteinander verknüpft. Wie dies möglich ist, haben wir an zwei Fallbeispielen gesehen: der Studie von René Girard über die soziale Funktion des Opferkultes in einfachen Stammesgesellschaften und der Untersuchung von Kooperationsproblemen zwischen Sozialwissenschaftlern und administrativen Praktikern. Im letzten Kapitel des ersten Teils untersuchten wir dann die intentionalistische Verkürzung der Habermas'schen Hermeneutik-Rezeption, die in die These der Inkompatibilität zwischen hermeneutischer Interpretation und einer mit dem System/Umwelt-Modell arbeitenden funktionalen Analyse mündet.

Vor diesem Hintergrund konzentrierte sich der *zweite Teil* des Bandes darauf, das Verhältnis zwischen Hermeneutik und Systemtheorie *neu* zu bestimmen. Sowohl Gadamers philosophische Hermeneutik wie auch Oevermanns objektive Hermeneutik ließen enge Affinitäten zum Kommunikationsbegriff der Luhmann'schen Systemtheorie erkennen. Die objektive Hermeneutik stellt dabei ein analytisches Prozeßschema zur Verfügung, das exakt auf die systemtheoretische Modellierung von Sinn und Kommunikation zugeschnitten ist. Sie kann deshalb als Forschungsmethode der Systemtheorie eingesetzt werden.

Hervorzuheben war in diesem Zusammenhang, daß die Gültigkeit dieser Feststellung unabhängig ist von der völligen Übereinstimmung der *Strukturbegriffe* beider Ansätze. Ihrem Vergleich widmete sich das anschließende Kapitel. Trotz beachtlicher Übereinstimmungen zeigten sich hier zwei kaum zu überbrückende Differenzen: Für die Systemtheorie sind die *operativen* Strukturen von Systemen aus Komplexitätsgründen *nicht erkennbar*; darüber hinaus *limitieren* Strukturen den Bereich möglicher Anschlüsse, ohne jedoch bestimmte Selektionen als einzig mögliche zu determinieren. Im Gegensatz dazu geht die objektive Hermeneutik von der *Erschließbarkeit* operativer Strukturen aus, die sie als *Algorithmen* vorstellt, welche die jeweils beobachteten Selektionen *exakt determinieren*.

Ich habe versucht, diese Differenz in der allgemeinen Bestimmung des Strukturbegriffs nicht einfach als eindeutigen Indikator für definitive Inkompatibilität zu begreifen. Weil die objektive Hermeneutik *als Methode* sich ebenso aus dem von Luhmann wie dem von Oevermann favorisierten Strukturbegriff ableiten läßt, ist es leicht möglich, dieser naheliegenden, aber wenig fruchtbaren Folgerung auszuweichen. Wir haben statt dessen gefragt, welchen Status die Strukturen, auf die die hermeneutische Interpretation stößt, aus der Perspektive der Systemtheorie haben könnten. Ein Konzept, das die Systemtheorie hierfür bereit hält, ist das Konzept des *Schemas*. Die Funktion von Schemata besteht in der strukturellen Kopplung von Bewußtsein und Kommunikation. Die Rekonstruktion kommunikativ prozessierter Schemata erscheint aus systemtheoretischer Perspektive als eine wichtige Aufgabe, für deren Erfüllung die objektive Hermeneutik in besonderem Maße geeignet ist.

Wie die methodisch kontrollierte und durch den systemtheoretischen Beobachtungsbegriff orientierte Rekonstruktion sozialer Schemata aussehen kann, untersuchten wir zunächst an einer kurzen Kommunikationsepisode zwischen einer Deutschen und einem chinesischen Gesprächsteilnehmer. Danach diskutierten wir das methodologische Problem, anhand welcher Gütekriterien zwischen konkurrierenden Deutungshypothesen entschieden werden kann. Dabei zeigten wir, daß die Hermeneutik an den "raffinierten Falsifikationismus" anknüpfen kann. (Die dazu vorgetragenen Überlegungen vertieften wir später in direktem Anschluß an die Untersuchung des Fallbeispiels aus dem Bereich pädagogischer Interaktion.) Es folgte eine ausführliche explorative Analyse, in der zwei Beobachtungsschemata identifiziert wurden, die von wesentlicher Bedeutung für die Erzeugung von Abweichungszuschreibungen in der Kommunikation zwischen Ost- und Westdeutschen waren (und zum Teil wohl auch noch sind): das Schema der *Gesinnungsgemeinschaft* sowie die Unterscheidung von *Einheimischen und Fremden*.

Im *dritten Teil* haben wir das Problem der Intersubjektivität behandelt. Hier ging es zunächst um die Frage, wie Intersubjektivität unter der systemtheoretischen Prämisse der autopoietischen Schließung von psychischen und sozialen Systemen zu denken sei. Als zentrale Annahme, die hierzu aufzulösen war, erwies sich die Gleichsetzung von *Intersubjektivität* mit der gemeinsamen Teilung *identischer* Bedeutungen. In der Auseinandersetzung mit der Habermas'schen Intersubjektivitätskonzeption - geführt mit Argumenten aus dem Repertoire der Wittgenstein'schen Sprachphilosophie, der Ethnomethodologie, der Hermeneutik, des Dekonstruktivismus, der Konversationsanalyse und der Systemtheorie - erwies sich diese Gleichsetzung als ebenso unbegründet wie überflüssig. Intersubjektives Verstehen impliziert keineswegs vollständige, durch gemeinsam geteilte Regeln zuverlässig gesicherte Bedeutungs*identität*. Regeln können ihre Anwendung nicht determinieren und bleiben offen für unterschiedliche Auslegungen. Differenzen der Regelinterpretation und der Bedeutungszuweisung können deshalb nicht definitiv eliminiert werden. Erreichbar und ausreichend für die weitgehend störungsfreie Fortsetzung von Kommunikation ist vielmehr die *je aktuelle und vorläufige* (d.h. jederzeit reversible) Ausblendung von Differenzen im Verstehen als Unterschiede, die in der gerade laufenden Kommunikation keinen Unterschied machen. Intersubjektivität ist demnach weder als perspektivenübergreifende Identität von Bedeutungen zu denken, noch ist sie zureichend als mehr oder weniger kontrafaktische Unterstellung und regulative Idee mit quasi-transzendentalem Status zu rekonstruieren, wie Habermas dies getan hat. Sie ist vielmehr *empirisch* zu analysieren als Ergebnis der kontinuierlichen kommunikativen Neutralisierung fortbestehender und rasch revitalisierbarer Differenzen, die mit Hilfe unterschiedlicher Praktiken und Verfahren erreicht werden kann.

In der face-to-face Interaktion wird diese Neutralisierung mit jedem *dritten Zug* einer Sequenz vollzogen, weil hier die Unterscheidung von richtig verstehen/falsch verstehen in der Kommunikation aufgerufen ist und jede Nicht-Anzeige von Verstehensproblemen an dieser Stelle als Bestätigung dafür wirksam wird, daß übereinstimmendes Verstehen erreicht worden ist. Übereinstimmung in der *Bedeutung*, die einer Äußerung durch eine Anschlußäußerung zugewiesen worden ist, impliziert dabei zugleich intersubjektiven Konsens über die aktuelle Anwendung der *Zeichengebrauchsregel*, durch deren Befolgung diese Bedeutung in der gegebenen Kommunikationssituation erzeugt worden ist. Eine dritte Dimension der kommunikativen Konstruktion von Intersubjektivität betrifft schließlich die Erzeugung von *strukturellem Konsens*, d.h. von Übereinstimmung darüber, welcher kommunikative *Aktivitätstyp* als Kontext der einzelnen Äußerungen vorauszusetzen ist und durch sie reproduziert wird. Durch *strukturelle Markierungen* (wie z.B. die Markierungen der Präferenz für Konsens bzw. Dissens oder die Verwendung charakteristischer Sequenzformate wie 'Initiierung-Erwiderung-Bewertung') werden Kommunikationsbeiträge als Elemente bestimmter Aktivitätstypen ausgewiesen. Wenn die strukturelle Zugehörigkeit eines Beitrags unklar ist oder die Kommunikation in einen anderen, unerwünschten Aktivitätstyp umzuspringen droht, können korrigierende *Struktursicherungsoperationen* eingesetzt werden mit der Funktion, problematische Äußerungen zu identifizieren, zu reparieren und den aktuell prozessierten Aktivitätstyp zu stabilisieren. Die skizzierten Funktionen von strukturellen Markierungen und Struktursicherungsoperationen sind zugleich genau zugeschnitten auf die Anforderungen der selbstreferentiellen Reproduktion sozialer Systeme.

Das Konzept der Regel rekonstruierten wir als binäres Schema (richtig/falsch), das in der Kommunikation in mindestens drei verschiedenen Modi aktiviert werden kann: im *operativen* Modus, in dem es die Auswahl von Anschlußäußerungen orientiert; im *Beobachtungsmodus erster Ordnung*, der aktiviert wird, um ein kommunikativ angezeigtes Verstehen als 'richtig' zu konfirmieren bzw. um Mißverständnisse anzuzeigen und zu reparieren; im *Beobachtungsmodus zweiter Ordnung*, der es ermöglicht, 'fälschlich' zugeschriebene Bedeutungen, die bestimmte kommunikative Anschlüsse ausgelöst haben (oder auslösen könnten), ausdrücklich zu negieren und so durch Selektionsverstärkung als Bezugspunkt für weitere Anschlüsse zu eliminieren. Auch Struktursicherungsoperationen, d.h. Reparaturen mit Strukturstabilisierungsfunktion, können in jedem dieser drei Modi ausgeführt werden. Dementsprechend habe wir zwischen *impliziten* Struktursicherungsoperationen im operativen Modus, *expliziten* Struktursicherungsoperationen im Beobachtungsmodus erster Ordnung sowie *reflexiven* Struktursicherungsoperationen im Beobachtungsmodus zweiter Ordnung unterschieden.

Die Untersuchung von Struktursicherungsoperationen im Bereich *funktional spezifischer* Aktivitätstypen erschien als ein Forschungsbereich, in dem die Kooperation zwischen Konversationsanalyse, objektiver Hermeneutik und Systemtheorie besonders fruchtbar sein könnte: Am Beispiel der Analyse pädagogischer Interaktion habe ich versucht, diese These zu plausibilisieren. Dabei zeigte sich, daß die von der Konversationsanalyse identifizierte *Basissequenz* pädagogischer Interaktion aus systemtheoretischer Perspektive als *elementare Einheit der Reproduktion erziehungssystemischer Kommunikation* rekonstruiert werden kann. Danach führten wir das analytische Instrumentarium von Hermeneutik und Konversationsanalyse sowie das theoretische Deutungspotential der Systemtheorie in der Untersuchung einer Interaktionssequenz aus dem Schulunterricht zusammen. Vor dem Hintergrund dieses Fallbeispiels wurde am Schluß des Kapitels noch einmal die Frage nach der Kombinierbarkeit von hermeneutischer Einzelfallrekonstruktion und theoretischer Generalisierung diskutiert und die Übereinstimmung der dabei zu beachtenden methodologischen Standards mit dem wissenschaftstheoretischen Konzept der *Vergleichsbewährung* verdeutlicht.

Bis zu diesem Punkt konzentrierte sich die Diskussion der kommunikativen Konstruktion von Intersubjektivität auf die Bedingungen und Formen der Intersubjektivitätsproduktion in der Interaktion unter Anwesenden. Danach haben wir den Fokus der Untersuchung auf den Bereich der *massenmedialen* Kommunikation verschoben. Unter den Bedingungen massenmedialer Kommunikation, so unsere These dazu, entfällt in der Regel die in die Kommunikation unter Anwesenden strukturell eingebaute und sie routinemäßig begleitende Intersubjektivitätsproduktion durch Konfirmierung bzw. Diskonfirmierung an der jeweils dritten Sequenzposition. Weil die Autoren von Mitteilungen von dem größten Teil der daran anschließenden kommunikativen Ereignisse keine Kenntnis erhalten und keine Möglichkeit haben, darauf mit (impliziter) Bestätigung oder expliziter Korrektur zu reagieren, muß die Kommunikation hier über weite Strecken ohne begleitende Konstruktion von Intersubjektivität prozessieren. Zugleich wird die Erzeugung gemeinsam geteilter Bedeutungen von der Bestätigung durch den Autor, für die es in *dyadischer* Kommunikation unter Anwesenden noch keine Alternative gibt, unabhängig. Anstelle des Autors, ja sogar gegen dessen ausdrückliches Votum, können andere eine bestimmte Deutung bestätigen und so untereinander intersubjektiven Konsens darüber erreichen.[295] Intersubjektivitätserzeugung kann so durch die Konstitution *interpretativer Gemeinschaften* realisiert werden und wird dadurch zugleich *sozial pluralisiert*. Wie dies geschieht, dies haben wir zunächst in der Studie zur massenmedialen Intersubjektivitätsproduktion untersucht.

Zuletzt wandten wir uns am Beispiel *religiöser* Kommunikation (mit knappen Seitenblicken auf das moderne Recht) der Frage zu, wie eine übereinstimmende *Deutung von Texten* innerhalb interpretativer Gemeinschaften möglich ist und haben die Bildung *religiöser Organisationen* als Beitrag zur Lösung des Intersubjektivitätsproblems betrachtet. Dabei zeigte sich, daß die Unterstellung eines auf dem Text der biblischen Offenbarung gründenden gemeinsamen Glaubens innerhalb einer Großorganisation wie der katholischen Kirche nur als *reflektierte Intersubjektivitäts- und Konsensfiktion* (hier: als fides implicita) möglich war und ist. Die Reproduktion eines als 'gemeinsam geteilt' definierten Glaubens verlangt besondere *Struktursicherungsoperationen* mit der Funktion, die 'Einheit des Glaubens' gegenüber 'Irrlehren' und die Konformität der Mitglieder mit dem (durch Organisationsentscheidungen definierten) 'Glauben der Kirche' zu sichern. Als komplementäre Struktursicherungsoperationen, die diese beiden Aufgaben erfüllen, hatten wir die *Anathematisierung* abweichender Glaubensvarianten sowie das *explizite Bekenntnis* zur fides implicita identifiziert. Anders als in den beiden vorausgegangenen Kapiteln handelt es sich dabei um Struktursicherungsoperationen, die nicht für die Stabilisierung eines *Aktivitätstyps* gegen abweichende kommunikative Anschlüsse sorgen, sondern auf die Konservierung eine *Deutungsmonopols* und die soziale Ausgrenzung abweichender Interpretationen zielen.

Gelöst aus der Bindung an die Interaktion unter Anwesenden, gestützt auf Schrift als erstes Verbreitungsmedium massenmedialen Typs und bezogen auf einen Kanon von Texten, so die zusammenfassende These, ist Intersubjektivität des Verstehens in großen interpretativen Gemeinschaften -

(1) nur durch kollektiv verbindliche Entscheidungen auf der Basis von *Organisation* zu erzeugen;
(2) nur durch *kontinuierliche Struktursicherungsoperationen* zur Exklusion abweichender Deutungsvarianten stabilisierbar und
(3) auch dann nur als *Intersubjektivitäts- und Konsensfiktion* möglich, für die nur die *generalisierte Bereitschaft* zur Anerkennung (und d.h. vor allem: die Bereitschaft zur raschen Korrektur eigener Äußerungen, sobald erkennbar wird, daß sie von der offiziellen Linie der Organisation abweichen), nicht aber explizite Kenntnis und Anerkennung bei jedem einzelnen Mitglied erwartet werden kann.

---

295 In der face-to-face Interaktion besteht die Möglichkeit der Erzeugung von Intersubjektivität zwischen verschiedenen Hörern einer Äußerung 'über den Kopf ihres Autors hinweg' freilich auch, sobald mehr als nur ein Hörer anwesend ist. Diese Möglichkeit wird hier freilich vergleichsweise wenig genutzt. Zu erwarten ist, daß sich dieser Modus interaktiver Intersubjektivitätsproduktion vor allem in Konflikten sowie im Rahmen sozialisatorischer Interaktion antreffen läßt.

Das fiktionale Moment der kommunikativen Konstruktion von Intersubjektivität, das in der face-to-face Interaktion zwischen wenigen Teilnehmern noch weitgehend latent bleibt, weil die Bestätigung der Kongruenz der Sinnzuweisungen bei jedem reibungslosen Passieren der dritten Sequenzposition über die dabei ausgeblendeten Deutungsdifferenzen hinwegtäuscht, wird hier offensichtlich. Auch für die Kommunikationsteilnehmer selbst ist unter diesen Voraussetzungen klar zu erkennen, daß Intersubjektivität hier nur als Aussortierung nicht mehr tolerierbarer Deutungsvarianten durch organisationelle Einrichtungen der Kontrolle und der Selektion abweichender Kommunikationen möglich ist. Durch den Gebrauch *reflektierter* Intersubjektivitäts- und Konsensfiktionen kann dies in der Selbstbeschreibung der Kommunikation explizit angezeigt werden.

Drucknachweise der in den Text eingearbeiteten Publikationen[1]

1. Hermeneutische Einzelfallrekonstruktion und funktionalanalytische Theoriebildung. - Ein Versuch ihrer Verknüpfung, dargestellt am Beispiel der Interpretation eines Interviewprotokolls, In: J.H.P. Hoffmeyer-Zlotnik (Hrsg.), Analyse qualitativer Daten. Über den Umgang mit qualitativen Daten (ZUMA-Publikationen), Opladen 1992, S.168-215. [Kap.1.7]

2. Hermeneutik sozialer Systeme. Konvergenzen zwischen Systemtheorie und philosophischer Hermeneutik, In: Zeitschrift für Soziologie, Jg. 21, Heft 6, 1992, S.420-439. [Kap.2.1]

3. Objektive Hermeneutik als Forschungsmethode der Systemtheorie, In: Soziale Systeme. Zeitschrift für soziologische Theorie, Jg.1, Heft 1, 1995, S.135-158. [Kap.2.2]

4. Struktur und Ereignis in Systemtheorie und objektiver Hermeneutik, In: R. Greshoff/G. Kneer, Struktur und Ereignis in theorievergleichender Perspektive, Opladen 1999, S.143-175. [Kap.2.3]

5. 'Überheblichkeit' als Delikt. Das Modell der Gesinnungsgemeinschaft als Prämisse ostdeutscher Beobachtung westdeutschen Verhaltens, In: Soziale Systeme. Zeitschrift für soziologische Theorie, Jg. 4, Heft 2, 1998, S.413-443. [Kap.2.4]

6. Ossis, Wessis, Besserwessis: Zur Codierung der Ost/West-Differenz in der öffentlichen Kommunikation, In: Soziale Welt, Jg.48, 1997, S.133-150. [Kap.2.4.7]

7. Intersubjektivität als kommunikative Konstruktion, In: P. Fuchs/A. Göbel (Hrsg.), Der Mensch - das Medium der Gesellschaft?, Frankfurt/M. 1994, S.189-238. [Kap.3.1]

8. Die Analyse von Struktursicherungsoperationen als Kooperationsfeld von Konversationsanalyse, objektiver Hermeneutik und Systemtheorie, In: T. Suttner (Hrsg.), Beobachtung verstehen, Verstehen beobachten. Perspektiven einer konstruktivistischen Hermeneutik, Opladen 1997, S.164-227. [Kap.3.2]

9. Intersubjektivitätsproduktion in Interaktion und Massenkommunikation, In: M. Charlton, T. Sutter (Hrsg.), "Massenkommunikation, Interaktion und soziales Handeln", Opladen 2001, S.84-110. [Kap.3.3]

10. Gedächtnis, Interpretation und Organisation im Kontext religiöser Kommunikation, In: C. Bohn, H. Willems (Hrsg.), Sinngeneratoren. Fremd- und Selbstthematisierungen in soziologisch-historischer Perspektive, Konstanz 2001, S.263-289. [Kap.3.4]

---

1   Alle Texte wurden grundlegend überarbeitet und aufeinander abgestimmt, dabei zum Teil auch erheblich modifiziert, umorganisiert und erweitert (so die Texte 4, 5 und 7) bzw. gekürzt (so die Texte 6 und 8).

Literatur

Ajtzen, J., Fischbein, M. (1980): Understanding Attitudes and Predicting Social Behavior, Englewood Cliffs, N.J.
Ajtzen, J. (1988): Attitudes, Personality, and Behavior, Milton Keynes.
Apel, K. O. (1971): Szientistik, Hermeneutik, Ideologiekritik. Entwurf einer Wissenschaftslehre in Erkenntnisanthropologischer Sicht. S.7-44, In: J. Habermas/D. Henrich/J. Taubes (Hrsg.), Hermeneutik und Ideologiekritik, Frankfurt/M.
Apel, K. O. (1979): Die Erklären : Verstehen-Kontroverse in transzendentalpragmatischer Sicht, Frankfurt/M.
Arnold, R. (1983): Deutungsmuster. Zu den Bedeutungselementen sowie den theoretischen und methodologischen Bezügen eines Begriffs, In: Zeitschrift für Pädagogik, 29. Jg., Heft 6, S.893-912.
Assmann, A. und J. (1987): Kanon und Zensur, In: Dies. (Hrsg.), Kanon und Zensur. Beiträge zur Archäologie der literarischen Kommunikation II, München, S.7-27.
Atkinson, J. M., Heritage, J. (Hrsg.) (1984): Structures of Social Action. Studies in Conversation Analysis, Cambridge.
Aufenanger, St., Lenssen, M. (Hrsg.) (1986): Handlung und Sinnstruktur. Bedeutung und Anwendung der objektiven Hermeneutik, München.
Bateson, G. (1982): Geist und Natur. Eine notwendige Einheit, Frankfurt/M. (Originalausgabe 1979).
Bateson, G. (1983): Ökologie des Geistes. Anthropologische, psychologische, biologische und epistemologische Perspektiven, Frankfurt/M.
Bauer, P. (1991): Politische Orientierungen im Übergang. Eine Analyse politischer Einstellungen der Bürger in West- und Ostdeutschland 1990/91, In: Kölner Zeitschrift für Soziologie und Sozialpsychologie, Jg. 43, S.433-453.
Beck, U. (1986): Risikogesellschaft. Auf dem Weg in eine andere Moderne, Frankfurt/M.
Becker, J. (1994): Mein Vater, die Deutschen und ich, In: Die Zeit, 20. Mai, S.57-58.
Beinstein, J. (1977): Friends, the Media, and Opinion Formation. In: Journal of Communication, 27, S. 30-39.
Berger, J. (1987): Autopoiesis: Wie "systemisch" ist die Theorie sozialer Systeme? In: Haferkamp/Schmid (Hrsg.), S.129-152.
Berger, P. L., Kellner, H. (1965): Die Ehe und die Konstruktion der Wirklichkeit. Eine Abhandlung zur Mikrosoziologie des Wissens, In: Soziale Welt, 16. Jg., S.220-235.
Bergmann, J.R. (1987): Klatsch. Zur Sozialform der diskreten Indiskretion, New York.
Berking, H. (1995): Das Leben geht weiter. Politik und Alltag in einem ostdeutschen Dorf, In: Soziale Welt, Jg. 46, S.342-353.
Best, H. (1990): Nationale Verbundenheit und Entfremdung im zweistaatlichen Deutschland. Theoretische Überlegungen und empirische Befunde, In: Kölner Zeitschrift für Soziologie und Sozialpsychologie, Jg. 42, S.1-19.
Betti, E. (1962): Die Hermeneutik als allgemeine Methodik der Geisteswissenschaften, Tübingen.
Blau, P. M. (1976): Konsultation unter Kollegen. In: W. Conrad, W. Streek (Hrsg.), Elementare Soziologie, Reinbek bei Hamburg, S.102-116.
Blumenberg, H. (1983): Die Legitimität der Neuzeit. Bd.1: Säkularisierung und Selbstbehauptung, Frankfurt/M (1. Aufl. 1966).
Bohn, C. (1999): Schriftlichkeit und Gesellschaft. Kommunikation und Sozialität der Neuzeit, Opladen.
Bora, A. (1994): Konstruktion und Rekonstruktion. Zum Verhältnis von Systemtheorie und objektiver Hermeneutik. In: G. Rusch, S. J. Schmidt (Hrsg.), Konstruktivismus und Sozialtheorie. DELFIN 1993, Frankfurt/M., S.282-330.
Bora, A. (1997): Sachhaltigkeit versus Verfahren? Einige methodologische Konsequenzen konstruktivistischer Wissenschaftssoziologie, In: T. Sutter (Hrsg.), Beobachtung verstehen, Verstehen beobachten. Perspektiven einer konstruktivistischen Hermeneutik, Opladen, S.228-252.
Böhler, D. (1981): Philosophische Hermeneutik und hermeneutische Methode. S.483-511 In: M. Fuhrmann/H. R. Jauß/W. Pannenberg (Hrsg.), Text und Applikation, München.

Bourdieu, P. (1979): Entwurf einer Theorie der Praxis auf der ethnologischen Grundlage der kabylischen Gesellschaft, Frankfurt/M.
Bourdieu, P. (1987): Die feinen Unterschiede. Kritik der gesellschaftlichen Urteilskraft, Frankfurt/M.
Bundesgerichtshof (2001): BGH 5 StR 92/01 - Urteil vom 3. September 2001 (Landgericht Hamburg), Höchstrichterliche Rechtsprechung - Strafrecht: www.hrr-strafrecht.de, Online-Zeitschrift der Hamburger Anwaltskanzlei Strate & Ventzke.
Brandes, St. (1981): Like wounded stags: Male sexual ideology in an andalusian town, In: Sh. B. Ortner, H. Whitehead (Hrsg.), Sexual Menaings. The cultural constructions of gender and sexuality, Cambridge, S.216-239.
Brunkhorst, H. (1983): Unterrichtsforschung als Textinterpretation. In: D. Garz, K. Kraimer (Hrsg.), Brauchen wir andere Forschungsmethoden? Beiträge zur Diskussion interpretativer Verfahren, Frankfurt/M., S.48-62.
Braun, M. (1995): Drama um eine Komödie. Das Ensemble von SED und Staatssicherheit, FDJ und Ministerium für Kultur gegen Heiner Müllers 'Die Umsiedlerin oder das Leben auf dem Lande' im Oktober 1961, Berlin.
Button, G., Lee, J. R. E. (Hrsg.) (1987): Talk and Social Organization, Clevedon.
Campbell, C. (1982): A dubious distinction? An inquiry into the value and use of Merton's concepts of manifest and latent function, In: American Sociological Review, Vol.47, S.29-44.
Campenhausen, H. Frhr. v. (1968): Die Entstehung der christlichen Bibel, Tübingen.
Chladenius, J. M. (1742): Einleitung zur richtigen Auslegung vernünftiger Reden und Schriften. Abgedruckt 1976, In: H.-G. Gadamer/G. Boehm, Seminar: Philosophische Hermeneutik, Frankfurt/M., S.69-79.
Clayman, S. E. (1992): Footing in the Achievement of Neutrality: The Case of News-Interview Discourse, In: Drew/Heritage (Hrsg.), S.163-198.
Coleman, J.S. (1986): Die asymmetrische Gesellschaft, Weinheim und Basel (Originalausgabe 1982).
Collingwood, R. G. (1955): Denken. Eine Autobiographie. Eingeleitet von Hans-Georg Gadamer, Stuttgart.
Collingwood, R. G. (1957): An Essay on Metaphysics, Oxford.
Culler, J.C. (1988): Dekonstruktion. Derrida und die poststrukturalistische Literaturtheorie, Reinbek bei Hamburg (Originalausgabe 1982).
Czyzewski, M., Gülich, E., Hausendorf, H., Kastner, M. (Hrsg.) (1995): Nationale Selbst- und Fremdbilder im Gespräch. Kommunikative Prozesse nach der Wiedervereinigung Deutschlands und dem Systemwandel in Ostmitteleuropa, Opladen.
Danto, A.C. (1974): Analytische Philosophie der Geschichte, Frankfurt/M. (Originalausgabe 1965).
Davidson, D. (1986): Wahrheit und Interpretation, Frankfurt/M. (Originalausgabe 1984).
Davidson, D. (1990): Eine hübsche Unordnung von Epitaphen, In: E. Picardi, J. Schulte (Hrsg.), Die Wahrheit der Interpretation. Beiträge zur Philosophie Donald Davidsons, Frankfurt/M., S.203-227.
de Berg, H., Prangel, M. (1997): Systemtheorie und Hermeneutik, Tübingen.
Denzinger, H., Hoping, H., Hünermann, P. (Hrsg.) (2001): Kompendium der Glaubensbekenntnisse und kirchlichen Lehrentscheidungen. Lateinisch-Deutsch, Freiburg.
Derrida, J. (1977): Limited Inc., In: Glyph 2, Johns Hopkins Textual Studies, Baltimore, London, S.162-254.
Derrida, J. (1986): Parages, Paris.
Derrida, J. (1988): Signatur, Ereignis, Kontext, In: Ders., Randgänge der Philosophie, hrsg. von P. Engelmann, Wien, S.291-314 (Erstveröffentlichung 1972).
Dewe, B., Ferchhoff, W. (1984): Artikel "Deutungsmuster", In: H. Kerber, A. Schmieder (Hrsg.): Handbuch Soziologie. Zur Theorie und Praxis sozialer Beziehungen, Reinbek, S.76-81.
Dijk, Van, T. A. (Hrsg.) (1985): Handbook of Discourse Analysis, Vol. 3. Discourse and Dialogue, London.
Dilthey, W. (1961): Gesammelte Schriften, Bd. 7, 3. unveränderte Aufl., Stuttgart.
Dilthey, W. (1959): Einleitung in die Geisteswissenschaften. Versuch einer Grundlegung für das Studium der Gesellschaft und der Geschichte (Originalauflage 1883), In: Ders., Gesammelte Schriften, Bd. 1, 4. unveränderte Aufl., Stuttgart.

Doll, J., Mielke, R., Mentz, M. (1994): Formen und Veränderungen wechselseitiger Ost-Westdeutscher Stereotypisierungen in den Jahren 1990, 1991 und 1992, In: Kölner Zeitschrift für Soziologie und Sozialpsychologie, Jg. 46, S.501-514.

Drew, P., Heritage, J. (Hrsg.) (1992): Talk at work. Interaction in institutional settings, Cambridge.

Ebeling, G. (1959): Artikel: Hermeneutik, In: K. Galling (Hrsg.), Religion in Geschichte und Gegenwart. Handwörterbuch für Theologie und Religionswissenschaft, Band 3, 3. völlig neu bearb. Aufl., Tübingen, Sp. 242-262.

Edwards, A. D., Westgate, D. P. G. (1987): Investigating Classroom Talk, London and Philadelphia.

Eisenstein, C. (1994): Meinungsbildung in der Mediengesellschaft. Eine theoretische und empirische Analyse zum Multi-Step Flow of Communication, Opladen.

Endlich, L. (1999): NeuLand. Ganz einfache Geschichten, Berlin.

Engler, W. (1992a): Die zivilisatorische Lücke. Versuche über den Staatssozialismus, Frankfurt/M.

Engler, W. (1992b): Die beschwerliche Ankunft des Ostens im Westen. Über Engpässe im deutschdeutschen Einigungsprozeß und gegenseitige Fehlwahrnehmungen, In: Frankfurter Rundschau, Nr. 2, 3. Januar, S.14.

Engler, W. (1997): "Aushandlungsgesellschaft" DDR, In: Beck, U./ Sopp, P. (Hrsg.), Individualisierung und Integration. Neue Konfliktlinien und neuer Integrationsmodus?, Opladen, S.37-46.

Ernst, T. (1979): Anfragen an die Bundeszentrale für politische Bildung (zum Fernsehfilm Holocaust), In: Märthesheimer/Frenzel (Hrsg.), S.297-298.

Esposito, E. (1991): Paradoxien als Unterscheidungen von Unterscheidungen, In: H.U. Gumbrecht, K.L. Pfeiffer (Hrsg.), Paradoxien, Dissonanzen, Zusammenbrüche. Situationen offener Epistemologie, Frankfurt/M., S.35-57.

Esser, H. (1993): Soziologie. Allgemeine Grundlagen. Frankfurt/M.

Evans-Pritchard, E.E. (1978): Hexerei, Orakel und Magie bei den Zande, Frankfurt/M.

Faris, E. (1937): The Sect and the Sectarian, In: Ders., Nature of Human Nature, Chicago.

Farr, J. (1983): Popper's Hermeneutics, In: Philosophy of the Social Sciences, Vol.13, S.157-176.

Fish, St. (1980): Is there a Text in this Class? The Authority of Interpretive Communities, Cambridge, Massachusetts und London.

Flasch, K. (1989): Aufklärung im Mittelalter? Die Verurteilung von 1277. Das Dokument des Bischofs von Paris eingeleitet, übersetzt und erklärt von Kurt Flasch, Mainz 1989.

Foerster, H. v. (1985): Sicht und Einsicht. Versuche zu einer operativen Erkenntnistheorie, Braunschweig, Wiesbaden.

Foerster, H. v. (1993): KybernEthik, Berlin.

Foerster, H. v. (1997): Abbau und Aufbau, In: Fritz B. Simon (Hrsg.), Lebende Systeme. Wirklichkeitskonstruktionen in der systemischen Therapie, Frankfurt/M., S.32-51.

Foerster, H. v., Luhmann, N., Schmid, B., Stierlin, H., Weber, G. (1997): Diskussion des Fallbeispiels, In: Fritz B. Simon (Hrsg.), Lebende Systeme. Wirklichkeitskonstruktionen in der systemischen Therapie, Frankfurt/M., S.110-125.

Frank, M. (1983): Was ist Neostrukturalismus?, Frankfurt/M.

Frank, M. (1985): Das individuelle Allgemeine. Textstrukturierung und Textinterpretation nach Schleiermacher, Frankfurt/M.

Frank, M. (1988): Die Grenzen der Verständigung. Ein Geistergespräch zwischen Lyotard und Habermas, Frankfurt/M.

Frank, M. (1990): Das Sagbare und das Unsagbare. Studien zur deutsch-französischen Hermeneutik und Texttheorie. Erweiterte Neuausgabe, Frankfurt/M.

Fuchs, P. (1992): Die Erreichbarkeit der Gesellschaft. Zur Konstruktion und Imagination gesellschaftlicher Einheit, Frankfurt/M.

Fuchs, P. (1993): Moderne Kommunikation. Zur Theorie des operativen Displacements, Frankfurt/M.

Fuchs, P. (1994): Der Mensch - das Medium der Gesellschaft?, In: P. Fuchs/A. Göbel (Hrsg.), Der Mensch -das Medium der Gesellschaft, Frankfurt/M., S.15-39.

Fuchs. P., Göbel, A. (Hrsg.) (1994): Der Mensch - das Medium der Gesellschaft?, Frankfurt/M.

Fuchs, P. (1995): Der west-östliche Divan, Frankfurt/M.

Fuhrmann, M./Jauß, H. R./Pannenberg, W., (Hrsg.) (1981): Text und Applikation. Theologie, Jurisprudenz und Literaturwissenschaft im hermeneutischen Gespräch. Poetik und Hermeneutik IX, München.
Gadamer, H.-G. (1965): Wahrheit und Methode. Grundzüge einer philosophischen Hermeneutik, 2. erw. Aufl., Tübingen.
Gadamer, H. G., (1971): Rhetorik, Hermeneutik und Ideologiekritik. Metakritische Erörterungen zu 'Wahrheit und Methode', In: J. Habermas/D. Henrich/J. Taubes (Hrsg.), Hermeneutik und Ideologiekritik, Frankfurt/M., S.57-82.
Gadamer, H. G. (1974): Art. Hermeneutik, In: J. Ritter (Hrsg.), Historisches Wörterbuch der Philosophie. Bd. 3, Basel/Stuttgart, Sp.1061-1073.
Gadamer, H. G./Boehm, G., (Hrsg.) (1976): Seminar: Philosophische Hermeneutik, Frankfurt/M.
Gadamer, H. G./Boehm, G., (Hrsg.) (1978): Seminar: Die Hermeneutik und die Wissenschaften, Frankfurt/M.
Gadamer, H. G. (1983): Text und Interpretation, In: P. Forget (Hrsg.), Text und Interpretation, München, S.24-55; hier zitiert nach der Wiederveröffentlichung in H. G. Gadamer (1986), Gesammelte Werke. Bd. 2. Wahrheit und Methode. Ergänzungen und Register, Tübingen, S.330-360.
Gadamer, H. G. (1986): Gesammelte Werke. Bd. 2. Wahrheit und Methode. Ergänzungen und Register, Tübingen.
Garfinkel, H. (1967): Studies in Ethnomethodology, Englewood Cliffs, N.J.
Garfinkel, H., Sacks, H. (1976): Über formale Strukturen praktischer Handlungen, In: Weingarten/Sack/Schenkein (Hrsg.), S.130-176.
Garz, D., Kraimer, K. (Hrsg.) (1994): Die Welt als Text. Theorie, Kritik und Praxis der objektiven Hermeneutik, Frankfurt/M.
Giegel, H.-J. (Hrsg.) (1992): Kommunikation und Konsens in modernen Gesellschaften, Frankfurt/M.
Giesen, B. (1982): Drogenproblem und Sozialpolitik. Zur praktischen Heuristik soziologischer Theorien, In: Beck, U. (Hrsg.), Soziologie und Praxis. Erfahrungen, Konflikte, Perspektiven, Soziale Welt, Sonderband 1, Göttingen.
Giesen, B., Legnaro, A., Schneider, W.L., Heitbrede-Florian, V., Lehmann, R.d.L. (1984): Schlußbericht zum DFG-Projekt: Transfer- und Anwendungsbedingungen soziologischen Wissens in sozialpolitischen Administrationen. Das Beispiel des Drogenproblems, unveröff. Manuskript, Gießen.
Giesen, B., Schneider, W. L. (1984): Von Missionaren, Technokraten und Politikern. Deutungsmuster als Determinanten der Interaktion zwischen Wissenschaftlern und Praktikern, In: Soziale Welt, Jg. 35, Heft 4, S.458-479.
Giesen, B. (1991): Die Entdinglichung des Sozialen. Eine evolutionstheoretische Perspektive auf die Postmoderne, Frankfurt/M.
Giesen, B. (1993): Die Intellektuellen und die Nation. Eine deutsche Achsenzeit, Frankfurt/M.
Girard, R. (1992): Das Heilige und die Gewalt, Frankfurt/M. (Originalveröffentlichung 1972).
Glasersfeld, E. v. (1987): Siegener Gespräche über Radikalen Konstruktivismus, In: S. J. Schmidt (Hrsg.), Der Diskurs des Radikalen Konstruktivismus. Frankfurt/M., S.401-440.
Goffman, E. (1973): Interaktion: Spaß am Spiel. Rollendistanz, München.
Goode, W.J. (1972): Professionen und die Gesellschaft. Die Struktur ihrer Beziehungen, In: Th. Luckmann, W. M. Sprondel (Hrsg.), S.157-167.
Greve, J. (2002): Bedeutung, Handlung und Interpretation. Zu den Grundlagen der verstehenden Soziologie, In: Zeitschrift für Soziologie, Jg.31, Heft 5, S.373-390.
Grice, H.P. (1979): Logik und Konversation, In: G. Meggle (Hrsg.), Handlung, Kommunikation, Bedeutung, Frankfurt/M., S.243-265.
Gumperz, J. J. (1982): Discourse Strategies, Cambridge.
Günther, G. (1968): Kritische Bemerkungen zur gegenwärtigen Wissenschaftstheorie. Aus Anlaß von Jürgen Habermas: Zur Logik der Sozialwissenschaften, In: Soziale Welt, 19. Jg., S.328-341.
Günthner, S. (1993): Diskursstrategien in der interkulturellen Kommunikation. Analysen deutsch-chinesischer Gespräche, Tübingen.
Habermas, J., Luhmann, N. (1971a): Theorie der Gesellschaft oder Sozialtechnologie, Frankfurt/M.
Habermas, J. (1971b): Theorie und Praxis, Frankfurt/M.

Habermas, J. (1971c): Zu Gadamers 'Wahrheit und Methode', In: K.O. Apel u.a., Hermeneutik und Ideologiekritik, Frankfurt/M., S.45-56.
Habermas, J. (1971d): Der Universalitätsanspruch der Hermeneutik, In: K.O. Apel u.a., Hermeneutik und Ideologiekritik, Frankfurt/M., S.120-159.
Habermas, J. (1971e): Theorie der Gesellschaft oder Sozialtechnologie? Eine Auseinandersetzung mit Niklas Luhmann, In: Habermas/Luhmann (1971a), S.142-290.
Habermas, J. (1973a): Zur Logik der Sozialwissenschaften, Frankfurt/M. (1. Aufl. 1967).
Habermas, J. (1973b): Erkenntnis und Interesse. 3. Auflage mit einem neuen Nachwort, Frankfurt/M. (1. Aufl. 1968).
Habermas, J. (1973c): Legitimationsprobleme im Spätkapitalismus, Frankfurt/M.
Habermas, J. (1981): Theorie des kommunikativen Handelns, 2 Bde., Frankfurt/M.
Habermas, J. (1984): Vorstudien und Ergänzungen zur Theorie des kommunikativen Handelns, Frankfurt/M.
Habermas, J. (1985): Der philosophische Diskurs der Moderne. Zwölf Vorlesungen, Frankfurt/M.
Habermas, J. (1986): Entgegnungen, In: A. Honneth/ H. Joas (Hrsg.), Kommunikatives Handeln. Beiträge zu Jürgen Habermas' Theorie kommunikativen Handelns, Frankfurt/M., S.327-405.
Habermas, J. (1988): Nachmetaphysisches Denken. Philosophische Aufsätze, Frankfurt/M.
Habermas, J. (1992): Faktizität und Geltung. Beiträge zur Diskurstheorie des Rechts und des demokratischen Rechtsstaats, Frankfurt/M.
Haferkamp, H., Schmid, M. (Hrsg.) (1987): Sinn, Kommunikation und soziale Differenzierung. Beiträge zu Luhmanns Theorie sozialer Systeme, Frankfurt/M.
Hahn, A. (1983): Konsensfiktionen in Kleingruppen. Dargestellt am Beispiel junger Ehen, In: F. Neidhardt (Hrsg.), Gruppensoziologie. Perspektiven und Materialien, Sonderband 25 der Kölner Zeitschrift für Soziologie und Sozialpsychologie, Opladen, S.210-232.
Hahn, A. (1987): Kanonisierungsstile, In: A. Assmann, Jan Assmann (Hrsg.), Kanon und Zensur. Beiträge zur Archäologie der literarischen Kommunikation II, München, S.28-37.
Hahn, A. (1992): Verstehen bei Dilthey und Luhmann, In: Annali di Sociologia, Jg.8, Heft 1, S.421-430.
Hahn, A. (1994): Die soziale Konstruktion des Fremden, In: Sprondel, W.M. (Hrsg.), Die Objektivität der Ordnungen und ihre kommunikative Konstruktion: Für Thomas Luckmann, Frankfurt/M., S. 140-163.
Hahn, A. (1998): Glaube und Schrift. Anmerkungen zu einigen Selbstthematisierungen von Hochreligionen mit besonderer Berücksichtigung des Christentums, In: H. Tyrell et al. (Hrsg.), Religion als Kommunikation, Würzburg, S.323-356.
Haken, H. (1984): Erfolgsgeheimnisse der Natur. Synenergetik: Die Lehre vom Zusammenwirken, Frankfurt/M., Berlin, Wien (1. Aufl. 1981).
Hammersley, M. (1986): Putting Competence into Action: Some Sociological Notes on a Model of Classroom Interaction. In: Ders. (Hrsg.), Controversies in Classroom Research. Milton Keynes, Philadelphia, S.93-103.
Hammersley, M. (1990): The Organization of Pupil Participation. In: Ders., Classroom Ethnography. Empirical and Methodological Essays. Toronto, Ontario, S.15-26.
Harenberg, W. (1991): Vereint und verschieden, In: Spiegel Spezial. Das Profil der Deutschen. Was sie vereint, was sie trennt, Hamburg, S.10-23.
Hargreaves, D. H., Hester, St. K., Mellor, F. J. (1981): Abweichendes Verhalten im Unterricht, Weinheim und Basel.
Hassemer, W. (1968): Tatbestand und Typus. Untersuchungen zur strafrechtlichen Hermeneutik, Köln.
Hassemer, W. (1986): Juristische Hermeneutik, In: Archiv für Rechts- und Sozialphilosophie 72, S.195-212.
Hausendorf, H. (1992): Das Gespräch als selbstreferentielles System. Ein Beitrag zum empirischen Konstruktivismus der ethnomethodologischen Konversationsanalyse, In: Zeitschrift für Soziologie, Jg. 21, S.83-95.
Hausendorf, H. (1997): Konstruktivistische Rekonstruktion. Theoretische und empirische Implikationen aus konversationsanalytischer Sicht, In: T. Sutter (Hrsg.), Beobachtung verstehen, Verstehen beobachten. Perspektiven einer konstruktivistischen Hermeneutik, Opladen, S.254-272.

Heider, F. (1958): The Psychology of Interpersonal Relations, New York.
Henry, J. (1964): Jungle People, New York (1. Aufl. 1941).
Heritage, J. (1984): Garfinkel and Ethnomethodology, Cambridge.
Herzog, R. (1981a): Vergleichende Bemerkungen zur theologischen und juristischen Applikation (am Beispiel zweier Auslegungen von 2. Sam. 11), In: M. Fuhrmann/ H. R. Jauß/ W. Pannenberg (Hrsg.), Text und Applikation, München, S.367-393.
Herzog, R., (1981b): Zum Verhältnis von Norm und Narrativität in den applikativen Hermeneutiken, In: M. Fuhrmann/H. R. Jauß/W. Pannenberg (Hrsg.), Text und Applikation, München, S.435-455.
Hirsch, E. D. (1972): Prinzipien der Interpretation, München.
Hirschmann, A. O. (1974): Abwanderung und Widerspruch: Reaktionen auf Leistungsabfall bei Unternehmungen, Organisationen und Staaten, Tübingen.
Höchstrichterliche Rechtsprechung-Strafrecht: www.hrr-strafrecht.de, Online-Zeitschrift der Hamburger Anwaltskanzlei Strate & Ventzke.
Hoffmann, G. (1903): Die Lehre von der fides implicita innerhalb der katholischen Kirche, Leipzig.
Holl, K. (1927): Luthers Bedeutung für den Fortschritt der Auslegungskunst, In: Ders., Gesammelte Aufsätze zur Kirchengeschichte, Bd. 1: Luther, 5. Aufl., Tübingen, S.544-582.
Hollstein, O., Meseth, W., Müller-Mahnkopp, C., Proske, M., Radtke, F.-O. (2002): Bericht zu einer Pilotstudie 'Nationalsozialismus im Geschichtsunterricht. Beobachtungen unterrichtlicher Kommunikation', Frankfurter Beiträge zur Erziehungswissenschaft, Johann Wolfgang Goethe-Universität, Frankfurt/M.
Honneth, A., Joas, H. (Hrsg.) (1986): Kommunikatives Handeln. Beiträge zu Jürgen Habermas' Theorie kommunikativen Handelns, Frankfurt/M.
Hradil, St. (1999): Soziale Ungleichheit in Deutschland, 7. Aufl., Opladen.
Jauß, H. R. (1981): Zur Abgrenzung und Bestimmung einer literarischen Hermeneutik. S 459-481, In: M. Fuhrmann/H. R. Jauß/ W. Pannenberg (Hrsg.), Text und Applikation, München.
Jefferson, G. (1987): On Exposed and Embedded Correction in Conversation, In: G. Button, J. R. E. Lee (Hrsg.) Talk and Social Organisation. Multilingual Matters LTD, Clevedon, Philadelphia, S.86-100.
Jefferson, G., Lee, J. R. E. (1992): The rejection of advice: managing the problematic convergence of a "trouble-telling" and a "service encounter", In: Drew/Heritage (Hrsg.), S.521-548.
Joas, H. (1992): Pragmatismus und Gesellschaftstheorie. Frankfurt/M.
Jones, E.E., Davis, K. (1965): From Acts to Dispositions: The Attribution Process in Person Perception, In: Berkovitz, L. (Hrsg.), Advances in Experimental Social Psychology, Vol. 2, New York, S.219-266.
Jones, K. (1995): Masked negotiation in a Japanese work setting, In: Firth, A. (Hrsg.): The Discourse of Negotiation. Studies of Language in the Workplace. Oxford, New York, Tokyo, S.141-158.
Junge, K. (1993): Zur räumlichen Einbettung sozialer Strukturen. Einleitende Überlegungen zu einer Topologie sozialer Systeme. Dissertation, Gießen.
Kade, J. (1997): Vermittelbar/nicht-vermittelbar: Vermitteln: Aneignen. Im Prozeß der Systembildung des Pädagogischen, In: D. Lenzen, N. Luhmann (Hrsg.), Bildung und Weiterbildung im Erziehungssystem: Lebenslauf und Humanontogenese als Medium und Form. Frankfurt/M., S.30-70.
Kalthoff, H. (1995): Die Erzeugung von Wissen. Zur Fabrikation von Antworten im Schulunterricht, In: Zeitschrift für Pädagogik, 41. Jg., Nr.6, S.925-939.
Kanders, M., Rolff, H. G., Rösner, E. (1996): Mehr Lust als Frust. (Bericht zur bisher größten deutschen Lehrerbefragung), In: Die Zeit, Nr.12 vom 15.3.1996, S.35.
Kant, I. (1981): Kritik der reinen Vernunft 1, Werkausgabe Bd. III, hrsg. von W. Weischedel, 5. Aufl., Frankfurt/M.
Katz, E. (1957): The Two-Step Flow of Communication: An Up-To-Date Report on an Hypothesis, In: Public Opinion Quarterly, Vol. XXI, No. 1, S.61-78.
Kelley, H.H. (1967): Attribution Theory in Social Psychology, In: Levine, D. (Hrsg.), Nebraska Symposium on Motivation, Vol. 15, Lincoln.
Keppler, A. (1989): Schritt für Schritt - Das Verfahren alltäglicher Belehrungen. In: Soziale Welt, Jg. 40, S.538-556.

Keppler, A. (1994): Tischgespräche. Über Formen kommunikativer Vergemeinschaftung am Beispiel der Konversation in Familien, Frankfurt/M.
Kern, H., Land, R. (1991): Der "Wasserkopf" oben und die "Taugenichtse" unten. Zur Mentalität von Arbeitern und Arbeiterinnen in der ehemaligen DDR. Frankfurter Rundschau, Dokumentation, 13.2., S.16-17.
Kieserling, A. (1998): Klatsch: Die Moral der Gesellschaft in der Interaktion unter Anwesenden, In: Soziale Systeme. Zeitschrift für soziologische Theorie, Jg.4, Heft 2, S.387-411.
Kieserling, A. (1999): Kommunikation unter Anwesenden. Studien über Interaktionssysteme, Frankfurt/M.
Kneer, G., Nassehi, A. (1991): Verstehen des Verstehens. Eine systemtheoretische Revision der Hermeneutik. In: Zeitschrift für Soziologie, Jg. 20, S.341-356.
Knoblauch, H. (1991): The taming of foes: The avoidance of asymmetry in informal discussions, In: J. Marková, K. Foppa (Hrsg.), Asymmetries of Dialogue. Hertfordshire, S.166-194.
Knorr-Cetina, K. (1984): Die Fabrikation von Erkenntnis. Zur Anthropologie der Naturwissenschaft, Frankfurt/M.
Kongregation für die Glaubenslehre (1998): "Als *Motu Proprio* erlassenes Apostolisches Schreiben *Ad tuendam fidem,* durch das einige Normen in den *Codex Iuris Canonici* und in den *Codex Canonum Ecclesiarum Orientalium* eingefügt werden", erlassen von Papst Johannes Paul II. am 18. Mai 1998, www.vatican.va/roman_curia/congregations/cfaith/documents/rc_con_cfaith_doc_2...
Kongregation für die Glaubenslehre (2000): "Dominium Jesus". Über die Einzigkeit und die Heilsuniversalität Jesu Christi und der Kirche, www.vatican.va/roman_curia/congregations/cfaith/documents/-rc_con_cfaith_doc_2...
Kotthoff, H. (1992): Disagreement and Concession in Disputes. On the Context Sensitivity of Preference Structures. Fachgruppe Sprachwissenschaft der Universität Konstanz. Arbeitspapier Nr.43. Konstanz.
Krämer, H. L. (1995): Die Gewaltproblematik im französischen und deutschen Schulsystem. Überlegungen für eine vergleichende Analyse. In: S. Lamnek (Hrsg.), Jugend und Gewalt. Devianz und Kriminalität in Ost und West, Opladen, S.171-188.
Kriele, H. M. (1981): Besonderheiten juristischer Hermeneutik, In: M. Fuhrmann, H.R. Jauß, W. Pannenberg (Hrsg.), Text und Applikation. Theologie, Jurisprudenz und Literaturwissenschaft im hermeneutischen Gespräch, Poetik und Hermeneutik, Bd. IX, München, S.409-412.
Kuhn, T. S. (1978a): Neue Überlegungen zum Begriff des Paradigma, In: Ders., Die Entstehung des Neuen. Studien zur Struktur der Wissenschaftsgeschichte, Frankfurt/M., S.389-420.
Kuhn, T. S. (1978b): Objektivität, Werturteil und Theoriewahl, In: Ders., Die Entstehung des Neuen. Studien zur Struktur der Wissenschaftsgeschichte, Frankfurt/M., S.421-445.
Kuhn, T. S. (1981): Die Struktur wissenschaftlicher Revolutionen, 5. Aufl., Frankfurt/M.
Lakatos, I. (1974): Falsifikation und die Methodologie wissenschaftlicher Forschungsprogramme, In: A. Musgrave, I. Lakatos (Hrsg.), Kritik und Erkenntnisfortschritt. Abhandlungen des Internationalen Kolloquiums über die Philosophie der Wissenschaften, London 1965, Braunschweig, S.89-189.
Lang, B. (1990): Stichwort: Buchreligion, In: H. Cancik, B. Gladigow, M. Laubscher (Hrsg.), Handbuch religionswissenschaftlicher Grundbegriffe, Bd.II, Apokalyptik - Geschichte, Stuttgart/Berlin/Köln, S.143-165.
Lange, L. (1993): Kollektiv, wo bist du hin? Die Zeit, Nr.45, 5.11., S.56.
Lazarsfeld, P. F., Berelson, B., Gaudet, H. (1969): Wahlen und Wählerverhalten. Soziologie des Wahlverhaltens, Darmstadt und Neuwied (Originalausgabe 1944).
Leopold-Franzens-Universität Insbruck (o.J.): Lehramtliche Texte der Katholischen Kirche, http://theol.uibk.ac.at/leseraum/texte/... .
Leppin, V. (1995): Geglaubte Wahrheit. Das Theologieverständnis Wilhelms von Ockham, Göttingen.
Leppin, V. (2003): Wilhelm von Ockham. Gelehrter, Streiter, Bettelmönch, Darmstadt 2003.
Leppin, V., Müller, S. (Hrsg.) (2000): Wilhelm von Ockham. Texte zu Theologie und Ethik, Stuttgart.
Lepsius, M. Rainer (1990): Nation und Nationalismus in Deutschland, In: Ders., Interessen, Ideen und Institutionen. Opladen, S.232-246.

Levinson, S. C. (1990): Pragmatik, Tübingen (Originalausgabe 1983).
Levinson, S. C. (1992): Activity types and language, In: Drew, P., Heritage, J. (Hrsg.): Talk at work. Interaction in institutional settings, Cambridge, S.66-100.
Lewis, O. (1963): Die Kinder von Sanchez. Autobiographie einer mexikanischen Familie, Düsseldorf und Wien (engl. Originalveröffentlichung New York 1961).
Lewis, O. (1971): La Vida - eine puertoricanische Familie in der Kultur der Armut: San Juan & New York, Düsseldorf und Wien (engl. Originalveröffentlichung London 1965).
Lietzmann, S. (1979): Die Judenvernichtung als Seifenoper, In: Märthesheimer/Frenzel (Hrsg.), S.35-39.
Linde-Laursen, A. (1993): The Nationalization of Trivialities: How Cleaning Becomes an Identity Marker in the Encounter of Sweedes and Danes, In: ethnos, Vol.58: III-IV, S.275-293.
Lindenlaub, S. (1984): Einstellung und Handeln. Neue Sicht eines alten Problems, Göttingen, Toronto, Zürich.
Lowie, R. H. (1970): Primitive Society, New York.
Luckmann, Th., Sprondel, W.M. (Hrsg.) (1972): Berufssoziologie, Köln.
Luckmann, Th. (1986): Grundformen der gesellschaftlichen Vermittlung des Wissens: Kommunikative Gattungen, In: F. Neidhart, M.R. Lepsius, J. Weiß (Hrsg.), Kultur und Gesellschaft, Sonderheft 27 der Kölner Zeitschrift für Soziologie und Sozialpsychologie, Opladen, S.191-211.
Lüders, C. (1991): Deutungsmusteranalyse. Annäherung an ein risikoreiches Konzept, In: D. Garz, K. Kraimer (Hrsg.): Qualitativ-empirische Sozialforschung. Konzepte, Methoden, Analysen, Opladen, S.377-408.
Luhmann, N. (1964): Funktionen und Folgen formaler Organisationen, Berlin.
Luhmann, N. (1971): Sinn als Grundbegriff der Soziologie, In: Habermas/Luhmann 1971, S.25-100.
Luhmann, N. (1974a): Soziologische Aufklärung. Bd.1. Aufsätze zur Theorie sozialer Systeme, Opladen.
Luhmann, N. (1974b): Funktion und Kausalität, In: Ders. (1974a), S.9-30.
Luhmann, N. (1974c): Die Praxis der Theorie, In: Ders. (1974a), S.253-267.
Luhmann, N. (1974d): Funktionale Methode und Systemtheorie, In: Ders. (1974a), S.31-53.
Luhmann, N. (1975): Interaktion, Organisation, Gesellschaft. In: Ders., Soziologische Aufklärung. Bd. 2., Opladen, S.9-20.
Luhmann, N. (1977a): Zweckbegriff und Systemrationalität. Über die Funktion von Zwecken in sozialen Systemen, 2. Aufl., Frankfurt/M. (1. Aufl. 1968).
Luhmann, N. (1977b): Arbeitsteilung und Moral. Durkheims Theorie. Einleitung zu: E. Durkheim, Über die Teilung der sozialen Arbeit, Frankfurt/M., S.17-35.
Luhmann, N. (1978): Soziologie der Moral, In: N. Luhmann, St. Pfürtner (Hrsg.), Theorietechnik und Moral, Frankfurt/M., S.8-116.
Luhmann, N., Schorr, K.-E. (1979): Reflexionsprobleme im Erziehungssystem, Stuttgart.
Luhmann, N. (1980): Gesellschaftsstruktur und Semantik. Studien zur Wissenssoziologie der modernen Gesellschaft. Bd. 1, Frankfurt/M.
Luhmann, N. (1981a): Organisation und Entscheidung, In: Soziologische Aufklärung. Bd. 3., Opladen, S.335-389.
Luhmann, N. (1981b): Ausdifferenzierung des Rechts, Frankfurt/M.
Luhmann, N. (1981c): Ist Kunst codierbar?, In: N. Luhmann, Soziologische Aufklärung. Bd.3. Soziales System, Gesellschaft, Organisation, Opladen, S.245-266.
Luhmann, N. (1981d): Theoretische und praktische Probleme anwendungsbezogener Sozialwissenschaften, In: N. Luhmann, Soziologische Aufklärung. Bd. 3, Opladen, S.321-334.
Luhmann, N. (1981e): Wie ist soziale Ordnung möglich?, In: Gesellschaftsstruktur und Semantik. Bd.2. Studien zur Wissenssoziologie der modernen Gesellschaft, Frankfurt/M., S.195-285.
Luhmann, N. (1982): Liebe als Passion. Zur Codierung von Intimität, Frankfurt/M.
Luhmann, N. (1984): Soziale Systeme. Grundriß einer allgemeinen Theorie, Frankfurt/M.
Luhmann, N. (1986a): Intersubjektivität oder Kommunikation: Unterschiedliche Ausgangspunkte soziologischer Theoriebildung, In: Archivio di Filosofia, LIV, 1986, S.41-60.
Luhmann, N. (1986b): Systeme verstehen Systeme, In: N. Luhmann/ K.E. Schorr (Hrsg.), Zwischen Intransparenz und Verstehen. Fragen an die Pädagogik, Frankfurt/M., S.72-117.

Luhmann, N. (1986c): Das Kunstwerk und die Selbstreproduktion der Kunst, In: H. U. Gumbrecht/K. L. Pfeiffer (Hrsg.), Stil. Geschichten und Funktionen eines kulturwissenschaftlichen Diskurselementes, Frankfurt/M., S.620-672.
Luhmann, N. (1987): Rechtssoziologie, Opladen (1. Aufl. 1972).
Luhmann, N. (1987a): Autopoiesis als soziologischer Begriff, In: Haferkamp/Schmid (Hrsg.), S.307-324.
Luhmann, N. (1987b): Codierung und Programmierung. Bildung und Selektion im Erziehungssystem, In: Ders., Soziologische Aufklärung. Bd. 4, Opladen, S.182-201.
Luhmann, N. (1987c): Die Zukunft der Demokratie, In: Ders., Soziologische Aufklärung 4. Beiträge zur funktionalen Differenzierung der Gesellschaft, S.126-132.
Luhmann, N. (1987d): "Distinctions directrices". Über Codierung von Semantiken und Systemen, In: N. Luhmann, Soziologische Aufklärung. Bd.4. Beiträge zur funktionalen Differenzierung der Gesellschaft, Opladen, S.13-31.
Luhmann, N. (1988a): Wissenschaft als soziales System, Hagen.
Luhmann, N. (1988b): Wie ist Bewußtsein an Kommunikation beteiligt?, In: H. U. Gumbrecht/K. L. Pfeiffer (Hrsg.), Materialität der Kommunikation, Frankfurt/M., S.884-905.
Luhmann, N. (1989): Gesellschaftsstruktur und Semantik. Studien zur Wissenssoziologie der modernen Gesellschaft. Bd.3, Frankfurt/M.
Luhmann, N./Fuchs, P., (1989): Reden und Schweigen, Frankfurt/M.
Luhmann, N. (1989c): Paradigm lost: Über die ethische Reflexion der Moral, Frankfurt/M.
Luhmann, N. (1990a): Die Wissenschaft der Gesellschaft, Frankfurt/M.
Luhmann, N. (1990b): Das Erkenntnisprogramm des Konstruktivismus und die unbekannt bleibende Realität, In: N. Luhmann, Soziologische Aufklärung. Bd.5. Konstruktivistische Perspektiven, Opladen, S.31-58.
Luhmann, N. (1990c): Identität - was oder wie?, In: N. Luhmann, Soziologische Aufklärung. Bd.5. Konstruktivistische Perspektiven, Opladen, S.14-30.
Luhmann, N. (1990d): Weltkunst, In: N. Luhmann, F. D. Bunsen, D. Baecker, Unbeobachtbare Welt. Bielefeld, S.7-45.
Luhmann, N. (1990e): Sthenographie, In: N. Luhmann/H. Maturana/M. Namiki/V. Redder/ F. Varela, Beobachter. Konvergenz der Erkenntnistheorien?, München, S.119-137.
Luhmann, N. (1990f): Sozialsystem Familie, In: Ders., Soziologische Aufklärung, Bd.5, Opladen, S.196-217.
Luhmann, N. (1991a): Am Ende der kritischen Soziologie. Zeitschrift für Soziologie 20, S.147-152.
Luhmann, N. (1991b): Wie lassen sich latente Strukturen beobachten?, In: P. Watzlawick, P. Krieg (Hrsg.), Das Auge des Betrachters. Beiträge zum Konstruktivismus, München, Zürich, S.61-74.
Luhmann, N. (1991c): Das Kind als Medium der Erziehung. In: Zeitschrift für Pädagogik, Jg. 37, S. 19-40.
Luhmann, N. (1993): Das Recht der Gesellschaft. Frankfurt/M.
Luhmann, N. (1994): Die Tücke des Subjekts und die Frage nach den Menschen, In: P. Fuchs/A. Göbel (Hrsg.), Der Mensch - das Medium der Gesellschaft?, Frankfurt/M., S.40-56.
Luhmann, N. (1995a): Die Kunst der Gesellschaft, Frankfurt/M.
Luhmann, N. (1995b): Intersubjektivität oder Kommunikation: Unterschiedliche Ausgangspunkte soziologischer Theoriebildung, In: Ders., Soziologische Aufklärung 6. Die Soziologie und der Mensch, Opladen, S.169-188.
Luhmann, N. (1996): Die Realität der Massenmedien, 2. erweiterte Aufl., Opladen.
Luhmann, N. (1997a): Die Gesellschaft der Gesellschaft, 2. Bde., Frankfurt/M.
Luhmann, N. (1997b): Therapeutische Systeme - Fragen an Niklas Luhmann, In: Fritz B. Simon (Hrsg.), Lebende Systeme. Wirklichkeitskonstruktionen in der systemischen Therapie, Frankfurt/M., S.169-189.
Luhmann, N. (2000a): Die Religion der Gesellschaft, hrsg. von A. Kieserling, Frankfurt/M.
Luhmann, N. (2000b): Organisation und Entscheidung, Opladen.
Luhmann, N. (2002): Das Erziehungssystem der Gesellschaft, hrsg. von D. Lenzen, Frankfurt/M.
Luther, M. (1905): Luthers Werke, Bd. 7, vierte Folge: Vermischte Schriften I, hrsg. von Pfarrer D. Buchwald et al., 3. Aufl., Berlin.

Luther, M. (1969): D. Martin Luthers Werke. Kritische Gesamtausgabe, "Weimarer Ausgabe", 58 Bde., 1. Aufl., Weimar 1883 ff.; unveränderter Abdruck der Ausgabe von 1931, Graz.
Lyotard, J.-F. (1987): Der Widerstreit, München (Originalausgabe 1983).
Madison, G. B. (1978): Eine Kritik an Hirschs Begriff der "Richtigkeit", In: H. G. Gadamer/G. Boehm (Hrsg.), Seminar: Die Hermeneutik und die Wissenschaften, Frankfurt/M., S.393-425.
Magnus, U. (1979): Die Einschaltquoten und Sehbeteiligungen (des Fernsehfilms Holocaust). In: Märthesheimer/Frenzel (Hrsg.), S.221-224.
Markard, M. (1984): Einstellung - Kritik eines sozialpsychologischen Grundkonzeptes, Frankfurt/M., New York.
Maron, M. (1981): Flugasche, Frankfurt/M.
Marquard, O. (1981): Frage nach der Frage, auf die die Hermeneutik die Antwort ist. S.115-146, In: O. Marquard, Abschied vom Prinzipiellen, Stuttgart.
Marshall, Th. (1964): The Recent History of Professionalism in Relation to Social Structure and Social Policy, In: Ders., Class, Citizenship, and Social Development, New York, S.158-179.
Marz, L. (1992): Beziehungsarbeit und Mentalität, In: Senghaas-Knobloch, E., Lange, H. (Hrsg.), DDR-Gesellschaft von Innen: Arbeit und Technik im Transformationsprozeß, Forum humane Technikgestaltung, Heft 5, Bonn, S.75-90.
Märthesheimer, P., Frenzel, I. (Hrsg.) (1979): Im Kreuzfeuer: Der Fernsehfilm Holocaust. Eine Nation ist betroffen, Frankfurt/M.
Maturana, H.R. (1988): Elemente einer Ontologie des Beobachtens, In: H.U. Gumbrecht, K.L. Pfeiffer (Hrsg.), Materialität der Kommunikation, Frankfurt/M., S.830-845.
Matza, D. (1964): Delinquency and Drift, New York, London, Sydney.
Maynard, D.W. (1985): How children start arguments, In: Language in Society, Vol.14, S.1-30.
McCarthy, Th. (1986): Komplexität und Demokratie - die Versuchungen der Systemtheorie, In: A. Honneth/ H. Joas (Hrsg.), Kommunikatives Handeln. Beiträge zu Jürgen Habermas' Theorie kommunikativen Handelns, Frankfurt/M., S.77-215.
Mead, G. H. (1968/1974): Geist, Identität und Gesellschaft, Frankfurt/M. (1968); bzw. Mind, Self, and Society from the Standpoint of a Social Behaviorist, hrsg. von Ch. W. Morris, Chicago and London (19. Aufl. 1974; Erstauflage 1934).
Mead. G. H. (1983): Die objektive Realität der Perspektiven, In: G.H. Mead, Gesammelte Aufsätze, Bd.2, hrsg. von H. Joas, Frankfurt/M., S.211-224 (engl. Originalveröffentlichung 1927).
Mehan, H. (1979): Learning Lessons. Social Organization in the Classroom. Cambridge, Massachusetts and London.
Mehan, H. (1985): The Structure of Classroom Discourse, In: T. A. van Dijk (Hrsg.), Handbook of Discourse Analysis, Vol. 3. Discourse and Dialogue, London, S.119-131.
Mehan, H. (1986): 'What Time is it Denise?': Asking Known Information Questions in Classroom Discourse, In: M. Hammersley (Hrsg.), Case Studies in Classroom Research, Milton Keynes, Philadelphia, S.85-103.
Merten, K. (1988): Aufstieg und Fall des "Two-Step-Flow of Communication". Kritik einer sozialwissenschaftlichen Hypothese, In: Politische Vierteljahresschrift, 29. Jg., Heft 4, S.610-635.
Merten, K. (1994): Wirkungen von Kommunikation, In: K. Merten, S. J. Schmidt, S. Weischenberg (Hrsg.), Die Wirklichkeit der Medien. Eine Einführung in die Kommunikationswissenschaft, Opladen, S.291-328.
Merton, R. K. (1995): Soziologische Theorie und soziale Struktur, hrsg. und eingeleitet von V. Meja und N. Stehr, Berlin, New York (Originalausgabe 1949).
Messmer, H. (2003): Der soziale Konflikt. Kommunikative Emergenz und systemische Reproduktion, Stuttgart.
Meulemann, H. (1996): Werte und Wertewandel. Zur Identität einer geteilten und wieder vereinten Nation, Weinheim.
Miethke, J. (1969): Ockhams Weg zur Sozialphilosophie, Berlin 1969.
Miller, M. (1992): Rationaler Dissens. Zur gesellschaftlichen Funktion sozialer Konflikte, In: Giegel (Hrsg.), S.31-58.

Moritz, S. (1993): Bremsen für die Ossis. Ein Ostdeutscher über das Kommen der Wessis, In: R. Busch, (Hrsg.), Gemischte Gefühle. Einheitsalltag in Mecklenburg-Vorpommern, Berlin, S.36-44.
Münch, R. (1984): Die Struktur der Moderne, Frankfurt/M.
Müller, H. (1992): Krieg ohne Schlacht. Leben in zwei Diktaturen, Köln.
Nassehi, A. (1997): Kommunikation verstehen. Einige Überlegungen zur empirischen Anwendbarkeit einer systemtheoretisch informierten Hermeneutik, In: T. Sutter (Hrsg.), Beobachtung verstehen, Verstehen beobachten. Perspektiven einer konstruktivistischen Hermeneutik, Opladen, S.134-163.
Neuner, J., Roos, H., Rahner, K., Weger, K.-H. (Hrsg.) (1992): Der Glaube der Kirche in den Urkunden der Lehrverkündigung, Regensburg.
Neuendorff, H. (1979): Bemerkungen zu Differenzen zwischen Deutungsmusteransatz und Relevanzstrukturkonzept, unveröff. Manuskript, Dortmund.
Niethammer, L., von Plato, A., Wierling, D. (1991): Die volkseigene Erfahrung. Eine Archäologie des Lebens in der Industrieprovinz der DDR. 30 biographische Eröffnungen, Berlin.
Noelle-Neumann, E. (1980): Die Schweigespirale, München.
Ockham, W. v. (1999): Dialogus, Teil 1, Bücher 3 und 4, übersetzt von J. Scott, The Britisch Academy, abrufbar im Internet unter der Adresse www.britac.ac.uk/pubs/dialogus/t1d3b.html.
Oevermann, U. (1973a): Die Architektonik von Kompetenztheorien und ihre Bedeutung für eine Theorie der Bildungsprozesse, Manuskript, Berlin 1973a.
Oevermann, U. (1973b): Zur Analyse der Struktur von sozialen Deutungsmustern, Manuskript, Frankfurt/M.
Oevermann, U. (1978): Probleme der Professionalisierung in der berufsmäßigen Anwendung sozialwissenschaftlicher Kompetenz. Unveröff. Manuskript, Frankfurt/M.
Oevermann, U., Allert, T., Konau, E., Krambeck, J. (1979): Die Methodologie einer "objektiven Hermeneutik" und ihre allgemeine forschungslogische Bedeutung in den Sozialwissenschaften, In: H. G. Soeffner (Hrsg.), Interpretative Verfahren in den Sozial- und Textwissenschaften, Stuttgart, S.352-434.
Oevermann, U. (1979): Ansätze zu einer soziologischen Sozialisationstheorie und ihre Konsequenzen für die allgemeine soziologische Analyse, In: Günther Lüschen (Hrsg.), Deutsche Soziologie seit 1945, Sonderheft 21 der Kölner Zeitschrift für Soziologie und Sozialpsychologie, Opladen, S.143-168.
Oevermann, U. (1981a): Fallrekonstruktion und Strukturgeneralisierung als Beitrag der objektiven Hermeneutik zur soziologisch-strukturtheoretischen Analyse. Unveröff. Manuskript. Frankfurt/M.
Oevermann, U. (1981b): Professionalisierung der Pädagogik - Professionalisierbarkeit pädagogischen Handelns. Vortragsmanuskript. FU-Berlin.
Oevermann, U. (1983): Zur Sache. Die Bedeutung von Adornos methodologischem Selbstverständnis für die Begründung einer materialen soziologischen Strukturanalyse, In: L.v. Friedeburg, J. Habermas (Hrsg.), Adorno-Konferenz 1983, Frankfurt/M., S.234-288.
Oevermann, U. (1986): Kontroversen über sinnverstehende Soziologie. Einige wiederkehrende Probleme und Mißverständnisse in der Rezeption der "objektiven Hermeneutik", In: St. Aufenanger, M. Lenssen (Hrsg.), Handlung und Sinnstruktur. Bedeutung und Anwendung der objektiven Hermeneutik, München, S.19-83.
Oevermann, U. (1991): Genetischer Strukturalismus und das sozialwissenschaftliche Problem der Erklärung der Entstehung des Neuen, In: St. Müller-Doohm (Hrsg.), Jenseits der Utopie. Theoriekritik der Gegenwart, Frankfurt/M., S.267-336.
Oevermann, U. (1993a): Struktureigenschaften supervisorischer Praxis. Exemplarische Sequenzanalyse des Sitzungsprotokolls der Supervision eines psychoanalytisch orientierten Therapie-Teams im Methodenmodell der objektiven Hermeneutik, In: B. Bardé, D. Mattke (Hrsg.), Therapeutische Teams. Theorie - Empirie - Klinik. Göttingen und Zürich, S.141-269.
Oevermann, U. (1993b): Die objektive Hermeneutik als unverzichtbare methodologische Grundlage für die Analyse von Subjektivität. Zugleich eine Kritik der Tiefenhermeneutik, In: Th. Jung, St. Müller-Doohm (Hrsg.), "Wirklichkeit" im Deutungsprozeß. Verstehen und Methoden in den Kultur- und Sozialwissenschaften, S.106-189.
Oevermann, U. (1996): Beckett's "Endspiel" als Prüfstein hermeneutischer Methodologie. Eine Interpretation mit dem Verfahren der objektiven Hermeneutik. (Oder: Ein objektiv-hermeneutisches

Exerzitium), In: H.-D. König (Hrsg.), Neue Versuche, Becketts Endspiel zu verstehen, Frankfurt/-M., S.93-249.
Oevermann, U., (2001): Die Struktur sozialer Deutungsmuster - Versuch einer Aktualisierung, In: Sozialer Sinn 1, S.35-81.
Oevermann, U., (2002): Klinische Soziologie auf der Basis der Methodologie der objektiven Hermeneutik - Manifest der objektiv hermeneutischen Soziologie, Manuskript zum Download auf der Homepage des Arbeitskreises Objektive Hermeneutik e.V., Universität Frankfurt, www.objektive-hermeneutik.de.
Pankraz (1979): Pankraz, der Holocaust und die Fernsehserie, In: Märthesheimer/Frenzel (Hrsg.), S. 51-53.
Parlamentarische Initiative: Die Tiere in der schweizerischen Rechtsordnung, http://www.admin.ch/ch/d/ff/2002/4164.pdf.
Parsons, T., (1968): The Structure of Social Action, 2 Bde., New York und London (Erstveröffentlichung 1937).
Parsons, T. (1969): Einige theoretische Betrachtungen zum Bereich der Medizinsoziologie, In: Ders., Sozialstruktur und Persönlichkeit, Frankfurt/M., S.408-449.
Parsons, T. (1973): Die akademischen Berufe und die Sozialstruktur, In: Ders., Soziologische Theorie, Neuwied, S.160-179.
Pedretti, A., Glanville, R. (1980): The Domain of Language, In: R. Trappl (Hrsg.), Progress in Cybernetics and Systems Research, Vol.II, Washington, S.235-242.
Petermann, F. (Hrsg.) (1980): Einstellungsmessung - Einstellungsforschung, Göttingen, Toronto, Zürich.
Polanyi, M. (1985): Implizites Wissen, Frankfurt/M. (engl. Originalveröffentlichung 1966).
Pollner, M. (1976): Mundanes Denken, In: Weingarten, E., Sack, F., Schenkein, J. (Hrsg.), Ethnomethodologie. Beiträge zu einer Soziologie des Alltagshandelns, Frankfurt/M., S.295-326.
Pomerantz, A. (1984): Agreeing and disagreeing with assessments: some features of preferred/dispreferred turn shapes, In: Atkinson/Heritage (Hrsg.), S.57-101.
Popper, K. R. (1957/58): Die Offene Gesellschaft und ihre Feinde, 2. Bde, Bern.
Popper, K. R. (1966): Logik der Forschung, Tübingen (1.Aufl. 1935).
Popper, K.R. (1972): Die Logik der Sozialwissenschaften, In: Th.W. Adorno u.a., Der Positivismusstreit in der deutschen Soziologie, Darmstadt/Neuwied, S.103-123.
Popper, K.R. (1981): Conjectures and Refutations. The Growth of Scientific Kowledge, London/Henley.
Popper, K.R. (1984): Objektive Erkenntnis. Ein evolutionärer Entwurf, Hamburg (engl. Originalausgabe 1972).
Prigge, Helga (1991): Sind wir "ein" Volk?, Leserbrief. Frankfurter Allgemeine Zeitung vom 21.6., S.11.
Quine, W.V. (1960): Word and Object, Cambridge.
Quine, W.V. (1969): Ontological Relativity and other Essays, New York, London.
Radcliffe-Brown, A.R. (1935): On the Concept of Function in Social Science, In: American Anthropologist, Vol. 37, S.394-402.
Rahmenrichtlinien Sekundarstufe I Gesellschaftslehre (1973). Der Hessische Kultusminister, Frankfurt/M.
Rahmenrichtlinien. Allgemeine Grundlegung der Hessischen Rahmenrichtlinien (1978). Der Hessische Kultusminister, Frankfurt/M.
Rahmenrichtlinien Sekundarstufe I Gesellschaftslehre. Unterrichtspraktischer Teil (1982). Der Hessische Kultusminister, Frankfurt/M.
Reichertz, J. (1997): Plädoyer für das Ende einer Methodologiedebatte bis zur letzten Konsequenz, In: T. Sutter (Hrsg.), Beobachtung verstehen, Verstehen beobachten. Perspektiven einer konstruktivistischen Hermeneutik, Opladen, S.98-132.
Ricoeur, P. (1978): Der Text als Modell: hermeneutisches Verstehen, In: H. G. Gadamer/ G. Boehm (Hrsg.), Seminar: Die Hermeneutik und die Wissenschaften, Frankfurt/M., S.83-117.
Riegel, K.-G. (1987): Öffentliche Schuldbekenntnisse im Marxismus-Leninismus: Die Moskauer Schauprozesse (1936-38), In: A. Hahn, V. Kapp (Hrsg.), Selbstthematisierung und Selbstzeugnis: Bekenntnis und Geständnis, Frankfurt/M., S.136-148.

Rippl, S. (1995): Vorurteile und persönliche Beziehungen zwischen Ost- und Westdeutschen, In: Zeitschrift für Soziologie, Jg. 24, S.273-283.
Ritschl, A. (1890): Fides implicita. Eine Untersuchung über Köhlerglauben, Wissen und Glauben, Glauben und Kirche, Bonn.
Ritter, A. M. (1987): Die Entstehung des neutestamentlichen Kanons: Selbstdurchsetzung oder autoritative Entscheidung?, In: A. Assmann, J. Assmann (Hrsg.), Kanon und Zensur. Beiträge zur Archäologie der literarischen Kommunikation II, München, S.93-99.
Robinson, J. P. (1976/77): Interpersonal Influence in Election Campaigns: Two-Step-Flow Hypothesis. In: Public Opinion Quarterly 40, S.304-319.
Rottenburg, Richard (1991): "Der Sozialismus braucht den ganzen Menschen". Zum Verhältnis vertraglicher und nichtvertraglicher Beziehungen in einem VEB, In: Zeitschrift für Soziologie 20, 305-322.
Rüschemeyer, D. (1972): Ärzte und Anwälte: Bemerkungen zur Theorie der Professionen, In: Th. Luckmann, W.M. Sprondel (Hrsg.), S.168-181.
Ryle, G. (1969): Der Begriff des Geistes, Stuttgart (engl. Originalveröffentlichung 1949).
Sahlins, M. (1981): Kultur und praktische Vernunft, Frankfurt/M. (engl. Originalausgabe 1976).
Sacks, H., Schegloff, E. A., Jefferson, G. (1974): A simplest systematics for the organization of turn-taking for conversation, In: Language, 50, S.696-735.
Sacks, H. (1984): Notes on Methodology, In: J. M. Atkinson, J. Heritage (Hrsg.), Structures of Social Action. Studies in Conversation Analysis, Cambridge, S.21-27.
Sacks, H. (1985): The Inference-Making Machine: Notes on Observability, In: Teun A. van Dijk (Hrsg.), Handbook of Discourse Analysis, Vol. 3: Discourse and Dialogue, London u.a., S.13-22.
Sacks, H. (1987): On the preference for agreement and contiguity in sequences in conversation, In: G. Button, J.R.E. Lee (Hrsg.) (1987): Talk and Social Organization, Clevedon, S.54-69.
Scheeben, M. J. (1959): Gesammelte Schriften, Bd. III, Erstes Buch des Handbuchs der katholischen Dogmatik: Theologische Erkenntnislehre, 3. Aufl., Freiburg (1. Aufl. 1874).
Schegloff, E. A (1972): Sequencing in Conversational Openings, In: J. Gumpertz, D. H. Hymes (Hrsg.), Directions in Sociolinguistics, New York, S.346-380.
Schegloff, E. A., Sacks, H. (1974): Opening Up Closings. In: R. Turner (Hrsg.), Ethnomethodology. Harmonsworth, Middlesex, S.233-264.
Schegloff, E. A., Jefferson, G., Sacks, H. (1977): The Preference for Self-correction in the Organization of Repair in Conversation, In: Language, 53, S.361-382; erneut abgedruckt in: G. Psathas (Hrsg.) (1990), Interaction Competence. Studies in Ethnomethodology and Conversation Analysis. International Institute for Ethnomethodology and Conversation Analysis & University Press of America, Washington D.C., S.31-61.
Schegloff, E. A. (1984): On some questions and ambiguities in conversation, In: J. M. Atkinson, J. Heritage (Hrsg.), Structures of Social Action. Studies in Conversation Analysis, Cambridge, S.28-52.
Schegloff, E. A. (1987): Between Micro and Macro: Contexts and Other Connections, In: J. C. Alexander, B. Giesen, R. Münch, N. J. Smelser (Hrsg.), The Micro-Macro Link, Berkeley, S.207-234.
Schegloff, E. A. (1988): Presequences and Indirection. Applying speech act theory to ordinary conversation, In: Journal of Pragmatics, 12, S.55-67.
Schegloff, E. A. (1992a): Repair after Next Turn: The Last Structurally Provided Defense of Intersubjectivity in Conversation, In: American Journal of Sociology, Vol.97, No.5, S.1295-1345.
Schegloff, E. A. (1992b): On talk and its institutional occasions, In: Drew/Heritage (Hrsg.), S.101-134.
Schegloff, E. A. (1996): Confirming Allusions: Toward an Empirical Account of Action, In: American Journal of Sociology, Vol. 102, No. 1, S.161-216.
Schegloff, E. A. (2000): Das Wiederauftauchen des Unterdrückten, In: Psychotherapie und Sozialwissenschaften, Bd.2, 1, S.3-29.
Schenk, M. (1989): Massenkommunikation und interpersonale Kommunikation, In: M. Kaase, W. Schulz (Hrsg.), Massenkommunikation. Theorien, Methoden, Befunde, Kölner Zeitschrift für Soziologie und Sozialpsychologie, Sonderheft 34, Opladen, S.407-417.

Schleiermacher, F. D. E. (1977): Hermeneutik und Kritik. Herausgegeben und eingeleitet von M. Frank, Frankfurt/M.
Schmid, M. (1979): Handlungsrationalität. Kritik einer dogmatischen Handlungswissenschaft, München.
Schmid, M. (1979a): Rationalitätsprinzip und Handlungserklärung, In: H. Lenk (Hrsg.): Handlungstheorien - interdisziplinär, Bd.II.2, S.491-533.
Schmidt, W. (1995): Metamorphosen des Betriebskollektivs. Zur Transformation der Sozialordnung in ostdeutschen Betrieben. Soziale Welt 46, 305-325.
Schneider, W. L. (1984): Interaktion zwischen Wissenschaftlern und Verwaltungsbeamten, In: B. Giesen et al., S.170-447.
Schneider, W. L. (1986): 'Nun sag mir mal, wie ich's denn anwenden kann' - Sozialwissenschaftler contra Verwaltung. Analyse einer Diskussion, In: St. Aufenanger, M. Lenssen (Hrsg.), S.229-275.
Schneider, W. L. (1988a): Auf dem Wege zurück zur Gemeinschaft? Überlegungen zu Richard Sennets Buch 'The Fall of the Public Man'. Annali di Sociologia/Soziologisches Jahrbuch, Bd.4 (1988 - II), Università degli Studi Trento, 135-151.
Schneider, W. L. (1988b): Grenzen der Standardisierbarkeit bei der Bewertung von Forschungsergebnissen. Einige Überlegungen aus der Sicht der Wissenschaftstheorie, In: H. D. Daniel, R. Fisch (Hrsg.), Evaluation von Forschung, Konstanz, S.433-447.
Schneider, W. L. (1989): Kooperation als strategischer Prozeß. Administrative Auftragsforschung im Spannungsfeld zwischen professionellem Interesse und politischer Instrumentalisierung, In: U. Beck, W. Bonß (Hrsg.), Weder Sozialtechnologie noch Aufklärung? Analysen zur Verwendung sozialwissenschaftlichen Wissens, Frankfurt/M., S.302-331.
Schneider, W. L. (1991): Objektives Verstehen. Rekonstruktion eines Pradigmas: Gadamer - Popper - Toulmin - Luhmann, Opladen.
Schneider, W. L. (1991a): Objektive Hermeneutik und Systemtheorie: Theoretische und methodologische Konvergenzen. Beitrag zum Kolloquium "Sachliche und methodische Konvergenzen in der interaktionsanalytischen Forschung", Konstanz.
Schneider, W. L. (1994): Die Beobachtung von Kommunikation. Zur kommunikativen Konstruktion sozialen Handelns, Opladen.
Schneider, W. L. (1996): Die Komplementarität von Sprechakttheorie und systemtheoretischer Kommunikationstheorie. Ein hermeneutischer Beitrag zur Methodologie von Theorievergleichen, In: Zeitschrift für Soziologie, Jg. 25, Heft 4, S.263-277.
Schneider, W. L. (1998): Handeln, Intentionalität und Intersubjektivität im Kontext des systemtheoretischen Kommunikationsbegriffs, In: A. Balog, M. Gabriel (Hrsg.), Soziologische Handlungstheorie. Einheit oder Vielfalt, Österreichische Zeitschrift für Soziologie, Sonderband 4, Opladen, S.155-198.
Schneider, W. L. (2000): The Sequential Production of Acts in Conversation. In: Human Studies, Vol. 23, No. 2, S.123-144.
Schneider, W. L. (2002): Grundlagen der soziologischen Theorie, 2 Bde.;
Bd.1: Weber - Parsons - Mead - Schütz; Bd.2: Garfinkel - Rational Choice - Habermas - Luhmann, Opladen/Wiesbaden.
Schneider, W. L. (2004a): "Die Unwahrscheinlichkeit der Moral. Strukturen moralischer Kommunikation im Schulunterricht über den Holocaust", In: W. Meseth, M. Proske, F.-O. Radtke (Hrsg.), Schule und Nationalsozialismus. Ansprüche und Grenzen des Geschichtsunterrichts, Frankfurt/M. (im Erscheinen).
Schneider, W. L. (2004b): "Brandts Kniefall in Warschau. Politische und ikonographische Bedeutungsaspekte", In: B. Giesen, V. Rau, C. Schneider (Hrsg.), Tätertrauma - Zum Wandel kollektiver Identitäten nach dem zweiten Weltkrieg, Konstanz (im Erscheinen).
Schoeps, J. H. (1979): Angst vor der Vergangenheit?, In: Märthesheimer/Frenzel (Hrsg.), S.225-230.
Schönfeld, G. M. (1979): Nach "Holocaust" in Klasse 10, In: Märthesheimer/Frenzel (Hrsg.), S.287-294.
Schönke, A., Schröder, H. (1988): Strafgesetzbuch. Kommentar, 23. Aufl., München.
Schütz, A. (1960): Der sinnhafte Aufbau der sozialen Welt, 2. Aufl., Wien.
Schütz, A. (1971): Gesammelte Aufsätze. Bd.1: Das Problem der sozialen Wirklichkeit, Den Haag.
Schütz, A. (1972): Gesammelte Aufsätze. Studien zur soziologischen Theorie, Bd. 2, Den Haag.
Schütz, A., Luckmann, T. (1984): Strukturen der Lebenswelt, Bd.2, Frankfurt/M.

Scott, M. B., Lyman, St. (1968): Accounts, In: American Sociological Review, Vol. 30, No.1, 1968, S.46-62, wieder abgedruckt in, Dies., A Sociology of the Absurd, California 1970, S.111-143; dt. Übersetzung in, M. Auwärter, E. Kirsch, M. Schröter (Hrsg.), Seminar: Kommunikation, Interaktion, Identität, Frankfurt/M. 1976, S.73-114.
Searle, J. R. (1976): Sprechakte. Ein sprachphilosophischer Essay, Frankfurt/M. (Originalausgabe 1969).
Searle, J. R. (1977): Reiterating the Difference: A Reply to Derrida, In: Glyph 1, Johns Hopkins Textual Studies, Baltimore, London, S.198-208.
Seiffert, H., Radnitzky, G. (Hrsg.) (1989): Handlexikon zur Wissenschaftstheorie, München.
Senghaas-Knobloch, Eva (1992): Notgemeinschaft und Improvisationsgeschick: Zwei Tugenden im Transformationsprozeß, In: Martin Heidenreich (Hrsg.), Krisen, Kader, Kombinate. Kontinuität und Wandel in ostdeutschen Betrieben, Berlin, S.295-309.
Simon, Fritz B. (Hrsg.) (1997): Lebende Systeme. Wirklichkeitskonstruktionen in der systemischen Therapie, Frankfurt/M.
Sinclair, J.M., Coulthard, R.M. (1975): Towards an Analysis of Discourse: The English Used by Teachers and Pupils, London.
Soeffner, H. G. (1989): Auslegung des Alltags - Alltag der Auslegung. Zur wissenssoziologischen Konzeption einer sozialwissenschaftlichen Hermeneutik, Frankfurt/M.
Spencer Brown, G. (1979): Laws of Form, New York.
Spengler, J. (1993): Zuneigung, Ratlosigkeit, Zorn. Ein Wessi bei den Ossis, In: Busch, R., (Hrsg.), Gemischte Gefühle. Einheitsalltag in Mecklenburg-Vorpommern, Berlin, S.23-35.
Srubar, I. (1991): War der reale Sozialismus modern? Versuch einer strukturellen Bestimmung, In: Kölner Zeitschrift für Soziologie und Sozialpsychologie, Jg. 43, S.415-432.
Stegmüller, W. (1979): Hauptströmungen der Gegenwartsphilosophie, Bd.2, 6. Aufl., Stuttgart.
Stegmüller, W. (1980): Neue Wege der Wissenschaftsphilosophie, Berlin, Heidelberg, New York.
Stichweh, R. (1988): Inklusion in Funktionssysteme der modernen Gesellschaft, In: Mayntz, R. u.a., Differenzierung und Verselbständigung. Zur Entwicklung gesellschaftlicher Teilsysteme, Frankfurt/M./New York, S.261-293.
Stichweh, R. (1992): Professionalisierung, Ausdifferenzierung von Funktionssystemen, Inklusion. Betrachtungen aus systemtheoretischer Sicht, In: B. Dewe, W. Ferchhoff, F.-O. Radtke (Hrsg.), Erziehen als Profession. Zur Logik professionellen Handelns in pädagogischen Feldern. Opladen, S. 36-48.
Streeck, W. (1987): Vielfalt und Interdependenz. Überlegungen zur Rolle von intermediären Organisationen in sich ändernden Umwelten, In: Kölner Zeitschrift für Soziologie und Sozialpsychologie 39, S.471-495.
Sutter, T., Weisenbacher, U. (1993): Divergenz und Konvergenz von Text und Welt, In: T. Regehly u.a. (Hrsg.), Text - Welt. Karriere und Bedeutung einer grundlegenden Differenz. Parabel Schriftenreihe Bd. 16, Gießen, S.41-54.
Sutter, T. (Hrsg.) (1997a): Beobachtung verstehen, Verstehen beobachten. Perspektiven einer konstruktivistischen Hermeneutik, Opladen.
Sutter, T. (1997b): Rekonstruktion und doppelte Kontingenz. Konstitutionstheoretische Überlegungen zu einer konstruktivistischen Hermeneutik, In: Ders. (Hrsg.), Beobachtung verstehen Verstehen beobachten. Perspektiven einer konstruktivistischen Hermeneutik, Opladen, S.303-336.
Sutter, T. (1999): Medienkommunikation als Interaktion? Über den Aufklärungsbedarf eines spannungsreichen Problemfeldes, In: Publizistik, Heft 3, 44. Jg., S.288-300.
Sykes, G. M., Matza, D. (1957): Techniques of Neutralisation: A Theory of Delinquency, In: American Soziological Review, Vol.22, S.664-670.
Tenorth, H.-E. (1989): Professionstheorie für die Pädagogik?, In: Zeitschrift für Pädagogik, 35. Jg., S. 809-824.
Testanière, J. (1967): Chahut traditionel et chahut anomique dans l'enseignement du second Degré, In: Revue francaise de sociologie, Vol. VIII, No. spécial. Sociologie de L'éducation (I), S.17-33.
Theologische Fakultät der Leopold-Franzens-Universität Innsbruck (o.J.): Lehramtliche Texte der Katholischen Kirche. Internet: http://theol.uibk.ac.at/leseraum/texte/250.

Thomssen, W. (1980): Deutungsmuster - eine Kategorie der Analyse von gesellschaftlichem Bewußtsein, In: A. Weymann (Hrsg.), Handbuch für die Soziologie der Weiterbildung, Darmstadt und Neuwied, S.358-373.

Troeltsch, E. (1965): Gesammelte Schriften, Bd. 1: Die Soziallehren der christlichen Kirchen und Gruppen, 2. Neudruck der Ausgabe Tübingen 1922, Aalen.

Troldahl, V. C., van Dam, R. (1965/66): Face-to-Face Communication about Major Topics in the News, In: Public Opinion Quarterly 29, S.626-634.

Turner, J. C., Hogg, M. A., Oakes, P., Reicher, St. D., Wetherell, M. S. (1987): Redescovering the Social Group. A Self-Categorization Theory, Oxford.

Turner, V. (1989): Das Ritual. Struktur und Anti-Struktur, Frankfurt/M., New York.

Turner, V. (1989a): Soziale Dramen und Geschichten über sie, In: Ders., Vom Ritual zum Theater. Der Ernst des menschlichen Spiels, Frankfurt/M., New York, S.95-139.

Tyrell, H. (1976): "Konflikt als Interaktion", in: Kölner Zeitschrift für Soziologie und Sozialpsychologie, 28. Jg., S.255-271.

Tyrell, H. (1998): "Zur Diversität der Differenzierungstheorie. Soziologiehistorische Anmerkungen", In: Soziale Systeme. Zeitschrift für soziologische Theorie, Jg.4, Heft 1, S.119-149.

Tyrell, H., Krech, V., Knoblauch, H. (Hrsg.) (1998): Religion als Kommunikation, Würzburg.

Ullrich, C. G. (1999): Deutungsmusteranalyse und diskursives Interview, In: Zeitschrift für Soziologie, Jg.28, Heft 6, S.429-447.

Vuchinich, S. (1990): The sequential organization of closing in verbal familiy conflict, In: A. D. Grimshaw (Hrsg.), Conflict talk. Sociolinguistic investigations of arguments in conversation, Cambridge u.a., S.118-138.

Wach, J. (1926): Das Verstehen. Grundzüge einer Geschichte der hermeneutischen Theorie im 19.Jh., Bd. I, Tübingen.

Wach, J. (1951): Religionssoziologie, Tübingen.

Wall, R. (1973): Einführung in die Logik und Mathematik für Linguisten 2. Algebraische Grundlagen, Kronberg.

Watzlawick, P., Beavin, J. H., Jackson, D. D. (1969): Menschliche Kommunikation: Formen, Störungen, Paradoxien, Bern, Stuttgart, Toronto.

Weber, M. (1920/1978): Gesammelte Aufsätze zur Religionssoziologie, Bd.I, Tübingen.

Weber, M. (1921/1978): Gesammelte Aufsätze zur Religionssoziologie, Bd.II, Tübingen.

Weber, M. (1985): Gesammelte Aufsätze zur Wissenschaftslehre, Tübingen.

Weber, M. (1980): Wirtschaft und Gesellschaft. Grundriß der verstehenden Soziologie, Studienausgabe, 5. Aufl., Tübingen.

Weingarten, E., Sack, F., Schenkein, J., (Hrsg.) (1976): Ethnomethodologie. Beiträge zu einer Soziologie des Alltagshandelns, Frankfurt/M.

Wellmer, A. (1985): Zur Dialektik von Moderne und Postmoderne. Vernunftkritik nach Adorno, Frankfurt/M.

Wellmer, A. (1992): Konsens als Telos der sprachlichen Kommunikation?, In: H.J. Giegel (Hrsg.), Kommunikation und Konsens in modernen Gesellschaften, Frankfurt/M, S.18-30.

Wiesel, E. (1979): Die Trivialisierung des Holocaust, In: Märthesheimer/Frenzel (Hrsg.), S.25-30.

Westle, B. (1992): Strukturen nationaler Identität in Ost- und Westdeutschland, In: Kölner Zeitschrift für Soziologie und Sozialpsychologie, Jg. 44, S.461-488.

Westle, B. (1994): Demokratie und Sozialismus. Politische Ordnungsvorstellungen im vereinten Deutschland zwischen Ideologie, Protest und Nostalgie, In: Kölner Zeitschrift für Soziologie und Sozialpsychologie, Jg. 46, S.571-596.

Willis, P. (1979): Spaß am Widerstand. Gegenkultur in der Arbeiterschule, Frankfurt/M.

Winch, P. (1974): Die Idee der Sozialwissenschaft und ihr Verhältnis zur Philosophie, Frankfurt/M. (Originalveröffentlichung 1958).

Winograd, T., Flores, F. (1986): Understanding Computers and Cognition. A new foundation for design, Reading, Massachusetts u.a.

Wittgenstein, L. (1977): Philosophische Untersuchungen, Frankfurt/M.

Neu im Programm Soziologie

Birgit Blättel-Mink, Ingrid Katz (Hrsg.)
Soziologie als Beruf?
Soziologische Beratung zwischen Wissenschaft und Praxis
2004. 265 S. mit 4 Abb. und 3 Tab.
Br. ca. EUR 17,90
ISBN 3-531-14131-7

Das Buch stellt Tätigkeits- und Arbeitsfelder für Absolventen der Soziologie vor und reflektiert die Bedeutung und die Möglichkeiten soziologischer Beratung. Im Mittelpunkt steht die anschauliche Darstellung der Chancen und besonderen Qualifikationen (und auch die besonderen Schwierigkeiten), verknüpft mit Berichten von „Leuten aus der Praxis".

Ansgar Weymann
Individuum – Institution – Gesellschaft
Erwachsenensozialisation im Lebenslauf
2004. ca. 224 S. Br. ca. EUR 22,90
ISBN 3-531-14156-2

Der Band beschreibt die vielfältige Phänomenologie der Erwachsenensozialisation im Alltag, ihre zentralen Institutionen und Prozesse. Er führt in die theoretischen Grundlagen ein und stellt Ergebnisse empirischer Untersuchungen zur Erwachsenensozialisation in Erwachsenenbildung/Weiterbildung, in Arbeit und Beruf, in der Technisierung des Alltags, in der Migration und in der Transformation Ostdeutschlands vor. Die abschließenden Überlegungen richten sich auf Folgen der Globalisierung: die nationalstaatliche Politik kann die Institutionen des Lebenslaufs nicht mehr exklusiv gestalten. Möglichkeiten supranationaler Lebenslaufpolitik zeigen sich vor allem in der Europäischen Union.

Ekkart Zimmermann
Das Experiment in den Sozialwissenschaften
2., überarb. Aufl. 2004. ca. 288 S.
Br. ca. EUR 22,90
ISBN 3-531-14124-4

Das Lehrbuch bietet einen fundierten Überblick, wie Experimente in den Sozialwissenschaften geführt werden und was dabei zu beachten ist. Dabei werden sowohl Grundlagen und klassische Experimentanordnungen als auch konkrete Handlungsmöglichkeiten vorgestellt.

Erhältlich im Buchhandel oder beim Verlag.
Änderungen vorbehalten. Stand: Januar 2004.

www.vs-verlag.de

VS VERLAG FÜR SOZIALWISSENSCHAFTEN

Abraham-Lincoln-Straße 46
65189 Wiesbaden
Tel. 0611.7878-285
Fax 0611.7878-400

Einführungen in die Soziologie

Martin Abraham,
Thomas Hinz (Hrsg.)
Arbeitsmarktsoziologie
(Arbeitstitel)
Probleme, Theorien,
empirische Befunde
2004. ca. 288 S. Br. ca. EUR 24,90
ISBN 3-531-14086-8

Der Band bietet einen fundierten Einblick in die zentralen Theorien und Probleme des Arbeitsmarktes. Voraussichtlich mit Beiträgen von Rolf Becker, Hans Dietrich, Markus Gangl, Henriette Engelhardt, Frank Kalter, Wolfgang-Ludwig-Mayerhofer, Tanja Mühling, Olaf Struck, Heike Trappe u.a.

Michael Jäckel
**Einführung
in die Konsumsoziologie**
(Arbeitstitel)
Geschichte – Forschungsstand – Quellen
2004. ca. 272 S. Br. ca. EUR 21,90
ISBN 3-531-14012-4

Die moderne Gesellschaft lässt sich als Konsumgesellschaft beschreiben. Mode, Geschmack, Stil sind ebenso prägend wie die mit der entstehenden Konsumgesellschaft einhergehende Konsumkritik. Dieses einführende Lehrbuch beschreibt daher die Entstehung und Entwicklung von Konsum und seine gesellschaftliche Bedeutung.

Paul B. Hill, Johannes Kopp
Familiensoziologie
Grundlagen und theoretische Perspektiven
3. Aufl. 2004. ca. 352 S.
Br. ca. EUR 26,90
ISBN 3-531-43734-8

Das Buch gibt einen fundierten Einblick in die Familiensoziologie. Dabei werden zunächst die historischen und ethnologischen Variationen der Formen familialen Lebens thematisiert und die wichtigsten Theorietraditionen der Familiensoziologie vorgestellt. Für die zentralen Gegenstandsbereiche – etwa Partnerwahl, Heiratsverhalten, innerfamiliale Interaktion, Fertilität, Familienformen sowie Trennung und Scheidung – wird der theoretische und empirische Stand der Forschung vorgestellt und diskutiert.

Erhältlich im Buchhandel oder beim Verlag.
Änderungen vorbehalten. Stand: Januar 2004.

www.vs-verlag.de

VS VERLAG FÜR SOZIALWISSENSCHAFTEN

Abraham-Lincoln-Straße 46
65189 Wiesbaden
Tel. 0611.7878-285
Fax 0611.7878-400